The Raghupañcikā of Vallabhadeva, being the Earliest Commentary on the Raghuvaṃśa of Kālidāsa

Gonda Indological Studies

PUBLISHED UNDER THE AUSPICES OF THE J. GONDA FOUNDATION
ROYAL NETHERLANDS ACADEMY OF ARTS AND SCIENCES

VOLUME 24

The titles published in this series are listed at *brill.com/gis*

The Raghupañcikā of Vallabhadeva, being the Earliest Commentary on the Raghuvaṃśa of Kālidāsa

Critical Edition and Notes, Volume 2

By

Csaba Dezső
Dominic Goodall
Harunaga Isaacson

With the collaboration of

Csaba Kiss

BRILL

LEIDEN | BOSTON

This book has been realised thanks to the financial support of the J. Gonda Fund Foundation, Royal Netherlands Academy of Arts and Sciences (KNAW).

Cover illustration: Viṣṇu lying upon the cosmic serpent Śeṣa (as in *Raghuvaṃśa* 10:8), sculpted in the Gupta-period temple at Deogarh (Uttar Pradesh). Beneath him are personifications of his weapons (*āyudhapuruṣa*), whose headdresses figure the weapons they represent (see *Raghuvaṃśa* 10:62 and our notes thereon). Photo: Dominic Goodall.

The Library of Congress Cataloging-in-Publication Data is available online at https://catalog.loc.gov
LC record available at https://lccn.loc.gov/2024040677

Typeface for the Latin, Greek, and Cyrillic scripts: "Brill". See and download: brill.com/brill-typeface.

ISSN 1382-3442
ISBN 978-90-04-72173-9 (hardback)
ISBN 978-90-04-72174-6 (e-book)
DOI 10.1163/9789004721746

This book is printed on acid-free paper and produced in a sustainable manner.

CONTENTS

ACKNOWLEDGEMENTS

This second volume may seem to have been an extraordinarily long time in coming, since the first appeared now more than twenty years ago, in 2003. This delay is in part the result of the editors taking on many other projects, including that of producing a fresh English translation of the entire poem (Dezső, Goodall and Isaacson 2024). It might have been even longer had it not been for the team of editors having been expanded by the inclusion of Csaba Dezső and having received a great deal of assistance by Csaba Kiss. Most of the readings of the Kashmirian manuscripts that transmit only the root text were conscientiously collated for us by the latter. This was immensely helpful, all the more so since he also pointed out to us inconsistencies in reporting and queried whatever seemed to him in need of clarification, as well as debugging errors in coding that had us stymied.

Csaba Dezső entered into every part of the editorial activity up to the end, in particular the hours and hours of rereading and rearranging the notes together. One other person, one who does not feature on the title page, also participated for several months in the majority of these long-drawn-out online editorial sessions towards the end of the project, namely Judit Törzsök, and we are most grateful to her for the many improvements that may be attributed to her care and good judgement.

The work of Csaba Dezső and Csaba Kiss on this project was initially made possible by financial support from a European Research Council Synergy Project led by Michael Willis: 'Beyond Boundaries: Religion, Region, Language and the State', Grant Agreement n°609823 (2014–2020).

We should like to acknowledge, once again, the help of all the institutions whose manuscripts we have been able to photograph or obtain reprographic copies of. To those mentioned in the previous volume, we should now add Punjab University Library, Lahore; Government Oriental Manuscripts Library, Chennai; Uttar Pradesh Sanskrit Sansthan, Lucknow. And we should like to help the individuals who helped us acquire those manuscripts: Tancredi Padova, Chetan Pandey, S. A. S. Sarma, and R. Sathyanarayanan.

We are grateful once again to Yuko Yokochi, who kindly read through as much as possible in the last weeks before the printer's deadline, catching several mistakes in chapters 7 and 8 with her sharp eyes and mind. Finally, we should thank the countless students and colleagues with whom we read parts of the *Raghuvaṃśa* in various universities around the world and in ten Intensive Sanskrit Reading Retreats. Reading the text through with others enabled us to understand it better and gradually to weed out errors large and small.

INTRODUCTION

Here at long last is the second volume of Vallabhadeva's commentary on the *Raghuvaṃśa*. In the two decades since the first volume appeared, no new editions of other works by Vallabhadeva have been published, nor of other pre-modern commentaries on the *Raghuvaṃśa*. We are aware of two new translations of the *Raghuvaṃśa*, one with the Sanskrit text, namely that of N. P. UNNI (2014), and one without, namely that of HAKSAR (2016), but neither of these translations have followed any of the readings that we have argued to be primary on the strength of evidence furnished by Vallabhadeva. They follow instead the vulgate text commented upon by Mallinātha. UNNI even goes so far as to say of Vallabhadeva's work that 'there is no printed version of this commentary' (2014:xxxi). No doubt those brought up with Mallinātha's text of the work find it difficult to accomodate what they must see as intrusive (and perhaps even impudent) alterations. Familiar and favourite readings are dislodged and unfamiliar verses, sometimes with what rhetoricians regard as palpable 'mistakes', take their places. S. BAHULKAR recently wrote to one of us (referring to *Raghuvaṃśa* 1:9):

> Right from our childhood, we have recited the verse with the reading *pracoditaḥ* and never even thought of the possibility of any variant. ... I am, however, aware of the problems of textual transmission and also the fact that you have reproduced the text that had been commented upon by Vallabhadeva. Still, like many Indian students who have studied in the Pāṭhaśālās (or on the lines of the method of study in the Pāṭhaśālās), I would not like to change the reading fixed in my memory!

This is understandable, and the reception among traditional scholars of, for instance, Hemādri's commentary has been little different, but it is somewhat disheartening. Nonetheless, we are encouraged to note that some scholars have indeed read and taken note of our text-critical work and used Vallabhadeva's commentary and readings. First of all, there is a positive review by HUECKSTEDT (2007), in which he attempts to quantify the differences between Vallabhadeva's text and Mallinātha's vulgate, concluding (2007:369):

> In addition to unique verses and reordering of verses, I have counted 349 differences in readings between Vallabhadeva's first six chapters of the *Raghuvaṃśa* and Mallinātha's. These differences range from one *akṣara*, not counting alternate spellings, to an entire verse. Of those I estimate that at least fifty-six are significant. The first six chapters amount to approximately one third of the entire *Raghuvaṃśa*. So, Vallabhadeva's *Raghupañcikā* is likely to give us approximately 170 new, significant readings of the *Raghuvaṃśa*.

Some allusions to the first volume of our edition are really only about text-critical method, for instance those of KLEBANOV, MAAS and MCALLISTER. Andrey KLEBANOV (2020) has used our observations as a spring-board for developing a structure-analysis of bellelettristic commentary writing as a tool for text-criticism. We hope that he will go on to publish an edition of at least one recension of Prakāśavarṣa's commentary of the *Kirātārjunīya*. Philipp A. MAAS in his article 'Computer Aided Stemmatics' (2010) refers to the editors of the *Raghupañcikā* as among those textual critics by whom 'Srinivasan's line of thought was taken up' (p. 67, n. 7). Patrick MCALLISTER cites the *Raghupañcikā*-edition as an example of a critical edition that does not fall into the tradition of 'Lachmann's method' (2020:226).

Most, however, engage with the transmission of the poem or the commentary. Richard SALOMON in his article 'Concatenation in Kālidāsa and Other Sanskrit Poets' uses our edition when examining *Raghuvaṃśa* 4.33–37 (SALOMON 2016:65–66). Sheldon POLLOCK, in his paper 'What Was Philology in Sanskrit?', discusses Vallabhadeva's *kāvya*-commentaries, pointing out that 'Vallabhadeva's terminology alone indicates comparison of exemplars, but he elsewhere also implies something like *recensio* when noting that a given verse is 'only infrequently transmitted' in manuscripts (*viralo 'sya ślokasya pāṭhaḥ*, on *Raghuvaṃśa* ad 18:17; cited by GOODALL and ISAACSON 2003: xxxi)' (POLLOCK 2015:354, n. 28).

Whitney COX in his book 'Modes of Philology in Medieval South India' describes the *Raghupañcikā* as 'a terse gloss far less discursive than the other scholia attributed to the early tenth-century Kashmirian' (2017:13). He also writes, 'While eschewing questions beyond their own philological work, the editors Goodall and Isaacson show that this sort of scholarly apparatus was subject to extensive revision and expansion by later hands, while also supplying evidence of the ways in which emendation of the poet's text were driven by the priorities of a later theoretical consensus.' (*ibid.*) Christophe VIELLE (2020:138, n. 59) speaks of us having 'convincingly argued' that 'the non-Kashmirian manuscripts purporting to transmit Vallabhadeva's commentary, being the ones that have been hitherto consulted by editors such as Nandargikar, do not really do so.' The late Thomas M. HUNTER in his study on the relationship between Kālidāsa's *Raghuvaṃśa* and the *kakawin Sumanasāntaka* has discussed the possible influences that the various *Raghuvaṃśa*-commentaries might have had on the Old Javanese poet Monaguṇa, and arrives at the conclusion that the author of the *Sumanasāntaka* probably 'did not work from the *Raghupañcikā*' (WORSLEY et al. 2013:536).

Aside from these allusions in publications, every now and then, we are anxiously asked when the next volume is finally due to appear, or whether the project has been abandoned (for instance on the Indology Bulletin Board in January 2023). Among scholars truly interested in Kālidāsa's poem, there is of course real curiosity to see the next volumes. Rewa Prasad DWIVEDĪ, now sadly deceased, spoke with enthusiasm of the project at a conference on commentaries in Pondicherry in 2006. After spending so much of his career working on the text of the *Raghuvaṃśa*, of which he produced no less than three editions, he was still eager to see that the text could be further improved on the basis of new evidence, and was thrilled that one of his conjectures (that in 7:57 in this volume, but referred to already in GOODALL 2001:123) could be confirmed by Vallabhadeva's testimony. Further encouragement comes from time to time from scholars in Kerala, notably Professor C. RAJENDRAN, in the form of invitations to speak in different forums on *Raghuvaṃśa*-related topics, and we are aware of several places where the *Raghupañcikā* is read in university classes.

An earlier edition of 'Vallabhadeva's Raghuvaṃśapañjikā'

It came to our notice only when this volume was almost ready that an edition of 'Vallabhadeva's Raghuvaṃśapañjikā', based on manuscripts in Devanāgarī script, is contained in a doctoral thesis that was submitted to Gujarat University already in 1998 by Arpita Govindlal PATEL. Her most important source, of which the edition is essentially a lightly annotated transcription, is a manuscript from Ahmedabad:

> D = *saṃgrah 'ḍevāśā no pāḍo' rilīfroḍ, Ahmadāvād*, no. 3112, paper, Devanāgarī, dated *saṃ* 1663

She occasionally cites variants from manuscripts that she refers to as P and B, from Pune and Baroda respectively, but these are not our Śāradā-script manuscripts. Instead, they are Devanāgarī-script manuscripts held in Pune (BORI MS 449 of 1887–1891) and Baroda (Oriental Institute MS 11298).

For its sheer volume, and for the energy that it demonstrates, this is an impressive thesis. It is to PATEL's credit also that she was aware of substantial differences between the readings of the *Raghuvaṃśa* attributed to Vallabhadeva by NANDARGIKAR, those attributed to Vallabhadeva by Rewa Prasad DWIVEDĪ (in his *Kālidāsagranthāvalī*; his 1993 Sahitya Akademi edition of the *Raghuvaṃśa* seems not to have been consulted), and those supported by the version of the commentary that she has edited. These differences are tabulated in full in her 7th appendix. But the text of the commentary she presents is entirely different from the commentary that we have been reconstructing from Kashmirian witnesses. Filled with framing questions such as *kimbhūtam?* (which, alas, she tends consistently to print as two words: *kiṃ bhūtam?*), this *kathambhūtinī*-type commentary resembles ours only in that it contains sporadic reminiscences in the wording. Furthermore, it comments on a text of the poem that diverges from the Kashmirian *pāṭha* that we have been reconstructing. In GOODALL 2001 and in our first volume, we have discussed at some length the wide divergence between the Kashmirian and the non-Kashmirian transmissions of the text — so wide that the non-Kashmirian witnesses often bear little relation either to each other or to the Kashmirian ones. They seem, however, to be united in having reminiscences — often different ones — of the Kashmirian text.

In short, the discovery of PATEL's complete edition, does not preempt our own, and will not make a great difference to our work going forward, except that it may be practical to be able to refer easily to one (among several) of the non-Kashmirian versions of the commentary that developed from Vallabhadeva's original composition.

How does this volume differ from the previous one?

Much that is in this book will look very familiar to those who have read the volume with the commentary on the first six sargas. But some things have changed. The editorial team has been enlarged by the inclusion of Csaba DEZSŐ and Csaba KISS, helping us to pick up the pace, and thus affording hope that we may finish an edition of the whole within our lifetimes.

As for the source material, for the chapters edited in this volume, we have no testimony from any birch-bark manuscript, as we had for volume 1 (L_1) and shall have for volume 3 (O), and, partly for that reason, there are many passages about whose transmission we feel considerable doubt. This means that there are even more patches of text enclosed within double angled brackets, indicating that they are diagnostic conjectures. As before, we are occasionally able to find close parallels in Jinasamudra's work that enable us to repair details of the wording. For chapter 7, we are also able to add to this the parallels furnished by Vallabhadeva's commentary on the *Kumārasambhava* for the verses that are identical or that share common material. These are not as consistently useful as one might have expected, however, for Vallabhadeva apparently did not simply copy from one commentary into the other, and there are often rather few elements in common (see, for instance, our notes on the constitution of the text of his commentary on *Raghuvaṃśa* 7:26).

The commentary of Vaidyaśrīgarbha, in the sole witness that we are aware of, runs out in the middle of his remarks on 12:13. For Śrīnātha's commentary, the old Maithilī-script manuscript of which (NGMPP Reel No. A 22/3) is often hard to read, we have sometimes consulted another, later, manuscript, namely NGMPP Reel No. B 321/11, a paper manuscript whose first 97 numbered folios have been written in Newāri script, but folios 98–286 in Devanāgarī script. The text is nonetheless continuous. This later manuscript was also of use in chapter 12, particularly where one frame in the microfilm of the Maithilī-script manuscript, corresponding to ff. 195v–196r, is missing.

Late in our 'final' revision of this volume, luck brought two manuscripts of Dakṣiṇāvartanātha's commentary into our hands. (As remarked in fn. 69 on p. xli of volume 1, Dakṣiṇāvartanātha was known to Mallinātha, and also to Aruṇagirinātha, as remarked on pp. lxxviii–lxxix; but whether or not he precedes Hemādri is as yet not clear to us.) There are other manuscripts of Dakṣiṇāvartanātha's commentary (in Kerala and in Mysore) not yet available to us, so anything that we can say now must be admitted to be preliminary. Nonetheless, knowing the commentary to be earlier than the printed Southern commentaries, and to have been a significant influence on them, we thought that it was worth the trouble to consult it and to inform the readers of this volume how Dakṣiṇāvartanātha reads the poem, at least in those points where there are major differences of reading and doubts. For a discussion of the date and provenance of Dakṣiṇāvartanātha, see UNNI 2016 (pp. 42–69), who considers him to have been named after the Śiva of the famous Tiruvalañcuḻi that is in Tamil Nadu (whereas others point to instances of this toponym in Kerala) and to have flourished before 1500 CE. The manuscripts to which we now have access are those of Lahore (No. 4550 in the 1932 Catalogue of RAM (vol. 2, p. 264) [= New Handlist vol. 2, No. 327 of the *kāvya* section, Acc. no. 7463]) and of the GOML in Madras (GOML 5173), which appears to be a paper Devanāgarī apograph of the Lahore one, a palm-leaf manuscript written in Malaiyāḷam script.[1] References are to the page-numbers in the GOML transcript.

We have treated Dakṣiṇāvartanātha's readings slightly differently from those of Vaidyaśrīgarbha and Śrīnātha in that we have not attempted consistently to report what he read in our endnotes. This is largely because he often does not reveal what he read. His commentary is often extremely brief, or focusses just on a word or two. In some cases he even merely gives the *pratīka* followed by *spaṣṭam*, *spaṣṭo 'rthaḥ* or the like. In a few cases, for instance 8:9 and 8:11–12, there is not even that, so that there may be a legitimate doubt as to whether he knew the uncommented verses at all. For 12:67–74, Dakṣiṇāvartanātha actually specifies (p. 156) that he is skipping over eight verses, saying *sa pratastha ityādy aṣṭau spaṣṭāḥ*, so that in this case we can know that he knew them. As in his commentary on the *Meghadūta*, he often mentions the readings that he actually follows with the expression *iti pāṭhaḥ*. In such cases, he thereby reveals that he was aware of the existence of variant readings that he rejected, but he does not tell us what those variant readings were. Not surprisingly perhaps, his readings tend to be close to those of the other Southern commentators, namely Mallinātha, Aruṇagirinātha and Nārāyaṇapaṇḍita.

As we have progressed, we have found it hard to resist the temptation to add longer and longer notes. As before, our annotation does not amount to a full commentary; matters of the interpretation of the poem are only occasionally dealt with, principally where they are relevant to text-critical considerations. There are of course frequent discussions about the interpretation of Vallabhadeva's commentary.

Finally, a minor difference is that in volume 1, we had switched inconsistently, without realizing it, between the orthographies *asru* and *aśru*; we now have opted for the former, the spelling more commonly found in our Kashmirian sources.

We note in passing that we also opt for the spelling *aguru*, commonly found in the Kashmirian MSS, and do not record the variant *agaru*.

Update on lexical oddities

As in the first volume, we have come across a few otherwise unattested or rarely attested or hitherto unlexicalised words, as well as unrecorded or rarely attested meanings of words more commonly used in other senses.

[1]We are grateful to Tancredi PADOVA for making a digital copy of the Lahore manuscript for us, and to Andrey KLEBANOV for sharing with us his copy of the GOML transcript.

We note *umbhita* in the commentary on 7:10 and 8:65; *jyotkṛtya* in the commentary on 7:30; *pratipatti* in the sense of 'noble family' in the commentary on 7:38; *khasita* ad 7:43; *triśikhā* and *ūrṇunāva* ad 7:58; *kalpita* in the sense of 'tonsored' or 'shaven' ad 9:19; *karakuka* or *karaktaka* ad 9:56; *ākrīḍaka* perhaps in the sense of 'hunter' or 'groundsman' ad 9:59; *nastulā* in 9:65; *śṛṅga* in the sense of 'pride' in 9:68; *nimittāntarāroparūpā utprekṣā* ad 10:38; *nirghāta* in the sense of a disembodied celestial noise ad 9:70; *ujjhaṭita* ad 11:13; *aililat* ad 11:28; *auninat* ad 11:61; and *anupraveśa* in the sense of 'voluntary submission' ad 12:69.

One rare form we failed to recognise when it occurred in volume 1, and therefore wrongly emended to *sakta*, is *satka*, discussed in our note on 10:56.1–2. As our note on the last item indicates, for such lexical curiosities, we are now able to call upon the invaluable help of the *NWS*, or Nachtragswörterbuch des Sanskrit, prepared by colleagues at the universities of Marburg and Halle-Wittenberg (`https://nws.uzi.uni-halle.de/`). We now also have at our fingertips a much larger electronically searchable corpus of premodern lexciographical literature, thanks to the labours of Dhaval PATEL (`https://github.com/sanskrit-kosha/kosha`).

New Thoughts on Vallabhadeva's Quotation of Lexicographical and Metrical Sources and on his relation to Śaṅkara, the commentator on the Harṣacarita

We have never yet been able to identify the source of any one of Vallabhadeva's lexicographical 'quotations'. We find no quotations from Amara (other than ones that we have expunged from the text as probable interpolations), or from any well-known *kośas*. There are however frequently glosses which suggest that Vallabhadeva was, as one would expect, perfectly familiar with the *Amarakośa*; and in his *Śiśupālavadhaṭīkā*, at least, he does probably quote from the *Amarakośa* (see below).

The early commentator on the *Harṣacarita* Śaṅkara, also a Kashmirian, seems similar in this respect: his lexicographical quotations are sometimes (but not always) ones that we cannot find in known sources (though he does also quote from Amara several times, and once by name, p. 156). This Śaṅkara, incidentally, may actually be mentioned by name by Vallabhadeva in his commentary on *Śiśupālavadha* 20:54 (as we mentioned in volume 1, in footnote 8 on p. xvi), referring to Bhaṭṭa Śaṅkara's interpretation of the verse; there seems also to be at least a faint possibility that the *kecit* mentioned in the commentary on 1:74 as censuring the description of the love-life of a sage might refer to Śaṅkara, the commentator on the *Harṣacarita*, for his remark *devatāviṣayaṃ sambhogaśṛṅgāravarṇanam anucitam* (p. 60) is somewhat similar in flavour.

Some other points that may suggest some kind of a relationship between the two commentators include their both drawing on Rudraṭa (whom we failed to mention in volume 1, footnote 8 on p. xvi, as one of Śaṅkara's sources, but who is quoted and mentioned by name by him on p. 167, making a point identical with that made by Vallabhadeva ad *Raghuvaṃśa* 5:42), the similarity of a remark of Śaṅkara on p. 203 with one of Vallabhadeva ad *Raghuvaṃśa* 5:2, and the quotation on p. 22 of the same verse defining the *abhisārikā*, of unknown provenance, which Vallabhadeva quotes ad *Kumārasambhava* 6:43 and ad *Raghuvaṃśa* 16:12. A similar verse defining the *khaṇḍitā*, which might come from the same source, is quoted by Vallabhadeva ad *Raghuvaṃśa* 5:67 and elsewhere (see our endnote thereon in volume 1).

Examples of what seem to be lexicographical quotations in Vallabhadeva's commentaries include those ad *Śiśupālavadha* 1:6 (of the two *pādas*, the second is found as *Amarakośa* 3.3:83b), 14:84,[2] 18:78 (the latter two consist in single *pādas*); ad *Kumārasambhava* 1:5 (the same quotation appears in Vallabhadeva's commentary on *Raghuvaṃśa* 6:46), and those ad *Raghuvaṃśa* 3:12 (very doubtful; see the discussion in the note on 3:12.1), 4:67,[3] 5:41, 6:21, 8:75, 9:70, 12:22, 12:55.

In 12:22.4 (*doṣaikagrāhihṛdayaḥ purobhāgy abhidhīyate*), the lexical quotation is similar to the definition of the *Amarakośa* (with which, as we have just mentioned, Vallabhadeva was clearly familiar), but differently formulated.

As we have noted in volume 1 (p. lvii, fn. 112), Vallabhadeva does not invariably follow quotations with the quotative particle *iti*. Nonetheless, it is striking that not one of these lexicographical 'quotations' is followed by *iti*, which raises the possibility that they might not be quotations at all, but rather spontaneous versifications of lexicographical information by

[2] The quotation is identical with *Amarakośa* 3.1:40, but with *āttagandho* where most editions of and most commentaries on the *Amarakośa* read *āttagarvo*; the variant is mentioned however by several commentators, such as Vandyaghaṭīya Sarvānanda, Liṅgayasūrin and Rāyamukuṭa; note also that in *Raghuvaṃśa* 13:7 Vallabhadeva reads *gotrabhidāttagarvāḥ* where the printed commentaries have *gotrabhidāttagandhāḥ*, on which Aruṇagirinātha incidentally remarks *āttagandho 'bhibhūtaḥ syād iti siṃhaḥ*.

[3] The line Vallabhadeva quotes here, *jātau jātau yad utkṛṣṭaṃ tad ratnam abhidhīyate*, is found quoted in many texts, but we know of no occurrence that is clearly older than this one. It can also be found in at least one lexical work, the *Śabdaratnapradīpa*, but that is too late to have been Vallabhadeva's source. The original source, should it ever be possible to identify it, might well not be a lexical work.

Vallabhadeva himself, to suit his needs. We did not discuss this issue in the first volume because we were aware of how little lexicographical evidence we could conveniently access. This has now changed, largely because of the Herculean efforts of Dhaval PATEL, who has in recent years been putting electronic texts of large quantities of pre-modern Sanskrit lexicographical works online for free.

While we have met with little success identifying lexicographical sources used by Vallabhadeva, in the realm of metrical literature we have had a break-through, for we have noticed that the majority of Vallabhadeva's definitions of metres are drawn from the *Jayadevacchandaḥśāstra*. Various names are given for the text, which VELANKAR calls *Jayadevacchandaḥ*. It is clearly old enough to have been known to Vallabhadeva, and was once well-known. The author was probably a Jain who lived before 900 CE and is quoted by Abhinavagupta and Utpala (the commentator on the *Bṛhatsaṃhitā*). Namisādhu (commenting on Rudraṭa's *Kāvyālaṅkāra*) mentions Jayadeva alongside Piṅgala as an old metrical authority. The commentator on Jayadeva is a certain Harṣaṭa, son of a certain Mukulabhaṭṭa (perhaps the famous ninth- or tenth-century rhetorician). *Jayadevacchandaḥśāstra* 7:11 is quoted ad *Raghuvaṃśa* 12:102 (for defining *mālinī*); 6:28 is quoted ad *Raghuvaṃśa* 11:1 and also ad *Śiśupālavadha* 1:1 (for defining *rathoddhatā*); 7:21 is quoted ad *Śiśupālavadha* 1:75 (for defining *śārdūlavikrīḍita*); 6:30 is quoted ad *Śiśupālavadha* 4:21 (for defining *drutavilambita*); 6:20 is quoted ad *Śiśupālavadha* 4:23 (for defining *śālinī*); 6:17 is quoted ad *Śiśupālavadha* 4:27 (for defining *upendravajrā*). One of the few exceptions is the definition of *praharṣiṇī*; Vallabhadeva gives, ad *Śiśupālavadha* 4:26, *mnau jrau gas tridaśayatiḥ praharṣiṇī syāt*, which is slightly different from Jayadeva's *mnau jrau gas trikadaśakau praharṣiṇī syāt* (7:1); another case is that of *nārāca*, on which see our note on 12:104.4 below. Of course it is conceivable that these somewhat randomly given metrical definitions (in many places we might expect a definition of a rare metre, such as *mattamayūra*, and there is none) were added by an early transmitter; it is somewhat striking that in the *Kumārasambhavaṭīkā* metres are regularly identified, but no definitions are cited at all.

Thoughts on the authenticity of later chapters of the Raghuvaṃśa

Up to and including chapter 8 of the *Raghuvaṃśa*, there is a consensus that the poetry is Kālidāsa's, and that it includes some of his most beautiful and most famous verses. But some have called into question the authorship of the later chapters, 9–19, of the *Raghuvaṃśa*.[4] For the first part of chapter 9, up to the end of the description of spring, an up-beat metre, *drutavilambita*, has been chosen, and an alliterative constraint involving verbatim repetition of syllables 2–4 of the fourth quarter of each stanza as syllables 5–7, and this produces a decorative effect that some regard as out of character and, as one reader commented to us, gives a 'remarkable sense of deflation after the transcendent beauty of chapter 8'. This is of course a matter of taste. Some slackening of the poetic intensity of chapter 8 is simply inevitable, and to us this repeated use of the *yamaka* in the fourth quarter builds up to an effect that is thrilling.

There then follow three chapters (10–12) which recount the principal events of Vālmīki's *Rāmāyaṇa* in a rather cursory fashion, often packing large portions of the story into very little space. Chapters 13, 16 and 19 seem to reach again for a loftier register, but chapters 14, 15 and 17 may appear relatively flat to some, and chapter 18 with its catalogue of kings whose names are 'justified' or echoed by word-play is decidedly a tedious oddity when set beside any of the first eight chapters.

We note that SCHUBRING (1955), without adverting to the question of authenticity, has observed the absence, from chapter 9 onwards, of a curious stylistic feature discernible in the first eight chapters, a sort of interlinking of contiguous verses by measured repetition of items of vocabulary, a feature that he calls 'Verschränkung', and which SALOMON (after defining the practice slightly differently) refers to as 'concatenation' (SALOMON 2016). This feature, although apparently never remarked upon by premodern *ālaṃkārikas*, is a widespread feature of early poetry, as SCHUBRING demonstrates, and so its disappearance from chapter 9 is noteworthy. But on the other hand, given that SCHUBRING and SALOMON define it slightly differently, it is a feature that is hard to measure (cf. GOODALL 2022:19–23, for an attempt to decide on whether or not there is 'concatenation' or 'Verschränkung' in a long epigraphic poem), and one can imagine that a poet might anyway wish to deploy it with variable frequency. In chapter 9, for instance, the use of the *yamaka*, placing considerable extra constraints upon the poet, might have been felt to have an effect of uniting the relevant verses, as 'concatenation' might have done. Moreover, as we shall show below, the order of the *drutavilambita* verses differs widely between witnesses, and the degree to which 'Verschränkung' was present or absent in the au-

[4]Perhaps the earliest scholar to do so was KUNHAN RAJA in 1941 and again in 1956. SHULMAN (in BRONNER, SHULMAN, TUBB 2014:62) alludes to this view, but states that he does not adhere to it.

thorial version is impossible to know.[5] There seem to us to be a few possible instances of 'Verschränkung' in chapter 11 (*pace* SCHUBRING), as our notes occasionally reflect. But consider also these few instances from the beginning of chapter 11: *dideśa* in verse 2 is echoed by *ādiśati* in 11:3, *nideśa°* in 11:4 and *upadiṣṭa°* in 11:9; *vihitā* in 11:3 is echoed by *°vidhau* in 11:5; the word *mārga* occurs in 3, 6 and 15; forms of *pitṛ* occur in 4, 6, 10 and 15; *ṛṣi* is used in 5 and 6; *netum* in 5 is arguably echoed by *nayana°* in 6; *caraṇa* occurs in 4, 7 and 10; *mātṛ* in 7 and 9, and so forth. And such networks of resonances may be found in other chapters too. Consider for instance, these clusters, in a passage chosen at random, in chapter 12: *hṛdaya* is used in 64 and 65; *priya* in 63, 65 and 66, *hari* in 62 and 67; *śrutvā* in 66 finds echo in *pratiśuśrāva* in 69; and *badhnāti* in 69 finds echo in *bandhayām āsa* in 70. Perhaps SCHUBRING's conditions for diagnosing Verschränkung are more stringent than ours, and perhaps there really is a greater density of such concatenations in the earlier chapters, but they certainly do not seem to be absent entirely from the later ones.

Medieval authorities, as far as we are aware, do not question the authenticity of the whole literary epic, and the evidence of the oldest manuscript of the *Raghuvaṃśa* (published by TATICCHI in GNOLI 1962), the oldest commentary (that of Vallabhadeva), and a number of citations in works from at the latest the early tenth century onwards show that these chapters, unlike chapters 9 to 17 of the *Kumārasambhava*, cannot be a late medieval addition.

The earliest surviving manuscript, although very fragmentary and variously dated, covered all 19 chapters and uses a script that seems older than that of the famous Bakhshālī manuscript, three fragments of which were in 2017 assigned radio-carbon dates of between 224–383 CE, 680–779 CE, and 885–99 CE, but which is generally regarded as palaeographically homogenous, with a script datable to somewhere in the second half of the first millennium (see PLOFKER, KELLER, HAYASHI, MONTELLE and WUJASTYK 2017). Whereas folios of the Bakhshālī manuscript have the Śāradā 'eyebrow'-type vowel-marker for *o*, the Śāradā detached and slanted bar above a consonant for the vowel-marker *e*, and the standard Śāradā fashion of notating a subscript *r* in ligature with a preceding consonant, in the manuscript published by TATICCHI we see instead *pṛṣṭhamātra*-notation for

[5]Of course the same remark could be made about the *Meghadūta*, where different transmissions order the verses differently, but, as SCHUBRING remarks (1955:331), there has been a great deal of scholarly reflection about the order and authenticity of its verses, on the strength of which he chose the order presupposed by Jinasena for establishing the degree of 'Verschränkung' there.

the vowels *e* and *o*, and the subscript *r* is a single slanted stroke that flicks diagonally backwards and upwards from the bottom of the consonant to which it is attached. These are all archaic features that must predate the evolution of the standard Śāradā conventions that are visible already in the Bakhshālī manuscript.

Quotations of the later chapters which predate the thirteenth century CE include 9:6, 9:35, 11:82, 12:2, 17:47, and 19:27 quoted by Mahimabhaṭṭa (without attribution), all except for 12:2 appearing in the second *vimarśa* of his *Vyaktiviveka*;[6] 12:58 quoted in Bhoja's *Sarasvatīkaṇṭhābharaṇa* (also without attribution).[7] The famously non-standard split in the periphrastic perfect in 9:67 *taṃ pātayāṃ prathamam āsa*, is attributed to '*Raghu*' in Śaraṇadeva's *Durghaṭavṛtti*.[8] Plentiful citations from chapters 9 through 19 are also to be found in Kuntaka's tenth-century *Vaktroktijīvita* and in Bhoja's early eleventh-century *Śṛṅgāraprakāśa*, as recorded by SUBBANNA (1973: *passim*).

There is a possibility that there is an earlier quotation yet from one of the later chapters: 12:19 appears to be quoted in Vāmana's *Kāvyālaṅkārasūtra* 5.2.73 (*dṛḍhabhaktir asau sarvatra*) and in the *vṛtti* thereon, which in most editions reads '*dṛḍhabhaktir asau jyeṣṭhe' atra pūrvapadasya 'striyām' ity avivakṣitatvāt*. This may have been widely overlooked because HARI CHAND (1917) somehow failed to note this citation, while SUBBANNA (1973) does not seem to have consulted Vāmana's *Kāvyālaṅkārasūtra* at all, and none of the editions we have seen identify it (just as, incredibly, none of the editions identify the quotation of *Kumārasambhava* 1:34 in Vāmana's auto-commentary on *sūtra* 5.27). Only Ganganatha JHA in his translation of 1917 (1990:141) has recognised *dṛḍhabhaktir asau jyeṣṭhe* as being from the *Raghuvaṃśa*. There is, however, some doubt about this quotation, since a variant of the *sūtra* is found in which only *dṛḍhabhaktir*, not *dṛḍhabhaktir asau*, is quoted, which might be felt to be insufficient to establish that this verse of the *Raghuvaṃśa* was in Vāmana's mind, and the Kāvyamālā edition (p. 77) also records that one manuscript has a variant for the commentary in which there is no quotation of 12:19. But, as BALASUBRAHMANYAM notes in a one-page preface to the 1909 Srirangam edition, the Kāvyamālā

[6] *Vyaktiviveka*, p. 306 (9:6), pp. 360–361 (9:35), pp. 234–235 and 373 (11:82); p. 16 (12:2); pp. 199–200 (17:47), and p. 376 (19:27). For further discussion of Mahimabhaṭṭa's quotation of 9:35, see GOODALL forthcoming.

[7] *Sarasvatīkaṇṭhābharaṇa*, p. 1116.

[8] *Durghaṭavṛtti*, p. 57; other quotations in Śaraṇadeva's work of the later chapters are those of 12:38b on p. 15, of 13:15a on p. 38, and 15:1cd on p. 19, all likewise attributed to '*Raghu*'.

edition 'left much to be desired', with the *sūtras* and *vṛtti* muddled 'in several places'. The 1909 edition comes with the *Kāmadhenu* commentary of Gopendratippabhūpāla, which is printed with the above quoted longer version of the *sūtra* and with the quotation of *Raghuvaṃśa* 12:19a in the *vṛtti*, but the *Kāmadhenu* does not contain any echo of the quotation of 12:19a, and it is thus possible that Gopendratippabhūpāla had before him a version of Vāmana's auto-commentary that did not contain it. Furthermore, in the two manuscripts of Vāmana's text and commentary that we happen to have to hand (in the form of photocopies), both of them undated paper Devanāgarī manuscripts held in the Sindhia Oriental Research Institute in Ujjain, the entire *vṛtti* reads simply *atra pūrvapadasyāstriyām vivakṣitatvāt* (MS 3648, f. 65r, and MS 9787, f. 38r). As for the *sūtra*, it reads *dṛḍhabhaktir iti sarvatreti* in MS 3648 and *dṛḍhabhaktir iti na sarvatra* in MS 9787. So this outlying allusion to *Raghuvaṃśa* 12 in a work of the eighth century, which would be centuries earlier than all the other citations just discussed, is not a certainty. Nonetheless, those other quotations together form a significant body.

Furthermore, these later chapters of the *Raghuvaṃśa* contain at least occasional flashes (for instance in the description of a flight over the ocean in the beginning of chapter 13 and of the abandoned city of Ayodhyā in chapter 16) of what seems to us the same poetic genius that is more easily recognized in the earlier part of the work.

Various authors have pointed to echoes of the later chapters of the *Raghuvaṃśa* in inscriptions. Individually, some of them may seem not entirely convincing, but cumulatively they may have some force. The first case we should mention is that in what KIELHORN calls the 'Bôdh-Gayâ Inscription of Mahânâman' (*Indian Antiquary* XX (1891), p. 190), which is edited by FLEET in *CII* 3 (pp. 274–278). KIELHORN suggests (and TOURNIER (2014:29–30, fn. 113) concurs) that verse 8 in lines 11–12,

> *vyapagataviṣayasneho hatatimiradaśaḥ pradīpavad asaṅgaḥ*
> *kuśalenānena jano bodhisukham anuttaraṃ bhajatām*

imitates (with little success according to KIELHORN) *Raghuvaṃśa* 12:1:

> *nirviṣṭaviṣayasnehaḥ sa daśāntam upeyivān*
> *āsīd āsannanirvāṇaḥ pradīpārcir ivoṣasi*

> After exhausting his pleasure in the objects of the senses, Daśaratha approached the final stage; he came close to extinction, like the flame of a lamp at dawn that has used up the oil in its reservoir and come to the end of its wick.

The inscriptional verse might be translated thus:

> By [the merit accrued through] this meritorious act [of building a temple at Bodhgayā], may people partake of the supreme bliss of awakening, their attention to sense-objects having disappeared, and their state of [spiritual] darkness having been destroyed, [so that they are] without attachment, like lamps [which reach the state of extinction], the oil of their reservoirs having run out, and their black wicks being spent.

The pun on *viṣayasneha* shared by these two is not known to us from any other verse.

The inscription in question is dated to 269 of some era, which FLEET thinks is the Gupta Era = 588/89 CE, or Kalacuri Era = 539/540 CE. LÉVI thinks it is rather of the *śaka* era = 348/49 CE, but he also contradictorily remarks (1929:36): 'L'aspect des caractères employés dans l'inscription de Mahānāman suggere une date plus basse que le IVe siecle.' Most recently, the inscription has been discussed by TOURNIER (2014), who thinks that the date is in the Gupta Era (587 CE), and has been made available online by Dániel BALOGH here: `https://siddham.network/inscription/in00119/`.

The famous Meguti inscription in Aihole of *śaka* 556 (634 CE), whose poet Ravikīrti refers to Kālidāsa, appears to echo the wording of several verses in the later chapters of the *Raghuvaṃśa*, as KIELHORN has shown (e.g. 1900:8, fn. 2, pointing out an echo of 17:46; fn. 8, pointing out an echo of both 18:22 and 9:50; p. 9, fn. 4, pointing out an echo of 15:86; fn. 7, pointing out an echo of 9:37 and 19:40). There is perhaps no need to discuss each of these cases here, but we may give one example, one that is also alluded to by SIVARAMAMURTI (1944:22). The second half of verse 11 of Ravikīrti's inscription reads:

> *yaḥ pūrvapaścimasamudrataṭoṣitāśvasenārajaḥpaṭavinirmitadig-vitānaḥ*

> ... who made a canopy covering the directions with a cloth that was the dust of his cavalry when it rested on the shores of Eastern and Western oceans.

and this seems to echo expressions in *Raghuvaṃśa* 18:25 (*velātaṭeṣūṣita-sainikāśvam*, '...he quartered his soldiers' horses on the shores of the oceans') and in *Raghuvaṃśa* 9:56 (*gaganam aśvakhuroddhatareṇubhir nṛsavitā sa-vitānam ivākarot*, '...seemed to darken the sky with a canopy of dust struck up by the hooves of his horses'). Other possible echoes may seem rather uncertain, for instance the possible echo in verse 9 of Ravikīrti's poem (*paradārānivṛttacittavṛtter api dhīryasya*) of *Raghuvaṃśa* 16:8 (*ācakṣva matvā vaśināṃ raghūnāṃ manaḥ parastrīvimukhapravṛttiḥ*), and indeed this case, though mentioned by SIVARAMAMURTI (1944:24), is not signalled by KIELHORN; but given the wealth of more palpable allusions in the immediate context, perhaps they have some force.

The celebrated Han Chey *praśasti* of a Khmer king Bhavavarman (K. 81, ed. BARTH 1885:8–21), which therefore dates from the end of the sixth or the first half of the seventh century (depending on whether this is Bhavavarman I or Bhavavarman II), has two verses that unmistakably echo two verses from *Raghuvaṃśa* 4, as KIELHORN has noticed (1900:4, fn. 1), but it also contains what may be echoes of two verses from the later chapters. Its fourth verse reads:

> *antassamutthā durgrāhyā mūrtyabhāvād atīndriyāḥ*
> *yadā ṣad*[9] *arayo yena jitā vāhyeṣu kā kathā?*

> Since he has conquered the six enemies that arise internally and that are hard to catch hold of, being beyond the senses, since they lack corporeal form, what to speak of external ones?

This might be a deliberate reformulation of *Raghuvaṃśa* 17:45:

> *anityāḥ śatravo bāhyā viprakṛṣṭāś ca te yataḥ*
> *ataḥ sa āntarān nityān ṣaṭ pūrvam ajayad ripūn*

> The three types of external enemies are both transient and distant, and so he vanquished first the six internal enemies, which are constantly present.

And here is its fifth verse:

> *nityadānapayassiktakarān eva mataṅgajān*
> *ātmānukārād iva yaḥ samarāya samagrahīt*

> For battle, he captured elephants whose trunks were constantly wet with the liquid of musth, as though in imitation of himself, *whose hands were constantly wet with the water poured to solemnise donations.*

[9] Khmer inscriptions often have dental consonants in place of retroflex ones, presumably because of the absence of a phonological distinction in Old Khmer.

This may contain a conscious echo of *Raghuvaṃśa* 16:3:

> *caturbhujāṃśaprabhavaḥ sa teṣāṃ dānapravṛtter anupāratānām*
> *suradvipānām iva sāmayonir bhinno 'ṣṭadhā viprasasāra vaṃśaḥ*
>
> The lineage, arising from the portions of Four-Armed Viṣṇu, of these kings (the sons of Rāma and his brothers), who never stopped showing generosity, spread far and wide, divided into eight branches, like the family, arising from the *sāmans*, of divine elephants, who never stop flowing with musth.

Although there may be no verbal echoes in the so-called Lakkhā Maṇḍal *praśasti* of circa 600 CE edited by BÜHLER (1892:10–15), it furnishes a different sort of echo, for, as BÜHLER observes (1890:13), it gives *nirvacanas* of a series of kings' names much like those in chapter 18 of the *Raghuvaṃśa*.

Among the *birudas* engraved round the inside of the enclosure of what is now called the Kailāsanātha temple in Kanchipuram, we find *chāyāvṛkṣaḥ*, 'a shade-giving tree', which SIVARAMAMURTI suggests (1944:7) may be a conscious echo of *Raghuvaṃśa* 10:6: *abhijagmur nidāghārtāś chāyāvṛkṣam ivādhvagāḥ*, 'They approached as travellers oppressed by summer's heat approach a shady tree'. Another relevant *biruda* there (SIVARAMAMURTI 1944:54) is *utkhātakaṇṭakaḥ*, which may echo *utkhātalokatrayakaṇṭake* in *Raghuvaṃśa* 14:73.

In K. 266 (ed. CŒDÈS 1908), one of the three tenth-century Bat Chum inscriptions, verse 13 (recently discussed in GOODALL 2022:54) recalls the story recounted in the opening of chapter 16 of the *Raghuvaṃśa*, where the city of Ayodhyā takes the form of a woman, appears at night in Kuśa's locked bedchamber, recounts her sorry abandoned condition and implores him to return to make Ayodhyā the capital of the solar dynasty once again:

> *śrīmadyaśodharapurīñ cirakālaśūnyāṃ*
> *bhāsvatsuvarṇnagṛharatnavimānaramyām*
> *bhūyo 'dhikāṃ bhuvi mahendragṛhopamāṃ yo*
> *'yodhyāpurīm iva kuśo 'bhinavāñ cakāra*
>
> The glorious city of Yaśodhara, which had long lain empty (*cirakālaśūnyām*), Rājendravarman (*yaḥ*) made new (*abhinavāṃ cakāra*), just as (*iva*) Kuśa renewed the city of Ayodhyā, once again (*bhūyaḥ*) great (*adhikām*), delightful because of its jewelled turrets and houses of gleaming gold (*bhāsvatsu-varṇagṛharatnavimānaramyām*), like a city of great Indra [/like

the palaces on the Phnom Kulen] (*mahendragṛhopamām*) upon earth (*bhuvi*).

Also from the tenth century, verse 102 of the Mebon inscription (K. 528, GOODALL 2022:177) contains what may be an echo of chapter 17:

dūrāt pratāpair dviṣatāṃ vijetur
yyasya svayuddhan nitarān durāpam
gandhadvipasyeva madotkaṭasya
vitrāsitānyadviradasya gandhaiḥ

It was very (*nitarām*) hard for Rājendravarman to find (*durāpam*) battles for himself (*svayuddham*), since he vanquished (*vijetuḥ*) his enemies (*dviṣatām*) from afar (*dūrāt*) by reports of his valour (*pratāpaiḥ*),[10] like (*iva*) a scent elephant (*gandhadvipasya*), dripping with musth (*madotkaṭasya*), who drives away all other elephants (*vitrāsitānyadviradasya*) by his odours (*gandhaiḥ*).

Compare *Raghuvaṃśa* 17:68 (17:70 in Mallinātha, who reads *gandhabhinnānya*° in the fourth quarter):

prāyaḥ pratāpabhagnatvād arīṇāṃ tasya durlabhaḥ
raṇo gandhadvipasyeva gandhabhagnānyadantinaḥ

Because his enemies were generally broken by reports of his valour, it became difficult for him to find battles, like a Gandha elephant by whose smell other elephants are broken.

The only chapter not mentioned in this excursus about epigraphical echoes is *Raghuvaṃśa* 11. And so, taken as a whole, the various pieces of evidence cited above seem to suggest that all the chapters of Kālidāsa's *Raghuvaṃśa* were circulating together from as early as the sixth century.

---

[10] Such a sense, 'report of valour' would be in line with Vallabhadeva's standard gloss of pratapa, found, for instance, in his commentary on *Raghuvaṃśa* 4:30: *aribhayajananī vārttā pratāpaḥ*, '*pratāpa* is a piece of news that creates fear in the enemy'. This usage might incidentally also be suspected in verse 8 of the Gaṅgdhār inscription dated to 423 CE:

nirbhūṣaṇair avigatāsrajalārdragaṇḍair
vicchinnamaṇḍanatayojjvalanaṣṭaśobhaiḥ
yasyārikāminimukhāmburuhair balasya
pūrvaṃ pratāpacakitaiḥ kriyate praṇāmaḥ

Some further thoughts on the 'Relative Priority' of the Raghuvaṃśa and Kumārasambhava

In 1982, Gary TUBB published an intriguing paper on 'The Relative Priority of the Wedding Passages in the Kumārasambhava and the Raghuvaṃśa', in which he explored the possibility that the *Kumārasambhava* might be an earlier composition of Kālidāsa than the *Raghuvaṃśa*, using the evidence of the shared textual elements of each work's seventh chapter, both giving accounts of weddings, that of Śiva and Pārvatī in the *Kumārasambhava* and that of Aja and Indumatī in the *Raghuvaṃśa*. When we first read this article, we had at once the feeling that it was too early for judgments of this kind, because not enough of the transmissional evidence had been consulted. Now that editions of Vallabhadeva's commentaries on both chapters are accessible, our suspicions are confirmed. There seems to be evidence of elements from both chapters having been passed in both directions during the course of their transmission. In other words, it is not just that Kālidāsa reused some of his favourite bits in one wedding description to supplement the other, but transmitters of both texts also did the same, thus conflating the two texts over a period of centuries, long after Kālidāsa's time.

Consider for example *Raghuvaṃśa* 7:14, which appears as *Kumārasambhava* 7:65 in Vallabhadeva's text. It seems ill-suited to the *Kumārasambhava*, for it is hardly appropriate to imply that Brahmā created not only Pārvatī, but also Śiva. Another clear example is *Raghuvaṃśa* 7:24, which does not occur in Vallabhadeva's text of the *Kumārasambhava*, but appears in Mallinātha's text of the *Kumārasambhava* (see our endnote thereon). In other words, there are clearly parts of the *Kumārasambhava*'s wedding description that derive from the *Raghuvaṃśa*'s description, and this conflicts with TUBB's hypothesis that the many shared verses of chapters 7 of the *Kumārasambhava* and *Raghuvaṃśa* were first composed for the *Kumārasambhava*, in which they fit most naturally and form a cogent narrative whole.

At a more granular level too, we find problems with TUBB's stance. TUBB records (1982:311, fn. 3) that JACOBI (1882:152–153), who had before him Mallinātha's readings, regarded *Raghuvaṃśa* 7:23 to be an improved revision by Kālidāsa of *Kumārasambhava* 7:75, but one of the criteria that led him to this judgment was that *Raghuvaṃśa* 7:23 contained *°nivartitāni* in place of *°kātarāṇi*, whereas Vallabhadeva's text here actually has *°kātarāṇi*. It therefore follows that, even if *°nivartitāni* is indeed an 'improvement', it may not have been an improvement that Kālidāsa introduced.

In any case, even now that we do have a better idea of how the earliest surviving commentary read both passages, it remains true that there is a vast amount of evidence about the transmission of both that has not yet been published or examined. We cannot therefore conclude with a clear pronouncement on the relative priority of the two chapters (and therefore of the two poems), but must limit ourselves to observing that the issue is complicated by text-critical uncertainties and thus less clear-cut than TUBB supposed.[11] An intriguing point is that the commentary of Vidyāmādhava, recently edited in an unpublished PhD thesis (PRAJITHA 2010), seems not to attest *Kumārasambhava* 7:63-85. This might however be due to problems in the transmission of the commentary; of PRAJITHA's four Malaiyāḷam-script manuscripts, only one transmits this part of the commentary (PRAJITHA 2010:33).

In the foregoing paragraphs, we have spoken of the poem itself, but it is, incidentally, odd that, as we have noted above (see p. xiii above), few of the glosses used by Vallabhadeva in his *Kumārasambhavaṭīkā* are the same as those used to explain the same expressions in the *Raghupañcikā*.

Manuscripts not consulted for the first volume

We have been able to collate two Kashmirian manuscripts that we were not aware of while preparing the first volume: E and L^M. Scans of both have been prepared and made available on archive.org thanks to the tireless efforts of Chetan Pandey, who kindly wrote an email (to Dominic Goodall on 29.xi.2022) to alert us to the presence of the manuscripts there. One contains only the root text, and we have assigned it the siglum L^M on the grounds that it is held in Lucknow, according to metadata printed on each image ('CC-0 Sharada Manuscripts at UPSS Lucknow, Digitized by eGangotri'; UPSS stands for Uttar Pradesh Sanskrit Sansthan). It contains the verses 1:1–3:14, 5:33b–7:71, and 9:1–10:54.

The other manuscript transmits part of Vallabhadeva's commentary on the *Raghuvaṃśa*, covering the end of chapter 6 and a large portion of chapter 7. We have assigned it the siglum E just on the grounds that it was digitized by eGangotri, for here the metadata printed on each image is less informative ('CC-0. In Public Domain. Digitized by eGangotri'). E contains folios numbered 58–61 and 64–67. Chapter 7 begins at the top of

[11] TUBB has since reiterated his belief in the relative posteriority of the *Raghuvaṃśa*, asserting (BRONNER, SHULMAN and TUBB 2014:84) that it may be 'justly regarded as the work of a more mature poet'.

f. 59v. It breaks off in the middle of 7:21 at the bottom of f. 61v, and resumes in the commentary on 7:39 on f. 64r. It breaks off finally in the commentary on 7:71, half way down f. 67v, which is half blank, suggesting that no more of the text was copied after this point. The metadata on archive.org (`https://archive.org/details/uyuX_m-14-raghu-panchika-raghuvamsham-tika-by-vallabha-deva-sharada-manuscript-e-gang`, consulted 23.iv.2023) records this information:

> Manuscripts from Various Collections digitized by Egangotri, M14 - Raghu Panchika (Raghuvamsham Tika By Vallabha Deva) Sharada Manuscript - eGangotri Digital Preservation Trust.

In terms of its readings, E seems to be fairly close to L_2, with which it shares a few conjunctive errors (*niṣphalāśayatvāt* in the commentary on 7:2; *duṣṭaṃ nimitaṃ* and *gamane* for *galane* in the commentary on 7:10).

SANSKRIT TEXT

सप्तमः सर्गः॥

अथोपयन्त्रा सदृशेन युक्तां स्कन्देन साक्षादिव देवसेनाम्।
स्वसारमादाय विदर्भराजः पुरप्रवेशाभिमुखो बभूव॥ १॥

अनन्तरं ≪क्रथकैशिकेशो≫ नगरसम्मुख आसीत्। इन्दुमतीं गृहीत्वा, पत्या सम्बद्धाम्। अनुरूपेण। उपयच्छति स्वीकरोतीत्युपयन्ता भर्ता। कुमारेण समेन युक्तां देवसेनाख्यां कन्यामिव। देवसेना दैत्यसेना चेति नाम्ना कन्यके प्रजापतेरभूताम्। तयोः पूर्वस्याः पतित्वे कुमारो ऽभिषिक्त इत्यागमः। सुरपृतनामित्येके। सर्गे ऽस्मिन्नपि तदेव वृत्तम्॥ १॥

सेनानिवेशान्पृथिवीभृतो ऽपि जग्मुर्विभातग्रहमन्दभासः।
भोज्यां प्रति व्यर्थमनोरथत्वाद्रूपेषु वेशेषु च साभ्यसूयाः॥ २॥

---

1 c. °राजः] $P^{pc}B^{1}JD^{M}B_2^{M}B_3^{M}B_5^{M}B_7^{M}L^{M}$; °राजा UEB_4^{M}; °नाथः $P^{ac}L_2V^{M}B_1^{M}$𝕮 **2 a.** °भृतो] **V**$D^{M}B_1^{M}B_2^{M}B_3^{M}B_4^{M}B_5^{M}B_7^{M}L^{M}$Hem.; °भुजो V^{M}; °क्षितो T^{M}Mall.Ar.(?)Nā. Jin.

---

2 a^{5}–b^{11} T^{M}

1.1 अनन्तरं] P; अथानन्तरं $UB^{1}L_2EJ$ **1.1** क्रथकैशिकेशो] *conj.* (cf. Jin.); विदर्भराजः $PB^{1}J$; विदर्भराजा UE; विदर्भराजाः L_2 **1.1** नगरसम्मुख आसीत्] P; पुरप्रवेशे अभिमुखः सम्मुखो (सन्मुखो L_2) बभूवासीत् $UB^{1}L_2EJ$ **1.1** गृहीत्वा] *conj.*; स्वसारमादाय U; सुसारमादाय PJ; स्वसारमादाय गृहीत्वा $B^{1}L_2E$ **1.2** पत्या सम्बद्धाम्] *conj.*, उपयन्त्रा पत्या युक्तां सम्बद्धाम् $UPB^{1}L_2J$; उपयन्त्रा पत्या युक्तां सम्बन्धां E **1.2** अनुरूपेण] *conj.*; सदृशेनानुरूपेण Σ **1.2** कुमारेण] *conj.*; स्कन्देन कुमारेण Σ **1.3** °ख्यां] Σ; °स्त्रां E **1.4** पूर्वस्याः] $UPB^{1}L_2E$; पूर्वस्या J **1.4** °भिषिक्त] $UPB^{1}L_2J$; °भिषक्त E **1.5** सुरपृतनाम्] E; देवसेनां सुरपृतनाम् $UPB^{1}L_2J$ **1.5** °स्मिन्नपि तदेव] PB^{1}; °स्मिंस्तदेव UJ; °स्मिन्न तदेव L_2; °स्मिन्नेतदेव E

अन्ये राजानः स्कन्धावारानगमन्। प्रत्यूषे शश्यादिग्रहवद्विच्छायाः। इन्दुमतीं प्रति निष्फलाशत्वात्। रूपेष्वाकल्पेषु च सरोषाः, किमेभिरनर्थकैः प्रयोजनमिति॥ २॥

सान्निध्ययोगात्किल तत्र शच्याः
स्वयंवरक्षोभकृतामभावः।
काकुत्स्थमुद्दिश्य समत्सरो ऽपि
शशाम तेन क्षितिपाललोकः॥ ३॥

तस्मिन्विवाहे इन्द्राण्याः †सान्निध्ययोगेन† ≪स्वयंवरविघ्नविधायिनां नाशो≫ बभूव। केनापि क्षोभो न कृतः। तेन हेतुनाजं प्रति सद्वेषो ऽपि राजलोको ऽक्षमत्। इन्द्राण्याः सन्निधानाद्विवाहे कलहकारिणां विनाशो भवति । किलेत्यागमसूचनार्थः। †शचीसन्निधानाद्विघ्नकारिणो नश्यन्तीति श्रुतिः†॥ ३॥

तावत्प्रकीर्णाभिनवोपकारम्
इन्द्रायुधद्योतनतोरणाङ्कम्।

---

4 a. ॰पकारम्] **V**$D^M B_1^M B_2^M B_3^M B_4^M B_5^M B_7^M L^M$; ॰पचारम् V^M**C** **4 b.** ॰द्योतन॰] **V** $D^M B_1^M B_2^M B_3^M B_5^M B_7^M L^M$Hem.; ॰द्योतित॰ V^MHem.^{vl}Mall.Ar.(?)Nā.Jin.; ॰ध्योतन॰ B_4^M

---

3 c^2–c^{11}, d^4–d^8 T^M

2.1 अन्ये राजानः] *conj.*; पृथिवीभृतः अन्ये राजानः UPB^1J; पृथिवीभृत अन्ये राजानः L_2; पृथिवीभृते अन्येपि राजानः E **2.1** स्कन्धावारान्] *conj.*; सेनानिवेशान्स्कन्दावारान् Σ **2.1** अगमन्] P; जग्मुरगमत् U; जग्मुरगमन् B^1L_2EJ **2.1** प्रत्यूषे शश्यादिग्रहवद्] *conj.*; विभातग्रहवत् शश्यादिग्रहवन् UE; विभातग्रहवत् प्रत्यूषे शशिवत् P; विभातग्रहवत् शश्यादिग्रहवत् B^1L_2; विभातविग्रहवत् शय्यादिग्रहवत् J **2.1** विच्छायाः] *conj.*; मन्दभासो विच्छायाः UPL_2EJ; मन्दभासो विच्छायः B^1 **2.1** इन्दुमतीं] *conj.*; भोज्यामिन्दुमतीं Σ **2.2** निष्फलाशत्वात्] *conj.*; व्यर्थमनोरथत्वान्निष्फलाशत्वात् UB^1; निष्फलाशात्वात् P; व्यर्थमनोरथत्वान्निष्फलाशयत्वात् L_2E; निष्फलाशयत्वात् J **2.2** रूपेष्वाकल्पेषु] *conj.*; रूपेषु वेशेषु आकल्पेषु Σ **2.2** सरोषाः] *conj.*; साभ्यसूयाः सरोषाः Σ **3.1** तस्मिन्विवाहे] *conj.*; तत्र तस्मिन्विवाहे Σ **3.1** इन्द्राण्याः] *conj.*; शच्याः UPB^1L_2E; शच्या इन्द्राण्याः J **3.1** स्वयंवरविघ्नविधायिनां नाशो] *conj.* (cf. Jin.); स्वयंवरक्षोभकारिणामभावो Σ **3.2** सद्वेषो ऽपि] *conj.*; समत्सरो ऽपि सद्वेषो ऽपि Σ **3.3** राजलोको ऽक्षमत्] *conj.*; राजलोकः शशाम नाक्षमत् UB^1L_2EJ; राजलोकः शशामाक्षमत् P **3.3** इन्द्राण्याः सन्निधानाद्] UB^1EJ; इन्द्राण्याः सन्निधानसम्बन्धात् P; इन्द्राण्या सन्निधानाद् L_2 **3.3** विनाशो] Σ; अभावो E **3.4** ॰सूचनार्थः] Σ; ॰सूचकः E **3.4** विघ्नकारिणो] UB^1L_2EJ; स्वयंवरविघ्नकारिणो P

वरः स वध्वा सह राजमार्गं
प्राप ध्वजच्छायनिवारितोष्णम्॥ ४॥

यावत्ते राजानः स्वकटकबन्धान्याताः तावत्तस्मिन्नवसरे इत्यर्थः। अज इन्दुमत्या सह राजपथमाससाद। ≪विक्षिप्तनूतनपुष्पप्रकरम्। शक्रधनुःशोभमानबहिर्द्वारचिह्नम्। केतुच्छायनिषिद्धघर्मम्≫। ध्वजानां छाया ध्वजच्छायम्। विभाषा सेनासुरेत्यादिना ह्रस्वः॥ ४॥

ततस्तदालोकनसत्वराणां सौधेषु चामीकरजालवत्सु।
बभूवुरित्थं पुरसुन्दरीणां त्यक्तान्यकार्याणि विचेष्टितानि॥ ५॥

अनन्तरं नागरिकस्त्रीणां हर्म्येषु व्यापारा अनेन प्रकारेणासन्। वधूवरदर्शनार्थं

---

4 d. प्राप] ŚHem.Mall.Jin.; प्रापद् Ar.(?)Nā.Hem.^{vl} **5 a.** ०सत्वराणां] **V**D^{M}B$_1^M$B$_2^M$B$_3^M$B$_5^M$B$_7^M$L^M; ०सत्व--- T^M; ०सत्तरानां B$_4^M$; ०तत्पराणां V^M**C** **5 d.** त्यक्ता०] **V**D^{M}V^{M}B$_1^M$B$_4^M$B$_5^M$B$_7^M$L^{M}Hem.Mall.Ar.Nā.; त्यक्त्या० B$_2^M$B$_3^M$; मुक्ता० Jin.

---

4 d^9–d^{11} T^M **5** a^1–a^9 T^M

4.4 विभाषा सेनासुराच्छायाशालानिशानाम् *Aṣṭādhyāyī* 2.4.25.

4.1 याताः] UB^{1}L$_2$EJ; गताः P **4.2** अज इन्दुमत्या] *conj.*; स वरो ऽजः वध्वा इन्दुमत्या UPB^{1}L$_2$J; स वरोजः वध्वा इन्दुपत्या E **4.2** राजपथमाससाद] *conj.*; राजमार्गं राजपथै प्राप ससाद U; राजमार्गमाससाद P; राजमार्गं राजपथं प्राप ससाद B^1; राजमार्गं राजपथं प्रापाससाद L$_2$EJ **4.2** विक्षिप्तनूतनपुष्पप्रकरम्] *conj.*; प्रकीर्णो विक्षिप्तो ऽभिनवः उपकारः पुष्पप्रकरो (कारो UB^{1}EJ) यत्र UPB^{1}L$_2$EJ **4.3** शक्रधनुःशोभमानबहिर्द्वारचिह्नम्] *conj.*; इन्द्रायुधवच्छक्रधनुर्वद् (धनुवद् UJ) द्योतनं शोभमानं तोरणं बहिर्द्वारमेवाङ्कश्चिह्नं यस्य UPB^{1}J; इन्द्रायुधवच्छक्रधनुर्वद्द्योतनं तोरणं बहिर्द्वारमेवाङ्कचिह्नं यस्य L$_2$; इन्द्रायुधवच्छक्रधनुर्वद्द्योतनं तोरणं बहिर्द्वारमेवाङ्कं चिह्नं यस्य E **4.3** केतुच्छायानिषिद्धघर्मम्] *conj.*; ध्वजानां केतूनां छायया निवारित उष्णो (निवारितोष्णो UPJ; निवारित उष्ण E) घर्मो यत्र सः UPB^{1}L$_2$EJ **4.3** छाया ध्वजच्छायम्] PB^{1}L$_2$J; छाया ध्वजच्छायां U; छायया ध्वजच्छायं E **4.4** विभाषा सेनासुरेत्यादिना] PB^{1}L$_2$E; विभाषा सेनास्वरेत्यादिना U; विभाषा सेतास्वरेत्यादिना J **5.1** अनन्तरं] *conj.*; ततो ऽनन्तरं Σ **5.1** नागरिकस्त्रीणां] *conj.*; पुरसुन्दरीणां नागरिकस्त्रीणां UB^{1}L$_2$EJ; पुरसुन्दरीणां P **5.1** हर्म्येषु] *conj.*; सौधेषु हर्म्येषु UB^{1}L$_2$EJ; सौधेषु P **5.1** व्यापारा] *conj.*; विचेष्टितानि व्यापारा. UB^{1}L$_2$EJ, विचेष्टितानि व्यापारः P **5.1** अनेन प्रकारेणासन्] *conj.*; इत्थमनेन प्रकारेण बभूवुः UB^{1}L$_2$EJ; इत्थमनेन प्रकारेण बभूवुरासन् P **5.1** वधूवरदर्शनार्थं] *conj.*; तदालोकनं वधूवरदर्शनं तदर्थं Σ

शीघ्रगानाम्। कनकगवाक्षयुक्तेषु। उत्सृष्टापरकर्माणः॥ ५॥

आलोकमार्गं सहसा व्रजन्त्या
कयाचिदुद्वेष्टनवान्तमाल्यः।
बन्धुं न सम्भावित एव तावत्
करेण रुद्धो ऽपि न केशपाशः॥ ६॥

कयाचिन्नार्या केशहस्तो ग्रथितुमेव तावन्न शकितः, नापि हस्तेनावष्टब्धो गवाक्षपथं झगिति यान्त्या। ≪उन्मोचनत्यक्तस्रक्≫। तावदेवेति शब्दाभ्यामत्र बन्धस्य दूरावस्था, न नियमस्य क्रमः, प्रतिपाद्यते। यत्र करेण रोधमात्रमपि नास्ति, तत्र बन्धस्तावद्दूरापेत एवेत्यर्थः। हस्तपक्षपाशाः केशप्रशंसार्थाः॥ ६॥

---

6 c. बन्धुं] $\mathrm{UPET}^{M}\mathrm{V}^{M}\mathrm{B}_3^{M}\mathrm{B}_5^{M}\mathrm{B}_4^{M}\mathrm{B}_7^{M}\mathrm{L}^{M}$**C**; बद्धुं $\mathrm{B}^1\mathrm{L}_2\mathrm{B}_1^{M}\mathrm{B}_2^{M}$; बंधं JD^{M} **6 d.** रुद्धो ऽपि न केशपाशः] $\mathrm{UPL}_2\mathrm{EJB}_1^{M}\mathrm{B}_2^{M}\mathrm{L}^{M}$Hem.; रुद्धो ऽपि न केशहस्तः $\mathrm{B}^1\mathrm{B}_7^{M}\mathrm{Ar.}^{vl}$; रुद्धो ऽपि हि केशपाशः $\mathrm{D}^{M}\mathrm{B}_3^{M}\mathrm{B}_4^{M}\mathrm{B}_5^{M}$; रुद्धो ऽपि च केशपाशः V^{M}Mall.Jin.; बद्धो ऽपि हि केशपाशः $\mathrm{Hem.}^{vl}$; रुद्धो ऽपि च केशहस्तः Ar.Nā.

---

6 b^5–c^7 T^{M}

5.2 शीघ्रगानाम्] *conj.*; *om.* UJ; सत्वराणां शीघ्रगाणाम् P; सत्वराणां B^1E; सत्वरणात् L_2 **5.2** कनकगवाक्षयुक्तेषु] *conj.*; चामीकरजालवत्सु कनकगवाक्षयुक्तेषु Σ **5.2** उत्सृष्टापरकर्माणः] *conj.*; त्यक्तान्यकार्याणि उत्सृष्टापरकर्माणि U; त्यक्तान्यकार्याणि उत्सृष्टपरकर्माणि P; त्यक्तान्यकार्याणि उत्सृष्टापरकर्माणि $\mathrm{B}^1\mathrm{L}_2$; त्याक्तान्यकार्याणि उत्सृष्टापरकर्माणि E; त्यक्तान्यकार्याणि उत्सृष्टापराकर्माणि J **6.1** केशहस्तो] *conj.*; केशहस्तः प्रशस्तः केशाः केशहस्तः U; केशपाशः प्रशस्ताः केशाः केशहस्ताः P; केशहस्तः प्रशस्ताः केशाः केशहस्तः B^1; केशहस्ता प्रशस्ताः केशः L_2; केशहस्तः प्रशस्तः केशः E; केशहस्तः प्रशस्ताकेशः J **6.1** ग्रथितुमेव] *conj.*; बन्धुं ग्रथितुमेव UPL_2E; बद्धं ग्रथितुमेव B^1; बद्धुं ग्रथितमेव J **6.1** न शकितः] *conj.*; न सम्भावितो न शकितः Σ **6.1** हस्तेनावष्टब्धो] *conj.*; करेण हस्तेन रुद्धो ऽवष्टब्धः UB^1EJ; हस्तेन रुद्धो ऽवष्टब्धः P; करेण हस्तेन स्तेन रुद्धः अवष्टब्धः L_2 **6.2** गवाक्षपथं] *conj.*; आलोकमार्गं गवाक्षपथं Σ **6.2** झगिति यान्त्या] *conj.*; सहसा झगिति व्रजन्त्या यान्त्या $\mathrm{UPB}^1\mathrm{L}_2$J; सहसा झगिति व्रजन्त्या यन्त्या E **6.2** उन्मोचनत्यक्तस्रक्] *conj.*; उद्वेष्टनेनोन्मोचनेन वान्तं माल्यं स्रग्येन UB^1J; उद्वेष्टनेनोन्मोचनेन उन्मुक्तं त्यक्तं माल्यं स्रग्येन P; उद्वेष्टनेनोन्मोचनेन वान्तं माल्यं स्रगेन L_2; उद्वेष्टनेनोन्मोचनेन वान्तं माल्यं स्रग्यया E **6.2** तावदेवेति] $\mathrm{UB}^1\mathrm{L}_2$EJ; तावदेव P **6.3** बन्धस्य] *conj.* (cf. Hem.); वधूवरस्य $\mathrm{UPB}^1\mathrm{L}_2$EJ **6.4** यत्र करेण रोधमात्रमपि] *conj.*; यत्र कररोधमात्रमपि UPJ; तत्र करेण रोधनमात्रमपि $\mathrm{B}^1\mathrm{L}_2$E **6.4** तत्र] $\mathrm{UPB}^1\mathrm{L}_2$J; तन्त्र° E^{pc}; त⏑ E^{ac} **6.4** °पाशाः केशप्रशंसार्थाः] *em.*; °पाशः केशानां प्रशंसार्थः UB^1EJ; °पाशाः केशप्रशंसार्थाः। आलोक्यते ऽनेनेत्यालोको गवाक्षः P; °पाशः केशानां प्रशेसार्थः L_2

प्रासाधिकालम्बितमग्रपादमाक्षिप्य काचिद्द्रवरागमेव ।
उत्सृष्टलीलागतिरा गवाक्षादलक्तकाङ्कां पदवीं ततान ॥ ७ ॥

अन्या नारी यावकचिह्नं मार्गमकरोत्, वातायनं यावत्। सैरन्ध्र्या रागार्थं गृहीतं पादस्याग्रमपहृत्य। ≪आर्द्रलौहित्यम्≫। द्रवतीति द्रवः। प्रसाधयत्यलङ्करोतीति प्रासाधिका। त्यक्तविलासगमना॥ ७॥

विलोचनं दक्षिणमञ्जनेन सम्भाव्य तद्वञ्चितवामनेत्रा ।
तथैव वातायनसन्निकर्षं ययौ शलाकामपरा वहन्ती॥ ८॥

अन्या गवाक्षसमीपं जगाम। दक्षिणं नेत्रं कज्जलेन संयोज्य ≪वामे तु तददत्त्वैव≫ तथैव—त्यक्तविलासगमनेत्यर्थः—अञ्जनप्रदानार्थं तूलिकामेव दधाना॥ ८॥

---

7 a. प्रासाधिका°] $UPB^1JB_1^MB_2^{Mpc}B_3^MB_4^MB_5^MB_7^ML^M$; प्रसाधिका° $L_2EV^MB_2^{Mac}$𝕮; प्रसादिका° D^M **7 d.** °लक्तकाङ्कां] $UPEJT^MD^MV^MB_1^MB_2^MB_4^MB_5^MB_7^ML^M$𝕮; °लक्क्तकाङ्कं B^1; °लाक्तकाङ्कां B_3^M **8** $B_3^ML^M$ add the following verse after verse 8: स्तनन्धयन्तं तनयं विहाय विलोकनाय त्वरया व्रजन्ती ।संप्रस्नुताभ्यां पदवीं स्तनाभ्यां सिषेच काचित्पयसागवाक्षम् ॥ See endnote.

---

7 d^3–d^{11} T^M **8** a^1–a^6 T^M

7.1 अन्या नारी] *conj.*; काचिदन्या नारी Σ **7.1** यावकचिह्नं मार्गमकरोत्] *conj.*; अलक्तकाङ्कां यावकचिह्नां पदवीं मार्गं ततानाकरोत् UPL_2EJ; अलक्तकाङ्कं यावकचिह्नां पदवीं मार्गं ततानाकरोत् B^1 **7.1** वातायनं यावत्] *conj.*; आ गवाक्षाद्वातायनं यावत् UPB^1L_2J; आ गवाक्षात् वातायनसमीपं यावत् E **7.1** सैरन्ध्र्या] *conj.*; प्रासाधिका सैरन्ध्र्यालम्बितं U; प्रासाधिकया सैरन्ध्र्यालम्बितं PB^1L_2; प्रसाधिकया सैरन्ध्र्यालम्बितं E; प्रासाधिकया सैरंध्यालम्बितं J **7.2** पादस्याग्रमपहृत्य] *conj.*; अग्रपादं पादस्याग्रमाक्षिप्यापहृत्य Σ **7.2** आर्द्रलौहित्यम्] *conj.*; द्रव आर्द्रो रागो लौहित्यं यस्य UPL_2E; द्रव आद्रो रागो लौहित्यं यस्य आन्द्रो (आद्रो J) लौहित्यं यस्य B^1J **7.2** द्रवः] UPB^1J; द्रव L_2; द्रवं E **7.3** प्रसाधय°] UPB^1L_2; प्रसादय° E; प्रासाधय° J **7.3** त्यक्तविलासगमना] *conj.*; त्यक्ता लीलागतिर्विलासगमनं यया सा UP; उत्सृष्टा त्यक्ता लीलागतिर्विलासगमनं यया सा B^1L_2EJ **8.1** अन्या] *conj.*; अपरा अन्या $UP^{pc}B^1L_2EJ$; अन्या अपरा P^{ac} **8.1** गवाक्षसमीपं] *conj.*; वातायनसन्निकर्षं गवाक्षसमीपं Σ **8.1** जगाम] P; ययौ जगाम UB^1L_2EJ **8.1** नेत्रं कज्जलेन] *conj.*; विलोचनं नेत्रमञ्जनेन UB^1L_2; नेत्रमञ्जनेन P; विलोचनं नेत्रं E; विलोचनं नैत्रेतांजनेन J **8.1** संयोज्य] *conj.*; सम्भाव्य संयोज्य Σ **8.2** वामे तु तददत्त्वैव] *conj.* (cf. *KuSamPañj*); तेन कज्जलेन वञ्चितं वामं नेत्रं यया (धा UL_2J), UPB^1L_2EJ **8.2** अञ्जनप्रदानार्थं] *conj.*; शलाकमञ्जनप्रदानार्थं UPB^1; शलाकामञ्जनप्रदानार्थं L_2; शलाकामञ्जनप्रसादार्थं E; शलाकामंजनप्रधानार्थं J **8.2** तूलिकामेव] PE; तूलिमेव UB^1L_2J **8.3** दधाना] *conj.*; वहन्ती दधाना सम्भावनमावर्जनं वितरणमेव Σ

जालान्तरप्रेषितदृष्टिरन्या प्रस्थानभिन्नां न बबन्ध नीवीम्।
नाभिप्रविष्टाभरणप्रभेण हस्तेन तस्थाववलम्ब्य वासः॥ ९॥

अपरा जघनस्थवासआग्रथनं प्रयाणेनोन्मुक्तं न जग्रन्थ। गवाक्षमध्यनिक्षिप्तचक्षुः। किं तु वस्त्रमवष्टभ्य करेणातिष्ठत्। ≪अत एव नाभिगतालङ्करणदीप्तित्वम्≫।

अर्धाचिता सत्वरमुत्थितायाः पदे पदे दुर्निमितं गलन्ती।
कस्याश्चिदासीद्रशना तदानीमङ्गुष्ठमूलार्पितसूत्रशेषा॥ १०॥

अन्यस्यास्तत्कालं मेखला ≪पादाङ्गुष्ठमूलनिहिततन्तुशेषा बभूव≫। अर्धमुम्भिता प्रतिपदं भ्रश्यन्ती। आभरणानां भ्रष्टत्वाद्दुष्टं निमितं निधानं क्षेपो वा यत्र

---

10 a. अर्धाचिता] UPB^{1}L$_{2}$EJV^{M}B$_{1}^{M}$B$_{2}^{M}$B$_{3}^{M}$B$_{5}^{M}$B$_{7}^{M}$L^{M}Hem.Ar.Nā.; अर्धाचिन्ता B$_{4}^{M}$; अर्धार्चिता D^{M}; अर्धाञ्चिता Mall.Jin. **10 b.** दुर्निमितं गलन्ती] B^{1}B$_{2}^{M}$B$_{3}^{M}$B$_{4}^{M}$B$_{7}^{M}$; दुर्निमिते गलन्ती UEJV^{M}Hem.Ar.Nā.Mall.; दुर्निमितां गलन्ती D^{M}; दुर्निमित्तं गलन्ती PL$_{2}$B$_{1}^{M}$L^{M}; दुर्निमित्तां गलन्ती B$_{5}^{M}$; दुर्निमिता जगन्ती Jin.; दुर्निमिता गलन्ती Jin.^{vl} **10 c.** °द्रशना] ŚMall.Ar.Nā.; °द्रसना Hem.Jin.

---

9 b^{1}–c^{5} T^{M} **10** d^{10}–d^{11} T^{M}

9.1 अपरा] *conj.*; अन्या अपरा Σ **9.1** जघनस्थवासआग्रथनं] *conj.*; जघनस्थवासआग्रथनं नीवीं तां UJ; जघनस्थवासः आग्रन्थनं नीवी तां P; जघनस्था वासआग्रथनं नीवी तां B^{1}; जघनस्थवासआग्रथनं नीवी तां L$_{2}$; जघनस्थवासआग्रथननीवीं तां E **9.1** प्रयाणेनोन्मुक्तं] *conj.*; प्रस्थानभिन्नां प्रयाणेनोन्मुक्तां PB^{1}L$_{2}$E; प्रस्थानभिन्नां प्रायेणोन्मुक्तां UJ **9.1** न जग्रन्थ] *conj.*; न बबन्ध न जग्रन्थ Σ **9.2** गवाक्षमध्यनिक्षिप्तचक्षुः] *conj.*; जालान्तरप्रेषितदृष्टिर्गवाक्षमध्यनिक्षिप्तचक्षुः UPB^{1}L$_{2}$J; जालान्तरप्रेषितदृष्टिर्गवाक्षनिक्षिप्तचक्षुः E **9.2** °ष्टभ्य] P; °लम्ब्य UB^{1}L$_{2}$EJ **9.3** अत एव नाभिगतालङ्करणदीप्तित्वम्] *conj.* (cf. KuSamPañj); नाभिं प्रविष्टा गता आभरणप्रभा अलङ्करणदीप्तयो यस्य तेन हस्तेन UPJ; नाभिप्रविष्टा गता आभरणप्रभा अलङ्करण(अङ्करण° B^{1})दीप्तयो यस्य तेन हस्तेन B^{1}L$_{2}$E **10.1** अन्यस्यास्] *conj.*; कस्याश्चिदन्यस्यास् UPB^{1}L$_{2}$; कस्यचिदन्यस्यास् E; कस्याचिदन्यस्यास् J **10.1** तत्कालं] *conj.*; तदानीं तत्कालं UPB^{1ac}L$_{2}$; तदानीं तत्कालमेव B^{pc}EJ **10.1** मेखला] *conj.*; रशना मेखला UB^{1}L$_{2}$EJ; रशना P **10.1** पादाङ्गुष्ठमूलनिहिततन्तुशेषा बभूव] *conj.*; पादाङ्गुष्ठमूले(ल P) अर्पितं निहितं सूत्रं शेषो(सूत्रशेषा P) यस्याः सा तथोक्ता आसीत् UPB^{1}L$_{2}$J; पदाङ्गुष्ठमूले अर्पितं +निहितं + सूत्रं शेषो यस्यास्सा तथोक्ता आसीत् E **10.2** अर्धमुम्भिता] *conj.*; अर्धचिता अर्धसम्भाविता U; अर्धाचिता अर्धदुम्बिता P; अर्धाचिता अर्धसुम्भिता B^{1}; अर्धाचिता अर्धमुम्भिता L$_{2}$E; अर्धाचिता अर्धसंभिता J **10.2** प्रतिपदं] *conj.*; पदे पदे प्रतिपदं Σ **10.2** भ्रश्यन्ती] *conj.*; गलन्ती भ्रश्यन्ती UPL$_{2}$E; गलन्ती भृश्यन्ती B^{1}; गलन्ती भ्रशन्ती J **10.2** भ्रष्टत्वाद्] UPL$_{2}$EJ; भृष्टत्वाद् B^{1} **10.2** निमितं] U; निमित्तं PB^{1}J; दुष्टं निमितं L$_{2}$E

गलने। अत एव सूत्रशेषत्वम्॥ १०॥

तासां मुखैरासवगन्धगर्भैर्व्याप्तान्तराः सान्द्रकुतूहलानाम्।
विलोलनेत्रभ्रमरैर्गवाक्षाः सहस्रपत्त्राभरणा इवासन्॥ ११॥

नारीणां वक्त्रैर्व्याप्तमध्यानि वातायनानि पुण्डरीकभूषणानीवाभवन्। ≪पानसौरभमध्यैः≫। घनकौतुकानाम्। ≪चटुलनयनषट्पदैः≫॥ ११॥

ता राघवं दृष्टिभिरापिबन्त्यो नार्यो न जज्ञुर्विषयान्तराणि।
तदा हि शेषेन्द्रियवृत्तिरासां सर्वात्मना चक्षुरिव प्रविष्टा॥ १२॥

ताः पुरसुन्दर्यः शब्दस्पर्शरसगन्धान्न बुबुधिरे। अजमीक्षणैः सादरमीक्षमाणास्तद्गतमनस्कत्वान्न ताः शृण्वन्ति, स्पर्शान् नानुभवन्ति, नास्वादयन्ति, न जिघ्रन्ति वा। उत्प्रेक्ष्यते—तत्कालं तासां श्रोत्रत्वग्जिह्वाघ्राणानामाकर्णनस्पर्श-

---

11 d. सहस्रपत्त्रा°] ŚMall.Ar.Nā.Jin.; सहस्रपद्मा° Hem.; प्रफुल्लपद्मा° Hem.^{vl} **12 b.** जज्ञुर्वि°] UPB^{1}L$_2$JV^{M}B$_1^M$B$_2^M$B$_3^M$B$_4^M$B$_5^M$B$_7^M$L^M; जज्ञुवि° D^M; जग्मुर्वि° E$\mathbb{C}$ **12 c.** तदा हि] Ś; तथा हि V$^M\mathbb{C}$

10.3 गलने] UB^{1}J; गलनेन P; गमने L$_2$E **10.3** °शेषत्वम्] Σ; °शेषम् E **11.1** नारीणां वक्त्रैर्व्याप्तमध्यानि वातायनानि पुण्डरीकभूषणानीवाभवन्] *em.*; पुण्डरीकभूषणा इवाभवन् नारीणां वक्त्रैर्व्याप्तमध्यानि वातायनानि UJ; नारीणां वक्त्रैर्व्याप्तमध्यानि वातायनानि पुण्डरीकभूषणानीवाभुवन् P; पुण्डरीकभूषणा इवाभवन् B^{1ac}; तासां नारीणां मुखैर्व्याप्तान्तरा व्याप्तमध्या गवाक्षास्सहस्रपत्त्राभरणा इवासन् पुण्डरीकभूषणा इवाभवन् B^{3pc}L$_2$; तासां नारीणां मुखैर्व्याप्तान्तरा व्याप्तमध्या गवाक्षास्सहस्रपत्त्राभरणा इवासन् पुण्डरीकभूषणा इवासन् E **11.2** पानसौरभमध्यैः] *conj.* (cf. Jin. & KuSamPañj); आसवः पानं तस्य गन्धो गर्भो येषां तैः U; आसवः पानं तस्य गन्धो गर्भे मध्ये येषां तैः P; आसवः पानं तस्य गन्धो गर्भे येषां तैः B^{1}L$_2$EJ **11.2** घनकौतुकानाम्] P; सान्द्रकुतूहलानां घनकौतुकानां UB^{1}L$_2$E; साद्रकुतूहलानां घनकौत्तकान् J **11.2** चटुलनयनषट्पदैः] *conj.*; विलोलानि चटुलानि नेत्राण्येव भ्रमरा येषां मुखानां तैः UB^{1}L$_2$EJ; विलोलानि नेत्राण्येव भ्रमरा येषां मुखानां तैः P **12.1** शब्दस्पर्श°] *conj.*; विषयान्तराणि शब्दस्पर्श° UP^{pc}B^{1}L$_2$E; विषयान्तराणि शब्दस्पर्शरूप° P^{ac}J **12.1** बुबुधिरे] *conj.*; जज्ञुः न बुबुधिरे UPL$_2$EJ; जज्ञः न बुबुधिरे B^1 **12.1** अजमीक्षणैः] *conj.*; राघवमज दृष्टिभिरक्षणेः UJ; राघवमजं दृष्टिभिरीक्षणैः PB^{1}L$_2$E **12.2** सादरमीक्षमाणास्] *conj.*; आपिबन्त्यः सादरमीक्षमाणाः Σ **12.2** स्पर्शान्] PE; स्पर्शं UL$_2$J; स्पर्शन B^1 **12.2** नास्वादयन्ति] UP^{pc}B^{1}EJ; नास्वादयन्ति न [illegible]न्ति P^{ac}; न स्वादयन्ति L$_2$ **12.3** तत्कालं] *conj.*; तदा तत्कालं UB^{1}L$_2$EJ; यस्मात्तदा तत्कालं P **12.3** तासां] *conj.*; तासां शेषेन्द्रियवृत्तिः शेषेन्द्रियाणां Σ **12.3** °घ्राणानाम्] P^{pc}B^{1}L$_2$EJ^{pc}; °घ्राणनास् U; °चक्षुर्घ्राणानाम् P^{ac}; °घ्राणानास् J^{ac}

नास्वादनशिङ्घनव्यापाराश्चक्षुषैव कृतपरितोषत्वात्तदाश्रयस्य शून्यकल्पत्वात्सर्वप्रकारेण नेत्रमिव ≪गताः≫॥ १२॥

स्थाने वृता भूपतिभिः परोक्षैः
स्वयंवरं साधुममंस्त बाला।
पद्मेव नारायणमन्यथासौ
लभेत कान्तं कथमात्मतुल्यम्॥ १३॥

चतुर्भिः कलापकम्॥ राजपुत्रः स्यालस्यालयमाप। नागरिकावदनेभ्य एवंविधा निःसृता वाचः कर्णसुखकारिणीराकर्णयन्। कौतुकोपकरणैः शोभमानम्।

कीदृशीर्वाचः? स्थाने इत्यादि। †भूपतिभिः† अदृष्टैरर्थिता सती इन्दुमती स्वयंवरं भद्रं बुबुधे। तद्युक्तम्। अन्यथा स्वयंवरं विना कस्मादात्मानुरूपं 3

---

13 b. बाला] **Ś**; भोज्या V^{M}**C**

---

12 After the commentary on 12, **V** have a remark that we have moved to after 7:19 below: see our note on 7:19.3.

12.4 °स्वादनशिङ्घन°] $UP^{pc}B^{1}L_{2}J$; °स्वादनान्यविषयदर्शनशिङ्घन° P^{ac}; °स्वादनजिघ्रन° E **12.4** °क्षुषैव] *conj.*; °क्षुष्येव Σ; °क्षुषेव E **12.5** नेत्रमिव] P; चक्षुरिव $UB^{1}L_{2}EJ$ **12.5** गताः] *conj.* (cf. KuSamPañj); प्रविष्टा Σ **13.1** चतुर्भिः] $PB^{1}L_{2}E$; वृत्तभिः U; वृत्तिभिः J **13.1** राजपुत्रः] *conj.*; कुमारः राजपुत्रः Σ **13.1** स्यालस्यालयमाप] *conj.*; सम्बन्धिनः स्यालस्य सद्म आलयं समाससाद आप $UL_{2}EJ$; सम्बन्धिनः स्यालस्य सद्म आलयं समाससाद प्राप P; सम्बन्धिनः स्यालस्य सद्म आससाद आप B^{1} **13.1** नागरिकावदनेभ्य] *conj.*; पौरवधूमुखेभ्यः नागरिकावक्त्रेभ्य UJ; पौरवधूमुखेभ्यः नागरिकावदनेभ्यः $PB^{1}L_{2}E$ **13.2** एवंविधा निःसृता वाचः कर्णसुखकारिणीराकर्णयन्] *conj.*; इत्युद्गताः कथं एवंविधाः U; इत्युद्गताः कथा एवंविधाः निस्सृता वा कर्णसुखकारिणीराकर्णयन् P; इत्युद्गताः कथा एवंविधाः $B^{1}L_{2}J$; उद्गताः कथा एवंविधाः E **13.2** कौतुकोपकरणैः शोभमानम्] *conj.*; कौतुकोपकरणैरुद्भासितं शोभमानम् P; कौतुकसंविधाभिः कौतुकोपकरणैरुद्भाषितं शोभमानम् UB^{1}; कौतुकसंविधाभिः। कौतुकोकरणै। उद्भासितं शोभमानम् L_{2}; कौतुकसंविधाभिः कौतुकोपकरणैरुद्भासितं शोभमानं E; कौत्तकसंविधाभिः कौत्तकोपकरणैरुद्भाषितं शोभमानम् J **13.3** अदृष्टैरर्थिता सती] *conj.*; परोक्षैरदृष्टैर्वृता सती अर्थिता सती $UPL_{2}EJ$; परोक्षैरदृष्टैर्वृता सती B^{1} **13.4** इन्दुमती] *conj.*; बाला इन्दुमती Σ **13.4** स्वयंवरं भद्रं बुबुधे] *conj.*; स्वयंवरं साधुममंस्त भद्रं बुबुधे $UPB^{1}L_{2}E^{pc}J$; *om.* E^{ac}(eyeskip) **13.4** तद्युक्तम्। अन्यथा] *conj.*; तत्स्थाने युक्तम् अन्यथा $UPB^{1}L_{2}E^{pc}J$; *om.* E^{ac}(eyeskip) **13.4** कस्मादात्मानुरूपं] *conj.*; कथं कस्मादात्मतुल्यमात्मानुरूपं Σ

मनोहरं भर्तारमसौ प्राप्नुयात्। लक्ष्मीर्यथा नारायणं कान्तमलभत॥ १३॥

किं च॥

परस्परेण स्पृहणीयरूपं
न चेदिदं द्वन्द्वमयोजयिष्यत्।
अस्मिन्द्वये रूपविधानयत्नः
पत्युः प्रजानां वितथो ऽभविष्यत्॥ १४॥

अन्योन्यम् ≪अभिलषणीयकान्ति≫ स्त्रीपुंसयुगलमेतत् स्रष्टा यदि न सङ्घटयेत्, अस्मिन्नुभये शोभानिर्माणप्रयासो विधेर्निष्फलो भवेत्। असदृशसमागमात्॥ १४॥

रतिस्मरौ नूनमिमावभूतां राज्ञां सहस्रेषु तथा हि बाला।
गतेयमात्मप्रतिरूपमेनं मनो हि जात्यन्तरसंगतिज्ञम्॥ १५॥

वधूवरौ निश्चितं रतिस्मरावन्यजन्मन्यास्ताम्। तथा हीन्दुमती †राज्ञां सहस्रे-

---

14 a. °रूपं] Ś; °शोभं V^{M}𝕮 **15 c.** °रूपमेनं] Ś; °रूपमेव 𝕮 **15 d.** जात्यन्तरसंगतिज्ञम्] **V**$D^{M}B^{M}_{1}B^{M}_{2}B^{M}_{4}B^{M}_{5}B^{M}_{7}$Ar.Nā.; जन्मान्तरसंज्ञितज्ञम् Hem.; जन्मान्तरसंगतिज्ञम् $V^{M}B^{M}_{3}$Mall.Jin.

13.5 मनोहरं] $UPB^{1}J$; मप्रहरं L_{2}; सप्रहरं E^{ac}; स्वमनोहरं E^{pc} **13.5** प्राप्नुयात्] *conj.*; लभेत प्राप्नुयात् $UPB^{1}L_{2}E^{pc}J$; लभेत E^{ac} **13.5** लक्ष्मीर्यथा] P; पद्मा U; पद्मा लक्ष्मीर्यथा $B^{1}L_{2}E^{pc}$; *om.* E^{ac}; पद्मा लक्ष्मीः J **13.5** नारायणं] $UPB^{1}E^{pc}J$; नारायण° L_{2}; *om.* E^{ac} **13.5** कान्तमलभत] Σ; *om.* E^{ac} **14.1** अन्योन्यम्] *conj.*; परस्परेणान्योन्यं Σ **14.1** अभिलषणीयकान्ति] *conj.* (cf. KuSamPañj, ed. Patel); स्पृहणीयं रूपं यस्य तत् $UL_{2}J$; स्पृहनीयरूपं यस्य तत् P; स्पृहणीयरूपं यस्य तत् B^{1}; स्पृहनीयं रूपं यस्य तत् E **14.1** स्त्रीपुंसयुगलमेतत्] *conj.*; *om.* U; इदं द्वन्द्वं स्त्रीपुंसयुगलमेतत् P; द्वन्द्वं युगलं $B^{1}L_{2}EJ$ **14.2** स्रष्टा यदि न सङ्घटयेत्] *conj.*; न योजयेत् U; स्रष्टा यदि नायोजयिष्यत् चेन्न सङ्घटयेत् P; न चेदयोजयिष्यत् न योजयेत् $B^{1}L_{2}J$; न चेदयोजयिष्यत् नायोजयेत् E **14.2** अस्मिन्नुभये] *conj.*; अस्मिन् द्वये उभये $UB^{1}L_{2}EJ$; तदस्मिन्द्वये उभये P **14.2** शोभानिर्माणप्रयासो] *conj.*; रूपविधानयत्नः शोभानिर्माणप्रयासः Σ **14.2** विधेर्निष्फलो] *conj.*, प्रजानां पत्युर्विधेः वितथो निष्फलः Σ **14.2** भवेत्] *conj.*; अभविष्यत् भवेत् $UB^{1}L_{2}EJ$; अभविष्यत् P **14.3** असदृशसमागमात्] $UPB^{1}L_{2}E$; असदृशमागमात् J **15.1** वधूवरौ] *conj.*; इमौ वधूवरौ Σ **15.1** निश्चितं] P; नूनं निश्चितं Σ **15.1** रतिस्मरावन्यजन्मन्यास्ताम्] *conj.*; रतिस्मरौ अभूतामन्यजन्मन्यास्ताम् Σ **15.1** हीन्दुमती] *conj.*; हि बाला $UB^{1}L_{2}EJ$; हि बाला इन्दुमती P

षु† मध्ये स्वानुरूपमजं वृतवती। यस्मान्मनो ऽन्यजन्मनि सुहृत्संगमं जानाति॥ १५॥

एवंविधानि वचांस्याकर्णयन्नसौ राजधानीमवाप।

इत्युद्गताः पौरवधूमुखेभ्यः शृण्वन्कथाः श्रोत्रसुखाः कुमारः।
उद्भासितं मङ्गलसंविधाभिः सम्बन्धिनः सद्म समाससाद॥ १६॥

पूर्वं व्याख्यातमेतत्॥ १६॥

ततो ऽवतीर्याशु करेणुकायाः स कामरूपेश्वरदत्तहस्तः।
वैदर्भनिर्दिष्टमथो विवेश नारीमनांसीव चतुष्कमन्तः॥ १७॥

अनन्तरं त्वरया हस्तिन्या अवरुह्य, अजः प्राग्ज्योतिषाधिपवितीर्णकरो भोजेन कथितं चतुःशालमभ्यन्तरं विवेश, «स्त्रीचेतांसीवेति» सहोक्तिरलङ्कारः॥ १७॥

महार्हशय्यासनसंस्थितो ऽसौ सरत्नमर्घ्यं मधुपर्कमिश्रम्।
भोजोपनीतं च दुगूलयुग्मं जग्राह सार्धं वनिताकटाक्षैः॥ १८॥

---

16 b. श्रोत्र°] Σ; श्रोतृ° U, शोत्र° L^{M} **16 d.** सम्बन्धिनः] $UPB^{1}JD^{M}V^{M}B_{1}^{Mpc}B_{2}^{M}B_{3}^{M}B_{4}^{M}B_{5}^{M}B_{7}^{M}L^{M}$C; सम्बन्धिना $L_{2}B_{1}^{Mac}$ **17 .** *om.* Mall.Ar.Nā. **17** °मथो] Σ; °मजो L^{Mpc} **18 .** *om.* Mall.Ar.Nā. **18 a.** °शय्यासनसंस्थितो] **Ś**; °सिंहासनसंश्रितो Hem.; °सिंहासनसंस्थितो V^{M}Pseudo-Mall.Jin. **18 b.** सरत्नमर्घ्यं] **Ś**$Hem.^{vl}$Pseudo-Mall.EJin.; सरत्नमर्घं Hem. **18 c.** दुगूल°] **Ś**; दुकूल° Hem.Pseudo-Mall.Jin.

15.2 स्वानुरूपमजं] *conj.*; आत्मप्रतिरूपमेनमजं $UB^{1}L_{2}EJ$; आत्मप्रतिरूपं स्वानुरूपमेनमजं P **15.2** वृतवती] *conj.*; गता वृतवती Σ **15.2** मनो ऽन्यजन्मनि] *conj.*; मनः जात्यन्तरे अन्यजन्मनि Σ **15.2** सुहृत्संगमं] *conj.*; संगतिज्ञं सुहृत्संगमं Σ **15.3** जानाति] $UB^{1}L_{2}EJ$; जानातीति P **16.1** पूर्वं व्याख्यातमेतत्] $UPL_{2}J$; पूर्वं व्याख्यातमेत् B^{1}; एवं व्याख्यातमेतत् E **17.1** अनन्तरं त्वरया] *conj.*; ततो ऽनन्तरमाशु त्वरया Σ **17.1** हस्तिन्या] *conj.*; करेणुकाया हस्तिन्या $UPB^{1}EJ$ **17.1** अवरुह्य] *conj.*; अवतीर्यावरुह्य $UB^{1}EJ$; अवतीर्य P **17.1** अजः] *conj.*; सो ऽजः $UPB^{1}EJ$ **17.1** प्राग्ज्योतिषाधिपवितीर्णकरो] *conj.*; कामरूपेश्वरस्य प्राग्ज्योतिषाधिपतेः (ते U) दत्तः (दत्त° E) करो येन सः $UB^{1}EJ$; कामरूपेश्वरस्य प्राग्ज्योतिषाधिपस्य दत्तो वितीर्णः करः येन सः P **17.2** भोजेन कथितं] *conj.*; वैदर्भनिर्दिष्टं (ष्टां J) भोजेन कथितं $UPB^{1}EJ$ **17.2** चतुःशालम्] *conj.*; चतुष्कं चतुःशालम् $UPB^{1}EJ$ **17.2** स्त्रीचेतांसीवेति] *conj.* (cf. Jin.); नारीमनांसेवेति U; नारीमनांसीवेति $PB^{1}EJ$

अजः प्रधानयोग्ये सिंहासन उपविष्टो मणियुक्तं पूजार्थमुदकमाददे, माक्षिकघृतदधियुतम्, क्षौमयोः पट्टाम्बरयोर्द्वयं च वैदर्भेण निकटप्रापितम्। एतत्सर्वं नारीणां दृष्टिपातैर्नेत्रत्रिभागजैः सहाग्रहीदिति॥ १८॥

दुगूलवासाः स वधूसमीपं निन्ये विनीतैरवरोधरक्षैः।
वेलासकाशं स्फुटफेनराजिर्नवैरुदन्वानिव चन्द्रपादैः॥ १९॥

सितपट्टाम्बरो ऽजः ≪सविनयै≫रन्तःपुरपालकैरिन्दुमतीसकाशं प्रापितः। ≪शशि≫किरणैरब्धिरम्बुविकृतेर्निकटं यथा नीयते, प्रकटदिण्डीरावलिः। प्रत्यग्रोदितैः।

विरलप्रचारा एते श्लोकाः॥ १९॥

---

19 . *om.* Mall.Ar.Nā. **19 a.** दुगूल°] Ś; दुकूल° Hem.Pseudo-Mall.Jin. **19 c.** वेलासकाशं] ŚPseudo-Mall.Jin.; वेलासमीपं Hem.

---

19 विरलप्रचारा एते श्लोकाः] This sentence has been moved here from before verse 13: see endnote.

18.1 अजः] *conj.*; असावजः UPB^{1}L$_2$E; असावजः कुमारः J **18.1** प्रधानयोग्ये] *conj.*; महार्हे प्रधानयोगे UP; महार्हे प्रधानयोग्ये B^{1}L$_2$EJ **18.1** सिंहासन] *conj.*; आसने सिंहासने Σ **18.1** पूजार्थमुदकम्] *conj.*; अर्घ्यं पूजार्थमुदकम् Σ **18.2** माक्षिकघृतदधियुतम्] *conj.*; मधुपर्कमिश्रं माक्षिके घृतदधियुतम् UB^{1}J; मधुपर्कमिश्रं माक्षिकघृतदधियुक्तं PL$_2$; मधुपर्कमिश्रम् माक्षिकदधिघृतदधियुक्तम् E **18.2** क्षौमयोः पट्टाम्बरयोर्द्वयं] *conj.*; दुगूलयोः क्षौमयोः पटाम्बरयोः युग्मं द्वयं UL$_2$J; क्षौमयोः पट्टाम्बरयोर्युग्मं द्वयं P; दुगूलयोः क्षौमयोः पट्वम्बरयोर्युग्मं द्वयं B^1; दुगूलयोः क्षौमयोः पट्टाम्बरयोर्युग्मं द्वयं E **18.2** वैदर्भेण निकटप्रापितम्, एतत्सर्वं] *conj.*; भोजेन उपनीतम् एतत्सर्वं वैदर्भेण निकटप्रापितं UB^{1ac}L$_2$J; भोजोपनीतमेतत्सर्वं P; भोजेन उपनीतम् एतत्सर्वं वैदर्भेण निकटमपि प्रापितं B^{1pc}; भोजेन उपनीतं एतत्सर्वं वैदर्भेण निकटमप्रापितं E **18.3** नारीणां दृष्टिपातैर्नेत्रत्रिभागजैः] *conj.*; नारीणां दृष्टिपातैर्नेत्रविभागैः P; वनितानां कटाक्षैः UB^{1}L$_2$EJ **19.1** सितपट्टाम्बरो] *conj.* (cf. KuSamPañj); दुगूले सितपटाम्बरे वाससी UJ; दुगूले सितपट्टाम्बरे वाससी यस्य सो PL$_2$E; दुगूले सितपटाम्बरे वाससी यस्य सो B^1 **19.1** ऽजः सविनयैरन्तःपुरपालकैर्] *conj.*; ऽजः अवरोधरक्षैः अन्तपुररक्षकैः वधूसमीपमिन्दुमतीसकाशं P; ऽजः अवरोधरक्षैरन्तःपुरपालकैः वधूसमीपमिन्दुमतीसकाशं B^{1}L$_2$E; सकाशं UJ **19.1** प्रापितः] *conj.*; निन्ये प्रापितः Σ **19.2** शशिकिरणैरब्धिरम्बुविकृतेर्निकटं] *conj.*; नवैश्चन्द्रस्य किरणैरब्धिः वेलाया अम्बुविकृतेः सकाशं निकटं P; नवैश्चन्द्रपादैश्चन्द्रस्य किर(करिL$_2$)णैरुदन्वानब्धिः वेलाया अम्बुविकृतेः (°विकृतः E) सकाशं(सकालं U) निकटं UB^{1}L$_2$EJ **19.2** प्रकटदिण्डीरावलिः] *conj.*; स्फुटफेन(ण PL$_2$E)राजः प्रकटदिण्डीरावलिः UPB^{1}L$_2$EJ **19.3** प्रत्यग्रोदितैः] *conj.*; नवैः प्रत्यग्रोदितैः UPB^{1}EJ; नवै प्रत्यग्रोदितैः L$_2$ **19.4** विरलप्रचारा एते] PB^{1ac}L$_2$; वेरणप्रचारा एते U; विरलप्रचुरा B^{3pc}; विरलप्रचुरा एत E; विरलप्रचार एते J

तत्रार्चितो भोजपतेः पुरोधा हुत्वाग्निमाज्यादिभिरग्निकल्पः।
तमेव चाधाय विवाहसाक्ष्ये वधूवरौ सङ्गमयां चकार॥ २०॥

वेश्मनि वैदर्भस्य पुरोहितो ऽग्निं घृतशमीपल्लवादिभिः सन्तर्प्य, तमेवाग्निमुद्वाहसाक्षित्वे परिकल्प्य, वधूवरौ समयोजयत्। दानमानादिभिः पूजितः। ईषदसमाप्तो ऽग्निरग्निकल्पः, तेजस्वीत्यर्थः॥ २०॥

हस्तेन हस्तं परिगृह्य वध्वाः स राजसूनुः सुतरां बभासे।
अनन्तराशोकलताप्रवालं प्राप्येव चूतः प्रतिपल्लवेन॥ २१॥

अजो ऽत्यर्थं शुशुभे, करेणेन्दुमत्याः करमादाय, समीपस्थाया अशोकलतायाः पत्त्रं प्राप्य सहकारतरुरनुरूपकिसलयेन यथा भासते॥ २१॥

आसीद्वरः कण्टकितप्रकोष्ठः स्विन्नाङ्गुलिः संववृते कुमारी।
तस्मिन्द्वये तत्क्षणमात्मवृत्तिः समं विभक्तेव मनोभवेन॥ २२॥

---

20 c. चाधाय] $B^1L_1^{pc}JV^M$C; चादाय $UPL_2^{ac}EB_1^MB_2^MB_3^MB_4^MB_5^MB_7^ML^M$ **20 d.** चकार] ŚHem.Mall.Jin.; बभूव Ar.Nā. **21 b.** सुतरां बभासे] $PB^1L_2JD^MB_1^MB_2^MB_3^MB_4^MB_5^MB_7^ML^M$ Hem.Ar.(?)Nā.Jin.; सुतरां बभाषे U; नितरां --- E; सुतरां चकासे V^MMall. **22 cd.** तस्मिन्द्वये तत्क्षणमात्मवृत्तिः समं विभक्तेव मनोभवेन] Σ; वृत्तिस्तयोः पाणिसमागमेन समं विभक्तेव मनोभवस्य Mall.^{vl}

20.1 वेश्मनि] *conj.*; तत्र वेश्मनि Σ **20.1** वैदर्भस्य] P; भोजपतेर्वैदर्भस्य UB^1L_2EJ **20.1** पुरोहितो] *conj.*; पुरोधाः पुरोहिताः U; पुरोधाः पुरोहितः PB^1L_2EJ **20.1** ऽग्निं घृतशमीपल्लवादिभिः] *conj.*; अग्निमाज्यादिभिर्घृतशमीपल्लवादिभिः Σ **20.1** सन्तर्प्य] Σ; सन्तर्पि° E **20.2** °ग्निमुद्वाहसाक्षित्वे] P; °ग्निं विवाहसाक्षित्वे UB^1L_2J; °ग्निं विवाहसाक्ष्ये E **20.2** परिकल्प्य] P; आधाय परिकल्प्य B^1; आदाय परिकल्प्य UL_2EJ **20.2** समयोजयत्] P; सङ्गमयां चकार समयोजयत् UB^1L_2J; सङ्गमायां चकार समयोजयत् E **20.2** दानमानादिभिः पूजितः] *conj.*; अर्चितो दानमानादिना पूजितः UB^1L_2EJ; अर्चितो दानमानादिभिः पूजितः P **20.3** °प्तो ऽग्निरग्नि°] B^1L_2EJ; °प्तोरग्नि° U; °प्तः अग्नि° P **21.1** अजो ऽत्यर्थं] *conj.*; स राजसूनुरजः सुतरां UB^1L_2; सो राजसूनुरजः सुतरां P; स राजसूनुः अजकुमारः सुतरां J **21.1** शुशुभे] P; बभाषे शुशुभे U; बभासे शुशुभे B^1L_2J **21.1** करमादाय] *conj.*; करं परिगृह्यादाय Σ **21.1** समीपस्थाया] *conj.*; अनन्तरायाः समीपस्थाया Σ **21.2** °लतायाः] UPJ; °लतायः B^1; °लयाया L_2 **21.2** पत्त्रं] *conj.*; प्रवालं पत्त्रं Σ **21.2** सहकारतरुर्] P; चूततरुः UB^1L_2J **21.2** अनुरूपकिसलयेन] P; प्रतिपल्लवेनानुरूपकिसलये (य U) न UB^1L_2J

अजो वधूकरसंस्पर्शाद् रोमाञ्चितभुजः, इन्दुमती च वरकरसंस्पर्शाद् घर्मितकरशाखाजनि। कामेन तस्मिन् काले निजो व्यापारस्तस्मिन् मिथुने तुल्यं विभागीकृतेव। कम्पस्वेदादयो हि कामधर्माः सात्त्विका भावा विनानुरागं नाविर्भवन्ति॥ २२॥

तयोरपाङ्गप्रविचारितानि
क्रियासमापत्तिषु कातराणि।
ह्रीयन्त्रणामानशिरे मनोज्ञाम्
अन्योन्यलोलानि विलोचनानि॥ २३॥

वरवध्वोर्नयनानि लज्जासङ्कोचं प्राप्तानि। रमणीयम्। परस्परं दर्शनलम्पटानि। परस्परं साभिलाषत्वान्नेत्रप्रान्तविक्षिप्तानि, ततो दर्शनावाप्तौ सङ्कुचिता-

---

23 a. ॰प्रविचारितानि] UPB^1L_2J$D^M B_1^M B_2^M B_3^M B_4^M B_5^M B_7^M L^M$ Ar.Nā.; ॰प्रतिचालितानि Hem.; ॰प्रतिसारितानि V^MMall.Jin. **23 b.** ॰समापत्तिषु कातराणि] UPB^1L_2J$D^M V^M B_1^M B_2^M B_3^{Mpc} B_4^M B_5^M B_7^M$Hem.; ॰समापत्तिषु कन्तराणि L^M; ॰समापत्तिविवर्तितानि B_3^{Mac}Hem.^{vl} Ar.Nā.; ॰समापत्तिनिवर्तितानि Mall.Jin. **23 c.** मनोज्ञाम्] ŚHem.Mall.Jin.; मनोज्ञान्य् Ar.(?)Nā.

22.1 अजो] *conj.*; वरो ऽजः UPB^1L_2; वरो ऽजकुमारः J **22.1** रोमाञ्चितभुजः] *conj.* (cf. Jin.); कण्टकितो रोमाञ्चितो ऽभूत् Σ **22.1** इन्दुमती] *conj.*; कुमारी इन्दुमती Σ **22.1** वरकरसंस्पर्शाद्] P$B^{pc}L_2$; वरकरस्पर्शात् UJ; वरकारस्पर्शात् B^{ac} **22.2** घर्मितकरशाखाजनि] *conj.*; स्विन्नाङ्गुलिर्घर्मितकरशाखा संववृते अजनि UB^1J; स्विन्नाङ्गुलिः घर्मितकरशाखा अजनि P; स्विन्नाङ्गुलि घर्मितकरशाखा संववृते । जनि L_2 **22.2** कामेन] *conj.*; मनोभवेन कामेन Σ **22.2** तस्मिन् काले] *conj.*; तत्क्षणं तस्मिन्काले Σ **22.2** निजो व्यापार॰] *conj.*; आत्मवृत्तिर्निजो व्यापार॰ UPJ; आत्मवृत्तिर्निजो व्यापर॰ B^1; आत्मवृत्तिन्निजो व्यापार॰ L_2 **22.2** मिथुने] *conj.*; द्वये UJ; द्वये मिथुने PL_2; द्वये मिथुनं B^1 **22.3** तुल्यं विभागीकृतेव] *em.*; समं तुल्यं विभक्तेव विभागीकृतेव UB^1L_2J; तुल्यं विभागीकृतैव P **22.3** सात्त्विका भावा] UPB^1L_2; सात्विकभाव J **23.1** वरवध्वोर्नयनानि] *conj.* (cf. KuSamPañj); तयोर्वरवध्वोर्विलोचनानि अपाङ्ग(ङ्गं PB^1L_2)नेत्रप्रान्तः UPB^1L_2J **23.1** लज्जासङ्कोचं प्राप्तानि] *conj.*; ह्रीयन्त्रणां लज्जया सङ्कोचमानशिरे प्राप्तानि UPB^1J; *om.* L_2 **23.1** रमणीयम्] *conj.*; मनोज्ञां रमणीयांP; मनोज्ञं रमणीयं UJ; मनोज्ञा रमणीयाम् B^1; मनोज्ञां रमणीया ह्रीयन्त्रणां लज्जया सङ्कोचमानशिरे प्राप्तानि L_2 **23.2** परस्परं दर्शनलम्पटानि] *conj.*; *om.* UJ; कीदृशानि। अन्योन्यलोलानि परस्परं दर्शनल(लु B^1)म्पटानि PB^1L_2 **23.2** परस्परं साभिलाषत्वान्] *conj.*, कीदृशानि परस्परं साभिलषत्वाद् UP; पुनः कीदृशानि परस्परं साभिलाषत्वाद् B^1L_2J **23.2** नेत्रप्रान्तविक्षिप्तानि] *conj.*; अपाङ्गेषु प्रविचारितानि विक्षिप्तानि UB^1L_2J; अपाङ्गेषु प्रविचारितानि निक्षिप्तानि P **23.2** ततो दर्शनावाप्तौ] *conj.*; ततः क्रियासमापत्तौ दर्शनावाप्तौ UPB^1J; ततः क्रियासमाप्तौ दर्शनावाप्तौ L_2

नि। आनशिरे इत्यश्नोतेर्लिट्। यन्त्रणा सङ्कोचनं मीलनं च॥ २३॥

प्रदक्षिणप्रक्रमणात्कृशानोरुदर्चिषस्तन्मिथुनं बभासे।
मेरोरिवान्तेषु विवर्तमानमन्योन्यसंसक्तमहस्त्रियामम्॥ २४॥

तद्युग्ममराजत, उद्गतज्वालस्याग्नेः प्रदक्षिणपादविक्षेपात्, परस्परं संलग्नम्, अहोरात्रमितरेतरश्लिष्टं हेमाद्रेर्निकटेषु पर्यटमानं यथा राजते। †प्रक्रमणं प्रारम्भः†। मेरोरुदर्चिष्ट्वं नानारत्ननिधित्वात्॥ २४॥

नितम्बगुर्वी गुरुणा प्रयुक्ता वधूर्विधातृप्रतिमेन तेन।
चकार सा मत्तचकोरनेत्रा लज्जावती लाजविसर्गमग्नौ॥ २५॥

इन्दुमती लाजमोक्षं वह्नावकरोत्। पुरोधसा चोदिता ब्रह्मनिभेन। मत्तो यश्च-

---

24 b. बभासे] **V**D^{M}B$_2^M$B$_3^M$B$_4^M$B$_5^M$B$_7^M$L^{M}Ar.(?)Nā.; भबासे B$_1^M$; चकासे V^{M}Hem.Mall.Jin. **24 c.** मेरोरिवान्तेषु विवर्तमानम्] UPB^{1}L$_2$JD^{M}B$_1^M$B$_2^M$B$_3^M$B$_4^M$B$_5^M$B$_7^M$L^M; मेरोरुपान्तेष्विव वर्तमानम् V^{M}Hem.Mall.Jin.; मेरोरिवान्ते परिवर्तमानम् Ar.(?)Nā. **25 c.** मत्त°] UB^{1ac}L$_2$JV^{M}B$_1^M$B$_3^M$B$_4^M$B$_5^M$B$_7^M$L^M**C**; मत° D^M; मन्त° PB^{1pc} (B$_2^M$ uncertain) **25 d.** °विसर्गमग्नौ] **Ś**Hem.Mall.Jin.; °विमोक्षमग्नौ Ar.(?)Nā.

23.3 आनशिरे] UPB^{1}J; आनिशिरे L$_2$ **23.3** इत्यश्नोतेर्लिट्] PJ; त्यश्नोतेर्लिट् U; इत्यशोभेर्लिट् B^1 **23.3** यन्त्रणा सङ्कोचनं मीलनं च] *conj.*; यन्त्राणां संकोचं मीलनम् U; यन्त्रणां सङ्कोच×म्×मीलनाम् P; यन्त्राणां सङ्कोचं मीलनं च B^1; यन्त्रणां सङ्कोचं मीलनम् L$_2$; यंत्रणां संकोचनं मीलनाम् J **24.1** तद्युग्ममराजत] *conj.*; तन्मिथुनं युग्मं बभासे अराजत Σ **24.1** उद्गतज्वालस्याग्नेः] *conj.*; उदर्चिष उद्गतज्वालस्य कृशानोरग्नेः UB^{1}J; उदर्चिषः उद्गतज्वालस्य कृषाणोरग्नेः P; उदर्चिष उद्गतज्वालस्य। कृषाणोरग्निः L$_2$ **24.1** प्रदक्षिणपादविक्षेपात्] *conj.*; प्रदक्षिणप्रक्रमणात् UB^{1pc}L$_2$J; प्रदक्षिणप्रक्रमणात् प्रदक्षिणपादविक्षेपात् P; प्रदक्षिणप्रक्रमाणात् B^{1ac} **24.2** परस्परं संलग्नम्] P; *om.* UB^{1}L$_2$J **24.2** अहोरात्रम्] P; अहस्त्रियाममहोरात्रं UL$_2$J; अहस्त्रियाममिवाहोरात्रमिव B^{1pc}; अहस्त्रियामहोरात्रम् B^{1ac} **24.2** इतरेतरश्लिष्टं] *conj.*; अन्योन्यः प्रसंसिक्तमितरेतरश्लिष्टं UJ; अन्योन्यसंसक्तमितरेतरश्लिष्टं PB^{1ac}L$_2$; अन्योन्यसंसक्तमितरेतरसंश्लिष्टम् B^{1pc} **24.2** हेमाद्रेर्निकटेषु] *conj.*; मेरोरन्तेषु निकटेषु UB^{1}L$_2$J; मेरोर्हेमाद्रेरन्तेषु निकटेषु P **24.2** पर्यटमानं] *conj.*; विवर्तमानं पर्यटमानं UB^{1}L$_2$J; वर्तमानं P **24.3** प्रक्रमणं प्रारम्भः] UB^{1}L$_2$; प्रदक्षिणप्रक्रमणात् प्रक्रमणं प्रारम्भः प्रदक्षिणप्रारम्भात् P; प्रक्रमं प्रारंभः J **24.3** मेरोरुदर्चिष्ट्वं] UB^{1}L$_2$J; उदर्चिष उद्गतभासः P **25.1** इन्दुमती] *conj.*; सा वधूः UPB^{1}L$_2$; सा वधूरिन्दुमती J **25.1** लाजमोक्षं वह्नावकरोत्] *conj.*; लाजविसर्गं लाजमोक्षमग्नौ चकार अकरोत् UJ; लज्जविसर्गं लाजमोक्षं अग्नौ अकरोत् P; लाजविसर्गं लाजमोक्षणम् (क्षयम् B^{1ac}) अग्नौ चकाराकरोत् B^{1}L$_2$ **25.1** पुरोधसा] *conj.*; गुरुणा पुरोधसा UB^{1}L$_2$J; गुरुणा P **25.1** ब्रह्मनिभेन] *conj.*; विधातृप्रतिमेन ब्रह्मनिभेन Σ **25.1** मत्तो] *conj.*; मत्तचकोरनेत्रा मत्तो UPJ; मत्तचकोरनेत्रा मतो B^1; मत्तचकोरत्त्रा मतो L$_2$

कोराख्यः पक्षी तद्वल्लोहिते नेत्रे यस्याः सा। नितम्बमहती विपुलजघना॥ २५॥

हविःशमीपल्लवलाजगन्धी पुण्यः कृशानोरुदियाय धूमः।
कपोलसंसर्पिशिखः स तस्या मुहूर्तकर्णोत्पलतां प्रपेदे॥ २६॥

अग्नेः सकाशादनलध्वज उज्जगाम। †कीदृशो हविःशमीपल्लवलाजगन्धी हविश्च शमीपल्लवाश्च लाजाश्च तेषां गन्धो विद्यते यस्य स धूमः†। वध्वाः ≪गण्डप्रसरज्ज्वालः≫ क्षणमात्रश्रवणेन्दीवरतां प्राप। शमी वृक्षभेदः॥ २६॥

तदञ्जनक्षोभसमाकुलाक्षं प्रम्लानबीजाङ्कुरकर्णपूरम्।
वधूमुखं पाटलगण्डलेखमाचारधूमग्रहणाद्बभूव॥ २७॥

वधूवक्त्रं वेदोदितसद्व्यवहारार्थं धूमादानादेवंविधमभूत्। कज्जलस्य चलनेन विकसनेन व्याकुले नेत्रे यस्य। प्रकर्षेण म्लानो यवप्ररोह एव श्रवणाभरणं यस्य।

---

26 b. कृशानोरुदियाय] $UP^{ac}L_2J^{pc}V^M B_2^M B_4^M B_7^M$ 𝕮; कृषाणोरुदियाय $P^{pc}B_3^M B_5^M L^M$; कृशानोरुदयाय B^1J^{ac}; कृशान्नरुदियाय D^M; कृशानोदुदियाय B_1^M **27 a.** °क्षोभ°] Ś; °क्लेद° 𝕮 **27 c.** °लेखम्] ŚHem.Mall.Jin.; °रेखम् Ar.(?)Nā.

25.2 °ख्यः] UPL_2J; °खः B^1 **25.2** तद्वल्लोहिते नेत्रे] PL_2J; तद्वल्लोहितनेत्रे U; तद्वल्लोहिते नेत्रै B^1 **25.2** नितम्बमहती] P; नितम्बगुर्वी $UB^{1pc}L_2J$; नितम्बागुर्वी B^{1ac} **25.2** °जघना] PB^1L_2J; °जघान U **26.1** अग्नेः सकाशादनलध्वज] *conj.*; कृशानोः सकाशाद्धूमो नलध्वजः UB^1; कृषाणोस्सकाशात् धूमो ऽनलध्वजः PL_2; कृशानोरग्नेः सकाशात् धूमो ऽनलध्वजः J **26.1** उज्जगाम] *conj.*; उदियायोज्जगाम UPL_2J; उदीयायोज्जगाम B^1 **26.2** कीदृशो हविःशमीपल्लवलाजगन्धी हविश्च] PL_2; कीदृशं हविश्च UJ; कीदृशं हविःशमीपल्लवलाजगन्धी हविश्च B^1 **26.2** लाजाश्च तेषां गन्धो] UPL_2; तेषां गन्धो B^1; लाजाश्च तेषां गंडो J **26.2** वध्वाः] *conj.*; तस्या वध्वाः UPB^1J; तस्य वध्वाः L_2 **26.3** गण्डप्रसरज्ज्वालः] *conj.* (cf. KuSamPañj); कपोलसंसर्पिशिखः गण्डौ संस्पृशन्ति याः ता ज्वाला यस्य सः U; कपोलसंसर्पिशिखस्सन् गण्डौ संस्पृशन्ति यास्ताः ज्वाला यस्य सः P; कपोलसंसर्पिशिखः सन् B^1L_2; कपोलसंसर्पिशिखा गण्डौ संस्पृशंति याः ता ज्वाला यस्य सः J **26.3** क्षणमात्रश्रवणेन्दीवरतां] *conj.*; मुहूर्तकर्णोत्पलतां क्षणमात्रश्रवणेन्दीवरतां UB^1L_2J; मुहूर्तकर्णोत्पलतां क्षणमात्रं श्रवणेन्दीवरतां P **26.3** प्राप] *conj.*; प्रपेदे प्राप UB^1L_2J; प्राप घ्राणवशात् P **27.1** वधूवक्त्रं वेदोदितसद्व्यवहारार्थं धूमादानादेवंविधमभूत्] UJ; तद्वधुमुखं आचारधूमग्रहणात् वेदोदितसद्व्यवहारार्थं धूमदानादेवंविधमभूत् P; तद्वधूमुखमाचारधूमग्रहणात्। अञ्जलिना धूममाजिघ्रेदिति (जिघ्रेतिति L_2) लोकाचारः। तद्वशादेवंविधमभूत् B^1L_2 **27.2** कज्जलस्य चलनेन विकसनेन व्याकुले नेत्रे यस्य] *conj.*; कज्जलस्य चलनेन विकासेन व्याकुलनेत्रे यस्य UJ; अञ्जनक्षोभेन कज्जलस्य चलनेन विकसनेन समाकुले व्याकुले अक्षिणी नेत्रे यस्य P; अञ्जनक्षोभेन समाकुले अक्षिणी यस्य B^1L_2 **27.2** प्रकर्षेण] UB^1L_2J; प्रकर्षे⏑ P **27.2** एव] UPB^1L_2; इव J **27.2** श्रवणाभरणं] UPJ; कर्णपूरो B^1L_2

रक्ते कपोललेखे यस्य। अञ्जलिना गृहीत्वा धूममाजिघ्रेदिति लोकाचारः॥ २७॥

तौ स्नातकैर्बन्धुमता च राज्ञा पुरन्ध्रिभिश्च क्रमशः प्रयुक्तम्।
कन्याकुमारौ कनकासनस्थावार्द्राक्षतारोपणमन्वभूताम्॥ २८॥

तौ वधूवरौ सरसयवानां दानं प्रापतुः। वेदव्रतसमाप्तौ स्नातकैः साङ्गवेदवेदिभिः, तथा बन्धुसहितेन भोजेन च, उत्तमाभिरविधवाभिश्च स्त्रीभिः परिपाट्या दत्तम्। एतैर्दत्तान्यवाञ्जगृहतुरित्यर्थः। एवंविधो ह्येष लोकाचारः॥ २८॥

इति स्वसुर्भोजकुलप्रदीपः सम्पाद्य पाणिग्रहणं स राजा।
महीपतीनां पृथगर्हणार्थं समादिदेशाधिकृतानधिश्रीः॥ २९॥

विदर्भो भगिन्या अनेन प्रकारेण विवाहकर्म समाप्य प्रत्येकं राज्ञां पूजार्थमधिकारिपुरुषानाज्ञापितवान्। अधिका श्रीर्यस्य॥ २९॥

लिङ्गैर्मुदः संवृतविक्रियास्ते ह्रदाः प्रसन्ना इव गूढनक्राः।
वैदर्भमामन्त्र्य ययुस्तदीयां प्रत्यर्प्य पूजामुपदाच्छलेन॥ ३०॥

---

28 b. प्रयुक्तम्] Σ; विमुक्तम् P **30 d.** ॰पदाच्छलेन] B_5^M **C**; ॰पधाच्छलेन **V**$D^M V^M B_1^M B_2^M B_3^M B_4^M B_7^M L^M$

27.3 रक्ते कपोललेखे] *conj.*; रक्तकपोललेखे UJ; पाटले रक्ते कपोललेखे P; पाटला ताम्रा गण्डलेखा B^1L_2 **27.3** अञ्जलिना गृहीत्वा धूममाजिघ्रेदिति लोकाचारः] UP; *om.* B^1L_2; अञ्जलिना गृहीत्वा वधू +धूम+माजिघ्रेदिति लोकाचारः J **28.1** तौ वधूवरौ] UJ; तौ कन्याकुमारौ वधूवरौ P; तौ कन्याकुमारौ B^1L_2 **28.1** सरसयवानां दानं प्रापतुः] *conj.*; सरसयुवौ नामारोपणं दानं प्रापतुः U; आर्द्राक्षत⸗सरसयवानां आरोपणमाधानमन्वभूतामापतुः P; आर्द्राक्षतानामारोपणमादानमन्वभूतामापतुः B^1; आर्द्राक्षतारोपणमादानमन्वभूतामापतुः L_2; सरसयवा(वौ J^{ac})नामारोपणं दानं प्रापतुः J **28.2** ॰वेदिभिः] PB^1L_2; ॰विदिभिः UJ **28.2** भोजेन] *conj.*; राज्ञा भोजेन Σ **28.2** उत्तमाभिरविधवाभिश्च] *conj.*; पुरन्ध्रिभिरुत्तमाभिरविधवाभिश्च Σ **28.2** परिपाट्या] *conj.*; क्रमशः परिपाट्या Σ **28.3** दत्तम्] *conj.*; प्रयोक्तं दत्तं U; प्रयुक्तं दत्तम् PB^1L_2; प्रयोक्तुं दत्तं J **28.3** एतैर्दत्ता॰...लोकाचारः] P; एवंविधो ह्येष(ह्य+शे+ष B) लोकाचारः एतैर्दत्तान्यवाञ्जगृहतुरित्यर्थः UB^1J; एवंविधो हि अशेषलोकाचारः एतैर्दत्तान्यवाञ्जगृहतुरित्यर्थः L_2 **29.1** विदर्भो] *conj.*; स राजा विदर्भो Σ **29.1** भगिन्या अनेन] *em.*; भगिन्यानेन UPB^1J; भगिन्यामनेन L_2 **29.1** विवाहकर्म समाप्य] *conj.*; पाणिग्रहणं विवाहकर्म सम्पाद्य समाप्य UB^1L_2J; पाणिग्रहणं विवाहकर्म सम्पाद्य P **29.1** प्रत्येकं] *conj.*; पृथक्प्रत्येकं UPB^1L_2; प्रथक् कृत्य एकं J **29.2** राज्ञां पूजार्थमधिकारिपुरुषान्] *conj.*; महीपतीनां राज्ञामर्हणार्थं पूजार्थमधिकृतानधिकारिपुरुषान् Σ **29.2** आज्ञापितवान्] *conj.*; आदिदेश आज्ञापितवान् UPB^1L_2J **29.2** अधिका श्रीर्यस्य] *conj.*; अधिश्रीः अधिका श्रीर्यस्य UPB^1J; अधिश्री। अधिश्रीर्यस्य L_2

ते नृपा भोजं ज्योत्कृत्य प्रतस्थिरे। हर्षस्य चिह्नैः कृतकहासादिभिः पिहितक्रोधाः। सुप्तमकरा अगाधजला जलाशया इवाकलुषाः। भोजार्चामुपायनव्याजेन प्रतीपं दत्त्वा॥ ३०॥

भर्तापि तावत्क्रथकैशिकानामनुष्ठितानन्तरजाविवाहः।
सत्त्वानुरूपं हरणीकृतश्रीः प्रास्थापयद्राघवमन्वगाच्च॥ ३१॥

यावत्ते राजानो गतास्तावद्भोजो ऽप्यजं व्यसर्जयच्चानुययौ च। ≪सम्पादितानुजोद्वाहः≫। औचित्यसदृशं चित्तवृत्त्यनुसारेण सुदायेन दत्ता लक्ष्मीर्येन। हरणं सुदायः॥ ३१॥

---

31 .] *om.* U; placed after 33 in V^{M}𝕮 **31 c.** सत्त्वानुरूपं हरणी°] $B^{1}L_{2}D^{M}V^{M}B_{1}^{Mpc}B_{3}^{M}B_{5}^{M}L^{M}$Ar.(?)Nā.; सत्त्वानुरूपं हरिणी° $PJB_{1}^{Mac}B_{2}^{M}B_{4}^{M}B_{7}^{M}$; सत्त्वानुरूपाहरणी° Hem. Mall.; सत्त्वानुरूपाभरणी° Jin. **31 d.** प्रास्थापयद्] $V^{M}B_{1}^{Mpc}B_{4}^{M}B_{5}^{M}L^{Mpc}$𝕮; प्रस्थापयद् $PB^{1}L_{2}JD^{M}B_{1}^{Mac}B_{2}^{M}B_{3}^{M}B_{7}^{M}L^{Mac}$

30.1 भोजं ज्योत्कृत्य] *conj.*; वेदर्भमामन्त्र्य ज्योत्कृत्य U; वैदर्भमामन्त्र्य ज्योत्कृत्य $B^{1}L_{2}J$; भोजम।मन्त्र्य ज्योत्कृत्य P **30.1** प्रतस्थिरे] *conj.*; ययुः प्रतस्थिरे $UPB^{pc}L_{2}J$; ययुः प्रतिस्थिरे B^{ac} **30.1** हर्षस्य चिह्नैः कृतकहासादिभिः] *conj.*; मुदो हर्षस्य लिङ्गैश्चिह्नैः $UB^{1}L_{2}J$; मुदो हर्षस्य लिङ्गैश्चिह्नैः कृतकहासादिभिः P **30.2** पिहितक्रोधाः] *conj.*; संहृता पिहिता विक्रिया क्रोधो यैः अथवा कृतकहासादिभिश्च UJ; पिहिताः विक्रियाः क्रोधो यैः P; संवृता पिहिता विक्रिया क्रोधो यः B^{1}; सवृता पिहिता विक्रया क्रोधो यै L_{2} **30.2** सुप्तमकरा] *conj.*; गूढनक्रा सुप्तमकराः U; गूढनक्राः सुप्तमकराः $PB^{1}L_{2}J$ **30.2** अगाधजला जलाशया इवाकलुषाः] *conj.*; ह्रदा इव $UB^{1}L_{2}J$; ह्रदा इव अगाधजला जलाशया इव अकलुष--- P **30.2** भोजार्चाम्] *conj.*; तदीयां पूजाम् $UB^{1}L_{2}J$; तदीयां पूजां भोजार्चाम् P **30.2** उपायनव्याजेन] *conj.*; उपधच्छलेनोपायनव्याजेन U; उपधाच्छलेनोपायनव्याजेन $PB^{1}L_{2}$; उपदच्छलेनोऽपायनव्याजेन J **30.3** प्रतीपं दत्त्वा] *conj.*; प्रतर्प्य प्रतीपं दत्त्वा UJ; प्रत्यर्प्य प्रतीपं दत्त्वा। मुदो लिङ्गानि कृतकहासादीनि $PB^{1}L_{2}$ **31.1** यावत्ते] $UPL_{2}J$; यावन्तो B^{1} **31.1** तावद्भोजो ऽप्यजं] *conj.*; तावत्क्रथकैश(शि L_{2})कानां भर्तापि भोजो ऽपि राघवमजं $UB^{1}L_{2}J$; तावत्क्रथकैशिकानां भर्तापि भोजः राघवमजं P **31.1** व्यसर्जयच्चानुययौ च] *conj.*; प्रस्थापयद्व्यसर्जयत् अन्वगाच्चानुययौ च Σ **31.2** सम्पादितानुजोद्वाहः] *conj.*; अनुष्ठितः(अनुष्टितः UJ, अनूष्ठः B^{1}) सम्पादितो ऽनन्तरजाया अनुजाया विवाहो येन $UPB^{1}J$; अनुष्ठिता सम्पादि। तो नन्तरजाया अनुजाया विवाहो येन L_{2} **31.2** औचित्यसदृशं] *conj.*; सत्त्वानूरूपमौचित्यसदृशं $UPB^{1}J$; सत्त्वानुरूपमौचित्यस्वदृशं L_{2} **31.2** चित्तवृत्त्यनुसारेण] PL_{2}; चित्तं वृत्त्यनुसारेण $UB^{1}J$ **31.2** सुदायेन] *conj.*; हरिणीकृता सुदायेन UJ; हरिणीकृता स्वदायेन P; हरणीकृता सुदायेन B^{1pc}; हरणीकृता स्वदायेन $B^{1ac}L_{2}$ **31.2** दत्ता] $UPL_{2}J$; दत्त्वा B^{1} **31.2** लक्ष्मीर्येन] UJ; श्रीर्येन $PB^{1}L_{2}$ **31.3** हरणं सुदायः] B^{1pc}; हरिणं स्वदायः UJ; हरणं स्वदायः $PB^{1ac}L_{2}$

तिस्रस्त्रिलोकप्रथितेन सार्धमजेन मार्गे वसतीरुषित्वा।
तस्मादपावर्तत भोजराजः पर्वात्यये सोम इवोष्णरश्मेः॥ ३२॥

ततः कुण्डिनेशो ऽजान्निववृते। पथि तिस्रो वसतीः प्रयाणकानि वसित्वा, त्रिलोकाख्यातेनाजेन सह। पर्वान्ते दिवाकराच्छशी यथा, अमावस्यादिनस्यान्ते प्रतिपदि निवर्तते॥ ३२॥

स राजलोकः कृतपूर्वसंविद्
उदारसिद्धौ समराक्षलभ्यम्।
आदास्यमानः प्रमदामिषं तद्
आवृत्य पन्थानमजस्य तस्थौ॥ ३३॥

स नृपवर्गः कुमारस्य मार्गं रुद्धातिष्ठत्। महती या सिद्धिः कन्याहरणलक्षणा

---

32 c. भोजराजः] $UB^{1ac}JB_3^MB_7^M$; भोजनाथः $PB^{1pc}L_2B_1^MB_2^MB_4^MB_5^ML^M$; भोजनाथ D^M; कुण्डिनेशः V^M𝕮 **33 .**] placed after 30 in V^M𝕮 **33 ab.** °संविदुदार°] *conj.*; °संवित्संरम्भ° $VD^MB_1^MB_2^MB_4^MB_5^MB_7^ML^M$Vall.^{vl}; °संविदारम्भ° V^MHem.Mall.Ar.Nā.; °सन्धिरारम्भ° Jin. **33 b.** समराक्षलभ्यम्] $UPB^1L_2JD^MB_1^MB_2^MB_4^MB_5^MB_7^ML^M$; समरोपलभ्यम् Hem.Mall.^{vl}Jin.; समयोपलभ्यम् V^MHem.^{vl}Mall.Ar.Nā.

---

32 B_3^M gives no testimony for 7:32d through 7:42 because of a missing folio.

32.1 ततः कुण्डिनेशो ऽजान्] *conj.*; ततो भोजराजः कुण्डिनेश तस्मादजात् U; ततो भोजराजः कुण्डिनेशः तस्मादजात् $PB^{1ac}J$; ततो भोजनाथः कुण्डिनेशस्तस्मादजात् B^{1pc}; ततो भोजराजः कुण्डिनेशस्तस्माद् L_2 **32.1** निववृते] *conj.*; अपावर्तत निववृते Σ **32.1** वसतीः] UPB^1J; वातीः L_2 **32.1** प्रयाणकानि वसित्वा] *conj.*; प्रयाणकान्युषित्वा वसित्वा UPB^1L_2J **32.2** त्रिलोकाख्यातेनाजेन] UJ; त्रिलोकप्रथितेन प्रख्यातेन अजेन P; त्रिलोकप्रथितेन त्रिलोखाख्यातेनाजेन B^1; त्रिलोकप्रथितेन त्रिलोकख्यातेनाजेन L_2 **32.2** पर्वान्ते] *conj.*; पर्वात्यये पर्वान्ते UPB^1J; पार्वत्यये पर्वान्ते L_2 **32.2** दिवाकराच्छशी] J; दिवाकरात्सोमः शशी U; उष्णरश्मेर्दिवाकरात्सोमः शशी PB^1L_2 **32.2** अमावस्या] P; अमावस्यां UB^1J; अमावस्यार् L_2 **33.1** नृपवर्गः] P; राजलोकः UB^1L_2J **33.1** कुमारस्य] *conj.*; अजस्य UPB^1L_2; अजस्याजकुमारस्य J **33.1** मार्गं रुद्धातिष्ठत्] *conj.*; पन्थानं मार्गमावृत्य रुद्धा (बद्धा L_2) तस्थावतिष्ठत् UB^1L_2J; पन्थानं मार्गमावृत्त्य रुद्धा अतिष्ठत् P **33.1** महती या सिद्धिः] *conj.*; संरम्भसिद्धौ उदारा महती या सिद्धिः UB^1L_2J; उदारसिद्धौ उदारा महती या सिद्धिः P **33.1** °हरणलक्षणा] UPB^1J; °हरणेक्षणा L_2

तत्र कृतः प्रथममेव ‘न मोक्तव्यो ऽयम्’ इति संकेतो येन। रणमेव द्यूतं तेन प्राप्तव्यम्, प्रमदा नायिका, तदेवामिषं भोज्यं जिघृक्षन्। अक्षैः किलामिषं लभ्यते। संरम्भसिद्धाविति पाठे संरम्भः क्षोभः, तेन या सिद्धिस्तन्निमित्तम्॥ ३३॥

प्रमन्यवः प्रागपि कोसलेन्द्रे प्रत्येकमात्तस्वतया बभूवुः।
अतो नृपाश्चक्षमिरे समेताः स्त्रीरत्नलाभं न तदात्मजस्य॥ ३४॥

एतस्माद्धेतो राजानो मिलिता रघोरात्मजस्याजस्य वरयुवतिप्राप्तिं न सेहिरे। यस्मात्त आदावेव दिग्विजयकालात्प्रभृति रघौ सरोषाः, गृहीतसर्वस्वत्वेन, आसन्॥ ३४॥

तमुद्वहन्तं पथि भोजकन्यां रुरोध राजन्यगणः स दृप्तः।
बलिप्रतिष्ठां श्रियमाददानं त्रैविक्रमं पादमिवेन्द्रशत्रुः॥ ३५॥

---

35 c. °प्रतिष्ठां] $UPB^1L_2JD^MB_1^MB_2^MB_4^MB_5^MB_7^M$Hem.^{vl}Jin.; °प्रदिष्टां V^MAr.Nā.Hem.Mall.
35 c. °माददानं] $VV^MB_7^M$ℭ, °मादधानं $D^MB_1^MB_2^MB_4^MB_5^ML^M$

33.2 तत्र कृतः प्रथममेव] *conj.*; तत्र कृतपूर्वसंवित् कृतपूर्वसंवित्सङ्केतो येन राजलोकेन प्रथममेव U; तत्र कृतः प्रथममेव संवित् P; तत्र कृतपूर्वसंवित् कृतपूर्वा संवित्संकेतो येन राजलोकेन। प्रथममेव B^1; तत्र कृतपूर्वसंवित् संकेतो येन राजलोकेन प्रथममेव L_2J **33.2 न मोक्तव्यो**] PB^1; मोक्तव्यो U; नं मोक्तव्यो L_2; सोक्तव्यो J **33.2 इति संकेतो येन**] *conj.*; इति संकेतः UB^1L_2J; इति सङ्केतो येन राजलोकेन प्रथममेव न मोक्तव्यो ऽयम् इति सङ्केतः P **33.3 रणमेव द्यूतं तेन प्राप्तव्यम्**] *conj.*; समर एवाक्षो द्यूतं तेन लभ्यं प्राप्यं UB^1L_2J; समर एव रणमेव अक्षो द्यूतं तेन लभ्यं प्राप्तव्यम् P **33.3 नायिका**] UPB^1J; लीयका L_2 **33.3 जिघृक्षन्**] *conj.*; आदास्यमानो जिघृक्षन् Σ **33.4 संरम्भसिद्धाविति पाठे**] *em.*; *om.* B^1L_2J; सरम्भसिद्धाविति पाठे P **33.4 क्षोभः**] UB^1L_2J; संक्षोभः P **34.1 एतस्माद्धेतो राजानो**] *conj.*; अत एतस्माद्धेतोर्नृपा राजानः UB^1L_2J; अत एव एतस्माद्धेतोः नृपाः P **34.1 मिलिता**] *conj.*; समेताः मिलिताः UPL_2; समेता मिलिता B^1; समीताः J **34.1 रघोरात्मजस्याजस्य**] *conj.*; तदात्मजस्य तस्य रघोरात्मजस्याजस्य Σ **34.1 वरयुवतिप्राप्तिं**] *conj.*; स्त्रीरत्नलाभं वरयुवतिप्राप्तिं $UB^{1ac}L_2J$; स्त्रीलाभं वरयुवतिप्राप्तिं P; स्त्रीरत्नलाभं वरयुवतिप्राप्तिं B^{1pc} **34.1 न सेहिरे**] *conj.*; न चक्षमिरे न सेहिरे UL_2J; न चक्षिमिरे न सेहिरे PB^1 **34.2 यस्मात्त**] PB^1L_2; यावत्ते UJ **34.2 रघौ**] *conj.*; कोसले रघु U; कोसलेन्द्रे रघौ PB^1L_2J **34.2 सरोषाः**] *conj.*; प्रमन्यवः सरोषाः Σ **34.2 गृहीतसर्वस्वत्वेन**] *conj.*; आर्तस्वतया गृहीतस्वतस्वत्वेन UL_2J; आत्तस्व(सु B^{1ac})तया गृहीतसर्वस्वत्वेन B^1; आत्तस्वतया गृहीतसत्त्वेन P **34.3 आसन्**] *conj.*; बभूवुरासन् UB^1L_2J; बभूवुः P

स नृपपूगो ऽजं मार्गे ऽवेष्टयत्। इन्दुमतीं धारयन्तं, तया सहितमित्यर्थः। अन्योन्यसाहायकाद्दर्पयुक्तः। बलिः प्रतिष्ठा आश्रयो यस्यास्तां लक्ष्मीं गृहाणम्। वैष्णवं चरणं वृत्रो नाम दैत्यविशेषो यथारुणत्॥ ३५॥

तस्याः स रक्षार्थमनल्पयोधम्
आदिश्य पित्र्यं सचिवं कुमारः।
प्रत्यग्रहीत्पार्थिववाहिनीं तां
ज्योतीरथां शोण इवोत्तरङ्गः॥ ३६॥

इन्दुमत्याः पालनार्थं बहुसाधनं मौलममात्यं नियुज्य, अजस्तां राजन्यसेनां प्रत्यैच्छत्। ज्योतीरथां नाम नदीं शोणाख्यो नद उल्लसत्कल्लोलो यथात्मनि लयं नयति॥ ३६॥

---

36 d. ज्योतीरथां] UPB^1L_2J$D^M B_1^M B_2^M B_4^M B_5^M B_7^M L^M$Hem.Jin.; भागीरथीं V^MMall.(?) Ar.(?)Nā.

35.1 स नृपपूगो ऽजं] *conj.*; स राजन्यगणो नृपपूगस्तमजं UPB^1L_2; स राजन्यगणो नृपपूगस्तमजकुमारं J **35.1 मार्गे ऽवेष्टयत्**] *conj.*; रुरोध पथि अवेष्टयत् Σ **35.1 इन्दुमतीं धारयन्तं**] *conj.*; भोजकन्यामिन्दुमतीमुद्वहन्तं धारयन्तं Σ **35.2 अन्योन्यसाहायकाद्दर्पयुक्तः**] *conj.*; दृप्तः अन्योन्यसहायकाद्दर्पयुक्तः UB^1J; दृप्तः अन्योन्यसाहायकाद्दर्पयुक्तः P; दृप्तः अन्योन्यसाहायकादृप्तयुक्तः L_2 **35.2 बलिः प्रतिष्ठा**] UB^1; बलिप्रतिष्ठः P; बलिप्रतिष्ठां L_2; बलिप्रतिष्ठा J **35.2 लक्ष्मीं**] *conj.*; श्रियं प्रतिष्ठन्ति अस्मिं प्रतिष्ठा तां श्रियं लक्ष्मीम् U; श्रियं P; श्रियं प्रतिष्ठन्त्यस्मिन्निति प्रतिष्ठा तां श्रियं लक्ष्मीम् B^1; श्रियम् प्रतिष्टति अस्मिन्निति प्रतिष्ठा। तां श्रियां लक्ष्मीम् L_2; श्रियं प्रतिष्टंत्यस्मिन्प्रतिष्टा तां श्रियं लक्ष्मीम् J **35.2 गृहाणम्**] *conj.*; आददानं गृह्णन्तं U; आददानं गृहाणं P; आददानं गृह्णानं B^1L_2J **35.3 वैष्णवं चरणं**] *conj.*; त्रैविक्रमं वैष्णवचरणं U; त्रैविक्रमं पादं वैष्णवं चरणम् PL_2; त्रैविक्रमं पादं वैष्णवं चारणम् B^1; त्रैविक्रमं वैष्णवं चरणं J **35.3 वृत्रो**] *conj.*; इन्द्रशत्रुः वृत्रो UB^1L_2J; इन्द्रशत्रुः वृत्तो P **35.3 यथारुणत्**] B^1L_2; *om.* U; यथा अरुणत् प्रतितिष्ठन्त्यस्मिन्निति प्रतिष्ठः P; यथा अरुणात् J **36.1 इन्दुमत्याः**] *conj.*; तस्या इन्दुमत्याः Σ **36.1 पालनार्थं बहुसाधनं**] *conj.*; रक्षार्थमनल्पयोधं बहुसाधनं U; रक्षार्थं पालनार्थमनल्पयोधं बहुसाधनं PL_2J; रक्षार्थं पालनार्थमल्पयोधं बहुसाधनं B^1 **36.1 मौलममात्यं नियुज्य**] *conj.*; पित्र्यं सचिवं गौलं मादिश्य नियोज्य U; पित्र्यं सचिवं मौलममात्यमादिश्य नियुज्य PB^1L_2; पित्र्यं सचिवं मौलमादिश्य नियुज्य J **36.1 अजस्तां राजन्यसेनां**] *conj.*; सो ऽजः ता पार्थिववाहिनीं राजसेनां U; अजः तां पार्थिववाहिनीं राजन्यसेनां P; सो ऽजः तां पार्थिववाहिनीं राजन्यसेनां B^1L_2; सः अजकुमारः तां पार्थिववाहिनीं राजसेनां J **36.2 प्रत्यैच्छत्**] *conj.*; प्रत्यग्रहीत्प्रत्यैच्छत् Σ **36.2 ज्योतीरथां**] PB^1L_2; ज्योतीरथा UJ **36.2 नदीं**] *conj.*; नदीं यथा Σ **36.2 उल्लसत्कल्लोलो**] *conj.*; उत्तरङ्ग उल्लसत्कल्लोलः Σ **36.3 लयं**] UPL_2J; अयं B^1

पत्तिः पदातिं रथिनं रथेशस्तुरङ्गसादी तुरगाधिरूढम्।
यन्ता गजेनाभ्यपतद्गजस्थं तुल्यप्रतिद्वन्द्वि बभूव युद्धम्॥ ३७॥

संग्रामः सदृशविपक्ष आसीत्। पत्तिः पदातिमाययौ, अश्वारुढो ऽश्वारोहम्, हस्त्यारोहो हस्तिस्थम्। पततीति पत्तिः, पादाभ्यामततीति पदातिः॥ ३७॥

नदत्सु तूर्येष्वविभाव्यवाचो नोदीरयन्ति स्म कुलापदेशान्।
बाणाक्षरैरेव परस्पराय नामोर्जितं चापभृतः शशंसुः॥ ३८॥

धनुर्भृतः प्रतिपत्तिलब्धानि नामकानि नोदघाटयन्। तूर्याख्येषु ध्वनत्स्वलक्ष्यगिरः शरेष्वङ्कावलिरूपैरेव वर्णैस्तेजोयुक्तमभिधानमन्योन्यस्मै अकथयन्॥ ३८॥

उत्थापितः संयति रेणुरश्वैः सान्द्रीकृतः स्यन्दनवंशचक्रैः।
विस्तारितः कुञ्जरकर्णतालैर्नेत्रक्रमेणोपरुरोध सूर्यम्॥ ३९॥

---

37 c. गजेना°] Σ; गजस्या° $\mathfrak{C}$ **38 b.** कुलापदेशान्] ŚHem.Ar.Nā.; कुलोपदेशान् Hem.^{vl}Mall.Jin. **38 c.** परस्पराय] UPB^{1}L$_2^{pc}$JD^{M}B$_1^{Mpc}$B$_2^M$B$_4^M$B$_5^M$B$_7^M$L^M; परस्परायै L$_2^{ac}$B$_1^{Mac}$; परस्परस्य V^{M}Hem.Mall.Ar.(?)Na. (Jin. uncertain) **30 b.** °तंश°] V^M$\mathfrak{C}$; °नेमि° Σ **39 d.** नेत्रक्रमेणो°] ŚMall.Ar.Nā.; अनुक्रमेणो° Hem.Jin.

37.1 संग्रामः सदृशविपक्ष आसीत्] *conj.*; युद्धं संग्रामः तुल्यप्रतिद्वंद्वि सदृश (शं UJ) विपक्षं बभूवासीत् UBL$_2$J; युद्धं संग्रामः तुल्यप्रतिद्वन्द्वि सदृशविपक्षं बभूव P **37.1** °माययौ] *conj.*; °मभ्यपतदाययौ UPB^{1}L$_2$; °मभिपतदाययौ J **37.1** अश्वारूढो ऽश्वारोहम्] *conj.*; तुरङ्गसादी अश्वारोहः तुरगाधिरूढमश्वारोहं UB^{1}L$_2$J; तुरङ्गसादी अश्वारुढः तुरगाधिरूढम् अश्वारोहम् P **37.2** हस्त्यारोहो हस्तिस्थम्] *conj.*; यन्ता हस्त्यारोहः गजस्थं हस्तिस्थं UJ; यन्ता हस्त्यारोह गजस्थं हस्तिस्थम् B^1; यन्ता रोहो गजस्थं हस्तिस्थं L$_2$; यन्ता हस्त्यारोहः गजस्थं हस्त्यस्थम् P **37.2** पततीति] *conj.*; पत्तीति UPB^{1}L$_2$J **37.2** पादाभ्यामततीति] *em.*; पादाभ्यां पदतीति UJ; पदाभ्यां पततीति PL$_2$; पादाभ्यां पततीति B^1 **38.1** धनुर्भृतः] UJ; चापभृतः PB^{1}L$_2$ **38.1** प्रतिपत्तिलब्धानि] *conj.*; कुलापदेशान्कुलमपदिश्यते कथ्यते यैस्तान् प्रतिपत्तिलब्धानि PB^{1}L$_2$; कुलमपदिश्यते कथ्यते यैस्तान् प्रतिपत्तिलब्धानि J **38.1** नोदघाटयन्] *conj.*; नोदीरयन्ति स्म नोदघाट्टयन् PB^{1}L$_2$J; नोदीरयन्ति स्म नोदघाटयन् U **38.2** तूर्याख्येषु ध्वन°] U; तूर्येषु नदत्सु ध्वन° PB^{1}L$_2$; तूर्याख्येषु धुन° J **38.2** अलक्ष्यगिरः] *conj.*; अविभाव्यवाचः अलक्ष्यगिरः UPJ; अभिभाव्यवाचः अलक्ष्यगिरः B^{1}L$_2$ **38.2** शरेष्वङ्कावलिरूपैरेव वर्णैस्तेजोयुक्तम्] *conj.*; शरेष्वंकावलिरूपैरेवाक्षरैर्वर्णैः ऊर्जितं तेजोयुक्तं UJ; बाणाक्षरैः शरेष्वङ्कावलिरूपैरेताक्षरैर्वर्णैः ऊर्जितं तेजोयुक्तं PB^{1}L$_2$ **38.2** अभिधानम्] *conj.*; नाम अभिधानं PL$_2$J; नाम अभिधान UB^1 **38.2** अन्योन्यस्मै] *conj.*; परस्पराय अन्योन्यस्मै UPL$_2$; परस्परयान्योन्यस्मै B^{1}J **38.2** अकथयन्] *conj.*; शशंसुरकथयन् Σ

धूली सङ्ग्रामे पूर्वमक्षीण्यावृत्य ततः क्रमाद्रविं पिदधे। पूर्वमश्वैरुद्धूतः, ततो «रथसमूहरथाङ्गै»र्घनीकृतः, ततः गजश्रवणोत्क्षेपैः प्रसारितः॥ ३९॥

मत्स्यध्वजा वायुवशाद्विदीर्णै-
मुखैः प्रयुद्धध्वजिनीरजांसि।
बभुः पिवन्तः परमार्थमत्स्याः
पर्याबिलानीव नवोदकानि॥ ४०॥

मत्स्याकाराः केतवः प्रवृत्तयुद्धायाः सेनाया रेणून् धयन्तः शुशुभिरे। विदारितैर्विकासितैर्मरुदिच्छात आस्यैः। तत्त्वमीना यथा कलुषाणि नूतनवारीणि पिवन्तः मुखैः शोभन्ते। योद्धुं प्रवृत्ता प्रयुद्धा॥ ४०॥

---

40 b. प्रयुद्धध्वजिनी°] $UPL_2EJB_1^MB_2^MB_5^MB_7^ML^M$; प्रयुद्धध्वजनी° B^1; प्रयोद्धध्वजिनी° B_4^M; प्रवृद्धध्वजिनी° V^M𝕮 **40 d.** नवोदकानि] Σ; नदोदकानि L^M

39.1 धूली सङ्ग्रामे] P; रेणुर्धूलिः संयति रणभुवि UB^1EJ; रेणुर्धूलिः संयति रेणुरश्वैः। सान्द्रीकृतस्स्यन्दननेमिचक्रैः। विस्तारितः कुञ्जरकर्णतालैः। नेत्रक्रमेणोपरुरोध सूर्यम्। रेणुर्धूलिः संयति रणभुवि L_2 **39.1** पूर्वमक्षीण्यावृत्य] *conj.*; नेत्र(°नेत्रे E)क्रमेण पूर्वमक्षीण्यावृत्य $UPB^1L_2^{pc}EJ$; नेत्रक्रमेणोपरुरोधमक्षीण्यावृत्य L_2^{ac} **39.1** क्रमाद्रविं पिदधे] *conj.*; क्रमाद्रविमुपरुरोध पिदधे UPL_2EJ; क्रमादुपरुरोध पिदधे B^1 **39.1** °रुद्धूतः] *conj.*; °रुत्थापितैरुद्धूतः U; °रुत्थापित उद्धूतः PB^1L_2EJ **39.2** रथसमूहरथाङ्गैर्घनीकृतः] *conj.*; स्यन्दनानां रथानां ये नेमयो वंशः समूहास्तेन चक्रै रथाङ्गैः सान्द्रीकृतो घनीकृतः UE; स्यन्दनानां रथानां ये नेमयः वंशास्समूहास्तेषां चक्रैः रथाङ्गैः सान्द्रीकृतो घनीकृतः P; स्यन्दनानां रथानां ये नेमयो वंशस्तेन चक्रे रथाङ्गैः सान्द्रीकृतो घनीकृतः B^1; स्यन्दनानां रथानां ये नेमयो वंशास्तेषां चक्रैः रथाङ्गैनीकृतः L_2; स्यन्दनानां रथानां ये नेमंयो वंशः समूहः तेन चक्रै रथाङ्गैः सान्द्रीकृतो घनीकृतः J **39.2** गजश्रवणोत्क्षेपैः प्रसारितः] *conj.*; कुञ्जरकर्णतालैः गजश्रवणोत्क्षेपैर्विस्तारितः प्रसारितः Σ **40.1** मत्स्याकाराः केतवः] *conj.*; मत्स्याकाराश्च ते ध्वजाः मत्स्यध्वजाः(जः J) UB^1L_2EJ; मत्स्याकाराश्च ते ध्वजाः मत्स्यध्वजाः मत्स्याकाराः केतवः P **40.1** प्रवृत्तयुद्धायाः सेनाया रेणून्] *conj.*; प्रयुद्धा या (यां E) ध्वजिनी सेना तस्या रजांसि UB^1L_2EJ; प्रयुद्धाः योद्धुं प्रवृत्तः या सेना तस्याः प्रवृत्तयुद्धायाः सेनाया रजांसि रेणून् P **40.1** धयन्तः शुशुभिरे] *conj.*; पिवन्तः बभुः अशोभन्त UB^1L_2E; पिवन्तः धयन्तः बभुः शुशुभिरे P; पिवन्तः बभुः अशोबंत J **40.2** विदारितैर्विकासितैर्मरुदिच्छात आस्यैः] *conj.*; विदीर्णैर्विदारितैः UL_2EJ; विदीर्णैर्विदारितैर्विकासितैर्मरुदिच्छात आस्यैः P; विदीर्णैर्विदारितः B^1 **40.2** तत्त्वमीना यथा] *conj.*; यथा परमार्थमत्स्याः तत्तत्त्वमीनाः UJ; परमार्थमत्स्या तत्त्वमीना यथा P; यथा परमार्थमत्स्याः तत्वमीना L_2 E; यथा परमार्थमत्स्याः तात्त्विकमीनाः B^1 **40.2** कलुषाणि] P; पार्याबिलानि कलुषाणि UB^1EJ; पर्याबिलानि कलषाणि L_2 **40.2** नूतनवारीणि] *conj.*; नवोदकानि UB^1L_2EJ; नवोदकानि नूतनवारीणि P **40.3** पिवन्तः मुखैः] P; पिवन्तः UB^1L_2EJ **40.3** प्रवृत्ता प्रयुद्धा] B^1L_2EJ; प्रवृत्ताः प्रयुद्धाः UP

रथो रथाङ्गध्वनिनाधिजज्ञे विलोलघण्टाक्वणितेन नागः।
स्वभर्तृनामग्रहणाद्बभूव सान्द्रे रजस्यात्मपरावबोधः॥ ४१॥

घने रेणौ रथश्चक्रचीत्कारेण जनेन विज्ञातः। ≪चटुलकिङ्किणीटाङ्कारेण≫ हस्ती विज्ञातः। स्वभोगपतिनामोच्चारणादात्मीयपरकीयविज्ञानमासीत्। आत्मशब्देनात्मीयः, परशब्देन च परकीयो लक्ष्यते॥ ४१॥

आवृण्वतो लोचनमार्गमाजौ रजोन्धकारस्य विजृम्भितस्य।
शस्त्रक्षताश्वद्विपवीरजन्मा बालारुणो ऽभूद्रुधिरप्रवाहः॥ ४२॥

असृक्पूरो रेणोरेव तमसो बालारुणो विनाशको बभूव। बालारुणेन हि तमो विनाश्यते। एवं रुधिरेण रजोविनाशः। नेत्रपथं पिदधतो रणे प्रवृद्धस्य, आयुधहततुरगकरिसुभटसमुत्थः॥ ४२॥

स च्छिन्नमूलः क्षतजेन रेणुस्तस्योपरिष्टात्पवनावधूतः।

---

41 a. रथो] Σ; रथं Ar.Nā. • °धिजज्ञे] UP^{pc}EJV^{M}B$_1^{M}$B$_2^{Mpc}$B$_4^{M}$B$_7^{M}$L^{M}; च (?) जज्ञे B$_2^{Mac}$; विजज्ञे P^{ac}B^{1}L$_2$B$_5^{M}$Hem.Mall.Jin.; विजिज्ञे D^{M}; विजज्ञुर् Ar.Nā. **41 b.** नागः] Σ; नागं Ar.Nā.

41.1 घने रेणौ] *conj.*; सान्द्रे घने रजसि रेणौ UPB^{1}L$_2$E; सान्द्रे घने रजसि रवौ रेणौ J **41.1** रथश्चक्रचीत्कारेण] *conj.* (cf. Jin.); पथः रथाङ्गस्य चक्रस्य ध्वनिना (ध्व U) चीत्कारेण UE; रथः रथाङ्गस्य चक्रस्य ध्वनिना चीत्कारेण PB^{1}L$_2$; रथः रथांगस्य चक्रस्य ध्वनिना चेत्कारेण J **41.1** जनेन विज्ञातः] *conj.*; अधिजज्ञे जनेन विज्ञातः UE; विजज्ञे जनेन विज्ञातः PB^{1}L$_2$J **41.1** चटुलकिङ्किणीटाङ्कारेण] *conj.* (cf. Jin.); विलोलाश्चटुला या घण्तास्तासां क्वणितेन झाङ्कारेण UE; विलोलाश्चटुला (ल B^1) या घण्टास्तासां क्वणितेन टाङ्कारेण PB^{1}J; विलोलाश्चटुला या घण्टास्तासां क्वणितेन रेण L$_2$ **41.1** हस्ती] *conj.*; नागो हस्ती Σ **41.2** स्वभोगपतिनामोच्चारणाद्] *conj.*; स्वभर्तृनामग्रहणात्स्वभोगपतिनामोच्चारणात् UPB^{1}L$_2$J; स्वभर्तृनामग्रहणात्स्वपतिनामोच्चारणात् E **41.2** आत्मीयपरकीयविज्ञानमासीत्] *conj.* (cf. Jin.); आत्मपरावबोधः आत्मीयपरकीयविचारणं विज्ञानं बभूवासीत् UB^{1}L$_2$E; आत्मपरावबोधः आत्मीयपरकीयं विचारणं विज्ञानं बभूव P; *om.* J **41.3** आत्मशब्देनात्मीयः] PB^1; आत्मशब्देनात्राऽत्मीयः UL$_2$EJ **42.1** असृक्पूरो] *conj.*; रुधिरप्रवाहो ऽसृक्पूरः UP^{pc}B^{1}L$_2$EJ; रुधिरप्रवाहः असृक्प्रवाहः P^{ac} **42.1** रेणोरेव तमसो] *conj.*; रजोन्धकारस्य रेणोरेव तमसः Σ **42.2** रुधिरेण] UB^{1}L$_2$EJ, रुधिरेण हि P **42.2** नेत्रपथं] *conj.*; *om.* UB^{1}L$_2$EJ; लोचनमार्गं नेत्रपथं P **42.2** पिदधतो रणे] *conj.*; आवृण्वतः पिदधतः आजौ रणे UPL$_2$EJ, आवृण्वतः पिदाभतः आजौ रणे B^1 **42.2** प्रवृद्धस्य] *conj.*; विजृम्भितस्य प्रवृद्धस्य Σ **42.3** आयुधहततुरगकरिसुभटसमुत्थः] *conj.* (cf. Jin.); शस्त्राक्षताश्वद्विपवीरजन्मा आयुधहतद्विपतुरगसुभटसमुत्थः U; शस्त्रक्ष (कृ B^1) ताश्वद्विपवीरजन्मा आयुधहततुरगद्विपसु (स्व E) भट (ट्ट J) समुत्थः PB^{1}L$_2$EJ

अङ्गारशेषस्य हुताशनस्य पूर्वोत्थितो धूम इवाबभासे॥ ४३॥

स रेणुर्बभौ रक्तेन बाधिततलः। रक्तस्य पृष्ठतो वायुप्रसारितः। दग्धदारुखसितस्याग्नेः प्रथममुद्गतो धूमो यथा॥ ४३॥

प्रहारमूर्च्छापगमे रथस्था यन्तॄनुपालभ्य विवर्तिताश्वान्।
यैः सादिता लक्षितपूर्वकेतूंस्तानेव सामर्षतया निजघ्नुः॥ ४४॥

रथिकास्तानेव सुभटानताडयन् यैरादौ हताः। कथं तान्परिजानन्तीत्याह, दृष्टप्रथमध्वजान्। शस्त्राघातमोहविरामे सारथीन्निर्भर्त्स्य, अपवाहिततुरगान्। सक्रोधतया॥ ४४॥ 3

अप्यर्धमार्गे परबाणलूना
धनुर्भृतां हस्तवतां पृषत्काः।

---

44 b. विवर्तिताश्वान्] UPB^{1}L$_2$EB$^M_1$B$^M_2$B$^M_3$B$^M_4$B$^M_5$B$^M_7$Hem.Jin.; विवंतिताश्वान् J; निवर्तिताश्वाः Mall.; निवर्तिताश्वान् V^{M}Ar.Nā. **44 d.** निजघ्नुः] Σ; विचिक्युः Ar.Nā. **45 b.** पृषत्काः] **V**B$^M_1$B$^M_2$B$^M_3$B$^M_4$B$^M_5$B$^M_7$; पृषंकाः D^M; पृषत्काः V^M**C**

---

43 The testimony of B$^M_3$, missing from 7:32, resumes here, after a missing folio.

43.1 बभौ] *conj.*; आबभासे बभौ Σ **43.1** रक्तेन बाधिततलः] *conj.*; क्षतजेन रक्तेन च्छिन्नमूलः बाधिततलः Σ **43.1** रक्तस्य पृष्ठतो] *conj.*; तस्य रक्तस्योपरिष्टात्पृष्ठतः Σ **43.1** वायुप्रसारितः] *conj.* (cf. Jin.); पवनेन वायुना अवधूतः प्रसारितः Σ **43.2** दग्धदारुखसितस्याग्नेः] *conj.*; अङ्गारशेषस्य दग्धदारुखसि(शि PL$_2$)तस्य हुताशनस्याग्नेः Σ **43.2** प्रथममुद्गतो] *conj.*; पूर्वोत्थितः प्रथममुद्गतो Σ **44.1** रथिकास्तानेव] *conj.*; रथिका रथस्तास्तानेव U; रथस्था रथिकाः तानेव PB^{1}L$_2$EJ **44.1** अताडयन्] *conj.*; निजघ्नुरताडयन् UPB^{1}EJ; निजघ्नुः रताडयन् L$_2$ **44.1** यैरादौ हताः] *conj.*; यैः साधिताः आदौ हताः U; यैः सादिता आदौ हताः PB^{1}L$_2$J; यैः सादिता आदौ हतः E **44.2** दृष्टप्रथमध्वजान्] *conj.*; लक्षितपूर्वकेतून् लक्षिता दृष्टाः(दृष्टः L$_2$) पूर्वं केतवो ध्वजाः येषां UB^{1}L$_2$EJ; लक्षितपूर्वकेतून् लक्षिताः दृष्टाः पूर्वं प्रथमं केतवः ध्वजाः येषाम् P **44.2** शस्त्रघातमोहविरामे] *conj.*; प्रहारमूर्च्छापगमे शस्त्रघातमोहविरामे UL$_2$EJ; प्रहारमूर्छापगमे शस्त्रघातमोहविरमे P; प्रहारमूर्छापगमे शस्त्राघातमोहविरामे B^1 **44.2** सारथीन्निर्भर्त्स्य] *conj.*; यन्तॄन्सारथीनुपालभ्य निरर्भत्स्य U; यन्तॄन्सारथीनुपालभ्य निर्भत्स्य (निर्भर्त्तस्य L$_2$) PB^{1}L$_2$E; यंतून्सारथीनुपालभ्य निर्भत्स्य J **44.2** अपवाहिततुरगान्] *conj.*; निवर्तताश्वानपवाहिततुरगान् U; निवर्तिताश्वान् अपवाहिताः पराङ्मुखीकृताः तुरगा यैस् तान् P; विवर्तिताश्वानपराहिततुरगान् B^{1}L$_2$; विवर्तिताश्वानपवाहिततुरगान् E; विवंतिताश्वानपवाहिततुरगान् J **44.3** सक्रोधतया] *conj.*; सामर्षतया सक्रोधतया Σ

अवापुरेवात्मजवानुवृत्त्या
पूर्वार्धभागैः फलिभिः शरव्यम्॥ ४५ ॥

चापधराणां दृढलघुकराणां शराः प्रथमैरंशार्धैः फलसहितैः लक्ष्यमासेदुरेव, न त्वन्यतो ययुः। अर्धश्चासौ भागो ऽर्धभागः, पूर्वश्चासावर्धभागश्च। मार्गमध्ये विपक्षशरक्षता अपि, स्ववेगयुक्तत्वेन। तस्य हि मुखभागस्य जवसंस्कारो नोपशान्तः। अत्र च लघुहस्तता कारणम्। †वेगातिशयसंस्कारात्पुनः† संयुक्त-पूर्वापरवेगाल्लक्ष्यं प्राप्ता एव, न त्वर्धपथे पतिता इत्यर्थः॥ ४५ ॥

शिलीमुखोत्कृत्तशिरःफलाढ्या
च्युतैः शिरस्त्रैश्चषकोत्तरेव।
रणक्षितिः शोणितमद्यकुल्या
रराज मृत्योरिव पानभूमिः॥ ४६ ॥

युद्धभूमिर्बभौ, अन्तकस्य पानमहीव। शरलूनैः शिरोभिरेव बीजपूरादिभिः

---

45 c. अवापुरेवा°] $UB^1EJB_7^M$; संप्रापुरेवा° $PL_2D^MV^MB_1^MB_2^MB_3^MB_4^MB_5^ML^M$𝕮 **46 .**] appears after 49 in 𝕮, and is omitted in V^M.

45.1 चापधराणां] *conj.*; धनुर्भृतां UPB^1L_2EJ **45.1** दृढलघुकराणां] *conj.*; हस्तवतां लघुहस्तानां UB^1L_2EJ; हस्तवतां दृढलघुकराणां P **45.1** शराः] *conj.*; पृषत्काः शराः Σ **45.1** प्रथमैरंशार्धैः] *conj.*; पूर्वार्धभागैः U; पूर्वार्धभागैः पूर्वैर्भागार्धैः B^1L_2EJ; पूर्वार्धभागैः प्रथमैः अंशार्धैः P **45.1** फलसहितैः] *conj.*; फलिभिः फलसहितैः Σ **45.1** लक्ष्यमासेदुरे-व] *conj.*; शरव्यं लक्ष्यं सम्प्रापुरेवासेदुरेव Σ **45.2** मार्गमध्ये] *conj.*; अर्धमार्गे मार्गमध्ये Σ **45.3** विपक्षशरक्षता अपि] *conj.*; परबाणलूनापि विपक्षशरहता अपि U; परबाणलू-ना अपि विपक्षशरक्षता अपि PB^1L_2EJ **45.3** स्ववेगयुक्तत्वेन] *conj.*; आत्मजवानुवृत्त्या UL_2EJ; आत्मजवानुवृत्त्या स्ववेगयुक्तत्वेन P; आत्मजवानुवर्त्या B^1 **45.3** जवसंस्कारो] UB^1L_2EJ; जवस्संस्कारो P **45.4** लघुहस्तता कारणम्] $PB^{1pc}L_2$; लघुहस्ताकारणं UJ; लघुहस्तकारणम् B^{1ac}; लघुहस्ता एव कारणम् E **45.4** पुनः] UPB^1EJ; पुन L_2 **45.5** प-तिता] UPB^1EJ; पतित L_2 **46.1** युद्धभूमिर्बभौ] *conj.*; रणक्षितिर्युद्धभूमिर्बभौ UPB^1EJ; रणभूमिर्युद्धक्षितिर्बभौ L_2 **46.1** अन्तकस्य पानमहीव] P; मृत्योरन्तकस्य पानभूमिरिव U B^1L_2EJ **46.1** शरलूनैः] *conj.* (cf. Jin.); शिलीमुखैः शरैरुत्कृत्तैः UB^1L_2EJ; शिलीमुखैः शरैरुत्कृत्तैर्लूनैः P

पूर्णा। भ्रष्टैर्मूर्धत्राणैः पानपात्रप्रधानेव। रुधिरमेव मदिरा, तत्कृताल्पा कृत्रिमा सरिद्यत्र॥ ४६॥

आधोरणानां गजसन्निपाते
शिरांसि चक्रैर्निशितक्षुरान्तैः।
कृत्तान्यपि श्येननखाग्रकोटि-
व्यासक्तकेशानि चिरेण पेतुः॥ ४७॥

†शिरांसि† हृतान्यपि बहुकालेनापतन्। गजानां संमिलने। द्विपारोहाणाम्। तीक्ष्णक्षुरवद्धारा येषां तैश्चक्राख्यैरायुधैः। प्राजिकनखमुखप्रान्तलग्नकचानि। नखकोटीनामग्रत्वं शितायतत्वात्॥ ४७॥

---

47 .] placed after 45 in **ℭ**. **47 b.** ◦शितक्षुरान्तैः] UPB^1E$V^M B_2^M B_3^M B_4^M B_7^M L^M$; ◦शितैः क्षुरान्तैः $L_2 B_1^M$; ◦शितै क्षरांतैः J; ◦शत क्षुरप्रैः (uncertain) D^M; ◦शितक्षुरप्रैः B_5^M; ◦शितैः क्षुरप्रैः Hem.Ar.(?)Nā.; ◦शितैः क्षुराग्रैः Mall.; ◦शिताग्रधारैः Jin. **47 c.** कृत्तान्यपि] P$B^1 L_2$EJ$D^M B_1^M B_2^M B_3^M B_5^M B_7^M L^M$Hem.; कृतान्यपि U$B_4^M$; हृतान्यपि Mall.Ar.Nā.; हतान्यपि V^MJin. **47 d.** ◦केशानि चिरेण] UPL_2E$V^M B_1^M B_2^M B_3^M B_4^M B_5^M B_7^M$**ℭ**; ◦केशान्यचिरेण B^1; ◦केशानि चरेण J

46.2 बीजपूरादिभिः पूर्णा] *conj.*; फलैराढ्या पूर्वा फलिनी बाजपूरादीनि U; फलैर्बीजबूरादिभिः आढ्या पूर्णा P; फलैराढ्या पूर्णा फलानि बीजपूरादीनि B^1L_2; फलैराढ्या पूर्वा फलानि बीजपूरादीनि E; फलैराढ्य पूर्वा फलानि बीजपूरादीनि J **46.2 भ्रष्टैर्मूर्धत्राणैः**] *conj.*; च्युतैर्भ्रष्टैः शिरस्त्रैर्मूर्धत्राणैः Σ **46.2 पानपात्रप्रधानेव**] *conj.*; चषकोत्तरेव पानपात्रप्रधानेव Σ **46.2 रुधिरमेव मदिरा**] *conj.*; शोणितं रुधिरमेव मद्यं मदिरा UB^1L_2EJ; शोणितं रुधिरमेव मदिरं मद्यं P **46.2 तत्कृताल्पा**] *conj.*; तत्कृता कुल्या अल्पा Σ **47.1 हृतान्यपि**] UB^1L_2EJ; कृत्तान्यपि हृतान्यपि P **47.1 बहुकालेनापतन्**] *conj.*; चिरेण पेतुः UEJ; चिरेण बहुकालेन पेतुरपतन् P; चिरेण पेतुरपतन् B^1L_2 **47.1 संमिलने**] *conj.*; सन्निपाते सम्मिलने Σ **47.1 द्विपारोहाणाम्**] *conj.*; आधोरणानां द्विपारोहाणां UB^1L_2EJ; आधोरणानां हस्त्यारोहाणां P **47.2 तीक्ष्णक्षुरवद्धारा येषां**] *conj.*; निशतक्षुरान्तैः तीक्ष्णाः क्षुरवद्धारा येषां U; निशितक्षुरान्तैः तीक्ष्णक्षुरवदन्ताः धाराः येषां चक्राणां PB^1L_2; निशितक्षुरान्तैस्तीक्ष्णः क्षुरवद्धारा येषां E; निशितक्षुरांतैः तीक्ष्णाः क्षुरवद्धारा येषां J **47.2 तैश्चक्राख्यैरायुधैः**] P; तैः UB^1L_2EJ **47.2 प्राजिकनखमुखप्रान्तलग्नकचानि**] UEJ; श्येनाः प्राणिकाः कोटिः प्रान्तः व्यासक्ताः संसक्ताः प्राजिकनखमुखप्रान्तलग्नकचानि P; श्येनाः प्राजिकाः कोटिः प्रान्तः व्यासक्तास्संसक्ताः B^1; श्येनाः प्राजिकाः कोटिः प्रन्तः व्यासक्ताः संसक्तः L_2 **47.3 नखकोटीनामग्रत्वं शितायतत्वात्**] B^1L_2; नखोग्रकोटीनामुग्रत्वं शितायुतात् U; नखकोटीनामुग्रत्वं शितत्वात् P; नखोग्रकोटीनामुग्रत्वं शितायत्वात् EJ

पूर्वप्रहर्ता न जघान भूयः प्रतिप्रहाराक्षममश्वसादी।
तुरङ्गमस्कन्धनिषण्णदेहं प्रत्याश्वसन्तं रिपुमाचकाङ्क्ष॥ ४८॥

प्रथमप्रहन्ता अश्ववारः शत्रुं पुनर्न जघ्निवान्। प्रतिघातासमर्थम्, अश्वांसार्पितकायम्। किन्तु पुनर्जीवन्तमचकमत, येन पुनरायोधनं भवति॥ ४८॥

तनुत्यजां वर्मभृतां विकोशैर्बृहत्सु दन्तेष्वसिभिः पतद्भिः।
उद्यन्तमग्निं शमयां बभूवुर्गजा विविग्नाः करशीकरेण॥ ४९॥

हस्तिनो भीता दन्तेषूत्थितमग्निं निरवापयन्, वमथुना। देहमुत्सृज्य गजैर्युद्धानां कवचधराणाम् उत्खातैरपरिवारैः खड्गैः पतद्भिरुत्थितम्॥ ४९॥

उपान्तयोर्निष्कुषितं विहङ्गैराक्षिप्य तेभ्यः पिशितप्रियापि।
केयूरकोटिक्षततालुदेशा शिवा भुजच्छेदमपाचकार॥ ५०॥

---

48 a. पूर्वप्रहर्ता] $\mathrm{UPB^1L_2ED^MV^MB^M_1B^M_2B^M_3B^M_4B^M_5B^M_7L^M}$; पूर्वप्रहंता J; पूर्वं प्रहर्ता ℭ **48 b.** °श्वसादी] Σ; °श्ववारः Jin. **48 c.** °स्कन्धनिषण्ण°] $\mathrm{B^1V^MB^M_2}$Hem.Mall.Ar.Nā.; °स्कन्दनिषण्ण° $\mathrm{UPL_2EJD^MB^M_1B^M_3B^M_4B^M_5B^M_7L^M}$; °स्कन्धनिषक्त° Jin. **49 d.** °शीकरेण] ŚMall.Ar.(?)Nā.; °सीकरेण Hem.Jin. **50 b.** तेभ्यः] ŚHem.Mall.$\mathrm{Ar.^{vl}}$Nā.Jin.; तेषां $\mathrm{Vall.^{vl}}$Ar.

48.1 प्रथमप्रहन्ता] *conj.*; पूर्वप्रहन्ता प्रथमप्रहन्ता $\mathrm{UL_2J}$; पूर्वप्रहर्ता प्रथमप्रहर्ता $\mathrm{PB^1E}$ **48.1** अश्ववारः] *conj.*; अश्वसादी अश्ववारः Σ **48.1** शत्रुं] *conj.*; रिपुं शत्रुं Σ **48.1** पुनर्न जघ्निवान्] *conj.*; भूयः पुनः न जघान न जघ्निवान् Σ **48.1** प्रतिघातासमर्थम्] *conj.*; प्रतिप्रहाराक्षमं प्रतिघातासम(मा $\mathrm{B^{1ac}}$)र्थम् $\mathrm{UPB^1L_2E}$; प्रतिप्रहारक्षमं प्रतिघातसमर्थं J **48.2** अश्वांसार्पितकायम्] *conj.*; तुरङ्गमस्कन्दे अश्वांसे निषण्णदेहमर्पितकायं $\mathrm{UPL_2EJ}$; तुरङ्गमस्कन्धे अश्वांसे निषण्णदेहमर्पितकायम् $\mathrm{B^1}$ **48.2** पुनर्जीवन्तमचकमत] *conj.*; प्रत्याश्वसन्तं पुनर्जीवन्तमाचकाङ्क्ष अचकमत $\mathrm{UB^1L_2E}$; प्रत्याश्वसन्तं पुनर्जीवन्तं आचकाङ्क्ष P; प्रत्याश्वसंतं पुनर्जीवंतमाचकांक्ष आचकमत J **48.2** भवति] $\mathrm{PB^1}$; न भवति UJ; भवतीति $\mathrm{L_2E}$ **49.1** हस्तिनो भीता] *conj.* (cf. Jin.); गजा विविघ्नाः भीताः UP; गजा विविग्ना भीताः $\mathrm{B^1L_2EJ}$ **49.1** दन्तेषूत्थितम्] *conj.*; दन्तेषु उद्यन्तमुत्थितम् Σ **49.1** निरवापयन्] *conj.*; शमयां बभूवुः निवारयन् UEJ; शमयां बभूवुः निरवापयन् $\mathrm{PB^1}$; शमयां बभूवु ×⏑̲ ⏑̲ ⏑̲× निरावापयन् $\mathrm{L_2}$ **49.1** वमथुना] *conj.*; करशीकरेण वमथुना UPEJ; करशीकरेण वायुना $\mathrm{B^1}$; करशीकरेणेवमध्वन। $\mathrm{L_2}$ **49.1** देहमुत्सृज्य] *conj.*; तनुत्यज्यां देहमुत्सृज्य UPEJ; तनुत्यजां देहमप्युत्सृज्य $\mathrm{B^1L_2}$ **49.2** °युद्धानां] $\mathrm{PB^1L_2}$; °योधानां E; °योद्धानां UJ **49.2** कवचधराणाम्] *conj.*; वर्मभृतां कवचधारिणां $\mathrm{UL_2EJ^{pc}}$; वर्मभृतां कवचधराणां $\mathrm{PB^{1ac}}$; वर्मभृतां कवचधाराणां $\mathrm{B^{1pc}J^{ac}}$ **49.2** उत्खातैरपरिवारैः खड्गैः] *conj.*; विशोकैः उत्खातैरसिभिः खड्गैः UE; विकोशैरुत्खातैरसिभिः खड्गैः $\mathrm{B^1J}$; निखातैर्विकोशैरपरिवारैरसिभिः खड्गैः P; विकोशैरुत्खातैरसभिः खड्गै $\mathrm{L_2}$

शृगाली मांसप्रियापि बाहुखण्डं चिक्षेप। ≪अङ्गदप्रान्तविद्धतालुदेशा≫। गृध्रादिभिः पक्षिभिः प्रान्तयोर्निःसारीकृतं कृष्टमांसम्। तेभ्यः पक्षिभ्यो हृत्वापि। तेषामिति पाठे सम्बन्धमात्रे षष्ठी॥ ५०॥

कश्चिद्द्विषत्खड्गहृतोत्तमाङ्गः सद्यो विमानप्रभुतामुपेत्य।
वामाङ्गसंसक्तसुराङ्गनः स्वं नृत्यत्कबन्धं समरे ददर्श॥ ५१॥

कश्चित्सुभटस्तत्क्षणमेव दिव्यां गतिमवाप्य निजं नाट्यं कुर्वन्तं शिरोहीनं सचेष्टं कायमद्राक्षीत्। ≪रिपुखड्गच्छिन्नमस्तकम्≫। ≪दक्षिणेतरपार्श्वोपविष्टाप्सराः≫। प्रियाणां हि वामो भागः स्थानम्॥ ५१॥

अन्योन्यसूतोन्मथनादभूतां तावेव सूतौ रथिनौ च कौचित्।
व्यश्वौ गदाव्यायतसम्प्रहारौ भग्नायुधौ बाहुविमर्दनिष्ठौ॥ ५२॥

कौचिद्रथिनौ सन्तौ, परस्परहतसारथित्वात्तावेव सारथी रथिकौ च बभूव-

---

51 a. °खड्गहृतोत्तमांगं] $UL_2JB_2^MB_4^M$; °खड्गधहृतोत्तमाङ्गस् P(unmetrical); °खण्डहतोत्तमाङ्गं B^1; °खड्गाहृतोत्तमाङ्गं E(unmetrical); °ग ⏑तोत्तमाङ्गः D^M; °खड्गहृतोत्तमाङ्गः $V^MB_1^MB_3^MB_5^MB_7^M$Hem.Mall.Ar.(?)Nā.; °खड्गाहृतोत्तमाङ्गः L^M; °खड्गहतोत्तमाङ्गः Jin.

50.1 शृगाली मांसप्रियापि] *conj.*; शिवा शृगाली पिशितप्रिया मांसप्रियापि UPB^1L_2J; शिवा सृगाली पिशितप्रियापि मांसप्रियापि E **50.1** बाहुखण्डं चिक्षेप] *conj.*; भुजच्छेदं बाहुखण्डमपाचकार चिक्षेप Σ **50.1** अङ्गदप्रान्तविद्धतालुदेशा] *conj.* (cf. Jin.); यतः केयूरकोट्या अङ्गदप्रान्तेन क्षतस्तालुदेशो यस्यास्सा तथोक्ता Σ **50.2** गृध्रादिभिः पक्षिभिः] *conj.*; विहङ्गैः गृद्धादिभिः पक्षिभिर् UPL_2EJ; विहङ्गैर्गृद्धादिपक्षिभिर् B^1 **50.2** प्रान्तयोर्निःसारीकृतं कृष्टमांसम्] P; उपान्तयोः प्रान्तयोर्निष्कुषितं निस्सारीकृत UJ; उपान्तयोः प्रान्तयोर्निष्कुषितं निस्सारीकृतं B^1L_2E **50.2** पक्षिभ्यो हृत्वापि] *conj.*; पक्षिभ्य आक्षिप्य हृत्वापि Σ **50.3** तेषामिति पाठे सम्बन्धमात्रे षष्ठी] P; *om.* UB^1L_2EJ **51.1** तत्क्षणमेव] *conj.*; सद्यस्तत्क्षणमेव Σ **51.1** दिव्यां गतिमवाप्य] *conj.*; विमानप्रभुतां दिव्यां रीतिमुपेत्य प्राप्य $UB^1L_2^{ac}J$; विमानप्रभुतां दिव्या रीतिमुपत्य प्राप्य E; विमानप्रभुतां दिव्यां गतिमवाप्य P; विमानप्रभुतां दिव्यां गतिमुपेत्य प्राप्य L_2^{pc} **51.1** निजं नाट्यं कुर्वन्तं] *conj.*; स्वं निजं नृत्यत् UB^1L_2EJ; स्वं निजं नृत्यत् नाट्यं कुर्वन्तम् P **51.1** शिरोहीनं सचेष्टं कायम्] *conj.*; °कबन्धं शिरोहीनः सचेष्टः कायः कबन्धः तं नृत्यन्तं UL_2E; कबन्धं शिरोहीनम् सचेष्टं कायं P; °कबन्धं शिरोहीनस्सुचेष्टः कायः कबन्धः तं नृत्यन्तं B^1; °कबंधं शिरोहीनः सचेष्टा कायः कबंधः तं नृत्यंतं J **51.2** अद्राक्षीत्] *conj.*; ददर्शाद्राक्षीत् Σ **51.2** रिपुखड्गच्छिन्नमस्तकम्] *conj.* (cf. Jin.); *om.* Σ **51.2** दक्षिणेतरपार्श्वोपविष्टाप्सराः] *conj.*; वामाङ्गे संसक्तोपविष्टा सुराङ्गना यस्य Σ **51.3** भागः] UB^1L_2EJ; भागो P **52.1** परस्परहतसारथित्वात्तावेव सारथी] *conj.*; तावेव सारथी UB^1L_2EJ(eyeskip); परस्परहतसारथित्वात्तावेव सारथिनौ P

तुः। ततो हतहयौ। हताश्वत्वात्, «गदाख्यायुधातिदीर्घयुद्धौ»। गदे गृहीत्वा युयुधाते इत्यर्थः। ततश्चूर्णितगदौ। चूर्णितगदत्वात्, भुजयुद्धपरायणावास्ताम्॥ ५२॥

परस्परेण क्षतयोः प्रहर्त्रो-
व्युत्क्रान्तवाय्वोः समकालमेव।
अमर्त्यभावे ऽपि कयोश्चिदासीद्
एकाप्सरःप्रार्थितयोर्विवादः॥ ५३॥

कयोश्चित्सुभटयोर्दिव्यत्वे ऽपि कलह आसीत्। आहतयोर्विप्राणयोर्युगपद् एकयाप्सरसा वृतयोः। सा ह्येकतरजिघृक्षयागतासीत्। एककालमरणादेकमङ्गीकुरुताम्॥ ५३॥

---

53 b. ॰र्व्युत्क्रान्त॰] UB^1L_2EJ (B_1^M uncertain) B_7^M; ॰व्युत्क्रान्त॰ $D^MB_2^MB_4^M$; ॰रुत्क्रान्त॰ $PV^MB_3^MB_5^ML^M$𝕮 **53 c.** अमर्त्यभावे ऽपि] $UPB^1L_2EV^MB_1^MB_2^MB_3^MB_4^MB_5^MB_7^M$ L^M𝕮; अमर्त्यभावेन J; अमर्तिभावे ऽपि D^M

52.2 रथिकौ च बभूवतुः] *conj.*; रथिनौ चाभूतां बभूवतुः UB^1L_2EJ; रथिकौ चाभूताम् बभूवतुः P **52.2** ततो हतहयौ। हताश्वत्वात्] *conj.*; व्यश्वौ हताश्वत्वात् ततो UB^1L_2E J; ततो व्यश्वौ हतहयौ हताश्वत्वात् P **52.2** गदाख्यायुधातिदीर्घयुद्धौ] *conj.*; गदाभ्यां व्यायतो दीर्घः(र्घU) सम्प्रहारो युद्धं ययोस्तौ UB^1L_2EJ; गदाभ्यां गदाख्याभ्यामायुधाभ्यां व्यायतो तिदीर्घः संप्रहारो युद्धं ययोस्तौ P **52.2** गदे] PB^1L_2EJ; गदी U **52.3** ततश्चूर्णितगदौ। चूर्णितगदत्वात्] *conj.*; यतो भग्नायुधौ चूर्णितगधत्वात् UJ; ततो भग्नायुधौ चूर्णितगदौ चूर्णितगदत्वात् P; यतो भग्नायुधो चूर्णितगदत्वाद् B^1; यतो भग्नायुधौ चूर्णितगदात्वाद्वा L_2; यतो भग्नायुधौ चूर्णितगदात्वाद् E **52.4** भुजयुद्धपरायणावास्ताम्] *conj.*; बाहुविमर्दयुद्धौ भुजयुद्धपरायणावभूताम् UB^1EJ; बाहुविमर्दनिष्ठौ भुजयुद्धपरायणौ आस्ताम् P; बाहुविमर्दनिष्ठौ युद्धौ भुजयुद्धपरायणावभूताम् L_2 **53.1** कयोश्चित्सुभटयोर्दिव्यत्वे ऽपि] *conj.*; कयोश्चित्प्रहर्त्तोस्सुभटयोः अमर्त्यभावे ऽपि दिव्यत्वे ऽपि UB^1L_2E; कयोश्चित्प्रहर्त्रोः सुभटयोरमर्त्यभावे दिव्यत्वेपि P; कयोश्चित्प्रहर्त्रोः सुरभयोः अमर्त्यभावेपि दिव्येत्वपि J **53.1** कलह] *conj.*; विवादः कलह Σ **53.1** आहतयोर्विप्राणयोर्युगपद्] *conj.*; क्षतयोः आहतयोः तयोः U; क्षतयोराह(कृ J) तयोः व्युत्क्रान्तवाय्वोर्विप्राणयोः समकाले(लं L_2) युगपत् PB^1L_2EJ **53.2** एकयाप्सरसा वृतयोः] *conj.*; प्रार्थितयोर्वृतयोः U; एकया अप्सरसा प्रार्थितयोः वृतयोः PL_2; एकया अप्सरस प्रार्थितयोर्वृतयोः B^1; क्षतयोराहतयोस्तयोः प्रार्थितयोर्वृतयोः E; क्षतयोराहतयोः प्रार्थितयोः वृतयोः J **53.2** ह्येकतर॰] B^1L_2E; ह्येकतरणि॰ UJ; ह्यप्सरा एकतर॰ P **53.3** एककालमरणादेकमङ्गीकुरुताम्] *conj.*; समकालमेककालमरणादेकमङ्गीकुरुताम् UE; समकालमेककालम्तुरणादेकमेकमङ्गीकुरुताम् P; समकालमेककालमरणादेकमेकमङ्गीकुरुताम्(तम् L_2) B^1L_2; समकालमेककालममरणादेकमंगीकुरुताम् J

व्यूहावुभौ तावितरेतरस्माद्भङ्गं जयं चापतुरव्यवस्थम्।
पश्चात्पुरोमारुतयोः प्रवृद्धौ पर्यायवृत्त्येव महार्णवोर्मी॥ ५४॥

तौ सेनासन्निवेशौ परस्परस्माद् †भङ्गं जयं† चानियतमासेदतुः। यथा उदधिकल्लोलौ प्रवर्धने पाश्चात्यपौरस्त्ययोर्वाय्वोः क्रमवहनेनाप्लुतः। पश्चाद्वाते प्रवृद्धे पूर्वोर्मेर्जयः, पूर्ववाते तु पश्चाद्रूर्मेः॥ ५४॥

परेण भग्ने ऽपि बले महौजा ययावजः प्रत्यरिसैन्यमेव।
धूमो निवर्त्येत समीरणेन यतो हि कक्ष्यस्तत एव वह्निः॥ ५५॥

रिपुसेनासम्मुखमेव कुमारो ऽधावत्। न त्वन्यतो ययौ। अन्येन शत्रुणा सैन्ये पराजिते ऽपि सति। बृहदोजाः। वायुना हेतुना धूमो निवर्तयितुं शक्यते। यत्र पुनस्तृणं तत्र वह्निर्जाज्वलतीति सैन्यस्य तृणौपम्येनाजस्य महाशक्तित्वमुक्तम्॥ ५५॥

---

55 c. निवर्त्येत] V^M𝕮; निवर्तेत $UPB^3L_2EJD^MB_1^MB_2^MB_3^MB_4^MB_5^MB_7^ML^M$ **55 d.** कक्ष्यस्तत] $UPB^1L_2EJB_1^MB_2^MB_3^{Mpc}B_7^ML^M$; कस्तत $D^{Mac}B_3^{Mac}$; कक्षस्तत $D^{Mpc}V^MB_4^MB_5^M$𝕮

54.1 तौ सेनासन्निवेशौ] *conj.*; तौ व्यूहौ सेनासन्निवेशौ UPB^1J; तौ व्यूहौ सेनानिवेशौ E; सेनासन्निवेशौ L_2 **54.1** परस्परस्माद्] *conj.*; इतरेतरस्मात्परस्परा UE; ⌣तरेतरस्मादन्योन्यस्माद् P; इतरेतरस्मात्परस्परस्माद् B^1L_2; इतरेतरस्मात्परंपरा J **54.1** चानियतमासेदतुः] *conj.*; चाव्यवस्थमनियतमापतुरासेदतुः UPB^1L_2E; चाव्यवस्थमनियतमापत्तरासेदतुः J **54.2** उदधिकल्लोलौ] *conj.*; महार्णवोर्मी उदधिकल्लोलौ UPB^1L_2E; महार्णवोर्मी तदधिकल्लोलौ J **54.2** प्रवर्धने] *conj.*; प्रवृद्धौ UB^1L_2EJ; प्रवृद्धौ प्रवर्धने P **54.2** पाश्चात्यपौरस्त्ययोर्वाय्वोः] *conj.*; पश्चात्पुरोमारुतयोः (यो L_2) पाश्चात्यपौरस्त्ययोर्वातयोः UB^1L_2EJ; पश्चात्पुरोमारुतयोः पाश्चात्यपौरस्त्ययोः वाय्वोः P **54.2** क्रमवहनेनाप्लुतः] *conj.*; पर्यायवृत्त्या क्रमवहनेनाप्लुतः Σ **54.3** पश्चाद्वाते प्रवृद्धे पूर्वोर्मेर्जयः, पूर्ववाते तु पश्चाद्रूर्मेः] P; *om.* UB^1L_2EJ **55.1** रिपुसेनासम्मुखमेव कुमारो ऽधावत्] *conj.*; अरिसैन्यमेव प्रति रिपुसेनासम्मुखमेवाजो ययावधावत् UPB^1L_2E; अरिसैन्यमेव प्रति रिपुसेनासंमुखमेव अजकुमरो ययावऽधावत् J **55.2** न त्वन्यतो ययौ। अन्येन शत्रुणा सैन्ये पराजिते ऽपि सति। बृहदोजाः] *conj.*; न तु अन्येन परेण शत्रुणा सैन्ये (सैन्य E) पराजिते ऽपि सति महौजा बृहदोजाः न त्वन्यतो ययौ UB^1EJ; न त्वन्यतो ययौ अन्येन परेण शत्रुणा सैन्ये पराजिते पि सति महौजाः बृहदोजाः P; न तु परेणान्येन शत्रुणा सैन्ये पराजितेपि सति महौजाः बृहदोजा न त्वन्यतो ययौ L_2 **55.2** वायुना हेतुना धूमो निवर्तयितुं शक्यते] *conj.*; समीरणेन वायुना हेतुना धूमो निवर्त्तते (निवर्त्तेत L_2E) निवर्त्तयितुं शक्यते Σ **55.3** पुनस्तृणं] *conj.*; पुनः कक्ष्यस्तृणं Σ **55.3** वह्निर्जाज्वलतीति] B^1L_2; वह्निर्ज्वलति इति U; वह्निर्जाज्वल्यतीति PE; वह्निर्ज्वाज्वलतीति J

रथी निषङ्गी कवची धनुष्मान्दृप्तं स राजन्यकमेकवीरः।
विलोडयामास महावराहः कल्पक्षयोद्वृत्तमिवार्णवाम्भः॥ ५६॥

अजो ऽसहाय एव शूरो नृपवर्गं दर्पयुक्तमाकुलमकार्षीत्। स्यन्दनवान् तूणवान् कङ्कटवान् चापवान्। आदिवराहो यथा कल्पान्तोल्लसितमब्धिजलमालोडयामास॥ ५६॥

न दक्षिणं तूणमुखे न वामं व्यापारयन्हस्तमलक्ष्यतासौ।
आकर्णकृष्टा सकृदस्य योद्धुर्मौर्वीव बाणान्सुषुवे रिपुघ्नान्॥ ५७॥

अजो न दक्षिणं हस्तं नापि वामं निषङ्गवदने निक्षिपन्नदृश्यत। लाघवादस्य ज्येव बाणान् प्रासोष्ट, सकृत् ≪श्रोत्रपर्यन्तविकृष्टा≫। शत्रुघातिनः॥ ५७॥

---

56 .] placed after 57 in UB^{1}EJB$_2^M$. In L$_2$, the verse comes here in the *mūlapāṭha*, but its commentary is placed after that of 57. **56 b. दृप्तं**] UPEB$_1^M$B$_2^M$B$_3^M$B$_4^M$B$_7^M$L^{M}Hem.Jin.; दृप्तः B^{1}L$_2$JV^{M}B$_5^M$Mall.Ar.Nā.; क्षप्तं D^M **56 c. विलोडयामास**] UB^{1}L$_2$EJB$_2^M$B$_3^M$B$_4^M$B$_5^M$ B$_7^M$L^{M}Hem.Jin.; आलोढयामास P; विलोकयामास D^M; (illegible) B$_1^M$; निवारयामास V^{M}Mall.; विलोळयामास Ar.(?)Nā. **57 .**] placed after 55 in UB^{1}EJ. **57 a. न दक्षिणं तूणगुखे न**] ŚJin.; स दक्षिणं तूणमुखे च Hem.; स दक्षिणं तूणमुखेन Mall.; स दक्षिणं तूणिमुखे न Ar.Nā. **57 b. °लक्ष्यतासौ**] Ś; °लक्ष्यताजौ Hem.Mall.Ar.(?)Nā.Jin.

56.1 अजो ऽसहाय एव शूरो] P; स एकवीरः एक एव कुमारो वीरत्वात् UEJ; स एक एव वीरः एक एव कुमारो वीरत्वात् B^{1}L$_2$ **56.1 नृपवर्गं दर्पयुक्तं**] P; दृप्तो दर्पयुक्तः U; दर्पो दर्पयुक्तः E; राजन्यकं नृपसमूहं दृप्तो दर्पयुक्तः B^{1}L$_2$; दर्पो दर्पयुक्तत्वात् J **56.1 आकुलमकार्षीत्**] P; विलोडयामास आकुलमकार्षीत् UB^{1}L$_2$EJ **56.2 स्यन्दनवान् तूणवान् कङ्कटवान् चापवान्**] P; स्यन्दनवांस्तूपवांश्चापवान् UE; निषङ्गस्तूणः B^{1}L$_2$; स्यंदनवान् तूणवान् चापवान् J **56.2 आदिवराहो यथा**] UPE; *om.* B^{1}L$_2$; महावराहो J **56.3 कल्पान्तोल्लसितमब्धिजलमालोडयामास**] P; कल्पान्तोल्लसितंमड्डिजलं विलोडयामास एतच्छ्लोकद्वयं पौरापर्ययेण गतम् U; कल्पक्षयोद्वृत्तं कल्पान्तोल्लसितम्। अर्णवाम्भो ऽब्धिजलम्। महावराह आदिवराह। एतच्छ्लोकद्वयं पौर्वापर्यविपर्ययेण गतम् B^1; कल्पक्षयोद्वृत्तं कल्पान्तोल्लसितं अर्णवाम्भो ब्धिजलम्। महावराह आदिवराहः॥ ५७॥ एत श्लोकद्वयं पौर्वापविपर्ययेन गतम् L$_2$; कल्पांतोल्लसितं अब्धिजलं विलोडयामास एतत् श्लोकद्वयं पौरपर्ययेण गतम् J; कल्पान्तोल्लसितं अब्धिजलं विलोडयामास एतच्छोकद्वयं पौर्वापर्यायेण गतम E **57.1 अजो**] *conj.*; असावजः UPB^{1}L$_2$E; असौ अजकुमारः J **57.1 दक्षिणं हस्तं**] PL$_2$E; दक्षिणं हस्ते U; दक्षिणं हस्तो B^1; दक्षण हस्तं J **57.1 निषङ्गवदने**] *conj.*; तूणमुखे निषङ्गवदने Σ **57.1 निक्षिपन्नदृश्यत**] *conj.*; व्यापारयन्निक्षिपन् अलक्ष्यतादृश्यत UPB^{1}L$_2$J; व्यापारयान्नाक्षपयन् अलक्ष्यतादृश्यत E **57.1 °दस्य**] *conj.*; °दस्य योद्धु. Σ **57.2 ज्येव**] *conj.*; मौर्वीव UJ; मौर्वी इव E; मौर्वी इव ज्या इव PB^{1}L$_2$ **57.2 प्रासोष्ट**] *conj.*; सुषुवे प्रासोष्ट Σ **57.2 श्रोत्रपर्यन्तविकृष्टा**] *conj.*; *om.* Σ **57.2 शत्रुघातिनः**] *conj.*; योद्धुः शत्रुघातिनः Σ

स रोषदष्टाधिकलोहितौष्ठैर्व्यक्तोर्ध्वराजीर्भ्रुकुटीर्वहद्भिः।
तस्तार गां भल्लनिकृत्तकण्ठैर्हुङ्कारगर्भैर्द्विषतां शिरोभिः॥ ५८॥

अजः शत्रूणां मूर्धभिर्भूमिमूर्णुनाव। †रोषेण दष्टः अत एवाधिकलोहितोष्ठो बहलरक्तो ऽधरो यैर्येषां वा†। प्रकटितत्रिशिखान् भ्रूभङ्गान् बिभ्राणैः। ≪खड्गाकारमुखशरलूनगलैः≫। घण्टाह्लादवद्धुङ्कारो गर्भे छिन्नानामपि येषां तैः॥ ५८॥

सर्वैर्बलाङ्गैर्द्विरदप्रधानैः सर्वायुधैः कङ्कटभेदिभिश्च।
सर्वप्रयत्नेन च भूमिपालास्तस्मिन्प्रजह्रुर्युधि सर्व एव॥ ५९॥

†सर्व एव भूमिपाला† एकीभूय ≪सङ्ग्रामे≫ऽजे प्रहृतवन्तः। सकलैः सैन्यावयवैर्हस्त्यश्वरथपदातिभिः, समग्रप्रहरणैः खड्गतोमरादिभिः सन्नाहच्छेदिभिश्च, अशेषकष्टेन च॥ ५९॥

सो ऽस्त्रव्रजैश्छन्नरथः परेषां
ध्वजाग्रमात्रेण बभूव लक्ष्यः।

---

58 a. °दष्टाधिकलोहितौष्ठै°] $UP^{pc}B^1L_2EB_1^MB_2^MB_3^MB_4^MB_5^MB_7^ML^M$; °दष्टाधरलोहितौष्ठै° P^{ac}; °दष्टाधिकलोहितौष्टै° J; °दष्टाधिकलोहितोष्ठै° V^MMall.Ar.(?)Nā.Jin.; °दष्टाधरलोहिताक्षै° Hem. **58 b.** °राजीर्भ्रुकुटी°] $UPB^1L_2EJD^MB_1^MB_2^MB_3^MB_4^MB_5^MB_7^ML^M$; °रेखा भृकुटी° Hem.; °रेखा भ्रुकुटी° V^MMall.Ar.Nā.Jin.

58.1 अजः शत्रूणां मूर्धभिर्भूमिमूर्णुनाव] *conj.*; सो ऽजः द्विषतां शिरोभिः गां भूमिं तस्तार ऊर्णुनाव UB^1L_2EJ; सः अजः द्विषतां शिरोभिः शत्रूणां मूर्धभिः गां भूमिं तस्तार ऊर्णुनाव P **58.1** °लोहितोष्ठो] UPB^1EJ; °लोहित ऊर्ध्वष्ठो L_2 **58.2** बहलरक्तो ऽधरो यैर्येषां वा] P; येषां UB^1L_2J; येषां तैः E **58.2** प्रकटितत्रिशिखान् भ्रूभङ्गान्] *conj.*; व्यक्ता ऊर्ध्वराजी(जीः L_2) त्रिशिखा यासां भ्रुकुटीनां ता UB^1L_2EJ; व्यक्ताः प्रकटिताः ऊर्ध्वराजीः त्रिशिखा यासां भ्रुकुटीनां ताः भ्रुकुटीः भूभङ्गान् P **58.2** बिभ्राणैः] *conj.*; वहद्भिः बिभ्राणैः UPB^1L_2J; वहोद्भिः बिभ्राणैः E **58.3** खड्गाकारमुखशरलूनगलैः] *conj.*; भल्लाः(ल्ला UL_2) शरविशेषास्तैर्निकृत्ताः कण्ठा गला येषं तैः UB^1L_2EJ; भल्लाः शरविशेषाः तैर्निकृत्ताः लूनाः गलाः कण्ठा येषां तैः P **58.3** घण्टाह्लाद°] UPEJ; घण्टाह्रद° B^1; घट्टाह्लाद° L_2 **59.1** सङ्ग्रामे ऽजे] *conj.*; तस्मिन्कुमारे UB^1L_2EJ; तस्मिन् कुमारे अजे P **59.1** प्रहृतवन्तः] *conj.*; प्रजह्रुः प्रहृतवन्तः Σ **59.1** सकलैः सैन्यावयवै°] P; बलाङ्गै° UB^1L_2EJ **59.2** समग्रप्रहरणैः खड्गतोमरादिभिः सन्नाहच्छेदिभिश्च] *conj.*; कङ्कटभेदिभिस्सन्नाहच्छे(भे L_2)दिभिश्च सर्वायुधैः खड्गतोमरादिभिः UB^1L_2EJ; समग्रप्रहरणैः खड्गतोमरादिभिः कङ्कटभेदिभिः सन्नाहच्छेदिभिश्च P **59.3** अशेषकष्टेन च] *conj.*; सर्वप्रयत्नेनाशेषेण बलेन च UB^1L_2EJ; सर्वप्रयत्नेन अशेषकष्टेन च P

नीहारमग्नोदितपूर्वभागः
किञ्चित्प्रकाशेन यथा विवस्वान्॥ ६०॥

अजः शत्रूणामायुधपूगैः पिहितरथश्चिह्नान्तमात्रेण दृश्यो बभूव। धूमिकायां व्रुडितस्तत उदितः प्रथमांशो यस्य स रविर्यथा लक्ष्यो भवति, किञ्चिन्मात्रेण प्रकाशेन लक्ष्यत इति॥ ६०॥

प्रियंवदात्प्राप्तमथ प्रियार्हः
प्रायुङ्क्त राजस्वधिराजसूनुः।
गान्धर्वमस्त्रं कुसुमास्त्रकान्तः
प्रस्वापनं स्वप्ननिवृत्तलौल्यः॥ ६१॥

अनन्तरमजः प्रस्वापनाख्यमस्त्रं प्रियंवदाख्याद्गन्धर्वराजसुताल्लब्धं नृपेषु प्रयुयुजे। हितयोग्यः। †अधिको राजा अधिराजः तस्य सूनुः†। कामवन्मनोहरः।

---

60 c. °मग्नोदितपूर्वभागः] UP^{pc}B^{1}L$_2$ED^M (°भाग D^M) B$_1^M$B$_3^M$B$_4^M$B$_5^M$B$_7^M$L^M; °मग्नोदितपूर्वकायः P^{ac}; °मग्नोदितपूर्वकाशः J; °मग्नौदितपूर्वकायः B$_2^M$; °मग्नो दिनपूर्वभागः V^{M}Hem.Mall.Jin.; °मग्ने दिनपूर्वभागे Ar.^{vl}Nā. **60 d.** यथा विवस्वान्] ŚAr.^{vl}Nā.; विवस्वतेव V^{M}Hem.Mall.Jin. **61 a.** प्राप्तमथ प्रियार्हः] **V**B$_1^M$B$_2^M$B$_3^M$B$_5^M$L^{M}Jin.; प्रामथ प्रयार्ह D^M; प्राप्तमपि प्रियार्हः B$_4^M$; प्राप्तमथो कुमारः Hem.Ar.(?)Nā.; प्राप्तमसौ कुमारः V^{M}Mall. **61 c.** कुसुमास्त्रकान्तः] Σ; कुसुमास्त्रकान्तं Vall.^{vl}

60.1 अजः] *conj.*; सो ऽजः UPB^{1}L$_2$E; सो ऽजकुमारः J **60.1** शत्रूणामायुधपूगैः] *conj.*; परेषामस्त्रव्रजैरायुधपूगैः UB^{1}L$_2$EJ; परेषां शत्रूणामस्त्रव्रजैः आयुधपूगैः P **60.1** पिहितरथश्चिह्नान्तमात्रेण] *conj.*; च्छन्नरथः पिहितरथः ध्वजाग्रमात्रेण चिह्नान्तमात्रेण Σ **60.1** दृश्यो] *conj.*; लक्ष्यो दृश्यो UPB^{1}L$_2$J; लक्ष्यो दृशो E **60.2** धूमिकायां व्रुडितस्तत उदितः प्रथमांशो यस्य स] *conj.*; नीहारे मग्नः तत उदितः पूर्वभागो यस्य विवस्वतः स नीहारमग्नोदितपूर्वभागो UB^{1}L$_2$EJ; नीहारे धूमिकायां मग्नो व्रुडितः ततः उदितः पूर्वभाः प्रथमांशः यस्य विवरवतः रा नीहारमग्नोदितपूर्वभागः P **61.1** अनन्तरमजः] UE; अथानन्तरं कुमारः अजः P; अथानन्तरं कुमारो B^{1}L$_2$; अथानन्तरम् अजकुमारः J **61.1** प्रस्वापनाख्यमस्त्रं प्रियंवदाख्याद्गन्धर्वराजसुताल्लब्धं] UEJ; गान्धर्तमस्त्रं प्रस्तापनाख्यं PB^1; गान्धर्वमस्त्रं प्रस्वपनाख्यं L$_2$ **61.1** नृपेषु] *conj.* (cf. Jin.); राजसु UPB^{1}EJ; राजस्व L$_2$ **61.2** प्रयुयुजे] UEJ; प्रायुङ्क्त प्रयुयुजे PL$_2$; प्रायुङ्क्त प्रायुयुजे B^1 **61.2** हितयोग्यः] UEJ; *om.* PB^{1}L$_2$ **61.2** अधिको राजा अधिराजः तस्य सूनुः] PB^{1}L$_2$; अधिको राजाधिराजः UEJ

कान्तमिति पाठे कुसुममयास्त्रवदपीडाकरमस्त्रम्। निद्रायाश्चलितो ऽभिलाषो यस्य सः। परं न सुष्वापेत्यर्थः॥ ६१॥

ततो धनुष्कर्षणमूढहस्तमेकांसपर्यस्तशिरस्त्रजालम्।
तस्थौ ध्वजस्तम्भनिषण्णदेहं निद्राविधेयं नरदेवसैन्यम्॥ ६२॥

अनन्तरं नृपबलमस्त्रवशात् स्वप्नवश्यमतिष्ठत्। कार्मुकाकृष्टौ जडकरम्, ≪एकस्कन्धपतितमूर्धत्राणसमूहम्, केतुदण्डलग्नशरीरम्≫॥ ६२॥

ततः प्रियोपात्तरसे ऽधरौष्ठे निवेश्य दध्मौ जलजं कुमारः।
तेन स्वहस्तार्जितमेकवीरः पिबन्यशो मूर्तमिवाबभासे॥ ६३॥

अननन्तरमजः शङ्खं मुखवातेनापूरयत्, अधररदनच्छदे स्थापयित्वा, जय-

---

62 b. °शिरस्त्रजालम्] Σ; °शिरस्त्रवृन्दम् Hem. **63 a.** °धरौष्ठे] UPL_2E$D^M$$V^M$$B_1^M$$B_2^M$ $B_3^M$$B_4^M$$B_5^M$$B_7^M$; °धरोष्ठे B^1℄; °धरौष्टे J

61.3 कामवन्मनोहरः। कान्तमिति पाठे कुसुममयास्त्रवदपीडाकरमस्त्रम्] EJ; कामवन्मनोहरः कान्तमिति पाठे कुसुममयास्त्रवदपीडाकारमस्त्रम् U; कुसुमास्त्रः कामः तद्वत्कान्तो रम्यः प्रियंवदाख्यात् गन्धर्वराजसुताल्लब्धम् प्रियार्हः हितयोग्यः P; कुसुमास्त्रः कामस्तद्वत्कान्तो रम्यः B^1; कुसुमास्त्रः कामः (शुः L_2^{ac}) तावत्कान्तो रम्यः L_2 **61.4** निद्रायाश्चलितो ऽभिलाषो यस्य सः] UEJ; यथा स्वप्ननिवृत्तलौल्यः निद्रायाश्चलितो ऽभिलाषः यस्य सः P; स्वप्ननिवृत्तलौल्यः B^1L_2 **61.4** परं न सुष्वापेत्यर्थः] UEJ; परं न सुष्वापेत्यर्थः कान्तमिति पाठे कुसुममयास्त्रवदपीडकरमस्त्रम् P; परं मनसस्वापेत्यर्थः B^1; परं मनसुष्वापेत्यर्थः L_2 **62.1** अनन्तरं] UE; ततो ऽनन्तरं PB^1L_2J **62.1** नृपबलमस्त्रवशात् स्वप्नवश्यमतिष्ठत्] *conj.*; नरदेवसैन्यं नृपतिबलवशान्निद्राविधेयं तस्थावतिष्ठत् U; नरदेवसैन्यं नृपतिबलमस्त्रवशान्निद्राविधेयं तस्थौ अतिष्ठत् B^1L_2EJ; नरदेवसैन्यं नृपबलं अस्त्रवशान्निद्राविधेयं स्वप्नवश्यं तस्थावतिष्ठत् P **62.1** कार्मुकाकृष्टौ] *conj.*; धनुष्कर्षणे कार्मुकाकृष्टौ UPL_2EJ; धनुष्कर्षणे कार्मुककृष्टौ B^1 **62.1** जडकरम्] *conj.* (cf. Jin.); मूढहस्तं जडीभूतकरं UB^1L_2EJ; मूढहस्तं जडकरम् P **62.2** एकस्कन्धपतितमूर्धत्राणसमूहम्] *conj.*; एकस्मिन्नंसे स्कन्धे (स्कन्दे UL_2EJ) पर्यस्तं (पर्यन्तं E) पतितं शिरस्त्रजालं यस्य UB^1L_2EJ; एकस्मिन्नंसे स्कन्दे पर्यस्तं पतितं शिरस्त्रजालं मूर्धत्राणसमूहो यस्य P **62.2** केतुदण्डलग्नशरीरम्] *conj.*; ध्वजस्तम्भे ध्वजदण्डे निषण्णं (ण्णो L_2E) लग्नो देहो (देहे E) यस्य UB^1L_2EJ; ध्वजस्तम्भे केतुदण्डे निषण्णं लग्नो देहो यस्य P **63.1** अनन्तरमजः] *conj.*; ततः कुमारः UPB^1E; ततभक्तप्रियः L_2; ततोजकुमारः J **63.1** शङ्खं मुखवातेनापूरयत्] *conj.*; जलजं शङ्खं दध्मौ वातेनापूरयत् UB^1EJ; जलजशङ्खो द्मौ (?) वाते पूरयत् L_2; जलजं शङ्खं दध्मौ मुखवातेनापूरय--- P **63.1** अधररदनच्छदे] P; अधरौष्ठे UE; अधरोष्ठे B^1; अधरौष्टे L_2J **63.1** स्थापयित्वा] *conj.*; निवेश्य स्थापयित्वा Σ

सूचनाय। भार्यागृहीतरसे। तेन शङ्खेन स्वकरार्जितं मूर्तवद्यशः पिबन्निव रेजे। नन्वधुनैव विवाहविधानात्कुतो ऽधरपानम्? त्र्यहातिक्रमे ऽपि त्र्यहं सप्तरात्रं ब्रह्मचर्यचोदना। तदसम्भवि विशेषतो ऽप्रगल्भानां नवानाम्। एवं तर्हि बलवत्कारणाल्लोकेनाभूतमप्युपादानं भूतत्वेन कथितम्। यथा

वृष्टश्चेद्देवः सम्पन्नाः शालय इति।

जयावाप्त्या सुखित्वेनाधररसः पीत इव भवति। यदि वान्या काचिद्भूतपूर्वा प्रिया बोद्धव्या॥ ६३॥

शङ्खस्वनाभिज्ञतया निवृत्ता-
स्तं सन्नशत्रुं ददृशुः स्वयोधाः।
निमीलितानामिव पङ्कजानां

---

63 From the middle of the gloss on *priyopāttarase* and up to the word *kathitam*, a gap left on the page by the scribe B^1, as well as a following damaged section, has been patched and filled in by subsequent hands. Note that the text of this same unit in L_2, where there is no sign of physical damage, seems particularly poor. **63** विशेषतो ऽप्रगल्भानां नवानाम्। एवं तर्हि बलवत्कारणाल्लोकेनाभूतम्] विशेषभूतम् E(eyeskip)

63.6 वृष्टश्चेद्देवः सम्पन्नाः शालयः Exactly this formulation is found in Abhinavagupta's *Īśvarapratyabhijñāvivṛtivimarśinī* vol. 1, p. 23. Cf., however, *Mahābhāṣya* ad *Vārttika* 2 on *Aṣṭādhyāyī* 3.3.133, where it is formulated thus: देवश्चेद्वृष्टो निष्पन्नाः शालयः।

63.2 भार्यागृहीतरसे] *conj.*; प्रियया गृहीतो रसो यस्य तस्मिन्नधरौष्ठे (ष्टेJ) UEJ; प्रियया भार्यया उपात्तो गृहीतो रसो यस्य तस्मिन् अधरौष्ठे P; प्रियया उपात्तो गृहीतो रसो यस्य +तस्मिन्नधरौष्टे+ B^1 (+B^3+); प्रियया उपात्तो गृहीतो रसो यस्मिन्नधरौष्ठे L_2 **63.2** शङ्खेन स्वकरार्जितं मूर्तवद्यशः पिबन्निव रेजे] *conj.*; शङ्खेनास्य हस्तेनोर्जितं मूर्तं यशः पिबन्निवाबभासे रेजे ×⏓ ⏓× U; शङ्केनात्सुकरेणार्जितं मूर्त्तं यशः पिबन्निवाबभासे रजे P; शङ्खेन स्वहस्तेनार्जितं मूर्तं यशः पिबन्निवान्निवन्निवाबभासे रेजे B^3; शङ्खेन स्वहन्तेनार्जितं मूर्तं यशः पिबन्निवाबभासे रेजे L_2; शङ्खेनास्य हस्तेनार्जितं मूर्त्तं यशः पिबन्निवाबभासे रेजे E; शंखेनास्य हस्तेनार्जितं यशः पिबन्निवाऽवभासे रेजे J **63.3** °पानम्] UPE; °पानं तु B^3L_2; °पारं J **63.4** °पि त्र्यहं सप्तरात्रं] UPB^3EJ; त्र्यहं सप्त L_2 **63.4** °चर्यचोदना] UEJ, °चर्यचोदनाम् P, °चर्यो चोदना B^2L_2 **63.4** तदसम्भवि] UPB^2L_2; तदसंभावि EJ **63.4** नवानाम्] UB^2L_2J; नवानौ P **63.5** भूतत्वेन] UPB^3L_2; भूतत्त्वेन E; भूतत्वे J **63.6** वृष्टश्चेद्देवः] *om.* (cf. Hom.); वृद्धश्चेदेत UJ; भृष्टश्चेदेतस् P; वृद्धश्चेदेतस् B^1L_2; वृद्धाश्चेद्देव E **63.7** जयावाप्त्या] UPEJ; जयावाप्त्या हि B^1L_2 **63.7** सुखित्वे°] UB^1EJ; सुखितत्वे° P; सुखितद्वे° L_2 **63.7** इव] J; एव UPB^1L_2E **63.7** यदि वान्या] UPL_2EJ; अदि वा अन्या B^{1pc}; अदि वा अन्य B^{1ac}

मध्ये स्फुरन्तं प्रतिमाशशाङ्कम्॥ ६४॥

निजभटा अजं शायितरिपुमुल्लसन्तमैक्षन्त। कम्बुध्वनिपरिज्ञत्वात् प्रत्यागताः। सङ्कुचितानां पद्मानामन्तः प्रतिबिम्बचन्द्रमिव चलन्तम्॥ ६४॥

सशोणितैस्तेन शिलीमुखाग्रै-
निर्क्षेपिताः केतुषु पार्थिवानाम्।
यशो हृतं संयति राघवेण
न जीवितं वः कृपयेति वर्णाः॥ ६५॥

अजेन राज्ञां ध्वजेष्वक्षराणि रुधिरलिप्तैः शरान्तैरलिख्यन्त, यथा 'दययाजेन रणे युष्माकं यशो नीतं, न तु जीवितम्' इति।

तेषामजः केतुषु लोहिता≪क्तैर्नि≫धापयामास शिलीमुखाग्रैः। 3
इति पाठान्तरम्॥ ६५॥

---

65 b. °क्षेपिताः] $B^1L_2D^MV^MB_1^MB_2^MB_3^MB_4^MB_5^ML^M$𝕮; °वेशिताः $UPEJB_7^M$ **65 c.** संयति] Σ; सम्प्रति Mall.

---

65 L_2 leaves a blank space in lieu of commentary on verse 65.

64.1 निजभटा अजं] *conj.*; स्वयोधा निजभटाः तमजं UPB^1L_2E; स्वयोधाः निजभटाः तमजकुमारं J **64.1** शायितरिपुमुल्लसन्तमैक्षन्त] *conj.* (cf. Jin.); सन्नरिपुं शायितशत्रुं स्फुरन्तं ददृशुरैक्षन्त UEJ; सन्नशत्रुम् शायितरिपुं ददृशुरैक्षन्त कीदृशं मध्ये रिप्वन्तरे स्फुरन्तं लसन्तं P; सन्नशत्रुं शयितरिपुं स्फुरन्तं ददृशुरैक्षन्त B^1L_2 **64.1** कम्बुध्वनिपरिज्ञत्वात् प्रत्यागताः] *conj.*; शङ्खस्वनाभिज्ञत्वान्निवृत्ताः प्रत्यागताः UB^1L_2EJ; शङ्खस्वनाभिज्ञत्वात्कम्बुध्वनिपरिज्ञत्वात् निवृत्ताः प्रत्यागताः P **64.2** सङ्कुचितानां पद्मानामन्तः] *conj.*; निमीलितानां सङ्कटानां मध्यं U; निमीलितानां सङ्कुचितानाम् पङ्कजानां मध्ये पद्मानामन्तः P; निमीलितानां सङ्कुचितानां पङ्कजानां पद्मानां मध्ये B^1L_2; निमीलितानां पंकजानां मध्ये EJ **64.2** प्रतिबिम्बचन्द्रमिव] *conj.*; प्रतिमाशशाङ्कं प्रतिबिम्बचन्द्रमिव Σ **64.2** चलन्तम्] UEJ; स्फुरन्तं चलन्तम् PB^1L_2 **65.1** अजेन राज्ञां ध्वजेष्वक्षराणि रुधिरलिप्तैः शरान्तैरलिख्यन्त] *conj.*; अजेन राज्ञां ध्वजेष्वक्षराणि रुधिरलिप्तैः शरान्तैर्निवेशिताः अलिख्यन्त UE; ततो रुधिरलिप्तैः शरान्तैः तेन राज्ञा केतुषु ध्वजेष्ववर्णाः अक्षराणि निक्षेपिता अलिख्यन्त यथा P; ततो ऽनन्तरं रुधिरलिप्तैः शरन्तैस्तेन राज्ञां केतुषु अक्षराणि अलिख्यन्त यथा B^1; अजकुमारेण राज्ञां ध्वजेष्वऽक्षराणि रुधिरलिप्तैः शरांतैर्निवेशिता अलिख्यंत J **65.2** युष्माकं] UPEJ; वो युष्माकं B^1 **65.2** नीतं] UEJ; हृतं PB^1 **65.2** न तु जीवितम् इति] PB^1; न जीव इति U; जीवितमिति E; न तु जीवितमित्यर्थः J **65.3** तेषामजः केतुषु लोहिताक्तैर्निधापयामास शिलीमुखाग्रैः। इति पाठान्तरम्] *conj.* (cf. Śrīnātha); तेषामजः केतु+षु+ लोहितान्तन्निधापयामास शिलीमुखाग्रैरिति पाठान्तरम् B^1; तेषामजः केतुलोहितान्तन्निधापयामास शिलीमुखाग्रः इति पाठान्तरम् P; *om.* UEJ

स चापकोटीनिहितैकबाहुः शिरस्त्रनिष्कर्षणभिन्नमौलिः।
ललाटबद्धश्रमवारिबिन्दुर्भीतां प्रियामेत्य वचो बभाषे॥ ६६॥

अज आगत्य त्रस्तां दयितां वचनमुवाच। कार्मुकप्रान्ते निक्षिप्त एको वामो भुजो येन। मूर्धत्राणस्योद्धरणेनापासनेन लुलिताः कचा यस्य। अलिकलग्नखेदजलकणः। लौकिके शब्दव्यवहारे लाघवस्यानादर इति वचोग्रहणम्॥ ६६॥

इतः परानर्भकहार्यशस्त्रान्वैदर्भि पश्यानुमता मयैतान्।
एवंविधेनाहवचेष्टितेन त्वं प्रार्थ्यसे हस्तगता ममैभिः॥ ६७॥

हे इन्दुमति, अस्माद्देशादिह वा, इमानरातीन् मयानुज्ञाता सती ईक्षस्व, ≪शिशुग्रहणयोग्यायुधान्≫। रणपौरुषेणेदृशेनाभिलष्यसे मम करप्राप्ता त्वमे-

---

66 a. °निहितैक°] Σ; °निमितैक° Ar.Nā. **66 b.** शिरस्त्रनिष्कर्षण°] Σ; शिरस्त्रसंकर्षण° Jin. **67 a.** °शस्त्रान्] Σ; °वस्त्रान् B^3 **67 b.** मयैतान्] UPB^{3}JB$_2^M$B$_3^M$B$_4^M$B$_7^M$L^M; मयेतान् E; न्मयैतान् L$_2$B$_1^M$B$_5^M$; मयैवं D^M; मयासि V^{M}𝕮 **67 c.** °विधेनाहव°] UPL$_2$EV^{M}B$_1^M$B$_2^M$B$_4^M$B$_5^{Mpc}$B$_7^M$L^{M}𝕮; °विधेनाहवि° B^{3}B$_3^M$B$_5^{Mac}$; °विधानेहव° J; °विधेनाह° D^M

66.1 अज आगत्य] UE; सो ऽजः एत्यागत्य PB^{1}L$_2$; अजकुमार आगत्य J **66.1** त्रस्तां दयितां] UEJ; भीतां प्रियां त्रस्तां दयितां PB^{1pc}; भीतां प्रियां स्तंत्रा दयितां B^{1ac}; भीतां प्रियां L$_2$ **66.1** वचनमुवाच] UEJ; वचो बभाषे P; वचो बभाषे वचनमुवाच B^{1}L$_2$ **66.1** कार्मुकप्रान्ते] UEJ; चापकोट्यां कार्मुकप्रान्ते PB^{1}L$_2$ **66.2** निक्षिप्त एको वामो भुजो येन] E (cf. Jin.); निक्षिप्त एको वामभुजो येन J; निक्षिप्त एको भुजो येन U; निहितो निक्षिप्तः एकबाहुः भुजो येन तथा P; निहितो निक्षिप्त एको बाहुः भुजो येन तथा B^{3}L$_2$ **66.2** मूर्धत्राणस्योद्धरणेनापासनेन लुलिताः कचा यस्य] *conj.*; मूर्धत्राणस्योद्धरणेनापासनेन ललिताः कचा यस्य UE; शिरस्त्रनिष्कर्षणेन मूर्धत्राणस्योद्धरणेन अपासनेन भिन्नाः लुलितात्कमौलयो रोमाणि कचा यस्य P; शिरस्त्रनिकर्षणेन शिरस्त्राणस्योद्धरणेन भिन्ना लुलिता मौलयो रोमाणि कचा यस्य B^{3}L$_2$; मूर्धत्राणस्योद्धरणेनापसनेन ललिताः कचा यस्य J **66.3** अलिकलग्नखेदजलकणः] UEJ; ललाटे अलिके बद्धा लग्नाः खेदजलकणा यस्य PB^{3}L$_2$ **66.3** लाघवस्यानादर इति] *conj.*; लाघवं स्यान्नादर इति UB^{3}L$_2$EJ; लाघवं स्यानादर P^{pc}; लाघवं स्यान्नारद P^{ac} **67.1** हे इन्दुमति] UE; हे वैदर्भि इन्दुमति PB^{3}L$_2$J **67.1** अस्माद्देशादिह वा, इमानरातीन्] UJ; अस्माद्देशादिहैवेमानरातीन् E; इतो ऽस्माद्देशादिह वा एतान्परानरातीन् P; इतस्साद्देशादेतान् परानरातीन् B^3; इतोस्माद्देशादेतान्परानरातीन् L$_2$ **67.1** मयानुज्ञाता सती] *conj.*; मयानुमता आज्ञाता सती UB^{3}L$_2$EJ; मया अनुमता अनुज्ञाता सती P **67.1** ईक्षस्व] B^{3ac}L$_2$; पश्य ईक्षस्व UPB^{3pc}EJ **67.2** शिशुग्रहणयोग्यायुधान्] *conj.* (cf. Jin.); अर्भकाहार्यशस्त्रान् शिशुभिरपि हार्याणि हर्तुं (हन्तुं UL$_2$EJ) शक्यानि (णि UE) शस्त्राणि येषां Σ **67.2** रणपौरुषे°] *conj.*; आहवचेष्टितेन रणपौरुषे° PB^{3}L$_2$E; आहवचेष्टितेन पौरुषे° U; आहविचेष्टितेन रणपौरुषे° J **67.2** °दृशेनाभिलष्यसे] *conj.*; °दृशेन प्रार्थ्यसे त्वमभिलष्यसे UPB^{3}L$_2$J; °दृशेन प्रर्थ्यसे त्वमभिलष्यसे E

भिर्वराकैः॥ ६७॥

तस्याः प्रतिद्वन्द्विभवाद्विषादात्सद्यो विमुक्तं मुखमाबभासे।
निःश्वासवाष्पापगमे प्रपन्नः प्रसादमात्मीयमिवात्मदर्शः॥ ६८॥

इत्थमाश्वासिताया इन्दुमत्याः शत्रुजाच्छोकात्समनन्तरं रहितं वदनं रेजे। यथात्मा दृश्यते ऽस्मिन्नित्यात्मदर्शो दर्पण उच्छ्वासोष्मनिवृत्तौ निजं नैर्मल्यमाप्तः शोभते॥ ६८॥

हृष्टापि सा ह्रीविजिता न साक्षाद्
वाग्भिः सखीनां प्रियमभ्यनन्दत्।
स्थली नवाम्भःपृषताभिवृष्टा
मयूरकेकाभिरिवाभ्रकालम्॥ ६९॥

इन्दुमती मुदितापि वयस्यागीर्भिरजमस्तौषीत्, न साक्षात्। यतो लज्जाक्रान्ता। यथा वनभूमिर्नवैर्जलकणैः सिक्ता वर्हिणवाग्भिर्जलदसमयमभिनन्दति।

---

68 c. °वाष्पापगमे] $UB^{3}L_{2}EJD^{M}B_{1}^{M}B_{2}^{M}B_{3}^{M}B_{4}^{M}B_{5}^{M}B_{7}^{M}L^{M}$Ar.(?)Nā.Jin.; °बाष्पापगमात् V^{M}Hem.Mall. **69 b.** प्रियम्] Σ; पतिम् P **69 d.** °कालम्] Jin.; °वृन्दम् $UPB^{3}L_{2}EJV^{M}B_{1}^{M}B_{2}^{M}B_{3}^{M}B_{4}^{M}B_{7}^{M}L^{Mpc}$Hem.Mall.Ar.(?)Nā.; °जालम् $B_{5}^{M}L^{Mac}$; °तालां D^{M}

67.3 मम करप्राप्ता त्वमेभिर्वराकैः] UEJ; एभिः कर्तृभिः वराकैर्ममहस्तगतापि त्वम् ममकरप्राप्ता त्वम् P; एभिः कर्तृभिर्मराकैः मम हस्तगतापि +मम करप्राप्ता+त्वम् B^{3}; एभिः कर्तृभिर्वराकैः समहस्तगतापि त्वम् L_{2} **68.1** इत्थमाश्वासिताया इन्दुमत्याः शत्रुजाच्छोकात्समनन्तरं रहितं वदनं रेजे] UJ; इत्थमाश्वासिताया इन्दुमत्याच्छत्रुजाच्छोकाद्विमुक्तं रहितं वदंनं रेजे E; तस्याः इन्दुमत्याः प्रतिद्वन्द्विभवच्च्छत्रुभ्यः उत्पन्नात् शोकात्सद्यो विमुक्तं मुखं रेजे P; तस्या इन्दुमत्याः प्रतिद्वन्द्विभवाच्छत्रुभ्य उत्पन्नाच्छो(उत्पन्नाः शो B^{3})कात्सद्यो विमुक्तं मुखमाबभासे रेजे $B^{3}L_{2}$ **68.2** उच्छ्वासोष्मनिवृत्तौ] UEJ; निश्वासवाष्पापगमे उच्छ्वासोष्मनिवृत्तौ $PB^{3}L_{2}$ **68.2** निजं] UEJ; आत्मीयं निजं $PB^{3}L_{2}$ **68.3** नैर्मल्यमाप्तः] UEJ; प्रसादं नैर्मल्यं प्रपन्नः प्राप्तश् $PB^{3}L_{2}$ **69.1** इन्दुमती मुदितापि] *conj.*; सा हृष्टापि मुदितापि $UB^{1}L_{2}EJ$; सा इन्दुमती कृष्टापि मुदितापि P **69.1** वयस्यागीर्भिरजमस्तौषीत्] *conj.*; प्रियसखीनां वाग्भिर्वयस्याशी(गी B^{3})र्भिः प्रियमजमभ्यनन्ददस्तौषीत् $UPB^{3}L_{2}E$; प्रियसखीनां वाग्भिर्वयस्याशीर्भिः प्रियमजमभिनंदत् अस्तौषीत् J **69.2** लज्जाक्रान्ता] *conj.* (cf. Jin.); ह्रीविजिता लज्जया आक्रान्ता $UB^{3}L_{2}EJ$; ह्रीविजिता लज्ज आक्रान्ता P **69.2** यथा वनभूमिर्नवैर्जलकणैः सिक्ता] *conj.*; *om.* B^{3}; यथा स्थली वनभूमिः नवैर्जलदपृषतैः जलकणैरभिवृष्टा सिक्ता P; यथा स्थली वनभूमिः नवैरंभः(नवैरम्भ U)पृषतैः जलकणैरभिवृष्टा सिक्ता $UL_{2}EJ$ **69.2** वर्हिणवाग्भि°] *conj.*; मयूरकेकाभिर्वर्हिणवाग्भि° $PB^{1}L_{2}J$; मयूरकैकाभिर्वर्हिणवाग्भि° E; मयूरकीकाभिः वर्हिणवाग्भि° P

शब्दान्तरेणानूक्तस्य विषयस्य स्वयं निर्देशान्नात्र नियतमाधिक्यमिति मयूरग्रहणम्। एवमश्वहेषितकरिकलभादयो द्रष्टव्याः॥ ६९॥

इति शिरसि स वामं पादमाधाय राज्ञाम्
उदवहदनवद्यां तामवद्यादपेतः।
रथतुरगरजोभिस्तस्य रूक्षालकाग्रा
समरविजयलक्ष्मीः सैव मूर्ता बभूव॥ ७०॥

इत्थं नृपाणां मूर्धनि वामं पादं कृत्वा, राज्ञः परिभूयेत्यर्थः, अज इन्दुमतीमधारयदुपयेमे वा। पापाद् अरिकृताद्व्यसनाद्वा बहिर्भूतः। तस्याजस्य च सैवेन्दुमत्येव रणाभ्युदयश्रीः शरीरिण्यासीत्। धूसरितचूर्णकुन्तलप्रान्ता स्यन्दनाश्वरेणुभिः। मालिनी वृत्तम्॥ ७०॥

प्रथमपरिगतार्थस्तं रघुः सन्निवृत्तं
विजयिनमभिनन्द्य श्लाघ्यजायासमेतम्।
तदुपहितकुटुम्बश्वीरमादातुमैच्छ-

---

70 a. शिरसि स] Σ; स शिरसि JB$_7^M$ • पादमाधाय] B^{3}B$_7^M$𝕮; पादमादाय UPL$_2$E B$_1^M$B$_2^M$B$_3^M$B$_5^M$D^{M}L^M; पादमज्ञाय J; पादमास्थाय B$_4^M$ **71 c.** °कुटुम्बश्वीरमादातुमैच्छन्] UB^{3}E; °कुटुम्भश्वीरमादातुमैच्छन् PB$_1^M$B$_2^M$B$_3^M$B$_5^M$; °कुटुम्भश्वेरमादातुमैच्छन् L^M; °कुटुम्भश्वीरमादात्तमैच्छन् B$_4^M$B$_4^{Mpc}$; °कुटुंभश्वीरमादत्तमैच्छन् L$_2$JB$_4^{Mac}$; °कुटंभश्वीरमादातुमैच्छन् D^M; °कुटुम्बः शान्तिमार्गोत्सुको ऽभून् V^{M}𝕮; °कुटुम्बश्वीरमाधातुमैच्छन् Hem.^{vl}

69.3 विषयस्य] Σ; वियस्य U **69.4** द्रष्टव्याः] B^{3}L$_2$E; दृष्टव्याः UP; द्रष्टव्यः J **70.1** इत्थं नृपाणां मूर्धनि] *conj.*; इतीत्थं राज्ञां शिरसि UB^{3}L$_2$EJ; इतीत्थं नृपानां मूर्धनि P **70.1** पादं कृत्वा] *conj.*; पादमादाय कृत्वा UE; पादमाधाय P^{pc}; पादमादाय P^{ac}; पादमाधाय कृत्वा B^{3}L$_2$J **70.1** राज्ञः] PB^{3}L$_2$E; राज्ञां UJ **70.2** अज इन्दुमतीमधारयद्] *conj.*; सो ऽजः तामिन्दुमतीमुदवहदधा(दा U)रयद् Σ **70.2** °येमे] Σ; °ये J **70.2** पापाद्] *conj.*; अवद्यापापाद् U; अवद्यात्पादपाद् E^{ac}; अवद्यात्पापाद् E^{pc}; अवद्यात् पापाद् PJ; अवद्यात्पादाद् B^{3}L$_2$ **70.2** °सनाद्वा बहिर्भूतः] *conj.*; °सनादपेतो बहिर्भूतः UPB^{3}EJ; °सनाच्चपेतो बाहः भूतः L$_2$ **70.2** तस्याजस्य] Σ; तस्या।रजस्य E **70.3** रणाभ्युदयश्रीः शरीरिण्यासीत्] *conj.*; समरविजयलक्ष्मीः रणाभ्युदयश्रीर्मूर्ता शरीरिणी बभूवासीत् UB^{3}L$_2$EJ; समरविजयलक्ष्मीः रणाभ्युदयश्रीर्मूर्ता शरीरिणी बभूव P **70.3** धूसरितचूर्णकुन्तलप्रान्ता] *conj.*; रूक्षालकाग्रा धूसरितचूर्णकुन्तलप्रान्ता Σ **70.4** स्यन्दनाश्वरेणुभिः] *conj.*; कै रथतुरगगजोभिः स्यंदनाश्वरेणुभिः UJ; कैः रथतुरगरजोभिः स्यन्दनाश्वरजोभिः P; कैः। रथतुरगरजोभिः(भि B^3) स्यन्दनाश्वरेणुभिः B^{3}L$_2$E

न्न हि सति कुलधुर्ये सूर्यवंश्या गृहाय॥ ७१॥

रघुरादावेव ज्ञातवृत्तान्तो ऽजं प्रत्यागतं प्रशस्य वल्कलं ग्रहीतुमियेष, वनमजिगमिषदित्यर्थः। अभिलषणीयवधूसहितम्। अजे निक्षिप्तः सकलो राज्यभारो येन रघुणा। यस्मात्कुलधुरन्धरे अपत्ये सति भानुकुलजा गृहाय न भवन्ति। गृहे न कदाचिदासते इत्यर्थः। गृहं पोषयितुं न यतन्त इति यावत्। क्रियां कांचिदध्याहृत्य गृहायेति तादर्थ्ये। क्रियार्थोपपदस्येति वा चतुर्थी। कुलस्य धुर्यो न तु कुलधुरं वहतीति तदन्तविधिनिषेधात्। मालिनी वृत्तम्॥ ७१॥

इति रघुवंशे महाकाव्ये टीकायां सप्तमः सर्गः॥

71.5 क्रियार्थोपपदस्य च कर्मणि स्थानिनः *Aṣṭādhyāyī* 2.3.14.

71.1 रघुरादावेव] *conj.*; रघुः प्रथममेव UEJ; रघुः प्रथममादावेव PB^3L_2 **71.1 ज्ञातवृत्तान्तो ऽजं**] *conj.*; परिगतर्थो ज्ञातवृत्तान्तस्तमजं Σ **71.1 प्रत्यागतं प्रशस्य**] *conj.*; सन्निवृत्तं प्रत्यागतमभिनन्द्य प्रश(शं P)स्य Σ **71.1 वल्कलं ग्रहीतुमियेष**] *conj.*; चीरं वल्कलमादातुं ग्रही(गृही UB^3E)तुमैच्छदियेष UB^3L_2E; चीरं वल्कलं गृहीतुमैच्छत् P; चीरं वल्कलमादत्तं गृहीतुमैच्छदियेष J **71.2 वनम°**] Σ; वनाम° E **71.2 °जिगमिष°**] EJ; °जिगमिष्य° UB^3L_2; °जगमिष्य° P **71.2 अभिलषणीयवधूसहितम्**] *conj.*; श्लाघ्यजायासमेतमभिलष(°लाष° E)णीयवधूसहितम् UB^3L_2EJ; श्लाघ्यजायासमेतमभिलषनीयवधूसमीतम् P **71.2 अजे निक्षिप्तः**] *conj.*; तस्मिन्नजे उपहितो निक्षिप्तः Σ **71.2 सकलो**] *conj.*; कुटुम्भः सकलः UP; कुटुम्बः सकलो B^3L_2EJ **71.3 रघुणा**] P; रघुना UB^3L_2EJ **71.3 यस्मात्कुलधुरन्धरे**] *conj.*; हि यस्मात् कुलधुर्ये कुलधुरंधरे(रो U) Σ **71.3 अपत्ये**] UPL_2EJ; अपद्ये B^3 **71.3 भानुकुलजा**] *conj.*; सूर्यवंश्याः भानुकुलजाः Σ **71.4 कदाचिदासते**] Σ; कदादिदासते E **71.4 पोषयितुं**] Σ; पोषयतु E^{ac}; पोषयितु E^{pc} **71.5 कांचिद°**] Σ; काचिद° E **71.5 वा चतुर्थी**] PB^3; चतुर्थी वा UJ • Colophon: रघुवंशे महाकाव्ये] PB^3; रघुवंशे महाकाव्ये कालिदासकृतौ U; श्रीरघुवंशे महाकाव्ये लोष्टकपंडितविरचितायां टीकायां J

अष्टमः सर्गः॥

अथ तस्य विवाहकौतुकं ललितं बिभ्रत एव पार्थिवः।
वसुधामपि हस्तगामिनीमकरोदिन्दुमतीमिवापराम्॥ १॥

अनन्तरमजस्य रघुरवनिमप्यायत्तां व्यधात्, प्रत्यर्पितवान्। राज्ये तमभ्यषिञ्चदित्यर्थः। द्वितीयां भार्यामिव। पाणिग्रहणे कङ्कणादिकं मण्डनम् अग्राम्यं दधानस्यैव। सर्गे ऽत्र वैतालीयं वृत्तम्॥ १॥

दुरितैरपि कर्तुमात्मसात्प्रयतन्ते नृपसूनवो हि यत्।
तदुपस्थितमग्रहीदजः पितुराज्ञेति न भोगतृष्णया॥ २॥

यद्राज्यं राजपुत्राः पितृमारणादिभिरपि पापैरात्माधीनं चिकीर्षन्ति तद्राज्य-

---

2 d. भोगतृष्णया] UPJ$P_M V^M B_1^M B_2^M B_4^M B_5^M B_7^M$𝕮; भोगशङ्कया B^3L_2; लोभतृष्णया B_3^M

1.1 अनन्तरमजस्य रघुरवनिमप्यायत्तां व्यधात्] *conj.*; अथानन्तरं तस्याजस्य (तस्याजराजस्य J) पार्थिवो रघुर्वसुधामवनिमपि हस्तगामिनीमायत्तामकरोद्व्यधात् UPB^3L_2J **1.2** तमभ्यषिञ्च°] PB^3L_2; तमभ्यषञ्च° U; तमभिषिञ्च° J **1.2** द्वितीयां] *conj.*; द्वितीयामिन्दुमतीं P; अपरां द्वितीयामिन्दुमतीं UB^3J; अपचं द्वितीयामिन्दुमतीं L_2 **1.2** पाणिग्रहणे कङ्कणादिकं मण्डनम्] *conj.*; विवाहकौतुकं पाणिग्रहणे कङ्कणादिकं मण्डनं P; विवाहकौतुकं पाणिग्रहणकङ्कनादिकं माण्डलं U; विवाहकौतुकं पाणिग्रहणकङ्कणादि (धि L_2) कमण्डनं B^3L_2; विवाहकौतुकं पाणिग्रहणकंकणादिकं मंडनं J **1.3** अग्राम्यं दधानस्यैव] *conj.*; ललितमग्राम्यं बिभ्रतो दधानस्यैव UPB^3L_2J **2.1** यद्राज्यं … विनीतत्वोक्तिः] *om* U **2.1** राजपुत्राः] PJ; नृपसूनवो राजपुत्राः B^3L_2 **2.1** पितृमारणा°] J; दुरितैः पितृमारणा° PL_2; दुरितै × ??? ×ः पितृमारणा° B^3 **2.1** पापैरात्माधीनं चिकीर्षन्ति] *conj.*; पापैरात्मसादात्माधीनं कर्तुं प्रयतन्ते चिकीर्षन्ति PB^3L_2J

मुपनतमजः पितृशासनानुरोधादङ्गीचकार, न तु विषयाभिलाषेणेति विनीतत्वोक्तिः॥ २॥

अनुभूय वसिष्ठसंभृतैः सलिलैस्तस्य महाभिषेचनम्।
विशदोच्छ्वसितेन मेदिनी कथयामास कृतार्थतामिव॥ ३॥

अजस्य वसिष्ठानीतैर्जलै राज्याभिषेकमुपलभ्य भूमिः विहितकृत्यतामिवावदत्। प्रकटेन वाष्पेणोत्कृष्टपतिलाभात्। कृतकृत्यश्चोच्छ्वसिति। ननु दिलीपादिभिरकृतार्थाभूद्यदेवमुच्यते। न, किन्तु यो वर्णयितुं प्रस्तुतः, तस्योत्कर्षः सर्वथा वर्णनीय इत्येतदभिप्रायेणोक्तम्॥ ३॥

स बभूव दुरासदो ऽरिभिर्गुरुणाथर्ववविदा कृतक्रियः।
पवनाग्निसमागमो ह्ययं सहितं ब्रह्म यदस्त्रतेजसा॥ ४॥

अजो रिपुभिर्दुरभिभवो बभूव। वसिष्ठेनाथर्वमन्त्रज्ञेन विहिताभिषेकसंस्कारः।

---

3 b. तस्य महा°] $\mathbf{V}P_M B_1^M B_2^M B_3^M B_4^M B_5^M B_7^M$ Jin.^{vl}; तेन सहा° V^M**C** **4 a.** दुरासदो ऽरिभि°] $\mathbf{V}P_M B_1^M B_2^M B_3^M B_4^M B_5^M B_7^M$; दुरासदः परै° V^M**C**

2.2 तद्राज्यमुपनतमजः] *conj.*; तद्राज्यमुपस्थितमुपनतमजः PB^3L_2; तद्राज्यमुपन्नतं अजः J **2.2** पितृशासनानुरोधादङ्गीचकार] *conj.*; पितुराज्ञेति पितृशासनानुरोधादग्रहीदङ्गीचकार PB^3L_2; पितुराज्ञेति पितृशासनानुरोधादंगीचकार J **2.2** विषयाभिलाषेणेति] *conj.*; भोगतृष्णया विषयाभिलाषेणेति PB^3L_2J **2.3** विनीतत्वोक्तिः] PB^3J; विनतत्वोक्तिः L_2 **3.1** अजस्य] U; तस्याजस्य PB^3L_2; अजकुमारस्य J **3.1** वसिष्ठानीतैर्जलै] U; वसिष्ठसम्भृतैः वसिष्ठानीतैः सलिलैः P; वसिष्ठानीतैः जलैः सलिलैः B^3; वसिष्ठानीतैः सलिलैर्जलैः L_2; वसिष्टानीतैर्जलै J **3.1** राज्याभिषेकमुपलभ्य] UPJ; महाभिषेचनं राज्याभिषेकमनुभूयोपलभ्य B^3L_2 **3.1** भूमिः] UJ; तद्भूमिः P; मेदिनी भूमिः B^3L_2 **3.1** विहितकृत्यतामिवावदत्] UJ; कृतार्थतामिव विहितकृत्यतामिवावदत् P; कृतार्थतामिव विहितकृत्यतामिव कथयामासावदत् B^3; कृतार्थमिव विहितकृत्यतामिव कथयामास कृतार्थतामिवदात् L_2 **3.2** प्रकटेन] UJ; विषदोच्छ्वसितेन प्रकटेन PB^3L_2 **3.2** °च्छ्वसिति] UJ; °च्छ्वसति PB^3L_2 **3.2** ननु] PB^3L_2J; ननु ननु U **3.3** यदेव°] UPB^3L_2; येदेव° J **3.3** प्रस्तुतः] UB^3L_2J; प्रशस्तः प्रस्तुतः P **4.1** अजो रिपुभिर्दुरभिभवो] *conj.*; सो ऽजः रिपुभिररिभिः दुरासदो दुरभिभवो P^{ac}; सो ऽजः अरिभिः रिपुभिः दुरासदो दुरभिभवो U$P^{pc}B^3$J; सोज अरिभिः रिपुभिः दुरासदो दुरभिभवो L_2 **4.1** वसिष्ठे°] *conj.*; गुरुणा वसिष्ठे° UPL_2; गुरुणा वसिष्टे° B^3J **4.1** °थर्वमन्त्रज्ञेन] *conj.*; °थर्वविदा अथर्वमन्त्रज्ञेन UPB^3L_2J **4.1** विहिताभिषेकसंस्कारः] *conj.*; कृतक्रियः विहिताभिषेकसम्भारः UP; कृतक्रियः विहिताभिषेकसंस्कारः B^3L_2J

यस्माद्वायुवह्निसंयोगो ऽयं यद्ब्रह्म वेदो ज्ञानं वा, आयुधतेजसा युक्तम्। क्षात्रेणैव हि तेजसासौ दुर्धर्षः, किमुत वैदिकमन्त्रैः संस्कृतः। ब्राह्मं क्षात्रं च तेजः परस्परोपकारेणाग्निमारुतसंयोग एवेति वाक्यार्थः॥ ४॥

रघुमेव निवृत्तयौवनं तममन्यन्त नरेश्वरं प्रजाः।
स हि तस्य न केवलां श्रियं प्रतिपेदे सकलान्गुणानपि॥ ५॥

लोका अजं रघुमेव प्रत्यागततारुण्यमजानन्त नृपम्। यस्मादजो रघोरेकां राज्यलक्ष्मीं न प्राप, किन्तु श्रुतशौर्यशमादीन्सर्वान्गुणानपि। निवर्तते स्म निवृत्तं प्रत्यागतम्। यथा

प्रोषितायां व्रजन्त्यस्तं प्रज्ञा धर्मो यशः सुखम्।
निवर्तन्ते निवृत्तायामहो बन्धुः कुलाङ्गना॥ इति॥ ५॥

अधिकं शुशुभे शुभंयुना द्वितयेन द्वयमेव संगतम्।
पदमृद्धमजेन पैतृकं विनयेनास्य नवं च यौवनम्॥ ६॥

---

5 a. नरेश्वरं] $UB^3L_2JP_MB_1^MB_2^MB_3^MB_4^MB_5^MB_7^M$; नवेश्वरं V^MHem.Mall.Ar.(?)Nā. (Jin. uncertain) **5 c.** केवलां] $VV^MB_3^MB_7^M$**C**; केवलं $B_1^MB_2^MB_4^MB_5^M$

5.4 प्रोषितायां व्रजन्त्यस्तं…बन्धुः कुलाङ्गना Quoted here also by Hem.. For further references see the endnote.

4.2 यस्माद्] *conj.*; हि यस्मात् UPB^3L_2J **4.2** वायुवह्निसंयोगो] *conj.*; पवनाग्निसमागमो वायुवह्निसमागमो P; पवनाग्निसमागमो वायुवह्निसंयोगो UB^3L_2; पवनाग्निसमागमो वायुर्वह्निसंयोगो J **4.2** आयुधतेजसा] *conj.*; अस्त्रतेजसा आयुधतेजसा UPB^3L_2J **4.2** युक्तम्] P; संहितं संयुक्तं UJ; सहितं युक्तम् B^3L_2 **4.3** किमुत] UJ; किन्तु PB^3L_2 **4.4** परस्परोपकारेणाग्निमारुतसंयोग] P; परस्परोग्निमारुतसंयोग UJ; परस्परमग्निमारुतसंयोग B^3L_2 **5.1** लोका अजं] *conj.*; प्रजा लोकास्तमजं UPB^3L_2; प्रजा लोकास्तमजकुमारं J **5.1** प्रत्यागततारुण्यम्] *conj.*; निवृत्तयौवनं प्रत्यागततारुण्यं PB^3L_2J; निवृत्तयौवनं प्रत्यागतारुण्यं U **5.1** °जानन्त] *conj.*; °मन्यन्त अजानन्त UPB^3L_2; °मंन्यंताजनंत J **5.1** नृपम्] *conj.*; नरेश्वरं नृपं UPB^3L_2J **5.1** यस्मादजो] *conj.*; हि यस्मात् सो ऽजः UPB^3L_2J **5.1** रघोरेकां] *conj.*; तस्य रघो. केवलामेकां PB^3L_2J; तस्य रघोः केवलामेव U **5.2** राज्यलक्ष्मीं] *conj.*; श्रियं राज्यलक्ष्मीं UPB^1L_2J **5.2** न प्राप] P; न प्रपेदे प्राप UJ; न प्रतिपेदे प्राप B^1L_2 **5.2** श्रुतशौर्य°] *conj.*; सकलान्गुणानपि श्रुतशौर्य° UPB^1L_2J **5.2** सर्वान्गुणानपि] UB^1J; सर्वगुणानपि PL_2 **5.2** निवर्तते] PB^1L_2; निवर्तन्ते UJ **5.4** प्रज्ञा] Hem.; प्रजा UPB^1L_2J **5.5** निवृत्तायामहो] UB^1; निवृत्तायां महो P; निवृत्तायासह L_2; निवृत्तायामोह J

द्वयेन श्रेष्ठेनोभयमेव युक्तं नितरां रेजे। राज्यं स्फीतमजेन पितुरागतम्, अजस्य च नूतनं तारुण्यं प्रशमेन। अन्यो हीश्वरस्तरुण उत्सिक्तो भवति। असौ तु राज्यस्थो ऽपि यौवने ऽपि विनीत इति वाक्यार्थः॥ ६॥

सदयं बुभुजे महाभुजः सहसोद्वेगमियं व्रजेदिति।
अचिरोपनतां स मेदिनीं नवपाणिग्रहणां वधूमिव॥ ७॥

अजो भूमिं तत्कालप्राप्तां सानुकम्पमभुङ्क्त, न तु रौक्ष्येण। यतः सहसाक्रान्तेयमुद्विग्ना भवेद्विरज्येदित्यर्थः। नूतनविवाहामिन्दुमतीमिव॥ ७॥

अहमेव मतो ऽस्य भूपतेरिति सर्वः प्रकृतिष्वचिन्तयत्।
उदधेरिव निम्नगाशतेष्वभवन्नास्य विमानना क्वचित्॥ ८॥

प्रकृतिष्वमात्यादिकासु मध्ये समस्तो जनः 'अहमेवास्य राज्ञो वल्लभः' इत्यतर्कयत्। यतो ऽजस्य क्वचिदपि विषये ऽवगणना नासीत्। अब्धेरिव सरितां

---

8 a. मतो ऽस्य भूपते॰] P$_M$B$_2^M$B$_4^M$B$_5^M$Jin.; मतो महीपते॰ UB^{1}JV^{M}B$_3^M$B$_7^M$Hem.Mall.Ar.Nā.; मतो स भूपते॰ L$_2$; मतो सि भूपते B$_1^M$

6.1 द्वयेन] *conj.*; द्वितयेन द्वयेन UPB^{1}L$_2$J **6.1** श्रेष्ठेनोभयमेव] *conj.*; शुभंयुना श्रेष्ठेनोभयमेव P; शुभंयुना श्रेष्ठन द्वयमेवोभयमेव B^1; शुभंयुना श्रेष्ठेन द्वयमेवोभयमेव UL$_2$; शुभंयूना श्रेष्टेन द्वयमेवोभयमेव J **6.1** युक्तं] *conj.*; सङ्गतं युक्तं UPB^{1}L$_2$J **6.1** नितरां रेजे] *conj.*; अधिकं शुशुभे नितरां रेजे U; सदधिकं शुशुभे P; सदधिकं शुशुभे नितरां रेजे B^{1}L$_2$; --- नितरां रेजे J **6.1** राज्यं स्फीतम्] *conj.*; पदं राज्यम् ऋद्धं स्फीतम् UPB^{1}L$_2$J **6.1** पितुरागतम्] *conj.*; पैतृकं पितुरागतम् UPB^{1}L$_2$J **6.2** अजस्य] अस्याजस्य Σ **6.2** नूतनं तारुण्यं] *conj.*; नवं नूतनयौवनं तारुण्यं UJ; नवं यौवनं तारुण्यं P; नवं नूतनं यौवनं तारुण्यं B^{1}L$_2$ **6.2** प्रशमेन] *conj.*; विनयेन प्रशमेन UPB^{1}L$_2$J **6.3** असौ तु राज्यस्थो ऽपि] PB^{1}L$_2$; राज्यस्थो ऽप्यसौ UJ **6.3** यौवने ऽपि] UB^{1}L$_2$J; यौवनस्थोपि P **7.1** अजो भूमिं तत्कालप्राप्तां] *conj.*; सो ऽजः मेदिनीं (नी B^1) भूमिमचिरोपनतां तत्कालप्राप्तां UPB^{1}L$_2$; सोजराजः मेदिनीं भूमिं अचिरोपनतां J **7.1** सानुकम्पमभुङ्क्त] *conj.*; सदयं सानुकम्पं बुभुजे P; सदयं सानुकम्पं बुभुजे अभुङ्क्त UB^{1}L$_2$; --- बुभुज अभुंक्त J **7.1** यतः] UB^{1}L$_2$J; *om.* P **7.2** ॰क्रान्तेयमुद्विग्ना] *conj.*; ॰क्रान्तेयमुद्वेगं व्रजेदिति उद्विग्ना UPB^{1}L$_2$; ॰क्रांत इयमुद्वेगं व्रजेदिति उद्विग्ना J **7.2** भवेद्विरज्येदित्यर्थः] UB^{1}L$_2$; भवेद्विरजेदित्यर्थः P; भावाद्विरज्येदित्यर्थः J **7.2** नूतनविवाहामिन्दुमतीमिव] *conj.*; नवपाणिग्रहणं नूतनविवाहां वधूमिन्दुमतीमिव UPB^{1}L$_2$J **8.1** समस्तो] UJ; सर्वो PB^{1}L$_2$ **8.1** वल्लभः] *conj.*; मतो वल्लभ UPB^{1}L$_2$J **8.2** इत्यतर्कयत्] *conj.*; इत्यचिन्तयदतर्कयत् UPB^{1}L$_2$J **8.2** यतो ऽजस्य] UJ; यतो ऽस्याजस्य PB^{1}L$_2$ **8.2** ॰वगणना] UP^{pc}; ॰वगजना P^{ac}?; विमानना अवगणना B^{1}L$_2$; वगनना J **8.2** नासीत्] UJ; नाभवत् PB^{3}L$_2$ **8.2** अब्धेरिव] UPJ; उदधेरब्धेरिव B^{1}L$_2$

शतेषु इति समवर्तित्वकथनम्॥ ८॥

परुषो न न भूयसा मृदुः पवमानः पृथिवीरुहानिव।
स पुरस्कृतमध्यमक्रमो नमयामास नृपाननुद्धरन्॥ ९॥

विजिगीषुरजो राज्ञः पार्ष्णिग्रहादीन् वशीचकार, अनुन्मूलयन् †यतः पुरस्कृतः प्रवर्तितो मध्यमक्रमः नातितीक्ष्णत्वं नातिमृदुत्वं वा येन सः†। यतो न बाहुल्येन तीक्ष्णः, नापि कोमलः। यदुक्तम्—

मृदुमप्यवमन्यन्ते तीक्ष्णादुद्विजते जनः। इति।

वायुर्यथा वृक्षान्। सो ऽप्येवंविध एव॥ ९॥

अथ वीक्ष्य गुणैः प्रतिष्ठितं प्रकृतिष्वात्मजमाभिगामिकैः।
पदवीं परिणामदेशितां रघुरादत्त वनान्तगामिनीम्॥ १०॥

---

9 a. परुषो न न] $UL_2P_MB_2^MB_4^MB_5^MB_7^M$; परुषो ननु B^3J; पुरुषो न न $B_1^MB_3^M$; न खरो न च V^M𝕮 **9 c.** °क्रमो] Σ; °क्रियो Jin. **9 d.** नमयामास] Σ; वशयामास P_M • नृपाननुद्धरन्] $B^1L_2UP_MV^MB_1^MB_2^MB_3^MB_4^MB_5^MB_7^M$Hem.Mall.Jin.; नृपाननद्धरन् U; रिपूननुद्धरन् Ar.Nā. **10 a.** गुणैः] $UB^1L_2JP_MB_1^MB_2^MB_3^MB_4^MB_5^MB_7^M$; रघुः V^M𝕮 **10 b.** °भिगामिकैः] $UB^1L_2JP_MB_2^MB_3^MB_4^MB_5^MB_7^M$; °भिगामकैः B_1^M; °त्मवत्तया V^M Hem.Mall.^{vl} Ar.Nā.Jin.; °त्मवित्तया Mall. **10 cd.**] $B^1L_2JP_MB_1^MB_2^MB_3^MB_5^MB_7^M$; पदवीं परिणामदेशतत्वं रघुरादत्त वनान्तगामिनीम् U; पदवीं परिनामभूषितां रघुरादत्त वनान्तगामिनीम् B_4^M; विषयेषु विनाशधर्मसु त्रिदिवस्थेष्वपि निःस्पृहो ऽभवत् V^MHem.Mall.Ar.^{vl}; विषयेषु विनाशधर्मिषु त्रिदिवस्थेष्वपि निस्पृहो ऽभवत् Ar.Nā.Jin.

9.4 मृदुमप्यवमन्यन्ते तीक्ष्णादुद्विजते जनः *Mahābhārata* 12.104:33ab. Cf. also 3.29:35ab: मृदुर्भवत्यवज्ञातस्तीक्ष्णादुद्विजते जनः।

8.3 सरितां शतेषु] *conj.*; निम्नगाशतेषु सरितां शतेषु UPB^1L_2J **9.1** विजिगीषुरजो] J; विजिगीरजो U, स विजिगीषुरजो PB^1L_2 **9.1** राज्ञः] *conj.*; नृपान् P; नृपान्राज्ञः UB^1L_2J **9.1** °ग्रहादीन्] PB^1L_2J; °ग्रहादी U **9.1** वशीचकार] P; नमयामास वशीचकार UB^1L_2J **9.1** अनुन्मूलयन्] *conj.*; अनुद्धरन् अनुन्मूलयन् PB^1J; अनुद्धरन्। अनुमूलयन् L_2; अनद्धरन् अनुन्मूलगन् U **9.3** यतो न बाहुल्येन तीक्ष्णः] *conj.*; यतो परुषः भूयसा बाहुल्येन तीक्ष्णः U; कृतो न पूनषः भूयसा बाहुल्येन तीक्ष्णः P; यतो न परुषः भूयसा बाहुल्येन तीक्ष्णः B^1L_2; यतो न पुरुषः भूयसा बाहुल्येन तीक्ष्णः J **9.3** कोमलः] *conj.*; मृदुः कोमलः UPB^1L_2J **9.4** मृदुमप्य°] PB^1L_2J; मृदुरप्य° U **9.4** तीक्ष्णादुद्विजते] PB^1L_2; ताक्ष्णादुद्विजते U; तीक्ष्णाद्विजते J **9.5** वायुर्यथा] *conj.*; पवमानो वायुर्यथा UPB^1L_2J **9.5** वृक्षान्] *conj.*; पृथिवीरुहान्वृक्षान् UPB^1L_2J

अनन्तरं रघुः काननप्रान्तगतं तपोवनप्रापकं वार्द्धकेणोपदिष्टं मार्गमग्रहीत्, तपोवनमाश्रयितुमैच्छदित्यर्थः। सेवायोग्यैर्गुणैर्वदन्यत्वादिभिः सप्ताङ्गे राज्ये लब्धास्पदं सुतं दृष्ट्वा, सेव्यो ऽयं भवति धुरन्धर इति यदा बुबुध इत्यर्थः। अभिगममर्हन्तीत्याभिगामिकाः। तथा च।

कुलं शीलं वयः सत्त्वं दाक्षिण्यं क्षिप्रकारिता।
अविसंवादिता सत्यं वृद्धसेवा कृतज्ञता॥
दैवसम्पन्नता बुद्धिरक्षुद्रपरिवारिता।
शक्यसामन्तता चैव नये च दृढभक्तिता।
दीर्घवेदित्वमभ्यूहः शुचिता सुखलक्षिता॥
विनीतता धार्मिकता गुणा राजाभिगामिकाः॥ १०॥

गुणवत्स्वधिरोपितश्रियः परिणामे हि दिलीपवंशजाः।

---

11 a. गुणवत्स्वधिरोपित°] $\mathrm{VP}_M\mathrm{B}_1^M\mathrm{B}_2^M\mathrm{B}_3^M\mathrm{B}_4^M\mathrm{B}_5^M\mathrm{B}_7^M$; गुणवत्सुतरोपित° V^MHem.Mall. Ar.Nā.Jin. (?)

---

10 The testimony of G_1 begins on f. 82r with the word राज्ये

10.5 कुल शीलं…गुणा राजाभिगामिकाः] *Kāmandakīya-nītisāra* 4:6–8 (Rājendralāl Mitra's edition); see endnote.

10.1 अनन्तरं] *conj.*; अथानन्तरं $\mathrm{UPB}^1\mathrm{L}_2\mathrm{J}$ **10.1** काननप्रान्तगतं] *conj.*; वनान्तगामिनीं काननप्रान्तगतां $\mathrm{UPB}^1\mathrm{L}_2\mathrm{J}$ **10.1** °प्रापकं] *conj.*; °प्रापिकां $\mathrm{UPB}^1\mathrm{L}_2\mathrm{J}$ **10.1** वार्द्धकेनोपदिष्टं] *conj.*; परिणामेन वार्द्धिकेन देशितामुपदिष्टां U; परिणामेन वर्द्धकेण देशितामुपदिष्टां $\mathrm{PB}^1\mathrm{L}_2\mathrm{J}$ **10.1** मार्गमग्रहीत्] *conj.*; पदवीमग्रहीत् तपोवनमादत्ताग्रहीत् P; पदवीं मार्गमग्रहीत् UJ; पदवीं मार्गमग्रहीत् तपोवनमादत्ताग्रहीत् $\mathrm{B}^1\mathrm{L}_2$ **10.2** तपोवनमाश्रयितुमैच्छदित्यर्थः] $\mathrm{UB}^1\mathrm{J}$; *om.* P; तपोवनमाद्रयितुमैच्छदित्यर्थः L_2 **10.2** सेवायोग्यैर्गुणैर्वदन्यत्वादिभिः] *conj.*; आभिगामिकैः सेवायोग्यैर्वदन्यत्वादिभिः U; आभिगामिकैः सेनायोग्यैर्गुणैर्वदन्यादिभिः P; आभिगामिकैः सेवायोग्यैर्गुणैर्वदन्यत्वादिभिः $\mathrm{B}^1\mathrm{L}_2\mathrm{J}$ **10.2** सप्ताङ्गे] *conj.*; प्रकृतिषु सप्ताङ्गे $\mathrm{UPL}_2\mathrm{J}$; प्रभृतिषु सप्ताङ्गे B^1 **10.3** लब्धास्पदं] *conj.*; प्रतिष्ठितं लब्धास्पदं $\mathrm{UPB}^1\mathrm{L}_2\mathrm{J}$ **10.3** सुतं] $\mathrm{G}_1\mathrm{UJ}$; आत्मजं P; आत्मजं सुतं $\mathrm{B}^1\mathrm{L}_2$ (त्मजं B^3) **10.3** दृष्ट्वा] $\mathrm{G}_1\mathrm{UJ}$; वीक्ष्य P; वीक्ष्य दृष्ट्वा $\mathrm{B}^1\mathrm{L}_2$ **10.3** °यं] $\mathrm{G}_1\mathrm{UPB}^1\mathrm{L}_2$; यो J **10.3** धुरन्धर] $\mathrm{G}_1\mathrm{UB}^1\mathrm{L}_2\mathrm{J}$; दुरन्धर P **10.3** बुबुध इत्यर्थः] $\mathrm{G}_1\mathrm{UP}^{pc}\mathrm{B}^1\mathrm{L}_2\mathrm{J}$; बुबुधेत्यर्थः P^{ac} **10.5** शीलं वयः सत्त्वं दाक्षिण्यं क्षिप्रकारिता] $\mathrm{G}_1\mathrm{UL}_2$; शूलं वयस्सत्त्वं दाक्षिण्यं क्षिप्रकारिता P; शीलं वयसत्त्वदाक्षिण्यं क्षिप्रकारित्वा B^1; शीलं वयं सत्त्वं दाक्षिण्यं क्षिप्रकारिता J **10.6** अविसंवादिता] $\mathrm{B}^{3pc}\mathrm{L}_2$; अवसंवादिता $\mathrm{G}_1\mathrm{B}^{1ac}\mathrm{J}$; अवसेवादिता U; अविषमवचिता P(unmetrical) **10.7** °परिवारिता] $\mathrm{G}_1\mathrm{UB}^1\mathrm{J}$; °परिवारता PL_2 **10.10** गुणा राजाभिगामिकाः] $\mathrm{G}_1\mathrm{UP}$; गुणा राजाभिगामिका इति B^1; गुणराजाभिगामिक इति L_2; गुणा राजाभिकामिका इत्यादौ J

पदवीं तरुवल्कवाससां यदि वा संयमिनां प्रपेदिरे॥ ११॥

हि यस्मादर्थे। दिलीपवंशजा राजानो वृद्धत्वे वृक्षत्वक्परिधानानां वानप्रस्थानां तृतीयाश्रमिणां, यदि वा यतीनां भिक्षूणां मार्गं शिश्रियुः। गुणवत्सु पुत्रेषु निक्षिप्ता राजलक्ष्मीर्यैः॥ ११॥

तमरण्यसमाश्रयोन्मुखं शिरसा वेष्टनशोभिना सुतः।
पितरं प्रणिपत्य पादयोरपरित्यागमयाचतात्मनः॥ १२॥

अज उष्णीषपट्टबन्धनेन शोभते इति तादृशेन †शिरसा पादयोः† प्रणम्य स्वस्याविस्मरणं रघुं प्रार्थयत। वनगमनपरम्। वेष्टनशोभिनेत्यनेनाभिषेको लक्ष्यते॥ १२॥

रघुरस्रुमुखस्य तस्य तत् कृतवानीप्सितमात्मजप्रियः।
न तु सर्प इव त्वचं पुनः प्रतिपेदे व्यपसर्जितां श्रियम्॥ १३॥

---

11 b. यदि वा] $\mathbf{V}P_M B_1^M B_2^M B_3^M B_4^M B_5^M B_7^M$; प्रयताः V^MHem.Mall.Ar.Nā.; यमिनः Jin. (?) **13 ab.** रघुरस्रुमुखस्य तस्य तत् कृतवानीप्सितमात्मजप्रियः] Σ; रघुरीप्सितमात्मजप्रियः कृतवानश्रुमुखस्य तस्य तत् Ar.Nā. **13 d.** व्यपसर्जितां] $G_1JB_7^M$; व्यपसर्जिता U; व्यपवर्जितां $B^1L_2P_MV^MB_1^MB_2^MB_3^MB_4^MB_5^M$ 𝕮

11.1 राजानो वृद्धत्वे] *conj.*; राजानः परिणामे वृद्धत्वे $G_1UPB^{1pc}L_2J$; राजानः परिणामे वृत्वे B^{1ac} **11.1** वृक्षत्वक्परिधानानां] *conj.*; तरुवल्कलवाससां वृक्षत्वक्परिधानानां G_1PJ; तरुवल्खवाससां वृक्षत्वक्परिधानानां U; तरुवल्कवाससां वृक्षत्वक्परिधानानां B^1L_2 **11.2** तृतीयाश्रमिणां] $G_1UB^1L_2J$; *om.* P **11.2** यतीनां] *conj.*; संयमिनां यतीनां $G_1B^1L_2J$; संयमिनां UP **11.2** भिक्षूणां] $G_1PB^1L_2J$; *om.* U **11.2** मार्गं] *conj.*; पदवीं मार्गं $G_1UB^1L_2$; मार्गो P **11.2** शिश्रियुः] *conj.*; प्रपेदिरे शिश्रियुः G_1UB^1J; प्रपेदिरे P; प्रपेदिरे शिश्रयुः L_2 **11.2** पुत्रेषु] $G_1UPB^1L_2$; पित्रेषु J **11.3** निक्षिप्ता] *conj.*; अधिरोपिता निक्षिप्ता Σ **11.3** राजलक्ष्मीर्यैः] *conj.*; श्रीः राजलक्ष्मीर्यैः $G_1PB^1L_2J$; श्री राजलक्ष्मी यैः U **12.1** अज] *conj.*; सुतो ऽजः $G_1UPB^1L_2$; सुतोजकुमारः J **12.1** उष्णीषपट्ट°] *conj.*; वेष्टनेनोष्णीषपट्ट° Σ **12.1** प्रणम्य] *conj.*; प्रणिपत्य प्रणम्यात्मनः Σ **12.2** स्वस्याविस्मरणं रघुं प्रार्थयत] *conj.* (cf. Jin.); स्वस्यापत्यगमयाचतु प्रार्थयत G_1; स्वस्यापत्यगमयाच+त+ प्रार्थयत U; स्वस्य परित्यागमयाचत P; स्वस्य अपरित्यागमयाचत प्रार्थयत B^1; स्वस्यापरित्यागमयाचताप्रार्थयत L_2; स्वस्यापत्यगमयाचतु प्रार्थयत J **12.2** वनगमनपरम्] *conj.*; अरण्यसमाश्रयोः मुखं वनं गमनपरं G_1; अरण्यसमाश्रयोः मुखमवगमनपरं U; अरण्यसमाश्रयायोन्मुखं वनगमनपरं P; अरण्यसमाश्रयो×:×+न+ गुखं वनगमन×⏓×परम् B^1; यत अरण्यसमाश्रयोन्मुखं वनगमनपरं L_2; अरण्यसमाश्रयोः मुखं वनगमनपरं J **12.3** °शोभिनेत्यने°] $G_1^{pc}UPB^1L_2$; °शोभिनेत्यनेनाप्रियः। न तु मन्द इव त्वचं पुनः प्रतिपेदे व्यपसर्जितां G_1^{ac}; °शोभनेत्यने° J

रघुर्वाष्पायमाणस्याजस्य तदभिमतां वनवासान्निवृत्तिमङ्गीचकार। यतः सुतः प्रियो यस्य। न पुनरुत्सृष्टां राज्यलक्ष्मीं भूयो जग्राह। अहिः कञ्चुकमिवेति व्यतिरेकोपमा॥ १३॥

स बहिः क्षितिपालवेश्मनो निवसन्नावसथे यतिव्रतः।
समुपास्यत पुत्रभोग्यया स्नुषयेवाविकृतेन्द्रियः श्रिया॥ १४॥

रघुः राजगृहस्य बाह्ये गृहे तिष्ठन् †पुत्रभोग्यया† राजलक्ष्म्यासेव्यत पुत्रभार्येव। यतो नियमधारी। निरभिलाषः॥ १४॥

प्रशमस्थितपूर्वपार्थिवं कुलमूर्जस्वलनूतनेश्वरम्।
नभसा निभृतेन्दुना तुलामुदितार्केण समारुरोह तत्॥ १५॥

---

14 a. स बहिः क्षितिपालवेश्मनो] **V**$B_1^M B_2^M B_3^M B_4^M B_5^M B_7^M$; स किलाश्रममन्त्यमाश्रितो V^M𝕮 **14 b.** यतिव्रतः] $G_1B^1L_2JB_3^MB_7^M$; यतिप्रियः UP$B_1^MB_2^MB_4^MB_5^M$; पुराद्बहिः V^M 𝕮 **14 d.** °न्द्रियः] $G_1PB^1L_2J^{pc}V^MB_1^MB_2^MB_4^MB_5^MB_7^M$𝕮; °न्द्रिय° U; °न्द्रिया J^{ac} **15 b.** कुलमूर्जस्वल°] **V**$P_M B_1^M B_2^M B_3^M B_4^M B_5^M B_7^M$Hem.; कुलमभ्युद्यत° V^MMall.Ar.Nā. Jin.

13.1 रघुर्वाष्पायमाणस्याजस्य] *conj.*; रघुरश्रुमुखस्य वाष्पायमानस्य तस्याजस्य G_1UPB^1 L_2; रघुराजो ऽस्रमुखस्य वाष्पायमानस्य तस्याजकुमारस्य J **13.1** तदभिमतां] *conj.*; तदीप्सितमभिमतं Σ **13.1** °वृत्तिमङ्गीचकार] *conj.*; °वृत्तिं कृतवानङ्गीचकार Σ **13.1** सुतः] P; सुतप्रियः सुतः $G_1UB^1L_2J$ **13.2** न पुनरुत्सृष्टां] *conj.*; न तु न पुनर्व्यपवर्जितामुत्सृष्टां $G_1B^1L_2^{pc}J$; न तु पुनर्व्यपवर्जितां उत्सृष्टां U; न तु न पुनर्व्यपवर्जितामुत्कृष्टां P; न तु +न+ पुनर्व्यपवर्जितामुत्सृष्टां L_2 **13.2** राज्यलक्ष्मीं] *conj.*; श्रियं राज्यलक्ष्मीं $G_1PB^1L_2J$; श्रियं लक्ष्मीं U **13.2** जग्राह] *conj.*; न जग्राह G_1UJ; न प्रपेदे न जग्राह P; न प्रतिपेदे न जग्राह B^1L_2 **13.2** अहिः कञ्चुकमिवेति] *conj.*; सर्पो ऽहिः त्वचं कञ्चुकमिवेति G_1B^1J; सर्पो हि त्वचं कञ्चुकमिवेति U; सर्पः त्वचं कञ्चुकम् एवेति P; सर्पो हि त्वचं कञ्चुकमिवेति L_2 **14.1** रघुः] G_1UPJ; स रघुः B^1L_2 **14.1** राजगृहस्य] *conj.*; क्षितिपालवेश्मनो राजगृहस्य Σ **14.1** बाह्ये गृहे तिष्ठन्] *conj.*; बहिर्बाह्ये आवसथे गृहे निवासंस्तिष्ठन् G_1U; बहिः गृहे तिष्ठन् P; बहिर्बाह्ये आवसथे गृहे निवसंस्तिष्ठन् B^1L_2; बहिर्बाह्ये आवसथे गृहे निवासंस्तिष्ठन् J **14.1** पुत्रभोग्यया] PB^1L_2; पुत्रयोग्यया G_1UJ **14.1** राजलक्ष्म्यासेव्यत] *conj.*; श्रिया राजलक्ष्म्या समुपास्यतासेव्यत $G_1B^1L_2J$; श्रिया राज्यालक्ष्म्या समुपास्यतासेव्यत U; श्रिया असेव्यत P **14.2** पुत्रभार्येयेव] *conj.*; स्नुषया पुत्रभार्ययेव $G_1PB^1L_2$; स्नुषा पुत्रभार्येव U; स्नुषया पुत्रभार्यभार्ययेव J **14.2** नियमधारी] *conj.*; यतिव्रतः नियमधारी $G_1UPB^{1ac}J$; यतव्रतः नियमधारी $B^{1pc}L_2$ **14.2** निरभिलाषः] *conj.*; अविकृतेन्द्रियो निरभिलाषः $G_1PB^1L_2J$; अविकृतेन्द्रिययो निरित्यभिलाषः U

स वंशः व्योम्ना साम्यमाजगाम। शान्ततायां स्थितः ≪चिरन्तनो राजा≫ रघुर्यत्र, तेजस्वी नवो राजाजो यत्र। अस्तं यियासुश्चन्द्रो यत्र, कृतोदयः सूर्यो यत्र॥ १५॥

> यतिपार्थिवलिङ्गधारिणौ ददृशाते रघुराघवौ जनैः।
> अपवर्गमहोदयार्थयोर्भुवमंशाविव धर्मयोर्गतौ॥ १६॥

रघ्वजौ ≪पुरुषै≫र्धर्मयोर्भागौ ≪पृथिवीं≫ प्राप्ताविव दृष्टौ। यथाक्रमं भिक्षुनृपयोश्चिह्नं धारयत इति तौ। कयोर्धर्मयोः। अपावृत्तिः सर्वपृथ्वीराज्यं स्वर्गो वा तौ प्रयोजनं ययोः निवृत्तिप्रवृत्तिरूपयोरित्यर्थः। मोक्षार्थी हि रघुः, अभ्युदयार्थी त्वजः। केचित्तु लिपिसारूप्यव्यामोहादपवृत्तीति पेठुः। अपवृत्तिः

---

16 c. अपवर्ग°] Σ; अनिवृत्ति° Ar.Nā.

15.1 स वंशः] *conj.*; तत्कुलं स वंशः $G_1UPB^1L_2$; तत् कुलं संवेशः J **15.1 व्योम्ना**] P; नभसा व्योम्ना $G_1UB^1L_2J$ **15.1 साम्यमाजगाम**] *conj.*; तुलां साम्यमारुरोहाजगाम Σ **15.1 शान्ततायां स्थितः**] *conj.*; प्रशमे शान्तायां स्थितः G_1U; प्रशमे शान्ततायां स्थितः PB^1L_2J **15.1 चिरन्तनो राजा**] *conj.* (cf. Jin.); पूर्वपार्थिवो G_1UPJ; पूर्वं पार्थिवो B^1L_2 **15.2 तेजस्वी**] *conj.*; ऊर्जस्वलस्तेजस्वी Σ **15.2 नवो राजाजो यत्र**] *conj.*; नूतवौ ईश्वरः राजा अजो यत्र G_1; नूतनो ईश्वरो राजा अजो यत्र U; नवः ईश्वरः राजा यत्र P; नूतनो नव ईश्वरो राजाजो यत्र B^1L_2; नूतनो वा ईश्वरो राजा अजो यत्र J **15.2 अस्तं यियासुश्चन्द्रो यत्र**] *conj.*; निभृतो ऽस्तं यियासुरिन्द्रो यत्र G_1J; निभृतो ऽस्तं यियासुरिन्दुर्यत्र UP; निभृतो ऽस्तं यियासुरिन्दुश्चन्द्रो यत्र B^1L_2 **15.3 कृतोदयः सूर्यो यत्र**] *conj.*; उदितः कृतोदयः अर्कः सूर्यो यत्र G_1J; उदितः कृतोदयः अर्कसूर्योर्यत्र U; उदितः कृतोदयस्सूर्यो यत्र P; उदितः कृतोदयः अर्कस्सूर्यो यत्र B^1; उदितः कृतोदय अर्कस्सूर्यो यत्र L_2 **16.1 रघ्वजौ**] *conj.*; रघुराघवौ रघ्वजौ G_1UPL_2; रघुराघवौ रघुजौ B^1; रघुराघवौ रघाजौ J **16.1 पुरुषैर्**] *conj.* (cf. Jin.); जनैर् Σ **16.1 °र्भागौ**] *conj.*; °रंशौ भागौ Σ **16.1 पृथिवीं प्राप्ताविव दृष्टौ**] *conj.* (cf. Jin.); भुवमंसाविव धर्मयो प्राप्तावदृशाते दृष्टौ G_1; भुवं सम्प्राप्तावव दृशाते सृष्टौ U; भुवं गताविव ददृशाते दृष्टौ P; भुवं गतौ प्राप्ताविव ददृशाते दृष्टौ B^1L_2; भुवं गतौ प्राप्तावददृशाते दृष्टौ J **16.2 भिक्षुनृपयोश्चिह्नं**] *conj.*; यतिपार्थिवयोर्भिक्षुनृपयोः लिङ्गं चिह्नं $G_1B^1L_2J$; यतिपार्थिवयो भिक्षुनृपयोः लिङ्गं चिह्नं U; यतिपार्थिवयोर्भिक्षुनृपयोश्चिह्नं P **16.2 अपावृत्तिः**] *conj.*; अपवर्गो ऽपवृत्तिः G_1; अपवर्गयोरपवर्गोपपावृत्तिः U; अपवर्गो अपावृत्तिः P; अपवर्गोपावृत्तिः B^1L_2J **16.2 सर्वपृथ्वीराज्यं**] *conj.*; महोदयः सर्वपृथ्वीराज्यं $G_1PB^1L_2J$; *om.* U **16.3 स्वर्गो वा तौ प्रयोजनं**] *conj.*; स्वर्गो तावर्थः प्रयोजनं G_1; प्रयोजनं U; स्वर्गो वा तौ अर्थः प्रयोजनं PB^1L_2; स्वर्गतौ पार्थः प्रयोजनं J **16.3 निवृत्तिप्रवृत्तिरूपयोरित्यर्थः**] G_1PB^1J; निवृत्तिः प्रवृत्तिरूपयोरित्यर्थः U; निवृत्तिरूपयोरित्यर्थः L_2 **16.4 लिपि°**] PB^1L_2; लिप्य° G_1UJ **16.4 °पवृत्तीति पेठुः**] PB^{1pc}; °पवृतीति पीठुः G_1U; °पवृत्तीति पीठुः $B^{1ac}J$; °ववृत्तीति पेठुः L_2 **16.4 अपवृत्तिः**] G_1UPB^1J; अववृत्तिस् L_2

स्वर्गो महोदयश्च मोक्ष इति व्याचचक्षिरे। एवं यथासंख्यं विघटेत, नाप्येष शब्दार्थः। द्वन्द्वे पूर्वनिपातोपरोधाददौ रघोर्निर्देशः॥ १६॥

इदानीं प्रतिश्लोकमर्धेन तद्व्यापारवैलक्षण्ये ऽप्यजस्य रघोश्च साम्यमाह

अजिताधिगमाय मन्त्रिभिर्युयुजे नीतिविशारदैरजः।
अनपायिपदोपलब्धये रघुराप्तैः समियाय योगिभिः॥ १७॥

अजो मन्त्रकुशलैर्मन्त्रिभिः सह सङ्गग्मे। अलब्धलाभाय। मन्त्रात्किल राज्यवृद्धिः। रघुः पुनस्तत्त्वज्ञैः समाधिमद्भिर्मैत्रीं भेजे। जन्मजरामरणादिबाधारहितस्थानप्राप्त्यर्थम्। परमार्थविदुपासनाद्धि मोक्षावाप्तिः। पाठान्तरे समपृच्यत संयुयुजे इत्यर्थः। कर्मकर्तरि। प्रवया वृद्धः। अत्राजव्यापारवर्णनं प्रधानत्वात्पूर्वं कथितं, रघोस्तु प्रासङ्गिकत्वात्पश्चाद्वर्णनम्॥ १७॥

17] $G_1UB^1L_2JP_MV^MB_1^MB_2^MB_3^MB_4^MB_5^MB_7^M$𝕮; समदृश्यत भूपतिर्युवा सचिवैः प्रत्यहमर्थसिद्धये। अपुनर्जननोपपत्तये प्रवयाः संयुयुजे मनीषिभिः। Hem.^{vl}; Jin. also has Hem.'s alternative verse, but placed after Mall.'s 18 and followed by Vallabha's version of 18 and reading समपृच्छ्यत (presumably an error for Vallabha's समपृच्यत) instead of समदृश्यत and संयमिभिः for संयुयुजे. **17 a. अजिताधिगमाय**] $G_1UB^1L_2^{pc}JP_MV^MB_1^MB_2^MB_3^MB_4^MB_5^MB_7^M$Mall.Ar.Nā.Jin.; अजिताभिगमाय L_2^{ac}Hem.

16.5 मोक्ष इति व्याचचक्षिरे] UPB^1J; मोक्ष इति व्याचक्षिरे G_1; मोक्षं व्याचक्षिरे L_2 **16.6 नाप्येष शब्दार्थः**] P; नाप्येषो ऽर्थः $G_1UB^1L_2J$ **16.6 °दादौ**] $UPB^{1pc}L_2$; °ददौ $G_1B^{1ac}J$ **16.7 तद्व्यापार°**] UPB^1L_2J; तस्यापार° G_1 **17.1 मन्त्रकुशलै°**] *conj.*; नीतिविशारदैर्मन्त्रकुशलै° Σ **17.1 सङ्गग्मे**] *conj.*; युयुजे संजग्मे $G_1UB^1L_2J$; युयुजे सजग्मे P **17.1 अलब्धलाभाय**] *conj.*; अजिताधिगमाय लब्धलाभाय G_1UJ; अजिताधिगमाय अलब्धस्य लाभाय P; अजिताधिगमायालब्धलाभाय B^1L_2 **17.2 रघुः पुनस्तत्त्वज्ञैः समाधिमद्भिर्मैत्रीं भेजे**] *conj.*; रघुः पुनराप्तैस्तत्त्वत्वैर्योगिभिः समाधिसद्भिः स्मयाय मैत्रीं भेजे G_1; रघुः पुनराप्तैस्तत्तत्त्वैर्योगिभिः समाधिमद्भिः समियायि मैत्रीं भेजे U; रघुः पुनः समाधिमद्भिः तत्त्वज्ञैस्समियाय मैत्रीं भेजे P; रघुः पुनराप्तैस्तत्त्वत्त्वैर्योगिभिस्समाधिमद्भिस्समयाय मैत्रीं भेजे B^1; रघु पुनराप्तैस्तत्वज्ञैर्योगिभिस्समाधिमद्भिः समियाय मैत्रीं भेजे L_2; रघुः पुनराप्तैः तत्त्वत्वैर्योगिभिः समाधिमद्भिः समवायमैत्रें भेजे J **17.3 जन्मजरामरणादिबाधारहितस्थानप्राप्त्यर्थम्**] *conj.* (cf. Jin.); अनपायिनो जन्ममरणादिबाधरहितस्य पदस्य (पादस्य G_1J) स्थानस्योपलब्धये प्राप्त्यर्थम् $G_1UB^1L_2J$; अनपायिनो जन्मजरामरणादिबाधारहितस्य पदस्य स्थानस्योपलब्धये प्राप्त्यर्थं P **17.3 °विदुपासनाद्धि**] UPB^1L_2J; °विद्वपासनाद्धि G_1 **17.3 पाठान्तरे**] $G_1UPB^1L_2J^{pc}$; अत्राजव्यापारवर्णनं प्रधानत्वात्पूर्वं पाठान्तरे J^{ac} **17.4 समपृच्यत संयुयुजे**] PB^1; समपश्यत संयुयुज G_1UJ; समपृच्यत संययुजे L_2 **17.4 प्रवया**] $PB^{1pc}L_2$; प्रनया $G_1UB^{1ac}J$ **17.4 °व्यापारवर्णनं**] $G_1PB^1L_2J$; °व्यापारप्रधानवर्ण° U

अनुरञ्जयितुं प्रजाः प्रभुर्व्यवहारासनमाददे नवः ।
अपरः शुचिविष्टराश्रयः परिचेतुं यतते स्म धारणाः ॥ १८ ॥

नवः प्रभुरजो लोकानावर्जयितुं सिंहासनमधितस्थौ, यत्र स्थितो व्यवहारान्पश्यति, अतस्तस्य व्यवहारासनमिति नाम। स्वयं हि प्रजानां योगक्षेमोद्वहनादनुरागोत्पत्तिः। अपरो रघुः पवित्रासनस्थितो योगशास्त्रनिर्दिष्टा धारणाश्चित्तस्य देशबन्धानभ्यसितुं यत्नं चक्रे। यदुक्तम्।

शुचौ देशे प्रतिष्ठाप्य स्थिरमासनमात्मनः। इति।

देशबन्धश्चित्तस्य धारणा। तत्र प्रत्ययैकतानता ध्यानम्। तदेवार्थमात्रनिर्भासं स्वरूपशून्यमिव समाधिः। त्रयमेकत्र संयमः॥ १८ ॥

---

18 a. अनुरञ्जयितुं प्रजाः प्रभुर्] **V**$P_M B_1^M B_2^M B_3^M B_4^M B_5^M B_7^M$ Jin.^{vl}; नृपतिः प्रकृतीरवेक्षितुं V^MHem.Mall.Ar.Nā.Jin. **18 b.** नवः] **V**$P_M B_1^M B_2^M B_3^M B_4^M B_5^M B_7^M$ Jin.^{vl}; युवा V^Mℭ **18 cd.**] **V**$P_M B_1^M B_2^M B_3^M B_4^M B_5^M B_7^M$ Jin.^{vl}; परिचेतुमुपांशु धारणां कुशपूतं प्रवयास्तु विष्टरम् V^MHem.Mall.Ar.Nā.Jin. **18 c.** °विष्टराश्रयः] **V**$P_M B_1^M B_2^M B_3^M B_4^M B_5^M B_7^M$; °विष्टरस्थितः Jin.^{vl} (?) **18 d.** यतते स्म] $B^1 L_2 P_M B_1^M B_2^M B_3^M B_4^M B_5^M B_7^M$ Jin.^{vl}; यत्रते स्म G_1; यततः स U; यततेः स J • धारणाः] **V**$P_M B_1^M B_2^M B_3^M B_4^M B_5^M B_7^M$; धारणाम् Jin.^{vl}

18.5 शुचौ देशे प्रतिष्ठाप्य स्थिरमासनमात्मनः *Mahābhārata* 6.28:11ab.

18.6 देशबन्धश्चित्तस्य धारणा *Yogasūtra* 3.1.

18.6 तत्र प्रत्ययैकतानता ध्यानम् *Yogasūtra* 3.2.

18.7 तदेवार्थमात्रनिर्भासं स्वरूपशून्यमिव समाधिः *Yogasūtra* 3.3.

18.7 त्रयमेकत्र संयमः *Yogasūtra* 3.4.

18.1 लोकानावर्जयितुं] *conj.*; प्रजाः लोकाननुरञ्जयितुमावर्जयितुं $G_1 UPB^1 J$; प्रजाः लोकाननुरञ्जयितुमावर्जितुं L_2 **18.1** स्थितो] *conj.*; स्थिता $G_1 U$; स्थित्वा $PB^1 L_2 J$ **18.2** व्यवहारासनमिति नाम] $G_1 PB^1 L_2 J$; व्यवहारासनं यतिनां U **18.2** स्वयं हि] $G_1 UB^1 L_2 J$; स्वयं P **18.3** °द्वहनादनुरागोत्पत्तिः] $G_1 UB^1 J$; °द्वहनात् अतिरागोत्पत्तिः P; °द्वाहनादनुरागोत्पत्तिः L_2 **18.3** पवित्रासनस्थितो] *conj.*; शुचिविष्टराश्रयः पवित्रासनस्थितो Σ **18.3** °निर्दिष्टा] $G_1 PB^1 L_2 J$; °निर्दिष्ट° U **18.4** अभ्यसितुं] *conj.*; परिचेतुमभ्यसितुं G_1; परिचेतुमभ्यसितुं $UPB^1 L_2$; परिचेत्तमन्यमित्तं J **18.4** यत्नं चक्रे] *conj.*; यतेस्तस्माद्यत्नं चक्रे $G_1 J$; यततेस्तस्माद्यत्नं चक्रे U; यतते स्म यत्नं चक्रे PL_2; यतेत स्म××यत्नं चक्रे B^1 **18.6** प्रत्ययैकतानता] $G_1 PB^1 L_2 J$; प्रश्यैकता ?? U **18.6** ध्यानम्] $UPB^1 L_2$; °ख्यानं $G_1 J$ **18.7** °शून्यमिव] $G_1 UPL_2 J$; °शून्यमि B^{1ac}; °शून्यमिति B^{3pc} **18.7** संयमः] $G_1 PB^1 L_2 J$; यंयमः U

अनयत्प्रभुशक्तिसम्पदा वशमेको नृपतीननन्तरान्।
अपरः प्रणिधानयोग्यया मरुतः पञ्च शरीरगोचरान्॥ १९॥

एको ऽजो निकटान्पार्ष्णिग्रहादीन्राज्ञः कोशदण्डबाहुल्येन पराजिग्ये। अपरो रघुर्ध्यानाभ्यासेन देहान्तरस्थान् वायून् प्राणापानसमानोदानव्यानलक्षणान्विधेयानकरोत्। तदिच्छया तेषां प्रवृत्तेः॥ १९॥

नयचक्षुरजो दिदृक्षया पररन्ध्रस्य ततान मण्डले।
हृदये समरोपयन्मनः परमं ज्योतिरवेक्षितुं रघुः॥ २०॥

अजो मण्डले द्वादशराजके ऽरिमित्रमित्रादिके नीतिमेव नेत्रं विस्तारयामास। नीतिशास्त्रानुरूपं चारादिप्रयोगमैरयदित्यर्थः। शत्रुच्छिद्रं द्रष्टुमिच्छया। रघुर् ≪वक्षःस्थले≫ चित्तं न्यक्षिपत्, निश्चलं चक्रे, अध्यात्मं द्रष्टुम्। यावन्मनो न वशीकृतम्, तावन्न तत्त्वदर्शनसम्पत्तिः॥ २०॥

---

19 b. वशमेको नृपतीननन्तरान्] $UP_M V^M B_1^M B_2^M B_4^M B_5^M$ 𝕮; वृशमेको नृपतेरनन्तरम् G_1; वशमेको नृपतीननन्तरम् B^1; वशमेको नृपतेरनन्तरान् L_2; वशमेको नृपतेरनंतरं J; वशमेको नृपतीन्ननन्तरान् B_3^M; वशमेको नृपतीन्ननन्तरम् B_7^M **19 d.** °गोचरान्] $P_M V^M B_1^M B_4^M$Hem.Mall.Ar.(?)Nā.Jin.; °संस्थितान् $G_1 UB^1 L_2 JB_3^M B_5^M B_7^M$; °योगजान् B_2^M **20 .**] *om.* V^MMall.Ar.Nā.; placed after 21 in Hem..

19.1 निकटान्] *conj.*; अन्तरान्निकटान् G_1; अनन्तरान्निकटान् UPB^1L_2J **19.1** °ग्रहादी°] G_1UB^1J; °ग्राहादी° PL_2 **19.1** कोशदण्डबाहुल्येन] *conj.*; प्रभुशक्ति(क्तिः L_2)सम्पदा(दः U) कोशदण्डबाहुल्येन Σ **19.1** पराजिग्ये] *conj.*; वशमनयन् पराजिग्ये G_1J; वशमनयत् पराजिग्ये UPB^1L_2 **19.2** ध्यानाभ्यासेन] *conj.*; प्रणिधानयोग्यया ध्यानाभ्यासेन Σ **19.2** देहान्तरस्थान्] *conj.*; शरीरगोचरान्देहान्तरस्थान् G_1UPB^1J; शरीरं रचिरान्देहान्तरस्थान् L_2 **19.2** वायून्] *conj.*; मरुतः पञ्च वायून् Σ **19.3** °लक्षणान्विधेयान्] *conj.*; °लक्षणान्वशमनयद्विधेयान् PB^1L_2; °लक्षणान्वशमानयन्विधेयान् $G_1^{pc}U$; °लक्षणान् °लक्षणान्वशमानयन्मरुतः पञ्चवायून्विधेयान् G_1^{ac}; °लक्षणान् वशमनयन् विधेयान् J **20.1** मण्डले] Σ; मंगले J **20.1** ऽरिमित्रमित्रादिके] P; अरिन्मित्रमित्रादिके G_1; अरिः मित्राधिके U; अरिर्मित्रमित्यादिके B^1L_2; अरिर्मित्रमित्राधिके J **20.1** नीतिमेव नेत्रं] *conj.*; नयचक्षुः नीतिमिव नेत्रं G_1UJ; नयचक्षुः नीतिमेव नेत्रं PB^1L_2 **20.1** विस्तारयामास] *conj.*; ततान विस्तारयामास Σ **20.2** चारादि°] Σ; चरादि° L_2 **20.2** शत्रुच्छिद्रं द्रष्टुमिच्छया] *conj.*; पररन्ध्रस्य शत्रुच्छिद्रस्य दिदृक्षया दृष्टुमिच्छया G_1U; पररन्ध्रस्य शत्रुच्छिदस्य दिदृक्षया द्रष्टुमिच्छया P; पररन्ध्रस्य शत्रुच्छिद्रस्य दिदृक्षया द्रष्टुमिच्छया B^1L_2J **20.3** वक्षःस्थले] *conj.* (cf. Jin.); हृदये Σ **20.3** न्यक्षिपत्] PB^1L_2; न्यक्षिपेत् G_1J; निक्षिपेत् U **20.3** अध्यात्मं द्रष्टुम्] *conj.*; परमं ज्योतिरध्यात्म वेक्षितुं(तु G_1) द्रष्टुम् G_1UJ; परमं ज्योतिरध्यात्ममवेक्षितुं P; परमं ज्योतिरध्यत्ममवेक्षितुं द्रष्टुं B^1L_2

अकरोदचिरेश्वरः क्षितौ द्विषदारम्भफलानि भस्मसात्।
इतरो दहने स्वकर्मणां ववृते ज्ञानमयेन वह्निना॥ २१॥

नवो भूपतिरजो ऽरिकार्यारम्भसिद्धीरनीनशत्। आरब्धेति पाठे प्रस्तुतकार्यसिद्धीः, आरब्धस्यैव कार्यस्य चारेभ्यः परिज्ञाने प्रतिक्रियाविधानात्। रघुरात्मव्यापाराणां दाहनिमित्तं ज्ञानाग्निना प्रववृते, आरम्भमकरोत्। ज्ञानात्किल कर्मक्षयः। यदुक्तम्।

यथैधांसि समिद्धो ऽग्निर्भस्मसात्कुरुते ऽर्जुन।
ज्ञानाग्निः सर्वकर्माणि भस्मसात्कुरुते तथा॥

ध्यानमयेनेति पाठान्तरम्॥ २१॥

पणबन्धमुखान्गुणानजः षडुपायुङ्क्त समीक्ष्य तत्फलम्।
रघुरध्यगमद्गुणत्रयं प्रकृतिस्थं समलोष्टकाञ्चनः॥ २२॥

---

21 a. क्षितौ] $G_1UB^1L_2JV^MB_1^{Mpc}B_2^MB_4^MB_5^MB_7^M$Hem.Mall.Ar.(?)Nā.; क्षितेर् $P_MB_1^{Mac}$Jin.; ⏑ ⏑ B_3^M **21 b.** °रम्भ°] **V**$P_MV^MB_2^MB_4^MB_5^MB_7^M$**C**; °य ⏑° B_1^M; ⏑ ⏑ B_3^M; °रब्ध° Vall.^{vl} **21 c.** इतरो] $G_1UB^1L_2JV^MB_2^MB_3^MB_5^MB_7^M$Hem.Ar.(?)Nā.Jin.; अपरो $P_MB_1^MB_4^M$ Mall. **21 d.** ज्ञानमयेन] ŚHem.Mall.Jin.; ध्यानमयेन Vall.^{vl}Ar.Nā. **22 c.** °ध्यगमद्गुण°] $G_1P_MB^1L_2JB_2^MB_3^MB_4^MB_5^MB_7^M$; °धिगमद्गुण° U(unmetrical); °न्यगमद्गुण° B_1^M; °प्यगमद्गुण° Hem.Jin.; °प्यजयद्गुण° V^MHem.^{vl}Mall.Ar.Nā.

21.6 यथैधांसि समिद्धो…भस्मसात्कुरुते तथा *Mahābhārata* 6.26:37.

21.1 नवो] *conj.*; अचिरेश्वरो नवो Σ **21.1** °रिकार्यारम्भसिद्धीरनीनशत्] *conj.* (cf. Jin.); द्विषतामारम्भफलानि कार्यारम्भसिद्धिः G_1; द्विषतामारम्भफलालोकावरम्भसिद्धीः U; द्विषतामारम्भफलानि कार्यारम्भसिद्धेः P; द्विषतामारम्भफलानि कार्यारम्भसिद्धीः भस्मसादकरोत् अनीनशत् (अनेनशत् L_2) B^1L_2; द्विषतामारंभफलानि कायारंभसिद्धीः ×आरंभस्यैव कार्यस्य× भस्मसादकरोत् अनीनशत् J **21.2** आरब्धेति पाठे प्रस्तुतकार्यसिद्धीः] $B^{1pc}L_2$; *om.* G_1UP (eyeskip because of homoioteleuton; see previous entry); आरब्धेति पाठे प्रस्तुते कार्यसिद्धीः B^{1ac}; आरब्धेति पाठः यदा तदा प्रस्तुतकार्गसिद्धीः J **21.3** रघुरात्मव्यापाराणां] *conj.*; इतरो रघुः स्व (सु G_1) कर्मणा (णां U) मात्मव्यापाराणां Σ **21.3** दाहनिमित्तं] *conj.*; दहने दाहनिमित्तं Σ **21.3** ज्ञानाग्निना] *conj.*; ज्ञानमयेन वह्निना ज्ञानाग्निना Σ **21.3** प्रववृते] P; ववृते प्रववृत्ते G_1J; ववृते प्रववृते UB^1L_2 **21.4** यदुक्तं] $G_1UPB^1L_2$; यदुक्तं श्रीभगवद्गीतासु J **21.5** ऽर्जुन] Σ; र्जु U(unmetrical) **21.6** तथा] G_1UPJ; तथा। इति B^1L_2

अजः सन्धिप्रभृतीन्गुणान् उपयोगं नीतवान्।

सन्धिश्च विग्रहश्चैव यानमासनमेव च।
द्वैधीभावः संश्रयश्च षड्गुणाः परिकीर्तिताः॥

पणबन्धः सन्धिः, यदि त्वमिदं मे करोषि तदहमपि तवाभिमतं सम्पादयामीति पणस्य बन्धनात्। तन्मुखं प्रधानं येषां तेषां फलं पर्यालोच्य। यस्यैव गुणस्य फलमसावपश्यत्तमेव प्रायुङ्क्तेत्यर्थः। रघुः सत्त्वरजस्तमोलक्षणं गुणत्रयं निर्विकारं प्रधानावस्थायां स्थितं पुरुषादन्यत्वेनाज्ञासीत्। प्राकृतानि तानि निजकार्योन्मुखानि श्रेयसामप्रतिबन्धीनि, अत एव सदृशमृत्खण्डसुवर्णः। गुणपुरुषान्तरविवेकख्यातिरेव हि साङ्ख्यानां मोक्षफला॥ २२॥

न नवः प्रभुरा फलोदयात्स्थिरकर्मा विरराम कर्मणः।
न च योगविधेर्नवेतरः स्थितधीरा परमार्थदर्शनात्॥ २३॥

नूतनो राजाजो व्यापारस्य सिद्ध्युत्पत्तेः प्राङ् नावसानमकरोत्। यावत्तस्य कार्यं न सम्पन्नं तावत्प्रस्तुतां क्रियामुद्वेगान्नाहासीदित्यर्थः। तदुक्तम् आफ-

---

23 c. °विधेर्नवेतरः] Σ; °विधेरनन्तरः P_M; °विधेश्चिरन्तरः V^M **23 d.** स्थितधीरा] $B^1L_2B_3^MB_4^MB_5^MB_7^M$Hem.^{vl}; स्थितधीरः G_1J; स्थिरधीरा $UP_MV^MB_1^MB_2^M$𝕮

22.2 सन्धिश्च विग्रहश्चैव ··· षड्गुणाः परिकीर्तिताः *Agnipurāṇa* 234:17, but see endnote.

22.1 गुणान्] Σ; षड्गुणान् सन्धिविग्रहयानासानद्वैधीभावसंश्रयान् P **22.1** उपयोगं नीतवान्] *conj.*; उपयुङ्क्त उपयोगं नीतवान् G_1UJ; उपायुङ्क्त उपयोगं नीतवान् उपाजिवदयोजयत् P; उपायुङ्क्त उपोयोगं नीतवान् B^1; उपायुङ्क्त उपयोगं नीतवान् L_2 **22.2** °श्चैव] Σ; °श्चै U(unmetrical) **22.2** यानमासनमेव] G_1PJ; यानं जसनमेव च B^1; यानं चासनमेव L_2 **22.4** पणबन्धः] $G_1PB^1L_2$; पणबन्ध° UJ **22.7** निर्विकारं] *conj.*; प्रकृतिस्थं निर्विकारं G_1 UPB^1J; प्रकृतिस्थं निर्विकारे L_2 **22.7** °न्यत्वेनाज्ञासीत्] *conj.*; °न्येतनाध्यगमदज्ञासीत् G_1U; °न्यत्वेनाध्यगमदज्ञासीत् $PB^{3pc}L_2$; °न्येत्वेगमदज्ञासीत् B^{1ac}; °न्येत्वनाध्यगमदज्ञासीत् J **22.7** प्राकृतानि] PB^1L_2J; प्रकृतानि U; प्राकृत्यानि G_1 **22.7** तानि] $G_1PB^1L_2$; *om.* U **22.8** श्रेयसामप्रतिबन्धीनि] UB^1L_2; श्रेयसमप्रतिबन्धीनि G_1; निःश्रेयसामप्रतिबन्धीनि P; श्रेयसामप्रतिबंधूनि J **22.8** सदृशमृत्खण्डसुवर्णः] *conj.*; समलोष्टाकाञ्चनः सदृशमृत्खण्डसुवर्णः G_1P; समलोष्टाश्मकाञ्चनः सदृशमृत्खण्दसुवर्णः UL_2; समलोष्टकाञ्चनः सदृशमृत्खण्डसुवर्णः B^1J **22.9** हि साङ्ख्यानां] B^1L_2J; हि सङ्ख्यानां G_1U; साङ्ख्यानां P **23.1** नूतनो] *conj.*; नवो नूतनो Σ **23.1** व्यापारस्य] *conj.*; कर्मणो व्यापारस्य G_1P B^1L_2J; कर्मव्यापारस्य U **23.1** नावसानमकरोत्] *conj.*; न विरराम नावसानमकरोत् $G_1UPB^1L_2$; न विवराम नावमानमकरोत् J **23.1** यावत्तस्य] PB^1L_2; यावन्न तस्य G_1UJ **23.2** न सम्पन्नं] Σ; सम्पन्नं U **23.2** °द्वेगान्ना°] Σ; °द्वेगा ना° P

लोदयकर्मणामिति। दृढव्यापारः। चिरन्तनो राजा रघुरष्टाङ्गयोगविधानान्न निववृते यावदसौ परं ज्योतिर्नापश्यत्। यतः स्थितप्रज्ञः।

प्रजहाति यदा कामान्सर्वान्पार्थ मनोगतान्।
आत्मन्येवात्मना तुष्टः स्थितप्रज्ञस्तदोच्यते॥

इति स्थितप्रज्ञलक्षणम्॥

अत्र च श्लोकसप्तके नीतिशास्त्रयोगविधिविवक्षा श्रुतलवमात्रप्रशासनपरैर्ग्रन्थविस्तरभीरुत्वादस्माभिर्न व्यधायि, केवलं प्रधानवस्तुव्याख्यानमात्रमकारि॥ २३॥

इति शत्रुषु चेन्द्रियेषु च प्रतिषिद्धप्रसरेषु जाग्रतौ।
प्रसितावुदयापवर्गयोरुभयीं सिद्धिमुभाववापतुः॥ २४॥

द्वौ नवपुराणौ नृपावित्थं राज्यलाभमोक्षनिमित्तं सक्तौ तत्परौ सन्तौ द्वयीं

---

24 c. प्रसिता°] $G_1B^1L_2JV^MB_2^MB_3^MB_4^MB_5^MB_7^M$Hem.Mall.; प्रसृता° $UP_MB_1^M$Vall.^{vl}Jin.; प्रथिता° Ar.Nā.

23.3 आफलोदयकर्मणाम् *Raghuvaṃśa* 1:5b.

23.5 प्रजहाति यदा कामान्···स्थितप्रज्ञस्तदोच्यते *Mahābhārata* 6.24:55 (= *Bhagavadgītā* 2.55).

23.3 दृढव्यापारः] *conj.*; स्थितधीर्दृढव्यापारः G_1B^1J; स्थितधीः दृढव्यापगः U; स्थिरकर्मा दृढव्यापारः P; स्थितधीर्दृढव्यापार L_2 **23.3 चिरन्तनो**] *conj.*; नवेतरः चिरन्तनो Σ **23.3 रघुरष्टाङ्गयोगविधाना°**] *conj.*; रघुः योगविधेरष्टाङ्गयोगविधाना° Σ **23.4 निववृते**] $P^{pc}B^1L_2J$; निववृत्ते G_1P^{ac}; विववृते U **23.4 परं ज्योति°**] Σ; परज्योति° U **23.4 स्थितप्रज्ञः**] $G_1B^1L_2J$; स्थितप्रज्ञ्ज्ञः U; स्थिरधीः स्थिरप्रज्ञः P **23.6 आत्मन्येवात्मना तुष्टः**] UB^1L_2; आत्मने वात्मनस्तुष्टः G_1; आत्मन्येवात्मनस्तुष्टः P; आत्मन्येवात्मनास्तुष्टः J **23.6 स्थितप्रज्ञ°**] UB^1L_2J; स्थितप्रज्ञा° G_1; स्थिरप्रज्ञ° P **23.7 स्थितप्रज्ञलक्षणम्**] B^1L_2; स्थितप्रज्ञालणम् G_1; प्रज्ञालक्षणम् U; स्थिरप्रज्ञालक्षणं P; स्थितप्रज्ञालक्षणं J **23.8 अत्र च**] Σ; अत्र P **23.8 °सप्तके**] Σ; °सप्त U **23.8 °शास्त्रयोगविधिविवक्षा**] *em.*; °शास्त्रयोगविवक्षा $G_1UB^1L_2J$; °शास्त्रं योगविधिविवक्षा P **23.9 °प्रशासन°···°व्याख्यान°**] Σ; *om.* U(eyeskip because of homoioteleuton) **23.9 °प्रशासन°**] PB^1L_2J; °प्रशान° G_1 **23.9 °भीरु°**] $G_1PB^1L_2$; °भीर° J **23.9 अस्माभिर्न व्यधायि, केवलं**] P, राज्ञेणः कृतः केवल° G_1J; राज्ञेणः कृतः केवलं B^1L_2 **23.10 प्रधान°**] *conj.*; प्रमाण° Σ **24.1 द्वौ**] P; उभौ द्वौ Σ **24.1 नृपावित्थं**] *conj.*; नृपौ इति इत्थं Σ **24.1 °लाभ°**] *em.*; °लोभ° Σ **24.1 सक्तौ**] *conj.*; प्रसित्तौ सक्तौ G_1U; प्रसितौ सक्तौ PB^1L_2; प्रमितौ सक्तौ J **24.1 द्वयीं**] *conj.*; उभयीं द्वयीं $G_1UB^1L_2J$; उभयीं P

सिद्धिमभ्युदयमोक्षलक्षणामासीदतुः। यथाक्रमं रिपुषु चेन्द्रियेषु च निवारणीयप्रवृत्तिषु सावधानौ। प्रसृताविति पाठे उदितावित्यर्थः॥ २४॥

अथ काश्चिदजव्यपेक्षया गमयित्वा समदर्शनः समाः।
तमसः परमापदव्ययं पुरुषं योगसमाधिना रघुः॥ २५॥

अनन्तरं रघुः सिद्धिमाप्तो ऽपि पुत्रोपरोधेन कतिचिद्वर्षाणि स्वच्छन्दनिधनत्वाद् अतिवाह्य योगविषयेण ध्यानविशेषेण अक्षयं नित्यम् अविद्यातीतं नरं भगवन्तं वासुदेवाख्यं प्रापत्। तेन सह सायुज्यमाययावित्यर्थः। यदुक्तम्

महतस्तमसः पारे पुरुषं ज्वलनद्युतिम्।
यं ज्ञात्वा मृत्युमत्येति। इति

शत्रुमित्रयोर्मानावमानयोः सुखदुःखयोश्च तुल्यदृष्टिः। अजव्यपेक्षयेति मरणे स्वायत्तत्वं योगिनामाह। यदुक्तम्

---

25 a. काश्चिदज°] $P_MB^1L_2V^MB_1^MB_2^MB_3^MB_4^MB_5^M$ℭ; किञ्चिदज° $G_1UB_7^M$; कंञ्चिदज° J

25.5 महतस्तमसः पारे पुरुषं ज्वलनद्युतिम्। यं ज्ञात्वा मृत्युमत्येति तस्मै ज्ञेयात्मने नमः॥ *Mahābhārata* 12.47:25.

24.2 °भ्युदय°] Σ; °जादय° U **24.2** °लक्षणामासीदतुः] *conj.*; °लक्षणमवापतुरासीदतुः G_1; °लक्षणमनावपतुरासीदतुः U; °लक्षणां अवापतुः P; °लक्षणामवापतुरासेदतुः B^1L_2; °लक्षं अवापतुरासेदतुः J **24.2** रिपुषु] *conj.*; शत्रुषु रिपुषु Σ **24.3** निवारणीयप्रवृत्तिषु] *conj.*; प्रतिषिद्धप्रसरेषु निवारणी(ण U)यप्रवृत्तिषु Σ **24.3** सावधानौ] *conj.*; जाग्रतौ सावधानौ Σ **24.3** प्रसृताव्] $G_1PB^1L_2J$; *om.* U **25.1** अनन्तरं] P; अथानन्तरं Σ **25.1** पुत्रोपरोधेन] *conj.*; अजव्यपेक्षया G_1UJ; अजव्यपेक्षया पुत्रोपरोधेन PB^1L_2 **25.2** कतिचिद्वर्षाणि स्वच्छन्दनिधनत्वाद्] *conj.*; *om.* G_1UJ; काश्चित्समाः कतिचिद्वर्षाणि स्वच्छन्दनिधनत्वाद् PB^1L_2 **25.2** अतिवाह्य] *conj.*; गमयित्वातिवाह्य Σ **25.2** योगविषयेण ध्यानविशेषेण] P; योगसमाधिना योगविषयेण ध्यानविशेषेण $G_1UB^1L_2$; योगसमाधिना योगविषयेन ध्यानविषेशेषेण J **25.2** अक्षयं नित्यं] *conj.*; अव्ययमक्षयं नित्यं Σ **25.2** अविद्यातीतं] *conj.*; तमसः परमविद्यातीतं $G_1PB^1L_2J$; तमसः U **25.2** नरं··· महतस्] $G_1PB^1L_2J$; *om.* U(eyeskip because of homoioteleuton; see previous entry) **25.2** नरं] *conj.*; पुरुषं नरं $G_1PB^1L_2J$ **25.3** भगवन्तं] $G_1PB^1L_2$; श्रीभगवंतं J **25.3** °ख्यं प्रापत्] *conj.*; °ख्यमापत्प्रापत् G_1L_2J; °ख्यमापत् P; °ख्यमापत्प्राप B^1 **25.3** यदुक्तम्] $G_1PB^1L_2$; यदुक्तं श्रीभगवता J **25.4** पारे] PL_2J; परेषु G_1U; परे B^1 **25.4** °द्युतिम्] Σ; °द्युतितम् G_1 **25.5** मृत्युमत्येति। इति] G_1UPB^{1pc}; मृत्युमत्येति U; मृत्युमन्येतीति B^{1ac}; मृत्युमतीति L_2; मृत्युमभ्येतीति J **25.6** शत्रु°] G_1UJ; समदर्शनः शत्रु° PB^1L_2 **25.6** °मानयोः] Σ; °मानयो U **25.6** °दृष्टिः] Σ; °दृष्टि U **25.7** स्वायत्तत्वं] PB^1L_2J; श्वायत्तत्वं G_1; स्वायतत्वं U

सम्यग्ज्ञानाधिगमाद्धर्मादीनामकारणप्राप्तौ।
तिष्ठति संस्कारवशाच्चक्रभ्रमवद्धृतशरीरः॥
प्राप्ते शरीरभेदे चरितार्थत्वात्प्रधानविनिवृत्तौ।
एकान्तिकमात्यन्तिकमुभयं कैवल्यमाप्नोति॥ २५ ॥

श्रुतदेहविसर्जनः पितुश्चिरमस्रूणि विसृज्य राघवः।
विततान समं पुरोधसा क्रतुमन्त्यं पृथिवीशतक्रतोः॥ २६ ॥

अजो जनकस्यान्तेष्टिमकरोत्। वसिष्ठेन सह। आकर्णितकायत्यागः बहुकालं नेत्राम्बून्युन्मुच्य। क्षितीन्द्रस्य॥ २६ ॥

---

26 b. °स्रूणि विसृज्य राघवः] $G_1B^1JB_2^MB_3^MB_4^MB_7^M$; °स्रूर्हिं विसृज्य राघवः U; °स्रूणि विमुच्य राघवः P_M; °स्रूणि विसृज्य पार्थिवः $L_2B_5^M$; °सृणि विमुच्य राघवः B_1^M; °श्रूणि विमुच्य राघवः V^MHem.Mall.; °श्रूणि विसृज्य राघवः Ar.(?)Nā.Jin. **26 cd.**] Śविदधे विधिमस्य नैष्ठिकं यतिभिः सार्धमनग्निमग्निचित् C

---

26 folio 43v of B[1] begins with the word *kāyasya* and and ends before verse 35. The same unit of text is repeated on an extra folio in another hand. The readings of that extra folio are reported with the siglum B[4].

25.11 सम्यग्ज्ञानाधिगमात्···कैवल्यमाप्नोति *Sāṅkhyakārikā* 67–8.

25.8 सम्यग्ज्ञाना°] Σ; सर्वग्ज्ञाना° L_2 **25.8 °कारण°**] $G_1UB^{1pc}L_2J$; °कार° P(unmetrical); °करण° B^{1ac} **25.10 चरिता°**] PB^1L_2; च चरिता° G_1UJ(unmetrical) **25.11 एकान्तिकमात्यन्तिकमुभयं**] $G_1B^1L_2$; चैकान्तिकमात्यन्तिकमुभयं U; एकान्तमात्यन्तिकमभयं P(unmetrical); ऐकांतिकंमाभ्यंतिकमुभयं J **25.11 °प्नोति**] Σ; °प्नोतीति B^1 **26.1 अजो**] *conj.*; राघवो ऽजः Σ **26.1 जनकस्यान्तेष्टिमकरोत्**] *conj.*; पितुर्जनकस्य अन्त्यं क्रतुमन्त्येष्टि वितनानकरोत् G_1; पितुर्जनकस्य अन्त्यं क्रतुमन्त्येष्टि वितताना करोत् U; पितुर्जनकस्यान्त्यक्रतुम् अन्तेष्टिं विततान P; पितुर्जनकस्य अन्त्यं क्रतुमन्त्येष्टिं वितताना करोत् B^1; पितुर्जनकस्यमन्त्यं क्रतुमन्त्येष्टिं वितताना करोत् L_2; पितुर्जनकस्य रघोः अंत्यं क्रतुमंत्येष्टिर्वितताना ऽकरोत् J **26.1 वसिष्ठेन सह**] *conj.*; पुरोधसा समं वसिष्ठेन सह Σ **26.1 आकर्णितकायत्यागः**] *conj.*; श्रुतदेहविसर्जनः श्रुतमाकर्णितं (कलितं L_2) देहस्य कायस्य विसर्जनं त्यागो येन $G_1UB^1L_2J$; श्रुतदेहविसर्जनः श्रुतमाकर्णितं देहस्य विसर्जनं योगेन त्यागो येन P; कायस्य देहस्य विसर्जनं त्यागो येन B^4 **26.1 बहुकालं**] G_1UJ; चिरं बहुकालं $PB^1B^4L_2$ **26.2 नेत्राम्बून्युन्मुच्य**] *conj.*; नेत्राम्बूनि विसृज्योन्मुच्य G_1; नेत्राम्बूनि विसृज्योन्मुच्य $UB^{1ac}J$; अस्रूणि विसृज्योन्मुच्य P; अस्रूणि नेत्राम्बूनि विसृज्योन्मुच्य $B^{3pc}B^4L_2$ **26.2 क्षितीन्द्रस्य**] $G_1UB^{1ac}J$; पृथिवीशतक्रतोः क्षितीन्द्रस्य PB^{3pc}; पृथिवीशतक्रतोः क्षितेन्द्रस्य B^4L_2

विदधे च तदौर्ध्वदैहिकं पितृभक्त्या पितृकार्यकल्पवित्।
न हि तेन पथा तनुत्यजस्तनयावर्जितपिण्डकाङ्क्षिणः॥ २७॥

रुदित्वा चाज ऊर्ध्वं देहाद्भवं दशाहश्राद्धादिकं पितुः पितृभक्त्या चक्रे, यतः पितृकृत्ये विधिज्ञः। अपत्येन ह्यवश्यं पितॄणामुदकक्रियादिकं कार्यम्। अथ पितृभक्त्येति किमुच्यते, यावता पितरः श्राद्धमाकाङ्क्षन्तीत्याह। यस्माद्योगविधिना ये देहत्यागिनः, ते पुत्रेण पातितं दत्तं पिण्डं न कदाचिदभिलषन्ति, अजममृतं हि ते पदमाप्ता नित्यतृप्ताः॥ २७॥

स परार्ध्यगतेरशोच्यतां पितुरुद्दिश्य सदर्थवेदिभिः।
शमिताधिरधिज्यकार्मुकः कृतवानप्रतिशासनं जगत्॥ २८॥

अविद्यमानान्याज्ञा यत्र तथाविधमेकच्छत्रं भूमण्डलमजः सम्पादितवान्। उ-

---

27 abcd.] *om.* Ar. **27 a.** विदधे च तदौर्ध्व॰] $P_M V^M B_1^M$; विदधे श तदोर्ध्व॰ G_1; विदधे स तदोर्ध्व॰ UJB_7^M; विदधे स तदौर्ध्व॰ $B^1B^4L_2B_2^MB_3^MB_5^M$; विदधे विधिमस्य नैष्ठिके यतिभिः सार्धं तदौर्ध्व B_4^M; अकरोच्च तदौर्ध्व॰ Hem.Mall.Nā.Jin. **27 b.** पितृभक्त्या पितृकार्य॰] $V^MB_1^MB_2^MB_4^{Mac}B_5^{Mpc}B_7^{Mpc}$Hem.Mall.Nā.Jin.; पितृकार्यं पितृकार्य॰ G_1UB^1J $B_3^MB_5^{Mac}B_7^{Mac}$; पितृभक्त्या पितृकाय॰ P; पितृभक्तिः पितृकार्य॰ B^4; पितृभक्तः पितृकार्य॰ L_2; *om.* B_4^{Mpc}

27.1 रुदित्वा चाज] G_1UB^{1ac}; रुधित्वा सो ऽजः P; रुदित्वा च सोज B^{3pc}; न चित्वा च। सोजः B^4L_2; रुधित्वा चाजकुमारः J **27.1** ऊर्ध्वं देहाद्भवं] $G_1UB^{1ac}J$; और्ध्वदैहिकमूर्ध्वं देहाद्भवं और्ध्वदैहिकं $PB^{3pc}B^4L_2$ **27.1** ॰श्राद्धादिकं] Σ; ॰श्राद्धाधिकं P **27.2** पितृकृत्ये] $G_1UPB^{1ac}J$; पितृकार्ये कल्पविद् $B^{3pc}B^4L_2$ **27.2** अपत्येन] Σ; अपत्ये U **27.3** ॰भक्त्येति] Σ; ॰भक्तेति J **27.3** किमुच्यते] Σ; कमुच्यते U **27.3** यावता] PB^1L_2; यावतः G_1UB^4J **27.3** श्राद्धमाकाङ्क्षन्तीत्याह॰] $G_1B^1B^4L_2J$; श्राद्धमाकाङ्क्षतीत्याह U; श्राद्धमकङ्क्षन्तीत्याह॰ P **27.4** यस्माद्योग॰] $G_1^{pc}U^{pc}B^{1ac}$; यस्माद्योयं G_1^{ac}; यस्माद्योगं U^{ac}; हि यस्मात्तेन पथा योग॰ $PB^{3pc}L_2$; हि यस्मात्तेन यथा योग॰ B^4; यः साद्योग॰ J **27.4** देहत्यागिनः] $G_1UB^{1ac}J$; तनुत्यजो देहत्यागिनस् $PB^{3pc}B^4L_2$ **27.4** पुत्रेण पातितं] G_1UJ; पुत्रेणावर्जितं पातितं P; पुत्रेणापातितं B^{1ac}; तनयेन पुत्रेणापातितं B^{3pc}; ते नयेन पुत्रेणावर्जितं पातितं B^4; तनये पुत्रेणावर्जितं पातितं L_2 **27.4** न कदाचिदभिलषन्ति] G_1J; न कदाचिदभिलष्यन्ति UB^{1ac}; न काङ्क्षन्ति न कदाचिदभिलष्यन्ति P; न काङ्क्षन्ति न कदाचिदभिलषन्ति B^{3pc}; काङ्क्षन्ति अभिलषन्ति B^4L_2 **27.5** पदमाप्ता] $UPB^1B^4L_2$; पदमाप्तानि G_1J **28.1** अविद्यमानान्याज्ञा यत्र तथाविधमेकच्छत्रं भूमण्डलमजः] G_1B^1; अविद्यमाना आज्ञा यत्र तथाविविधमेकः छत्रं भूमण्डलमजः U; सो ऽजः जगदप्रतिशासनमविद्यमानान्य(॰मानानन्य॰ P) शासनमेकच्छत्तं भूमण्डलं PB^4; सोजः जगदप्रतिशासनमविद्यमानन्यशासनमेकच्छत्रं भूमण्डलं L_2; अविद्यमानान्याज्ञा यत्र तथाविधमेकच्छत्रं भूमण्डलं अजराजः J

त्कृष्टगतेर्मोक्षगामित्वाज्जनकस्याशोचनीयतामालोच्य। सल्लक्षणमर्थं ब्रह्म जानन्ति ये तैः परमार्थज्ञैर्निवर्तितमनःपीडः। स्वकर्माभिमुखारोपितधनुः॥ २८॥

क्षितिरिन्दुमती च भामिनी पतिमासाद्य तमग्र्यपौरुषम्।
प्रथमा बहुरत्नसूरभूदपरा वीरमजीजनत्सुतम्॥ २९॥

पूर्वा पृथ्व्यजं पतिं वीरमास्वा भूरिरत्नप्रसविन्यभूत्। अन्येन्दुमती च तं पतिमास्वा विक्रमवन्तं पुत्रमसोष्ट। मानिनी॥ २९॥

दशरश्मिशतोपमद्युतिं यशसा दिक्षु दशस्वपि श्रुतम्।
दशपूर्वरथं यमाख्यया दशकण्ठारिगुरुं विदुर्बुधाः॥ ३०॥

यं सुतं नाम्ना दशरथमद्यापि पण्डिता जनाः कथयन्ति। सूर्य उपमा यस्य तेज-

---

29 a. °न्दुमती च] Σ; °न्दुमतीव J **29 b.** °साद्य तमग्र्य°] $G_1P_MB^1L_2V^MB_1^MB_2^MB_3^MB_4^MB_5^MB_7^M$ℭ; °सादितमग्र्य° U; °साद्यतग्र्य° B^4(unmetrical) **30 b.** श्रुतम्] Σ; द्रुतम् L_2 **30 c.** यमाख्यया] $G_1UP_MB^4L_2JV^MB_1^MB_2^MB_3^MB_4^MB_5^MB_7^M$Mall.Ar.Nā.Jin.; यमीक्षया B^1; समाख्यया $Ar.^{vl}$

28.2 उत्कृष्टगतेर्मोक्षगामित्वाज्जनकस्याशोचनीयतामालोच्य] *conj.*; जनकोत्कृष्टगतेर्मोक्षगामित्वादशोचनीयतामालोच्य G_1UB^{1ac}; उत्कृष्टगतेर्मोक्षगामित्वात् पितुर्जनकस्य शोच्यताम् शोचनीयतां उद्दिश्यालोच्य P; परार्ध्यगतेः उत्कृष्टगतेर्मोक्षगामित्वात् पितुर्जनकस्याशोच्यतामशोचनीयमुद्दिश्यालोच्य $B^{3pc}B^4L_2$; जनकोत्कृष्टगतोन्मोक्षगामित्वादशोचनीयतामालोच्य J **28.2** सल्लक्षणमर्थं] $G_1UB^{1ac}L_2J$; सदर्थवेदिभिः सल्लक्षणमर्थं $PB^{3pc}B^4$ **28.3** जानन्ति] $G_1UB^{1ac}J$; वदन्ति PB^4; विदन्ति जानन्ति B^{3pc}; विदन्ति L_2 **28.3** ये तैः] $G_1PB^1B^4L_2J$; यैस्ते U **28.3** °ज्ञैर्निवर्तितमनःपीडः] $G_1UB^{1ac}J$; °ज्ञैः शमिताधिर्निवर्तितमनःपीडः PB^{3pc}; °ज्यैः शमिताधिः निवर्तितमनःपीड B^4; °ज्यैः शमिताधिन्निवर्तितमनःपीडा L_2 **28.3** स्वकर्माभि°] UB^{1ac}; सुकर्माभि° G_1J; अधिज्यकार्मुकः स्वकर्माभि° $PB^{3pc}B^4L_2$ **29.1** पूर्वा पृथ्व्यजं] G_1UB^{1ac}; प्रथमा पूर्वा क्षितिः पृथ्वी तमजं $PB^{3pc}B^4L_2$ **29.1** पतिं वीरमास्वा] G_1UB^1J; पतिमासाद्य अग्र्यपौरुषं वीरमास्वा P; पतिमासाद्य अग्निपौरुषं वीरम् B^4; पतिमासाद्य अग्र्यपौरुषं वीरं L_2 **29.1** भूरिरत्नप्रसविन्यभूत्] G_1UB^1J; बहुरत्नसूः भूरिरत्नप्रसविनी अभूत् PB^4L_2 **29.1** अन्येन्दुमती] G_1UB^1J; अपरान्या इन्दुमती PB^4L_2 **29.1** च तं] PB^4; गतं G_1UB^1J **29.2** पतिमास्वा विक्रमवन्तं] G_1UPJ; पतिमा ⊔ क्रमवन्तं B^1; पतिमास्वा वीरं विक्रमन्तं B^4; पतिमाम्स्वा वीरं विक्रमन्तं L_2 **29.2** पुत्रमसोष्ट] B^1; पुत्रमसमोष्ट G_1J; पुत्रमसुसोष्ट U; पुत्रमजीजनत् असोष्ट P; सुतं पुत्रमजीजनदसोष्ट B^4L_2 **29.2** मानिनी] G_1UB^1J; भामिनी मानिनी PB^4L_2 **30.1** सुतं नाम्ना] G_1UB^1J; सुतमाख्यया नाम्ना PB^4L_2 **30.1** दशरथमद्यापि] G_1UB^1J; दशपूर्वरथं दशरथमद्यापि PB^4; दशरथं पूर्वं दशरथमद्यापि L_2 **30.1** पण्डिता जनाः] *conj.*; जनाः G_1UB^1J; बुधाः पण्डिताः PB^4L_2 **30.1** कथयन्ति] G_1UPB^1J; विदुः कथयन्ति B^4L_2 **30.1** सूर्य] G_1UB^1J; दशरश्मिशतः सूर्यः PB^4L_2

सस्तथाविधं तेजो यस्य तम्। दशस्वपि काष्ठासु यशसा सुप्रतीतम्। रावणस्य शत्रू रामस्तस्य पितरम्॥ ३०॥

ऋषिदेवगणस्वधाभुजां श्रुतयागप्रसवैः स पार्थिवः।
अनृणत्वमुपेयिवान्बभौ परिधेर्मुक्त इवोष्णदीधितिः॥ ३१॥

अजो मुनिदेवसमूहपितॄणां यथाक्रमं स्वाध्याययज्ञसन्ततिभिरानृण्यमुपगतो रे-जे, मण्डलबन्धान्मुक्तो रविर्यथा शोभते॥ ३१॥

बलमार्तभयोपशान्तये विदुषां सन्नतये बहु श्रुतम्।
वसु तस्य न केवलं विभोर्गुणवत्तापि परप्रयोजनम्॥ ३२॥

तस्याजस्य धनं न केवलं परेषां प्रयोजनमन्यार्थं, यावद्गुणा अप्यन्यार्थाः। तथा च तर आर्तानां त्रासनिवृत्त्यर्थं, भूरि शास्त्रं च विपश्चितां नम्रीभावाय।

---

32 b. विदुषां सन्नतये] $P_M B^1 B^4 L_2 V^M B_2^M B_3^M B_5^M$ **C**; विदुषां सुन्नतये G_1; विदुषामुन्नतये UJ; विदुषां सनये B_1^M; विदुषां स⌣तये B_4^{Mac}; विदुषां सद्गतये B_4^{Mpc} **32 c.** न केवलं विभोर्] $G_1 U P_M B^1 B^4 L_2 J V^M B_1^M B_2^M B_3^M B_4^M B_5^M$ Hem.; विभोर्न केवलं Mall.Ar.Nā. (Jin. uncertain) **32 d.** परप्रयोजनम्] Σ; परप्रयोजना Mall.

30.2 यस्य तेजसस्तथाविधं तेजो यस्य तम्] $G_1 B^1$; यस्य तेजसस्तथाविधे तेजो यस्य तं U; यस्य तादृशी द्युतिर्यस्य P; यस्यास्तादृशी द्युतिर्यस्य $B^4 L_2$; यस्य तेजसा तथाविधं तेजो यस्य तं J **30.2** काष्ठासु] $G_1 U B^1 J$; दिक्षु P; दिक्षु काष्टासु $B^4 L_2$ **30.2** सुप्रतीतम्] *conj.*; सुप्रततम् $G_1 UJ$; श्रुतं सुप्रतीतं PL_2; सप्रतीतम् B^1; श्रुतं स्वप्रतीतम् B^4 **30.3** रावणस्य शत्रू रामस्तस्य पितरम्] $G_1 U$; दशकण्ठो रावणस्तस्यारि(°रि+:+ P^{pc}, °रिः L_2) रामस्तस्य गुरुं पितरम् $PB^4 L_2$; रावणस्य शत्रु रामस्य पितरम् B^1; रावणस्य शत्रुः रामः तस्य पितरं J **31.1** अजो] $G_1 U B^1 J$; सः पार्थिवः अजः P; स पार्थिवोजः $B^4 L_2$ **31.1** मुनिदेवसमूहपितॄणां] $G_1 U B^1 J$; ऋषिदेवगणस्व(सु PJ)धाभुजां(जं L_2) मुनिदेवसमूहपितॄणां $PB^4 L_2$ **31.1** स्वाध्याययज्ञसन्ततिभिरानृण्यमुपगतो] J; स्वाध्याययज्ञसन्तितिभिरानृण्यमुपगतो G_1; स्वाध्याययज्ञसन्तिभिरानृण्यमुपगतो U; स्वाध्याययज्ञसन्ततिभिरनृण्यमुपगतो B^1; श्रुतयागप्रसवैः स्वाध्याययज्ञसन्ततिभिः अनृणत्वमानृण्यमुपगतः P; श्रुतयागप्रसवैः स्वाध्याययज्ञसन्ततिभिः अनृणत्वमानृण्यमु(म L_2)पेयिवानुगतः $B^4 L_2$ **31.2** रेजे] $UB^1 J$; रजे G_1; बभौ P; बभौ रेजे $B^4 L_2$ **31.2** मण्डलबन्धान्मुक्तो] $G_1 U B^1$ J; परिधेर्मुक्तो मण्डलबन्धान्मुक्त $PB^4 L_2$ **31.2** रविर्यथा] $C_1 U B^1 J$; उष्णदीधितिः रविर्यथा $PB^4 L_2$ **32.1** धनं] $G_1 U B^1 J$; वसु धनं $PB^4 L_2$ **32.1** न केवलं] $G_1 P B^1 B^4 L_2 J$; केवलं UP **32.1** यावद्गुणा अप्य°] Σ; यावद्गुणाप्य° U **32.2** तर] $G_1 B^1 J$; तुर U; बलं तरः $PB^4 L_2$ **32.2** त्रासनिवृत्त्यर्थं] B^1; त्रासवृत्त्यर्थं $G_1 U$; भयोपशान्तये त्रासनिवृत्त्यर्थं $PB^4 L_2$; त्रासवृत्त्यथं J **32.2** भूरि शास्त्रं] $G_1 U B^1 J$; बहु श्रुतं भूरि शास्त्रं $PB^4 L_2$ **32.2** विपश्चितां] $G_1 UJ$; विदुषां विपश्चितां $PB^4 L_2$ **32.2** नम्रीभावाय] $G_1 U B^1 J$; सन्नतये नम्रीभावाय $PB^4 L_2$

अन्येषां तु गुणा एव मदकारिणः॥ ३२॥

स कदाचिदवेक्षितप्रजः सह देव्या विजहार सुप्रजाः।
नगरोपवने शचीसखो मरुतां पालयितेव नन्दने॥ ३३॥

अजः कदापीन्दुमत्या सह पुरोद्याने चिक्रीड, प्रतिजागरितप्रजाकार्य इति रमणव्यसनितानिषेधपरम्। अत एव शोभनसन्ततिः। पौलोम्या सार्धमिन्द्रो यथा नन्दने क्रीडति॥ ३३॥

अथ रोधसि दक्षिणोदधेः श्रितगोकर्णनिकेतमीश्वरम्।
उपवीणयितुं मुनिः पथा पवमानस्य जगाम नारदः॥ ३४॥

तदैव नारदो मुनिर्व्योममार्गेण शिवं वीणयोपगायितुं ययौ। अवागब्धेस्तटे। सेवितं गोकर्णाख्यमास्पदं मूर्तिर्येन तम्। गोकर्णेश्वरमित्यर्थः॥ ३४॥

कुसुमैर्ग्रथितामपार्थिवैः स्रजमातोद्यशिरोनिवेशिताम्।

---

34 cd. मुनिः पथा पवमानस्य जगाम] $VV^{M}B_2^{Mpc}B_3^{Mpc}B_4^{M}B_5^{M}$; मुनि पथा पवमानस्य जगम B_1^{M}; मुनि पथा पवमानस्य जगाम $B_2^{Mac}B_3^{Mac}$; ययौ रवेरुदगावृत्तिपथेन Hem.Mall. Ar.; ययौ रवेरुदयावृत्तिपथेन Jin. **35** Jin. may have reversed the verse-halves, since the *pratīka* given in his commentary is अहेति **35 a.** कुसुमैर्ग्रथिताम्] $G_1UB^1L_2V^{M}B_1^{M}B_2^{M}B_3^{M}B_4^{M}B_5^{M}$ Hem.Mall.Ar.Jin.; कुसुमै रचिताम् P_M; कुसुमैर्ग्रथितास् J

32.3 मदकारिणः] Σ; मुदकारिणः U **33.1** अजः] G_1UB^1J; सो ऽजः PB^4L_2 **33.1** कदापीन्दुमत्या] G_1UB^1J; कदाचित्कदापि देव्या इन्दुमत्या PB^4L_2 **33.1** पुरोद्याने] G_1B^1J; पुरोध्याने U; नगरोपवने पुरोद्याने PB^4L_2 **33.1** चिक्रीड] G_1UB^1J; विजहार चिक्रीड P; विजहार चिक्रीडे B^4L_2 **33.1** प्रतिजागरितप्रजाकार्य] G_1B^1J; प्रतिजागरितः प्रजाकार्य U; अवेक्षितप्रजः प्रतिजागरितप्रजाकार्यः PB^4L_2 **33.2** रमणव्यसनिता°] Σ; रमणव्यसनि° U **33.2** शोभनसन्ततिः] J; शोभसन्ततिः $G_1U^{ac}B^1$; शोभना सन्ततिः U^{pc}; सुप्रजः शोभसन्ततिः PB^4L_2 **33.2** पौलोम्या] G_1UB^1J; शचीसखः पौलोम्या PB^4L_2 **33.2** सार्धमिन्द्रो] G_1UB^1J; मरुतां पालयिता इन्द्रः PB^4; सार्धं मनतां पालयिता इन्द्राः L_2 **33.3** नन्दने क्रीडति] Σ; नन्दनवने U **34.1** तदैव] B^1; अनन्तरं तदेव G_1U; अनन्तरं तदैव P; अथानन्तरं तदैव B^4L_2; अथाऽनंतरं तदेव J **34.1** मुनिर्व्योममार्गेण] G_1UB^1J; मुनिः पवमानस्य पथा व्योममार्गेण PB^4L_2 **34.1** शिवं] G_1UB^1; ईश्वरं शिवं PB^4L_2; श्रीशिवं J **34.1** वीणयोपगायितुं] G_1UB^1J; उपवीणयितुं वीणया उपगातुं P; उपवीणयितुं उपगातुं B^4L_2 **34.1** अवागब्धेस्तटे] G_1UJ; दक्षिणोदधेरवाक्समुद्रस्य P; तत्रस्य रोधसि तटे B^1; दक्षिणोदधेरवाक्समुद्रस्य रोधसि तटे B^4, दक्षिणोदधे। रवाक्समुद्रस्य रोधसि तटे L_2 **34.2** सेवितं गोकर्णाख्यमास्पदं मूर्तिर्येन तम्] *conj.*; सेवितगोकर्णाख्यमास्पदं मूर्तयेन तं G_1U; स्रितं सेवितं गोकर्णाख्यं निकेतमास्पदं मूर्तिर्येन तम् $PB^1B^4L_2$; सेवितं गोकर्णाख्यमास्पदं सून्नयेन तं J

अहरत्किल तस्य वेगवानधिवासस्पृहयेव मारुतः॥ ३५ ॥

अथ नारदस्य वातो मालां वीणामूर्ध्नि निबद्धां किलापावाहयत्। दिव्यैः पुष्पै रचिताम्। जववाही। सौगन्ध्याघ्राणलोभेनेव। अतः किलाहं सौरभमाप्स्यामीति॥ ३५ ॥

भ्रमरैः सुमनोनुसारिभिर्विनिकीर्णा परिवादिनी मुनेः।
ददृशे पवनावलेपजं सृजती वाष्पमिवाञ्जनाबिलम्॥ ३६ ॥

नारदस्य सप्ततन्त्री वीणा कुसुमानुयायिभिरलिभिर्व्याप्ता वातपरिभवभवं कज्जलकालमस्रविव मुञ्चन्ती जज्ञे। परिभवात्किल नारी रोदिति॥ ३६ ॥

अभिभूय विभूतिमार्तवीं पटुगन्धातिशयेन वीरुधाम्।

---

36 a. सुमनोनु°] $\mathbf{V}\mathrm{V}^M\mathrm{B}_1^M\mathrm{B}_2^M\mathrm{B}_5^M$Jin.; समनोनु° B_3^M; कुसुमानु° B_4^MHem.Mall.Ar. **36 b.** विनिकीर्णा] $\mathrm{G_1UB^1L_2JB_2^MB_3^MB_4^MB_5^M}$Hem.Ar.Jin.; परिकीर्णा $\mathrm{P}_M\mathrm{V}^M\mathrm{B}_1^M$Mall. **37 b.** पटु°] $\mathbf{V}\mathrm{V}^M\mathrm{B}_1^M\mathrm{B}_2^M\mathrm{B}_3^M\mathrm{B}_5^M$; मधु° B_4^MHem.Mall.Ar.Jin.

35.1 अथ नारदस्य वातो] P; नारदस्य यतः $\mathrm{G_1}$; नारदस्य वतः UJ; तस्य नारदस्य मारुतो वातः $\mathrm{B^1L_2}$ **35.1** मालां] P; स्रजः माला $\mathrm{G_1}$; स्रजं माला U; स्रजं मालाम् $\mathrm{B^1L_2J}$ **35.1** वीणामूर्ध्नि निबद्धां] $\mathrm{G_1UJ}$; आतोद्यशिरोनिवेशितां वीणां मूर्ध्नि निबद्धं $\mathrm{PB^1}$; आतोद्यशिरोनिवेशितां वीणामूर्ध्नि निबद्धं $\mathrm{L_2}$ **35.1** किलापावाहयत्] *em.*; किलापवाहयद् $\mathrm{G_1UJ}$; किल अहात् अपवाहयत् P; किलाहरत् अपावाहयत् $\mathrm{B^1L_2}$ **35.1** दिव्यैः] $\mathrm{G_1UJ}$; अपार्थिवैर्दिव्यैः $\mathrm{PB^1L_2}$ **35.2** पुष्पै रचितां] $\mathrm{G_1UJ}$; कुसुमै रचितां P; कुसुमैः पुष्पैः ग्रथितां रचितां $\mathrm{B^1L_2}$ **35.2** जववाही] $\mathrm{G_1UJ}$; वेगवान् जववाही $\mathrm{PB^1L_2}$ **35.2** सौगन्ध्याघ्राणलोभेनेव। अतः] $\mathrm{G_1J}$; सौगन्ध्यघ्राणलोभेन वातः U; अधिवासस्पृहयेव सौगन्ध्यघ्राणलोभेनेवातः $\mathrm{PB^1L_2}$ **35.3** सौरभमा°] $\mathrm{G_1UL_2J}$; सौरभ्यमा° P; सौरभम° $\mathrm{B^1}$ **36.1** नारदस्य] $\mathrm{G_1UJ}$; मुनेर्नारदस्य $\mathrm{PB^1L_2}$ **36.1** सप्ततन्त्री] $\mathrm{G_1UJ}$; परिवादिनीं सप्ततन्त्रीं P; परिवादिनी सप्ततन्त्रिका $\mathrm{B^1L_2}$ **36.1** कुसुमानुयायिभिरलिभिर्व्याप्ता] $\mathrm{G_1J}$; कुसुमायायिभिरलिभिर्व्याप्ता U; सुमनोनुसारिभिः कुसुमानुयायिभिः भ्रमरैः विनिकीर्णा व्याप्ता P; सुमनोनुसारिभिः कुसुमानुयायिभिः भ्रमरैरलिभिः विनिकीर्णा व्याप्ता $\mathrm{B^1L_2}$ **36.1** वातपरिभवभवं] $\mathrm{G_1J}$; वातपरिभवं U; पवनावलेपजं वातपरिभवभवं P; ⊔ वलेपजं वातापरिभवभवम् B^{1ac}; पवनावलेपजं वातपरिभवम् B^{3pc}; पवनावलेपजं वातपरिभवभवम् $\mathrm{L_2}$ **36.2** कज्जलकालमस्रविव] UJ; कज्जलकालमस्रिव $\mathrm{G_1}$; अञ्जनाभिलं कज्जलकालं वास्पमिव P; अञ्जनाबिलं कज्जलकालं वाष्पमस्रु इव $\mathrm{B^1}$; अञ्जनाबिलं कज्जलकलं वाष्पमस्रु इव $\mathrm{L_2}$ **36.2** मुञ्चन्ती] $\mathrm{G_1}$; मुञ्चती U; सृजती मुञ्चन्ती P; सृजती मुञ्चत् $\mathrm{B^1}$; सृजती $\mathrm{L_2}$; मुञ्नती J **36.2** जज्ञे] Σ; यज्ञै $\mathrm{L_2}$ **36.2** परिभवात्] $\mathrm{G_1PB^{3pc}L_2J}$; परिभवत् UB^{1ac} **36.2** नारी रोदिति] $\mathrm{G_1U^{pc}PB^1J}$; नारोरीदिति U^{ac}; नारी रोदति $\mathrm{L_2}$

स्रगसज्यत सा महीपतेर्दयितोरश्छदकोटिरत्नयोः॥ ३७॥

सा माला राज्ञो भार्यायाः स्तनाग्रे चूचुके एव मणी तयोरलगत्। कर्मकर्तरि सञ्ज्ञेर्लकारः। लतानामृतुप्रभवां सामयिकीं सौरभसम्पदं पिधाय। उरश्छाद्यत आभ्यामित्युरश्छदौ स्तनौ। उरश्छदं कञ्चुकं केचिदाहुः। रत्नकोटिष्विति पाठे उरश्छदयोर्यानि रत्नानि तदग्रेष्विति व्याख्येयम्॥ ३७॥

क्षणमात्रसखीं सुजातयोः स्तनयोस्तामवलोक्य विह्वला।
पुनरप्रतिबोधलब्धये निमिमील क्षितिपालसुन्दरी॥ ३८॥

---

37 c. स्रगसज्यत सा महीपतेर्] U^{pc} (i.m.) $P_M B^1 L_2 J V^M B^M_1 B^M_2 B^M_3 B^M_5$ $Hem.^{vl}$ (?); स्रगसृजत सा महीपतेर् G_1; नृपतेरमरस्रगाप सा $U B^M_4$ Hem.Mall.Ar.Jin. **37 d. दयितोरश्छद॰**] $G_1 U^{pc}$ (i.m.) $B^1 L_2 V^M B^M_1 B^M_2 B^M_3 B^M_5$ Hem.Ar.; दयितोरस्थल॰ $U^{ac} B^M_4$ $Hem.^{vl}$ Jin.; दयितोरच्छद॰ J; दयितोरुस्तन॰ Mall. • ॰कोटिरत्नयोः] $B^1 L_2 B^M_3$; ॰कोटिरभ्रयोः $G_1 J$; ॰रत्नकोटिषु $P_M V^M B^M_1 B^M_2$ $Vall.^{vl}$; ॰कोटिषु स्थितिम् B^M_4 Hem.Jin.; ॰कोजित्नयैः B^M_5; ॰कोटिसुस्थितिम् Mall.; ॰कोटिषु स्थितम् Ar. **38 b. तामवलोक्य**] $U P_M B^1 L_2 V^M B^M_1 B^M_2 B^M_3 B^M_4 B^M_5$ Hem.Mall.Ar.Jin.; तावलोक्य $G_1 J$ **38 cd. पुनरप्रतिबोधलब्धये निमिमील क्षितिपालसुन्दरी**] $G_1 B^1 L_2 J B^M_3 B^M_5$ Jin.; अपुनःप्रतिबोधलब्धये निमिमील क्षितिपालसुन्दरी $U P V^M B^M_1 B^M_2$; निमिमील नरेश्वरप्रया हृतचन्द्रा तमसेव कौमुदी B^M_4; निमिमील नरोत्तमप्रिया हृतचन्द्रा तमसेव कौमुदी Hem.Mall.Ar.

37.1 सा माला] $G_1 U J$; सा स्रक् माला $P B^1 L_2$ **37.1 राज्ञो**] $G_1 U J$; महीपतेः राज्ञो $P B^1 L_2$ **37.1 स्तनाग्रे चूचुके एव मणी**] $G_1 U J$; उरश्छदयोस्तनयोः कोटिरत्नयोः चूचुकमण्योर्विषये चूचुके एव मणी P; उरश्छदयोस्स्तनयोः कोटिरत्नयोः चूचुक+म+ण्योर्विषयैर् B^1; उरश्छदयो+ः+ स्तनयोः कोटिरत्नयो चूचुकमणोर्विषयेन L_2 **37.1 तयोरलगत्**] $G_1 J$; तयोरगलत् U; तयोरसज्यतालगत् P; असज्यत अलगत् B^1; सज्यत अगलत् L_2 **37.2 सञ्ज्ञेर्लकारः**] $G_1 U P B^1$; सञ्ज्ञेर्नकारः L_2; सज्जे लकारः J **37.2 लतानामृतुप्रभवां**] $G_1 U$; वीरुधां लतानां आर्तवीमृतुभवां P; वीरुधां लतानामार्तवीमृतुप्रभवां $B^{1pc} L_2$; वीरुधां लतानामन्तवीमृतुप्रभावां B^{1ac}; लतानामृत्तप्रभवां J **37.2 सामयिकीं सौरभसम्पदं**] *conj.*; सौमयिकीं सौरभसम्पदं $G_1 J$; सौमनसीं सौरभसम्पदं U; सौमनसीम् सामयिकीं विभूतिं सौरभसम्पदं P; सामयिकीं विभूतिं सौरभसम्पदम् $B^{1pc} L_2$; रायिकीं विभूतिं सौरभसम्पदम् B^{1ac} **37.2 पिधाय**] $G_1 U J$; अभिभूय पिधाय $P B^1 L_2$ **37.2 उरश्छाद्यत**] $U P B^1 L_2$; उरश्छाद्य $G_1 J$ **37.3 आभ्यामित्युरश्छदौ**] $G_1 U P$; आ⊔मित्युरश्छदौ $B^{1ac} L_2$; आसामित्युरश्छदौ B^{3pc}; अभ्यामित्युरच्छदौ J **37.3 उरश्छदं कञ्चुकं**] $G_1 U P$; उरश्छदं कञ्चुकमिति B^1; उरश्छदं कञ्चकमिति L_2; उरच्छदं कंचुकं J **37.3 रत्नकोटिष्विति**] $U P J$; रत्नकोटिष्विष्विति G_1; रत्नकोटिष्विति तु $B^1 L_2$ **37.4 तदग्रेष्विति**] $G_1 U P B^1$; उरग्रेष्विति L_2; उदरेष्विति J

इन्दुमती पीवरयोः कुचयोरुपरि मालां दृष्ट्वा, ≪आकुला≫ सती, भूयश्चेतनाया अप्राप्त्यै, मरणार्थमित्यर्थः, न्यमिषल्लोचने पिदधौ। वयस्यां तत्क्षणं परिचितां कुचालिङ्गनात्॥ ३८॥

समम‍ेव नराधिपेन सा गुरुसम्मोहविलुप्तचेतसा।
अगमत्सह तैलबिन्दुना नवदीपार्चिरिव क्षितेस्तलम्॥ ३९॥

इन्दुमती राज्ञा सहैव भुवः पृष्ठं जगाम, भूतले पपात। महत्या सम्मूर्छया नष्टं मनो यस्य तेन। तस्यापि तां तथाविधामालोक्य चेतना ननाश। तत्कालदत्तस्य दीपस्य ज्वाला यथातिलम्बमानत्वात्तैलपृषतेन सार्धमवनिमाप्नोति॥ ३९॥

उभयोः परिपार्श्ववर्तिभिस्तुमुलेनार्तरवेण वेजिताः।

---

39 .] **V**$V^M B_1^M B_2^M B_3^M B_4^M B_5^M$ Jin.; वपुषा करणोज्झितेन सा निपतन्ती पतिमप्यपातयत्। ननु तैलनिषेकबिन्दुना सह दीपार्चिरुपैति मेदिनीम् $B_4^{M\,vl}$Hem.Mall.Ar.Jin.^{vl} **39 b. गुरु°**] $P_M V^M B_1^M B_2^M B_4^M$ Jin.; क्षण° $G_1UB^1L_2JB_3^M B_5^M$ **40 ab. उभयोः परिपार्श्ववर्तिभिस्तुमुलेना°**] $G_1UP_M B^1L_2JV^M B_1^M B_4^M B_5^M$; उभयोः परिपार्श्ववर्तिभिस्तमुलेना° $B^1B_3^M$; उभयोः परिपार्श्ववर्तिभिस्तुमलेना° J; उभयोरिपौपार्श्ववर्तिभिस्तुमुलेना° B_2^M; उभयोरपि पार्श्ववर्तिनां तुमुलेना° Hem.Mall.; उभयोरपि पार्श्ववर्तिनां करुणेना° Ar.; उभयोः परिपार्श्ववर्तिनां तुमुलेना° Jin. (?)

38.1 इन्दुमती] G_1UJ; क्षितिपालसुन्दरी इन्दुमती PB^1L_2 **38.1 पीवरयोः**] G_1UJ; सुजातयोः पीवरयोः PB^1L_2 **38.1 कुचयोरुपरि**] G_1PJ; स्तनयोः कुचयोरुपरि UB^1; स्तनयो कुचयोरुपरि L_2 **38.1 मालां**] G_1UJ; तां मालां PB^1L_2 **38.1 दृष्ट्वा**] G_1UPJ; अवलोक्य दृष्ट्वा B^1L_2 **38.1 आकुला सती**] *conj.* (cf. Jin.); विह्वला सती $G_1PB^1L_2$; *om.* UJ **38.2 भूयश्चेतनाया अप्राप्त्यै**] *conj.*; भूयश्चेतनाया न प्राप्त्यै G_1UJ; भूयो ऽप्रतिबोधलुब्धये चेतनाया न प्राप्त्यै P; पुनर्भूयः अप्रतिबोधलब्धये चेतनायाः न प्राप्त्यै B^1L_2 **38.2 °र्थमित्यर्थः**] PB^1L_2; °र्थमित्यर्थ G_1J; °र्थं U **38.2 न्यमिषल्लोचने**] G_1UJ; निमिमील न्यमिषत् लोचने PB^1L_2 **38.2 वयस्यां**] *conj.*; क्षणमात्रं वयस्यां G_1J; क्षत्रमात्रं वयस्यां U; क्षणमात्रसखीं क्षणमात्रवयस्यां PB^1L_2 **38.3 तत्क्षणं परिचितां**] PB^1L_2; तत्परिचितां G_1; तत्क्षणपरिचितां UJ **39.1 इन्दुमती**] G_1UJ; सा इन्दुमती PB^1L_2 **39.1 राज्ञा सहैव**] G_1UJ; नराधिपेन सममेव PB^1L_2 **39.1 भुवः पृष्ठं**] G_1U; क्षितेस्तलं भूपृष्ठम् PB^1L_2; भुवः पृष्टं J **39.1 जगाम**] G_1UJ; अगमत् PB^1L_2 **39.1 भूतले पपात**] G_1UJ; भूतले (भूलते P^{ac}) पपातेत्यर्थः PB^1L_2 **39.1 सम्मूर्छया**] UJ; समूर्छया G_1; मूर्छया PB^1L_2 **39.2 नष्टं मनो**] G_1UJ; विलुप्तं नष्टं चेतो P; विलुप्तं नष्टो चेतो B^1L_2 **39.2 तत्कालदत्तस्य**] G_1UJ; तत्कालज्वलितस्य $PB^{3pc}L_2$; तत्कलज्वलितस्य B^{1ac} **39.3 दीपस्य ज्वाला**] G_1UJ; दीपस्यार्चिर्ज्वाला PB^1L_2 **39.3 °पृषतेन**] G_1J; °पृषितेन U; °बिन्दुना PB^1L_2 **39.3 °वनिमाप्नोति**] G_1UJ; °वनितलम् प्राप्नोति PB^1L_2

विहगाः कमलाकराश्रयाः समदुःखा इव तत्र चुक्रुशुः॥ ४०॥

तत्र पद्मसरसि शायिनः शकुनयः सदृशशुच इवारुवन्। तयोर्द्वयोर्दम्पत्योर्निकटस्थैर्दासीदासादिभिर्बहुलेन रुदितध्वनिना त्रासिताः। ओविजेर्ण्यन्तस्य रूपम्॥ ४०॥

नृपतेर्व्यजनादिभिस्तमो नुनुदे सा च तथैव संस्थिता।
प्रतिकारविधानमायुषः सति शेषे हि फलाय कल्पते॥ ४१॥

राज्ञस्तालवृन्तहिमतोयादिभिर्मोहो निवारितः। इन्दुमती पुनः पूर्ववदेव स्थिता। केचिन्मृतेत्याहुः। यस्मादायुषः शेषे सति व्याधिप्रतिक्रियाकरणं सफलं भवति, तस्यास्त्वायुः परिपूर्णम्॥ ४१॥

प्रतियोजयितव्यवल्लकीसमवस्थामथ सत्त्वसंप्लवात्।

---

40 c. °कराश्रयाः] $G_1UP_MB^1L_2JV^MB_3^MB_4^MB_5^M$Hem.Ar.Jin.; °करश्रयाः B_1^M; °कलाश्रयाः B_2^M; °करालयाः Mall. **40 d.** चुक्रुशुः] $G_1P_MB^1L_2V^MB_1^MB_2^MB_3^MB_4^MB_5^M$Hem.Mall.Ar.Jin.; चुक्रुधुः UJ **41 b.** च] $G_1UJB_2^M$; तु $P_MB^1L_2V^MB_1^MB_3^MB_4^MB_5^M$Hem.Mall.Ar.Jin. **42 .** $G_1UP_MB^1L_2JV^MV^MB_1^MB_2^MB_3^MB_4^MB_5^M$Hem.Mall.Ar.Jin.^{vl}; स निनाय नितान्तवत्सलः परिवृत्तप्रथमच्छविं क्षणात् (°विह्वलां B_4^M)। सलिलोद्धृतपद्मिनीतुलां (पद्मिनीनिभां B_4^{Mvl} Jin.) दयितामङ्कमुदश्रुलोचनः B_4^{Mvl}Hem.^{vl}Jin. Note, however, that in Hem.'s commentary the variant is nonsensically printed with यदि ताम् (for दयिताम्) **42 a.** °संप्लवात्] $UP_MB^1L_2JV^MB_2^MB_3^MB_4^MB_5^M$; °सम्पल्लवाम् G_1; °विप्लवात् B_1^MHem.Mall.Ar.Jin.^{vl}

40.1 शायिनः] Σ; शायनो L_2 **40.1** शकुनयः] G_1UPJ; विहगाश्शकुनयः B^1L_2 **40.1** सदृशशुच] G_1UJ; समदुःखा इव सदृशशुच P; समदुःखा इव सदृश ⊔ B^{1ac}; समदुःखा इव सदृशदुःखा B^{3pc}; समदुःखा L_2 **40.1** इवारुवन्] G_1UPJ; इव चुक्रुशुररुवन् B^1L_2 **40.2** तयोर्द्वयोर्दम्पत्योर्निकटस्थैर्दासीदासादिभिर्बहुलेन] G_1UJ; उभयोस्तयोर्दम्पत्योः परिपार्श्ववर्तिभिः निकटवर्तिभिः दासिदासादिभिः तुमुलेन बहुलेनार्तरवेण P; उभयोर्द्वयोस्तयोद्दम्पत्योः परिपार्श्ववर्तिभिन्निकटस्थैद्दासीदासादिभिः तुमुलेन बहुलेन आर्तरवेण B^1; उभयोस्तयोर्दम्पत्योः परिपार्श्ववर्तिभि निकटस्थैर्दासीदासादिभिः तुमुलेन बहलेन आर्तरवेण L_2 **40.2** त्रासिताः] G_1UJ; वेजितास्त्रासिताः PL_2; वीजितास्त्रासिताः B^1 **40.2** ओविजेर्ण्यन्तस्य] Σ, ओविजेः र्ण्यन्तस्य L_2 **41.1** राज्ञस्तालवृन्तहिमतोयादिभिर्मोहो] G_1U; राज्ञः व्यजनादिभिस्तमो नुनोद तालवृतहिमतोयादिभिर्मोहो P; नृपते राज्ञः व्यजनादिभिस्तालवृन्तहिमतोयादिभिर्मोहो B^1L_2; राज्ञस्तालवृंतहिमतोयादिभिर्मोहो J **41.1** इन्दुमती] G_1UJ; सा इन्दुमती PB^1L_2 **41.2** पुनः पूर्ववदेव स्थिता] G_1UJ; पुनस्तथैव पूर्ववदेव संस्थिता P B^1L_2 **41.2** °करणं] Σ; °विधानं U **41.3** सफलं भवति] G_1UJ; फलाय कल्पते सफलं न भवति P; फलाय कल्पते सफलं भवति B^1L_2

स निनाय नितान्तवत्सलः परिगृह्योचितमङ्कमङ्गनाम्॥ ४२॥

अनन्तरं राजेन्दुमतीमुत्क्षिप्य योग्यं वाममुत्सङ्गं प्रापयत्। अतिस्निग्धः। चेतोभ्रंशाच्चैतन्यनाशात्, निःसारणवीणासदृशदशाम्। प्रतियोजयितव्या संस्कार्या। संशब्दः समशब्दार्थः। पाठान्तरे परिवृत्ता चलिता प्रथमाद्या छविः कान्तिर्यस्याः तथा विच्छायत्वाच्च सलिलादुद्धृतया पद्मिन्या तुल्या॥ ४२॥

पतिरङ्कनिषण्णया तया करणप्रायणभिन्नवर्णया।
समलक्ष्यत बिभ्रदाबिलां मृगलेखामुषसीव चन्द्रमाः॥ ४३॥

राजेन्दुमत्योत्सङ्गस्थया प्रभाते शशलेखां कलुषां धारयमाणः सोम इव समदृश्यत। इन्द्रियाणां गमनेन चेतोनाशेन नष्टच्छाययया॥ ४३॥

विललाप स वाष्पगद्गदं सहजामप्यपहाय धीरताम्।
अभितप्तमयो ऽपि मार्दवं भजते कैव कथा शरीरिषु॥ ४४॥

---

42 d. परिगृह्यो°] $G_1UB^1L_2V^MB_1^MB_2^MB_3^MB_5^M$Hem.Mall.Ar.Jin.; प्रतिगृह्यो° P_M; परिगृह्य° B_4^M **43 b.** करणप्रायण°] $G_1P_MB^1L_2B_1^MB_5^M$Ar.; करणापायन° U; करणाप्रायवि° JB_4^M; करणप्रायन° $V^MB_3^M$; करणप्रयाण B_2^M; करणापायवि° Hem.Mall.Jin.

42.1 अनन्तरं] G_1UJ; अथानन्तरं PB^1L_2 **42.1** राजेन्दुमतीम्] G_1UJ; राजा दयितामिन्दुमतीं P; स राजा दयितामिन्दुमतीं B^1L_2 **42.1** वाममुत्सङ्गं] Σ; वाममुत्सङ्ग्धं G_1 **42.1** प्रापयत्] G_1UJ; निनाय प्रापयत् $P^{pc}B^1L_2$; निनाय ×प्राप्तवत्× +प्रापयत्+ P **42.1** अतिस्निग्धः] G_1UJ; नितान्तवत्सलो ऽतिस्निग्धः PB^1L_2 **42.2** चेतोभ्रंशाच्] G_1UJ; सत्त्वसंप्लवात् PB^1L_2 **42.2** निःसारणवीणासदृशदशाम्। प्रतियोजयितव्या संस्कार्या] *conj.*; निःसारणवीणासदृशदशाम्। प्रतियोजयितव्या संस्कार्या देयमाणा G_1; निःसारणवीणासदृशदशाम्। प्रतियोजितव्या संस्कार्या देयमाणा U; प्रतियोजयितव्या निस्सारणा सती पुनस्संस्कार्या (पुनः सा कार्या P, पुन+ः+ संस्कार्य L_2) सारणादानेन या वल्लकी तत्सदृशदशां PB^1L_2; निःसारणवीणा J **42.3** परिवृत्ता] Σ; परिवृता U **42.3** प्रथमाद्या छविः] $G_1PB^{1pc}J$; च्छवि U; प्र+थमाद्या+ च्छविः B^1; प्रधूमाद्या च्छविः L_2 **42.4** तथा] PB^1L_2; सा तथा G_1UJ **42.4** पद्मिन्या] G_1UPJ; पद्मिन्यास् B^1L_2 **43.1** राजेन्दुमत्योत्सङ्गस्थया] U; राजेन्दुमत्योत्सङ्गस्था G_1J; पतिरजः तया इन्दुमत्या अङ्कनिषण्णया उत्सङ्गस्थया (ङ्गतया P) PB^1L_2 **43.1** प्रभाते] G_1UJ; उषसि प्रभाते PB^1L_2 **43.1** शशलेखां कलुषां] *conj.*; शशिलेखां कलुषां G_1UJ; आबिलां कलुषां मृगलेखां शश (शशि° B^1) लेखां PB^1; आबिलां मृगलेखां शशलेखां L_2 **43.1** धारयमाणः] G_1UJ; बिभ्रद्धारयन् PB^1L_2 **43.2** सोम इव समदृश्यत] G_1UJ; चन्द्रमा इव समलक्ष्यत समदृश्यत PB^1L_2 **43.2** इन्द्रियाणां गमनेन] *em.*; इन्द्रियानां गमनेन G_1UJ; करणानामिन्द्रियाणां प्रायणेन (प्रायेण P) गमनेन PB^1L_2 **43.2** चेतोनाशेन] G_1UJ; चेतनानाशेन PB^1L_2 **43.2** नष्टच्छाययया] U; नष्टच्छयया G_1J; भिन्नो नष्टो वर्णश्छाया यस्यास्तया PB^1L_2

अजः स्वाभाविकमपि धैर्यमपास्यास्रुणा विस्वरमशुचत्। धीरस्य कुतः शोक इति चेत्। अश्मसारमपि कठिनमभितप्तं विलीयते। सहृदयेषु सुकुमारेषु च प्राणिषु कथैव का। अवश्यमेव ते गलन्तीत्यर्थः॥ ४४॥

कुसुमान्यपि गात्रसङ्गमात्प्रभवन्त्यायुरपोहितुं यदि।
न भविष्यति हन्त साधनं किमिवान्यत्प्रहरिष्यतो विधेः॥ ४५॥

आयुराक्रष्टुं व्यावर्तयितुं हिंसितुं मृदून्यपि पुष्पाणि देहसंश्लेषाच्चेच्छक्नुवन्ति तद्विधातुः प्रहर्तुः किं यथापरं साधनं न भविष्यति, शस्त्रादि, कुसुमसकाशादपि वा यत्सुकुमारतरम्। हन्त खेदे॥ ४५॥

मृदु वस्तु सदैव हिंसितुं मृदुनैवारभते प्रजान्तकः।
हिमसेकविपत्तिरत्र मे नलिनी पूर्वनिदर्शनक्षमा॥ ४६॥

एवं मन्ये ऽहम्—यमः कोमलं वस्तु नित्यं क्षपयितुं कोमलेनैव वस्तुना प्रव-

---

46 a. मृदु वस्तु सदैव] $\mathbf{V}V^M B_1^M B_2^M B_3^M B_4^M B_7^M$; अर्थमृदुवस्तु B_4^{Mvl}; मृदु वस्त सदैव B_5^M; अथवा मृदु वस्तु Hem.Mall.Ar. (Jin. uncertain) **46 d.** °दर्शनक्षमा] $\mathbf{V}V^M B_1^M B_2^M B_3^M B_4^M B_5^M B_7^M$; °दर्शनं गता B_4^{Mvl}Hem.; °दर्शनं मता Mall.Ar.Jin.

44.1 अजः स्वाभाविकमपि धैर्यमपास्यास्रुणा] G_1U; सः अजः सहजां स्वाभाविकीमपि धीरतामपहाय वाष्पेण P; सोजः सहजां स्वाभाविकीमपि धीरतां धैर्यमपहायापास्य वाष्पेणास्रुणा $B^{1pc}L_2$; सोजः स×ा×हजां स्वाभाविकीमपि धीरतां धैर्यम(°मु° B^{1ac})पहाय+ा+पास्य वाष्पेणास्रुणा B^1; अजराजः स्वाभाविकमपि धैर्यमपास्य अस्रुणा J **44.1** विस्वरमशुचत्] G_1UJ; गद्गदं विस्वरं विललाप P; गद्गदं विस्वरं विललाप अशुचत् B^1L_2 **44.1** कुतः शोक] Σ; कुतच्छोक G_1 **44.2** अश्मसारमपि कठिनमभि°] G_1UJ; कठिममप्ययःशस्त्रमभि° PB^1L_2 **44.2** सहृदयेषु सुकुमारेषु च] G_1J; सहृदयेषु सुकुमारेषु U; शरीरिषु सुकुमारेष्वपि PB^1L_2 **45.1** आयुराक्रष्टुं] G_1UJ; आयुरपोहितुं आक्रष्टुं PB^1L_2 **45.1** व्यावर्तयितुं] Σ; व्यायन्तयितुं L_2 **45.1** °श्लेषा°] Σ; °श्लिषा° L_2 **45.2** तद्विधातुः प्रहर्तुः] *conj.*; तद्विधातुः G_1UJ; तत्तदा विधातुः प्रहर्तुः PB^1L_2 **45.2** किं यथापरं] G_1UJ; किमितापरं PB^1; किमवापरं L_2 **45.2** न भविष्यति] UPB^1L_2; भविष्यति G_1 **45.3** °कुसुमसकाशादपि वा यत्] $G_1PB^1L_2$; °कुसुमादेरपि वायुः U; °कुसुमसकाशादपि यावत् J **45.3** हन्त] P; हन्तेति Σ **46.1** एवं मन्ये ऽहम्] G_1J; एवमन्ये न्यं U; एवमहं मन्ये यथा PB^1L_2 **46.1** यमः] *conj.*; *om.* G_1UJ; प्रजान्तको यमः PB^1L_2 **46.1** कोमलं वस्तु] G_1UJ; मृदु कोमलं वस्तु PB^1L_2 **46.1** नित्यं क्षपयितुं कोमलेनैव वस्तुना] G_1UJ; मृदुनैव वस्तुना हिंसितुं क्षपयितुं PB^1; °ना हिंसितुं क्षपयितुम् L_2(eyeskip)

र्तते। एतस्मिंश्च मे पद्मिनी प्रथमदृष्टान्तयोग्या तुहिनवृष्ट्यैव विनाशो यस्याः। प्रजान्तक इत्यत्र प्रजाग्रहणं विस्पष्टार्थम्॥ ४६॥

अथवा सुरमाल्यरूपभागशनिर्निर्मित एष कर्मणा।
यदनेन तरुर्न पातितः क्षपिता तद्विटपाश्रया लता॥ ४७॥

अथवेति पूर्वापेक्षया पक्षान्तरम्। नेदं पुष्पमित्यर्थः, अपि तु विधिनैष दिव्यमालाकुसुमवेशधारी वज्रः सृष्टः, यदनेन वृक्षतुल्यो ऽहं न पातितः, मदङ्गप्रकाण्डाश्रिता चेन्दुमतीलता विनाशिता। अशनेर्हि प्रायेणैष स्वभावो यदुपरिशाखाभारं तरोर्नाशयति, न स्तम्भम्। एवं च व्याख्याने माल्यस्याशनित्वं साध्यम्। अशनेर्माल्यत्वं साध्यमित्यन्ये। अशनेः किल तरुपेषणं प्रसिद्धम्। अयं पुनरन्य एवाशनिर्यत्कर्मवशात्तरुं विसृज्य लतां नाशितवान्॥ ४७॥

स्रगियं यदि जीवितापहा हृदये किं निहिता न हन्ति माम्।

---

47 .] placed after 48 in Hem.Mall.; *om.* Ar. **47 a.** सुरमाल्यरूपभाग्] Σ; मम भाग्यविप्लवाद् Mall. **47 b.** अशनिर्निर्मित एष कर्मणा] $G_1B^1JV^MB_1^MB_2^MB_3^MB_4^MB_5^MB_7^M$Jin.; अशनिर्निर्मित एव वेधसा U; अशनिर्निन्दित एष कर्मणा P_M; अशनिनिर्मित एष कर्मणा L_2(unmetrical); अशनिर्निर्मित एष वेधसा Hem.; अशनिः कल्पित एष वेधसा Mall. **47 c.** तरुर्न पातितः] $UP_MB^1L_2V^MB_1^MB_3^MB_4^MB_5^MB_7^M$Hem.Jin.; तरुर्निपातितः $G_1B_2^M$; उरुर्निपातितः J; न पातितस्तरुः Mall. **48 .**] placed after 46 in Hem.Mall.Ar.

---

47 प्रसिद्धम् ··· विसृज्य लतां] *om.* L_2

46.2 प्रवर्तते] G_1UJ; आरभते P; आरभते प्रवर्तते B^1; आरेभे प्रवर्तते L_2 **46.2** पद्मिनी] G_1UJ; नलिनी पद्मिनी PB^1L_2 **46.2** प्रथमदृष्टान्तयोग्या] UJ; प्रथमदृष्टयोग्या G_1; पूर्वनिदर्शने प्रथमदृष्टान्ते योग्या PB^1L_2 **46.2** तुहिनवृष्ट्यैव] G_1J; तुहिनवृष्ट्येव U; कीदृशी हिमसेकेन तुहिनवृष्ट्यैव PB^1L_2 **46.2** विनाशो] G_1UJ; विपत्तिर्विनाशो PB^1L_2 **46.3** प्रजान्तक इत्यत्र] PB^1L_2; प्रजान्तक इति G_1J; प्रजान्त इति U **47.1** विधिनैष] *conj.*; वेधसैष G_1UJ; कर्मणा विधिना एषः P; कर्मरूपेण विधिना एषः B^1L_2 **47.2** दिव्यमालाकुसुमवेशधारी] G_1UJ; सुरमाल्यरूपभाक् दिव्यमालाकुसुमवेशधारी PB^1L_2 **47.2** वज्रः सृष्टः] G_1; वज्रः स्पृष्टः UJ; अशनिर्निर्मितः(निर्निन्दितः P^{ac}) सृष्टः P; अशनिर्वज्रो निर्मितस्सृष्टः B^1L_2 **47.2** वृक्षतुल्यो] G_1UJ; तरुतुल्यो PB^1L_2 **47.3** मदङ्ग°] U; मृदङ्ग° G_1; मदङ्क° PL_2J; सदङ्क° B^1 **47.3** चेन्दुमती°] G_1UJ; चेन्दुमती एव P; इन्दुमती एव B^1L_2 **47.3** लता विनाशिता] G_1UJ; क्षपिता विनाशिता P; लता क्षपिता विनाशिता BL_2 **47.3** अशनेर्हि] B^1L_2; अशने हि G_1J^{pc}; *om.* U; अयने हि P; अशनि हि J^{ac} **47.3** प्रायेणैष] B^1L_2J; प्रायेणैव G_1P; *om.* U **47.4** स्वभावो यदुपरिशाखाभारं] Σ; भारं U **47.4** एवं च] Σ; एवं U **47.5** °र्माल्यत्वं] G_1UPL_2; °र्मालत्वं B^1; माल्यत्वं J **47.6** °र्यत्कर्मवशात्तरुं] G_1PB^1J; °निर्यद्वशात्तरुं U **47.6** लतां] G_1UP; लता B^1

विषमप्यमृतं क्वचिद्भवेदमृतं वा विषमीश्वरेच्छया॥ ४८॥

इयं माला प्राणान्विनाशयति चेत्तदुरसि निक्षिप्ता मां कथं न मारयति। अथवा दैवेच्छया गरलमपि सुधा कुत्रापि स्यात्, सुधा वा गरलं कुत्रापि स्यात्। इन्दुमतीनाशादमृततुल्याया मालाया विषत्वम्, सिद्धविषत्वायाश्च तस्या नृपाहननादमृतत्वम्॥ ४८॥

कृतवत्यसि नावधीरणामपराद्धे ऽपि यदा चिरं मयि।
कथमेकपदे निरागसं जनमाभाष्यमिमं न मन्यसे॥ ४९॥

मयि बहुकालं सापराधे ऽपि यदा त्वमवज्ञां नाकार्षीस्तदाद्यानपराधं मा युगपत्सम्भाषणार्हं कथं न बुध्यसे। कथं प्रलपतो मम वचनं न ददासीत्यर्थः॥ ४९॥

ध्रुवमस्मि शठः शुचिस्मिते विदितः कैतववत्सलस्तव।

---

49 b. °पराद्धे ऽपि यदा चिरं] $UL_2JV^M B^M_4 B^M_5 B^M_7$ Mall.Ar.; °पराद्धे हि यदा चिरं G_1B^3 B^M_2; °पराद्धे पि चिरं यथा $P_M B^M_1$; °पराद्धे ⏑ यदा चिरं B^M_3; °पराद्धे ऽपि चिरं प्रिये Hem.Jin.; °पराधो ऽपि चिरं यदा $Ar.^{vl}$

48.1 माला प्राणान्विनाशयति] G_1UJ; स्रक् माला जीवितापहा प्राणहारिणी P; स्रक् माला जीवितापहा प्राणनाशिनी B^1L_2 **48.1** चेत्तदुरसि निक्षिप्ता] G_1UJ; चेतद्धृदये क्षिप्ता P; चेत् तत् हृदये उरसि निहिता निक्षिप्ता B^1L_2 **48.1** कथं न मारयति] G_1UJ; किमिति न हन्ति मारयति PB^1L_2 **48.2** अथवा दैवेच्छया] UJ; अथवा अथवा दैवेच्छया G_1; अथवेश्वरेच्छया दैवेच्छया PB^1L_2 **48.2** गरलमपि सुधा कुत्रापि स्यात् सुधा वा गरलं कुत्रापि स्यात्] G_1UJ; विषमपि क्वचिममृतं सुधा भवेत् अमृतं सुधा वा विषं भवेत् कुत्रापि PB^1L_2 **48.3** °तुल्याया मालाया] Σ; °तुल्यया मालया मालया P **48.3** सिद्धविषत्वायाश्च] J; सिद्धविषत्वाश्च G_1; सिद्धम् विषत्वाच्च U; सिद्धविषत्वाच्च P; सिद्धं विष+त्व+याच्च $B^1(+B^3)$; सिद्धं विषत्वाच्च विषस्य च या L_2 **48.4** नृपाहननादमृतत्वम्] PB^1L_2; नृपादहनादमृततुल्यत्वम् G_1UJ **49.1** बहुकालं सापराधे] G_1UJ; चिरमपराद्धे सापराधे PB^3L_2 **49.1** त्वमवज्ञां] G_1UJ; त्वमवधीरणामवज्ञां $PB^{3pc}L_2$; वधीरणामवज्ञां B^{1ac} **49.1** नाकार्षीस्तदाद्यानपराधं] G_1J; नाकार्षीः तदाद्यनिरपराधं U; न कृतवती न व्यधाः तदा अद्य निरागसं निरपराधं P; न कृतवती न व्यधाः तदा अद्य निरागरागनगराधम् B^1; कृतवती न व्यधाः तदा अद्य निरागसमनपराधम् L_2 **49.2** मा युगपत्सम्भाषणार्हं] *conj.*; सा युगपत्सम्भाषणारर्हं G_1; मां युगपत्सम्भाषणार्हं कथार्हं U; इमं जनं मामित्यर्थः आयुष्मं युगपत्सद्यः सम्भाषणार्हं P; इमं जनं मामित्यर्थः आभाष्यं युगपत्सम्भाषणार्हं B^1L_2; सा युगपत्संभाषणार्हं कथाहं J **49.2** बुध्यसे] G_1UJ; मन्यसे PB^1L_2 **49.2** वचनं] G_1UJ; प्रतिवचनं PB^1L_2

परलोकमसन्निवृत्तये यदनामन्त्र्य गतासि मामितः॥ ५०॥

हे निर्मलहसिते निश्चितमहं त्वया धूर्तो ऽत एव व्याजेनानुरक्तो ज्ञातः, यन्मामनापृच्छ्यासम्भाव्यास्माल्लोकादन्यं लोकं याता त्वम्, अपुनरागमनाय। अस्निग्धो ह्युपेक्ष्यते॥ ५०॥

दयितां यदि तावदन्वगाद्विनिवृत्तं किमिदं त्वया विना।
सहतां हतजीवितं मम प्रबलामात्मकृतेन वेदनाम्॥ ५१॥

इदं मदीयं दग्धजीवितं चेत्तावत्प्रियां पश्चाद्गतम्, तत्कथं प्रियां वर्जयित्वा प्रत्यागतम्। तदस्मिन्काले स्वकर्मणा, न तु दैवेन, आयतां पीडां सहताम्॥ ५१॥

सुरतश्रमवारिबिन्दवो न तु तावद्विरमन्ति ते मुखे।

---

50 c. °मसन्नि°] $P_M B^1 J B_1^M B_2^M B_3^M B_4^M B_5^M B_7^M$ Hem.Mall.Ar.Jin.; °मसन्न° G_1; °मतन्नि° UV^M; °सपन्नि° L_2 **50 d.** यदनामन्त्र्य] $G_1 U P_M B^1 L_2 V^M B_1^M B_2^M B_3^M B_5^M$ Hem.Jin.; यदिनामंत्र्य J; यदनापृच्छ्य B_4^M Mall.Ar. **51 b.** किमिदं त्वया] $P V^M B_1^M B_2^M$; किमतस्त्वया $G_1 U B^1 L_2 J B_3^M B_5^M B_7^M$; किमुत त्वया B_4^M; किमिदं तया Hem.Mall.Ar.Jin. **51 d.** °त्मकृतेन] $G_1 U P B^1 L_2 J V^M B_2^M B_3^M B_4^M B_5^M B_7^M$ Mall.Ar.; °त्मकृतो न B_1^M; °त्मकृतानु° Hem.; °त्मकृतां तु Jin. **52 a.** °वारिबिन्दवो] $G_1 U P_M B^1 L_2 J V^M B_1^M B_2^M B_3^M B_4^M B_5^M B_7^M$ Jin.; °संभृतो मुखे Hem.Mall.Ar. **52 b.** न तु तावद्विरमन्ति ते मुखे] $G_1 P_M B^1 L_2 J V^M B_1^M B_4^M B_5^M B_7^M$ Jin.; न त्वतावद्विरमन्ति ते मुखे U; न तु यावद्विरमन्ति ते मुखे B_2^M; ध्रियते स्वेदलवोद्गमो ऽपि ते Hem.Mall.Ar.

50.1 निर्मलहसिते] $G_1 J$; निर्मलस्मिते निर्मलहसिते U; शुचिस्मिते निर्मलहसिते $P B^1 L_2$ **50.1** निश्चितमहं] $G_1 U J$; ध्रुवं निश्चितमहं $P B^1 L_2$ **50.1** त्वया] $G_1 U J$; तव त्वया $P B^1 L_2$ **50.1** धूर्तो ऽत एव] $G_1 U P$; अत एव $B^1 L_2$ **50.1** ज्ञातः] $G_1 U J$; विदितो ज्ञातो $P B^1 L_2$ **50.2** यन्मामनापृच्छ्यासम्भाव्यास्माल्लोकादन्यं लोकं] G_1; यन्ममानापृच्छ्यासम्भाव्यास्माल्लोकादन्यं लोकम् U; यन्मामनामन्त्र्यानापृच्छ्यासम्भाव्य इतः अस्मालोकात्परलोकं $P B^1 L_2$; यन्मामऽनापृच्छ्याऽमसंभाव्य अस्माल्लोकादन्यं लोकं J **50.2** याता त्वम्] J; यतस्त्वम् G_1; इतस्त्वम् U; यातासि त्वम् $P B^1 L_2$ **50.2** अपुनरागमनाय] $G_1 B^1 L_2 J$; अनागमनाय U; पुनरागमनाय P **50.3** अस्निग्धो] Σ; असिग्धो G_1 **50.3** ह्युपेक्ष्यते] $B^1 L_2$; ह्युपेक्षते $G_1 J$; ह्यपेक्षते U; ह्यपेक्ष्यते P **51.1** दग्धजीवितं] $G_1 U J$; हतजीवितां दग्धजीवितं $P B^1 L_2$ **51.1** चेत्तावत्प्रियां] $G_1 U J$; यदि तावद्दयितां त्वां $P B^1 L_2$ **51.1** पश्चाद्गतम्, तत्कथं] $P B^1 L_2$; पश्चाद्गतवत्कथं $G_1 J$; पश्चाद्गतावत्कथं U **51.1** प्रियां वर्जयित्वा] $G_1 U J$; त्वया विना P; त्वां विना $B^1 L_2$ **51.2** तदस्मिन्काले] $G_1 U J$; तदद्य $P B^1 L_2$ **51.2** स्वकर्मणा, न तु दैवेन, आयतां] $G_1 U J$; आत्मकृतेन स्वकर्मणा दैवेन प्रबलामायातां (°यतां $B^{3pc} L_2$) $P B^1 L_2$ **51.2** पीडां] $G_1 U J$; पीडनां वेदनां P; वेदानां पीडां $B^1 L_2$

स्वयमस्तमितास्यहो वत क्षयिणां देहभृतामसारता॥ ५२॥

तव वक्त्रे निधुवनजनिता घर्मजलकणा न पुनस्तावन्निवर्तन्ते यावदात्मना नष्टा त्वम्। अहो विस्मये। वत कष्टम्। विनाशिनां प्राणिनामस्थैर्यम्॥ ५२॥

मनसापि न विप्रियं मया कृतपूर्वं ननु किं जहासि माम्।
वत शब्दपतिः क्षितेरहं त्वयि मे भावनिबन्धनं मनः॥ ५३॥

मया चेतसाप्यहितं तव नाकारि यस्मादतः कथं मा त्यजसि। मही सपत्नीति चेत्, न, भूमेरहं शब्दमात्रेण वाच्यशून्येनानुरागाभावेन भर्ता, न त्वनुरागहेतोः। त्वयि मे चित्तं भावमनुरागं निबध्नात्यवष्टभ्नातीति भावनिबन्धनं सानुरागम्। मतिः प्रीतिश्चित्तग्राहिणी भावं निबध्नाति वशीकरोतीति केचित्॥ ५३॥

---

52 cd. स्वय(कथ° B_4^M)मस्तमितास्यहो वत क्षयिणां देहभृ(देहव° B_1^M)तामसारता $G_1UB^1L_2JV^MB_1^MB_2^MB_3^MB_4^MB_5^MB_7^M$; स्वयमस्तमितास्यहो वत क्षयिणामस्तवतामसारता P_M; अथ चास्तमिता त्वमात्मना धिगिमां देहभृतामसारताम् Hem.Mall.Ar.Jin. **53 .**] 53 and 54 are placed after 55 in V^MP_M **53 b.** ननु किं जहासि] $B^{1ac}L_2JB_3^MB_4^MB_5^M$; ननु किं जिहासि G_1; ननु जिहासि U(unmetrical); तव किं जहासि $P_MB^{3pc}V^MB_1^MB_2^MB_7^M$ Hem.Mall.Ar.Jin. **53 c.** वत] $G_1UB^1L_2JB_3^MB_4^{Mvl}B_7^M$; ननु $P_MV^MB_1^MB_2^MB_4^M$ Hem.Mall.Ar.Jin. **53 d.** °बन्धनं मनः] $G_1UP_MB^1L_2JV^MB_1^MB_2^MB_3^MB_4^MB_5^MB_7^M$; °बन्धना मतिः Vall.^{vl}; °बन्धना रतिः Hem.Mall.Ar.Jin.

---

53 इति भावनिबन्धनं…निबध्नाति] $G_1UB^{3pc}L_2$; *om.* $PB^{1ac}J$

52.1 तव वक्त्रे] G_1UJ; ते तव मुखे PB^1L_2 **52.1** निधुवनजनिता घर्मजलकणा] *conj.*; निधुवनजनिताः श्रमजलकणा G_1UJ; सुरतश्रमवारिबिन्दवो निधुवनजनिता घर्मजलकणा (घर्मकणा B^1L_2) PB^1L_2 **52.1** तावन्निवर्तन्ते] G_1UJ; तावद्विरमन्ति न निवर्तन्ते PB^1L_2 **52.2** यावदात्मना नष्टा त्वम्] G_1U; यावत्स्वयमात्मना त्वमस्तमितासि नष्टासि P; यावत्स्वयमात्मना त्वमस्तमिता नष्टासि B^1L_2; यावदात्मना नष्टत्वम् J **52.2** विनाशिनां] G_1UJ; क्षयिणां विनाशिनां PB^1L_2 **52.2** प्राणिनामस्थैर्यम्] G_1UJ; देहभृतां प्राणिनां असारता अस्थैर्यम् PB^1L_2 **53.1** चेतसाप्यहितं तव नाकारि] G_1J; चेतसाप्यहितं नाकारि U; चेतसापि तव विप्रियम् अहितं न कृतपूर्वं नाकारि PB^1L_2 **53.1** यस्मादतः] Σ; हि यस्माद्यतः P **53.1** कथं मा त्यजसि] G_1J; मां कथं वं(?) त्यजसि॥ कथं मां त्यजसि U; कथं मां जहासि त्यजसि PB^1L_2 **53.2** भूमेरहं] G_1UJ; क्षितेरहं PB^1L_2 **53.2** °रागाभावेन भर्ता] U; °रागभावेन भर्ता G_1; °रागाभावेन पतिर्भर्ता PB^1L_2; °रागभावेन भांता J **53.3** चित्तं] G_1UJ; मनश्चित्तं PB^1L_2 **53.3** निबध्नात्यवष्टभ्ना°] U; निबध्नात्यष्टाभा° G_1; निबध्ना° PB^1L_2; न बभात्यष्टभ्ना° J **53.5** वशीकरोतीति] UPB^1L_2; वशीकरोति G_1J

कुसुमोत्कचितान्वलीमतश्चलयन्भृङ्गरुचस्तवालकान्।
करभोरु करोति मारुतस्त्वदुपावर्तनशङ्कि मे मनः॥ ५४॥

हे हस्तबहिःस्थानसमसक्थि वायुस्तव चूर्णकेशान् धुन्वन् मम भवत्या उपागमनं प्रत्यागमनं शङ्कते इति तथाविधं चेतः करोति। पुष्पैरलङ्कृतान् भङ्गियुक्तान्कुटिलान् अलिकालान्। उत्कचनं मण्डनम्, यथा शक्यमङ्गुलिभिरित्यादौ श्लोक उत्कचयितुमिति॥ ५४॥

इदमुच्छ्वसितालकं मुखं तव विश्रान्तकथं दुनोति माम्।
निशि सुप्तमिवैकपङ्कजं विरताभ्यन्तरषट्पदस्वनम्॥ ५५॥

एतत्त्वदीयं वक्त्रं विरतवचनं मामुपतापयति। प्रसृताश्चलिताश्चूर्णकेशा यस्य।

---

54 a. कुसुमोत्कचितान्] $G_1UB^1L_2JV^MB_2^MB_3^MB_5^MB_7^M$Hem.Mall.Ar.; कुसुमैकचितान् P_M B_1^M; कुसुमैः कचितान् B_4^M; कुसुमोत्खचितान् Jin. **54 c.** करोति मारुतस्] $G_1B^1L_2JV^M$ $B_1^MB_2^MB_3^MB_5^MB_7^M$Hem.Mall.Ar.Jin.; करोतो (?) मारुतस् U(unmetrical); करोतु मारुतस् P_M; मरुन्मनश्च मे B_4^M **55 .**] placed after 56 in B_4^MMall.Ar.Jin. **55 a.** इदमुच्छ्वसिता°] Σ; इदमुल्लसिता° L_2 **55 b.** दुनोति] $G_1P^{pc}B^1L_2JV^MB_1^MB_2^MB_3^MB_4^MB_5^MB_7^M$Hem.Mall.Ar. Jin.; धुनोति U; दुनोतु P^{ac}

54.3 शक्यमङ्गुलिभिरुद्धृतैरधः शाखिनां पतितपुष्पपेशलैः। पत्रजर्जरशशिप्रभालवैरेभिरुत्कचयितुं तवालकान् *Kumārasambhava* 8:72.

54.1 हस्तबहिःस्थानसमसक्थि] *conj.*; हस्तबहिस्थानसमसृक्के G_1; हस्तबहिस्थानसमोरु U; करभोरु हस्तबहिस्स्थानसमसक्थे PB^1; करभोरुह हस्तवहिःस्थानसमसक्थे L_2; करभोरु हस्तबहिस्थानसममंथे J **54.1** वायुस्तव चूर्णकेशान्] G_1UJ; मारुतो वायुस्तवालकांश्चूर्णकुन्तलान् PB^1L_2 **54.2** धुन्वन् मम भवत्या उपागमनं प्रत्यागमनं] *conj.*; बन्धु --- म भवत्या तपागमनं प्रत्यागमनं G_1; बन्धरहितान्करोति मे मनो भवत्या उपागमनं प्रत्यागमनं U; चलयन् बहुत्वात् मम भवत्या उपावर्तनं प्रत्यागमनं P; चलबन्धुत्वन् मम भवत्या उपाव× I× र्तनं प्रत्यागमनं B^1; चलयन्धुन्व (?)न् मम भवत्या उपावर्तनं प्रत्यागमनं L_2; बंधु --- सभवत्या उपागमनं प्रत्यागमनं J **54.2** पुष्पैरलङ्कृतान्] G_1UJ; कुसुमैरुत्कचितानलङ्कृतान् PB^{1pc}; कुसुमैः कचितानलङ्कृतान् B^{1ac}; कुसुमैरुःकचितानलङ्कृतान् L_2 **54.3** भङ्गियुक्तान्कुटिलान्] UJ; भृङ्गियुक्तान्कुटिलान् G_1; वलीमतो भङ्गियुतान् PB^1L_2 **54.3** अलिकालान्] G_1U; भृङ्गनिभान् कालान् कुटिलान् PB^1L_2; अलिकान् J **54.3** उत्कचनं] Σ; उत्कचितं U **54.3** शक्य°] UPB^1L_2J; शक्त° G_1 **55.1** एतत्त्वदीयं वक्त्रं] G_1UJ; इदं तव मुखं PB^1; इदं ते तव मुखं L_2 **55.1** विरतवचनं मामुपतापयति] J; विरतवचनं मा सुतापयति G_1; विरतवचनमुपतापयति U; विश्रान्तकथं विरतवचनं दुनोति उपतापयति P; विश्रान्तकथं विरतवचनं मां दुनोति उपतापयति B^1L_2 **55.1** प्रसृताश्चलिताश्चूर्णकेशा] *em.*; प्रसृताश्चलिता चूर्णकेशा G_1J; उच्छ्वसिताः चलिताश्चूर्णकुन्तला U; उच्छ्वसिताश्चलिता (उच्छ्वसिता चलिता P) अलकाश्चूर्णकेशा PB^1; उच्छ्वसिता ऽचलिताः अलकाश्चूर्णकेशा L_2

रात्रौ यथा सङ्कुचितमेकपद्ममवसितमध्यभृङ्गशब्दम्॥ ५५॥

तदपोहितुमर्हसि प्रिये प्रतिबोधेन विषादमाशु मे।
ज्वलितेन गुहागतं तमस्तुहिनाद्रेरिव नक्तमोषधिः॥ ५६॥

तस्मात् संज्ञालाभेन हे दयिते मम शोकं शीघ्रमपासितुं योग्या भवसि। यथा हिमवतो दरीस्थं तिमिरं रात्रावोषधिर्दीप्त्यापोहति॥ ५६॥

ननु संसारपतितानां सर्वप्राणिनां संयोगा विप्रयोगाश्च दृश्यन्ते। तत्कथमस्मादित्थमधीरो ऽसीत्याशङ्क्याह

शशिनं पुनरेति शर्वरी दयिता द्वन्द्वचरं पतत्रिणम्।
इति तौ विरहान्तरक्षमौ कथमत्यन्तगता न मां दहेः॥ ५७॥

चन्द्रो निशया पुनः संयोज्यते, चक्रवाकश्चक्रवाक्या। अतः कारणाच्चन्द्रचक्र-

---

56] Hem. places this verse between 50 and 51. **56 b. विषादमाशु**] Σ; विकारमाशु Ar.

---

56 ननु संसारपतितानां ···ऽस्मीत्याशङ्क्याह] Placed after the verse in UB^1L_2J and after the *pratīka* in P

55.2 रात्रौ] G_1UJ; निशि रात्रौ PB^1L_2 **55.2 यथा**] Σ; यया G_1 **55.2 सङ्कुचितमेकपद्ममवसितमध्यभृङ्गशब्दम्**] G_1J; सङ्कुचितमेकपद्ममवासितमध्यभृङ्गशब्दम् U; सुप्तं सङ्कुचितं एकपङ्कजं विरतोवसितो मध्यभ्रमरस्वनो यस्य तत् PB^1; सुप्तं सङ्कुचितमेकं पङ्कजं। विरतो वसितो मध्यभ्रमरस्वनो यस्य तत् L_2 **56.1 तस्मात्**] *conj.*; तत् G_1UJ; तत्तस्मात् PB^1L_2 **56.1 संज्ञालाभेन**] G_1UJ; प्रतिबोधेन संज्ञालाभेन PB^1L_2 **56.1 हे दयिते**] U; देहयित्ते G_1; हे प्रिये PB^1L_2; देहयिते J **56.1 मम शोकं**] G_1UJ; मे विषादं शोकं PB^1L_2 **56.1 शीघ्रमपासितुं योग्या भवसि**] G_1UJ; आशु शीघ्रमपोहितुमपासितुमर्हसि योग्या भवसि PB^1L_2 **56.2 हिमवतो**] UJ; हि पर्वतो G_1; तुहिनाद्रेर्हिमवतो PB^1; तुहिनाद्रे हिमवतो L_2 **56.2 दरीस्थं**] G_1UJ; गुहागतं दरीस्थं PB^1L_2 **56.2 तिमिरं**] G_1UJ; तमो PB^1L_2 **56.2 रात्रावोषधिर्दीप्त्या°**] *em.*; रात्रावोषधिदीप्त्या° G_1UJ; रात्रौ औषधिः (रात्रावोषधिः B^1L_2) ज्वलितेन दीप्त्या अ° PB^1L_2 **56.3 सर्वप्राणिनां संयोगा विप्रयोगाश्च दृश्यन्ते**] G_1UJ; संयोगो विप्रयोश्च दृश्यते P; संयोगाविप्रयोगश्च दृश्यन्ते B^1; संयोगा विप्रयोगाश्च दृश्यन्ते L_2 **56.4 °दित्थिमधीरो ऽसीत्या°**] G_1; °दर्धारोसीत्या° U; °दधीरोमीत्या° P; °दित्थसधीरोसीत्य° B^1; °दित्थे मधीरोसीत्या° L_2; °दित्थमधीरोमीत्या° J **57.1 चन्द्रो निशया**] U; च --- निशया G_1J; शर्वरी रात्रिः शशिनं PB^1; शवरी रात्रिश्शशिनं L_2 **57.1 पुनः संयोज्यते**] G_1U; पुनरेति संयुज्यते तेन PB^1L_2; पुनः संयुज्यते J **57.1 चक्रवाकश्चक्रवाक्या**] U; चक्रवाकश्चक्रवाक्यया G_1J; चक्रवाकं च दयिता चक्रवाकी एति तेन संयुज्यते इत्यर्थः PB^1L_2 **57.1 अतः**] UPB^1L_2; तनुतः G_1J

वाकौ भूयो भूयो वियोगेन कृतं व्यवधानं सहेते। मां पुनरेकान्तनष्टा प्रिया त्वं किं न तापयेः॥ ५७॥

नवपल्लवसंस्तरे ऽपि ते मृदु दूयेत यदङ्गमर्पितम्।
तदिदं विषहिष्यते कथं तव वामोरु चिताधिरोहणम्॥ ५८॥

हे रमणीयसक्थि तव यः कायः सुकुमारः सरसकिसलयशयने ऽपि निहितः खिद्येत सो ऽयं चिताधिरोहणं कथं सहिष्यते, तस्य दुःसहत्वात्॥ ५८॥

घनचारुनितम्बगोचरा रशनेयं मुखरा तवाधुना।
गतिविभ्रमसादनीरवा न शुचा नानुमृतेव लक्ष्यते॥ ५९॥

इयं ते मेखला पूर्वं पीवराभिरामश्रोणितटस्था सती या सशब्दाभूत्, सेदानीं गमनविलासस्यावसादेन विनाशेन निःशब्दा शोकेन पश्चान्मृतेव न न ज्ञायते,

---

58 a. °संस्तरे] $UP_MB^1L_2V^MB_1^MB_2^MB_3^MB_4^MB_5^MB_7^M$Hem.Mall.Ar.Jin.; °सस्तरे G_1J **58 d.** तव] $G_1UP_MB^1L_2JV^MB_1^MB_2^MB_3^MB_4^MB_5^MB_7^M$; वद **C** **59 ab.**] $G_1UP_MB^1L_2JV^MB_1^MB_2^MB_3^MB_4^MB_5^MB_7^M$; इयमप्रतिबोधशायिनीं रशना त्वां प्रथमा रहःसखी **C**

57.2 °चन्द्रचक्रवाकौ] PB^1L_2J; °चन्तृचक्रवाको G_1; °चक्रवाकीचक्रवाकौ U **57.2** वियोगेन] G_1J; संयोगविप्रयोगाभ्यां U; विरहेण PB^1L_2 **57.2** कृतं व्यवधानं] U; कृतं व्यवदानं G_1J; कृतमन्तरम् व्यवधानं PB^1L_2 **57.2** सहेते] U; सहते G_1J; क्षमेते सहेते PB^1L_2 **57.2** मां पुनरेकान्तनष्टा प्रिया त्वं] U; सा पुनरेकान्तनष्टा प्रिया त्व G_1; त्वं पुनः मामत्यन्त (°त्यन्तं P)गता एकान्तनष्टा प्रियं PB^1; त्वं पुनर्मामत्यन्तगता, एकान्तनष्टप्रियं L_2; मां पुनरेकांतं नष्टा प्रियत्वं J **57.3** तापयेः] G_1UJ; दहेस्तापयेः PB^1L_2 **58.1** रमणीयसक्थि] *em.*; रमणीयसक्थे G_1U; वामोरु रमणीयसक्थे PB^1; वामोरु सरमणीयसक्थे L_2; वामोरु रमणीयसक्ते J **58.1** तव यः कायः सुकुमारः] *conj.*; तव यो वयः सुकुमारः G_1J; तव यन्नवं वयः सुकुमारः U; मृदु सुकुमारं तव यदङ्गं PB^1L_2 **58.1** सरसकिसलयशयने] G_1UJ; नवपल्लवसंस्तरे नवकिसलयशयने P; नवपल्लवसंस्तरे सरसकिसलयशयने B^1L_2 **58.1** निहितः] G_1J; निहितं U; अर्पितं निहितं $PB^{1pc}L_2$; अर्पितं नहितं B^{1ac} **58.2** खिद्येत] *em.*; खिद्यते G_1UJ; धूयेत खिद्येत P; दूयेत खिद्येत B^1L_2 **58.2** सो ऽयं] G_1UJ; तदिदं अङ्गं PB^1L_2 **59.1** ते मेखला] U; ते मेखल G_1J; तव रशना PB^1L_2 **59.1** पीवराभिरामश्रोणितटस्था] G_1UJ; घनचारुनितम्बगोचरा पीवराभिरामश्रोणितटस्था PB^1L_2 **59.1** सशब्दाभूत्] G_1J; शब्दाभूत् U; मुखरा सशब्दाभूत् PB^1; मुखसशब्दाभूत् L_2 **59.1** सेदानीं] G_1UJ; साधुना PB^1L_2 **59.2** गमनविलासस्यावसादेन विनाशेन] *conj.*; गमनविलासस्यावसादेन विन G_1J; गमनविलासस्यावसादेन U; गतिविभ्रमस्य गमनविलासस्य सादेनावसादेन विनाशेन PB^1L_2 **59.2** निःशब्दा] U; निशब्दा G_1J; नीरवा निश्शब्दा PB^1L_2 **59.2** शोकेन] G_1UJ; शुचा शोकेन PB^1L_2

अपि तु ज्ञायत एव॥ ५९॥

कलमन्यभृतासु भाषितं कलहंसीषु गतं मनोहरम्।
पृषतासु विलोलमीक्षितं पवनाधूतलतासु विभ्रमाः॥ ६०॥

त्रिदिवोत्सुकयाप्यवेक्ष्य मां निहिताः सत्यममी गुणास्त्वया।
विरहे तव मे गुरुव्यथं हृदयं न त्ववलम्बितुं क्षमाः॥ ६१॥

युगलकम्। स्वर्गसम्मुखयापि त्वया मां प्रेक्ष्य मत्समाश्वासायेमे गुणा भाषितादयस्तथ्यतया क्षिप्ताः। न पुनः—यतस्तव वियोगे मम चेतो नितान्तास्वस्थमतः—सन्धारयितुं समर्थाः। परपुष्टासु मन्द्रं रुतं, गमनं ललितं कादम्बरीषु, कृष्णशारीषु चटुलमीक्षणं, मारुतकम्पितासु शाखासु विलासाः।

---

60 b. °हंसीषु गतं मनोहरम्] $P_MB^1L_2B_3^MB_5^M$; °हंसेषु गतं मनोरमम् $G_1UJV^MB_7^M$; °हंसेषु गतं मनोहरम् $B_1^MB_4^{Mpc}$; °हंसीषु गतं मनोरमम् $B_2^MB_4^{Mac}$; °हंसीषु मदालसं गतम् **𝕮** **60 c.** पृषतासु] $G_1UP_MB^1L_2V^MB_1^MB_2^MB_3^MB_5^MB_7^M$; पृषतास J; हरिणीषु B_4^M; पृषतीषु **𝕮** **60 d.** पवनाधूत°] $G_1UB^1L_2JV^MB_2^MB_3^MB_5^MB_7^M$Mall.Ar.(?) Jin.; पवनोद्धूत° $P_MB_1^MB_4^M$Hem. **61 c.** विरहे] Σ; विरमे V^M

59.3 पश्चान्मृतेव न न ज्ञायते, अपि तु ज्ञायत एव] *conj.*; न पश्चान्मृतेवापि तु पश्चामृतेव ज्ञायते G_1J; न न पश्चान्मृतेवापि तु पश्चान्मृतेव ज्ञायते U; पश्चान्मृतेव न न लक्ष्यते ज्ञायते अपि तु लक्ष्यते एव PB^1L_2 **61.1** युगलकम्] $G_1B^1L_2J$; युग्मम् UP **61.1** स्वर्गसम्मुखयापि] *conj.*; स्वर्गोन्मुखयापि G_1UJ; त्रिदिवोन्मुखया स्वर्गसम्मुखयापि PB^1L_2 **61.1** मां प्रेक्ष्य] G_1UJ; मामवेक्ष्य P; मामवेक्ष्य प्रेक्ष्य B^1L_2 **61.1** °श्वासायेमे] Σ; °श्वासायामी U **61.2** भाषितादयस्तथ्यतया] *conj.*; भाषिता तदस्ततथ्यं G_1; भाषिताः तत्तथ्यं U; भाषितादयः सत्यं तथ्यतया PB^1L_2; भाषिता तदस्तत्यं J **61.2** क्षिप्ताः] P; निक्षिप्ताः G_1UJ; निहिता निक्षिप्ता B^1; निहिता क्षिप्ताः L_2 **61.2** न पुनः—यतस्तव] G_1UJ; तथापि तव PB^1L_2 **61.3** वियोगे मम चेतो नितान्तास्वस्थमतः] *conj.*; वियोगे मम चेतो नितान्तस्वस्थमतः G_1J; वियोगे मम चेतो नितान्तमस्वस्थम् अतः U; विरहे गुरुव्यथं नितान्ता(नितान्त° P)स्वस्थं मम हृदयं चेतः PB^1L_2 **61.3** सन्धारयितुं] G_1UJ; अवलम्बितुं सन्धारयितुं समाश्वासयितुं PB^1L_2 **61.3** समर्थाः] G_1UJ; क्षमास्समर्थाः न भवन्ति P; क्षमस्समर्था न सन्ति B^1L_2 **61.3** परपुष्टासु] G_1UJ; अन्यभृतासु कोकिलासु PB^1; अन्यभृतासकोकिलासु L_2 **61.3** मन्द्रं] G_1UJ; कलं मन्द्रं PB^1L_2 **61.3** रुतं] G_1UJ; भाषितं रुतं PB^1L_2 **61.3** गमन ललितं] U; गमनललितं G_1J; गतं (गत° B^1) गमनं मनोहरं ललितं PB^1L_2 **61.4** कादम्बरीषु] G_1UJ; कादम्बीषु PB^1; कादम्बीष्व L_2 **61.4** कृष्णशारीषु] G_1UJ; पृषतासु कृष्णशारीषु PL_2; पृषतासु कृष्णशरीरेषु B^1 **61.4** चटुलमीक्षणं] G_1U; विलोलं चटुलं ईक्षितं ईक्षणे P; विलोलचटुलमीक्षितमीक्षणं B^1; विलोलं चटुलं मीक्षितमीक्षणं L_2; चटुमीक्षणं J **61.4** शाखासु] G_1UJ; लतासु P; लतासु शाखासु B^1L_2 **61.4** विलासाः] G_1UPJ; विभ्रमा विलासाः B^1L_2

अत्र च सादृश्यादित्थमूहः। पृषतेषु कृष्णसारङ्गेष्विति केचित्॥ ६०–१॥

मिथुनं परिकल्पितं त्वया सहकारः फलिनी च नन्विमौ।
अविधाय विवाहसत्क्रियामनयोर्गम्यत इत्यसाम्प्रतम्॥ ६२॥

सहकाराख्यस्तरुर्गन्धप्रियङ्गुलता चेमौ त्वया युग्मं दम्पतित्वेन चिकीर्षितम्, अतश्च तयोः परिणयसंस्कारमकृत्वा व्रज्यत इति महदयुक्तम्। नन्वितीष्टप्रश्ने॥ ६२॥

कुसुमं कृतदोहदस्त्वया यदशोकोऽयमुदीरयिष्यति।
अलकाभरणं कथं नु तत्तव नेष्यामि निवापमाल्यताम्॥ ६३॥

अशोकाख्यस्तरुस्त्वया सम्पादितैकरूपाभिलाषो यत्कुसुमं प्रपोष्यते तच्चूर्णकुन्तलालङ्करणमुचितं सत्केन प्रकारेण नु त और्ध्वदैहिकमालाकुसुमत्वं प्रापयिष्यामि॥ ६३॥

स्मरतेव सशब्दनूपुरं चरणानुग्रहमन्यदुर्लभम्।
अमुना कुसुमास्रुवर्षिणा त्वमशोकेन सुगात्रि शोच्यसे॥ ६४॥

---

63 cd. नु तत्तव] $G_1UB^1L_2JV^MB_3^MB_5^MB_7^M\mathfrak{C}$; नु ते तव $P_MB_1^M$; नु त तव B_2^M; नवं तव B_4^M **64 .** *om.* Ar. **64 c.** कुसुमास्रु°] $G_1UP_MB^1L_2JV^MB_2^MB_3^MB_4^MB_5^MB_7^M$; कुसुमस्रु° B_1^M; कुसुमाश्रु° Hem.Mall.Jin.

61.5 च सादृश्यादित्थमूहः] Σ; सादृशा ⏑ मित्थ ‐‐ मित्थमूहः U **61.5** कृष्णसारङ्गेष्विति] $G_1B^1L_2J$; कृष्णसारसारङ्गेष्विति U; कृष्णशारेष्विति P **62.1** °स्तरुर्गन्धप्रियङ्गु°] PL_2; °स्तरुगन्धप्रियङ्ग° G_1; °स्तरुः गन्धाप्रियङ्गु° U; °स्तरुगन्धप्रियङ्गु° B^1; °: तरुः गंधप्रियंग° J **62.1** युग्मं] G_1UJ; मिथुनं युग्मं कल्पितं PB^1L_2 **62.2** चिकीर्षितम्, अतश्च] UP; चिकीर्षितमतश्चे G_1; चिकीर्षितमेतैश्च B^1; किंचिकीर्षत। मतैश्च L_2; चिकीर्षितमरुतश्चै° J **62.2** परिणयसंस्कारमकृत्वा] *conj.*; परिणये संस्कारमकृत्वा G_1UJ; विवाहसत्क्रियाम् परिणयसंस्कारं अविधायाकृत्वा PB^1L_2 **62.2** व्रज्यत इति महदयुक्तम्] G_1U; गम्यते व्रज्यते इत्यसाम्प्रतम् महदयुक्तम् PB^1; गम्यते व्रजते इति असम्प्रतम्। महदयुक्तम् L_2; व्रज्यत इति ×त्वेन चिकीरिषितयोः परिणये× महदयुक्तम् J **62.3** नन्विती°] Σ; नन्विते° L_2 **63.1** सम्पादितैकरूपाभिलाषो] *conj.*; सम्पादितमेकरूपाभिलाषो G_1J; सम्पादित एकरूपाभिलाषो U; कृतदोहदः सम्पादितमेकरूपाभिलाषः PB^1L_2 **63.1** प्रपोष्यते] G_1UJ; उदीरयिष्यति प्रपोष्यते PB^1L_2 **63.2** तच्चूर्णकुन्तलालङ्करणमुचितं] *conj.*; तच्चूर्णकेशेष्वलङ्करणमुचितं G_1UJ; तदलकाभरणं चूर्णकुन्तलालङ्करणं उचितं PB^1L_2 **63.2** नु त और्ध्वदैहिकमालाकुसुमत्वं] G_1J; ते और्ध्वदैहिकमालकुसुमत्व U; नु ते निवापमाल्यतामौर्ध्वदै(°दे° P)हिकमालाकुसुमत्वं PB^1L_2 **63.3** प्रापयिष्यामि] P; प्रापयिष्यामि। नु प्रश्ने G_1UJ; नेष्यामि प्रापयिष्यामि B^1; नेष्यामि। प्रापयिष्यामि। नु प्रश्ने L_2

अनेनाशोकेन पुष्पवाष्पवर्षुकेण रम्यशरीरे त्वं रुद्यस इव। इवशब्दो ऽत्र भिन्नक्रमः, क्रियापदात्परो बोद्धव्यः। पादेन प्रसादं प्रहारसरावमञ्जीरं चिन्तयता परस्याः सकाशाद्दुष्प्राप्यम्। सर्वनाम्नो वृत्तिमात्रे पुंवद्भावः। यदि वा परेण वृक्षेण दुर्लभम्। अत एवानुग्रहत्वम्॥ ६४॥

तव निःश्वसितानुकारिभिर्ग्रथितार्धां बकुलैः समं मया।
असमाप्य विलासमेखलां किमिदं किन्नरकण्ठि सुप्यते॥ ६५॥

किम्पुरुषस्येव माधुर्याद्गलो यस्याः, मया सह विभ्रमरशनां बकुलाख्यैः कुसुमैरुम्भितार्धामनिष्पाद्य कस्मादेतच्छय्यते। सुगन्धित्वात्त्वदीयनिःश्वासनिभैः॥ ६५॥

समदुःखसुखः सखीजनः प्रतिपच्चन्द्रनिभो ऽयमात्मजः।
अहमेकरसस्तथापि ते व्यवसायः प्रतिपत्तिनिष्ठुरः॥ ६६॥

---

65 a. °नुकारि°] Σ; °नुवादि° Ar. **65 b.** ग्रथितार्धां बकुलैः] $UB^{1}L_{2}V^{M}B^{M}_{3}B^{M}_{4}B^{M}_{5}B^{M}_{7}$; ग्रथितार्धं बकुलैः $G_{1}JB^{M}_{2}$; ग्रथितार्धा बकुलैस् P_{M}; ग्रथितावां बकुलेस् B^{M}_{1}; बकुलैरर्धचितां ℭ **65 c.** विलास°] $G_{1}UP_{M}B^{1}L_{2}JV^{M}B^{M}_{1}B^{M}_{2}B^{M}_{3}B^{M}_{4}B^{M}_{5}B^{M}_{7}$ Hem.Mall.Jin.; विकल्प° $Hem.^{vl}$ Ar. **65 d.** सुप्यते] $V^{M}B^{M}_{1}B^{M}_{2}B^{M}_{3}B^{M}_{4}B^{M}_{5}B^{M}_{7}$ℭ; शय्यते $G_{1}UB^{1}L_{2}J$; सुप्यसे P_{M} **66 .**] Jin. gives a *pratīka* for this verse (*sameti*), but does not comment on it. **66 b.** °यमात्मजः] Σ; °यमर्भकः Hem.

---

64 सर्वनाम्नो …वृक्षेण दुर्लभम्] *om.* L_{2}

64.1 अनेनाशोकेन] $G_{1}J$; अनेन U; अमुनाशोकेन $PB^{1}L_{2}$ **64.1** पुष्पवाष्पवर्षुकेण] *conj.*; पुष्पवाष्पवर्षकेण $G_{1}J$; पुष्पवाष्पवार्षिकेन U; कुसुमास्रुवर्षिणा पुष्पवाष्पवार्षुकेण $PB^{1}L^{pc}_{2}$; कुसुमास्रुवर्षिणा ×त्वमशोक× पुष्पवार्षुकेण L_{2} **64.1** रम्यशरीरे] $G_{1}UJ$; हे सुगात्रि $PB^{1}L_{2}$ **64.1** रुद्यस इव] $G_{1}PJ$; रुध्यसे इव U; शोच्यसे इव $B^{1}L_{2}$ **64.2** पादेन] $G_{1}UJ$; चरणानुग्रहं पादेन $PB^{1}L_{2}$ **64.2** प्रहारसरावमञ्जीरं] G_{1}; सरावमञ्जीरं U स(सु° L_{2})शब्दनूपुरं प्रहारसाराव(प्रहारसराव° P)मञ्जीरं $PB^{1}L_{2}$; प्रहारसवारमंजीरं J **64.3** चिन्तयता परस्याः] $G_{1}UJ$; स्मरता अन्यस्यास् $PB^{1}L_{2}$ **64.3** दुष्प्राप्यम्] $G_{1}UJ$; दुर्लभं दुष्प्रापं $PB^{1}L_{2}$ **64.4** परेण वृक्षेण दुर्लभम्] $G_{1}UJ$; अन्येन वृक्षेण दुष्प्रापं P; अन्येन वृक्षेण दुर्लभम् B^{1} **64.4** °ग्रहत्वम्] $G_{1}UPJ$; °ग्रहम् $B^{1}L_{2}$ **65.1** किम्पुरुषस्येव माधुर्याद्गलो] $G_{1}UJ$; किन्नरस्येव माधुर्यं कण्ठो P; किन्नरस्येव माधुर्यात्कण्ठो $B^{1}L_{2}$ **65.1** सह] $G_{1}UPJ$; समं सह $B^{1}L_{2}$ **65.1** विभ्रमरशनां] $G_{1}UJ$; विलासमेखलां विभ्रमरशनां $PB^{1}L_{2}$ **65.2** कुसुमैरुम्भितार्धामनिष्पाद्य] $G_{1}UJ$; कुसुमैर्ग्रथितार्धामुरितार्धामसमाप्यानिष्पाद्य PB^{1}; कुसुमैर्ग्रथितार्धाम्वम्भितार्धामसमायानिष्पाद्य L_{2} **65.2** कस्मादेतच्छय्यते] $G_{1}J$; कस्मादेश्शय्यते U; किं कस्मादिदं एतच्छय्यते $PB^{1}L_{2}$ **65.3** °त्वात्त्वदीय°] $G_{1}UJ$; °त्वात्तव $PB^{1}L_{2}$

वयस्यालोकः सदृशसुखदुःखः, प्रतिपद्यपूर्णचन्द्रसदृशो ऽसौ तनूजः, अहमेकरागी, तथापि तव दुर्ग्रहविषम इदमेव मयावश्यं कार्यमित्यभ्युपगमेन क्रूरो मरणनिश्चयः॥ ६६॥

धृतिरस्तमिता रतिश्च्युता विरतं गेयमृतुर्निरुत्सवः।
गतमाभरणप्रयोजनं चिरशून्यं शयनीयमद्य मे॥ ६७॥

अतश्चेदानीं मम धैर्यं सुखं वा नष्टम्, प्रीतिः पतिता रमणं वा गतम्, गीतादि समाप्तम्, वसन्तादिक ऋतुरुत्सववर्जितः, अलङ्कारव्यापारो ऽस्तमितः, शयनं च बहुकालेन शून्यं गतम्॥ ६७॥

गृहिणी सचिवः सखा मिथः प्रियशिष्या ललिते कलाविधौ।
करुणारहितेन वेधसा हरता त्वां वत किं न मे हृतम्॥ ६८॥

---

67 a. धृति°] Σ; द्युति° Jin. **67 c.** चिर°] ŚJin.; परि° Hem.Mall.Ar.(?) **68 a.** सखा] $G_1UP_MB^1L_2JV^MB_1^MB_2^MB_3^MB_4^MB_5^MB_7^M$Hem.Ar.Jin.; सखी Mall. **68 b.** ललिते कला°] $G_1UB^1JB_1^MB_3^MB_4^MB_5^MB_7^M$℄; कलिते कला° P_M; ललिते क्रिया° $L_2V^MB_2^M$ **68 c.** °रहितेन वेधसा] $G_1UB^1L_2JB_3^MB_5^MB_7^M$; °विमुखेन मृत्युना $P_MV^MB_1^M$℄; °विमुखेन वेधसा B_2^M; °रहितेन वेदसा B_4^M **68 d.** वत] $G_1UP_MB^1L_2JV^MB_1^MB_2^MB_3^MB_4^MB_5^MB_7^M$; वद ℄ • किं न मे हृतम्] $G_1UP_MB^1L_2V^MB_1^MB_3^MB_4^MB_7^M$; वत किं नु मे JB_5^M; मे न किं हृतम् B_2^M

66.1 वयस्यालोकः] G_1UJ; सखीजनो वयस्यालोकः PB^1L_2 **66.1** सदृशसुखदुःखः] U; सदृशदुःखसुखा बहु G_1J; समदुःखसुखः तथा बहुल° P; समदुःखसुखः तथा B^1; समदुःखसुखः तथापि L_2 **66.1** प्रतिपद्यपूर्णचन्द्रसदृशो ऽसौ तनूजः] P; प्रतिपदि पूर्णचन्द्रसदृशो ऽसौ सुतः G_1UJ; अपूर्णचन्द्रनिभो सौ तनूजः B^1L_2 **66.2** °रागी] $G_1UPB^{1ac}J$; °रागी च $B^{3pc}L_2$ **66.2** दुर्ग्रहविषम] G_1UJ; व्यवसायो दुर्ग्रहो विषमः PB^1L_2 **66.2** मयावश्यं] Σ; यावश्यं L_2 **66.2** कार्यमित्यभ्युपगमेन] *conj.*; कार्यमित्युपगमने G_1U; कार्यमिति प्रतिपत्त्या अभ्युपगमेन(°मेने B^{1ac}) निष्ठुरः PB^1L_2 **66.2** क्रूरो] Σ; क्रमो L_2 **67.1** अतश्चेदानीं] Σ; अश्चेदानीं U **67.1** धैर्यं सुखं वा नष्टं] G_1UJ; धृतिर्धैर्यमस्तमिता न(नि P^{ac})ष्टा PB^1L_2 **67.1** प्रीतिः पतिता रमणं वा गतं] G_1U; रतिः प्रीतिः च्युता पतितं वा रमणं गतं P; रतिः प्रीतिः च्युता पतिता रमणं वा गतं B^1L_2; प्रीतिः पतिता मरणं वा गतं J **67.2** गीतादि समाप्तम्] G_1UJ; गेयं गेयादि विरतं समाप्तं P; गेयं गीतादि विरतं समाप्तो B^1; गेयं गीतादि विरतमाप्तं L_2 **67.2** वसन्तादिक] Σ; वसन्तादि J **67.2** ऋतुरुत्सववर्जितः] G_1J; ऋतुर्निरुत्सवो U; ऋतुर्निरुत्सवः उत्सववर्जितः PB^1; ऋतुर्निरुत्सवः उत्सवरहितः L_2 **67.2** अलङ्कारव्यापारो ऽस्तमितः] G_1UJ; आभरणप्रयोजनमलङ्कारव्यापारो गतमस्तमितं PB^1L_2 **67.3** शयनं] G_1UJ; शयनीयं शयनं PB^1L_2 **67.3** बहुकालेन] G_1UJ; चिरशून्यं बहुकालेन PB^1L_2

निष्करुणेनान्तकेन त्वां नयता किं न मे नीतम्। तथा च त्वमेव भार्या मन्त्री वयस्यो रहसि रम्ये कलाविधाने चतुषष्टिकलासु निधुवनरूपे वेष्टान्तेवासिनी च। वताश्चर्ये॥ ६८॥

मदिराक्षि मदाननार्पितं मधु पीत्वा रसवत्कथं नु मे।
अनुपास्यसि वाष्पदूषितं परलोकोपनतं जलाञ्जलिम्॥ ६९॥

मदिरा दृष्टिविशेषस्तद्युक्ते नेत्रे यस्याः, यद्वा रक्तत्वान्मनोहारित्वाच्च मदिरातुल्ये अक्षिणी यस्याः। अस्मद्वदननिहितं मद्यं सुस्वाद्वास्वाद्य केन प्रकारेण नु मदीयं वार्यञ्जलिं रोदननिन्दितमन्यलोकप्राप्तं धास्यसि॥ ६९॥

विभवे ऽपि सति त्वया विना सुखमेतावदजस्य गण्यताम्।
अहृतस्य विलोभनान्तरैर्मम सर्वे विषयास्त्वदाश्रयाः॥ ७०॥

समृद्धावपि सत्यां ममाजस्य त्वां वर्जयित्वा त्वज्जीवितावधि सुखं ज्ञायताम्।

---

69 c. अनुपास्यसि] $G_1UP_MB^1JV^MB_1^MB_2^MB_3^MB_5^MB_7^M$ Hem.Mall.Jin.; अनुपास्यति $L_2B_4^M$ Ar. (?) **69 d.** °पनतं] Σ; °पहृतं V^M

---

69 यद्वा रक्तत्वान् … अक्षिणी यस्याः] *om.* B^1L_2

68.1 निष्करुणेनान्तकेन] G_1UJ; करुणारहितेन निष्करुणेन वेधसा अन्तकेन PB^1L_2 **68.1** नयता किं न मे नीतम्] G_1UJ; हरता मे किं न हृतम् अपि तु सर्वमेव हृतम् PB^1L_2 **68.1** भार्या] G_1UJ; गृहिणी भार्या PB^1L_2 **68.1** मन्त्री] G_1UJ; सचिवो मन्त्री PB^1L_2 **68.2** वयस्यो] G_1UJ; सखा वयस्यः PB^1L_2 **68.2** रहसि] *conj.*; मिथो रहसि Σ **68.2** रम्ये] G_1UJ^{pc}; ललिते रम्ये PB^1L_2; वाष्पदूषितं परलोकोपनतं जलाञ्जलिम् रमे J^{ac} **68.2** कलाविधाने] G_1UJ; कलाविधौ कलाविधाने PB^1L_2 **68.2** वेष्टान्तेवासिनी] G_1UJ^{pc}; वा इष्टा शिष्या अन्ते(अन्ती° L_2)वासिनी PB^1L_2; वेष्टांतीवसिनी J^{ac} **68.3** वताश्चर्ये] Σ; वताच्चर्ये J **69.1** मदिरा दृष्टिविशेषस्तद्युक्ते] UB^1L_2J; मदिरा दृष्टिविशेषस्तदुक्ते G_1; मदिराक्षि दृष्तिविशेषः तद्युक्ते P **69.1** °हारित्वाच्च] UPJ; °हारित्वाच्च अ G_1 **69.2** अक्षिणी] G_1UJ; अक्षिणी नेत्रे P **69.2** अस्मद्वदननिहितं] PB^1L_2J; अस्मद्वदनं निहितं G_1; अस्मद्वदने निहितं U **69.2** मद्यं सुस्वाद्वास्वाद्य] *conj.*; मद्यं सुस्वाद्य G_1J; मद्यमास्वाद्य U; मद्यं रसवत्सुस्वादु पीत्वा आस्वाद्य PB^1L_2 **69.3** केन प्रकारेण नु मदीयं] *em.*; केन प्रकारेण न मदीयं G_1UJ; कथं नु मदीयं PB^1; कथं न मुदीयं L_2 **69.3** वार्यञ्जलिं] G_1UJ; जलाञ्जलिं PB^1L_2 **69.3** रोदननिन्दितमन्यलोकप्राप्तं धास्यसि] *em.*; रोदननिर्मितमन्यलोकप्राप्तं धास्यसि G_1J; रोदननिर्मितमन्यलोकनिर्मितं धास्यति U; वाष्पदूषितं(°त° P) परलोकप्राप्तमनुपास्यसि PB^1L_2 **70.1** समृद्धावपि] G_1UJ, विभवे समृद्धावपि PB^1L_2 **70.1** सत्यां ममाजस्य] P; सत्यामजस्य G_1UJ; सति ममाजस्य B^1L_2 **70.1** त्वां वर्जयित्वा] G_1UJ; त्वया विना PB^1L_2 **70.1** त्वज्जीवितावधि] G_1J; त्वज्जीवतावधि U; एतावत्त्वज्जीवितावधि PB^1L_2 **70.1** ज्ञायताम्] G_1UJ; त्वया गण्यतां ज्ञायतां PB^1; त्वया गण्यताम् L_2

यस्मान्मे ऽखिला उपभोगास्त्वदधीना अन्याभिर्वनिताभिरनीतस्य। न ह्यन्या कापि मे प्रीतिकारिणीत्यर्थः॥ ७०॥

विलपन्निति कोसलाधिपः करुणार्थग्रथितं प्रियां प्रति।
अकरोत्पृथिवीरुहानपि स्रुतशाखारसबाष्पदुर्दिनान्॥ ७१॥

राजा भार्यां प्रति दीनार्थसम्बद्धमित्थं परिदेवयन् वृक्षानपि च्युतः स्कन्धरस एवास्रुवर्षो येषां तानेवंविधान्व्यधात्। अचेतनानप्यरोदयदित्यर्थः॥ ७१॥

अथ तस्य कथञ्चिदङ्कतः स्वजनस्तामपनीय सुन्दरीम्।
विससर्ज तदन्तमण्डनामनलायागुरुचन्दनैधसे॥ ७२॥

अनन्तरं राज्ञ उत्सङ्गाद् बान्धवलोक इन्दुमतीं केनापि प्रकारेणापहृत्य धूप-

---

71 b. °ग्रथितं] $G_1UP_MB^1JV^MB^M_1B^M_2B^M_3B^M_4B^M_5B^M_7$Hem.Mall.Ar.; °ग्रथितां L_2Jin. **71 d.** स्रुत°] $G_1UB^1L_2JB^M_3B^M_4B^M_5B^M_7$**C**; च्युत° $P_MV^MB^M_1B^M_2$ • °दुर्दिनान्] G_1U $P_MV^MB^M_2B^M_3B^M_7$Hem.Mall.Jin.; °दुर्दिनाम् $B^1L_2JB^M_1B^M_4B^M_5$; °दूषितान् Ar.(?) **72 .** U gives 72ab, but skips then to 74cd, omitting all text and commentary in between (eyeskip from *sundarīm* in 72b to *sundarīm* in 74b). **72 c.** तदन्त°] $G_1P_MB^1L_2JB^M_1B^M_3B^M_4B^M_5$ B^M_7; कृतान्त्य° V^MHem.Mall.; तदन्त्य° B^M_2Ar.Jin.

70.2 ऽखिला उपभोगास्त्वदधीना] UJ; खिला उपभोगस्त्वदधीना G_1; सर्वे उपभोगास्त्वदाश्रयाः त्वदधीनाः P; सर्वे विषया उपभोगास्त्वदाश्रयास्त्वदधीनाः B^1; सर्वे विषया उपयोगास्त्वदाधीनाः L_2 **70.2** अन्याभिर्वनिताभिरनीतस्य] G_1UJ; विषयान्तरैरन्याभिर्वनिताभिरहृतस्य (°स्या L_2) वशीकृतस्य PB^1L_2 **70.3** कापि मे प्रीतिकारिणीत्यर्थः] PB^1 L_2; मे प्रीतिकारिणी UJ; मे प्रतिकारिणी G_1 **71.1** राजा] G_1UJ; कोसलाधिपो ऽजः PB^1L_2 **71.1** भार्यां] G_1UJ; प्रियां भार्यां PB^1; प्रियां भार्यं L_2 **71.1** दीनार्थसम्बद्धम्] G_1J; दीनार्थसम्बद्धाम् U; करुणार्थग्रथितम् दीनार्थसम्बद्धं PB^1L_2 **71.1** परिदेवयन्] *em.*; परिदीव्यन् $G_1PB^1L_2$J; परिदेव्यन् U **71.1** वृक्षानपि] G_1UJ; पृथिवीरुहान्वृक्षानपि P B^1L_2 **71.1** च्युतः] G_1UJ; स्रुतः च्युतः PB^1; स्रुच्च्युतः L_2 **71.1** स्कन्धरस] *em.*; स्कन्दरस G_1UJ; शाखारस PB^1L_2 **71.2** एवास्रुवर्षो येषां] G_1UJ; एव वाष्पदुर्दिनमस्रुवर्षं येषां (एषां P) PB^1L_2 **71.2** तानेवं°] Σ; तान्येवं° J **71.2** व्यधात्] G_1UJ; अकरोत् PB^1L_2 **71.2** °रोदयदित्यर्थः] $G_1B^1L_2$J; °रोदयत् इति वाक्यार्थः U; °रोधयदित्यर्थः P **72.1** अनन्तरं] G_1; अथानन्तरं PB^1L_2J **72.1** राज्ञ] G_1J; तस्य राज्ञः PB^1L_2 **72.1** उत्सङ्गाद्] G_1J; अङ्कतः उत्सङ्गात् PB^1L_2 **72.1** बान्धवलोक] G_1J; स्वजनो बान्धववर्गः P; स्वजनो बान्धव (बान्धवो B^{1ac}) लोकः B^1L_2 **72.1** इन्दुमतीं] G_1J; तां सुन्दरीं इन्दुमतीं PB^1L_2 **72.1** केनापि] G_1^{pc}J; नापि G_1^{ac}; कथंचित् केनापि PB^1L_2

चन्दने इन्धनं यस्य तस्मा अग्नये प्राहिणोत्। तदेव पूर्वकृतं मरणालङ्करणं यस्याः॥ ७२॥

प्रमदामनु संस्थितः शुचा क्षितिपः सन्निति वाच्यदर्शनात्।
न चकार शरीरमग्निसात्सह देव्या न तु जीविताशया॥ ७३॥

सार्वभौमो राजापि सञ्शोकेन कान्तामनु मृत इति निन्दावलोकनादेवंविधो ऽपवादो मे लोके मा भूदित्यतो हेतोर्भार्यया सह देहं वह्निरूपं न विदधे, न पुनर्जीविततृष्णया॥ ७३॥

अथ तेन दशाहतः परे गुणशेषामपदिश्य सुन्दरीम्।
विदुषा विधयो महर्द्धयः पुर एवोपवने वितेनिरे॥ ७४॥

अनन्तरं तेन राज्ञा स्थितिज्ञेन विधिविशेषादन्या यशोवशेषां प्रियामुद्दिश्य

---

73 b. क्षितिपः] Ś; नृपतिः Ꞓ **73 d.** जीविताशया] $G_1PB^1L_2JV^MB_1^MB_2^MB_3^MB_4^MB_5^M$ Hem.Mall.Jin.; जीविताशयः JB_7^M; जीवितेच्छया Ar. (?) **74 ab.** *om.* U; अपदिश्य दिवं गतां प्रियां गृहिणा तेन दशाहतः परे B_4^M **74 b.** सुन्दरीम्] $G_1P_MB^1L_2JV^MB_1^MB_2^M$ B_7^M; सुन्दरी B_3^M; भामिनीम् Hem.Mall.Ar.; गेहिनीम् Jin. **74 cd.**] *om.* U; विदुषा विधयः समापिताः पुर एवोपवने महर्द्धयः B_4^M **74 d.** वितेनिरे] $G_1UP_MB^1L_2JV^MB_1^MB_2^M$ $B_3^MB_5^MB_7^M$ Jin.; समापिताः Hem. ? Mall.Ar.

---

73 U omits both this verse and the commentary thereon.

72.2 प्रकारेणापहृत्य धूपचन्दने] J; प्रकारेणागुरुचन्दने G_1; प्रकारेणापहृत्यागुरुधूपचन्दने PB^1L_2 **72.2** इन्धनं] $P^{pc}B^1L_2$; इन्दनं $G_1P^{ac}J$ **72.2** तस्मा अग्नये] *em.*; तस्मान्नग्नये G_1; तस्मै अनलायाग्नये PB^1L_2; तस्मावग्नये J **72.2** प्राहिणोत्] G_1J; विससर्ज प्राहिणोत् PB^1L_2 **72.2** पूर्वकृतं मरणालङ्करणं] J; पूर्वकृतलङ्करणं G_1; पूर्वकृतमलङ्करणं अन्तमण्डनं मरणालङ्कारो PB^1L_2 **72.3** यस्याः] $G_1PB^{1ac}J$; यस्याः ता B^{3pc}; यस्यास्ताम् L_2 **73.1** सार्वभौमो] G_1J; क्षितिपः सार्वभौमो PB^1L_2 **73.1** शोकेन] G_1J; शुचा शोकेन PB^1L_2 **73.1** कान्तामनु मृत] G_1; प्रमदां कान्तामनु संस्थितः अनु मृत PB^1L_2; कातामनुमृत J **73.1** निन्दावलोकनाद्] G_1J; वाच्यदर्शनात् निन्दावलोकनात् (°लोकतान् B^1) PB^1L_2 **73.2** °दित्यतो] G_1PB^1J; °दिति। अहो L_2 **73.2** हेतोर्भार्यया] G_1J; हेतोः देव्या भार्यया PB^1; हेतो व्याभार्यया L_2 **73.2** देहं वह्निरूपं न विदधे न] G_1; शरीरमग्निसाद्वह्निरूपं न चकार P; शरीरं अग्निसाद्वह्निरूपं न चकार न विदधे न B^1L_2; देहं वह्निरूपं न विदधे J **74.1** अनन्तरं] G_1; *om.* U; अथानन्तरं PB^1L_2J **74.1** स्थितिज्ञेन] UJ; स्थित्यज्ञेन G_1; विदुषा स्थितिज्ञेन PB^1L_2 **74.1** विधिविशेषादन्या] *conj.*; विधिविशेषादन्ये G_1J; विशेषादन्ये U; दशाहविशेषादन्ये विधयः P; दशाहविधिविशेषादन्ये विधयः B^1L_2 **74.1** यशोवशेषां] G_1J; यशोविशेषां U; गुणशेषां यशोवशेषां PB^1L_2 **74.1** प्रियामुद्दिश्य] UJ; प्रियामुद्दि G_1; सुन्दरीं प्रियामुद्दिश्य उपदिश्य P; सुन्दरीं प्रियामपदिश्योद्दिश्य B^1L_2

महारम्भाः क्रियाः श्राद्धादिकाश्चक्रिरे नगरस्योद्यान एव। दशाहो ऽत्र विधिविशेष उच्यते। न तु दश दिनानि, क्षत्रियस्य द्वादशाहेनाशौचशुद्धेः॥ ७४॥

स विवेश पुरीं तया विना क्षणदापायशशाङ्कदर्शनः।
परिवाहमिवावलोकयन्स्वशुचः पौरवधूमुखास्रुषु॥ ७५॥

स राजा भार्यारहितो नगरीमविशत्। विच्छायत्वान्निशावसानशशिनिभः, नगरवनितावदनवाष्पेषु निजशोकस्य जलोच्छ्वासं स्रोत इव पश्यन्, तच्छोकस्य तत्र भागीकृतत्वात्।

परिवाहांस्तु सरसामुच्छ्वासान्पण्डिता विदुः॥ ७५॥

तमवेक्ष्य मखाय दीक्षितः प्रणिधानाद्गुरुराश्रमाश्रयः।
अभिषङ्गिणमीश्वरं विशामिति शिष्येण किलान्वबोधयत्॥ ७६॥

---

76 a. तमवेक्ष्य मखाय] $G_1UP_MJV^MB_1^MB_2^MB_5^MB_7^M$Hem.Jin.; तमवीक्ष्य मखाय B^1L_2; तमवेक्ष्य मुखायय B_3^M; अथ तं स मुखाय B_4^M; अथ तं सवनाय Mall.Ar. **76 b. °श्रमाश्रयः**] $G_1UP_MB^1L_2JV^MB_1^MB_2^MB_3^MB_5^MB_7^M$Hem.Jin.; °श्रमाश्रितः B_4^MMall.; °श्रमस्थितः B_4^M Ar.(?) **76 c. अभिषङ्गिणमीश्वरं विशामिति**] $G_1P_MB^1L_2JV^MB_1^MB_3^MB_5^MB_7^M$Jin.; अभिषङ्गिनमीश्वरं विशामिति U; अभिषङ्गनमीश्वरंकितेरिति B_2^M; अभिषिङ्गिनदं विजिज्ञिवानिति B_4^M; अभिषङ्गजडं विजज्ञिवानिति Hem.Mall.Ar.

75.4 परिवाहांस्तु सरसामुच्छ्वासान्पण्डिता विदुः Source unknown.

74.2 महारम्भाः] *conj.*; महासंरम्भाः G_1UJ; महर्द्धयः महारम्भाः PB^1L_2 **74.2 क्रियाः श्राद्धादिकाश्चक्रिरे**] UJ; श्राद्धादिकाश्चक्रिरे G_1; क्रियाः श्राद्धादिकाः वितेनिरे चक्रिरे P; श्राद्धदयो वितेनिरे चक्रिरे B^1L_2 **74.2 नगरस्योद्यान**] UJ; नागरस्योद्यान G_1; पुरो नगर्या एवोपवने उद्याने PB^1L_2 **74.3 दशाहो ऽत्र विधिविशेष**] Σ; दशाहत अत्र विशेष U **74.3 °दशाहेनाशौचशुद्धेः**] G_1J; °दशाहेन शौचशुद्धेः U; °दशाहेनाशौचशुद्धिः P; °दशेनाशौचशुद्धेः B^1; °दशाहेनाशौचशुद्धे L_2 **75.1 भार्यारहितो**] G_1UJ; तया विना भार्यारहितः PB^1L_2 **75.1 नगरीमविशत्**] G_1UJ; पूरीं विवेश PB^1L_2 **75.1 विच्छायत्वान्निशावसानशशिनिभः**] G_1U; विच्छायत्वात् क्ष(क° L_2)णदापायशशाङ्कदर्शनः निशावसानशशिनिभः PB^1L_2; विच्छयत्वान्निशावसानशीशनिभः J **75.2 नगरवनितावदनवाष्पेषु**] G_1UJ; पौरवधूनां मुखास्रुषु वदनवाष्पेषु PB^1L_2 **75.2 निजशोकस्य**] G_1UJ; स्वशुचो निजशोकस्य PB^1L_2 **75.2 जलोच्छ्वासं स्रोत**] G_1; जलोच्छ्वासं शोक U; परिवाहं जलोच्छ्वासं स्रोत PB^1L_2; जलोच्छ्वासं स्रो J **75.2 पश्यन्**] G_1J; अवलोकयन् पश्यन् PB^1L_2 **75.3 तच्छोकस्य तत्र**] G_1PB^1J; तच्छोकस्य तस्य U; तत्र तच्छोकस्य L_2 **75.3 भागीकृतत्वात्**] Σ; भागीर्हतत्वात् L_2 **75.4 परिवाहांस्तु सरसामुच्छ्वासान्पण्डिता विदुः**] G_1J; परिवाहंस्तु पण्डिताः सरसामुच्छान्विताः U(unmetrical); परिवाहांस्तु सरसानुच्छ्वासान्पण्डिता विदुः P; परिवाहास्तु(°हंस्तु P^{ac}?) सरसामुच्छासान्पण्डिता विदुः B^1; परिवाहांस्तु सरसाच्छ्वासान्पण्डिता विदु L_2

राजानं दुःखितं वसिष्ठः समाधिना ज्ञात्वेत्थं वक्ष्यमाणमन्तेवासिना समाश्वासयत्। यज्ञाय गृहीतनियमः, अत एव निजाश्रमस्थः॥ ७६॥

असमाप्तविधिर्यतो मुनिस्तव विद्वानपि तापकारणम्।
न भवन्तमुपस्थितः स्वयं प्रकृतौ स्थापयितुं कृतस्थितिः॥ ७७॥

ऋषिरात्मना त्वां समाश्वासयितुं नागच्छत्तव शोकहेतुं जानन्नपि, यतो ऽसमाप्तयज्ञः। विहितमर्यादः। दीक्षितेन किल न गन्तव्यमिति तेनैव व्यवस्था कृता। यदि वा दुःखित आश्वासनीय इति कृताचारः, तत्प्रणीतत्वादाचाराणाम्॥ ७७॥

मयि तस्य सुवृत्त वर्तते लघुसन्देशपदा सरस्वती।
शृणु विश्रुतसत्त्वसार तां हृदि चैनामुपधातुमर्हसि॥ ७८॥

---

77 a. °विधिर्यतो मुनिस्] $\mathrm{G_1UP_MB^1L_2JV^MB^M_1B^M_3B^M_4B^M_5B^M_7}$Mall.Ar. (?) Jin.; °विधिर्मुनिर्यतो $\mathrm{B^M_2}$; °विधिस्तपोनिधिस् Hem. **77 d.** कृतस्थितिः] $\mathrm{G_1UP_MB^1L_2V^MB^M_1B^M_2B^M_3B^M_4B^M_5B^M_7}$Hem.Ar.; कृतः स्थितिः J; ततश्च्युतम् Mall.; स्वतश्च्युतम् Jin. **78 b.** लघुसन्देशपदा] $\mathrm{UP_MB^1L_2B^M_1B^M_2B^M_3B^M_5B^M_7}$Mall.Ar.Jin.; लघुसन्देशपरा $\mathrm{G_1JV^MB^M_4}$; स्फुटसन्देशपदा Hem.

---

77 नागच्छत्तव …गन्तव्यमिति] नागच्छव्यमिति J(eyeskip)

76.1 राजानं दुःखितं] *conj.*; तं राजानं दुःखितं $\mathrm{G_1U}$; तं राजानमभिषङ्गिणं दुःखितं $\mathrm{PB^1L_2}$; तं राजानमऽजं दुःखितं J **76.1** वसिष्ठः] $\mathrm{G_1U}$; गुरुर्वसिष्ठः $\mathrm{PB^1L_2}$; वसिष्टः J **76.1** समाधिना ज्ञात्वेत्थं] $\mathrm{G_1UJ}$; प्रणिधानात्समाधिनाऽवेक्ष्य ज्ञात्वा इतीत्थं $\mathrm{PB^1L_2}$ **76.1** °णमन्तेवासिना] UJ; °णमन्त्येवासिना $\mathrm{G_1}$; °णं शिष्येणान्तेवासिना $\mathrm{PB^1L_2}$ **76.2** समाश्वासयत्] $\mathrm{G_1UJ}$; अन्वबोधयत्समाश्वासयत् $\mathrm{PB^1L_2}$ **76.2** यज्ञाय] $\mathrm{G_1UPJ}$; मखाय यज्ञाय $\mathrm{B^1L_2}$ **76.2** गृहीतनियमः] $\mathrm{G_1J}$; दीक्षितो गृहीतनियमः $\mathrm{PB^1L_2}$ **76.2** एव निजाश्रमस्थः] $\mathrm{G_1UJ}$; एवाश्रमाश्रयो निजाश्रमस्थः $\mathrm{PB^1L_2}$ **77.1** ऋषिरात्मना] $\mathrm{G_1UJ}$; मुनिस्स्वयमात्मना $\mathrm{PB^1L_2}$ **77.1** त्वां] $\mathrm{G_1UJ}$; भवन्तं $\mathrm{PB^1L_2}$ **77.1** समाश्वासयितुं] $\mathrm{G_1UJ}$; प्रकृतौ स्थापयितुं समाश्वासयितुं $\mathrm{PB^1L_2}$ **77.1** नागच्छत्तव] U; न गच्छत्तव $\mathrm{G_1}$; नाजगाम तव $\mathrm{PB^1}$; नोपस्थितः न जगाम तव $\mathrm{L_2}$; नागच्छ J **77.1** शोकहेतुं] $\mathrm{G_1U}$; तापकारणं शोकहेतुं $\mathrm{PB^1L_2}$ **77.1** जानन्नपि] $\mathrm{G_1U}$; विद्वन्नपि जानन्नपि $\mathrm{PL_2}$; विद्वानपि जान्नपि $\mathrm{B^1}$ **77.2** °यज्ञः] $\mathrm{G_1U}$; °यज्ञविधिः $\mathrm{PB^1L_2}$ **77.2** विहितमर्यादः] $\mathrm{G_1U}$; कृतस्थितिः विहितमर्यादः $\mathrm{PB^1L_2}$ **77.2** तेनैव व्यवस्था] $\mathrm{G_1J}$; तेनैव्यवस्था U; व्यवस्था तेनैव $\mathrm{PB^1L_2}$ **77.3** आश्वासनीय इति] UPJ; आश्वासनीय इदि $\mathrm{G_1}$; आसनीय इति $\mathrm{B^1}$; आमनीय इति $\mathrm{L_2}$

हे सदाचार, तस्य गुरोर्वाक्—अल्पानि पदानि यस्याः सेत्यर्थः, महत्त्वं ध्वनितम्—मयि वर्तते। तामाकर्णय, श्रुत्वा च वाचं चेतसि कर्तुं योग्यो भवसि। ≪हे ख्यातसत्त्वोत्कर्ष≫। सात्त्विका हि स्वप्ने ऽपि न खिद्यन्ते। सन्दिश्यन्त इति सन्देशाः, ते च तानि पदानि सन्देशपदानि॥ ७८॥

कथं कार्यान्तरव्यग्रेण गुरुणा मद्दुःखकारणमज्ञायीत्याह

त्रिषु धामसु शार्ङ्गधन्वनः समतीतं च भवच्च भावि च।
स हि निष्प्रतिघेन चक्षुषा त्रितयं ज्ञानमयेन पश्यति॥ ७९॥

वसिष्ठो यस्माद्विष्णोस्त्रिषु पदेषु भूर्भुवःस्वर्लक्षणेषु वेदमयेन नेत्रेण समतिक्रान्तं वर्तमानं भविष्यच्चेति त्रयं पश्यति। निरावरणेन निष्प्रतिबन्धेन। प्रतिघो वा

---

79 a. त्रिषु धामसु शार्ङ्गधन्वनः] Σ; पुरुषस्य पदेष्वजन्मनः 𝕮 **79 c.** स हि] $G_1P_MB^1L_2JV^MB_1^MB_2^MB_3^MB_4^MB_5^MB_7^M$ Hem.Mall.Ar. (?); स ह U (Jin. uncertain)

78.1 सदाचार] G_1J; विश्रुतसत्वसार U; सुवृत्त शोभनाचार PB^1L_2 **78.1** गुरोर्वाक्] G_1UJ; मुनेर्वसिष्ठस्य गुरोर्वाक् सरस्वती P; मुनेर्वसिष्ठस्य सरस्वती वाक् B^1L_2 **78.1** अल्पानि पदानि] G_1UJ; लघूनि अल्पानि सन्देशपदानि P; लघूनि सन्देशपदानि B^1L_2 **78.1** सेत्यर्थः] G_1UPJ; सेत्यर्थ B^1; सा इत्यर्थ L_2 **78.2** तामाकर्णय] UJ; तामकर्णय G_1; तां शृणु PB^1L_2 **78.3** कर्तुं योग्यो भवसि] *conj.*; कर्तुमनुष्ठातुं योग्यो भवसि G_1; कर्तुमनुष्ठातुं योग्यो सि U; कर्तुमनुष्ठातुमर्हसि P; कर्तुमनुष्ठातुमर्हसि योग्योभवसि B^1L_2; किंतुमनुष्टातुं योग्यो भवसि J **78.3** ख्यातसत्त्वोत्कर्ष] *conj.* (cf. Jin.); ख्यातः सत्त्वोत्कार्यो यस्य तस्यामन्त्रणम् G_1; ख्यातः सत्त्वोत्कर्षो यस्य तस्यामन्त्रणम् UJ; विश्रुतः ख्यातः सत्त्वसारः सत्त्वोत्कर्षः यस्य तस्यामन्त्रणम् P; श्रुतः ख्यातस्सत्त्वसारः सत्त्वोत्कर्षः यस्य तस्यामन्त्रण B^1; श्रुतः ख्यातस्सत्त्वसारः सत्त्वोत्कर्षः यस्य तस्यामन्त्रणम् L_2 **78.3** सात्त्विका हि] PB^1; सात्त्विकश्च G_1J; सात्विकाश्च U **78.3** स्वप्ने ऽपि] U; स्वप्ने G_1PB^1J; स्वप्नोपि L_2 **78.3** खिद्यन्ते] G_1UPL_2; खिद्यन्ति B^1; खिद्यते J **78.4** सन्दिश्यन्त] UB^1L_2J; सन्दिश्यत G_1; न सन्दिश्यन्ते P **78.4** सन्देशाः, ते च तानि पदानि सन्देशपदानि] PB^1L_2; सन्देशानि च तानि G_1J; सन्देशानि तानि U **78.5** कथं] G_1UJ; *om.* PB^1L_2 **78.5** °व्यग्रेण] Σ; °व्याग्रेण G_1 **78.5** गुरुणा] G_1UJ; गुरुणा कथं PB^1L_2 **78.5** मद्दुःख°] Σ; सत् दुःख° U **79.1** वसिष्ठो] U; वसिष्ठे G_1; स वसिष्ठो PB^1L_2; वसिष्टो J **79.1** यस्माद्विष्णोस्त्रिषु पदेषु] G_1UJ; हि यस्मात् शार्ङ्गधन्वनो (°ने B^1) विष्णोस्त्रिषु धामसु पदेषु स्थानेषु PB^1L_2 **79.1** °र्लक्षणेषु वेदमयेन नेत्रेण] G_1J; °र्लणेषु वेदगयेन नेत्रेण U; °र्लक्षणेष्वप्रतिघेन निरर्गलेन चक्षुषा वेदमयेन नेत्रेण अथवा निष्प्रतिघेन निरावरणेन निष्प्रतिबन्धेन P; °र्लक्षणेषु निष्प्रतिघेन निरर्गलेन चक्षुषा वेदमयेन नेत्रेण अथवा निष्प्रतिघेन निरावरणेन B^1L_2 **79.1** समतिक्रान्तं] G_1UJ; समतीतं समतिक्रान्तं PB^1L_2 **79.2** वर्तमानं] G_1UJ; भवद्वर्तमानं PB^1L_2 **79.2** भविष्यच्चेति] G_1U; भावि भविष्यच्च इति PB^1L_2; भविष्यश्चेति J **79.2** त्रयं] G_1; त्रितयं UB^1L_2J; त्रि+त+यं P **79.2** निरावरणेन निष्प्रतिबन्धेन] G_1UJ; *om.* PB^1L_2

क्रोधः। कामक्रोधादिरहितेन॥ ७९॥

चरतः किल दुश्चरं तपस्तृणबिन्दोः परिशङ्कितः पुरा।
प्रजिघाय समाधिभेदिनीं हरिरस्मै हरिणीं सुराङ्गनाम्॥ ८०॥

पूर्वमिन्द्रस्तृणबिन्दुनाम्नो राजर्षेः कष्टं तपो विदधतः स्वराज्यहरणशङ्कितस्तृणबिन्दवे ध्याननाशिनीं हरिणीं नामाप्सरसं प्राहिणोत्। किलेत्यागमे॥ ८०॥

स तपःप्रतिबन्धमन्युना प्रमुखाविष्कृतचारुदर्शनाम्।
अशपद्भव मानुषीति तां शमवेलाप्रलयोर्मिणा मुनिः॥ ८१॥

तृणबिन्दुरग्रे दर्शितं रम्यं रूपं यया तां मनुष्या सम्पद्यस्वेति शशाप, तपोविघ्नरोषेण। शम एवाब्धिमर्यादा तस्याः कल्पान्ततरङ्गनिभेन। प्रलयोर्मिर्यथा मर्यादामास्कन्दति तथा कोपः प्रशान्तिम्॥ ८१॥

भगवन्परवानयं जनः प्रतिकूलाचरणं क्षमस्व मे।

---

81 a. °प्रतिबन्ध°] $G_1UP_MB^1L_2V^MB_2^MB_3^MB_4^MB_5^MB_7^M$Mall.Ar.; °प्रतिबन्धु° B_1^M; °प्रतिघात° Hem.Jin. **81 b.** °विष्कृतचारुदर्शनाम्] $UB^1L_2V^MB_1^MB_2^MB_3^MB_4^MB_5^MB_7^M$; °विष्ठितचारुदर्शनाम् P_M; °विष्कृतचारुदर्शनम् G_1J; °विष्कृतचारुविभ्रमाम् ℭ **82 b.** °चरणं] $G_1UP_MB^1L_2JV^MB_1^MB_2^MB_3^MB_4^MB_7^M$; °चरितं B_5^Mℭ

79.3 प्रतिघो वा क्रोधः] G_1UPJ; क्रोधो वा प्रतिघः B^1L_2 **80.1** पूर्वमिन्द्रस्] G_1UJ; पुरा पूर्वं हरिरिन्द्रः PB^1L_2 **80.1** कष्टं] G_1UJ; दुश्चरं कष्टं PB^1L_2 **80.1** तपो विदधतः] G_1UJ; तपः चरतः कुर्वतः PB^1L_2 **80.2** स्वराज्यहरणशङ्कितस्तृणबिन्दवे] UJ; स्वाराज्यहरणशङ्कितस्तृणबिन्दवे G_1; स्व(स्वा° B^1)राज्यहरणशङ्कितः अस्मै तृणबिन्दवे PB^1; स्वाराज्यहरणबिन्दुशङ्कितः अस्मै तृणबिन्दवे L_2 **80.2** ध्याननाशिनीं] G_1UJ; समाधिभेदिनीं ध्याननाशिनीं PB^1L_2 **80.2** नामाप्सरसं] G_1UB^1J; नाम सुराङ्गनां अप्सरसं P; नामप्सरसं L_2 **80.2** प्राहिणोत्] G_1UJ; प्रजिघाय प्राहिणोत् PB^1L_2 **81.1** तृणबिन्दुरग्रे दर्शितं] G_1; तृणबिन्दोरग्रे दर्शितं UJ; स तृणबिन्दुः प्रमुखे अग्रे आविष्कृतं दर्शितं PB^1; स तृणबिन्दुः प्रमुखे अग्रे आविष्कृतं L_2 **81.1** रम्यं रूपं] J; रूपं रम्यं G_1; रूपं U; चारु रम्यं दर्शनरूपं PB^1; चारु रम्यं दर्शनं रूपं L_2 **81.1** मनुष्या सम्पद्यस्वेति] G_1UJ; मानुषी भवेति PB^1L_2 **81.2** तपोविघ्नरोषेण] G_1UJ; तमसः प्रतिबन्धो विघ्नस्तत्प्रभवेन मन्युना रोषेण P; तपसः प्रतिबन्धो(°बन्धनो B^{1ac}) विघ्नस्तत्प्रभवेण मन्युना रोषेण B^1L_2 **81.2** एवाब्धिमर्यादा] G_1J; एवाब्धिर्मर्यादा U; एव वेला अब्धिमर्यादा PL_2; एवावेला अब्धिमार्यादा B^1 **81.2** कल्पान्ततरङ्गनिभेन] UJ; कल्पान्तराङ्गनिभेन G_1; प्रलयान्तोर्मिणा कल्पान्तरङ्गनिभेन P; प्रलयोर्मिणा कल्पान्ततरङ्गनिभेन B^1L_2 **81.3** कोपः] Σ; शोक U **81.3** प्रशान्तिम्] Σ; प्रशांतितम् J

इति चोपनतां क्षितिस्पृशं कृतवाना सुरमाल्यदर्शनात्॥ ८२॥

इत्थं प्रणतामनुनयवतीं तामप्सरसं तृणबिन्दुर्दिव्यकुसुमावलोकनावधि पृथ्वीपृष्ठस्पृशं मानुषीं विहितवान्। तावदवनिमवतर यावत्सुरकुसुमदर्शनं ते सम्पन्नमिति शापान्तमस्याः स दयया चकारेत्यर्थः। परायत्तः। अतश्च परवशत्वा- 3
द्विप्रियकरणं तत्क्षमस्व॥ ८२॥

क्रथकैशिकवंशसम्भवा तव भूत्वा महिषी चिराय सा।
मुनिशापनिवृत्तिकारणं ध्रुवमापाशु यतस्तनुं जहौ॥ ८३॥

सा ते भार्या चिरमासित्वा निश्चितमृषिशापविनाशहेतुं सुरपुष्पेक्षणलक्षणं प्राप यतः शीघ्रं व्याधिं विना देहमत्यजत्॥ ८३॥

तदलं तदपायचिन्तया विपदुत्पत्तिमतामवस्थिता।
वसुधेयमवेक्ष्यतां त्वया वसुमत्या हि नृपाः कलत्रिणः॥ ८४॥

---

82 d. कृतवाना सुरमाल्य॰] $P_M B^1 L_2 V^M B_3^M B_5^M B_7^M$ Jin.; कृतवानम्बरमाल्य॰ G_1; कृतवानुम्बरमाल्य॰ U; कृतवानास्वरमाल्य॰ $J B_2^M B_4^{Mpc}$; कृतवानसुरमाल्य॰ B_1^M; कृतवानस्वरमाल्य॰ B_4^{Mac}; कृतवाना सुरपुष्प॰ Hem.Mall.Ar. **83 cd.**] $G_1 U P_M B^1 L_2 J V^M B_1^M B_2^M B_3^M B_4^M B_5^M B_7^M$; उपलब्धवती दिवश्च्युतं विवशा शापनिवृत्तिकारणम् ℭ **83 c.** ॰निवृत्ति॰] $U B^1 L_2 V^M B_3^M B_5^M$; ॰निवृत्त॰ $G_1 P_M J B_1^M B_2^M B_4^M B_7^M$ **83 d.** ध्रुवमापाशु यतस्तनुं] $G_1 U B^1 L_2 J B_2^M B_3^M B_5^M B_7^M$; ध्रुवमाप्ताशु यतस्तनुं P_M; ध्रुवमापाशु ततस्तनुं V^M; ध्रुवमप्तास्त यतस्तनु B_1^M; ध्रुवमप्ताप यतः तनुं B_4^M **84 b.** ॰मवस्थिता] $G_1 P_M B^1 L_2 J V^M B_1^M B_2^M B_3^M B_4^M B_5^M B_7^M$ Ar.Jin.; ॰मुपस्थिता UHem.Mall.

82.1 इत्थं] G_1UJ; इतीत्थम् PB^1L_2 **82.1** प्रणतामनुनय॰] G_1UJ; उपनतां प्रणतामनुनय॰ PB^1; उपनतां प्रणतामनुनाय॰ L_2 **82.1** तृणबिन्दुर्] G_1UP; स तृणबिन्दुर् B^1L_2; तृणबिंदु J **82.1** दिव्यकुसुमावलोकनावधि] G_1UJ; आ सुरमाल्यदर्शनात् दिव्यकुसुमदर्शनावधि PB^1L_2 **82.2** पृथ्वीपृष्ठ॰] *conj.*; पृष्ठ॰ G_1; पृ। थ्वी॰ U; क्षिति॰ PB^1L_2; पृष्टी॰ J **82.2** विहितवान्] G_1UJ; विहितवान् अकरोत् P; कृतवानकरोत् B^1; कृतवाकरोत् L_2 **82.2** ॰दर्शनं] Σ; ॰दर्शिनं J **82.3** स दयया] G_1UJ; दयया स PB^1L_2 **82.3** परायत्तः] *conj.*; *om.* G_1UJ; परवान् परायत्तः PB^1L_2 **82.4** अतश्च परवशत्वाद्विप्रियकरणं] *conj.*; *om.* G_1UJ; अतश्च परवशत्वात्प्रतिकूलत्वाचरणम् (॰कूलाचरणं B^1) विप्रियकरणम् PB^1; अतश्च परवत्वात्प्रतिकूलाचरणं विप्रियकरणं L_2 **82.4** तत्क्षमस्व] PB^1L_2; *om.* G_1UJ **83.1** ते भार्या] G_1J; ते U; तव भार्या PB^1L_2 **83.1** चिरमासित्वा] G_1UJ; भूत्वा चिरमासित्वा PB^1L_2 **83.1** निश्चितम्] G_1UJ; ध्रुवं निश्चितं PL_2; ध्रुवं निश्छितम् B^1 **83.1** ॰विनाशहेतुं] G_1UPJ; ॰निवृत्तिकारणं मुनिशापविनाशहेतुं B^1L_2 **83.1** ॰पुष्पेक्षणलक्षणं] Σ; ॰पुष्पेक्षण L_2 **83.2** यतः शीघ्रं] G_1UJ; यत आशु शीघ्रं PB^1L_2 **83.2** व्याधिं] G_1UJ; तनुं जहौ व्याधिं PB^1L_2

तस्मात्तद्विनाशशोकेन तूष्णीम्, यतो जन्मवतां विपत्तिर्विनाशलक्षणा नित्या। तथा चोक्तम्—‘जातस्य हि ध्रुवो मृत्युः’ इति। अतः कारणात्त्वया भूमिरियं पाल्यताम्, यस्माद्भुवा राजानः सदाराः, भूपतिमहीपत्यादिशब्दधारणात्॥ ८४॥

प्रसङ्गाच्छान्तरसविवर्णयिषयाह

उदये यदवाप्यमुज्झता श्रुतमाविष्कृतमात्मनस्त्वया।
मनसस्तदुपस्थिते ज्वरे पुनरक्लीवतया प्रकाश्यताम्॥ ८५॥

अभ्युदयकाले राज्यलाभे प्राप्यं प्रहर्षं मदं वा त्यजता त्वया यत्स्वस्य शा-

---

85 a. यदवाप्य°] Ś; यदवाच्य° Hem.; मदवाच्य° Mall.Ar.; यदकार्य° Jin. **85 b.** °त्मनस्त्वया] ŚHem.Jin.; °त्मवत्तया Mall.Ar. (?) **85 c.** मनसस्तदुपस्थिते] ŚHem.Ar.; मनसः समुपस्थिते Mall. (Jin. uncertain)

84.2 जातस्य हि ध्रुवो मृत्युः *Mahābhārata* 6.24:27a (*Bhagavadgītā*).

84.1 तस्मात्तद्विनाशशोकेन तूष्णीम्] G_1UJ; तत् तस्मात् तस्याः अपायो विनाशः तस्य चिन्तया शोकेनालं तूष्णीं P; तत्तस्मात् तस्या अपायो विनाशस्तस्य चिन्तया अलं तूष्णीम् B^1L_2 **84.1** यतो जन्मवतां] G_1UJ; यत उत्पत्तिमतां जन्मवतां $PB^{3pc}L_2$; यत उत्पत्तिमतां ×⏓ ⏓× वतां B^{1ac} **84.1** विपत्तिर्विनाशलक्षणा नित्या] *conj.*; विपत्तिविनाशलक्षणावस्थिता नित्या G_1UJ; विपत् मरणलक्षणा अवस्थिता नित्या भवति PB^1L_2 **84.2** तथा चोक्तम्] G_1U; *om.* PB^1L_2; तथा चोक्तं भगवता J **84.2** मृत्युः इति] G_1U; मृत्युः इत्युक्तत्वात् PB^1L_2; मृत्युर्ध्रुवं जन्म मृतस्य चेति J **84.3** कारणात्त्वया भूमिरियं] G_1J; कारणत्वात्त्वयेयं भूमिः U; कारणात्त्वया भूमिः P; कारणात् इयं +त्वया+ वसुधा भूमिः B^1 (+B^3); कारणात् त्वया इयं वसुधा भूमिः L_2 **84.3** यस्माद्भुवा राजानः] J; यस्माद्भुवा राजानाः G_1; यस्माद्राजानः भुवः U; यस्माद्राजानो वसुमत्या भूम्यैव PB^1L_2 **84.3** सदाराः] *em.*; सदाचाराः G_1J; सदादाराः U; कलत्त्रिणः सदाराः PB^1L_2 **84.4** भूपतिमहीपत्यादिशब्दधारणात्] PB^1L_2; भूपतिमहीपत्यादिशब्दप्रयोगात् G_1; भूपतिर्महीपतिरित्यादिशब्दप्रयोगात् U; भूपतिर्महीपत्यादिशब्दप्रयोगात् J **84.5** प्रसङ्गाच्छान्तरसविवर्णयिषयाह] P; प्रसङ्गाच्छान्तारसयिवर्णयिषमाह G_1; *om.* U; प्रसङ्गाच्छान्तरसविवर्णिषयाह B^1L_2; प्रसंगाच्छापांतरसविवर्णयिष्यमाह J **85.1** अभ्युदयकाले राज्यलाभे] G_1UJ; उदये अभ्युदयकाले राज्यलाभे P, उदये राज्यलाभकाले B^1L_2 **85.1** प्राप्यं प्रहर्षं] G_1UJ; अप्राप्यं प्राप्यं हर्षं P; अवाप्यं प्राप्यं हर्षं B^1; अवप्यं हर्षं L_2 **85.1** मदं] G_1PL_2J; पदं U; मुदं B^1 **85.1** त्यजता] PB^1L_2; त्याज्यता G_1; त्यज्यतां U; त्याजता J **85.1** त्वया] Σ; तुया G_1

स्त्रं प्रकटितं तदिदानीं चित्तस्य दुःखे समुत्पन्ने भूयो ऽदैन्येनाविष्क्रियताम्। श्रुतवन्तो हि सम्पदापदोर्न हृष्यन्ति, न तप्यन्ते च॥ ८५॥

किञ्च दुःखे शोको निरर्थक इति वक्तुमाह—

रुदता कुत एव सा पुनर्भवता नानुमृतेरवाप्यते।
परलोकजुषां स्वकर्मभिर्गतयो भिन्नपथाः शरीरिणाम्॥ ८६॥

त्वया पश्चान्मरणेनापि सा न प्राप्यते। अस्रु विमुञ्चता तु कुत एव, यतः परलोकगामिनां निजैः शुभाशुभैः कर्मभिर्गमनानि विलक्षणमार्गाणि। यादृशं हि यः कर्म कुरुते, तादृशेन पथा स याति॥ ८६॥

अपशोकमतः कुटुम्बिनीमनुगृह्णीष्व निवापदत्तिभिः।
स्वजनास्रु किलातिसन्ततं दहति प्रेतमिति प्रचक्षते॥ ८७॥

---

86 b. नानुमृतेरवाप्यते] $G_1JB_1^{Mpc}B_3^MB_7^M$; नानुमृतो न वाप्यते U; नानुमृतेन वाप्यते $P_MB^1L_2V^MB_1^{Mac}B_4^M$; ननुमृतेर्न वापिते B_2^M; नानुमृतेन याप्यते B_5^M; नानुमृतापि लभ्यते Hem.Mall.Ar.; नानुमृतेन लभ्यते Jin. **86 d.** °पथाः शरीरिणाम्] $G_1B^1L_2L_2V^MB_1^MB_2^M B_3^MB_5^MB_7^M$; °पथः शरीरिणां $UP_MB_4^M$; °पथा हि देहिनाम् ℭ **87 .**] placed between 90 and 91 in B_4^M; *om.* G_1J **87 a.** अपशोकमतः] $UP_MB^1L_2V^MB_1^MB_3^MB_4^MB_5^MB_7^M$; अपशोकमनाः B_2^Mℭ

85.2 यत्स्वस्य शास्त्रं] G_1J; यत्स्वस्य शास्त्रस्य U; यदात्मनः स्वस्य श्रुतं शास्त्रम् PB^1L_2 **85.2** प्रकटितं] G_1UJ; आविष्कृतं दर्शितम् $PB^{3pc}L_2$; आविकृतं दर्शितं B^{1ac} **85.2** चित्तस्य] G_1UJ; मनसो PB^1L_2 **85.2** दुःखे] G_1UJ; ज्वरे दुःखे PB^1L_2 **85.2** समुत्पन्ने] G_1UJ; उपस्थिते सति PB^1L_2 **85.2** ऽदैन्येनाविष्क्रियताम्] G_1UJ; °क्लीवतयाऽदैन्येनाविष्क्रियतां प्रकटीक्रियतां P; अक्लीवतया दैन्यराहित्येन प्रकाश्यतां प्रकटीक्रियतां B^1L_2 **85.3** सम्पदापदो°] Σ; विपदापदो° U **85.3** न तप्यन्ते च] PB^1L_2; तप्यन्ते G_1UJ **85.4** दुःखे शोको निरर्थक] Σ; दुःखशोका निरर्थका U **86.1** त्वया पश्चान्मरणेनापि] G_1UJ; भवता अनुमृतेनापि पश्चन्मरणेनापि P; भवता अनुमृतेनापि B^1L_2 **86.1** अस्रू विमुञ्चता तु] G_1UJ; रुदता अस्रु विमुञ्चता पुन+:+ P; रुदता पुनः B^1L_2 **86.2** परलोकगामिनां] G_1L_2J; परलोकगामिनां प्राणिनां UPB^1 **86.2** निजैः शुभाशुभैः कर्मभिर्] *conj.*; निजैः शुभाशुभैर् G_1UJ; स्वकर्मभिः निजैः शुभाशुभैः कर्मभिः PB^1L_2 **86.2** गमनानि] G_1UJ; गतयो गमनानि PB^1L_2 **86.2** विलक्षणमार्गाणि] G_1UJ; भिन्न(विभिन्न° P)पथा विलक्षणमार्गा भवन्ति PB^1L_2 **86.3** यः कर्म] Σ; कर्म U **86.3** तादृशेन] G_1PJ; तादृशेनैव UB^1L_2

एतस्मात्कारणाद्दुःखं नियम्यौर्ध्वदैहिकस्य श्राद्धस्य दानैः पत्नीमुद्धरस्व। यस्मादतिप्रबन्धेन प्रवृत्तमात्मबन्धुनेत्राम्बु मृतं क्षपयतीत्याहुः। यदुक्तम्—

श्लेष्मास्रु बान्धवैर्मुक्तं प्रेतो भुङ्क्ते यतो ऽवशः।
तस्मान्न रोदितव्यं हि क्रिया कार्या प्रयत्नतः॥ ॥ ८७॥

मरणं प्रकृतिः शरीरिणां विकृतिर्जीवितमुच्यते बुधैः।
क्षणमप्यवतिष्ठते श्वसन्यदि जन्तुर्ननु लाभवानसौ॥ ८८॥

प्राणिनां मृतिः स्वभावो नित्यत्वादवश्यंभावित्वात्पण्डितैः कथ्यते। जीवनं तु विकारः, कादाचित्कत्वात्। जन्मसहस्रैर्हि मानुष्यकमाप्यते न वा। अतः शरीरी क्षणमपि यदि जीवन्संतिष्ठते, तत्सो ऽस्य लाभः। एतद्विनाशित्वं पिण्डस्याभिमतम्। न त्वीश्वरस्यात्मनः, नित्यत्वात्॥ ८८॥

किञ्च

88.] placed between 85 and 86 in $P_M B_1^M B_2^M$; *om.* $V^M B_4^M$

87.3 श्लेष्मास्रु ··· कार्या प्रयत्नतः *Yājñavalkyasmṛti* 3:11.

87.1 एतस्मात्कारणाद्दुःखं] G_1UJ; अत एतस्मात्कारणात् अपशोकं दुःखं $PB^{1pc}L_2$; अत एव तस्मात्कारणादपशोकं दुःखं B^{1ac} **87.1** नियम्यौर्ध्वदैहिकस्य] J; नियम्योर्ध्वदैहिकस्य G_1; नियम्य आउर्ध्वदौहिकस्य U; नियम्य निवापस्य और्ध्वदैहिक° PB^1L_2 **87.1** दानैः] G_1UJ; दन्तिभिः दानैः P; दत्तिभिर्दानैः B^1; दत्तिभिर्दानै L_2 **87.1** पत्नीमुद्धरस्व] G_1J; पत्नीमुद्धस्व U; कुटुम्बिनीं पत्नीमनुगृह्णीष्व उद्धर (उद्धरस्व P^{ac}) PB^1L_2 **87.2** यस्मादतिप्रबन्धेन] U; यस्मादतिप्रबन्धे G_1; यस्मादतिसन्ततमतिप्रबन्धेन PB^1L_2; यस्मादतिप्रतिबंधे J **87.2** प्रवृत्तमात्मबन्धुनेत्राम्बु] G_1J; प्रवृत्तमात्मबन्धनेत्राम्बु U; प्रवृत्तं स्वजनानां बन्धूनां अस्रु नेत्राम्बु कर्तृ PB^1L_2 **87.2** मृतं क्षपयतीत्याहुः] G_1J; मृतं क्षपयन्तीत्याहुः U; प्रेतं मृतम् नरं दहति क्षपयतीति प्रचक्षते विद्वांस आहुः (आहु L_2) PB^1L_2 **87.3** °र्मुक्तं] Σ; °र्मुक्तो P **87.4** प्रयत्नतः] G_1UPJ; प्रयत्नत इति B^1L_2 **88.1** प्राणिनां] G_1UJ; शरीरिणां प्राणिनां PB^1L_2 **88.1** मृतिः] G_1UJ; मरणं PB^1L_2 **88.1** स्वभावो] G_1UJ; प्रकृतिः स्वभावो PB^1L_2 **88.1** पण्डितैः] Σ; बुधैः पण्डितैः J **88.1** कथ्यते] Σ; कथं U **88.2** जीवनं तु] G_1J; जीवनं U; जीवितं जीवनं हि P; जीवितं जीवनं तु B^1L_2 **88.2** विकारः] G_1J; विकृतिः U; विक्षतिः विकारः P; विकृतिर्विकारः B^1L_2 **88.2** कादाचित्कत्वात्] *em.*; कदाचित्कर्मत्वात् G_1; कदाचित्कर्मकारत्वात् U; कदाचित्कत्वात् PB^1L_2J **88.2** °सहस्रैर्हि] Σ; °सहस्रकैर्हि U **88.3** अतः शरीरी क्षणमपि यदि जीवन्संतिष्ठते, तत्सो ऽस्य लाभः] G_1UJ; अतो ऽसौ शरीरी यदि श्वसंज्जीवंस्तिष्ठति (जीवं तिष्ठति B^1) स तेन लाभवान् सो ऽस्य लाभः PB^1L_2 **88.3** °नाशित्वं] Σ; °नाशत्वं J **88.4** पिण्डस्याभिमतम्] G_1UPJ; पिण्डस्य B^1L_2 **88.4** त्वीश्वरस्यात्मनः] B^1L_2; त्वीश्वरस्य G_1UPJ

अवगच्छति मूढचेतनः प्रियनाशं हृदि शल्यमर्पितम्।
इतरस्तु तदेव मन्यते कुशलद्वारतया समुद्धृतम्॥ ८९॥

मन्दबुद्धिरिष्टमरणं मनसि निखातमायुधं पीडाकरत्वादवबुध्यते। प्राज्ञः पुनः शल्यमेवोत्खातं कलयति, मोक्षोपायत्वेन। स्नेहक्षयात्किल निरपायपदावाप्तिः॥ ८९॥

स्वशरीरशरीरिणावपि स्मृतसंयोगविपर्ययौ यदा।
विरहः कमिवानुतापयेद्वद बाह्यैर्विषयैर्विपश्चितम्॥ ९०॥

अतिनेदीयांसौ निजदेहदेहेश्वरावपि कथितौ सङ्गमवियोगौ ययोस्तथोक्तौ यदा मरणकाले विरहिणौ स्मृतौ, तदा बहिरङ्गैर्विषयैः कलत्रादिभिर्वियोगः पण्डितं कमिव दुःखयेत्। कः सन्तप्यत इत्यर्थः। एतत्कथय। शरीर्यात्मा॥ ९०॥

न पृथग्जनवच्छुचो वशं वशिनामुत्तम गन्तुमर्हसि।
द्रुमसानुमतोः किमन्तरं यदि वायौ द्वितये ऽपि ते चलाः॥ ९१॥

---

89 c. इतरस्तु] $G_1UB^1L_2JB_2^MB_3^MB_4^MB_5^MB_7^M$; अपरस्तु $P_MV^MB_1^M$; स्थिरधीस्तु ℭ **90 b. स्मृत°**] ŚAr.Jin.; क्षण° Hem.; श्रुत° Mall. • यदा] Σ; यदि Ar. **90 c. कमिवा°**] $G_1UB^1L_2JV^MB_3^MB_4^MB_5^MB_7^M$Hem.; किमिवा° $P_MB_1^MB_2^M$Mall.Ar.Jin. **91 c. द्रुमसानुमतोः**] $G_1UB^1L_2JV^MB_2^MB_3^MB_5^MB_7^M$; द्रुमसानमतोः B_4^M; द्रुमसानुमतां P_Mℭ; श्रुमसानुमतां B_1^M

89.1 मन्दबुद्धिरिष्टमरणं] G_1UJ; मूढचेतनो मन्दबुद्धिः प्रियनाशमिष्टमरणं PB^1L_2 **89.1 मनसि**] G_1UJ; हृदि मनसि PB^1L_2 **89.1 निखातमायुधं**] *conj.*; खातमायुधं G_1UJ; अर्पितं निखातं शल्यमायुधं PB^1L_2 **89.1 पीडाकरत्वादवबुध्यते**] G_1; प्रीत्याकारत्वादवबुध्यते U; पीडाकरत्वादवगच्छति मन्यते PB^1L_2; पीत्वाकरत्वादवबुध्यते J **89.1 प्राज्ञः पुनः**] G_1UJ; इतरः प्राज्ञः पुनस्तदेव PB^1L_2 **89.2 शल्यमेवोत्खातं**] G_1UJ; शल्यमेव समुद्धृतमु ⏓ ⏓ P; शल्यमेव समुद्धृतमुत्खातं B^1L_2 **89.2 कलयति**] G_1J; कालयति U; जानाति PB^1L_2 **89.2 मोक्षोपायत्वेन**] G_1UJ; कुशलद्वारतया मोक्षोपायत्वेन PB^1L_2 **89.3 °पदावाप्तिः**] Σ; °पदाव्याप्तिः U **90.1 अतिनेदीयांसौ**] PB^1; अतिनेदीयासौ G_1; अतिनेदेयांसौ U; अतिनीदीयांसौ L_2; अतिनेचीयासौ J **90.1 निजदेहदेहे°**] P; निजदेहे देहे° G_1J; निजदेहे° U; स्वदेहदेहे° B^1L_2 **90.1 कथितौ**] G_1UJ; स्मृतौ कथितौ P; स्मृतौ B^1L_2 **90.1 सङ्गमवियोगौ**] G_1UJ; संयोगवियोगावपि PB^1; संयोगवियोगौ L_2 **90.1 ययोस्तथोक्तौ**] *conj.*; तथोक्तौ G_1UJ; ययोस्तौ तथोक्तौ PB^1L_2 **90.1 यदा**] G_1UJ; यदा भवतः PB^1L_2 **90.2 मरणकाले**] Σ; मरणकाले पि U **90.2 बहिरङ्गै°**] G_1UPJ; बाह्यैर्बहिरङ्गै° B^1L_2 **90.2 °भिर्वियोगः**] G_1UJ; °भिः विरहो वियोगो P; °भिर्विरहो B^1L_2 **90.2 पण्डितं**] G_1J; *om.* U; विपश्चितं पण्डितं PB^1; विपश्चितं L_2 **90.3 शरीर्यात्मा**] Σ; शरी - - - - - J

तस्मात्प्राकृतलोकवच्छोकस्याधीनत्वं यातुं न योग्यो भवसि, यतो हर्षशोकादीनुत्पन्नमात्रानपि ये निगृह्णन्ति तेषां प्रधान। द्वावपि तौ वातेन यदि चाल्येते, तत्को विशेषस्तरोः पर्वतस्य च। यदि च त्वमपि प्राकृतवच्छोकाधीनो भवसि, तत्तव तस्य च को विशेषः॥ ९१॥

स तथेति विनेतुरुदारमतेः
प्रतिगृह्य वचो विससर्ज मुनिम्।
तदलब्धपदं हृदि शोकघने
प्रतियातमिवान्तिकमस्य गुरोः॥ ९२॥

राजा गुरोर् ≪उत्कृष्टबुद्धे≫र्वचनमोमित्यङ्गीकृत्यर्षिं व्यसर्जयत्। अजस्य चे-

---

92 a. °दारमतेः] P_M𝕮; °दारामतिः G_1; °दारमति UB_1^M; °दारमतिः $B^1L_2JV^MB_2^M B_3^MB_4^MB_5^MB_7^M$

---

91 यतो हर्षशोकादी° …तेषां प्रधान] *om.* B^1L_2

91.1 तस्मात्प्राकृतलोकवच्छोकस्याधीनत्वं] *conj.*; तस्मात्प्राकृतच्छोकस्याधीनत्वं G_1; तस्मात्प्राकृतवच्छोकस्या U; तस्मात्पृथग्जनवत् प्राकृतलोकवत् हे वशिनां जितसुखदुःखानां उत्तम प्रधान(सप्रधान L_2) हे राजन् शुचः शोकस्य वशमधीनत्वं PB^1L_2; तस्मात् प्राकृतवच्छोकस्याधीनत्वं J **91.1** यातुं न योग्यो भवसि] G_1J; *om.* U; गन्तुं नार्हसि न योग्यो सि P; गन्तुं नार्हसि न योग्यो भवसि B^1L_2 **91.2** यतो हर्षशोकादीनु°] G_1PJ; दीनु° U **91.2** प्रधान।] *conj.*; प्रधान। तरुपर्वतानां को विशेषः पवनविषय उभये ऽपि ते चेदस्थिराः G_1J; तरुपर्वतानां को विशेषः U; तरुपर्वतानां को विशेषः वायौ पवनविषये यदि ते उभये अपि तरवः पर्वताश्च यदि चलाश्चाल्यन्ते P; तरुपर्वतयोः को विशेषः वायौ पवनविषये यदि ते उभये अपि तरवः पर्वताश्च यदि चलाश्चाल्यन्ते B^1; तरुपर्वतयो को विशेषः वायौ पवनविषये यदि ते उभये। उरवः पर्वताश्च। यदि चलाश्चाल्यन्ते L_2 **91.2** द्वावपि तौ वातेन यदि चाल्येते] G_1J; *om.* U; यदि तौ द्वावपि वातेन चाल्येते (चाल्यते P) PB^1; यदि तौ त्वावपि वातेन चाल्येते L_2 **91.3** तत्को विशेषस्तरोः पर्वतस्य च] G_1J; तरोः पर्वतस्य च U; तदा तयोः को विशेष इत्यर्थः PB^1L_2 **91.3** त्वमपि] UPB^1L_2; त्वमसि G_1J **91.3** प्राकृतवच्छोकाधीनो भवसि] *em.*; प्राकृतवच्छोकादीनो भवसि G_1J; प्राकृतवच्छोचनीयो भवसि U; प्राकृतवच्छोकस्याधीनो सि P; प्राकृतवच्छोकस्याधीनो भवसि B^1L_2 **91.4** तस्य] G_1UJ; प्राकृतस्य PB^1L_2 **91.4** विशेषः] G_1UPJ; विशेष इति B^1L_2 **92.1** राजा] G_1UJ; स राजा PB^1L_2 **92.1** गुरोरुत्कृष्टबुद्धेर्वचनमोमित्यङ्गीकृत्यर्षिं] *conj.* (cf. Jin.); गुरो वचनमोमित्यङ्गीकृत्यर्षिं G_1; गुरोर्वचनमोमित्यङ्गीकृत्यर्षिं U; विनेतुर्गुरोर्वचस्तथेत्योमिति अङ्गीकृत्य मुनिं PB^1L_2; गुरोर्वसिष्टस्य वचनमोमित्यंगीकृत्य मुनिं J **92.1** व्यसर्जयत्] $G_1U^{pc}B^1L_2J$; विसर्जयत् $U^{ac}P$ **92.1** अजस्य] G_1UJ; अस्याजस्य PL_2; अस्याजस्या B^1

तसि दुःखाक्रान्ते ऽप्राप्तावकाशमिव तदुपदेशवचनं वसिष्ठस्य सकाशं प्रतीपं गतम्। तथाप्यसौ न समाश्वसदित्यर्थः। तोटकवृत्तम्॥ ९२॥

तेनाष्टौ परिगमिताः समाः कथञ्चिद्
बालत्वादवितथसूनृतेन सूनोः।
सादृश्यप्रतिकृतिदर्शनैः प्रियायाः
स्वप्नेषु क्षणिकसमागमोत्सवैश्च॥ ९३॥

अननृतं प्रियसत्यवाक्कं यस्य तेनाजेन पुत्रस्याप्राप्त«यौवन»त्वात्कृच्छ्रेणाष्टौ वर्षाण्यतिवाहितानि, भार्यायाः सादृश्यस्य सदृशवनितान्तरस्य चन्द्रादिगस्य वा तेन वा तथा प्रतिकृतेश्चित्रादौ प्रतिबिम्बस्यावलोकनैरुपायैर्निद्रासु क्षणमात्रभवैः सङ्गमैरेवोत्सवैरपि। यद्यपि सूनृत एवावितथार्थे ऽस्ति, तथापि सूनृ-

---

93 a. परिगमिताः] $G_1P_MB^1L_2JB_1^{Mpc}B_2^MB_3^MB_4^MB_5^MB_7^M$**C**; परिगणिताः UV^M; परिगम्यताः B_1^{Mac}

92.2 चेतसि] UP; चेतस्य° G_1J; हृदि चेतसि B^1L_2 **92.2** दुःखाक्रान्ते] $G_1U^{pc}J$; दुःखाक्रान्दे U^{ac}; शोकघने दुःखक्रान्ते PL_2; शोकघने दुःखाक्रा ⪯ B^1 **92.2** ऽप्राप्तावकाशमिव] UJ; ऽप्राप्तवकाशमिव G_1; अलब्धपदमप्राप्तावकाशमिव PB^1L_2 **92.2** तदुपदेश°] Σ; तद्दपदेश° G_1 **92.2** वसिष्ठस्य सकाशं] G_1; वसिष्ठसकाशं U; गुरोर्वसिष्ठस्यान्तिके सकाशं PB^1; गुरोर्वसिष्ठस्यान्तिकं सकाशं L_2; वसिष्टस्य सकाशं J **92.3** प्रतीपं गतम्] G_1UJ; प्रतियातं प्रतीपं गतमिव PL_2; प्रतियातं प्रतीपं गत--- B^1 **92.3** तथाप्यसौ] Σ; तस्याप्यसौ P **92.3** न समाश्वसदित्यर्थः] G_1UPL_2J; +न+ समाश्व+ा+सदित्यर्थः $B^1(+B^3)$ **92.3** तोटकवृत्तम्] G_1UJ; दोषकवृत्तम् PB^1; दोठकवृत्तम् L_2 **93.1** अननृतं] U; अनुनृतं G_1J; अवितथं सत्यं सूनृतं PB^1J **93.1** प्रियसत्य°] Σ; प्रियं सत्य° J **93.1** यस्य] Σ; *om.* U **93.1** तेनाजेन] Σ; तेन अजराजेन J **93.1** पुत्रस्याप्राप्तयौवनत्वात्कृच्छ्रेणाष्टौ] *conj.*; पुत्रस्याप्राप्तत्वात्कृच्छ्रेणाष्टौ G_1UJ; बालत्वात्पुत्रस्याप्राप्तत्वात्कथञ्चित्कृच्छ्रेणाष्टौ PB^1L_2 **93.2** वर्षाण्यतिवाहितानि] G_1J; परिवाहितानि U^{pc}; परिगणितानि U^{ac}; समाः वर्षाणि परिगमितानि अतिवाहितानि PB^1L_2 **93.2** भार्यायाः] G_1UJ; प्रियायाः P; प्रियाया भार्यायाः B^1L_2 **93.2** सादृश्यस्य] Σ; सादृश्य° U **93.2** चन्द्रादिगस्य] Σ; चन्द्रादिकस्य U **93.3** वा तेन वा तथा] G_1PJ; वा तेनाजेन पुत्रस्याप्राप्तत्वात् कृच्छ्रेणाष्टौ वर्षाणि परिवाहितानि भार्यायाः सादृश्यसदृशवनितान्तरस्य चन्द्रादिकस्य वा तेन तथा U(eyeskip); वा तथा B^1L_2 **93.3** °लोकनैरुपायैर्निद्रासु] *conj.*; °लोकनैर्हेतुभिरुपायैर्निद्रासु G_1UJ; °लोकनैर्हेतुभिरुपायैस्स्वप्नेषु निद्रासु PB^1L_2 **93.4** क्षणमात्रभवैः] G_1U; क्षणिकैः क्षणमात्रभवैस् PB^1L_2 **93.4** सङ्गमैरेवोत्सवैरपि] G_1; सङ्गमैश्चरवोत्सवैरपि U; समागमैरेव उत्सवैरपि PB^1L_2; संगशैरेवोत्सवैरपि J **93.4** एवावितथार्थे] UPB^1L_2; एवापि तथार्थो G_1; एवावितथार्थो J

तत्वस्य तात्त्विकत्वप्रतिपादनार्थं विशेषणोपादानम्। कस्यापि हि कृत्रिममपि प्रियसत्यवाक्त्वं भवति, न त्वा हृदयात्। प्रहर्षिणीवृत्तम्॥ ९३॥

तस्य प्रसह्य हृदयं किल शोकशङ्कुः
प्लक्षप्ररोह इव सौधतलं बिभेद।
प्राणान्तहेतुमपि तं भिषजामसाध्यं
लाभं प्रियानुगमनत्वरया स मेने॥ ९४॥

अजस्य दुःखमेव कीलको बलाच्चेतो ऽभाङ्क्षीत्। न्यग्रोधाङ्कुरो यथा हर्म्यपृष्ठं भिनत्ति। प्रियादुःखेनासावाक्रान्त एवेत्यर्थः। भेदो ऽत्राक्रान्तिर्न तु स्फोटः, न तावत्तस्य मृतत्वात्। अजः शोकशङ्कुं जीवितावसानकारणमपि वैद्यानामजय्यं भार्यानुसरणरभसेन प्राप्तिमज्ञासीत्। मृतः किल कदाचित् तामाप्स्यामीति। वसन्ततिलकम्॥ ९४॥

सम्यग्विनीतमथ वर्महरं कुमारम्
आदिश्य रक्षणविधौ विधिवत्प्रजानाम्।

---

94 b. बिभेद] Σ; बबाधे Ar. **94 d.** प्रियानुगमन°] $G_1UP_MB^1L_2JV^MB_1^MB_2^MB_3^MB_5^MB_7^M$ Mall.Jin.; प्रियानुगमनं B_4^M; प्रियानुगमने Hem.Ar. • स मेने] Σ; °नुमेने Ar^{vl}

93.5 तात्त्विकत्व°] $G_1UB^1L_2$; तत्त्विकत्व° P; त्वार्त्विकत्व° J **93.5** विशेषणो°] G_1PB^1J; विशेषेणो° UL_2 **93.5** कृत्रिममपि] Σ; कृत्रिमस्यापि P **93.6** न त्वा हृदयात्] PB^1L_2; न त्वा हृदयत्वात् G_1J; *om.* U **94.1** अजस्य] G_1U; तस्याजस्य PB^1L_2; अजराजस्य J **94.1** दुःखमेव कीलको] G_1UJ; शोक एव शङ्कुः कीलकः PB^1L_2 **94.1** बलाच्चेतो] U; बलाच्चे G_1; प्रसह्य बलात् हृदयं PB^1L_2; बलाश्चेतो J **94.1** ऽभाङ्क्षीत्] G_1UJ; बिभेदाभाङ्क्षीत् PB^1L_2 **94.1** न्यग्रोधाङ्कुरो] G_1UJ; प्लक्षस्य न्यग्रोधस्य प्ररोहोङ्कुरो (प्ररोहाङ्कुरो P) PB^1L_2 **94.1** यथा हर्म्यपृष्ठं] *em.*; हर्म्यतलं यथा U; यथा हर्म्यपृष्ठ G_1; यथा सौधतलं हर्म्यतलं PB^1; यथा सौधतलं हर्म्यपृष्ठं L_2; यथा हर्म्यपृष्ट J **94.2** भिनत्ति] B^1; भिन्नति G_1PJ; भिन्नत्ति U; भवति L_2 **94.2** °सावाक्रान्त एवेत्यर्थः] PB^1L_2; °सौवाक्रम्यतेत्यर्थः G_1; °सावाक्रम्यतेत्यर्थः UJ **94.2** °त्राक्रान्तिर्न] PB^1; °त्राक्रान्तिं न G_1; °त्र कान्ति न U; °त्राक्रान्तिन्न L_2; °त्राक्रांति न J **94.3** अजः शोकशङ्कुं] G_1UJ; सो ऽजस्तं शोकशङ्कुं PB^1L_2 **94.3** जीवितावसानकारणमपि] G_1UJ; प्राणान्तहेतुं जीवितावसानकारणमपि PB^1L_2 **94.3** वैद्यानामजय्यं] G_1UJ, भिषजां वैद्यानां असाध्यमजय्यं PL_2; भिषजां वैद्यान+ा+मासाध्यमजय्यं B^1 **94.4** भार्यानुसरणरभसेन] G_1; भार्यानुमरणरभसेन UJ; प्रियाया भार्याया अनुगमनस्य त्वरया संरम्भेन PB^1L_2 **94.4** प्राप्तिमज्ञासीत्] G_1UJ; लाभां मेने ऽज्ञासीत् PB^1L_2 **94.4** कदाचित्] $G_1PB^1L_2$; *om.* U **94.5** वसन्ततिलकम्] G_1UPJ; वसन्ततिलकं वृत्तम् B^1L_2

रोगोपसृष्टतनुदुर्वसतिं मुमुक्षुः
प्रायोपवेशनमतिर्नृपतिर्बभूव॥ ९५॥

अनन्तरं लोकानां पालनविधाने दशरथं विधिवच्छिक्षितं कवचहरं शास्त्रोक्तेन विधानेनाज्ञाप्य राजानाशनेन जलप्रवेशे बुद्धिर्यस्य स तथोक्त आसीत्। देहशुद्धये जलप्रवेशमभिललाष तदङ्गमुपवासमादादित्यर्थः। रोगेण वियोगजेन व्याधिना रागेण वोपद्रुतं शरीरमेव दुष्टस्थानं त्यक्तुमिच्छुः। वसन्ततिलकम्॥ ९५॥

तीर्थे तोयव्यतिकरभवे जह्नुकन्यासरय्वो-
र्देहत्यागादमरगणनालेख्यमासाद्य सद्यः।
पूर्वाकाराधिकतररुचा सङ्गतः कान्तयासौ
लीलागारेष्वरमत पुनर्नन्दनाभ्यन्तरेषु॥ ९६॥

---

95 c. रोगो°] UP$\mathrm{P}_M\mathrm{B}^1\mathrm{L}_2\mathrm{V}^M\mathrm{B}_1^M\mathrm{B}_2^M\mathrm{B}_3^M\mathrm{B}_4^M\mathrm{B}_5^M$**C**; रागो° $\mathrm{G}_1\mathrm{J}\mathrm{B}_7^M$ **96 c.** °काराधिकतररुचा] $\mathrm{G}_1\mathrm{U}\mathrm{B}^1\mathrm{L}_2\mathrm{J}\mathrm{V}^M\mathrm{B}_1^M\mathrm{B}_2^M\mathrm{B}_3^M\mathrm{B}_4^M\mathrm{B}_7^M$Hem.Mall.Jin.; °काराधिकतररुचः P_M; °काराधिकतररु B_5^M; °काराधिकचतुरया Ar. • सङ्गतः कान्तयासौ] $\mathrm{G}_1\mathrm{U}\mathrm{P}_M\mathrm{B}^1\mathrm{J}\mathrm{V}^M\mathrm{B}_1^M\mathrm{B}_2^M\mathrm{B}_3^M\mathrm{B}_4^M\mathrm{B}_7^M$Hem.Mall.Ar.; कान्तया सङ्गतो सौ $\mathrm{L}_2\mathrm{B}_5^M$ (Jin. uncertain) **96 d.** लीला°] Σ; दोला° V^M

95.1 अनन्तरं] G_1U; अथानन्तरं $\mathrm{P}\mathrm{B}^1\mathrm{L}_2$J **95.1** लोकानां] G_1UJ; प्रजानां $\mathrm{P}\mathrm{B}^1\mathrm{L}_2$ **95.2** पालनविधाने दशरथं विधिवच्छिक्षितं कवचहरं शास्त्रोक्तेन विधानेनाज्ञाप्य] U; पालनविधानेनाज्ञाप्य G_1J(eyeskip); पालनविधौ सम्यग्विधिवद्विनीतं शिक्षितं कुमारं दशरथं कवचहरं विधिवच्छास्त्रेणोक्तेन विधिना आदिश्याज्ञाप्य P; पालनविधाने सम्यग्विधिवद्विनीतं शिक्षितं कुमारं दशरथं वर्महरं कवचहरं विधिवच्छास्त्रोक्तेन विधानेनादिश्याज्ञाप्य $\mathrm{B}^1\mathrm{L}_2$ **95.2** राजानाशनेन] *conj.*; राजानशासनेन G_1J; राजानुशासनेन U; नृपतिः राजा प्रायोपवेशनेनानाशनेन P; नृपतिः राजा प्रायोपवेशनेन $\mathrm{B}^1\mathrm{L}_2$ **95.2** बुद्धिर्यस्य] G_1J; मतिर्बुद्धिर्यस्य $\mathrm{U}\mathrm{B}^1\mathrm{L}_2$; मतिर्यस्य P **95.2** तथोक्त आसीत्] G_1UJ; तथोक्तो बभूव P; तथोक्तो बभूवासीत् $\mathrm{B}^1\mathrm{L}_2$ **95.3** देहशुद्धये जलप्रवेशमभिललाष तदङ्गम्] $\mathrm{P}\mathrm{B}^1$; देहशुद्धये - - - - -शाङ्गम् G_1; देहशुद्धये साङ्गम् U; देहशुद्धये जलप्रवेशमभिर्जलाश उदङ्गम् L_2; देहशुद्धये - - -शार्ङ्गम् J **95.3** °मादादित्यर्थः] *conj.*; °मदादित्यर्थः G_1UPJ; °मग्रहीदित्यर्थः $\mathrm{B}^1\mathrm{L}_2$ **95.3** रोगेण] $\mathrm{P}\mathrm{B}^1\mathrm{L}_2$; रोगेन G_1UJ **95.3** वियोगजेन] G_1UPJ; *om.* $\mathrm{B}^1\mathrm{L}_2$ **95.4** रागेण] Σ; रागेन U **95.4** वोपद्रुतं शरीरमेव दुष्टस्थानं] G_1U; वा उपसृष्टा उपद्रुता या तनुः शरीरं सैव दुर्वसतिः कुगृहं (°गृह° P) तां $\mathrm{P}\mathrm{B}^1$; वा उपसृष्टा उपद्रुता तनुश्शरीरं सैव दुर्वतिः कुगृहतां L_2; वोपद्रुतं शरीरमेव दुष्टस्थान J **95.4** त्यक्तुमिच्छुः] G_1UJ; मुमुक्षुः त्यक्तुमिच्छुः $\mathrm{P}\mathrm{B}^1$; मुमुक्षस्त्यक्तुमिच्छुः L_2

अजो नन्दनाख्यदेवोद्यानमध्यरचितेषु विलासवेश्मसु व्याजहार, प्रियया पुनः समागतः। प्रथमाया आकृतेरतिविशिष्टं मनोहरं रूपं यस्याः। गङ्गासरय्वाख्य-नद्योर्जलमिश्रीभावप्रभवे सङ्गमे कायन्यासात् सुरमध्ये देवो ऽयमिति संख्यानं तदर्थं लेख्यं च तुल्यकालं प्राप्य दिव्यत्वमाप्येत्यर्थः। तदा ह्यसौ देवमध्ये गणित आलिखितश्च। मन्दाक्रान्ता वृत्तम्॥ ९६॥

इति रघुवंशे महाकाव्ये ऽष्टमः सर्गः॥

96.1 अजो] G_1U; असावजः PB^1L_2; अजराजो J **96.1** विलासवेश्मसु] G_1U; लीलागारेषु विलासमन्दिरेषु PB^1; लीलागारेषु विलसमन्दिरेषु L_2; नंदनाख्यदेवोद्यानमध्यमरचितेषु विलासवेश्मसु J **96.1** व्याजहार] U; विजहार G_1PJ; अरमत विजहार B^1L_2 **96.2** प्रियया पुनः समागतः] G_1UJ; कान्तया पुनस्सङ्गतः PB^1L_2 **96.2** प्रथमाया] G_1UJ; कीदृश्या पूर्वाकारात्प्रथमाया PB^1L_2 **96.2** आकृतेरतिविशिष्टं मनोहरं रूपं यस्याः] G_1UJ; आकृतेरधिकतरा (°धिकततरा L_2) अतिविशिष्टा रुक् कान्तिः रूपं वा यस्यास्तया PB^1L_2 **96.3** गङ्गासरय्वाख्यनद्योर्जलमिश्रीभावप्रभवे] G_1UJ; जह्नुकन्या गङ्गा तया सरय्वाख्यायाश्च नद्याः तोयव्यतिकरे भावे जलमिश्रीभावप्रभवे P; जह्नुकन्या गङ्गा तस्यास्सरय्वाख्याया नद्याश्च तोयव्यतिकरभवे (°भावे B^{1ac}) जलमिश्रीभावप्रभवे B^1L_2 **96.3** सङ्गमे] *conj.*; तीर्थे सङ्गमे Σ **96.3** कायन्यासात्] G_1UJ; देहत्यागात् शरीरन्यासात् PB^1L_2 **96.3** सुरमध्ये देवो ऽयमिति] *conj.*; सुरमध्ये गणना देवो ऽयमिति G_1UJ; अमराणां देवानां मध्ये गणनायमिति P; अमरणां देवानां मध्ये गणना देवोयमिति B^1L_2 **96.4** तुल्यकालं प्राप्य] G_1UJ; सद्यस्तुल्यकालमासाद्य P; सद्यस्तुल्यकालमासाद्य प्राप्य B^1L_2 **96.4** ह्यसौ देवमध्ये] G_1UPJ; हि देवमध्येसौ B^1L_2 **96.5** गणित आलिखितश्च] G_1UJ; गणितो लेखितश्च P; गणितो लिखितश्च B^1L_2 **96.5** मन्दाक्रान्ता] PB^1L_2; मन्दाक्रान्त G_1UJ **96.6** इति रघुवंशे महाकाव्ये ऽष्टमः सर्गः॥] सर्गः॥ ८॥ शुभं॥ शुभम्॥ शुभम्॥ शुभं॥ G_1; श्रीरघुवंशे महाकाव्ये वल्लभदेवविरचितायां टीकायामष्टमः सर्गः ॥ ८ ॥ U; इति श्रीरघुवंशे महाकाव्ये सटीके ऽष्टमः सर्गः॥ P; इति रघुवंशे महाकाव्ये सटीके अष्टमस्सर्गः ॥ श्रीगणेशाय नमः B^1; इति रघुवंशे महाकाव्ये कालिदासरचिते सटीके ऽष्टमस्सर्गः॥ शुभम्॥ L_2; इति श्रीरघुवंशे महाकाव्ये लोष्टकपंडितविरचितायामजराजविलापो नामाष्टमः सर्गः॥ ८॥ J; इति श्रीरघुवंशे महाकाव्ये अष्टमः सर्गः॥ ८॥ $B_1^M B_2^M$; इति रघुवंशे महाकावे अष्टमः सर्गः॥ ८॥ B_3^M; इति श्रीरघुवंशे महाकाव्ये अष्टमः सर्गः॥ B_4^M; इति श्रीरघुवंशे महाकाव्ये जनिर्वाणं नामाष्टमः सर्गः॥ B_4^M; इति श्रीरघुवंशे महाकाव्ये ऽष्टमः सर्गः॥ ८॥ $V^M B_7^M$

नवमः सर्गः॥

पितुरनन्तरमुत्तरकोसलान्
समधिगम्य समाधिजितेन्द्रियः।
दशरथः प्रशशास महारथो
यमवतामवतां च धुरि स्थितः॥ १॥

जनकात्पश्चाद्दशरथ उत्तरकोसलान्प्राप्य ररक्ष। लब्धपालनं हि राजधर्मः। एकरूपतया संयमेन जितानीन्द्रियाणि येन। निखिलयोधगुणयुक्तः। तथा, अ-हिंसासत्यास्तेयब्रह्मचर्यापरिग्रहवतां रक्षतां च भूपानामग्रणीः। द्रुतविलम्बितं वृत्तम्। एकदेशजवक्रं नाम यमकम्॥ १॥

अधिगतं विधिवद्यदपालयत्प्रकृतिमण्डलमात्मकुलोचितम्।
अभवदस्य ततो गुणतत्परं सनगरं नगरन्ध्रकरौजसः॥ २॥

यस्मात्प्राप्तमसौ किञ्चिदरिपुरादिकं विधिवद्ररक्ष तस्माद्धेतोर्दशरथस्यामात्यच-

---

2 c. गुणतत्परं] G_1PB^1J$D^M V^M B_1^M B_2^M B_3^M B_4^M B_7^M L^M$Hem.Ar.Nā.; गुणवत्तरं UHem.^{vl}Mall. (?) Jin.

1.3 Cf. *Yogasūtra* 2.30: अहिंसासत्यास्तेयब्रह्मचर्यापरिग्रहा यमाः।

1.1 जनकात्पश्चाद्] G_1UJ; पितुरनन्तरं जनकादुत्तरकालं PB^1 **1.1** दशरथ] G_1UPB^1; दशरथस्तस्य सुतः J **1.1** प्राप्य] G_1UJ; समधिगम्यासाद्य P; समधिगम्यासाद्य प्रशशास B^1 **1.2** एकरूपतया] G_1UJ; समाधिना एकरूपतया PB^1 **1.2** संयमेन] G_1UJ; संयमे-न वा PB^1 **1.2** जितानीन्द्रियाणि] PB^1; जितेन्द्रियाणि G_1UJ **1.2** येन] G_1UJ; येन महारथो PB^1 **1.2** तथा] PB^1; तथा हि G_1UJ **1.3** अहिंसासत्यास्तेय°] *em.*; अहिंसा-सत्यस्तेय° G_1; अहिंसा सत्यमस्तेय° U; अहिंसास्तेय° PB^1; अहिंसा सत्यमक्रोध° J **1.3** °परिग्रहवतां] G_1UJ; °परिग्रहवतां यमवत्तांमवतां P; °परिग्रहवतां यमवतामवतां B^1 **1.3** रक्षतां च भूपानामग्रणीः] G_1UJ; रक्षकानाम्भूपाना च धुरि स्थितो ग्रणीः PB^1 **1.4** वृत्तम्] G_1J; वृत्तम्॥ १॥ U; वृत्तम् द्रुतविलम्बितमाह नभौ भरौ P; वृत्तं द्रुतविलम्बित-माह नभौ भारौ B^1 **1.4** एकदेशजवक्रं] G_1B^1J; एकदेशवक्रजं UP **2.1** यस्मात्प्राप्तमसौ] G_1UJ; यद्यस्मादधिगतं प्राप्तं PB^1 **2.1** °पुरादिकं] G_1UPB^1; °पुराधिकं J **2.1** विधिव-द्ररक्ष] G_1UJ; असौ विधिवदपालयत् ररक्ष P; विधिवदपालयत् B^1 **2.1** तस्माद्धेतोर्द°] G_1J; ततो तस्माद्धेतोरस्य द° P; ततो हेतोरस्य द° B^1; तस्माद्धोतोः द° U

क्रं हितैकनिष्ठमासीत्। स्ववंशयोग्यं राष्ट्रसहितम्। सावधाने हि प्रभौ सर्व एवानुरागात्प्रियकारिणो भवन्ति। प्रकृतिशब्देनात्र प्राधान्यान्मन्त्रिण एवोच्यन्ते पुनर्नगरग्रहणात्। कौञ्चक्रौञ्चाख्यपर्वतोश्छिद्रकरौ भार्गवकुमारौ तयोरिव तेजो यस्य। अधिगमो ऽत्र प्राप्तमात्रस्य प्रकृतीनां वा॥ २॥

उभयमेव वदन्ति मनीषिणः समयवर्षितया कृतकर्मणाम्।
बलनिषूदनमर्थपतिं च तं श्रमनुदं मनुदण्डधरान्वयम्॥ ३॥

पण्डितास्तं राजानं बलाख्यासुरान्तकमिन्द्रं च विहितकार्याणामवसरप्रदानेन हेतुना खेदापहं द्वयमेव कथयन्ति। राजा हि कृतकार्यस्य भृत्यस्यावसरे ऽर्थं ददत्खेदं निरस्यति। शक्रो ऽपि कालवर्षणात्कार्षिकादेः। मनुश्चासौ दण्डधरश्च तद्वंशो यस्य तम्। दण्डधरो दण्डकृद्राजा। मनुना प्रोक्तो यो दण्डस्तद्धरो ऽन्वयो यस्येति वा॥ ३॥

---

3 b. °वर्षितया] $PB^1B_1^ML^MV^M\mathfrak{C}$; °वर्षतया $G_1UJD^MB_2^MB_3^MB_4^MB_7^M$ **3 c.** बलनिषू°] $B^1\mathfrak{C}$; बल+नि+सू° G_1; बलिनिषू° U; बलनिसू° $PJD^MV^MB_1^MB_2^MB_3^MB_4^MB_7^ML^M$

2.2 °स्यामात्यचक्रं हितैकनिष्ठमासीत्। स्ववंशयोग्यं राष्ट्रसहितम्।] UJ; स्यामात्यचक्रं हितैकनिष्ठमासीत्। स्ववंशयोग्यम् राष्टसहितम् G_1; °स्यात्मकुलोचितं प्रकृतिमण्डलं स्ववंशयोग्यममात्यचक्रं सनगरं पुरसहितं गुणतत्परं हितैकनिष्ठमासीत् PB^1 **2.3** एवानुरागा°] G_1PB^1J; एव हि अनुरागा° U **2.3** °शब्देनात्र] G_1PB^1J; °शब्देन हि अत्र U **2.3** प्राधान्यान्] G_1B^1J; प्राधान् U **2.4** °ग्रहणात्] G_1UJ; °ग्रहणात् कीदृशस्य नगरन्ध्रकरौजसः नगौ PB^1 **2.4** कौञ्चक्रौञ्चाख्यपर्वतोश्छिद्रकरौ] *em.*; कौञ्चक्रौञ्चाख्यपर्वतयोच्छिद्रकरौ G_1; कौञ्चक्रौञ्चाख्यपर्वतोपच्छिद्रकरौ U; काञ्चक्रौञ्चौ पर्वतौ तयो रन्ध्रकरौ च्छिद्रकरौ P; कौञ्जक्रौञ्चौ पर्वतौ तद्रन्ध्रकरौ B^1; कौञ्जक्रौञ्चाख्यपर्वतयोच्छिद्रकरौ J **2.4** तयोरिव] G_1UPJ; तयोरिवौजस् B^1 **2.5** प्रकृतीनां] UPB^1J; प्राकृतीनां G_1 **3.1** पण्डितास्तं] UPB^1; पण्डितास्ते G_1; मणीषिणः पंडिताः तं दशरथाख्यं J **3.1** बलाख्यासुरान्तकमिन्द्रं] G_1U; बलनिसूदनं बलाख्यासुरान्तकमिन्द्रं P; बलनिषूदन+बलाख्यसुरान्तक+मिन्द्रं B^1; बलांतसुरांतकं इन्द्रं J **3.1** विहितकार्याणामवसरप्रदानेन] G_1UJ; कृतकर्मणां विहितकार्याणां समयवर्षितया अवसरप्रदानेन P; कृतकर्मणां कृतकार्याणां समयवर्षितया अवसारप्रदानेन B^1 **3.2** खेदापहं द्वयमेव कथयन्ति] U; खेदापहं द्वयमिव कथयन्ति G_1J; श्रमनुदं खेदापहमुभयमेव कथयन्ति P; स्रमनुदं खेदापहं अभयमेव वदन्ति कथयन्ति B^1 **3.2** भृत्यस्यावसरे] UPB^1J; भृत्यस्यवसरे G_1 **3.3** ऽर्थं ददत्खेदं] G_1UJ; हृदयात्खेदं PB^{pc}; ह्यदयात्खेदं B^{ac} **3.3** शक्रो ऽपि कालवर्षणात्कार्षिकादेः] *om.* P **3.3** ऽपि] G_1UJ; हि B^1 **3.3** कार्षिकादेः] UB^1; कार्षकादेः G_1J **3.4** तद्वंशो] *em.*; स वंशो Σ **3.4** प्रोक्तो यो दण्डस्तद्धरो] U; प्रयुक्तो यो दण्डस्तद्धरो G_1PJ; प्रयुक्तो ये दण्डः तद्धरो B^1 **3.5** वा] G_1UJ; वा। श्रमनुदमिति क्विप् PB^1

जनपदे न गदः पदमादधावभिभवः कुत एव सपत्नजः।
क्षितिरभूत्फलवत्यजनन्दने शमरते ऽमरतेजसि पार्थिवे॥ ४॥

सुरतुल्यतेजसि दशरथे प्रशान्ते पृथ्वीं शासति सति व्याधिर्लोके पदं न चकार। लोकं नाक्रामत। दैविकाभिभवाभावे रिपुकृतः परिभवो दूरापेत एव। अत एव †क्षितिः कृषिः† फलयुक्तासीदिति दैवानुकूल्यकथनम्॥ ४॥

दशदिगन्तजिता रघुणा यथा श्रियमपुष्यदजेन ततः परम्।
तमधिगम्य तथैव पुनर्बभौ न न महीनमहीनपराक्रमम्॥ ५॥

भूमिर्यथा सार्वभौमेन रघुणा तदनु चाजेन लक्ष्मीं पुपोष, स्फीता, तथैव तमिनं पतिमखण्डपौरुषमासाद्य भूयो न न बभौ, अपि तु सम्पन्नत्वाद्रेजे॥ ५॥

समतया वसुवृष्टिविसर्जनैर्नियमनादसतां च नराधिपः।
अनुययौ यमपुण्यजनेश्वरौ सवरुणावरुणाग्रसरं रुचा॥ ६॥

स राजा समवर्तितया यममनुचकार, धनवर्षक्षेपैर्वैश्रवणं, दुराचाराणां निग्र-

---

4 a. पदमादधावभिभवः] $B^1D^MV^MB_1^MB_2^MB_7^ML^M$𝕮; पदमाददावभिभवः $G_1PB_3^MB_4^M$; पदमाययौ ददौ अभिभवः U(unmetrical); पदमाददावविभवः J **4 b.** सपत्नजः] Σ; सपत्नतः $Ar.^{vl}$ **4 c.** क्षिति°] $G_1UPB^1JD^MV^MB_1^MB_2^MB_3^MB_4^MB_7^ML^M$Mall.; कृषि° Hem.Ar.Nā. (Jin. uncertain) **5 a** रघुणा] 𝕮; रघुना Ś

---

4 शासति सति···°कथनम्] शा--- U U leaves the rest of this (unnumbered) folio blank and begins verse 5 on a fresh recto.

4.1 सुरतुल्यतेजसि दशरथे] G_1UPB^1; अजनंदने दशरथे सुरतुल्यतेजसि J **4.1** प्रशान्ते] *conj.*; शमरते प्रशान्ते G_1UPB^1J **4.1** पृथ्वीं] *conj.*; पार्थिवे पृथ्वीं G_1UPB^1J **4.1** व्याधिर्लोके पदं] *conj.*; गदो व्याधिर्लोकापदं G_1J; गदो व्याधिर्लोके पदं PB^1 **4.2** नाक्रामत] G_1P; नाक्रमत B^1; नाक्रम J **4.2** दैविका°] G_1B^1J; अतश्च दैवा° P **4.2** परिभवो दूरापेत] PB^1; परिभवदूरापेत G_1J **4.3** फलयुक्ता°] G_1B^1J; बहुफलयुक्ता° P **4.3** °कूल्य°] G_1PB; °कूल° J **5.1** भूमिर्यथा] *conj.*; भूमिस् G_1UJ; मही भूमिः P; मही यथा B^1 **5.1** रघुणा] PJ; रघुना G_1UB^1 **5.1** तदनु चाजेन] G_1UPB^1; तनुचाजराजेन J **5.1** लक्ष्मीं पुपोष स्फीता] P; स्फीता G_1UB^1J **5.2** °साद्य] G_1UPJ; °साद्यः B^1 **5.2** भयो न न बभौ] P; पुनर्न बभौ G_1U; पुनः न न बभौ B^1J **5.2** अपि तु] G_1UPB^1; अपि J **6.1** स राजा] G_1UPB^1; स दशरथो राजा J **6.1** समवर्तितया] *conj.*; समतया समवर्तितया G_1UPB^1J **6.1** यममनुचकार] UPB^1J; यमनुचकार G_1 **6.1** धन°] *conj.*; वसुवृष्टिविसर्जनैर्धन° G_1UPB^1J **6.1** °पैर्वैश्रवणं] UPB^1J; °पैवैश्रवणम् G_1 **6.1** दुराचाराणां] P; दुराचार° B^1; दूराचार° G_1UJ

हाच्च वरुणं, रविं च कान्त्या। यक्षराक्षसानामधिपो धनदः, स च सर्वस्मा एव धनं ददाति, शक्रस्तु हरतीत्यागमः। वरुणो ऽपि नागपाशसहस्रेण पापान्नियमयतीति श्रुतिः॥ ६॥

न मृगदावरतिर्न दुरोदरं न च शशिप्रतिमाभरणं मधु।
तमुदयाय न वा नवयौवनाः प्रियतमा यतमानमपाहरन्॥ ७॥

तं दशरथमुदयार्थं राज्यार्थं यत्नं कुर्वाणं हरिणप्रधाने वने प्रीतिः, मृगयाव्यसनं, न जहार। न च द्यूतं, न च मद्यं चन्द्रबिम्बालङ्करणं, मद्यस्य प्रायेण निशायां पानसेवनात्। ≪नूतनतारुण्या वल्लभा≫ अपि तं न जह्रुः। मृगयाद्यूतपानस्त्रीव्यसनानि कामजातानि तं न जह्रुरित्यर्थः॥ ७॥

न कृपणा प्रभवत्यपि वासवे न वितथा परिहासकथास्वपि।
अपि सपत्नजने न च तेन वागपरुषा परुषाक्षरमीरिता॥ ८॥

इन्द्रे ऽपि प्रभवति दशरथेन—अपरुषापगता रुट् क्रोधो यस्य—अक्रोधनेन

---

7 a. मृगदावरतिर्न दुरोदरं] $\mathrm{G_1UPB^1JB^M_2B^M_3B^M_4B^M_5B^M_7L^M}$; मृगदावरतिर्न दुरोधरं $\mathrm{D^M B^M_1}$; मृगयाभिरतिर्न दुरोदरं $\mathrm{V^M}$Hem.Mall.Jin.; मृगयाभिरतिर्न दरोदरं Ar.Nā. **7 c.** °यौवनाः] $\mathrm{G_1UPB^1JD^MV^MB^{Mpc}_1B^M_2B^M_3B^M_4B^M_5B^M_7L^M}$; °यौवना $\mathrm{B^{Mac}_1}$Hem.Mall.Jin.; °यौवनं Ar.Nā. **7 d.** °पाहरन्] $\mathrm{G_1UPB^1JV^MB^M_1B^M_3B^M_4B^M_7L^M}$; °पाहरत् $\mathrm{B^M_2B^M_5}$**C**; °पाहत् $\mathrm{D^M}$(unmetrical) **8 c.** अपि सपत्नजने न च] $\mathrm{UPB^1JD^MV^MB^M_1B^M_2B^M_3B^M_4B^M_5B^M_7L^M}$ Jin.; अपि सपत्नजने न $\mathrm{G_1}$(unmetrical); न च सपत्नजनेष्वपि Hem.Mall.Ar.(?)Nā.

6.2 वरुणं, रविं च कान्त्या] $\mathrm{G_1UB^1J}$; वरुणं कान्त्या रविं P **6.2** यक्ष°] *conj.*; पुण्यजनानां यक्ष° $\mathrm{G_1UPB^1J}$ **6.2** धनदः] $\mathrm{G_1UB^1J}$; राजा धनदः P **6.3** °सहस्रेण] $\mathrm{UPB^1J}$; °सहसहस्रेण $\mathrm{G_1}$ **6.4** °न्नियमयतीति] $\mathrm{UPB^1J}$; °न्नियतीति $\mathrm{G_1}$ **7.1** दशरथमुदयार्थं राज्यार्थं] *conj.*; दशरथमुदयायोदयार्थं $\mathrm{G_1UB^1J}$; दशरथमुदयायोदयार्थं राज्यार्थं P **7.1** यत्नं कुर्वाणं] *conj.*; यतमानं यत्नं कुर्वाणं $\mathrm{G_1UPB^1J}$ **7.1** हरिणप्रधाने वने] *conj.*; मृगदावरतिर्मृगप्रधानो दावो वनं मृगदावः $\mathrm{UB^1}$; मृगदावरतिमृगप्रधानो दावो वनं मृगदावः $\mathrm{G_1}$; मृगदावरतिः हरिणप्रधाने वने P; मृगदावरतिमृगप्रयानो दावो वनं मृगदावः J **7.1** प्रीतिः] *conj.*; तत्र रतिः प्रीतिः $\mathrm{UG_1B^1J}$; रतिः प्रीतिः P **7.2** न जहार] J; तं न जहार $\mathrm{G_1UB^1}$; तं न जहार नाहरत् P **7.2** द्यूतं] *conj.*; दुरोदरं द्यूतं $\mathrm{G_1UPB^1J}$ **7.2** मद्यं] *conj.*; मधु मद्यं शशिप्रतिमाभरणं $\mathrm{G_1UPB^1J}$ **7.2** °बिम्बालङ्करणं] $\mathrm{G_1UJ}$; °बिम्बाफरणं शशिप्रतिमायुक्तत्वम् P; °बिम्बालङ्कार+ण+म् $\mathrm{B^1}$ **7.3** नूतनतारुण्या वल्लभा] *conj.*; नवयौवनाः प्रियतमा $\mathrm{G_1UPB^1J}$ **7.4** °द्यूत°] $\mathrm{G_1UPB^1}$; °द्यूतन° J **7.4** कामजातानि] P; कायजातानि $\mathrm{G_1UB^1J}$ **8.1** इन्द्रे] $\mathrm{G_1UPB^1}$; इन्द्रो J **8.1** दशरथेन] *conj.*; तेन दशरथेन $\mathrm{G_1UPB^1J}$ **8.1** रुट्] $\mathrm{G_1UB^1J}$; रुक् P

दीना गीर्नोक्ता। नर्मोक्तिष्वपि नासत्या वागीरिता। रिपुलोके ऽपि न दुष्टवर्णा वागीरिता। परुषाक्षरं क्रियाविशेषणत्वात्॥ ८॥

उदयमस्तमयं च रघूद्वहादुभयमानशिरे वसुधाधिपाः।
स हि निदेशमलङ्घयतामभूत्सुहृदयोहृदयः प्रतिगर्जताम्॥ ९॥

तस्माद्रघुधुरन्धराद् दशरथादन्ये नृपा वृद्धिं नाशं चेत्युभयं प्रापुः, यस्मादाज्ञामनुतिष्ठतामसौ शोभनचेता अभूत्। स्पर्धमानानां तु शस्त्रखरचेताः॥ ९॥

क्षेपको ऽपि। निजदेशसमृद्धिं चाभिधाय लाघवाद्दिग्विजयमाह

अजयदेकरथेन स मेदिनीमुदधिनेमिमधिज्यशरासनः।
जयमघोषयदस्य हि केवलं गजवती जवतीव्रहया चमूः॥ १०॥

10] *om.* Ar.Nā.; placed after 12 in Hem.Jin. Note that the sequence of verses in this chapter varies considerably from this point on in the various commentators. Given the number of differences in verse-order, it would be confusing to present them in this apparatus: see instead the table in our notes. **10 a.** स मेदिनीम्] $G_1UJB_1^MB_2^MB_3^MB_4^MB_7^M$Hem.Mall.; स मेधिनीम् $PD^MV^MB_5^ML^M$; वरूथिनीम् B^1 **10 c.** हि] $G_1UPB^1JD^MB_1^MB_2^MB_3^MB_4^MB_5^MB_7^ML^M$Hem.Jin.; तु Mall.

8.2 अक्रोधनेन दीना गीर्नोक्ता] *conj.*; वो कृपणा दिना वागीरिता G_1; नो कृपना दिना वागीरिता UJ; अक्रोधनेन कृपणा दीना गीः नोक्ता P; न कृपणा दीना वागीरिता B^1 **8.2** नर्मोक्तिष्वपि] *conj.*; परिहासकथासु नर्मोक्तिष्वपि G_1UB^1J; परिहासकथास्वपि नर्मोक्तिष्वपि P **8.2** नासत्या] *conj.*; न वितथा असत्या G_1UPB^1J **8.2** रिपुलोके ऽपि] *conj.*; सपत्नजने रिपुलोके ऽपि G_1PB^1J; सपत्नजने रिपुलोके U **8.3** न दुष्टवर्णा वागीरिता। परुषाक्षरं] *conj.*; न च परुषाक्षरं G_1B^1J; न च परुषाक्षरमिति U; न परुषाक्षरं दुष्टवर्णा वागीरिता परुषाक्षरं P **8.3** क्रियाविशेषणत्वात्] *conj.*; क्रियाविशेषणत्वात् परुषाक्षरा वागीरिता G_1UB^1J; क्रियाविशेषणत्वात् परुषाक्षरा वाक् न ईरिता P **9.1** तस्माद्रघुधुरन्धराद्] *conj.*; तस्माद्रघूद्वहाद्रघुधुरबन्धनाद् G_1U; तस्माद्रघूद्वहाद्रघुधुरन्धराद् PB^1; तस्माद्रघोः --- हाद्र (?) घुधुरोबंधनात् J **9.1** वृद्धिं नाशं चेत्युभयं प्रापुः] *conj.*; उदयमस्तमयं चेत्युभयमानशिरे प्रापुः G_1UB^1J; उदयमस्तमयं च वृद्धिं नाशं चेत्युभयमानशिरे प्रापुः P **9.2** यस्मादाज्ञामनुतिष्ठतामसौ शोभनचेता अभूत्] *conj.*; यस्मादाज्ञामनुतिष्ठतामसौ सुहृत् शोभनचेता अभूत B^1; *om.* G_1UJ; यस्माद्दशरथ आज्ञामनुतिष्ठतां सुहृच्छोभनचेताः अभूत् P **9.2** स्पर्धमानानां] *conj.*; प्रतिगर्जतां स्पर्धमानानां G_1UPB^1J **9.2** तु शस्त्रखरचेताः] *conj.*; त्वयोहृदयः शस्त्रखरचेताः G_1UPB^1J **9.3** क्षेपको ऽपि] *conj.*; क्षपको पि G_1UPB^1J **9.3** °द्धिं चाभिधाय] P; °द्धिमादाय G_1UB^1J **9.3** लाघवाद्दि°] UPB^1J; लाघवान्दि° G_1

अधिज्यमारूढगुणं धनुर्यस्य सः, धनुरादायेत्यर्थः। दशरथ एकेनैव स्यन्दनेनाब्धिपर्यन्तां भुवं ≪जिगाय≫। किमर्थं सेनामग्रहीदित्याह यस्मात्केवलं चमू राजा जयतीति वाक्यमवोचत्। ≪हस्तिवती≫ तथा वेगेन खरा अश्वा यस्याः॥ १०॥

जघननिर्विषयीकृतमेखलाननुचितास्रुविलुप्तविशेषकान्।
स रिपुदारगणानकरोद्बलादनलकानलकाधिपविक्रमः॥ ११॥

दशरथो ≪वैश्रवणतुल्यपराक्रमः≫ शत्रुवनितासमूहान् शौर्यात् पतिवधादेवंविधान् ≪व्यधात्≫। कटिषु निवारिता रशना येषाम्, तथायोग्यनेत्राम्बुना क्षालितास्तिलका येषाम्, तथा न विद्यन्ते चूर्णकेशा येषां तान्॥ ११॥

---

11 .] *om.* Mall.Ar.Nā.

10.1 अधिज्यमारूढगुणं धनुर्यस्य सः] P; *om.* G_1UB^1J **10.1 धनुरादायेत्यर्थः**] *conj.*; धनुरादाय G_1UB^1J; धनुराधायेत्यर्थः P **10.1 दशरथ एकेनैव**] *conj.*; स एकेन G_1UB^1J; स दशरथ एकेनैव P **10.2 स्यन्दनेनाब्धिपर्यन्तां**] P; रथेनाब्धिपर्यन्तां G_1UB^1J **10.2 जिगाय**] *conj.*; भुवमजयत् P; पृथिवीमजयत् G_1UB^1J **10.2 सेनामग्रही°**] UPB^1; सेनामनुग्रही° G_1J **10.2 केवलं**] UPB^1; केवल G_1J **10.3 चमू**] *conj.*; चमूर्जयमघोषयत्° G_1UPB^1; चमू जयमघोषयत् J **10.3 जयतीति वाक्यमवोचत्**] P; जयतीति G_1UB^1जवतीति J **10.3 हस्तिवती**] *conj.* (cf. Jin.); कीदृशी चमूः गजवती गजा विद्यन्ते यस्याः G_1B^1J; कीदृशी चमूः गजवत् गजा विद्यन्ते यस्याः U; *om.* P **10.3 वेगेन खरा अश्वा**] *conj.* (cf. Jin.); जवेन तीव्राः खरा अश्वा G_1UJ; जवेन ⏓⏓गेन तीव्राः खरा हया P; जवेन तीव्राः खरा हया B^1 **11.1 दशरथो वैश्रवणतुल्यपराक्रमः**] *conj.*; स दशरथरलकाधिपो वैश्रवणस्तत्तुल्यो विक्रमः पराक्रमो यस्य सस्तथोक्तः G_1; स दशरथः अलकाधिपो वैश्रवणस्तत्तुल्यो विक्रमः पराक्रमो यस्य स(सः P) तथोक्तः UPB^1J **11.1 शत्रुवनितासमूहान्**] *conj.*; रिपुदारगणाञ्शत्रुवनितासमूहान् G_1UPB^1J **11.1 शौर्यात्**] *conj.*; बलाच्छौर्यात् G_1UPB^1; बलाः शौर्यात् J **11.1 पतिवधाद्**] G_1UB^{pc}; पतिवधेन P; प्रतिवधाद् B^{ac}; पत्तिवधाद् J **11.2 °विधान् व्यधात्**] *conj.*; °विधानकरोत् UPB^1J; °विधंनकरोत् G_1 **11.2 कटिषु**] *conj.*; कीदृशान् जघनेषु कटीषु $G_1^{pc}B^1J$; कीदृशान् जगनेषु कटिषु G_1^{ac}; कीदृशान् जघनेषु कटिषु $U^{pc}P$; कीदृशान् जघनेषु कटेषु U^{ac} **11.2 निवारिता**] *conj.*; निर्विषयीकृता निवारिता G_1UPB^1; निर्विषयीकृता निर्यारिता J **11.2 रशना**] *conj.*; मेखला G_1UB^1J; मेखला रशना P **11.2 तथायोग्यनेत्राम्बुना**] *conj.*; अचेतनास्रुणा शोकवाष्पेण G_1U; तथानुचितेनास्रूणा अयोग्यनेत्राम्बुना P; तथा अचितेनास्रूणा शोकवाष्पेण B^1; *om.* J **11.3 क्षालितास्तिलका**] P; विलुप्ताः क्षालिता विशेषका G_1U; विलुप्ताः क्षालिता विशेषकास्तिलका B^1; *om.* J **11.3 तथा न विद्यन्ते चूर्णकेशा**] *conj.*; अविद्यमाना अलका G_1UJ; तथा अविद्यमाना न विद्यन्ते अलकाः चूर्णकेशाः P; तथा अविद्यमाना अलका B^1 **11.3 तान्**] *conj.*;ताननलकान् G_1UPB^1J

अवनिमेकरथेन वरूथिना जितवतः किल तस्य धनुर्भृतः।
विजयदुन्दुभितां ययुरर्णवा घनरवा नरवाहनसम्पदः॥ १२॥

रथगुप्तिमता सन्नद्धैनैकस्यन्दनेन महीं †तस्य धनुर्धरस्य जितवतः† समुद्रा एव विजयभेरीतां जग्मुः, यतो महाघोषाः। स चैकाकी। वैश्रवणतुल्याः सम्पदो यस्य। नरवाहनो राजविशेष इति केचित्॥ १२॥

स्फुरितकोटिसहस्रमरीचिना समचिनोत्कुलिशेन हरिर्यशः।
स धनुषा युधि सायकवर्षिणा स्वनवता नवतामरसाननः॥ १३॥

दशरथः सरसकमलवदनः सङ्ग्रामे चापेन यशः सञ्चिकाय, शरवर्षिणा सनादेन। इन्द्रो यथा वज्रेण यशः समचिनोत्। दीप्ता धाराणां सहस्रस्य भासो यस्य तेन, स्वनवता च। वज्रं केचिच्छतकोटि प्रपन्नाः, अन्ये सहस्रकोटि। अत्र पाठान्तरम्

---

13 abc.] $G_1UPB^1JD^MV^MB_1^MB_2^MB_3^MB_4^MB_5^MB_7^ML^M$; शमितपक्षबलः (क्षपितपक्षबलः Jin.) शतकोटिना शिखरिणां कुलिशेन पुरन्दरः (हरिर्यथा B_5^M) । स शरवृष्टिमुचा धनुषा द्विषां B_5^{Mvl}𝕮 (in B_5^M the alternative reading in the margin is introduced with यथा पाठं)

12.1 रथगुप्तिमता] *conj.*; वरूथिना G_1UB^1J; वरूथिना रथगुप्तमतेन P **12.1 सन्नद्धैनैकस्यन्दनेन**] *conj.*; सन्नद्धैनैकरथेन G_1UPB^{1ac}; सन्नद्धैनैकरथेन एकस्यन्दनेन B^{3pc}; सन्नद्धैनैकरथं न J **12.1 समुद्रा**] *conj.* (cf. Jin.); अर्णवा G_1UPB^1; अर्णव J **12.2 विजयभेरीतां**] *conj.*; विजयदुन्दुभितां G_1UB^1; विजयदुन्दुभितं विजयभीरितां P; वेजयदुंःदुभितां J **12.2 जग्मुः**] $UPB^{1ac}J$; ययुः G_1^{pc}; ययुरर्णवा घ G_1^{ac}; +ययुः+ जग्मुः B^{3pc} **12.2 महाघोषाः**] *conj.*; घनरवाः महाघोषाः G_1UPB^1; घनरवाः महाघोषः J **12.3 वैश्रवणतुल्याः सम्पदो यस्य। नरवाहनो राजविशेष इति केचित्**] *em.*; नरवाहनो राजराजस्तस्येव सम्पद्यस्य G_1UB^1J; वैश्रवणतुल्याः सम्पदो यस्य नरवाहनो राजविशेषा इति केचित् P **13.1 दशरथः**] *conj.*; स दशरथः G_1UPB^1J **13.1 सरसकमलवदनः**] G_1UPB^1; सुरसकलमलावदनः J **13.1 सङ्ग्रामे**] *conj.*; युधि सङ्ग्रामे G_1UPB^1J **13.1 चापेन**] *conj.*; धनुषा चापेन G_1P; धनुषा $UB^{1ac}J$; धनुषा +चापेन+ B^{3pc} **13.1 सञ्चिकाय**] *conj.*; समचिनोत् सञ्चिकाय G_1PB^1J; समचिनो सञ्चिकाय U **13.1 शरवर्षिणा**] *conj.*; सायकवर्षिणा G_1J; सायकवता Uसायकवर्षिणा शरवर्षिणा PB^1 **13.2 सनादेन**] *conj.*; स्वनवता सनादेन G_1UPB^1; सुनवता सनादेव J **13.2 इन्द्रो**] *conj.*; हरिरिन्द्रो G_1UPB^1J **13.2 वज्रेण**] *conj.*; कुलिशेन वज्रेण G_1UPB^1J **13.2 दीप्ता धाराणां सहस्रस्य भासो**] *conj.*; वज्रेण स्फुरिताः दीप्ताः कोटीनां धाराणां सहस्रस्य मरीचयो भासो G_1U; वज्रेण स्फुरितकोटिसहस्रमरीचिना स्फुरिताः दीप्ताः कोटीनां धाराणां सहस्रस्य मरीचयो भासो PB^1; वज्रेण स्फुरिता दीप्तः कोटीनां धाराणां सहस्रस्य मरीचयो भासः J **13.3 वज्रं केचिच्छतकोटि प्रपन्नाः, अन्ये सहस्रकोटि**] *em.*; वज्रं केचिच्छतकोटि प्रपन्ना अन्ये सहस्रकोटिम् P; *om.* G_1UB^1J

शमितपक्षबलः शतकोटिना शिखरिणां कुलिशेन पुरन्दरः।
स शरमुष्टिमुचा धनुषा द्विषां स्वनवता नवतामरसाननः॥
नवेत्यनेनास्य भयाभाव उक्तः॥ १३॥

चरणयोर्नखरागसमृद्धिभि-
र्मुकुटरत्नमरीचिभिरस्पृशन्।
नृपतयः शतशो मरुतो यथा
शतमखं तमखण्डितपौरुषम्॥ १४॥

मुकुटमणिमयूखैः सहस्रसङ्ख्या नृपास्तं पादयोरस्प्राक्षुः। देवा इव वासवम्। चरणजरक्तत्वतुल्यकान्तिभिः। अहीनविक्रमम्॥ १४॥

निववृते स महार्णवरोधसः सचिवकारितबालसुताञ्जलीन्।
समनुकम्प्य सपत्नपरिग्रहाननलकानलकानवमां पुरीम्॥ १५॥

अथ दशरथो बृहत्समुद्रतटपर्यन्तान् नगरीं प्रत्याययौ, रिपुदारगणान् चूर्ण-

---

14 d. शतमखं] G_1UPJ$V^M B_1^M B_2^M B_3^M B_4^M B_5^M B_7^M$𝕮; शतमुखं $B^1 L^M$; शतं मुखं D^M(unmetrical) • °पौरुषम्] G_1UB^1J$D^M B_1^M B_3^M B_5^M B_7^M L^M$Hem.Mall.Ar.Nā.; °विक्रमम् P $V^M B_2^M B_4^M$Jin. **15 d.** °नलकानलकान°] G_1UP$B^1 D^M V^M B_1^M B_2^M B_3^{Mpc} B_4^M B_5^M B_7^{Mpc} L^M$𝕮; °नलकानकान° B_3^{Mac}; °नकानलकान° B_7^{Mac}; °नकलानकलान° J

13.5 शमितपक्षबलः शत°] G_1PB^1; शमितपक्षज्वलच्छ्त° U; शसितपक्षबलः शत° J **13.5** पुरन्दरः] G_1^{pc}UPB^1J; पुरन्दराः G_1^{ac} **13.6** °मुष्टिमुचा] G_1PB^1; °मष्टिमुचा U; °मुष्टिसुचा J **13.6** °तामरसाननः] G_1U; °तामरसाननः। इति PB^1; °तामुरसाननः J **13.7** नवेत्यनेनास्य भया°] G_1PB^1; नवेत्यनेनास्योभया° U; नवेद्यतेनास्य भया° J **14.1** पादयोरस्प्राक्षुः] G_1UB^1J; पादयोर्विषये अस्प्राक्षुः P **14.1** इव वासवम्] G_1PB^1J; इवासवम् U **14.2** चरणजरक्तत्वतुल्यकान्तिभिः] *conj.*; नखानां रागो (रागं UJ) रक्तत्वं तत्समा ऋद्धिः कान्ति (कान्तिः U) सम्पत् येषां तैः G_1UB^1J; नखानां रागो रक्तत्वम् तत्समा ऋद्धिः कान्तिः सम्पत् येषां तैः करणजरक्तत्वतुल्यकान्तिभिः इ(?)त्यर्थः P **14.2** अहीनविक्रमम्] *conj.*; अखण्डितपौरुषमहीनविक्रमम् $G_1 B^1$J; अखण्डितपौरुषमहीनपराक्रमम् U; अखण्डितपौरुषं अहीनं पौरुषं विक्रमं यस्य सः P **15.1** दशरथो] U; स दशरथः G_1PB^1J **15.1** बृहत्समुद्रतटपर्यन्तान्] *conj.*; महार्णवरोधसः समुद्रतटपर्यन्तात् $G_1 B^1$J; महार्णवरोधसः बृहत्समुद्रतटपर्यन्तात् P **15.1** नगरीं प्रत्याययौ] *conj.*; पुरीं नगरी नववृते प्रत्याययौ G_1; पुरीं नगरीं निववृते प्रत्याययौ UPB^1J **15.1** रिपुदारगणान्] *conj.*; सपत्नपरिग्रहान्रिपुदारान् G_1UB^1J; सपत्नपरिग्रहान्रिपुदारगणान् P

केशरहितान् दयित्वा। सहायैर्विधापिताः शिशूनां पुत्राणामञ्जलयो येषां तान्। चरणगतान् प्रणमतः शिशून्दृष्ट्वेत्यर्थः। ≪धनदपुरीवद्≫ उत्कृष्टाम्। जघननिर्विषयीकृतेत्यनेन यमकसारूप्याद् विरलो ऽस्य पाठः॥ १५॥

उपगतो ऽपि च मण्डलनाभितामनुचितान्यसितातपवारणः।
श्रियमवेक्ष्य स रन्ध्रचलामभूदनलसोऽनलसोमसमद्युतिः॥ १६

दशरथ एवंविधो ऽपि श्रियं छिद्रेष्वस्थिरामालोक्य जागरूको ऽभूत्, उद्युक्तो ऽभूत्, विजिगीषुत्वात्। द्वादशराजात्मकस्य चक्रस्य नाभिस्थानीयत्वं प्राप्तो ऽपि। यदुक्तम्

नेमिमेकान्तरान् राज्ञः कृत्वा राष्ट्रान्तरे पुरीम्।
नाभिमात्मानमायच्छेद्राजा प्रकृतिमण्डले॥ इति।

अत एवा≪योग्य≫मन्येषां श्वेतच्छत्त्रं यस्मिन्। †अनलसोमसमा द्युतिर्यस्य†।

---

16 b. °नुचिता°] $\mathrm{G_1UPB^1JD^MV^MB_1^MB_2^MB_3^MB_4^MB_5^MB_7^ML^M}$Jin.; °नुदिता° Hem.Mall. Ar.Nā. **16 c.**] $\mathrm{G_1UPB^1JD^MV^MB_1^MB_2^MB_3^MB_4^MB_5^MB_7^ML^M}$Jin.; अजितमस्ति नृपास्पदमित्यभूद् Hem.Mall.; न जितमस्ति नृपास्पदमित्यभूद् Ar.Nā.

15.4 जघननिर्विषयीकृतेत्यनेन *Raghuvaṃśa* 9:11.

16.5 Cf. *Arthaśāstra* 6.2.39: नेमिमेकान्तरान् राज्ञः कृत्वा चानन्तरान् अरान्। नाभिमात्मानमायच्छेन् नेता प्रकृतिमण्डले॥

15.2 चूर्णकेशरहितान्] *conj.*; अनलकान्मुक्तकेशरहितान् $\mathrm{G_1UB^1J}$; अनलकान् चूर्णकेशरहितान् P **15.2 दयित्वा**] *conj.*; समनुकम्प्य अनुकम्पित्वा $\mathrm{G_1UB^1J}$; समनुकम्प्य दयित्वा P **15.2 सहायैर्विधापिताः**] *conj.*; सचिवैः कारिता $\mathrm{G_1U}$; सचिवैसहायैः कारिताः विधायिताः P; सचिवैः कारित $\mathrm{B^1}$; सचिवैः कारित्वा J **15.2 शिशूनां पुत्राणामञ्जलयो**] P; बालसुताञ्जलयो $\mathrm{G_1UB^1J}$ **15.3 चरणगतान्**] $\mathrm{G_1UPB^1}$; रचनतान् J **15.3 प्रणमतः**] $\mathrm{PB^1}$; प्रणतश् $\mathrm{G_1J}$; प्रणताञ् U **15.3 धनदपुरीवद् उत्कृष्टाम्**] *conj.*; पुरीं कीदृशीम् अलकानवमाम् अलका धनदपुरी तद्वदनवमामुत्कृष्टाम् $\mathrm{G_1UB^1JP}$ **15.4 जघननिर्विषयीकृतेत्यनेन**] $\mathrm{UPB^1J}$; जगननिर्विषयीकृतेद्यनेन $\mathrm{G_1}$ **15.4 यमक°**] $\mathrm{G_1PB^1J}$; यम° U **16.1 दशरथ**] *conj.*; स दशरथः $\mathrm{G_1UPB^1J}$ **16.1 छिद्रेष्वस्थिरामालोक्य**] *conj.*; रन्ध्रेषु छिद्रेषु चलामस्थिरामालोक्य $\mathrm{G_1UPB^1J}$ **16.1 जागरूको ऽभूत्**] *conj.*; अनलसो जागरूकः अभूत् $\mathrm{G_1UPB^1}$; अनलसो जागरूपः अभूत् J **16.2 उद्युक्तो ऽभूत्**] P; *om.* $\mathrm{G_1UB^1J}$ **16.2 विजिगीषुत्वात्**] $\mathrm{G_1PB^1J}$; जिगीषुत्वात् U **16.2 द्वादशराजात्मकस्य**] *conj.*; मण्डलस्य द्वादशराजात्मकस्य $\mathrm{G_1UPB^1J}$ **16.4 °कान्तरान्**] *em.*; °कान्तरं $\mathrm{UPB^1}$; °कान्तरा $\mathrm{G_1J}$ **16.4 राष्ट्रान्तरे**] P; राष्ट्रे ऽन्तरे $\mathrm{G_1UB^1J}$ **16.5 °मण्डले**] $\mathrm{G_1^{pc}UB^1J}$; °मण्डलै $\mathrm{G_1^{ac}}$; °मण्डल P **16.6 °योग्यम्**] *conj.*; °नुचितम् $\mathrm{G_1UB^1PJ}$ **16.6 °च्छत्त्रं**] *conj.* (cf. Jin.); सितातपवारणं श्वेतपत्त्रं $\mathrm{G_1UB^1PJ}$ **16.6 °सोमसमा**] $\mathrm{B^1}$; °सोमसम° $\mathrm{G_1UPJ}$

रिपूणामसावग्निवद्दीप्रः, अन्येषां तु शशिनिभकान्तिः। राजचक्रस्य त्वयं विभागः—

अरिर्मित्रमरेर्मित्रं मित्रामित्रमतः परम्।
तथारिमित्रमित्रं च विजिगीषोः पुरः स्थिताः॥
पार्ष्णिग्राहो मतः पश्चादाक्रन्दस्तदनन्तरम्।
आसारः पार्श्वयोश्चैव विजिगीषोस्तु मण्डले॥
अरेश्च विजिगीषोश्च मध्यमो भूम्यनन्तरः।
अनुग्रहे संहतयोः समर्थो व्यस्तयोर्वधे॥
मण्डलाद्बहिरेतेषामुदासीनो बलाधिकः।
अनुग्रहे संहतानां व्यस्तानां च वधे प्रभुः॥

तत्र नाभिस्थानीयो विजिगीषुः। तस्याग्रतो ऽरिः। मित्रमरिमित्रं मित्रमित्रमरिमित्रमित्रं च। पृष्ठे त्वस्य पार्ष्णिग्राहः पार्ष्णिग्राहासार आक्रन्द आक्रन्दासारः। अरिविजिगीषोस्तु भूम्यन्तरः संहतयोरनुग्रहे व्यस्तयोर्वधे समर्थो मध्यमः। यस्त्वरिविजिगीषुमध्यमानां मण्डलाद्बहिर्बली संहतानामनुग्रहे व्यस्तानां च वधे समर्थः स उदासीन इति। अत एव नाभिस्थानीयत्वादनुचितान्यसितातपवारण इत्युक्तम्॥ १६॥

---

16 अनुग्रहे संहतयोः ··· बलाधिकः] *om.* P(eyeskip)

16.16 अरिर्मित्रम्··· वधे प्रभुः *Kāmandakīyanītisāra* 8:16–19.

16.7 °मसावग्निवद्दीप्रः] UP; °मसावग्निवद्दीप्तः G_1B^1; °मग्निवद्दीप्रः J **16.7** शशिनिभकान्तिः] P; शशिनिभः G_1B^1J; शशिप्रभः निभः U **16.8** राजचक्रस्य त्वयं विभागः] PB^1; *om.* G_1UJ **16.10** स्थिताः] *em.*; स्थितः G_1UB^1J; स्मृतः P **16.11** °ग्राहो मतः] B^1; °ग्राहमतः G_1UJ; °ग्राहस्ततः P **16.12** आसारः] G_1UB^1J; आसारो P **16.13** मध्यमो] G_1PJ; मध्यस्थो U; मध्यमे B^1 **16.14** अनुग्रहे संहतयोः समर्थो] G_1UJ; ग्रहे संहतरोधोः समर्थ° B^1(unmetrical) **16.16** संहतानां] PB^1; संह्वतानां G_1UJ **16.16** च] G_1PB^1J; *om.* U(unmetrical) **16.17** नाभिस्थानीयो] G_1UPJ; नाभस्थानीयो B^1 **16.17** मित्रमरिमित्रं] G_1PB^1J; *om.* U **16.18** मित्रमित्रमरिमित्रमित्रं च] B^1; मित्रमित्रमरिमित्रं च G_1J; मित्रं मित्रमरिमित्रं च U; मित्रामित्रमरिमित्रमित्रं च P **16.18** पृष्ठे] G_1PB^1; पृष्ठ U; पृष्टे J **16.20** अरिविजिगीषोस्तु भूम्यन्तरः संहतयोरनुग्रहे व्यस्तयोर्वधे समर्थो मध्यमः। यस्त्वरिविजिगीषुमध्यमानां] *em.*; अरिविजिगीषुमध्यमानां G_1UB^1; अरिविजिगीष्वोस्तु भूम्यन्तरः संहतयोरनुग्रहे व्यस्तयोर्वधे समर्थो मध्यमः यस्त्वरिविजिगीषुमध्यमानां P; अरिविजिगीषु मंध्यमानां J **16.20** °हिर्बली] G_1UPJ; °हिर्बलीं B^1 **16.20** संहतानामनुग्रहे] G_1PB^1; संहतानामग्रहे U; असंहतानामनुग्रहे J **16.21** च वधे] UB^1; च वधेस् G_1J; तु वधे P **16.22** °स्थानीयत्वाद्] G_1UB^1; °स्थापनीयत्वाद् P; °स्थानीयत्वात् द् J **16.22** °वारण] UB^1; °वार G_1J; °वारणम् P

तमलभन्त पतिं पतिदेवताः
शिखरिणामिव सागरमापगाः।
मलयकोसलकेकयशासिनां
दुहितरो ऽहितरोपितमार्गणम्॥ १७॥

मलयाख्यो ऽद्रिः, कोसलकेकयास्तु जनपदविशेषाः। तेषामधिपानां सुताः सुमित्राकौसल्याकैकेय्यो नृपं भर्तारं प्रापुः। नगनद्य इवार्णवम्। ≪अरिनिखातशरम्≫। तास्तु साध्व्यः॥ १७॥

प्रियतमाभिरसौ तिसृभिर्बभौ
तिसृभिरेव भुवं सह शक्तिभिः।
उपगतो विनिनीषुरिव प्रजा
हरिहयो ऽरिहयोगविचक्षणः॥ १८॥

दशरथस्तिसृभिर्वल्लभाभिर्बभासे। उत्प्रेक्ष्यते—शक्र इव तिसृभिः शक्तिभिः प्रभुमन्त्रोत्साहरूपाभिरेव सह, प्रजा विनेतुं पालयितुमिच्छुः, भूमिं प्राप्तः। यतो ऽसौ विपक्षक्षपकेषूपायेषु प्रवीणः। अरिहेति क्विप्॥ १८॥

---

17 c. मलय॰] ŚJin.; मगध॰ Hem.Mall.Ar.Nā.

17.1 मलयाख्यो ऽद्रिः] G_1PB^1J; मलख्योद्रि U **17.1** तेषाम्] G_1B^3J; तेषाम् तेषाम् U; तेषां शासिनो ऽधिपाः P **17.1** सुताः] *conj.*; दुहितरः $G_1^{ac}UB^{3ac}J$; दुहितराः G_1^{pc}; दुहितरः सुताः PB^{3pc} **17.2** सुमित्राकौसल्याकैकेय्यो] $PB^{3ac}J$; सुमित्राकैकेय्याः G_1U; --- सल्याकैकेय्यः B^1; सुमित्राः कौसल्याकैकेय्यः B^{3pc} **17.2** नृपं] *conj.*; तं नृपं $G_1UP^{ac}B^{1ac}J$; तं नृपं +---+ P^{pc}; तं नृपं दशरथं B^{3pc} **17.3** अरिनिखातशरम्] *conj.*; अहितानामरीणां रोपितमार्गणाः शराः येन तम् G_1UJ; अहितानामरीणां रोपिताः निखाताः मार्गणाः शराः येन तम् P; अहितानामरीणां रोपिता +मा+र्गणाः शराः येन तम् B^3 **17.3** साध्व्यः] *conj.*; पतिदेवताः साध्व्यः G_1UPB^3J **18.1** दशरथस्] B^{1ac}?; असौ दशरथस् G_1PJ; असौ दशः U; +असौ+ दशरथः B^{3pc} **18.1** तिसृभिर्वल्लभाभिर्बभासे] *conj.*; तिसृभिः प्रियतमाभिर्बभौ G_1UPB^1J **18.1** शक्र] *conj.*; हरिहयः शक्र G_1UPB^1J **18.2** ॰मन्त्रोत्साह॰] UPB^1J; ॰मन्त्रोत्सह॰ G_1 **18.2** विनेतुं] *conj.*; विनिनीषुः विनेतुं G_1UB^1J; विनिनेषुः विनेतुं P **18.2** भूमिं प्राप्तः] *conj.*; भुवं भूमिमुपगतः G_1UB^1J; भुवं भूमिमुपगतः प्राप्तः P **18.3** यतो ऽसौ] *conj.*; यतो सौ इहयोगविचक्षणः G_1; यतो सावरिहयोगविचक्षणः UPBJ **18.3** विपक्षक्षपकेषूपायेषु प्रवीणः] *conj.*; अरिहेषु विपक्षक्षपकेषु योगेषु उपायेषु विचक्षणः प्रवीणः G_1UPB^1J

क्रतुषु तेन विसर्जितमौलिना
भुजसमाहृतदिग्वसुना कृताः।
कनकयूपसमुच्छ्रितिशोभिनो
वितमसा तमसासरयूतटाः॥ १९॥

दशरथेन कृतदारेणाध्वरेषु तमसासरय्वोर्नद्योस्तटाः, सुवर्णेन च्छुरिता यज्ञपशुबन्धनकाष्ठास्तेषां समुच्छ्रायेण रम्या विहिताः। ≪कल्पितकेशेन≫। दीक्षितेन हि मुण्डितेन भाव्यम्। भुजाभ्यां ढौकितं दिग्भ्यो धनं येन। तथा विगतं तमः, अज्ञानं लोभो वा, यस्य॥ १९॥

अजिनदण्डभृतं कुशमेखलां यतगिरं मृगशृङ्गपरिग्रहाम्।
अधिवसंस्तनुमध्वरदीक्षितामसमभासमभासयदीश्वरः॥ २०॥

अष्टमूर्तिरीशो यज्ञाय गृहीतनियमं ≪दशरथशरीरम्≫ अधितिष्ठन्, तदेवादी-

---

19 b. °समाहृत°] ŚHem.Mall.Ar.Nā.; °समाहित° B_1^{Mac}Jin. **19 c.** °समुच्छ्रिति°] $G_1^{pc}B^1V^MB_1^{Mpc}B_3^MB_5^{Mpc}$; °समुच्छ्रित° $G_1^{ac}UPJD^MB_1^{Mac}B_2^MB_4^MB_5^{Mac}B_7^ML^M$; °समुच्छ्रय° **C**

19.1 दशरथेन] *conj.*; तेन दशरथेन G_1UPBJ **19.1** कृतदारेणाध्वरेषु] *conj.*; कृतदारेण क्रतुष्वध्वरेषु G_1UPB **19.1** तमसासरय्वोर्नद्योस्तटाः] *conj.*; तमसासरयूतटाः तमसासरय्वोर्नद्योस्तटाः PB^1; तमसासरयूतटाः तमसासरय्वोनद्योस्तटाः G_1J; तमसासरयूतटाः तमसासरय्वोर्नदीस्तटाः U **19.1** सुवर्णेन] P; कनकेन सुवर्णेन G_1UB^1J **19.2** यज्ञपशुबन्धनकाष्ठास्तेषां] *conj.*; यूपाः कनकयूपाः तेषां G_1UB^1J; यूपाः कनकयूपाः यज्ञपशुबन्धनकाष्ठास्तेषाम् P **19.2** समुच्छ्रायेण] *conj.*; समुच्छ्रितिस्समुच्छ्रायः तेन G_1; समुच्छ्रितिः समुच्छ्रायः तेन UB^1J; समुच्छ्रायेन P^{pc}; समुच्छ्रायेने P^{ac} **19.2** रम्या विहिताः] P; शोभिनो रम्याः कृताः विहिताः G_1^{pc}UJ; शोभिनो रम्याकृताः विहिताः $G_1^{ac}B^1$ **19.2** कल्पितकेशेन] *conj.* (cf. Jin.); विसर्जिताः कल्पिताः मौलयः केशाः येन G_1UPB^1J **19.3** ढौकितं] *conj.*; समाहृतं ढौकितं PB^{1pc}; समाहृते ढौकितं G_1UJ; समाहृतो ढौकितं B^{1ac} **19.3** दिग्भ्यो] G_1UB^1J; दिद्ध्ये (?) P **19.3** धनं] *conj.*; वसु धनं G_1UPB^1J **19.3** येन] G_1PB^1J; *om.* U **19.3** विगतं] *conj.*; वितमसा विगतं G_1UPB^1J **19.4** अज्ञानं] G_1UB^1J; अज्ञानो P **19.4** यस्य] G_1UB^1J; यस्य तेन P **20.1** अष्टमूर्तिरीशो] *conj.*; ईश्वरो ऽष्टमूर्तिर् G_1UB^3J; ईश्वरो ऽष्टमूर्तिः ईशो P **20.1** यज्ञाय गृहीतनियमं] *conj.*; अध्वरदीक्षितां $G_1UB^3J^{pc}$; ऽध्वरदीक्षितां यज्ञाय गृहीतनियमं P; अध्वरदीक्षितां × मसमभास × J **20.1** दशरथशरीरम्] *conj.* (cf. corrupt text of Jin.); नृपतनुम् G_1UPB^3J **20.1** अधितिष्ठन्] *conj.*; अधिवसन् G_1UB^1J; अधिवसन् अधितिष्ठन् P

दिपत्। दीक्षितं ह्युग्रः प्रविशतीत्यागमः। मृगचर्म वैशाखं च दधत्। दर्भरशनम् वाचंयमम्। †मृगशृङ्गस्य हरिणविषाणस्य तत्र वा स्वीकरणं यस्यास्ताम्†। तथोत्कृष्टकान्ति॥ २०॥

अवभृथप्रयतं नियतेन्द्रियः सुरसमाजसमाक्रमणोचितः।
नमयति स्म स केवलमुन्नतं वनमुचे नमुचेररये शिरः॥ २१॥

दशरथः केवलं शक्राय यज्ञसमागताय प्रीतिवशादुच्चं मस्तकं यज्ञान्ताभिषेकेण शान्तमपि अनीनमत्। प्रशान्तः, ≪देवसमूहसमागमयोग्यः। तोयवर्षिणे≫॥ २१॥

---

21 a. ॰प्रयतं नियतेन्द्रियः] $G_1UPB^1JV^MB_1^MB_2^MB_3^MB_4^MB_5^MB_7^ML^M$; ॰प्रयतां नियतेन्द्रियस् D^M; ॰प्रयतो नियतेन्द्रियः Hem.Mall.Jin.; ॰प्रयतो निभृतेन्द्रियः Ar.(?)Nā.

---

20 मृगशृङ्गस्य ··· यस्यास्ताम्] *om.* B^1; added in margin by B^3

20.2 दीक्षितं ह्युग्रः प्रविशतीत्यागमः cf. Vallabha ad 5:4.

20.2 तदेवादीदिपत्] *conj.*; अभासयददीदिपत् G_1; अभासयददिदीपत् UB^1; तेदेवाभासयददीदिपत् P; आमासयत् अदीदिपत् J **20.2** दीक्षितं ह्युग्रः प्रविशतीत्यागमः] G_1UB^1J; ईश्वरस्योग्राख्या तनुर्यजमानमाविशति इत्यागमः P **20.2** मृगचर्म वैशाखं च दधत्] *conj.*; कीदृशीम् मृगचर्म वैशाखं च दधतीम् G_1UPBJ **20.3** दर्भरशनं] *conj.*; कुशैर्मेखला यस्यास्ताम् G_1UJ; कुशैः दर्भैः मेखला रशना यस्य तम्P; कुशमेखला यस्यास्ताम् B^1 **20.3** वाचंयमम्] *conj.* (cf. comJ); यता संयुता वाग्यस्यास्ताम् G_1B^1; यता संयता वाग्यस्यास्ताम् UPJ **20.3** तत्र वा स्वीकरणं] UB^1; त ⏓⏓ स्वीकरणं G_1; तत्र वा परिग्रहं स्वीकरणं P; तत्रावा स्वीकरणं J **20.4** तथोत्कृष्टकान्ति] *conj.*; तथा असमभासमुत्कृष्टकान्तिम् G_1UPBJ **21.1** दशरथः] *conj.*; स दशरथः G_1UPB^1J **21.1** शक्राय] *conj.*; नमुचेररये शक्राय G_1UPB^1J **21.1** यज्ञसमा॰] *conj.*; यज्ञैस्समा G_1UJ; यज्ञमा॰ P; ज्ञसमा॰ B^3 **21.1** उच्चं मस्तकं] *conj.*; उन्नतं शिरः G_1UB^1J; उन्नतं शिरः उच्चं मस्तकं P **21.2** यज्ञान्ताभिषेकेण शान्तमपि] G_1UJ; अवभृथप्रयतमपि यज्ञान्ताभिषेकेण शान्तमपि P; अवभृथप्रयतमपि B^1 **21.2** अनीनमत्] *conj.*; नमयति स्म अनेनमत् G_1J; नमयति स्म अनीनमत् U; नमयति स्म P; नमयति स्म अनीनमत् (अनेनमत् B^{1ac}) यज्ञान्ते भिषेको ऽवभृथः तेन प्रयतम् B **21.2** प्रशान्तः] *conj.*; कीदृशो राजा नियतेन्द्रियः प्रशान्तः G_1UPB^1J **21.2** देवसमूहसमागमयोग्यः] *conj.*; सुरसमाजः सुरसमूहः तस्य समाक्रमणे योग्यः G_1UB^1J; सुरसमाजः सुरसमूहः तस्य समाक्रमणं समागमस्तेन P **21.3** तोयवर्षिणे] *conj.*; कीदृशाय वनमुचे। तोयं मुञ्चति वर्षतीति तस्मै G_1J; कीदृशाय वनमुचे। वनं तोयं मुञ्चतीति तस्मै U; कीदृशाय शक्राय वनं तोयं मुञ्चति वर्षतीति तस्मै PB^1; कीदृशाय वनमुचे तोयं मुञ्चति वर्षतीति स्मै J

तमपहाय ककुत्स्थकुलोद्वहं पुरुषमात्मभुवं च सतीव्रता।
नृपतिमन्यमसेवत देवता सकमला कमलाघवमर्थिषु॥ २२॥

†कमलेन सह पाणिपद्मो वर्तते यस्याः देवतायाः सा सकमला। सह कम-
लेन पाणिगतेन पद्मेन वर्तते या सेति वा देवता श्रीः॥† दशरथं विष्णुं च
वर्जयित्वा ≪अपरं≫ कं पार्थिवमभजत। न कंचिदित्यर्थः। साध्व्या इव व्रतं 3
यस्याः। साध्वी किल नान्यं कामयते। ≪याचकेषु≫ अविद्यमानं कार्पण्यं यस्य
यस्माद्वा॥ २२॥

स किल संयुगमूर्ध्नि सहायतां मघवतः प्रतिपद्य नराधिपः।
स्वभुजवीर्यमगापयदुच्छ्रितं सुरवधूरवधूतभयाः शरैः॥ २३॥

दशरथः शक्रस्य रणशिरसि साहायकमासाद्य, अप्सरस उन्नतं निजदोष्णोर्बलमजीगपत्। ≪बाणै≫रपनीतासुरत्रासाः। गायतेरुभयकर्मता। किलेत्याग-

---

22 a. ककुत्स्थ°] $PV^{M}B_2^{M}B_4^{M}B_5^{M}L^{M}$𝕮; ककुस्थ° $G_1B^1JB_1^{M}B_3^{M}B_7^{M}$; कुकुत्स्थ° U; ककुत्स° D^{M} • °कुलोद्वहं] Ś; °कुलोद्भवं 𝕮 **22 b.** °भुवं च सतीव्रता] $G_1^{pc}UPB^{1pc}J$ $D^{M}V^{M}B_1^{M}B_2^{M}B_3^{M}B_4^{M}B_5^{M}B_7^{M}L^{M}$; °भुवं च सतीव्रिता? G_1^{ac}; °भुवं च सतीव्रतां B^{ac}; °भुवं च पतिव्रता 𝕮 **23 b.** नराधिपः] Σ; महारथः 𝕮 **23 c.** °च्छ्रितं] Σ; °द्धृतं Jin.

22.1 पाणिपद्मो] G_1PB^1J; पद्मो U **22.1** सा] $U^{pc}PB^{1pc}$; स $G_1U^{ac}B^{1ac}J$ **22.2** पाणिगतेन] $G_1^{pc}PB^3J$; पाणि× पद्मो× गतेन G_1 **22.2** सेति वा] G_1B^1J; सा इति व U; सेति वा सकमला P **22.3** दशरथं विष्णुं च वर्जयित्वा] *conj.*; तं ककुस्थकुलोद्वहं दशरथमात्मभुवं पुरुषं विष्णुं चापहाय वर्जयित्वा G_1B^1J; तं कुकुत्स्थकुलोद्वहं दशरथमात्मभुवं पुरुषं विष्णुं चापहाय वर्जयित्वा U; तं ककुत्स्थकुलोद्वहं दशरथमात्मभुवं पुरुषं विष्णुं चापहाय वर्जयित्वा P **22.3** अपरं कं पार्थिवमभजत] *conj.*; अन्यं कं नृपमसेवत G_1UPB^1J **22.3** न कंचिदित्यर्थः] P; नान्यं पार्थिवमभजतेत्यर्थः G_1UB^1J **22.3** साध्व्या इव] *conj.*; सतीव्रता सत्या इव G_1UBJ; सतीव्रता सत्या इव साध्व्या इव P **22.4** कामयते] G_1UPB^1; कामयत J **22.5** याचकेषु अविद्यमानं कार्पण्यं यस्य यस्माद्वा] *conj.*; कीदृशं दशरथमर्थिष्वलाघवमविद्यमानं लाघवं कार्पण्यं यस्य यस्माद्वा G_1UPB^1J **23.1** दशरथः] *conj.*; स नराधिपो दशरथः G_1UPB^1; स नराधिपो J **23.1** शक्रस्य] *conj.*; मघवतः शक्रस्य G_1UB^1J; मघवतः इन्द्रस्य P **23.1** रणशिरसि] *conj.*; संयुगमूर्ध्नि रणशिरसि G_1UPBJ **23.1** साहायकमासाद्य] *em.*; सहायतां साहायकं प्रतिपद्यासाद्य G_1B^1J; सहायतां सहायकं प्रतिपद्यास्वाद्य U; सहायकमासाद्य P **23.1** अप्सरस उन्नतं] *conj.*; सुरवधूरप्सरसः उच्छ्रितमुन्नतं G_1UPB^1; सुरवधूः अप्सरसः उच्छ्रतमुन्नतं J **23.2** निजदोष्णोर्बलमजीगपत्] *conj.*; स्वभुजवीर्यं निजदोष्णोर्बलमगापयत् अजीगपत्(°यत् B^1) G_1UPB^1; सुभुजवीर्यं निजदोष्णोन्वलमगापयत् J **23.2** बाणैरपनीतासुरत्रासाः] *conj.* (cf. Jin.); शरैरवधूतभयाः अपनीतासुरत्रासाः G_1UPBJ

मे॥ २३॥

कथमवधूतभया इत्याह—

असकृदेव हि तेन तरस्विना हरिहयाग्रसरेण धनुर्भृता।
दिनकराभिमुखा रणरेणवो रुरुधिरे रुधिरेण सुरद्विषाम्॥ २४॥

हि यस्मादर्थे। राज्ञेन्द्रपुरोयायिना चापधरेण सूर्याच्छादिकाः सङ्ग्रामधूलयो बहुश एव दैत्यानामसृजा शमिताः। बलवता॥ २४॥

अवधूतभयत्वहेतोरेव राज्ञो महिमानं प्रतिपाद्याधुना ऋतुराजवर्णनप्रसङ्ग-दानायाह—

अथ महेन्द्रसमं कुसुमैर्नवैस्तमिव सेवितुमेकनराधिपम्।
उपययौ भुजगेन महीभृता समधुरं मधुरञ्चितविक्रमम्॥ २५॥

अनन्तरं वसन्त आजगाम। उत्प्रेक्ष्यते—तं नृपश्रेष्ठं †नवैः कुसुमैः सेवितुमिव†। यतः शक्रतुल्यं तथा पृथिवीभृता नागेन, शेषेण वासुकिना वा, तुल्यभारम्,

---

24 a. असकृदेव हि तेन] G_1UPB[3]J$D^M V^M B_1^M B_2^M B_3^M B_4^M B_5^M B_7^M$Hem.Ar.(?)Nā.Jin.; अ-सिकृदेव हि तेन L^M; असकृदेकरथेन Mall. **25 a.** महेन्द्रसमं] Σ; समावव‍ृते 𝕮 **25 c.** उ-पययौ भुजगेन महीभृता] Σ; यमकुबेरजलेश्वरवज्रिणां 𝕮

---

25 a. B_5^M breaks off here after reading कुसुमैर्नवैः and resumes at 9:76b.

23.4 कथमवधूतभया] *conj.*; कथमित्यवधूतभया G_1UPJ; कथमित्यवधूतभय B[1] **24.1** हि यस्मादर्थे] G_1UPJ; हिर्यस्मादर्थे B[1] **24.1** राज्ञेन्द्रपुरोयायिना] *conj.* (cf. Jin.); तेन राज्ञा हरिहयस्येन्द्रस्याग्रसरेण पुरोयायिना G_1UPB[1]J **24.1** चापधरेण] *conj.*; धनुर्भृता चापधरे-ण G_1UPB[3]J **24.1** सूर्याच्छादिकाः] *conj.*; दिनकराभिमुखाः G_1UB[1]J; दिनकराभिमुखाः सूर्याच्छादिकाः P **24.1** सङ्ग्रामधूलयो] *conj.*; रणरेणवः सङ्ग्रामधूलयः G_1B[1]J; रणरेणवः णवः सङ्ग्रामधूलयः U; रणरेणवः समरधूलयः P **24.2** बहुश एव] *conj.*; असकृदेव बहुश एव G_1UPB[1]J **24.2** दैत्यानामसृजा] *conj.*; सुरद्विषां रुधिरेण दैत्यानामसृजा G_1UPBJ **24.2** शमिताः] *conj.*; रुरुधिरे शमिताः G_1UPB[1]J **24.2** बलवता] *conj.*; तरस्विना ब-लवतः G_1; तरस्विना बलवता UPB[1]; तरस्विनः बलवतः J **24.3** प्रतिपाद्या°] G_1UB[1]; प्रतिपद्या° PJ **24.4** ऋतुराजवर्णनप्रसङ्ग°] B[1]; वसन्तवर्णनप्रसङ्ग° G_1UJ; ऋतुराजप्रस-ङ्गवर्णन° P **25.1** अनन्तरं] *conj.*; *om.* G_1UJ; अथानन्तरं PB **25.1** वसन्त] *conj.*; मधुर्वसन्तम् G_1J; मधुर्वसन्त UPB[1] **25.1** आजगाम] *conj.*; उपययौ आजगाम G_1UPB[1]J **25.1** उत्प्रेक्ष्यते तं नृपश्रेष्ठं नवैः कुसुमैः सेवितुमिव] *om.* P(eyeskip) **25.1** सेवितुमिव] G_1UJ; सेवितुमिव वसन्त आजगाम B **25.2** यतः शक्रतुल्यं] *conj.*; यतो महेन्द्रसमं श-क्रतुल्यं G_1UPB[1]J **25.2** नागेन] *conj.*; भुजगेन नागेन G_1UPB[1]J **25.2** वा] G_1PB[1]J; *om.* U **25.2** तुल्यभारम्] *conj.*; समधुरं तुल्यभारम् G_1UPB[1]J

तेनापि क्ष्माधारणात्। प्रशस्यपौरुषम्। अत एव †राजोरगत्वम् †। मधुश्चैत्रः, तेन वसन्तो लक्ष्यते॥ २५॥

कार्यानुमेयत्वादृतूनां तानेव वसन्तधर्मान्विस्तरेणाह—

हिमविवर्णितचन्दनपल्लवं विरहयन्मलयाद्रिमुदङ्मुखः।
विहगयोः कृपयेव शनैर्ययौ रविरहर्विरहध्रुवभेदयोः॥ २६॥

उत्तराभिमुखो रविर्मलयशैलं त्यजन् मन्थरं जगाम। दक्षिणायने हि भानुः शीघ्रगामी भवति। शकुन्तयोश्चक्रवाकयोर्दययेव शनैर्ययौ। दिनान्त आवश्यको वियोगो ययोः। उत्तरायणे हि रात्रिसङ्क्षेपान्नातिपीडितौ तावनुकम्पिताविव भवतः। यदि ह्यसौ क्षिप्रं यायात्, तद्दिनसमाप्त्या निशि तयोर्विरहो भवेत्। तुषारपाण्डूकृतमलयजकिसलयम्। अह्नो विरहो ऽहर्विरहः।

अत्र पाठान्तरम्।

जिगमिषुर्धनदाध्युषितां दिशं रथयुजा परिवर्तितवाहनः।
दिनमुखानि रविर्हिमनिग्रहैर्विमलयन्मलयं नगमत्यजत्॥

रथयुजा सारथिना हिमक्षपणाद्दिनमुखानि विमलीकुर्वन्॥ २६॥

---

26 abcd.] ŚHem.Jin.; जिगमिषुर्धनदाध्युषितां दिशं रथयुजा परिवर्तितवाहनः। दिनमुखानि रविर्हिमनिग्रहैर्विमलयन्मलयं नगमत्यजत्॥ Vall.[vl] ℭ (Hem.Jin. give both verses without presenting one as the variant of the other).

25.3 तेनापि] PB[1]; तेन G_1UJ **25.3 प्रशस्यपौरुषम्**] *conj.*; अञ्चितविक्रमं प्रशस्यपौरुषम् G_1UB[1]J; अञ्चितविक्रमं प्रशस्यविक्रमम् P **25.3 राजोरगत्वम्**] G_1UPJ; रजोरगत्वम् B **25.5 कार्यानु°**] G_1UB[1]J; कलानु° P **26.1 उत्तराभिमुखो**] *conj.*; उदङ्मुख उत्तराभिमुखो G_1UPB[1]J **26.1 त्यजन्**] *conj.*; विरहयंस्त्यजन् G_1UPBJ **26.1 मन्थरं जगाम**] *conj.*; शनैर्मन्थरं ययौ जगाम G_1UB[3]J; शनैर्जगाम P **26.2 शकुन्तयोश्चक्रवाकयोर्**] *conj.*; विहगयोः शकुन्तयोश्चक्रवाकयोः G_1PB[3]J; विहगयो शकुन्तयोः चक्रवाकयो U **26.2 दययेव**] *conj.*; कृपया इव G_1UJ; कृपया दयया एव P; कृपया दययेव B[3] **26.2 दिनान्त**] *conj.*; अहर्विरहे दिनान्ते G_1UPB[3]J **26.2 आवश्यको**] *conj.*; ध्रुव आवश्यको G_1UPB[3]J **26.3 वियोगो ययोः**] *conj.*; भेदो वियोगो ययोः G_1B[3]J; भेदवियोगयोः U; भेदो वियोगो ययोस्तयोः पक्षिणोः चक्रवाकयोः दययेव मन्थरं जगाम P **26.4 उत्तरायणे हि रात्रिसङ्क्षेपान्नातिपीडितौ तावनुकम्पिताविव भवतः**] P; *om.* G_1UPB[1]J **26.4 यदि ह्यसौ**] P; यद्यसौ G_1UB[3]J **26.5 अह्नो**] PB[3]; अह्नौ G_1UJ **26.7 परिवर्तित°**] G_1PJ; परिवर्तत° U; परिवर्हित° B[3] **26.8 °निग्रहैर्विमलयन्**] G_1PB[1]; °विग्रहैर्विमलयं U; °विग्रहैर्विमलयन् J **26.9 हिमक्षपणाद्दिनमुखानि**] B[1]; हिमक्ष(क्षि G_1^{ac})पणाद्रिमुखानि G_1U; निमनिग्रहैः हिमक्षपणाद्दिनमुखानि P; हिमक्षपणाद्रिमुखानि J **26.9 विमलीकुर्वन्**] G_1UP; विशलीकुर्वन् B[1]; विमुलीकुर्वन् J

कुसुमजन्म ततो नवपल्लवास्तदनु षट्पदकोकिलकूजितम्।
इति यथाक्रममाविरभून्मधुर्द्रुमवतीमवतीर्य वनस्थलीम्॥ २७॥

वसन्तो वनभुवं ≪वृक्ष≫वतीमध्यास्येत्थं यथापरिपाटि प्रादुर्बभूव। प्रथमं पुष्पोत्पत्तिस्ततः सरसपर्णानि तत्पश्चाद्भ्रमरपिकरुतम्। प्रायेण हि तरूणां पुष्पोत्पत्तेरनन्तरं पल्लवसामग्री दृश्यते। तत आगन्तुकविहगपङ्क्त्याविर्भावः॥ २७॥

व्रणगुरुप्रमदाधरदुःसहं जघननिर्विषयीकृतमेखलम्।
न खलु तावदशेषमपोहितुं रविरलं विरलं कृतवान्हिमम्॥ २८॥

सूर्यः शीतं तुहिनं वा समस्तं निवारयितुं न खलु तावच्छक्तः। अतः स्वल्पं तद्विहितवान्। दशनक्षतैर्महद्भिर्ललनोष्ठैरसह्यम्। तथा कटिपूर्वभागेषु निवारिता रशना येन, आभरणानामतिशीतलत्वात्॥ २८॥

परभृता मदनक्षतचेतसः प्रियसखी लघुवागिव योषिताम्।

---

29 .] *om.* Mall.Ar.Nā. **29 a.** °चेतसः] $G_1UPV^MB^1B_1^{Mpc}B_2^MB_3^MB_4^MB_7^ML^M$ (?); °चेतसा J; °चेतसाः D^M; °चेतसो B_1^{Mac}; °चेतसां L^{Mpc}Hem.Jin.

27.1 वसन्तो] *conj.*; मधुर् G_1UB^1J; मधुर्वसन्तो P **27.1** वनभुवं] *conj.*; वनस्थलीं वनभूतं G_1; वनस्थलीं वनभुवं UPBJ **27.1** वृक्षवतीमध्यास्ये°] *conj.* (cf. Jin.); द्रुमवतीमवतीर्य G_1UB^1J; द्रुमवतीमध्यास्य P **27.1** °त्थं यथापरिपाटि प्रादुर्बभूव] *conj.*; इति यथाक्रमाविरभूत्प्रादुर्बभूव $G_1B^{1ac}J$; इति यथाक्रममाविरभूत् प्रादुर्बभूव UB^{3pc}; इति यथाक्रमं इत्थं यथापरिपाटि आविर्भूत्प्रादुर्बभूव P **27.2** पुष्पोत्पत्तिस्ततः] *conj.*; कुसुमजन्म ततो G_1UB^1J; कुसुमजन्म पुष्पोत्पत्तिः ततो P **27.2** सरसपर्णानि] *conj.*; नवपल्लवाः G_1 UB; नवपल्लवाः सरसपर्णानि P; वनपल्लवाः J **27.2** तत्पश्चाद्] *conj.*; तदनु च G_1B^1J; तदनु U; तदनु तत्पश्चात् P **27.2** भ्रमरपिकरुतम्] G_1UJ; षट्पदकोकिलकूजितम् भ्रमरपिकरुतम् P; षट्पदकोकिलकूजितम् B^1 **27.3** पुष्पोत्पत्तेरनन्तरं] G_1UB^1J; पुष्पोत्पत्ते अनन्तरं P **27.3** पल्लव°] G_1PB^1J; पल्ल° U **27.3** °विहग°] G_1UPB^1; °विहंग° J **28.1** सूर्यः शीतं तुहिनं वा] *conj.*; रविर्हिमशीतम् G_1J; रविर्हिमं शीतम् UB; सूर्यो हिमं शीतं तुहिनं वा P **28.1** समस्तं निवारयितुं] *conj.*; अशेषमपोहितुं G_1UB^1; अशेषमपोहितुं समस्तं निवारयितुं P; अशेषमुपोहितुं J **28.1** तावच्छक्तः] *conj.*; तावदलं शक्तः G_1UPB^1J **28.2** अतः स्वल्पं तद्विहितवान्] *em.*; ततो विरल उत्पतवान् G_1J; ततो विरलं तत्कृतवान् UB^1; अ---स्वल्पं तद्विहितवान् P **28.2** दशनक्षतैर्महद्भिर्ललनोष्ठैरसह्यम्] *conj.*; कीदृशं हिमम्। व्रणैर्दन्तक्षतैर्गुरवो ये प्रमदाधरास्तैर्दुःसहम G_1UJ; कीदृशं हिमम्। व्रणैर्दशनक्षतैर्गुरवो ये प्रमदाधरास्तैर्दुःसहम् B; कीदृशं हिमम्। व्रणैर्दशनक्षतैः गुरवो महान्तो ये प्रमदाधरास्ते दशनेन्धैर्महद्भिर्ललनोष्ठैर्दुस्सहं P **28.2** कटिपूर्वभागेषु] *conj.*; जगनेषु G_1; जघनेषु UB^1J; जघनेषु कटिपूर्वभागेषु P **28.2** निवारिता] *conj.*; निर्विषयीकृता निवारिता G_1UPB^1J **28.3** रशना] *conj.*; मेखला G_1UB^1J; मेखला रशना P

प्रियतमानकरोत्कलहान्तरे मृदुरवादुरवापसमागमान्॥ २९॥

कोमलध्वनिः कोकिला प्रणयरोषकृते व्यवधाने सति भर्तॄन् प्रियाणां सुलभसङ्गमान्व्यधात्। अनङ्गेन बाधितं मनो येषां तान्। न हि कामार्तेन विरहिणा कोमलकोकिलकूजितं सुसहम्। प्रियवचना प्रियवयस्या यथा। इष्टसखी हि विरहे समागमं कुरुते॥ २९॥

अभिनयान्परिचेतुमिवोद्यता
मलयमारुतकम्पितपल्लवा।
अमदयत्सहकारलता मनः
सकलिका कलिकामजितामपि॥ ३०॥

आम्रमञ्जरी कोरकयुक्ता निर्द्वेषरागाणामपि ≪चेतो≫ व्यचीकरत्। कलेः कालविशेषस्य वा कामो ऽभिलाषो रागमयं जगदस्त्विति। ≪दक्षिणानिलघू-

---

30 आम्रमञ्जरी ··· कलिकामजितामपि] *om.* B^{1ac}

29.1 कोमलध्वनिः कोकिला] *conj.* (cf. Jin.); मृदुरवा कलरवा G_1UB^1J; मृदुरवा कोमलरवा कोकिला P **29.1** प्रणयरोषकृते व्यवधाने सति] *conj.*; कलहान्तरे रतिकलहेन कृतान्तरे कृते व्यवधाने G_1B^1J; कलहान्तरे रतिकलहेन कृतान्तरे व्यवधा U; कलहान्तरे रतिकल--- कृतान्तरे रतिप्रणयरोषकृते व्यवधाने सति P **29.1** भर्तॄन्] *conj.*; प्रियतमान् G_1UB^1J; प्रियतमान् भर्तॄन् P **29.1** प्रियाणां] *conj.*; योषितां प्रियाणाम् G_1UPB^1J **29.2** सुलभसङ्गमान्व्यधात्] *conj.*; अदुरवापसमागमान्सुलभसङ्गमानकरोत् G_1UB^1J; अदुरवापसमागमानकरोत् P **29.2** अनङ्गेन बाधितं मनो येषां तान्] P; मदनक्षतकामेन क्षतं चेतो येषां तान् G_1J; मदनक्षतचेतसः कामेन क्षतं चेतो येषां तान् U; *om.* B^1 **29.2** कामार्तेन] UPB^1; कामान्तेन G_1J **29.3** प्रियवचना प्रियवयस्या यथा] *conj.*; लघुवाक्प्रियवचना प्रियवयस्या G_1UB^3J; लघुवाक् प्रियवचना प्रियवयस्या यथा P **29.4** इष्टसखी हि विरहे] *em.*; इष्टसखी सा हि विरहे G_1B^3J; इष्टसखी सा हि विरहे सति U; इष्टसखी हि वि--- P **30.1** आम्रमञ्जरी] *conj.*; सहकारलता आम्रमञ्जरी G_1UB^3J; सहक---लता आम्रमञ्जरी P **30.1** कोरकयुक्ता] *conj.*; सकोरका कलिकामजितामपि कलिर्वैरं (कलियैरं G_1) द्वेषः कामो रागः तौ जितौ यैस्तेषां G_1UB^1J; कोरकयुक्ता कलिकामजितामपि कलिर्वैरं द्वेषः कामो रागस्त---जयन्ति ये तेषां P **30.1** निर्द्वेषरागणामपि] B^3; निर्द्वेषरागिणामपि $G_1^{pc}J$; निर्द्वेषरागिनामपि G_1^{ac}?; निर्देषरागिर(?)णामपि U; मुनीनामपि P **30.1** चेतो] *conj.*; मनो ऽमदयद् G_1UPJ; मन अमदयद् B **30.2** व्यचीकरत्। कलेः कालविशेषस्य वा कामो ऽभिलाषो रागमयं जगदस्त्विति] *conj.*; उन्मनीचकार G_1UB^1J; चेतो व्यचीकरत् कलेः कालविशेष---वा कामो ऽभिलाषो रागमयं जगदस्त्विति P

र्णितकिसलया≫। अतश्च हस्तान्—अभिनयार्थानि नाट्यानि—परिचितान् कर्तुमभ्यसितुं कृतप्रयत्नेव॥ ३०॥

नयगुणोपचितामिव भूपतेः
सदुपकारफलां श्रियमर्थिनः।
अभिययुः सरसो मधुसम्भृतां
कमलिनीमलिनीरपतत्रिणः॥ ३१॥

भ्रमरा जलशकुनयो हंसाद्याश्च सरसः पद्मिनीमाजग्मुः। किञ्जल्कपूर्णाम्। सरोग्रहणं स्थलनिवृत्त्यर्थम्। यादृशी हि जलकमलिनी स्फीता भवति, न तादृशी स्थलकमलिनी। यदि वा सरसः सकाशात् कमलिनीमुपययुरिति योज्यम्। यथा राज्ञो नीतिगुणैः स्फीतां श्रियं याचका आयान्ति, यतः साधूपकृतिरेव फलं यस्यास्ताम्॥ ३१॥

कुसुममेव न केवलमार्तवं
नवमशोकतरोः स्मरदीपनम्।
किसलयप्रसवोऽपि विलासिनां

---

31 c. सरसो] Σ; सरसां Jin. **31 d.** °नीर°] ℭ; °नील° Ś

30.3 दक्षिणानिलघूर्णितकिसलया] *conj.* (cf. Jin.); कीदृशी। मलयमारुतेन कम्पितानि पल्लवानि यस्याः G_1UPBJ **30.3** अतश्च हस्तानभिनयार्थानि नाट्यानि] *conj.*; अतश्चाभिनयान्हस्ताभिनयान् G_1BJ; अतश्च अभिनयान् U; अतश्चाभिनयान्हस्तानभिनयार्थानि नाट्यानि P **30.4** परिचितान् कर्तुमभ्यसितुं] *conj.*; परिचेतुमभिसितुम् G_1; परिचेतुमव्यसिताम् U; परिचेतुमभ्यसितुम् B^1J; परिचेतुं परिचितान् कर्तुं अभ्यसितुं P **30.4** कृतप्रयत्नेव] *conj.*; उद्यकृतप्रयत्ना G_1J; उदयमकृतप्रयत्ना U; उद्यता कृतप्रयत्ना इव P; उद्यता कृतप्रयत्ना B^1 **31.1** भ्रमरा] *conj.*; अलयो भ्रमरा G_1UPB^1J **31.1** जलशकुनयो] *conj.*; नीलपतत्त्रिणो जलशकुनयो G_1UPB^1J **31.1** हंसाद्याश्च] G_1UJ; हंसाद्यश्च P; हंसास् B^1 **31.1** सरसः] P; सरस G_1U; सुमनसः B^3; सरससंबंधिनीं J **31.1** पद्मिनीमाजग्मुः] *conj.*; कमलिनीमभिययुराजग्मुः G_1UB^1J; पद्मिनीमभिययुः आजग्मुः P **31.1** किञ्जल्कपूर्णाम्] *conj.*; मधुसम्भृतां किञ्जल्कपूर्णाम् G_1UPB^1J **31.3** सरसः] UB^3J; सरस G_1; सरस--- P **31.3** कमलिनी°] G_1UB^3J; पद्मिनी° P **31.4** राज्ञो] *conj.*; भूपते राज्ञो G_1UPB^1J **31.4** नीतिगुणैः स्फीता] *conj.*; नयगुणैरुपचिता स्फीता G_1P; नयगुणैर्नीतिज्ञैर्गुणैरुपचितां स्फीतां U; नयगुणैर्नीतिगुणैरुपचितां स्फीतां BJ **31.4** श्रियं याचका] P; श्रियमर्थिन G_1UB^1J **31.4** आयान्ति] PB^1; आनयन्ति G_1UJ **31.4** साधूपकृतिरेव] *conj.*; सदुपकृतिरेव G_1UJ; सदुपकारफलां साधूपकृतिरेव P; सदुपकारफलां सदुपकृतिरेव B^1

मदयिता दयिताश्रवणार्पितः॥ ३२॥

अशोकाख्यवृक्षस्य सम्बन्धि न केवलमृतुभवमनुपहतं सरसं पुष्पमेव कामाधिक्यकारकम्, यावत् प्रियायाः कर्णपूरीकृता पत्त्रोत्पत्तिरपि कामिनां मदकृत्॥ ३२॥

विरचिता मधुनोपवनश्रियामभिनवा इव पत्त्रविशेषकाः।
मधुलिहां मधुदानविशारदाः कुरवका रवकारणतां ययुः॥ ३३॥

कुरवकाख्यास्तरवो भ्रमराणां शब्दस्य हेतुभावं प्रापुः। यतो मकरन्दरसवितरणे चतुराः। मकरन्दरसं पीत्वा षट्पदा गुञ्जन्ति। तथा वसन्तनायकेनोद्यानलक्ष्मीणां प्रियतमानां नूतनाः पत्त्रमयास्तिलका इव कृताः। पुष्पधर्मा अत्र तरोरारोपिताः॥ ३३॥

दशनचन्द्रिकया व्यवभासितं
हसितमासवगन्धि मधोरिव।

---

33 c. मधुलिहां] ŚMall.Jin.; मधुकृतां Hem.Ar.Nā. **34 .**] *om.* Mall.Ar.Nā.

---

32 Folio 99 of G_1 is missing, with the result that its text breaks off here at the end of the commentary on 9:32 and resumes at the end of the commentary on 9:39 below.

32.1 अशोकाख्यवृक्षस्य] P; अशोकतरोः G_1UB^1J **32.1** सम्बन्धि न] UB^1; सम्बन्धिः न G_1J; सम्बन्धिनः P **32.1** केवलमृतुभवम्] *conj.*; केवलमार्तवमृतुभवं G_1UPB^1J **32.1** अनुपहतं सरसं] *conj.*; नवं G_1UB^3J; नवमनुपहतं सरसं P **32.1** पुष्पमेव] *conj.*; कुसुममेव G_1UPB^3J **32.2** कामाधिक्यकारकम्] *conj.*; स्मरदीपनं G_1UB^3J; स्मरदीपनं कामाधिक्यकारकम् P **32.2** यावत् प्रियायाः कर्णपूरीकृता] *conj.*; यावद्दयिताश्रवणार्पितो दयितया कर्णपूरीकृतः G_1UB^1; यावद्दयिताश्रवणार्पिताः प्रियायाः कर्णपूरीकृतः P; यावाद्दयितांश्रवर्णार्पितो दयेतया कर्णपूरीकृतः J **32.2** पत्त्रोत्पत्तिरपि] *conj.*; किसलयपल्लवो G_1UB^3J; किसलयप्रसवोपि पत्त्रोत्पत्ति+र+पि P **32.2** कामिनां] P; विलासिनां कामिनां G_1UB^3J **32.3** मदकृत्] *conj.*; मदयिता मदकृत् G_1UPB^{pc}; मदयिता मदकृतम् B^{ac}; मदयता मदकृत् J **33.1** कुरवकाख्यास्तरवो] P; कुरवकतरवः UJ; कुरवकाः तरवः B **33.1** भ्रमराणां] *conj.*; मधुलिहां भ्रमराणां UPB^1J **33.1** शब्दस्य हेतुभावं] UJ; शब्दस्य कारणतां हेतुभावं P; रवस्य कारणतां B^1 **33.1** प्रापुः] J; प्राप्ताः U; ययुः PB^1 **33.1** मकरन्दरसवितरणे] *conj.*; मधुधाने मकरन्दरसवितरणे P; मधुदान° UB^{ac}; मधुपान° $B^{pc}J$ **33.2** मकरन्दरसं] PB^1; मधूकरसं U; सकरसं J **33.3** वसन्तनायकेनो°] *conj.*; मधुना वसन्तनायकेनो° UPB^1; मधुना वसंतानयकेन उ° J **33.3** नूतनाः] P; अभिनवा नूतनाः UB^1J **33.3** कृताः] *conj.*; विरचिताः कृताः UPB^1J

बकुलपुष्पमसेव्यत षट्पदैः
शुचिरसं चिरसञ्चितमीप्सुभिः॥ ३४ ॥

अलिभिर्बकुलाख्यकुसुममसेव्यत। यतो बहुकालसम्भृतमुज्ज्वलकिञ्जल्कं पिपासुभिः। अतश्चोभयस्य धवलत्वाद्दन्तप्रभया शोभितं वसन्तस्य हासमिव। मद्यस्येव गन्धो यस्य मद्यगन्धो विद्यते यस्येति वा, उभयपक्षविशेषणम्॥ ३४ ॥

सुरभिसङ्गमजं वनमालया नवपलाशमधार्यत भङ्गुरम्।
रमणदत्तमिवार्द्रनखक्षतं प्रमदया मदयापितलज्जया॥ ३५ ॥

काननपङ्क्त्या नूतनकिंशुकं विकासकुटिलमभ्रियत। यतो वसन्तसम्पर्कोत्पन्नम्। क्षैव्येण यौवनासवपानजेन गमितागोपिता त्रपा यस्याः, तथोक्तया निवृत्तापत्रपया ललनया यथा वल्लभोल्लिखितं नवकरजपदं धार्यते॥ ३५ ॥

---

34 c. बकुल°] ŚHem.; तिलक° Jin. **35 abc.**] उपहितं शिशिरापगमश्रिया मुकुलजालम् (मुकुळजातम् Ar.(?)Nā.) अशोभत किंशुके। प्रणयिनीव नखक्षतमण्डनं Hem.^{vl}Mall.Ar.Nā.(Jin. gives both verses, without representing one as a variant of the other) **35 b.** नवपलाशमधार्यत] B^{3}JD^{M}V^{M}B$_{1}^{M}$B$_{2}^{M}$B$_{3}^{M}$B$_{7}^{M}$L^{M}Hem.Jin.; नवपलाशमधार्य U(unmetrical); नवमशोकमसेवत P; नवमशोकमधार्यत B$_{4}^{M}$ **35 d.** मदयापित°] UB^{3}JV^{M}B$_{1}^{M}$B$_{2}^{M}$B$_{3}^{M}$B$_{4}^{M}$B$_{7}^{M}$L^{M}𝕮; मदयार्पित° PD^{M}

34.1 अलिभिर्बकुलाख्यकुसुमम्] *conj.*; षट्पदैरलिभिः बकुलपुष्पम् UJ; षट्पदैरलिभिः बकुलाख्यकुसुमम् PB **34.1** °सेव्यत] UB^{1}J; °सेव्य P **34.2** यतो बहुकालसम्भृतमुज्ज्वलकिञ्जल्कं पिपासुभिः] *conj.*; यतश्चिरसञ्चितं बहुकालं सम्भृतं शुचिरुज्ज्वलं रसं किञ्जल्कमीप्सुभिः पिपासुभिः P; यतश्चिरसञ्चितं शुचिरसं पिपासुभिः UB^{1}J **34.2** °भयस्य धवलत्वाद्] B^{3}J; °भयस्य धवलत्वा U; °भयत्वात् P **34.2** शोभितं] *conj.*; व्यवभासितं UJ; व्यवभासितं शोभितं P; व्यवभासितमाभासितं B^{1} **34.2** वसन्तस्य] *conj.*; मधोर्वसन्तस्य UPB^{1}J **34.2** हासमिव] *conj.*; हसितमिव UB^{1}J; हसितं हासमिव P **34.3** मद्यस्येव] *conj.*; आसव° UJ; आसवस्य मध्यस्येव P; आसवस्येव B^{3} **34.3** यस्य मद्यगन्धो] P; *om.* UJ(eyeskip); यस्य आसवगन्धो B^{3} **35.1** काननपङ्क्त्या] UJ; वनमालया काननपङ्क्त्या P; वनमालया B^{3} **35.1** नूतनकिंशुकं] U^{pc}J; नूतनकिंशु ⏑भं U^{ac}; नवपलाशं नूतनकिंशुकं वसन्तसम्पर्कोत्पन्नं P; नवपलाशमभिनवकिंशुकं B^{1} **35.1** विकासकुटिलमभ्रियत] *conj.*; भङ्गुरं विकासकुटिलं अधार्यत अभ्रियत P; भङ्गुरमधार्यत UB^{1}J **35.1** यतो वसन्तसम्पर्कोत्पन्नम्] *conj.*; यतः सुरभिर्वसन्तस्तत्सङ्गमोत्पन्नम् UPB^{1}J **35.2** क्षैव्येण यौवनासवपानजेन गमितागोपिता त्रपा यस्याः] *conj.*; मदयापितलज्जया मदेन क्षैव्येण यौवनासवपानजेन यापिता गमितागोपिता त्रपा यस्याः P; मदयापितलज्जया मदेन यापिता गमिता लज्जा यस्या UB^{3}J **35.3** तथोक्तया निवृत्तापत्रपया ललनया यथा] *conj.*; निवृत्तत्रपया प्रमदया यथा UJ; तथोक्तया निवृत्तापत्रपया मदया ललनया यथा P; निवृत्तत्रपया प्रमदया B^{3} **35.3** वल्लभोल्लिखितं] PB^{3}; वल्लभोल्लितं UJ

सुवदनावदनासवसम्भृतस्तदनुवादिगुणः कुसुमोद्गमः।
मधुकरैरकरोन्मधुलोलुभैर्बकुलमाकुलमाततभक्तिभिः॥ ३६॥

पुष्पाविर्भावः केसरतरुं रसलम्पटैर्भ्रमरैर्व्याप्तं व्यधात्। द्राघीयसी रचना येषां तैः। सुमुखीनां स्त्रीणां गण्डूषेणोत्पन्नः। अत एव मुखासवानुकारि सौरभं यस्य॥ ३६॥

ध्वजपटं मदनस्य धनुर्भृतश्छविकरं मुखचूर्णमृतुश्रियः।
कुसुमकेसररेणुमलिव्रजाः सपवनोपवनोत्थितमन्वयुः॥ ३७॥

पुष्पकिञ्जल्करजो वायुयुक्तोद्यानादुद्धूतं भ्रमरसङ्घा अनुययुः। कामस्य चापधरस्याभिषेणयतः पताकाम्, वशीकरणात्। धनुर्भृत इत्यनेन विजिगीषुत्वमाह। वसन्तलक्ष्म्या दीप्तिजननं वदनवासम्, सुगन्धित्वात्॥ ३७॥

---

36 b. कुसुमोद्गमः] UPB^{3}JD^{M}B$_1^M$B$_3^M$B$_4^M$B$_7^M$L^{M}Mall.Ar.(?)Nā.Jin.; कुसुमोद्भवः V^{M}B$_2^M$; कुसुमोत्करः Hem. **36 c.** °मधुलोलुभैर्] UJB$_3^M$B$_7^M$; °मधुलोलुपैर् PD^{M}V^{M}B$_1^M$B$_2^M$B$_4^M$L^{M}Mall.Ar.(?)Nā.Jin.; °मदलोलुभैर् B^1 **36 d.** °ततभक्तिभिः] UPB^{3}JD^{M}V^{M}B$_1^M$B$_2^M$B$_3^M$B$_4^M$B$_7^M$Jin.; °ततभक्तभिः L^M; °यतपङ्क्तिभिः Hem.Mall.Ar.(?)Nā. **37 a.** धनुर्भृतश्] UPJD^{M}V^{M}B$_1^M$B$_2^M$B$_3^M$B$_4^M$B$_7^M$L^M℄; धनुर्भृता B^3

36.1 पुष्पाविर्भावः] *conj.*; कुसुमोद्गमः पुष्पाविर्भावः UB^{3}J; कुसुमोद्गमः P **36.1** केसरतरुं] *conj.*; बकुलं केसरतरुं UPB^{3}J **36.1** रसलम्पटैर्भ्रमरैर्व्याप्तं व्यधात्] *conj.*; मधुलोलुभैर्भ्रमरैराकुलं व्याप्तमकरोत् U; मधुलोलुपैः रसलम्पटैः भ्रमरैराकुलं व्याप्तं व्यधात् P; मधुलोलुपैर्भ्रमरैराकुलं व्याप्तमकरोत् B^{3}J **36.1** द्राघीयसी रचना] *conj.*; आतता द्राघीयसी भक्तिः रचना UPB^3; आतता द्रांघीयसी भक्तिरचना J **36.2** सुमुखीनां स्त्रीणां] *conj.*; कीदृशः सुवदनानां वरस्त्रीणां UB^{1}J; कीदृशः सुवदनानां सुमुखीनां स्त्रीणां P **36.2** गण्डूषेण] *conj.*; वदनासेवगण्डूषेण U; वदनासवेन गण्डूषेण PB; वदनमेवनगंडूषेण J **36.2** उत्पन्नः] *conj.*; संभृत उत्पन्न U; सम्भृत उत्पन्नः PB^3; संभ्रत उत्पन्नः J **36.3** मुखासवानुकारि सौरभं यस्य] *conj.*; तदनुवादी गुणो मुखासवसौरभो यस्य U; तदनुवादी मुखासवानुकारी गुणः सौरभं यस्य तदनुवादी गुणो मुखासवानुकारि सौरभं यस्य P; तदनुवादी गुणो मुखासवसौरभं यस्य B^{1}J **37.1** पुष्पकिञ्जल्क° …अनुययुः] B^{3}i.m. **37.1** °किञ्जल्कजरजो] UPJ; °किञ्जल्कजः B^3 **37.1** वायुयुक्तोद्यानादुद्धूतं] P; वायुयुक्तोद्यानादुद्धूतं UJ; सपवनादुपवनादुत्थितं B^3 **37.1** भ्रमरसङ्घा अनुययुः] UP; भ्रमरयूथा अन्वयुः अन्वययुः B^3; भ्रमरसंगा अनुययुः J **37.2** कामस्य चापधरस्याभिषेणयतः पताकाम्, वशीकरणात्] UJ; कामस्य चापधरस्याभिषेणयतः पताका वशीकरणात् P; कीदृशं मदनस्य धनुर्भृतः अभिषेणयतो ध्वजपटमिव वशीकरणं B^1 **37.2** धनुर्भृत इत्यनेन विजिगीषुत्वमाह] UPJ; *om.* B^3 **37.3** वसन्तलक्ष्म्या] UJ; ऋतुश्रियो वसन्तलक्ष्म्याः P; तथा दत्तश्रियो वसन्तलक्ष्म्याः B **37.3** दीप्तिजननं वदनवासम्] UPJ; दीप्तिकरं मुखवासं B^1

प्रथममन्यभृताभिरुदीरिताः
प्रविरला इव मुग्धवधूकथाः।
सुरभिगन्धिषु शुश्रुविरे गिरः
कुसुमितासु मिता वनराजिषु॥ ३८॥

कोकिलाभिर्वृक्षसमूहपङ्क्तिषु सुगन्धिषु सपुष्पासु पूर्वमुच्चारिता वाचः स्तोकाः श्रुताः। नवोढाकथा इव प्रथममुक्ता अल्पा इत्युपमा॥ ३८॥

तिलकमस्तकहर्म्यकृतास्पदैः कुसुममध्वनुषङ्गसुगन्धिभिः।
कलमगीयत भृङ्गविलासिनां स्मरयुतैरयुतैरबलासखैः॥ ३९॥

भ्रमरा एव कामिनः, तेषां सहस्रैः पूगैर्मधुरं जुगुञ्जे। ≪तिलकतरुशिखरप्रासादनिर्विष्टैः पुष्पमकरन्दसम्पर्कसुरभिभिः≫ कामसहितैरलिनीसहायैः। विलासी हि कामिन्या सह सौधपृष्ठस्थः कुसुममद्यसुगन्धिः समदनः कलं गायति। दश सहस्राण्ययुतं, तेन बाहुल्यं लक्ष्यते। अथ सुगन्धिभिरिति कथमिव। न ह्यत्र भृङ्गाणां गन्ध एकान्तः, अन्यदीयत्वात्। अत्रोच्यते। कुसुमसम्बन्धित्वे

39 .] *om.* Mall.Ar.Nā.. But all the printed commentaries later have a similar verse (44 in Mall.), which Vall. does not have: उपचितावयवा शुचिभिः कणैरलिकदम्बकयोगमुपेयुषी। सदृशकान्तिरलक्ष्यत मञ्जरी तिलकजालकजालकमौक्तिकैः॥

38.1 कोकिलाभिर्] *conj.*; *om.* UJ; प्रथममन्यभृताभिः कोकिलाभिः P; अन्यभृताभिः कोकिलाभिः B[1] **38.1 वृक्षसमूहपङ्क्तिषु सुगन्धिषु सपुष्पासु**] P; वृक्षसमूहपङ्क्तिषु सपुष्पितासु (सपुष्पासु J) ससुगन्धिषु कोकिलाभिः UJ; *om.* B[1] **38.1 वाचः स्तोकाः**] UJ; वाचः मिताः स्तोकाः P; गिरः परिमिताः B[1] **38.2 श्रुताः**] UJ; शुश्रुविरे श्रुताः PB[1] **38.2 नवोढाकथा**] J; नवोढाः कथा U; नवोढाकथा मुग्धवधूकथाः P; मुग्धवधूकथाः नवोढाकथा B[1] **38.2 इव**] UJ; इव मिताः PB[1] **38.2 °मुक्ता अल्पा**] UJ; °मुक्ताः प्रविरला PB[1] **39.1 भ्रमरा एव कामिनः**] *conj.*; भृङ्गा एव कामिनस् UJ; भृङ्गाः भ्रमरा एव विलासिनः कामिनस् P; भृङ्गा एव विलासिनः कामिनः B[1] **39.1 सहस्रैः**] UB[1]J; अयुतैः सहस्रैः P **39.1 मधुरं जुगुञ्जे**] *conj.*; कलं मधुरमगीयत मधुरं जुगुञ्जे UP; कलं मधुरमगीयत जुगुञ्जे B[1]J **39.2 तिलकतरुशिखरप्रासादनिर्विष्टैः**] *conj.* (cf. Jin.); कीदृशैः तिलकतरूणां मस्तकाश्शिखराणि तान्येव हर्म्यं प्रासादः (प्रसादतः UJ) तत्र कृतास्पदैर्निविष्टैः UB[1]J; कीदृशैः तिलकाख्यतरूणां मस्तकाः शिरांसि तान्येव प्रासादाः तत्र कृतास्पदैर्निविष्टैः P **39.2 पुष्पमकरन्दसम्पर्कसुरभिभिः**] *conj.*; कुसुमानां मधु मकरन्दः तदनुषङ्गेण तत्सम्पर्केण सुरभिभिः UPB[1]J **39.3 °पृष्ठस्थः**] P; °पृष्ठे UB[1]; °पृष्टे J **39.3 °मद्य°**] UPB[1]; °मध्य° J **39.3 समदनः**] UPB[1]; ससदनः J **39.5 भृङ्गाणां**] PB[1]J; भृङ्गानां U **39.5 कुसुम°**] PB[1]; कुसुममधु° UJ

ऽपि गन्धस्यालीनामन्तर्लीनत्वात्तदवयव एवासौ। किं च गन्धग्रहणेन गुणो ऽत्र गन्धो गृह्यते, न द्रव्यमित्येषो ऽर्थो विवक्षितः। अत्र गुण एव गन्धः॥ ३९॥

गमयितुं प्रभुरेष सुखेन मां न महतीं वत पान्थवधूजनः।
इति दयात इवाभवदायता न रजनी रजनीशवती मधौ॥ ४०॥

वसन्ते रात्रिरित्थं कृपयेव दीर्घा नासीत्। चन्द्रयुता। तमेव कृपाप्रकारमाह। अयं पथिकवनितावर्गो मां बृहतीं सतीं सुखेनातिवाहयितुं न समर्थ इति। अतो रजनीशवती चन्द्रवती। विरहिणीभिर्हि शशिधवला निशा अतिवाहयितुं दुःसहाः। वतेति खेदे। रजनीशब्दयोरेकार्थत्वे ऽपि तात्पर्यभेदाद्भिन्नार्थतेति न यमकदोषः। पाठान्तरम्

उपययौ तनुतां मधुखण्डिता हिमकरोदयपाण्डुमुखच्छविः।
गमयितुं प्रियसञ्जनितां व्यथामसहया सह यामवती स्त्रिया॥ इति।

प्रियविरहपीडां गमयितुमक्षमया स्त्रिया सह यामवती रात्रिस्तानवमगादिति वाक्यार्थः॥ ४०॥

---

40 .] Omitted by Mall.Ar.Nā. Quoted in Nandargikar's apparatus to our 9:36 (which he numbers as 9:33); but in fact the corresponding variant in Mall.'s text reads: उपययौ तनुतां मुखखण्डिता हिमकरोदयपाण्डुमुखच्छविः। सदृशमिष्टसमागमनिर्वृतिं वनितयानितया रजनीवधूः॥ V^M and B_2^M give both our verse 9.40 and Vallabha's variant verse.

---

39 After किं च गन्धग्रहणेन the remainder of the commentary on this verse is broken off in P. **39** The testimony of G_1 resumes with अत्र गुण एव गन्धः

39.7 गुण एव] G_1B^1J; गुण U **40.1** वसन्ते रात्रिरित्थं कृपयेव दीर्घा नासीत्] P; मधौ वसन्ते दययेव रात्रिः (रात्रौ U) दीर्घा नाभूत् G_1UB^1; मधौ वसंते दय एव रात्रिः दीर्घा नाभूत् J **40.1** चन्द्रयुता] G_1UPJ; *om.* B^1 **40.2** अयं पथिकवनितावर्गो मां बृहतीं सतीं] P; मां महतीमतीव एष पान्थवधूजनस् G_1UB^1J **40.2** समर्थ] *conj.*; प्रभुस्समर्थः न G_1; प्रभुः समर्थः UJ; प्रभुर्न समर्थः PB^1 **40.3** इति। अतो रजनीशवती चन्द्रवती] G_1UB^1; इति P; न इत्यतो रजनीशवती J **40.3** निशा अतिवाहयितुं] G_1UPJ; निश्या B^3 **40.4** °शब्दयोरेकार्थत्वे ऽपि] P; शब्दस्य एकार्थत्वेपि G_1UJ; शब्दस्य एकेत्रकार्थत्व B^1 **40.5** पाठान्तरं] G_1UB^1J; पाठान्तरे P **40.6** उपययौ --- स्त्रिया॥ इति] *om.* P **40.6** °खण्डिता] UB^1J; °खण्डितां G_1 **40.7** व्यथामसहया सह यामवती स्त्रिया॥ इति] G_1UJ; +व्यथामसहया सह यामवती स्त्रिया इति प्रियसञ्जनितां+ प्रियविरहेण सञ्जनितां B^1 (+B^3+) **40.7** स्त्रिया] UB^3J; स्त्रियाः G_1 **40.8** प्रियविरहपीडां] G_1UB^1J; प्रियसञ्जनितां प्रियविरहेण सञ्जनितां पीडां प्रियविरहपीडां P **40.8** °क्षमया] P; °सहयाक्षमया G_1UB^1J **40.8** तानवमगादिति] G_1UB^1J; तानीयमगादिति P

अनुभवन्नवदोलमृतूत्सवं पटुमपि प्रियकण्ठजिघृक्षया।
अनयदासनरज्जुपरिग्रहे भुजलतां जलतामबलाजनः॥ ४१॥

अङ्गनालोको नूतना प्रेङ्खा यत्र तं मदनमहमुपभुञ्जानो बाहुवल्लीं बलवतीमपि दोलासने लम्बनार्थं गुणस्तद्ग्रहणे ऽपाटवमनैषीत्। पातभयात्किल रज्जुं गृहीत्वा प्रेङ्खा प्रेर्यत इति स्थितिः। यदि ग्रहणे पट्वी बाहुलता किमिति जडत्वं नीतेत्याह भर्तृगलादानेच्छयेति। कदाचित्पतन्ती वल्लभगले ऽवलम्बिष्यते इति। पटुमिति वोतो गुणवचनादिति ङीष्विकल्पितः॥ ४१॥

त्यजत मानमलं वत विग्रहैर्न पुनरेति गतं चतुरं वयः।
परभृताभिरितीव निवेदिते स्मरमते ऽरमतेष्टसखो जनः॥ ४२॥

कोकिलाभिरित्थं मदनस्य सम्प्रदाये निश्चये व्याख्यात इव सति प्रियसहायो

---

41 a. ॰दोल॰] G_1UPB^1J$V^M$$B_1^M$$B_2^M$$B_3^M$$B_4^M$$B_7^M$$L^M$Hem.Mall.Jin.; ॰लोक॰ D^M; ॰डोल॰ Ar.Nā. **41 b.** पटुमपि] $B_3^{Mpc}$$L^M$$Hem^{vl}$; पटुरपि G_1UPB^1J$D^M$$V^M$$B_1^M$$B_2^M$$B_3^{Mac}$$B_4^M$$B_7^M$ℭ **42 d.** स्मरमते ऽरमतेष्टसखो जनः] G_1UPB^1J$D^M$$V^M$$B_1^M$$B_2^M$$B_3^M$$B_4^M$$B_7^M$; स्मरमतेष्टसखो जनः L^M; स्मरमते रमते स्म वधूजनः ℭ

41.5 वोतो गुणवचनात् *Aṣṭādhyāyī* 4.1.44.

41.1 अङ्गनालोको] G_1UPJ; *om.* B^1 **41.1** नूतना प्रेङ्खा] G_1UPJ; नवा +नू+तना दोला प्रेङ्खा B^1 **41.1** मदनमहमुपभुञ्जानो] G_1P; मदनसहमुपभुञ्जानो UJ; नवदोलम् ऋतूत्सवं प्रियकण्ठजिघृक्षया अनुभवन् B^3 **41.1** बाहुवल्लीं] UPJ; न्बाहुवल्लीं G_1; अङ्गनागणः पटुमपि भुजल+तामासनरज्जुः+ B^1 (+B^3+) **41.2** बलवतीमपि] G_1UPJ; *om.* B^3 **41.2** दोलासने] P; दोला॰ G_1UJ; आसने B^3 **41.2** गुणस्तद्ग्र॰] *conj.*; रज्जुगुणास्तद्ग्र॰ G_1U; रज्जुर्गुणस्तद्ग्र॰ P; रज्जुस्तद्ग्रहणे B^3; रज्जुगुणास्तत् J **41.2** ऽपाटवमनैषीत्] *conj.*; जडतामपाटवमनैषीत् G_1UPJ; जलतां जडतामपाटवमनैषीत् B^1 **41.3** ग्रहणे] PB^3; ग्रहण॰ G_1UJ **41.4** भर्तृगलादानेच्छयेति] P; प्रियकण्ठजिघृक्षयेति G_1J; प्रियकण्ठजिगृक्षयेति U; प्रियकण्ठजिघृक्षया +भर्तृगलादानेच्छया+ B^3 (in margin) **41.5** वोतो गुणवचनादिति ङीष्विकल्पितः] P; वतो गुणवचनादिङीष्विभाषितः G_1; वोतो गुणवचनस्येति टीब्वि (?) भाषितः U; +वोतो+ गुणवचनादि+ति+ ङीष्वि भाषितः B^3; वतो गुणवचनादिङीष्विति भाषितः J **42.1** कोकिलाभिरित्थ] G_1UB^3J; कोकिलाभिर् P **42.1** मदनस्य सम्प्रदाये] P; स्मरमते निवि(व G_1^{ac})दिते इव सति स्मरस्य सम्प्रदाये G_1J; स्मरमते निवेदिते इव सति स्मरस्य सम्प्रदाये U; स्मरमते निवेदिते इव सति B^3 **42.1** निश्चये व्याख्यात इव सति] G_1UP; *om.* B^1(eyeskip); निश्चये व्यात इव सति J

वनिताजनश्चिक्रीड। कथमुक्ते इत्याह। जहत रोषम्। वैरैः—कष्टम्—तूष्णीम्। यस्मात्तारुण्यं व्यतीतं सन्न प्रत्यावर्तत इति॥ ४२॥

अनलसान्यभृतानलसान्मनः कमलधूलिमता मरुतेरिता।
कुसुमभारनताध्वगयोषितामसमशोकमशोकलताकरोत्॥ ४३॥

अशोकवल्ली पान्थस्त्रीणां चेतो ऽग्निसाद्व्यधाद्, ददाहेत्यर्थः। विरहवशादतिदुःखितम्। पाने कूजिते वा चतुराः कोकिला यस्याम्। यतः पुष्पभारैः प्रह्वा वातेन पद्मरेणुसंयुक्तेन कम्पिता। कोकिलरुतं कमलविकासं मलयानिलवहनं पुष्पिता अशोकादिलताश्च विरहिण्यो न सेहिर इति वाक्यार्थः॥ ४३॥

लघयति स्म न पत्यपराधजां
न सहकारतरुस्तरुणीधृताम्।
कुसुमितो ऽलमितो ऽलिभिरुन्मदैः

---

43 .] *om.* Mall.Ar.Nā. **44 .**] *om.* Mall.Ar.Nā. **44 a.** °पराधजां] ŚJin.; °पराधजं Hem. **44 b.** °धृताम्] ŚJin.; °धृतम् Hem.

42.2 प्रियसहायो वनिताजनश्चिक्रीड] P; प्रियसहायो वनिताजनः अरमत (अमरत J) चिक्रीड G_1UJ; प्रियासहितो लोकः अरमत चिक्रीड B^1 **42.2** कथमुक्ते इत्याह] G_1B^1J; कथमुक्तेत्याह U; कथं निवेदित इत्याह P **42.2** जहत रोषम्।] P; मानं रोषं त्यजत G_1UB^1J **42.2** वैरैः—कष्टम्—तूष्णीम्] *conj.*; वैरमलम् G_1UJ; वैरैर्वत कष्टं तूष्णीम् P; वैरैरलं यस्य B^3 **42.3** यस्मात्] G_1UPJ; यस्मा B^1 **42.3** सन्न प्रत्यावर्तत इति] *em.*; सत् पुनर्नैति न प्रत्यावर्तते इति G_1; सन् पुनर्नैति न प्रत्यावर्तेत इति U; सन्न प्रत्यावर्ततेति P; सत् पुनर्नैति न प्रत्यावर्तते इति B^1; सन् पुनर्नैति न प्रत्यावर्तते इति J **43.1** अशोकवल्ली] P; अशोकलता G_1UB^1J **43.1** पान्थस्त्रीणां] G_1UPJ; अध्वगोयोषितां पा+न्थ (?) +स्त्रीणां B^1 **43.1** चेतो ऽग्निसाद्व्यधाद्] P; मनः अनलसात् अग्निसात् तदधीनमकरोत् $G_1^{pc}UB^3$J; मनः अनलसात् अग्निसात् तदधीनमकरोत् अशोकलता G_1^{ac} **43.2** विरहवशादतिदुःखितम्] P; यतो विरहवशादसमशोकमतिदुःखितम् G_1UB^1J **43.2** पाने] *conj.*; कीदृशी लता अनलसाः पाने G_1UJ; पान P; कीदृशी लता अनलसा पाने B^3 **43.2** कूजिते वा] G_1UPJ; कुजेन वा B^1 **43.2** चतुराः कोकिला यस्याम्] P; चतुरा अन्यभृताः कोकिला यत्र G_1UB^1; चतुरा अन्यभृता कोकिला यत्र J **43.2** यतः] PB^1; *om.* G_1UJ **43.2** पुष्पभारैः प्रह्वा वातेन] *conj.*; पुष्पभारैर्नता प्रह्वा G_1UJ; पुष्पभारैः प्रह्वा नता P; कुसुमभारैर्नता B^1 **43.3** वातेन पद्मरेणुसंयुक्तेन] G_1UPJ; सपद्मरेणुना वातेन B^3 **43.3** कम्पिता] G_1UP; प्रेरिता B^3 **43.3** कोकिलरुतं] B^1; कोकिलारुतं G_1UPJ **43.3** कमल°] G_1UB^1J; कोमल° P **43.3** °वहनं] UPB^{1pc}J; °वाहनं G_1B^{1ac} **43.4** पुष्पिता अशोकादि°] PB^1; पुष्पिताशोकादि° G_1UJ **43.4** वाक्यार्थः] G_1UPJ; वात्त्यार्थः अनलसादिति विभाषासातिक ×⏓× B^1

स्मरसमाधिकरो ऽधिकरोषिताम्॥ ४४॥

आम्रवृक्षो युवतिभिरूढं प्रियागस उत्पन्नं बहुलक्रोधभावं न न लघूचकार, अपि तु लघूचकार। सुष्ठु सञ्जातपुष्पः, उद्गतमदैः भ्रमरैर्गतः सेवितः। कामे एकाग्रतां विदधाति। अतश्च मानलाघवकारणम्॥ ४४॥

श्रुतिसुखभ्रमरस्वनगीतयः
कुसुमकोमलदन्तरुचो बभुः।
उपवनान्तलताः पवनाहतैः
किसलयैः सलयैरिव पाणिभिः॥ ४५॥

उद्यानप्रदेशवल्ल्यो वातकम्पितैः पल्लवैः साभिनयैः करैरिव रेजुः। कर्णसुखदो ऽलिरवो गेयं यासां, पुष्पाण्येव मनोज्ञदशनद्युतयो यासाम्। नर्तकीनां च न-

---

44 d. स्मरसमाधिकरो ऽधिकरोषिताम्] ŚJin.; स्मरसमाधिसमाधिकरोषितम् Hem. Hem. adds the following two verses here: रसयति स्म रसातिशयात् सुधाभ्रमकरन्मकरन्दमलिव्रजः। सह निजाङ्गनयाभिसमुच्छ्वसन् कमलकोमलकोषनिषण्णया॥ विहरति स्म रतिस्मरसुन्दरं तरुतलेष्वधिपुष्पसुगन्धिषु। मिथुनमाशुगचञ्चलमञ्जरीव्यजनवीजनवीतरतश्रमम्॥
45 a. °स्वन°] G_1UPB^1J$D^M$$B_1^M$$B_2^M$$B_3^M$$B_4^M$$B_7^M$$L^M$Mall.Ar.Nā.; °स्वर° V^MHem.Jin.

44.1 आम्रवृक्षो युवतिभिरूढं] P; तरुणीभिरूढां G_1UB^1J **44.1** प्रियागस उत्पन्नं बहुलक्रोधभावं] P; प्रियापराधजतिता(तां G_1^{ac})मधिका(?)रोषितां सहकारतरुराम्रवृक्षो G_1; प्रियापराधजनितां अधिरोषितां सहकारतरुराम्रवृक्षो U; प्रियापराधजनितामधिकरोषितां सहकारतुराम्रवृक्षो B^1; प्रियापराधजनिताम ऽधिकरोषितां सहकारतौराम्रवृक्षो J **44.2** न न लघूचकार, अपि तु लघूचकार] *conj.*; न नालघयत्। अपि तु लघ्वीचकार G_1B^1J; न न लघयति स्म अपि तु लघ्वीचकार U; न लघूचकार अपि तु अल ⏑ चकार P **44.2** सुष्ठु सञ्जातपुष्पः, उद्गतमदैर्भ्रमरैर्गतः सेवितः] *conj.*; यतो ऽलं सुष्ठु(सुष्टु J) पुष्पितः(ता U) अतश्चालिभिः इतस्सेविताः तथा G_1UJ; यतो ऽलं सुष्ठु पुष्पितः अतश्चालिभिः इतस्सैवितः तथा B^1; सञ्जातपुष्पः उद्गतमदैः भ्रमरैर्गतः सेवितः P **44.3** कामे एकाग्रतां विदधाति] *conj.*; स्मरे कामे समाधि(समाधिक° U)मेकाग्रतां करोतीति स्मरसमाधिकरः(कारः J) G_1UB^1J; स्मरे एकाग्रतां विदधाति P **44.3** °कारणम्] PB^{1pc}; °करणम् G_1UB^{1ac}J **45.1** उद्यानप्रदेशवल्ल्यो] P; उपवनान्तलता उद्यानप्रदेशशाखाः G_1UB^1J **45.1** वातकम्पितैः] UPB^1J; वायुकम्पितैः G_1 **45.1** साभिनयैः] *conj.*; सलयैः साभिनयैः G_1UPB^1J **45.1** करैरिव] *conj.*; पाणिभिः करैरिव G_1UPB^1J **45.2** ऽलिरवो गेयं यासां] P; भ्रमरस्वन एव गीतिर्यासां G_1UB^1J **45.2** पुष्पाण्येव] P; कुसुमान्येव G_1UB^1J **45.2** मनोज्ञदशनद्युतयो] P; कोमलमनोज्ञा दन्तरुचो G_1UB^{1ac}J; कोमला मनोज्ञा दन्तरुचो B^{1pc} **45.2** नर्तकीनां] UPJ; नन्तकीनां G_1B^1

र्तनावसरे गीतेन दन्तभासा कराभिनयेन च भाव्यम्। अन्तशब्दः प्रदेशवचनः। अन्ये प्रशंसावचनं वाक्यालङ्कारमाहुः॥ ४५॥

अपतुषारतया विशदप्रभैः सुरतरागपरिश्रमनोदिभिः।
कुसुमचापमतेजयदंशुभिर्हिमकरो मकरोर्जितकेतनम्॥ ४६॥

शीतांशुः करैः पुष्पधनुषमदीदिपत्। नीहाराभावान्निर्मलज्योत्स्नैः। तथा ≪निधुवनसमास्त्यङ्गखेदनिवारिभिः≫। झष एव तेजस्वि चिह्नं यस्य तम्॥ ४६॥

हुतहुताशनदीप्ति वनश्रियः प्रतिनिधिः कनकाभरणस्य यत्।
युवतयः कुसुमं दधुराहितं तदलके दलकेसरपेशलम्॥ ४७॥

वनितास्तदुत्पन्नं सत्पुष्पं चूर्णकेशे बभ्रुः, आज्यादिभिः सन्धुक्षितस्य चित्रभानोरिव भासुरत्वं यस्य तत् कर्णिकारम्। उद्यानलक्ष्म्याः सुवर्णालङ्कारस्य

---

46 a. विशदप्रभैः] G_1UPBJ$B_3^M B_7^M$𝕮; विषदप्रभै D^M; विषदप्रभैः $V^M B_1^M B_2^M B_4^M L^M$ **46 b.** सुरतराग°] Σ; सुरतसङ्ग° Mall.

45.3 अन्तशब्दः प्रदेशवचनः] G_1UPJ; उपवनान्तावन्तशब्दवचनं B^1 **45.4** अन्ये प्रशंसावचनं] UP(?)J; अन्ये प्रदेशावचनं G_1; *om.* B^1 **45.4** वाक्यालङ्कारमाहुः] G_1UPJ; वाक्यालङ्कारः B^1 **46.1** शीतांशुः करैः] *conj.*; शीतांसुक ⏑ P; हिमकरशीतांशुभिः G_1; हिमकरः शीतांशुभिः UJ; हिमकरश्शीतांशुरंशुभिः B^1 **46.1** पुष्पधनुषमदीदिपत्] P; काममतेजयत् अदीदिपत् G_1B^1; काममतेजयत् अदिदीपत् U; काममतेजयत् अदीपयत् J **46.1** नीहाराभावान्निर्मलज्योत्स्नैः] P; कीदृशैः नीहारभावान्निर्मग्नज्योत्स्नैः G_1J; कीदृशैः नीहाराभावान्निर्मग्नज्योत्स्नैः U; कीदृशैः नीहाराभावान्निर्मलज्योत्स्नैः B^1 **46.2** निधुवनसमास्त्यङ्गखेदनिवारिभिः] *conj.*; सुरतस्य निधुवनस्य रागः समाप्तिस्तेषु परिश्रममङ्गखेदं नुदन्ति निवारयन्तीति तैः G_1UB^1J; सुरतस्य निधुवन P **46.2** झष एव तेजस्वि चिह्नं यस्य तम्] *em.*; स्मरं कीदृशं मकरो झष एव ऊर्जिततेजस्विकेतनं ध्वजो यस्येति G_1J; स्मरं कीदृशं मकरो झष एव ऊर्जस्विकेतनं ध्वजो यस्येति U; जाष एव तेजस्वि चिह्नम् यस्य तम् P; स्मरं कीदृशं मकरो झष एव ऊर्जस्वि तेजस्वि केतनं ध्वजो यस्येति B^1 **47.1** वनितास्] *conj.*; युवतयो वनिताः G_1UB^1J; --- त्य(ण्य?)स् P **47.1** तदुत्पन्नं सत्पुष्पं] P; तत्कुसुममुत्पन्नं G_1UB^1J **47.1** चूर्णकेशे] P; सदलके G_1UB^1J **47.1** बभ्रुः] P; दधुः बभ्रुः G_1UB^1J **47.2** आज्यादिभिः सन्धुक्षितस्य चित्रभानोरिव भासुरत्वं यस्य] P; यत् हुत आज्यादिभिस्सन्धुक्षितो हुताशनश्चित्रभानुस्तद्वद्दीप्तिर्यस्य G_1UJ; यत् हुतहुताशनदीप्ति हुत आज्यादिभिस्सन्धुक्षितो हुताशनश्चित्रभानु तद्वद्दीप्तिर्यस्य B^1 **47.2** तत्कर्णिकारम्] P; *om.* G_1UB^3J **47.2** °लक्ष्म्याः] G_1PJ; °लक्ष्म्या UB^3 **47.2** सुवर्णालङ्कारस्य] G_1UJ; सुवर्णाकारस्य P; सुवर्णालङ्कार° B^3

सदृशम्। पत्त्रेषु किञ्जल्केषु च तैर्वा मनोज्ञं सूक्ष्मं वा॥ ४७॥

अलिभिरञ्जनबिन्दुमनोहरैः
कुसुमभक्तिनिपातिभिरङ्कितः।
न खलु शोभयति स्म वनस्थलीं
न तिलकस्तिलकः प्रमदामिव॥ ४८॥

तिलकतरुः काननभूमिं न खलु नाशोभयत्, अपि त्वरोचत। भ्रमरैः कज्जलकणरम्यैः पुष्पविच्छित्तिगामिभिराश्रितः। तिलकमध्ये ह्यञ्जनेन बिन्दुः शोभार्थं क्रियते॥ ४८॥

ललितविभ्रमबन्धविचक्षणं
सुरभिगन्धपराजितकेसरम्।
पतिषु निर्विविशुर्मदमङ्गनाः
स्मरसखं रसखण्डनवर्जितम्॥ ४९॥

ललनाः क्षीवत्वमनुबभूवुः। भर्तृष्वग्राम्याणां विलासानां स्मितकटाक्षादीनां र-

---

48 b. °भक्ति°] **Ś**; °पङ्क्ति° Hem.Mall.Ar.(?)Nā.Jin.(?) **49 a.** °बन्ध°] G_1UPB^1D^M $V^M B_1^M B_2^M B_3^M B_4^M B_7^M L^M$Mall.Jin.; °बंधु° J; °हास° Hem.Ar.Nā. **49 c.** °र्विविशुर्मद°] **Ś**Jin.; °र्विविशुर्मधु° Hem.Mall.Ar.Nā.

47.3 पत्त्रेषु] P; दलेषु पत्त्रेषु G_1UJ; दलकेसरपेशलं दलेषु ×पत्रेषु×पत्रेषु B^3 **47.3** किञ्जल्केषु] G_1PB^1J; किञ्जलेषु U **47.3** तैर्वा] P; पेशलं G_1UB^1J **47.3** सूक्ष्मं वा] P; सूक्ष्मं वा। अनेन कर्णिकारकुसुम सं(स J)ज्ञायते। तदेव ह्येवंविधम् G_1J; सूक्ष्मं वा अनेनकर्णिकारकुसुमं ज्ञायते ते ⌣⌣ते तदेव ह्येवंविधम् U; सूक्ष्मं वा अनेन कर्णिकारकुसुमं ज्ञायते तदेव ह्येवंविधम् B^1 **48.1** काननभूमिं] P; वनस्थलीं G_1UB^1J **48.1** न खलु ना°] B^1; न खलु G_1UJ; न P **48.1** °ाशोभयत्, अपि त्वरोचत] *conj.*; शोभयति स्म अपि तु शोभयति स्मैव G_1UJ; अशोभयत् ⌣पि त्वरोचयत् P; शोभयति अपि तु शोभ+य+ति स्मैव B^1 **48.2** भ्रमरैः कज्जलकणरम्यैः] *conj.*; भ्रमरैः कज्जलकणवत्तैश्च रम्यैः P; कीदृशः भ्रमरैः कज्जलकगतरम्यैः G_1; कीदृशः भ्रमरैः कज्जलकणरम्यैः UB^1J **48.2** पुष्पविच्छित्तिगामिभिराश्रितः] *conj.*; पुष्प एव गामिभिरधिष्ठिता। भक्तिर्विच्छित्तिरिति केचित् P; पुष्पविच्छितगामिभिरङ्कितराश्रितः(?) G_1; पुष्पविच्छित्तिगामिभिरङ्कित आश्रितः UB^1J **48.3** तिलकमध्ये हि अञ्जनेन बिन्दुश्शोभार्थं क्रियते] UB^1J; तिलमध्ये हि अञ्जनेन बिन्धुश्शोभार्थं क्रियते G_1; *om.* P **49.1** ललनाः] P; अङ्गनाः G_1UJ; अङ्गना ललनाः B^1 **49.1** क्षीवत्वमनुबभूवुः] P; क्षीवत्वं निर्विविशुरनुबभूवुः G_1UB^1J

चनायां चतुरम्। सौगन्ध्येनाभिभूतो बकुलो येन। कामसचिवम्, मत्तस्य कामैकनिष्ठत्वात्। रागस्य विनाशेन रहितम्। सरागमित्यर्थः। मानाद्यभावेन मदनस्य रसमयत्वात्॥ ४९॥

शुशुभिरे स्मितचारुतराननाः स्त्रिय इव श्लथशिञ्जितमेखलाः।
विकचतामरसा गृहदीर्घिका मदकलोदकलोलविहङ्गमाः॥ ५०॥

वेश्मपुष्करिण्यो विरेजुः। प्रफुल्लकमलाः। मदेन मधुरा जले चलाश्च पक्षिणो यासु ताः। नार्य इव हसितरमणीयवदनाः। अल्पाल्पः पेशलो झाङ्कारो यासां तथोक्ता रशना यासां ताः॥ ५०॥

अमदयन्मधुगन्धसनाथया
किसलयाधरसङ्गतया मनः।

---

50 b. °शिञ्जित°] G_1UPB^1J$V^M B_1^M B_2^M B_3^M B_4^M B_7^M$Mall.Ar.(?)Nā.; °शञ्जित° D^M; °शिञ्जत° L^M; °सिञ्जित° Hem.Jin. **51 b.** °सङ्गतया मनः] ŚAr.^{vl}Jin.; °सन्ततया मनः Mall.; °सङ्गतरागया Hem.Ar.^{vl}Nā.

49.2 भर्तृष्वग्राम्याणां विलासानां स्मितकटाक्षादीनां रचनायां चतुरम्] P; कीदृशं ललिता अग्राम्या ये विभ्रमाः स्मितकटाक्षादयः तेषां बन्धो रचना तत्र विचक्षणं प्रवीणं G_1UB^1 J **49.2** बकुलो] UPB^3J; कुलो G_1 **49.2** कामसचिवम्, मत्तस्य] P; स्मरसखमर्त G_1; स्मरसुखमर्त(?)° U; स्मरसखं मत्त° B^1; स्मरसुखमत्त J **49.3** रागस्य विनाशेन रहितम्] P; पतिषु च रसुखण्डनवर्जितं ह्रीविरामेन G_1J^{ac}; पतिषु च रसखण्डनवर्जितं ह्रीविरामेन(ण B^{3pc}) UB^1J^{pc} **49.3** सरागमित्यर्थः] G_1UPB^1; सागरमित्यर्थः J **49.3** मानाद्य°] G_1UPB^1; °मानाद्या° J **50.1** वेश्मपुष्करिण्यो विरेजुः] P; गृहदीर्घिकाः वेश्मपुष्करिण्यो वनिता इव रेजुः G_1U; गृहदीर्घिका उद्यानपुष्करिण्यो वनिता इव रेजुः B^1; गृहा दीर्घिकाः वेश्मपुष्करिण्यो वनिता इव रेजुः J **50.2** प्रफुल्लकमलाः। मदेन मधुरा जले चलाश्च पक्षिणो यासु ताः] P; दीर्घिका तावत् विकोशकोकनदाः मदकलात्। विहङ्गमार्यत्र G_1; दीर्घिका तावद्विकचकोकनदाः मदकलाः उदकलोलाविहङ्गमा यत्र U; दीर्घिकास्तावत् विकोशकोकनदाः मदकला उदकलोला विहङ्गमा यत्र B^1; दीर्घिका तावत् विकोशकोकनदाः मदकलात ⁻⁻ कलोला विहंगमा यत्र J **50.2** नार्य इव] P; नार्यास्तु G_1; नार्यस्तु UB^1; नायस्तु J **50.2** अल्पाल्पः पेशलो झाङ्कारो] P; तथा श्लथ अल्पाल्पशिञ्जितं बधाङ्कारो G_1; तथा श्लथमल्पाल्पं शिञ्जितं झाङ्कारो U; तथा श्लथमल्पाल्पं ल्पं शिञ्जितं ×⏓×+⏓+ ङ्कारो B^1; तथा श्लथमल्पाल्पशिञ्जितं झांकारो J^{pc}; तथा श्लथमल्पाल्पशिञ्जितं ⏓ ⏓ करो J^{ac} **50.3** रशना] P; मेखला रशना $G_1U^{pc}B^1$J; मेखला रशना रशना U^{ac}

कुसुमचापभृता नवमालिका
स्मितरुचा तरुचारुविलासिनी॥ ५१॥

सप्तलाख्या लता विकासकान्त्या हेतुना चेतो व्यचीकरत्। फुल्लवल्लीदर्शनाद्धि चेतो माद्यति। मकरन्दसौरभयुतया। पल्लवमेव तत्तुल्यश्चोष्ठः तत्र तेन वा सङ्घटितया। कामं पुष्णत्या। वृक्षाश्लेषवशाद्रम्या स्त्री। तस्या अपि स्मितं कामपोषकं मद्यगन्धयुतमोष्ठसङ्गतं च भवति॥ ५१॥

अरुणरागनिषेविभिरंशुकै-
रलकलब्धपदैश्च यवाङ्कुरैः।
परभृताविरुतैश्च विलासिनः
स्मरबलैरबलैकरसाः कृताः॥ ५२॥

एतैर्वस्तुभिः कामिनः प्रियासु रागैकनिष्ठाः सम्पादिताः। कैः। अम्बरै रक्तं

---

51 c. कुसुमचापभृता नवमालिका] $G_1UB^{1ac}JB_7^M$; कुसुमचापभृता नवमल्लिका $PB^{1pc}D^M B_1^M B_2^M$; कुसुमचापभृता नवमाल्लिका V^M; कुसुमचापभृता नवमलिका $B_3^M L^M$ (unmetrical); कुसुमचापभृता वनमल्लिका B_4^M; कुसुमसंभृतया नवमालिका Hem.Ar.Nā.; कुसुमसंभृतया नवमल्लिका Mall.; कुसुमभारनता नवमालिका Jin. **51 d.** °विलासिनी] ŚMall.Ar.^{vl}Jin.^{vl}; °विलासिनः Hem.Ar.^{vl}Nā.; °विलासिनाम् Jin. **52 abcd.**] *om.* Hem. **52 ab.** °निषेविभिरंशुकैरलक°] Ś; °निषेधिभिरंशुकैरलक° Vall.^{vl}; °निषेधिभिरंशुकैः श्रवण° Mall.Ar. Nā.; °निषेविभिरंशुकैः श्रवण° Jin.

51.1 सप्तलाख्या] *conj.*; नवमालिसप्तलाख्या G_1; नवमालिका सप्तलाख्या UB^1; नवमल्लिका सप्तलाख्या P; वनमालिसमलाख्या J **51.1** विकासकान्त्या] P; स्मितरुचा विकसकान्त्या G_1J; स्मितरुचा विकासकान्त्या UB^1 **51.1** चेतो व्यचीकरत्] P; मनो ऽमदयत् व्यचीकरत् G_1UB^1J **51.2** चेतो] P; मनो G_1UB^1J **51.2** मकरन्दसौरभयुतया] P; कीदृशा रुचा मधुसौरभयुतया G_1J; कीदृश्या रुचा मधुसौरभयुतया U; कीदृश्या रुचा ×⏑⏓⏓× मधुगन्धसनाथया मधुसौरभयुतया B^1 **51.3** पल्लवमेव तत्तुल्यश्चोष्ठः तत्र तेन वा सङ्घटितया] P; किसलयमेवाधरः तत्र तेन वा सङ्गतया G_1UB^1J **51.3** कामं पुष्णत्या] *conj.*; कुसुमचापभृता कामधनुर्धारिण्या (ण्यां J) G_1UB^1J; कामं पुष्णाति P **51.3** वृक्षाश्लेषवशाद्रम्या स्त्री] *conj.*; वृक्षाशेषवशाद्रम्या स्त्री P; मालिका कीदृशी तरोराश्लेषवशात् चावी विलासिनी G_1; मालिका कीदृशी तरोराश्लेषवशात् चारुविलासिनी U; नवमालिका कीदृशी तरोरश्लेषवशात् चार्वी विलासिनी B^1; मालिका कीदृशी तरोराश्लेषवशात् चार्वी विलासिनी J **51.3** तस्या अपि] B^1; तस्यापि G_1UPJ **51.4** कामपोषकं मद्यगन्धयुतमोष्ठसङ्गतं] P; मधुगन्धसनाथमधरसङ्गतं G_1UB^1J **52.1** एतैर्वस्तुभिः] G_1UPJ; अमीभिर्भावैः B^1 **52.1** प्रियासु] G_1UPJ; अबलैकरसाः प्रियासु B^1 **52.1** सम्पादिताः] P; कृताः सम्पादिताः G_1UB^1; कृताः सम्पादितः J **52.1** कैः। अम्बरै] UP; कैरमुरै G_1; कैः B^1; कैरसुरैः J

रागं श्रयन्ति ये तैर्लौहितैः कौसुम्भादिभिः। निषेधिभिरिति पाठे रविसारथे रागं निषेधयन्ति जयन्ति अतिलौहित्याद्ये तैरिति व्याख्या। चूर्णकेशेषु प्राप्तं स्थानं यैस्तैर्यवप्ररोहैरपि। कोकिलाध्वनिभिश्च। यत एतैः कामसैन्यैः, वशयितृत्वात्॥ ५२॥

विषदचन्द्रकरं सुखमारुतं कुसुमितद्रुममुन्मदकोकिलम्।
तदुपभोगरसं हिमवर्षिणः परमृतोरमृतोपमतां ययौ॥ ५३॥

शिशिरादृतोः परं तद्वसन्ताख्यं वस्तु पीयूषसमतां प्राप। यतो निर्मलमृगाङ्कमयूखम्, अशीतोष्णत्वात्सुखवायु, पुष्पिततरु, मत्तपिकम्, सम्भोगे ऽभिलाषो यत्र तत्। परं तदिति सामान्यापेक्षया नपुंसकनिर्देशः, ततो विशेषाकाङ्क्षया वाक्यार्थपर्यालोचनया वसन्तलाभः। श्रूयमाणे ऽपि च भिन्नलिङ्गे पदान्तरे सामान्योपक्रमान्नपुंसकत्वं प्रयुज्यते, यथा ‘याच्ञा वन्ध्या वरमधिगुणे नाधमे

---

53 abcd.] **Ś**Hem.; *om.* Mall.Ar.Nā.Jin.

---

52 रविसारथे ··· तैरिति व्याख्या] *om.* B[1]

52.2 रक्तं रागं श्रयन्ति यैस्तैर्लौहितैः कौसुम्भादिभिः। निषेधिभिरिति पाठे] P; अरुणरागं निषेवित इति पाठे G_1; अरुणरागनिषेविभिरिति पाठे U; अरुणणरागं निषेवन्ते श्रयन्ति ये तैर्लौ×लि× +हि+तैरम्बरैः कौसुम्भादिभिः B[1]; अरुणरागं निषेवि इति पाटे J **52.3** निषेधयन्ति] G_1^{pc}UPJ; निषेयन्ति G_1^{ac} **52.3** जयन्ति] PJ; जयति G_1; जनयन्त्य् U **52.3** अतिलौहित्याद्ये तैरिति] G_1PJ; अतिलौहित्येन यैस्तैरिति U **52.4** चूर्णकेशेषु प्राप्तं स्थानं यैस्तैर्यवप्ररोहैरपि] G_1UP; अलकस्थैश्चाक्षतप्ररोरोहैः B[1]; चूर्णकेषेषु प्राप्तं स्थानं यस्तैर्यवप्ररोहैरपि J **52.4** एतैः] UPB[1]J; एते G_1 **52.4** कामसैन्यैः] G_1UPJ; स्मरबलैः कामसैन्यैः B[1] **52.5** वशयितृत्वात्] G_1UB[1]; वशितृत्वात् P; वशयित्यत्वात् J **53.1** शिशिरादृतोः] P; हिमवर्षिणः शिशिरादृतोः G_1UB; हिमवर्षिणः शिशिभृतोः J **53.1** पीयूषसमतां प्राप] P; अमृतोपमतां ययौ G_1UJ; अमृतोपमतां ययौ प्राप B[1] **53.2** निर्मलमृगाङ्कमयूखम्] P; विषदाः निर्मलान्मृगाङ्कमयखं G_1; विषदाः निर्मला मृगाङ्कमयूखम् UJ; विषदचन्द्रकरं निर्मलमृगाङ्कमयूखम् B[1] **53.2** अशीतोष्णत्वात्सुखवायु] *em.*; सुखमारुतमशीतोष्णत्वात् G_1UB[3]; अशीतोष्णत्वात्सुखवायुं P; सुखमारुतं मशीतोष्णत्वात् J **53.2** पुष्पिततरु] *em.*; तथा कुसुमितद्रुमं पुष्पितवृक्षं G_1UB[1]J; पुष्पिततरुं P **53.2** मत्तपिकम्] P; उन्मदकोकिलं मत्तपरभृतम् G_1UB[1]; उन्मदकोकिलं सतुपरभृतं J **53.3** सम्भोगे ऽभिलाषो यत्र तत्] P; उपभोगे सम्भोगे रागो यत्र तत् G_1J; उपभोगे सम्भोगे रसो यत्र तत् U; उपभोगे सम्भोगे रसो रागो यत्र B[3] **53.3** सामान्यापेक्षया नपुंसकनिर्देशः] UPB[1]; समान्यापेक्षया G_1; सामान्यापेक्षया नपुंसकनिंदेशः J **53.4** ततो विशेषाकाङ्क्षया वाक्यार्थपर्यालोचनया] UPB[1]; *om.* G_1; ततो विशेषकाक्षया वाक्यार्थपर्यलोचनया J **53.5** °कत्वं प्रयुज्यते] G_1PB[1]; °कत्वं युज्यते U; °कात्वं प्रयुज्यते J

लब्धकामा' इति, किं पुनरनिर्दिश्यमाने॥ ५३॥

अथ यथासुखमार्तवमुत्सवं समनुभूय विलासवतीसखः।
नरपतिश्चकमे मृगयारतिं स मधुमन्मधुमन्मथसन्निभः॥ ५४॥

अथ दशरथः स्त्रीभिः सह यथासुखं वासन्तिकं महमुपभुज्य, आखेटकेनोपजोषमभ्यलषत्। मधुमान् माधवो वैशाखः, मधुं नाम दैत्यं मथितवानिति वा विष्णुः, मधुश्चैत्रः, मन्मथः कामः, तेषां सदृशः। शृङ्गारित्वाच्चैतान्युपमानानि॥ ५४॥

ननु मृगयासेवनं व्यसनत्वान्निषिद्धम्। तत्कथमसावसेवतेत्याह

परिचयं चललक्ष्यनिपातने
भयरुषोश्च तदिङ्गितवेदनम्।
श्रमजयात्प्रगुणां च करोत्यसौ
तनुमतो ऽनुमतः सचिवैर्ययौ॥ ५५॥

---

55 b. तदिङ्गितवेदनम्] $PB^1D^MV^MB_1^MB_2^MB_4^MB_7^ML^M$; तदेङ्गितवेदनम् $G_1UJB_3^M$; तदिङ्गितबोधनम् Hem.Mall.Ar.Nā. (Jin. uncertain) **55 c.** करोत्यसौ] ŚMall.; करोति सा Hem. ? Ar.(?)Nā. (Jin. uncertain)

53.6 याञ्चा वन्ध्या वरमधिगुणे नाधमे लब्धकामा *Meghadūta* 6d.

53.6 वरमधिगुणे नाधमे लब्धकामा इति] P; वरमिति G_1UB^1J **53.6** °निर्दिश्य°] G_1UPB^1; °निन्दिश्या° J **54.1** दशरथो] P; स नरपतिर्दशरथो G_1UB^1; स नरपतिन्दशरथो J **54.1** स्त्रीभिः सह] *conj.*; विलासवतीसखः स्त्रीभिः सह G_1UPB^1; विलासवतीसुखः स्त्रीभिस्सह J **54.1** यथासुखं वासन्तिकं महमुपभुज्य, आखेटकेनोपजोषमभ्यलषत्] *conj.*; यथासुखमार्त(मांत J)वमुत्सवमनुभूय मृगयारतिमाखेटकसुखं(°खेटसुखं U) चकमे चकमत G_1UJ; यथासुखमार्तवमुत्सवमुल्लङ्घ्य वासन्तिकं महं उपभुज्या ऽखेटकेन सुखमुपजोषमभ्यलषत् P; यथासुखमार्तवमुत्सवं वसन्तोत्सवमनुभूय मृगयारतिमाखेटकसुखं चकमे अचकमत B^1 **54.2** मधुमान्माधवो] G_1UJ; कीदृशो मधुमन्मधु --- सन्निमः मधुमान्माधवो P; मधुमन्मधुमन्मथसन्निभः मधुमान्माधवो B^1 **54.3** तेषां सदृशः] $G_1^{pc}UB^1$; तेषां सदृशं G_1^{ac}; एतेषां सदृशः P, तेषां सदृशाः J **54.4** शृङ्गारित्पाच्चैता°] G_1UP; शृङ्गारित्यादेता° B^1; शृंगारित्वाश्चैत° J **54.5** °न्निषिद्धम्] UPB^1; °न्निषद्धत्वं G_1; °निषिद्धं J **54.5** तत्कथमसावसेवते°] G_1U; तत्कथमसौ अकामयदि° P; तत्कथं तामसावसेवते° B^1; तत्कथं ससावसेवते° J

यतः सा मृगयामून्गुणान्कुरुते, अतः कारणान्नृपो ऽमात्यैरनुज्ञातः सन् मृगयार्थं जगाम, न व्यसनितया। किं करोतीत्याह। अस्थिराणां शरव्याणां व्यधे कौशलम्। तथा भीतस्य जन्तोरित्थं चेष्टिताकारौ, क्रुद्धस्येत्थमिति साध्वसक्रोधयोश्च सत्योर्लक्ष्येङ्गितज्ञानम्। इङ्गितमत्राकारश्चेष्टितं च। खेदजयाच्च सरलं कार्यक्षमं निरामयं देहं विधत्त इति। एतच्च सर्वं समरोपयोगीति न काकदन्तपरीक्षा॥ ५५॥

मृगवनोपगमक्षमवेशभृद्विपुलकण्ठनिषक्तशरासनः।
गगनमश्वखुरोद्धतरेणुभिर्नृसविता सवितानमिवाकरोत्॥ ५६॥

पुरुषसूर्यो राजा तुरगशफप्लावितरजोभिः खं करकुकयुक्तमिव व्यधात्। हरिणप्रधानकाननस्याखेटकभूमेः प्राप्तौ लघुवस्त्राभरणादित्वाद् योग्यं नेपथ्यं धारयति यः। विस्तीर्णे गले लग्नं धनुर्यस्य। वधकाले कालक्षेपो मा भूदि-

---

56 d. सवितान॰] Hem.Mall.^{vl}Ar.Nā.Jin.; स वितान॰ Mall.Ar.^{vl}

55.1 नृपो ऽमात्यैरनुज्ञातः सन्] P; स राजा सचिवैरनुज्ञातः सन् G$_1$UJ; स राजा सचिवैरनुमतो भ्युपगतस्सन् B^1 **55.2 जगाम**] P; ययौ G$_1$UB^{1}J **55.2 न व्यसनितया**] P; व्यसनितया G$_1$UJ; *om.* B^1 **55.2 करोतीत्याह**] UPB^{1}J; करोत्यीत्याह G$_1$ **55.2 अस्थिराणां शरव्याणां**] *em.*; चलानामस्थिराणां लक्ष्याणां शरव्याणां G$_1$UB^1; अस्थिराणां शरव्यानां P; चलनामस्थिराणां लक्ष्याणां शरव्याणां J **55.3 व्यधे कौशलम्**] P; निपातने व्यधे परिचयं कौशलं G$_1$UB^1; निपातने व्याधे परिचयं कौशलं J **55.3 तथा**] G$_1$UB^{1}J; *om.* P **55.3 क्रुद्धस्येत्थमिति**] *em.*; इत्थं च क्रुद्धस्येति G$_1$UB^{1}J; क्रुधस्येत्थमिति P **55.4 साध्वसक्रोधयोश्च सत्योर्लक्ष्येङ्गितज्ञानम्**] *em.*; भयरुषोस्सत्योस्तेषां मृगादीनामिङ्गितज्ञानम् G$_1$UB^1; साध्वसक्रोधोश्च सत्योः लक्ष्येङ्गितज्ञानं P; भयरुषो सभ्योस्तेषां मृगादीनामिंगितज्ञानम् J **55.4 इङ्गितमत्राकारश्चेष्टितं च**] P; व्यापारबोधनम् G$_1$UB^{1}J **55.4 खेदजयाच्च**] P; जितश्रमत्वात् G$_1$UB^{1}J **55.5 सरलं कार्यक्षमं निरामयं देहं**] P; प्रगुणां कार्यक्षमां तनुं शरीरं निरामयां (यं G$_1$) G$_1$UB^{1}J **55.5 विधत्त इति**] P; करोतीति G$_1$UB^{1}J **55.6 ॰परीक्षा**] P; ॰परीक्षा। इङ्गितमत्राकारचेष्टितम् G$_1$UB^{1}J **56.1 पुरुषसूर्यो राजा**] P; स नृसविता पुरुषसूर्यः राजा G$_1$UB^{1}J **56.1 करकुकयुक्तमिव व्यधात्**] *em.*; सवितानं करकुकयुक्तमिवाकरोत् चकार G$_1$B^1; सवितानमिव रक्तकयुक्तमिवाकरो चकार U; करक्तकयुक्तं कयुक्तमिव व्यधात् P; सवितानं करक्तकयुक्तमिवाकरोत् चकार J **56.2 हरिणप्रधानकाननस्याखेटकभूमेः प्राप्तौ**] P; कीदृशः मृगप्रधानं वनं तदुपयोग्यं G$_1$J; कीदृशः मृगप्रधानं वनं तदुपभोग्यं U; कीदृशः मृगप्रधानं वनं मृगवनं तदुपगम+न+ योग्यं B^1 **56.2 ॰भरणादि॰**] P; ॰लङ्कारादि॰ G$_1$UB^{1}J **56.2 नेपथ्यं**] P; वशं G$_1$; वश्यं U; वेशं B^{1}J **56.3 धारयति**] P; बिभर्ति G$_1$UB^1; बिबर्ति J **56.3 विस्तीर्णे गले**] P; तथा विपुले कण्ठे G$_1$UB^{1}J **56.3 लग्नं**] P; निषक्तं लग्नं G$_1$UB^{1}J **56.3 धनुर्यस्य**] P; शरासनं धनुर्यस्य G$_1$UB^{1}J **56.3 वधकाले कालक्षेपो**] P; वधकालक्षेपो G$_1$UB^{1}J

ति॥ ५६॥

तमेव वेशमाह

ग्रथितमौलिरसौ वनमालया नवपलाशसवर्णतनुच्छदः।
तुरगवल्गनचञ्चलकुण्डलो विरुरुचे रुरुचेष्टितभूमिषु॥ ५७॥

दशरथो ≪मृगविशेषसेवितभूमिषु≫ रेजे। ≪पुष्पपल्लविन्या स्रजोद्बद्धकेशः≫, तथा कोमलानां पर्णानां तुल्यो नीलः कञ्चुको यस्य। तथा अश्वचङ्क्रमणेनात्यर्थं चलन्ती कर्णवेष्टके यस्य॥ ५७॥

तनुलताविनिवेशितविग्रहा भ्रमरसङ्क्रमितेक्षणवृत्तयः।
ददृशुरध्वनि तं वनदेवताः सुनयनं नयनन्दितकोसलम्॥ ५८॥

काननदेवता दशरथं शोभननेत्रं पथि ऐक्षिष्यत। लघ्वीषु वल्लीष्वन्तर्निक्षिप्तो

---

57 a. वनमालया] ŚHem.Mall.Ar.^{vl}Nā.Jin.; नवमालया Ar. **57 b.** नवपलाश°] $G_1PB^1JD^MV^MB_1^MB_2^MB_3^MB_4^MB_7^ML^M$Jin.; नवपल्लाश° U(unmetrical); तनुपलाश° Hem.; तरुपलाश° Hem.^{vl}Mall.Ar.Nā. **57 c.** °चञ्चल°] Σ; °चाचल° Hem.^{vl} **58 a.** तनुलता°] ŚHem.^{vl}Mall.Ar.Nā.Jin.; तरुलता° Hem. **58 d.** °कोसलम्] $G_1UPB^1V^MB_1^MB_2^MB_3^MB_4^MB_7^ML^M$Hem.Mall.Ar.Nā.; °कोमलम् J; °कोशलम् Jin.

57.1 दशरथो मृगविशेषसेवितभूमिषु] *conj.* (cf. Jin.); रुरूणां मृगविशेषाणां चेष्टितभूमिषु G_1UB^1J; दशरथो मृगविशेषाणां P **57.1** रेजे] *conj.*; स विरुरुचे रजे G_1; स विरुरुचे रेजे UB^1; विरुरुचे रेजे P; स राजा विरुरुचे रेजे J **57.1** पुष्पपल्लविन्या स्रजोद्बद्धकेशः] *conj.*; कीदृशः G_1PB^1J; कीदृशः वनमालया पु(?) पुष्पितविशेषेण ग्रथित×मौलिः× मौलिः U **57.2** तथा] B^1J; *om.* G_1UP **57.2** कोमलानां पर्णानां तुल्यो नीलः कञ्चुको यस्य] P; नवपलाशसवर्णो नीलस्तनुच्छदः चोलको यस्य चञ्चक(कञ्चुक B^1, चञ्चुक J) इति केचित् G_1B^1; नवपल्लाशसवर्णो नीलस्तनु ×च्छ×च्छदः चोलको यस्य चञ्चुक इति केचित् U **57.2** तथा] $G_1U^{pc}B^1J$; ×तथा×तथा U; *om.* P **57.3** अश्वचङ्क्रमणेनात्यर्थं चलन्ती कर्णवेष्टके यस्य] P; तुरगवल्गानेनाश्वनर्तनेनातिचले कुण्डले यस्य G_1UB^1; तुरगवलानेनाश्वनर्तनेतातिचले कुंडले यस्य J • After this P adds चञ्चलेति वा पाठः and G_1UB^1J add अत्यर्थं चलति चञ्चलं यद् **58.1** दशरथं] P; तं दशरथं G_1UB^1; तं दशरथं राजानं J **58.1** शोभननेत्रं पथि] *conj.*; सुनयनं शोभते नेत्रमध्वनि पथि G_1B^1; सुनयनं शोभननेत्रमध्वनि पथि U; शोभननेत्रं P; सुनयनं शोभते नेत्रमधुनि पथि J **58.1** ऐक्षिष्यत] P; ददृशुरैक्षन्त किम्भूताः G_1UB^1J

देहो याभिस्ताः। तथालिष्वर्पिता नेत्रव्यापारा याभिस्ताः। नीत्या समृद्धीकृता कोसलानगरी येन तम्॥ ५८॥

श्वगणिवागुरिकैः प्रथमाश्रितं व्यपगतानलदस्यु विवेश सः।
स्थिरतुरङ्गमभूमि निपानवन्मृगवयोगवयोपचितं वनम्॥ ५९॥

स राजा काननमविक्षत्। सारमेयवर्गा विद्यन्ते येषां ते चण्डालाश्च मृगबन्धनपाशैर्जीवन्ति ये त आक्रीडका व्याधाश्च, तैर्भूमिज्ञत्वात्पूर्वमधिष्ठितम्। प्रशमिता दावाग्नय एव चौरा यत्र, दृढा पादग्रहणक्षमा अश्वक्षितिर्यत्र। कूपसमीपे जलाशयो निपानम्, तद्युक्तम्। हरिणसिंहाद्यैः पक्षिभिर्गवयाख्यैः प्राणिभिश्च स्फीतम्॥ ५९॥

अथ नभस्य इव त्रिदशायुधं कनकपिङ्गतडिद्गुणसंयुतम्।
धनुरधिज्यमनाधिरुपाददे नरवरो रवरोषितकेसरी॥ ६०॥

---

59 a. प्रथमाश्रितं] G_1UPJ$D^M V^M B_1^M B_2^M B_3^M B_4^M B_7^M L^M$; प्रथमाश्रित° B^3; प्रथमास्थितं ℭ **60 b.** °संयुतम्] G_1UP$B^1 D^M V^M B_1^M B_2^M B_3^M B_4^M B_7^M L^M$Hem.Ar.(?)Nā.; °शंयुतम् J; °संगतम् Mall.Jin. **60 c.** °पाददे] $G_1 B^1$J$D^M B_3^M B_7^M$ℭ; °पादधे UP$V^M B_1^M B_2^M B_4^M L^M$

58.2 लघ्वीषु वल्लीष्वन्तर्निक्षिप्तो देहो] P; तन्वीषु लतासु विनिवेशितो निक्षिप्तो विग्रहो देहो G_1UB^1J **58.2** तथालिष्वर्पिता नेत्रव्यापारा याभिस्ताः] *conj.*; तथा भ्रमरेषु सङ्क्रमिता अर्पिता ईक्षणवृत्तयो नेत्रव्यापारा(पारो G_1UJ) याभिः G_1UB^1J; अलिष्वर्पिता निक्षिप्ताः नयनव्यापाराः याभिस्ताः P **58.2** नीत्या] P; तं कीदृशं नयेन नीत्या(नेत्या G_1) G_1UB^1; तं कीदृशं नयेनेनीत्या J **58.2** समृद्धीकृता] P; नन्दिता समृद्धीकृता G_1U; नन्दितास्समृद्धीकृता+:+ B^1; नंदिताः समृद्धीकृता J **58.3** येन तम्] *conj.*; कृता येन तम् G_1UB^1J; येन P **59.1** स राजा] G_1UPB^1; स राजा दशरथः J **59.1** काननमविक्षत्] P; वनं विवेश कीदृशं G_1UB^1J **59.1** सारमेयवर्गा विद्यन्ते येषां ते चण्डालाश्च] P; श्वगणिनश्चण्डालादयः G_1UJ; श्वगणिनश्चण्डलादयः B^1 **59.2** मृगबन्धनपाशैर्जीवन्ति य ते आक्रीडका व्याधाश्च] P; वागुरा मृगबन्धनपाशास्ताभिर्जीवन्ति ये ते वागुरिकाः लब्धकास्(लुब्धकाः J) G_1UB^1J **59.2** °ज्ञत्वात्] PB^1; °ज्ञात्वात् G_1J; °पज्ञात्वात् U **59.3** प्रशमिता दावाग्नय एव चौरा] P; व्यपगताः प्रशान्ता अग्नितस्करा G_1UB^1J **59.3** दृढा पादग्रहणक्षमा अश्वक्षितिर्यत्र] P; तथा स्थिरा दृढा(दृढाः U) पादप्रहारक्षमा तुरङ्ग(तुरङ्गम B^1)भूमिर्यत्र G_1UB^1J **59.4** कूपसमीपे जलाशयो निपानम्, तद्युक्तम्] *em.*; निपानवत् कूपसमेपे जलाशयो निपानम् उद्युक्तम् G_1; निपातनवत् कूपसमीपे जलाशयो निपानं तद्युक्तम् U; कूपसमीपे जलाशयो निपाने तत् युक्तम् P; निपानवत् कूपसमीपे(समेपे J) जलाशयो निपानम् तद्युक्तम् B^1J **59.5** हरिणसिंहाद्यैः पक्षिभिर्गवयाख्यैः प्राणिभिश्च स्फीतम्] P; मृगा(मृग J) हरिणसिंहाद्याः। वयांसि पक्षिणः। गवयाख्याः प्राणिनश्च तैरुपचितं स्फीतमिति G_1UJ; मृगा हरिणसिंहाद्याः वयांसि पक्षिणः गवायाख्याः प्राणिनश्च तैरुपचितं स्फीतम् मृगवयोगवयोपचितमिति B^1

अनन्तरं मनुष्योत्कृष्टो राजा सगुणं चापं जग्राह। भाद्रपदमासो यथेन्द्रधनुर्गृह्णाति, सुवर्णकपिशया विद्युन्मौर्व्या सहितम्। मानसपीडारहितः। सिंहनादेन क्रोधिताः सिंहा येन॥ ६०॥

इदानीं नानावृत्तैर्मृगयावर्णनमाह

तस्य स्तनप्रणयिभिर्मुहुरेणशावैर्
व्याहन्यमानहरिणीगमनं पुरस्तात्।
आविर्बभूव कुशगर्भमुखं मृगाणां
यूथं तदग्रसरगर्वितकृष्णसारम्॥ ६१॥

तस्य दशरथस्य हरिणीनां ≪वृन्दं≫ दर्भमध्यवदनमग्रतः प्रकटं तस्थौ। कुचपानार्थिभिर्मृगपोतकैरसकृन्निवारितमृगीगति। तस्य यूथस्य पुरोयायी मार्गोपदेशित्वात्, अत एवाहङ्कृतः सितासितो मृगो यस्य तत्॥ ६१॥

तत्प्रार्थितं जवनवाजिगतेन राज्ञा
तूणीमुखोद्धृतशरेण विशीर्णपङ्क्ति।

---

61 d. °कृष्णसारम्] G_1UPB^{1}JMall.Ar.Nā.Jin.; °कृष्णशारम् D^{M}V^{M}B$_1^M$B$_2^M$B$_3^M$B$_4^M$B$_7^M$ L^{M}Hem. **62 a.** राज्ञा] Σ; तेन Ar.(?) **62 b.** विशीर्ण°] Σ; विकीर्ण° Ar.Nā.

60.1 अनन्तरं मनुष्योत्कृष्टो] *conj.*; अथ G_1UB^{1}J; अथानन्तरं मनुष्योत्कृष्टो P **60.1** सगुणं चापं] *em.*; अधिज्यं सगुणं चापं G_1UB^{1}J; चापं सगुणं P **60.1** भाद्रपदमासो यथे°] P; नभस्यो भाद्रपद इव G_1UB^{1}J **60.2** °न्द्रधनुर्गृह्णाति, सुवर्णकपिशया विद्युन्मौर्व्या सहितम्] P; कनककपिशेन (कनकपिशेन J) तडिद्गुणेन संयुतमिन्द्रधनुः G_1UB^{1}J **60.2** मानसपीडारहितः] P; अनाधिर्निर्भयः G_1B^{1}J; अनादिर्निर्भयः U **60.2** सिंहनादेन] UP; रवेन सिंहानादेन G_1; रवेण सिंहनादेन B^1; रवेन सिंह (हे J^{ac}) नादेन J **60.3** क्रोधिताः सिंहा] P; रोषिताः केसरिणस्सिंहा G_1UB^{1}J **61.1** तस्य दशरथस्य हरिणीनां] P; मृगाणां G_1B^1 J; मृगानां U **61.1** वृन्दं] *conj.*; यूथं G_1UPB^{1}J **61.1** दर्भमध्य°] P; दर्भगर्भ° G_1B^1; गर्भदर्भ° U; दर्गगर्भ° J **61.1** अग्रतः प्रकटं तस्थौ] P; तस्य पुरस्तादग्रतः आविर्बभूव तस्थौ G_1UB^{1}J **61.2** कुचपानार्थिभिर्मृगपोतकैरसकृन्निवारितमृगीगति] *em.*; कुचपानार्थिभिर्मृगपोतकैरसकृन्निवारितमृगगति P; कीदृशं रतनपानार्थिभिः एण (चरण B^1) शावैर्मृगपोतकैः मुहुरसकृत् (मुहु असकृत् U) व्याहन्यमानहरिणीगमनं निवार्यमानमृगीगति G_1UB^{1}J **61.2** तस्य यूथस्य पुरोयायी] P; तदग्रसरगर्नितकृष्णसारम् (शारं J) तेषामग्रसरो ऽग्रयायी G_1B^{1}J; तदग्रसरगर्वितसारम् तेषामग्रसरो ऽग्रयायी U **61.3** °देशित्वात्] UPB^{1ac}J; °देशत्वात् G_1B^{1pc} **61.3** एवाहङ्कृतः] P; एव गर्वितो दृप्तः G_1UB^{1}J **61.3** सितासितो] G_1UPJ; कृष्णसारस्सितासितो B^1 **61.3** तत्] P; तत् तथोक्तम् G_1UB^{1}J

श्यामीचकार वनमातुरदृष्टिपातै-
र्वातेरितोत्पलदलप्रकरैरिवाम्भः॥ ६२॥

तन्मृगयूथं दशरथेन वेगवाहितुरगस्थेनाभियुक्तं काननं नीलं व्यधात्। भयचकितैर्नेत्रप्रसरैः, दृष्टेः श्यामत्वात्। अनिलकम्पितैरिन्दीवरपलाशविवरैर्यथा जलं कश्चिच्छ्यामीकरोति। निषङ्गवक्त्राद्गृहीतो बाणो येन। इषुपातमरणभयाल्लुलितम्। तूणशब्दः स्त्रीपुंसयोः, बह्वादित्वाद्वा ईकारः॥ ६२॥

लक्ष्यीकृतस्य हरिणस्य हरिप्रभावः
प्रेक्ष्य स्थितां सहचरीं व्यवधाय देहम्।
आकर्णकृष्टमपि कामितया स धन्वी
बाणं कृपामृदुमनाः प्रतिसञ्जहार॥ ६३॥

दशरथो मदनयुक्तभावेन करुणार्द्रचित्तः शरं प्रत्यानयत्। वेद्धुमिष्टस्य मृगस्य

---

62 c. वनमातुर°] Σ; वनमाकुल° $\mathfrak{C}$ **62 d. °रिवाम्भः**] ŚHem.; °रिवार्द्रैः Hem.^{vl}Mall. Ar.(?)Nā. (Jin. uncertain) **63 a. लक्ष्यी°**] UPB^{1}V^{M}B$_4^M$B$_7^M$L^{M}Mall.; लक्षी° G$_1$JD^M B$_2^M$B$_3^M$Hem.Ar.Nā.Jin. (B$_1^M$ uncertain)

62.4 बह्वादित्वाद्वा ईकारः This is an allusion to the *bahvādi-gaṇa* (*Gaṇapāṭha* 162, in Böhtlingk's text of which *tūṇa* does not figure), which is referred to in *Aṣṭādhyāyī* 4.1.45: बह्वादिभ्यश्च।

62.1 दशरथेन] P; राज्ञा G$_1$UB^{1ac}J; राज्ञा दशरथेन B^{3pc} **62.1 वेगवाहितुरगस्थेनाभियुक्तं**] *em.*; जवनवाजिगतेन वेगवाहितुरगस्थेन प्रार्थितमभियुक्तं G$_1$UB^{1}J; वेगवाहितुरगस्थेनायुक्तं P **62.1 काननं नीलं व्यधात्**] P; वनं कर्मभूतं श्यामीचकार G$_1$UB^{1}J **62.2 भयचकितैर्नेत्रप्रसरैः**] P; भयचकितैः दृष्टपातैः नेत्रप्रसरैः G$_1$J; भयचकितैः दृष्टिपातैः नेत्रप्रसरैः U; आतुरैश्चकितैर्दृष्टिपातैर्नेत्रप्रसरैः B^1 **62.2 दृष्टेः**] P; *om.* G$_1$UB^{1}J **62.2 अनिल°**] P; वात° G$_1$UB^{1}J **62.2 °विवरैर्यथा**] G$_1$PB^1; °प्रकारैः यथा U; °विसरैः यथा J **62.3 जलं**] P; पयः G$_1$UB^{1}J **62.3 कश्चिच्छ्यामी°**] G$_1$PB^{1}J; किंचिच्छ्यामी° U **62.3 निषङ्गवक्त्राद्गृहीतो बाणो येन**] *conj.*; राज्ञा कीदृशेन तूणीमुखोद्धृतशरेण निषङ्गवक्त्रादुद्धृता गृहीताश् (गृहीता G$_1$) शरा येन G$_1$J; राज्ञा कीदृशेन तुणीमुखादुद्धृतशरेण U; राज्ञा कीदृशेन तुणीमुखान्निषङ्गवक्त्रादुद्धृता गृहीताश्शरा येन B^1; निषङ्गवक्त्राद्गृहीतो बाणो येन राज्ञा P **62.4 इषुपातमरणभयाल्लुलितम्**] P; यूथं कीदृशं विशीर्णपङ्क्ति इषु (रिषु J) पातमरणभयाल्लुलितम् G$_1$UB^{1}J **62.4 तूणशब्दः स्त्रीपुंसयोः**] B^1; तूणीशब्दः स्त्रीपुंसयोः G$_1$UJ; तूणीति P **63.1 दशरथो ··· स्थितामालोक्य**] P; दृष्टस्य मृगस्य शरीरं स्नेहादासाद्य स्थितां (स्थितं B^1) जायामालोक्य कर्णान्त (न्तः G$_1$U) कृष्टमपि शरं स राजा प्रतिसञ्जहार। यतः कामितया करुणार्द्रचित्तः (त्ताः U) G$_1$UB^{1}J

भार्यां प्रेम्णा शरीरमाच्छाद्य स्थितामालोक्य। इन्द्रस्य विष्णोर्वा तुल्यमाहात्म्यः। कर्णान्तकर्षितमपि। धन्वी धनुर्विद्यते ऽस्य॥ ६३॥

तस्यापरेष्वपि मृगेषु शरान्मुमुक्षोः
कर्णान्तमेत्य बिभिदे निविडो ऽपि मुष्टिः।
त्रासातिमात्रचटुलैः स्मरयत्सु नेत्रैः
प्रौढप्रियानयनविभ्रमचेष्टितानि॥ ६४॥

दशरथस्यान्येष्वपि हरिणेषु बाणान् मोक्तुकामस्य दृढो मुष्टिः श्रवणप्रान्तमागत्य निवृत्तः, शरक्षेपाभावाच्छिथिलीभूतः। यतो भयाधिककातरैर्लोचनैश्चतुरवनितावीक्षणविलासव्यापारान् सादृश्यात्स्मरयत्सु, अतश्च तद्वत्तत्रापि प्रीत्या व्यधाभावः॥ ६४॥

उत्तस्थुषः शिशिरपल्वलपङ्कमध्याद्
गुञ्जाप्ररोहकवलावयवानुकीर्णम्।
जग्राह स द्रुतवराहकुलस्य मार्गं
सुव्यञ्जमार्द्रपदपङ्क्तिभिरायताभिः॥ ६५॥

---

64 b. निविडो ऽपि] $PB^{1pc}JD^{M}V^{M}B_1^{M}B_2^{M}B_3^{M}B_4^{M}B_7^{M}L^{M}$ Jin.; निविडोप G_1B^{1ac}; निविडो U(unmetrical); निबिडो ऽपि Hem.Mall.Ar.Nā. **64 c.** °चटुलैः] Σ; °चपलैः Jin. **65 ab.** °मध्याद्गुञ्जा°] $G_1UB^1JV^{M}B_1^{M}B_2^{M}B_4^{M}B_7^{M}L^{Mac}$; °मध्याद्गुञ्ज° PL^{Mpc}; °मध्यागुंजां D^{M}; °मध्यान्मुस्ता° 𝕮; °मध्याद्गुन्द्रा° B_3^{M} Hem^{vl} **65 d.** सुव्यञ्जमार्द्र°] $PV^{M}B_1^{M}B_2^{M}B_4^{M}B_7^{M}L^{M}$; सुव्यञ्जसा° G_1; सुव्यञ्जमान्द्र° UB^1D^{M}; सुव्यञ्जनान्द्र° JB_3^{M}; सुव्यक्तमार्द्र° 𝕮

63.3 इन्द्रस्य विष्णोर्वा तुल्यमाहात्म्यः] P; हरिरिन्द्रो विष्णुर्वा तत्तुल्यमाहात्म्यः G_1UB^1J **63.3** कर्णान्तकर्षितमपि] P; *om.* G_1UB^1J **63.3** धन्वी धनुर्विद्यते ऽस्य] P; धनुर्विद्यते यस्य स धन्वी व्रीह्यादित्वादिनिः (त्वादीनिः G_1, त्वानिनि+:+ B^1) G_1UB^1J **64.1** दशरथ°] P; तस्य दशरथ° G_1UB^1J **64.1** हरिणेषु] P; मृगेषु G_1UB^1J **64.1** बाणान् मोक्तुकामस्य] P; शरान्मुमुक्षो मोक्तुकामस्य G_1; शरान्मुमुक्षोः मोक्तुकामस्य UB^1; शरान्मुमुक्षोः मोक्तुकामस्य J **64.2** दृढो मुष्टिः श्रवणप्रान्तमागत्य] P; कर्णान्तमागत्यापि दृढो मुष्टिः बिभिदे (बिभेदे J) G_1UB^1J **64.2** भयाधिककातरैर्लोचनैश्] *conj.*; भयादतिकातरैर्लोचनैः G_1UB^1J; भयाधिककातरैर्नयन° P **64.3** सादृश्यात्स्मरयत्सु] *conj.*; सादृश्यात्स्मरयत्सु मृगेषु G_1UB^1J; स्मरयत्सु सादृश्याच्च P **64.4** व्यधा°] *conj.*; व्याधा° G_1UPB^1J

दशरथः पलायितस्य सूकरयूथस्य पन्थानमाददे। जिघांसया तदीयपदवी-मनुययावित्यर्थः। शीतलाल्पसरःकर्दमाभ्यन्तरादुत्थितस्य। ते ह्यातपभयात् पङ्कमध्ये दिनमतिवाहयन्ति। मुस्ताङ्कुरा एव ग्रासास्तत्खण्डैर्व्याप्तम्। मुस्ता- 3
भोजिनो हि सूकराः। दीर्घाभिः पङ्कार्द्राभिः पादमुद्राश्रेणिभिः सुज्ञानम्। सुखेन व्यज्यत इति। गुञ्जा नस्तुलासु। तृणभेद इति केचित्॥ ६५॥

तं वाहनादवनतोत्तरकायमीषद्
विध्यन्तमुद्धतसटाः प्रतिहन्तुमीषुः।
नात्मानमस्य विविदुः सहसा वराहा
वृक्षेषु विद्धमिषुभिर्जघनाश्रयेषु॥ ६६॥

दशरथं ताडयन्तं सूकराः प्रतीपमजिघांसन्। उद्धताः सटाः केसराणि मुखलोमवल्लर्यो यैः। व्यधवशादश्वादल्पमवनम्रः पूर्वदेहो यस्य तम्। ते च मुग्धाः

---

66 b. °मुद्धत°] $UPB^1JD^MV^MB_1^MB_2^MB_3^MB_7^ML^M$Hem.Mall.Ar.(?)Nā.; °मुद्यत° $G_1B_4^M$; °मुद्भूत° Jin. **66 d.** विद्धम्] B_4^{Mpc}Hem.Mall.Jin.; बद्धम् $G_1UPB^1D^MV^MB_1^MB_2^MB_3^MB_4^{Mac}B_7^ML^M$Ar.(?)Nā.; बंद्धम् J

65.1 दशरथः] P; स राजा G_1UB^1; स राजा दशरथः J **65.1** पलायितस्य] PB^1J; पलायतस्य G_1; पलायैतस्यापि U **65.1** पन्थानमाददे] P; मार्गं जग्राह G_1UJ; सानुं जग्राह B^1 **65.1** जिघांसया] UPB^1J; जघांसया G_1 **65.2** शीतला°] P; कीदृशस्य शीतला° G_1UB^1J **65.3** पङ्कमध्ये दिनमति°] P; दिनं पङ्कमध्ये अति° G_1UB^1J **65.3** मुस्ताङ्कुरा एव ग्रासास्तत्खण्डैर्व्याप्तम्] P; मार्गं कीदृशं गुञ्जा(गुन्द्रा U)प्ररोहा मुस्ताङ्कुरास्त एव कवलो ग्रास(ग्रस्त J)स्तस्यावयवैः खण्डैरनुकीर्णं व्याप्तम् G_1UB^1J **65.4** मुस्ताभोजिनो] G_1UJ; मुस्तभोजिनो P; मुस्ताभोजना B^1 **65.4** दीर्घाभिः] P; आयताभिर्दीर्घाभिः G_1U B^1J **65.4** पङ्कार्द्राभिः] P; आर्द्रपदसङ्क्तिभिः G_1; आर्द्रपदपङ्क्तिभिः UJ; आन्द्रपदपङ्क्तिभिः B^1 **65.4** सुज्ञानम्] P; सुव्यञ्ज्ञम् सुज्ञानं G_1UB^1J **65.5** नस्तुलासु] G_1UJ; नर्तुलासु P; नत्वलासु B^1 **65.5** °भेद] PB^1; °भेदा G_1UJ **66.1** दशरथं] P; तं नृपं G_1UB^1; तं राजानं दशरथं J **66.1** ताडयन्तं] P; विध्यन्तं ताडयन्तं G_1UB^1J **66.1** सूकराः] P; वराहाः G_1UB^1J **66.1** प्रतीपमजिघांसन्] P; प्रतिहन्तुमीषुः प्रतीपमजिघांसन् G_1UB^1J **66.2** उद्धताः सटाः केसराणि मुखलोमवल्लर्यो यैः] *conj.*; यतः उद्धर्तुसटाः केसराणि यैः सटा मुखलोमवल्लर्यः G_1J; यतः उद्धतास्सटाः केसराणि यैः सटा(सराटा U) मुखलोमवल्लर्यः UB^1; उद्धताः सटाः केसराणि --- लोमवल्लयो यैः P **66.2** व्यधवशाद्] G_1UB^1J; वधवशाद् P **66.2** अश्वादल्पमवनम्रः] P; वाहनादश्वादीषुदवनत G_1; वाहनादश्वादीषदुन्नत U; वाहनादश्वादीषदवनत B^1J **66.2** पूर्वदेहो] P; उत्तरकायः पूर्वदेहो G_1UB^1J

सूकराः कटितटसम्बद्धेषु तरुषु दशरथस्य बाणैः शीघ्रं स्यूतं लङ्घितं स्वं नाज्ञासिषुरिति लाघवोक्तिः॥ ६६॥

तेनातिपातरभसस्य विकृष्य पत्त्री
वन्यस्य नेत्रविवरे महिषस्य मुक्तः।
निर्भिन्नविग्रहमशोणितलिप्तशल्यस्
तं पातयां प्रथममास पपात पश्चात्॥ ६७॥

दशरथेन काननभवस्य सैरिभस्य, धावन औत्सुक्यं यस्य तस्य, नयनरन्ध्र आकृष्य शरः क्षिप्तः। शीघ्रनिर्याणान्न रुधिरेण लिप्तं फलं यस्य सः। महिषं विदारितशरीरं पूर्वं पातयामास पश्चात्तु स्वयमपतदिति वेगवत्त्वोक्तिः। पातयां प्रथममासेत्यनुप्रयोगस्य व्यवधानप्रयोगो न तथा न्याय्यः॥ ६७॥

प्रायो विषाणपरिमोषलघूत्तमाङ्गान्
खड्गांश्चकार नृपतिर्निशितैः क्षुरप्रैः।

---

67 a. तेनातिपात°] $G_1UB^1JD^MB^M_3B^M_7$Jin.; तेनातिमात्र° $PV^MB^M_1B^M_2B^M_4L^M$; तेनाभिघात° Hem.Ar.(?)Nā.; तेनातिघात° Mall. **67 c.** निर्भिन्न°] ŚAr.(?)Nā.; निर्भिद्य Hem.Mall.Jin. • °शल्य°] ŚHem.; °पुंख° Mall.Jin.Ar.Nā. **67 d.** पातयां] $G_1UPB^1J D^MV^MB^M_1B^M_2B^M_3B^M_4L^M$Hem.Mall.Ar.(?)Nā.; पातया B^M_7; घातयां Jin. **68 a.** °मोष°] ŚMall.; °मोक्ष° Hem.Jin.Ar.Nā.

66.3 कटितटसम्बद्धेषु] P; जघ (जग G_1^{ac}) नाश्रयेषु कटितसम्बद्धेषु G_1J; जघनाश्रयेषु कटिसम्बन्धेषु U; जघनाश्रयेषु कटितटसम्बद्धेषु B^1 **66.3 तरुषु**] P; वृक्षेषु G_1UB^1; मृक्षेषु J **66.3 दशरथस्य बाणैः**] P; अस्य इषुभिः शरैः G_1UB^1J **66.3 शीघ्रं**] P; सहसा शीघ्रं G_1UB^1J **66.3 स्यूतं**] P; बद्धं स्यूतं G_1UB^1J **66.3 लङ्घितं**] *conj.*; *om.* G_1UB^1J; लंघिनं P **66.3 स्वं**] P; आत्मानं G_1UB^1J **66.4 नाज्ञासिषुरिति**] P; न विविदुः नाज्ञासिषुरिति G_1UB^1J **67.1 दशरथेन**] *conj.*; तेन राज्ञा G_1UB^1J; दशरथः P **67.1 काननभवस्य सैरिभस्य**] P; वन्यस्य महिषस्य काननभवस्य सैर (सैरि B^{1pc}) भस्य G_1UB^1J **67.1 धावन औत्सुक्यं**] P; अतिपाते धावने रभस औत्सुक्यं G_1UB^1J **67.1 नयनरन्ध्र**] P; नेत्ररन्ध्रे G_1B^1J; नेत्ररन्ध्रेषु U **67.2 शरः क्षिप्तः**] P; शरो मुक्तः G_1UB^1J **67.2 शीघ्रनिर्याणान्न रुधिरेण लिप्तं फलं यस्य सः**] *conj.*; न शोणितेन लिप्तं शल्यं फलं यस्य स शरः शीघ्रनिर्याणात् G_1B^1; न शोणितेन लिप्तं शल्यं फलं यस्य शरः स शीघ्रनिर्याणात् U; शीघ्रनिर्याणान्न रुधिरेण लिप्तं शल्यं यस्य सः P; न शोणितेन लिप्तं शल्यं फलं यस्य स शिरः शीघ्रनियणात् J **67.3 महिषं विदारितशरीरं**] P; तं महिषं निर्भिन्नविग्रहं विदारितशरीरं G_1UB^1J **67.3 पूर्वं**] P; प्रथमं G_1UB^1J **67.3 पश्चात्तु स्वयमपतदिति**] P; स्वयं तु पश्चात्पपातेति G_1UB^1J **67.3 वेगवत्त्वोक्तिः**] G_1PB^1J; वेगत्वोक्तिः U **67.4 °नुप्रयोगस्य**] G_1UPJ; °नु+यो+गस्य B^1 **67.4 न्याय्यः**] B^1J; न्यायः G_1UP

शृङ्गं स दृप्तविनयाधिकृतः परेषाम्
अत्युच्छ्रितं न ममृषे न तु दीर्घमायुः॥ ६८॥

दशरथस्तीक्ष्णैरर्धचन्द्राकृतिभिः शरैर्गण्डकाख्यानुच्चशृङ्गान्मृगविशेषान् बाहुल्येन शृङ्गच्छेदेनागुरूणि शिरांसि येषां तथाविधानकरोत्। अत्युन्नतं गर्वमन्येषां न चक्षमे सः। यतः समददर्पनिवारणप्रस्तुतः। न पुनरायतं जीवितं न चक्षमे, अपि तु चक्षमे। परेषां समुच्छ्राये ऽस्य वैरम्, न तु जीवित इत्यर्थः॥ ६८॥

व्याघ्रानभीरभिमुखोत्पतितान्गुहाभ्यः
फुल्लासनाग्रविटपानिव वातरुग्णान्।
शिक्षाविशेषलघुहस्ततया निमेषात्
तूणीचकार शरपूरितवक्त्ररन्ध्रान्॥ ६९॥

---

68 d. °त्युच्छ्रितं] PD^{M}B$_{3}^{M}$B$_{4}^{M}$Mall.Ar.(?)Nā.; °त्युन्नतं G$_{1}$JV^{M}B$_{1}^{M}$B$_{2}^{M}$B$_{7}^{M}$; °भ्युन्नतं B^{1}L^{M}; °भ्युच्छ्रितं Jin.Hem. • न तु] G$_{1}$PB^{1}JD^{M}V^{M}B$_{1}^{M}$B$_{2}^{M}$B$_{4}^{M}$B$_{7}^{M}$L^{M}Mall.Hem. Ar.(?)Nā.; न च UB$_{3}^{M}$Jin. **69 b.** वातरुग्णान्] ŚJin.; वायुभग्नान् Hem.; वायुरुग्णान् Mall.Ar.(?)Nā. **69 c.** शिक्षाविशेष°] PB^{3}V^{M}B$_{1}^{Mpc}$B$_{2}^{M}$B$_{3}^{M}$Mall.Jin.Hem.Ar.Nā.; शिक्षावशेन G$_{1}$UJB$_{4}^{M}$B$_{7}^{M}$; शिक्ष्याविशैष° B$_{1}^{Mac}$; शिक्षाविवेश D^{M}L^{M}

68.1 दशरथस्] P; नरपतिः G$_{1}$UB^{1}; स नरपतिः J **68.1** तीक्ष्णैरर्धचन्द्राकृतिभिः] *conj.*; निशितैस्तीक्ष्णैः क्षुरप्रैरर्धचन्द्राकृतिभिः G$_{1}$UB^{1}; तीक्ष्णैः U; तीक्ष्णैः क्षुरमैरर्धचन्द्राकृतिभिः J **68.1** शरैर्गण्डकाख्यानुच्चशृङ्गान्मृगविशेषान्] *conj.*; शरैः खड्गान् गण्डकाख्यान् उच्चशृङ्गान्मृगविशेषान् G$_{1}$UJ; शरैरुच्चशिरान्मृगान्गाङ्गाकाख्यान् P; शरैः खड्गान् गण्डकापरनाम्न उच्चशृङ्गान्मृगविशेषान् B^{1} **68.2** बाहुल्येन] P; प्रायो बाहुल्येन G$_{1}$UB^{1}J **68.2** शृङ्गच्छेदेनागुरूणि] P; विषाणपरिमोषेण शृङ्गच्छेदेनालघूनि G$_{1}$J; विषाणपरिमोषेण शृङ्गच्छेदेन लघूनि UB^{3pc}; ⊔ नि B^{1ac} **68.2** शिरांसि] P; उत्तमाङ्गानि शिरांसि G$_{1}$UB^{1}J **68.2** तथाविधानकरोत्] G$_{1}$UB^{1}J; तांस्तथाविधांश्चकार P **68.4** अत्युन्नतं गर्वमन्येषां … जीवित इत्यर्थः] We have adopted P's text; G$_{1}$UB^{1}J continue differently: न तु प्राणरहितान्। यतो ऽसौ दृप्तानां सदर्पाणां (सदर्पाणां G$_{1}$B^{1}J, सददर्पाणां U) विनये नियमने (नियमने G$_{1}^{pc}$J^{pc}, नियमेने G$_{1}^{ac}$J^{ac}, नियमे B^{1pc}, नियमेन B^{1ac}) अधिकृतः प्रस्तुतः। अतः अत्युन्नतं शृङ्गं गर्वं (गर्वं B^{1}J, गवं G$_{1}$, गवलं U) परेषामन्येषां न चक्षमे। परेषां समुच्छ्रायो (समुच्छ्रायो G$_{1}$UJ, समु ⩡ स्य B^{1ac}, समु +मुच्छ्रा+ + गर्वस्य+ स्य B^{3pc}) वैरं न तु जीवितमित्यर्थः (जीवितमि° G$_{1}$J, जीविते इ° B^{1})। अत उक्तं न तु दीर्घमायुरिति। शृङ्गं विषाणं गर्वश्च (शृङ्गं विषाणं गर्वश्च B^{3pc}J, शृङ्गविषाणगर्वश्च G$_{1}$U, विषाणं गर्वश्च B^{1ac}) **68.4** न चक्षमे, अपि] *conj.*; चक्षमे नापि P

दशरथो निर्भयः शार्दूलान् दरीभ्यः सम्मुखमागतानभ्यासाधिक्येन चतुरकरभावेन क्षणेन निषङ्गान्व्यधात्। यतो बाणैर्भरितान्यास्यविवराणि येषां तान्। गुहाभ्यो ऽभिमुखनिस्सरणादिषुभरितास्यत्वात्पीनसटत्वाच्चोपमा। विकसितस्यासनवृक्षस्य प्रान्तशाखासञ्चयान् पवनभग्नान् यथा॥ ६९॥

निर्घातोग्रैः कुञ्जलीनाञ्जिघांसुर्
ज्यानिर्घोषैः क्षोभयामास सिंहान्।
नूनं तेषामभ्यसूयापरो ऽसौ
वीर्योदग्रे राजशब्दे मृगाणाम्॥ ७०॥

दशरथः, निर्घातः खादुत्थितः शब्दविशेषः, तद्वद्घोरैर्मौर्वीविस्फारैः, गहनेषु लतादिपिहितोदरेषु प्रदेशेष्वासीनान् सिंहान् हन्तुमिच्छुः क्षुभितानकरोत्।

---

70 c. °परो ऽसौ] Σ; °परो ऽभूत् ℭ **70 d.** मृगाणाम्] $G_1UPB^1JV^MB_1^MB_2^MB_3^MB_4^MB_7^M$ L^MHem.Jin.Ar.(?)Nā.; मृगनामं D^M(unmetrical); मृगेषु Mall.

69.1 दशरथो निर्भयः] P; अभीः निर्भयः G_1UB^1J **69.1** शार्दूलान्] *em.*; शर्दूलान् P; व्याघ्रान् G_1UB^1J **69.1** दरीभ्यः] P; गुहाभ्यो दरीभ्यः G_1UB^1J **69.1** अभ्यासाधिक्येन] P; शिक्षावशेनाभ्यासाधिक्येन G_1UB^1J **69.2** चतुरकरभावेन] P; लघुहस्ततया चतुरकत्वेन G_1U; लघुहस्ततया चतुरकरत्वेन B^1J **69.2** क्षणेन] P; निमेषात्क्षणेन G_1UB^1J **69.2** निषङ्गान्व्यधात्] P; तूणीचकार निषङ्गान्व्यधात् G_1UB^1J **69.2** यतो बाणैर्भरितान्यास्यविवराणि] P; यतः शरैः पूरितानि मुखरन्ध्राणि (नि G_1) G_1UB^1J **69.3** गुहाभ्यो ऽभिमुखनिस्सरणादिषुभरितास्यत्वात्पीनसटत्वाच्चोपमा] P; पीनस (म) टत्वादभिमुखाभि (भिः J) स्मरणादिषुपूर्णास्यत्वाच्चोपमा G_1UJ; पीनसटत्वा (पीनसधन्वा B^{1ac}) दभिमुखनिस्मरणादिषुपूर्णास्यत्वाच्चोपमा B^1 **69.4** विकसितस्यासनवृक्षस्य प्रान्तशाखासञ्चयान्] P; यथा फुल्लस्य (फल्लस्य U) निकटस्य तस्यासनवृक्षस्याग्रशाखानिचयानिव G_1UJ; यथा फुल्लस्य विकष्य तस्यासनवृक्षस्याद्रशाखासञ्चयानिव B^{1ac}; यथा फुल्लस्य विकसितस्यासनवृक्षस्याद्रशाखासञ्चयानिव B^{3pc} **69.4** पवनभग्नान् यथा] P; वातेन रुग्णान् भग्नान् G_1UB^1; वाततरुग्णान् भग्नान् J **70.1** दशरथः] P; असौ G_1UB^1; असौ दशरथः J **70.1** निर्घातः खादुत्थितः] *conj.*; निर्घातोग्रैः निर्घातः खादुत्थित° G_1J; निर्घातोग्रैः निर्घातः खादुत्थितः UP^{pc}; निर्घातोग्रैः निर्घातः खादु×त्प×त्थितः P; निर्घातोग्रैः निर्घा +तः+दुत्थितश् B^1 **70.1** शब्दविशेषः] UPB^1J; °शब्दविशेषैः G_1 **70.1** तद्वद्घोरैर्मौर्वीविस्फारैः] *conj.*; तद्वदुदग्रैर्घोरैः ज्यानिर्घोषैर्मौर्वीविस्फारैः G_1; तदुग्रैर्घोरैः ज्यानिर्घोषैर्मौर्वीविस्फारैः B^1; तद्वदुग्रैः घोरैः ज्यानिर्घोषैर्मौर्वीविस्फारैः UPJ **70.2** गहनेषु लतादिपिहितोदरेषु प्रदेशेष्वासीनान्] *conj.*; कुञ्जलीनान्गहनेष्वासीनान् $G_1UB^{1pc}J$; कुञ्जलीनान् गहनेषु लतादिपिहितोदरेषु प्रदेशेषु लीनानासीनान् P; कुञ्जलीनान्गहासीनान् B^{1ac} **70.2** हन्तुमिच्छुः] *conj.*; जिघांसुर्हन्तुमिच्छुः G_1UPB^1J **70.2** क्षुभितानकरोत्] *conj.*; क्षोभयामास क्षुभितानकरोत् G_1UB^1J; क्षोभयामास क्षोभितानकरोत् P

उत्प्रेक्ष्यते, निश्चितं तेषां सिंहानां सम्बन्धिनि मृगराजशब्दे पराक्रमोद्भटे ऽक्षमावान् पौरुषयुक्तत्वात्। स राजा ते ऽपि मृगराजाः। यदि चास्य रोषो न स्यात्, तत्किमिति निजे गुहास्थाने स्थितान् तानसौ कोपयेत्। न हि सिंहा अन्यनादं सहन्ते। शालिनी वृत्तम्॥

निर्घातः प्रोच्यते सद्भिरान्तरिक्षे महान्स्वनः॥ ७०॥

तान्हत्वा गजकुलबद्धतीव्रवैरान्
काकुत्स्थः कुटिलनखाग्रमुक्तमुक्तान्।
आत्मानं रणकृतकर्मणां द्विपानाम्
आनृण्यं गतमिव मार्गणैरमंस्त॥ ७१॥

दशरथः केसरिणो बाणैर्हत्वा द्विपानां ≪समरोपयोगिनां≫ स्वमनृणत्वं गतं कृतप्रत्युपकारमिवाबुद्ध। यतो हस्तिसमूहैः सह †बद्धं तीव्रं वैरं यैस्तान्†। अत

---

71 b. °मुक्तमुक्तान्] Σ; °लग्नमुक्तान् $\mathfrak{C}$ **71 c.** द्विपानाम्] G$_1$UPB^{1}JD^{M}V^{M}B$_2^M$B$_3^M$B$_4^M$ B$_7^M$L^M; गजानाम् B$_1^M$Hem.Mall.Jin.Ar.Nā.

70.7 निर्घातः प्रोच्यते सद्भिरान्तरिक्षे महान्स्वनः। Source unknown.

70.3 निश्चितं] *conj.*; नूनं निश्चितं G$_1$UPB^{1}J **70.3** पराक्रमोद्भटे] P; वीर्योणोदग्रे उद्धते राजशब्दे G$_1$; वीर्येणोदग्रे उद्धते राजशब्दे UB^{1}J **70.4** ऽक्षमावान्] *conj.*; अभ्यसूयापरः अक्षमावान् पौरुषयुक्तत्वात् G$_1$UPB^{3pc}J; अभ्यसूयापरः अक्षमावयुक्तत्वात् B^{1ac} **70.4** °राजाः] G$_1$UPJ; °राजानः B^3 **70.5** निजे] G$_1$UB^{3}J; निज° P **70.5** तानसौ] G$_1$UB^{3}J; तान P **70.6** शालिनी] *em.*; मालिनी G$_1$UPB^{3}J **70.7** °रान्तरिक्षे महान्स्वनः] G$_1$; °रन्तरिक्षो महान्स्वनः U; °रान्तरिक्षो महान्ध्वनिः P; °रान्तरिक्षे महान्ध्वनिः B^{3pc}; °रान्तरिक्षे महाहा B^{1ac}(unmetrical); °रान्तरिक्षो महान्स्वन इति J **71.1** दशरथः] *conj.*; काकुस्थः G$_1$B^{1ac}; काकुत्स्थः UB^{3pc}; काकुत्स्थो दशरथः PJ **71.1** केसरिणो बाणैर्] *conj.*; तान्मार्गणैर् G$_1$UB^{1}J; ता न्क स रि ण मा र्ग ण र् P (tops missing) **71.1** समरोपयोगिनां] *conj.* (cf. Jin.); समरे कृतकर्मणां G$_1$UPB^{1}J **71.2** स्वमनृणत्वं गतं कृतप्रत्युपकारमिवाबुद्ध] *conj.*; आत्मानमनृणत्वगतमिवामंस्ताबुद्ध G$_1$; आत्मानमनृणत्वं गतमिवामंस्ताबुद्ध UB^{1}J; आत्मानं स्वमनृणत्वं गतम् कृत्युपकारमिवामंस्ताबुद्ध P **71.2** हस्तिसमूहैः सह] *conj.*; गजकुलैर्हस्तिसमूहैस्सह G$_1$UPB^{1}J **71.2** बद्धं] UPB^{1}J; बद्ध G$_1$

एव ≪तद्विदारणादनृजुकरजप्रान्तमुक्तमुक्ताफलान्≫। प्रहर्षिणी वृत्तम्॥ ७१॥

द्रुतमन्वपतत्क्वचिच्च यूथं
चमराणां शरलग्नवालधीनाम्।
नृपतीनिव ताञ्जगाम शान्तिं
सितवालव्यजनैर्वियोज्य सद्यः॥ ७२॥

क्वचिद्देशे स राजा चमराख्यानां प्राणिविशेषाणां कुलं ≪शीघ्रम्≫ अनुययौ। तांश्च श्वेतपुच्छचामरैर्विवर्ज्य तत्क्षणाज्जिघांसानिवृत्तिमगमत्। क्रोधं मुमोच। राज्ञो यथा। राजान्तराणामसौ किल धवले च्छत्रचामरे न सेहे। ननु चमरा वेगवाहिनः। कथं तेनासादिता इत्याह। काण्डगहनेषु लग्नाः पुच्छा येषाम्, प्रियवालत्वाच्च ते मरणमप्यूरीकुर्वते, न तु वालमुत्त्रोत्य पलायन्ते। औपच्छन्दसं वृत्तम्॥ ७२॥

अपि तुरगसमीपादुत्पतन्तं मयूरं
न स रुचिरकलापं बाणलक्ष्यीचकार।

---

72 ab.] Σ; चमरान्परितः प्रवर्तिताश्वः क्वचिदाकर्णविकृष्टभल्लवर्षी 𝕮 **72 cd.** ताञ्जगाम शान्तिं सितवालव्यजनैर्वियोज्य सद्यः] Ś; तान्वियोज्य सद्यः सितवालव्यजनैर्जगाम शान्तिम् Hem.Mall.Ar.(?)Nā. (Jin. unclear) **73 b.** °लक्ष्यी°] G_1UPB[1]J$D^M V^M B_2^M B_3^M B_4^M B_7^M L^M$Mall.; °लक्षी° B_1^MHem.Ar.(?)Nā.Jin.

71.3 अत एव] G_1UJ; अतस् PB[1] **71.3** तद्विदारणादनृजुकरजप्रान्तमुक्तमुक्ताफलान्] *conj.*; तद्विदारणादनृजूनां करजप्रान्तानां मुक्तानि मुक्ताफलानि येषां कुटिलनखाग्रेभ्यो मुक्तानि मुक्ताफलानि यैस्तान् G_1; तद्विदारणादनृजूनां करजप्रान्तानां मुक्तानि मुक्ताफलानि येषां कुटिलनखाग्रेभ्यो मुक्तानि मुक्ताफलानि वा यैस्तान् U; तद्विदारणादनृजूनां करजप्रान्तानां मुक्तानि मुक्ताफलानि वा यैस्तान् P; तद्विदारणात् कुलनखाग्रेभ्यो मुक्तानि मुक्ताफलानि येषां B[1]; तद्विदारणादनृजूनां करजप्रान्तानां मुक्तानि मुक्ताफलानि येषां कुटिलनखाग्रे मुक्तानि मुक्ताफलानि वा यैस्तान् J **72.1** प्राणिविशेषाणां] G_1UB[1]J; प्राणिनां P **72.1** कुलं शीघ्रमनुययौ] *conj.*; यूथमन्वपतत् अनुययौ G_1UB[1]J; कुलमन्वपतत् अनुययौ P **72.2** श्वेतपुच्छचामरैर्विवर्ज्य] *conj.*; सितवालव्यजनैर्वियोज्य UB[1]J; सितव्यालव्यजनैर्वियोज्य G_1; सितवालव्यजनैर्वियोज्य श्वेतैर्वालव्यजनैर्वियोज्य विवर्ज्य P **72.2** तत्क्षणाज्जिघांसा°] *conj.*; शान्तिं सद्यो जिघांसाया (जिघांसया U) G_1UB[1]J; सद्यः शान्तिं तत्क्षणात् जिघांसा° P **72.4** चमरा] G_1PB[1]J; चामरा U **72.4** तेनासादिता] UPB[1]J; तेनासिता G_1 **72.4** काण्डगहनेषु] *conj.*; शरेषु काण्डगहनेषु G_1UPB[1]J **72.4** लग्नाः पुच्छा] *conj.*; लग्ना वाल (वालु G_1) धयः पुच्छा G_1UPB[1]J **72.5** °त्वाच्च ते] G_1UJ; °त्वान्ते B[1] **72.5** वालमुत्त्रोत्य] P; वालत्रुटनभयात् G_1UB[1]J

सपदि गतमनस्कश्छिन्नमाल्यानुकीर्णे
रतिविलुलितबन्धे केशपाशे प्रियायाः॥ ७३॥

राजाश्वनिकटादपि पलायमानं रम्यपक्षपूगं केकिनं शरस्य शरव्यं नाकरोत्। न विव्याधेत्यर्थः। यतो ऽसौ सादृश्येन निधुवनाकुलितरचने त्रुटितापीडपुष्पव्याप्ते कान्तायाः केशकलापे तत्कालं गतचित्तः। अतस्तदनुकारो ऽप्यस्य प्रिय एव। मालिनी वृत्तम्॥ ७३॥

तस्य कर्कशविहारसम्भवं स्वेदमाननविलग्नजालकम्।
आचचाम सतुषारशीकरो भिन्नपल्लवपुटो वनानिलः॥ ७४॥

दशरथस्य घर्मजलं कठिनखेटकक्रीडासमुत्थं काननवातो व्यनाशयत्। ≪मुखश्लिष्टकणसमूहम्≫। शीतजलकणयुक्तः। भग्नाः पत्रपूगानां संश्लेषाः कवाटा येनेति सौरभमार्दवोक्तिः। रथोद्धता वृत्तम्॥ ७४॥

इति विस्मृतान्यकरणीयमात्मनः

---

73 c. °छिन्न°] ŚAr.Nā.; °चित्र° Hem.Mall.Jin. **73 d.** °विलुलितबन्धे केशपाशे] $G_1UB^1JD^MV^MB_1^MB_3^MB_7^M$; °विललितबन्धे केशपाशे B_2^M; °विलुलितबन्धे केशहस्ते PB_4^M; °विगलितबन्धे केशपाशे L^MHem.Mall.Jin.; °विगलितबन्धे केशहस्ते Ar.(?)Nā. • प्रियायाः] Ś𝕮; सुकेश्याः Hem.^{vl} **74 c.** आचचाम सतुषारशीकरो] $G_1UPB^1JV^MB_1^MB_2^MB_3^MB_4^MB_7^ML^M$Mall.Ar.^{vl}; आचचास मतुषारशीकरो D^M; आचचाम सतुषारसीकरो Hem.; आचचाम सतुषारशीतलो Ar.Nā.; आससाद सतुषारशीकरो Jin.

73.1 राजा] *conj.*; स राजा G_1UPB^1J **73.1** अश्वनिकटादपि] *conj.*; तुरगसमीपादश्वनिकटादपि G_1UPB^1J **73.1** केकिनं] *conj.*; मयूरं केकिनं G_1UPB^1J **73.1** शरस्य शरव्यं नाकरोत्] *conj.*; बाणलक्ष्यीचकार शरव्यं नाकरोत् G_1; न बाणलक्ष्यीचकार शरव्यं नाकरोत् UB^1J; न बाणलक्षीचकार शरस्य शरव्यं नाकरोत् P **73.3** तत्कालं] *conj.*; सपदि तत्कालं G_1UPB^1J **73.3** गतचित्तः] *conj.* (cf. Jin.); गतमनस्कः G_1UPB^1J **74.1** दशरथस्य] *conj.*; तस्य राज्ञः G_1UPB^1J **74.1** घर्मजलं] *conj.*; स्वेदं घर्मजलं G_1UPJ; स्वेदं जन्मजलं B^1 **74.1** कठिनखेटक°] P; कठिन° G_1UB^1J **74.1** काननवातो] *conj.*; वनवात G_1UPB^1J **74.1** व्यनाशयत्] *conj.*; आचचाम व्यनाशयत् G_1UPB^1J **74.2** मुखश्लिष्टकणसमूहम्] *conj.* (cf. Jin.); आनने मुखे विलग्नं श्लिष्टं जालकं कि(क G_1)रणसमूहो यस्य G_1UJ; आनने मुखे विलग्नं श्लिष्टं जालकं कणसमूहो यस्य PB^1 **74.2** शीतजलकणयुक्तः] *conj.*; कीदृशो वातः शीतजलकणयुक्तः UPB^1; कीदृशो वातः शीतजलकणकीदृशो युक्तः G_1J **74.2** भग्नाः] *conj.*; भिन्नाः G_1UB^1J; भिन्नाः भग्नाः P **74.2** पत्रपूगानां] *conj.*; पल्लवपुटानां पत्रपूगानां G_1UPB^1J **74.2** संश्लेषाः कवाटा] *conj.*; पुटास्संश्लेषाः कवाटा G_1UPB^1J **74.3** सौरभमार्दवोक्तिः] UP; सौरभमान्दवोक्तिः G_1B^1; सोरभमार्दवोक्तिः J

सचिवावलम्बितधुरं नराधिपम्।
परिवृद्धरागमनुबन्धसेवया
मृगया जहार चतुरेव कामिनी॥ ७५॥

इत्थं राजानमाखेटिका वशीचकार। प्रवीणा ललनेव। सन्तताभ्यासेन ≪वृद्धिं गतो≫ रसो यस्य तम्। व्यसनेषु ह्यत्यन्तसेवया राग उपजायते, अतश्च विस्मृतात्मीयकार्यान्तरं ≪मन्त्रिधृतकार्यभारम्, इति≫ राज्ये विपक्षभयाभावमाह। सुमङ्गली वृत्तम्॥ ७५॥

स ललितकुसुमप्रवालशय्या
ज्वलितमहौषधिदीपिकासनाथाः।
वनरतिरतिवाहयां बभूव
क्वचिदसमेतपरिच्छदस्त्रियामाः॥ ७६॥

राजा कुत्राप्यसङ्घटितशय्याद्युपकरणभाण्डो मृगयाप्रसक्तो निशा निनाय। †ललितानि रम्याणि यानि कुसुमानि प्रवालानि च तान्येव शय्याः खट्वा यासु ताः†। दीप्तबृहदोषधिभिरेव दीपिकाभिरलङ्कृताः। पुष्पिताग्रा वृत्तम्॥ ७६॥

उषसि च गजयूथकर्णतालैः

---

75 b. नराधिपम्] ŚMall.; धराधिपम् Hem.Jin.; धरापतिम् Ar.(?)Nā. **76 a.** °शय्या] Σ; °शय्यां ℭ **76 b.** °सनाथाः] Σ; °सनाथाम् ℭ **76 c.** वनरति°] *conj.*; नरपति° Σ **76 d.** त्रियामाः] Σ; त्रियामाम् ℭ **77 a.** च] Hem.Jin.; स ŚMall.Ar.Nā.

---

75 सन्तताभ्यासेन ··· ह्यत्यन्तसेवया] *om.* G_1(eyeskip) **76 b.** B_5^M resumes here with सनाथाः। नरपति°...

75.1 इत्थं] *conj.*; इतीत्थं G_1UPB^1J **75.1** राजानमाखेटिका] *conj.*; नराधिपं राजानं मृगया आखेटिका G_1PB^1J; नराधिपं राजानं मृगया आखेटका U **75.1** वशीचकार] *conj.*; जहार वशीचकार G_1UPB^1J **75.1** ललनेव] P; कामिनीव कीदृशमनुबन्धसेवया G_1UB^1J **75.2** वृद्धिं गतो] *conj.* (cf. Jin.); परिवृद्धो UPB^1J **75.2** रसो] *conj.*; रागो रसो UB^1J; रागो P **75.2** ह्यत्यन्तसेवया] PB^{3pc}; ह्यन्तसेवया $UB^{1ac}J$ **75.3** मन्त्रिधृतकार्यभारमिति] *conj.* (cf. Jin.); सचिवैरवलम्बिता धृता धूः कार्यभार्यो यस्येति G_1PB^1J; सचिवैरवलम्बिता धृताः श्रिता धूः कार्यभार्यो यस्येति U **75.3** राज्ये] PB^1; राज्ञो G_1UJ **75.4** सुमङ्गलीवृत्तम्] B^1; समङ्गलीवृत्तम् G_1P; समतालीवृत्तम् U; *om.* J **76.1** राजा] *conj.*; स राजा Σ **76.1** मृगयाप्रसक्तो] G_1UB^1J; वनरतिः मृगयासक्तो P **76.1** निशा] G_1PB^1J; निशां U

पटहपटुध्वनिभिर्विनीतनिद्रः।
अरमत मधुरस्वनानि शृण्वन्
विहगविकूजितवन्दिमङ्गलानि॥ ७७॥

प्रभाते चासावसमेतपरिच्छदो †मधुरस्वनानि† शकुनरुतान्येव मागधानां मङ्गलवाक्यान्याकर्णयंश्चिक्रीड। ≪करिकुलश्रवणशब्दैः≫ आनकवदुच्चः शब्दो येषां तैः विबुद्धः। द्विरदकर्णध्वनय एव पटहपटुध्वनयः। चशब्दो ऽसमेतपरिच्छदानुवृत्त्यर्थः। वृत्तं पुष्पिताग्रैव॥ ७७॥

अथ जातु रुरोर्गृहीतवर्त्मा विपिने पार्श्वचरैरलक्ष्यमाणः।
श्रमफेनमुचा तपस्विगाढां तमसां प्राप नदीं तुरङ्गमेण॥ ७८॥

अनन्तरं कदाचिदसौ प्रवृद्धमृगयारागस्तुरगेण रुरुमृगमनुसरन्ननुचरैरदृष्ट एव गहने मुनिजनाक्रान्तां तमसाख्यां नदीमाससाद। जवेन लालाजलं स्वेदं वा मुञ्चति यस्तेनाश्वेन। औपच्छन्दसिकं वृत्तम्॥ ७८॥

---

77 b. पटहपटु°] $G_1UPB^1JD^MV^MB^M_2B^M_3B^M_4B^M_5B^M_7$ Ar.Nā.; पटुहपटु° B^M_1; पटुपटह° Hem.Mall.Jin. **77 c.** मधुरस्वनानि] **Ś**; मधुराणि तत्र Hem.Mall.; मधुरस्वराणि Ar.Nā. Jin.

77.1 मधुरस्वनानि] $G^{pc}_1PB^{1pc}$; मध्वरस्वनाणि G^{ac}_1; मधुरस्वरानि U; मधुरस्वराणि B^{1ac} J **77.1** °रुतान्येव] UPB^1J; °व्रतान्येव G_1 **77.1** मागधानां] *conj.*; वन्दिनां मागधानां G_1UPB^1J **77.2** चिक्रीड] B^{3ac}; अरमत चिक्रीड $G_1UPB^{3pc}J$ **77.2** करिकुलश्रवणशब्दैः] *conj.*; गजयूथानां करिकुलानां कर्णतालैः श्रवणशब्दैः G_1UPB^1J **77.2** आनकवदुच्चः] *conj.*; पटहवदानकवत्पटुरुच्चो G_1UB^1J; पटहदानकवत्पटुरुच्चो P **77.2** शब्दो] *conj.*; ध्वनिशब्दो G_1B^1J; ध्वनिः शब्दो UP **77.3** विबुद्धः] *conj.*; विनीतनिद्रो विबुद्धः G_1UPB^1J **77.3** द्विरदकर्णध्वनय एव पटहपटुध्वनयः] PB^1; द्विरदकर्णध्वनयः G_1UJ **77.4** ऽसमेतपरिच्छदानुवृत्त्यर्थः] P; °समवेतपरिच्छदानुवृत्त्यर्थः B^1; ससमेतपरिच्छदानुवृत्यर्थः (?) G_1; ऽसमेतपरिच्छेदानुवृत्त्यर्थः U; ऽसमेतपरिच्छानुवृत्त्यर्थः J **77.4** वृत्तं] PB^1; *om.* G_1UJ **78.1** अनन्तरं कदाचिदसौ] *conj.*; अथ कदाचिदसौ G_1UB^1; अथानन्तरं कदाचिदसौ P; अथ कदाचिदसौ राजा दशरथः J **78.1** °रागस्] G_1UPJ; °रावः B^1 **78.1** तुरगेण] G_1B^1J; तुरङ्गमेन U; तुरगेनाश्वेन रुरोर्मृगभेदस्यानुमार्गो P **78.2** गहने] UPB^1; गृहने G_1; वहने J **78.2** नदीमाससाद] *conj.*; नदीम् प्राप ससाद $G_1UB^{1ac}J$; नदीं प्रापाससाद PB^{1pc} **78.2** जवेन लालाजलं] *conj.*; श्रमफेनमुचा जवेन श्रमफेनाललाजलं G_1; श्रमफेनमुचा जवेन श्रमल+ा+लाजर्णं U; श्रमफेनमुचा जवेन श्रमफेणं लालाजलं P; श्रमफेनमुचा जवेन श्रमफेनां लालाजलं B^1; श्रमफेनमुचा जवेन श्रमफेनाललाजवं J **78.3** यस्तेनाश्वेन औपच्छन्दसिकं वृत्तम्] UB^{3pc}; यस्तेनाश्वेन औपच्छन्दसकं वृत्तम् G_1J; यस्तेनाश्वेन PB^{1ac}

कुम्भपूरणभवः पटुरुच्चैरुच्चचार निनदो ऽम्भसि तस्याः।
तत्र स द्विरदबृंहितशङ्की शब्दपातिनमिषुं विससर्ज॥ ७९॥

तमसाया जले घटपूरणजातो गम्भीरो रवो महानुदपादि। राजा तत्र प्रदेशे गजगलगर्जितशङ्कया शब्दवेधित्वाच्छरं चिक्षेप। शब्दे पतति व्रजतीति तम्। स हि विनापि दृष्टिगोचरं शिक्षितत्वाच्छब्दानुसारेण लक्ष्यवेधी। स्वागता वृत्तम्॥ ७९॥

नृपतेः प्रतिषिद्धमेव तत्कृतवान्पङ्क्तिरथो ऽविशङ्क्य यत्।
अपथे पदमर्पयन्ति हि श्रुतवन्तो ऽपि रजोनिमीलिताः॥ ८०॥

दशरथो यदविचार्येत्थमकार्षीत् तद्राज्ञः सकलशास्त्रवेदिनः प्रसभकारिनिग्राहिणो निषिद्धमेव, न तु कृत्यम्। पङ्क्तिशब्देन पङ्क्तिच्छन्दस्सम्बन्धाद् दशसंख्या लक्ष्यते। तया तु दशशब्दः। निषिद्धं चेत्कथमकृतेत्याह। यस्माच्छास्त्रज्ञा अपि मोहेनान्धकारिताः सन्तः कुमार्गे चरणं निदधते। अन्धस्य च स्खलने का वाच्यता। शास्त्रज्ञानां च मोहलवो भवत्येव। वैतालीयं वृत्तम्॥ ८०॥

ततस्तेनेषुणासौ मुनिकुमारमवधीत्।

---

80 ab. तत्कृतवान्...यत्] Σ; यत्कृतवान्...तत् Hem. **80 b.** ऽविशङ्क्य] $G_1UPB^1JV^M B_1^M B_2^M B_3^M B_4^M B_5^M B_7^M$ Hem.Ar.Nā.Jin.; विशङ्क L^M; विशङ्कि D^M; विलङ्घ्य Mall.

79.1 तमसाया] *conj.*; तस्यास्तमसाया G_1PB^1J; तस्या अस्तसमया U **79.1** जले] *conj.*; अम्भसि जले G_1UPB^1J **79.1** गम्भीरो] *conj.*; पटुगम्भीरो G_1B^1J; पटुर्गम्भीरो U; पटुः गम्भीरा P **79.1** महानुदपादि] *conj.*; महानुच्चचारोदपादि G_1UPB^1J **79.1** राजा] G_1UB^1; स राजा P; राजा दशरथः J **79.2** गजगल°] G_1PB^1J; गजगण° U **79.2** °वेधित्वाच्छरं] *conj.*; °वेदित्वाच्छरं G_1UB^1J; °वेदित्वशरं P **79.3** °च्छब्दानु°] PB^1; °च्छन्दानु° G_1UJ **79.3** °वेधी] UPB^1J; °वीधी G_1 **79.4** स्वागता°] G_1PB^1J; स्वागतानु° U **80.1** दशरथो] *conj.*; पङ्क्तिरथो दशरथो G_1UPB^1J **80.1** यदवि°] G_1PB^1; यदि वि° UJ **80.1** °त्थमकार्षीत्] *conj.*; °त्थं कृतवान्नकार्षीत् G_1UPB^1J **80.2** प्रसभ°] G_1UPB^1; प्रसभा° J **80.2** °निग्राहिणो] PB^{3pc}; °निग्राहिणी G_1UB^{1ac} J **80.2** पङ्क्तिच्छन्दस्सम्बन्धाद्] B^1; पङ्क्तिशब्दस्सम्बन्धाद् G_1U; पङ्क्तिशब्दसम्बन्धाद् P J **80.3** दशशब्दः] G_1PB^1J; दशरथः U **80.3** °कृतेत्याह] G_1UPB^1; °कृत्येत्याह J **80.4** मोहेनान्धकारिताः] *conj.*; रजसा मोहेन निमीलिता अन्धकारिताः G_1UPB^1; रजसा मोहेन निमीलिताः अंधकारितः J **80.4** सन्तः] $G_1^{pc}UPB^1J$; सन्ताः G_1^{ac} **80.4** कुमार्गे] *conj.*; अपथे कुमार्गे G_1UPB^1J **80.4** चरणं निदधते] *conj.*; पदं चरणमर्पयन्ति निदधते G_1UPB^1; पदं चरणमर्पयंति निदधे J **80.5** °ज्ञानां] UPB^1; °ज्ञतां G_1J **80.5** भवत्येव] B^1; भवतीव G_1J^{pc}; भवतीति U; भव--- P; भवतीवि J^{ac} **80.5** वैतालीयं] UPB^1J; वैतालीय° G_1

हा तातेति क्रन्दितमाकर्ण्य विषण्णस्
तस्यान्विष्यन्वेतसगूढप्रभवं सः।
शल्यप्रोतं वीक्ष्य सकुम्भं मुनिपुत्रं
तापादन्तःशल्य इवास क्षितिपो ऽपि॥ ८१॥

तस्य च पीडावशात् हा तातेत्थं दीनध्वनिं श्रुत्वा किमेतदकार्यं मया कृतमिति स राजा विषादमगमत्। ततस्तस्य क्रन्दितस्य स्थानं वेतसवृक्षान्तर्हितं सदन्वियेष, ततो राजा सघटमृषिसुतं शरफलेन स्यूतमालोक्य पश्चात्तापाद्धृद्गतशल्य इवासीत्। मत्तमयूरं वृत्तम्॥ ८१॥

तेनावतीर्य तुरगात्प्रथितान्वयेन
पृष्टान्वयः स जलकुम्भनिषण्णदेहः।
तस्मै द्विजेतरतपस्विसुतं स्खलद्भि-
रात्मानमक्षरपदैः कथयां बभूव॥ ८२॥

ख्यातवंशेन तेन राज्ञाश्वादवरुह्य, अनुयुक्तवंशः स मुनिसुतो वारिघटे लग्नं

---

81 b. °विष्यन्] Σ; °विच्छन्° Ar.Nā. **81 c.** वीक्ष्य] Σ; प्रेक्ष्य **C** **81 d.** इवास] *conj.*; इवासीत् Σ **82 b.** °निषण्णदेहः] $PD^MV^MB_2^MB_3^MB_4^MB_5^{Mpc}$**C**; °निषण्णपार्श्वः $G_1UB^1JB_1^MB_7^ML^M$; °निषण्ण B_5^{Mac} **82 c.** द्विजेतर°] Σ; द्विजोत्तर° $Ar.^{vl}$ • °सुतं] $B_2^MB_5^M$ (?) Hem.Mall.Ar.Nā.; °सुतः $G_1UPB^1JV^M$ (?) $B_1^MB_3^MB_4^MB_7^ML^M$ Jin.; °ततः D^M

81.1 पीडा°] G_1UPJ; पीड° B^1 **81.1** तातेत्थं] *conj.*; तातेति इत्थं क्रन्दितं G_1PB^1J; तातेति इत्थं क्रन्दित° U **81.1** दीनध्वनिं] UPB^1J; दीनाध्वनिं G_1 **81.2** राजा] G_1UPB^1; राजा दशरथो J **81.2** स्थानं] *conj.*; प्रभवं स्थानं G_1UPB^1J **81.2** °वृक्षान्तर्हितं] UJ; °वृक्षन्तर्हितं G_1; °वृक्षान्तरितं PB^1 **81.3** सदन्वियेष] UPB^1J; सदन्वयेष G_1 **81.3** °सुतं] G_1UPB^1; °पुत्रं J **81.3** शरफलेन] *conj.*; शल्येन शरफलेन G_1UPB^1; शल्येन शफलेन J **81.4** पश्चात्तापाद्धृद्गतशल्य] *conj.*; पश्चात्तापादन्तःशल्यो हृद्गतशल्य G_1UPJ; सश्चात्तापादन्तःशल्यो हृद्गतशल्य B^1 **81.4** मत्तमयूरं] UPB^1; मत्तमयूर° G_1; स तु मयूर° J **82.1** °वरुह्य] G_1UB^1J; °वतीर्य P **82.1** अनुयुक्तवंशः] *conj.*; पृष्टान्वयः सन् G_1UB^1J; पृष्टान्वयो ऽनुयुक्तवंशः P

पार्श्वं यस्य राज्ञे स्वं राजर्षिपुत्रं वर्णरूपैः पदैः, न तु समस्तैः, अकथयत्। तैरपि स्खलद्भिरित्यतिव्यथाप्रतिपादनम्। वर्णत्रयवाचकत्वे ऽपि द्विजशब्देनात्रौचित्यादाद्य एव वर्ण उच्यते। तदितरः क्षत्रियः। आर्षे विप्र एवासौ वर्णितः। पदानां सङ्घटयितुमशक्यत्वादक्षरपदैरित्युक्तम्॥ ८२॥

तच्चोदितश्च तमनुद्धृतशल्यमेव
पित्रोः सकाशमवसन्नदृशोर्निनाय।
ताभ्यां तथागतमवेत्य तमेकपुत्रम्
अज्ञानतः स्वचरितं च नृपः शशंस॥ ८३॥

दशरथस्तेन मुनिपुत्रेण «प्रेरितः» सन् तं मातापित्रोः «समीपम्» अनैषीत्। अनुत्खातशरम्। अन्धयोः। मातापितृभ्याम्, तमेकपुत्रं तामवस्थां प्राप्तं ज्ञा-

---

83 a. तच्चोदितश्च] ŚMall.; तच्चोदितः स Hem.Ar.Nā.; तन्नोदितश्च Jin. **83 c.** °मवेत्य] $G_1UB^1JB_1^MB_4^MB_5^{Mpc}B_7^M$ (Jin.?); °मुपेत्य $PD^MV^MB_2^MB_3^ML^M$Hem.Mall.Ar.Nā.; म ⏑त्य B_5^{Mac} **83 d. स्वचरितश्च नृपः**] Ar.Nā.Jin.; स्वचरितं नृपतिः] Σ

82.2 वारिघटे लग्नं पार्श्वं यस्य] *conj.*; जलकुम्भे निषण्णं पार्श्वं यस्य सः तस्मै G_1UB^1J; वारिघटे निषण्णं लग्नं पार्श्वं यस्य तस्मै P **82.2 स्वं**] *conj.*; आत्मानं तस्य G_1UJ; आ त्मा न स्व P (tops missing); आत्मानं B^1 **82.2 राजर्षिपुत्रं**] *conj.*; द्विजेतरतपस्विसुतो राजर्षिसुतः G_1UJ; द्वि ज त र त प स्वि सु त रा ज र्ष पु त्र P (tops missing); द्विजेतरतपस्विसुतं राजर्षिसुतं B^1 **82.2 वर्णरूपैः पदैः**] *conj.*; स्खलद्भिरक्षरपदैः वर्णरूपैः पदैः G_1UB^1J; अक्षरपदैः वर्णरूपैः पदैः P **82.2 अकथयत्**] *conj.*; *om.* G_1UB^1J; कथयां बभूवाकथयत् P **82.3 तैरपि**] G_1UB^1J; सङ्घटयितुमशक्यत्वात्तैरपि P **82.3** °तिव्यथाप्रतिपादनम्] $UPB^{3pc}J$; °तिविथरप्रतिपादनम् G_1; ⏑व्यथाप्रतिपादनम् B^{1ac} **82.3 वर्णत्रयवाचकत्वे**] P; कथयां बभूवाकथयत् वर्णत्रयवाचकत्वे $G_1UB^{3pc}J$; कथयां बभूवाकथयत् वर्णत्रयवाचके(?) B^{1ac} **82.4** °त्रौचित्यादाद्य] UPB^1J; ⊔ त्याद्याद्य G_1 **82.4 तदितरः**] G_1UB^1J; तदिरः P **82.5 पदानां**] UJ; पादानां G_1PB^1 **82.5** °शक्यत्वा°] G_1P; °शक्तत्वा° UB^1J **83.1 दशरथस्तेन मुनिपुत्रेण प्रेरितः**] *conj.* (cf. Jin.); नृपतिस्तच्चोदितश्च तेन मुनिपुत्रेण चोदितः G_1UPB^1; नृपतिर्दशरथः तच्चोदितश्च तेन मुनिपुत्रेण नोदितः J **83.1 मातापित्रोः समीपमनैषीत्**] *conj.* (cf. Jin.), पित्रोर्मातापित्रोस्सकाशं निनाय अनैषीत् G_1UPB^1J **83.2 अनुत्खातशरम्**] *conj.*; अनुद्धृतशल्यमनुत्खातशरम् G_1UPB^1J **83.2 अन्धयोः**] *conj.*; अवसन्नदृशोः अन्धयोः G_1UPB^1J **83.2 मातापितृभ्याम्**] *conj.*; ताभ्यां मातापितृभ्यां G_1PB^1J; ताभ्यां मातृपितृभ्यां U

त्वा, अज्ञानाच्चात्मचरितमकथयत्। आर्षे तु नदीतीर एव शरोद्धरणान्मृत इति वर्णितम्॥ ८३॥

तौ दम्पती बहु विलप्य शिशोः प्रहर्त्रा
शल्यं निखातमुदहारयतामुरस्तः।
सो ऽभूत्परासुरथ भूमिपतिं शशाप
हस्तार्पितैर्नयनवारिभिरेव वृद्धः॥ ८४॥

तौ जायापती चिरं शोचित्वा प्रहर्त्रा राज्ञा दारकस्य वक्षसः शरं मग्नमुदचीखनताम्। ततः शरोद्धरणवशात्स दारको मृतो ऽभवत्। अनन्तरं करनिहितैर्बाष्पतोयैरेव मुनिर्नृपमशपत्। जलपातपूर्वकं हि शापप्रदानम्॥ ८४॥

दिष्टान्तमाप्स्यति भवानपि पुत्रशोकाद्
अन्ते वयस्यहमिवेति तमुक्तवन्तम्।
आक्रान्तपूर्वमिव मुक्तविषं भुजङ्गं
प्रत्याह कोसलपतिः प्रथमापराद्धः॥ ८५॥

---

85 b. अन्ते] $VD^{M}V^{M}B_2^{M}B_3^{M}B_4^{M}B_7^{M}L^{M}$Hem.Ar.Nā.Jin.; अन्त्ये $B_1^{M}B_5^{M}$Mall. **85 c.** मुक्तविषं] ΣHem.^{vl}; मुक्तमुखं Hem. **85 d.** प्रत्याह] Σ; प्रोवाच ℭ

83.3 तामवस्थां प्राप्तं ज्ञात्वा] *conj.*; तथागतं तमवस्थां प्राप्तामवेत्य ज्ञात्वा G_1; तथागतं तामवस्थां प्राप्तमवेत्य ज्ञात्वा UB^1J; तथागतं तामवस्थां प्राप्तं प्राप्य P **83.3** अज्ञानाच्चात्मचरितमकथयत्] *conj.*; अज्ञानतो ऽज्ञानाच्च स्वचरितं शशंसाकथयत् G_1UB^1J; अज्ञानतः अज्ञानाच्च स्वचरितं आत्मचरितं शशंसाऽकथयत् P **83.3** आर्षे] $G_1UPB^{3pc}J$; आर्षी B^{1ac} **83.3** नदीतीर] $G_1^{pc}UPB^1$; नदीतेर $G_1^{ac}J$ **83.3** एव] UPB^1J; इव G_1 **84.1** जायापती] *conj.*; दम्पती G_1UB^1J; दम्पती जायापती P **84.1** चिरं] *conj.*; बहु चिरं G_1UPB^1J **84.1** शोचित्वा] *conj.*; विलप्य शोचित्वा G_1UPB^1J **84.1** प्रहर्त्रा] G_1B^1U; प्रहर्ता J **84.1** दारकस्य] *conj.*; शिशोर्दारक G_1; शिशोर्दारकस्य UPB^1; शिशोर्बालकस्य J **84.1** वक्षसः शरं] *conj.*; *om.* G_1; वक्षसश्शल्यं UPB^1J **84.2** मग्नमुदचीखनताम्] *conj.*; *om.* G_1; निखातं मग्नमुदहारयताम् उदचीखनताम् UPJ; निखातमग्नमुदहारयताम् उदचीखनताम् B^1 **84.2** ततः] PB^1; *om.* G_1; अतश्च UJ **84.2** दारको मृतो ऽभवत्] *conj.*; दारकः परासुरभूत् मृतो ऽभवत् G_1UPB^1J **84.2** अनन्तरं] *conj.*; ततः G_1UB^1J; अथाऽनन्तरं P **84.3** मुनि°] *conj.*; वृद्धो मुनि° Σ **84.3** जलपात°] G_1UB^1J; जलदान° P

राजा पूर्वापराधी ऋषिमित्थं कथितवन्तं पुनरवदत्। किमुक्तवन्तमिति कोपनिरासमाह—न केवलमहं मरणं सुतदुःखादाप्नोमि, यावद्भवानपि वार्द्धके पुत्रशोकात्पञ्चत्वं लप्स्यतीति। प्रथमं पादमृदितं «सर्पम्» इवोत्सृष्टगरलम्॥ ८५॥

शापो ऽप्यदृष्टतनयाननपद्मशोभे
सानुग्रहो भगवता मयि पातितो ऽयम्।
कृष्यां दहन्नपि खलु क्षितिमिन्धनेद्धो
बीजप्ररोहजननीं ज्वलनः करोति॥ ८६॥

मुनिनासौ शापो ऽपि मयि «प्रसादरूपो» दत्तः, यतो ऽनिरीक्षितपुत्रवक्त्राम्बुजकान्तौ। अतो वृद्धकुमारीवरन्यायेन पुत्रोत्पत्तिः सुतशोकेनाक्षिप्ता, पश्चात्तु मम मरणं नाम। सानुग्रहत्वं शापस्य, तनयाननदर्शननान्तरीयकत्वात्। अत्र दृष्टान्तमाह। कर्षणयोग्यां भुवं कक्ष्यदीप्तो वह्निर्भस्मीकुर्वन्नपि बीजाङ्कुरोत्पादिनीं करोति। तृणजालावृतत्वाद्दाहं विना हि न किञ्चित्तत्रोत्पद्यते॥ ८६॥

इत्थं गते गतघृणः किमयं विधत्ताम्
अव्यक्तमित्यभिहिते वसुधाधिपेन।
एधान्हुताशनवतः स मुनिर्ययाचे

---

87 b. अव्यक्तमित्यभिहिते] Σ; वध्यस्तवेत्यभिहितो ℭ

85.1 राजा] G_1UB^1; राजा दशरथः J **85.1** ऋषि°] चोन्ज्; तमृषि° G_1UPB^1J **85.1** कथितवन्तं] *conj.*; उक्तवन्तं कथितवन्तं G_1UPB^1J **85.1** किमुक्तवन्तमिति] UPB^1J; किंमुक्तवन्तमिति G_1 **85.2** न केवलमहं] P; अहमेव न केवलं महं G_1U^{ac}; अहमिव न केवलमहं $U^{pc}B^1J$ **85.2** °दाप्नोमि] G_1UB^1J; °दप्नोमि P **85.2** वार्द्धके] *conj.*; अन्ते वयसि वार्द्धके G_1UPB^1J **85.3** पुत्रशोकात्] *conj.*; पुत्रशोकाद्दिष्टान्तं G_1UPB^1J • पञ्चत्वं लप्स्यतीति] G_1B^1J; पञ्चत्व लप्स्यसि इति U; पञ्चत्वमाप्स्यति लप्स्यति इति P **85.3** प्रथमं] P; प्रथमाक्रान्तं G_1UB^1J **85.3** °सर्पमिवोत्सृष्टगरलम्] *conj.*; °भुजङ्गमिव मुक्तविषमुत्सृष्टगरलम् G_1UPB^1J **86.1** मुनिना°] *conj.*; भगवता मुनिना G_1UB^1J; भवता मुनिना P **86.1** प्रसादरूपो] *conj.* (cf. Jin.); अनुग्रहरूपो G_1UPB^1J **86.2** °निरीक्षितपुत्रवक्राम्बुज°] P; °नीक्षितपुत्रवक्त्रपद्म° G_1UB^1J **86.2** अतो वृद्धकुमारीवर°] PB^1J; अतो वृद्धमुमारी° G_1; अतवृद्धकुमारीवर° U **86.3** °ग्रहत्वं] UPB^1J; °ग्रहं G_1 **86.3** °दर्शननान्तरीय°] *conj.*; °दर्शने नान्तरीय° G_1UPB^1J **86.4** कर्षणयोग्यां] *conj.*; कृष्यां कर्षणयोग्यां UPB^1; कृष्यां कर्मणयोग्यां G_1J **86.4** वह्निर्भस्मीकुर्वन्नपि] *conj.*; वह्निर्दहन्भस्मीकुर्वन्नपि G_1UPB^1J **86.5** तृणजाला°] B^{1pc}; तृणजाल° G_1B^{1ac}; तृणजल° UJ; तृणजला° P

पुत्रं परासुमनुगन्तुमनाः सदारः॥ ८७॥

तदेवं गते ऽप्यसौ निर्दयः किं कुरुतामिति सव्रीडत्वादस्पष्टं राज्ञोक्ते सति स ऋषिः प्रज्वलितानि काष्ठान्ययाचत। यतो भार्यया सह मृतं सुतमनुयियासुः। अनुगन्तुमना इत्यत्र तुं काममनसोरिति मलोपः॥ ८७॥

प्राप्तानुगः सपदि शासनमस्य राजा
सम्पाद्य पातकविलुप्तधृतिर्निवृत्तः।
अन्तर्निविष्टपदमात्मविनाशहेतुं
शापं दधज्ज्वलनमौर्वमिवाम्बुराशिः॥ ८८॥

आगतानुचरो ≪दशरथो≫ मुनेस्तत्कालमेवाज्ञां विधायाकार्येण नष्टधैर्यः पुरीं प्रत्याययौ। शापं स्वमरणकारणं धारयन्। हृदये स्थितं पदम्, पीठबन्धः पदानि वा "दिष्टान्तमाप्स्यति भवान्" इत्यादीनि यस्य तम्। समुद्र इव

---

88 After this verse, Hem. gives two extra verses that he introduces with *atra pāṭhāntaram ślokadvayam:* तदर्थमर्थज्ञ गते गतत्रपः किमेष ते वध्यजनो ऽनुतिष्ठतु। स वह्निसंस्कार-मयाचतात्मनः सदारसूनोर्विदधे च तन्नृपः॥ समेयिवान् रघुवृषभो ऽथ सैनिकैः स्वमन्दिरं शिथिलधृतिर्निवर्तितः। मनोगतं गुरुमृषिशापमुद्वहन् क्षयानलं जलधिरिवान्तकं पदम्॥

87.3 तुं काममनसोः From the *Kāśikā* on *Aṣṭādhyāyī* 6.1.144.

87.1 निर्दयः] *conj.*; मुनिर्गताघृणो निर्दयः G_1; मुनिर्गतघृणो निर्दयः PB^1J; मुनिगतघृणो निर्दयः U **87.1** कुरुतामिति] *conj.*; विधित्तां कुरुतामिति G_1; विधत्तां कुरुतामिति UPB^{1pc}; विधात्तां कुरुतामिति B^{1ac}; विधात्तां कुर्वतामिति J **87.1** सव्रीडत्वादस्पष्टं] *conj.*; सव्रीडत्वादव्यक्तमस्पष्टं G_1UPB^1J **87.1** राज्ञोक्ते] *conj.*; राज्ञा अभिहिते उक्ते G_1UPB^1J **87.2** ऋषिः] G_1UPB^1; मुनिः J **87.2** प्रज्वलितानि काष्ठान्ययाचत] *conj.*; हुताशनवत एधान् प्रज्वलितानि काष्ठानि (काष्टानि J) अयाचत G_1UPB^1J **87.2** भार्यया] G_1UPJ; भार्याया B^1 **87.2** मृतं] *conj.*; परासुं मृतं G_1UPB^1J **87.2** सुतमनुयियासुः] *conj.*; पुत्रमनुगन्तुमनाः (मानाः J) अनुयियासुः G_1UPB^1J **87.3** अनुगन्तुमना] G_1PB^1J; अनु-गमना U **87.3** तुं] G_1UPB^1; त्तं J **87.3** मलोपः] G_1PB^1; सलोपः UJ **88.1** दशरथो मुनेस्] *conj.*; राजा अस्य मुनेः सपदि G_1UPB^1J **88.1** नष्टधैर्यः] G_1UB^1J; नष्टधैर्यः नष्टं धैर्यं यस्य सः P **88.2** पुरीं प्रत्याययौ] *conj.*; निवृत्तः प्रत्याययौ G_1UB^1J; निवृत्तः पुरीं प्रत्याययौ P **88.2** स्वमरणकारणं] PB^{3pc}; स्वमरण° G_1J; स्वमरणं UB^{1ac} **88.2** हृदये स्थितम्] *conj.*; अन्तर्हृदये निविष्टं स्थितं G_1UPB^1J **88.3** भवानित्यादीनि] G_1UB^1J; भवानपीत्यादीनि P **88.3** समुद्र] *conj.*; अम्बुराशिः समुद्र G_1UPB^1; अम्बुराशिः समुद्रम् J **88.3** इव] *conj.*; इवौर्वं G_1UB^1J; इवौर्वं ज्वलनं P

वडवाग्निम्। ऊर्वमुनिना क्रोधाग्निरुदधौ निक्षिप्तो यस्तमन्ते क्षपयिष्यति। तस्यैवाश्ववक्त्रसादृश्याद्वडवामुख इति नाम। तस्याप्यन्तर्निविष्टेत्यादिविशेषण-द्वयम्॥ ८८॥

इति रघुवंशे महाकाव्ये सटीके नवमः सर्गः॥

88.4 ऊर्वमुनिना] *em.*; उर्वमुनिना G_1UPB^1J **88.5** °सादृश्याद्वडवा°] PB^1; °सदृशा-द्वडवा° G_1; °सदृशत्वाद्वडवा° U; °सादृशात् वाडवा° J **88.6** °प्यन्तर्निविष्टेत्य°] J; °प्यन्तन्निविष्टेत्य° G_1PB^1; °प्यन्तन्निविष्ट इत्य° U • Colophon: इति रघुवंशे] B^1; इति श्रीरघुवंशे G_1PJ; रघुवंशे U • सटीके] G_1B^1; टीकायां UP; पंडितलोष्टकविर-चितायां टीकायां J

दशमः सर्गः॥

पृथिवीं शासतस्तस्य पाकशासनतेजसः।
किञ्चिदूनमनूनर्द्धेः शरदामयुतं ययौ॥ १॥

दशरथस्य भुवं पालयतो मनागूनं वर्षाणां दशसहस्रं जगाम। †पाकशासन इन्द्रस्तद्वत्तेजो यस्य†। महती स्फीता समृद्धिर्यस्य॥ १॥

न चोपलेभे पूर्वेषामृणनिर्मोक्षसाधनम्।
सुताभिधानं स ज्योतिः सद्यः शोकतमोपहम्॥ २॥

राजा दशरथो वर्षायुतातिक्रमे ऽपि पितॄणामनृणत्वे हेतुं पुत्राख्यं तेजो न प्राप। सदिति पाठे शोभनम्। अपत्यं कर्म विद्या चेति ज्योतिषां त्रित्वे विशेषेणोपादानम्। तत्क्षणं दुःखमेव तमो ऽपहन्ति निवारयतीति तथोक्तम्॥ २॥

---

2 c. सुताभिधानं स ज्योतिः] $G_1UPB^1V^MB_1^MB_2^MB_3^MB_5^MB_7^ML^M$𝕮; पुत्राभिधानं स ज्योतिः L_2; सुताभिधानं सर्ज्योतिः J; सुताभिधानं स ज्योति D^M; सुताभिधानं सज्ज्योतिः B_4^M Vall.^{vl}

2.2 अपत्यं कर्म विद्या चेति] त्रीणि ज्योतींषि पुरुष इति वै देवलो ऽब्रवीत्।
अपत्यं कर्म विद्या च यतः सृष्टाः प्रजास्ततः॥ *Mahābhārata* 2.64:5.

1.1 दशरथस्य भुवं] *conj.*; तस्य दशरथस्य पृथिवीं $G_1UB^1L_2J$; तस्य दशरथस्य पृथिवीं भुवं P **1.1** मनाग्] *conj.*; किञ्चिन्मनाग् $G_1UPB^1L_2J$ **1.1** वर्षाणां दशसहस्रं] *conj.*; शारदां वर्षाणां अयूतं दशसहस्री G_1J; शरदां वर्षाणामयूतं दशसहस्रं U; शरदां वर्षाणामयुतं दशसाहस्री PB^1L_2 **1.1** जगाम] *conj.*; ययौ जगाम $G_1UPB^1L_2J$ **1.2** महती स्फीता समृद्धिर्यस्य] *conj.*; अनूना महती ऋद्धिः समृद्धिर्यस्य $UG_1B^1L_2J$; अनूना महती स्फीता समृद्धिर्यस्य P **2.1** राजा दशरथो] *conj.*; स राजा $G_1UB^1L_2$; सः राजा P; स राजा दशरथः J **2.3** °षेणोपादानम्] PB^1; °षेणोपदानम् G_1; °षणोपादानम् U; °षोणपदानम् L_2; °षेणोपादनम् J **2.3** तत्क्षणं] *conj.*; सद्यस्तत्क्षणं $G_1UPB^1L_2J$ **2.3** दुःखमेव] *conj.*; शोक एव $G_1UB^1L_2J$; दुःख एव P

मनोर्वंशश्चिरं तस्मिन्ननभिव्यक्तसन्ततिः ।
निमज्ज्य पुनरुत्थास्यन्नदः शोण इवाभवत् ॥ ३ ॥

राज्ञि मनोरन्वयो बहुकालमप्रकटितः सन्तानो यस्य तथोक्तो ऽभूत्। शोणाख्यो नद इव। सन्तानः शोणश्च ब्रुडित्वा पुनरुद्भविष्यन्। स हि शोणो ऽनार्यदेशेष्वन्तर्धाय पुनरुत्तिष्ठतीति सन्ततेरपि भावित्वसूचनम्॥ ३॥

यदि सन्ततिरुत्थायिनी कथं तत्कालमेव नोत्पन्नेत्याह—

अतिष्ठत्प्रत्ययापेक्षसन्ततिः सुचिरं नृपः ।
प्राङ्मन्थादनभिव्यक्तरत्नोत्पत्तिरिवार्णवः॥ ४ ॥

राजा बहुकालं कारणान्तरमपेक्षत इति तथोक्ता सन्ततिरन्वयो यस्य स एवंविधो ऽभवत्। मन्थनात्पूर्वं न तावत्प्रकटामृतकौस्तुभचन्द्रादीनामुद्भूतिर्यस्य स समुद्र इव। तदुत्पत्तौ तु मन्थ एव प्रत्ययः॥ ४॥

वामदेवादयस्तस्य सन्तः सन्तानकाङ्क्षिणः ।
आरेभिरे यतात्मानः पुत्रीयामिष्टिमृत्विजः॥ ५ ॥

---

3 .] *om.* Mall.Ar.Nā. ; labelled a *kṣepaka* and discussed after 4 by Hem. **3 c.** °थास्यन्] $G_1PB^1L_2JD^MV^MB_1^MB_2^MB_3^MB_4^MB_5^MB_7^ML^M$Hem.Jin. ; °थाप्य U **3 d. नदः**] $G_1UJD^MV^MB_1^MB_2^MB_3^MB_7^M$Hem.Jin. ; ह्रदः L^MP ; नद B^1L_2 ; नद×B_4^M ; ×दस् B_5^M **4 b. सुचिरं**] Σ; स चिरं ℭ **5 a. वामदेवादयस्तस्य**] $G_1PB^1L_2JD^MV^MB_1^MB_2^MB_3^MB_4^MB_5^MB_7^ML^M$; वामदेवादयस्तत्र U; ऋष्यशृङ्गादयस्तस्य ℭ **5 c. यतात्मानः**] Σ; जितात्मानः Mall.

---

5 Alas, a digital photograph of L_2 is missing here.

3.1 राज्ञि] *conj.*; तस्मिन्राज्ञि $G_1UPB^1L_2J$ **3.1 °न्वयो बहुकालम्**] *conj.*; °न्वयश्चिरम् $G_1UB^1L_2J$; °न्वयः चिरं बहुकालं P **3.1 यस्य**] $UPB^{1pc}L_2$; यस्या $G_1B^{1ac}J$ **3.2 सन्तानः**] P; *om.* $G_1UB^1L_2J$ **3.2 ब्रुडित्वा**] G_1UPB^1J; क्रुडित्वा L_2 **3.3 °नार्य°**] G_1UPB^1J; त्तार्य° L_2 **3.3 पुनरुत्तिष्ठतीति**] G_1UPB^1J; पुनरनुष्ठाय पुनरुत्तिष्ठतीति L_2 **3.3 सन्ततेरपि**] G_1UPB^1J; सन्ततेपि L_2 **3.4 तत्कालमेव**] UPB^1L_2J; तःकालमेव G_1 **4.1 राजा बहुकालं**] *conj.*; राजा सुचिरं $G_1UB^1L_2$; राजा सुचिरं बहुकालं P; स राजा चिरं J **4.1 कारणान्तरम्**] *conj.*; प्रत्ययं कारणान्तरम् $G_1UPB^1L_2J$ **4.1 तथोक्ता**] G_1UPB^1J; तथोक्तस् L_2 **4.2 प्रकटामृतकौस्तुभचन्द्रादीनामुद्भूतिर्यस्य**] *conj.*; प्रकटरत्नानाममृतकौस्तुभचन्द्रादीनामुत्पत्ति(ति G_1) रुद्भूतिर्यस्य G_1UJ; प्रकटा रत्नानाममृतकौस्तुभचन्द्रादीनामुत्पत्तिरुद्भूतिर्यस्य PB^1; न प्रकटा रत्नामृतकौस्तुभचन्द्रादीनामुत्पत्तिर्यस्य उद्भूति यस्य L_2 **4.3 स समुद्र इव**] *conj.*; स तथाविधो ऽर्णवः समुद्र इव G_1UB^1J; सः तथाविधो ऽर्णव इव P; तथाविधोर्णवस्समुद्र इव L_2 **4.3 तदुत्पत्तौ**] G_1UPB^1J; ⏑ त्पत्तौ L_2

अपत्यकाम्यस्य राज्ञो वामदेवादय ऋत्विजः पुत्राणां निमित्तमपत्यजननं यज्ञं ≪प्रारब्धवन्तः≫। कर्तुमिति शेषः। आदिग्रहणादृष्यशृङ्गजाबालिकात्यायनादयो गृह्यन्ते। साधवः कारुणिकास्तत्कर्मयोग्याः। तथा शान्तमनसः॥ ५॥

अस्मिन्नवसरे देवाः पौलस्त्योपप्लुता हरिम्।
अभिजग्मुर्निदाघार्ताश्छायावृक्षमिवाध्वगाः॥ ६॥

अस्मिन्समये यदा पुत्रेष्टिप्रारम्भस्तदैव देवा रावणेनोपद्रुताः सन्तो ऽब्धिशय्याशयनं विष्णुं शरणं ययुः। पान्था इव घर्मखिन्नाश्छायाप्रधानं तरुम्॥ ६॥

ते च प्रापुरुदन्वन्तं बुबुधे चादिपूरुषः।
अव्याक्षेपो भविष्यन्त्याः कार्यसिद्धेर्हि लक्षणम्॥ ७॥

ते च देवा यदैव क्षीराब्धिमासेदुस्तदैव प्रावृडपगमाद्भगवानपि प्रतिबुद्धः। यस्माद्भाविनो व्यापारफलस्य कालहरणाभावश्चिह्नम्॥ ७॥

भोगिभोगासनासीनं ददृशुस्तं दिवौकसः।
तत्फणामण्डलोदर्चिर्मणिद्योतितविग्रहम्॥ ८॥

---

6 a. अस्मिन्न॰] $G_1UPB^1L_2JD^MB_4^MB_7^M$; तस्मिन्न॰ $V^MB_1^MB_2^MB_3^MB_5^ML^M$ C **7 c.** अव्याक्षेपो] ŚMall.Ar.Nā.; अव्यापेक्षो Hem.; अत्याक्षेपो Jin.

5.1 अपत्यकाम्यस्य राज्ञः] *conj.*; सन्तानकाङ्क्षिणो ऽपत्यकाम्यस्य तस्य राज्ञः $G_1UPB^1L_2J$ **5.2 अपत्यजननं यज्ञं प्रारब्धवन्तः**] *conj.* (cf. Jin.); पुत्रीयामपत्यजननीमिष्टिं (ष्टं J) यज्ञमारेभिरे (यज्ञमारे G_1) $G_1UPB^1L_2J$ **5.2 कर्तुमिति**] $G_1UPB^1L_2$; कतुमिति J **5.2 शेषः**] G_1UB^1J; शेषः यज्ञकर्तुममारेभिरे P; विशेषः L_2 **5.3 ॰दृष्य॰**] $G_1B^1L_2J$; ॰दृषि॰ UP **5.3 साधवः**] *conj.*; सन्तः साधवः $G_1UPB^1L_2J$ **5.3 शान्तमनसः**] *conj.*; यतात्मानः शान्तमनसः $G_1UPB^1L_2J$ **6.1 ॰द्रुताः**] $G_1UPB^1L_2J$; ॰प्लुताः उपद्रुता L_2 **6.2 ॰शयनं**] $G_1UPB^1L_2J$; ॰शयानं L_2 **6.2 विष्णुं शरणं**] P^{pc}; हरिं विष्णुमभिजग्मुः (ग्मु U) शरणं $G_1UB^1L_2$; शरणं P^{ac}; हरिं श्रीविष्णुमभिजग्मुः शरणं J **6.2 पान्था**] *conj.*; अध्वगाः पन्था G_1B^1J; अध्वगाः पान्थाः UPL_2 **6.2 घर्मखिन्ना॰**] *conj.*; निदाघार्ता घर्मखिन्ना॰ $G_1UPB^1L_2J$ **7.1 यदैव क्षीराब्धिमासेदुस्**] *conj.*; यदै (दे G_1) वोदन्वन्तं (वोन्वदन्तं L_2) क्षीराब्धिं प्रापूरासेद्गः $G_1UPB^1L_2J$ **7.1 तदैव**] UPL_2J; तदेव G_1B^1 **7.1 प्रावृद॰**] L_2; प्रावृड्ड॰ G_1UPB^1J **7.1 ॰माद्भगवानपि**] G_1UPB^1; ॰मात् श्रीभगवानपि J **7.1 प्रतिबुद्धः**] *conj.*; बुबुधे प्रतिबद्धः G_1J; बुबुधे प्रतिबुद्धः UPB^1; बबुधे प्रतिबुद्धो L_2 **7.2 भाविनो**] *conj.*; भाविष्यन्त्या भाविन्याः $G_1UB^1L_2J$; भाविष्यन्त्याः P **7.2 व्यापारफलस्य**] *conj.*; कार्यसिद्धेर्व्यापारफलस्य $G_1UPB^1L_2J$ **7.2 कालहरणाभावश्**] *conj.*; अव्याक्षेपः कालहरणाभावः $G_1UPB^1L_2J$ **7.2 चिह्नं**] *conj.* (cf. Jin.); अविघ्नं लक्षणम् $G_1PB^1L_2J$; अविघ्ने लक्षणम् U

अष्टाभिः कुलकम्। देवा भगवन्तमैक्षन्त, न तु दर्शने विघ्न उदपादि। ≪शेषशिरःसमूहभास्वन्मणिप्रकटितशरीरम्≫ ॥ ८॥

श्रियः पद्मनिषण्णायाः क्षौमान्तरितमेखले।
अङ्के निक्षिप्तचरणमास्तीर्णकरपल्लवे॥ ९॥

कमलोपविष्टाया लक्ष्म्याः प्रसृतपाणिपल्लव उत्सङ्गे स्थापितपादम्। पट्टांशुकेन व्यवहिता मेखला यत्र। अभ्यन्तरे हि रशनाबन्धः। अन्तरितत्वं चरणयोर्लक्ष्मीकरयोर्वा। केचित्त्वन्तरितमित्याच्छादितमित्याहुः॥ ९॥

प्रफुल्लपुण्डरीकाक्षं बालातपनिभांशुकम्।
दिवसं शारदमिव प्रारम्भसुखदर्शनम्॥ १०॥

प्रफुल्लं यत्सितपद्मं तत्तुल्ये अक्षिणी यस्य तम्। प्राभातिकातप इव वस्त्रे यस्य, पीतवासस्त्वात्। †प्रारम्भे सुखं दर्शनं यस्य† देवैरपि निर्विघ्नदृष्टत्वात्। †शारदं दिवसमिव†। तच्च विकसितानि श्वेतपद्मान्येव नेत्राणि यस्य, बालातपमेवाम्बरं

---

9 a. श्रियः] $\mathrm{UPB^1L_2D^MV^MB^M_1B^M_2B^M_3B^M_4}$𝕮; श्रियाः $\mathrm{G_1JB^M_5B^M_7L^M}$ **10 a.** प्रफुल्ल°] $\mathrm{UPB^1L_2V^MB^M_1B^M_4B^M_5B^M_7L^M}$; प्रफुल्ल° $\mathrm{G_1JB^M_3}$; प्रबुद्ध° $\mathrm{D^M}$𝕮; प्रफुलु° $\mathrm{B^M_2}$

8.1 अष्टाभिः कुलकम्] *conj.*; इत्याद्यष्टाभिः कुलकम् $\mathrm{G_1UJ}$; दिवौकसो $\mathrm{PB^1L_2}$ **8.1** भगवन्तम्] *conj.*; तं भगवन्तं $\mathrm{G_1UPB^1J}$; तं भगवन्त ⌣ ⌣ $\mathrm{L_2}$ **8.1** विघ्न उदपादि] $\mathrm{PB^1}$; विघ्नतत्पादि $\mathrm{G_1}$; विघ्न उत्पादि U; ि⌣घ्न उदपादि $\mathrm{L_2}$; विघ्न उत्पाद्य J **8.2** शेषशिरःसमूहभास्वन्मणिप्रकटितशरीरम्] *conj.*; भोगिनः शेषस्य भोगः शरीरमेवासनं पर्यङ्कं तत्रासीनं शयानम् (शय्यानं $\mathrm{L_2}$) $\mathrm{G_1UPB^1L_2J}$ After this, all MSS transmit a further analysis of the same compound: तस्य शेषस्यैव (शेषस्येव P) शिरःसमूहस्य ये उदर्चिषो (उदर्चिषे $\mathrm{L_2}$) भास्वन्तो (भास्वोन्त $\mathrm{B^1}$, भासंतो J) मणयस्तैर्द्योतितो विग्रहो यस्य तम् **9.1** लक्ष्म्याः] P; श्रियाः श्रियो लक्ष्म्याः $\mathrm{G_1JL_2}$; श्रियः लक्ष्म्याः U; श्रिया× श्श्रि ⌣× लक्ष्म्याः $\mathrm{B^1}$ **9.1** उत्सङ्गे] *conj.*; अङ्के उत्सङ्गे $\mathrm{G_1UPB^1L_2J}$ **9.1** स्थापितपादम्] $\mathrm{G_1UB^1L_2J}$; स्थापितपदं P **9.2** पट्टांशुकेन व्यवहिता] *conj.*; कीदृशे। क्षौमेण पट्टांशुकेनान्तरिता व्यवहिता UP; कीदृशे। क्षौमेन पट्टांशुकेनान्तरिता $\mathrm{G_1B^1J}$; पट्टांशुकेनान्तरिता व्यवहितापि $\mathrm{L_2}$ **9.2** अन्तरितत्वं] $\mathrm{PB^1L_2J}$; अन्तरित्वं $\mathrm{G_1U}$ **9.3** °मित्याहुः] $\mathrm{G_1PJ}$; °माहुः U; °मित्या $\mathrm{B^1}$; °मित्याह $\mathrm{L_2}$ **10.1** प्रफुल्लं] $\mathrm{UPB^1}$; प्रफुल्लं $\mathrm{G_1J}$; प्रफुलुं $\mathrm{L_2}$ **10.1** यत्सितपद्मं] *conj.*; पुण्डरीकं यत्सितपद्मं $\mathrm{G_1UJ}$; यत्पुण्डरीकं सितपद्मं $\mathrm{PB^1L_2}$ **10.1** प्राभातिकातप इव वस्त्रे] *conj.*; प्राभातिकतपसे वस्त्रे $\mathrm{G_1}$; प्राभातिक उपसे वस्त्रे UJ; बालातपनिभे प्रभातिकातपसे वस्त्रे P; बालातपनिभमंशुकं $\mathrm{B^1L_2}$ **10.2** °वासत्वात्] $\mathrm{G_1UPB^1J}$; °वासत्वात् $\mathrm{L_2}$ **10.2** प्रारम्भे] $\mathrm{G_1UPB^1J}$; प्रारम्भ° $\mathrm{L_2}$ **10.3** विकसितानि] $\mathrm{UPB^1L_2}$; विकासितानि $\mathrm{G_1J}$

यस्य। आदौ सुखदृश्यं च॥ १०॥

प्रभानुलिप्तश्रीवत्सं लक्ष्मीविभ्रमदर्पणम्।
कौस्तुभाख्यमपां सारं बिभ्रतं बृहतोरसा॥ ११॥

विशालेन वक्षसा कौस्तुभनामानं मणिं दधानम्। दीप्त्याच्छुरित उरस्यो मत्स्याकारो लक्षणविशेषो येन। श्रियो विलासमुकुरम्, मुखदर्शनात्॥ ११॥

बाहुभिर्विटपाकारैर्हेमाभरणभूषितैः।
आविर्भूतं पयोमध्यात्पारिजातमिवापरम्॥ १२॥

स्कन्धवदाकृतिरायता स्थूला च येषां तैर्भुजैः कनकमयकटककेयूरालङ्कृतैरुदधिमध्याद् द्वितीयं पारिजाताख्यं तरुमिवोत्पन्नम्। स हि सुवर्णाभरणभूषितप्रकाण्डः॥ १२॥

दैत्यस्त्रीगण्डलेखानां मदरागविलोपिभिः।

---

11 d. बिभ्रतं बृहतोरसा] $G_1PB^1L_2V^MB^M_1B^M_2B^M_3B^M_4B^M_5B^M_7L^M$ $Hem.^{vl}$ Jin.; बिभ्रतो बृंहतोरसा J; बिभ्रतं विहतोरसा D^M; बिभ्राणं बृहतोरसा Hem.Mall.Ar.Nā. **12 b.** हेमा°] $G_1PB^1L_2JD^MV^MB^M_1B^M_2B^M_3B^M_4B^M_5B^M_7L^M$ Jin.; दिव्या° Hem.Mall.Ar.Nā. **12 c.** आविर्भूतं पयोमध्यात्] $G_1PB^1L_2JV^MB^M_1B^M_2B^M_3B^M_4B^M_5B^M_7L^M$ Jin.; आविर्भूतं पयोर्मध्यात् D^M; आविर्भूतमपां मध्ये Hem.Mall.; आविर्भूतमपां मध्यात् Ar.Nā.

---

11 U gives testimony through 10:11c, but then its next folio gives text that begins in the middle of the commentary on 10:51.

10.4 आदौ सुखदृश्यं च] UJ; आदौ सुखं दृश्यं च G_1; प्रारम्भे आदौ सुखदृश्यम् P; प्रारम्भे आदौ सुखदृश्यं च B^1L_2 **11.1** विशालेन वक्षसा] G_1J; बृहता विशालेनोरसा वक्षसा PB^1L_2 **11.1** कौस्तुभनामानं] G_1J; कौस्तुभाख्यमपां सारं कौस्तुभनामानं P; कौस्तुभाख्यमपां सारं (पारं L_2) B^1L_2 **11.2** दीप्त्याच्छुरित उरस्यो मत्स्याकारो] G_1J; प्रभया दीप्त्या अनुलिप्तो व्याप्तः श्रीवत्सः उरसो मत्स्याकारो P; प्रभयानुलिप्तो व्याप्तः श्रीवत्स उरस्यो B^1L_2 **11.2** येन] G_1PJ; यस्य B^1L_2 **11.2** श्रियो विलासमुकुरम्] G_1; अन्यच्च लक्ष्म्या विलासमकुरं (विलाप° L_2) PB^1L_2; श्रियो विलासमन्थरं J **12.1** स्कन्धवदाकृतिरागता स्थूला च] *conj.*; स्कन्दवदाकृतिरायता स्थूला G_1, विटपवदाकारः (विटपदा° L_2) आयतः स्थूलश्च PB^1L_2; स्कन्दवदायाता येषां स्थूला J **12.1** तैर्भुजैः] G_1PJ; *om.* B^1L_2 **12.1** °लङ्कृतैर्] $G_1B^1L_2J$; °लङ्कृतैः हेतुभिः P **12.2** उदधिमध्याद्] *conj.*; पयोमध्यादुदधिमध्यात् $G_1PB^1L_2J$ **12.2** द्वितीयं पारिजाताख्यं तरुमिवोत्पन्नम्] G_1J; द्वितीयं पारिजाताख्यं तरुमिव आविर्भूतमुत्पन्नम् PB^1; *om.* L_2 **12.3** सुवर्णा°] G_1J; स्वर्णा° PB^1L_2

आयुधैश्चेतनावद्भिरुदीरितजयस्वनम्॥ १३॥

सजीवैरायुधैश्चक्रादिभिरुच्चारितजयशब्दम्। असुरवनिताकपोलभित्तीनां क्षीवतालौहित्यनाशिभिः, पतिवधात्॥ १३॥

मुक्तशेषविरोधेन कुलिशव्रणलक्ष्मणा।
उपस्थितं प्राञ्जलिना विनीतेन गरुत्मता॥ १४॥

गरुडेन सेवितम्। ≪योजितकरेण≫। श्रीभगवत्सन्निधानवशाच्छान्तेन। अत एव त्यक्तशेषाहिवैरेण। गरुडस्योरगैर्हि शाश्वतिको विरोधः। प्रभुसन्निधौ तु विनीता न वैरायन्ते। वज्रक्षतचिह्नत्वममृताहरणकाले शक्रेण सहयुध्वत्वात्॥ १४॥

योगनिद्रान्तविषदैः पावनैरवलोकनैः।
भृग्वादीननुगृह्णन्तं सौखशायितिकानृषीन्॥ १५॥

सुखशयितं पृच्छन्तीति सौखशायितिकास्तान्भृगुमरीचिपुलस्त्यपुलहादीन्मुनीन्। पवित्रीकरणैः समाधिस्वप्नावसानविमलैर्दृष्टिदानैः प्रसादं तेषां कुर्वाणम्। भगवान् हि वर्षासु शेषशय्यायामब्धौ योगेन निद्राति॥ कुलकम्॥ १५॥

---

13 c. आयुधै°] $G_1PB^1L_2JD^MV^MB_1^MB_2^MB_3^MB_4^MB_5^MB_7^ML^M$Jin.; हेतिभि° Hem.Mall.Ar. Nā. **15 b.** °लोकनैः] $G_1PB^1L_2JD^MV^MB_1^MB_2^MB_3^MB_4^MB_5^ML^M$Hem.Mall.Ar.(?)Nā.; °लोकनै B_7^M; °लोकितैः Jin. **15 d.** सौखशायितिकानृषीन्] B_1^M; सौखशायतिकानृषीन् $G_1PB^1L_2JV^MB_2^MB_3^MB_4^MB_7^ML^M$; सौखशायतिका ऋषीन् D^M; सौख्यशायतिकानृषीन् B_5^M; सौखशायनिकान्मुनीन् Hem.; सौखशायनिकानृषीन् Mall.Ar.Nā.; सौख्यशायिनिकानृषीन् Jin.

13.1 °जयशब्दम्] G_1B^1J; °जयस्वनं +शब्दं+ L_2; °जयजयशब्दम् P **13.2** °लौहित्य°] G_1PL_2J; °लोहित्य° B^1 **13.2** पतिवधात्] $G_1PB^1L_2$; पतिधवात् J **14.1** सेवितम्। योजितकरेण *conj.* (cf. Jin.); सेवितम्। कीदृशेन $G_1PB^1L_2J$ **14.1** °धानवशाच्°] PB^1L_2J; °धानेन G_1 **14.1** शान्तेन] *conj.*; विनीतेन शान्तेन $G_1PB^{3pc}L_2J$; विनीतेन B^{1ac} **14.3** वज्रक्षत°] L_2; वज्रकृत° G_1PB^1J **14.4** सहयुध्वत्वात्] *conj.*; सह युद्धत्वात् G_1PB^1J; सहयुध्वत्वम् L_2 **15.2** सौखशायितिका°] *conj.*; सौखशायतिका° $G_1PB^1L_2J$ **15.2** °पुलहादीन्] PB^1L_2J; °पुलहान् G_1 **15.2** समाधिस्वप्नावसानविमलै°] *conj.*; योगनिद्रान्तविषदै° $G_1B^1L_2J$; योगनिद्रान्तविषदैः समाधिस्वप्नावसानविमलै° P **15.2** प्रसादं तेषां कुर्वाणम्] *conj.*; अनुगृह्णन्तम् $G_1B^1L_2J$; अनुगृह्णान्तं प्रसादं तेषां कुर्वाणं P **15.3** भगवान्] $G_1PB^1L_2$; श्रीभगवान् J **15.3** °शय्यायामब्धौ] P; °शय्यायां $G_1B^1L_2J$ **15.3** कुलकम्] $G_1B^1L_2J$; अनुभावप्रत्ययालम्बनावृत्तिर्निद्रा॥ १५॥ कुलकम् P

प्रणिपत्य सुरास्तस्मै शमयित्रे सुरद्विषाम्।
अथैनं तुष्टुवुः स्तुत्यमावाङ्मनसगोचरम्॥ १६॥

अनन्तरं देवा विष्णुं प्रह्वीभूय स्तुतवन्तः, यतः सर्वोत्कृष्टतया स्तवार्हं रक्षसां चान्तकम्। वाचो मनसश्च यावती तेषां शक्तिस्तद्विषयं तत्पर्यन्तमस्तुवन्नित्यर्थः॥ १६॥

कथमस्तुवन्नित्याह—

नमो विश्वसृजे पूर्वं विश्वं तदनु बिभ्रते।
अथ विश्वस्य संहर्त्रे तुभ्यं त्रेधास्थितात्मने॥ १७॥

कमलजहरिहररूपाय तुभ्यं नमः। तत्र ब्रह्मरूपेण प्रथमं जगन्ति सृजते। ततो विष्णुमूर्त्या पालनपराय। ततो ऽपि रुद्रात्मना क्षपयित्रे। तदुक्तम्

ब्रह्मत्वे सृजते लोकमित्यादि॥ १७॥

एवं विकृतरूपत्वमभिधायाविकृतरूपत्वमाह—

---

16 c. अथैनं] $G_1PB^1D^MV^MB^M_1B^M_2B^M_3B^M_4B^M_5B^M_7L^M$𝕮; अथैनंस् L_2; अथैवं J **16 cd.** स्तुत्यमा॰] Jin.; स्तुत्यम॰ $G_1PB^1L_2JB^M_1B^M_2B^M_3B^M_4B^M_7L^M$Hem.Mall.Ar.Nā.; स्त्यत्यम॰ $D^MV^MB^M_5$

17.3 Cf. *Mārkaṇḍeyapurāṇa* 46:17: ब्रह्मत्वे सृजते लोकान् रुद्रत्वे संहरत्यपि। विष्णुत्वे चाप्युदासीनस्तिस्रो ऽवस्थाः स्वयम्भुवः॥; *Liṅgapurāṇa* 1.70:91: ब्रह्मत्वे सृजते लोकान्कालत्वे संक्षिपत्यपि। पुरुषत्वे ह्युदासीनस्तिस्रो ऽवस्थाः प्रजापतेः॥; *Vāyavīyasaṃhitā* of *Śivapurāṇa*, *pūrva* 10:28: ब्रह्मत्वे सृजते लोकान् कालत्वे संक्षिपत्यपि। पुरुषत्वे ऽत्युदासीनः कर्म च त्रिविधं विभोः॥; and *Svacchandatantra* 11:66c–67b: ब्रह्मत्वे सृजते लोकान् विष्णुत्वे स्थितिकारकः। रुद्रत्वे संहरेत् सर्वं जगदेतच्चराचरम्॥ But Vallabhadeva, who alludes to the verse ad 13:5 below, quotes it ad *Kumārasambhava* 2:6 in the following form: ब्रह्मत्वे सृजते लोकान् कालत्वे संहरत्यपि। पुरुषत्व उदासीनस्तिस्रो ऽवस्थाः स्वयम्भुवः॥

16.1 अनन्तरं देवा विष्णुं] *conj.*; अथानन्तरं देवा एनं विष्णुं $G_1PB^1L_2J$ **16.1** प्रह्वीभूय] $G_1PB^1L_2$; प्रक्षीभूय J **16.1** स्तुतवन्तः] *conj.*; तुष्टुवुः स्तुतवन्तः $G_1PB^1L_2J$ **16.1** स्तवार्हं] *conj.*; स्तुत्यं स्तवार्हं $G_1PB^1L_2J$ **16.2** यावती] G_1PB^1J; यावत् L_2 **16.3** तद्विषयं तत्पर्यन्त॰] *em.*; तद्विषयं तत्पर्यान्त॰ G_1; तद्गोचरं तद्विषयं तत्पर्यन्त॰ P; तद्गोचरं तत्पर्यन्त॰ B^1L_2; तद्विषयं तत्पयांत॰ J **17.1** कमलजहरिहररूपाय तुभ्यं नमः] *conj.*; *om.* G_1J; त्रे(त्रि P)धास्थितात्मने कमलजहरिहररूपाय तुभ्यं नमः PB^1L_2 **17.2** ॰पि रुद्रात्मना] P; ॰पि रुद्रात्मा G_1B^1J; रुद्रात्मा ×⏑× L_2 **17.2** क्षपयित्रे] $G_1B^1L_2J$; क्षपयते P **17.3** लोकमित्यादि] PB^1L_2J; लोकमित्या G_1

एकः कारणतस्तां तामवस्थां प्रतिपद्यसे।
नानात्वं रागसंयोगात्स्फटिकस्येव ते स्थितम्॥ १८॥

त्वमेको निर्विकारो ऽपि गुणत्रयविभागार्थं तां तां हरिहरब्रह्मलक्षणां दशां श्रयसे। तस्मान्निर्मलस्य स्फटिकमणेः पीतादिरागवशादिव ते बहुरूपत्वमुक्तम्। तत्त्वतस्त्वविकृत एवासि, शुद्धस्वभावः। यद्वा एकश्चिद्रूपः कारणतश्चित्तोपाधिवशात्तां तामवस्थां सुखदुःखमोहादिलक्षणां गृह्णासि। स्फटिक इव रागान्तरम्। यदुक्तम्।

पुरुषो ऽविकृतात्मैव स्वनिर्भासमचेतनम्।
मनः करोति सान्निध्यादुपाधिः स्फटिकं यथा॥ इति॥ १८॥

एतदेव वितनोति—

रसान्तराण्येकरसं यथा दिव्यं पयो ऽश्नुते।
देशे देशे गुणेष्वेवमवस्थास्त्वमविक्रियः॥ १९॥

मेघ्यं जलं मधुरमपि सद् देशभेदाद्भूमिगुणाद्रसान्तराणि लवणकटुकादीनि यथा प्राप्नोति, तथा त्वमविकारो ऽपि गुणेषु सत्त्वरजस्तमःस्ववस्थाः सुखदुःखमो-

---

18 .] *om.* Ar.Nā.; *kṣepaka* according to Hem.Mall. **18 d.** स्फटिकस्येव ते स्थितम्] $PB^1B_1^MB_2^MB_3^MB_4^MB_5^MB_7^ML^M$Hem.^{vl}; स्फटिकस्येव संस्थितम् G_1J; ⏓⏓ कस्येव ते स्थितम् L_2; स्फटिकस्य ते स्थितम् V^M; स्पटिकस्येव ते स्थितम् D^M; स्फटिकस्येव दृश्यते Hem.; स्फाटिकस्येव दृश्यते Mall.; स्फटिकस्येव ते मतम् Jin. **19 d.** ॰वस्था॰] Σ; ॰वस्थ॰ Ar.Nā.

18.7 पुरुषो ऽविकृतात्मैव …यथा Source unknown; see endnote.

18.1 निर्विकारो] PL_2; ॰पि विंकरो G_1; ॰पि निर्विकारो B^1J **18.1** गुणत्रयविभागार्थं] G_1; कारणतो गुणत्रयविभागार्थं PB^1L_2; कारणतो गुणत्रयविभागस्थं J **18.1** तां तां हरिहरब्रह्मलक्षणां दशां] *conj.*; तां तामनवस्थां हरिहरब्रह्मलक्षणां G_1; तां तामवस्थां हरिहरब्रह्मलक्षणां दशां P; तां तामवस्थां हरिहरब्रह्मलक्षणां B^1; तां तामवस्था +हरि+ हरब्रह्मलक्षणां L_2; तामवस्थां हरिहरब्रह्मलक्षणां J **18.2** श्रयसे] *conj.*; प्रतिपद्यसे G_1; प्रतिपद्यसे श्रयसे PB^1L_2J **18.2** ॰रागवशादिव] P; ॰रागवदिव $G_1B^1L_2$J **18.3** शुद्धस्वभावः] PB^1L_2; शुद्धसुभावः G_1J **18.3** एकश्चिद्रूपः] $G_1B^1L_2$J; एकचिद्रूपम् P **18.4** गृह्णासि] PL_2; गृह्णामि G_1B^1J **18.7** सान्निध्यादुपाधिः] PL_2; सान्निध्यादुपाधि॰ B^1; सानिध्यादुपाधि॰ G_1J **18.7** स्फटिकं] G_1PB^1J; स्फाटिकं L_2 **19.1** देशभेदाद्भूमिगुणाद्रसान्तराणि] G_1PB^1J; देशभेदाद्रसान्तराणि L_2 **19.2** त्वमविकारो ऽपि] *conj.*; त्वमविक्रियो G_1B^1J; त्वमविक्रियः अविकारो ऽपि P; त्वमविक्रियो L_2

हरूपाः प्राप्नोषि ॥ १९ ॥

अमेयो मितलोकस्त्वमनर्थी प्रार्थितावहः ।
अजितो जिष्णुरत्यन्तमव्यक्तो व्यक्तकारणम् ॥ २० ॥

त्वं ज्ञानबलैश्वर्यवीर्याणां गुणानाममितत्वादपरिच्छेद्यः । लोकस्तु त्वयैतावानयमिति परिच्छिन्नः । तथा त्वं परिपूर्णत्वान्न किञ्चिद्याचसे । लोकस्य तु प्रार्थितं पूरयसि स्वभावात् । तथा गुणोत्कृष्टत्वान्न केनचित्त्वमभिभूतः । अन्यान्पुनर्जयसीति जिष्णुः । तथा त्वं प्रकृतिपुरुषरूपत्वादिन्द्रियाद्यगोचरः । अथ च जगतो हेतुरुत्पादकः । यदुक्तम्

अव्यक्ताद्व्यक्तयः सर्वाः प्रभवन्त्यहरागमे । इति ॥ २० ॥

हृदयस्थमनासन्नमकामं त्वां तपस्विनम् ।
दयालुमनघस्पृष्टं पुराणमजरं विदुः ॥ २१ ॥

---

20 a. अमेयो] Σ; अमितो Ar.Nā. **20 b.** °नर्थी प्रार्थितावहः] $G_1PB^1L_2JV^MB_2^MB_3^MB_4^MB_5^MB_7^M$; °र्थी प्रार्थितावहः D^M; °नर्थी प्रार्थतावहः B_1^M; °नर्थी पार्थितावहः L^M; °नर्थः प्रार्थनावहः Hem.; °नर्थी प्रार्थनावहः Hem.[vl]Mall.Ar.Nā. (Jin. uncertain) **21 b.** अकामं] $G_1PB^1L_2JD^MV^MB_1^MB_2^MB_3^MB_4^MB_5^MB_7^ML^M$Hem.Mall.Jin.; कामदं Hem.[vl]Ar.(?)Nā. **21 c.** °नघ°] $G_1B^1L_2JD^MV^MB_1^MB_2^MB_3^MB_4^MB_5^MB_7^ML^M$Mall.Ar.Nā.; °दया° Hem. (Jin. uncertain)

20.6 अव्यक्ताद्व्यक्तयः सर्वाः प्रभवन्त्यहरागमे *Mahābhārata* 6.30:18ab (*Bhagavadgītā* 8:18ab).

19.3 अवस्थाः सुखदुःखमोहरूपाः प्राप्नोषि] *conj.*; अवस्था सुखदुःखमोहरूपा (प G_1) अश्नुषे प्राप्नोषि $G_1PB^1L_2J$ **20.1** ज्ञानबलैश्वर्यवीर्याणां] $G_1B^1L_2J$; ज्ञानबलैश्वर्यशक्तितेजोवीर्याणां षण्णां P **20.1** गुणानाममितत्वाद°] *conj.*; गुणानाममितत्वादमेयो B^1L_2; गुणानामसितत्वादमेयो G_1J; गुणानामपि तत्त्वादमेयो P **20.2** परिच्छिन्नः] *conj.*; मितः परिच्छिन्नः $G_1PB^1L_2J$ **20.2** त्वं] *conj.*; त्वमनर्थी $G_1PB^1L_2J$ **20.2** किञ्चिद्याचसे] PB^1L_2J; किञ्चिदाचसे G_1 **20.3** पूरयसि] *conj.*; आवहसे पूरयसि $G_1B^1L_2J$; आवहसे पूरयसे P **20.3** त्वमभिभूतः] *conj.*; त्वं जितः $G_1B^1L_2J$; त्वं जितः अभिभूतो P **20.4** तथा] $G_1PB^1L_2$; अन्यथा J **20.4** त्वं प्रकृतिपुरुषरूपत्वाद्] *conj.*; त्वमव्यक्तः G_1B^1J; त्वमव्यक्तः प्रकृतिपुरुषरूपत्वाद् P; त्वमविक्तः L_2 **20.5** अथ च जगतो हेतुरुत्पादकः] *conj.*; व्यक्तस्य जगतस्तु कारणम् $G_1B^1J^{pc}$; अथ च व्यक्तस्य जगतः कारणं हेतुरुत्पादकः P; व्यक्तस्य जगतः --- L_2, अव्यक्तस्य जगतस्तु कारणं J^{ac} **20.6** अव्यक्ताद्व्यक्तयः सर्वाः प्रभव°] P; अव्यक्ताद्व्यक्तया सर्वाः प्रभव° G_1; अव्यक्ताद्व्यक्तयः सर्वप्रभाव° B^1; अव्यक्ताद्व्यक्तयस्सर्वा प्रभव° L_2; श्रीभगवद्गीतासु अव्यक्ताद्व्यक्तयः सर्वाः प्रभव° J **20.6** इति] $G_1P^{pc}B^1L_2J$; *om.* P^{ac}

त्वामेवंविधं विरुद्धस्वभावं पण्डिता जानन्ति। तथा हि चेतःस्थमप्यनिकटं। यश्च हृदयस्थो निकटस्थः सन् स कथमनासन्नो दूरे भवेत्। भगवांस्तु परमात्मरूपत्वाद्धृत्स्थः, अज्ञेयत्वाच्चानिकटः। तथानभिलाषमपि तपस्यन्तम्। कामनाग्रस्तो हि तपश्चरति। भगवांस्तु सर्वतः परिपूर्णत्वादकामः। लोकयात्रार्थं तु तपस्यति। यदुक्तम्

न मे पार्थास्ति कर्तव्यं त्रिषु लोकेषु किञ्चन।
नानवाप्तमवाप्तव्यं प्रवर्ते ऽथ च कर्मणि॥
यद्यहं न प्रवर्तेयं जातु कर्मण्यतन्द्रितः।
मम वर्त्मानुवर्तेरन्मनुष्याः पार्थ सर्वशः॥
उत्सीदेयुरिमे लोका न कुर्यां कर्म चेदहम्। इति।

तथा कृपावन्तं क्लेशेभ्यो जगतामुज्जिहीर्षुत्वात्, व्यसनैश्चालिप्तम्। न मां कर्माणि लिम्पन्तीति स्मृतेः। यश्च स्वयमघैरभिभूयते स कृपावान्भवति। त-

---

21 न मे पार्थास्ति … पार्थ सर्वशः] न मे पार्थास्ति कर्तव्यमिति॥ यद्यहम् न प्रवर्तेयमिति L_2

21.10 न मे पार्थास्ति … कर्म चेदहम् *Mahābhārata* 6.25:22–4b (with variants) (*Bhagavadgītā* 3:22–4b).

21.12 न मां कर्माणि लिम्पन्ति *Mahābhārata* 6.26:14a (*Bhagavadgītā* 4:14a).

21.1 °स्वभावं] PB^1J; °सुभावं G_1L_2 **21.1** पण्डिता] *conj.*; विदुः। पण्डिता $G_1PB^1L_2J$ **21.2** चेतःस्थमप्यनिकटं यश्च हृदयस्थो] P; यो हृदयस्थो $G_1B^1L_2J$ **21.2** स कथमनासन्नो] PB^1; स कथमन्नासन्नः G_1; स कथमापन्नः L_2; कथमनासन्नः J **21.2** भगवांस्तु] $G_1PB^1L_2$; श्रीभगवांस्तु J **21.3** °द्धृत्स्थः] P; °द्धृदयस्थः $G_1B^1L_2J$ **21.3** °त्वाच्चानिकटः] PB^1L_2; °त्वाच्च निकटः G_1J **21.3** तथानभिलाषमपि] *conj.*; तथा अकामपि $G_1L_2^{ac}$; तथा अकाममनभिलाषमपि P; तथा अकाममपि B^1J; तथा ऽकाम+म+पि L_2^{pc} **21.3** तपस्यन्तम्] P; तपस्विनम् $G_1B^1L_2J$ **21.4** कामनाग्रस्तो] G_1B^1J; कामनाग्रस्थो P; कामनामनाग्रस्थो L_2 **21.4** परिपूर्णत्वाद्] P; पूर्णकामत्वाद् $G_1B^1L_2J$ **21.5** यदुक्तम्] $G_1PB^1L_2$; यदुक्तं भगवता J **21.6** किञ्चन] G_1B^1J; विद्यते P **21.7** प्रवर्तेथ च] PB^1; न प्रवर्ते ऽथ G_1; प्रवर्त तेथ J **21.8** प्रवर्तेयं] PB^1J; प्रवर्ते G_1 **21.9** °नुवर्तेरन्] $G_1P^{pc}B^1J$; °नुवर्तन्ते P^{ac} **21.10** लोका न कुर्यां कर्म चेदहम्] PB^1J; लोका न कुर्यात् कर्म चेदहम् G_1; लोकान् L_2 **21.11** कृपावन्तं] *conj.*; दयालुं $G_1B^1L_2$; दयालुं कृपावन्तं P; दयालं J **21.11** व्यसनैश्चालिप्तम्] *conj.* (cf. Jin.); अघैर्व्यसनैश्चास्पृष्टम् $G_1PB^1L_2J$ **21.12** न मां कर्माणि लिम्पन्तीति स्मृतेः] *em.*; न मां कर्माणि लिम्पन्ति इति स्मृते P; न मे कर्माणि लिप्यन्तीति स्मृते G_1; न मे कर्माणि लिम्पन्ति इति स्मृतेः B^1L_2J **21.12** कृपावान्भवति] G_1PB^1; कृ ------ L_2; कृपाभान् भवति J

था चिरन्तरं नित्यत्वात्, अक्षयमविनाशित्वात्। यश्च पुराणश्चिरजीवी स विस्रसायुक्तो न भवतीति विरोधः॥ २१॥

सर्वज्ञस्त्वमविज्ञातः सर्वयोनिस्त्वमात्मभूः। सर्वप्रभुरनीशस्त्व-मेकस्त्वं सर्वरूपभाक्॥ २२॥

अपि त्वं सर्ववेदी, सर्वेश्वरत्वात्, त्वां तु न कश्चिज्जानाति, विलक्षणत्वात्। तथा सर्वेषां त्वं योनिः, त्वं पुनरात्मन एव सकाशात्प्रादुर्भवसि। तथा त्वं सर्वेषां नायकः, सर्गस्थितिप्रलयकृत्त्वात्, तव तु न कश्चिदीशो विद्यते। तथा एको निर्विकारो ऽपि त्वं सर्वेषां तु मूर्तीः सेवसे, विश्वात्मकत्वात्॥ २२॥

सप्तसामोपगीतं त्वां सप्तार्णवजलेशयम्।
सप्तार्चिर्मुखमाचख्युः सप्तलोकैकसंश्रयम्॥ २३॥

एवंविधं त्वां मुनय आचचक्षिरे। विष्णुसंहितायाम् 'इदं विष्णुर्विचक्रमे' इत्यादिभिः सप्तभिः सामभिरभिष्टुतम्। तथा †सप्तस्वर्णवेषु यज्जलं तत्र शेते†

23.1 इदं विष्णुर्विचक्रमे *Sāmaveda* 1669. There follow, however, only five further verses in that *sūkta*. Possibly the recension known to Vallabha was different. Note that Hem. and Mall. identify different groups of *Sāman*s, one starting with रथन्तर, according to Mall., and, according to Hem., with बृहद्रथन्तरम्

21.13 चिरन्तरं] *em.*; पुराणं $G_1B^1L_2J$; पुराणं चिरन्तरं P **21.13** अक्षयमविनाशित्वात्] *conj.*; अजरमक्षयत्वात् अविनाशित्वात् G_1PB^1J; अजरमक्षयत्वात् ----- L_2 **21.13** पुराणश्] PB^1L_2; पुराणश्च G_1J **21.14** विस्रसायुक्तो] G_1PB^1J; विससा युक्ते L_2 **21.14** भवतीति विरोधः] G_1PB^1J; ---रिधः L_2 **22.1** अपि त्वं सर्ववेदी] *conj.*; अपि त्वं सर्वज्ञः सर्ववेदी G_1PB^1J; ----ज्ञः सर्ववेदी L_2 **22.1** त्वां] G_1PB^1; त्वा J **22.1** विलक्षणत्वात्] G_1PB^1J; ---- L_2 **22.2** तथा] PB^1L_2; तथा च G_1J **22.2** सकाशात्प्रादुर्भवसि] P; सकाशाद्भवसि G_1J; सका +शा+दुद्भवसि B^1; सकाशात् --- L_2 **22.3** त्वं सर्वेषां] G_1PJ; सर्वेषां त्वं B^1L_2 **22.3** नायकः] *conj.*; प्रभुः नायकः $G_1PB^{3pc}J$; प्रभुः B^1L_2 **22.3** °प्रलयकृत्त्वात्] PB^1L_2J; °प्रलयत्वात् G_1 **22.3** तव तु न] G_1PB^1J; --- L_2 **22.3** कश्चिदीशो विद्यते] P; कश्चिदीशः B^1L_2J; कश्चिदीशः G_1^{pc}; किश्चिदीशः G_1^{ac} **22.4** सर्वेषां तु मूर्तीः सेवसे] *conj.*; सर्वरूपभाक् G_1B^1J; सर्वरूपभाक् सर्वेषां तु रूपाणि मूर्तीर्भजसे सेवसे P, सर्वरूपभाक्सर्वात्मकत्वात् L_2 **22.4** विश्वात्मकत्वात्] G_1PB^1J; *om.* L_2 **23.1** एवंविधं त्वां मुनय] G_1PB^1J; ---- L_2 **23.2** सप्तभिः सामभिर्] G_1B^1; सामभिः P; *om.* L_2^{ac}(eyeskip); सप्तभिः $L_2^{pc}J$ **23.2** °रभिष्टुतम्] *conj.*; °रुपगीतमभिष्टुतं $G_1PB^1L_2^{pc}J$; *om.* L_2^{ac}(eyeskip)

इति तम्। क्षारक्षीरदधिघृतेक्षुसुरास्वादूदकाख्याः सप्त समुद्राः। तथा †सप्तार्चिरग्निरेव मुखं यस्य तम्†। यस्याग्निरास्यमिति वचनात्। तथा †सप्त लोका एकः संश्रयः पदं यस्य†। भूर्भुवः स्वर्महर्जनस्तपः सत्यमित्येते सप्त लोकाः॥ २३॥

चतुर्वर्गफलं ज्ञानं कालावस्था चतुर्युगा।
चतुर्वर्णमयो लोकस्त्वत्तः सर्वं चतुर्मुखात्॥ २४॥

धर्मार्थकाममोक्षफलं यदेतज्ज्ञानम्, कृतत्रेताद्वापरकलिलक्षणा या समयदशा, ब्राह्मणक्षत्रियवैश्यशूद्ररूपो यश्चैष लोकः, तदशेषं भवत्तश्चतुर्मुखात्प्रभवति। मया सर्वमिदं सृष्टमिति श्रुतेः। सर्वमिति नपुंसकेनैकवत्। चतुर्मुखत्वं भगवतश्चातुरात्म्यात्सर्वतोमुखत्वाद्वा। सर्वतोमुखः सर्वदर्शनस्तुत्यः॥ २४॥

अजस्य गृह्णतो जन्म निरीहस्य हतद्विषः।

---

24 b. कालावस्था चतुर्युगा] $G_1PB^1JV^MB^M_3B^M_4$Mall.; कालावस्था चतुर्युगः L_2L^M; कालावस्था चतुर्युगाः $D^MB^{Mpc}_5B^M_7$; कालावस्थाश्चतुर्युगाः $B^M_1B^M_2$Hem.Ar.Nā.Jin.; कालावस्था चतुर्युमाः B^{Mac}_5 **24 c. चतुर्वर्णमयो लोकस्**] $G_1PB^1L_2JD^MV^MB^M_1B^M_2B^M_3B^M_4B^M_5B^M_7L^M$Mall.Ar.Nā.Jin.; चातुर्वर्ण्यमयो लोकस् Hem.; चतुर्वर्णमया लोकास् Jin. **24 d. सर्वं**] $G_1PB^1L_2JD^MV^MB^M_1B^M_2B^M_3B^M_4B^M_5L^M$Hem.Mall.Ar.^{vl}Nā.Jin.; सर्गश् Hem.^{vl}Ar. **24 d. °मुखात्**] Σ, °मुखम् L^M **25 .** B^M_4𝕮 invert verses 25 and 26.

23.4 यस्याग्निरास्यम् *Mahābhārata* 12.47:44a and *Viṣṇudharmottara* 1.52:30c.

24.3 मया सर्वमिदं सृष्टम् Source unknown, but cf. *Mahābhārata* 6.31:4ab (*Bhagavadgītā* 9:4ab) मया ततमिदं सर्वं जगदव्यक्तमूर्तिना।

23.3 इति तम्] G_1J; इति सप्तार्णवजलेशयस्तं PB^1L_2 **23.3 °घृते°**] G_1PL_2J; °पाते° B^1 **23.3 °दकाख्याः**] G_1PB^1J; °दकास् L_2 **23.4 यस्याग्निरास्यमिति वचनात्**] $G_1PB^1L_2$; यस्याग्निरास्यं द्यौर्मूर्ध्व खं नाभिश्चरणौ क्षितिरिति वचनात् मुखादिन्द्रश्चाग्निश्च प्राणाद्वायुरजायतेति श्रुतिः J **23.5 एकः संश्रयः**] $PB^1L^{pc}_2$; एकास्संश्रयः G_1J; *om.* L^{ac}_2 **23.6 पदं यस्य। भूः भुवः स्वर्महर्जनस्तपः सत्यमित्येते सप्त लोकाः**] G_1PB^1J; *om.* L^{ac}_2; पदं यस्य (यस्य पदं L^{ac}_2) भूः भुवः स्वः महः जनः तपः L_2 (in margin) **24.1 कृतत्रेताद्वाप्र°**] B^1L_2; कृतात्रेताद्वापर° G_1J; कृतत्रेताद्वापरि° P **24.1 समयदशा**] P; कालावस्था $G_1B^1L_2J$; कालावस्था समयदशा P **24.2 यश्चैष**] P; यश्च $G_1B^1L_2J$ **24.2 लोकः**] G_1PB^1J; लोका L_2 **24.2 तदशेषं**] $G_1B^1L_2J$; तदेतदशेषं P **24.2 भवत्तश्**] *conj.*; त्वत्तश् $G_1B^1L_2J$; त्वत्तः भवत्तः P **24.3 सृष्टमिति**] PB^1L_2J; स्पृष्टमिति G_1 **24.4 °स्तुत्यः**] G_1PB^1J; °स्तु -- L_2

स्वपतो जागरूकस्य याथात्म्यं वेद कस्तव॥ २५॥

एवंविधस्य विरुद्धरूपस्य तव यथास्वरूपत्वं को जानाति। स्वयम्भुवो ऽपि सतो ऽसकृदुपेन्द्रादिरूपेण जन्माददानस्य। अजो ऽपि न व्ययोत्पत्तिरिति श्रुतेः। तथा परमात्मरूपत्वान्निष्क्रियस्यापि मारितहिरण्यादिविपक्षस्य। तथा त्रिभुवनकार्यैकजागरूकस्यापि योगनिद्रायां शयालोः। विरोधः सुगमः॥ २५॥

यदि याथात्म्यज्ञानाभावः, कथं तर्हि ध्यानप्रवृत्तिरित्याह—

अभ्यासनिगृहीतेन मनसा हृदयास्पदम्।
ज्योतिर्मयं विचिन्वन्ति योगिनस्त्वां विमुक्तये॥ २६॥

त्वां हृत्पद्मस्थं प्रकाशमयं केवलमभ्यासनिरुद्धेन चेतसा समाधिमन्तो विमोक्षार्थं गवेषयन्ति, न त्वन्ये॥ २६॥

---

25 d. याथात्म्यं] $PB^1L_2JV^{Mpc}D^MB_1^MB_2^MB_3^MB_4^MB_5^MB_7^ML^M$Hem.Mall.Jin.; यथात्म्यं $G_1 V^{Mac}$; याथार्थ्यं Ar.Nā. **26 b.** हृदयास्पदम्] $G_1B^1JD^MB_1^MB_3^MB_4^MB_7^M$; हृदयङ्गमम् V^M; हृदयाश्रयम् $PL_2B_5^ML^M$**C**; हृदयश्रयम् B_2^M

25.3 अजो ऽपि न व्ययोत्पत्तिः Source? Cf. *Mahābhārata* 6.26:6a (*Bhagavadgītā* 4:6ab) अजो ऽपि सन्नव्ययात्मा भूतानामीश्वरो ऽपि सन्।

25.1 तव यथास्वरूपत्वं] G_1PB^1J; ---- स्वरूपत्वं L_2 **25.1** जानाति] *conj.*; वेद जानाति $G_1PB^1L_2J$ **25.1** स्वयम्भुवो] *conj.*; अजस्य स्वयम्भुवो $G_1PB^1L_2J$ **25.2** ऽसकृदुपेन्द्रा°] G_1PB^1J; ---- पेन्द्रा° L_2 **25.2** जन्माददानस्य] *conj.*; जन्म गृह्णत आददानस्य PB^1L_2; जन्म गृह्णतो आददानस्य G_1J **25.2** °पि न व्ययोत्पत्तिरिति] G_1PB^1J; ---- त्पत्तिरिति L_2 **25.3** परमात्मरूप°] $G_1PB^{1ac}L_2J$; परमात्म+स्व+रूप° B^{3pc} **25.3** °स्यापि] G_1PB^1J; °स्य -- L_2 **25.3** मारित°] P; क्षपित° G_1B^1J; -- त° L_2 **25.4** त्रिभुवनकार्यैकजागरूकस्यापि] *conj.*; त्रिभुवनभार्यैकजागरूकस्यापि G_1PB^1J; रात्रिभुवनभार्य ---- स्यापि L_2 **25.4** योगनिद्रायां] *conj.*; स्वपतो योगनिद्रायां G_1PB^1J; सुपतो योगनिद्रायां L_2 **25.4** शयालोः। विरोधः सुगमः] PB^1J; शयालो विरोधः सुगमः G_1; शयालोः L_2 **25.5** याथात्म्यज्ञानाभावः] PB^{1pc}; याथात्म्यज्ञानभावात् G_1; याथात्म्यज्ञानभावः B^{1ac}; ----- L_2; याथात्म्यज्ञानाभावात् J **26.1** हृत्पद्मस्थं] *conj.*; हृदयस्थं $G_1B^1L_2J$; हृदयस्थं हृत्पद्मस्थं P **26.1** प्रकाशमयं] *conj.*; ज्योतीरूपं $G_1B^1L_2J$; ज्योतीरूपं प्रकाशमयं P **26.1** °सनिरुद्धेन चेतसा] P; °सवशीकृतेन मनसा G_1B^1J; ----- न मनसा L_2 **26.1** समाधिमन्तो] *conj.*; योगिनो $G_1B^1L_2J$; योगि--- समाधिमन्तो P **26.2** विमोक्षार्थं] *conj.*; ऽपि मोक्षार्थं $G_1PB^1L_2J$ **26.2** गवेषयन्ति] *conj.*; विचिन्वन्ति $G_1B^1L_2J$; विचिन्वन्ति गवेषयन्ति P

शब्दादीन्विषयान्भोक्तुं चरितुं दुश्चरं तपः।
पर्याप्तो ऽसि प्रजाः पातुमौदासीन्येन वर्तितुम्॥ २७॥

विरुद्धरूपाः क्रियाः कर्तुं त्वमेव शक्तः। तथा ह्यात्मरूपेण शब्दस्पर्शरसरूपगन्धान्विषयान् भुङ्क्षे, दुश्चरमपि तपश्चरसि नरनारायणरूपेण। तथा दानवादिवधेन प्रजाः पालयसि, सर्वज्ञरूपेणोदासीनो ऽपि वर्तसे॥ २७॥

बहुधाप्यागमैर्भिन्नाः पन्थानः सिद्धिहेतवः।
त्वय्येव निपतन्त्योघा जाह्नवीया इवार्णवे॥ २८॥

साङ्ख्यन्यायवैशेषिकबौद्धलोकायतमीमांसाभिर्बहुभिरपि दर्शनैः ≪पृथग्भूता≫ मार्गास्त्वामेवानुप्रविशन्ति। बहुमुखैरुपायैस्त्वमेव साध्य इत्यर्थः। सर्वरूपत्वात्तव। सर्वे च ते मार्गाः सिद्धिकारणानि। साध्यस्यार्थस्य युक्तिघटितत्वात्। यथा गाङ्गाः प्रवाहा बहुमुखा अपि समुद्रमेवैकं प्रविशन्ति। ते ऽपि सिद्धिदाः, स्वर्गादिहेतुत्वात्॥ २८॥

त्वदावेशितचित्तानां त्वत्समर्पितकर्मणाम्।
गतिस्त्वं वीतरागाणामभूयःसन्निवृत्तये॥ २९॥

---

27 b. चरितुं दुश्चरं] $G_1B^1L_2B_1^MB_3^MB_4^MB_7^M$Hem.Mall.Ar.Nā.(Jin. uncertain); दुश्चरं चरितुं $PD^MV^MB_2^MB_5^ML^M$; चरितं दुश्चरं J **29 a.** त्वदा°] Σ; त्वय्या° Mall.

27.1 विरुद्धरूपाः] PB^1L_2; विरुरूपाः G_1; विविधरूपाः J **27.1** शक्तः] *conj.*; पर्याप्तः शक्तः $G_1PB^1L_2J$ **27.2** °रूपगन्धान्विषयान्] PB^1L_2J; °गन्धान्विषयान्विषयान् G_1 **27.2** भुङ्क्षे] *conj.*; भुङ्क्ते $G_1^{pc}PL_2J$; भोङ्क्ते G_1^{ac} **27.2** दुश्चरमपि] P; दुश्चरं $G_1B^1L_2J$ **27.2** तपश्चरसि] $G_1PB^{1pc}L_2J$; तपश्चरांसि ×⏓⏓⏓×रूपे B^1 **27.3** नरनारायणरूपेण तथा दानवादिवधेन प्रजाः पालयसि सर्वज्ञरूपेणोदासीनो ऽपि वर्तसे] PB^1; नरनारायणरूपेणोदासीनो ऽपि वर्तसे G_1J(eyeskip); नरनारायणरूपेण तथा दानवादिवधेन प्रजाः पालयसि सर्वज्ञरूपेणोपि वर्तसे L_2 **28.1** पृथग्भूता] *conj.* (cf. Jin.); भिन्ना $G_1PB^1L_2J$ **28.2** मार्गास्] *conj.*; मार्गास्त्वय्येव निपतन्ति $G_1PB^1L_2J$ **28.2** त्वामे°] G_1PB^1J; तामे° L_2 **28.2** °वानुप्रविशन्ति] $G_1B^1L_2J$; °वानुप्रवेशन्ति व्रजन्ति P **28.2** बहुमुखैरुपायैस्त्वमेव] P; त्वमेव बहुभिरुपायैः $G_1B^1L_2J$ **28.3** सर्वरूपत्वात्तव] L_2; सर्वरूपात्तव G_1PB^1J **28.3** सिद्धिकारणानि] G_1PB^1J; सिद्धकरणानि L_2 **28.4** गाङ्गाः] $B^1L_2^{pc}$; गङ्गा° $G_1PL_2^{ac}J$ **28.4** अपि समुद्रमेवैकं] P; अपि समुद्रमेकं G_1J; अ+र्णवं+ स×ा×मुद्रमेवैकं B^1; असमुद्रमेवैकं L_2 **28.4** प्रविशन्ति। ते ऽपि] G_1PB^1J; प्राविशन्ति ते से L_2

एवंविधानां प्राणिनामपुनरावृत्तये त्वमेव गतिरुपायः शरणम्। कीदृशानाम्? त्वयि निक्षिप्तं "त्वमेव सर्वम्" इति मनो यैः। तथा त्वयि सन्न्यस्तं क्रियाफलं यैः। ब्रह्मण्याधाय कर्माणीति वचनात्। रागद्वेषादिरहितानाम्, तेषामेव सन्न्यासे ऽधिकारात्। इत्थमेव च तेषां मोक्षावाप्तिः॥ २९॥

इह भगवतो भूमिरापो ऽनलो वायुरित्यादिकमेकं व्यक्तं रूपम्, अपरमव्यक्तमागमहेतुगम्यम्, सत्तर्केषु च साध्यसाधनं प्रति 'दृष्टमनुमानमाप्तवचनम्' इति प्रमाणत्रयमुक्तमिति हृदि कृत्वाह—

प्रत्यक्षो ऽप्यपरिच्छेद्यो मह्यादिर्महिमा तव।
आप्तवागनुमानाभ्यां साध्यं त्वां प्रति का कथा॥ ३०॥

तव यो भूम्यादिको महिमा प्रत्यक्षो ऽपि, अतिभूयस्त्वादपरिच्छेद्यो दुर्ज्ञेय इत्येवमवस्थितते, आगमहेतुभ्यां प्रमाणाभ्यां साध्यं त्वां प्रति कथैव नास्ति। यः प्रत्यक्षेणापि दुःसाधः स कथं प्रमाणान्तरैः सुसाधः स्यात्, विश्वातीतस्य ज्योतिषो वाङ्मनसाविषयत्वादिति भावः॥ ३०॥

---

30 d. साध्यं त्वां] $G_1PB^1JV^MB_1^MB_2^MB_3^MB_4^MB_5^MB_7^ML^M$Hem.Mall.$Ar^{vl}$Jin.; सख्यं त्वां L_2; साख्य त्वा D^M; साध्यतां Ar.Nā.

---

30 दुःसाधः स कथं प्रमाणान्तरैः सुसाधः] दुःसाध्यः L_2(eyeskip)

29.3 ब्रह्मण्याधाय कर्माणि सङ्गं त्यक्त्वा करोति यः।
लिप्यते न स पापेन पद्मपत्त्रमिवाम्भसा॥ *Mahābhārata* 6.27:10 (*Bhagavadgītā* 5:10).

29.7 दृष्टमनुमानमाप्तवचनम् *Sāṃkhyakārikā* 4ab.

29.1 प्राणिनामपुनरावृत्तये] P; प्राणिनां पुनरावृत्तये G_1L_2J; प्राणिनां पुनरनावृत्तये B^1 **29.2** त्वयि निक्षिप्तं] *conj.*; त्वय्यावेशितं निक्षिप्तं $G_1PB^1L_2J$ **29.2** सर्वमिति] PB^1L_2; सर्वं G_1J **29.2** मनो] *conj.*; चित्तं $G_1B^1L_2J$; चित्तं मनो P **29.2** तथा] $G_1PB^1L_2$; तया J **29.3** सन्न्यस्तं क्रियाफलं] *conj.*; समर्पितं सन्न्यस्तं कर्म क्रियाफलं $G_1PB^1L_2J$ **29.3** ब्रह्मण्यधाय] B^1J; ब्रह्मण्यादाय G_1L_2; कर्मण्यादाय P **29.3** कर्माणीति] PL_2J; कर्मणीति G_1B^1 **29.3** रागद्वेषादिरहितानाम्] *conj.*; वीतरागाणां रागद्वेषादिरहितानाम् PB^1; वेतरागाणां रागद्वेषादिरहितानाम् G_1J; वीतरागानां रागद्वेषरहितानां L_2 **29.4** च तेषां] G_1PB^1J; चैतेषां L_2 **29.5** °कं व्यक्तं रूपम्] G_1PB^1J; °के व्यतरूपम् L_2 **29.6** सत्तर्केषु च] P; स तु केषु G_1; सत्तर्केषु B^1; स तर्केषु च L_2; मत्तर्केषु J **29.7** दृष्टम्] PB^1L_2J, दृष्टग् G_1 **30.2** इत्येवमवस्थिते] B^1L_2; इत्येवमवस्थिताम् G_1J; इत्येवमवस्थितम् P **30.2** आगमहेतुभ्यां] *conj.*; आप्तवचनानुमानाभ्यामागमहेतुभ्यां G_1PB^1J; आप्तवचनानुमाभ्यामगमहेतुभ्यां L_2 **30.2** साध्यं] G_1PB^1J; सख्यं L_2 **30.3** सुसाधः] G_1B^1J; सुसाध्यः P

यश्चैवंविधः स कथं लोकस्योन्मुखः स्यादित्याह—

केवलं स्मरणेनैव पुनासि पुरुषं यदा।
अनेन वृत्तयः शेषा निवेदितफलास्त्वयि॥ ३१॥

त्वं ध्यानमात्रेणैव यदा पुरुषं पवित्रीकरोषि, एतेनैव लिङ्गेन त्वय्यपरा ये व्यापारा अर्चादयस्ते व्याख्यातफलाः। पावनत्वे किं प्रमाणमिति चेत्। आत्मनो लाघवाद्यनुभवः॥ ३१॥

स्तुतीनामप्यगोचरत्वं भगवतो वक्तुमाह—

उदधेरिव रत्नानि तेजांसीव विवस्वतः।
स्तुतिभ्यो व्यतिरिच्यन्ते दूरेण चरितानि ते॥ ३२॥

त्वदीयानि चेष्टितानि स्तुतिभ्यः सुष्ठु पृथग्भवन्ति। त्वच्चेष्टितं नुतिभिर्वक्तुमशक्यमित्यर्थः। यथार्णवान्मणयो व्यतिरिच्यन्ते। न ह्यब्धिपरिच्छेदेन रत्नपरिच्छेदः कृतो भवति। यथा च तेजांसि सूर्यात् पृथग्भवन्ति। न हि रविरेवालोक इति तात्पर्यार्थः। तस्मादन्य एव सकलपदार्थबाह्यस्त्वमन्यान्येव च त्वच्चरितानीति तात्पर्यार्थः॥ ३२॥

---

31 a. स्मरणेनैव] ŚMall.; स्मरणेनापि Hem.Ar.Nā.Jin. **31 b.** यदा] $G_1^{pc}PB^1L_2JD^M B_1^M B_3^M B_4^M B_5^M B_7^M$Ar.Nā.Jin.; यधा G_1^{ac}; यदि V^M; यिदि L^M; यतः B_2^MHem.Mall. **32 c.** स्तुतिभ्यो व्यतिरिच्यन्ते] $G_1PB^1L_2JV^M B_1^M B_2^M B_3^M B_4^M B_5^M B_7^M L^M$Mall.Ar.Nā.; स्तुतिभ्यो वितिरिच्यन्ते D^M; स्तुतिभ्यो ह्यतिरिच्यन्ते Hem.; श्रुतिभ्यो व्यतिरिच्यन्ते Jin. **32 d.** दूरेण] $G_1PB^1L_2JD^M V^M B_1^M B_2^M B_3^M B_4^M B_5^M B_7^M L^M$Hem.Jin.; दूराणि Mall.Ar.Nā.

31.1 °मात्रेणैव] P; °मात्रेण $G_1B^1L_2J$ **31.2** त्वय्यपरा ये व्यापारा] *conj.*; त्वयि अन्या अपरा या वृत्तयो व्यापारा $G_1PB^1L_2J$ **31.2** ते व्याख्यातफलाः] *conj.*; ता निवेदितफलाः G_1; ता निवेदितफला व्याख्यातफलाः PB^1L_2J **31.2** पावनत्वे] PB^1L_2; पावणत्वे G_1J **31.2** प्रमाणमिति] G_1PB^1J; प्रमाणमिते L_2 **31.2** चेत्। आत्मनो] PB^1J; चेदात्मननो G_1L_2 **31.3** लाघवाद्यनुभवः] *em.*; लाघवाद्यनुभावः G_1PB^1J; लाघव्याद्यनुभवः L_2 **31.4** भगवतो] $PG_1B^1L_2$; श्रीभगवतो J **32.1** चेष्टितानि] *conj.*; चरितानि $G_1B^1L_2J$; चरितानि चेष्टितानि P **32.1** सुष्ठु] *conj.*; दूरेण स्रष्टुर् G_1J; दूरेण सुष्ठु PB^{1pc}; दूरेण स्रष्टु B^{1ac}; दूरेण दृष्टुर् L_2 **32.1** पृथग्भवन्ति] *conj.*; व्यतिरिच्यन्ते पृथग्भवन्ति $G_1PB^1L_2J$ **32.2** त्वच्चेष्टितं नुतिभिर्वक्तुमशक्यमित्यर्थः···सूर्यात्पृथग्भवन्ति।] PB^1L_2J; *om.* G_1(eyeskip) **32.2** ह्यब्धिपरिच्छेदेन] PB^1L_2; ह्यपरिच्छेदेन J **32.3** सूर्यात्] $B^1L_2^{pc}J$; *om.* P; सूर्यान् L_2^{ac} **32.3** हि रविरेवालोक इति] P; ह्यालोक एव रविरिति $G_1B^1L_2J$ **32.5** तस्मादन्य एव सकलपदार्थबाह्यस्त्वमन्यन्येव च त्वच्चरितानीति तात्पर्यार्थः] *conj.*; तस्मादन्य एव सकलपदार्थबाह्यस्त्वमन्यन्येव च त्वद्वचांसीति तात्पर्यार्थः P; *om.* $G_1B^1L_2J$(eyeskip)

ननु प्रत्यक्षत एवास्य जन्मकर्मोपलब्ध्या किंकृतं वैलक्षण्यं स्याद्येन स्तोतुमशक्यः स्यादित्याह—

अनवाप्तमवाप्तव्यं न ते किञ्चन विद्यते।
लोकानुग्रह एवैको हेतुस्ते जन्मकर्मणोः॥ ३३॥

सर्वतः परिपूर्णस्यापि ते यज्जन्मकर्मग्रहणं तत्र लोकानुग्रह एवैकं निमित्तम्, न तु स्वतः। तत्त्वतस्त्वमेवंविधः। अप्राप्तं प्राप्तव्यं च तव न किञ्चिदस्ति। यदुक्तम्

न मे विदुः सुरगणाः प्रभवं न महर्षयः। इत्यादि॥ ३३॥

नुतिमुपसंहरन्नाह—

महिमानं यदुत्कीर्त्य तव सङ्क्षिप्यते वचः।
श्रमेण तदशक्त्या वा न गुणानामियत्तया॥ ३४॥

तव माहात्म्यमालोच्यापि यन्नुतिवचनं संह्रियते तत् खेदेन। अनन्तो हि त्वन्महिमा विचार्यमाणः खेदमावहेत्। असामर्थ्येन वा स्वभावतः। न हि भवद्गुणलवकीर्तने कस्यचिच्छक्तिः। न तु त्वद्गुणानां परिमितत्वेन, अमिता हि भवद्गुणाः, वाचस्तु समाप्ति रित्यर्थः॥ ३४॥

---

33 b. किञ्चन] $\mathrm{PD}^{M}\mathrm{V}^{M}\mathrm{B}_1^{M}\mathrm{B}_2^{M}\mathrm{B}_5^{Mpc}$𝕮; किञ्चिन्न $\mathrm{G}_1\mathrm{L}_2\mathrm{JB}_3^{M}\mathrm{B}_7^{M}$; किञ्चि B^1; किञ्चिन $\mathrm{B}_4^{M}\mathrm{B}_5^{Mac}\mathrm{L}^{M}$ **34 b.** सङ्क्षिप्यते] $\mathrm{G}_1\mathrm{PB}^1\mathrm{L}_2\mathrm{JV}^{M}\mathrm{B}_1^{M}\mathrm{B}_2^{M}\mathrm{B}_3^{M}\mathrm{B}_4^{M}\mathrm{B}_5^{M}\mathrm{B}_7^{M}\mathrm{L}^{M}$; संक्ष्यते D^{M}(unmetrical); संह्रियते Hem.Mall.Ar.(?)Nā.Jin.

33.4 न मे विदुः सुरगणाः प्रभवं न महर्षयः *Mahābhārata* 6.32:2ab (*Bhagavadgītā* 10:2ab).

32.6 ननु] $\mathrm{G}_1\mathrm{PB}^1\mathrm{L}_2^{pc}\mathrm{J}$; ×ननु प्रत्यक्षत एवारविरिति तात्पार्यार्थः×ननु L_2 **32.6** किंकृतं] $\mathrm{G}_1\mathrm{PB}^1\mathrm{J}$; किंकृत° L_2 **33.1** तत्र लोकानुग्रह] $\mathrm{G}_1\mathrm{B}^1\mathrm{L}_2\mathrm{J}$; तत्रानुग्रह P **33.1** एवैकं निमित्तम्] *conj.*; एवैको हेतुः निमित्तम् $\mathrm{G}_1\mathrm{PB}^1\mathrm{J}$; एवैको हेतु निमित्तं L_2 **33.2** तत्त्वतस्] $\mathrm{G}_1\mathrm{B}^1\mathrm{L}_2\mathrm{J}$; *om.* P **33.3** यदुक्तम्] $\mathrm{G}_1\mathrm{PB}^1\mathrm{L}_2$; यदुक्तं श्रीभगवता J **33.4** °गणाः प्रभवं न महर्षयः। इत्यादि] $\mathrm{PB}^1\mathrm{J}$; °गणाः प्रभावं न महर्षय इत्यादि G_1; °गणा इति L_2 **34.1** °लोच्यापि] $\mathrm{G}_1\mathrm{PB}^1\mathrm{J}$; °लोप्यापि L_2 **34.1** संह्रियते] *conj.*; संक्षिप्यते संह्रियते $\mathrm{G}_1\mathrm{PB}^1\mathrm{L}_2\mathrm{J}$ **34.1** तत् खेदेन] *conj.*; तच्छ्रमेन खेदेन $\mathrm{G}_1\mathrm{J}$; तच्छ्रमेण खेदेन $\mathrm{PB}^1\mathrm{L}_2$ **34.2** त्वन्महिमा] $\mathrm{G}_1\mathrm{PB}^1\mathrm{L}_2$; मा J **34.2** विचार्यमाणः] $\mathrm{PB}^1\mathrm{L}_2\mathrm{J}$; विचार्यमाण G_1 **34.2** असामर्थ्येन] *conj.*; अशक्त्या असामर्थ्येन $\mathrm{G}_1\mathrm{PB}^1\mathrm{L}_2\mathrm{J}$ **34.3** परिमितत्वेन] *conj.*; इयत्तया परिमितत्वेन $\mathrm{G}_1\mathrm{PB}^1\mathrm{L}_2\mathrm{J}$ **34.4** समाप्तिरि°] *conj.*; समाप्तिविरम इ° $\mathrm{G}_1\mathrm{L}_2$; समाप्तिविरस इ° $\mathrm{PB}^1\mathrm{J}$

इति प्रसादयामासुस्ते सुरास्तमधोक्षजम्।
भूतार्थव्याहृतिः सा हि न स्तुतिः परमेष्ठिनः॥ ३५॥

इत्थं ते देवास्तं विष्णुमतूतुषन्। यस्माद्यत्तैरुक्तं तद्देवस्य परमार्थकथनम्, न तु स्तुतिः। अध्यारोपितवचना हि स्तुतिः। न च सकलगुणपरिपूर्णस्यालीकवचोभिः प्रीतिरुपजायत इति भावः॥ ३५॥

तस्मै कुशलसंप्रश्नव्यञ्जितप्रीतयः सुराः।
भयमप्रलयोद्वेलादाचख्युर्नैर्ऋतोदधेः॥ ३६॥

इन्द्रादयो देवा राक्षस एव समुद्रस्तस्माद्भीतिं रावणत्रासं विष्णवे ऽकथयन्। यतः प्रसन्नेन भगवता वः सर्वत्र भद्रमित्यादिप्रश्नेन प्रकटितप्रमोदाः। तच्च कुशलचोदनं भयकथनं च कुमारसम्भवत एव विस्तरतो ऽवगन्तव्यम्। राक्षस एव महत्त्वादिभिर्धर्मैरब्धिः, केवलं तद्व्यतिरेकमाह—असंहारविकृतादिति।

---

35 b. सुरास्त°] $G_1B^{3pc}L_2JD^MV^MB^M_1B^M_2B^M_3B^M_4B^M_5B^M_7L^M$Mall.Jin.; देवास्त° PHem.; ⏓ ⏓ B^{1ac}; सुतोष° Ar.Nā. **36 b.** °प्रीतयः] $G_1PB^1L_2JV^MB^M_1B^M_2B^M_3B^M_4B^M_7L^M$Jin.; °प्रेतयः $D^MB^M_5$; °प्रीतये Hem.Mall.Ar.(?)Nā. **36 c.** भयमप्र°] $G_1PB^1JD^MV^MB^M_1B^M_2B^M_3B^M_4B^M_5B^M_7L^M$Hem.Mall.Ar.Nā.; भयमःप्र° L_2; भयमाप्र° $Ar.^{vl}$

---

36 तच्च कुशलचोदनं …°वगन्तव्यम्] $G_1PB^{3pc}J$; *om.* B^1L_2 **36** राक्षस एव …तद्व्यतिरेकमाह] *om.* L_2

35.1 ते देवास्तं विष्णुमतूतुषन्] *conj.*; देवास्तमधोक्षजं विष्णुं प्रसादयामासुः अतूतुषत् G_1; ते देवास्तमधोक्षजं विष्णुं प्रसादयामासुरतूषन् P; ते देवास्तमधोक्षजं विष्णुं प्रसादयामासुः अतूतुषन् B^1; देवास्ते तमधोक्षजं विष्णुं प्रसादयामासुः अतूतुषन् L_2; तं देवाः तं अधोक्षजं श्रीभगवंतं प्रसादयामासुः अतूतुषत् J **35.1** यस्माद्यत्तैरुक्तं तद्देवस्य परमार्थकथनम्, न तु स्तुतिः] *conj.*; यस्माद्यत्तैरुक्तं सा देवस्य भूतार्थव्याहृतिः परमार्थकथनं न तु स्तुतिः $G_1PB^1L^{pc}_2$; यस्माद्यत्तैरुक्तम् सा देवस्य भूतार्थ° L^{ac}_2(eyeskip); *om.* J **35.2** अध्यारोपितवचना] $PB^1L^{pc}_2$; अव्यारोपितवचना G_1J; वचना L^{ac}_2(eyeskip) **35.2** न च] G_1PB^1J; स च L_2 **36.1** राक्षस एव समुद्रस्तस्माद्भीतिं] *conj.*; नैर्ऋतो राक्षसो एवोदधिः समुद्रः तस्माद्भेतं G_1; नैर्ऋतो राक्षस एवोदधिः समुद्रः तस्माद्भीं PB^1; नैनृतो राक्षस एवोदधिस्समुद्रः तस्माद्भीतिं L_2; नैर्ऋतो राक्षसेवोऽदधिः समुद्रः तस्माद्भीतं J **36.1** विष्णवे ऽकथयन्] *conj.*; विष्णवे आचख्युः अकथयन् G_1J; तस्मै विष्णवे आचख्युरकथयन् PB^1L_2 **36.2** यतः] G_1PB^1J; यत L_2 **36.2** भगवता] $G_1PB^1L_2$; श्रीभगवता J **36.2** भद्रमित्यादिप्रश्नेन] $B^1L^{pc}_2$; भद्रमिति तेषां कुशलं पृष्टं। तेन च प्रश्नेन ते(तेन) G_1J; भद्रमित्यादिप्र ×सन्नेन भगवता वः ×श्नेन L_2; भद्रमित्यादि तेषां कुशलं पृष्टं तेन कुशलप्रश्नेन P **36.2** प्रकटित°] L_2; प्रकट° G_1PB^1J **36.3** विस्तरतो] P; विस्तरो G_1; विस्तारो B^3J **36.4** असंहार°] *conj.*; अप्रलयोद्वेलादसंहार° PB^1L_2; अप्रलोयोद्वेलादसंहार° G_1; प्रलयोद्वेलादसंहार° J

अब्धिर्हि प्रलय एव विकृतो भवति, न तु सर्वदा॥ ३६॥

अथ वेलासमासन्नशैलरन्ध्रानुनादिना।
स्वरेण भगवानाह परिभूतार्णवध्वनिः॥ ३७॥

अनन्तरं विष्णुरभाषत। तिरस्कृतसमुद्रघोषः। प्रकटभाषिणो हि महान्तः। अतश्च ≪जलधिजलविकृतिनिकटस्थपर्वतदरीषु≫ अनुनदति, तच्छीलो यस्तेन शब्देनेति। रन्ध्राणि वानुनादयति, प्रतिश्रुत्कां ग्राहयतीति॥ ३७॥

पुराणस्य कवेस्तस्य चतुर्मुखसमीरिता।
बभूव भारती भव्या चरितार्था चतुष्टयी॥ ३८॥

तस्य चिरन्तनस्य सर्वज्ञस्य चतुर्मुखोदीरिता सरस्वती कृतकृत्यासीत्। चतुर्णां मुखानां समाहारश्चतुर्मुखम्। भगवद्भाषणाद्धि वाचः कृतार्थत्वम्। प्रशस्ता,

---

37 b. ॰नादिना] $G_1PB^1L_2JD^MV^MB_1^MB_2^MB_3^MB_4^MB_5^MB_7^ML^M$Ar.Nā.Jin.; ॰वादिना Hem.Mall. **37 c.** स्वरेण भगवानाह] $G_1PB^1JD^MV^MB_1^MB_2^MB_3^MB_4^MB_5^MB_7^ML^M$Hem.; स्वरेणोवाच भगवान् L_2Mall.Ar.Nā.Jin. **38 b.** चतुर्मुख॰] $G_1PB^1L_2JV^MB_1^{Mpc}B_2^MB_3^MB_4^MB_5^MB_7^ML^M$; चतुमुख॰ D^M; वर्णस्थान॰ B_1^{Mac}Vall.^{vl} ℭ **38 cd.** भारती भव्या चरितार्था चतुष्टयी] $G_1B^1L_2JV^MB_2^MB_3^MB_4^MB_5^MB_7^ML^M$; पदसंस्काराच्चरितार्थेव भारती PB_1^MVall.^{vl}; कृतसंस्कारा चरितार्थैव भारती Hem.Mall.; पदसंस्कारा चरितार्थेव भारती D^MJin.; कृतसंस्कारा चरितार्थेव भारती Ar.Nā.

---

38 भगवद्भाषणाद्धि …व्याकरणादिलक्षणोपपन्ना] भगवद्भाषणादिलक्षणोपपन्ना G_1(eyeskip)

36.5 प्रलय एव विकृतो] *conj.*; प्रलय उद्वेलो विकृतो G_1J; प्रलय एव उद्वेलो विकृतो P; प्रलय एवोद्वेलो +विकृतो+ B^1 (+B^3+); प्रलय एवोद्वेलो L_2 **36.5** सर्वदा] G_1J; सर्वदा स तु सर्वदा वेलामुत्क्रान्तः उद्वेलः P; सर्वदा वेलामुत्क्रान्त उद्वेलः B^1L_2 **37.1** अनन्तरं] *conj.*; अथान्तरं $G_1PB^1L_2$; अथ तेषां देवानां स्तुत्यानंतरं J **37.1** विष्णुरभाषत] *conj.*; भगवान्विष्णुराहाभाषत $G_1PB^1L_2$; श्रीभगवान्विष्णुराह अभाषत J **37.1** तिरस्कृतसमुद्रघोषः] *conj.*; कीदृशः। परिभूतार्णवध्वनिः॥ अथानन्तरं तिरस्कृतसमुद्रघोषः G_1; कीदृशः। परिभूतार्णवध्वनिः तिरस्कृतसमुद्रघोषः PB^1L_2J **37.2** जलधिजलविकृतिनिकटस्थपर्वतदरीषु] *conj.*; वेलायां निकटो यः शैलस्तस्य दरीषु G_1J; वेलायां समासन्नो यः शैलस्तस्य दरीषु PB^1; वेलायां समासन्नयोश् शैलस्तस्य दरीषु L_2 **37.2** दरीष्वनुनदति] *conj.*; रन्ध्रेषु दरीष्वनुनदति G_1PB^1; रन्ध्रेषू दरीष्वननूदति L_2; रंध्रेषु दरीषु नुनदति J **38.1** चिरन्तनस्य] *conj.*; पुराणस्य चिरन्तनस्य $G_1PB^1L_2J$ **38.1** सर्वज्ञस्य] *conj.*; कवैस्सर्वज्ञस्य G_1; कवेः सर्वज्ञस्य B^1L_2J; कवेः सर्वज्ञस्य भगवतः P **38.1** चतुर्मुखोदीरिता सरस्वती कृतकृत्यासीत्] $G_1B^1L_2J$; चतुर्मुखोदीरिता चतुर्भिः मुखैरुच्चारिता भारती वाक् सरस्वती चरितार्था कृतप्रयोजना आसीत् P **38.2** चतुर्णां मुखानां] PB^1L_2J; चतुर्मुखानां G_1 **38.2** वाचः] PB^1L_2; वचः J **38.2** प्रशस्ता] *conj.*; भव्या प्रशस्ता $PB^1L_2^{pc}J$; ×भगवद्भा×भव्या प्रशस्ता L_2

व्याकरणादिलक्षणोपपन्ना। चत्वारो ऽवयवा जातिगुणक्रियायदृच्छाभेदाच्छब्दानाम्। चतुर्मुखशब्दस्य पात्रादित्वात् स्त्रीत्वनिषेधः। अत्र च पाठान्तरम्॥

पुराणस्य कवेस्तस्य वर्णस्थानसमीरिता।
बभूव पदसंस्काराच्चरितार्थैव भारती॥ इति।
अष्टौ स्थानानि वर्णानामुरः कण्ठः शिरस्तथा।
जिह्वामूलं च दन्ताश्च नासिकोष्ठौ च तालु च॥

भगवदुदीरणेन कृतार्थत्वे जाते पदसंस्कारादिवेतीवशब्दस्य भिन्नक्रमत्वेन निमित्तान्तरारोपः। कविः किल यदा संस्कृतपदां वाचमभिधत्ते तदा तस्याश्चरितार्थता। पदानां सुप्तिङन्तानां संस्कारः प्रकृतिप्रत्ययविभागादिज्ञानम्। तज्ज्ञाने हि प्रयोगो यश्चेमां पदशो वर्णशो वेदेत्यादिना स्तुतः॥ ३८॥

बभासे दशनज्योत्स्ना सा विभोर्वदनोद्गता।
निर्यातशेषा चरणाद्गङ्गेवोर्ध्वप्रसारिणी॥ ३९॥

सा दन्तप्रभा विष्णोर्मुखान्निःसृता रेजे। उत्प्रेक्ष्यते—पादान्निर्गमनाच्छेषा ख-

---

39 a. बभासे] $G_1PB^1L_2JV^MB_1^MB_2^MB_3^MB_4^{Mac}B_5^{Mpc}B_7^ML^M$Hem.^{vl}Jin.; बभौव D^M; बभौ स° $B_4^{Mpc}B_5^{Mac}$Vall.^{vl}Hem.Mall.Ar.Nā. **39 b.** विभो°] $G_1PB^1L_2JD^MV^MB_1^MB_2^MB_3^MB_4^MB_5^MB_7^ML^M$Mall.Ar.Nā.Jin.; प्रभो° Hem. **39 d.** °प्रसारिणी] $G_1PB^1L_2JB_3^MB_4^MB_5^MB_7^ML^M$; °प्रवर्तिनी $D^MV^MB_1^MB_2^M$Hem.Mall.Ar.(?)Nā.; प्रवाहिणी Jin.

38.8 This verse occurs for instance as *Pāṇinīyaśikṣā* 13.

38.4 जातिगुणक्रियायदृच्छाभेदाच्छ°°] *conj.*; जातिगुणक्रियायादृच्छाभेदाच्छ° G_1B^1J; द्रव्यगुणजातिक्रियाभेदाच्छ° P; जातिगुणक्रियायदृच्छाभेदाश° L_2 **38.4** पात्रादित्वात्] $B^{1pc}L_2$; पात्रादित्वा $G_1B^{1ac}J$ **38.4** अत्र च पाठान्तरम्] G_1PB^1J; पाठान्तरमत्र L_2 **38.6** °संस्काराच्च°] PB^1; °संस्काराश्च° G_1J; °संस्काराश्चा° L_2 **38.7** कण्ठः शिरस्तथा] B^1L_2J; °च्छिरस्तथा G_2P **38.8** दन्ताश्च नासिकोष्ठौ] PB^1L_2; चन्ताश्च नासिकोष्ठौ G_1; दंताश्च नासिकौष्टौ J **38.9** °स्कारादिवेतीवशब्दस्य] B^1L_2J; °स्कारादितीवेति इवशब्दस्य P; °स्कारादिवेति G_1 **38.10** भिन्नक्रमत्वेन निमित्तान्तरारोपः] PB^1J; *om.* G_1; भिन्नक्रमत्वेन निमित्तान्तरालोपः L_2 **38.10** संस्कृत°] G_1PB^1J; संस्थित° L_2 **38.10** °भिधत्ते] $G_1PB^1L_2$; °भिदत्ते J **38.11** तदा तस्याश्च°] $G_1B^1L_2J$; तदा ऽस्याः च° P **38.11** सुप्तिङन्तानां] PB^1; स्वप्तिङन्तानां G_1L_2J **38.11** संस्कारः] *em.*; संस्काराः $G_1PB^1L_2J$ **38.11** °भागादिज्ञानम्] $G_1PB^1L_2$; °भागादिर्ज्ञानम् J **38.12** हि प्रयोगः यश्चेमां] G_1PB^1J; ति प्रयोगश्चेमां L_2 **38.12** वर्णशो] G_1PB^1J; *om.* L_2 **39.1** विष्णो°] *conj.*; विभो° $G_1B^1L_2J$; विभोर्विष्णो° P **39.1** रेजे] *conj.*; बभासे रेजे G_1PB^1J; बभासे रेजी L_2 **39.1** पादान्निर्गमनाच्छेषा] *conj.*; चरणान्निर्यातशेषा निर्गमनाच्छेषा $G_1B^1L_2J$; चरणात्पदान्निर्यातशेषा निर्गमनाच्छेषा P

मिता या न पतिता भगवत्पाद एव कृतसन्निधिः सा गङ्गेवोर्ध्वप्रसारिणी। यो भागः पूर्वमस्या अवशिष्टः स इव मुखं प्रविष्ट इत्यर्थः। बभौ सदशनज्योत्स्नेति पाठे सा भारती दशनज्योत्स्नासहिता बभाविति योज्यम्॥ ३९॥

किमाहेत्याह—

जाने वो रक्षसाक्रान्तावनुभावपराक्रमौ।
अङ्गिना तमसेवोभौ गुणौ प्रथममध्यमौ॥ ४०॥

युष्माकं रावणेन महिमोत्साहावभिभूतावित्यवगतं मयैतत्। यथा कस्यचिदुत्कटेन प्रधानेन तमोगुणेन सत्त्वरजसी आक्रम्येते। अङ्गाङ्गिभावो हि पर्यायेण। गुणानां तु य एवोत्कटः सो ऽन्यं बाधते। रावणस्य च तमोरूपत्वात्तादृशेनैवौपम्यम्। रावणादयश्चाङ्गीनि मूर्तानि तमांसीत्यागमः॥ ४०॥

विदितं ताप्यमानं च तेन मे भुवनत्रयम्।
अकामोपनतेनेव साधोर्हृदयमेनसा॥ ४१॥

---

40 a. रक्षसा°] $G_1PB^1L_2D^MV^MB_1^MB_2^MB_3^MB_5^MB_7^ML^M$Hem.Mall.Ar.(?)Nā.Jin.; राक्षसा° B_4^MJ **40 c.** अङ्गिना तमसे°] $PB^1L_2D^MV^MB_1^MB_5^MB_7^ML^M$Ar.Nā.; अङ्गिनात्तमसे° $G_1B_3^M$; अंगिनातुसमे° J; अङ्गिनस्तमसे° B_2^M; अङ्गिनां तमसे° B_4^MHem.Mall.$Ar.^{vl}$$Nā.^{vl}$Jin. **41 a.** ताप्यमानं] $G_1PB^1L_2JV^{Mpc}D^MB_1^MB_2^{Mpc}B_3^MB_4^MB_5^MB_7^ML^M$; तप्यमानं $V^{Mac}B_2^{Mac}$ℭ

39.2 खमिता या न पतिता] P; या न पातिता $G_1B^1L_2J$ **39.2** यो] G_1PB^1J; यि L_2 **39.3** पूर्वमस्या] PB^1L_2; पूर्वस्या G_1J **39.4** सा भारती] P; *om.* $G_1B^1L_2J$ **39.4** °सहिता] P; °सहिता भारती G_1 °सहिता सा भारती B^1L_2; °संहिता भारती J **39.5** किमाहेत्याह] PB^1L_2J; किमित्याह G_1 **40.1** युष्माकं] *conj.*; वो युष्माकं $G_1PB^1L_2J$ **40.1** रावणेन महिमोत्साहावभिभू°] *conj.*; रक्षसा रावणेनानुभावपराक्रमौ महिमोत्साहौ क्रान्तावभिभू° $G_1PB^1L_2$; रक्षसा रावणेना ऽनुभावपराक्रमौ महिमोत्साहो क्रान्तावभिभू° J **40.1** °त्यवगतं मयैतत्] *conj.*; °त्येतदहं जाने। अवगतं मयैतत् G_1PB^1; °त्येतदाह जाने। अवगतं मयैतत् L_2; °त्येतदहं जाने अवगतं मयेतत् J **40.2** कस्यचिदुत्कटेन] *conj.*; कस्यचिदङ्गिनोत्कटेन $G_1PB^1L_2J$ **40.2** तमोगुणेन] *conj.*; तमसा उभौ तमोगुणेन G_1; तमसा तमोगुणेन PB^1L_2J **40.2** सत्त्वरजसी] *conj.*; प्रथममध्यमौ गुणौ रजःसत्त्वे G_1B^1J; प्रथममध्यमौ गुणौ सत्त्वरजसी P; प्रथममध्यमगुणौ रजस्सत्वे L_2 **40.2** आक्रम्येते] $G_1PB^1L_2$; आक्रम्यते J **40.2** अङ्गाङ्गिभावो] PB^1L_2; अङ्गानि भावो G_1J **40.3** तु] $G_1P^{pc}B^1L_2J$; *om.* P^{ac} **40.3** य एवो°] G_1PB^1J; एवो° L_2 **40.3** सो ऽन्यं बाधते] PB^1J^{pc}; सैन्यं वाधते G_1J^{ac}; स अन्यं धार्यते (तै L_2^{ac}) L_2 **40.3** रावणस्य च] PB^{3pc}; रावणस्य $G_1B^{1ac}L_2J$ **40.4** °वौपम्यम्] P; °वोपस्यं G_1B^{1pc}; °वौपास्यं B^{1ac}; °कौपम्यं L_2; °वोपम्यं J **40.4** °श्चाङ्गीनि] PB^1L_2; °श्चाङ्गी निमित्तानि G_1J

तेन रक्षसा त्रिभुवनं च बाध्यमानं मया ज्ञातम्। यथानभिलाषिणो नरस्य मानिनः पापेन मनस्ताप्यते। अकामस्योपनतमकामोपनतम्॥ ४१॥

कार्येषु चैककार्यत्वादभ्यर्थ्यो ऽस्मि न वज्रिणा।
स्वयमेव हि वातो ऽग्नेः सारथ्यं प्रतिपद्यते॥ ४२॥

जगद्रक्षयैकव्यापारत्वाच्चेन्द्रेणाहं व्यापारेषु विषये न याच्यः। स्वार्थे हि स्वयमेव प्रवृत्तिः। यथा—

समीरणश्चोदयिता भवेति व्यादिश्यते केन हुताशनस्य॥ ४२॥

न च तद्वधे ऽहमशक्त इत्याह—

स्वासिधारापरिहृतः कामं चक्रस्य तेन मे।
स्थापितो दशमो मूर्धा लव्यांश इव रक्षसा॥ ४३॥

निश्चितं मच्चक्रस्य भोगपतेरिव दशमो मूर्धा च्छेद्यो भाग इव रावणेन शेषितः,

---

42 b. °दभ्यर्थ्यो] $G_1B^1L_2JD^MV^MB_1^MB_3^MB_4^MB_7^M$𝕮; °दभ्यर्थो $PB_2^ML^M$; °दभिर्थो B_5^M **43 d.** लव्यांश] ŚHem.Mall.Jin.; लभ्यांश $Mall.^{vl}$; लब्धांश Ar.Nā.

42.3 समीरणश्चोदयिता भवेति व्यादिश्यते केन हुताशनस्य। *Kumārasambhava* 3:21cd.

41.1 बाध्यमानं] *conj.*; ताप्यमानं बाध्यमानं $G_1PB^1L_2J$ **41.1** मया] *conj.*; मे मया $G_1PB^1L_2J$ **41.1** यथानभिलाषिणो नरस्य] *conj.*; यथा अकामस्यानभिलाषिणो रस्य G_1; यथा ऽकामस्यानभिलाषस्य नरस्य P; यथा अकामस्यानभिलाषिणो नरस्य B^1L_2J **41.2** मानिनः] *conj.*; साधोः मानिनः $G_1PB^1L_2J$ **41.2** पापेन] *conj.*; एनसा पापेन $G_1PB^{3pc}L_2J$; एनसा पेन B^{1ac} **41.2** अकामस्योपनतमकामोपनतम्] B^1L_2; अकामस्योपनतकामोपनतम् G_1J; अकामोपनतम् P **42.1** जगद्रक्षयैकव्यापारत्वा°] *conj.*; एककार्यत्वा° $G_1B^1L_2J$; एककार्यत्वाज्जगद्रक्षयैकव्यापारत्वा° P **42.1** °च्चेन्द्रेणाहं] $G_1PB^1L_2$; °च्चेन्द्रेणादहं J **42.1** व्यापारेषु] *conj.*; कार्येषु $G_1B^1L_2J$; कार्येषु व्यापारेषु विषये P **42.1** न याच्यः] *conj.*; नाभ्यर्थ्यः G_1L_2; नाभ्य × ⏓ × +र्थः+ न याच्यः P; नाभ्यर्थः B^1J **42.2** प्रवृत्तिः] P; प्रवृत्तैः G_1J; प्रवृत्तेः B^1L_2 **42.3** समीरणश्चो°] PB^1L_2; समीरिणश्चो° G_1J **42.3** केन हुताशनस्य] *em.*; येन हुतासनस्य G_1J; केन हुताशस्येति P(unmetrical); केन हुताशनस्येति B^1L_2 **42.4** न च तद्वधे] PB^1; न ततद्वधे G_1J; न च तधे L_2 **43.1** निश्चितं] *conj.*; कामं निश्चितं $G_1PB^1L_2J$ **43.1** च्छेद्यो भाग इव] *conj.*; लव्यांश इव च्छेद्यो भाग इव $G_1PB^1L_2J$ **43.1** रावणेन शेषितः] *conj.*; स्थापितः तेन रक्षसा रावणेन शेषितः $G_1B^1L_2J$; स्थापितः तेन रक्षसा रावणेनेति शेषितः P

यत आत्मीयखड्गधारया वर्जितः। तेन हि पूर्वं तपस्यता खड्गेन नव शिरांसि शिवाराधनाय लूनान्यासन्। कार्षिको हि यथा निजस्वामिनो निजदात्रलवनपरिहृतं लव्यमंशं स्थापयति॥ ४३॥

यद्येककार्यत्वं तत्कस्मात्पूर्वमेवासावुपेक्षित इत्याह—

स्रष्टुर्वरातिसर्गाच्च मया तस्य दुरात्मनः।
अत्यारूढं रिपोः सोढं चन्दनेनेव भोगिनः॥ ४४॥

दुष्टस्वभावस्य तस्य ≪रावणस्य≫ आक्रमोत्कर्षो मया सह्यः सहनीय इति ब्रह्मणो वरदानात्। चन्दनाख्येन तरुणा पन्नगस्य। स हि तस्य शिरो ऽप्याक्रामति॥ ४४॥

एतदेव वितन्वन्नाह—

धातारं तपसा प्रीतं ययाचे स हि राक्षसः।
दैवात्सर्गादवध्यत्वं मर्त्येष्वास्थापराङ्मुखः॥ ४५॥

---

44 a. °सर्गाच्च] $G_1B^1L_2V^MB^M_1B^M_2B^M_3B^M_4B^M_7$ Mall.; °सर्गात्तु PHem.Ar.Nā.Jin.; °सर्गाश्च JD^ML^M; °स्सर्गाच्च B^M_5 **44 b.** तस्य दुरात्मनः] $G_1PB^1L_2JD^MV^MB^M_1B^M_2B^M_3B^M_4B^M_5B^M_7L^M$Hem.Mall.Jin.; तस्यामरात्मना Ar.Nā. **44 c.** अत्यारूढं रिपोः सोढं] $PV^MB^M_1B^M_2$ Mall.Ar.Nā.Jin.; अद्यारोढं रिपोः सोढं $G_1B^1B^M_4$; अत्यारोढं रिपोस्सोढं $L_2JB^M_3$; अत्यारूढो रिपोः सोढुं D^M; अत्यारूढं रिपोः सोढुं B^M_5; अत्यारूढुं रिपोः सोढं B^M_7; अन्यारूढं रिपोस्सोढं L^M; अत्यारूढं रिपोः सह्यं Hem. **45 b.** हि] Σ; ह J

43.2 आत्मीयखड्गधारया] *conj.*; स्वासिधारया खड्गधारया G^{pc}_1; स्वासिधारया G^{ac}_1; स्वासिधारया आत्मीयखड्गधारया PB^1; स्वासिधारया आत्मीयखड्गाधारया L_2; स्वासिधारया आत्मीखड्ग(?)धारया J **43.2** वर्जितः] *conj.*; परिहृतो वर्जितः $G_1PB^1L^{pc}_2J$; परिहृतो वजितः L^{ac}_2 **43.2** हि पूर्वं] $G_1B^1L_2J$; च P **43.2** खड्गेन] G_1PB^1J; खड्गो L_2 **43.3** शिवाराधनाय] $G_1PB^1L_2$; श्रीशिवाराधनाय J **43.4** °दात्रलवनपरि°] B^1; °दात्रलवानपरि° G_1; °दात्रलवणपरि° P; °दात्रलवण° L_2; °धात्रलवानपरि° J **43.4** लव्यमंशं] G_1PB^1J; लव्यांश L_2 **43.5** यद्येक°] G_1PB^1J; यद्ये° L_2 **43.5** °वुपेक्षित] $G_1B^1L_2J$; °वपेक्षितः P **44.1** दुष्टस्वभावस्य] *conj.*; दुरात्मनो दुष्टस्वभावस्य $G_1PB^1L_2J$ **44.1** रावणस्य आक्रमोत्कर्षो] *conj.* (cf. Jin.); रिपोरत्यन्तमारोढमाक्रमोत्कार्यः G_1; रिपोरत्यन्तमारोढमाक्रमणोत्कर्षः P; रिपोरत्यन्तमारोढमाक्रमोत्कर्षः B^1L_2J **44.1** सह्यः सहनीय इति] *conj.*; सोढं सह्यं सहनीयमिति $G_1B^1L_2J$; सोढं सह्यम् सहनीयमित्यर्थः P **44.2** ब्रह्मणो] *conj.*; स्रष्टुर्ब्रह्मणो G_1PL_2J; सुष्टुर्ब्रह्मणो B^1 **44.2** वरदानात्] *conj.*; वरातिसर्गाद्वरदानात् $G_1PB^1L_2J$ **44.2** चन्दनाख्येन] *conj.*; चन्दनेन तदाख्येन $G^{pc}_1PB^1L_2J$; चन्दनेने तदाख्येन G^{ac}_1 **44.2** पन्नगस्य] *conj.*; भोगिनः पन्नगस्य $G_1PB^1L_2J$ **44.3** °क्रामति] G_1B^1J; °क्रमति PL_2

स हि रावणो ब्रह्माणमतिदुश्चरतपस्तोषितं यतः कारणाद्देवसम्बन्धिनः सर्गादष्टविधादवध्यभावमयाचत, तत एव मयासौ तेन रूपेण न हतः। मनुष्येषु सम्भावनाया विमुखः। किं मे वराका मनुष्याः कुर्वन्तीति॥ ४५॥

दैवात्सर्गादवध्यत्वे वधोपायकथनम्—

सो ऽहं दाशरथिर्भूत्वा रणभूमेर्बलिक्षमम्।
करिष्यामि शरैस्तीक्ष्णैस्तच्छिरःकमलोच्चयम्॥ ४६॥

यत एवं मर्त्यास्तेन वर्जिताः, ततो ऽहं दशरथतनयः पुरुषो भूत्वा पौलस्त्यमस्तकपद्मावचयं ≪विधास्ये≫, शितैरिषुभिः, समरोर्व्या बलावुपहारे प्रकरे वा योग्यम्। कमलैः किल भूमेरुपहारः क्रियते। रामभद्ररूपेण तमहं हनिष्यामीति वाक्यार्थः॥ ४६॥

अचिराद्यज्वभिर्भागं कल्पितं विधिवत्पुनः।
मायाविभिरनालीढमादास्यध्वे निशाचरैः॥ ४७॥

---

46 b. °भूमेर्बलि°] $\mathfrak{C}$; °भूमिर्बलि° G_1; °भूमिबल° PB_1^{Mac}; °भूमिबलि° $B^1L_2JD^M V^M B_1^{Mpc} B_2^M B_3^M B_4^M B_5^M B_7^M L^M$ **46 c.** शरैस्तीक्ष्णैस्] $G_1B^1L_2JD^M V^M B_1^M B_2^M B_3^M B_4^M B_5^M B_7^M$ $\mathfrak{C}$; शरैस्तीक्ष्णै L^M; शरैर्घोरैस् P

45.1 स हि रावणो ब्रह्माणम्] *conj.*; स हि राक्षसो धातारं ब्रह्माणं $G_1PB^1L_2J$ **45.1** अतिदुश्चरतपस्तोषितं] *conj.*; तपसा प्रीतं अतिदुश्चरतपस्तोषितं $G_1P^{pc}B^1$; तपसा प्रीतं अतिदुश्चरिततपस्तोषितं P^{ac}; तपसा प्रीतं अतिदुश्चरस्तपस्तोषितं L_2; तपसा प्रीतं अतिदुश्चरतपः स्तोषितं J **45.1** देवसम्बन्धिनः] *conj.*; दैवाद्देवसम्बन्धि G_1; दैवाद्देवसम्बन्धिनः P; दैवाद्देवसम्बन्धि+न+स् B^1; दैवादेव सम्बन्धिनस् L_2; दैवाद्देवसंबंधि J **45.2** °वध्य°] PB^1L_2; °बुध्य° G_1J **45.2** मयासौ] G_1PB^1J; मया असौ मया L_2 **45.2** न हतः] PL_2; हतः G_1B^1J **45.3** मनुष्येषु सम्भावनाया विमुखः] *conj.*; मर्त्येषु मनुस्येष्वास्थायाः सम्भावनाया विमुखः $G_1B^1L_2J$; मर्त्येषु आस्थायाः सम्भावनायाः विमुखः P **45.3** किं मे] PL_2; किमे G_1B^1J **45.4** °कथनम्] *conj.*; °कथनम् पैशाचो (पिशाचो G_1J) राक्षसो यक्षो (याक्षो P) गन्धर्वश्चेन्द्र (°चैन्द्र B^1L_2) एव च। प्रजेशश्चैव सौम्यश्च ब्रह्मा चैवाष्टमः स्मृतः (स्मृत PL_2, स्मृता B^1)॥ इत्यष्टविधो दैवः (दैव° PL_2J) सर्गः॥ $G_1PB^1L_2J$ **46.1** मर्त्यास्तेन वर्जिताः] $G_1B^1L_2J$; मर्त्या वर्जितास्तेन P **46.2** पौलस्त्यमस्तकपद्मावचयं] *conj.*; तच्छिरःकमलोच्चयं तस्य पौलस्त्यस्य शिरांस्येव (शरांस्येव L_2, शिरांस्यैव J) पद्मानि (कमलानि पद्मानि B^1L_2) तेषामुच्चयमवचयं $G_1PB^1L_2J$ **46.2** विधास्ये] *conj.*; करिष्यामि $G_1PB^1L_2J$ **46.2** शितैरिषुभिः] *conj.*; तीक्ष्णैः शितैः शरैः G_1; तीक्ष्णैः शरैः P; तीक्ष्णैश्शितैश्शरैरिषुभिः B^1L_2; तीक्ष्णैः तच्छिरैः शितैः J **46.2** समरोर्व्या] *conj.*; रणभूमेः समरोर्व्याः $G_1PB^1L_2J$ **46.2** बलावुपहारे] $G_1PB^1L_2$; लबावुपहारे J **46.3** प्रकरे] PB^1J; प्रकारे G_1L_2 **46.3** योग्यम्] *conj.*; क्षमं योग्यम् $G_1PB^1L_2J$ **46.4** °मीति वाक्यार्थः] $G_1B^1L_2J$; °मीत्यर्थः P

एवं च यज्ञेषु याजकैर्विधिना भागं दत्तं यूयं स्वल्पेन कालेन भूयो भोक्ष्यध्वे। इन्द्रजालयुक्तै राक्षसैरनुच्छिष्टम्॥ ४७॥

वैमानिकाः पुण्यकृतस्त्यजन्तु मरुतां पथि।
पुष्पकालोकसङ्क्षोभं मेघावरणतत्पराः॥ ४८॥

विमानेन चारिणः पुष्पकविमानेक्षणत्रासं जहत्वाकाशे सुकृतिनः। ते हि यानैर्नभसि विहरन्तः पुष्पकविमानदर्शनाद्रावणागमनमाशङ्क्य भयाज्जलदैरात्मानमन्तर्धायातिष्ठन्। अद्य ते देवा दिवि सुखेन क्रीडन्तु॥ ४८॥

मोक्ष्यथ स्वर्गवन्दीनां वेणीबन्धानदूषितान्।
शापयन्त्रितपौलस्त्यबलात्कारकचग्रहैः॥ ४९॥

किं बहुना। निश्चितं नाकस्त्रीणां केशरचनाग्रन्थीन् स्वयमेव मोक्ष्यथ। ता हि विरहिण्यः पराभवात्केशरचनां न कुर्वन्ति। बलादपहृता रिपुनारी वन्दी।

---

48 c. °लोकसङ्क्षोभं] $G_1B^1L_2JV^MB_1^MB_2^MB_3^MB_4^MB_5^MB_7^ML^M$**C**; °लोकनक्षोभं P; °लोकविक्षोभं D^M **49 a.** मोक्ष्यथ स्वर्ग°] $G_1PB^1L_2JV^MB_1^MB_2^MB_3^MB_4^MB_5^MB_7^ML^M$Ar.(?)Nā.; मोक्ष्यध्व स्वर° D^M; मोक्ष्यध्वे सुर° Hem.; मोक्ष्यध्वे स्वर्ग° Mall.Jin.

---

49 °ग्रन्थी° …पराभवात्] *om.* J(eyeskip)

47.1 दत्तं] *conj.*; कल्पितं $G_1PB^1L_2J$ **47.1** यूयं स्वल्पेन कालेन भूयो भोक्ष्यध्वे] *conj.*; यूयमादास्यध्वे भोक्ष्यध्वे G_1J; यूयमादास्यध्वे स्वल्पेन कालेन भूयो भोक्ष्यद्ध्वे P; यूयमादस्यध्वे भोक्ष्यध्वे B^1; यूयमादास्यध्वे भोक्ष्यसे L_2 **47.2** इन्द्रजालयुक्तै] *conj.*; मायाविभिरिन्द्रजालयुक्तैः G_1PJ; मायाविद्भिरिन्द्रजालयुक्तैः B^1L_2 **47.2** राक्षसैरनुच्छिष्टम्] *conj.*; निशाचरैरनालीढमनुच्छिष्टम् $G_1PB^1L_2J$ **48.1** चारिणः] PB^1L_2; चारिणा G_1J **48.1** पुष्पकविमानेक्षणत्रासं] *conj.*; पुष्पकविमानस्यालोकेन सङ्क्षोभं त्रासं G_1B^1; पुष्पकविमानस्यालोकेन ईक्षणेन संक्षोभं त्रासं P; पुष्पिकविमानस्यालोकेन सङ्क्षोभं त्रासं L_2J **48.1** जहत्व्] *conj.*; त्यजन्तु जहन्तु G_1J; जहतु त्यजतु P; त्यजन्तु जहतु B^1; त्यजतु जहतु L_2 **48.1** आकाशे सुकृतिनः] *conj.*; मरुतां पथि आकाशे G_1PB^1J; मरुतां पति आकाशे L_2 **48.2** विहरन्तः] *conj.*; विहरन्तो शङ्कां G_1PB^1J; वहरन्तो शङ्कां L_2 **48.2** पुष्पकविमान°] G_1B^1; पुष्पिकायिमा° L_2; पुष्पिकविमान° J **48.2** °वणागमन°] G_1PB^1J; °वणगमन° L_2 **48.3** °न्तर्धायातिष्ठन्] PB^1L_2J; °न्तर्धायीतिष्ठन् G_1 **48.3** अद्य ते देवा दिवि सुखेन क्रीडन्तु] *em.*; *om.* G_1PB^1J; अद्य ते देवा दिवि स्वयेन क्रीडन्तु L_2 **49.1** नाकस्त्रीणां] P; स्वर्गस्त्रीणां $G_1B^1L_2J$ **49.1** केशरचनाग्रन्थीन्] *conj.*; वेणीबन्धान्केशरचनाग्रन्थीन् G_1PB^1J; वेणाबन्धान्केशरचनाग्रन्थीन् L_2 **49.1** स्वयमेव] PL_2^{pc}; द्वयमेव G_1B^1; स्वय×स्वर्ग×मेव L_2 **49.2** पराभवात्] G_1PB^1; पराभवोत् L_2

कदाचिद्रावणेन ते विलुलिताः स्युः, किं तैर्मुक्तैः प्रयोजनमित्याह शापरुद्धेन रावणेन हठकेशादानैरनिन्दितानिति। अनिच्छन्त्या नार्या विध्वंसनात्तव मूर्धा शतधा स्फुटिष्यतीति रावणस्य नडकूवरशापः॥ ४९॥

रावणावग्रहक्लान्तमिति वागमृतेन सः।
अभिवृष्य मरुत्सस्यं कृष्णमेघस्तिरोदधे॥ ५०॥

विष्णुरेव ≪जलदो≫ ऽन्तर्दधे। रावण एव वर्षप्रतिबन्धस्तेनाभिभूतं सुरधान्यं वाग्जलेन समाश्वास्य। यो ऽपि कालमेघः स शुष्कं सस्यममृतेन सिक्त्वान्तर्धत्ते॥ ५०॥

पुरुहूतप्रभृतयः सुरकार्योद्यतं सुराः।
अंशैरनुययुर्विष्णुं पुष्पैर्वायुमिव द्रुमाः॥ ५१॥

ततो भगवन्तमिन्द्रप्रमुखा देवा भागैरनुजग्मुः, देवहितार्थं मनुष्यलोकमवतीर्णम्। कुसुमैरनिलमिव तरवः। देवा हरिसाहायकार्थं मनुष्यलोकमवतेरुरित्य-

---

50 a. ०ग्रहक्लान्त०] $PB^1L_2JV^MB^M_1B^M_2B^M_3B^M_4B^M_7L^M\mathfrak{C}$; ०ग्रहाक्लान्त० $G_1B^M_5$; ०ग्रक्रान्ता० D^M(unmetrical) **51 c.** ०ययुर्विष्णुं] $G_1PB^1L_2JB^M_3B^M_4B^M_5B^M_7L^M\mathfrak{C}$; ०ययु विष्णुं $D^MB^M_1$; ०ययुः कृष्णं $V^MB^M_2$

---

50 The opening of the commentary has been omitted by L_2 and then added in a later hand in the margin. **51** The testimony of U resumes here on the recto of a new folio with the words: भागैरनुययुः अनुजग्मुः

49.3 किं] $G_1B^1L_2J$; तत्किं P **49.3** शापरुद्धेन] *conj.*; शापयन्त्रेण शापरुद्धेन G_1J; शापरुद्धेण P; शापयन्त्रितेन शापरुद्धेन B^1L_2 **49.4** हठकेशादानैरनिन्दितानिति] P; हठकचग्रहैरदूषितानिति G_1L_2J; हठात् (हठत् B^{1ac}) कचग्रहैरदूषितानिति B^1J **49.4** नार्या] G_1PB^1J; नाहा L_2 **50.1** विष्णुरेव] *conj.*; कृष्णो विष्णुरेव $PB^1L_2^{pc}J$; कृष्णोर्विष्णुरेव G_1 **50.1** जलदो ऽन्तर्दधे] *conj.*; मेघस्तिरोदधे। अन्तर्दधे। किं कृत्वा $G_1PB^1L_2^{pc}J$ **50.1** एव वर्षप्रतिबन्धस्] *conj.*; एवावग्रहं वर्षप्रतिबन्धः G_1; एवावग्रहो वर्षप्रतिबन्धः PB^1L_2; एव ग्रहं वर्षप्रतिबंधः J **50.1** तेनाभिभूतं] *conj.*; तेन क्लान्तमभिभूतं $G_1PB^1L_2J$ **50.1** सुरधान्यं] *conj.*; मरुत्सस्यं सुरधान्यं G_1PB^1J **50.2** वाग्जलेन समाश्वास्य] *conj.*; वाग्जलेनाभिवृष्य समाश्वास्य $G_1PB^1L_2J$ **50.2** काल०] PB^1L_2J; काले G_1 **51.1** ततो भगवन्तम्] G_1PB^1; ततो भगन्तं L_2; ततः श्रीभगवंतं J **51.1** इन्द्रप्रमुखा देवा] *conj.*; विष्णुं पुरुहूतप्रभृतयः इन्द्रमुखास्सुरा देवाः G_1; विष्णुं पुरुहूतप्रभृतयः इन्द्रप्रमुखाः देवाः P; विष्णुं पुरुहूतप्रभृतयः इन्द्रप्रमुखास्सुरा देवाः B^1L_2J **51.1** भागैरनुजग्मुः] *conj.*; अंशैर्भागैरनुययुरनुजग्मुः $G_1PB^1L_2$; ---भागैरनुययुः अनुजग्मुः U; अंशैर्भागैः अनुययुः अनुरग्मुः J **51.2** ०लोकमवतीर्णम्] $G_1PB^1L_2J$; ०लोके ऽवतीर्णं U **51.2** तरवः] P; देवतरवः $G_1UB^1L_2J$ **51.2** हरिसाहायकार्थं] B^1J; हरिसाहायार्थकं G_1; हरिसहायकार्थं P; हरिसहायार्थं U; हरिसाहायाकार्थं L_2

र्थः॥ ५१॥

इदानीं यदर्थमेतदुक्तं तां प्रस्तुतां कथामाह—

अथ तस्य विशांपत्युरन्ते काम्यस्य कर्मणः।
पुरुषः प्रबभूवाग्नेर्विस्मयेन सहर्त्विजाम्॥ ५२॥

अनन्तरं तस्य नरनाथस्य दशरथस्य पुत्रेष्टिलक्षणस्य ≪यज्ञस्य≫ समाप्तौ, अग्निमध्याद्दिव्यः पुरुषो ≪याज्ञिकानामाश्चर्येण≫ सह प्रादुरास। तदाविर्भावात्तेषां कौतुकमुदपादीत्यर्थः॥ ५२॥

हेमपात्रीकृतं दोर्भ्यामादधानः पयश्चरुम्।
अनुप्रवेशादाद्यस्य पुंसस्तेनापि दुर्वहम्॥ ५३॥

पय एव चरुः, पयसा वा साधितश्चरुरुपहारः पयश्चरुः, तं सौवर्णपात्रस्थितं बाहुभ्यां वहन्। विष्णोः सन्निधानात्तेनापि पुरुषेण दुर्धरम्। भगवता हि तदध्यासितमित्यागमः॥ ५३॥

प्राजापत्योपनीतं तं चरुं प्रत्यग्रहीन्नृपः।
वृषेव पयसां सारमाविष्कृतमुदन्वता॥ ५४॥

---

53 a. °पात्रीकृतं] $G_1PL_2V^{Mpc}D^MB_2^{Mpc}B_3^MB_5^ML^M$; °पात्रे कृतं $UB^1V^{Mac}B_1^MB_2^{Mac}B_4^MB_7^M$ Jin.; °मपात्रीकृतो J(unmetrical); °पात्रगतं Hem.Mall.Ar.Nā. **53 b.** °दधानः] $UPD^MV^MB_1^{Mac}B_2^MB_5^ML^M$Hem.Mall.; °ददानः $G_1B^1L_2JB_1^{Mpc}B_3^MB_4^MB_7^M$Ar.(?)Nā.Jin. **53 d.** तेनापि] **𝕮**; तेनाति° **Ś** **54 ab.** तं चरुं] Σ; तदन्नं **𝕮**

51.3 °वतेरुरित्यर्थः] B^1L_2J; °वतरेदित्यर्थः G_1; °वतीरुरित्यर्थः UP **52.1** अनन्तरं] *conj.*; अथानन्तरं Σ **52.1** नरनाथस्य] *conj.*; विशाम्पत्युर्नरनाथस्य Σ **52.1** पुत्रेष्टिलक्षणस्य यज्ञस्य] *conj.* (cf. Jin.); काम्यस्य कर्मणः पुत्रेष्टिलक्षणस्य U; काम्यस्य कर्मणः पुत्रेष्टिलक्षणस्यान्ते $G_1PB^1L_2J$ **52.2** °द्दिव्यः] B^1L_2; °द्दिव्य° G_1UPJ **52.2** याज्ञिकानामाश्चर्येण] *conj.* (cf. Jin.); ऋत्विजां विस्मयेन G_1UPB^1J; ऋत्विजा विस्मयेन L_2 **52.2** प्रादुरास] *conj.*; प्रबभूव प्रादुरास G_1UPB^1J; बभूव प्रादुरासीत् L_2 **53.1** चरुः] $G_1UB^1L_2J$; चरुः पयोमिश्रः P **53.2** सौवर्ण°] G_1UPB^1J; सौवर्णं L_2 **53.2** बाहुभ्यां वहन्] *conj.*; दोर्भ्यां बाहुभ्यामाददानः वहन् $G_1B^1L_2$; दोर्भ्यां बाहुभ्यां आदधानः वहन् UP; दौर्भ्यां बाहुभ्यामाददानः वहन् J **53.2** सन्निधाना°] UPB^1L_2J; सन्निदाना° G_1 **53.2** पुरुषेण] $G_1PB^1L_2J$; पुरुषे U **53.2** दुर्धरम्] *conj.*; दुर्वहं दुर्धरम् Σ **53.3** °त्यागमः] $G_1UPB^1L_2$; °त्यागमः युग्मम् J

राजा तद्दिव्यमन्नं पायसमाददे। प्रजापतेरयं प्राजापत्यो दिव्यपुरुषः, तेन ढौकितम्। इन्द्रो यथाब्धिना प्रकटीकृतममृतम्॥ ५४॥

अनेन कथिता राज्ञो गुणास्तस्यान्यदुर्लभाः।
विवृत्तिं चकमे तस्मिंस्त्रैलोक्यप्रभवो ऽपि यत्॥ ५५॥

तस्य दशरथस्य सर्वोत्कृष्टा गुणा एतेनैवोक्ता यत्त्रैलोक्यकारणमपि विष्णू राजनि दशरथ उत्पत्तिं रामादिरूपेण परिणतिमकामयत। यदि ह्यसौ सर्वातिशयी न स्यात्तत्कथं भगवानपि पितृत्वेनोररीकुर्यात्। भगवद्विवृत्तिस्तु चरुणैव व्याख्याता॥ ५५॥

स तेजो वैष्णवं पत्न्योर्विभेजे चरुसंज्ञितम्।
द्यावापृथिव्योः प्रत्यग्रं वृषाकपिरिवातपम्॥ ५६॥

स राजा विष्णुसत्कं तेजश्चरुसंज्ञितं भार्ययोर्ज्येष्ठयोर्भागीकृतवान्, रोदस्योर्न-

---

55 c. विवृत्तिं] $G_1P^{pc}B^1L_2JB_3^MB_7^M$Jin.; प्रवृत्तिं $U^{pc}P^{ac}D^MV^MB_1^MB_2^MB_5^M$; पृवृत्तिं B_4^M; निवृत्तिं U^{ac}; प्रसूतिं Hem.Mall.Ar.Nā. **56 d.** वृषाकपिरिवा°] $G_1UPB^1L_2JD^MV^MB_1^{Mac}B_2^MB_3^MB_4^MB_5^MB_7^M$Ar.Nā.; अहर्पतिरिवा° B_1^{Mpc}Hem.Mall.Jin.

54.1 राजा तद्दिव्यमन्नं] *conj.*; राजानं चरुं तद्दिव्यमन्नं G_1UJ; राजा तं चरुं तद्दिव्यमन्नं PB^1L_2 **54.1** पायसमाददे] *conj.*; पायसं प्रत्यग्रहीदाददे G_1PB^1; पायसं प्रत्यग्रहीदा(हीमाL_2^{ac})दधे UL_2; पयसं प्रत्यग्रहीदाददे J **54.2** तेन ढौकितम्] *conj.*; तेनोपनीतं ढौकितम् Σ **54.2** इन्द्रो यथाब्धिना] *conj.*; वृषा इन्द्रो यथा उदन्वत अब्धिना Σ **54.2** प्रकटीकृतम्] *conj.*; आविष्कृतं प्रकृटीकृतम् G_1; आविष्कृतं प्रकटीकृतम् UPB^1L_2J **54.2** अमृतम्] *conj.*; पयसां सारममृतम् Σ **55.1** दशरथस्य] *conj.*; राज्ञो दशरथस्य $G_1UPB^1L_2J$ **55.1** सर्वोत्कृष्टा] *conj.*; अन्यदुर्लभाः सर्वोत्कृष्ट° G_1J; अन्यदुर्लभाः सर्वोत्कृष्टा UB^1L_2; अन्यदुर्लभाः अन्योत्कृष्टाः P **55.1** एतेनैवोक्ता] P; एतेनैव कथिताः $G_1UB^1L_2J$ **55.1** यत्त्रैलोक्य°] $G_1UB^1L_2$; यत्तु त्रैलोक्य° P; यत्नोलोक्य J **55.2** विष्णू राजनि] *conj.*; विष्णुः तस्मिन्राजनि G_1UPB^1J; विष्णु तस्मिन्राजनि L_2 **55.2** दशरथ] P; *om.* $G_1B^1L_2J$ **55.2** उत्पत्तिं] *conj.*; विवृत्तिमुत्पत्तिं $G_1PB^1L_2J$; निवृत्तिमुत्पत्तिं U **55.2** परिणतमिकामयत] P; परिणतं चकमे अकामयत UB^1J; परिणतं चकमे अकामयत् G_1; तं चकमे अकामयत् L_2 **55.2** सर्वातिशयी] UJ; सर्वातिशायी $G_1PB^1L_2$ **55.3** स्यात्तत्कथं] G_1UPB^1; स्या तत्कथं L_2; स्यात्तथं श्री° J **56.1** राजा] $G_1UPB^1L_2$; राजा दशरथः J **56.1** विष्णुसत्कं] *conj.* (cf. Jin.); वैष्णवं $G_1UPB^1L_2J$ **56.1** °र्भागीकृतवान्] *conj.*; °र्विभेजे विभागीकृतवान् $G_1UB^1L_2J$; °ः विभेजे भागीकृतवान् P **56.1** रोदस्योर्] *conj.*; द्यावापृथिव्योः रोदस्योः G_1UB^1J; द्यावापृथिव्योः रोधस्योः P; द्धावापृथिव्योः रोदस्यः L_2

वमातपं रविरिव, इति चरोर्भासुरत्वोक्तिः॥ ५६॥

ननु पत्नीत्रयसद्भावे किमिति द्वाभ्यामेव तेन दत्तमित्याह—

अर्चिता तस्य कौसल्या प्रिया केकयवंशजा।
अतः सम्भावितां ताभ्यां सुमित्रामैच्छदीश्वरः॥ ५७॥

ज्येष्ठा तस्य गौरविता, मध्यमापीष्टा, तेन कौसल्याकैकेयीभ्यां कर्त्रीभ्यां कृतसंविभागां राजा सुमित्रामियेष 'एते एव एतस्यै दत्ताम्' इति॥ ५७॥

ते बहुज्ञस्य चित्तज्ञे पत्न्यौ पत्युर्महीक्षितः।
चरोरर्धार्धभागेन तामयोजयतामुभे॥ ५८॥

ततः प्रत्यभिज्ञाताभिप्रायत्वात्कौसल्याकैकेय्यौ सुमित्रायै प्रत्येकमर्धमर्धमदत्तामिति गर्भाणां समबलत्वमुक्तम्। रामायणे त्वन्यथा विभागः — चरोरर्धं ज्येष्ठायाः, मध्यमायास्तदर्धं, तदर्धं तु द्विभागीकृत्य सुमित्राया इति। बहुज्ञत्वमत्र ज्येष्ठामुखेन कनिष्ठायाः संविभागात्। एवं ह्युभयानुग्रहः कृतो भवति॥ ५८॥

अथ कस्मात्ताभ्यां तस्याः सपत्नीद्वेषो न दर्शित इत्याह—

---

58 b. पत्युर्महीक्षितः] $UJB_3^M B_4^M$ Hem.Mall.Ar.(?)Nā.; पत्युर्महीक्षिताम् $G_1PB^1L_2D^MV^M B_1^M B_2^M B_5^M B_7^M$; पत्युर्मुदेक्षिताम् Jin. **58 c.** °भागेन] ŚJin.; °भागाभ्यां Hem.Mall.Ar.Nā.

---

58 अथ कस्मात्ताभ्यां तस्याः सपत्नीद्वेषो न दर्शित इत्याह] *om.* $B^{1ac}L_2$

56.2 नवम्] *conj.*; प्रत्यग्रं नवम् Σ **56.2 रविरिव इति**] *conj.*; वृषाकपिः रविरिति $G_1UPB^1L_2J$ **56.2 चरोर्भासु°**] B^1L_2; चरोभासु° G_1J; चरोः भास्व° UP **56.3 तेन**] G_1UPB^1J; *om.* L_2 **57.1 °कैकेयीभ्यां कर्त्रीभ्यां**] $G_1B^1L_2J$; °कैकेयीभ्यां कर्तृभ्यां U; °केकयीभ्यां कर्त्रीभ्यां P **57.2 कृतसंविभागां**] *conj.*; सम्भावितां कृतसंविभागां G_1PB^1 J; सम्भावितां कृतं संविभागां U; सम्भावितां कृतविभागां L_2 **57.2 °मियेष**] UPL_2J; °मियैष G_1; °मियेषु B^1 **57.2 एते एव**] PL_2; राजा एते G_1J; राजायते U; एते B^1 **57.2 दत्ताम्' इति**] G_1UPB^1J; दत्तमिति L_2 **58.1 कौसल्याकैकेय्यौ**] G_1UJ; कौसल्या कैकेयी च PB^1L_2 **58.2 °र्धमदत्तामिति**] G_1UPB^1J; °र्धदत्तामिति L_2 **58.2 रामायणे**] UPB^1L_2; रामायने G_1; श्रीरामायणे J **58.2 त्वन्यथा विभागः**] G_1UPB^1J; तु विभागमन्यथा L_2 **58.3 ज्येष्ठायाः**] $G_1UB^{1pc}L_2$; ज्येष्ठाय+ा+: B^1; ज्येष्ठायौ J **58.3 तु द्विभागीकृत्य**] $G_1UB^{1ac}L_2J$; द्विभागीकृत्य P; तु +त+द्विभागीकृत्य B^1 **58.3 सुमित्राया**] UPB^1L_2J; स्वमित्राया G_1 **58.4 बहुज्ञत्वमत्र**] $G_1UB^{3pc}J$; बहुज्ञमत्र $B^{1ac}L_2$ **58.6 दर्शित इत्याह**] G_1UPJ; दर्शितः सा हि B^3

सा हि प्रणयवत्यासीत्सपत्न्योरुभयोरपि।
भ्रमरी वारणस्येव मदनिःष्यन्दलेखयोः॥ ५९॥

यस्मात्सुमित्रा प्रार्थनावत्यभूत्। द्वयोरपि सपत्न्योः, यथालिनी गजस्य मदवारिस्रुतिराज्योः॥ ५९॥

ताभिर्गर्भः प्रजाभूत्यै दध्रे देवांशसम्भवः।
सौरीभिरिव नाडीभिरमृताख्याभिरम्मयः॥ ६०॥

विष्णोर्भागादुत्पत्तिर्यस्य स गर्भस्ताभी राज्ञीभिर्लोकाभ्युदयाय धृतः। सूरस्येमाः सौर्यः। ताभिः सूर्यसम्बन्धिनीभिरमृतानाम्नीभिर्दीधितिभिर्यथा जलमयो गर्भो ग्रीष्मे धार्यते। गर्भ इति प्रत्येकं सम्बन्धविवक्षया भगवतो वैकत्वादेकवचनम्॥ ६०॥

सममापन्नसत्त्वास्ता बभुरापाण्डुरत्विषः।
अन्तर्गतफलारम्भाः सस्यानामिव सम्पदः॥ ६१॥

ततस्तास्तुल्यकालमन्तर्वत्न्यो रेजुः। मध्यस्थितफलारम्भाः शाल्यादीनां सम्-

---

59 a. सा हि] Σ; सापि Mall. **61 b.** बभुरा°] ŚHem.Jin.; रेजुरा° Mall.Ar.(?)Nā.

59.1 यस्मात्सुमित्रा] *conj.*; प्रणयः प्रीतिः सेवा (सेव G_1J) वा निष्ष्यन्दः स्रुतिः यस्मात्सुमित्रा G_1UPB^1J; स्स्रुतिः यस्मात्सुमित्रा L_2(eyeskip) **59.1** °नावत्यभूत्] P; °नावभ्यभूत् $G_1B^1L_2$; °वत्यासीत् अभूत् U; °नावध्यभूत् J **59.1** गजस्य] P; वारणस्य $G_1UB^1L_2J$ **60.1** विष्णोर्भागादुत्पत्तिर्यस्य] *conj.*; देवस्य विष्णोरंशात्सम्भवो यस्य गर्भस्य $G_1UB^1L_2$; देवस्य विष्णोरंशाद्भागात्सम्भव उत्पत्तिः यस्य गर्भस्य P; देवस्य श्रीविष्णोरंशात्सम्भवो यस्य गर्भस्य J **60.1** गर्भस्ताभी] PJ; गर्भस्ताभि $G_1UB^1L_2$ **60.1** राज्ञीभिर्लोकाभ्युदयाय] *conj.*; राज्ञीभिः प्रजाभूत्यै लोकाभ्युदयाय Σ **60.1** धृतः।] *conj.*; दध्रे धृत इति कर्मणि लकारः G_1UPB^1J; दध्रे धृता इति कर्मणि लकारः L_2 **60.2** सूरस्येमाः] $G_1UPB^{1pc}J$; सूरस्येमस् B^{1ac}; सूरस्येमाप् L_2 **60.2** सौर्यः] PB^1L_2J; सौर्याः G_1U **60.2** सूर्यसम्बन्धिनीभिरमृतानाम्नीभिर्दीधितिभिर्यथा] *conj.*; सौरीभिरमृतनामाभिः नाडीभिर्दीधिति (ती $B^{1ac}J$) भिर्यथा $G_1B^1L_2J$; सौरीभिरमृतनामाभिः नाडीभिः दीधिति यथा U; सौरीभिस्सूर्यसम्बन्धिनीभिरमृतनामाभिर्नाडीभिः दीधितिभिर्यथा P **60.2** जलमयो] *conj.*; अम्मयो जलमयः $G_1UB^1L_2J$; अप्मयो जलमयो P **60.3** गर्भो] G_1UPB^1J; र्भि L_2 **60.3** वैक°] *em.*; वा एक° $G_1PB^1L_2J$; व एक° U **61.1** ततस्तास्तु°] $UPB^1L_2J^{pc}$; ततस्ता तु° G_1J^{ac} **61.1** °कालमन्तर्वत्न्यो] *conj.*; कालमापन्नसत्त्वा अन्तर्वत्न्यः Σ **61.1** शाल्यादीनां] *conj.*; सस्यानां शाल्यादीनां G_1UJ; शाल्यादीनां सस्यानां PB^1L_2

द्धय इव सगर्भत्वात्। गौरकान्तय इत्युभयविशेषणम्॥ ६१॥

गुप्तं ददृशुरात्मानं सर्वाः स्वप्ने ऽथ वामनैः।
असित्सरुगदाशार्ङ्गचक्रलाञ्छितमूर्धभिः॥ ६२॥

अथ तास्तिस्रो ऽपि स्वप्ने ऽपि भगवदायुधाङ्कितशिरोभिर्वामनै रक्षितं स्वमैक्षन्त। वामनाकारं भगवतो रूपम्। केचित्त्वथशब्दस्थाने लिपिव्यामोहादर्धशब्दं पेठुः। अर्धवामना भगवदनुचरा इति व्याचख्युः। असित्सरुः खड्गमुष्टिः॥ ६२॥

हेमपत्त्रप्रभाजालं गगने च वितन्वता।
उह्यन्ते स्म सुपर्णेन वेगाकृष्टपयोमुचा॥ ६३॥

तथा स्वप्ने गरुडेन च सर्वा ≪धार्यन्ते≫ स्म। सौवर्णपक्षकान्तिसमूहं खे प्रसारयता। ≪जवापवाहितमेघेन≫। इतः प्रभृति सर्वा इति स्वप्ने इति चाग्रे सर्वत्रोपयुज्यते॥ ६३॥

बिभ्रत्या कौस्तुभन्यासं स्तनान्तरविलम्बिनम्।
पर्युपास्यन्त लक्ष्म्या च पद्मव्यजनहस्तया॥ ६४॥

---

62 b. स्वप्ने ऽथ] $G_1UB^1L_2JD^MV^MB_1^{Mpc}B_2^MB_3^MB_5^MB_7^M$Ar.(?)Nā.; स्वप्नेषु $PB_1^{Mac}B_4^M$Hem.Mall.; स्वप्ने च Jin.; स्वप्ने ऽर्ध° Vall.^{vl} **62 c.** असित्सरु°] $G_1UPB^1L_2JD^MV^MB_1^{Mac}B_2^MB_3^MB_4^MB_5^MB_7^M$; असित्सोरु° B_1^{Mpc}; असिशङ्ख° Hem.Jin.; जलजासि° Mall.Ar.Nā. **62 d.** °मूर्धभिः] Ar.Nā.; °मूर्तिभिः $G_1UB^1L_2JD^MV^MB_1^{Mac}B_2^MB_3^MB_4^M$Hem.Mall.Jin.; °पाणिभिः $PB_1^{Mpc}B_5^MB_7^M$ **63 a.** हेमपत्त्र°] $UPB^1L_2JD^MV^MB_1^MB_2^MB_3^{Mpc}B_4^{Mpc}B_5^M$Hem.Ar.Nā.Jin.; हेमपात्र° $G_1B_3^{Mac}B_4^{Mac}B_7^M$; हेमपक्ष° Mall. **64 a.** कौस्तुभ°] Σ; कौस्तुभं B_7^{Mac}

61.2 समृद्धय] *conj.*; सम्पदः समृद्धय UPL_2J; सम्पदास्समृद्धय G_1B^1 **62.2** रक्षितं स्वमैक्षन्त] *conj.*; °र्गुप्तं रक्षितमात्मानमैक्षन्त Σ **62.2** भगवतो] UPB^1L_2; भगतो G_1; श्रीभगवतो J **62.3** °नुचरा] UPB^1L_2J; °नुचारा G_1 **62.3** खड्गमुष्टिः] PJ; खड्गामुष्टिः G_1UB^1; खड्गागुष्टि L_2 **63.1** धार्यन्ते] *conj.* (cf. Jin.); उह्यन्ते Σ **63.1** °पक्षकान्ति°] B^1J; °पक्षिकान्ति° G_1UL_2; °पक्षति° P **63.1** खे] *conj.*; गगने खे $G_1UB^1L_2J$; गगने P **63.2** प्रसारयता] *conj.*; वितन्वता प्रसारयता G_1UPB^1J, वितनुता प्रसारयता L_2 **63.2** जवापवाहितमेघेन] *conj.*; वेगेनाकृष्टा (वेगानाकृष्टा U; वेगेन कृष्टा P) अपवाहिताः पयोमुचो मेघाः येन तेन $G_1UPB^1L_2J$ **63.2** इतः] UPJ; इत G_1; ततः B^1; इतोः L_2 **63.2** इति चाग्रे] PB^1L_2; इति चाग्रे ऽग्रे G_1J; इत्यग्रे ग्रे U

राजीवतालवृन्तकरया तेन वीजयन्त्या श्रिया ताः स्वप्ने ऽसेव्यन्त। पतिसत्कं पयोधरमध्यगतं कौस्तुभमणिनिक्षेपं धारयन्त्या। स हि देवेनावतरता श्रियाः कण्ठे निक्षिप्तः॥ ६४॥

कृताभिषेकैर्दिव्यायां त्रिस्रोतसि च सप्तभिः।
ब्रह्मर्षिभिः परं ब्रह्म गृणद्भिरुपतस्थिरे॥ ६५॥

मरीचिप्रभृतिभिर्ब्रह्मर्षिभिः परं ब्रह्म वेदरहस्यं जपद्भिर्व्योमोत्पन्नायां गङ्गायामाप्लुतैः सप्तभिः सर्वाः पूज्यन्ते स्म॥ ६५॥

ताभ्यस्तथाविधान्स्वप्नाञ्श्रुत्वा प्रीतो ऽपि पार्थिवः।
मेने ऽपराद्धमात्मानं गुरुत्वेन जगद्गुरोः॥ ६६॥

भार्याणां सकाशादेवंविधान्स्वप्नानाकर्ण्य दिव्यापत्यत्वेन प्रीतो ऽपि राजात्मानं सापराधं बुबुधे। केन हेतुना। विष्णोः पितृत्वेन। यः किलाखिलजगतो गुरुस्तस्य कथं मया गुरुत्वेन वर्तनीयमिति। प्रीत इत्यपराद्धमिति च पाठः,

---

66 b. प्रीतो ऽपि] $G_1UPB^1L_2JD^MV^MB_1^MB_2^MB_3^MB_4^MB_7^M$ Jin.; प्रीतो ऽथ B_5^M Hem.; प्रीतो हि Mall.; प्रीतस्स Ar.(?)Nā.; ह्रीतो ऽपि Vall.^{vl} **66 c.** मेने ऽपराद्धम्] $G_1UP^{pc}B^{3pc}L_2JD^MV^MB_1^MB_2^MB_5^MB_7^M$; मेने परार्ध्यं $P^{ac}B^{1ac}B_4^M$ℭVall.^{vl}; मेने पाराद्धम् B_3^M

64.1 राजीव°] G_1UJ; तथा पद्मव्यजनहस्तया राजीव° PB^1L_2 **64.1** °करया तेन] $G_1PB^1L_2J$; °कलया तेन U **64.1** श्रिया] $G_1UPB^1L_2$; श्रियास् J **64.1** ताः स्वप्ने] PB^1J; स्तास्सुप्ने G_1; ता U; ताः सुप्ने L_2 **64.1** ऽसेव्यन्त] G_1UJ; पर्युपासन्त असेव्यन्त P; पर्युपास्यन्तासेवन्त B^1; पर्युपास्यन्त सेव्यन्त L_2 **64.1** पतिसत्कं] $UPB^{1pc}L_2J$; पतिसम्पर्कं G_1; पतिशत्कं B^{1ac} **64.2** धारयन्त्या] *conj.*; बिभ्रत्या धारयन्त्या Σ **64.2** °वतरता] G_1UPB^1J; °वतारता L_2 **64.2** श्रियाः] $G_1UB^1L_2J$; श्रियः P **64.3** निक्षिप्तः] UPB^1L_2J; निक्षिप्ताः G_1 **65.1** परं] G_1UPB^1J; पर° L_2 **65.1** जपद्भिर्] G_1PB^1J; जगद्भिर् U; जपद्भि L_2 **65.1** व्योमोत्पन्नायां] *conj.*; दिव्यायां $G_1UB^1L_2J$; दिव्यायां व्योमोत्पन्नायां P **65.2** °यामाप्लुतैः] *conj.*; °यां कृताभिषेकैराप्लुतैः UPB^1L_2; °यां कृताभिषेकैराप्लुताः G_1; °यां कृताभिषेकैराप्लुता J **65.2** सप्तभिः] $G_1PB^1L_2J$; सर्वाभिः U **65.2** सर्वाः पूज्यन्ते स्म] *conj.*; सर्वा उपतस्थिरे पूज्यन्ते स्म Σ **66.1** स्वप्नान्] UPB^1L_2J; सुप्नान् G_1 **66.1** °पत्यत्वेन] G_1UPB^1J; °पतित्वेन L_2 **66.1** प्रीतो ऽपि] $G_1UB^1L_2J$; प्रीतो हि P **66.2** सापराधं] *conj.*; अपराद्धं सापराधं PB^1L_2J; अपराद्धं सापराद्धं G_1U **66.2** बुबुधे] *conj.*; मेने बुबुधे Σ **66.2** विष्णोः] *conj.*; जगद्गुरोर्विष्णोः Σ **66.2** पितृत्वेन] *conj.*; गुरुत्वेन पितृत्वेन G_1UPB^1J; गुरुत्वे पितृत्वेन L_2 **66.2** यः किला°] PB^1L_2; यत्किला° G_1UJ **66.2** °जगतो] UP; °जगतां $G_1B^1L_2J$ **66.3** °पराद्धमिति] $G_1B^{3pc}J$; °पराद्ध इति U; °परार्धमिति PB^{1ac}; °रार्धमिति L_2

ह्रीत इति परार्ध्यमिति चापपाठ एव, अपिशब्दस्यावाचकत्वात्॥ ६६॥

विभक्तात्मा विभुस्तासामेकः कुक्षिष्वनेकधा।
उवास प्रतिमाचन्द्रः प्रसन्नानामपामिव॥ ६७॥

स विष्णुरेको ऽपि «विभागीकृतस्वत्वात्» तासामुदरेषु बहुप्रकारैस्तस्थौ, निर्मलानां जलाशयानां मध्ये प्रतिबिम्बितः शशीव॥ ६७॥

अथाग्र्यमहिषी राज्ञः प्रसूतिसमये सती।
पुत्रं तमोपहं लेभे नक्तं ज्योतिरिवौषधिः॥ ६८॥

अनन्तरं «दशरथस्य» अग्र्या चासौ महिषी — द्वे महिष्यावास्तामित्यग्र्यग्रहणम् — प्रधानभार्या कौसल्या दुःखनाशनं «सुतम्» असूत, रात्रावोषधिस्तिमिरघ्नं तेज इव॥ ६८॥

कं तमजनयदित्याह।

राम इत्यभिरामेण वपुषा यस्य चोदितः।

---

67 a. विभक्तात्मा] Σ; स विभक्तो Ar. **68 a.** अथाग्र्य॰] $UPB^{1ac}L_2JV^MB_1^MB_2^MB_3^{Mpc}B_5^MB_7^M$Hem.Ar.(?)Nā.; अस्याग्र्य॰ G_1; अथाग्र॰ $B^{3pc}D^MB_4^M$Mall.Jin.; अ×⏓×ग्र्य॰ B_3^{Mac} **69 b.** यस्य चोदितः] $G_1UB^1L_2JV^MB_7^M$Hem.Mall.Ar.(?)Nā.; तस्य चोदितः $PB_1^MB_2^MB_3^MB_4^MB_5^M$; तस्य चोदिताः D^M; यस्य नोदितः Jin.

66.4 ह्रीत इति] G_1UPJ; ह्रीतमिति B^1L_2 **66.4** परार्ध्यमिति] G_1UB^1J; परार्ध्यामिति L_2 **66.4** चापपाठ] UB^1L_2J; चापरापाठ G_1; चापरपाठ P **67.1** विष्णुरेको] *conj.*; विभुरेको $G_1UB^1L_2$; विभुः विष्णुः एको P; विभुः भगवानेको J **67.1** विभागीकृतस्वत्वात्] *conj.*; विभक्तात्मत्वात् $G_1UB^1L_2J$; विभक्तात्मा विभागीकृतः स्वो येन सः P **67.1** उदरेषु] P; कुक्षिषु उदरेषु $G_1UB^1L_2J$ **67.1** बहुप्रकारैस्तस्थौ] *conj.*; अनेकधा उवास तस्थौ $G_1UB^1L_2J$; अनेकधा बहुप्रकारैः उवास तस्थौ P **67.2** मध्ये] P; *om.* $G_1UB^1L_2J$ **67.2** शशीव] P; शशी यथा $G_1UB^1L_2J$ **68.1** अनन्तरं दशरथस्य] *conj.*; अनन्तरं राज्ञः P; अथानन्तरं राज्ञः $G_1UB^1L_2$; अथ स्वमदर्शनादनंतरं राज्ञो दशरथस्य J **68.1** अग्र्या चासौ महिषी] $G_1PB^{1ac}J$; अग्र्या महिषी U; अग्रा चासौ महिषी B^{3pc}; अग्र्या च महिषीति L_2 **68.2** द्वे महिष्यावास्तामित्यग्र्यग्रहणम्] *em.*; ते द्वे महिषौ अस्तामित्यग्र्यग्रहणम् G_1; ते द्वे महिषावास्तामित्यग्रग्रहणम् U; ते द्वे महिष्या आस्ता (?) इत्यग्र्यग्रहण P (tops missing); ते ×द्वे×च +ते अग्र्य ×महिष्यावा×+ महिष्यावास्तामित्यग्रग्रहणम् B; ते द्वे महिष्यावास्तामित्यग्र्यग्रहणम् B^{1ac}; द्वे महिष्यावास्थामित्यग्र्यग्रहणं L_2; ते द्वे महिष्यावास्तामि ऽत्यग्रग्रहण J **68.2** दुःखनाशनं] *conj.*; तमोपहं दुःखनाशनं Σ **68.2** सुतम् असूत] *conj.*; पुत्रं लेभे असूत Σ **68.2** रात्राव्] *conj.*; नक्तं रात्रौ Σ **68.3** तेज] *conj.*; ज्योतिस्तेज Σ **68.4** तमजनय॰] G_1UPB^1J; उपजनय॰ L_2

नामधेयं गुरुश्चक्रे जगत्प्रथितमङ्गलम्॥ ६९॥

यस्याभिरामशरीरत्वाद्राम इति सार्थकं नाम पिता चकार। जगति ख्यातं मङ्गलं यस्मिन्॥ ६९॥

रघुवंशप्रदीपेन तेनाप्रतिमतेजसा।
शय्यागृहगता दीपाः प्रत्याख्याता इवाभवन्॥ ७०॥

तेन †रघुवंशप्रदीपेन† सुतेनात्युत्कृष्टतेजस्त्वात् गर्भवेश्मस्था दीपा विच्छायत्वात् प्रहिततेजस इवासन्। महापुरुषलक्षणं ह्यतितेजः॥ ७०॥

शय्यागतेन चानेन माता च्छातोदरी बभौ।
सैकताम्भोजबलिना जाह्नवीव शरत्कृशा॥ ७१॥

तेन च तनयेन शयनस्थेन कृशावलग्ना कौसल्या शुशुभे। तटस्थेन पूजापद्मेन शरत्कालतन्वी यथा गङ्गा शोभते। पद्मेन पूजा, पद्ममेव वा पूजा॥ ७१॥

कैकेय्यास्तनयो जज्ञे भरतो नाम वीर्यवान्।
जनयित्रीमलञ्चक्रे यः प्रश्रय इव श्रियम्॥ ७२॥

---

69 d. जगत्प्रथित°] Σ; जगत्प्रथम° $\mathfrak{C}$ **70 b.** तेनाप्रतिम°] ΣHem.^{vl}; तेनाभिमत° Hem. **70 c.** शय्या°] Ś$D^M B_2^M B_3^M B_4^M B_5^M B_7^M$; रक्षा° B_1^M $\mathfrak{C}$ **70 d.** प्रत्याख्याता] $G_1U B^1L_2JV^M B_2^M B_3^M B_4^M B_5^M$; प्रत्याख्याताः D^M; प्रत्यादिष्टा PB_1^M $\mathfrak{C}$ **71 a.** चानेन] ŚJin.; रामेण Hem.Mall.; सा तेन Ar.(?)Nā. **71 b.** च्छातोदरी] Ś; शातोदरी Hem.Mall.Ar. Nā.; क्षामोदरी Jin. **72 b.** वीर्यवान्] Σ; शीलवान् $\mathfrak{C}$

---

71 पूजापद्मेन …पद्ममेव वा पूजा] पूजापद्ममेव वा पूजा J(eyeskip)

69.1 पिता] $G_1UPB^1L_2$; गुरुर्वसिष्ठः अथवा पिता दशरथः J **69.1** ख्यातं] *conj.*; प्रथितं ख्यातं Σ **69.2** मङ्गलं यस्मिन्] *conj.*; यस्मिन्नामधेयम् G_1J; नामधेयं यस्मिन् U; मङ्गलं नामधेयो यस्मिन् P; मङ्गलं यस्मिन्नामधेये B^1L_2 **70.1** °दीपेन सुतेना°] P; °दीपेना° $G_1UB^1L_2J$ **70.1** °त्युत्कृष्ट°] UPB^1L_2; °त्युष्ट° G_1J **70.2** प्रहिततेजस] *conj.*; प्रत्याख्याताः प्रहिततेजस Σ **71.1** शयनस्थेन] G_1UPB^{1ac}; शयनस्तेन $B^{3pc}L_2$; शयस्थेन J^{pc}; शयस्थोन J^{ac} **71.1** कृशावलग्ना] *conj.*; च्छातोदरी कृशावलग्ना Σ **71.1** कौसल्या] *conj.*; माता कौसल्या Σ **71.1** शुशुभे] $G_1UPB^3L_2$; बभौ शुशुभे J **71.2** °तन्वी] $G_1PB^3L_2$; °कृशा U **71.2** वा] G_1UPL_2J; *om.* B^3

मध्यमाया भरतो नाम पुत्रो जातः। यो मातरममण्डयत्। विनय इव लक्ष्मीम्॥ ७२॥

सुतौ लक्ष्मणशत्रुघ्नौ सुमित्रा सुषुवे यमौ।
सम्यगागमिता विद्या प्रबोधविनयाविव॥ ७३॥

सुमित्रा नाम लक्ष्मणशत्रुघ्नौ पुत्रौ सहैव जातावजनयत्, यथा विधिवदर्जिता विद्या ज्ञानप्रश्रयौ प्रसूते। यमौ हि युगपज्जातौ कथितौ॥ ७३॥

निर्दोषमभवत्सर्वमाविष्कृतगुणं जगत्।
अन्वगादिव हि स्वर्गो गां गतं पुरुषोत्तमम्॥ ७४॥

तेषु जातेषु सकलं भुवनं दोषरहितं सगुणं चाभवत्। निर्दोषत्वे ऽपि गुणाभावः स्यादित्युक्तमाविष्कृतगुणं प्रकटितगुणमिति। अतश्चोत्प्रेक्ष्यते—भुवं प्राप्तं नारायणं स्वर्गो ऽनुययाविव॥ ७४॥

तस्योदये चतुर्मूर्तेः पौलस्त्यचकितेश्वराः।
विरजस्कैर्नभस्वद्भिर्दिश उच्छ्वसिता इव॥ ७५॥

---

73 c. सम्यगागमिता] G_1UPB^{3}V^{M}B$_1^M$B$_2^M$B$_4^M$B$_5^M$B$_7^M$Mall.Ar.Nā.Jin.; सम्यगागामिता L_2; सम्यगागविता JB$_3^M$; सम्यगागम्यता D^M; सम्यगभ्यसिता Hem. **74 c.** हि स्वर्गो] G_1PB^{3}L$_2$JV^{M}B$_1^M$B$_2^M$B$_3^M$B$_4^M$B$_5^M$B$_7^M$Hem.Mall.Jin.; हि सर्गो U; हि सुर्गो D^M; च स्वर्गो Ar.Nā.

72.1 मध्यमाया] G_1UPB^3; मध्यमायां L_2; कैकेय्यो मध्यमायाः J **72.1** मातरममण्डयत्] *conj.*; मातरमलञ्चक्रे अमण्डयत् G_1UB^{3}L$_2$J; मातमलंचक्रे अमण्डयत् P **72.1** विनय] *conj.*; प्रश्रयो विनय Σ **73.1** पुत्रौ] *conj.*; सुतौ G_1UPL$_2$J; सुतौ पुत्रौ B^3 **73.1** सहैव जातावजनयत्] *conj.*; यमौ सहैव जातौ सुषुवे G_1; यमौ सहैव जातौ सुषुवे अजनयत् UB^3; यमौ सहैव जातौ युगपज्जातौ सुषुवे अजनयत् P; यमौ सहैव जातौ सुषवे अजनयत् L$_2$J **73.1** अजनयत् विधिवदर्जिता विद्या ज्ञानप्रश्रयौ] *om.* G_1 **73.1** विधिवदर्जिता] *conj.*; सम्यगागमिता U; सम्यग्विधिव आगमिता अर्जिता P; सम्यग्विधिवदागमिता अर्जिता B^{3}J; सम्यग्विधिवदागामिता अर्जिता L_2 **73.2** प्रसूते] G_1UPL$_2$J; सूते यथा B^3 **74.1** तेषु] G_1UPB^{3}L$_2$; तेषु श्रीरामादिषु J **74.1** जातेषु] B^3; जातेषु सत्सु G_1UPL$_2$J **74.1** सकलं भुवनं] *conj.*; सर्वं जगद्भुवनं G_1PL$_2$; सर्वं जगद्भवनं UJ; सकलं ×ज× सर्वं जगद्भुवनं B^3 **74.1** दोषरहितं] *conj.*; निर्दोषं G_1UPL$_2$J; निर्दोषं दोषरहितं B^3 **74.1** सगुणं चाभवत्] B^3; सगुणमभवत् G_1PL$_2$J; आविष्कृतगुणमभवत् U **74.2** निर्दोषत्वे ऽपि गुणाभावः स्यादित्युक्तमाविष्कृतगुणं प्रकटितगुणमिति] B^3; *om.* G_1UPL$_2$J **74.3** नारायणं] G_1UPB^{3}L$_2$; श्रीनारायणं J **74.3** °नुययाविव] B^3; °न्वगादनुययाविव G_1UL$_2$; °न्वयादनुययौ इव P; °न्वगादनुययाविवेत्यर्थः J

तस्य भगवतो रामादिरूपेण चतुस्तनोरुत्पत्तौ हरितो निर्धूलिभिर्वायुभिरुच्छ्वसिता इव। ततः पूर्वं रावणाद्भीता नित्यमेवेन्द्रयमवरुणधनदाः स्वामिनो यासु तथोक्ताः। उदात्तदुःखनाशादुच्छ्वासोत्प्रेक्षा॥ ७५॥

कृषाणुरपधूमत्वात्प्रसन्नत्वात्क्षपाकरः।
रक्षोविप्रकृतावास्तामपविद्धशुचाविव॥ ७६॥

निर्मलत्वादग्नीन्दू अपि तदा रावणपरिभवजं शोकं तत्यजतुरिव॥ ७६॥

दशाननकिरीटेभ्यस्तत्क्षणं राक्षसश्रियः।
मणिव्याजेन पर्यस्ताः पृथिव्यामस्रुबिन्दवः॥ ७७॥

तदा च रावणस्य मुकुटेभ्यो रत्नानि भुवि पेतुः। उत्प्रेक्ष्यते—रक्षःश्रियो नूनमेते रत्नलक्ष्येण वाष्पकणाः शोकात्पतिताः कष्टं नष्ट एवास्मत्प्रभुरिति॥ ७७॥

पुत्रजन्मप्रवेश्यानां तूर्याणां तस्य पुत्रिणः।
आरम्भं प्रथमं चक्रुर्देवदुन्दुभयो दिवि॥ ७८॥

---

76 a. कृषाणु॰] $G_1UPB^3V^MB^M_2B^M_5$; कृशाणु॰ B^3; कृशानु॰ $L_2JD^MB^M_1B^M_3B^M_4B^M_7$𝕮 **76 b. क्षपाकरः**] $VB^M_1B^M_2B^M_3B^M_4B^M_5B^M_7$Jin.; क्षिपाकरः D^M; प्रभाकरः Hem.Mall.; दिवाकरः Ar.(?)Nā. **77 b. राक्षस॰**] $G_1UPL_2JV^MB^M_1B^M_2B^M_3B^M_4B^M_5B^M_7$𝕮; रावण॰ B^3D^M **77 d. ॰मस्रु॰**] Ś; ॰मास्र॰ Ar.(?)Nā.; ॰मश्रु॰ Hem.Mall.Jin. **78 a. ॰प्रवेश्यानां**] V $B^M_1B^M_2B^M_3B^M_7$𝕮; ॰प्रवेशानां $D^MB^M_4B^M_5$

75.1 भगवतो] $G_1UPB^3L_2^{pc}$; भगतो L_2^{ac}; श्रीभगवतो J **75.1 चतुस्तनोरुत्पत्तौ**] B^3; चतुर्मूर्तेरुत्पत्तौ G_1UPL_2J **75.1 हरितो**] B^3; दिशो हरितो G_1UPL_2J **75.2 निर्धूलिभिर्वायुभिरुच्छ्वसिता**] B^3; विरजस्कैर्निर्धूलिभिर्वातैरुच्छ्वसिता G_1UJ; विरजस्कैर्वातैरुच्छ्वसिताः P; विरजस्कैर्वातैरुच्छ्वासिता L_2 **75.2 ततः**] B^3; यतः G_1UPL_2J **75.2 नित्यमेवेन्द्र॰**] B^3; ईश्वरा पतयः इन्द्र॰ G_1; ईश्वराः पतय इन्द्र॰ UPL_2; ईश्वराष्टतय J **75.2 यासु**] UPB^3L_2J; यास्व G_1 **75.3 तथोक्ताः**] G_1UJ; तथोक्तः B^3; तथोक्ता॥ L_2 **75.3 ॰दुःखनाशा॰**] UPL_2J; ॰द्वःखनाशा॰ G_1; ॰दुःखात्ता॰ B^3 **75.3 ॰त्प्रेक्षा**] G_1UPB^3; ॰त्पेक्षा L_2; ॰त्प्रेक्ष्या J **76.1 शोकं**] PB^3L_2; *om.* G_1J; शुचं U **76.1 तत्यजतुरिव**] UPB^3; तद्यजतुरित G_1; तत्यजरिवः L_2; तत्त्यजतुरिव J **77.1 रत्नानि भुवि पेतुः**] G_1UPL_2J; मणयो निपेतुः B^3 **77.1 रक्षःश्रियो**] G_1UPL_2J; राक्षसलक्ष्म्या B^3 **77.2 रत्नलक्ष्येण**] *conj.*; मणिव्याजेन रत्नलक्ष्येण G_1U; मणिव्याजेन PL_2; ॰न मणिव्याजेन B^3; मणिव्याजेन लक्ष्येण J **77.2 वाष्पकणाः शोकात्पतिताः**] UB^3; वाष्पकणाच्छोकात्पतितः G_1; वाष्पाम्बुकणाः शोकात्पतिताः P; वाष्पाम्भकणाः शोकात्पतिताः L_2; वाष्पकणाः शोकात्पतितः J **77.2 कष्टं**] $G_1UB^3L_2J$; कष्ट P **77.2 एवास्मत्प्रभुरिति**] G_1J; इवास्मत्प्रभुरिति UP; एव तत्पातेनेति भावः B^3; एवास्मत्प्रभु इति L_2

दशरथसुतोत्पत्तिप्रवेशार्हाणां वादित्राणां खे ≪सुरानकाः≫ पूर्वमेवारम्भं व्यधुः। प्रहर्षाद्धि देवैरादौ भेर्य आहताः। ७८॥

सन्तानकमयी वृष्टिर्भवने तस्य पेतुषी।
सन्मङ्गलोपकाराणां शोभाद्वैगुण्यमादधे॥ ७९॥

तस्य च वेश्मनि दिव्या पुष्पवृष्टिः पतन्ती शोभनमङ्गलप्रकाराणां कान्त्यतिशयमकार्षीत्। सन्तानकाख्यानि देवपुष्पाणि॥ ७९॥

कुमाराः कृतसंस्कारास्ते धात्रीस्तनपायिनः।
आनन्देनाग्रजेनेव समं ववृधिरे पितुः॥ ८०॥

ते शिशवो जनकस्य प्रमोदेन सह वृद्धिं गतवन्तः। विहितजातकर्मादिसंस्काराः। ज्येष्ठभ्रात्रा यथेत्यानन्दविशेषणम्। स हि प्रथमतरमुत्पन्नः॥ ८०॥

---

79 c. °काराणां] Σ; °चाराणां 𝕮 **79 d.** शोभाद्वैगुण्यमादधे] $G_1UPL_2JV^MB_1^MB_2^MB_3^MB_4^MB_7^M$; शोभाद्वैगुण्यमाददे $B^3B_5^M$; शोभावैगुण्यमादधे D^M; सैवादिरचनाभवत् 𝕮 **80 b.** °स्तन°] Σ; °स्तन्य° Mall. **80 c.** °ग्रजेनेव] $G_1UPL_2JD^MV^MB_1^MB_2^MB_3^MB_5^MB_7^M$ Mall.Ar.Nā. Jin.; °ग्रजेनैव $B^3B_4^M$ Hem.

78.1 दशरथसुतोत्पत्तिप्रवेशार्हाणां] *conj.*; दशरथसत्पुत्रजन्मोत्पत्तिप्रवेशार्हाणां G_1; दशरथस्य सत्पुत्रस्य पुत्रजन्मोत्पत्तिप्रवेशार्हाणां U; दशरथस्य सत्पुत्रस्य पुत्रजन्मप्रवेश्यानां सुतोत्पत्तिप्रवेश्यार्हाणां P; दशरथस्य सुतोत्पत्तिप्रवेश्यानां B^3; दशरथसत्पुत्रस्य पुत्रजन्मप्रवेश्यानां L_2; दशरथसत्पुत्रस्य श्रीरामस्य पुत्रजन्मोत्पत्तिप्रवेशार्हाणां J **78.1** सुरानकाः पूर्वमेवा°] *conj.*; सुरा हृष्टाः पूर्वमेवा° G_1UJ; हृष्टाः सुरा एव पूर्वं प्रथममा° P; वृष्टाः (ष्ट्याः B^{3ac}) सुरा एव पूर्वमा° B^3; स्वरा हृष्टाः पूर्वमेवा° L_2 **78.1** व्यधुः] B^3; चक्रुः G_1UL_2J; चक्रुः व्यधुः P **78.2** प्रहर्षाद्धि] G_1UPL_2J; सत्पुत्रस्य प्रहर्षाद्धि B^3 **78.2** देवैरादौ] UPB^3L_2J; देव्यैरादौ G_1 **78.2** भेर्य आहताः] B^3; दुन्दुभयो हताः प्रवेश्यानां प्रवेशार्हाणाम् G_1UJ; द्वन्द्वभयो हताः प्रवेश्यानाम् प्रवेशार्हाणाम् P; दुन्दुभयो हताः प्रवेश्यानां +प्रवेशार्हाणाम्+ वादिकाणां L_2 **79.1** तस्य च] B^3; तस्य G_1UPL_2J **79.1** °प्रकाराणां] G_1UPB^3; °प्रकरणां L_2; °प्रकराणां J **79.2** कान्त्यतिशयमकार्षीत्] B^3; शोभाद्वैगुण्यं कान्त्यतिशयमादधेऽकार्षीत् G_1UPL_2J **79.2** सन्तानकाख्यानि] G_1UB^3J; सन्तानकानि L_2 **79.2** देवपुष्पाणि] UJ; देवपुष्पानि G_1; देवपुष्पाणि मन्दारः पारिजातकः सन्तानः कल्पवृक्षश्च पुंसि वा हरिचन्दनम्॥ इत्यमरः P; देवकुसुमानि B^3; दिव्यानि कुसुमानि L_2 **80.1** शिशवो जनकस्य प्रमोदेन सह] B^3, शिशवः पितुरानन्देन समं G_1UPL_2J **80.1** वृद्धिं गतवन्तः] B^3; ववृधिरे वृद्धिं गताः G_1UPL_2J **80.2** ज्येष्ठभ्रात्रा] *conj.*; अग्रजेन ज्येष्ठभ्रत्रा G_1; अग्रजेन ज्येष्ठभ्रात्रा UPL_2; ज्येष्टो भ्राता B^3; अग्रजेन ज्येष्ट × कं विनीतत्वं तेषां विनयकर्मणा सुमूर्तसहजं तेजो× भ्रार्ता J **80.2** °विशेषणम्] $G_1UPB^3L_2$; °विशेषणां J

स्वाभाविकं विनीतत्वं तेषां विनयकर्मणा।
मुमूर्छ सहजं तेजो हविषेव हविर्भुजाम्॥ ८१॥

तेषां सहजं प्रश्रितत्वं गुरूपदेशक्रियया ववृधे। वह्नीनां स्वाभाविकं तेजो यथा हव्येन वर्धते॥ ८१॥

परस्पराविरुद्धास्ते तद्रघोरनघं कुलम्।
अलमुद्द्योतयामासुर्देवारण्यमिवर्तवः॥ ८२॥

भ्रातृत्वाद्विरोधयोग्या अपि ते ऽन्योन्यमविरुद्धाः सन्तस्तं रघोर्वंशमत्यर्थमदिद्युतन्। निष्पापमव्यसनम्। यथा वसन्तादयः षड्तवः, अविरुद्धा भूत्वा, देवोद्यानं परस्परानभिभवेन शोभयन्ति॥ ८२॥

समाने ऽपि हि सौभ्रात्रे यथोभौ रामलक्ष्मणौ।
तथा भरतशत्रुघ्नौ प्रीत्या द्वन्द्वं बभूवतुः॥ ८३॥

तेषां चतुर्णां सदृशे ऽपि सौहार्दे प्रीतिवशाद्यथा द्वौ रामलक्ष्मणौ युग्ममभूतां तथैव भरतशत्रुघ्नौ सहचरौ। स्वभावाद्धि क्वचित्प्रीत्यतिशयः। शोभनः पूजितो

---

83 a. हि] $G_1UB^3L_2JV^MB_1^MB_2^MB_3^MB_4^MB_5^MB_7^M$ℭ; च P; ग D^M

81.1 तेषां सहजं] B^3; तेषां स्वाभाविकं G_1; तेषा स्वाभाविकं सहजं U; तेषां स्वाभाविकं सहजं PL_2J **81.1** प्रश्रितत्वं] B^3; विनीतत्वं G_1UPL_2J **81.1** गुरूपदेशक्रियया] *em.*; विनयकर्मणा गुरूपदेशक्रियया G_1UL_2J; विनयकर्मणा गुणरूपदेशक्रियया P; यद्गुपदेशक्रियया B^3 **81.1** ववृधे] B^3; मुमूर्छ ववृधे G_1UPL_2J **81.2** हव्येन] G_1UPB^3J; हवेन L_2 **82.1** भ्रातृ°] $G_1UPB^3L_2$; भ्रार्तृ° J **82.1** °योग्या अपि] PB^3L_2; °योग्यापि G_1J; °योग्या U **82.1** ते ऽन्योन्यम°] B^3; अन्योन्यम° G_1UJ; परस्पर° PL_2 **82.2** तं रघोर्वंशमत्यर्थमदिद्युतन्। निष्पापमव्यसनम्] *conj.*; तद्रघोः कुलमभ्यर्थमुद्द्योतयामासुरदिद्युतन् G_1L_2J; तद्रघोः कुलमत्यर्थमुद्द्योतयामासु अदिद्युतन् U; तद्रघोः कुलमलमत्यर्थं उद्योतयामासुः अदिद्युतन् P; तं रघोर्वंशमत्यर्थं शोभयामासुः अनघं निष्पापम् अव्यसनम् B^3 **82.2** यथा] $G_1PB^3L_2J$; *om.* U **82.2** अविरुद्धा भूत्वा] B^3; विरुद्धा अपि G_1UPL_2J **82.3** देवोद्यानम्] B^3; देवोपवनं नन्दनं G_1UPL_2; देवोपवनं J **82.3** परस्परानभिभवेन] G_1PL_2J; परस्परास्परनभिभवेन U; अन्योन्यानभिभवेन B^3 **82.3** शोभयन्ति] B^3; शोभयन्ति अनघं निष्पापमव्यसनम् G_1UPL_2; शोभयन्ति अनघं निष्पापसव्यसनम् J **83.1** प्रीति°] $G_1UPB^3L_2$; प्रीत्य° J **83.1** °द्यथा द्वौ] B^3; °द्यथा उभौ द्वौ G_1L_2J; °द्यथोभौ UP **83.2** सहचरौ] G_1UPB^3J; सहचारौ L_2 **83.2** क्वचित्] G_1UPB^3J; कुचित्क्वचित् L_2 **83.2** शोभनः] $G_1UB^3L_2J$; शोभनैः P

भ्राता यस्य स सुभ्राता, तस्य भावः सौभ्रात्रम्। द्वौ द्वावभिव्यक्तौ द्वन्द्वम्॥ ८३॥

द्वन्द्वार्थं व्याख्यातुमाह—

तेषां द्वयोर्द्वयोरैक्यं बिभिदे न कदाचन।
यथा वायुविभावस्वोर्यथा चन्द्रसमुद्रयोः॥ ८४॥

तेषां चतुर्णां मध्याद्उभयोरुभयोः साहचर्यमेकयोगक्षेमत्वं कदाचिदपि न विजघटे। यथा पवनाग्न्योः। यत्र किलाग्निस्तत्रावश्यं वायुरिति सहचरत्वकथनम्। यथा चन्द्राब्ध्योः। शशिनि वृद्धे क्षीणे वाब्धिरपि तथाविध इति समसुखदुःखत्वोक्तिः॥ ८४॥

ते प्रजानां प्रजानाथास्तेजसा प्रश्रयेण च।
मनो जह्रुर्निदाघान्ते श्यामार्धा दिवसा इव॥ ८५॥

ते राजपुत्रा लोकानामोजसा पेशलतया च चित्तमावर्जयन्। ग्रीष्मावसाने

---

84 a. तेषां] $VD^M B^M_1 B^M_3 B^M_4 B^M_5 B^M_7$ 𝕮; तयोर् $V^M B^M_2$ **84 b.** बिभिदे न] Σ; न बिभेद J **85 d.** श्यामार्धा दिवसा इव] $PB^3 L_2 J B^M_1 B^M_2 B^M_4 B^M_7$ Ar.Nā.; श्यामार्धा दिवस इव G_1(unmetrical); श्यामार्धा दिवसा यथा U; श्यामाभ्रा दिवसा इव V^M Hem.Mall.Jin.; श्यामा वा दिवसा इव D^M; शामार्धा दिवस इव B^M_3; श्यामा× दिवसा इव B^{Mac}_5; श्यामार्दा दिवसा इव B^{Mpc}_5; श्यामला दिवसा इव $Hem.^{vl}$

---

85 पेशलतया ··· जलद°] जलद° J(eyeskip)

83.3 यस्य स सुभ्राता] $G_1 U B^3 L_2 J$; *om.* P(eyeskip) **83.3** द्वौ] $G_1 U P B^3 L_2$; द्वा J **83.3** °भिव्यक्तौ] $G_1 U P L_2 J$; °भियुक्तौ B^3 **83.3** द्वन्द्वम्] $G_1 L_2 J$; द्वन्द्वे U; द्वन्द्वशब्दो निपातितः। द्वन्द्वरहसेत्यादिना अद्वित्वे भ्रातुरिति को निषिद्धः। सुभ्रातुरिदं सौभ्रातं युवादित्वादण् B^3 **83.4** °ख्यातुमाह] $G_1 U P L_2 J$; °ख्यातमाह B^3 **84.1** तेषां] $G_1 U P B^3 L_2$; तेषां रामादीनां J **84.1** °द्उभयोरुभयोः] B^3; °द्उभयोरैक्यं $G_1 U P J$; °द्उभयोरुभयोरैक्यं L_2 **84.1** साहचर्य°] $G_1 U P B^3 J$; सहचर्य° L^{pc}_2; सहोचर्य° L^{ac}_2 **84.1** कदाचिदपि] $G_1 U P B^3 L_2$; कदाचिन्नपि J **84.2** न विजघटे] *conj.* (cf. Jin.); न बिभिदे न विजयघटे $G_1 U L^{pc}_2 J$; न बिभिदे न विजघटे P; न विजयघटे B^3; न बिभिदे न विजटे L^{ac}_2 **84.2** सहचरत्व°] $G_1 U P L_2 J$; साहचर्यत्व° B^3 **84.3** चन्द्राब्ध्योः] B^3; चन्द्रसमुद्रयोः $G_1 U P L_2 J$ **84.3** वाब्धिरपि] B^3; वा समुद्रो ऽपि $G_1 U P L_2 J$ **84.3** तथाविध] $G_1 P B^3 L_2 J$; तथावि U **84.4** इति समसुखदुःख°] $G_1 U L_2 J$; समसुखदुःख° P; इति रागदुःखसुख° B^3 **85.1** राजपुत्रा] B^3; राजपुत्राः $G_1 U P L_2$; राजपुत्राः श्रीरामभरतलक्ष्मणशत्रुघ्नाः J **85.1** लोकानामोजसा] *conj.*; प्रजानां लोकस्य तेजसा $G_1 U L_2 J$; प्रजानाम् लोकानामोजसा P; लोकस्य तेजसा B^3 **85.1** पेशलतया] *conj.*; प्रश्रयेण पेशलतया $G_1 U P$; प्रश्रयेण च पेशलतया B^3; प्रश्रयेन च पेशलतया L_2; प्रश्रयेण J **85.1** चित्तमावर्जयन्] *conj.*; मनो जह्रुश्चितमावर्जयन् G_1; मनो जह्रुश्चित्तमावर्जयन् $U P L_2$; मनो जह्रुः मनांस्यवर्जयत् B^3 **85.1** ग्रीष्मावसाने] $G_1 U P L_2 J$; ग्रीष्मान्ते B^3

विरलजलदवशादर्धश्यामानि दिनानीव। तदा हि किञ्चित्तेजः किञ्चित्सौम्यत्वमिति॥ ८५ ॥

स चतुर्धा बभौ व्यस्तः प्रसवः पृथिवीपतेः।
धर्मार्थकाममोक्षाणामवतार इवाङ्गवान्॥ ८६ ॥

चतुर्भिः प्रकारैर्विस्तृतो राज्ञः सन्तानो रेजे। उत्प्रेक्ष्यते — सशरीरश्चतुर्वर्गावतार इव॥ ८६ ॥

गुणैराराधयामासुस्ते गुरुं गुरुवत्सलाः।
तमेव चतुरन्तेशं रत्नैरिव महार्णवाः॥ ८७ ॥

श्रुतशौर्यप्रश्रयादिभिर्गुणैस्ते सूनवः पितरमतूतुषन्। गुरुप्रियाः। तमेव राजानं चतुर्णां दिगवधीनामधिपं सार्वभौमम्। मणिभिरब्धय इव॥ ८७ ॥

सुरगज इव दन्तैर्भग्नदैत्यासिधारै-
र्नय इव पणबन्धव्यक्तयोगैरुपायैः।
हरिरिव युगदीर्घैर्दोर्भिरंशैस्तदीयैः

---

86 d. इवाङ्गवान्] Ś; इवाङ्गभाक् Hem.Mall. **87 d.** महार्णवाः] $G_1PJD^MV^MB_1^MB_2^MB_3^M$ $B_4^MB_7^M$𝕮; महार्णवः $UB^3L_2B_5^M$ **88 b.** पण°] $G_1UPB^3L_2JV^MB_1^MB_2^MB_3^MB_4^MB_7^M$Hem. Mall.Jin.; प° D^M(unmetrical); पन° B_5^M; फल° $Hem.^{vl}$Ar.Nā.

85.2 विरलजलद°] G_1UPL_2; किल जलद° B^3; जलद° J **85.2** अर्धश्यामानि] *conj.*; श्यामार्धा अर्धश्यामा G_1PL_2J; श्यामर्धा अर्धश्यामा U; श्यामार्धा अर्धश्यामानि P; अर्धश्यामा B^3 **85.2** दिनानीव] P; दिवसा इव $G_1UB^3L_2J$ **85.2** तदा हि] G_1UPB^3J; तदादि L_2 **85.3** किञ्चित्सौम्य°] G_1UJ; किञ्चिच्च सोम्य° P; किञ्चित्सोम्य° B^3; किञ्चिच्च सौम्य° L_2 **86.1** चतुर्भिः प्रकारैर्विस्तृतो राज्ञः सन्तानो रेजे] *em.*; स राज्ञः प्रसवः सन्तानश्चतुर्धा (सन्तान चतुर्धा G_1, संतानश्चतुधा J) व्यस्तो विस्तृतो बभौ रेजे G_1UL_2J; सः राज्ञः प्रसवः सन्तानः चतुर्धा चतुर्भिः प्रकारैः व्यस्तो विस्तृतो बभौ P; चतुर्भिः प्रकारैर्विसृतो राज्ञः सन्तानो रेजे B^3 **86.2** सशरीरश्च°] B^3; अङ्गवान्सशरीरश्च° G_1PL_2J; अङ्गवानुपपन्नशरीरः च° U **87.1** श्रुतशौर्यप्रश्रयादिभिर्गुणैस्ते सूनवः] B^3; ते सूनवः गुणैः श्रुतशौर्यप्रशमादिभिः G_1UPJ; ते सूनवः सन्तानाः गुणैश्श्रुतौदार्यप्रशंसादिभिः L_2 **87.1** पितरमतूतुषन्] B^3; गुरुं पितरमाराधयामासुः अतूतुषन् G_1UPJ; गुरुपितरमाराधयामासुः अथूतुषन् L_2 **87.1** गुरुप्रियाः] *conj.*; गुरुवत्सलाः गुरुप्रियाः G_1UPB^3J; गुणवत्सलाः गुरुप्रियाः L_2 **87.2** चतुर्णां दिगवधीनामधिपं सार्वभौमम्] B^3; चतुरन्तेशं सार्वभौमत्वात् G_1UPL_2J **87.2** मणिभिरब्धय] B^3; रत्नैरब्धय G_1UPL_2J

पतिरवनिपतीनां तैश्चतुर्भिश्चकाशे॥ ८८॥

राज्ञां राजा दशरथस्तैश्चतुर्भी रामादिभिर्भगवदंशैः पुत्रत्वमापन्नैः शुशुभे। यथैरावणश्चतुर्भिर्दशनैस्त्रोटितासुरखड्गधारैः शोभते। यथा च नीतिशास्त्रव्यवहारश्चतुर्भिरुपायैः सामदानभेददण्डै राजते। पणबन्धः सन्धिस्तेन प्रकटः प्रयुक्तिर्येषां। सन्धिदर्शनाद्धि विज्ञायते "नूनं सामादयः सम्यक्प्रयुक्ताः", "तेन सन्धिरुचितो जातः" इति च। यथा च विष्णुर्युगवद्दीर्घैश्चतुर्भिर्भुजैराभाति। भग्नदैत्यासिधारैरित्यादीनि विशेषणानि कुमाराणामपि यथासम्भवं योजनीयानि। तस्य हरेरिमे तदीया इत्युपमानसम्बन्धविरचनावशात् परामर्शो न युक्तः। इति भद्रम्॥ मालिनी वृत्तम्॥

---

88 d. तैश्चतुर्भिश्चकाशे] $G_1UPB^3L_2D^MV^MB_1^MB_2^MB_3^MB_4^MB_5^MB_7^M$; तैश्चतुभिश्चकाशे J (unmetrical); तैश्चकासे चतुर्भिः Hem.; तैश्चकाशे चतुर्भिः Mall.Ar.Nā. (Jin. uncertain)

---

88 यथा ··· °खड्गधारैः शोभते] *om.* J(eyeskip) 88 शोभते। यथा च नीतिशास्त्रव्यवहारश्चतुर्भिरुपायैः] उपायैः U

88.1 राज्ञां राजा] *conj.*; अवनिपतीनां पतिः (पति G_1L_2) राजराजो G_1UL_2J; अवनिपतीनां पतिः राज्ञां राजा P; पतिरवनीपतीनां राज्ञां राजा B^3 **88.1** तैश्चतुर्भी] G_1PB^3; तैश्चतुर्भि U; तैश्चर्भि L_2; तैश्चतुभिः J **88.1** रामादिभिर्भगवदंशैः] PB^3; रामादिभिरंशैर्भगवदंशैः G_1U; रामादिभिरंशैः L_2; श्रीरामादिभिः भगवदंशैः J **88.1** °पन्नैः शुशुभे] G_1UPJ; °पन्नैश्चकाशे शुशुभे B^3; °पनैः शुशुभे L_2 **88.2** यथा] *conj.*; यथा सुरगज $G_1UPB^3L_2$ **88.2** ऐरावणश्चतुर्भिर्दशनैस्त्रोटितासुरखड्गधारैः] *em.*; ऐरावणः तैश्चतुर्भिर्दशनैस्त्रोटितासुरखड्ग (ड्गा PL_2) धारैः G_1PL_2; ऐरावणः तैश्चतुर्दशनैः त्रोटितासुरखड्गाधारैः U; ऐरावणश्चतुर्भिर्दन्तैर्दशनैर्भग्नदैत्यासिधारैस्त्रुटितासुखड्गधारैः B^3 **88.3** नीतिशास्त्र°] *conj.*; नयो नीतिशास्त्र° G_1PJ; नयो नीति° B^3; नयो नितिशास्त्र° L_2 **88.3** पणबन्धः सन्धिस्तेन] *conj.*; पणबन्धः सन्धिः स्तेन G_1; पणबन्धः सन्धिः तेन UPL_2J; गुणबन्धः सन्धिविग्रहादिस्तेन B^3 **88.3** प्रकटः] *conj.*; व्यक्तः प्रकटो योगः $G_1UPB^3L_2$; व्यक्तः प्रकटयोगाः J **88.4** °द्धि विज्ञायते] B^3; °द्धि ज्ञायते] G_1UL_2J; °द्विज्ञायते P **88.4** नूनं सामादयः] B^3; नूनं शमादयो ऽत्र G_1L_2; नूनं सामादयो त्र UPJ **88.4** प्रयुक्ताः, तेन] B^3; प्रयुक्ता येन G_1UPJ; °युक्ता येन L_2 **88.5** सन्धिरुचितो] $G_1PB^3L_2J$; सन्धिरुदितो U **88.5** जातः" इति च] B^3; जात इति G_1UJ; जातमिति PL_2 **88.5** विष्णुर्युगवद्दीर्घैश्च°] G_1UPJ; हरिविष्णुर्युगदीर्घैश्च° B^3; विष्णुर्युगवश्च° L_2 **88.6** कुमाराणामपि] PB^3L_2; कुमारा अपि G_1UJ **88.7** इत्युपमानसम्बन्धविरचनावशात्] *em.*; इत्युपमानस्य तत्सम्बन्धविरचनात् G_1UPL_2J; इत्युपमानसम्बन्धविचरनावशात् B^3 **88.8** मालिनी वृत्तम्] G_1UB^3J; *om.* PL_2

॥ इति रघुवंशे महाकाव्ये दशमः सर्गः॥ 9

88.9 इति रघुवंशे महाकाव्ये दशमः सर्गः] G_1; रघुवंशे महाकाव्ये टीकायां दशमः सर्गः U; इति श्रीरघुवंशे महाकाव्ये टीकायां दशमः सर्गः P; इति श्रीरघुवंशे महाकाव्ये वल्लभदेवविरचिते टीकायां दशरथपुत्रोत्पत्तिर्नाम दशमः सर्गः B^3; इति रघुवंशे महाकाव्ये सटीके दशमस्सर्गः L_2; इति श्रीरघुवंशे महाकाव्ये पण्डितलोष्टकविरचितायां टीकायां दशमः सर्गः J

एकादशः सर्गः॥

कौशिकेन स किल क्षितीश्वरो राममध्वरविघातशान्तये।
काकपक्षधरमेत्य याचितस्तेजसो हि न वयः समीक्ष्यते॥ १॥

ततः कुशिकापत्येन विश्वामित्रेण स राजा रामं प्रार्थ्यत, यज्ञबाधानिवृत्त्यर्थम्, आगत्य। बालव्रतचूडाभृतम्, पञ्चदशाब्दप्रायम्। यदि बालस्तत्किं तेन नीतेनापीत्याह। यस्मात्तेजस्विनो वयो न विचार्यते। तेजःशब्देनात्र तद्वन्तो

---

1 a. कौशिकेन स किल क्षितीश्वरो] $G_1UPB^3JT^MD^MV^MB_1^MB_2^MB_3^MB_4^MB_5^MB_7^M$Mall.Ar.Nā. Jin.; कौशिकेन सकलक्षितीश्वरो L_2Hem.; सो ऽभिगम्य किल गाधिसूनुना Vall.^{vl}; सो ऽधिगम्य किल गाधिसूनुना Hem.^{vl} **1 c.** काकपक्षधरमेत्य याचितस्] $G_1UPB^3L_2D^MV^M$ $B_1^MB_2^MB_3^MB_4^MB_5^MB_7^M$𝕮; काकपक्षधरमेत्य याचतस् J; याचितः शिशुमपि प्रजेश्वरस् Vall.^{vl} Hem.^{vl} **1 d.** तेजसो हि न] ŚVall.^{vl}Hem.^{vl}; तेजसां न हि Hem.Ar.Nā.; तेजसां हि न Mall.Jin. (word order uncertain in Jin.)

---

1 a^1–b^2, d^9–$d^{11}T^M$ 1 B^1 takes up the text with *jasvino* at the top of a folio (f. 63r), but the previous folio (f. 62), in the hand of B^3, continues until the end of the commentary on 11:6, so that they both give testimony for this portion. At the bottom of B^3's folio another hand(?) has accordingly written: प्रथमश्लोकार्धटीकायां षट्पर्यन्तमधिकमस्ति

1.1 कुशिकापत्येन] B^3; कौशिकेन कुशिकापत्येन G_1PL_2J; कौशिकेन कुशकापत्येन U **1.1** राजा] $G_1UPB^3L_2$; राजा दशरथः J **1.1** प्रार्थ्यत] *em.*; याचित प्रार्थ्यत G_1; याचितः प्रार्थितः U; याचितः प्रार्थ्यत PL_2; प्रार्थ्यते B^3; याचत प्रार्थ्यत J **1.2** यज्ञबाधानिवृत्त्यर्थम्] B^3; किमर्थम्। अध्वरविघातशान्तये यज्ञबाधानिवृत्त्यर्थम् G_1UPL_2; किमर्थं अध्वरविघातशांतये यज्ञबाधनानिवृत्त्यर्थम् J **1.2** आगत्य। बालव्रतचूडाभृतम्] *conj.*; बालव्रतचूडाभृतम् B^3; किं कृत्वा। आगत्य बालव्रतचूडाभृतम् G_1UPJ; किं कृत्वा आगत्य काकपक्षधरं बालव्रतचूडाभृतं L_2 **1.2** बालस्तत्किं] $UPB^?L_2J$; बालास्तत्किं G_1 **1.3** तेन नीतेनापी°] G_1UPB^3J; तेनापी° L_2(eyeskip) **1.3** यस्मात्तेजस्विनो] B^3; हि यस्मात्तेजसस्तेजस्विनो G_1PL_2J; हि यस्मात्तेजस्विनो U; ---जस्विनो B^1 **1.3** तद्वन्तो] $UPB^1B^3L_2J$; उद्धन्तो G_1

लक्ष्यन्ते। यथा प्रेम पश्यति भयान्यपदे ऽपीति। तेजस्विनो हि शिशवो ऽपि लोकोत्तरं कर्म कर्तुं समर्थाः। अत्र पाठान्तरम्

सो ऽभिगम्य किल गाधिसूनुना राममध्वरविघातशान्तये।
याचितः शिशुमपि प्रजेश्वरस्तेजसो हि न वयः समीक्ष्यते॥ इति।

सर्गे ऽत्र रथोद्धता वृत्तम्। नौं रलौ गुरुयुता रथोद्धता ॥१॥

कृच्छ्रलब्धमपि लब्धवर्णभाक्तं दिदेश मुनये सलक्ष्मणम्।
अप्यसुप्रणयिनां रघोः कुले न व्यहन्यत कदाचिदर्थिता॥ २॥

पण्डितान् पोषयतीति राजा रामं लक्ष्मणयुतमृषये दत्तवान्। दुःखप्राप्तमपि। यस्माद्रघोर्वंशे प्राणार्थिनामपि याचकभावः कदाचिदपि न विहतः, याञ्चाभङ्गो

---

2 a. लब्धवर्णभाक्] $G_1UPB^1L_2JT^MD^MV^MB_1^MB_2^MB_3^MB_5^MB_7^M$ 𝕮; मेदिनीपतिस् B_4^M Hem.^{vl}

---

2 a^1–b^2 T^M

1.4 प्रेम पश्यति भयान्यपदे ऽपि *Kirātārjunīya* 9:70d.

1.8 नौं रलौ गुरुयुता रथोद्धता *Jayadevachandaḥśāstra* 6:23.

1.4 भयान्यपदेपीति] $PB^1B^3L_2J$; भयान्यपि देपि इति G_1; भयान्यपदीपीति U **1.4** तेजस्विनो हि] $G_1PB^1B^3L_2$; तेजस्विनो U **1.5** लोकोत्तरं] $G_1UPB^1B^3J$; लोकोत्वरं L_2 **1.6** सो ऽभिगम्य किल गाधिसूनुना] UPB^{1pc}; सोभिगम्य किल गादिसूनुना $G_1B^{1ac}L_2J$; सोधिगम्य किल गादिसूनुना B^3 **1.8** सर्गे ऽत्र] $G_1UPB^1B^3L_2$; सर्गोत्र J **1.8** रथोद्धता वृत्तम्। नौं रलौ गुरुयुता रथोद्धता] UP; रथोद्धता वृत्तम्। नौ(तौ J) रलौ गुरुयुता रथोद्धता $G_1B^1B^3J$; रथोद्धता L_2 **2.1** पण्डितान् पोषयतीति राजा रामं लक्ष्मणयुतमृषये दत्तवान्। दुःखप्राप्तमपि] *conj.*; तं राममसौ दुःखप्राप्तमपि तस्मै मुनये कौशिकायादिदेश ददौ। लब्धवर्णभाक् लब्धवर्णान्पण्डितान्भजते पोषयतीति। भजो ण्विः G_1U; तं राममसौ राजा कृच्छ्रलब्धमपि दुःखप्राप्तमपि तस्मै मुनये कौशिकाय दिदेश ददौ लब्धवर्णान् पण्डितान् भजते पोषयतीति लब्धवर्णभाक् भोजो ण्विः P; तं राममसौ दुःखप्राप्तमपि तस्मै मुनये कौशिकाय दिदेश ददौ लब्धवर्णान्पण्डितान्भजते पो(पू L_2)षयतीति लब्धवर्णभाक् भजो ण्विः B^1L_2; पण्डितान् पोषयन्तीति। राजा रामं लक्ष्मणयुतमृषये दत्तवान्। दुखप्राप्तमपि B^3; तं श्रीराममसौ दुःखप्राप्तमपि तस्मै मुनये कौशिकायाः दिदेश ददौ लब्धवर्णभाक् लब्धवर्णान्पण्डितान्भजते पोषयतीति भजो ण्विः J **2.2** यस्माद्रघोर्वंशे] B^3; यतो रघुवंशे $G_1PB^1L_2J$; यतो रघुवंश U **2.2** प्राणार्थिनामपि] $G_1PB^1B^3J$; प्रार्थिनामपि U; प्रा ⪯र्थिनां अपि L_2

न केनचिदकारि। राममात्रार्थनया लक्ष्मणदानमपि, साहचर्यात्॥ २॥

यावदादिशति पार्थिवस्तयोर्निर्गमाय पुरमार्गसत्क्रियाम्।
तावदाशु विहिता मरुत्सखैः सा सपुष्पजलवर्षिभिर्घनैः॥ ३॥

पुत्रयोः प्रयाणार्थं राजा नीरजःकरणपुष्पप्रकरादिरूपं राजपथसंस्कारं यावन्निरूपयति, तावच्छीघ्रं पुष्पसहिततोयवर्षिभिर्वातप्रेरितैर्जलदैरेव सा सम्पादितेति भाव्युदयसूचनम्॥ ३॥

तौ निदेशकरणोद्यतौ पितुर्वन्दितुं चरणयोर्निपेततुः।
भूपतेरपि तयोः प्रवत्स्यतोर्नम्रयोरुपरि वाष्पबिन्दवः॥ ४॥

---

3 b. °सत्क्रियाम्] **V**$T^{M}D^{M}V^{M}B_1^{M}B_2^{M}B_3^{M}B_5^{M}B_7^{M}$Hem.Mall.Jin.; °सत्क्रिया B_4^{M}; °संस्क्रियाम् Ar.Nā. **3 c.** विहिता मरुत्सखैः] $G_1PB^{3}L_2JV^{M}B_1^{M}B_2^{M}B_3^{M}B_4^{M}B_5^{M}$Hem.Nā.; विहिता मरुत्सखै U; विहिता मरुत्खगैस् B^{1}; विहिता मत्सखैः D^{M}(unmetrical); विहिता महत्सखैः B_7^{M}; विदधे मरुत्सखैः Mall.Ar. (Jin. uncertain) **3 d.** सा सपुष्प°] $G_1UPB^{1}B^{3}L_2JV^{M}B_1^{M}B_2^{M}B_3^{M}B_5^{M}B_7^{M}$Mall.$Ar.^{vl}$Nā.; सामपुष्प° D^{M}; सा × पुष्प° B_4^{M}; सान्द्रपुष्प° Hem.Ar.(?) Jin. **4 b.** वन्दितुं] **Ś**; धन्विनौ **C**

---

3 b^{3}–b^{11} T^{M} **4** c^{11}–d^{9} T^{M}

2.3 याचकभावः कदाचिदपि न विहतः, याञ्चाभङ्गो न केनचिदकारि] B^{3}; जातुचित् (जाचित् U) केनचिदपि याञ्चाभङ्गो ना (न G_1J) कारि। व्यहन्यतेति कर्मणि लट् (कर्म लाट् G_1) G_1UPJ; जातुचित्केनचिदपि याञ्चाभङ्गो ⌣ +कारि+ न कारि व्यहन्यतेति कर्मणि लट् B^{1}; जातुचित्केनचिदपि याञ्चभङ्गो नाकारि व्यहतेति कर्मणि लट् L_2 **2.3** राममात्रार्थनया लक्ष्मणदानमपि] G_1UPB^{1}; लक्ष्मणं B^{3}; राममात्रार्थनया लक्ष्मणमपि L_2; राममत्रार्थया लक्ष्मणदानमपि J **2.3** साहचर्यात्] $G_1PB^{1}B^{3}L_2$; साहचरत्वात् U; साहचर्यत्वात् J **3.1** पुत्रयोः प्रयाणार्थं] $G_1UPB^{1}L_2$; *om.* B^{3}; तयोः पुत्रयो रामलक्ष्मणयोः J **3.1** नीरजःकरणपुष्पप्रकरादिरूपं] B^{3}; नीरजःकचापुष्पप्रकारादिकं G_1; नीरज ⌣कदापुष्पप्रकारादिकं U; नीरजःकरणपुष्पप्रकारादिकं P; नीरजःकरणपुष्पप्रकरादिकं B^{1}; नीरजकोरणेक्षणपुष्पप्रकारादिरूपं B^{3}; नीरजःकरण° L_2(eyeskip); नीरजः कदापुष्पप्रकरादिकं J **3.2** राजपथसंस्कारं यावन्निरूपयति] B^{3}; राजपथसत्कारं यावदाज्ञापयति $UPB^{1}J$; राजपथं रात्कारं यावदाज्ञापयति G_1; *om.* L_2(eyeskip) **3.2** तावच्छीघ्रं] B^{3}; तावदेव $G_1UPB^{1}J$; *om.* L_2(eyeskip) **3.3** पुष्पसहिततोयवर्षिभिर्वातप्रेरितैर्जलदैरेव सा सम्पादितेति भाव्युदयसूचनम्] *conj.*; पुष्पप्रकारादिकं सहिततोयवर्षिभिर्वातैर्जलदैरेव सम्पादितेत्युदयकथनम् G_1; पुष्पसहित (तं U) तोयवर्षिभिर्वातैर्जलदैरेव सा सम्पादितेत्युदयकथनम् $UPB^{1}L_2$; जलदैः सा सत्क्रिया सम्पादिता मरुत्सखैर्वातप्रेरितैः पुष्पजलवर्षिभिरिति भाव्युदयसूचनम् B^{3}; पुष्पसहिततोयवर्षिभिर्वातैर्जलदैरेव सा सम्पादितेभ्युदयकथनम् J

तौ रामलक्ष्मणौ जनकस्य नमस्कर्तुं पादयोर्निपतितौ। आज्ञासम्पादनकृतक्षणौ। राज्ञो ऽपि तयोर्जिगमिषतोः नतयोरुपर्यस्रुकणाः स्नेहान्निपेतुः॥ ४॥

लक्ष्मणाभिसरमेव राघवं
नेतुमैच्छदृषिरित्यतो नृपः।
आशिषं प्रयुयुजे न वाहिनीं
सा हि रक्षणविधौ तयोः क्षमा॥ ५॥

एतस्माद्धेतो राजाशिषं तयोः प्रयुक्तवान्, न सेनां, यस्माद्विश्वामित्रो लक्ष्मणसहायमेवैनं नेतुं चकमे। सा त्वाशीस्तयोः पालनविधाने शक्ता॥ ५॥

तौ पितुर्नयनजेन वारिणा किञ्चिदुक्षितशिखण्डकावुभौ।
धन्विनौ तमृषिमन्वगच्छतां पौरदृष्टिकृतमार्गतोरणौ॥ ६॥

तौ रामलक्ष्मणौ विश्वामित्रमनुययतुः, दशरथस्यास्रुणा किञ्चित्सिक्तचूडौ, ध-

---

5 . Hem.Mall. place this verse after verse 6, as T^M probably did, for our verse 6 there follows 4. **5 a.** °भिसरमेव] $B^1B^3L_2B_1^MB_4^M$; °नुसरमेव $G_1UPJD^MB_2^MB_3^MB_7^M$; °ग्रसरमेव $V^MB_5^M$; °नुचरमेव ℭ **5 b.** °त्यतो] ŚAr.Nā.; °त्यसौ Hem.Mall.Jin.

---

6 a^2–b^5 T^M

4.1 जनकस्य नमस्कर्तुं पादयोर्निपतितौ] B^3; पितुर्वन्दितुं नमस्कर्तुं चरणयोर्निपतितौ G_1PL_2; पितुर्वन्दितुं चरणयो ×र्निपेततुः× : नमस्कर्तुं निपतितौ U; पितुः वन्दितुं नमस्कर्तुं पादयोर्निपतितौ B^1; पितुर्दशरथस्य वंदितुं नमस्कर्तुं चरणयोर्निपतितौ J **4.1** आज्ञासम्पादनकृतक्षणौ] PB^3; आज्ञाकरणकृतक्षणौ $G_1UB^1L_2$; आज्ञाकरणकृतलक्षणौ J **4.2** तयोर्जिगमिषतोः] B^3; तयोः प्रवत्स्यतोर्जिगमिष(ष्य L_2)तोः $G_1UPB^1L_2J$ **4.2** °पर्यस्रुकणाः स्नेहान्निपेतुः] B^3; °पर्यस्रुकणा नि(र्नि G_1)पेतुरपतन् G_1UPB^1J; °परि स्नेहादस्रुकणाः निपेतुरपतत् L_2 **5.1** We have adopted B^3's text; $G_1UPB^1L_2J$ have a different commentary on this verse: विश्वामित्रो यदा (यदा G_1UPL_2J, *om.* B^1) लक्ष्मणसहायं रामं(श्रीरामं J) नेतुं चकमे तदा राजा(राज्ञा G_1) केवलमाशिषमेव ताभ्यां ददौ (ददौ प्रयुक्तवान् P)। न सेनां(सेनां +प्रयुक्तवान्+ B^1) यतः सा आशीः (सा आशीः G_1UPL_2J, आशिषं B^1) तयोः रक्षण(णा L_2)विधौ क्षमा शक्ता(सक्ताः L_2, सक्ता J) सत्यवाक्(सत्येवं L_2) किलासौ अभितः सरतीति अभिसरः **5.2** °मेवैनं] *conj.*; °मेवं B^3 **6.1** राम°] $G_1UPB^1B^3L_2$; श्रीराम° J **6.1** विश्वामित्रमनुययतुः] B^3; विश्वामित्रमन्वगच्छतामनुययतुः G_1UB^1J; तमृषिमन्वगच्छतामनुययतुः PL_2 **6.1** दशरथस्यास्रुणा] B^3; पितुर्नयनजेन वारिणा अस्रुणा G_1UB^1; पितुः दशरथस्य नयनजेन वारिणा अस्रुणा PJ; पितुर्नयनजेन वारिणामस्रुणा L_2 **6.1** किञ्चित्सिक्तचूडौ] B^3; ईषदुक्षितशिखण्ड(ण्डि P)कौ किञ्चित्सिक्तचूडौ G_1UPJ; ईषदुक्षितशिखण्ड(ण्डिB^{1pc})कौ सिक्तचूडौ B^1L_2

नुष्पाणी, नागरकाणां दर्शनकौतुकेनोभयपार्श्वस्थानां नेत्रैरिव विहितमध्वबहिर्द्वारं ययोः। तन्मध्येन तयोर्निगमनादेवमुत्प्रेक्षा। तयोर्वा पौराणां दृष्टिः पतितेति तावेव कृतौ मार्गतोरणौ। मार्गतोरणे हि सर्वस्य दृष्टिः पतति॥ ६॥

मातृवर्गचरणस्पृशौ मुनेस्तौ प्रपद्य पदवीं महौजसः।
रेजतुर्गतिवशप्रवर्तिनौ भास्करस्य मधुमाधवाविव॥ ७॥

तदा जननीपादानभिवन्द्य मुनेर्मार्गं प्राप्य मुनिमनुगच्छन्तौ ≪शुशुभाते≫। सूर्यस्य गतिविशेषकरौ मधुमाधवाविव। वसन्ते हि सूर्यगतिवशाच्चैत्रवैशाखौ स्वचिह्नान्वितौ प्रवर्तेते। अत्र पाठान्तरम्—

रेजतुश्च सुतरां महौजसः कौशिकस्य पदवीमनुद्रुतौ।
उत्तरां प्रति दिशं विवस्वतः प्रस्थितस्य मधुमाधवाविव॥ इति॥ ७॥

वीचिलोलभुजयोस्तयोर्गतं शैशवाच्चपलमप्यशोभत।

---

7 .] Ś Hem.^{vl} Mall. Ar. Nā. Jin.; रेजतुश्च सुतरां महौजसः कौशिकस्य पदवीमनुद्रुतौ। उत्तरां प्रति दिशं विवस्वतोः प्रस्थितस्य मधुमाधवाविव॥ Vall.^{vl} Hem. Ar.^{vl} **7 c.** °वश°] G_1UPB^1 $L_2$$V^M$$B_1^M$$B_2^M$$B_3^M$$B_4^M$$B_5^M$$B_7^M$ Hem.^{vl} Ar. Nā. Jin.; °वंशि° D^M; °वशात् Mall.

6.2 धनुष्पाणी] UB^3; धन्विनौ धनुष्पाणी G_1P$B^1$$L_2$J **6.2** नागरकाणां दर्शनकौतुकेनोभयपार्श्वस्थानां नेत्रैरिव] B^3; पौरदृष्टिकृतमार्गतोरणौ नागर(रि U)काणां दर्शनकौतुकेनोभयपार्श्वस्थानां नेत्रैरिव G_1UJ; पौरदृष्टिभिरेव P$B^1$$L_2$ **6.3** विहितमध्वबहिर्द्वारं] UB^3J; हितमध्वबहिर्द्वारं G_1; कृतं मार्गतोरणं P$B^1$$L_2$ **6.3** तन्मध्येन तयोर्निगमनादेवमुत्प्रेक्षा] *conj.*; उभयत्र लोकपातवशात्। मध्येन गमनात् G_1J; उभयतो लोकदृष्टिपातवशात् मध्येन गमनात् UP$B^1$$L_2$; तन्मध्येन तयोर्निगमादेवमुत्प्रेक्षा B^3 **6.4** पतितेति तावेव कृतौ मार्गतोरणौ] B^{3ac}; पतितेति मार्गतोरणमध्वबहिर्द्वारम्। ययोः तावेव वा कृतौ मार्गतोरणौ G_1; *om.* P; प(पा L_2)तितेति मार्गतोरणमध्वबहिर्द्वारम् तावेव(तावे U) वा कृतौ मार्गतोरणौ U$B^1$$L_2$; पतितेति तावेव +वा+ कृतौ मार्गतोरणौ B^3; पातितेति तावेव वा कृतौ मार्गतोरणौ J **6.4** पतति] B^3; पतति धन्विनाविति व्रीह्यादिः(दि L_2) G_1UP$B^1$$L_2$J **7.1** तदा] G_1; उभौ U; तौ P$B^{1pc}$$L_2$; --- B^{1ac}; ततो J **7.1** जननीपादानभिवन्द्य] *em.*; जननीपदानभिवन्द्य G_1P$B^1$$L_2$; जननीपादानभिनन्द्य UJ **7.1** शुशुभाते] *conj.* (cf. Jin.); रेजतुः G_1UPB^1J; रेजतु L_2 **7.2** सूर्यस्य …वसन्ते हि सूर्य°] सूर्यस्य U(eyeskip) **7.2** मधुमाधवाविव] G_1PL_2J; मधुमाधवाविव वसन्ते हि सूर्यगतिविशेषकरौ मधुमाधवाविव B^1(eyeskip) **7.2** वसन्ते हि] $G_1$$B^1$J; वसन्ते P, वसन्तेति L_2 **7.3** प्रवर्तेते] UPB^1; प्रवर्तते $G_1$$L_2$J **7.4** सुतरां] G_1UPB^1; स्वतरां L_2; सुतरा J **7.4** कौशिकस्य] UL_2; कौशकस्य $G_1$$B^1$; विश्वामित्रस्य J(unmetrical) **7.5** प्रति दिशं] G_1P$B^1$$L_2$J; दिशं प्रति U(unmetrical)

तोयदागम इवोद्ध्यभिद्ययोर्नामधेयसदृशं विचेष्टितम्॥ ८॥

रामलक्ष्मणयोर्गमनं बाल्यात् †चपलमप्य†≪राजत≫। तरङ्गवच्चपलौ ≪बाहू≫ ययोः। उद्ध्यभिद्याख्ययोर्नदयोः — उज्झति वेगेन क्षिपति जलमित्युद्ध्यः, भिनत्ति कूलानीति भिद्यः — इत्येवंविधार्थनामतुल्यं विलसितं यथा शोभते। तरङ्गा एव चपला बाहवो ययोस्तौ॥ ८॥

तौ बलातिबलयोः प्रभावतो विद्ययोस्तदुपदिष्टयोः पथि।
मम्लतुर्न मणिकुट्टिमोचितौ मातृपार्श्वपरिवर्तिनाविव॥ ९॥

≪रत्नचूर्णनिर्मितस्थानयोग्यावपि≫ परुषतरे मार्गे तौ म्लानिं न जग्मतुः, मातृनिकटस्थाविव। मातृवेश्मनि किल न काचिद्ग्लानिः। कुतो ऽम्लानौ? तेन विश्वामित्रेण दत्तयोरुक्तयोर्बलातिबलाख्ययोर्विद्ययोर्महिम्ना। ते हि विद्ये

---

8 c. इवोद्ध्यभिद्ययोर्] 𝕮; इवोद्यभिद्ध्ययोर् $G_1JB_3^MB_7^M$; इवोद्यभिद्ययोर् $UPD^MV^MB_2^M B_5^M$; इवोध्यभिद्ययोर् B_4^M; इवोद्ध्यभिद्ध्ययोर् $L_2B_1^M$ **9 b.** विद्ययोस्तदुपदिष्टयोः पथि] ŚJin.; विद्ययोः पथि मुनिप्रदिष्टयोः Hem.Mall.Ar.Nā. **9 d.** °वर्तिनाविव] $PB^1L_2JD^M B_1^MB_2^MB_4^MB_5^MB_7^M$𝕮; °वर्तनाविव $G_1UB_3^M$; °चारिणाविव V^M

8.1 राम°] *conj.*; तयो राम° $G_1UPL_2B^1$; तयोः श्रीराम° J **8.1** °र्गमनं] *conj.*; °र्गतं गमनं $G_1UPB^1L_2J$ **8.1** बाल्यात्] *conj.*; शैशवाद्बाल्यात् G_1UPB^1; शैशवाद्बालव्यात् L_2; शैश्यवात् बाल्यात् J **8.1** °प्यराजत] *conj.* (cf. Jin.); °प्यशोभत $G_1UPB^1L_2J$ **8.1** तरङ्गवच्] *conj.*; वीचिवत्तुरगवत् G_1; वीचिवत्तुरङ्गवत् U; वीचिवत्तरङ्गवत् PB^1L_2J **8.1** बाहू] *conj.* (cf. Jin.); भुजौ $G_1UPB^1L_2J$ **8.2** उद्ध्यभिद्याख्ययोर्] G_1B^1; उद्यभिद्याख्ययोः U; उद्ध्यभिद्ध्याख्ययोः PL_2; उद्ध्यभित्द्याख्ययोः J **8.2** उज्झति] G_1B^1J; उझति U; उज्झ P; उज्जाति L_2 **8.2** जलमित्युद्ध्यः] G_1B^1J; जलमित्युद्यः UP; जलमित्युझ्यः L_2 **8.3** भिनत्ति कूलानीति भिद्यः] PB^1; भिनत्ति भिद्ध्यः G_1; भिन्नति कुलानि इति भिद्यः U; भिन्नति कूलानि इति भिन्द्यः L_2; भिनंति कूलानि भिद्यैः J **8.3** इत्येवंविधार्थनामतुल्यं] P L_2; इत्येवंविधार्थानामतुल्यं G_1J; इत्येवंविधार्थनां नामतुल्यं U; इत्येवंविधार्थ ⌄मतुल्यं B^1 **8.3** विलसितं] *conj.*; विचेष्टितं विलसितं $G_1UPB^1L_2J$ **8.3** शोभते] $G_1UB^1L_2J$; शोभते तयोरपि P **8.4** तरङ्गा एव] $G_1UB^1L_2J$; तरङ्गा P **9.1** रत्नचूर्णनिर्मितस्थानयोग्यावपि] *conj.*; मणिकुटिमोचितौवपि G_1; मणिकुट्टिमोचितावपि UB^1J; मणिकुट्टिमोचितौ रत्नानां चूर्णेन निर्मिते स्थाने योग्यावपि तौ P; मणिकुटिमोचितावपि तौ L_2 **9.1** परुषतरे] B^1L_2J; पुरुषतरे G_1U; परुषेतरे P **9.1** मार्गे] P; पथि $G_1UB^1L_2J$ **9.1** न जग्मतुः] G_1UPB^1J; जग्मतुः L_2 **9.2** किल न] G_1B^1J; किल U; न किल P **9.2** काचिद्ग्लानिः] G_1UPB^1J; कदाचिद्ग्लानि L_2 **9.2** कुतो ऽम्लानौ] $G_1PB^1L_2J$; कु कुतो न म्लानौ U **9.3** तेन विश्वामित्रेण दत्तयोरुक्तयो] *conj.*; कौशिकोपदिष्टयोस्तेन दत्तयोः $G_1UB^1L_2J$; कौशिकोपदिष्टयोस्तेन विश्वामित्रेण दत्तयोरुक्तयोः P **9.3** °योर्महिम्ना] G_1UB^1J; °योः महिम्ना अनुभावात् P; °योर्महि--- L_2 **9.3** ते हि विद्ये] P; ते हि $G_1UB^1L_2J$

क्षुत्पिपासादिसर्वोपद्रवनाशिन्यौ। मणीनां कुट्टेन चूर्णेन निर्वृत्तं मणिकुट्टिमम्। भावप्रत्ययान्तादिमब्वक्तव्यः॥ ९॥

पूर्ववृत्तकथितैः पुराविदः सानुजः पितृसखस्य राघवः।
उह्यमान इव नाध्वनो ऽन्तरं पादचारगतमप्यलक्षयत्॥ १०॥

लक्ष्मणसहितो रामो नगराश्रमपथस्य मध्यं न विवेद, चरणगत्या लङ्घितमपि। पुरा पूर्वमतिक्रान्तं वेत्ति जानाति यः, तस्याख्यानवेदिन ऋषेः पूर्ववृत्तान्तकथनैः। वाहनेन रथादिनोढो ध्रियमाण इव। वाहनोढः किल मार्गं न चेतयते। अपरार्धे पाठान्तरम्

उह्यमान इव वाहनोचितः पादचारमपि न व्यभावयत्॥ १०॥

तौ सरांसि रसवद्भिरम्बुभिः कूजितैः श्रुतिसुखैः पतत्रिणः।

---

10 a. °कथितैः] $VD^M V^M B_1^M B_2^M B_3^M B_4^M B_5^M$ Mall.Jin.Nā.; °कथनैः B_7^M Hem.Ar. **10 cd.** नाध्वनो ऽन्तरं पादचारगतमप्यलक्षयत्] $G_1UPB^1JV^M B_1^M B_2^M B_3^M B_4^M B_5^M B_7^M$ Ar.Jin.; नाध्वनोंतरं पादचारगमप्यलक्ष्ययत् D^M; वाहनोचितः पादचारमपि न व्यभावयत् L_2 Vall.^{vl} Hem. Mall.Ar.^{vl} Nā.Jin.^{vl}

---

10 चेतयते···सुगन्धिकुसु] This unit in B (up to the end of the commentary on verse 11) was damaged and has been patched over and rewritten in the hand of B^3.

9.5 भावप्रत्ययान्तादिमब्वक्तव्यः] This is a quotation of a sentence in the *Kāśikāvṛtti* on *Aṣṭādhyāyī* 4.4.20 justifying the use of the suffix *imap*.

9.4 °नाशिन्यौ] G_1UPB^1J; °नाशिनौ L_2 **9.4** निर्वृत्तं] *conj.*; निवृत्तं $G_1UPB^1L_2J$ **9.5** °प्रत्ययान्ता°] UPB^1J; °प्रत्ययन्ता° G_1; °प्रत्ययं -- L_2 **9.5** °मब्वक्तव्यः] *conj.*; °मद्वक्तव्यः G_1; °मन्वक्तव्यः UPB^1; मन्वक्तष्टि L_2; °मन्व× व्य× क्तव्यः J **10.1** लक्ष्मणसहितो] *conj.*; सानुजो लक्ष्मणसहितो Σ **10.1** नगराश्रमपथस्य] *conj.*; °ध्वनो नगराश्रमपथस्य $G_1PB^1L_2J$; °ध्वनोन्तरं नगराश्रमपथस्य U **10.1** चरणगत्या] *conj.*; पादचारेण चरणगत्या $G_1PB^1L_2J$; पादचारेण चरणन्यासेन U **10.2** पुरा पूर्वमतिक्रान्तं वेत्ति जानाति यः तस्याख्यानवेदिन ऋषेः पूर्ववृत्तान्त°] पुरा पूर्वमतिक्रान्त° U(eyeskip); पुरा पूर्ववृत्तान्त° L_2^{ac}(eyeskip) **10.2** तस्याख्यानवेदिन] PL_2^{pc}; तस्याख्यानवेदन G_1J; तस्याख्याने वेदिन B^1 **10.3** °कथनैः] $G_1PB^1L_2J$; °कथनैरुह्यमान इव U **10.3** वाहनेन] UPL_2; वाहने G_1B^1J **10.3** रथादिनोढो] $G_1UPB^1L_2$; रथादिनोढौ J **10.3** चेतयते] G_1UL_2J; चेतयते चरणयोर्गत्योर्लङ्घितमपि PD^3 **10.5** उह्यमान] UPB^3L_2J; उह्यमाण G_1 **10.5** °चितः पादचारमपि न व्यभावयत्] UPL_2; °चितः पादचारपि न व्यभावयत् G_1(unmetrical); °चितपादचारमपि न व्यभावयत् B^3; °चितः पादचारमपि न भावयत् J(unmetrical)

वायवः सुरभिपुष्परेणुभिश्छायया च जलदाः सिषेविरे॥ ११॥

तौ राघवावमून्यमीभिः भेजिरे। कानि कैः। ≪सरोवराणि≫ स्वादुभिर्जलैः, पक्षिणः कर्णसुखकारिभिर्वाशितैः, पवनाः सुगन्धिकुसुमरजोभिः, मेघाश्छाययाः॥ ११॥ 3

नाम्भसां विकचपद्मशोभिनां वीरुधां फलभृतां न वा तथा।
दर्शनेन लघुना यथा तयोः प्रीतिमापुरुभयोस्तपस्विनः॥ १२॥

मुनयो लघुना प्रियेणानायासलाभात् तयोर्दर्शनेन यथा पिप्रियिरे न तथा फुल्लाब्जरम्यानां वारीणां, नापि फलितानां लतानां दर्शनेन वा॥ १२॥

तौ सुकेतुसुतया खिलीकृते
कौशिकाद्विदितशापया पथि।
निन्यतुः स्थलनिवेशिताटनी
लीलयैव धनुषी अधिज्यताम्॥ १३॥

तौ मार्गे धनुषी अधिज्यतामधिगता ज्या गुणो याभ्यां तद्भावमनयताम्। चापे

---

11 c. सुरभि°] Σ; सरस° P **12 a.** विकचपद्मशोभिनां] $\mathbf{V}D^M V^M B_1^M B_2^M B_3^M B_4^{Mpc} B_5^M B_7^M$ Jin.; विचपद्मशोभिनां B_3^{Mac}; कमलशोभिनां तथा Hem.Mall.Ar.(?)Nā. **12 b.** वीरुधां फलभृतां न वा तथा] $\mathbf{V}D^M V^M B_1^M B_2^M B_3^M B_4^M B_5^M B_7^M$ $Hem.^{vl}$ Jin.; शाखिनां च न परिश्रमच्छिदाम् Hem.Ar.(?)Nā.; शाखिनां न च परिश्रमच्छिदाम् Mall. **13 .** Before this Hem.Mall.Ar.Nā. read verse 21 (beginning स्थाणुदग्ध°) **13 d.** लीलयैव] $G_1UPB^1L_2J$ $D^M B_1^M B_3^M B_4^M B_5^M B_7^M$ Hem.Mall.Ar.(?)Nā.Jin.; हेलयैव $V^M B_2^M$

11.1 राघवावमून्यमीभिः भेजिरे] *conj.*; राघवावमून्यमीभिः सिषेविरे G_1UPL_2; राघवौ ⏓जिरे B^3; रामलक्ष्मणौ अमून्यमीभिः सिषेविरे J **11.1** सरोवराणि] *conj.* (cf. Jin.); सरांसि $G_1UPB^1L_2J$ **11.1** स्वादुभिर्जलैः] PB^3; सादुभिर्जलैः G_1UJ; स्वादजलः L_2 **11.3** मेघाश्छा°] B^{3pc}; मेघाश्च च्छा° P; मेघश्छा° $G_1UB^{1ac}L_2$; मेघच्छा° J **12.1** प्रियेणानायासलाभात्] G_1PB^1J; अनायासमालभता U; प्रियेण नायासलाभात् L_2 **12.1** पिप्रियिरे] *conj.*; प्रीतिमापुः पिप्रियिरे Σ **12.2** फुल्लाब्ज°] UPB^1; फुलाब्ज° G_1L_2J **12.2** लतानां दर्शनेन वा] *conj.*; नादर्शनेन वा G_1J; वीरुधां दर्शनेन वा U; लतानाम् PB^1L_2 **13.1** तौ] $G_1UPB^1L_2$; तौ श्रीरामलक्ष्मणौ J **13.1** धनुषी] $G_1UPB^1L_2$; ध J **13.1** °मनयताम्] $G_1PB^1L_2J$; °मानयतां U

सगुणे विदधतुः। कीदृशे पथि। ताटकया उज्झटिते विश्वामित्राज्ज्ञातशापया। ताटकारण्यं प्राप्तयोस्तयोर्मुनिरवोचत्। सुकेतुनाम्नो यक्षस्य तनया ताटका सुन्दभार्या मरीचेन पुत्रेण सहागस्त्यं बाधमाना तच्छापेन राक्षसीत्वमाप्येमं देशमुत्सादयति। अतस्तां हतमिति। एतदाकर्ण्य तौ हेलया धनुषी अधिज्ये चक्रतुः। खिलीकरणमुज्झटनम्। स्थले भूमौ निवेशिता आरोहणार्थं स्थापिता अटनिः कोटिः प्रान्तो ययोर्धनुषोस्ते। केचित्तु अटनिशब्दस्य धनुर्विशेषणत्वे नपुंसकत्वप्राप्तौ नकारागमं विधाय भाषितपुंस्कत्वादटनिनीति पाठो भवतीति चोदयन्ति। तदपोहार्थं स्थलनिवेशितार्तिनीति पाठं पठन्ति। अर्तिशब्दस्यापि धनुष्कोट्यर्थवाचित्वात्। अपरे तत्र तावित्यस्यैव पदस्य विशेषणीकृतभाषित-पुंस्कत्वादन्यपदार्थप्राधान्येन बहुव्रीहिं यथास्थितमेव मेनिरे। इति॥ १३॥

ज्यानिनादमथ गृह्णती तयोः

---

14 a. ज्यानिनादमथ] **V**$D^M V^M B_1^M B_2^M B_3^M B_4^M B_5^M B_7^M$Mall.Jin.; ज्यानिनादमभि° Hem. Ar.Nā.

13.2 कीदृशे पथि] $G_1UPB^{1ac}J$; +तौ कीदृशौ स्थलनिवेशिताटनी स्थले निवेशिता भूमौ स्थापिता अटनिः कोटिप्रान्तं याभ्यां+ कीदृशे पथि B^{3pc}; कीदृशे प--- L_2 **13.2 ताटकया**] सुकेतुसुतया ताटकया UPB^1J; सुकेतुसुतया नाटकया G_1; स्वकेतुस्वतया ताटकया L_2 **13.2 उज्झटिते**] PB^1; उज्झिटिते G_1UJ; *om.* L_2 **13.2 विश्वामित्राज्ज्ञातशापया**] *conj.*; कौशिकाद्विश्वामित्रात् ज्ञातशापया $UPB^{1ac}L_2J$; कौशिकाद्विश्वामित्रात् ज्ञातशापायां G_1; कौ-शिकाद्विश्वामित्रात् +विदितशापया+ ज्ञातशापया B^{3pc} **13.3 प्राप्तयोस्तयोर्मुनिरवोचत्**] $G_1 UPB^{1ac}J$; प्राप्तयोस्तयोर्मुनिर्+इदम्+अवोचत् B^{3pc}; प्राप्तयोर्मुनिरवोचत् L_2 **13.3 यक्षस्य**] $G_1PB^1L_2J$; राक्षसस्य U **13.4 सुन्द°**] $PB^1L_2^{ac}$; सुन्दर्य° G_1J; सुन्दर्या U; सुन्द+री+ L_2^{pc} **13.4 मारीचेन**] $G_1PB^1L_2$; मरीचि° U; मरीचेन J **13.4 बाधमाना**] $G_1UB^1L_2J$; बाध्यमाणा P **13.4 °त्वमाप्येमं**] G_1UB^1J; °त्वं अवाप्य इदं P; °त्व ×⏑̆ ⏑̆ मवाप्येमं L_2 **13.5 अतस्तां हतमिति**] G_1B^1J; अतस्तां हथामिति U; अतस्तामाशु हतामिति P; अतस्तं हतामिति L_2 **13.5 तौ**] $G_1UPB^1L_2$; तौ राघवौ J **13.5 अधिज्ये**] UPB^1L_2; अधिज्य G_1J **13.6 खिलीकरणमुज्झटनम्**] PB^1; खिलीकारणमुज्झटनम् G_1J; खिली-कारणमुज्झनम् U; खिलीकरण उज्झटनम् L_2 **13.6 आरोहणार्थं**] $G_1B^1L_2J$; आरोहनार्थं U; गुणाधिरोहणार्थं P **13.7 ययोर्धनुषोस्ते**] UPB^1L_2; ययोर्धानुषोस्ते G_1J **13.8 नपुंसक-त्व°**] G_1B^1J; °न नपुंसकत्व° U; नपुंसकत्वं P; न् अपुंसकत्वे L_2 **13.8 नकारा°**] *conj.*; नुकार° Σ **13.9 स्थल°**] G_1UPL_2J; स्थले B^1 **13.9 °र्तिनीति**] G_1PB^1J; °न्तिनी-ति UL_2 **13.9 अर्तिशब्दस्यापि**] *em.*; अन्तिशब्दस्यापि G_1UPB^1; अन्तिशब्देस्यापि L_2; अंतिशब्दस्यापि J **13.10 °र्थवाचित्वात्**] $G_1UB^1L_2J$; °र्थवाचित्वात् अर्तिः पीडाधनुष्को-ट्योः जातिः सामान्यजन्मनि इति नानार्थेष्वमरवचनात् अर्तिशब्दस्य धनुष्कोट्यर्थवाचित्वम् P **13.10 तावित्यस्यैव**] PB^1L_2; तावित्यस्यै G_1; ताविन्द (?) त्र (?) र्य (?) स्यैव U; तावि-त्यस्य J **13.11 बहुव्रीहिं**] *conj.*; बहुव्रीहि G_1; बहुव्रीहिः UPB^1L_2J **13.11 °स्थितमेव**] UPB^1L_2; °स्थितमिव G_1J **13.11 इति**] $G_1PB^1L_2J$; *om.* U

प्रादुरास बहुलक्षपाच्छविः ।
ताटका चलकपालकुण्डला
कालिकेव निविडा बलाकिनी ॥ १४ ॥

अनन्तरं मौर्वीरवमाददाना ज्याघोषानुसारेण यान्ती तावुद्दिश्य ताटका प्रकटीबभूव । कृष्णपक्षरात्रिस्तद्वच्छविः कान्तिर्यस्याः कालत्वात् । तथा कम्पमानानि मृतकमूर्धास्थीन्येव कर्णवेष्टकानि यस्याः । अतश्च बलाकायुतसजलत्वाद्घना मेघमालेवेत्युपमा । गृह्णतीति हेतौ शतृप्रत्ययः ॥ १४ ॥

वेगविप्रकृतमार्गवृक्षया प्रेतचीवरवसास्वनोग्रया ।
अभ्यभावि भरताग्रजस्तया वात्ययेव पितृकाननोत्थया ॥ १५ ॥

ताटकया राम आचक्रमे । जवेन बाधिता मार्गवृक्षा उन्मूलनात् यया, तथा शवानामम्बरैर्वसया शवानामेव स्वनेन च भीषणया, श्मशानादाविर्भूतया,

---

15 a. वेगविप्रकृत°] **V**$D^M V^M B_1^M B_2^M B_3^M B_4^M B_5^M B_7^M$; तीव्रवेगधुत° **ℭ** **15 b.** °वसास्वनोग्रया] **V**$D^M V^M B_1^M B_2^M B_3^M B_4^M B_5^M B_7^M$ Jin. ; °वसा स्वनोग्रया Hem.Mall.Ar.Nā.

---

15 We have no copy of f. 100^r of J, whose testimony therefore breaks off at this point and begins again with the word राक्षसी in the commentary on 11:19.

14.1 अनन्तरं] *conj.*; अथानन्तरं Σ **14.1** मौर्वीरवमाददाना] *conj.*; ज्यानिनादमौर्वीरवं गृह्णती आददाना G_1; तयोर्ज्यानिनादं मौर्वीरवं गृह्णति आददाना UPB^1L_2J **14.1** यान्ती] $G_1UB^1L_2$; यान्तीति P; याती J **14.2** प्रकटीबभूव] *conj.*; प्रादुरास प्रकटीबभूव Σ **14.2** कृष्णपक्षरात्रिस्] *conj.*; बहुलक्षपा कृष्णपक्षरात्रिः Σ **14.2** तद्वच्छविः] UPB^1L_2J; तच्छविः G_1 **14.2** कालत्वात्] G_1UPB^1J; कालवर्णत्वात् L_2 **14.3** कम्पमानानि] *conj.*; चलानि कम्पमानानि $G_1B^1L_2J$; चपलानि कम्पमानानि U; अचला+नि+ निष्कम्पमानानि P **14.3** मृतकमूर्धा°] *conj.*; कपालकुण्डलानि मृतकमूर्धा° B^1L_2; कपालकुण्डलानि मृतकरमूर्धा° G_1UJ; कपालकुण्डलानि मृतकमूर्व्वो (?)र्व्वा° P **14.3** बलाकायुत°] $G_1^{pc}UB^1L_2J$; बालकायुत° G_1^{ac}; बलाकायुता P **14.3** °त्वाद्घना] *conj.*; °त्वान्निविडा घणा G_1; °त्वान्निविडा घना UPB^1J; °त्व--- विडा घना L_2 **14.4** मेघमालेवेत्युपमा] *conj.*; कालिका मेघमालेवेत्युपमा G_1PB^1J; कालिका मेघमालेव उपमां U; कालिका मेघमाला एवेत्युपमा L_2 **14.4** गृह्णतीति] B^1L_2J; गृह्णातीति G_1UP **14.4** शतृ°] UPB^1L_2J; शत्रु° G_1 **15.1** ताटकया] *conj.*; तया ताटकया $G_1PB^1L_2J$; तया ताटकाया U **15.1** राम] Σ; श्रीरामः J **15.1** आचक्रमे] *conj.*; अभ्यभावि आचक्रमे Σ **15.1** जवेन] *conj.*; वेगेन $G_1UPB^{1ac}L_2$; वेगेन +जवेन+ B^{3pc} **15.1** बाधिता] *conj.*; विप्रकृता बाधिता $G_1UPB^1L_2$; ×Γ× वकृता बाधि--- J **15.2** शवानामम्बरैर्] *conj.*; प्रेतानां शवानां चीवरैरम्बरैः $G_1PB^1L_2$; प्रेतानां शवानां चेवरैरम्बरैः U **15.2** शवानामेव] $G_1UB^1L_2$; शुद्धमांसरसेन P **15.2** स्वनेन च भीषणया] *conj.*; स्वनेन रवेण (न G_1U) चोग्रया भीषणया $G_1UPB^1L_2$

अतश्च वात्ययेवेत्युपमा। यदि वा पितृकाननोत्थया वात्ययासावभ्यभावीति सहोक्तिः। सापि श्मशानप्रवृत्तत्वादेवंविधैव। वातानां समूहो वात्या पाशादित्वाद्यत्। उत्थयेति सुपि स्थ इति कः॥ १५॥

उद्यतैकभुजयष्टिमायतीं श्रोणिलम्बपुरुषान्त्रमेखलाम्।
तां विलोक्य वनितावधे घृणां पत्त्रिणा सह मुमोच राघवः॥ १६॥

ताटकामागच्छन्तीमेवंविधामालोक्य योषिद्वधे दयां शरेण सहामुचत्। नैर्घृण्यमवलम्ब्य तां हन्तुं शरमक्षिपदित्यर्थः। कीदृशीं ताम्? उद्धृता हन्तुमुत्क्षिप्ता एका भुजलता यया सा ताम्। कटौ लम्बमानानि पुरुषान्त्राण्येव रशना यस्याः॥ १६॥

रामभिन्नहृदया निपेतुषी सा स्वकाननभुवं न केवलम्।
विष्टपत्रयपराजयस्थिरां रावणश्रियमपि व्यकम्पयत्॥ १७॥

---

16 b. °लम्ब°] $G_1PB^1L_2D^MV^MB_1^MB_2^MB_3^MB_5^MB_7^M$; °यन्त्र (?) लम्ब° U(unmetrical); °लम्भ° B_4^M ; °लम्बि° Hem.Mall.Ar.Nā. (Jin. uncertain) **17 .** C place this after verse 18. **17 a.** राम°] $G_1UPB^1D^MV^MB_1^MB_2^MB_3^MB_5^MB_7^M$; बाण° B_4^MC

---

16 b^8–c^2 T^M **17** c^1–d^4 T^M

15.5 वात्या पाशादित्वाद्यत् This is an allusion to *Aṣṭādhyāyī* 4.2.49 *pāśādibhyo yaḥ*.

15.5 उत्थयेति सुपि स्थ इति कः This alludes to two rules of Pāṇini, 3.2.3 *āto 'nupasarge kaḥ* and 3.2.4 *supi sthaḥ*.

15.3 श्मशानादाविर्भूतया, अतश्च वात्ययेवेत्युपमा। यदि वा] $G_1B^1L_2$; श्मशानादाविर्भूतया अतश्च वात्यया इवेत्युपमया दिवा U; श्मशनादाविर्भूतया अतश्च वात्ययैव श्मशानादाविर्भूतेन पवनसमूहेनैवेत्युपमा यदि वा P **15.4** सहोक्तिः] G_1UPB^1; सहोवन्तोः L_2 **15.4** वातानां समूहो] $G_1PB^1L_2$; वातानामसमूहो U **15.5** उत्थयेति सुपि स्थ इति] *conj.*; उत्थायेति सुपि स्था इति G_1; उत्थायेति स्वपि स्थः U; उत्थायेति स्वपि स्थ इति P; उत्थायेति सुपि स्थ इति B^1; इत्थं येति सुपि स्थ इति L_2 **16.1** ताटकामागच्छन्तीमेवंविधामालोक्य] *conj.*; तां ताटकामायतीमागच्छन्तीमेवंविधा (ध U) मालोक्य $G_1UPB^1L_2$ **16.1** योषिद्वधे] UPB^1L_2; योषिद्ववधे G_1 **16.1** दयां] *conj.*; घृणां दयां $G_1UPB^1L_2$ **16.1** सहामुचत्] $G_1PB^1L_2$; सह मुमोच U **16.2** तां हन्तुं] P; *om.* $G_1UB^1L_2$ **16.2** उद्धृता हन्तुम्] PB^1L_2; उद्धृता हन्त्वम् G_1; उद्यता हन्तुं U **16.3** एका] U; एक° $G_1PB^1L_2$ **16.3** पुरुषान्त्राण्येव] $G_1PB^1L_2$; पुषन्त्राण्येव U **16.4** रशना यस्याः] *em.*; मेखला रशना यस्याः $G_1UB^1L_2$; रशना यस्य P

ततः सा रामशरभिन्नवक्षस्थला पतन्ती सती केवलं निजवनावनिमेव नाधुनोत्, यावत्त्रिभुवनजयदृढां पौलस्त्यलक्ष्मीमपि। नूनं मयाप्यधुना नशितव्यमिति रावणश्रीकम्पः॥ १७॥

यच्चकार विवरं शिलाघने ताटकोरसि स रामसायकः।
अप्रविष्टविषयस्य रक्षसां द्वारतामगमदन्तकस्य तत्॥ १८॥

दृषत्पीवरे ताटकावक्षसि स राघवेषुर्यच्छिद्रमकरोत्, तन्नूनम् †अन्तकस्य रक्षोविषयमप्रविष्टस्य द्वारतां† ययौ। कथमन्यथा तदादि ते मृत्युवशमाययुरिति भावः। रक्षसां सम्बन्धी विषयो यः सो ऽप्रविष्टो येनासावप्रविष्टविषय इति नित्यमापेक्षत्वात्समासः। उत्प्रेक्षा चैषा विनापीवशब्दं प्रयुज्यते। द्वौ प्रवेशनिर्गमौ रातीति द्वारम्। पृषोदरादित्वादात्वम्॥ १८॥

राममन्मथशरेण ताडिता दुःसहेन हृदये निशाचरी।
गन्धवद्रुधिरचन्दनोक्षिता जीवितेशवसतिं जगाम सा॥ १९॥

अतिविषमेण राघवस्मरशरेण विद्धा सती सा राक्षसी ताटका यमस्य लोकं ययौ। उत्कटगन्धेन रुधिरेणैव चन्दनेनोपलिप्ता। या च निशाचरी रात्र्यभि-

---

18 . 𝕮 place this before verse 17. **19 c.** °चन्दनो°] $G_1UPB^1L_2D^MV^MB_1^MB_2^MB_3^MB_4^M B_5^MB_7^M$𝕮; °कुङ्कुमो° Vall.^{vl}Hem.^{vl}

---

18 d^2–d^{11} T^M **19** a^1–a^{10} T^M

17.1 सा रामशर°] $G_1^{pc}U^{pc}B^1L_2$; सा राम° $G_1^{ac}U^{ac}$; स रामशर° P **17.2** °वनिमेव नाधुनोत्] B^1L_2; °वनिमेवाध्वनोत् G_1; °वलीमेवाधुनोत् U; °वनिमेव नाधुनत् P **17.2** °भुवनजयदृढां] P; °भवनजयदृढां G_1B^1; °भुवनजयदृढा U; °भु---य दृढां L_2 **18.1** दृषत्पीवरे] G_1UPB^1; ईषत्पीवरे L_2 **18.1** राघवेषुर्य°] $G_1B^1UL_2$; रामशरः य° P **18.2** ययौ] $G_1PB^1L_2$; अगमत् U **18.2** तदादि ते] G_1UPB^1; तदादितो L_2 **18.3** सो ऽप्रविष्टो] G_1UPL_2; न प्रविष्टो B^1 **18.3** येनासावप्रविष्ट°] PB^{1pc}; येनसावप्रविष्ट° G_1 B^{1ac}; येनासा+व (?) +प्र° U; येन सावप्रतिष्ठा L_2 **18.4** °मापेक्ष°] G_1UB^1; °माक्षेप° P; °सपक्ष° L_2 **18.4** उत्प्रेक्षा] UPB^1L_2; उत्प्रेक्ष्या G_1 **18.4** विनापीवशब्दं] $P^{ac}B^1L_2$; विनाप्येवशब्दं G_1UP^{pc} **18.5** °निर्गमौ] UPB^1L_2; °निर्गमो G_1 **18.5** रातीति] G_1PB^1 L_2; दातीति U **19.1** विद्धा] PB^1L_2; विरुद्धा UG_1 **19.1** राक्षसी] *conj.*; निशाचरी राक्षसी V **19.1** यमस्य] *conj.*; जीवितेशस्य यमस्य G_1UPB^1J; जीवितेशस्य विष्णोर्भुवनं वैकुण्ठं च यमस्य L_2 **19.2** लोकं ययौ] *conj.*; वसतिं लोकं जगाम ययौ Σ **19.2** उत्कटगन्धेन] *conj.*; गन्धवतोत्कटगन्धेन G_1UPB^1; गन्धवतोकटा गन्धेन L_2; गंधवत्कटगंधेन J **19.2** चन्दनेनोपलिप्ता] *conj.*; चन्दनेनोक्षितोपलिप्ता Σ **19.2** या च] Σ; या L_2

सारिका दुःसहस्मरशरताडितहृदया सुरभिमलयजानुलिप्तावश्यमेव प्राणनाथवेश्म प्रयाति। रुधिरकुङ्कुमेति पाठान्तरम्। रुधिरमेव कुङ्कुमं रूपसादृश्यात्। निन्दाप्रशंसयोर्मतुप्॥ १९॥

नैर्ऋतघ्नमथ मन्त्रवन्मुनेः
प्रापदस्त्रमपदानतोषितात्।
ज्योतिरिन्धननिपाति भास्करात्
सूर्यकान्त इव ताटकान्तकः॥ २०॥

अनन्तरं रामो ऽद्भुतकर्मणा †तोषितात्† विश्वामित्राद् राक्षसघ्नं समन्त्रमस्त्रग्रामं «लेभे»। अस्त्रमिति जातावेकवचनम्। दारुनिचयदाहि तेजो यथा सूर्यात्सूर्यकान्तमणिर्लभते॥ २०॥

स्थाणुदग्धवपुषस्तपोवनं प्राप्य दाशरथिरात्तकार्मुकः।
विग्रहेण मदनस्य चारुणा सो ऽभवत्प्रतिनिधिर्न कर्मणा॥ २१॥

रामः कामस्य शरीरेण सदृशो ऽभूत्। न पुनर्व्यापारेण तस्य परिभूतत्वादविषयप्रेरणादिना वा। मूर्तः कामस्तत्रासाववतीर्णो ऽज्ञायीत्यर्थः। शिवभस्मीकृतशरीरस्य कामस्य तपोवनमनङ्गाश्रमाख्यमवाप्य। गृहीतचापः॥ २१॥

---

20 b. °पदान°] **V**$D^M V^M B_1^M B_2^M B_3^M B_4^M B_5^M B_7^M$Ar.Nā.; °वदान° T^MHem.Mall.Jin. **21** This verse is placed between 12 and 13 in Hem.Mall.Ar.Nā.. **21 b.** प्राप्य] **V**$V^M B_1^M B_2^M B_3^M B_4^M B_7^M$Ar.Nā.Jin.Hem.Ar.(?)Nā.; एत्य $D^M B_5^M$

---

20 a^1–b^{11} T^M **21** a^8–c^4 T^M

19.3 दुःसहस्मरशरताडित°] UPB^1J; द्वस्सहस्मरशरताटित° G_1; दुस्सह---शताडिते L_2 **19.3** सुरभिमलय°] Σ; सुरभि+परि+मलय° B^{3pc} **19.5** °प्रशंसयोर्मतुप्] P; °प्रशंसयोर्मतुम् G_1L_2; °प्रशंसयोर्मतम् U; °प्रशांसयोर्मतुप् B^1; °प्रशंसयोर्दत्तम् J **20.1** अनन्तरं] *conj.*; अथानन्तरं Σ **20.1** रामो ऽद्भुतकर्मणा] *conj.*; रामः अपदानेनाद्भुतकर्मणा G_1UPB^1L_2; श्रीरामः अपदानेनाद्भुतकर्मणा J **20.1** विश्वामित्राद्] *conj.*; मुनेर्विश्वामित्रात् G_1UPB^1L_2; *om.* J **20.1** राक्षसघ्नं] *conj.*; नैर्ऋतघ्नं राक्षसघ्नं Σ **20.2** समन्त्रमस्त्रग्रामं] *conj.*; मन्त्रमस्त्रग्रामं G_1PB^1L_2; मन्त्रमस्त्रगर्भं U; मंत्रंमंस्त्रं J **20.2** लेभे] *conj.* (cf. Jin.); प्रापत् Σ **20.2** दारुनिचयदाहि] G_1PB^1L_2J; दारुणिचयषा(?)हि U **20.2** तेजो] UPB^1L_2; तेजो यथा हि तेजो G_1J **20.3** °मणिर्लभते] G_1UB^1J; °मणिर्लभ्यते P; °र्माणिल्लभते L_2 **21.1** रामः] *conj.*; स रामः G_1UPB^1L_2; स दाशरथिः श्रीरामः J **21.1** शरीरेण] *conj.*; विग्रहेण शरीरेण Σ **21.1** सदृशो] *conj.*; प्रतिनिधिः सदृशो Σ **21.1** पुनर्व्यापारेण] *conj.*; पुनः कर्मणा व्यापारेण Σ **21.2** तत्रासाववतीर्णो] G_1UB^1J; तत्राऽवतीर्णो PL_2 **21.2** °ज्ञायीत्यर्थः] Σ; ज्ञानीत्यर्थः G_1

वामनाश्रमपदं ततः परं पावनं श्रुतमृषेरुपेयिवान्।
उन्मनाः प्रथमजन्मचेष्टितान्यस्मरन्नपि बभूव राघवः॥ २२॥

तस्मादनन्तरं रामो वामनाश्रमस्थानमुपगतः प्राप्तः सन्, उत्को ऽभूत्। पूर्ववासनाबीजवशादिति भावः। पवित्रम्, ऋषेः सकाशादाकर्णितं, यथात्र वामनरूपी हरिर्बलिं बबन्धेति। पूर्वजननचरितानि बलिवञ्चनादीनि अस्मरन्नपि वासनावशान्निजस्थानदर्शनेन सोत्कण्ठ इवासीत्॥ २२॥

आससाद मुनिरात्मनस्ततः शिष्यवर्गपरिकल्पितार्हणम्।
बद्धपल्लवपुटाञ्जलिद्रुमं दर्शनोत्सुकमृगं तपोवनम्॥ २३॥

अनन्तरं विश्वामित्रः ≪स्वं≫ तपोवनं सिद्धाश्रमाख्यं प्राप। ≪अन्तेवासिसमूहरचितपूजम्। रचितपत्त्रसंश्लेषाञ्जलितरु≫। मुनिदर्शने चोत्कण्ठिता मृगा यत्र तत्॥ २३॥

---

23 d. दर्शनोत्सुक॰] $G_1UPB^1D^MV^MB_1^MB_3^MB_4^MB_5^MB_7^M$ Jin.; ---नोत्सुक॰ L_2; दर्शनोत्सक॰ JB_2^M; दर्शनोन्मुख॰ Hem.Mall.Ar.(?)Nā.

---

22 c^1–d^{11} T^M **23** a^1–b^4, d^9–d^{11} T^M

22.1 तस्मादनन्तरं] *conj.*; ततः परं तस्मादनन्तरं $G_1UPB^1L_2$; ततः परं तस्मात्ताटकावधादनन्तरं J **22.1 रामो**] PB^1; सो G_1UL_2J **22.1 ॰पगतः**] $G_1PB^1L_2J$; ॰पागतः U **22.1 उत्को ऽभूत्**] *conj.*; उन्मना उत्कटो ऽभूत् G_1; उन्मना उत्कण्ठितो बभूव U; उन्मना उत्को भूत् PB^1L_2; उन्मना उत्कंठो भूत् J **22.2 पवित्रं**] *conj.*; पावनम् पवित्रम् Σ **22.2 सकाशादाकर्णितं**] *conj.*; सकाशाच्छ्रुतमवगतम् $G_1UB^1L_2J$; सकाशादाकर्णितं श्रुतं P **22.3 यथात्र वामनरूपी हरिर्बलिं बबन्धेति**] P; *om.* Σ **22.3 पूर्वजननचरितानि बलिवञ्चनादीनि**] *conj.*; प्रथमजन्मचेष्टितानि बलिवञ्चनादीनि पूर्वजन्मचरित्राणि $G_1UB^1L_2J$; प्रथमजन्मचेष्टितानि पूर्वजननचरितानि बलिवञ्चनादीन्य् P **22.4 ॰स्थानदर्शनेन**] Σ; ॰स्थानाददर्शनेन J **22.4 सोत्कण्ठ इवासीत्**] *conj.*; उन्मना बभूव सोत्कण्ठ इवासीत् Σ **23.1 अनन्तरं विश्वामित्रः**] *conj.*; ततो ऽनन्तरं मुनिर्विश्वामित्रः G_1UPB^1J; ततो नन्तं म्निर्वि--- L_2 **23.1 स्वं**] *conj.*; आत्मनस् Σ **23.1 ॰श्रमाख्यं प्राप**] *conj.*; ॰श्रमाख्यमाससाद प्राप $G_1UB^1L_2J$; ॰श्रमा--- आससाद प्राप P **23.2 अन्तेवासिसमूहरचितपूजम्**] *conj.*; कीदृशं शिष्यवर्गेणान्तेवासिसमूहेन परिकल्पिता रचिता अर्हणा पूजा यत्र तत् G_1UPB^1J; ---शं शिष्यवर्गेणान्तेवासिसमूहेन परिकल्पिता र---ता अर्हणा पूजा यत्र तत् L_2 **23.2 रचितपत्त्रसंश्लेषाञ्जलितरु**] *conj.*; बद्धा रचिताः पल्लवपुटाः पत्त्रसंश्लेषा एवाञ्जलयो यैस्तथाविधा द्रुमास्तरवो यत्र तत्] $G_1PB^1L_2J$; *om.* U(eyeskip) **23.2 मुनिदर्शने चोत्कण्ठिता**] G_1UPJ; मुनिदर्शनादुत्कण्ठिता $B^{1pc}L_2$; मुनिदर्शनाचोत्कण्ठिता B^{1ac} **23.3 यत्र तत्**] Σ; यत्र L_2

तत्र दीक्षितमृषिं ररक्षतुर्
विघ्नतो नृपसुतौ शितैः शरैः।
लोकमन्धतमसात्क्रमोदितौ
रश्मिभिः शशिदिवाकराविव॥ २४॥

तस्मिन् सिद्धाश्रमे यज्ञदीक्षाप्रविष्टं कौशिकं रामलक्ष्मणौ पालयामासतुः। राक्षसादिकृतात् प्रत्यूहात्। तीक्ष्णैः सायकैः। यथा रात्रिन्दिवोदितौ चन्द्रसूर्यौ रश्मिभिर्जगद् गाढध्वान्ताद्रक्षतः। अन्धयतीत्यन्धं च तत्तमो ऽन्धतमसम्। अवसमन्धेभ्यस्तमसः॥ २४॥

वीक्ष्य वेदिमथ रक्तबिन्दुभिर्बन्धुजीवपृथुभिः प्रदूषिताम्।
सम्भ्रमो ऽभवदुपोढकर्मणामृत्विजां च्युतविकङ्कतस्रुचाम्॥ २५॥

---

24 b. नृपसुतौ शितैः शरैः] **V**$V^M B^M_1 B^M_2 B^M_3 B^M_4 B^M_5 B^M_7$ Jin.; नृपस्वतौ शितै शिरैः D^M; नृपसुतौ शरैः शितैः Hem.; दशरथात्मजौ शरैः Mall.Ar.(?)Nā. **25 c.** °भवदुपोढ°] **V**$D^M V^M B^M_1 B^M_3 B^M_4 B^M_5 B^M_7$ Hem.Ar.^{vl}Nā.Jin.; °भव T^M; °भवदपोढ° B^M_2 Vall.^{vl}Mall.Ar.Nā.^{vl} **25 d.** °विकङ्कत°] $B^1 J B^M_3$ **C**; °विकङ्कित° $G_1 P L_2 B^M_1 B^M_2 B^M_4 B^M_5 B^M_7$; °विशङ्कत° D^M; °विकम्पित° $U V^M$

---

24 a^1–b^3 T^M **25** b^3–c^5 T^M

24.4 अवसमन्धेभ्यस्तमसः *Aṣṭādhyāyī* 5.4.79.

24.1 तस्मिन् सिद्धाश्रमे] *conj.*; तत्र सिद्धाश्रमे $G_1 U B^1 L_2 J$; तत्र तस्मिन् सिद्धाश्रमे P **24.1** यज्ञदीक्षा°] G_1UPJ; यक्षदीक्षा° $B^1 L_2$ **24.1** कौशिकं] $G_1 P B^1 L_2$; कौशिकं विश्वामित्रं U; ऋषिं विश्वामित्रं J **24.1** रामलक्ष्मणौ] *conj.*; राजस्वतौ रामलक्ष्मणौ G_1; राजसुता रामलक्ष्मणौ U; राजसुतौ रामलक्ष्मणौ $P B^1 L_2$; राजसुतौ श्रीरामलक्ष्मणौ J **24.1** पालयामासतुः] *conj.*; ररक्षतुः पालयामास्वः G_1; ररक्षतुः पालयामासतुः (तु U) $U P B^1 L_2$; ररक्षतुः पालयामासुः J **24.2** राक्षसादिकृतात् प्रत्यूहात्] *conj.*; राक्षसादिकृताद्विघ्नतः प्रत्यूहात् $G_1 U P B^1 L_2 J$ **24.2** तीक्ष्णैः सायकैः *conj.*; कैश्शितैस्तीक्ष्णैः शरैः $G_1 U P B^1 J$; कैः शितैस्तीक्षणैस्सायकैः L_2 **24.2** यथा] $U P L_2$; यत्र $G_1 B^1 J$ **24.2** रात्रिन्दिवोदितौ] $G_1 P B^1$; रात्रिदिवोदितौ UJ; रात्रिन्दिवोदिवोदितौ L_2 **24.3** रश्मिभिर्जगद्] *conj.*; रश्मिभिर्विश्वं जगत् $U G_1 B^1 J$; रश्मिगिर्बिंषं P, रश्मिभिर्विश्वाजगत् L_2 **24.3** गाढध्वान्ताद्] *conj.*; अन्धतमसाद्गाढध्वान्ताद् $U G_1 B^1 L_2 J$; अन्धतमसो गाढध्वान्ताद् P **24.4** अवसमन्धेभ्यस्तमसः] $U B^{1pc}$; अवमरुन्धेभ्यस्तमसः G_1; अन्धमरुन्धेभ्यः तमसः P; अवसमन्धेत्यस्तमस इत्यच् B^{3pc}; अवसरुन्धेत्यस्तमसः L_2; अवसरुंधेभ्यस्तमसः J

अनन्तरमध्वर्यूणां यज्ञस्थलीं बन्धूककुसुमस्थूलैरसृक्कणैरपवित्रीकृतामालोक्य, आकुलत्वमभूत्। राक्षसागमनशङ्कयाकुलत्वम्। उपोढं प्रत्यासन्नं कर्म येषाम्, अथवा अपोढम् उत्सृष्टं प्रस्तुतं कर्म यैः। भ्रष्टा विकङ्कताख्यस्य क्षीरवृक्षदारुणो विकाराः स्रुचो येषाम्॥ २५॥

उन्मुखः सपदि लक्ष्मणाग्रजो बाणमाशयमुखात्समुद्धरन्।
रक्षसां बलमपश्यदम्बरे गृध्रपक्षपवनेरितध्वजम्॥ २६॥

ततो रामो राक्षसानां सम्बन्ध्यनीकं व्योम्न्यैक्षिष्ट। तत्क्षणं तूणवक्त्राच्छरमुत्खनन्। गृध्राख्यपक्षिपतत्रवायुकम्पितकेतु। इत्यशकुनकथनं रक्षसाम्॥ २६॥

तत्र यावधिपती मखद्विषां तौ शरव्यमकरोत्स नेतरान्।
किं महोरगविसर्पिविक्रमो राजिलेषु गरुडः प्रवर्तते॥ २७॥

रामो राक्षसबले तेषां यौ प्रभू मारीचसुबाहू तौ लक्ष्यं व्यधात्। नान्यान् प्रा-

---

26 b. बाणमाशय°] **V**$D^M V^M B_1^{Mpc} B_2^M B_3^M B_5^M$ Ar.Nā.; बाणमाश्रय° $B_1^{Mac} B_4^M B_7^M$ Hem.Mall. Jin. **26 d.** °पक्ष°] Σ; °पक्षि° P

---

26 c^9–d^7 T^M

25.1 अनन्तरमध्वर्यूणां] *conj.*; अथानन्तरमृत्विजामध्वर्यूणां $G_1UB^1L_2J$; अथानन्तरं ऋत्विजां अध्वर्याणां P **25.1** यज्ञस्थलीं] *conj.*; वेदिं यज्ञस्थलीं G_1UPB^3J; वेदियज्ञस्थलीं L_2 **25.1** °स्थूलैरसृक्कणैरपवित्री°] *conj.*; °स्थूलैः रक्तबिन्दु(न्द्व G_1L_2)भिरसृक्कणैरपवित्री° Σ **25.2** आकुलत्वमभूत्] *conj.*; सम्भ्रम आकुलत्वमभूत् Σ **25.2** प्रत्यासन्नं] G_1PB^1J; प्रत्यासन्नं प्रत्यासन्नं U; प्रत्यापन्ने L_2 **25.3** उत्सृष्टं] G_1UL_2J; उत्कृष्तं P; तत्सृष्टं B^3 **25.3** भ्रष्टा] *conj.*; च्युता भ्रष्टा Σ **25.3** विकङ्कताख्यस्य] B^3; विकङ्कतस्य G_1PL_2J; विकम्पिता अङ्कतः U **25.3** क्षीरवृक्षदारुणो] $P^{ac}B^3$; क्षीरिवृक्षदारुणो $G_1P^{pc}J$; क्षीरवृ---रुणो L_2क्षीरवृक्षाद्दारुणो U **25.4** विकाराः स्रुचो येषाम्] G_1UPL_2J; विकारः स्रुक् येषां तेषाम् B^3 **26.1** ततो रामो] Σ; ततः श्रीरामो J **26.1** राक्षसानां] $G_1B^3L_2J$; रक्षसां UP **26.1** °नीकं] $G_1B^3L_2J$; °नेकं UP **26.2** तूणवक्त्रा°] Σ; तूणमुखा° B^3 **26.2** गृध्राख्यपक्षिपतत्रवायुकम्पितकेतु] *conj.*; गृध्राख्यस्य पक्षिपतत्त्रिवायुना कम्पिता ध्वजाः केतवो यस्य तद् G_1; गृद्धाख्यस्य पक्षपवनेन पत्रत्रवायुना कम्पिताः ध्वजाः केतवो यस्य तद् U; गृद्धाख्यपक्षिपतत्रवायुना कम्पिताः ध्वजाः केतवो यस्य तद् P; गृद्धपक्षपवनेरितध्वजाम् गृद्धावध्यपक्षिपतत्रवायुकम्पिताः केतवो यस्य तद् B^3; गृद्धाख्यस्य पक्षिपतत्र(त्रं L_2)वायुना कम्पिता ध्वजाः केतवो यस्य तद् L_2J **26.2** इत्यशकुनकथनं] UPJ; इद्यशकुनकथनं G_1; इति अनिमित्तकथनं B^3; इत्यशक्तेनकथनं L_2 **27.1** रामो] B^3; स रामो G_1UPL_2; स श्रीरामो J **27.1** राक्षसबले तेषां यौ प्रभू] B^3; राक्षसानां यावधिपती प्रभू G_1UJ; राक्षसानां तत्र यावधिपती प्रभू PL_2 **27.1** मारीचसुबाहू तौ] B^3; मारीचस्वबाहू आस्तां तौ G_1UPL_2; मारीचसुबाहू आस्थां तौ J

कृतान्। नागेन्द्रप्रसरत्पौरुषो निर्विषेषु तुण्डिभेषु गरुडः किं पराक्रमते॥ २७॥

सो ऽस्त्रमुग्रजवमस्त्रकोविदः सन्दधे धनुषि वायुदैवतम्।
येन शैलगुरुमप्यपाहरत्पाण्डुपत्त्रमिव ताटकासुतम्॥ २८॥

रामश्चापेन पवनदैवतमस्त्रमयोजयन्महावेगम्। अस्त्राणां विषये प्रयोगे संहारे च प्रवीणः। तेन चास्त्रेणाद्रिस्थूलमपि मारीचमैलिलत्। न तु जघान। तस्य किञ्चिद्धर्मज्ञत्वात्। शुष्कत्वाद्गौरं पर्णमिव॥ २८॥

यः सुबाहुरिति राक्षसो ऽपरस्तत्र तत्र विससर्प मायया।
तं क्षुरप्रशकलीकृतं कृती पत्त्रिणां व्यभजदाश्रमाद्बहिः॥ २९॥

---

28 a. सो ऽस्त्रम्] **V**$D^M V^M B_1^M B_2^M B_3^M B_4^M B_5^M B_7^M$Hem.Mall.Jin.; अस्त्रम् Ar.Nā. **28 c.** °पाहरत्] **V**$V^M B_1^M B_2^M B_3^M B_4^M B_5^M B_7^M$Jin.; °पाहर D^M; °पातयत् Hem.Mall.Ar.(?)Nā. **28 d.** ताटका°] **V**$V^M B_1^M B_2^M B_3^M B_4^M B_5^M B_7^M$Jin.Ar.(?)Nā.; ताडका° D^MHem.Mall. **29 a.** सुबाहुरिति] $B^3 L_2 J V^M B_1^M B_2^M B_4^M B_5^M$**C**; स्वबाहुरिति $G_1 B_7^M$; सुबाहुरपि U; ---रिति P; स्वधावहुरिति D^M; सबाहुरिति B_3^M **29 d.** पत्त्रिणां] $G_1 U L_2 J B_1^M B_3^M B_4^M B_7^M$Hem.Mall.Ar.(?)Nā.(?); पत्त्रि ⏑ P; पक्षिणां $B^3 V^M B_2^M B_5^M$Jin.; पक्षणां D^M

---

28 a^2–a^5 T^M

27.2 लक्ष्यं व्यधात्। नान्यान् प्राकृतान्] B^3; शरव्यं लक्ष्यमकरोत्। नेतरान् Σ **27.2** नागेन्द्रप्रसरत्पौरुषो] B^3; महोरगविसर्पिविक्रमः नागेन्द्रप्रसरत्पौरुषः G_1PJ; महोरगविसर्पिविक्र ×मो राजिलेषु गरुडः प्रवर्तते २८×मा नागेन्द्रप्रसरत्पौरुषा U; महोरगविसर्पिविक्रमः नागेन्द्र ---रुषः L_2 **27.2** निर्विषेषु] $PU^{pc}L_2$; निर्विशेषु $G_1 U^{ac}$J; निर्विशेषेषु B^3 **27.2** तुण्डिभेषु] B^3; राजिलेषु ह्रस्वसर्पेषु $G_1 P L_2$J; राजिलेषु U **27.2** पराक्रमते] B^3; प्रवर्तते पराक्रमते G_1UJ; प्रवर्तते पराक्रमते अपि तु नेत्यर्थः P; प्रवर्तते ----मते अपि तु नेत्यर्थः L_2 **28.1** रामश्चापेन] B^3; स रामो धनुषि G_1UP; तस्तं(?) विश्वामित्रो स रामो धनुषि L_2; स श्रीरामो धनुषि J **28.1** पवनदैवतमस्त्रमयोजयन्महावेगम्] B^3; वायुदैवतमस्त्रं सन्दधे(सन्ददे G_1) अयोजयत्। उग्रजवं महावेगम् G_1UJ; वायुदैवतमस्त्रं वायव्यास्त्रं सन्दधे अ---उग्रजवं महावेगं P; वायुदैवतमस्त्रं वायव्यास्त्रं सन्दधे अयोजयत् उग्रजं ×म×महावेगम् L_2 **28.2** प्रवीणः] B^0; कोविदः प्रवीणः Σ **28.2** तेन चास्त्रेणाद्रिस्थूलमपि] B^3; येनास्त्रेण शैलगुरुं पर्वतस्थूलमपि $G_1 U L_2$J; ये---शैलगुरुपर्वतस्थूलमपि P **28.2** मारिचमैलिलत्] *conj.*; ताटकासुतं मारिचम् G_1; ताटकासुतं मारीचमपाहरत् UPL_2J; मारिचमपाहरन् B^{3ac}; मारिचमपाहर+दैलिल+न् B^{3pc} **28.3** शुष्कत्वाद्गौरं पर्णमिव] B^3; पाण्डु पत्त्रं शुष्कपत्त्रमिव G_1; शुष्कत्वाद्गौरपर्णं पाण्डु पर्णं शुष्कपर्णमिव P; पाण्डु पत्रं शुष्कपर्णमिव UL_2J

यो ऽन्यः सुबाहुर्नाम राक्षसस् तस्मिंस्तस्मिन्यज्ञदेशे प्रच्छन्नं बभ्राम, तमपि शरविशेषेण खण्डितं कृत्वा तस्मात्सिद्धाश्रमाद्बाह्यप्रदेशे काककङ्कादीनां भागीचकार। कृतकृत्यो लघुहस्तत्वात्॥ २९॥

इत्यपास्तमखविघ्नयोस्तयोः सांयुगीनमभिनन्द्य विक्रमम्।
ऋत्विजः कुलपतेर्यथाक्रमं वाग्यतस्य निरवर्तयन्क्रियाः॥ ३०॥

इत्थं नाशितक्रतूपद्रवयोः काकुत्स्थयोः साङ्ग्रामिकं शौर्यं संस्तूय वाचंयमस्य कौशिकस्य ऋत्विजो ब्रह्माद्या यथाक्रमं प्रस्तुतानि कर्माणि समापयन्। तत्र ब्रह्मा पश्यति, अध्वर्युः प्रचरति, होता मन्त्रान्पठति, उद्गाता सामानि

---

30 b. सांयुगीनमभिनन्द्य] $G_1PB^3L_2JV^MB_1^MB_2^MB_3^MB_4^MB_5^MB_7^M$**C**; संयुगीनमभिवन्द्य U; सांयुगीनमभिनन्दि° D^M

29.1 यो ऽन्यः सुबाहुर्नाम] B^3; यो ऽप्यपरः सु(स्व G_1L_2)बाहुर्नामापरो G_1L_2J; योप्यपरः सुबाहुर्नाम परः U; यः अपरः सुबाहुर्नाम P **29.1** तस्मिंस्तस्मिन्यज्ञदेशे] *conj.*; तत्र तत्र यज्ञदेशे G_1L_2J; तत्र तत्र यज्ञे देशे U; तत्र तत्र तस्मि---तस्मिन् देशे P; तस्मिंस्तस्मिन्यज्ञे देशे B^3 **29.1** प्रच्छन्नं] B^3; मायया प्रच्छन्नं Σ **29.1** बभ्राम] B^3; विससर्प बभ्रम G_1; विससर्प बभ्राम UPJ; विससर्प ---म L_2 **29.2** शरविशेषेण खण्डितं] *conj.*; शरखण्डितं G_1UL_2J; क्षुरप्रेण शरविशेषेण खण्डितं B^3 **29.2** तस्मात्सिद्धाश्रमाद्बाह्यप्रदेशे] *conj.*; तस्मात्सिद्धाश्रमाद्बहिर्बाह्यप्रदेशे G_1UJ; ---सिद्धाश्रमाद्बहिः बाह्यदेशे P; तस्मात्सिद्धाश्रमा---र्बाह्यप्रदेशे L_2; *om.* B^3 **29.2** काककङ्कादीनां] *conj.*; पक्षिणां काककङ्कादीनां G_1UPL_2J; पत्रिणां काकशुकादीनां B^3 **29.3** भागीचकार] B^3; व्यभजद्भागीचकार G_1; व्यभव्यभजद्भागीचकार क्षुरप्राः शरविशेषाः U; व्यभजद्भागीचकार ---शरविशेषाः P; व्यभजद्भागीचकार क्षुरप्राः शरविशेषाः(षा L_2) L_2J **29.3** कृतकृत्यो लघुहस्तत्वात्] B^3; *om.* G_1; कृती लघुहस्तत्वात् रक्षःसैन्यं तु वायव्यास्त्रेण निरास्थत इव इत्यार्षम् U; कृती लघुहस्तत्वात् रक्षस्सैन्यं तु वायव्यास्त्रेण निराकृत(निरास्थित P^{pc}) मि --- P; कृती लघुहस्तत्वात् रक्षःसैन्यं तु वायव्यास्त्रेण निरास्थि(स्थ J)त इत्यार्षम् L_2J **30.1** इत्थं नाशितक्रतूपद्रवयोः] G_1PL_2J; इत्थं नाशितमविपद्रवयोः U; इत्थं तयोः B^{3ac}; इति इत्थं तयोः रामलक्ष्मणयोः अपातमखविघ्नयोः अपास्तो निरस्तः मखस्य विघ्नोर्ययोः तयोः B^{3pc} **30.1** काकुत्स्थयोः] UP; काकुस्थयोः G_1L_2; *om.* B^3; ककुस्थयोः J **30.1** साङ्ग्रामिकं PL_2] सङ्ग्रामिकं G_1UJ; सांयुगीनं सङ्ग्रामे साधु B^3 **30.1** शौर्यं] G_1UPL_2J; विक्रमं शौर्यम् B^3 **30.1** संस्तूय] G_1UP; अभिनन्द्य संस्तूय B^3; संस्थूय L_2J **30.2** वाचंयमस्य कौशिकस्य ऋत्विजो ब्रह्माद्या] Σ; ऋत्विजो ब्राह्मणा वाग्यतस्य वाचंयमस्य मौनव्रतस्य +कुलपतेः+ विश्वामित्रस्य B^3 **30.2** यथाक्रमं] $G_1^{pc}UPL_2J$; यथाक्रमं वाग्यतस्य G_1^{ac}; *om.* B^3 **30.2** प्रस्तुतानि] G_1UPL_2; *om.* B^3; प्रस्थतानि J **30.2** समापयन्] Σ; समापयत् J **30.3** अध्वर्युः प्रचरति] $G_1^{pc}UPB^3$; अध्वर्युः प्रचति G_1^{ac}; अथर्युः प्रचरति L_2; अध्वर्यः प्रचरति J **30.3** सामानि] Σ; साम B^3

गायतीत्यादिको यथाक्रमार्थः॥ ३०॥

तौ प्रणामचलकाकपक्षकौ भ्रातराववभृथाप्लुतो मुनिः।
आशिषामनुपदं समस्पृशद्दर्भपाटिततलेन पाणिना॥ ३१॥

यज्ञान्ते स्नातो विश्वामित्रो राघवौ करेण प्रीतिवशाच्छिरसि पस्पर्श। आशिषां पश्चात्। नमनकम्प्रबालचूडे। कुशपरुषीकृतपृष्ठेन॥ ३१॥

तं न्यमन्त्रयत सम्भृतक्रतुर्मैथिलः स मिथिलां व्रजन्वशी।
राघवावपि निनाय बिभ्रतौ तद्धनुःश्रवणजं कुतूहलम्॥ ३२॥

विश्वामित्रं मिथिलेषु भव ईश्वरो जनक आजुहाव। यियक्षुः। स च कौशिकः संयतेन्द्रियो मिथिलां गच्छन् रामलक्ष्मणावप्यनैषीत्। यतस्तत्कार्मुकाकर्णनसमुत्थं कौतुकं दधतौ। ताभ्यां हि जनकस्य दिव्यं धनुर्दुरानममस्तीति

---

31 b. ॰वभृथाप्लुतो] UPL$_2$JV^{M}B$_1^M$B$_2^M$B$_3^M$B$_4^M$B$_5^M$B$_7^M$Hem.Mall.Ar.Nā.; ॰वभृथप्लुतो G$_1$B^3 D^{M}Jin. **32 a.** सम्भृत॰] Σ; संसृत॰ (?) Jin.

---

32 L$_2$ marked a lacuna here, but it's commentary on 32, up to and including तत्कार्मुकाक॰, was later supplied in the lower margin, after which it continues on the next folio.

30.4 गायतीत्यादिको] PB^{3}L$_2$; गायतीत्यादिवो G$_1$; गायति इत्यादयो U; गायतीत्यागतीत्यादि(दा J^{ac})वो J **30.4** यथाक्रमार्थः] G$_1$B^{3}L$_2$J; यथाक्रमार्थाः U; यथाक्रमः P **31.1** यज्ञान्ते] B^3; अवभृथो यज्ञान्तः तत्र Σ **31.1** विश्वामित्रो] G$_1$UB^{3}J; मुनिर्विश्वामित्रः PL$_2$ **31.2** राघवौ करेण प्रीतिवशाच्छिरसि पस्पर्श। आशिषां पश्चात्। नमनकम्प्रबालचूडे। कुशपरुषीकृतपृष्ठेन] *conj.*; भ्रातरौ पाणिना करेण प्रीतिवशाच्छिरसि समस्पृशत् पस्पर्श आशिषामनुपदं पश्चाद्दौ कीदृशौ प्रणामचलकाकपक्षकौ नमनकम्प्रं बालचूडे कीदृशेन पाणिना दर्भपाटिततलेन कुशपुरुषीकृतपृष्टेन B^3 The other MSS follow a different order: प्रणामेन चलत्काकपक्षका (प्रणामेण चलाः काकपक्षकाः बालचूडाः P; प्रणामेन चलाः काकपक्षका L$_2$) ययोस्तौ (ययोस्तौ तौ G$_1$L$_2$J) राघवौ कुश(ष J)परु(द्रु G$_1$)षीकृतपृष्ठेन(ष्टेन J) पाणिना प्रीतिवशाच्छिरसि पस्पर्श। कदा। आशिषामनुपदं पश्चात्(पदे पदे L$_2$) G$_1$UPL$_2$J **32.1** विश्वामित्रं] B^3; ततस्तं विश्वामित्रं Σ **32.1** मिथिलेषु भव ईश्वरो] B^3; मैथिलोऽपि मिथिलायां भवः राजा G$_1$UJ; मैथिलो मिथिलायां भवः राजा P; मैथिलो मिथिलायां भवः --- L$_2$ **32.1** जनक आजुहाव] B^3; जनकः न्यमन्त्रयत आजु(ज्व G$_1$)हाव Σ **32.1** यियक्षुः] B^3; सम्भृत आरब्धः क्रतुर्यज्ञो येन G$_1$UPJ; सम्भृत आरब्धः क्रतुर्यज्ञो--- L$_2$ **32.2** गच्छन्] B^3; व्रजन् Σ **32.2** रामलक्ष्मणावप्यनैषीत्] B^3; राघवावपि निनाय अनैषीत् G$_1$UL$_2$J; राघवावपि निनाय P **32.3** यतस्तत्कार्मुकाकर्णनसमुत्थं] *conj.* (cf. Jin.); तत्कन्यकाकर्णसमुत्थ G$_1$J; ततस्तद्धनुःश्रवणजं तत्कन्यकाकर्णनसमुत्थं U; ततस्तद्धनुश्श्रवणजं तत्कार्मुकाकर्णनजं P; यतस्तत्कार्मुकवर्णनसमुत्थं B^{3pc}; यतस्तत्कन्य(?)क⌄र्णनसमुत्थं B^{3ac}; यतस्तद्धनुश्रवणजं तत्कार्मुकाकर्णनसमुत्थं L$_2$ **32.3** कौतुकं] Σ; कौतूहलं कौतुकं U **32.3** दधतौ] B^3; दधानौ Σ

श्रुतम्॥ ३२॥

तैः शिवेषु वसतिर्गताध्वभिः सायमाश्रमतरुष्वगृह्यत।
येषु दीर्घतपसः परिग्रहो वासवक्षणकलत्रतां ययौ॥ ३३॥

विश्वामित्ररामलक्ष्मणैस्तेष्वाश्रमवृक्षेषु स्थानमाददे, श्रेयोयुक्तेषु, उल्लङ्घितमार्गैर्दिनान्ते, येषु गौतमस्य भार्या शक्रस्य क्षणमात्रभार्याभावमगात्। अहल्यया यत्र शक्रसम्बन्धस्तेषु गौतमाश्रमवृक्षेष्वित्यर्थः॥ ३३॥

प्रत्यपद्यत चिराय यत्पुनश्
चारु गौतमवधूः शिला सती।
स्वं वपुः स किल किल्बिषच्छिदां
रामपादरजसामनुग्रहः॥ ३४॥

अहल्या भर्तृशापेन दृषद्भूतातिमनोहरमात्मीयं «शरीरं» बहुकालेन पुनर्यदवा-

---

34 a. चिराय] **V**$D^M V^M B_1^M B_3^M B_4^M B_5^M B_7^M$Mall.; चिरस्य Hem.Ar.(?)Nā.Jin. **34 b.** शिला सती] **V**$D^M B_1^M B_3^M B_5^M B_7^M$Hem.Ar.Nā.; शिलामयी $V^M B_4^M$Mall.Jin.

32.4 ताभ्यां हि जनकस्य दिव्यं धनुर्दुरानममस्तीति श्रुतम्] *conj.*; जनकस्य पुराणं दिव्यधनुरास्तीति ताभ्यां श्रुतमासीत् G_1UJ; जनकस्य पुराणं दिव्यं धनुर्दुरानमस्तीति ताभ्यां श्रुतमासीत् P; ताभ्यां हि जनकस्य दिव्यं धनुर्दुराक्रममस्तीति श्रुतम् B^3; जनकस्य पुराणं दिव्यं धनुरस्तीति ताभ्यां श्रुतमासीत् L_2 **33.1** विश्वामित्ररामलक्ष्मणैस्] *conj.*; तैस्त्रिभिर्विश्वामित्ररामलक्ष्मणैः G_1UPL_2; तैः विश्वामित्रलक्ष्मणैस् B^3; तैस्त्रिभिर्विश्वामित्रश्रीरामलक्ष्मणैः J **33.2** तेष्वाश्रमवृक्षेषु स्थानमाददे, श्रेयोयुक्तेषु, उल्लङ्घितमार्गैर्दिनान्ते] *conj.*; तेष्वाश्रमवृक्षेषु स्थानमाददे श्रेयोयुक्तेषु उल्लङ्घितो ध्वा यैर्दिनान्ते B^3; गताध्वभिरुल्ल(भिर्विल UJ)ङ्घितमार्गैः सायं दिनान्ते(दिनान्तेषु U) आश्रमतरुषु वसतिः स्थानमगृह्यत G_1UJ; गताध्वभिर्विलंघितमार्गैः सायं दिनान्ते तेष्वाश्रमवृक्षेषु वसतिः स्थानमगृह्यताददे केषु तरुष्वित्याह P; गताध्वभिरुलङ्घितमार्गैस्सायं दिनान्ते आश्रमतरुध्व वसतिः स्थानमगृह्यत। केषु तरुष्वित्याह L_2 **33.2** येषु गौतमस्य भार्या] B^3; दीर्घतपसो गौतमस्य परिग्रहः कलत्रमहल्या G_1UL_2J; दीर्घतपसो गौतमस्य परिग्रहः कलत्रं भार्या अहल्या P **33.2** शक्रस्य क्षणमात्रभार्याभावमगात्] *conj.*; वासवस्येन्द्रस्य क्षणं कलत्रतां भार्यात्वमगमत् G_1UPL_2J; शक्रस्य क्षणमात्रं भार्याभावमगात् B^3 **33.3** अहल्यया यत्र शक्रसम्बन्धस्तेषु गौतमाश्रमवृक्षेष्वित्यर्थः] B^3; शक्रेणाहल्यायाः सङ्गमो ऽभूत्। येषु गौतमाश्रमतरुषु G_1UL_2J; अहल्यायाः शक्रेण यत्र सङ्गमो ऽभूत् तेषु गौतमाश्रमवृक्षेषु इत्यर्थः P **34.1** अहल्या भर्तृशापेन दृषद्भूतातिमनोहरमात्मीयं शरीरं] *conj.*; शिला सती दृषद्भूता अहल्या भर्तृशापेन अतिमनोहरं स्व(सु G_1)मात्मीयं वपुः G_1UJ; शिला सती अहल्या भर्तृशापेन(ण L_2) दृषद्भूता अतिमनोहरं स्वमात्मीयं वपुः PL_2; गौतमवधूः अहल्या भर्तृशापात् शिला सती यत्स्वं वपुः चारु अतिमनोहरं B^3

प, स किल सकलकल्मषक्षयकारिणां रामचरणरेणूनां प्रसादः। शिला भवेति शस्त्वा गौतमेन रामदर्शनावधिश्च ते शाप इत्युक्तम्। अतो रामदर्शनात्तया शापमोक्षो ऽवापि। शिलाग्रहणं निश्चलत्वोपलक्षणम्। सा हि निजाश्रमादचलन्ती वायुरूपेणादृश्यासीदित्यागमः॥ ३४॥

राघवान्वितमुपस्थितं मुनिं तं निशम्य जनको जनेश्वरः।
अर्थकामसहितं सपर्यया देहबद्धमिव धर्मभ्यगात्॥ ३५॥

विश्वामित्रं रामलक्ष्मणानुगतमागतमाकर्ण्य जनको नरपतिः पूजया प्रत्युद्ययौ। अभिगमनपूर्वं हि पूज्यपूजाकरणम्। सशरीरं धर्ममर्थकामाभ्यां सहितमिव॥ ३५॥

तौ विदेहपुटभेदनौकसां गां गताविव दिवः पुनर्वसू।

---

35 b. निशम्य] $G_1B^3L_2JD^MV^MB_1^MB_2^MB_3^MB_4^MB_5^MB_7^M$𝕮; विलोक्य UP **35 d.** देहबद्धमिव] $\mathbf{V}D^MV^MB_1^MB_3^MB_4^MB_5^MB_7^M$Hem.Mall.Jin.; देहबन्धमिव Ar.Nā. **36 a.** विदेहपुटभेदनौकसां] $G_1PB^3JD^MV^MB_1^MB_2^MB_4^MB_5^MB_7^M$Ar.Nā.; विदेहपटभेदनौकसां U; ---हपटभेदनौकसां L_2; विदेहपुटुभेदनौकसां B_3^M; विदेहनगरीनिवासिनां Hem.Mall.Jin.

---

35 c^1–c^5 T^M

34.2 बहुकालेन पुनर्यदवाप] *conj.*; पुनर्यत्प्रत्यपद्यत प्राप बहुकालेन G_1PL_2J; प्रत्यपद्यत पुनर्यत् प्राप बहुकालेन U; चिराय बहुकालेन पुनः प्रत्यपद्यत अवाप B^3 **34.2** सकलकल्मषक्षयकारिणां] G_1PL_2J; कल्मषक्षयकारिणां U; कल्मषक्षयकारणानां B^3 **34.2** रामचरणरेणूनां प्रसादः] *conj.*; रामचरणरेणूनामनुग्रहः प्रसादः G_1UPL_2; रामपादरजसां प्रसादः B^3; रामपादरजसांश्रीरामचन्द्रचरणरेणूनामनुग्रहः प्रसादः J **34.2** शिला भवेति…इत्युक्तम्] *om.* B^3 **34.3** रामदर्शनावधिश्च] G_1UP; रामदर्शनावधिश्चे L_2; श्रीरामदर्शनावधिश्च J **34.3** अतो रामदर्शनात्] G_1UPL_2; रामसन्दर्शनाद्धि B^3; अतः श्रीरामदर्शनात् J **34.4** निश्चलत्वो°] PL_2; निश्चलद्यो° G_1; निश्चलत्यो° UJ; निश्चलतो° B^3 **34.4** निजाश्रमादचलन्ती] *conj.* (cf. Ar.); निजाश्रमाच्चलन्ती G_1UPL_2J; निजाश्रमाचरन्ती B^3 **34.5** °दृश्यासीदित्यागमः] G_1UPL_2; °द्यश्यासीदित्यागमः J; °दृश्यादीदित्यागमः शिला सतीति शिला भवेति गौतमेन शस्त्वा रामदर्शनावधिश्च ते शाप इत्युक्तम् B^3 **35.1** विश्वामित्रं] *conj.*; तं विश्वामित्रं G_1UPL_2J; तं मुनिं B^3 **35.1** राम°] $G_1UPB^3L_2$; श्रीराम° J **35.1** °नुगतमागतमाकर्ण्य] G_1P; °नुगतमाकर्ण्य UJ; °नुगतमुपस्थित आगतं निशम्य आकर्ण्य B^3; गतं आगतमाकर्ण्य L_2 **35.1** नरपतिः पूजया प्रत्युद्ययौ] *conj.*; नृपः सपर्यया पूजया प्रत्युद्ययौ G_1UPL_2J; नरपतिरभ्यगात् प्रत्युद्ययौ सपर्यया पूजया B^3 **35.2** अभिगमन°] G_1UL_2; अभ्युगमन° P; अभिरामकरण° B^3; अभिगम° J **35.3** सशरीरं धर्ममर्थकामाभ्यां सहितमिव] G_1PJ; सशरीरं धर्ममर्थकामाभ्यामिव सहितं U; देहबद्धमिव सशरीरमिव B^3; ---रीरं धर्ममर्थकामाभ्यां सहितमिव L_2

मन्यते स्म पिवतां विलोचनैः पक्ष्मपातमपि वञ्चनां मनः॥ ३६॥

विदेहाख्यं पत्तनं वसतिर्येषां तेषां जनानां सम्बन्धि ≪चित्तं≫ निमेषमपि ≪छलना≫ममन्यत, रामलक्ष्मणौ नेत्रैः पश्यतां, तद्दर्शनविघ्नादिति प्रियत्वोक्तिः। स्वर्गाद्भूमिं प्राप्तौ पुनर्वसू इव। पुनर्वस्वोर्द्वितारकत्वाद् द्विवचननिर्देशः सन्निधानात्तिष्यो ऽपि वा तच्छब्देनोक्तः॥ ३६॥

यूपवत्यवसिते क्रियाविधौ कालवित्कुशिकवंशवर्धनः।
राममिष्वसनदर्शनोत्सुकं मैथिलाय कथयां बभूव सः॥ ३७॥

ततो विश्वामित्रो जनकाय यज्ञपशुबन्धनकाष्ठयुक्ते यज्ञकर्मणि समाप्ते सत्यवसरज्ञो ऽवसरं प्राप्य रामं रौद्रधनुर्वीक्षणोत्कण्ठमाचष्ट। इषवो ऽस्यन्ते ऽनेनेति

---

36 d. ॰पातमपि] $G_1UPB^3JD^MV^MB_2^MB_3^MB_4^MB_5^MB_7^M$𝕮; ॰पातमिव $L_2B_1^M$ **37 b.** कुशिक॰] $PB^3T^ML_2D^MV^MB_1^MB_2^MB_4^MB_5^M$𝕮; कुशक॰ $G_1UJB_3^MB_7^M$ • ॰वर्धनः] Σ; ॰सम्भवः B_2^M

---

36 d^6–d^{11} T^M **37** a^1 T^M

36.2 विदेहाख्यं पत्तनं वसतिर्येषां तेषां जनानां सम्बन्धि चित्तं निमेषमपि छलनाममन्यत] *conj.*; विदेहाख्यं पुटभेदनं पत्तनमोको वसतिर्येषां तेषां जनानां सम्बन्धिनः पक्ष्मपातमपि निमेषमपि वञ्चनां मन्यते स्म अमन्तत B^3; विदेहस्य जनकस्य पु(प U)टभेदनं नगरमोको वसतिर्येषां ते(तेषां U) तत्रत्यानां लो(लौ J)कानां G_1UPJ; विदेहजनकस्य पुटभेदनं नगरमोको वसतिर्येषां तं त्रत्रत्यानां L_2 **36.2** रामलक्ष्मणौ] P; तौ रामलक्ष्मणौ $G_1UB^3L_2$; तौ श्रीरामलक्ष्मणौ J **36.2** नेत्रैः] *conj.*; विलोचनैर्नेत्रै G_1; विलोचनैर्नेत्रैः UPL_2J; विलोचनैः B^3 **36.2** पश्यतां] *conj.*; पिवतां पश्यतां(ता G_1) सम्बन्धि मनः पक्ष्मपातं निमेषमपि वञ्चनाममन्यत G_1PL_2J; पिवतां पश्यतां सम्बन्धि मनः पक्ष्मपातमपि वञ्चनाममन्यत U; पिवतां पश्यतां B^3 **36.2** तद्दर्शनविघ्नादिति] G_1PB^3J; दर्शने तयोर्विघ्नादिति U; तद्दर्शविघ्नादिति L_2 **36.2** प्रियत्वोक्तिः] G_1UPL_2; प्रयत्वोक्तिः J; प्रियत्वोक्तिः पक्ष्माण्यक्षिरोमाणि B^3 **36.3** स्वर्गाद्भूमिं] Σ; दिवः स्वर्गात् गां भूमिं B^3 **36.3** पुनर्वसू इव] UPB^3; पुनर्वसूरिव G_1J; पुनर्वसू तव L_2 **36.3** द्विवचननिर्देशः] PB^3; द्वित्वोक्तिः G_1UL_2J **36.4** तिष्यो ऽपि वा] Σ; वा तिष्योपि U **36.4** ॰नोक्तः] G_1; ॰नोक्तः पक्ष्माण्यक्षिरोमाणि(नि U) विदेहाख्यं पुरमिति केचित् UJ; ॰नोक्तः विदेहाख्यं पुरमिति केचित् पक्ष्माण्यक्षिरोमाणि P; ॰नोक्तेः B^3; ॰नोक्तः पक्ष्माणि अक्षिरोमाणि L_2 **37.1** ततो विश्वामित्रो] *conj.*; ततः स विश्वामित्रो Σ **37.1** जनकाय] *conj.*; मैथिलाय जनकाय Σ **37.1** यज्ञपशुबन्धन॰…ऽवसरं प्राप्य] *om.* B^3 **37.1** यज्ञपशुबन्धनकाष्ठयुक्ते] *conj.*; यूपान्ते G_1L_2J; यूपन्ते U^{pc}; यून्तेप U^{ac}; यूपवति यज्ञपशुबन्धनकाष्ठयुक्ते P **37.1** समाप्ते] G_1PL_2J; संप्राप्ते U **37.2** सत्यवसरज्ञो ऽवसरं प्राप्य] P; सत्यवसरमासाद्य G_1UL_2J **37.2** रामं] Σ; श्रीरामं J **37.2** रौद्रधनुर्वीक्षणोत्कण्ठमाचष्ट] *conj.*; धनुरीक्षणोत्सुकमकथयत् G_1UL_2J; रौद्रधनुरीक्षणोत्सुकमकथयत् P; इष्वसनदर्शनोत्सुकं रौद्रधनुर्वीक्षणोत्कण्ठं कथयां बभूव आचष्ट यूपयुक्ते यज्ञकर्मणि अवसिते समाप्ते सति कालविदवसरमासाद्य B^3 **37.2** ॰नेनेति] Σ; ॰नेन U

इष्वसनं चापम्॥ ३७॥

> तस्य वीक्ष्य ललितं शिशोर्वपुः
> पार्थिवः प्रथितवंशजन्मनः।
> स्वं विचिन्त्य च धनुर्दुरानमं
> पीडितो दुहितृशुल्कसंस्थया॥ ३८॥

सूर्यवंशत्वात् प्रख्यातान्वयजस्य रामस्य रम्यं देहमालोक्य निजं चापं च दुरारोपं विचार्य सीतापणव्यवस्थया राजाद्रूयत। यदि हि चापाकर्षणकारिण

---

38 a. शिशोर्वपुः] $G_1UL_2JB_1^MB_3^MB_4^MB_7^M$; वपुः शिशोः $PB^3T^MV^MB_2^MB_5^M$Hem.Mall.Ar. Nā. (Jin. uncertain); वपुः शिशो D^M **38 c.** धनुर्दुरानमं] $UPL_2JV^MB_1^MB_2^MB_3^MB_4^MB_5^M$ B_7^MHem.Mall.Ar.(?)Nā.; धनुर्दुरानसं G_1; दुरानमं धनुः B^3; धनुर्धरानमं D^M; धनुर्दुरासनं Jin. (?)

---

38 a^9–b^6 T^M **38** Presumably B^3 was following a different source from B^1, whose testimony resumes on f. 66r with the words रम्यदेहमालोक्य। B^3's source has therefore not been completely copied: its commentary opens on the bottom of B^3's f. 65v with just a few words (पार्थिवो जनकस्तस्य शिशोः रामस्य वपुर्ललितं र-) and then breaks off; but in the repaired top margin of B^1's f. 66r B^3 has added the following: द्रूपत यदि हि चापाकर्षणकारिण एवेयं मया देयेति पणबन्धो मम नाभविष्यत्तदैनामस्मा एव दास्यामीति न त्वयं शिशुत्वाद्वीक्षितुं धनुः शक्तः प्रथितवंशजन्मत्वात्पीडा। We have adopted B^3's text for the conclusion of the commentary.

37.3 चापम्] B^3; चापं यूपः पशुबन्धनकाष्ठम् G_1PL_2J; चापं पशुबन्धकाष्ठम् U **38.1** सूर्यवंशत्वात्] G_1UPL_2; *om.* B^3; सूर्यवंशात् J **38.1** प्रख्यातान्वयजस्य] $G_1L_2^{pc}J$; प्रथितान्वयजस्य U; प्रख्यातान्वयस्य P; प्र×व्य×ख्याता×ता×न्वयजस्य L_2; *om.* B^3 **38.1** रामस्य] G_1UPL_2; पार्थिवो जनकस्तस्य शिशोः रामस्य वपुर्ललितं र B^3 (end of folio); श्रीरामचन्द्रस्य J **38.1** रम्यं देहमालोक्य] G_1UPJ, रम्यदेहमालोक्य $B^{1ac}L_2$; रम्यदेहं वी+क्ष्य+लोक्य B^{3pc} **38.2** चापं च दुरारोपं] G_1; चापं दुरारोपं U; च चापं दुरारोहं PB^1L_2; चापं च दुरानमं दुरारोपं J **38.2** विचार्य] $G_1UPB^{1ac}L_2J$; वि+चिन्त्य+ चार्य B^{3pc} **38.2** सीतापणव्यवस्थया] *conj.*; दुहितुः सीतायाः शुल्कं पणस्तस्य संस्था व्यवस्था तया Σ **38.2** राजाद्रूयत] *conj.* (cf. Jin.); राजा पीडितः आपीड्य(डि G_1^{ac})त G_1U; कर्त्र्या राजा पीडितः अपीड्यत PB^1L_2; ---द्रूपत B^3; राजा जनकः पीडितः अपीड्यत J

एवेयं मया देयेति पणबन्धो मम नाभविष्यत्तदैनामस्मा एव दास्यामीति। न त्वयं शिशुत्वाद्वीक्षितुं धनुः शक्तः। प्रथितवंशजन्मत्वात् पीडा॥ ३८॥

अब्रवीच्च भगवन्मतङ्गजैर्यन्महद्भिरपि कर्म दुष्करम्।
तत्र नाहमनुमन्तुमुत्सहे मोघवृत्ति कलभस्य चेष्टितम्॥ ३९॥

अनुशय्य चासौ मुनिमुवाच हे ऋषे करीन्द्रैरपि यत्कर्म दुःशकं तत्र गजपोतकस्य व्यापारं नाहमूरीकर्तुमुत्सहे यतो निरर्थकम्। किं हि वराको ऽसावत्र कुर्यात्। कलभस्य यथा मत्तेभसाध्यं कर्म दुष्करं तद्वदिदमस्येति वाक्यार्थः॥ ३८॥

एतदेव दृष्टान्तं प्रकृते योजयितुमाह—

ह्रेपिता हि बहवो नरेश्वरास्

---

39 b. °न्महद्भिरपि] $\mathbf{V}D^M V^M B_1^M B_2^M B_3^M B_5^M B_7^M$Jin.; द्×हद्भिरप B_4^M; °द्भूहद्भिरपि Hem.Mall.Ar.Nā. **39 d.** चेष्टितम्] $\mathbf{V}D^M V^M B_1^M B_2^M B_3^M B_4^M B_5^M B_7^M$Hem.Mall.Jin.; साहसम् Ar.Nā.

---

39 b^7–d^5 T^M

38.3 यदि हि चापाकर्षणकारिण एवेयं मया देयेति पणबन्धो मम नाभविष्यत्तदैनामस्मा एव दास्यामीति] B^3; the other MSS have a different formulation of Janaka's reasoning: दुहितुः (---श् L_2) शुल्कसंस्थानं (शुल्कस्थानं G_1J) तेनैव (तेन व L_2) कृतम् यथा अस्मै दातुं (दत्तं J^{pc}, दत्तां J^{ac}, ---L_2) नाघटत (न घटत G_1B^{1ac}J, न घटते PL_2)। यदि हि (यदि PB^1L_2) वीर्यशुल्केयं मया न कृताभविष्यत् (°भविष्यत P, °भविष्यतत् B^{1ac}, °भविष्यत्तत् B^{1pc}, ---ष्यत L_2) तदैनामस्मै (तदैतामस्मै P, तदेव रामायास्मै L_2) अदास्यमिति (अदास्यं L_2); eyeskip has shortened this in U to the following: दुहितुः शुल्केयं मया न कृताभविष्यत् तदैनामस्मै अदास्यमिति। **38.4** न त्वयं] B^3; अयं तु $G_1UB^1L_2$J; अथ तु P **38.4** शिशुत्वाद्वीक्षितुं धनुः शक्तः] B^3; शिशुत्वाद्धनुर्वीक्षितुमपि नाशक्तः G_1B^1; शुल्कत्वाद्धनुर्वीतुमपि नाशक्तः U; शिशुत्वाद्धनुर्वीक्षितुमपि न शक्तः PJ; शि---त्वाद्धन्ववीक्षितमपि नाशक्तः L_2 **38.4** प्रथितवंशजन्मत्वात् पीडा] B^3; ख्यातान्वयोत्पत्तेः सूर्यवंशत्वात् (त्वा G_1) शुल्कः पणबन्धो त्र G_1J; ख्यातान्वयोत्पत्तेः सूर्यवंशत्वात् शुल्कः पणो यत्र अकथयत् U; शुल्कः पणबन्धो ऽत्र PB^1; शुल्कपैणबन्धोत्र L_2 **39.1** मुनिमुवाच] Σ; मुनिमब्रवीदुवाच B^{3pc} **39.1** ऋषे] *conj.*; भगवन्नृषे Σ **39.1** करीन्द्रैरपि] *conj.*; मतङ्गजैः करीन्द्रैरपि G_1UPB^1J; मतुङ्गैः करीन्द्रैरपि L_2 **39.1** दुःशकं] PL_2; दुष्करं दुश्शकं G_1; दुष्करं दुःशक्यं UJ; दुश्शक्यं B^1; +दुष्करं कर्त्तुं+ दुश्शक्यं B^{3pc} **39.1** तत्र] B^{3pc}; तस्मिन्कर्मणि Σ **39.2** गजपोतकस्य] *conj.*; कलभस्य गजपोतकस्य $G_1PB^1L_2$J; कलभस्य हस्तिपोतकस्य U **39.2** व्यापारं] *conj.*; चेष्टितं व्यापारं Σ **39.2** नाहमूरीकर्तुम्] Σ; नाह+मनुमन्तु+मूरीकर्तुम् B^{3pc} **39.2** निरर्थकम्] *conj.*; मोघवृत्ति निरर्थकम् Σ **39.2** °सावत्र] Σ; °साव G_1 **39.3** °साध्यं] *conj.*; °साख्यं Σ **39.4** एतदेव दृष्टान्तं] G_1J; एतदेव U; एतमेव दृष्टान्ते B^1; एतमेव दृष्टान्तं L_2 **39.4** प्रकृते योजयितुमाह] G_1PB^1J; प्रकृतेन योजयितुं दृष्टान्तमाह U; प्रकृते ---यितुमाह L_2

तेन तात धनुषा धनुर्भृतः।
ज्याविघातकठिनत्वचो भुजान्
ये ऽवधूय धिगिति प्रतस्थिरे॥ ४०॥

हे मुने तेन ≪चापेनानेके≫ राजानो लज्जिता धनुर्धरा ये ≪बाहुदण्डान्≫ धिगिति निर्भर्त्स्य यथागतं ययुः। अतश्च किमयं बालो ऽत्र कुर्यादिति भावः। ≪मौर्वीनिष्पेषकर्कशच्छवीन्≫ तान्॥ ४०॥

प्रत्युवाच तमृषिर्निशम्यतां सारतो ऽयमथवा कृतं गिरा।
चाप एव भवतो भविष्यति व्यक्तशक्तिरशनिर्गिराविव॥ ४१॥

तदसहमानो ऽथ मुनिर्जनकं प्रतीपमवदत्। असौ रामः सङ्क्षेपाद्बलाद्वा त्वया विचार्यताम्—अथवा वचने न कश्चिदर्थः। यतो ऽयं भवतो धनुष्येव

---

40 c. °विघात°] $G_1UB^1L_2JD^MV^MB_1^MB_2^MB_3^MB_4^MB_5^MB_7^M$; °विमर्द° P; °निघात° ℭ **40 d.** ये ऽवधूय] **V**$B_1^MB_2^MB_3^MB_5^MB_7^M$; स्वान्विधूय T^MHem.Mall.Jin.; ये वधूर्य D^M; ये विधूय V^M; ये विय B_4^{Mac} (uncertain); ये वि⌣य B_4^{Mpc}; व्यावधूय Ar.(?)Nā. **41 b.** सारतो] **V**$D^MV^MB_1^MB_2^MB_3^MB_4^MB_5^MB_7^M$Mall.Ar.Nā.; वीर्यतो Hem.Jin. **41 d.** °निर्गिराविव] **V**$D^MV^MB_1^MB_2^MB_3^MB_4^MB_5^MB_7^M$Hem.Mall.Jin.; °निस्तराविव Hem.^{vl} Ar.(?)Nā.

---

40 c^8–d^{11} T^M **41** a^1–a^{10}, d^9–d^{11} T^M

40.1 मुने] *conj.*; तात मुने Σ **40.1** चापेनानेके] *conj.*; धनुषा बहवो Σ **40.1** लज्जिता] *conj.*; ह्रेपिता लज्जिताः $G_1UB^1L_2$; ह्रीपिता लज्जिताः PJ **40.1** धनुर्धरा ये] Σ; धनुर्धरार्ये G_1 **40.1** बाहुदण्डान्] (cf. Jin.); भुजान् Σ **40.2** धिगिति निर्भर्त्स्य] *conj.*; धिगित्यवधूय निर्भर्त्स्य $G_1PB^1L_2J$; धिगित्येवावधूय निर्भर्त्स्य U **40.2** यथागतं ययुः] *conj.*; प्रतस्थिरे यथागतं ययुः G_1UPB^1J; प्रतस्थिरे यथागत्य ययुः L_2 **40.2** किमयं] Σ; किं B^1 **40.3** मौर्वीनिष्पेषकर्कशच्छवीन्] *conj.*; ज्याविघातेन मौर्वीनिष्पेषेण भुजान् कीदृशान् कर्कशाश्छविर्येषां P; ज्याविघातेन मौर्वीनिष्पेषेण भुजान् कीदृशान् कठिना त्वग्येषां G_1UB^1J; ज्याविघातेन मौर्वीनिष्पेषेण भुजान् कीदृशान् कठिनत्वय्येषां L_2 **41.1** मुनिर्जनकं] *conj.*; मुनिस्तं जनकं $G_1UPB^{1ac}L_2$; मुनिस्तं जनकं +नृपं+ B^{3pc}; मुनिर्विश्वामित्रः तं जनकं J **41.1** प्रतीपमवदत्] *conj.*; प्रत्युवाच प्रतीपमवदत् $G_1UPB^{3pc}L_2J$; ⊔च प्रतीपमवदत् B^{1ac} **41.1** रामः] Σ; श्रीरामः J **41.1** सङ्क्षेपाद्] *conj.*; सारतः सङ्क्षेपाद् Σ **41.1** बलाद्वा] $G_1UPB^1L_2^{pc}$, बालाद्वा L_2^{ac}J **41.2** विचार्यताम्] *conj.*; निशम्यतां विचार्यतां G_1UPB^1J; निश्यम्यतां विचार्यतां L_2 **41.2** वचने न] *conj.*; कृतगिरा वचनेन G_1; कृतं गिरा वचनेन UPB^1J; कृतं गिरा वचनेन न L_2 **41.2** कश्चिदर्थः] Σ; कश्चित् B^1 **41.2** यतो ऽयं] $G_1B^1L_2J$; यतो U; अतो यं P

दृश्यसामाथ्र्यो भविष्यति। वज्रं पर्वत इव। अत्र च तेन निजयज्ञवृत्तान्तः कथयितुमिष्टो ऽभूत्, भूयःकथनाशङ्कया चोपसंहृतः॥ ४१॥

इत्थमाप्तवचनात्स पौरुषं काकपक्षकधरे ऽपि राघवे।
श्रद्दधे त्रिदशगोपमात्रके दाहशक्तिमिव कृष्णवर्त्मनि॥ ४२॥

सत्यवादिनो मुनेर्विदिततत्त्वस्य विश्वामित्रस्यैवंविधाद्विद्वद्वाक्याज्जनकश्चूडाधारिण्यपि रामे ≪विक्रमं≫ समभावयत्। वह्नाविन्द्रगोपकसूक्ष्मे प्लोषसामर्थ्यमिव। इन्द्रगोपो वर्षासमयजः कीटः, मणिमालिकाभिधानः, तन्मात्रे। अवितथवादीति विदिततत्त्व आप्तः॥ ४२॥

आदिदेश गणशो ऽथ पार्श्वगान्कार्मुकाभिहरणाय मैथिलः।
तैजसस्य धनुषः प्रवृत्तये तोयदानिव सहस्रलोचनः॥ ४३॥

ततः शतसङ्ख्याननुचरान् धनुरानयनाय मिथिलानाथो न्ययोजयत्। तेजोम-

---

42 a. इत्थम्] $\mathbf{V}T^{M}D^{M}B_1^{M}B_2^{M}B_3^{M}B_4^{M}B_5^{M}B_7^{M}$Hem.Jin.; एवम् Mall.Ar.Nā. **42 b.** °पक्षकधरे ऽपि] $\mathbf{V}T^{M}D^{M}V^{M}B_1^{M}B_2^{M}B_3^{M}B_4^{Mpc}B_5^{M}B_7^{M}$Mall.Jin.; °पक्षधरे ऽपि B_4^{Mac}; °पक्षधर एव Hem.Ar.Nā. **43 a.** आदिदेश] $G_1UB^1L_2JD^{M}V^{M}B_1^{M}B_2^{M}B_3^{M}B_4^{M}B_5^{M}B_7^{M}$Hem.Jin.; व्यादिदेश PMall.Ar.Nā.

---

42 a^1–b^8, b^{10}–c^1 T^M **43** a^{11}–c^2, c^4–c^5, c^8–c^{10}, d^1–d^3 T^M

41.3 दृश्यसामाथ्र्यो] *conj.*; व्यक्तशक्तिर्दृश्यसामाथ्र्यो UPB^1L_2J; व्यक्तशक्तिर्दृदृश्यसामथ्र्यो G_1 **41.3 वज्रं**] *conj.*; अशनिर्वज्रं G_1UPB^1J; ---निर्वज्रं L_2 **41.3 पर्वत इव**] Σ; +गिरौ+ पर्वते इव B^{3pc} **41.3 अत्र च तेन**] $G_1B^1L_2J$; अत्र तेन U; अत्र चेतन P **41.4 कथयितुमिष्टो**] UPB^1J; कथयित्वमिष्टो G_1; ---थयितुमिष्टो L_2 **41.4 °हृतः**] G_1PB^1J; °हृता U; --- L_2 **42.1 सत्यवादिनो**] *conj.*; आप्तस्य सत्यवादिनो Σ **42.1 मुनेर्विदिततत्त्वस्य विश्वामित्रस्यैवंविधाद्विद्वद्वाक्याज्**] *conj.*; मुनेर्विदिततत्त्वस्य विश्वामित्रस्यैवंविधाद्वचनाद्विद्वद्वाक्यात् P; मुनेरेवंवचनाद्विद्वद्वाक्यात् $G_1UB^{1ac}L_2J$; मुनेरेवं+विधात्+ वचनाद्विद्वद्वाक्यात् B^{3pc} **42.2 जनक°**] *conj.*; स जनक° Σ **42.2 रामे**] $G_1PB^1L_2$; राघवे U; श्रीरामे J **42.2 विक्रमं**] *conj.*; पौरुषं Σ **42.2 समभावयत्**] *conj.*; श्रद्दधे समभावयत् Σ **42.3 इन्द्रगोपो**] Σ; इन्द्रगोपको J **42.4 विदिततत्त्व आप्तः**] UPB^1; विदितन्त्व आप्तः G_1J; विदितत्वा आप्तः L_2 **43.1 ततः शतसङ्ख्यान्**] *conj.*; ततो गणेशः शतसङ्ख्यान् G_1J; ततो गणशः शतसङ्ख्यान् UB^1L_2; ततो ऽनन्तरं गणशः शतसङ्ख्यान् P **43.1 अनुचरान्**] *conj.*; पार्श्वगाननुचरान् Σ **43.1 धनुरानयनाय**] *conj.*; कार्मुकाभिहरणाय धनुरानयनाय G_1UPB^1J; कार्मुकाभिहरणाय धनुरायनाय L_2

यस्य शक्रचापस्योद्भावार्थं शक्रो जीमूतानिव। गणान्गणान् गणशः। बहुगणे ऽसङ्ख्यत्वे सङ्ख्यैकवचनाच्चेति शस्॥ ४३॥

तत्प्रसुप्तभुजगेन्द्रभीषणं प्रेक्ष्य दाशरथिराददे धनुः।
विद्रुतक्रतुमृगानुसारिणं येन बाणमसृजद्वृषध्वजः॥ ४४॥

तत्कार्मुकमालोक्य रामो जग्राह। शयितनागनाथवद्भयङ्करं, येन धनुषा रुद्रो भयपलायितयज्ञहरिणानुयायिनं सायकमक्षिपत्। दक्षयज्ञं हि विध्वंसभयान्मृगरूपेण पलायमानं तेन धनुषा हरो विव्याधेत्यागमः। क्रतुश्चासौ मृगः क्रतुमृगः॥ ४४॥

आततज्यमकरोत्स संसदा विस्मयस्तिमितनेत्रमीक्षितः।
शैलसारमपि नातियत्नतः पुष्पचापमिव पेलवं स्मरः॥ ४५॥

---

44 b. प्रेक्ष्य] Σ; वीक्ष्य Mall. • °ददे] $\mathrm{JD}^M\mathrm{B}_3^M\mathrm{B}_4^M\mathrm{B}_5^{Mac}$𝕮; °दधे $\mathrm{G}_1\mathrm{PB}^1\mathrm{L}_2\mathrm{V}^M\mathrm{B}_1^M\mathrm{B}_2^M\mathrm{B}_5^{Mpc}\mathrm{B}_7^M$ **45 d.** पेलवं] $\mathrm{G}_1\mathrm{PB}^1\mathrm{L}_2\mathrm{JD}^M\mathrm{V}^M\mathrm{B}_1^M\mathrm{B}_2^M\mathrm{B}_3^M\mathrm{B}_7^M$Hem.Ar.(?)Nā.Jin.; पेशलं B_4^MMall.; पेल्लवं B_5^M

---

44 c^6–d^{11} T^M **45** a^1–a^6, d^{10}–d^{11} T^M

43.2 The testimony of U breaks off here and resumes, on the facing page, with the fourth word of the commentary on 11:45.

43.3 सङ्ख्यैकवचनाच्च वीप्सायाम् *Aṣṭādhyāyī* 5.4.43.

43.2 तेजोमयस्य] $\mathrm{PB}^1\mathrm{L}_2$; तेजमयस्य $\mathrm{G}_1\mathrm{J}$; तैजसस्याप---U **43.2** शक्रचापस्योद्भावार्थं] *conj.*; धनुषः शक्रचापस्य प्रवृत्तये उद्भा (उद्भ $\mathrm{B}^1\mathrm{J}$) वार्थं $\mathrm{G}_1\mathrm{PB}^1\mathrm{L}_2\mathrm{J}$ **43.2** शक्रो जीमूतानिव] PL_2; शक्तो जलदानिव G_1; शक्रो न्ययोजयत् जीमूतानिव B^1; शक्रो जलदानिव J **43.2** गणान्गणान्] $\mathrm{G}_1\mathrm{J}$; गण एव P; गणा एव $\mathrm{B}^1\mathrm{L}_2$ **43.2** गणशः] $\mathrm{G}_1\mathrm{PB}^1\mathrm{L}_2^{pc}$; ग+ण+शः L_2; गणेशः J **43.2** बहुगणे] $\mathrm{G}_1^{pc}\mathrm{PB}^1$; बहुगणै G_1^{ac}; बह्वगणे L_2 **43.3** °वचनाच्चेति शस्] $\mathrm{PB}^{1ac}\mathrm{J}$; °वचनश्चेति शश् G_1, °वचनाच्च वीप्सायामिति शस् अभिहरणमानयनम् B^{3pc}; °वचनाच्चेति शम् L_2 **44.1** तत्कार्मुकम्] $\mathrm{G}_1\mathrm{PB}^1\mathrm{L}_2$; तत् शैवं कार्मुकम् J **44.1** रामो] $\mathrm{G}_1\mathrm{PB}^1\mathrm{L}_2$; श्रीरागो J **44.1** जग्राह] *conj.*, जग्राह। यीदृशं $\mathrm{G}_1\mathrm{PB}^1\mathrm{L}_2\mathrm{J}$ **44.1** रुद्रो] $\mathrm{G}_1\mathrm{PB}^1\mathrm{L}_2$; रुद्र° J **44.2** °हरिणानुयायिनं] $\mathrm{G}_1\mathrm{PB}^1\mathrm{L}_2$; °हारिणानुयायिनं J **44.2** सायकमक्षिपत्] $\mathrm{PB}^1\mathrm{L}_2$; शरमक्षिपत् G_1; शरमक्षपत् J **44.2** दक्षयज्ञं] $\mathrm{G}_1\mathrm{PB}^{1ac}\mathrm{L}_2\mathrm{J}$; दक्षयज्ञे B^{1pc} **44.3** पलायमानं] $\mathrm{G}_1\mathrm{PB}^{1ac}\mathrm{L}_2\mathrm{J}$; पलायमाने B^{1pc}

न केवलमाददे यावदद्रिदृढमप्यवहेलयैवारोपितगुणं व्यधात्। काम इव कोमलं कौसुमं चापम्। अत एवाश्चर्यात्सभयानिमेषदर्शनं ≪दृष्टः≫॥ ४५॥

भज्यमानमतिमात्रकर्षणात्तत्स्वनेन गगनस्पृशा धनुः।
भार्गवाय दृढमन्यवे पुनः क्षत्त्रमुद्यतमिव न्यवेदयत्॥ ४६॥

तद्रौद्रं धनुर्नितान्तकर्षणात् स्फुट्यमानं गगनव्यापिना नादेन दृढक्रोधाय परशु-
रामाय भूयो ऽपि क्षत्रियजातं प्रवृत्तं प्रादुर्भूतमिवाकथयत्। भूयो ऽपि क्षत्रियाः
प्राप्तबला जाता इत्यकथयदिव। ते हि तस्य पितृवधवैरिणः॥ ४६॥ 3

दृष्टसारमथ रुद्रकार्मुके
वीर्यशुल्कमभिनन्द्य मैथिलः।
राघवाय तनयामयोनिजां

---

46 b. तत्स्वनेन गगनस्पृशा] **V**$T^{M}V^{M}B^{M}_{1}B^{M}_{2}B^{M}_{3}B^{M}_{4}B^{M}_{5}B^{M}_{7}$Jin.^{vl}; तेन वज्रपरुषस्वनं Hem. Mall.Ar.(?)Nā.Jin. **46 d.** क्षत्त्रमुद्यतमिव] **V**$V^{M}B^{M}_{1}B^{M}_{2}B^{M}_{3}B^{M}_{4}B^{M}_{7}$Hem.Mall.Jin.; क्षमुद्य-तमिति D^{M}; क्षात्त्रमुद्यतमिव B^{M}_{5}; क्षत्त्रमुत्थितमिति Ar.Nā.^{vl}; क्षत्त्रमुत्थितमिव Nā. **47 .**] मैथिलः सपदि सत्यसङ्गरो राघवाय तनयामयोनिजाम्। सन्निधौ द्युतिमतस्तपोनिधेरग्नि-साक्षिकमिवातिसृष्टवान् Jin.. Mall.Ar.Nā. add the verse known to Jin. after that known to Vallabha, whereas Hem. inserts it before that known to Vallabha, transmitting the second *pāda* in this form: राघवाय तनयां स भूमिजाम् **47 a.** रुद्र°] Σ; शर्व° B^{M}_{4} **47 b.** मैथिलः] $G_{1}UPB^{1}L_{2}JD^{M}V^{M}B^{M}_{1}B^{M}_{2}B^{M}_{3}B^{M}_{4}B^{M}_{5}B^{M}_{7}$Mall.Ar.(?)Nā.; तां सतीम् Hem. **47 c.** राघवाय तनयामयोनिजां] **V**$D^{M}V^{M}B^{M}_{1}B^{M}_{2}B^{M}_{3}B^{M}_{4}B^{M}_{5}B^{M}_{7}$Mall.Ar.(?)Nā.; राघवाय त--- T^{M}; ऊर्जितां स्वतनयां स पार्थिवीं Hem.

---

46 a^{1}–b^{9} T^{M} **47** c^{1}–c^{5} T^{M}

45.1 °ददे] $G_{1}B^{1}J$; °दधे P; --- L_{2} **45.1** यावदद्रिदृढमप्य°] P; यावददृढमप्य° $G_{1}U^{ac}J$; यावदादृढमप्य° U^{pc}; यावद्धि दृढमप्य° B^{1}; यावदद्रिदृढम° L_{2} **45.1** °गुणं] $G_{1}UJ$; °गुणमपि $PB^{1}L_{2}$ **45.2** कौसुमं] $G_{1}PB^{1}J$; कुसुमं U; कौसमं L_{2} **45.2** अत ए-वाश्चर्यात्सभयानिमेषदर्शनं दृष्टः] *conj.*; *om.* G_{1}; अत एव विस्मयात्सभयनिमेषदर्शनम् U; अत एव विस्मयात्सभयानिमेषदर्शनम् पुष्पैश्चापं पुष्पचापम् $PB^{1}L_{2}$; अत एव विस्मयात्सभ-यनिमेषदर्शनम् पुष्पैः कृतं चापं पुष्पचापम्J **46.1** स्फुट्यमानं] *conj.*; भज्यमानं स्फुट्यमानं Σ **46.2** परशुरामाय] *conj.*; भार्गवाय परशुरामाय Σ **46.2** क्षत्रियजातं प्रवृत्तं] *conj.*; क्षत्त्रं क्षत्रियजातिमुद्यतं प्रवृत्तं $G_{1}UB^{1}J$; क्षत्त्रं क्षत्त्रियजातं उद्यतं प्रवृत्तं P; क्षत्रे क्षत्रियजाति-मुद्यतं प्रवृत्तं L_{2} **46.2** °आकथयत्] *conj.*; न्यवेदयत् अकथयत् Σ **46.3** प्राप्तबला जाता] UPL_{2}; प्राप्तबला जात $G_{1}J$; प्राप्ततला जात B^{1} **46.3** ते हि] Σ; तर्हि B^{1}

स्वां ददौ श्रियमिवामरद्युतिः॥ ४७॥

अनन्तरं जनको धनुराकर्षणसामर्थ्यमेव पणो यस्य तं रामं शाम्भवे धनुषि वीक्षितोत्कर्षं प्रशंस्य सीतां रामाय विततार। मूर्तां लक्ष्मीमिव। सुरवच्छोभमान इति प्रकर्षकथनम्॥ ४७॥

प्राहिणोच्च महितं महाद्युतिः कोसलाधिपतये पुरोधसम्।
भृत्यभावि दुहितृप्रतिग्रहादिष्यतां कुलमिदं निमेरिति॥ ४८॥

सुतां रामाय परिकल्प्य जनको दशरथसकाशं प्रधानं पुरोहितं व्यसर्जयत्। इदं निमिराजकुलं सीताङ्गीकरणेन भविष्यद्भृत्यत्वेन सम्मन्यतामित्येतदर्थम्। जायापिता हि जामातुः प्रैष्य एव। भृत्यं भविष्यतीति भृत्यभावि। भृत्यस्य भावो भृत्यभावः, भृत्यत्वं, स विद्यते यस्येति वा॥ ४८॥

---

47 d. स्वां ददौ श्रियमिवामरद्युतिः] V$D^{M}B_2^{M}B_3^{M}B_4^{M}B_5^{M}B_7^{M}$; स्वां दधौ श्रियमिवामरद्युतिः $V^{M}B_1^{M}$; रूपिणीं श्रियमिव न्यवेदयत् Hem.; पार्थिवः श्रियमिव न्यवेदयत् Mall.Ar.(?) Nā. **48 a.** महितं महाद्युतिः] P$D^{M}V^{M}B_1^{M}B_2^{M}B_3^{M}B_7^{M}$Mall.Ar.(?)Nā.; सहितं महाद्युतिः $G_1UB^1JB_4^{M}$; × हितं महाद्युतिः B_5^{M} ; महितं महीपतिः Hem.; महितं महारथः Jin. **48 b.** पुरोधसम्] $G_1UB^1L_2D^{M}V^{M}B_1^{M}B_2^{M}B_3^{M}B_4^{M}B_5^{M}B_7^{M}$𝕮; पुरोहितम् P; परोधसम् J **48 c.** दुहितृप्रति°] $G_1UPB^1JB_1^{M}B_2^{M}B_3^{M}B_5^{M}B_7^{M}$; दुहितुः परि° $L_2B_4^{M}$Ar.(?)Nā.; ---परि° T^{M}; दुतृं प्रति° D^{M}(unmetrical); दुहितुः प्रति° V^{M}Hem.Mall.Jin. **48 d.** °दिष्यतां] $G_1UPB^1L_2JD^{M}V^{M}B_1^{M}B_2^{M}B_3^{M}B_4^{M}B_5^{Mpc}B_7^{M}$Ar.Nā.Jin.; °दि×⏑̱× तां B_5^{Mac}; ---तां T^{M}; °द्वीक्ष्यतां Hem.; °द्दिश्यतां Mall.

---

48 c^8–c^{10}, d^3–d^4 T^{M} **48** भृत्यत्वं स विद्यते] भृ---द्यते L_2

47.1 अनन्तरं] *conj.*; अथानन्तरं $G_1UB^1L_2$; अथ चापभंगादनंतरं J **47.1** धनुराकर्षण°] Σ; धनु ⏑̱रकर्षण° U **47.1** पणो] UPB^1J; पाणौ G_1 ; पाणो L_2 **47.1** रामं] Σ; श्रीरामं J **47.2** प्रशंस्य] UPB^1L_2 ; प्रशस्य G_1J **47.2** रामाय] Σ; श्रीरामाय J **47.2** सुरवच्छोभमान] *conj.*; अमरद्युतिस्मरवच्छोभमान G_1 ; अमरद्युतिस्सुरवच्छोभमान UB^1L_2 ; अमरद्युतिः सुरवच्छोभः मान P; अमरद्युतिः स्मरवच्छोभमान J **47.3** °कथनम्] Σ; °कथनम् +वीर्यं धनुराकर्षणमेव शुल्को यस्य तम् + B^{3pc} **48.1** सुतां रामाय] G_1UPB^1 ; सुता रामाय L_2 ; सुतां श्रीरामाय J **48.1** प्रधानं] *conj.*; सहितं प्रधानं G_1 ; महितं प्रधानं UPB^1L_2J **48.1** पुरोहितं] Σ; पुरोहितं +शतानाख्यं+ B^{3pc} **48.1** व्यसर्जयत्] *conj.*; व्यसर्जयत्। किमर्थम् Σ **48.2** °करणेन] UPB^1L_2 ; °करणो न G_1J **48.2** भविष्य°] *conj.*; भृत्यभावि भविष्य° $G_1PB^1L_2J$ **48.2** भविष्यद्भृत्यत्वेन …भविष्यतीति] *om.* U(eyeskip) **48.2** सम्मन्य°] G_1J; सम्मान्य° PB^1 ; सम्मा--- L_2 **48.3** जायापिता हि] G_1PB^1J; जाया हि पिता L_2 **48.3** प्रैष्य] G_1B^1J; प्रेष्य P; प्रष्य L_2 **48.4** वा] Σ; वा +निमिर्नाम जनकादीनामधिराजः+ B^{3pc}

अन्वियेष सदृशीं स च स्नुषां प्राप चैनमनुकूलवाग्द्विजः।
सद्य एव सुकृतां विपच्यते कल्पवृक्षफलधर्म काङ्क्षितम्॥ ४९॥

दशरथो यावत्कुलादिभिरनुरूपां स्नुषामैक्षत तावदेव जनकपुरोधाः शतानन्दनामा दशरथमाययौ। तेनैव कर्मणा प्रियवादी। नाश्चर्यमेतत्, यस्माच्छोभनं कृतवतां पुण्यवतामभिलषितं चिन्तासमनन्तरमेव फलति फलाभिमुखं भवति। अत एव कल्पतरुफलस्येव धर्मो यस्य तत् कल्पवृक्षफलधर्म। तद्धि जायमानमेव पच्यते। धर्मीति पाठे षष्ठीतत्पुरुषं कृत्वा मत्वर्थीयः कार्यः॥ ४९॥

तस्य कल्पितपुरस्क्रियाविधेः शुश्रुवान्वचनमग्र्यजन्मनः।

49 abcd.] P gives first a variant of this verse, followed by the commentary below (P^1), then this verse, again followed by the commentary below (P^2). The variant reads: उत्सुकश्च सुतदारकर्मणा सो भवन्मुनिरुपस्थितश्च तम्। गौतमस्य तनयो नुकूलवाक्प्रार्थितं सुकृतिनामकालहृत्॥ **49 c.** विपच्यते] $G_1B^1L_2JV^MB^M_1B^M_2B^M_3B^M_4B^M_5B^M_7$; विमुच्यते U; विपद्यते P; विपश्यते D^M; हि पच्यते 𝕮 **49 d.** °फलधर्म] Ar.Nā.; °फलधर्मि **V**$D^MV^MB^M_1B^M_2B^M_3B^M_4B^M_5B^M_7$Hem.Mall.$Ar.^{vl}$; °समधर्म Jin. **50 b.** °ग्र्य°] **V**$D^MV^MB^M_1B^M_2B^M_3B^M_4B^M_5B^M_7$; °ग्र° 𝕮

50 a^1 T^M

49.4 The commentary of $P^2B^1L_2$ stops after यस्य तत्; what follows in B has been added by B^3 in the lower margin; what follows in P is in P^1 only.

49.1 दशरथो] *conj.*; स दशरथो Σ **49.1** स्नुषामैक्षत] *conj.*; स्नुषामन्वियेष ऐक्षत Σ **49.2** °पुरोधाः शतानन्दनामा] PB^{3pc}; °पुरोधाच्छतानन्द नाम G_1; °पुरोधाः शतानंदनाम UJ; °परोधाश्शतानन्दनामा L_2; °पुरोश्शतानन्दनाम B^{1ac} **49.2** नाश्चर्यमेतत्] Σ; नाच्चर्यमेतत् J **49.3** शोभनं कृतवतां पुण्यवताम्] *conj.*; सुकृतां पुण्यवतां G_1UB^1J; सुकृतां शोभनं कृतवतां पुण्यकृतां P^1; सुकृतिनां पुण्यकृतां P^2; सुकृतं पुण्यवतां L_2 **49.3** अभिलषितं] *conj.*; काङ्क्षितमभिलषितं $G_1PB^1L_2J$; काङ्क्षितमभिमतं U **49.3** चिन्तासमनन्तरमेव] G_1UJ; सद्यश्चिन्तानन्तरमेव P; मनसश्चेतर+न+न्तरमेव B^1; ---चिन्तानन्तरमेव L_2 **49.3** फलति] G_1UJ; विपच्यते फलति PB^1L_2 **49.3** °मुखं] PB^1L_2; °मुखमिव G_1UJ **49.4** कल्पतरु°] Σ; कल्पवृक्ष° L_2 **49.4** धर्मो] G_1UP^1J; धर्मो गुणो विद्यते $P^2B^1L_2$ **49.4** °धर्म] G_1J; °धर्मः P; °धर्मि UB^3 **49.5** °मानमेव पच्यते] G_1UP; °मानं पश्यते। धर्मादनिच्छे लादित्यनिस्समासान्तः केवलमचति धर्मविशेषणम्। न तु पूर्वपदस्स्य केवलो धर्मशब्दस्तदन्ताद्बहुव्रीहेरित्यर्थः B^3; °मानमेव पश्यते J **49.5** धर्मीति पाठे] G^{pc}_1PJ; धर्मेति पाठे G^{ac}_1; धर्मी तु पाठे U; धर्मीति B^3 **49.5** °तत्पुरुषं] G_1UPB^3; °तत्पुरुं J **49.5** मत्वर्थीयः] G_1PB^3; मदर्थीयः J **49.5** कार्यः] G_1UPJ; कार्यः। उत्सुकश्च सुतदारकर्मणा सोभवत्प्रभुरुपस्थितश्च तम्। गौतमस्य तनयो नुकूलवाक्प्रार्थितं सुकृतिनाम कालहृदिति पाठः B^3

उच्चचाल बलभित्सखो वशी सैन्यरेणुमुषितार्कदीधितिः॥ ५०॥

ततः शक्रवयस्यो दशरथस्तस्य द्विजस्य वाक्यमङ्गीकृतवान् गमनायोदचलत्। कृतः पूजाविधिर्यस्य। शक्रवयस्यत्वं तदर्थनया दानववधात्। बलधूलिपिहितरविकिरणः। इति सैन्यबाहुल्यकथनम्। वशी जितेन्द्रिय इद्धशासनो वा॥ ५०॥

आससाद मिथिलां स वेष्टयन्पीडितोपवनपादपां बलैः।
प्रीतिरोधमसहिष्ट सा पुरी स्त्रीव कान्तपरिभोगमायतम्॥ ५१॥

दशरथो जनकराजधानीं प्राप, सैन्यैर्वलयन्, बाधिता उद्यानवृक्षा यस्याः। अथ चैवंविधस्य स्नेहवेष्टनं सा नगरी विषेहे, कामिनीव नखदशनक्षतप्रहरणादिकं प्रियनिधुवनोपभोगं विस्तीर्णं दीर्घं सहते॥ ५१॥

---

50 c. उच्चचाल बलभित्सखो वशी] $G_1L_2JV^MB_1^MB_3^MB_4^MB_7^M$Hem.Mall.Ar.(?)Nā.; उच्चचार बलभित्सुखो वशी U; उच्चचाल बलभृत्सखो वशी P; उच्चचाल बलिभित्सखो वशी D^M; उच्चचा×⏑̲ ⏑̲×र बलभित्सखो वशी B_5^M; उच्चचार बलभित्सखो वशी B_2^M; उच्चचार बलभित्सखो बली Jin. **50 d.** °मुषिता°] $PB^1L_2D^MV^MB_2^M$Hem.Mall.Ar.(?)Nā.Jin.; °मुषता° B_4^M; °पिहिता° $G_1UJB_1^MB_3^MB_5^MB_7^M$ **51 b.** °पादपां] $\mathbf{V}D^MV^MB_1^MB_2^MB_4^MB_5^MB_7^M$Mall.; °पदापां B_3^M; °पादपैर् Hem.Ar.(?)Nā.Jin.

50.1 ततः] UPB^1L_2; अतः G_1J **50.1** शक्रवयस्यो] $G_1UB^1L_2$; बलभित्सखा शक्रमित्रो J **50.1** तस्य द्विजस्य] G_1UPB^1; तद्विजस्य L_2; तस्याग्रजन्मनः शतानंदस्य द्विजस्य J **50.1** वाक्यमङ्गीकृतवान्] G_1U; वचनं शुश्रुवान् श्रुत्वा अङ्गीकृत्य $PB^{1ac}L_2$; वचनं शुश्रुवान् श्रुत्वा अङ्गीकृत+वान् कल्पितः कृतः पुरस्क्रियाविधिः पूजाविधिर्यस्याङ्गीकृत्य उच्चचाल+ B^{3pc}; वाक्यमंगीकृतवान् सन् J **50.1** गमनायोदचलत्] Σ; गमनायोदचलत् +---मुषितार्कदीधितिः। सैन्यरेणुना बलधूलिना मुषि---पिहिताः अर्कदीधितयो रविकिरणा येन सः+ B^{3pc} **50.2** कृतः पूजाविधिर्यस्य] G_1UP; *om.* B^1L_2; कृतः पूजा यस्य विधिर्यस्य J **50.2** शक्रवयस्यत्वं तदर्थनया दानववधात्] PB^1L_2; *om.* G_1UJ **50.3** बलधूलिपिहितरविकिरणः। इति] *conj.*; बलरजसा पिहिता रविकिरणा येनेति G_1UPJ; बलधूलि+ि+पहितरविकिरणः इति B^1; बलधूलिपिडितरविकरणः इति L_2 **50.3** °बाहुल्य°] B^1L_2; °सामग्य्र° G_1PJ; *om.* U **50.3** इद्धशासनो वा] PB^1L_2; इत्रशासनो वा G_1; इन्द्रशासनश्च U; इन्द्रशासनो वा J **51.1** दशरथो] G_1UJ; स राजा PB^1L_2 **51.1** जनकराजधानीं] *conj.*; मिथिलां पुरीं G_1UJ; जनकराजधानीं मिथिलां PB^1L_2 **51.1** बाधिता] G_1J; पीडिता बाधिता P B^1L_2 **51.1** उद्यानवृक्षा यस्याः] PB^1L_2; उद्यानेषु वृक्षा यैः G_1J; उद्यानेषु वृक्षा यस्याः U **51.2** अथ चैवंविधस्य स्नेहवेष्टनं सा नगरी विषेहे] *conj.*; सा नगरी स्नेहगर्भवेष्टनं चक्षमे G_1UJ; अथ चैवंविधस्य प्रीतिरोधं स्नेहवेष्टनं सा नगरी विषेहे PB^1L_2 **51.3** कामिनीव नखदशनक्षतप्रहरणादिकं प्रियनिधुवनोपभोगं विस्तीर्णं दीर्घं सहते] P; नारी यथा भर्तुरुपभो गहननदन्तनखक्षतादिकं दीर्घं सहते G_1J; नारी यथा भर्तुरुपभोगहननदन्तनखक्षतादिकं दीर्घं सहते U; कामिनीव नखदशनक्षतप्रहरणादिकं प्रियनिधुवनोपभोगं विस्तीर्णम् $B^{1ac}L_2$; कामिनीव नखदशनक्षतप्रहरणादिकं प्रियनिधुवनोपभोगं विस्तीर्णम् +प्रीतिरोधः स्नेहगर्भवेष्टनम्+ B^{3pc}

तौ समेत्य समयस्थितावुभौ भूपती वरुणवासवोपमौ।
कन्यकातनयकौतुकक्रियां स्वप्रभावसदृशीं वितेनतुः॥ ५२॥

तौ द्वौ नृपौ प्रचेतःशक्रसमौ जनकदशरथौ वधूवरकङ्कणप्रतिसरादिमङ्गलसंस्कारमकुर्वतां, निजमहिमानुरूपं सङ्गत्य ‘मया कन्या देया; त्वया ग्राह्ये’ति लोकाचारमत्यजन्तौ॥ ५२॥

पार्थिवीमुदवहत्तदग्रजो मध्यमस्तदनुजामथोर्मिलाम्।
यौ यमावधिगतौ सुमित्रया तौ कुशध्वजसुते सुमध्यमे॥ ५३॥

रामः पृथिवीजातां सीतामुपयेमे, तदनन्तरं भरतस्तस्याः कनीयसीमूर्मिलाम्। सुमित्रया यौ युगपज्जातौ लक्ष्मणशत्रुघ्नौ प्राप्तौ सवितौ तौ कुशध्वजाख्यस्य

---

52 a. समय°] $\mathbf{V}D^{M}V^{M}B_1^{M}B_2^{M}B_3^{M}B_4^{M}B_5^{M}B_7^{M}$Mall.Ar.Nā.; समये Hem.Jin. **53 a.** पार्थिवीमुदवहत्तदग्रजो] $G_1JB_7^{M}D^{M}$; पार्थिवीमुदवहद्रघूद्वहो $UPB^1L_2V^{M}B_1^{M}B_2^{M}B_3^{Mpc}B_4^{M}B_5^{M}$ Hem.Mall.Ar.(?)Nā.; पार्थिवीमुदवह×⏑̄× द्र×⏑̄ ⏑̄×ो B_3^{Mac}; मैथिलीमुदवहद्रघूद्वहो Jin. **53 b.** मध्यमस्तदनुजामथोर्मिलाम्] $\mathbf{V}D^{M}V^{M}B_1^{M}B_2^{M}B_3^{M}B_4^{M}B_5^{M}B_7^{M}$; लक्ष्मणस्तदनुजामथोर्मिलाम् Hem.Mall.Ar.Nā.; लक्ष्मणो ललितवाचमूर्मिलाम् Jin. **53 c.** यौ यमावधिगतौ सुमित्रया] $G_1UPB^1JD^{M}V^{M}B_1^{M}B_2^{M}B_3^{M}B_4^{M}B_5^{M}B_7^{M}$; यौ यमावधिगतौ स्वमित्रया L_2; ---गतौ स्वमित्रया T^{M}; यौ तयोरवरजौ वरौजसौ Hem.Mall.Jin.; यौ तयोरवरजावराजसौ Ar.Nā.

---

53 c^5–d^3 T^{M}

52.1 तौ द्वौ नृपौ प्रचेतःशक्रसमौ जनकदशरथौ] G_1UJ; ततस्तौ पार्थिवौ PB^1L_2 **52.2** वधूवरकङ्कणप्रतिसरादिमङ्गलसंस्कारमकुर्वतां निजमहिमानुरूपं सङ्गत्य] *conj.*; वधूवरणकङ्कणप्रतिसरा(प्रसरा G_1)दिमङ्गलसंस्कारमकुर्वतां निजमानुषरूपं सङ्गत्य G_1U; समेत्य सङ्गत्य निजमहिमानुरूपां वधूवरसंस्कारं गोदानकङ्कणबन्धनादिक्रियामकुर्वताम् PB^{1ac}; समेत्य सङ्गत्य निजमहिमानुरूपां वधुवर+मङ्गल+संस्कारं गोदानकङ्कणबन्धनादिक्रियामकुर्वताम् B^{3pc}; समे ---निजमहिमानुरूपं वधू×⏑̄× +वर+संस्कारगोदानकङ्कण---क्रियामकुरुताम् L_2; वधूवरकङ्कणप्रतिसरादिमङ्गलसंस्कारमकुर्वतां निजमानुषरूपं सङ्गत्य] J **52.2** मया कन्या] G_1UJ; समये स्थितौ मया कन्यका PB^1L_2 **52.2** देया। त्वया ग्राह्येति] G_1UB^1; देया मया ग्रायेति P; ---ह्येति L_2; देया त्वया ग्राहेति J **52.3** °त्यजन्तौ] G_1UJ; °त्यजन्तौ वरुणोपमो जनकः वासवोपमो दशरथः PB^1L_2 **53.1** रामः] G_1U; तत्र रामः PB^1L_2; श्रीरामः J **53.1** पृथिवीजातां] G_1UJ; पार्थिवीं पृथिवीजातां P; पार्थिवीं B^1L_2 **53.1** सीताम्] Σ; सेतां G_1 **53.1** तदनन्तरं] J; अनन्तरं G_1U; *om.* PB^1L_2 **53.1** भरतस्तस्याः कनीयसीमूर्मिलाम्] G_1UJ; तस्याः अनुजां कनीयसीं योनिजां ऊर्मिलां नाम भरतः P; तस्यास्सीताया अनुजां कनीयसीं योनिजामूर्मिलां नाम भरतः B^1L_2 **53.2** सुमित्रया] U; सुमित्राया G_1P; *om.* B^1L_2; तथा सुमित्राया J

जनकभ्रातुः कन्ये माण्डवीश्रुतकीर्ती उदवहताम्। ऊर्मिला लक्ष्मणेनोढूढेत्यार्षे वर्णितम्। यदुक्तम्

लक्ष्मणागच्छ भद्रं ते ऊर्मिलायाः परन्तप।
गृहाण पाणिना पाणिं मा भूत्कालस्य पर्ययः॥ ५३॥

ता नराधिपसुता नृपात्मजैस्ते च ताभिरगमन्कृतार्थताम्।
सो ऽभवद्वरवधूसमागमः प्रत्ययप्रकृतियोगसन्निभः॥ ५४॥

ता राजपुत्र्यस्तै राजपुत्रैस्ते च राजपुत्रास्ताभी राजपुत्रीभिः कृतकृत्यतामीयुः। स सुतकन्यकासङ्गमः प्रत्ययस्य स्यादेस्त्यादेश्च प्रकृतेर्वृक्षादेर्भ्वादेश्च सम्बन्धस्य सम आसीत्। यथा प्रत्ययप्रकृतीनां सम्बन्ध एकार्थसम्पादनरूपस्तद्वदयमपीत्यर्थः॥ ५४॥

---

54 .] 𝕮 place this verse after 55. **54 a.** नृपात्मजैस्] $G_1UB^1L_2JD^MV^MB_1^MB_2^MB_3^MB_4^MB_5^MB_7^M$𝕮; नराधिपैस् P **54 b.** ते च] Σ; ते पि $V^MB_2^M$

---

54 d^9–b^{11} T^M

53.6 लक्ष्मणागच्छ ··· पर्ययः *Rāmāyaṇa* 1.72:18, which, in the critical edition, reads: लक्ष्मणागच्छ भद्रं ते ऊर्मिलामुद्यतां मया। प्रतीच्छ पाणिं गृह्णीष्व मा भूत्कालस्य पर्ययः॥

53.3 यौ युगपज्जातौ लक्ष्मणशत्रुघ्नौ प्राप्तौ सवितौ तौ कुशध्वजाख्यस्य जनकभ्रातुः] G_1 J; यौ युगपज्जातौ लक्ष्मणशत्रुघ्नौ प्राप्तौ सेवितौ तौ कुशध्वजाख्यस्य जनकभ्रातुः U; यौ युगपज्जातौ लक्ष्मणशत्रुघ्नावधिगतौ प्राप्तौ सेवितौ तौ कुशध्वजस्य जनकभ्रातुः P; कुशध्वजस्य जनक(को B^{1ac})भ्राता B^1; कुशध्वजस्य जनकभ्रातुः L_2 **53.3** कन्ये] UPJ; कन्या G_1; दुहितरौ B^1L_2 **53.3** माण्डवीश्रुतकीर्ती] G_1^{pc}UPJ; माण्डवीश्रुतकीर्ति G_1^{ac}; *om.* B^{1ac}; माण्डवीश्रुतकीर्त्यौ B^{3pc}; लक्ष्मणशत्रुघ्नौ L_2 **53.3** ऊर्मिला लक्ष्मणेनोढूढेत्यार्षे] G_1UPJ; आर्षे तु ऊर्मिला लक्ष्मणेनोढा इति B^1L_2 **53.4** वर्णितम्] UPB^1L_2; वलितम् G_1J **53.6** कालस्य पर्ययः] G_1U; कालविपर्यय इति पृथिव्या जाता पार्थिवी PB^1L_2; कालस्य पर्यय इति J **54.1** राजपुत्रैस्ते च] Σ; *om.* J **54.1** कृतकृत्यतामीयुः] G_1UJ; कृतार्थतां कृतकृत्यतामीयुः P; कृतार्थतां कृतकृत्यतामगमन् ईयुः B^1L_2 **54.2** सुतकन्यकासङ्गमः] G_1J; सुतकन्यकासमागमः U; वरवधूसमागमः सुतकन्यकासङ्गमः $PB^{1ac}L_2$; वरवधूसमागमः सुतकन्यकासङ्गमः +प्रत्ययप्रकृतियोगसन्निभः अभवत्+ B^{3pc} **54.2** स्यादेस्त्यादेश्च] Σ; स्यादस्त्यादेश्च J **54.2** प्रकृतेर्वृक्षादेर्भ्वादेश्च] G_1UP; प्रकृतेश्च वृक्षादेः त्वादेश्च B^1; प्रकृतेर्वृक्षादेश्च त्वादेश्च L_2; प्रकृते वृक्षादेर्भ्वादेश्च J **54.3** सम्बन्धस्य सम आसीत्] G_1UJ; योगस्य सम्बन्धस्य PB^1L_2 **54.3** यथा प्रत्ययप्रकृतीनां सम्बन्ध] G_1J; यथा प्रत्ययाः प्रकृतीनां सम्बन्ध U; *om.* PB^1L_2 **54.4** एकार्थसम्पादनरूपस्तद्वदयमपीत्यर्थः] G_1UPJ; एकार्थसम्पाद+ना+नुरूपस्य सन्निभस्सदृशो बभूव B^1; एकार्थसम्पादनरूपस्य सन्निभिस्सदृशो भभूव L_2

रामभद्रसहिताश्च ते बभुर्भूपतेर्नववधूपरिग्रहाः।
सामदानविधिभेदविग्रहाः सिद्धिमन्त इव सूनवस्त्रयः॥ ५५॥

ते त्रयो रामभद्रयुक्ताश्चत्वारो राजपुत्रा नूतनजायासमेताः सन्तः शुशुभिरे, चत्वार उपाया इव सामदानभेददण्डाः स्वसाध्याः सिद्धयो विद्यन्ते येषां ते। दानविधिर्दानमेव॥ ५५॥

एवमात्तरतिरात्मसम्भवांस्तान्निवेश्य चतुरो ऽपि तत्र सः।
अध्वसु त्रिषु विसृष्टमैथिलः स्वां पुरीं दशरथो न्यवर्तत॥ ५६॥

दशरथस्तस्मिन् पुरे चतुरः पुत्रान्नियम्य विवाह्य, अत एव गृहीतप्रीतिरात्मीयां नगरीमयोध्यां प्रत्याययौ। प्रयाणकत्रये निवर्तितजनकः। स हि प्रत्युद्गमनार्थं तमनुयातः॥ ५६॥

---

55 .] $\mathfrak{C}$ place this verse before 54, as T^M perhaps did, for there 56 follows on from 54; but Ar.Nā. comments that the verse is not commonly found, so perhaps T^M did not record it. **55 a. रामभद्रसहिताश्च ते बभुर्**] $VD^M B_1^M B_3^M B_4^M B_5^M B_7^M$; ते चतुर्थसहितास्त्रयो बभुः $\mathfrak{C}$; रामभद्रसहिता बभुश्च ते $V^M B_2^M$ Ar.^{vl}Nā.^{vl} **55 b. भूपतेर्नव°**] $G_1UB^1L_2JV^M B_1^{Mpc} B_2^M B_3^M B_5^M B_7^M$ Ar.^{vl}Nā.^{vl}; भूपतेर्न° $D^M B_1^{Mac}$; भूपतेर्नवव° B_4^M; सूनवो नव° $P\mathfrak{C}$ **55 c. °विग्रहाः**] $VD^M V^M B_1^M B_2^M B_3^M B_5^M B_7^M$ Ar.Nā.Jin.; °विग्रहः B_4^M; °निग्रहाः Hem.Mall. **55 d. सूनवस्त्रयः**] $G_1B^1L_2JD^M V^M B_1^{Mpc} B_2^M B_3^M B_5^M B_7^M$ Ar.^{vl}Nā.^{vl}; सूनवस्त्रियः $UB_1^{Mac} B_4^M$; तस्य भूपतेः $P\mathfrak{C}$

---

55 P gives two versions of the commentary. At the end of the first (P^1) is written इति एको विवरणपाठः अथापरः॥ रामभद्रेति॥ At the end of the second (P^2) is written इत्यपरो विवरणपाठः। **56** a^1–a^5 T^M

55.1 त्रयो] G_1UP^1J; त्रयस्सूनवः $P^2B^1L_2$ **55.1 रामभद्रयुक्ता°**] G_1UP^1; रामभद्रसहिता° $P^2B^1L_2$; श्रीरामभद्रयुक्ता° J **55.1 नूतनजायासमेताः**] G_1UP^1; नववधूपरिग्रहाः नवविवाहास् P^2B^1; नववधूपरिहाः नवविवाहास् L_2; नूतनजायाः समेताः J **55.1 शुशुभिरे**] G_1UJ; बभुश्शुशुभिरे $P^2B^1L_2$ **55.2 सामदानभेददण्डाः**] UJ; समदानभेददण्डः G_1; सामदानभेददण्डाख्याः P^1; विधिर्दण्डः P^2B^{1ac}; विधि---दण्डः L_2; विग्रहो दण्डः B^{3pc} **55.2 स्वसाध्याः सिद्धयो विद्यन्ते येषां ते**] G_1UP^1J; सिद्धिमन्तस्सिद्धिसंयुक्ताः $P^2B^1L_2$ **55.3 दानविधिर्दानमेव**] $UP^1B^{3pc}J$; दानविधिन्दानमेव G_1; *om.* $P^2B^1L_2$ **56.1 दशरथस्तस्मिन्**] G_1UJ; स दशरथः तत्र पुरे तस्मिन् P; स दशरथस्तत्र B^1; दशरथः --- L_2 **56.1 चतुरः**] G_1UJ; चतुरो पि PB^1; ---×पुरीं दशरथो न्यवर्त्तत×चतुरो पि L_2 **56.2 अत एव गृहीतप्रीतिरा°**] *conj.*; एव गृहीतप्रीतिमात्मीयां G_1J; एवं गृहीतप्रीतिरात्मीयां U; अत एवात्तरतिगृहीतप्रीतिः स्वां P; अत एवात्तरतिर्गृहीतप्रीतिः स्वां B^1; ---एवातुरतिर्गृहीतप्रीतिः स्वां L_2 **56.2 नगरीमयोध्यां**] G_1UJ; पुरीमयोध्यां PB^1L_2 **56.2 प्रत्याययौ**] G_1UJ; न्यवर्तत प्रत्याययौ PB^1; न्यवर्तत ---ययौ L_2 **56.2 प्रयाणकत्रये**] G_1UJ; त्रिष्वध्वसु प्रयाणकत्रये पि P; त्रिष्वध्वसु प्रयाणकत्रये B^1; त्रिष्वध्वसु प्रयणिकत्रये L_2

तस्य जातु मरुतः प्रतीपगा
वर्त्मनि ध्वजतरुप्रमाथिनः।
चिक्लिशुर्भृशतया वरूथिनीम्
उत्तटा इव नदीरयाः स्थलीम्॥ ५७॥

ततस्तस्य दशरथस्याननुकूलाभिमुखा वायवः सेनामत्यर्थमवाबाधन्त कदाचित्, मार्गे चिह्नद्रुमभ्रंशिनः। उन्मत्तास्तीरोद्गतास्तरुपातिनः सरित्पूरवेगा यथा वनावनिं बाधन्ते॥ ५७॥

लक्ष्यते स्म तदनन्तरं रविर्बद्धभीमपरिवेशमण्डलः।
वैनतेयशमितस्य भोगिनो भोगवेष्टित इव च्युतो मणिः॥ ५८॥

तस्य पश्चात्सूर्यो रचितोग्रपरिधिवलयो ऽदृश्यत जनेन, अतश्च रक्तत्वाद्गरुडाहतस्य नागस्य शरीरेण वलितं शिरोरत्नमिव पतितम्॥ ५८॥

---

57 b. वर्त्मनि ध्वजतरु°] ŚHem.Ar.(?)Nā.; वर्त्मसु ध्वजतरु° Mall.; वर्त्मनि ध्वजपट° Jin. **58 d.** भोगवेष्टित] $UB^1L_2JD^MV^MB_1^MB_2^MB_4^MB_5^MB_7^M$Hem.Mall.Jin.; भोगिवेष्टित $G_1B_3^M$; भोगवेष्टत P^{pc}; भोगवेष्टन P^{ac}Ar.(?)Nā.

---

57 c^1–c^{11} T^M **58** c^6–b^3 T^M

57.1 दशरथस्याननुकूलाभिमुखा] G_1; दशरथननुकूलान्यभिमुखा U; दशरथस्य जातु कदाचित्प्रतीपगाः प्रतिकूलाः मुखाभिमुखा P; दशरथस्य जातु कदाचित्प्रतीपगाः प्रतीपगाः प्रतिकूला अभिमुखा B^1; दशरथस्य जातु कदाचित्प्रतीपगाः प्रतिकूलाः अभिमुखा L_2; दशरथस्य अनुनुकूलाभिमुखा J **57.1** वायवः] UPB^1L_2J; वयवः G_1 **57.1** सेनामत्यर्थमवाबाधन्त] *conj.*; सेनामभ्यर्थमवबाधन्त G_1UB^1J; सेनामत्यर्थमबाधन्त PL_2 **57.2** कदाचित्] G_1UJ; *om.* PB^1L_2 **57.2** मार्गे] G_1UJ; वर्त्मनि मार्गे PB^1L_2 **57.2** चिह्नद्रुमभ्रंशिनः] *conj.*; चिह्नद्रुमभ्रशो न G_1; चिह्नद्रुमभ्रंशेन U; ध्वजतरुप्रमाथिनः चिह्नद्रुमध्वंसिनः P; ध्वजतरुप्रमाथिनः चिह्नद्रुमभ्रंशिनः $B^{1pc}L_2$; ध्वजतरुप्रमाथिनः चिह्नद्रुमभ्रंशेन B^{1ac}; चिह्नद्रुमभ्रंशो न J **57.2** उन्मत्तास्तीरोद्गतास्तरुपातिनः] G_1UJ; तीरोद्गतास्तरुपातिनःG_1UJ; *om.* PB^1L_2 **57.2** सरित्पूरवेगा] G_1UJ; नदीरयाः सरित्पूरवेगाः तरुपातिनः P; नदीरयास्सरित्पूराः B^1L_2 **57.3** यथा वनावनीं] G_1UJ; स्थलीं वनावलीं यथा PB^1L_2 **57.3** बाधन्ते] G_1J; बाधन्ते उत्तटाः तीरोद्गताः PB^1L_2 **58.1** तस्य पश्चात्सूर्यो] G_1UJ; तदनन्तर तस्मात्पश्चाद्रविः PB^1L_2 **58.1** रचितोग्रपरिधिवलयो] PB^1L_2; चरितोग्रपारिधिवलयो G_1J; चरितोग्रपरिधिपिवलयो U **58.1** ॰दृश्यत] $G_1PB^1L_2J$; दृश्यते स्म U **58.1** जनेन] G_1UJ; *om.* PB^1L_2 **58.2** गरुडाहतस्य] G_1UPJ; गरुडहतस्य $B^1L_2^{pc}$; गरुहतस्य L_2^{ac} **58.2** नागस्य] $G_1UPL_2B^1$; *om.* J **58.2** वलितं शिरोरत्नमिव पतितम्] G_1J; वर्णितं शिरोरत्नमिव पतितम् U; वलितः पतितश्शिरोमणिरिव भोगस्सर्पशरीरम् PB^1L_2

श्येनपक्षपरिधूसरालका भूयसा सरुधिराभ्रवाससः।
अङ्गना इव रजस्वला दिशो नो बभूवुरवलोकनक्षमाः॥ ५९॥

ककुभो ऽदृश्या आसन्। रेणवो विद्यन्ते यासां ताः, धूलिधूसराः। श्येनपक्षा एव समन्ततो मलिनाः केशप्रान्ता यासां। सह रक्ताभ्रैरेव वस्त्रैर्वर्तन्ते याः। अतिबहुना ऋतुमत्यश्च श्येनपक्षवत्समन्ततो मलिनचूर्णकुन्तलाः, सशोणितानि मेघतुल्यानि वस्त्राणि यासां ताः। ताश्च दर्शनयोग्या न भवन्ति, अनायुष्यदर्शनत्वात्॥ ५९॥

भास्करश्च दिशमध्युवास यां तां श्रिताः प्रतिभयं ववाशिरे।
क्षत्रशोणितपितृक्रियोचितं चोदयन्त्य इव भार्गवं शिवाः॥ ६०॥

सृगाल्यो भयङ्करं यथा भवति तथा व्यरुवन्। यां ककुभं रविः शिश्रिये तां सेवमानाः सूर्यसम्मुखमित्यर्थः। क्षत्रियरुधिरपितृतर्पणयोग्यं परशुरामं प्रेरय-

---

59 b. भूयसा सरुधिराभ्र°] Σ; सान्ध्यमेघरुधिरार्द्र° 𝕮 **60 b.** ववाशिरे] ŚAr.Nā.Jin.; ववासिरे Hem.Mall. **60 d.** चोदयन्त्य] $VV^M B_1^M B_2^M B_3^M B_4^M B_5^M B_7^M$Hem.Mall.Ar.(?)Nā.; चोदयन्त्यि इव D^M; नोदयन्त्य Jin.

---

59 d^5–d^{11} T^M **60** a^1–a^5 T^M

59.1 ककुभो ऽदृश्या आसन्। रेणवो विद्यन्ते यासां ताः धूलिधूसराः] G_1UJ; रजस्वलाः धूमिधूसराः दिशः अवलोकनक्षमाः नो बभूवुः अदृश्याः आसन् P; तथा रजस्वला (ल B^1) धूलिधूसरा दिशः (दियः L_2) अवलोकनक्षमा नो बभूवुः अदृश्या आसन् B^1L_2 **59.2** श्येनपक्षा एव] $G_1B^1L_2$J; श्येनाः पक्षा एव U; श्येनपक्षा इव P **59.2** मलिनाः] UPB^1L_2; मलिनः G_1J **59.2** केशप्रान्ता] G_1U; अलकाः केशप्रान्ता PB^1; अलकाः केशपक्षा एव समन्तन प्राप्ताः L_2; केशप्राप्ता J **59.2** यासां] G_1UJ; यासां ताः PB^1L_2 **59.2** सह रक्ताभ्रैरेव] PB^1L_2; सरक्ताभ्रैरेव G_1UJ **59.3** °र्वर्तन्ते याः] UPB^1L_2; °र्वर्तते या G_1J **59.3** अतिबहुना] G_1J; भूयसा बाहुल्येन PB^1L_2; अ⏑व(?)र्व(?)ना U **59.3** ऋतुमत्यश्च] U; ऋतुमत्याश्च G_1J; ऋतुमत्यस्स्त्रियश्च PB^1; ऋतुमत्याः स्त्रियश्च L_2 **59.3** श्येनपक्ष°] G_1UPJ; श्येनपक्षि° B^1; श्येनप--- L_2 **59.3** °कुन्तलाः] UPB^1L_2; °कुन्तला G_1J **59.4** सशोणितानि] UPB^1L_2; सशोनितानि G_1J **59.4** मेघतुल्यानि वस्त्राणि] G_1UPJ; गेषतुल्यानि B^1; मेघतु L_2 **59.4** ताश्च] PB^1L_2; *om.* G_1UJ **59.5** °नायुष्य°] UPB^1J; °नायुष° G_1L_2 **60.1** सृगाल्यो] G_1; सृगाला U; शिवाः सृगाल्यो PB^1L_2J **60.1** भयङ्करं] G_1UJ; प्रतिभयं भयङ्करं PB^1; प्रत्यभयं भयङ्करं L_2 **60.1** व्यरुवन्] G_1U; ववाशिरे व्यरुवन् PB^1L_2; विवाशिरे व्यरुवन् J **60.1** ककुभं] G_1UJ; दिशं PB^1L_2 **60.2** तां सेवमानाः] G_1J; तां सेव्यमानाः U; तामाश्रिताः सत्यः PL_2; तासां श्रितास्सत्यः B^1 **60.2** °सम्मुखमित्यर्थः] $G_1PB^1L_2$J; °सम्मुखमेवेत्यर्थः U **60.2** क्षत्रियरुधिरपितृतर्पणयोग्यं] U; क्षत्रियतर्पणयोग्यं G_1J; क्षत्रियरुधिरेण पितृतर्पणयोग्यं PB^1L_2

न्त्य इव। ‘एते राजन्याः सङ्घटिताः, एतान् हत्वा रुधिरेण तर्पय पितॄन्’। एकविंशतिकृत्वः क्षत्रियान्हत्वा तदसृजा समन्तपञ्चके परशुरामेण श्राद्धं कृतमासीदित्यागमः॥ ६०॥

तत्प्रतीपपवनादि वैकृतं
क्षिप्रशान्तमधिकृत्य कृत्यवित्।
अन्वयुङ्क्त गुरुमीश्वरः क्षितेः
स्वन्तमित्यलघयत्स तद्व्यथाम्॥ ६१॥

ततस्तमननुकूलवातनीहारादिकमुत्पातं तूर्णनष्टमुद्दिश्य राजा वसिष्ठमप्राक्षीत्। गुरो किमेतदनिमित्तं क्षिप्रं प्रशमिश्यति। कच्चिन्नानिष्टं बाधिष्यति वेत्यचूचुदत्। यतः प्रतीकारो ऽत्राधुना विधेय इति विधिज्ञः। गुरुरपि राज्ञो मनोरुजमेतद्वैकृतं शोभनावसानमित्यौनिनत् लघूकृतवान्। विकृतमेव वैकृतम्॥ ६१॥

---

61 a. °पवनादि] Σ; °गमनादि L_2 **61 b.** क्षिप्रशान्त°] **V**$D^M V^M B_1^M B_2^M B_3^M B_4^M B_5^M B_7^M$ Jin.; क्षिप्रशान्त्य° T^M; प्रेक्ष्य शान्त° Hem.; प्रेक्ष्य शान्ति° $Hem.^{vl}$ Mall.Ar.Nā. **61 d.** स्वन्तम्] $B^{1ac} L_2 D^M V^M B_2^M B_4^M B_5^M B_7^M$ 𝕮; स्वान्तम् $G_1 UPB^{3pc} JB_3^M$

---

61 a^5–b^4 T^M

60.3 राजन्याः] G_1PB^1J; राजन्यः UL_2^{pc}; राजन्यैस् L_2^{ac} **60.3** रुधिरेण] G_1UJ; एतद्रुधिरेण PB^1L_2 **60.3** तर्पय पितॄन्] G_1UJ; पितॄंस्तर्पयेति P; पितॄंस्तर्पयति B^1L_2 **60.4** °कृत्वः] PB^1L_2; °कृत्वा G_1UJ **60.4** समन्तपञ्चके] $UP^{pc}B^1L_2J$; समन्तपक्षके G_1; स्यमन्तपञ्चके P^{ac} **60.4** °रामेण] UPB^1L_2J; °रामेन G_1 **60.4** श्राद्धं] G_1UJ; पितॄणां श्राद्धं PL_2; पितॄणां श्रद्धं B^1 **61.1** तमननुकूल°] G_1UPJ; तदननुकूल° B^{1pc}; तदनुनुकू° B^{1ac}; तदनुकूल° L_2 **61.1** °नीहारादिकमुत्पातं तूर्णनष्टमुद्दिश्य] G_1J; °नीहारादिमुत्पाततूर्णनष्टमुद्दिश्य U; °नीहारादिकमुत्पातं क्षिप्रशान्तं तूर्णनष्टमधिकृत्य उद्दिश्य P; °नीहारादिकं क्षिप्रशान्तमधिकृत्योद्दिश्य $B^{1ac}L_2$; °नीहारादिकं क्षिप्रशान्त+मुत्पातं तूर्णनष्ट +मधिकृत्योद्दिश्यB^{3pc} **61.1** राजा वसिष्ठमप्राक्षीत्] G_1UJ; दशरथो गुरुं वसिष्ठमन्वयुङ्क्त पप्रच्छ P; दशरथो वसिष्ठं गुरुमन्वयुङ्क्त पप्रच्छ B^1L_2 **61.2** प्रशमिश्यति] G_1UPJ; प्रशास्यति B^1; प्रशाम्यति L_2 **61.2** कच्चिन्नानिष्टं] G_1PB^1; कच्चिदनिष्टं न U; कश्चिन्नानिष्टं J **61.2** वेत्यचूचुदत्] UPB^1L_2J; वेत्यमूमुदत् G_1 **61.3** यतः प्रतीकारो ऽत्राधुना विधेय इति विधिज्ञः। गुरुरपि] G_1UJ; कृत्यवित्प्रतीकारो त्राधुना विधेय इति प्रतीकारज्ञः तिभिज्ञः सोपि गुरुः P; कृत्यवित्प्रतीकारज्ञः सोपि गुरुः (गुरु L_2) B^1L_2 **61.4** राज्ञो मनोरुजमेतद्वैकृतं शोभनावसानमित्यौनिनत] G_1; राज्ञो मनोरुजमेतद्वैकृतं शोभनावसान इत्यौनिनत् U; स्वन्तं (स्वान्तं B^{3pc}) शोभनावसानमेतद्वैकृतमिति राज्ञो मनोरुजम् PBL_2; राज्ञो मनोरजमेतद्वैकृतं शोभनावसानमित्यौनिनत् J **61.4** लघूकृतवान्] *conj.*; लघूकृतवानलघयत् G_1; अलघयत् लघूकृतवान् PB^1L_2; लघुकृतवानलघयत् UJ **61.4** विकृतमेव वैकृतम्] G_1UJ; विकृतमेव वैकृतम् स्वार्थो अण् P; विकृतमेव (वैकृतमे B^{1ac}) वैकृतम् स्वार्थे अण् B^1L_2

तेजसः सपदि राशिरुत्थितः प्रादुरास किल वाहिनीमुखे।
यः प्रमृज्य नयनानि सैनिकैर्लक्षणीयपुरुषाकृतिश्चिरात्॥ ६२॥

ततस्तत्क्षणं स तेजःपुञ्जो महान् सेनासम्मुखीनः प्रकटीबभूव यः सैन्यैः प्रतीघातवशाच्चक्षूंष्युत्पुंस्य बहुकालात्प्रेक्ष्यं नरस्येव संस्थानं यस्य स तथाविधः॥ ६२॥

पित्र्यमंशमुपवीतलक्षणं मातृकं च धनुरूर्जितं दधत्।
भार्गवो ऽथ ददृशे महाद्युतिः सद्विजिह्व इव चन्दनद्रुमः॥ ६३॥

अनन्तरं तेजस्वी जामदग्न्य आलुलोके। पैतृकं भागं सौम्यं यज्ञोपवीतं चिह्नं यत्र तं बिभ्रत्, बलवत्प्रचण्डं मातुरागतं च भागं चापलक्षणं, ब्रह्मक्षत्तृतेजोमयत्वाद्रामस्य। ससर्पश्चन्दनवृक्षो यथा। तृतीये पादे पाठान्तरम्

---

62 a. तेजसः] Σ; तेजसां Ar.Nā. **63 c.** भार्गवो ऽथ ददृशे महाद्युतिः] **V**$D^M V^M B_1^M B_2^M B_3^M B_4^M B_5^M B_7^M$ Ar.^{vl}Nā.; ---ीधिति--- T^M; यः ससोम इव घर्मदीधितिः Vall.^{vl}Hem.Mall.Ar.Jin.

---

62 b^7–c^2 T^M **62** Until the end of the commentary on 11:68, U has repeated the following text. Where the readings of this repetition differ from those of U's first copying they are reported with the siglum U^2. **63** c^9–c^{11} T^M

62.1 तेजःपुञ्जो] PL_2J; तेजसः पुञ्जो G_1UB^1 **62.1** महान् सेनासम्मुखीनः] PB^1L_2; महासीतासम्मुखीनः G_1; महासीनामुखे सम्मुखीनः U; महासेनामुखे सम्मुखीनः U^2; महासीनासम्मुखीनः J **62.1** प्रकटीबभूव] G_1UJ; प्रादुरास प्रकटीबभूव PB^1L_2 **62.2** चक्षूंष्युत्पुंस्य] G_1U; च चक्षूंषि उत्पुंस्य U^2; नयनानि प्रमृज्य उत्पुंस्य P; नयनानि प्रमृज्येत्पुंस्य B^1L_2; चक्षूंष्यूत्पुंस्य J **62.2** बहुकालात्प्रेक्ष्यं] UJ; बहुकलात् प्रेक्ष्यं G_1; चिरात् बहुकालाल्लक्षणीया दृश्या P; चिराद्बहुकालाल्लक्षणीया प्रेक्ष्या B^1L_2 **62.2** नरस्येव संस्थानं] G_1UJ; नरस्येवं संस्थानं U^2; पुरुषाकृतिः पुरुषस्येव संस्थानं PB^1; ---षाकृतिः पुरुषस्येव संस्थानं L_2 **62.3** तथाविधः] G_1UJ; तथाविध आसीत् PB^1; तथाविध---त् L_2 **63.1** अनन्तरं] G_1UJ; अथानन्तरं PB^1L_2 **63.1** तेजस्वी] *conj.*; राजा G_1U; महाद्युतिस्तेजस्वी PB^1L_2; राजा दशरथः J **63.1** जामदग्न्य] *conj.*; जामदग्न्यस्तेजः G_1UJ; भार्गवो जामदग्न्य PB^1; भार्गवो---ग्न्य L_2 **63.1** आलुलोके] UPB^1L_2; आलुलोक G_1J **63.1** पैतृकं] G_1UJ; पित्र्यं पैतृकं PB^1; पित्र्यं पैत्रिकं L_2 **63.1** भागं सौम्यं] $UB^{1pc}J$; भागं सोम्यं G_1PB^{1ac}; स च सोम्यं L_2 **63.2** चिह्नं यत्र तं] G_1J; चिह्नं यत्र तत् U; लक्षणं चिह्नं यस्य तं PB^1; ---णं चिह्नं यस्य तं L_2 **63.2** बलवत्प्रचण्डं] G_1UJ; ऊर्जितं बलवत् PB^1L_2 **63.2** मातुरागतं च] G_1UJ; मातृकं मातुरागतं प्रचण्ड° P; मातृकं मातुरागतं प्रचण्डे B^1L_2 **63.2** चापलक्षणं] G_1UJ; धनुर्लक्षणं च PB^1L_2 **63.3** ब्रह्मक्षत्तृ°] UB^1L_2J; ब्रह्मक्षेत्तृ° G_1; ब्रह्मक्षत्त्रिय° P **63.3** ससर्पश्च°] PB^{1pc}; ससर्पच° $G_1UB^{1ac}L_2J$ **63.3** तृतीये पादे] UB^1L_2; तृतीये पदे G_1J; भार्गवो थ ददृशे महाद्युतिः इति तृतीयपादे P

यः ससोम इव घर्मदीधितिरिरिति। एवं च तेजोराशिर्विशेष्यः। पूर्वकमेव क्रियापदम्। आद्यस्तु पाठो रम्यतरः॥ ६३॥

येन रोषपरुषात्मनः पितुः शासने स्थितिभिदो ऽपि तस्थुषा।
वेपमानजननीशिरश्छिदा प्रागजीयत घृणा ततो मही॥ ६४॥

येन रामेण पूर्वं दया जिता तदनन्तरं भूमिः, क्रुद्धस्य जनकस्य स्त्रीघातान्मर्यादात्यागिनो ऽपि आज्ञामत्यजता। यदि तस्य दया चेतसि स्यात्तत्कथं साध्वसकम्पमानाया मातुः शिरश्छेत्तुं शक्नुयात्। स हि पूर्वापराधक्रुद्धेन पित्रा ‘पुत्र, मातरं जही’ति नियुक्त आसीत्। महीविजयस्तु क्षत्रियवधसमये॥ ६४॥

अक्षबीजवलयेन निर्बभौ दक्षिणश्रवणसंस्थितेन यः।
क्षत्रियान्तकरणैकविंशतेर्व्याजपूर्वगणनामिवोद्वहन्॥ ६५॥

यो भार्गवः सव्येतरश्रोत्रस्थेन पद्माक्षमालामण्डलेन रेजे। उत्प्रेक्ष्यते। क्षत्रियाणां वधस्य या एकविंशतिसंख्या तस्या ≪अक्षबीजव्याजेन गणनामिव≫ दधत्॥ ६५॥

---

65 b. °संस्थितेन] Σ; °संश्रितेन Ar.(?)Nā. **65 d.** °वोद्वहन्] Σ; °वोद्धरन् U

---

64 d^3–d^{11} T^M

63.4 °दीधितिरिरिति] $G_1UB^1L_2J$; °दीधितिरिति चतुर्थपादे P **63.4** °शेष्यः] G_1PB^1J; °शेष्य° U; °शेषः L_2 **63.5** पूर्वकमेव क्रियापदम्] $G_1UPB^{1ac}J$; पूर्व+मे+कमेव क्रियापदम् B^1; पूर्वकमेव क्रियापद L_2 **63.5** आद्यस्तु] $G_1UPB^1L_2J$; आद्यः U^2 **64.1** रामेण] $G_1UPB^1L_2$; भार्गवरामेण J **64.1** पूर्वं दया] *conj.*; प्राक्पूर्वं घृणा दया $G_1UPB^1L_2$ J **64.1** भूमिः] *conj.*; मही भूमिः $G_1UPB^1L_2J$ **64.2** स्त्रीघातान्मर्यादा°] $U^2PB^1L_2J$; स्त्रीघातात्मार्यादा° G_1; स्त्रीघान्मर्यादा° U **64.2** आज्ञामत्यजता] *conj.*; शासने स्थितवता आज्ञामत्यजता $G_1UPB^1L_2J$ **64.2** यदि तस्य] $G_1PB^1L_2J$; यदि U **64.3** साध्वस°] G_1L_2; साधुस° UJ; साध्वसं° B^1 **64.3** शिरश्छेत्तुं] U^2; शिरश्छेतुं $G_1UPB^1L_2J$ **64.3** °क्रुद्धेन] UPB^1L_2J; °क्रुष्टेत G_1 **64.4** महीविजयस्तु] $G_1PB^1L_2J$; महीजयस्तु U **65.1** °स्थेन पद्माक्षमालामण्डलेन रेजे] *conj.*; °स्थेनाक्षबीजवलयेन पद्माक्षमालाम् G_1; °स्थेनाक्षबीजवलयेन पद्माक्षमालामण्डलेन रेजे अक्षाण्येव वलयानि बीजानि तेषां वलयम् अक्षमालाम् U; °स्थेनाक्षबीजवलये पद्माक्षमालामण्डलेन रेजे अक्षाण्येव वलयानि बीजानि तेषां मालाम् U^2; °स्थेनाक्षबीज(बीजबीज L_2)वलयेन पद्माक्षमालामण्डलेन रेजे अक्षाण्येव बीजानि तेषां वलयमक्षमाला(मालाम् J) PB^1L_2J **65.2** क्षत्रियाणां वधस्य] *conj.*; क्षत्रियाणामन्तकरणस्य वधस्य G_1PB^1J; क्षत्रियाणामन्तकरणस्य U; क्षत्रियाणामन्तकरस्य वधस्य L_2 **65.2** एकविंशतिसंख्या] PB^1L_2; एकविंशतिस्संख्या G_1UJ **65.2** °व्याजेन] $G_1PB^1L_2J$; °वलयेन U

तं पितुर्वधभवेन मन्युना राजवंशनिधनाय दीक्षितम्।
बालसूनुरवलोक्य भार्गवं विव्यथे दशरथो दशाच्युतः॥ ६६॥

ततो दशरथस्तं भार्गवं दृष्ट्वातप्यत, पितुर्वधोत्पन्नेन कोपेन क्षत्रियकुलस्य क्षपणाय कृतक्षणमवगत्य, यतः शिशुतनयः, युद्धयोग्याया अवस्थायाः पतितः स्वयं गतवयस्क इति एवमेतन्निवारणे न कश्चित्समर्थ इति व्यथितः। पिता तस्य जमदग्निस्तदसान्निधौ क्षत्रियैर्हतः। तदादि तेन तद्वधः प्रत्यज्ञायीत्यागमः॥ ६६॥ तिलकम्।

नाम राम इति तुल्यमात्मजे वर्तमानमहिते च दारुणे।
हृद्यमस्य भयदायि चाभवद्रत्नजातमिव हारसर्पयोः॥ ६७॥

राज्ञो राम इत्यभिधानं सादृश्येन पुत्रे स्थितं तथा क्रूरे ऽमित्रे स्थितं प्रियं सु-

---

66 b. राज°] Σ; क्षत्त्र° Hem. **66 cd.** भार्गवं विव्यथे दशरथो दशाच्युतः] $\mathbf{V}\mathrm{D}^{M}\mathrm{B}_1^{M}\mathrm{B}_3^{M}\mathrm{B}_4^{M}\mathrm{B}_5^{M}\mathrm{B}_7^{M}$; विव्यथे भार्गवं दशरथो दशाच्युतः $\mathrm{V}^{M}\mathrm{B}_2^{M}$; भार्गवं स्वां दशां च विषसाद पार्थिवः **C** **67 a.** नाम राम] P^{pc} ? $\mathrm{B}^{1}\mathrm{L}_2\mathrm{D}^{M}\mathrm{V}^{M}\mathrm{B}_1^{M}\mathrm{B}_2^{M}\mathrm{B}_4^{M}\mathrm{B}_5^{M}$Hem.Mall.Ar.Nā.; रामनाम $\mathrm{G}_1\mathrm{UP}^{ac}\mathrm{B}_3^{M}\mathrm{B}_7^{M}$JJin.

---

66 a^{5}–b^{3} T^{M} **67** b^{7}–c^{8} T^{M}

66.1 भार्गवं दृष्ट्वातप्यत] *conj.*; भार्गवमवलोक्य दृष्ट्वा विव्यथे अतप्यत $\mathrm{G}_1\mathrm{UPB}^{1}\mathrm{J}$; भार्गव--ष्ट्वा विव्यथे अतप्यत L_2 **66.1** कोपेन] *conj.*; मन्युना कोपेन **V** **66.1** क्षत्रियकुलस्य] *conj.*; राजवंशस्य क्षत्रियकुलस्य **V** **66.2** क्षपणाय] *conj.*; निधनाय क्षपणाय $\mathrm{UPB}^{1}\mathrm{L}_2\mathrm{J}$; निधनाय क्षपनाय $\mathrm{G}_1\mathrm{U}^{2}$ **66.2** कृतक्षणमवगत्य] U; कृतभक्षणमवगत्य G_1; दीक्षितं कृतक्षणम् PB^{1ac}; दीक्षितं कृतक्षणम् +अवगत्य+ B^{3pc}; दीक्षितं कृतलक्षणं L_2; कृतलक्षणमवगत्य J **66.2** यतः शिशुतनयः] *conj.*; यतो बालसूनुः शिशुतनयः $\mathrm{G}_1\mathrm{PB}^{1}\mathrm{L}_2\mathrm{J}$; यतो बालसूनुः शिशुतनय U **66.3** युद्धयोग्याया अवस्थायाः पतितः, स्वयं गतवयस्क इति] *conj.*; दशा युद्धयोग्याया अवस्थायाः पतितः स्वयं गतवयस्केति दशाच्युतः G_1; दशाया युद्धयोग्याया अवस्थायाः पतितः स्वयं गतवयस्केति दशाच्युतः UJ; दशाया युद्धयोग्याया अवस्थाया पतितः स्वतः गतवयस्क इति दशाच्युतः U^{2}; तत्रापि दशाया युद्धयोग्याया अवस्थायाः च्युतः पतितः स्वयम् गतवयस्कः P; तत्रापि दशाच्युतो गतवस्कः $\mathrm{B}^{1ac}\mathrm{L}_2$; तत्रापि दशाच्युतो +दशाया युद्धयोग्याया अवस्था या पतितः स्वयं+ गतव+य+स्कः B^{3pc} **66.3** एवमेतन्निवारणे न] $\mathrm{G}_1\mathrm{UPB}^{1}\mathrm{L}_2$; एवमेतन्निरावरेण J **66.3** कश्चित्समर्थ] $\mathrm{G}_1\mathrm{UPJ}$; कश्चिच्छक्त $\mathrm{B}^{1}\mathrm{L}_2$ **66.4** तदसान्निधौ क्षत्रियैर्हतः] $\mathrm{G}_1\mathrm{UJ}$; क्षत्त्रियैस्तदसन्निधौ हतः $\mathrm{PB}^{1}\mathrm{L}_2$ **66.4** तदादि तेन] $\mathrm{G}_1\mathrm{PB}^{1}\mathrm{L}_2\mathrm{J}$; तदादिदिने U **66.5** प्रत्यज्ञायीत्यागमः] P; प्रतिज्ञात इत्यागमः $\mathrm{G}_1\mathrm{UB}^{1}\mathrm{J}$; प्रत्यज्ञात इत्यागमः L_2 **67.1** राज्ञो] *conj.*; अस्य राज्ञो $\mathrm{G}_1\mathrm{UB}^{1}\mathrm{L}_2\mathrm{J}$; तस्य राज्ञो P **67.1** इत्यभिधानं] *conj.*; इति नामाभिधानं **V** **67.1** सादृश्येन] *conj.*; तुल्यं सादृशेन G_1; तुल्यं सादृश्येन $\mathrm{UPB}^{1}\mathrm{L}_2\mathrm{J}$

खकृत्, भयङ्करं दुःखकृच्चाभवत्। पुत्रे स्थितत्वाद्धृद्यं, शत्रौ स्थितत्वाद्भयदायि। हारे सर्पे च वर्तमानं प्रशस्तरत्नमिव। जातशब्दः प्रशंसायाम्॥ ६७॥

अर्घ्यमर्घ्यमिति वादिनं नृपं सो ऽनवेक्ष्य भरताग्रजो यतः।
क्षत्रकोपदहनार्चिषं ततः सन्दधे दृशमुदग्रतारकाम्॥ ६८॥

स भार्गवः 'अर्घार्थमुदकं गृह्यताम्' इत्युक्तवन्तं दशरथमविगणय्यैव यत्र रामस्तत्रैव दृष्टिमक्षिपत्। प्रचण्डकनीनिकाम्। रोषेण राममैक्षतेत्यर्थः। ≪क्षत्रियक्रोधाग्निज्वालारूपाम्≫॥ ६८॥

तेन कार्मुकनिविष्टमुष्टिना राघवो विगतभीः पुरोगतः।
अङ्गुलीविवरचारिणीमिषुं कुर्वता निजगदे युयुत्सुना॥ ६९॥

---

68 a. अर्घ्यमर्घ्यमिति] Σ; अर्घमर्घमिति Jin. **68 b.** °नवेक्ष्य] $G_1UPB^1L_2D^MV^MB_1^MB_2^MB_3^MB_4^MB_5^MB_7^M$Hem.Mall.Ar.Nā.; °नुवेक्ष्य J; °निवेक्ष्य Jin. **68 c.** °कोप°] Σ; °लोक° Ar^{vl} **69 a.** °निविष्ट°] $G_1B^1L_2JB_3^MB_4^MB_7^M$; °निषक्त° $UD^MV^MB_1^MB_2^MB_5^M$Hem.Mall.; °विषक्त° PAr.Nā.Jin. **69 c.** °चारिणीमिषुं] $G_1UPB^{1ac}L_2D^MV^MB_1^MB_2^MB_3^MB_4^MB_5^M$Jin.; °चारिणमिषुं $B^{1pc}JB_7^M$(unmetrical); °चारिणं शरं Hem.Mall.Ar.(?)Nā.

---

68 d^1–d^{11} T^M **68** On turning the page in U, we find that after कोपाग्निः the text skips back to the last word of 11:62. The readings of this repetition, where they differ from those of U's first copying, have been marked with the siglum U^2.

67.2 पुत्रे स्थितं तथा क्रूरे ऽमित्रे स्थितं प्रियं सुखकृत्, भयङ्करं दुःखकृच्चाभवत्] *conj.*; आत्मजे पुत्रे स्थितं तथा दारुणे क्रूरे अहिते च स्थितं हृद्यं प्रियं भयङ्करं चाभवत् $G_1UB^1L_2J$; आत्मजे पुत्रे स्थितं हृद्यं प्रियं सुखकृदासीत् तथा दारुणे क्रूरे ऽहिते मि(?)त्रे(?) च स्थितं भयदायि भयङ्करं दुःखकृदभवत् P **67.2** शत्रौ] UPB^1L_2J; शत्रु° G_1 **67.2** °द्भयदायि] $G_1PB^1L_2J$; °द्भयङ्करं U **67.3** प्रशंसायाम्] $G_1UB^1L_2J$; प्रशंसायाम् मनुष्यजातं क्षत्त्रजातमित्यादौ P **68.1** 'अर्घार्थमुदकं गृह्यताम्' इत्युक्तवन्तं] *conj.*; अर्घ्यं गृह्यतामर्घ्यं गृह्यतामित्युक्तवन्तं $G_1UB^1L_2J$; अर्घ्यमर्घ्यमर्घार्थमुदकं गृह्यतामित्युक्तवक्तं P **68.1** °मविगणय्यैव] *conj.*; °मनवेक्ष्याविगणय्य G_1B^1J; °मनपेक्ष्य अगणय्य U; °मनवेक्ष्याऽविगणय्यैव P; °रनवेक्ष्याविगणय्य L_2 **68.2** यत्र रामस्तत्रैव] $G_1UB^1L_2$; यत्रैव रामस्तत्रैव P; यत्र श्रीरामस्तत्रैव J **68.2** दृष्टिमक्षिपत्] UPB^1L_2J (cf. Jin.), दृष्टिमुक्षिपत् G_1 **68.2** प्रचण्डकनीनिकाम्] *conj.*; कीदृशीमुदग्रतारकाम् प्रचण्डकनीनिकाम् **V** **68.2** राममैक्षतेत्यर्थः] UPB^1L_2; राममैक्षन्तेत्यर्थः G_1; श्रीराममैक्षतेत्यर्थः J **68.3** क्षत्रियक्रोधाग्निज्वालारूपाम्] *conj.*; क्षत्त्रेषु क्षत्त्रियेषु यः कोपदहनः कोपाग्निस्तस्यार्चिषं ज्वालारूपम् **V**

भार्गवेण योद्धुकामेन रामो ऽभिदधे। धनुषि लग्नो मुष्टिर्यस्य, तद्धनुरवष्टभ्येत्यर्थः। अग्रे स्थितो रामः। शरमङ्गुलीनां विवरे चरतीति तन्मध्यगामिनं विदधता कृतवता॥ ६९॥

क्षत्तृजातमपकारवैरि मे तन्निहत्य बहुशः शमं गतः।
सुप्तसर्प इव दण्डघट्टनादुद्यतो ऽस्मि तव विक्रमश्रवात्॥ ७०॥

क्षत्त्रियप्रकारः क्षत्रिया मम पितृवधलक्षणेनापकारेणारातयः। तत्क्षत्तृजातमसकृत्क्षपयित्वा शान्तकोपो ऽप्यहं भवदीयपौरुषाकर्णनात् पुनरुद्रोधितः। लगुडताडनादिव शयितः सर्पः। सुप्तश्चासौ सर्पः सुप्तसर्पः। कृत्तद्धितान्तयोर्वाच्यलिङ्गत्वाद्वैरीति नपुंसकलिङ्गम्॥ ७०॥

तमेव विक्रममाह

मैथिलस्य धनुरन्यपार्थिवैस्त्वं किलानमितपूर्वमक्षिणोः।

---

70 a. °पकार°] **V**$T^M D^M V^M B_2^M B_3^M B_4^M B_7^M$Hem.Mall.Nā.; °पकारि $B_1^M B_5^M$Ar.Jin. **70 c.** सुप्तसर्प] Σ; गुप्तसर्प Jin. **70 d.** उद्यतो] Σ; रोषितो Mall. **71 b.** °क्षिणोः] **V**$T^M V^M B_1^M B_2^M B_3^M B_4^M B_5^M B_7^M$Ar.Nā.Jin.; °क्षणोः D^MHem.Mall.

---

70 a^5–b^3 T^M **71** b^5–c^2 T^M

69.1 भार्गवेण] *conj.*; तेन भार्गवेन G_1J^{ac}; तेन रामेण भार्गवेण U; तेन भार्गवेण $PB^1L_2J^{pc}$ **69.1** योद्धुकामेन] G_1UJ; युयुत्सुना योद्धुकामेन(ण P) PB^1L_2 **69.1** रामो ऽभिदधे] *conj.*; रामो निजगदे ऽभिदधे $G_1UPB^1L_2$; श्रीरामो निजगदे अभिदधे J **69.1** धनुषि लग्नो] *conj.*; कार्मुके धनुषि निविष्टो लग्नो **V** **69.2** तद्धनुरव°] G_1PB^1J; तद्धनुव° U; त---नुरव° L_2 **69.2** रामः] $G_1UB^1L_2$; श्रीरामः J **69.2** शरमङ्गुलीनां] *conj.*; कीदृशेन इषुं शरमङ्गुलीनां G_1UPB^1; कीदृशेन इषुं ---ङ्गुलीनां L_2 **69.2** चरतीति] *em.*; चारतीति Σ **69.3** कृतवता] G_1UPB^1J; ---वता L_2 **70.1** क्षत्त्रियप्रकारः क्षत्रिया मम] *conj.*; क्षत्तृजातं क्षत्त्रियप्रकारः G_1UJ; क्षत्तृजातं क्षत्त्रियप्रकारः क्षत्त्रिया मम PL_2; क्षत्तृजां क्षत्त्रियप्रकारः क्षत्रिया मम B^1 **70.1** °लक्षणेना°] $G_1UPB^1L_2$; °लक्षलक्षणेना° J **70.1** °णारातयः] L_2^{ac}; °न वैरिणः अरातयः $G_1UPB^1L_2^{pc}J$ **70.2** तत्क्षत्तृजातमसकृत्क्षपयित्वा] $G_1UB^1L_2J$; तत्क्षत्त्रियजातमस्कृत्क्षपयित्वा भूरीन् वारान्ता(?)रयित्वा P **70.2** शान्तकोपो] $UB^{1pc}L_2$; कान्ते कोपो G_1; प्रसुप्तकोपो P; शान्तको ×वैर्णः अरातयः×प्तो(पोB^{1pc}) B^{1ac}; कांतो कोपो J **70.2** पुनरोद्रोधितः] P; पुनरुद्बोधितः G_1UJ; पुनरुद्बुद्धः B^1L_2 **70.3** शयितः सर्पः] $G_1UB^1L_2J$; शयितसर्पः P **70.4** वाच्य°] UPL_2J; वाम्य° G_1B^1 **70.4** °त्वाद्वैरीति] *conj.*; °त्वाद्वैरि इति $G_1UB^1L_2J$; °त्वाद्वैरिर् इति P **70.4** इति नपुंसक°] UB^1J; इति नपुंसिक° G_1; इ॒ति नपुंसक° L_2 **70.4** °लिङ्गम्] U; °लिङ्गं श्रवाश्रवणं G_1J; °लिङ्गं श्रवश्श्रवणम् PB^1L_2 **70.5** तमेव विक्रममाह] $G_1PB^1L_2J$; *om.* U

यन्निशम्य भवता समर्थये वीर्यशृङ्गमिव भग्नमात्मनः॥ ७१॥

अपरैर्नृपैः प्रथममनारोपितमपि जनकस्य धनुस्त्वं किलाभाङ्क्षीः। यद्भग्नं धनुः श्रुत्वाहं स्वस्य पराक्रममेव शिखरं त्वया भग्नं सम्भावयामि। किलशब्दो ऽसहनगर्भे सत्ये॥ ७१॥

अपि च

अन्यदा जयति राम इत्ययं शब्द उच्चरित एव मामगात्।
व्रीडमावहति मे स साम्प्रतं व्यस्तवृत्तिरुदयोन्मुखे त्वयि॥ ७२॥

पूर्वं रामो जयतीत्ययं शब्द उदीरित एव मामस्पृशत्। मद्विषय एवाभूत्। जयिनो रामान्तरस्याभावादहमेव तस्य वाच्य इत्यर्थः। स शब्दो ऽधुना वृद्ध्युत्सुके त्वयि सति मम लज्जामुत्पादयति। ≪विभागीकृतस्थितिः≫, उभयाश्रयत्वात्॥ ७२॥

बिभ्रतो ऽस्त्रमचले ऽप्यकुण्ठितं द्वौ रिपू मम मतौ समागसौ।
धेनुवत्सहरणात्स हेहयस्त्वं च कीर्तिमपहर्तुमुद्यतः॥ ७३॥

---

71 c. यन्निशम्य] **V**D^{M}B$_{1}^{M}$B$_{2}^{M}$B$_{3}^{M}$B$_{4}^{M}$B$_{5}^{M}$B$_{7}^{M}$Ar.Nā.; यन्नि--- T^{M}; तन्निशम्य V^{M}Hem. Mall.Jin. **72 a.** जयति] **V**D^{M}B$_{1}^{M}$B$_{2}^{M}$B$_{3}^{M}$B$_{5}^{M}$B$_{7}^{M}$Hem.Ar.^{vl}; जगति V^{M}B$_{4}^{M}$Hem.^{vl}Mall.Ar. Nā.Jin. **72 c.** मे] Σ; मां B$_{4}^{M}$ • साम्प्रतं] **V**D^{M}V^{M}B$_{1}^{M}$B$_{2}^{M}$B$_{3}^{M}$B$_{4}^{M}$B$_{5}^{M}$B$_{7}^{M}$; सम्प्रतं B^{1ac}; सम्प्रति T^{M}Hem.Mall.Ar.(?)Nā.Jin. **73 c.** धेनुवत्सहरणात्स हेहयस्] G$_{1}$UB^{1}JD^{M} B$_{1}^{M}$B$_{3}^{M}$B$_{5}^{M}$B$_{7}^{M}$; धेनुवत्सहरणाच्च हेहयस् PB$_{2}^{M}$Ar.Nā.; धेनु---रणात्स हेहयस् L$_{2}$; हेमधेनुहरणात्स हेहयस् B$_{4}^{M}$; धेनुवत्सहरणाच्च हैहयस् Hem.Mall.; धेनुवत्सहरणात्स हैहयस् V^{M}; तातधेनुहरणात्स हैहयस् Jin.

---

72 c^{6}–d^{4} T^{M} **73** d^{8}–d^{11} T^{M}

71.1 अपरैर्नृपैः] *conj.*; अन्यपार्थिवैरपरैर्नृपैः G$_{1}$PB^{1}J; अन्यपार्थिवैरपरैनृपै U; अन्यपार्थिवैरन्यैर्न्नृपैः L$_{2}$ **71.1** प्रथममनारोपितमपि] *conj.*; अन (अनु G$_{1}$J; न U) मितपूर्वं प्रथममनारोपितमपि G$_{1}$UPB^{1}J; अनमितपूर्वं प्रथमनारोपितमपि L$_{2}$ **71.1** धनुस्त्वं] **V**; धनुः P^{ac} **71.1** किलाभाङ्क्षीः] *conj.*; किलाक्षिणोः अभाङ्क्षीः **V** **71.2** धनुः श्रुत्वाहं स्वस्य पराक्रममेव शिखरं त्वया भग्नं] *conj.*; *om.* G$_{1}$(eyeskip); धनुः श्रुत्वा अहं स्वस्य पराक्रममेव शृङ्गं शिखरं त्वया भग्नं UPB^{1}L$_{2}$J **71.2** सम्भावयामि] *conj.*; समर्थये सम्भातयामि **V** **71.3** ऽसहनगर्भे सत्ये] *conj.*; हसनगर्भे सत्ये Σ **71.4** अपि च] placed after verse in **V** **72.1** पूर्वं] *conj.*; अन्यदा पूर्वं **V** **72.1** रामो] G$_{1}$UPB^{1}L$_{2}$; श्रीरामो J **72.1** उदीरित] G$_{1}$UB^{1}L$_{2}$J; उच्चरित उदीरित P **72.1** °स्पृशत्] UPB^{1}; °स्पृश्यत् G$_{1}$J; °स्पृत् L$_{2}$ **72.2** °दहमेव तस्य] G$_{1}$UPB^{1}J; °दहमेतस्य L$_{2}$ **72.3** वृद्ध्युत्सुके] *conj.*; उदयोर्मुखे G$_{1}$; उदयोन्मुखे UB^{1}L$_{2}$J; उदयोन्मुखे वृद्ध्युत्सुके P **72.3** विभागीकृतस्थितिः] *conj.*; व्यस्ता विभागीकृता वृत्तिस्स्थितिर्यस्य **V**

पर्वते क्रौञ्चाख्ये ऽप्यभग्नमस्त्रं वहतो मम द्वौ शत्रू तुल्यापराधौ ज्ञातौ। मया ज्ञातावित्यर्थः। अस्त्रं परशुलक्षणम्। कावित्याह—धेनोर्वत्सहरणाद्धेतोरर्जुनो नाम, अद्य यशोजिहीर्षुस्त्वं च। आयुधोद्घाटनं विभीषिकापरम्। धेनुग्रहणमपराधमहत्त्वसूचनार्थम्। जीवन्मातृको हि तर्णको ह्रियमाणो धेनुं स्वामिनं च नितरां दुःखयति॥ ७३॥

क्षत्रियान्तकरणो ऽपि विक्रम-
स्तेन मामवति नाजिते त्वयि।
पावकस्य महिमा स गण्यते
कक्ष्यवज्ज्वलति सागरे ऽपि यत्॥ ७४॥

अतश्च त्वय्यजिते सति क्षत्रियक्षपकमपि पौरुषं न मां प्रीणयति। यस्मादग्नेः ≪स प्रभावो ज्ञायते≫ यत्तृणानीव समुद्रमपि दहति॥ ७४॥

---

74 b. नाजिते] ŚHem.Mall.Jin.; जीविते Ar.(?)Nā. **74 d.** कक्ष्य°] $G_1UB^{1ac}JV^MB_1^MB_3^MB_7^M$; कक्ष° $PB^{1pc}L_2B_2^MB_4^MB_5^M$**C**; वक्ष्य° D^M • यत्] **V**$D^MV^MB_1^{Mac}B_2^MB_3^MB_4^MB_5^MB_7^M$Hem.; यः B_1^{Mpc}Mall.Ar.(?)Nā.Jin.

---

74 a^1–a^5 T^M

73.1 पर्वते क्रौञ्चाख्ये] *conj.*; अचले क्रौञ्चाख्ये पर्वते G_1U; अचले पर्वते क्रौञ्चाख्ये PB^1; ---ले पर्वते क्रौञ्चाख्ये L_2; अचले क्रौचाख्ये पर्वते J **73.1** °प्यभग्नमस्त्रं] *conj.*; पि अकुण्ठितमभग्नमस्त्रं $G_1PB^1L_2$; अकुण्ठितमनपभग्नं अस्त्रं U; पि अकुंठितमपभग्नमऽस्त्रं J **73.1** मम द्वौ शत्रू] *conj.*; मम द्वौ रिपू शत्रू G_1UPB^1J; ---रिपू शत्रू L_2 **73.1** तुल्यापराधौ] *conj.*; समागसौ तुल्यापराधौ G_1UPL_2J; समागसौ तुल्यापरोधौ B^1 **73.2** ज्ञातौ। मया ज्ञातावित्यर्थः] *conj.*; मतौ ज्ञातौ। मया ज्ञातावित्यर्थः G_1B^1J; सतौ ज्ञातौ मय ज्ञातावित्यर्थः U; ज्ञातौ मया इत्यर्थः P; मतौ मया ---तावित्यर्थः L_2 **73.2** धेनोर्वत्स°] UPB^1L_2J; धेनुर्वत्स° G_1 **73.2** °हरणाद्धेतोः] $G_1PB^1L_2J$; °हरणाद् U **73.2** अर्जुनो] *conj.*; हेहयो ऽर्जुनो $G_1^{pc}UPB^1L_2$; हेयः अर्जुनो $G_1^{ac}J$ **73.3** नाम, अद्य यशोजिहीर्षुस्त्वं च। आयुधोद्घाटनं विभीषिकापरम्] UPL_2; नाम अद्य यशो जिहीर्षुस्तं च। आयुधोद्घटने विभीषिकापरम् G_1; राजा त्वं चाद्ययशोजिहीर्षुः आयुधोद्घाटनं मत्र विभीषिकापरम् B^{3pc}; *om.* B^{1ac}; नाम अद्य यशोजिहीर्षुस्त्वं च आयुधोद्घटनं विभीषिकापरम् J **73.4** धेनुग्रहण°] $G_1UPB^1L_2$; धेनुर्ग्रहण° J **73.4** तर्णको] PB^1L_2; तकर्णो G_1UJ **73.4** धेनुं स्वामिनं च] *conj.* (cf. Ar.); धेनोस्स्वामिनं च G_1; धेनोः स्वामिनं UJ; धेनुमासनं P; धेनुसामिनं B^1; धेनुस्वामिनं L_2 **73.5** दुःखयति] UPB^1J; द्वःखयति G_1; दुखयति L_2 **74.1** °क्षपकमपि पौरुषं] *conj.*; °क्षपको ऽपि विक्रमः पौरुषं **V** **74.1** न मां प्रीणयति] *conj.*; न मामवति प्रीणयति $G_1UPB^1L_2$; नाममवति प्रीणयति J **74.1** यस्मादग्नेः] *conj.*; यस्मात्पावकस्याग्नेः **V** **74.2** स प्रभावो ज्ञायते] *conj.*; स महिमा गण्यते Σ **74.2** यत्तृणानीव समुद्रमपि दहति] P; यत्तृणवत्समुद्रे ऽपि ज्वलति तमपि (तदपि U, तमपि च L_2) दहतीत्यर्थः (र्थाः G_1) $G_1UB^1L_2J$

विद्धि चात्तरसमोजसा हरेरैश्वरं धनुरभाजि यत्त्वया।
खातमूलमनिलो नदीरयैः पातयत्यपि मृदुस्तटद्रुमम्॥ ७५॥

शाम्भवमेतद्धनुर्विष्णुतेजसा गृहीतसारं जानीहि च त्वम्, तादृशं च त्वया भग्नं, न तु स्वशक्त्या, यथा सरित्पूरवेगैरुन्मूलितं तीरतरुं कोमलो ऽपि वायुः पातयति। पूर्वं द्वे धनूरत्ने विश्वकर्मणा निर्मायासुरवधार्थं हरिहरयोर्वितीर्णे। ततो बलजिज्ञासया तयोरन्योन्यं युध्यमानयोर्विष्णुना शाम्भवं धनुर्हुङ्कारेण निर्वीर्यं कृतमित्याख्यानविदः॥ ७५॥

तन्मदीयमिदमाततज्यतां नीयतां विजयसाधनं धनुः।
तिष्ठतु प्रधनमेवमप्यहं तुल्यबाहुतरसा जितस्त्वया॥ ७६॥

---

75 a. ॰रसमोजसा] $G_1UPB^1L_2D^MB_1^MB_3^MB_4^MB_5^MB_7^M$Jin.; ॰रसमौजसा J; ॰बलमोजसा $V^MB_2^M$Hem.Mall.Ar.(?)Nā. **75 b.** धनुरभाजि] Σ; धनुरभञ्जि Ar. **75 d.** पातयत्यपि] Σ; पातयत्यति॰ Ar.(?)Nā. **76 a.** तन्मदीयमिदमाततज्यतां] $UPB^1L_2JV^MB_1^MB_2^MB_3^MB_4^MB_5^MB_7^M$Hem.^{vl}; तन्मदीयमितमात+त+ज्यतां G_1; उन्मदीयमिदमाततज्यतां D^M; तन्मदीयमिदमायुधं ज्यया ℭ **76 b.** नीयतां विजयसाधनं धनुः] $VD^MV^MB_1^MB_2^MB_4^MB_5^MB_7^M$Hem.^{vl}; ---धनुः T^M; सङ्गमय्य सशरं विकृष्यताम् ℭ **76 c.** प्रधन॰] Σ; प्रथन॰ Ar.Nā.

---

75 b^1–c^8 T^M **76** b^{10}–c^4, c^7–c^{11} T^M

75.1 शाम्भवमेत॰] $G_1UPB^1L_2$; शांभवमेव त॰ J **75.1** विष्णुतेजसा] *conj.*; हरेरोजसा विष्णुतेजसा G_1UPB^1; हरेरोजसा L_2; हरेरोजसा विष्णवे तेजसा J **75.1** गृहीतसारं] *conj.*; आतरसं +गृही+तरसं G_1; आत्तरसं गृहीतसारं UPB^1L_2; आतरसं गृहीतसारं J **75.1** जानीहि च] *conj.*; विद्धि जानीहि च $G_1PB^1L_2J$; विद्धि जानीहि U **75.2** स्वशक्त्या] G_1UPB^1; शक्त्या L_2; सुशक्त्या J **75.2** सरित्पूरवेगैरुन्मूलितं] B^1; सरित्पूरवेगैरुन्मीलितं G_1UJ; सरित्पूरगैन्मूलितं P; सरित्पूरे वर्गैरुन्मूलिनं L_2 **75.2** तीरतरुं] $G_1UPB^1L_2$; तीरुतरुं J **75.2** कोमलो] *conj.*; मृद्वकोमलो G_1; मृदुः कोमलो UPB^1L_2; मृदुकोमलो J **75.2** वायुः] *conj.*; अनिलो वायुः G_1UPB^1J; अनिलो वायु L_2 **75.3** पूर्वं] P; *om.* $G_1UB^1L_2J$ **75.3** धनूरत्ने] PB^1L_2; धेनूरत्ने G_1UJ **75.3** विश्वकर्मणा] G_1UPJ; वेधसा B^1; वेधसां विश्वकर्गणा L_2 **75.3** हरिहरयोर्वितीर्णे] PB^1L_2; हरिहयो वितीर्णे G_1; हरिहयो वतीर्णो U; हरिहयोर्वितीर्णे J **75.4** बलजिज्ञासया तयो॰] $PB^{1pc}L_2J$; बलजिज्ञासया उगो॰ G_1; तलिजिज्ञासया तयो॰ UB^{1ac} **75.4** ॰मानयोर्विष्णुना] UPB^1L_2J; ॰मानयो विष्णुना G_1 **75.5** धनुर्हुङ्कारेण निर्वीर्यं] PB^1L_2; धनुर्हङ्कारेणानिवीर्यं G_1; धनुरहङ्कारेण अनिर्वीर्यं U; धनुर्हुंकारेणानिर्वीर्यं J **75.5** ॰त्याख्यानविदः] $G_1PB^{1ac}L_2J$; ॰त्याख्यानमाहुः आख्यानविदः UB^{3pc}

तस्मान्मदीयमिदमरातिपराभवकारणं चापमारोपितगुणं क्रियताम्। नाम्यतामित्यर्थः। युद्धं तावदास्ताम्। एतस्मिन्धनुषि नामिते, अहं त्वया सदृशभुजबलेनाभिभूत एव। चापारोपणमेव मम पराजय इत्यर्थः॥ ७६॥

कातरो ऽसि यदि वोद्गतार्चिषा तर्जितः परशुधारया मम।
ज्याविमर्दकठिनाङ्गुलिर्वृथा बध्यतामभययाचनाञ्जलिः॥ ७७॥

यदि वा मदीयया परश्वधलेखया ज्वलज्ज्वालया भर्त्सितस्त्वं दीनो ऽसि किञ्चिदपि कर्तुं न समर्थः, †तदयमभययाचनार्थमञ्जलिः† क्रियताम्। मौर्वीनिष्पेषेण निरर्थकमेव कठोरा अङ्गुलयो यस्य सः। वृथेति—आयुधाभ्यासस्य ह्यरिपरिभवो मुख्यं कारणम्॥ ७७॥

एवमुक्तवति भीमदर्शने भार्गवे स्मितविकम्पिताधरः।

---

77 c. ज्याविमर्द°] UPB^{1}L$_{2}$JV^{M}B$_{1}^{M}$B$_{2}^{M}$B$_{3}^{M}$B$_{5}^{Mpc}$Hem.Ar.Nā.; ---द° T^{M}; ज्याविमन्द° G$_{1}$; ज्याविमर्दा° B$_{4}^{M}$(unmetrical); ज्याविघात° D^{M}B$_{5}^{Mac}$; ज्यानिघात° Mall.Jin.

---

76 नामिते, अहं] नामि--- L$_{2}$ **77** c^{4}–d^{11} T^{M} **78** a^{1}–a^{3}, d^{5}–d^{11} T^{M}

76.1 तस्मान्मदीय°] *conj.*; तत्तस्मात्मदीय° G$_{1}$; तत्तस्मान्मदीय° UPB^{1}J; तत्तस्मात्कारणा---दीय° L$_{2}$ **76.1** °मारोपितगुणं क्रियताम्] *conj.*; °माततज्यतां नीयताम्। आरोपितगुणं क्रियताम् G$_{1}$UPB^{1}; °माततज्यतां ---तां आरोपितगुणं क्रियताम् L$_{2}$; °मापतज्यतां नीयताम् आरोपितगुणं क्रियताम् J **76.2** नाम्यताम्] PB^{1}L$_{2}$J; नम्यताम् G$_{1}$U **76.2** युद्धं] *conj.*; प्रधनं युद्धं G$_{1}$UPB^{1pc}J; प्रधानं युद्धं B^{1ac}; प्रध--- L$_{2}$ **76.2** तावदास्ताम्] *conj.*; तावत्तिष्ठतु आस्ताम् **V** **76.2** एतस्मिन्धनुषि] P; एवमपि एतस्मिन्धनुषि G$_{1}$UB^{1}L$_{2}$J **76.3** सदृशभुजबलेनाभिभूत] *conj.*; तुल्यबाहुतरसा सदृशभुजबलेन जितो ऽभिभूत G$_{1}$UPB^{1}; तुल्यबाहुतरसा सदृशभुजबलेन जितो--- L$_{2}$; तुल्यः बहुतरसा सदृशभुजबलेन जितोभिभूत J **76.3** चापारोपणमेव] G$_{1}$UJ; चापरोपणमेव PB^{1}L$_{2}$ **77.1** मदीयया परश्वधलेखया] *conj.*; मदीयपरशुधारया G$_{1}$L$_{2}$J; पदीयपरशुधारया U; मदीयधारया परश्वधलेखया P; मदीयपरश्वधधारया B^{1} **77.1** ज्वलज्ज्वालया] UPB^{1}J; ज्वलज्ज्वलया G$_{1}$L$_{2}$ **77.1** भर्त्सितस्त्वं] *conj.*; तर्जितो भर्त्सितस्त्वं **V** **77.1** दीनो ऽसि] *conj.*; कातरो दीनो ऽसि **V** **77.2** कर्तुं] PB^{1}L$_{2}$; *om.* G$_{1}$UJ **77.2** तदयमभययाचनार्थमञ्जलिः क्रियताम्] *conj.*; तदभययाचनार्थमञ्जलिर्बध्यतां क्रियताम् G$_{1}$UJ; तदयमभययाचनार्थं अञ्जलिर्बध्यतां P; तदयभययाचनार्थमञ्जलिन्बध्यतां क्रियताम् B^{1}; उदयभययाचनार्थमञ्जलिं बध्यता L$_{2}$ **77.3** मौर्वीनिष्पेषेण] *conj.*; ज्याविमर्देन मौर्वीनिष्पेषेण G$_{1}$PL$_{2}$J; ज्याविमर्दनमौर्वीनिष्पेषेण U; ज्याविमन्देन मौर्वीनिष्पेषेण B^{1} **77.3** निरर्थकमेव कठोरा] *conj.*; वृथा निरर्थकमेव कठिनाः कठोरा G$_{1}$UPB^{1}L$_{2}$; वृथा निरर्थकमेव कठिना कुठोरा J **77.4** °भ्यासस्य ह्यरिपरिभवो] B^{1}L$_{2}^{pc}$; °भ्यासस्य ह्यपरिभवः G$_{1}$; °भ्यासो भावो हि परिभवस्य U; °भ्यासस्य ह्यपराभवः P; °भ्यासस्य +ह्य+रिपरिभवः L$_{2}$; °भ्याससह्यपरिभवः J

तद्धनुर्ग्रहणमेव राघवः प्रत्यपद्यत समर्थमुत्तरम्॥ ७८॥

जामदग्न्ये सकोप †एवमुक्तवति सति† रामस्तदीयचापारोपणमेवानुरूपं प्रत्युत्तरमङ्गीचकार। कातरो ऽसीति भार्गवेणोक्तत्वाद् ≪हसितवेपितोष्ठः≫ स्मयमानः। न हि पौरुषयुक्ताः कत्थन्त इत्याशयः॥ ७८॥

पूर्वजन्मधनुषा समागतः
सो ऽतिमात्रलघुदर्शनो ऽभवत्।
केवलो ऽपि सुभगो नवाम्बुदः
किं पुनस्त्रिदशचापलाञ्छितः॥ ७९॥

तेन जननान्तरचापेन संयुक्तो राघवो ऽतितरां प्रियदर्शनो ऽभूत्। युक्तं चैतत्। यतः केवलो ऽपि वर्षाजलधरो मनोज्ञः, किं पुनरिन्द्रचापचिह्नितः॥ ७९॥

तेन भूमिनिहितैककोटिना कार्मुकं च बलिनाधिरोपितम्।
प्राप वर्णविकृतिं च भार्गवो वृष्टिधौत इव वासवध्वजः॥ ८०॥

---

79 d. °लाञ्छितः] $VV^M B_1^M B_2^M B_3^M B_4^M B_7^M$ Mall.Ar.(?)Nā.Jin.; °लाञ्छनः $D^M B_5^M$ Hem. **80 a.** °निहितैककोटिना] $VV^M B_1^M B_2^M B_3^{Mpc} B_4^M B_5^M B_7^M$ Hem.Jin.; ---मितैककोटिना T^M; °निहितैककोदिना D^M °निहितैककोना B_3^{Mac}; °निहितैककोटि तत् Mall.; °निमितैककोटि तत् Ar.Nā. **80 cd.** प्राप वर्णविकृतिं च भार्गवो वृष्टिधौत इव वासवध्वजः] $VV^M B_1^M B_2^M B_3^M B_4^M B_5^M B_7^M$ Hem.^{vl} Ar.^{vl} Jin.; प्राप वर्णविकृतिं च भा--- T^M; निष्प्रभश्च रिपुरास भूभृतां धूमशेष इव धूमकेतनः Hem.Mall.Ar.Nā.

---

79 a^1–b^6 T^M **80** a^6–c^9 T^M

78.1 जामदग्न्ये] *conj.*; भार्गवे जामदग्न्ये G_1UJ; भार्गवे PB^1L_2 **78.1** सकोप] *conj.*; भीमदर्शने सकोपे **V** **78.1** राम°] $G_1UB^1L_2$; श्रीराम° J **78.2** अनुरूपं प्रत्युत्तरमङ्गीचकार] *conj.* (cf. Jin.); समर्थमनुरूपमुत्तरम् प्रतिपद्यताङ्गीचकार G_1; समर्थमनुरूपमुत्तरम् प्रत्यपद्यताङ्गीचकार UPB^1L_2; समर्थमनुरूपमुत्तरं प्रतिपद्यतामंगीचकार J **78.2** कातरो ऽसीति] UPB^1L_2J; कातरोसि G_1 **78.3** हसितवेपितोष्ठः स्मयमानः] *conj.*; स्मितविकम्पिताधरः स्मयमानः $G_1UB^1L_2J$; स्मितविकम्पिताधरः हसितेन वेपितः ओष्ठो येन स्मयमानः P **78.3** पौरुषयुक्ताः कत्थन्त] PB^1; पौरुषयुक्तः कत्थने G_1J; पौरुषयुक्तः कत्थते U, पौरुषयुताः कत्थने L_2 **79.1** जननान्तर°] UPB^1L_2; जनान्तरे G_1J **79.1** संयुक्तो] *conj.*; समागतः संयुक्तो **V** **79.2** यतः] $G_1PB^1L_2J$; यथा U **79.2** वर्षाजलधरो] *conj.*; नवाम्बुचो वर्षाजलधरो G_1; नवाम्बुदो वर्षाजलधरो UB^1J; नवाम्बुदो जलदो P; नवाम्बुदो वर्षजलधरो L_2

यदा च राघवेण ≪बलिष्ठेन≫ धनुरवनमितम्, तदैव पराजयवशात् ≪परशुरामो≫ मुखमालिन्यमवाप। †भूमौ निहिता एका कोटिः प्रान्तो येन†। आसारक्षालित इन्द्रचापो यथा धूसरत्वं प्राप्नोति। स हि पूर्वमनेकरागरमणीयो भवति॥ ८०॥

तावुभावपि परस्परं स्थितौ वर्धमानपरिहीनतेजसौ।
पश्यति स्म जनता दिनक्षये पार्वणौ शशिदिवाकराविव॥ ८१॥

तावुभावपि रामभार्गवौ सर्वलोक ऐक्षिष्ट यथाक्रमं बहुलक्षीणकान्ती सह सम्मुखं स्थितौ। भार्गवं हीनतेजसमालोक्य राघवो वर्धमानतेजाः संवृत्तः, तमपि महाद्युतिकमीक्षित्वा मुनिरल्पतेजाः स्थितः। परस्परशब्दो ऽत्र सहार्थः। यदि वा परस्परमन्योन्यस्माद्वर्धमानपरिहीनतेजसौ स्थिताविति योज्यम्। सन्ध्यासमये पौर्णमास्याम्भवाविन्दुसूर्याविव॥ ८१॥

तं कृपामृदुरवेक्ष्य भार्गवं राघवः स्खलितवीर्यमात्मनि।
स्वं च संहितममोघमाशुगं व्याजहार हरसूनुसन्निभः॥ ८२॥

---

81 a. परस्परं] Hem.Ar.Nā.; परस्पर° ŚMall.Jin. **81 c.** दिनक्षये] G_1UPJ$V^M B_2^M B_3^M B_5^M B_7^M$; दिनात्यये $B^1 L_2 T^M B_1^M B_4^M$**C**; दिदक्षये D^M **82 c.** °मोघमाशुगं] **V**$D^M V^M B_2^M B_3^M B_4^M B_5^M B_7^M$Mall.Ar.Nā.; °मोघसायकं B_1^M (supported by Mahimabhaṭṭa); °वन्ध्यमाशुगं Hem. (Jin. uncertain)

---

80 तदैव पराजयवशात्] तदै---जयवशाद् L_2 **81** b^7–d^8 T^M **82** c^9–d^{11} T^M

80.1 यदा च राघवेण] *em.*; यदा च राघवेन $G_1 U B^1 L_2$; यदा च राघवेनण P; यदि च श्रीरामेण J **80.1** बलिष्ठेन] *conj.* (cf. Jin.); भूमावेकां कोटिं प्रान्तं निधाय बलेन $G_1 U B^1$; भूमा--- कोटिं प्रान्तं निधाय बलेन L_2; भूमामेकां कोटिं प्रान्तं निधाय बलेन J; *om.* P **80.1** धनुरवनमितम्] $G_1 P B^1 L_2$J; धनुरवनामितम् U **80.2** परशुरामो मुखमालिन्यमवाप] *conj.* (cf. Jin.); भार्गवो वर्णविकृतिं मुखमालिन्यं प्राप $G_1 U P B^1 L_2$; भार्गवो वर्णविकृतिं च मुखमालिन्यं प्राप J **80.2** भूमौ निहिता] $G_1 U P B^1$J; ---नीतिता L_2 **80.3** °क्षालित] G_1UPJ; °क्षालिता B^1; °लक्षित L_2 **81.1** रामभार्गवौ] $G_1 U P B^1 L_2$; श्रीरामभार्गवरामौ J **81.1** सर्वलोक ऐक्षिष्ट] $G_1 P B^1 L_2$J; सर्वलोका ऐक्षिष्यन्त U **81.1** बहुलक्षीणकान्ती] *conj.*; वर्धमानपरिहीनतेजसौ बहुलक्षीणकान्ती **V** **81.2** सह सम्मुखं स्थितौ] *conj.*; परस्परस्थितौ सह सम्मुखं स्थितौ $G_1 P L_2$J; परस्परस्थितौ सह सम्मुखस्थितौ U; परस्परस्थितौ सह सम्मुखे स्थितौ B^1 **81.3** राघवो वर्धमानतेजाः संवृत्तः, तमपि महाद्युतिकमीक्षित्वा] *conj.*; *om.* $G_1 U B^1 L_2$J(eyeskip); राघवो वर्धमानतेजाः संवृत्तः तमपि मद्युतिकमीक्षित्वा P **81.3** मुनिरल्पतेजाः] $P B^1 L_2$; मनुरल्पतेजाः G_1J; रामो ऽनल्पतेजाः U

करुणाकोमलो राघवः तं भार्गवमात्मन्येव प्रतिहतपराक्रममालोक्य निजं च शरं चापे योजितं सफलं विचार्यावादीत्। कारुण्याद्वृथाशरसन्धानेन च दूयमान इत्यर्थः। कुमारतुल्यपराक्रमः॥ ८२॥

न प्रहर्तुमलमस्मि निर्दयं
विप्र इत्यभिभवत्यपि त्वयि।
शंस किं गतिमनेन पत्त्रिणा
हन्मि लोकमथ ते मखार्जितम्॥ ८३॥

अहं निर्घृणं यथा भवति तथा त्वयि बाधितुं न शक्तः परिभवं कुर्वाणे ऽपि यतो ब्राह्मणो ऽसि। अयं च वैष्णवः शरो न मोघो भवितुमर्हति। तदाख्याहि। किमनेन «बाणेन» गतिवैकल्यं करवाणि, अथवा तव यज्ञार्जितं स्वर्गं नाशयामीति॥ ८३॥

प्रत्युवाच तमृषिर्न तत्त्वत-
स्त्वां न वेद्मि पुरुषं पुरातनम्।
गां गतस्य तव धाम वैष्णवं
कोपितो ह्यसि मया दिदृक्षुणा॥ ८४॥

---

83 d. लोकमथ] ŚHem.Jin.; लोकमुत Mall.Ar.(?)Nā. **84 d.** मया दिदृक्षुणा] G_1UPJD^M $B_3^M B_5^M B_7^M$ℭ (Jin. uncertain); दिदृक्षुणा मया $B^1 L_2 V^M B_1^M B_2^M B_4^M$

---

83 a^1–a^9 T^M **84** a^1–b^3, b^5, b^7–b^9 T^M

82.1 करुणाकोमलो] *conj.*; कृपामृदुः करुणाकोमलो **V** **82.1** राघवः] $G_1 U B^1 L_2$; श्रीराघवः J **82.2** योजितं सफलं] *conj.*; योजितममोघं सफलं $G_1 U B^1 L_2$J; रोपितं योजितममोघं सफलम् P **82.2** °वादीत्] U; °वदीत् $G_1 P B^1 L_2$J **82.2** कारुण्याद्वृथाशरसन्धानेन च] UPB^1; कारुण्याद्वृथशरसन्धानेन G_1; कारुण्यात् वृथशरसंधानेन च L_2J **82.3** दूयमान] G_1UJ; धूयमान P; दूयमाना $B^1 L_2$ **82.3** कुमारतुल्यपराक्रमः] *conj.*; हरसूनुसन्निभः कुमारतुल्यपराक्रमः **V** **83.1** निर्घृणं] *conj.*; निदय $G_1 U B^1 L_2$J; निर्दयं निर्घृणं P **83.1** त्वयि बाधितुं] *conj.*; त्वयि प्रहर्तुं बाधितुं $G_1 P B^1$J; प्रहर्तुं बाधितुं U; त्वयि प्रहर्तुं बाधितुं L_2 **83.1** न शक्तः परिभवं] *conj.*; नालमस्मि न शक्तः परिभवं $G_1 B^1$J; नालमस्मि न शक्तः परिभवे L_2 **83.1** कुर्वाणे] $G_1 P B^1 L_2$J; कुर्वाणो U **83.2** वैष्णवः शरो] $G_1 U B^1 L_2$J; वैष्णवशरो P **83.3** बाणेन गतिवैकल्यं] *conj.* (cf. Jin.); पत्त्रिणा गतिवैकल्यं $G_1 P B^1 L_2$J; पत्त्रिणा गतिं कैवल्यं U **83.3** स्वर्गं] *conj.*; लोकं स्वर्गं **V**

भार्गवो राघवं प्रत्यब्रवीत्। अहं त्वां सनातनं पुरुषं नारायणाख्यं परमार्थतो न न जाने, जान एव। किन्तु भुवमवतीर्णस्य तव दिव्यं तेजो द्रष्टुमिच्छुना जानानेनापि मया ≪रोषितो≫ ऽसि। कोपं विना कथं धनुर्भङ्गो भवेत्॥ ८४॥

भस्मसात्कृतवतः पितृद्विषः
पात्रसाच्च वसुधां ससागराम्।
आहितो जयविपर्ययो ऽपि मे
श्लाघ्य एव परमेष्ठिना त्वया॥ ८५॥

मम त्वया पराजयो ऽपि स्तुत्य एव कृतः, न व्रीडावहः। यतस्त्वं सर्वोत्कृष्टः। कीदृशस्य मम। क्षत्रियान् दग्धान् कृतवत इति वीर्यवत्त्वोक्तिः। समुद्रसहितां भुवं पात्राधीनां कृतवत इति दातृत्वकथनम्। रामस्योत्कर्षप्रतिपादनाच्चात्मस्तुतिरप्येवंविधा भार्गवस्य न विरुद्धा। क्षत्रियानुन्मूल्य यज्ञे भार्गवेण कश्यपाय भूः प्रतिपादितेत्यागमः। भस्मसादिति 'विभाषा साति कार्त्स्न्ये', पात्रसादि-

---

85 b. पात्रसाच्च] $\mathbf{V}D^M V^M B_1^M B_2^M B_3^M B_5^M B_7^M$ Mall.Ar.Nā.Jin.; विप्रसाच्च B_4^M Hem.

---

85 a^7–b^2 T^M

85.5 विभाषा साति कार्त्स्न्ये *Aṣṭādhyāyī* 5.4.52.

84.1 भार्गवो राघवं] *conj.*; ऋषिर्भार्गवस्तं राघवं $G_1UPB^1L_2$; ऋषिर्भार्गवस्तं श्रीराघवं J **84.1** सनातनं] *conj.*; पुरातनं G_1; पुराणं सनातनं U; पुरातनं सनातनं PB^1L_2J **84.2** न न जाने, जान] P; जाने न जाने $G_1B^1L_2J$; जातं न जाने U **84.2** दिव्यं तेजो] *conj.*; वैष्णवं दिव्यं तेजो G_1UPB^1J; धाम वैष्णवं तेजो दिव्यं L_2 **84.3** जानानेनापि] PB^1L_2J; जानामि नापि G_1; ज्ञानेनापि U **84.3** रोषितो ऽसि] *conj.* (cf. Jin.); कोपितो ऽसि UPB^1L_2J; कोपितो स्मि G_1 **84.3** कोपं] UP; कोपि $G_1B^1L_2$; कोपो J **85.1** स्तुत्य] *conj.*; श्लाघ्यः स्तुत्य $G_1UB^1L_2J$; कृतः श्लाघ्यः स्तुत्य P **85.1** एव कृतः] *conj.*; एवाहितः कृतः G_1UPB^1J; एव हितः कृतः L_2 **85.1** सर्वोत्कृष्टः] *conj.*; परमेष्ठी सर्वोत्कृष्टः $G_1UPB^1L_2$; परमेष्टी सर्वोत्कृष्टः J **85.2** क्षत्रियान् दग्धान्] *conj.*; पितृद्विषः क्षत्रियान्भस्मसाद्दग्धा G_1B^{1ac}; पितृद्विषः क्षत्रियान् भस्मसाद्दग्धान् $UPB^{1pc}J$; +पि+तृद्विषः क्षत्रियान्भस्मस्मसाद्दग्धान् L_2 **85.2** वीर्यवत्त्वोक्तिः। समुद्रसहितां भुवं पात्राधीनां कृतवत इति] *om.* U(eyeskip) **85.3** पात्राधीनां] PB^{1pc}; पात्रादीनां $G_1B^{1ac}L_2J$ **85.3** दातृत्वकथनम्] $G_1B^1L_2J$; दतृत्वकथनम् U; धातृत्वकथनं P **85.4** रामस्योत्कर्षप्रतिपादनाच्चा°] $G_1UPB^1L_2$; श्रीरामस्योत्कर्षप्रतिपादनाश्चा° J **85.4** क्षत्रियानुन्मूल्य] P; क्षत्रियानुकूल्ये G_1U; क्षत्रियानुकूले B^1L_2; क्षन्त्रा(?)यानुकूले J **85.5** भार्गवेण कश्यपाय भूः] P; तेन कश्यपाय भूयः G_1J; तेन काश्यपाय भूयः U; तेन कश्यपाय भूः B^1; तेन कश्यपाय भू L_2 **85.5** साति कार्त्स्न्ये] G_1P; कार्त्स्न्ये साति U; सातिः कार्त्स्न्ये B^1; सातिः का--- L_2; सातिः कार्त्स्ये J

ति तु ‘तदधीनवचने’ इति॥ ८५॥

तद्गतिं गतिमतां वरेप्सितां
पुण्यतीर्थगमनाय रक्ष मे।
पीडयिष्यति न मां खिलीकृता
स्वर्गसङ्गतिरभोगलोलुभम्॥ ८६॥

पुरुषाणामुत्तम तस्माच्चरणगमनं मम पवित्रतीर्थभ्रमणाय ≪पालया≫भिप्रेतम्, यतो गतिविकलस्य मे निजस्थानमहेन्द्रपर्वतगमनमेव दुर्घटम्। स्वर्गसङ्गमो नाशितो न मां व्यथयिष्यति, यतो ऽहं जितेन्द्रियत्वाद्विषयानभिलाषी। तस्मात्सुकृतार्जितांल्लोकान् मम जहि॥ ८६॥

प्रत्यपद्यत तथेति राघवः
प्राङ्मुखश्च विससर्ज सायकम्।

---

86 a. तद्गतिं गतिमतां] G_1UPB^1J$B_4^M B_7^M$Ar.Nā.; तद्गतिं --- मतिमतां L_2; उद्गतिं मतिमतां D^M; तद्गतिं मतिमतां $V^M B_1^M B_2^M B_3^M B_5^{Mpc}$Hem.Mall.Jin.; तद्गतिं ×तिमतां B_5^{Mac} **86 c.** मां] G_1U$B^1 L_2$J$T^M D^M V^M B_1^M B_2^M B_3^M B_4^M B_5^M B_7^M$Hem.Mall.Jin.; मा PAr.(?)Nā. **86 d.** °सङ्गतिरभोगलोलुभम्] G_1UPJ$B_2^M B_3^M B_4^M B_5^M B_7^M$; °सङ्गतिरभोगलोलुभाम् B^1; °सङ्गतिरभोग---लभम् L_2; °सङ्गतिरभोगलोलुपम् $D^M V^M B_1^M$Jin.; °पद्धतिरभोगलोलुभम् Hem.Ar.Nā.; °पद्धतिरभोगलोलुपम् Mall.

---

86 a^{11}–d^2 T^M

85.6 तदधीनवचने *Aṣṭādhyāyī* 5.4.54.

85.6 तदधीनवचने इति] UP$B^1 L_2$J; तधीतवचने इति G_1 **86.1** पुरुषाणामुत्तम] P; हे गतिमतां वर पुरुषाणामुत्तम $G_1 B^1$; हे मतिमतिवर पुरुषश्रेष्ठ U; हे मतिमतां वर पुरुषाणामुत्तम L_2; हे गतिमतां वर पुरुषाणामुत्तम श्रीराम J **86.1** तस्माच्चरणगमनं] *conj.*; तत्तस्माद्गतिं चरणगमनं G_1UPB^1J; ---स्माद्गतिं चरणगमनं L_2 **86.1** मम] G_1P$B^1 L_2$J; मे U **86.1** पवित्र°] G_1UPB^1J; पवित्री° L_2 **86.1** पालयाभिप्रेतम्] *conj.*; रक्षाभिप्रेतम् P$B^1 L_2$; रक्ष अभिप्रीतां G_1UJ **86.2** गतिविकलस्य] P$B^1 L_2$; गतिविकस्य G_1J; गतिविकारस्य U **86.2** निजस्थान°] G_1PL_2J; निजस्थान UB^1 **86.3** स्वर्गसङ्गमो नाशितो न मां] G_1UJ; स्वर्गसङ्गमस्तु नाशितो ऽपि मां न PB^1; सुर्गसङ्गमस्तु राशितो पि मां न L_2 **86.3** व्यथयिष्यति] G_1PB^1J; व्यथयति U; व्ययिष्यति L_2 **86.3** विषयानभिलाषी] *conj.*; अभोगलोलुभा न विषयाभिलाषी G_1J; अभोगलोलुभः न विषयाभिलाषी U; अभोगलोलुभः विषयानभिलाषी P$B^1 L_2$ **86.4** सुकृतार्जितांल्लोकान्] P$B^1 L_2$; सुकृतैर्जितांल्लोकान् G_1J; सुकृतैर्लोकान् U

भार्गवस्य सुकृतो ऽपि सो ऽभवत्
स्वर्गमार्गपरिघो दुरत्ययः॥ ८७॥

दाशरथिः 'एवं करिष्ये' इति मुनिवचनमङ्गीचकार, पूर्वाभिमुखः पूर्वस्यां दिशि शरमक्षिपच्च। स च शरो जामदग्न्यस्य पुण्यकरणपात्रस्यापि स्वर्गलोकद्वारार्गलो दुर्निवार आसीत्, अद्यापि प्रवेशनिरोधात्। शक्रलोकस्य पौरस्त्यत्वात्सायकस्य प्राङ्मुखीभूय क्षेपः॥ ८७॥

राघवो ऽथ चरणौ तपोनिधेः क्षम्यतामिति वदन्समस्पृशत्।
निर्जितेषु तरसा तरस्विनां शत्रुषु प्रणतिरेव शोभते॥ ८८॥

अनन्तरं दाशरथिर्मुनेर्भार्गवस्य क्षम्यतामिति ब्रुवन् पादयोरपतत्। यस्माद्बलवतां बलेनाभिभूतेषु रिपुषु पेशलतैव शोभते॥ ८८॥

साधयाम्यहमविघ्नमस्तु ते देवकार्यमुपपादयिष्यतः।
ऊचिवानिति वचः सलक्ष्मणं लक्ष्मणाग्रजमृषिस्तिरोदधे॥ ८९॥

भार्गवो लक्ष्मणसहितं तदग्रजं राघवमित्थं वदन्नन्तर्दधे। किमूचिवानित्याह

---

88 a. ऽथ] **V**$D^M V^M B_1^M B_2^M B_3^M B_4^M B_5^M B_7^M$Hem.Jin.; ऽपि B_5^{Mac}Mall.Ar.(?)Nā. (B_5^{Mac} uncertain) **88 d. शोभते**] $PB^1L_2JT^MD^MV^MB_1^MB_2^MB_3^MB_4^MB_5^MB_7^M$Jin.; शोभिते G_1; कीर्तये Hem.Mall.Ar.(?)Nā. **89 .**] Swapped with 90 in $T^MB_2^MB_5^M$**C**. **89 c. वचः**] $G_1B^1L_2V^MB_1^MB_2^MB_4^MB_5^M$Mall.Ar.(?)Nā.; ततः $UPJD^MB_3^MB_7^M$Hem. (Jin. uncertain)

---

87 c^7–d^{11} T^M **88** a^1, d^6–d^{11} T^M **88** U accidentally repeats *pāda* b in place of d. **89** a^4–b^{11} T^M

87.1 दाशरथिः] *conj.*; राघव $G_1UPB^1L_2$; श्रीराघव J **87.1 पूर्वाभिमुखः**] $G_1UPB^1L_2$; प्राङ्मुखः पूर्वाभिमुखः J **87.2 स च शरो**] $G_1PB^1L_2$; स दाशरथिशरो U; स च सायको J **87.2 पुण्यकरणपात्रस्यापि**] *conj.*; पुण्यकृतो ऽपि $G_1B^1L_2J$; पुण्यकृत्यो ऽपि U; च पुण्यकृतो ऽपि पुण्यकरणपात्रस्यापि P **87.3 दुर्निवार आसीत्**] *conj.*; दुरत्ययो दुन्निवार आसीत् G_1B^1; दुरत्ययो दुर्निवार आसीत् PL_2J; दुरत्ययो दुर्निवारितः U **87.4 प्राङ्मुखी°**] $PB^{1ac}L_2$; पराङ्मुखी° $G_1UB^{1pc}J$ **87.4 क्षेपः**] UPB^1L_2; क्षीपः G_1J **88.1 अनन्तरं**] *conj.*; अथानन्तरं $G_1UPB^1L_2$; अथांतरं J **88.1 क्षम्यतामिति**] UPB^1L_2J; क्षमितामिति G_1 **88.1 पादयोरपतत्**] *conj.*; चरणौ समस्पृशत् पादयोरपतत् **V** **88.2 बलेनाभिभूतेषु**] U; बलेन निर्जितेष्वभिभूतेषु G_1J; बलेन निर्जितेषु PB^1; बले बलेन निर्जितेषु L_2 **88.2 पेशलतैव**] *conj.*; प्रणतिः पेशलतैव G_1PB^1J; प्रणतिः U; प्रणमितः पंसलतव L_2 **88.2 शोभते**] UPB^1L_2J; शोभिते G_1 **89.1 भार्गवो**] *conj.*; ऋषिर्भार्गवो G_1UPB^1J; ऋषिभार्गवो L_2 **89.1 तदग्रजं**] $G_1^{pc}UB^1L_2$; तदजं G_1^{pc}; तदग्रजं श्री° J

यस्मान्मां क्षमयसि तस्मादहं व्रजामि। तव च राक्षसवधं चिकीर्षतो विघ्नो माभूदिति॥ ८९॥

कुत एवमुक्तवानित्याह

राजसत्वमवधूय मातृकं पित्र्यमस्मि गमितः शमं यतः।
नन्वनिन्दितफलो मम त्वया निग्रहो ऽप्ययमनुग्रहीकृतः॥ ९०॥

यस्माज्जननीकुलागतं क्षत्तृजातं राजसभावं क्रोधलक्षणं तिरस्कृत्य पितृक्रमोचितं शममेव त्वयाहं प्रापितः। माता ह्यस्य रेणुका क्षत्रिया। पिता तु जमदग्निर्ब्राह्मणः। शमप्राप्तिश्च तत आरभ्य निर्वैरत्वात्। तस्मात्पराजयो ऽप्यसौ स्तुत्यफलः प्रसादरूप एव मम त्वया विहितः। रजसो विकारो राजसः। अथवा रजसा चरतीति राजसः॥ ९०॥

तस्मिन्गते विजयिनं परिरभ्य रामं
स्नेहादमन्यत पिता पुनरेव जातम्।
तस्याभवत्क्षणशुचः परितोषलाभः

---

90 b. यतः] $G_1PB^1L_2JB_1^MB_3^MB_4^MB_5^MB_7^M$Jin.; यदा $UD^MB_2^M$Hem.Mall.Ar.Nā. **91 c.** तस्याभवत्क्षणशुचः] $G_1UL_2JT^MV^MB_1^MB_2^MB_3^MB_4^MB_5^MB_7^M$Hem.Mall.Ar.(?)Nā.; तस्याप्यभूत्क्षणशुचः P; तस्याभवत्क्षणशुभः B^1; तस्याभवत्क्षणशुच D^M; तस्याभवद्गतशुचः Jin.

---

89 क्षमयसि] ---सि L_2 **90 .** V^M skips this verse. a^1–b^2 T^M **91** b^{11}–c^8 T^M

89.2 व्रजामि] *conj.*; साधयामि व्रजामि G_1UPB^1J; साधयामि L_2 **89.2** तव च] $G_1PB^1L_2J$; तव U **89.2** राक्षसवधं चिकीर्षतो] *conj.*; देवकार्यं राक्षसवधमुप(द G_1J)पादयिष्यतश्चिकीर्षतो G_1UPB^1J; देवकार्यं राक्षस---पपादयिष्यतश्चिकीर्षतो L_2 **89.4** कुत एवमुक्तवानित्याह] G_1UB^1J; कुतएवमाह इत्याह P; कुत---माहेत्याह L_2 **90.1** यस्माज्जननीकुलागतं क्षत्तृजातं] *conj.*; यस्मान्मा(त्मा G_1)तृकं जननीकुलागतं $G_1UB^1L_2J$; यस्मान्मातृकं जननीकुलागतं क्षत्तृजातं P **90.1** °भावं] $G_1PB^1L_2$; °भाव° UJ **90.1** °लक्षणं] G_1UB^1J; °लक्ष्मणं L_2 **90.2** पितृक्रमोचितं] $G_1UB^1L_2J$; पितृकुलोचितं P **90.3** जमदग्निर्ब्राह्मणः] P; जामदग्निर्ब्राह्मणः $G_1B^1L_2$; जामदग्निब्राह्मणः U; जामदग्निः ब्रह्मणः J **90.3** शमप्राप्तिश्च] G_1UPL_2J; शमं प्राप्तिश्च B^1 **90.3** तत आरभ्य] G_1UPB^1J; तत्र आरभ्यः L_2 **90.3** निर्वैरत्वात्] $G_1PB^1L_2J$; निर्वैरात् U **90.3** तस्मात्पराजयो] *conj.*; तस्मान्निग्रहः पराजयो **V** **90.4** प्रसादरूप] *conj.*; अनुग्रहीकृतः प्रसादरूप **V** **90.4** विहितः] P; कृतः G_1UB^1J; क्षतः L_2 **90.4** रजसो] UPB^1L_2J; राजसो G_1 **90.5** अथवा] $G_1PB^1L_2J$; अथ U **90.5** चरतीति राजसः] $G_1PB^1L_2J$; चरतीति राजसः॥ ९०॥ युगलकं U

कक्षाग्निलङ्घिततरोरिव वृष्टिसेकः॥ ९१॥

भार्गवे महेन्द्राद्रिं याते सति दशरथः प्राप्तजयं तनयमालिङ्ग्य स्नेहवशाङ्गूयो जातमबुद्ध, मृत्युमुखनिर्याणात्। अतश्च पूर्वं मुहूर्तमात्रमुद्विग्नस्य सतः पश्चाद्धर्षप्राप्तिस्तृणानलाक्रान्तस्य वृक्षस्यासारपातनिभो ऽभवत्। वसन्ततिलकम्॥ ९१॥

अथ पथि गमयित्वा क्लृप्तरम्योपकार्ये
कतिचिदवनिपालः शर्वरीः शर्वकल्पः।
पुरमविशदयोध्यां मैथिलीदर्शनीनां
कुवलयितगवाक्षां लोचनैरङ्गनानाम्॥ ९२॥

अनन्तरं रचितपरार्ध्यपटकुटीके ऽध्वनि पञ्च वा षड् वा निशा अतिवाह्य शर्वनिभो भूपतिरयोध्यां पुरीं प्राविक्षत्। सीताविलोकिनीनां ≪वनितानां नय-

---

91 d. कक्षा°] $G_1PB^M_1B^M_2B^M_3B^M_5B^M_7$Hem.Mall.Ar.(?)Nā.Jin.; कक्ष्या° $UB^1L_2V^MB^M_4$; वक्ष्या° D^M; काला° J • वृष्टिसेकः] P; वृष्टिपातः $G_1UB^1L_2JD^MV^MB^M_1B^M_2B^M_3B^M_4B^M_5B^M_7$𝕮 **92 a.** °पकार्ये] $G_1UPL_2D^MV^MB^M_1B^M_3B^M_5B^M_7$Hem.Mall.Jin.; °पकारे $B^1B^M_2B^M_4$; °पकार्षे J; °पकर्ये Ar.(?)Nā. **92 c.** पुरम्] Σ; पुनर् P • °दर्शनीनां] $G_1B^1L_2JD^MB^M_1B^M_2B^M_3B^M_4B^M_5B^M_7$Hem.Mall.Jin.; °दार्शनीना U; °दर्शिनीनां PAr.Nā.

---

92 b^{14}–c^3 T^M

91.1 भार्गवे] *conj.*; तस्मिन्भार्गवे **V** **91.1** याते] G_1UJ; गते PB^1L_2 **91.1** तनयमालिङ्ग्य] *conj.*; रामं तनयमालिङ्ग्य $G_1PB^1L_2$; रामं तनयं आलिङ्ग्य U; श्रीरामं तनयमालिंग्य J **91.2** मृत्यु°] $G_1UB^1L_2J$; भार्गवमृत्यु° P **91.3** पश्चाद्धर्षप्राप्तिस्] *conj.*; पश्चात् परितोषलाभः हर्षप्राप्तिः $G_1UB^{1pc}J$; पश्चात् परितोषलाभः $PB^{1ac}L_2$ **91.3** तृणानलाक्रान्तस्य] *conj.*; कक्ष्यानलाक्रान्तस्य G_1UB^1; कक्षानलाक्रान्तस्य PJ; कक्ष्यानलाक्षान्तस्य L_2 **91.4** वसन्ततिलकम्] G_1UPJ; वसन्ततिलकं वृत्तम् B^1L_2 **92.1** अनन्तरं] *conj.*; अथानन्तरं **V** **92.1** रचितपरार्ध्यपटकुटीके] *conj.* (cf. Jin.); क्लृप्तरम्योपकार्ये रचितपरापरा(परापर G_1; परस्परा U)र्ध्यपटकुटीके $G_1^{pc}UJ$; क्लृप्तरम्योपकार्ये ×कतिचिदवनिपाल× रचितपरापरर्ध्यपटकुटीके G_1; क्लृप्तरम्योपकारे रचितपरार्ध्यपुटकुटीके P; क्लृप्तरम्योपकारे रचितपरापरार्ध्यपटकुटीके B^1; क्लृप्तरम्योपकारे रचितपरपराम्यपटकुटीके L_2 **92.2** पुरीं] UP; पुरं पुरीं G_1L_2J; पुरं पुरी B^1 **92.2** सीताविलोकिनीनां वनितानां] *conj.*; कीदृशीं मैथिली सेता तद्विलोकिनीनामङ्गनाम् G_1; कीदृशीं मैथिली सीता तद्विलोकिनीनामङ्गनानां UPB^1; कीदृशीं मै---तां तद्विलोकिनीनां अङ्गनानां ×अङ्गनाना× L_2; कीदृशीं मैथिलीं सीतां तद्विलोकनानामंऽगनानां J

नैः≫ ≪ईन्दीवरितवातायनाम्,≫ अक्ष्णामुत्पलनिभत्वात्। मालिनीवृत्तमिति भद्रम्॥ ९२॥

इति रघुवंशे महाकाव्ये सटीके एकादशः सर्गः॥

---

92 मालिनी°] --- L_2

92.3 नयनैः] *conj.*; लोचनैः **V** **92.3** इन्दीवरितवातायनाम्] *conj.* (cf. Jin.); कुवलयिता इन्दीवरसहिताः(ता U) कृता गवाक्षा वातायनानि यस्यास्तां G_1UPJ; कुवलयतगवाक्षां कुवलयिता इन्दीवरसहिताः कृता गवाक्षा वातायनानि यस्यास्ताम् B^1; ---यितगवाक्षां कुवलयिता इन्दीवरसहिताः कृता---तायनानि यस्यास्ताम् L_2 **92.4** °वृत्तमिति भद्रम्] $G_1PB^1L_2$; °वृत्तम् U; °वृत्तमिति भद्रमों J

द्वादशः सर्गः॥

निर्विष्टविषयस्नेहः स दशान्तमुपेयिवान्।
आसीदासन्ननिर्वाणः प्रदीपार्चिरिवोषसि॥ १॥

दशरथो ऽभ्यर्णविनाशो ऽभवत्, यतो ऽवस्थावसानं प्राप्तः, अत एवोपभुक्तो न तु भोक्ष्यमाणः शब्दस्पर्शरसरूपगन्धेष्वभिष्वङ्गो येन सः, दीपशिखेव प्रभाते। प्रत्यूषे हि प्रदीपो निर्विष्ट≪विषय≫स्नेहः पीतपात्रतैलो भवति, अत एव दशान्तं वर्तिप्रान्तमुपैति, अत एवासन्नशान्तिश्च भवति। सर्गे ऽत्र वृत्तमनुष्टुप्॥ १॥

तं कर्णमूलमागत्य रामे श्रीर्न्यस्यतामिति।

---

1 a. निर्विष्ट°] Σ; निर्विघ्न° U

1.1 दशरथो] *conj.*; स दशरथः $G_1UPB^1L_2J$ **1.1** ऽभ्यर्णविनाशो ऽभवत्] *conj.*; आसन्ननिर्वाणः अभ्यर्णविशानः प्रभातदीप इवासीत् G_1UJ; निकटो विनाशो मरणं यस्य सस्तथोक्तो ऽभवत् P; आसन्ननिर्वाणः अभ्यर्णविनाशः प्रभातदीप इवासीत् B^1L_2 **1.1** ऽवस्थावसानं प्राप्तः] *conj.*; दशान्त दशमीं दशामुपेयिवान् प्राप्तः G_1L_2J; दशान्तां दशमीमवस्थांमुपेयिवान् प्राप्तः U; दशान्तं दशम्यावस्थावसानमुपेयिवान् प्राप्तः P; दशान्तं दशमीं दशामुपेयिवान् प्राप्तः B^1 **1.2** अत एवोपभुक्तो न तु भोक्ष्यमाणः] *conj.*; अत एव निर्विष्ट उपभुक्तो न तु भोक्ष्यमाणः $G_1UB^1L_2J$; अत एव निर्विष्ट उपभुक्तः अनन्तभोक्ष्यमाणः P **1.2** शब्दस्पर्शरसरूपगन्धेष्व्] *conj.*; विषयेषु शब्दादिषु स्नेहो $G_1UB^1L_2J$; विषयेषु शब्दस्पर्शरसरूपगन्धेषु स्नेहो P **1.2** सः, दीपशिखेव] P; *om.* $G_1UB^1L_2J$ **1.3** प्रभाते] P; *om.* $G_1UB^1L_2J$ **1.3** प्रत्यूषे हि] $G_1UB^1L_2J$; प्रत्यूषे P **1.3** निर्विष्टविषयस्नेहः] *conj.*; निर्विष्टस्नेहः $G_1UPB^1L_2J$ **1.3** पीतपात्रतैलो] P; पीततैलो G_1UB^1J; प्रीततैलो L_2 **1.4** दशान्तं वर्तिप्रान्तमुपैति] *conj.*; दशान्तिप्रान्तमुपैति $G_1UB^1L_2J$; दशान्तं वर्तिप्रान्तं गतश्च P **1.4** °शान्तिश्च भवति] P; °शान्तिश्च $G_1UB^1L_2J$ **1.4** सर्गे ऽत्र] UPB^1L_2J; सर्गेत्रि G_1 **1.5** वृत्तमनुष्टुप्] PB^1J; वृत्तमानुष्टुप् G_1; वृत्तमानुष्टुप् UL_2

 | DOI:10.1163/9789004721746_007

कैकेयीशङ्कयेवाह पलितच्छद्मना जरा॥ २॥

तं दशरथं केशशौक्ल्यव्याजेन «विस्रंसा»—शुक्ललोमनिर्भरश्रोत्रविवरत्वात्—रामो ऽधुना यौवराज्ये ऽभिषिच्यतामिति कैकेयीश्रवणभयेनेव श्रोत्रे ऽवदत्। वर्षीयांसमात्मानमवलोक्य राजा रामं राजानमचिकीर्षदिति वाक्यार्थः। केशशौक्ल्यं जरायाः कार्यम्॥ २॥

सा पौरान्पौरकान्तस्य रामस्याभ्युदयश्रुतिः।
प्रत्येकं ह्लादयां चक्रे कुल्येवोद्यानपादपान्॥ ३॥

रामस्य राज्याभ्युदयवार्ताखिलान् पौरान् सुखितांश्चकार, जलसरणिरुपवनतरूनिव, यतो गुणनिधित्वात्पौरप्रियस्य॥ ३॥

तस्याभिषेकसम्भारं कल्पितं क्रूरनिश्चया।
दूषयामास कैकेयी शोकोष्णैः पार्थिवास्रुभिः॥ ४॥

---

2 . The editor of Hem. prints the *pādas* in the order adcb. **3 d. कुल्येवो॰**] UPJV^M $B_1^M B_2^M B_3^M B_4^M B_5^M B_7^M$ 𝕮; तुल्येवो॰ G_1B^1; कुल्येवि॰ L_2; कुल्येव्यो॰ D^M **4 b. कल्पितं क्रूरनिश्चया**] Σ; कल्पितक्रूरनिश्चया Hem. **4 d. शोकोष्णैः पार्थिवास्रुभिः**] UB^1L_2JV^M $B_1^{Mac} B_3^M B_4^M B_5^M B_7^M$; शोकोष्णैः पार्थिवाश्रुभिः G_1Hem.Mall.Ar.Nā.; शोकोष्णैर्वाष्पबिन्दुभिः P$D^M B_1^{Mpc} B_2^M B_5^{Mvl}$; शोकोष्णैर्नयनास्रुभिः Jin. (?)

2.1 केशशौक्ल्यव्याजेन] UPB^1J; केशवशौक्ल्यव्याजेन G_1; केशशौक्ल्यर्व्याजेन L_2 **2.1 विस्रंसा**] *conj.*; जरा G_1UPB^1L_2J **2.2 शुक्ललोम···ऽभिषिच्यतामिति**] *om.* U **2.2 शुक्ललोम॰**] G_1PB^1J; शुक्ललोमलोम॰ L_2 **2.2 ॰विवरत्वात्—रामो**] $G_1B^1L_2$; ॰निर्भरत्वात् रामो P; ॰विवरत्वात् श्रीरामो J **2.2 कैकेयी॰**] G_1UPB^1J; काकीयी॰ L_2 **2.2 ॰भयेनेव**] *conj.*; ॰शङ्कयेव G_1UB^1L_2J; ॰शङ्काभयेनेव P **2.3 श्रोत्रे ऽवदत्**] P; श्रोत्रवदत् $G_1B^{1ac}L_2$J; श्रोत्रमवदत् UB^{1pc} **2.3 वर्षीया॰**] G_1UPB^1L_2; वंषीया॰ J **2.3 रामं**] G_1UPB^1L_2; श्रीरामं J **2.4 ॰ति वाक्यार्थः**] G_1PB^1L_2J; ॰त्यर्थः U **2.4 ॰शौक्ल्यं**] UPB^1J; ॰शौक्ल्य G_1; ॰शौक्यं L_2 **3.1 रामस्य राज्याभ्युदयवार्ता**] *conj.*; रामस्याभ्युदयश्रुतिः राजाभ्युदयवार्ता G_1; रामस्याभ्युदयश्रुतिः राज्याभ्युदयवार्ता U; सा रामस्याभ्युदयश्रुतिः राज्याभ्युदयवार्ता PB^{1pc}; स+ा+रामस्याभ्युदयश्रुतिः राज्याभ्युदयवार्ता B^1; सारमस्याभ्युदयश्रुतिः राजाभ्युदयवार्ता L_2; श्रीरामस्याभ्युदयश्रुतिः राज्याभ्युदयवार्त्त J **3.1 अखिलान्**] G_1UPB^1J; अलि ान् L_2^{ac}; अलान् L_2^{pc} **3.1 पौरान्**] G_1PB^1L_2J; पौरां U **3.1 सुखितांश्चकार**] *conj.*; ह्लादयां चक्रे सुखितांश्चकार UPB^1L_2; ह्लादयां चक्रे सुखितां चकार G_1J **3.1 जलसरणिर्**] *conj.*; तुल्या जलसरणिः G_1B^{1ac}; कुल्या जलसरणिः UPB^{1pc}J; कुजव्लसरणिः L_2

ततो यथावद्रामस्य रचितामभिषेकसामग्रीं कठिनग्रहा कैकेयी दुःखतप्तैर्दशरथवाष्पैरदूषयत्। शोकजलेन हि मङ्गलवार्यप्यपवित्रीभवति॥ ४॥

एतदेव वितानयितुमाह—

सा किलाश्वासिता भर्त्रा चण्डी तत्संश्रुतौ वरौ।
उद्ववर्हेन्द्रसिक्ता भूर्बिलमग्नाविवोरगौ॥ ५॥

कैकेयी क्रूरा राज्ञानुनीता सती तेनादौ देवासुरे युद्धे ऽङ्गीकृतौ वरौ द्वावुदीरयामास। प्रावृषि शक्राभिवृष्टा क्षितिर्यथा घर्मक्लान्त्या विवरस्थौ सर्पौ विवृणोतीति वरयोर्वैषम्यकथनम्। सा हि रामाभिषेके प्रस्तुते मन्थरोत्प्रेषिता क्रोधागारे विरहिणीवेशमाधाय भूमौ शयाना कामसायकविद्धेन राज्ञा रोषागमतत्त्वमविज्ञाय 'ब्रूहि किं ते क्रियताम्' इत्याश्वास्यमाना पूर्वसंश्रुतं वरद्वयमवृणुत॥ ५॥

तयोश्चतुर्दशैकेन रामप्रव्राजनं समाः।

---

5 ab. भर्त्रा चण्डी] Ś; चण्डी भर्त्रा Hem.Mall.Ar.Nā. (Jin. uncertain) **5 c.** उद्ववर्हेन्द्रसिक्ता भूर्] $G_1PB^1D^MV^MB_1^MB_5^MB_7^M$; उद्ववर्हेन्द्रभूसिक्ता U; उद्ववववहेन्द्रसिक्ता भूर् L_2(unmetrical); उद्ववहेंद्रसिक्ता भूर् J; उद्वाहेन्द्रसिक्ता भूर् B_2^{Mac}; उद्ववाहेन्द्रसिक्ता भूर् B_2^{Mpc}; उद्ववहेन्द्रसिक्ता भूर् B_3^M; उद्ववहद्हीन्द्रसिक्ता भूर् B_4^M; उद्ववामेन्द्रसिक्ता भूर् $\mathfrak{C}$ **6 b.** रामप्रव्राजनं] $G_1UPB^1JD^MV^MB_1^MB_2^MB_3^MB_4^MB_5^MB_7^M$; रामप्रवजनं L_2; रामं प्राव्राजयत् Hem.Mall.Jin.; रामं प्रावासयत् Ar.Nā.

4.1 यथावद्रामस्य] $G_1UPB^1L_2$; यथावत् श्रीरामस्य J **4.1** रचितामभिषेकसामग्रीं] *conj.*; कल्पितमभिषेकसम्भारं G_1UPB^1J; कल्पितमभिषेकं सम्भारं L_2 **4.1** कठिनग्रहा] *conj.*; क्रूरनिश्चया कठिनग्रहा UPB^{1pc}; क्रूरनिश्चया कठिनाग्रहा $G_1B^{1ac}J$; क्रूरनिश्चया कठि˘ग्रहा L_2 **4.1** दुःखतप्तैर्] *conj.*; शोकोष्णैः दुस्ततप्तैः G_1; शोकोष्णैः दुःखतप्तैः UPB^1L_2; शोकोष्णैः दुस्ततप्तैः J **4.2** दशरथवाष्पैर्] *conj.*; पार्थिवास्रुभिर्दशरथवाष्पैः $G_1UPB^1L_2J$ **4.2** अदूषयत्] *conj.*; दूषयामासादूषयत् $G_1UPB^1L_2J$ **4.2** शोकजलेन हि] B^1; शोकजेन हि G_1UJ; शोकजलेन P; शोकजेलेन ×शरथ× हि L_2 **4.2** मङ्गलवार्यप्य्] $G_1UB^1L_2J$; मङ्गवार्यपि P **5.1** कैकेयी] *conj.*; सा कैकेयी G_1UPB^1J; सा कैकीयी L_2 **5.1** क्रूरा] *conj.*; चण्डचित्तत्वाच्चण्डी क्रूरा Σ **5.1** राज्ञानुनीता] *conj.*; भर्त्रा राज्ञा आश्वासितानुनीता V **5.2** द्वावुदीरयामास] *conj.*; द्वावुद्ववर्ह द्वावुज्जगारोदीरयामास G_1UB^1; द्वावुज्जगार उद्दीरयामास P; द्वावुद्ववह द्वौ उज्जगारोदीरयामास L_2J **5.2** शक्राभिवृष्टा] *conj.*; इन्द्रसिक्ता शक्राभिवृष्टा V **5.2** क्षितिर्] *conj.*; भूः G_1U; भूः क्षितिः PB^1; भूः कितिर् L_2; भिः J **5.2** विवरस्थौ सर्पौ] *conj.*; बिलमग्नौ विवरस्थौ उरगौ सर्पौ V **5.3** वरयोर्वै°] UPB^1L_2J; वरयो वै° G_1 **5.3** रामाभिषेके] $G_1UPB^1L_2$; श्रीरामाभिषेके J **5.4** मन्थरोत्प्रेषिता] UPB^1L_2J; सकुरोत्प्रेषिता G_1 **5.4** °वेशम्] G_1UPJ; °वैशम् B^1; °वंशम् L_2 **5.4** शयाना] UPB^1L_2; शयना G_1J **5.5** पूर्व°] G_1UPL_2J; पूर्वं B^1

द्वितीयेन सुतस्यैच्छद्वैधव्यैकफलां श्रियम्॥ ६॥

तयोर्वरयोर्मध्यादेकेन वरेण रामस्य दण्डकारण्ये निष्कासनं चतुर्दश वर्षाणि यावच्चकमे। द्वितीयेन वरेण भरतस्य मातुलगेहस्थस्य राज्यलक्ष्मीं चतुर्दश वर्षाणि। मृतभर्तृकात्वमात्रफलाम्, सपद्येव पत्युर्मरणाद्, भरतेन राज्यस्याकरणाच्च॥ ६॥

पित्रा दत्तां रुदन्रामः प्राङ्महीं प्रत्यपद्यत।
पश्चाद्वनाय गच्छेति तदाज्ञां मुदितो ऽग्रहीत्॥ ७॥

रामस्तु प्रथमं ≪दशरथेन≫ वितीर्णां महीं वाष्पायमाणो ऽङ्गीचकार। 'कथं किल पितरि जीवति ध्रियमाणे ऽहं प्रभुः' इति। ततः कैकेयीवचनात् 'वनं गच्छ' इति तस्य पितुराज्ञां तुष्टः सन्नन्वग्रहीत्। 'सत्यप्रतिज्ञः पिता सम्पन्नः' इति॥ ७॥

दधतो मङ्गलक्षौमे चीरे च परिगृह्णतः।
ददृशुर्दुःखितास्तस्य मुखरागं समं जनाः॥ ८॥

---

8 b. चीरे च परिगृह्णतः] $PB^1L_2B_2^MB_4^MB_7^M$; चेरे च परिगृह्णतः $G_1UJD^MB_3^M$; चीरे च प्रतिगृह्णतः $V^MB_1^MB_5^M$; वसानस्य च वल्कले 𝕮 **8 c.** ददृशुर्दुःखितास्तस्य] $UPB^1L_2JV^MB_1^MB_2^MB_3^MB_4^MB_5^MB_7^M$; ददृशुर्दुःखितस्तस्य G_1; ददृशुस्तस्य दुःखार्ता D^M; ददृशुर्विस्मितास्तस्य 𝕮

6.1 रामस्य] $G_1UB^1L_2$; श्रीरामस्य J **6.1** निष्कासनं] UPB^1L_2J; निष्कामनं G_1 **6.2** यावच्चकमे] *conj.*; तावत् रामप्रव्राजनमैच्छत् चकमे $G_1UPB^1L_2$; तावत् श्रीरामप्रव्राजनमैच्छत् चकमे J **6.2** भरतस्य] *conj.*; सुतस्य भरतस्य **V** **6.2** °लक्ष्मीं] PB^1L_2; लक्ष्मीः G_1J; °लक्ष्मीश् U **6.3** वर्षाणि] *em.*; समार्वर्षाणि G_1; समाः वर्षाणि UPB^1L_2J **6.3** मृतभर्तृकात्वमात्रफलाम्] *conj.*; कीदृशीं (केदृशीं U) वैधव्यैकफलां मृतभर्तृकात्वमात्रफलाम् G_1UB^1J; कीदृशीं वैधव्यैकफलां मृतभर्तृकात्वफलां P; कीदृशीं वैधव्यैकफलां मृतभ---त्वफलां मात्र L_2 **6.4** राजस्याकरणाच्च] G_1UJ; च राज्यस्याकरणात् P; राजस्याकरणात् B^1; च रा---करणात् L_2 **7.1** रामस्तु] $G_1UPB^1L_2$; श्रीरामस्तु J **7.1** प्रथमं] *conj.*; प्राक्प्रथमं **V** **7.1** दशरथेन] *conj.* (cf. Jin.); पित्रा **V** **7.1** वितीर्णां] *conj.*; दत्तां वितीर्णां G_1UJ; दत्तां PB^1L_2 **7.1** वाष्पायमाणो] *conj.*; रुदन्वाष्पायमानः **V** **7.1** ऽङ्गीचकार] *conj.*; प्रत्यपद्यताङ्गीचकार **V** **7.2** ध्रियमाणे] J; म्रियमाणे G_1PL_2; श्रियमाणे U; प्रियमाणे B^1 **7.3** कैकेयीवचनात् वनं] *conj.*; कैकेयीवचनाद्वनाय वनं G_1PB^1J; कैकेयीवचनाद्वचनाद्वनाय वनं U; कैकीयीवचनाद्वनाय वनं L_2 **7.3** तुष्टः सन्न्] *conj.*; मुदितस्तुष्टः सन् $G_1UB^1L_2J$; मुदितस्सन्तुष्टस्सन् P **7.3** अन्वग्रहीत्] U; अग्रहीत् PB^1; अनुग्रहीत् G_1J; अगहीत् L_2 **7.3** सत्यप्रतिज्ञः पिता] G_1UPB^1J; सद्यज्ञपिः तस् L_2 **7.4** सम्पन्नः] $G_1UB^1L_2J$; जात P

प्रथमं यौवराज्याय मङ्गलांशुके बिभ्रतः पश्चाद्वनाय वल्कले च परिदधतो रामस्य दुःखिता जना वक्त्रकान्तिमविकृतां तुल्यामैक्षन्त, न हृष्टस्योद्विग्नस्य वा। पौरा एव सञ्जातशोकाः, न त्वसौ॥ ८॥

स सीतालक्ष्मणसखः सत्याद्गुरुमलोपयन्।
विवेश दण्डकारण्यं प्रत्येकं च सतां मनः॥ ९॥

रामो दण्डकारण्यं ≪प्राविशत्≫, एकस्मिन्नेकस्मिन्सतां मनश्च। ते हि तमेव ध्यायन्तो दुःखिता अभवन्नित्यर्थः। प्रतिज्ञातादर्थात्पितरमभ्रंशयन्॥ ९॥

राजापि तद्वियोगार्तः स्मृत्वा शापं स्वकर्मजम्।
शरीरत्यागमात्रेण शुद्धिलाभममन्यत॥ १०॥

दशरथो ऽपि देहस्य न्यासमात्रेण ≪प्रायश्चित्तम्≫ अज्ञासीत्, रामस्य विरहेणान्तः पीडितः सन्। प्राणानमुञ्चदित्यर्थः। द्विजतनयवधजं शापमनुस्मृत्य।

8.1 यौवराज्याय] PB^1; यौवनराज्याय G$_1$J; यौवरज्याय U; यौवराय L$_2$ **8.1** मङ्गलांशुके] *conj.*; मङ्गलक्षौमे मङ्गलांशुके UPB^{1}L$_2$J; मङ्गलक्षौमे मङ्गलांशुकं G$_1$ **8.1** बिभ्रतः] *conj.*; दधतो बिभ्रतः G$_1$UB^{1}J; दधतः P; दधतो बिभृतः L$_2$ **8.1** पश्चाद्वनाय] G$_1$UB^{1}L$_2$J; पश्चाद्वनाय वनवासाय P **8.1** वल्कले] P; चेरवल्कले G$_1$J; चेरे वल्के U; चीरवल्कले B^{1}L$_2$ **8.1** परिदधतो] *conj.*; परिगृह्णतः परिदधतः G$_1$UB^{1}L$_2$J **8.2** रामस्य] *conj.*; तस्य रामस्य G$_1$UPB^{1}L$_2$; तस्य श्रीरामस्य J **8.2** जना] G$_1$UB^{1}L$_2$J; जनाः पौराः P **8.2** वक्त्रकान्तिम्] *conj.*; मुखरागं G$_1$UB^{1}L$_2$J; मुखरागं वक्त्रकान्तिं P **8.2** अविकृतां तुल्यामैक्षन्त, न हृष्टस्योद्विग्नस्य वा] *conj.*; सममविकृतं ददृशुः G$_1$UB^{1}L$_2$J; सममविकृतां तुल्यामैक्षन्त, न हृष्टस्योद्विग्नस्य वा P **8.3** पौरा एव सञ्जातशोकाः] PB^{1}L$_2$; पौराः सञ्जातशोका एव G$_1$U; पौराः संजातशोका पू(?)व J **9.1** रामो] *conj.*; स रामो G$_1$UB^{1}L$_2$; सः रामः P; स श्रीरामो J **9.1** प्राविशत्] *conj.* (cf. Jin.); विवेश प्रत्येकम् V **9.1** मनश्च। ते] G$_1$PB^{1}L$_2$J; मनश्चेति U **9.2** अभवन्नित्यर्थः] UPB^{1}L$_2$J; अभिभवन्नित्यर्थः G$_1$ **9.2** प्रतिज्ञाता°] *conj.*; सत्यात्प्रतिज्ञाता° G$_1$PB^1; सत्यात्प्रत्यज्ञाता° UL$_2$J **9.2** °दर्थात्] UPB^{3pc}L$_2$; °दर्था G$_1$B^{1ac}J **9.2** °भ्रंशयन्] *conj.*; °लोपयन् अभ्रंशयन् G$_1$UPB^{1}L$_2$; °लोपयन् विवेश दंडकारण्यं प्रत्येकं च अभ्रंशयन् J **10.1** दशरथो ऽपि] *conj.*; राजा दशरथो ऽपि Σ **10.1** देहस्य] *conj.*; शरीरस्य देहस्य G$_1$UB^{1}J; शरीरस्य PL$_2$ **10.1** न्यासमात्रेण] *conj.*; त्यागमात्रेण G$_1$PB^1; त्यागमात्रेण न्यासमात्रेण UL$_2$J **10.1** प्रायश्चित्तमज्ञासीत्] *conj.* (cf. Jin.); °शुद्धिलाभममन्यताज्ञासीत् G$_1$UPB^{1}L$_2$J **10.1** रामस्य] *conj.*; तस्य रामस्य G$_1$UPB^{1}L$_2$; तस्य श्रीरामस्य J **10.2** विरहेणान्तः] P; वियोगेन विरहेणान्तः G$_1$UB^1; वियोगेन विरहेणान्त L$_2$; वियोगेन विरहेणांतः J **10.2** °मुञ्चदित्यर्थः] G$_1$UPB^{3pc}J; °मुचदित्यर्थः B^{1ac}; °मचदित्यर्थः L$_2$ **10.2** द्विजतनयवधजं शापमनुस्मृत्य] *conj.*; *om.* G$_1$B^{1}J; स्वकर्मजं द्विजतनयवध(भ L$_2$)जं शापं स्मृत्वानुस्मृत्य UPL$_2$

एवं ह्युक्तम्
    दिष्टान्तमाप्स्यति भवानिति।
शुद्धिरत्र ब्राह्मणवधस्येति॥ १०॥

विप्रोषितकुमारं तद्राज्यमस्तमितेश्वरम्।
रन्ध्रान्वेषणदक्षाणां द्विषामामिषतां ययौ॥ ११॥

तद्राज्यं छिद्रगवेषणदक्षाणां शत्रूणां भोज्यत्वं प्रार्थ्यतामयासीत्। असन्निहिताश्चत्वारो राजपुत्रा यस्य। तथा मृतः स्वर्गीभूतो राजा दशरथो यस्य। एवं च रक्षकाभावाच्छत्रूणामवकाशः॥ ११॥

अथानाथाः प्रकृतयो मातृबन्धुनिवासिनम्।
मौलैरानाययामासुर्भरतं स्तम्भितास्रुभिः॥ १२॥

अनन्तरमस्वामिका जनपदा मातुलगेहस्थं भरतमानाययन्। अरुदद्भिः स्वराज्ये भवैः प्रबन्धागतैः सचिवैः। मा कदाचिद्वृथा वृत्तं विज्ञायैषो ऽपि प्रव्रजि-

---

12 b. °बन्धु°] Σ; °वर्ग° V^M

10.4 दिष्टान्तमाप्स्यति भवान् *Raghuvaṃśa* 9:85a.

10.4 भवानिति] $G_1B^1L_2J$; भवानपि पुत्रशोकादिति U; भवानपि पुत्रशोकादन्ते वयस्यहमिवेति P **10.5** ब्राह्मणवधस्येति] L_2; ब्रह्मणस्य वधस्येत् G_1; ब्राह्मणस्य वधस्येति UB^1J; सुतविवासेन ब्राह्मणवधस्येति P **11.1** °दक्षाणां] UPB^1L_2J; °दक्षिणां G_1 **11.1** शत्रूणां] *conj.*; द्विषां शत्रूणामामिषतां Σ **11.1** भोज्यत्वं प्रार्थ्यताम्] $G_1PB^1L_2J$; भोज्यतां U^{ac}; भोज्यतां प्रार्थ्यतां U^{pc} **11.1** अयासीत्] *conj.*; ययावयासीत् $G_1UB^1L_2J$; ययौ P **11.2** असन्निहिताश्] *conj.*; विप्रोषिता असन्निहिताः G_1UPB^1J; विप्रोषिता असत्रिहिताः L_2 **11.2** चत्वारो राजपुत्रा] P; कुमारा $G_1UB^1L_2J$ **11.2** मृतः स्वर्गीभूतो] *conj.*; अस्तमितो मृत G_1UB^1J; अस्तमितो मृतः स्वर्गीभूतः P; अस्तमितमितो मृत L_2 **11.2** राजा दशरथो] *conj.*; ईश्वरो राजा दशरथो Σ **12.1** अनन्तरमस्वामिका] *conj.*; अथानन्तरमनाथा अस्वामिकाः $G_1UB^1L_2$; अथानन्तरं अनाथा अस्वामिकाः स्वाम्यमात्यादिकाः P; अथ दशरथवधादनंतरं अनाथाः स्वामिकाः J **12.1** जनपदा] *conj.*; प्रकृतयो जनपदाः Σ **12.1** मातुलगेहस्थं] G_1UJ; मातृबन्धुनिवासिनं मातुलगेहस्थं PB^1; मातृबन्धुनिवासिनं मातुलगेहस्तं L_2 **12.1** भरतमानाययन्] *conj.*; भरतमानययामासुः अनाययन् G_1; भरतमानाययामासुः आनाययन् UPB^1J; भरत⏑नाययामसुः आनाययन् L_2 **12.1** अरुदद्भिः] *conj.*; स्तम्भितास्रुभिः अरुदद्भिः मौलैः G_1PL_2J; तमितास्रुभिः अरुदद्भिः मौलैः U; स्तम्भितास्रुभिः अरुदद्भिः मौलेः B^1 **12.2** स्वराज्ये भवैः] P; *om.* $G_1UB^1L_2J$ **12.2** प्रबन्धागतैः] P; क्रमागतैः $G_1UB^1L_2J$ **12.2** मा कदाचिद्वृथा वृत्तं] PB^1L_2J; कदाचिद्वृथा गतं U; सा कदाचिद्वृथा वृत्तं G_1

ष्यतीति व्यपदेशान्तरेणानयनं सूचितम्॥ १२॥

श्रुत्वा तथाविधं मृत्युं कैकेयीतनयः पितुः।
मातुर्न केवलं स्वस्याः श्रियो ऽप्यासीत्पराङ्मुखः॥ १३॥

ततो भरतो गृहमासाद्य निजमातृकृतं पितुर्मरणं ≪आकर्ण्य≫ कैकेयीं निर्भर्त्स्य, न ≪स्वकीयाया जनन्या≫ एकस्याः सकाशाद्विमुखो ऽभूत्, यावल्लक्ष्म्या अपि। वसिष्ठाद्यभिचोदितो ऽपि न वै राज्यं चकारेत्यर्थः॥ १३॥

ससैन्यश्चान्वगाद्रामं दर्शितानाश्रमालयैः।
तस्य पश्यन्ससौमित्रेरुदस्रुर्वसतिद्रुमान्॥ १४॥

न केवलं राज्यश्रीपराङ्मुखो ऽभूत्। और्ध्वदैहिकं कृत्वा सैन्यसहितो मातृभ्रातृचमूसहितो रामं प्रार्थयितुम् ≪अनुजगाम≫। ऋषिभिर्दर्शितान्सलक्ष्मणस्य रामस्यावसथवृक्षान् ≪अवलोकयन्≫ सवाष्पः॥ १४॥

चित्रकूटाचलस्थं च कथितस्वर्गतिर्गुरोः।

---

14 .] Placed after 16 in $G_1UPB^1L_2JB_3^MB_4^MB_7^M$ **15 a.** °कूटाचलस्थं च] $G_1UPB^1L_2JV^MB_1^MB_2^MB_3^MB_4^MB_5^MB_7^M$; °कूटचलस्थं च D^M; °कूटवनस्थं च Hem.Mall.Ar.(?)Nā.Jin. **15 b.** कथितस्वर्गतिर्गुरोः] $G_1BV^MB_1^MB_2^MB_3^MB_4^MB_7^M$Mall.Ar.Nā.Jin.; कथितः स्वर्गतिः पितुः U; कथितस्वर्गतिः पितुः P; कथितसुर्गतिर्गुरोः L_2; कथितं स्वर्गतिर्गुरोः J; कथितास्वर्गतिर्गुरोः B_5^M; कथितः स्वर्गति गुरोः D^M

12.3 प्रव्रजिष्यतीति] $G_1PB^1L_2J$; प्रभ्राजिष्यतीति U **12.3** व्यपदेशा°] $G_1PB^1L_2J$; व्युपदेशा° U **13.1** गृहमासाद्य] $G_1UPB^1L_2^{pc}J$; गृहमागत्य L_2^{ac} **13.1** पितुर्मरणं] G_1UPB^1J; पितुर्मारणं L_2 **13.1** आकर्ण्य] *conj.* (cf. Jin.); श्रुत्वा **V** **13.2** कैकेयीं निर्भर्त्स्य, न] G_1UB^1J; कैकेयी निर्भर्त्स्यमानः P; कैकेयं निर्भर्त्स्य L_2 **13.2** स्वकीयाया जनन्या एकस्याः] *conj.* (cf. Jin.); केवलं स्वस्या मातुरेकस्याः G_1UPB^1J; केवलं स्वस्या मातरेकस्या L_2 **13.3** वसिष्ठाद्यभिचोदितो] $G_1UPB^{1ac}L_2$; वसिष्ठाद्यैरभिचोदितो B^{3pc}; वसिष्टादिभिचोदितो J **13.3** न वै] $G_1UPB^{1ac}L_2J$; नैव B^{3pc} **14.1** और्ध्वदैहिकं] G_1PL_2J; और्ध्वदौहिकं U; और्ध्वदैहिकादिकं B^1 **14.2** मातृभ्रातृ°] UPB^1L_2J, मातृमातृ° G_1 **14.2** रामं प्रार्थयितुमनुजगाम] *conj.* (cf. Jin.); राममन्वगात् G_1UB^1; रामं प्रार्थयितुमन्वगात् P; भरतो राममनुगात् L_2; श्रीराममन्वगात् J **14.2** °र्दर्शितान्स°] G_1UPB^1J; °र्दर्शिन्स° L_2 **14.3** राम°] *conj.*; तस्य राम° $G_1UPB^1L_2$; तस्य श्रीराम° J **14.3** आवसथवृक्षान्] *conj.*; वसतिद्रुमानावसथवृक्षान् G_1UB^1; वसतिद्रुमान्नवसथवृक्षान् P; वसतिद्रुमामावसथवृक्षा L_2; वसतिद्रुमानवसथवृक्षान् J **14.3** अवलोकयन्] *conj.* (cf. Jin.); पश्यन् **V**

लक्ष्म्या निमन्त्रयां चक्रे तमनुच्छिष्टसम्पदा॥ १५॥

ततश्चित्रकूटाद्रिस्थं तमग्रजं रामं भरतो राज्ञो विनाशमाख्याय श्रियावृणीत। प्रसीदागम्य राज्यं गृह्यतामिति। कीदृश्या श्रिया। स्वयमभुक्तसमृद्ध्या, अनुपभोग्यत्वात्॥ १५॥

कस्मादकार्यशतैरपि प्रार्थनीयं राज्यमनङ्गीकृत्य तमर्थितवानित्याह—

स हि प्रथमजे तस्मिन्नकृतश्रीपरिग्रहे।
परिवेत्तारमात्मानं मेने स्वीकरणाद्भुवः॥ १६॥

यस्माद्भरतः स्वं परिवेत्तारं पापिनमज्ञासीत्, क्षितेरात्मीयसम्पादनात्, ज्येष्ठे रामे ऽगृहीतराज्यलक्ष्मीकलत्रे सति। यदुक्तम्

ये ज्येष्ठेष्वकलत्रेषु कुर्वते दारसङ्ग्रहम्।
ज्ञेयास्ते परिवेत्तारः परिवित्तिस्तु पूर्वजः॥ इति।

---

15 c. निमन्त्रयां चक्रे] Σ; निमन्त्रयामास Ar. **16 .**] Placed after 13 in $G_1UPB^1L_2JB_3^M$ $B_4^M B_7^M$

16.4 ये ज्येष्ठेषु कलत्रेषु ··· पूर्वजः Source unknown. *Manusmṛti* 3:171 is similar: दाराग्निहोत्रसंयोगं कुरुते यो ऽग्रजे स्थिते। परिवेत्ता स विज्ञेयः परिवित्तिस्तु पूर्वजः।

15.1 °द्रिस्थं] UPB^1L_2; °द्रिं G_1J **15.1** रामं] $G_1UPB^1L_2$; श्रीरामं J **15.1** भरतो] G_1UPB^1J; भरतै L_2 **15.1** श्रियावृणीत] *conj.*; श्रिया न्यमन्त्रयत $G_1UB^1L_2J$; श्रिया न्यमन्त्रयत अवृणीत P **15.2** प्रसीदागम्य] G_1UPJ; प्रसीदागम्यं B^{1pc}; प्रसीदागम्यां B^{1ac} L_2 **15.2** गृह्यतामिति] $G_1B^1L_2J$; गृहीतामिति U; क्रियतां इति जनकस्याख्यातमरणः P **15.2** स्वयमभुक्तसमृद्ध्या] *conj.*; अनुच्छिष्टसम्पदा स्वयमभुक्तसमृद्ध्या $G_1PB^1L_2J$; अनुच्छिष्टसम्पदा स्वयमभुक्तसमृद्धया U **15.3** अनुपभोग्यत्वात्] *em.*; अनुपभोगत्वात् V **15.4** कस्माद् ··· °त्याह] $G_1UB^{3pc}J$; *om.* $PB^{1ac}L_2$ **15.4** राज्यमनङ्गीकृत्य] $G_1B^{3pc}J$; राज्यमङ्गीकृत्य U **15.4** तमर्थितवानित्याह] $G_1B^{3pc}J$; तमर्थिवानित्याह U **16.1** यस्माद्भरतः] *conj.*; हि यस्माद्भरतः UPB^1J; हि यस्माद्भारतः G_1; हि --- रतः L_2 **16.1** स्वं परिवेत्तारं] *conj.*; स्वमात्मानं मेने परिवेत्तारं G_1B^1; स्वमात्मानं परिवेत्तारं UPL_2; स्वमात्मानं परिवेत्तारमात्मानं J **16.1** °ज्ञासीत्।] G_1UPB^1J; °ज्नासी L_2 **16.1** क्षितेरात्मीय°] *conj.*; क्षितेः स्वीकरणादात्मीय° G_1UPB^1J; क्षि --- करणादात्मीय° L_2 **16.1** ज्येष्ठे] *conj.*; प्रथमजे ज्येष्ठे Σ **16.2** रामे] G_1UPB^1; --- L_2; श्रीरामे J **16.2** ऽगृहीतराज्यलक्ष्मीकलत्रे सति] *conj.*; अकृतश्रीपरिग्रहे (गृहे G_1) अगृहीतराज्यलक्ष्मीकलत्रे सति Σ **16.3** ज्येष्ठेष्वकलत्रेषु] B^{1ac}; ज्येष्ठेषु कलत्रेषु $UPB^{1pc}L_2G_1J$; **16.3** दारसङ्ग्रहम्] UPB^1 L_2J; दारसङ्गृहम् G_1 **16.4** ज्ञेयास्ते] UB^1PL_2; ज्ञेयस्ते G_1J **16.4** परिवित्तिस्तु] UB^1J; पतिर्वित्तिस्तु G_1; परिवेत्तिस्तु PL_2

परिवित्तिः परिवेत्ता यया च परिविद्यते।
सर्वे ते नरकं यान्ति दातृयाजकपञ्चमाः॥ इति।

परिवेत्ताचारबाह्यो विद्वद्भिर्गर्हितः सदा। इति। कथं कुलाभिमानी भरतो भूत्वा परिवेत्तृत्वमङ्गीकरोतु। श्रीरपि हि लक्ष्मीस्वामिनां भार्या भवति॥ १६॥

तमशक्यमपाक्रष्टुं निदेशात्स्वर्गिणः पितुः।
ययाचे पादुके पश्चात्कर्तुं राज्याधिदैवते॥ १७॥

मृतस्यापि जनकस्याज्ञायाः सकाशाच्चालयितुमसाध्यं राममनन्तरं पादुके अवृणीत, राज्यस्याधिदैवते विधातुम्। नाकवत इतीदानीमाज्ञान्तरासम्भवमाह॥ १७॥

स विसृष्टस्तथेत्युक्त्वा भ्रात्रा नैवाविशत्पुरीम्।
नन्दिग्रामगतस्तस्य राज्यं न्यासमिवाभुनक्॥ १८॥

---

17 d. °दैवते] $G_1UB^1L_2^{pc}JD^MV^MB_2^MB_3^MB_4^MB_5^MB_7^M$Jin.; °दैवती L_2^{ac}; °देवते PB_1^MHem. Mall.Ar.(?)Nā.

16.6 परिवित्तिः परिवेत्ता ⋯ दातृयाजकपञ्चमाः *Manusmṛti* 3:172.

16.7 परिवेत्ताचारबाह्यो विद्वद्भिर्गर्हितः सदा Source unknown; also quoted by Hem. here, from which we have restored the last word.

16.5 परिवित्तिः] $G_1B^1L_2$; परिवेत्तिः UPJ **16.5 यया**] UPB^1L_2J; यथा G_1 **16.6 यान्ति दातृयाजकपञ्चमाः**] G_1B^1J; यान्ति दातृयाजकपञ्चमः U; यान्ति दातृयाचकपञ्चमाः P; यगन्ति दातृयाजनपञ्चमा L_2 **16.7 °बाह्यो**] P; °बाह्ये $G_1UB^1L_2J$ **16.7 विद्वद्भिर्गर्हितः**] $G_1UPB^1L_2^{pc}$; *om.* L_2^{ac}; विद्वद्भिर्गर्हिता J **16.7 सदा**] *conj.*; *om.* **V** **16.8 इति। कथं कुलाभिमानी भरतो भूत्वा परिवेत्तृत्वमङ्गी°**] G_1UPB^1J; त्तुमत्वङ्गी° L_2^{ac}; +इति कथं कुलाभिनी भरतो भूत्वा परिवे+त्तुमत्वङ्गी° L_2 **16.8 °करोतु**] $G_1PB^1L_2J$; °करोति U **16.8 लक्ष्मी°**] $G_1PB^{1ac}L_2J$; लक्ष्मीः UB^{1pc} **16.8 °स्वामिनां**] $G_1UB^1L_2$; पतीनां P; स्वामिनो J **17.1 मृतस्यापि**] $G_1UB^1L_2J$; मृतकस्यापि P **17.1 जनकस्याज्ञायाः**] G_1UB^1J; जनकस्याज्ञातः आज्ञायाः P; ज---स्याज्ञायास् L_2 **17.1 सकाशाच्चालयितुमसाध्यं**] *conj.*; सकाशादपाक्रष्टुं चालयितुमशक्यमसाध्य G_1UPB^1J; सकाशादपाक्रष्टं चालयितुं अश---ध्यं L_2 **17.1 राममनन्तरं**] *conj.*; तं रामं पश्चादनन्तरं $G_1UPB^1L_2$; तं श्रीरामं पश्चादनन्तरं J **17.2 अवृणीत**] *conj.*; ययाचे $G_1UB^1L_2J$; ययाचे अवृणीत P **17.2 राज्यस्याधिदैवते**] G_1UPB^1J; राज्य---वके L_2 **17.2 विधातुम्**] *conj.*; कर्तुम् $G_1UB^1L_2J$; कर्तुं विधातुं P **17.3 °माज्ञान्तरासम्भवम्**] PB^1; °माज्ञान्तरसम्भवम् G_1; °माज्ञान्तरं सम्भावयन्न् U; °माज्ञान्तरास--- L_2; °मज्ञांतरसंभवम् J

ततो भरतो रामेण पादुके दत्त्वा विसर्जितो ऽयोध्यां न प्राविक्षत्, केवलं नन्दिग्राममध्यास्य रामस्य राज्यं निक्षेपमिव ररक्ष॥ १८॥

दृढभक्तिरिति ज्येष्ठे राज्यतृष्णापराङ्मुखः।
मातुः पापस्य भरतः प्रायश्चित्तमिवाकरोत्॥ १९॥

ततो भरतो मातृकृतस्य किल्बिषस्य राज्याभिलाषवैमुख्येन प्रायश्चित्तमिवाचरत्। मुनिवेशो ह्यसौ भूत्वा राज्यमकरोदिति भावः। रामे †दृढभक्तिः†॥ १९॥

रामो ऽपि सह वैदेह्या वने वन्येन वर्तयन्।
चचार सानुजः शान्तो वृद्धेक्ष्वाकुव्रतं युवा॥ २०॥

इत्थमवस्थे भरते रामो ऽपि सीतालक्ष्मणसहितः फलमूलादिना शरीरं पोषयन् यौवने ऽपि पूर्वेषां वृद्धानां व्रतमाचरत्। वृतु वृधु भासार्थ इत्यस्य चौरादिकस्य

---

19 d. °वाकरोत्] UP$D^M V^M$𝕮; °वाचरत् $G_1B^1L_2JB_1^MB_2^MB_3^MB_4^MB_5^MB_7^M$

20.2 वृतु वृधु भासार्थः *Dhātupāṭha* 10.241–242.

18.1 भरतो रामेण] *conj.*; स भरतो भ्रात्रा $G_1UPB^1L_2$; स भरतो भ्रात्रा श्रीरामेण J **18.1** विसर्जितो ऽयोध्यां] *conj.*; विसर्जितो पुरीमयोध्यां G_1L_2J; विसर्जितः पुरीमयोध्यां नगरीं U; विसर्जितः पुरीमयोध्यां P; विसर्जित+ः+पुरीमयोध्यां B^1 **18.1** न प्राविक्षत्] *conj.*; नैवाविशत्। न प्राविक्षत् $G_1PB^1L_2J$; नैवाविशत् न प्रविशत् U **18.2** °ग्राममध्यास्य] $B^{1ac}L_2$; °ग्रामं मध्यस्य G_1^{ac}; °ग्राममधस्य $G_1^{pc}B^{1pc}$; °ग्राममध्यस्य UJ; °ग्राममासाध्यमस्य P **18.2** रामस्य] $G_1UPB^1L_2$; श्रीरामस्य J **18.2** निक्षेपमिव ररक्ष] *conj.*; न्यासं निक्षेपमिवाभुनक् ररक्षे G_1B^1; न्यासं निक्षेपमिवाभुनक् ररक्ष UL_2J; न्यासं निक्षपं इवाभुनक् ररक्ष P **19.1** ततो] G_1UPJ; अतो B^1L_2 **19.1** किल्बिषस्य] *conj.*; पापस्य $G_1UB^1L_2J$; पापस्य किल्बिषस्य P **19.1** राज्याभिलाष°] $G_1PB^{1ac}L_2J$; राज्याभिषेक° UB^{3pc} **19.2** मुनिवेशो] G_1UPJ; मुनिवेश्यो B^1L_2 **19.2** भावः] PB^1L_2; भार्गव° G_1J; *om.* U **19.2** रामे] PB^{1ac}; ज्येष्ठे रामे UB^{3pc}; रामो +न+ G_1; °रामो न J **19.2** दृढभक्तिः] *conj.*; दृढभक्तिः राज्याभिलाषविमुखश्च **V** **20.1** इत्थमवस्थे] P; इत्थमवस्थिते G_1UB^1J; इत्थसर्वस्थिते L_2 **20.1** रामो] $G_1UPB^1L_2$; श्रीरामो J **20.1** फलमूलादिना] *conj.*; वन्येन फलमूलादिना $G_1UB^1L_2J$; वन्येन फलादिना P **20.1** शरीरं] *conj.*; वर्तयन् शरीरं Σ **20.1** पोषयन्] G_1UPB^1J; पूषयन् L_2 **20.2** पूर्वेषां] *conj.*; इक्ष्वाकूणां पूर्वेषां G_1UB^1; यक्ष्वाकूणां पूर्वेषां L_2J **20.2** वृद्धानां व्रतमाचरत्] B^1L_2; वृद्धावृत्तमचरत् G_1J; वृद्धव्रतमाचरत् U; वृद्धानां व्रतमाचरन् P **20.2** वृतु वृधु] G_1PB^1; वृतु वृद्ध U; वृत वृधु L_2; वृत्त वृधु J

वर्तयन्निति रूपम्। स्वभावाच्च वृत्तिशब्दः शरीरयात्रायां विद्यते। मदसिक्तमुखो मृगाधिपः करिभिर्वर्तयतीति॥ २०॥

प्रभावस्तम्भितच्छायमाश्रितः स वनस्पतिम्।
कदाचिदङ्के सीतायाः शिश्ये किञ्चिदिव श्रमात्॥ २१॥

अथ कदाचिद्रामः सीताया उत्सङ्गे शिरो निवेश्य निदद्रौ। तपोमाहात्म्येन बद्धा छाया यस्य वृक्षस्य तमाश्रितः, मनाक् खेदादिव॥ २१॥

ऐन्द्रिः किल नखैस्तस्या विददार स्तनौ द्विजः।
प्रियोपभोगचिह्नेषु पौरोभाग्यमिवाचरन्॥ २२॥

ततस्तस्मिन्सुप्त इन्द्रात्मजः पक्षी काकः सीतायाः पयोधरौ करजैरलिखत्। किलेत्यागमे। अत्र चापलं कारणम्। उत्प्रेक्ष्यते भर्तृकृतेषु नखदशनपदादिष्वक्ष-

---

21 a. °स्तम्भित°] Σ; °स्तिमित° Ar.Nā. **22 b.** विददार] Σ; विरराद Ar.Nā. **22** मृगमांसं ततः सीतां रक्षन्तीमातपे शठः। पक्षतुण्डनखाघातैर्बबाधे वायसो बलात्॥ D^M and B_4^M give this alternative verse in Vallabha's commentary after verse 22; V^M does so in the margin; B_5^M gives it after verse 23, introducing it by अस्य श्लोकद्वयस्य पाठान्तरम्।

20.4 मदसिक्तमुखो मृगाधिपः करिभिर्वर्तयति *Kirātārjunīya* 2:18ab.

20.3 स्वभावाच्च] G_1PB; स्वभावाश्च U; स्वभावश्च L_2; सुभावश्च J **20.3** विद्यते] P; वर्तते यथा $G_1UB^1L_2J$ **21.1** कदाचिद्रामः] $G_1UPB^1L_2$; कदाचित् श्रीरामा J **21.1** सीताया उत्सङ्गे] *conj.*; सीताया अङ्के उत्सङ्गे G_1UPB^1J; सी---अङ्के उत्सङ्गे L_2 **21.1** निदद्रौ] *conj.*; शिश्ये निदद्रौ Σ **21.1** तपोमाहात्म्येन] UP; तपोमहात्म्येन G_1B^1J; तपोमहा--- L_2 **21.2** बद्धा] *conj.*; स्तम्भिता बद्धा UB^{1pc}; स्तम्भिता बद्ध G_1B^{1ac}; स्तम्भिताः बद्धाः P; ---म्भिता बद्ध L_2; स्तम्भिता बुद्ध J **21.2** तमाश्रितः] $B^{1ac}L_2$; तरुमाश्रितः G_1J; तं तरुमाश्रितः UB^{3pc}; तमाश्रित्यः P **21.2** मनाक्] *conj.*; किञ्चित् मनाक् G_1UPB^1J; किञ्चि---नाक् L_2 **21.2** खेदादिव] *conj.*; श्रमात्खेदादिव $G_1PB^1L_2J$; श्रमात्खेदात् U **22.1** इन्द्रात्मजः पक्षी] *conj.*; ऐन्द्रिरिन्द्रात्मजो द्विजः पक्षी $G_1UB^1L_2J$; ऐन्द्रिः इन्द्रात्मजः पक्षी P **22.1** सीतायाः] *conj.*; तस्याः सीतायाः Σ **22.1** पयोधरौ] *conj.*; स्तनौ पयोधरौ G_1UPB^1J; तनौ पयोधरौ L_2 **22.1** करजैरलिखत्] नखैः करजैर्विददारालिखत् G_1UB^1J; नखैर्विददारालिखत् P; नखैः करजैर्विददार लिखत् L_2 **22.2** अत्र चापलं] $G_1PB^1L_2J$; चापलमत्र U **22.2** भर्तृकृतेषु] *conj.*; भर्तृकृते भोगचिह्ने G_1; भर्तृकृतेषूपभोगचिह्नेषु UPJ; भर्तृकृतेषु भोगचिह्ने B^{1ac}; भर्तृकृतेषु भोगचिह्नेषुB^{1pc}; भर्तृकृतेष्वपभोगचिह्ने L_2 **22.2** नखदशनपदादिष्व्°] PB^1L_2J; नखदशनपादादिषु G_1; नखदशनपदादि° U

मामसर्षं कुर्वन्निव। भार्याया हि नखपदादिदर्शनादक्षमया विदारणं भवति।

दोषैकग्राहिहृदयः पुरोभाग्यभिधीयते।

ऐन्द्रित्वं काकस्यागमादवगन्तव्यम्। क्वचिदेतच्छ्लोकद्वयस्थाने ऽयमेकः श्लोकः

मृगमांसं ततः सीतां रक्षन्तीमातपे शठः।

पक्षतुण्डनखाघातैर्बबाधे वायसो बलात्॥ इति।

एतदेव च युक्तमागमानुसरणात्। आर्षे हि शरनिहतहरिणपिशितमातपे शोषयन्ती सीता वार्यमाणेन लम्पटेन वायसेन पश्यति पत्यावुपद्रुतेति वर्णितम्, न तु तरुतलशयिते।

उत्प्रेक्षाप्ययुक्ता, उपभोगचिह्नासम्भवात्। न हि वने वसन्त्यास्तस्या नखपदादिसम्भवः, शृङ्गारित्वाभावात्॥ २२॥

तस्मिन्नास्थदिषीकास्त्रं रामो रामावबोधितः।
भ्रान्तश्च मुमुचे तस्मादेकनेत्रव्ययेन सः॥ २३॥

---

23 a. तस्मिन्नास्थदिषीका°] $UL_2JD^MV^MB_1^MB_2^MB_5^MB_7^M$𝕮; तस्मिन्नास्थादिषीका° G_1B^1 B_3^M; तस्मिन्नास्थदिषूकास्त्रं P; तस्मिन्नास्यदिषीका° B_4^M **23 b.** °वबोधितः] ŚHem.Mall.; °विबोधितः Ar.(?)Nā.Jin. **23 c.** भ्रान्तश्च] ŚHem.Mall.; भ्रान्तः सन् $Ar.^{vl}$Nā.Jin.; आत्मानं Ar.

22.4 दोषैकग्राहिहृदयः पुरोभाग्यभिधीयते। Source unknown.

22.3 अक्षमाम्··· नखपदादि°] *om.* U(eyeskip) **22.3** अक्षमाममर्षं कुर्वन्निव] *conj.*; पौरोभाग्यममर्षमाचरन्निव $G_1B^1L_2J$; पौरोभाग्यमक्षमाममर्षमाचरन्निव कुर्वन् P **22.3** भार्याया] G_1L_2J; भार्या PB^1 **22.3** विदारणं] PB^1L_2J; विचभणं G_1; विचारणं U **22.4** दोषैकग्राहि°] PB^1L_2; दोषकग्राह्य° G_1UJ **22.4** पुरोभाग्यभिधीयते] P; पौरोभाग्यभिधीयते G_1J; पौरोभाग्योभिधीयते U; पुरोभागीति कथ्यते B^1L_2 **22.5** °च्छ्लोकद्वयस्थाने] PB^1 L_2; °च्छोकद्वयस्थाने G_1UJ **22.5** ऽयमेकः] G_1L_2J; यमेक एव U; ऽस्य P; अयमेक +एव+ B^1 **22.5** श्लोकः] *conj.*; श्लोकः पाठः G_1UB^1J; श्लोकस्य पाठः P; श्लोपाठः L_2 **22.7** पक्षतुण्ड°] $G_1PB^{1ac}L_2J$; पक्षितुण्ड° $U^{pc}B^{1pc}$; पक्षितुण्डि° U^{ac} **22.7** °घातैर्बबाधे] G_1PB^1J; °खातैर्बबाधे U; °घातैर्बबाधो L_2 **22.8** °सरणात्] G_1; °चरणात् U; °सारात् P; °शरणात् B^1L_2; °स्मरणात् J **22.8** आर्षे हि] PB^1L_2; आर्षेति G_1UJ **22.8** शरनिहत°] B^1L_2; शरनिहित° G_1UPJ **22.9** वार्यमाणेन] G_1UPB^1J; - - - - - L_2 **22.9** लम्पटेन] G_1PL_2; लुम्पटेन UB^1J **22.9** वायसेन] $G_1UB^1L_2J$; वायस्येन P **22.9** पश्यति] $G_1PB^1L_2J$; पश्यति पश्यति U **22.10** तरुतलशयिते] PB^1L_2; तरुशायिते G_1UJ **22.11** उत्प्रेक्षाप्ययुक्ता] UP; उत्प्रेक्षाप्ययुक्तः G_1J; उत्प्रेक्षाप्ययुक्ताः B^1L_2 **22.11** °चिह्नासम्भवात्] G_1UPL_2; °चिह्नासम्भावा B^1; °चिह्नसंभवात् J **22.12** नखपदादिसम्भवः] $G_1PB^1L_2J$; नखदशनक्षतादिसम्भवः U **22.12** °त्वाभावात्] $G_1PB^1L_2J$; °त्वासम्भवात् U

ततो रामः सीतया विनिद्रीकृतः काके ऽभिमन्त्रितं तृणमक्षिपत्। सो ऽपि पक्षी तद्भयात्परिभ्रान्तो ऽपि त्राणाभावात् पुनरागम्य रामवचनादेकनयनत्यागेन तस्मादस्त्रान्मुमुचे मुक्तः। मुमुच इति कर्मकर्तरि। तस्य हि पलायमानस्य देवासुरोरगैरपि रक्षा कर्तुं न शकिता। ततो ऽसौ भूय आगत्य राममेव शरणं गतः। तत एकनेत्रत्यागेनास्त्रं सम्मानयेति रामेणाभिहितो ऽसावेकनेत्रमत्यजदित्यागमः॥ २३॥

रामस्त्वासन्नदेशत्वाद्भरतागमनं पुनः।
आशङ्क्योत्सुकसारङ्गां चित्रकूटस्थलीं जहौ॥ २४॥

रामः पुनश्चित्रकूटाद्रिभूमिं तत्याज। भरतस्यागमनं भूयः परिशङ्क्य निकटस्थानत्वात्। उत्कमृगां, तद्विरहात्॥ २४॥

प्रययावातिथेयेषु वसन्नृषिकुलेषु सः।
दक्षिणां दिशमृक्षेषु वार्षिकेष्विव भास्करः॥ २५॥

23.1 रामः सीतया] *conj.*; रामो रामाया सीताया G_1B^1; रामो रामया सीतया UP; रामो रामायास्सीताया L_2; श्रीरामो रामायाः सीतायाः J **23.1** विनिद्रीकृतः] *conj.*; अवबोधितो विनिद्रीकृतः G_1UPB^1J; अवबोतो विनिद्रीकृतः L_2 **23.1** काके] *conj.*; तस्मिन्काके $G_1UPB^1L_2$; तस्मिन्काके इन्द्रसुते J **23.1** ऽभिमन्त्रितं] *conj.*; इषीकास्त्रमभिमन्त्रितं G_1UB^1J; इषूकास्त्रं अभिमन्त्रितं P; ---षीकास्त्रं अभिमन्त्रितं L_2 **23.1** तृणमक्षिपत्] *conj.*; तृणमास्थदाक्षिपत् G_1B^1; तृणमास्थदक्षिपत् UPL_2J **23.1** सो ऽपि] UPB^1L_2J; सापि G_1 **23.2** त्राणाभावात्] G_1PB^{1ac}; तृणभावात् U; तृणाभावात् B^{1pc}; त्रणाभावात् L_2; तृणाभवात् J **23.3** रामवचनादेक°] G_1UPB^1; रामवच--- L_2; श्रीरामवचनादेक° J **23.3** °नयनत्यागेन] P; °नेत्रत्यागेन $G_1UB^1L_2J$ **23.3** मुमुच इति] PB^1; मुमुचेति G_1J; मुचेरिति U; मुमचे इ--- L_2 **23.4** पलायमानस्य देवासुरोरगैरपि] UPB^1J; पालायमानस्य देवास्वरोगैरपि G_1; पलायमानस्य देवासुरोरगैर--- L_2 **23.4** रक्षा कर्तुं न शकिता] G_1UB^1J; रक्षां कर्तुं न शकितः P; ---कर्तुं न शकिता L_2 **23.4** भूय आगत्य] UPB^1L_2J; भूयरागत्य G_1 **23.4** राममेव] $G_1UPB^1L_2$; श्रीराममेव J **23.5** तत एक°] *conj.*; ततस्तेनैक° **V** **23.5** रामेणाभिहितो] P; रामेणाभिहिते $G_1UB^1L_2$; श्रीरामेणाभिहिते J **23.6** °मत्यजदि°] UPB^1; °मत्याजदि° G_1L_2J **24.1** रामः] $G_1UPB^1L_2$; श्रीरामः J **24.1** °भूमिं] $G_1UPB^1L_2$; °भूमीं J **24.1** तत्याज] *conj.*; जहौ तत्याज कुतः G_1UPB^1J; दहौ तत्याज कुतः L_2 **24.1** °गमनं] $G_1UB^{1pc}J$; °गम+नं+ B^1; °गमं L_2 **24.2** निकटस्थानत्वात्] UPB^1J; निकटस्थानस्थानत्वात् G_1; निकटस्थाननत्वात् L_2 **24.2** उत्कमृगां] *conj.*; उत्सुकसारङ्गामुत्कमृगां G_1PB^1J; उत्सुकसारङ्गामुत्कटमृगां U; उत्सकसारङ्गामुत्कमृगां L_2

रामो ऽवाचीमाशामगमत्। अतिथिपरिचर्याचतुरेष्वत्रिसुतीक्ष्णशरभङ्गादितपोवनेषु वसन्। तेषु विश्रम्येत्यर्थः। प्रावृषेण्येषु पुष्यादिषु नक्षत्रेषु यथा वसन् सूर्यो दक्षिणायने दक्षिणां दिशं याति॥ २५॥

बभौ तमनुगच्छन्ती विदेहाधिपतेः सुता।
प्रतिषिद्धापि कैकेय्या लक्ष्मीरिव गुणोन्मुखी॥ २६॥

वैदेहसुता राममनुगच्छन्ती रेजे। उत्प्रेक्ष्यते—कैकेयीनिरुद्धापि लक्ष्मीरिव गुणानुरागिणी॥ २६॥

अनसूयाविसृष्टेन पुण्यगन्धेन काननम्।
सा चकाराङ्गरागेण पुष्पोल्ललितषट्पदम्॥ २७॥

सीतात्रिभार्यया तुष्टया पूजार्थं दत्तेन शाश्वतिकेन दिव्येनानुलेपनेन मनोज्ञसौरभेण कुसुमेभ्य उच्चलिता भ्रमरा यस्य तादृशं वनमकरोत्। यत उत्कृष्टगन्धा-

---

27 a. अनसूयाविसृष्टेन] $G_1UPL_2JD^MV^MB_1^MB_2^MB_3^MB_5^MB_7^M$ Jin.; अनसूयानिसृष्टेन $B^1B_4^M$; अनुसूयातिसृष्टेन Hem.Mall.Ar.Nā. **27 d.** पुष्पोल्ललित°] $G_1UB^1L_2JB_3^MB_5^MB_7^M$; पुष्पोल्लसित° V^MP; पुण्यं ष्पोल्ललित° D^M; पुष्पोच्चलित° $B_1^MB_2^MB_4^M$𝕮; पुष्पो ललित° B_7^M

25.1 रामो] $G_1UPB^1L_2$; श्रीरामः J **25.1** ऽवाचीमाशामगमत्] *conj.*; दक्षिणां दिशमवाचीं ककुभां प्रययावगमत् G_1UJ; दक्षिणां दिशमवाचीमाशां प्रययावगमत् PB^1; दक्षिणां दिशमवाचीमाशां प्रययौ L_2 **25.1** अतिथिपरिचर्या°] *conj.*; आतिथेयेष्वतिथिपरिचरण° G_1UJ; आतिथीयेष्वतिथिपरिचर्या° P; आतिथेयेष्वतिथिपरिचर्या° B^1L_2 **25.2** विश्रम्येत्यर्थः] $G_1PB^1L_2J$; विश्रान्त्रित्यर्थः U^{ac}; विश्रमन्नित्यर्थः U^{pc} **25.2** प्रावृषेण्येषु] *conj.*; वार्षिकेषु प्रावृषेण्येषु Σ **25.2** यथा वसन्] $G_1^{pc}UB^1L_2J$; यथा वसन् तेषु विश्रम्येत्यर्थः G_1^{ac} **25.3** दक्षिणायने] G_1UPB^1; दक्षिणायनेन L_2; दक्षिणायेन J **26.1** वैदेहसुता] *conj.*; वैदेही सुतरां G_1U; वैदेही सीता PB^1L_2; सीता सुतरां J **26.1** रामम्] G_1U; तं रामम् PB^1L_2; श्रीरामम् J **26.1** रेजे] *conj.*; बभौ रेजे G_1UB^1J; बभौ P; बोभौ रेजे L_2 **26.1** °निरुद्धापि] PB^1L_2; °निषिद्धापि G_1UJ **26.2** गुणानुरागिणी] UB^1J; गुणानुरागिनी G_1PL_2 **27.1** सीता] *conj.*; सा सीता G_1UPB^1J; ---सीता L_2 **27.1** °त्रिभार्यया] *conj.*; अनसूययात्रिभार्यया Σ **27.1** पूजार्थं] $G_1PB^1L_2J$; पूजार्थ U **27.1** दत्तेन] *conj.*; निसृष्टेन न दत्तेन G_1; निसृष्टेन दत्तेन UB^1J; विसृष्टेन दत्तेन P; निसृ--- L_2 **27.1** दिव्येनानुलेपनेन] *conj.*; दिव्येनाङ्गरागेनानुलेपनेन G_1J; दिव्येनाङ्गरागेणानुलेपनेन UPB^1; दिव्येनाङ्गरागेणानुलेपने L_2 **27.2** मनोज्ञसौरभेण] P; न मनोज्ञसौरभेन G_1J; मनोज्ञसौरभ्येन U; अमनोज्ञसौरभेन B^1; मनोज्ञ--- L_2 **27.2** कुसुमेभ्य उच्चलिता] *conj.*; पुष्पेभ्य उल्ललिता उच्चलिताः $G_1UB^1L_2J$; पुष्पेभ्य उल्लसिताश्चलिताः P **27.2** भ्रमरा] *conj.*; षट्पदा भ्रमरा $G_1UB^1L_2J$; षट्पदाः P **27.2** यस्य तादृशं] G_1UPB^1J; ---शं L_2 **27.2** वनमकरोत्] *conj.*; चकार G_1UB^1J; कार P

कृष्टत्वादलयो वनकुसुमानि त्यक्त्वा तदभिमुखमायान्ति स्म॥ २७॥

सन्ध्याभ्रकपिशस्तत्र विराधो नाम राक्षसः।
अतिष्ठन्मार्गमावृत्य रामस्येन्दोरिव ग्रहः॥ २८॥

अथ तेषां व्रजतां विराधो नाम राक्षसः रामस्य पन्थानमाच्छाद्य तस्थौ। सन्ध्यामेघवत्पिशङ्गः। शशिनो राहुरिव॥ २८॥

स जहार तयोर्मध्ये मैथिलीं लोकशोषणः।
नभोनभस्ययोर्वृष्टिमवग्रह इवान्तरे॥ २९॥

स विराधो रामलक्ष्मणयोर्मध्ये स्थितां सीतामहार्षीत्। जगत्क्षपकः। यथा श्रावणभाद्रपदयोर्मध्ये लोकशोषणो वर्षप्रतिबन्धो वृष्टिं हरति। यदा ह्यनावृष्टिर्भवति तदा नभोनभस्ययोरेव॥ २९॥

तं विनिष्पिष्य काकुत्स्थौ पुरा दूषयति स्थलीम्।
गन्धेनाशुचिना चेति वसुधायां निचख्नतुः॥ ३०॥

रामलक्ष्मणौ तं हत्वा भूमौ निखाय निहितवन्तौ। अशुद्धेन गन्धेनेमां वनभु-

---

27.3 °दलयो] UPB^1L_2J; °दालयो G_1 **27.3** वनकुसुमानि] PB^1; नवकुसुमानि G_1UJ; ---मानि L_2 **27.3** °यान्ति] $G_1UPB^1L_2$; °याति J **28.1** रामस्य] $G_1UPB^1L_2$; श्रीरामस्य J **28.1** पन्थानमाच्छाद्य] *conj.*; मार्गं पन्थानमावृत्याच्छाद्य Σ **28.1** तस्थौ] $G_1UB^1L_2J$; अतिष्ठत् तस्थौ P **28.2** सन्ध्यामेघवत्पिशङ्गः] *conj.*; कीदृशः। सन्ध्याभ्रवत्कपिशः पिङ्गलः G_1UJ; कीदृशः। सन्ध्याभ्रकपिशः सन्धाभ्रवत्कपिशः P; कीदृशः। सन्ध्याभ्रवत्कपिशः पिशङ्गः B^1; कीदृशः। सन्ध्याभ्रवत्कपिशः पिनङ्गः L_2 **28.2** शशिनो राहुरिव] *conj.*; इन्दोः शशिनः ग्रहो राहुरिव $G_1UB^1L_2J$; शशिनः ग्रहो राहुरिव P **29.1** स विराधो] P; स विराधो तयोम G_1; स विराधस्तयोः U; स विराधः तयो B^{1pc}; स विराधो तयो B^{1ac}; स विराधः तयो L_2; स विराधो नाम राक्षसः तयोः श्री° J **29.1** °र्मध्ये] J; °रन्ते G_1; °र्मध्ये अन्तरे PB^1L_2 **29.1** सीतामहार्षीत्] *conj.*; सीतां जहाराहार्षीत् $G_1UPB^1L_2$; मैथिलीं सीतां जहार अहार्षीत् J **29.1** जगत्क्षपकः] *conj.*; कीदृशः। लोकशोषणः जगत्क्षपकः Σ **29.2** श्रावणभाद्रपदयो°] *conj.*; नभोनभस्ययोः श्रावणभाद्रपदयो° Σ **29.2** वर्षप्रतिबन्धो] *conj.*; ऽवग्रहो वर्षप्रतिबन्धो G_1UPB^1J; ऽवग्रहो वर्षप्रतिबद्धो L_2 **29.3** यदा ह्यनावृष्टिर्भवति] PB^1L_2; *om.* G_1UJ **29.3** °नभस्ययोरेव] $PB^{1pc}L_2$; °नभस्ययोरिव $G_1UB^{1ac}J$ **30.1** रामलक्ष्मणौ] *conj.*; काकुत्स्थौ रामलक्ष्मणौ $B^{3pc}L_2$; काकुस्थौ रामलक्ष्मणौ G_1B^{1ac}; काकुत्सौ रामलक्ष्मणौ U; काकुस्थौ श्रीरामलक्ष्मणौ PJ **30.1** हत्वा] *conj.*; विनिष्पिष्य हत्वा Σ **30.1** भूमौ] *conj.*; वसुधाया भूमौ Σ **30.1** निखाय निहितवन्तौ] *conj.*; निचख्नतुः तं निखाय निहितवन्तौ $G_1PB^1L_2J$; निचख्नतुः तं निखाय निहतवन्तौ U **30.1** अशुद्धेन] *conj.*; कुत इत्याह। अशुचिना अशुद्धेन Σ

वमचिरेणैवापवित्रीकरिष्यतीत्यतो हेतोः। चशब्दादार्षोक्तकारणेनापि। आगमे हि मृतानां रक्षसां भुवि कलेवरनिधानं जातिधर्म इति विराधार्थनयैव भुवि तौ तं निचख्नतुरिति वर्णितम्। अन्यथा तु चशब्दस्यावाचकतैव स्यात्। पुरा दूषयतीति यावत्पुरानिपातयोर्लट्॥ ३०॥

पञ्चवट्यामथो रामः शासनात्कुम्भजन्मनः।
अनपोढस्थितिस्तस्थौ विन्ध्याद्रिः प्रकृताविव॥ ३१॥

अनन्तरमगस्त्यस्याज्ञया पञ्चवट्यां तत्संज्ञके वन उवास। तदाज्ञयैवात्यक्ता मर्यादा येन सः। यथा तस्यैवादेशाद्विन्ध्याख्यशैलो ऽत्यक्तस्थितित्वात्स्वरूपे ऽस्थात्। स हि मेरुमत्सरादात्मानमुत्क्षिप्य भानोः पन्थानमावृण्वन् पुनरागमनं यावन्मम मार्गं ददस्वेत्यगस्त्येन प्रकृत्यवस्थायां स्थापितः॥ ३१।

रावणावरजा तत्र राघवं मदनातुरा।

---

31 a. पञ्चवट्यामथो] $G_1UPB^1JD^MV^MB_1^MB_2^MB_3^MB_4^MB_5^MB_7^M$Ar.(?)Nā.; प---मथो L_2; पञ्चवट्यां ततो Hem.Mall.Jin. **32 b. राघवं मदनातुरा**] $G_1UPB^1D^MV^MB_1^MB_2^MB_3^MB_4^MB_5^MB_7^M$𝕮; राघवं मचनातुरा L_2; श्रीरामं मदनार्तरा J

30.5 यावत्पुरानिपातयोर्लट् *Aṣṭādhyāyī* 3.3.4.

30.2 वनभुवम्] G_1UB^1J; वनभूमिम् PL_2 **30.2 °णैवापवित्रीकरिष्यती°**] *conj.*; °णैव दूषयत्यपवित्रीकरिष्यती° Σ **30.3 रक्षसां**] UB^1L_2; राक्षसां G_1J; राक्षसानां P **30.3 भुवि कलेवरनिधानं**] P; कलेवरनिधानं भूमावेव G_1UB^1; कलेवरनिधनभूमावेव L_2; कर्णेवरनिधानं भूमावेव J **30.3 विराधार्थनयैव**] $G_1UPB^{3pc}J$; विराधार्थनैव B^{1ac}; विराधात्। नैव L_2 **30.4 भुवि तौ तं**] G_1UPJ; भुवि B^1; तौ तं भुवि L_2 **30.4 चशब्दस्यावाचकतैव**] PB^1L_2; चशब्दस्य वाचकतैव G_1J; °शब्दस्य वाचकतैव U **30.5 पुरा दूषयतीति**] G_1UPB^1J; परा दूष--- L_2 **30.5 °निपातयोर्लट्**] PB^{3pc}; °णिपातयोर्लुट् G_1J; °शब्दयोर्निपातयोर्लुट् U; °णिपातयोर्लट् B^{1ac}; °निपातयोर्लट्॥ ३०॥ दण्डकारण्ये L_2 **31.1 अनन्तरमगस्त्यस्याज्ञया**] *conj.*; कुम्भजन्मनरगस्त्यस्य शासनादाज्ञया G_1; अनन्तरं कुम्भजन्मनो गस्त्यस्य शासनादाज्ञया U; ततः कुम्भजन्मनो गस्त्यस्य शासनादाज्ञया PB^1; ततः कुम्भज---शासनादाज्ञया L_2; अथ विराधादिवधादनंतरं कुंभजन्मनो ऽगस्त्यस्य शासनादाज्ञया J **31.1 उवास**] *conj.*; तस्थावुवास G_1PB^1J; तस्थावासत U; तस्थौ--- L_2 **31.1 तदाज्ञयैवात्यक्ता**] $UB^{1ac}J$; अगस्त्यस्याज्ञायाः अत्यक्ता P; तदाज्ञयैव त्यक्ता B^{1pc}; तदाज्ञयैवात्यत्का L_2; तदाज्ञैवात्यक्ता G_1 **31.2 ऽत्यक्तस्थितित्वात्**] $G_1PB^{1ac}L_2J$; अत्यक्तस्थितत्वात् U; अत्युक्तस्थितत्वात् B^{3pc} **31.3 मेरुमत्सरादात्मानमुत्क्षिप्य**] P; मेरुवर्त्मरात्मानमुत्क्षिप्य G_1; मेरुवत्परात्मानमुत्क्षिप्य U; मेरुवर्त्मनात्मानमुत्षिप्य B^{1pc}; मेरुवत्स??त्म्नमुत्क्षिप्य B^{1ac}; मेरुवत्सरादात्मानमुत्क्षिप्य L_2; मेरुवत्सारात् सानुमुत्क्षिप्य J **31.4 यावन्मम**] PB^1L_2J; यावत्मम G_1; यान्मम U **31.4 ददस्वेत्य्**] $G_1UB^1L_2J$; ददस्वेत्युत्का P

अभिपेदे निदाघार्ता व्यालीव मलयद्रुमम्॥ ३२॥

तत्र पञ्चवट्यां रावणस्यानुजा शूर्पनखा नाम राक्षसी कामेन व्यथिता सती राघवमाययौ। कामरूपत्वाद्रम्यं रूपं विधाय। घर्मव्यथिता नागी चन्दनतरुमिव॥ ३२॥

सा सीतासन्निधावेव तं वव्रे कथितान्वया।
अत्यारूढो हि नारीणामकालज्ञो मनोभवः॥ ३३॥

शूर्पनखा रामं सीतासमक्षमेवाचकमत, न तु रहसि। आख्यातस्वकुला। यस्मात् परां कोटिं प्राप्त उल्बणः कामो नारीणामकालज्ञो भवति। कामातुराणां तासामवसरानवसरविवेको न जायत इति भावः॥ ३३॥

कलत्रवानहं बाले यवीयांसं भजस्व मे।
इति रामो वृषस्यन्तीं वृषस्कन्धः शशास ताम्॥ ३४॥

---

32 c. अभिपेदे] **V**$D^M V^M B_1^M B_2^M B_3^M B_5^M B_7^M$Mall.Ar.(?)Nā.Jin.; अपिपेदे B_4^M; आजगाम Hem. **33 b.** कथितान्वया] Σ; मदनातुरा P **34 b.** यवीयांसं] UP$B^{3pc} D^M B_1^M B_2^M B_3^M B_4^M B_5^M B_7^M$Ar.Nā.; यवीयासं V^M; यवेयांसं $G_1 B^{1ac} L_2$J; कनीयांसं Hem.Mall.Jin.

32.1 तत्र] PB^1L_2; ततः G_1UJ **32.1** कामेन] *conj.*; मदनेन कामेन Σ **32.1** व्यथिता सती] *conj.*; आतुरा व्यथिता सती G_1UPB^1L_2; आर्तरा व्यथिता सीताJ **32.2** राघवमाययौ] G_1UPB^1L_2; श्रीराघवमाययौ J **32.2** कामरूपत्वा°] G_1UB^1L_2J; कामातुरत्वा° P **32.2** नागी] G_1UPB^1L_2; व्याली नागी J **32.3** °तरुमिव] $G_1B^1L_2$J; °द्रुममिव UP **33.1** शूर्पनखा] *conj.*; सा शूर्पनखा Σ **33.1** रामं] *conj.*; तं रामं G_1UPB^1L_2; तां श्रीरामं J **33.1** सीतासमक्षम्] *conj.*; सीतासन्निधौ सीतासमक्षम् G_1UB^1L_2J; सीतासन्निधा सीतासमक्षम् P **33.1** °वाचकमत] *conj.*; °व वव्रे अचकमत Σ **33.1** आख्यातस्वकुला] *conj.*; कीदृशी कथिता आख्याता सुकुला G_1; कीदृशी कथितान्वया आख्यातवंशा स्वकु U; कीदृशी कथितान्वया आख्यातस्वकुला PB^1; कीदृशी कथितान्वया आख्यातसुकुला L_2; कीदृशी कथिता आख्याता स्वकुला J **33.2** यस्मात्] *conj.*; हि यस्मात् Σ **33.2** परां कोटिं प्राप्त] *conj.*; अत्यारूढः परां कोटिं प्राप्तः G_1UPB^1; अत्यारूढः परां कोटिमाप्तः L_2; अत्यारूढः परां कोटिं प्राप्ता J **33.2** उल्बण.] UPB^1; उल्बनो G_1; उलणो L_2; उल्वनो J **33.2** कामो] *conj.*; मनोभवः कामः Σ **33.2** भवति] *conj.*; भवति कालं न जानातीत्यर्थः G_1UPB^1J; भवति काले न जानातीर्थः L_2 **33.3** कामातुराणां तासाम्] P; कामातुराणाम् $G_1B^1L_2$; कामार्तराणाम् J **33.3** °वसरविवेको] G_1PB^1L_2J; °वसरौ U

कामुकीं कामुकमीप्सतीं राम इत्यन्वशिषत्। हे तरुणि सदारो ऽस्मि। मम कनिष्ठं लक्ष्मणं त्वं भजस्व। यतो ऽसन्निहितभार्यम्। सदाचारत्वादहमन्यां नारीं न कामये। अतिशयेन युवा यवीयान् स्थूलदूरादित्वात् साधितः। वृषमिच्छति वृषस्यति। अश्वक्षीरवृषलवणानां क्यचि मैथुनेच्छायामसुगागमः॥ ३४॥

ज्येष्ठाभिगमनात्पूर्वं तेनाप्यनभिनन्दिता।
साभूद्रामाश्रया भूयो नदीवोभयकूलभाक्॥ ३५॥

सा शूर्पनखा रामं पुनरगात्। आदौ रामाभियानाल्लक्ष्मणेन प्रत्याख्याता। “आदौ मत्सकाशं नागमस्त्वम्” इति। इति गतागतवशात् पारावारगामिनी

---

35 c. °श्रया] $G_1UPB^1L_2D^MV^MB_1^{Mpc}B_2^MB_3^MB_4^{Mpc}B_7^M$Hem.Mall.; °श्रयो $G_1^{ac}JB_1^{Mac}B_4^{Mac}B_5^M$; °श्रिता Ar.(?)Nā.Jin.

34.3 स्थूलदूरादित्वात्··· Cf. *Aṣṭādhyāyī* 6.4.156.

34.4 अश्वक्षीरवृषलवणाणां क्यचि Cf. *Aṣṭādhyāyī* 7.1.51: अश्वक्षीरवृषलवणानामात्मप्रीतौ क्यचि

34.4 मैथुनेच्छायाम् Cf. the first *vārttika* on *Aṣṭādhyāyī* 7.1.51: अश्ववृषयोर्मैथुनेच्छायाम्

34.1 कामुकीं कामुकमीप्सतीं] *conj.*; वृषस्यन्तीं कामुकीं कामुकमीप्सतीं G_1UPB^1J; वृषस्यन्तीं कामु ⏑⏑⏑न्तीं L_2 **34.1** राम] $G_1UPB^1L_2$; श्रीराम J **34.1** इत्यन्वशिषत्] *conj.*; इति शशाशान्वशिषत् Σ **34.1** तरुणि] *conj.*; बाले तरुणि Σ **34.1** सदारो ऽस्मि] *conj.*; अहं कलत्रवान्सदारो ऽस्मि G_1UPB^1J; अ⏑⏑⏑⏑वान्सदारोस्मि L_2 **34.1** मम] *conj.*; मे $G_1UPB^1L_2$; मे मम J **34.2** कनिष्ठं] *conj.*; यवीयांसं कनिष्ठं G_1UPB^1; यवेयांसं कनिष्ठं L_2; यवीयांसं कनिष्टं J **34.2** °हमन्यां नारीं] G_1UPJ; °हमन्यां B^1; °हं सत्यां नारीं L_2 **34.3** न कामये] $G_1UPB^{3pc}J$; नामये B^{1ac}; ---ये L_2 **34.3** स्थूल°] UPB^1L_2J; स्थल° G_1 **34.3** साधितः] G_1PB^1J; सादितः U; --- L_2 **34.4** वृषमिच्छति वृषस्यति] $G_1UB^1L_2J$; वृषमिच्छतीति वृषस्यति P **34.4** अश्वक्षीरवृषलवणानां क्यचि] *conj.*; अवुक्षीरवृषलक्षणाना क्यपि G_1; अध्वक्षीरवृषवृक्षक्षणानां क्यपि U; अध्वक्षीरवृषलवणानां क्यपि P; अध्वक्षीरवृषलवणानां क्वापि B^{3pc}; अध्वक्षीरवृषलवणानं कुपि B^{1ac}; अथक्षीवृषलवणानां क्यपि L_2; अध्वक्षीरवृषलक्षणानां क्यपि J **34.4** °यामसुगागमः] *conj.*; °यां सुगागमः B^1; °यां सुरागमः G_1UL_2J; °यां नुरागमः P **35.2** सा शूर्पनखा रामं पुनरगात्। आदौ रामाभियानाल्लक्ष्मणेन प्रत्याख्याता। आदौ मत्सकाशं नागमस्त्वमिति] G_1; शा शूर्पनखा पुरा राममगा(?) आदौ रामाभियानात् लक्ष्मणेन प्रताख्याता आदौ मत्सकाशं नागमः त्वम् U; आदौ ज्येष्ठस्याभिगमनादिति पूर्वं मत्सकाशं त्वं नागतेति तेन सौमित्रिणाप्यनभिनन्दिता प्रत्याख्याता (प्रत्यगाख्याता L_2) पुनः राममगात् PB^{1ac}; before this B^{3pc} adds सा शूर्पनखा रामाश्रया भूयो गात् रामं पुनरगात्; सा शूर्पनखा श्रीरामं पुनरगात् आदौ रामाभियानात् लक्ष्मणेन प्रयाख्याता आदौ मत्सकाशां नागमस्त्वमिति J **35.2** इति गतागत°] PB^1L_2; इत्यसकृद्गतागत° G_1U; इत्यसत्कृतागत° J **35.2** पारावार°] $G_1UPB^1L_2$; परावार° J

सरिदिव॥ ३५॥

संरम्भं मैथिलीहासः क्षणसौम्यां निनाय ताम्।
निवातस्तिमितां वेलां चन्द्रोदय इवोदधेः॥ ३६॥

सीताहसितं शूर्पनखां क्रोधं प्रापयत्, अचुक्षुभदित्यर्थः। क्षणमात्रं सौम्याम्। पवनाभावनिश्चलाम्, अत एव क्षणसौम्याम्, अब्धेर्मर्यादां चन्द्रोदय इव। स्तिमिताया अपि तस्या वेलाशब्दवाच्यत्वं भविष्यदवस्थापेक्षया॥ ३६॥

फलमस्यावहासस्य सद्यः प्राप्स्यसि पश्य माम्।
मृगीपरिभवो व्याघ्र्या मृत्यवे हि त्वया कृतः॥ ३७॥

इत्युक्त्वा मैथिलीं भर्तुरङ्गानि विशतीं भयात्।
रूपं शूर्पनखा नाम्नः सदृशं प्रत्यपद्यत॥ ३८॥

---

36 c. °स्तिमितां] Σ; °स्तम्भितां Hem. **36 d.** इवोदधेः] P^{pc}B^{1}L$_2$D^{M}V^{M}B$_1^M$B$_2^M$B$_3^M$B$_4^M$B$_5^M$𝕮; इवाम्बुधेः G$_1$UJB$_7^M$; इवार्णवः P^{ac} **37 a.** फलमस्यावहासस्य] UPB^{1}L$_2$JD^{M}V^{M}B$_1^M$B$_2^M$B$_3^M$B$_4^M$B$_5^M$B$_7^M$; फलमस्यावहासास्य G$_1$; फलमस्योपहासस्य 𝕮 **37 c.** मृगीपरिभवो व्याघ्र्या] VV^{M}B$_1^M$B$_2^M$B$_3^M$B$_4^M$B$_5^M$B$_7^M$; मृगीपरिभवो व्याघ्र्याम् D^{M}Hem.Ar.Nā.; मृग्याः परिभवो व्याघ्र्यां Mall.; मृग्या परिभवो व्याघ्र्यां Ar.^{vl}; मृगीपराभवो व्याघ्र्याम् Jin. **37 d.** मृत्यवे हि त्वया कृतः] ŚAr.^{vl}Jin.; अवेहीति कृतं त्वया Hem.; अवेहीति कृतस्त्वया (?) Hem.^{vl}; इत्यवेहि त्वया कृतम् Mall.; इत्यवेहि त्वया कृतः Ar.(?)Nā.(?) **38 b.** अङ्गानि विशतीं] G$_1$PB^{1}L$_2$D^{M}V^{M}B$_1^M$B$_2^M$B$_3^M$B$_4^M$B$_5^M$B$_7^M$Ar.Nā.; अङ्गानि विशती U; अङ्कं निविशतीं JJin.; अङ्कं प्रविशतीं Hem.; अङ्कं निविशतीं Hem.^{vl}Ar.^{vl}Nā.^{vl}; अङ्कं निर्विशतीं Mall. **38 c.** शूर्पनखा नाम्नः] PB^{1}L$_2$JD^{M}V^{M}B$_1^M$B$_2^M$B$_3^M$B$_4^M$B$_5^M$B$_7^M$; शूर्पनखा नम्नस् G$_1$; शूर्पनखा नाम्ना U; शूर्पणखा नाम्ना Hem.; शूर्पणखा नाम्नः Mall.Ar.Nā.Jin.

35.3 सरिदिव] *conj.*; नदी सरिदिव Σ **36.1** सीताहसितं] *conj.*; मैथिलीहासः सीताहसितं Σ **36.1** शूर्पनखां] G$_1$UB^{1}J; तां शूर्पनखां PL$_2$ **36.1** क्रोधं] *conj.*; संरम्भं क्षोभं G$_1$UB^{1}L$_2$J; संरम्भं क्रोधं P **36.1** प्रापयत्, अचुक्षुभदित्यर्थः] *conj.*; निनाय प्रापयेत् G$_1$; निनाय प्रापयत् UB^{1}L$_2$J; निनाय प्रापयदचुक्षुभदित्यर्थः P **36.1** क्षणमात्रं] G$_1$UJ; कीदृशीं क्षणमात्रं PB^{1}L$_2$ **36.2** पवनाभावनिश्चलाम्] *conj.*; निवातस्तिमितां पवनाभावनिश्चलाम् G$_1^{pc}$UPB^{1}L$_2$J; निवातस्तिमितां पवनाभावनिश्चितालाम् G$_1^{ac}$ **36.2** अत एव क्षण°] UPL$_2$; अत एव लक्षण° G$_1$B^{1}J **36.2** °सौम्याम्, अब्धेर्मर्यादां] *conj.*; °सौम्यामुदधेरब्धे वेलां मर्यादां G$_1$J; °सौम्यामुदधेरब्धेर्वेलां मर्यादां UB^1; °सोम्यां उदधेरब्धेः वेलां मर्यादां PL$_2$ **36.2** चन्द्रोदय इव] G$_1$UB^{1}L$_2$J; चन्द्रोदय इव क्षुब्धतां P **36.3** स्तिमिताया] PB^{1}L$_2$; स्तिमिता G$_1$UJ **36.3** °वाच्यत्वं] G$_1$UPB^{1}J; °वाचित्वं L$_2$

अस्योपहासस्य सद्य एव फलमाप्स्यसि। मां पश्य त्वम्। यस्मात् हरिण्या यः परिभवः कार्यः स शार्दूलाङ्गनायास्त्वयात्मविनाशाय विहितः। यदि वा मृगीकर्तृकः परिभवस्त्वया सिंह्या मृत्यवे कृतः। मृगीवत्त्वयाहं व्याघ्रीव मृत्यवे परिभूतेति भावः। †भयाद्भर्तुरङ्गानि विशतीं† सीतामित्युक्त्वा नाम्नः सदृशं शूर्पाकारनखमित्यादिकं रूपं भीषणं राक्षसीरूपं प्रपेदे। युग्मम्॥

लक्ष्मणः प्रथमं श्रुत्वा कोकिलामञ्जुवादिनीम्।
शिवाघोरस्वनां पश्चाद्बुबुधे विकृतेति ताम्॥ ३९॥

विप्रकृष्टस्थो लक्ष्मणस्तां शूर्पनखां पूर्वं कोकिलावन्मधुरभाषिणीं पश्चात्सृगालीपरुषवाचमाकर्ण्य विकृतेति क्रुद्धां तामज्ञासीत्। न ह्यकुपिते वचनं वैकृतमु-

---

39 c. °वादिनीम्] Σ; °भाषिणीम् Mall. **39 c.** °स्वनां] $UPB^1L_2JD^MV^MB_1^MB_2^MB_3^MB_4^MB_5^MB_7^M$Hem.Mall.; °सुनां G_1; °स्वरां Ar.(?)Nā.Jin. **39 d.** विकृतेति ताम्] $G_1PB^1L_2JV^MB_1^MB_2^MB_3^MB_4^MB_5^MB_7^M$ℭ; चेति विक्रियाम् U; विकृति ताम् D^M

38.1 मां पश्य त्वम्] PB^1L_2; त्वं मां पश्य G_1UJ **38.1** यस्मात्] *conj.*; हि यस्मात् Σ **38.2** हरिण्या यः परिभवः कार्यः स शार्दूलाङ्गनायास्त्वयात्मविनाशाय विहितः, यदि वा] *em.*; *om.* $G_1UB^1L_2J$; हरिण्याः यः परिभवः का× ?× +र्यः+ सः शार्दूलाङ्गनायाः त्वया आत्मविनाशाय विहितः यदि वा P **38.3** मृगीकर्तृकः परिभवस्त्वया सिंह्याः मृत्यवे कृतः मृगीवत्] मृगीव U(eyeskip) **38.3** सिंह्या] *conj.*; व्याघ्र्याः सिंह्याः PB^1L_2; व्याघ्र्यः सिंह्याः G_1J **38.4** भावः] $G_1PB^1L_2$; भावः मृगीकर्तृकः परिभवः त्वया व्याघ्र्याः सिंह्याः कृतः मृत्यवे U **38.4** भयाद्भर्तुरङ्गानि] G_1B^1; भयात्तु भर्तुरङ्गानि U; भया भर्त्तुरङ्गानि P; भयात्तुरङ्गानि L_2; भयात् भर्तुः श्रीरामस्यांगानि J **38.4** विशतीं] G_1PB^1; विशती U; ---तीं L_2; विशंतीं J **38.4** सीतामित्युक्त्वा] P; मिथिलीं सीतामित्युक्त्वा G_1; मैथिलीं सीतामित्युक्त्वा UB^1L_2; मैथिलीं सेतामित्युक्त्वा J **38.4** नाम्नः] $G_1PB^1L_2$; नाम्ना UJ **38.5** शूर्पाकारनखम्] PB^1; शूर्पनखाकारनखम् G_1J; शूर्पनखाकारम् U; शूर्पाक---मित्यादिकं L_2 **38.5** प्रपेदे] *conj.*; प्रतिपद्यत प्रपेदे G_1B^1J; प्रत्यपद्यत प्रपेदे UP; प्रतिपद्य--- L_2 **38.5** युग्मम्] *conj.*; न मुखात्संज्ञायामिति वचनात्स्वाङ्गादिति जस्प्रत्ययस्य निषेधः। पूर्वपदात्संज्ञायामिति णत्वाभावः॥ युग्मम् G_1; नखमुखात्संज्ञायामिति वचनात्स्वाङ्गादिति ङीष्प्रययस्य प्रतिषेधः नकारस्य णत्वाभावः U; न मुखात्संज्ञायामिति वचनात्स्वाङ्गादिति ङीष्प्रत्ययस्य निषेधः पूर्वपदात्संज्ञायामिति णत्वाभावः॥ युग्मम् श्रेयसेऽस्माकम्॥ P; नखमुखात् (नमुखात् B^{1ac}) संज्ञायामिति वचनात्स्वाङ्गादिति ङीष्प्रत्ययस्य निषेधः पूर्वपदात्संज्ञायामिति णत्वाभावः॥ युग्मम् B^1; न मुखात् संज्ञायामिति ङीष्प्रययस्य U; ङीष्--- निषेधः। पूर्वपदात्संज्ञायामिति णत्वाभाव --- L_2; न मुखात्संज्ञायामिति वचनात्स्वाङ्गादिति ङीप्रत्ययस्य निषेधः। पूर्वपदात्संज्ञायामिति वचनात् स्वांगादिति णत्वाभावः॥ युगलकम् J **39.1** पूर्वं] *conj.*; प्रथमं पूर्वं $G_1UP^{pc}B^1L_2J$; प्रथमं P^{ac} **39.1** कोकिलावन्मधुर°] UB^1L_2J; कोकिलावान्मधुर° G_1; कोकिलवन्मधुर° P **39.2** °सृगालीपरुष°] $G_1UB^1L_2$; °सृगालीवत्परशु° P; °सृगालीपुरुष° J

त्पद्यते। विकृतेति, इतिशब्देन प्रातिपदिकमात्रावस्थापनाद्द्वितीयाभावो यथा क्रमादमुं नारद इत्यबोधि स इत्यादौ॥ ३९॥

पर्णशालामथ क्षिप्रं विधृतासिः प्रविश्य सः।
वैरूप्यपुनरुक्तेन भीषणां तामयोजयत्॥ ४०॥

अनन्तरं लक्ष्मण आशूटजं खड्गहस्तः प्रविश्य ततः खड्गमाकृष्य भयङ्करां तां द्विगुणेन वैरूप्येण संगमयति स्म। छिन्नकर्णनासिकत्वात्पुनरुक्तम्, आदावेव तस्या भयानकत्वात्। वैरूप्यपुनरुक्तेनेति कर्मधारयः। अन्तर्भावितभावार्थेन वा षष्ठीतत्पुरुषः॥ ४०॥

सा वक्रनखधारिण्या वेणुकर्कशपर्वया।
अङ्कुशाकारयाङ्गुल्या तानतर्जयदम्बरात्॥ ४१॥

---

40 b. विधृतासिः] G_1UPB^1J$D^M V^M B_1^M B_2^M B_3^M B_5^{Mpc} B_7^M$ Hem.Ar.Nā.; विदतासिः L_2; विवृता B_4^{Mac}; विवृतासि B_4^{Mpc}; विश्यतासिः B_5^{Mac}; विवृतासिः Mall.; विकृष्टासिः Ar.^{vl} **40 c.** वैरूप्यपुनरुक्तेन] $P^{pc} B_2^M B_4^M$ Hem.^{vl} Ar.^{vl}; वैरूप्यपौनरुक्त्येन G_1U$B^1 L_2$J$D^M V^M B_1^M B_3^{Mpc} B_5^M B_7^M$ Hem.Mall.Ar.^{vl}Nā.Jin.; वैरूप्यप्यं पुनरुक्तेन P^{ac}; वैरूप्यं पौनरुक्त्येन B_3^{Mac} Ar. **41 d.** तानतर्जयदम्बरात्] UPB^1J$D^M V^M B_1^M B_2^M B_3^M B_4^M B_5^M B_7^M$ Ar.^{vl}; तानतर्जयदम्भरात् $G_1 L_2$; तानतर्जयदम्बरे Hem.; तावतर्जयदम्बरे Mall.Jin.; तानतर्जयताम्बरे Ar.Nā.

39.4 क्रमादमुं नारद इत्यबोधि स *Śiśupālavadha* 1:3d. Also quoted by Vallabha ad *Kumārasambhava* 5:27.

39.3 न ह्यकुपिते…°त्पद्यते] *om.* $B^{1ac} L_2$ **39.3** वैकृतमुत्पद्यते] B^{3pc}; वैकृतमुत्पाद्यते G_1UJ; वैरूप्यं वचनवैकृत्यं उत्पद्यते P **39.3** इतिशब्देन] *conj.*; शब्देन Σ **39.3** प्रातिपदिकमात्रा°] G_1UB^1J; प्रतिपादकमात्रा° P; प्रातिपादिकमात्रम° L_2 **39.3** °द्द्वितीया°] UP$B^1 L_2$J; °त्स्वितीया° G_1 **40.1** अनन्तरं] *conj.*; अथानन्तरं Σ **40.1** लक्ष्मण] *conj.*; स लक्ष्मणः Σ **40.1** आशूटजं] *conj.*; क्षिप्रमाशु पर्णशालामुटजं G_1UP$B^1 L_2$; क्षिप्रमाशु पर्णशाखामुटजं J **40.1** खड्गहस्तः] *conj.*; विधृतासिः खड्गहस्तः G_1U$B^1 L_2$J; विधृतासिः P **40.1** खड्गमाकृष्य] U$B^1 L_2$; खड्गमाकृश्य G_1J; उत्कृष्टखड्गः ततः खड्गमाकृष्य P **40.1** भयङ्करां तां] G_1UB^1J; भीषणां भयङ्करां PL_2 **40.2** द्विगुणेन] *conj.*; वैरूप्यपौनरुक्त्येन द्विगुणेन G_1U$B^1 L_2$; वैरूप्यरुनरुक्तेन द्विगुणेन P; वैरूप्यपौनरुक्त्येन द्विगुणे J **40.2** वैरूप्येण संगमयति स्म] *conj.*; वैरूप्यंनायोजयत् G_1UB^1J; वैरूप्येणायोजयत् संगयति स्म P; वैरूपेणायोजयत् L_2 **40.3** °पुनरुक्तेनेति] *conj.*; °पौनरुक्त्येनेति L_2; °पौनरुक्त्येति UPB^{1pc}J; °पौनरुक्तेति G_1; °पौनरुक्त्येतेति B^{1ac} **40.3** अन्तर्भावितभावार्थेन] *conj.*; अन्तर्भावितधात्वर्थेन G_1UPB^1J; अन्तर्भावित्वर्थेन L_2

राक्षस्याकाशादाकाशमारुह्याङ्गुल्या तांस्त्रीनप्यतर्जयत्। क्वाधुना यास्यथेति। कुटिलकररुहधारिण्या। वंशवत्परुषसन्धिबन्धया। भर्त्सनवशात् सृणिवद्वक्रया च॥ ४१॥

प्राप्य चाशु जनस्थानं खरादिभ्यस्तथाविधा।
रामोपक्रममाचख्यौ रक्षःपरिभवं नवम्॥ ४२॥

तथाविधा लूनाङ्गी शीघ्रं जनस्थानं तदाख्यं वनमासाद्य खरदूषणत्रिशिरोभ्यो रामेणोपक्रान्तं नूतनं रक्षसां तिरस्कारमकथयत्। उपक्रम्यत इत्युपक्रमः। ततः षष्ठीसमासः। रामात्प्रवृत्त उपक्रम आरम्भो यस्येति वा॥ ४२॥

मुखावयवलूनां तां नैर्ऋता यत्पुरो दधुः।
रामाभियायिनां तेषां तदेवाभूदमङ्गलम्॥ ४३॥

---

42 b. तथाविधा] $\mathrm{G_1UPB^1L_2JD^MB^M_1B^M_3B^{Mac}_4B^M_5B^M_7}$Jin.; तथैव सा $\mathrm{JV^MB^M_2}$; तथाविधम् $\mathrm{B^{Mpc}_4}$Hem.Mall.Ar.(?)Nā. **43 c.** °यायिनां] $\mathrm{G_1UPB^1L_2V^MB^M_1B^M_2B^M_3B^M_4B^M_5B^M_7}$ Hem.Mall.Ar.(?)Nā.; °यायिनो J; °यायनां $\mathrm{D^M}$; °यायिनीं Jin.

42.2 उपक्रम्यत इत्युपक्रमः] *Kāśikā* ad *Aṣṭādhyāyī* 2.4.21.

41.1 राक्षस्य्] *conj.*; सा राक्षसी $\mathrm{G_1UPB^1L_2}$; सा राक्षसी शूर्पनखा J **41.1** आकाशाद्] *conj.*; अम्बरादाकाशात् $\mathrm{G_1UPB^1J}$ **41.1** तांस्त्रीनप्यतर्जयत्] $\mathrm{G_1UB^1L_2}$; तांस्त्रीनतर्जयत् P; तांस्त्रीन् सीताश्रीरामलक्ष्मणान्नपि अतर्जयत् J **41.1** क्वाधुना] $\mathrm{UPB^1J}$; क्वाध्वना $\mathrm{G_1}$; क्वधुना $\mathrm{L_2}$ **41.1** यास्यथेति] $\mathrm{G_1UPB^1L_2J^{ac}}$; यास्याथेति $\mathrm{J^{pc}}$ **41.2** कुटिलकररुहधारिण्या] *conj.*; कीदृश्या कुटिलकररुहधारिण्या $\mathrm{G_1B^1J}$; कीदृश्या कुटिलनखधारिण्या U; कीदृश्या कुटिलानि करजानि बिभर्ति या तया P; कीदृश्या अङ्गुल्या कुटिलकररुहधारिण्या $\mathrm{L_2}$ **41.2** वंशवत्परुषसन्धिबन्धया] *conj.*; वेणुवद्वंशवत्कर्कशानि परुषाणि (पुरुषाणि U; पारुषाणि J) पर्वाणि सन्धिबन्धा यस्याः Σ **41.2** भर्त्सनव°] $\mathrm{G_1PB^1J}$; भर्त्सनखव° U; भर्त्सनवे° $\mathrm{L_2}$ **41.2** सृणिवद्वक्रया] *conj.*; अङ्कुशाकारया सृणिवद्वक्रा $\mathrm{G_1J}$; अङ्कुशाकारया सृणिवद्वक्रया $\mathrm{UPB^1}$; अङ्कुशाकारया सृणिवद्वक्र--- $\mathrm{L_2}$ **42.1** तथाविधा लूनाङ्गी] $\mathrm{G_1UPB^1J}$; तथावि---ङ्गी $\mathrm{L_2}$ **42.1** शीघ्रं] *conj.*; आशु शीघ्रं Σ **42.1** जनस्थानं] $\mathrm{UPB^1L_2}$; जनपदस्थानं $\mathrm{G_1J}$ **42.1** वनम्] $\mathrm{PB^1L_2}$; *om.* $\mathrm{G_1UJ}$ **42.1** आसाद्य] *conj.*; प्राप्यासाद्य खरादिभ्यः $\mathrm{G_1UPB^1J}$; प्राप्या---रादिभ्यः $\mathrm{L_2}$ **42.1** °शिरोभ्यो] $\mathrm{G_1PB^1}$; °शरेभ्यः $\mathrm{UL_2J}$ **42.2** रामेणोपक्रान्तं] $\mathrm{G_1UP}$; रामोपक्रमं रामेणोपक्रान्तं $\mathrm{B^1L_2}$; श्रीरामेणोपक्रांतं J **42.2** नूतनं] *conj.*; नवं नूतनं $\mathrm{UPB^1}$; नवं नूतन $\mathrm{G_1J}$; वनं नूतनं $\mathrm{L_2}$ **42.2** तिरस्कारमकथयत्] *conj.*; परिभवं तिरस्कारमाचख्यौ अकथयत् $\mathrm{G_1UPB^1L_2}$; परिभवं तिरस्कारमाचख्यौ अथयत् J **42.2** उपक्रम्यत] $\mathrm{G_1UPB^1J}$; उपक्राम्यते $\mathrm{L_2}$ **42.3** रामात्] $\mathrm{G_1UP^{pc}B^1L_2}$; मात् $\mathrm{P^{ac}}$; श्रीरामात् J **42.3** उपक्रम] $\mathrm{UPB^1L_2J}$; उउपक्रम $\mathrm{G_1}$

छिन्नकर्णनासां शूर्पनखां मार्गदर्शनार्थं राक्षसा यदग्रे कृतवन्तो राममभिषेणयतां रक्षसां तदेव तस्या अग्रेकरणमेवामङ्गलमभूत्। यियासोर्हि पुरतश्छिन्ननासिकावस्थापनमप्रशस्तम्॥ ४३॥

उदायुधानापततस्तान्दृप्तान्वीक्ष्य राघवः।
निदधे विजयाशंसां चापे सीतां च लक्ष्मणे॥ ४४॥

उद्यतप्रहरणान्सदर्पान्राक्षसानागच्छतो वीक्ष्य रामो जयसम्भावनां धनुषि स्थापयामास, सीतां च लक्ष्मणे रक्षार्थम्। विजयसाधनं धनुरादाय तदाशंसां प्रत्यैच्छदित्यर्थः॥ ४४॥

एको दाशरथिः कामं यातुधानाः सहस्रशः।
ते तु यावन्त एवासंस्तावद्धा ददृशे स तैः॥ ४५॥

---

44 b. दृप्तान्वीक्ष्य] $G_1UPB^1L_2JD^MB_1^MB_2^MB_4^MB_7^M$Hem.; दृस्तान्वीक्ष्य B_3^M; दृप्तान्प्रेक्ष्य $V^MB_5^M$Mall.Ar.(?)Nā.; दुष्टान्प्रेक्ष्य Jin. **45 c.** एवासंस्तावद्धा] $G_1^{pc}UPB^1L_2JD^MV^MB_1^MB_2^MB_3^MB_4^MB_5^MB_7^M$Ar.(?)Nā.; एवांसंस्तावद्धा G_1^{ac}; एवाजौ तावद्धा Hem.; एवाजौ तावांश्च Mall.; एवासंस्तावांश्च Jin.

43.1 छिन्नकर्ण°] U; छिन्नकर्णा° G_1J; मुखावयवलूनां छिन्नकर्णा° PB^1; मुखावयवलूनां छिन्नकर्ण° L_2 **43.1** शूर्पनखां] *conj.*; तां $G_1UPB^1L_2$; तां शूर्पनखां J **43.1** यदग्रे कृतवन्तो] *conj.*; यत्पुरो दधुः अग्रे चक्रुः G_1UJ; यत्पुरो दधुः अग्रे कृतवन्तः PB^1; यत्पुरो दधुः अग्रे तवन्तः L_2 **43.1** राममभिषेणयतां] G_1^{pc}; रामाभियायिनां तेषां तदेवाभूदमङ्गलं राममभिषेणयतां G_1^{ac}; रामाभियायिनां रामभिषेणयतां U; रामाभियायिनां राममभिषेणयतां PB^1L_2; रामाभियायिनां श्रीराममभिषेणयतां J **43.2** रक्षसां] *conj.*; तेषां रक्षसां UB^1L_2; तेषां राक्षसां G_1J; तेषां राक्षसानां P **43.2** तदेव तस्या अग्रेकरणम्] B^1L_2; तदेव तस्याग्रेकरणम् G_1UJ; तदेवैतस्याः अग्रेकरणम् P **43.2** °मङ्गलमभूत्] $G_1UPB^1L_2$; °सङ्गमभूत् J **43.3** पुरतश्छिन्न°] $G_1UPB^1L_2$; पुरतच्छिन्न° J **43.3** °वस्थापनमप्रशस्तम्] *conj.*; °वस्थानमप्रशस्तम् UPB^1L_2; °वस्थानप्रशस्तम् G_1J **44.1** उद्यत° *conj.*; उद्धत° G_1U; उदायुधानुद्यत° PB^1L_2; उदायुधानुद्धत° J **44.1** सदर्पान्] PB^1J; सदक्षान् G_1; सदृप्तान् U; सचर्पान् L_2 **44.1** राक्षसान्] $G_1UB^{3pc}J$; *om.* $B^{1ac}L_2$ **44.1** आगच्छतो] *em.*, आगच्छन्तः G_1UJ; आपततः आगच्छतः P; आपततो भ्यायातान् B^1; आपततो द्यायातान् L_2 **44.1** वीक्ष्य] B^1L_2; तान्वीक्ष्य G_1UJ; *om.* P **44.1** रामो] $G_1UB^1L_2$; रामः आलोक्य P; श्रीरामो J **44.1** जयसम्भावनां] *conj.*; जयाशां $G_1UB^1L_2J$; जयाशाम् जयसम्भावनां P **44.1** धनुषि] P; चापे G_1UB^1J; चापो L_2 **44.2** स्थापयामास] *conj.*; निदधे स्थापयामास Σ **44.2** रक्षार्थम्] $G_1B^1L_2J$; रक्षण्यं (?) U; न रक्षार्थं तां तस्मिन् निक्षिप्य P **44.2** धनुरादाय] $G_1UB^1L_2$; धनुराधाय PJ **44.2** तदाशंसां] G_1UPB^1J; तशाशंशां L_2 **44.3** प्रत्यैच्छ°] $G_1^{pc}UPB^1L_2J$; प्रत्यैच्छे° G_1^{pc}

निश्चितं राम एक एवासीत्। राक्षसाः सहस्राण्यभूवन्। ते पुनर्यत्परिमाणा एवासंस्तैस्तावत्सङ्ख्यो राम आलुलोके। एकेनैकेन रक्षसा भयात्सहस्रसङ्ख्यो रामो दृष्ट इति वाक्यार्थः॥ ४५॥

असज्जनेन काकुत्स्थः प्रयुक्तमथ दूषणम्।
न चक्षमे शुभाचारो ऽसद्दूषणमिवात्मनः॥ ४६॥

दुर्जनेन रक्षोलोकेन दूषणाख्यं राक्षसं रणाय विसृष्टं न सेहे। तं दृष्ट्वा चुकोपेत्यर्थः। साधुर्यथा अविद्यमानमेवात्मनि प्रयुक्तं दूषणं मिथ्याभिशंसनं न क्षमते॥ ४६॥

तं शरैः प्रतिजग्राह खरत्रिशिरसौ च सः।
क्रमशस्ते पुनस्तस्य चापात्सममिवोद्ययुः॥ ४७॥

रामो दूषणं खरत्रिशिरसौ तन्नामानौ च द्वौ राक्षसौ बाणैः प्रत्यैच्छत्। ते

---

46 cd. शुभाचारो ऽसद्दूषणम्] $G_1UB^1JB_2^MB_4^MB_7^M$; शुभाचारः सन् दूषणम् PV^MHem.Ar.^{vl}; शुभाचारो स--- L_2; शुभाचारोः संदूषणम् D^M; शुभाचारोस् सन् दूषणम् B_3^M; शुभाचारो स दूषणम् B_5^M; शुभाचारः स दूषणम् Hem.^{vl}Mall.Jin. (Ar.Nā. uncertain) **47 cd.** °त्रिशिरसौ] $B^1L_2D^MV^MB_3^MB_4^MB_5^M$**C**; त्रिशरसौ $G_1UPJB_2^MB_7^M$

---

46 B_1^M breaks off after काकुत्स्थः.

45.1 निश्चितं] *conj.*; कामं निश्चितं Σ **45.1** राम एक] UPB^1L_2; राम G_1; श्रीराम एक J **45.1** राक्षसाः] U; यातुधाना राक्षसाः $G_1PB^1L_2J$ **45.1** सहस्राण्यभूवन्] *conj.*; सहस्रशः सहस्राणि अभूवन् Σ **45.1** ते] G_1UPL_2J; तं B^1 **45.1** पुनर्यत्परिमाणा] *conj.*; पुनर्यावन्त G_1UJ; पुनः यावन्तः यावत् +यत्+परिणामाः P; पुनर्यावन्तो यत्परिमाणा B^1L_2 **45.2** एवासंस्तैस्तावत्सङ्ख्यो] B^1; एवासंस्तावत्सङ्ख्यो G_1U; आसन् तैस्तावत्सङ्ख्यो PL_2; एवासंस्तावत्संख्यः J **45.2** राम आलुलोके] *conj.*; रामो ददृशे आलुलोके $G_1UPB^1L_2$; श्रीरामो ददृशे आलुलोके J **45.2** एकेनैकेन] G_1UPB^1J; एकेनैके L_2 **45.2** रामो] $G_1UPB^1L_2$; श्रीरामो J **46.1** दुर्जनेन] P; असज्जनेन दुर्जनेन $G_1UB^1L_2J$ **46.1** दूषणाख्यं] *conj.*; पुरः प्रयुक्तं दूषणं दूषणाख्यं G_1UPB^1J; ---युक्तं L_2 **46.1** न सेहे] *conj.*; न चक्षमे न सेहे G_1UPB^1J; न---न सेहे L_2 **46.1** तं] PB^1; *om.* G_1UJ; त L_2 **46.2** चुकोपे°] G_1PB^1J; चुकेपे° U; चकोपे° L_2 **46.2** साधुर्यथा अविद्यमानमे°] *conj.*; शुभाचरतीति शुभाचारः साधुर्यथा असदविद्यमानमे° G_1J; शुभमाचरतीति शुभाचारः साधुर्यथा असदविद्यमानमे° PB^1L_2; शुभमाचरतीति शुभाचारः साधुर्यथा असदविद्यः मानमे° U **46.2** प्रयुक्तं] UPB^1L_2J; युक्तं G_1 **46.2** दूषणं] $G_1UB^1L_2J$; दूषणं दोषं P **47.1** रामो दूषणं] *conj.*; स रामस्तं दूषणं $G_1UPB^1L_2$; स श्रीरामः तं दूषणं J **47.1** खरत्रिशिरसौ] $B^{3pc}L_2$; खरत्रिशरसौ $G_1^{pc}UPJ$; खरत्रिशरसौ च G_1^{ac}; खरत्रिरसौ B^{1ac} **47.1** बाणैः] P; शरैर्बाणैः $G_1UB^1L_2J$ **47.1** प्रत्यैच्छत्] *conj.*; प्रतिजग्राह प्रत्यैच्छत् Σ

तु रामस्य शराः क्रमेण निर्गता अपि तस्य कार्मुकाद्युगपदिव प्रसस्रुरिति लाघवोक्तिः॥ ४७॥

तैस्त्रयाणां शितैर्बाणैर्यथापूर्वविशुद्धिभिः।
आयुर्देहातिगैः पीतं रुधिरं च पतत्त्रिभिः॥ ४८॥

तेषां त्रयाणां रक्षोनाथानां खरादीनां तीक्ष्णैर्बाणैः कायं विभिद्य जीवितं ग्रस्तम्। रक्तं पुनः कङ्कगृध्रादिभिः पक्षिभिः। आदाविव विशुद्धिर्येषां। तीक्ष्णत्वाच्छीघ्रत्वाच्च प्रविश्यैव निष्क्रान्तैः। अरुधिरारुणैरित्यर्थः। पूर्वभागानुरूप्येण वा विशुद्धिर्येषां तैरशोणितोपलिप्तैरित्यर्थः। यदि वा विशुद्धिर्गतिस्पष्टता॥ ४८॥

तस्मिन्रामशरोत्कृत्ते बले महति रक्षसाम्।
उच्छ्रितं ददृशे ऽन्यत्र कबन्धेभ्यो न किञ्चन॥ ४९॥

तस्मिन्रक्षसां बृहति सैन्ये रामशरैर्लूने कबन्धान्वर्जयित्वा परं न किञ्चिदुन्नतं

---

48 d. च] $G_1UB^3JD^MV^MB_2^MB_3^MB_5^MB_7^M$Jin.; तु PB_4^MHem.Mall.Ar.(?)Nā. **49 c.** उच्छ्रितं ददृशे ऽन्यत्र] $G_1UB^3JD^MV^MB_3^MB_4^MB_5^MB_7^M$Hem.Ar.Nā.Jin.; उच्छ्रितं ददृशे तत्र B_2^M; उद्धृतं ददृशे न्यत्र P; उत्थितं ददृशे ऽन्यच्च Mall.

---

47 After क्रमनिर्गता the scribe of L_2 has left the rest of the folio blank, as well as the top of the next, and its text resumes in 12:54d.

47.2 ते तु रामस्य शराः] P; ते शराः पुनः $G_1UB^1L_2J$ **47.2** क्रमेण निर्गता अपि] *conj.*; क्रमशः क्रमनिर्गतापि G_1J; क्रमशः क्रमनिर्गता अपि UB^1; क्रमशः क्रमेण निर्गता अपि P; क्रमशः क्रमनिर्गता ⊔ L_2 **47.2** कार्मुकाद्युगपदिव प्रसस्रुरिति] *conj.*; चापात्सममिवोद्ययुः G_1; चापात्कार्मुकात्समं युगपदिवोद्ययुः प्रसस्रुरिति UB^1J; चापात्समं युगपदिवोद्ययुः प्रसस्रुरिति P **48.1** तीक्ष्णैर्बाणैः कायं विभिद्य] *conj.*; शितैस्तीक्ष्णैर्बाणैर्देहातिगैः कायं विभिद्य G_1UB^1J; शितैस्तीक्ष्णैः बाणैः देहातिगैः देहं विभिद्य P **48.1** जीवितं ग्रस्तम्] *conj.*; आयुर्जीवितं पीतं ग्रस्तम् G_1UPB^1J **48.2** पुनः] G_1UPB^3; पपुः J **48.2** कङ्कगृध्रादिभिः] *em.*; पतत्त्रिभिः कङ्कगृद्धादिभिः G_1; पतत्त्रिभिः कङ्कगृद्ध्रादिभिः UPB^3; कंकगृद्धादिभिः J **48.2** आदाविव विशुद्धिर्येषां तैरशोणितलिप्तैरित्यर्थः] *conj.*; यथापूर्वविशुद्धिभिः। आदावेव विशुद्धिर्येषां तैरशोणितलिप्तैरित्यर्थः] G_1UB^1J; यथापूर्वविशुद्धिभिः यथापूर्वमादाविव विशुद्धिर्येषां तैस् P **48.3** अरुधिरा°] G_1PJ; आरुधिरा° UB^3 **48.4** पूर्वभागानुरूप्येण वा विशुद्धिर्येषां तैरशोणितोपलिप्तैरित्यर्थः] P; *om.* G_1UB^1J **48.4** यदि वा] G_1PB^1J; यद्वा U **48.4** विशुद्धिर्गतिस्पष्टता] G_1UPJ; विशुद्धा गतिः स्पष्टता B^3 **49.1** बृहति सैन्ये] *conj.*; महति बृहति बले सैन्ये G_1UB^3J; महति बले सैन्ये P **49.1** रामशरैर्लूने] *conj.*; रामशरैरुत्कृत्ते लूने G_1P; रामशरैः कृत्ते लूने UB^3; श्रीरामशरैरुत्कृत्ते लूने J **49.1** कबन्धान्वर्जयित्वा] *conj.*; कबन्धेभ्यो ऽन्यत्र कबन्धान्वर्जयित्वा G_1UPB^3J **49.1** परं] G_1PJ; परां UB^3

दृष्टं जनेन॥ ४९॥

सा बाणवर्षिणं रामं योधयित्वा सुरद्विषाम्।
अप्रबोधाय सुष्वाप गृध्रच्छाये वरूथिनी॥ ५०॥

सा राक्षसानां सेना शरनिकरक्षेपिणं रामं योधयित्वा तेन सह युद्धेत्यर्थः। अजागरणाय गृध्राणां छायायां निदद्रौ, ममारेत्यर्थः। गृध्राणां छाया गृध्रच्छायम्। विभाषा सेनासुराछायाशालानिशानामिति नपुंसकत्वे छायाशब्दस्य ह्रस्वः॥ ५०॥

राघवास्त्राग्निदग्धानां रावणं प्रति रक्षसाम्।
तेषां शूर्पनखैवैका दुष्प्रवृत्तिहराभवत्॥ ५१॥

तेषां रक्षसां रामस्य शरानलेन भस्मीकृतानां रावणाय दुष्टां वार्तां हरतीति

---

51 a. °स्त्राग्निदग्धानां] G_1UPB[3]J$V^M B_2^M B_3^M B_4^M B_5^M B_7^M$; °स्त्रेषुदग्धानां Vall.[vl]; °स्त्रानिदग्धानां D^M; °स्त्रविशीर्णानां Hem.Ar.(?)Nā.; °स्त्रविदीर्णानां Mall.Jin. **51 c.** °नखैवैका] G_1PB[3]J$D^M V^M B_2^M B_3^M B_5^M B_7^M$ℭ; °नखा नाम U; °नखेवैका B_4^M

50.3 विभाषा सेनासुराछायाशालानिशानाम्] *Aṣṭādhyāyī* 2.4.25.

49.2 °न्नतं दृष्टं] *conj.*; °च्छ्रितमुन्नतंमुत्थितं दृष्ट्वं G_1; °च्छ्रितमुन्नतमुत्थितं दृष्टं UJ; °च्छ्रितं उन्नतं उत्थितं ददृशे दृष्टं P; °च्छ्रितमुन्नतमुत्थितं दृष्टि B[3] **49.2** जनेन] G_1UPJ; जननेन B[3] **50.1** राक्षसानां] *conj.*; सुरद्विषां राक्षसानां G_1UPB[3]J **50.1** सेना] UB[3]; वरूथिनी सेना G_1PJ **50.1** शरनिकरक्षेपिणं] *conj.*; बाणवर्षिणं (र्णीं G_1^{ac}) शरनिकरक्षेपिणम् G_1P; बाणवर्षणं शरनिकरक्षेपणं U; बाणवर्षिणं शरनिकरक्षेपणं B[3]; बाणवर्षणं शरनिकरक्षेपिणं J **50.1** रामं] G_1UPB[3]; श्रीरामं J **50.1** युद्धेत्यर्थः] G_1PJ; युद्ध्येत्यर्थः UB[3] **50.2** अजागरणाय] *conj.*; पुनरप्रबोधाय मरणाय G_1UB[3]J; पुनरप्रबोधाय मरणायेत्यर्थः P **50.2** गृध्राणां] *conj.*; गृद्धछाये गृद्धानां G_1; गृद्ध्रच्छाये गृद्ध्राणां UPB[3]J **50.2** छायायां निदद्रौ ममारेत्यर्थः। गृध्राणां] *om.* P(eyeskip) **50.2** निदद्रौ] *conj.*; सुष्वाप निदद्रौ G_1UB[3]J **50.2** गृध्राणां] *em.*; गृद्धानां G_1; गृद्ध्राणां UB[3]J **50.3** गृध्रच्छायम्] UP; गृद्धच्छाया G_1; गृद्ध्रच्छाया B[3]; गृद्ध्रच्छायां J **50.3** सेनासुराछायाशालानिशानामिति] UB[3]; सेनासुरशालेति G_1P; च्छाया सेनासुरशालेति J **50.3** नपुंसकत्वे] G_1PB[3]J; नपुंसकत्वं U **51.1** रक्षसां] UPB[3]; राक्षसां G_1J **51.1** रामस्य शरानलेन] *conj.*; राघवस्यास्त्राग्निना शरानलेन UB[3]; राघवस्य रामस्यास्त्राग्निना शरानलेन P; रावणस्यास्त्राग्निना शरानलेन G_1J **51.1** भस्मीकृतानां] *conj.*; दग्धानां भस्मीकृतानां G_1UPB[3]J **51.1** रावणाय] *conj.*; रावणं प्रति रावणाय G_1UPB[3]J **51.1** दुष्टां वार्तां] U; दुष्प्रत्तिं दुष्टां वार्तां G_1J; दुष्प्रवृत्तिं दुष्टां प्रवृत्तिं वार्तां P; दुष्प्रवृत्तिं दुष्टां वार्तां B[3]

दुर्वार्ताकथयित्री एकैव शूर्पनखाभवत्, न त्वन्यः को ऽपि, एकस्या अस्या अवशिष्टत्वात्। अस्त्रमेवाग्निरस्त्राग्निः। अस्त्रेष्विति पाठे अस्त्रप्रयुक्ता इषव इति शाकपार्थिवादित्वात्समासः॥ ५१॥

निग्रहात्स्वसुराप्तानां वधाच्च धनदानुजः।
रामेण निहितं मेने पदं दशसु मूर्धसु॥ ५२॥

भगिन्या वैरूप्यकरणाद्बान्धवानां मारणाच्च रावणो दशस्वपि शिरःसु रामेण चरणं निक्षिप्तमबोधि। महापरिभवं तमजीगणदित्यर्थः॥ ५२॥

रक्षसा मृगरूपेण वञ्चयित्वा स राघवौ।
जहार सीतां पक्षीन्द्रप्रयासक्षणविघ्नितः॥ ५३॥

किं बहुना? रावणः परिभवमसहमानो विचित्रवर्णमृगरूपेण मारीचेन रामलक्ष्मणौ विप्रलभ्य सीतामहार्षीत्। जटायुषो युद्धश्रमेण क्षणं विलम्बितः कृतान्तराय इत्यर्थः। स हि तत्र जटायुषं सीतां प्रत्याहर्तुं युध्यमानमवधीत्।

51.2 दुर्वार्ताकथयित्री] G_1UB^3J; दुर्वार्ता कथयती P **51.2 °भवत्**] UPB^3; °भवन् G_1J **51.3 एकस्या अस्या अवशिष्टत्वात्**] P; एकस्याप्यनवशिष्टत्वात् G_1UB^3J **51.3 अस्त्रमेवाग्निरस्त्राग्निः**] P; अस्त्राणामग्निरस्त्राग्निः G_1UB^3J **51.4 अस्त्रप्रयुक्ता इषव इति**] P; अस्त्रप्रयुक्त एवैष वर्षति UB^3; अस्त्रप्रयुक्त इष वर्षति G_1J **52.1 भगिन्या वैरूप्यकरणाद्**] *conj.*; सुसुर्भगिन्या नि(न्नि° G_1, र्नि° J)ग्रहाद्वैरूप्यकरणात् G_1UB^3J; स्वसुः भगिन्याः निग्रहाद्वैरूप्यकरणात् P **52.1 बान्धवानां**] *conj.*; आप्तानां बान्धवानां G_1UPB^3J **52.1 मारणाच्च**] *conj.*; वधाच्च मरणाच्च G_1UPB^3; वधाश्च मरणाच्च J **52.1 रावणो**] *conj.*; धनुदानुजो रावणः G_1; धनुधनदानुजः रावणः परिभवमसहमानः विचित्र U; धनदानुजो रावणः PB^3; धनुदानजो रावणः J **52.1 दशस्वपि**] G_1UPJ; दशसु B^3 **52.1 शिरःसु**] *conj.*; मूर्धसु शिरस्सु G_1UPB^3J **52.2 रामेण चरणं**] *conj.*; रामेण पदं चरणं G_1P; रामेण पदं UB^3; ⊔ J **52.2 निक्षिप्तमबोधि**] *conj.*; निहितं कृतं मेने अबोधि G_1PJ; निहितं मेने कृतमबोधि U; निहितं मेने निक्षिप्तं अबोधि B^3 **52.2 °परिभवं**] G_1UB^3J; °पराभवं P **53.1 बहुना**] G_1UPB^3; बहुनोक्तेन J **53.1 रावणः**] *conj.*; स रावणः G_1UPB^3J **53.1 परिभवमसहमानो**] G_1UB^3; रामपरिभवमसहमानो P; परिभवमसहमानौ J **53.1 मारीचेन**] *conj.*; राक्षसा मरीचेन G_1; रक्षसा मारीचेन UPB^3; राक्षसा मारीचेन J **53.2 रामलक्ष्मणौ**] *conj.*; राघवौ रामलक्ष्मणौ G_1UPB^3; राघवौ श्रीरामलक्ष्मणौ J **53.2 विप्रलभ्य**] *conj.*; वञ्चयित्वा विप्रलभ्य G_1PJ; वञ्चयित्वा विप्रलम्भ्य U; वञ्चयित्वा विप्रलम्ब्य B^3 **53.2 सीतामहार्षीत्**] *conj.*; सीता जहाराहार्षीत् G_1UPJ; सीतां जहाराहार्षीदित्यर्थः B^3 **53.2 जटायुषो युद्धश्रमेण**] *conj.*; पक्षीन्द्रस्य जटायुषः प्रयासेन युद्धश्रमेण G_1UB^3J; पक्षीन्द्रस्य जटायुषः प्रयासेन विशुद्धश्रमेण P **53.2 विलम्बितः**] *conj.*; विघ्नितो विलम्बितः G_1UPB^3J **53.3 प्रत्याहर्तुं**] B^3J; प्रत्याहन्तुं G_1

एतच्च सर्वमागमाद्बोद्धव्यम्॥ ५३॥

तौ सीतान्वेषिणौ गृध्रं लूनपक्षमपश्यताम्।
प्राणैर्दशरथप्रीतेरनृणं कण्ठवर्तिभिः॥ ५४॥

राघवौ मारीचं हत्वाश्रमं निवर्तमानौ सीतां हृतामन्विष्यन्तौ जटायुषं छिन्नपक्षं दृष्टवन्तौ। गलस्थैरसुभिर्दशरथस्नेहस्याविद्यमानर्णम्, दशरथस्नेहादृणरहितं वा। स हि तस्य परं मित्रमासीत्॥ ५४॥

स रावणहृतां ताभ्यां वचसाचष्ट मैथिलीम्।
आत्मनस्तु महत्कर्म व्रणैरावेद्य संस्थितः॥ ५५॥

जटायू रावणेन नीतां सीतां रामलक्ष्मणाभ्यां वाचाकथयत्। आत्मनो युद्धलक्षणमपदानं प्रहारैरुक्त्वा मृतः।

प्रमीतमुपसम्पन्नं संस्थितं च विपश्चितः।

---

55 c. आत्मनस्तु] ŚHem.Jin.; आत्मनः सु° Mall.Ar.Nā. **55 d.** व्रणै°] Σ; प्राणै° Ar.^{vl}

---

54 The testimony of L_2 resumes here in 12:54d.

55.3 प्रमीतमुपसम्पन्नं … स्यादौर्ध्वदैहिकम् Source unknown.

54.1 राघवौ] *conj.*; तौ राघवौ $G_1UPB^3L_2$; तौ श्रीरामलक्ष्मणौ J **54.1** हत्वाश्रमं नि°] P; हत्वाश्रमान्नि° $G_1UB^3L_2J$ **54.1** हृतामन्विष्यन्तौ] $G_1B^3L_2J$; हृतां दृष्टवन्तौ अन्वेषन्तौ U; हृतामन्विषन्तौ P **54.1** जटायुषं] *conj.*; गृद्धं जटायुषं Σ **54.2** छिन्नपक्षं दृष्टवन्तौ] *conj.*; लूनपक्षं जिनपक्षमपश्यतां दृष्टवन्तौ G_1; लूनपक्षं छिन्नपक्षमपश्यतां दृष्टवन्तौ (न्तः B^{3pc}) UB^3L_2J; लूनपक्षं छिन्नाङ्ग ⏑ ⏑ अपश्यतां दृष्टवन्तौ P **54.2** गलस्थैरसुभिर्दश°] *conj.*; कण्ठवर्तिभिः प्राणैरसुभिर्दश° $G_1UB^3L_2J$; कण्ठवर्तिभिः गलस्थैः प्राणैरसुभिः दश° P **54.3** स्नेहस्याविद्यमानर्णम्, दशरथस्नेहात्दृणरहितं वा] P; °स्नेहादनृणमृणरहितम् $G_1UB^3L_2J$ **54.3** तस्य] $G_1PB^3L_2J$; *om.* U **55.1** जटायू] *conj.*; स जटायुः Σ **55.1** नीतां] *conj.*; हृतां नीतां Σ **55.1** सीतां] P; मैथिलीं सीतां G_1UB^3J; सीतां मैथिलीं L_2 **55.1** रामलक्षणाभ्यां] *conj.*; ताभ्यां G_1; ताभ्यां रामलक्षणाभ्यां UPB^3L_2; ताभ्यां श्रीरामलक्ष्मणाभ्यां J **55.1** वाचाकथयत्] *conj.*; वचसाचष्टाकथयत् G_1UB^3; वचसा ऽवाचष्ट अकथयत् P; वचसा वाचा आचष्टाकथयत् L_2; वचसाऽचष्ट कथयत् J **55.2** °लक्षणमपदानं] *conj.*; °लक्षणं महत्कर्म अपदानं G_1PJ; °लक्षणं महत्कर्म अपादानं UB^3L_2 **55.2** प्रहारैरुक्त्वा] *conj.*; व्रणैः प्रहारैरावेद्योक्त्वा Σ **55.2** मृतः] *conj.*; संस्थितो मृतः Σ **55.3** प्रमीत°] $G_1PB^3L_2J$; प्रसीत° U **55.3** संस्थितं च] $G_1U^{pc}PL_2J$; संस्थतं च U^{ac}; संस्थितश्च B^3

मृतमाहुस्तदर्थं च दानं स्यादौर्ध्वदैहिकम्॥ ५५॥

तयोस्तस्मिन्नवीभूतपितृव्यापत्तिदुःखयोः।
पितरीवाग्निसंस्कारानन्तरा ववृते क्रिया॥ ५६॥

राघवयोर्जटायुषि वह्निदाहात्पश्चाज्जलदानादिकं कर्म प्रवृत्तं जनके यथा। नवसम्पन्नजनकमरणशोकयोः॥ ५६॥

वधनिर्धौतशापस्य कबन्धस्योपदेशतः।
मुमूर्छ सख्यं रामस्य समानव्यसने हरौ॥ ५७॥

ततो रामस्य सुग्रीवे मैत्री ववृधे, यतस्तुल्यदुःखे। तस्यापि हृता भार्या, सोऽपि राज्यात्परिच्युतः, उन्मत्तः। तत्तेन कथमज्ञायीत्याह। मारणापनीतशाप-

---

56 b. °दुःखयोः] $PL_2JD^MB_3^MB_4^MB_7^M$Jin.; °द्वःखयोः G_1; °शोकयोः $UB^3V^MB_2^MB_5^M$ Hem.Mall.Ar.Nā. **56 cd.** °स्कारानन्तरा ववृते क्रिया] $VD^MV^MB_2^MB_3^MB_5^MB_7^M$; °स्कारानन्तरं ववृते क्रियाः B_4^M; °स्कारात्पुनराववृते क्रिया Hem.Ar.Nā.; °स्कारात्परा ववृतिरे क्रियाः Mall.Jin. **57 a.** °निर्धौत°] ŚHem.; °निर्धूत° Mall.Ar.Nā.Jin.

55.4 तदर्थं] $G_1UPB^3L_2$; तदथं J **55.4** °दैहिकम्] $G_1UPB^3L_2$; °दैहिकमित्युक्तम् J **56.1** राघवयोर्जटायुषि] *conj.*; तयो राघवयोस्तस्मिञ्जटायुषि $G_1UPB^3L_2$; तयोः श्रीराघवयोः तस्मिज्जटायुषि J **56.1** वह्निदाहात्पश्चाज्] *conj.*; अग्निसंस्कारानन्तरा वह्निदाहात्पश्चात्क्रिया G_1PL_2J; अग्निसंस्कारानन्तरा वह्निदाहात्पश्चाज् U; अग्निसंस्कारानन्तरा वह्निदाहस्य पश्चात्क्रिया B^3 **56.1** प्रवृत्तं] *conj.*; ववृते प्रवृत्तम् Σ **56.1** जनके यथा] *conj.*; पितरि यथा G_1UPL_2J; पितरि इव जनके यथा B^3 **56.2** नवसम्पन्न°] *conj.*; नवीभूतं नवं सम्पन्नं $G_1UPB^{3ac}L_2J$; नवीभूतपितृव्यापत्तिशोकयोः नवीभूतं नवं सम्पन्नं B^{3pc} **56.2** °जनकमरणशोकयोः] G_1; जनकमरणशोको ययोः U; पितृव्यापत्तिदुःखं जनकमरणशोको ययोः P; जनकमरणेन शोको ययोस्तयोः B^3; पितृव्य---तिदुःखजनकमरणशोको ययोः L_2; जननसरणशोको ययोः J **57.1** ततो रामस्य] $G_1UPB^3L_2$; ततः श्रीरामस्य J **57.1** सुग्रीवे] *conj.*; हरौ सुग्रीवे Σ **57.1** मैत्री] *conj.*; सौख्यं मीत्रीं G_1; सख्यं मैत्री UP L_2; सख्यं मैत्रीं B^3; सौख्यं मैत्री J **57.1** ववृधे] *conj.*; मुमूर्छ ववृधे UPL_2J; मुमुर्छ ववृधे G_1B^3 **57.1** यतस्तुल्यदुःखे] *conj.*; यतः समानव्यसने तुल्यदुःखे Σ **57.2** राज्यात्परिच्युतः] G_1PL_2J; राज्याच्च्युतः U; राज्याच्च परिच्युतः B^3 **57.2** उन्मत्तः] $G_1UPB^{3pc}L_2J$; *om.* B^{3ac} **57.2** तत्तेन] G_1J; तत्केन UB^3; तेन PL_2

स्य कबन्धस्य वाक्यात्। मुनिशप्तो हि श्रीतनयो दनुः कबन्धतामागतस्ताभ्यां बाहुच्छेदेन हतः स्वं रूपमाप्य प्रत्युपकाराय तयोः सहायमृष्यमूकवासिनं सुग्रीवमकथयत्॥ ५७॥

स हत्वा वालिनं वीरस्तत्पदे चिरकाङ्क्षिते।
धातोः स्थान इवादेशं सुग्रीवं संन्यवेशयत्॥ ५८॥

ततो विहितसख्यो रामो वालिनं मारयित्वा तदीये राज्ये चिरादभिलषिते सुग्रीवं कृतवान्। धातोरस्त्यादिकस्य स्थाने यथा विद्वानादेशं भ्वादिकं संनिवेशयति। वीर्यवान्॥ ५८॥

इतस्ततश्च वैदेहीमन्वेष्टुं भर्तृचोदिताः।
कपयश्चेरुरार्तस्य रामस्येव मनोरथाः॥ ५९॥

ततो भर्त्रा सुग्रीवेण नियुक्ता वानराश्चतुर्दिक्कं सीतां गवेषयितुं बभ्रमुः। वि-

---

58 d. संन्यवेशयत्] $G_1UPB^3L_2V^MB^M_2B^M_3B^M_4B^M_5B^M_7\mathfrak{C}$; च न्यवेशयत् J; स न्यवेशयत् D^M **59 c.** °रार्तस्य] $UPB^3L_2JV^MB^M_2B^M_3B^M_4B^M_5B^M_7$ Hem.Mall.; °रान्तस्य G_1D^M; °रुत्कस्य Ar.Nā.Jin.

57.3 मारणापनीतशापस्य कबन्धस्य वाक्यात्] *conj.*; वधनिर्धौतशापस्य मारणेनापनी(ने G^{pc}_1J)तः शापः यस्य वधनिर्धौतशापस्य कबन्धेभ्योपदेशात् G_1J; वधनिर्धौतशापस्य मारणेनापि नीतः शापो यस्य कदम्बसोपदेशात् U; वधनिर्धौतशापस्य वधेन शापान्मोचितस्य कबन्धस्योपदेशात् वाक्यात् P; वधनिर्धौतशापस्य मारणेनापनीतः शापः यस्य तस्य कबन्धस्योपदेशतः कबन्धस्य वाक्यात् B^3; वधनिर्धौतशापस्य वधेन शापान्मोचितस्य कबन्धस्यो(कबन्धो L_2)पदेशात् $B^{3pc}L_2$ **57.3** मुनिशप्तो] G_1UPB^3J; मुनिशस्तो L_2 **57.3** दनुः] $G_1UB^3L_2J$; धनुः P **57.3** कबन्धताम्] G_1UPJ; कबन्धत्वम् B^3; कम्बन्धताम् L_2 **57.4** स्वं रूपमाप्य] B^3; स्वं रूपमपि G_1; स्वं रूपमस्य U; स्वरूपमाप्य PL_2; स्वरूपमपि J **57.4** प्रत्युपकाराय] UPB^3L_2J; प्रत्युपकारय G_1 **57.4** सहायमृष्य°] $G_1B^3L_2J$; सहायमृषि° UP **58.1** ततो] G_1UL_2J; ततः स PB^3 **58.1** विहितसख्यो रामो] $G_1PB^3L_2$; विहतसख्यो रामो U; विहितसख्यः(ख्यो J^{ac}) श्रीरामो J **58.1** मारयित्वा] *conj.*; हत्वा G_1UPL_2J; हत्वा मारयित्वा B^3 **58.1** तदीये] B^{3ac}; तत्पदे तदीये $G_1UPB^{3pc}J$; तत्पदे तदीय° L_2 **58.2** चिरादभिलषिते] UB^3; चिराभिलषिते G_1P; चिराभिलाषिते L_2J **58.2** कृतवान्] *conj.*; सन्न्यवेशयत्कृतवान् G_1B^3J; संन्न्यकृतवान् U; सन्न्यवेशयत् PL_2 **58.2** धातोरस्त्यादिकस्य] UPL_2; धातोरस्थ्यादिक° $G_1B^{3ac}J$; धातोरस्त्यादिक° B^{3pc} **58.2** भ्वादिकं] B^{3ac}; भू इत्यादिकं $G_1B^{3pc}J$; भूरित्यादिकं UPL_2 **58.3** वीर्यवान्] *conj.*; वीरो वीर्यवान् Σ **59.1** भर्त्रा] $G_1UPB^3L_2$; भर्ता J **59.1** सुग्रीवेण] UB^3; सुग्रीवेन G_1UPL_2 **59.1** नियुक्ता] *conj.*; चोदिता नियुक्ताः G_1UJ; चोदिताः PB^3L_2 **59.1** वानराश्चतुर्दिक्कं] *conj.*; कपयः वानराः इतस्ततश्चतुर्दिक्कं Σ **59.1** सीतां गवेषयितुं] *conj.*; वैदेहीं सीतामन्वेष्टुं गवेषयितुं Σ **59.1** बभ्रमुः] *conj.*; चेरुर्बभ्रमुः Σ

रहार्तस्य रामस्य चित्ताभिलाषा इव। अपि सीतां लप्स्यामहे। शत्रुमुन्मूल्य तामानेष्याम इत्येवंरूपा मनोरथाः सर्वतश्चेरुः॥ ५९॥

प्रवृत्तावुपलब्धायां तस्याः सम्पातिदर्शनात्।
मारुतिः सागरं तीर्णः संसारमिव निर्ममः॥ ६०॥

सम्पातिर्नाम गृद्ध्रराजो जटायुषो ऽग्रजः, तस्यावलोकनात्तन्मुखात्सीतावार्तायां प्राप्तायां तद्दर्शनार्थं हनुमानुदधिमुदतरत्, संसारं निरहङ्कारो योगीव। अहं मम इत्याद्यभिमानत्यागान्मोक्षावाप्तिः। वानरैर्हि सीतामलभमानैर्विन्ध्याद्रिगुहायां जटायुषः कथां कुर्वद्भिः सम्पातिरालुलोके। तेन च जातपरिचयेन पारेसमुद्रं रावणवसतिस्तेषामाचचक्षे। ततो वायुसुतः शतयोजनविस्तीर्णमब्धिमुत्तीर्ण इत्यागमः॥ ६०॥

---

60 d. संसारमिव निर्ममः] $UPB^3L_2V^MB_2^MB_3^MB_4^MB_5^MB_7^M$𝕮; संसारमिव निर्मलः G_1D^M; संसार इव निर्मलः J

59.2 विरहार्तस्य] UPB^3L_2; विरहान्तस्य G_1; विरहांतस्य J **59.2** रामस्य] $G_1UPB^{3pc}L_2$; रामस्य यथा B^{3ac}; श्रीरामस्य J **59.2** चित्ताभिलाषा इव] *conj.*; मनोरथाश्चित्ताभिलाषा इव Σ **59.2** लप्स्यामहे] PB^3L_2; लिप्स्यामहे G_1UJ **59.2** शत्रुमुन्मूल्य] $G_1PB^3L_2J$; शत्रुमामूल U **59.3** तामानेष्याम] G_1UPB^3J; तानानेष्याम L_2 **59.3** सर्वतश्चेरुः] $G_1UB^3L_2J$; चेरुः P **60.3** सम्पातिर्नाम ··· मोक्षावाप्तिः] *conj.*; जटायुषोरग्रजः सम्पाति सीतावान्तायां प्राप्तायां G_1; जटायुषोरग्रजः सम्पाति स्तस्यावलोकनात्तन्मुखात्सीताया वार्तायां प्राप्तायां U; सम्पातिर्नाम गृद्ध्रराजो जटायुषो ऽग्रजस्तस्य दर्शनात् तन्मुखात्सीताप्रवृत्तौ ⏓⏓ वर्तायां (तन्मुखात्प्रवृत्तौ सीतावार्तायां B^{3vl}) उपलब्धायां प्राप्तायां तद्दर्शनार्थं मारुतिः हनुमान् सागरं उदधिं तीर्णः संसारं निर्ममो निरहङ्कारो योगीव अहं मम इत्यादि अभिमानत्यागान्मोक्षावाप्तिः PB^{3vl}(in margin); जटायुषो ऽग्रजः गृद्ध्रराजः सम्पाति सीताया प्रवृत्तौ वार्तायाम् उपलब्धायां प्राप्तायां B^{3pc}; जटायुषो ऽग्रजः गृद्ध्रराजः सम्पाति सीताया वार्तायाम् प्राप्तायां B^{3ac}; सम्---म गृद्ध्राजो जटायुषो ग्रजः तस्य दर्शनात् त---ात् प्रवृत्तौ सीतावार्तायामुपलब्धायां प्राप्ता---द्दर्शनार्थं मारुतिर्हनुमान्सागरं उदधिं तीर्ण⏓सारं निर्मुमो निरहङ्कारो योगीव अहं ममेत्यादि अभिमानत्यागा---क्षावाप्तिः L_2; जटायुषोरग्रजः संपातिसीतावार्तायां प्राप्तायां J **60.4** जटायुषः] $PB^{3pc}B^{3vl}$; जटायु॰ G_1B^{3ac}; जटायुः॰ UJ **60.4** सम्पातिरालुलोके] G_1UB^3J; जटायुषो ऽग्रजः सम्पातिरालोकितः $PB^{3vl}L_2$ **60.4** जातपरिचयेन] G_1UB^3J; जाते परिचये $PB^{3vl}L_2$ **60.5** पारेसमुद्रं] $G_1PB^3B^{3vl}L_2J$; परेसमुद्रं U **60.5** ततो वायुसुतः] U; ततो वायुस्सुतः G_1; ततः पवनतनयः PB^{3vl}; CHECKB^3; ⏓वनस्तनयश् L_2; तयोर्वायुसुतः J **60.6** ॰विस्तीर्णमब्धिमुत्तीर्ण] G_1UB^3J; ॰विस्तीर्णमुदधिं उत्तीर्णः PB^3; ॰विस्तीर्णम्वत्तीर्ण L_2 **60.6** इत्यागमः] $G_1UPB^3L_2J$; इत्यागमः॥ इत्यन्यादर्शे पाठः B^{3vl} **60.6** An extra sentence, omitted by $PB^{3vl}L_2$ is added after this in UG_1B^3J: अनहङ्कारी भवति अहं ममेत्यभिमानत्यागाद्धि मोक्षावाप्तिः UB^3; अनहङ्कारो भवसि अहं समेत्यभिमानत्यागाद्धि मोक्षावाप्तिः G_1J

दृष्टा विचिन्वता तेन लङ्कायां राक्षसीवृता।
जानकी विषवल्लीभिः परीतेव महौषधिः॥ ६१॥

ततो हनूमता लङ्कायां गवेषयता राक्षसीभिः परिवृता सीतालुलोके। गरललताभिः परिवृता मृतसञ्जीवनीव॥ ६१॥

तस्यै भर्तुरभिज्ञानमङ्गुलीयं ददौ हरिः।
प्रत्युद्गतमिवानुष्णैस्तदानन्दास्रुबिन्दुभिः॥ ६२॥

हनूमान् सीतायै रामस्य परिज्ञानहेतुं ≪करशाखाभरणमदत्त। तस्या हर्षवाष्पकणैः≫ शीतलैः प्रत्युत्थितमिव। अङ्गुल्यां भवमङ्गुलीयं जिह्वामूलाङ्गुलिभ्यां छः॥ ६२॥

निर्वाप्य प्रियसन्देशैः सीतामक्षवधोद्धुरः।
स ददाह विभीर्लङ्कां क्षणसोढारिनिग्रहः॥ ६३॥

---

62 b. हरिः] $G_1UPB^3JD^MV^MB_2^MB_3^MB_4^MB_5^MB_7^M$Hem.Ar.(?)Nā.Jin.; हरि L_2; कपिः Mall. **62 d.** °नन्दास्रु°] Σ; °नन्दाश्रु° ℭ **63 b.** सीतामक्षवधोद्धुरः] $G_1B^1L_2JB_2^MB_3^MB_4^MB_7^M$Hem.^{vl}Jin.; सीतामक्षवधोद्धतः UPV^MMall.Ar.Nā.; सीतामक्षवधोद्धु ⏑ः B_5^M; सीतामक्षवधोद्धरः D^M; सीतां रक्षोवधूवृताम् Hem. **63 c.** विभीर्लङ्कां] Σ; पुरीं लङ्कां ℭ **63 d.** क्षणसोढारिनिग्रहः] $UB^{1pc}L_2JD^MV^MB_3^MB_7^M$Mall.Ar.Nā.Jin.; क्षणसोढारिविग्रहः $G_1PB^{1ac}B_2^MB_4^M$; क्षणसोढारिविग्रहाः B_5^{Mac}; क्षणसोढारिनिग्रहाः B_5^{Mpc}; क्षणेनाहितविक्रमः Hem.

62.3 जिह्वामूलाङ्गुलिभ्यां छः cf. *Aṣṭādhyāyī* 4.3.62 (जिह्वामूलाङ्गुलेश्छः)

61.1 ततो हनूमता] UJ; ततो हनुमता $G_1B^3L_2$; हनूमता P **61.1** लङ्कायां] $G_1PB^3L_2$; *om.* U; लंकाया J **61.1** गवेषयता] *conj.*; विचिन्वता गवेषयता Σ **61.1** परिवृता] G_1UB^3; वृतां P; वृता परिवृता L_2; परिर्वृताः J **61.1** सीतालुलोके] *conj.*; जानकी सीता दृष्टालुलोके B^1; *om.* G_1J; जानकी दृष्टा U; सीतां ददृशे P; जानकी सीता दृष्टा ददृशे L_2 **61.2** गरललताभिः] *conj.*; *om.* G_1J; विषलताभिः UP; विषयताभिः गरललताभिः B^{3ac}; विषयताभिः विषवल्लीभिः B^{3pc}; विषवल्लीभिर्विषलताभिः L_2 **61.2** परिवृता] UPL_2; *om.* G_1J; परीता B^3 **61.2** मृतसञ्जीवनीव] *conj.*; महौषधिर्मृतसञ्जीवनीव $G_1UB^3L_2J$; महौषधिः महासञ्जीवनीव P **62.1** हनूमान्] *conj.*; *om.* G_1; हरिर्हनूमान् UPL_2J; हरिर्हनुमान् B^1 **62.1** सीतायै] *conj.*; तस्यै सीतायै Σ **62.1** रामस्य परिज्ञानहेतुं करशाखाभरणमदत्त] *conj.*; भर्तुः (भर्तु UL_2) रामस्याभिज्ञानं परिज्ञानहे (ही G_1PB^{1ac}) तुमङ्गुलीयं ददौ $G_1UPB^1L_2$; भर्तुः श्रीरामस्याभिज्ञानं परिज्ञानहेतुमंगुलीयं ददौ J **62.2** तस्या हर्षवाष्पकणैः] *conj.*; तस्यानन्दास्रुबिन्दुभिः $G_1UB^1L_2J$; तस्याः सीतायाः आनन्दास्रुबिन्दुभिः P **62.2** प्रत्युत्थितमिव] *conj.* (cf. Jin.); प्रत्युद्गतमिव Σ **62.2** अङ्गुल्यां] G_1UPB^1J; अङ्गुल्या L_2 **62.3** छः] G_1UPB^1J; ढः L_2

ततो रामवाचिकैः सीतां समाश्वास्य निर्भयः सन् लङ्कामधाक्षीत्। अक्षवधेन प्रचण्डः। तेन ह्यक्षो नाम रावणपुत्रो युध्यमानो हतः। तथा क्षणमात्रं क्षान्तो रिपुकृतः पराभवो येन। तेन हि प्रयोजनार्थमरिभिरात्मा ग्राहितः। किलैते मे तैलवस्त्राणि दाहाय दास्यन्तीति॥ ६३॥

प्रत्यभिज्ञानरत्नं च रामायादर्शयत्कृती।
हृदयं स्वयमायातं वैदेह्या इव मूर्तिमत्॥ ६४॥

ततो लङ्कां दग्ध्वा कृतकृत्यः प्रत्यभिज्ञानमणिं सीतासकाशाच्चूडारत्नमादाय रामायादर्शयत्। सीतायाः सम्बन्धि सशरीरं हृदयं समाश्वासनायागतमिव॥ ६४॥

स प्राप हृदयन्यस्तमणिस्पर्शनिमीलितः।
अपयोधरसंसर्गां प्रियालिङ्गननिर्वृतिम्॥ ६५॥

रामो ≪हृत्स्थापितरत्नस्पर्शसुखेन≫ निमिषितः। ≪सीताश्लेषसौख्यमवाप≫।

63.1 ततो राम॰] *conj.*; ततः प्रियस्य रामस्य $G_1UPB^1L_2$; ततः प्रियस्य श्रीरामस्य J **63.1** ॰वाचिकैः] *conj.*; सन्देशैर्वाचिकैः $G_1UB^1L_2J$; सन्देशैः वार्णिकैः P **63.1** समाश्वास्य] *conj.*; निर्वाप्य समाश्वास्य Σ **63.1** निर्भयः सन्] *conj.*; विभीर्निर्भयः सन् Σ **63.1** लङ्कामधाक्षीत्] *conj.*; लङ्कां ददाह Σ **63.1** अक्षवधेन] *conj.*; अक्षवधेनोद्धुरः G_1PB^1J; अक्षवधेन उद्धतः U; अक्षवधेनोद्धुर L_2 **63.2** ह्यक्षो नाम] G_1UPB^1; ह्यक्षो L_2; ह्युक्षो नाम J **63.2** ॰मानो हतः ··· पराभवो येन] *om.* U(eyeskip) **63.2** तथा] $G_1PB^1L_2$; ततः J **63.2** क्षान्तो] *conj.*; सोढः Σ **63.3** रिपुकृतः] *conj.*; अरिनिग्रहो रिपुकृतः Σ **63.3** पराभवो] $G_1B^1L_2J$; परिभवो P **63.3** प्रयोजनार्थम्] G_1UPL_2J; जनार्थम् B^1 **63.3** ॰भिरात्मा ग्राहितः] $UP^{pc}B^{3pc}$; ॰भिरात्मग्राहितः G_1J; ॰भिः आत्मा गृहीतः P^{ac}; ॰भिरामग्राहितः B^{1ac}; ॰भिः अग्राहि ⌣ L_2 **63.3** मे] UPB^1L_2J; *om.* G_1 **63.4** दाहाय] G_1UPB^1; *om.* L_2; दहाय J **64.1** कृतकृत्यः] *conj.*; कृती कृतकृत्यः Σ **64.1** ॰सकाशाच्चूडा॰] UPB^1L_2J; ॰सकाशाच्चूढा॰ G_1 **64.2** रामायादर्शयत्] G_1UPB^1; ⌣मायादर्शयत् L_2; श्रीरामायादर्शयत् J **64.2** हृदयं समाश्वासनायागतमिव] G_1UPB^1J; हृद---सायागतमिव L_2 **65.1** रामो] *conj.*; स रामो $G_1UPB^1L_2$; स श्रीरामो J **65.1** हृत्स्थापितरत्नस्पर्शसुखेन] *conj.*; हृदये न्यस्तस्य मणे रत्नस्य स्पर्शेन तत्सुखेन G_1UB^1J; हृदयन्यस्तस्य मणे रत्नस्य स्पर्शेन P; हृदयन्यस्तस्य मणे रत्नस्य स्पर्शेन तत्सुखेन L_2 **65.1** निमिषितः] *conj.*; निमीलितः सन् $G_1UB^1L_2J$; निमीलितः निमेषितः सन् P **65.1** सीताश्लेषसौख्यमवाप] *conj.*; प्रिया सीताया आलिङ्गनस्य या निवृत्तिस्सौख्यं तां प्राप G_1; प्रियायाः सीताया आलिङ्गनस्य या निर्वृतिः(निर्वृत्तिः P) सौख्यं तं प्राप UP; प्रिया सीतया(सीताया $B^{1ac}L_2$) आलिङ्गनस्य या निर्वृतिः सौख्यं तां प्राप B^1L_2; प्रियाः सीताया आलिंगनस्य या निवृत्तिस्सौख्यं तां प्राप J

स्तनसम्पर्करहितम्॥ ६५॥

श्रुत्वा रामः प्रियोदन्तं मेने तत्सङ्गमोत्सुकः।
महार्णवपरिक्षेपं लङ्कायाः परिखालघुम्॥ ६६॥

रामः सीतावार्तामाकर्ण्य ≪सीतासङ्गमोत्को≫ लङ्काया महोदधिपरिवेशं परिखावदल्पममंस्त। परितः खन्यते इति परिखा जलदुर्गम्। उपसर्गे च संज्ञायामिति डः॥ ६६॥

स प्रतस्थे ऽरिनाशाय हरिसैन्यैरनुद्रुतः।
न केवलं भुवः पृष्ठे खे ऽपि सम्बाधवर्त्मनि॥ ६७॥

ततो रामः शत्रुविघाताय प्रययौ। वानरबलैरनुयातः। न केवलमवनितले यावदाकाशे ऽपीत्यानन्त्यकथनम्। सङ्कटमार्गे॥ ६७॥

निविष्टमुदधेः कूले तं प्रपेदे विभीषणः।
स्नेहाद्राक्षसलक्ष्म्येव बुद्धिमाविश्य चोदितः॥ ६८॥

---

67 d. खे ऽपि] ŚAr.(?)Nā.Jin.; व्योम्नि Hem.Mall. • °वर्त्मनि] ŚJin.; °वर्त्मभिः Hem.Mall.Ar.(?)Nā. **68 c.** °लक्ष्म्येव] $PB^1L_2D^MV^MB_2^MB_3^MB_4^MB_5^MB_7^M$𝕮; लक्ष्म्यैव G_1UJ **68 d.** °विश्य] Σ; °दिश्य Mall. • चोदितः] Σ; नोदितः Hem.

66.3 उपसर्गे च संज्ञायाम् *Aṣṭādhyāyī* 3.2.99.

65.2 स्तनसम्पर्करहिताम्] *conj.*; कीदृशीम्। अपयोधरसंसर्गां स्तनसम्पर्करहिताम् $G_1UB^1L_2J$; कीदृशीमपयोधरसंसर्गां स्तनसंपर्करहितां केवलं तु स्तनसंपर्को ऽस्य न विद्यते P **66.1** रामः] $G_1UPB^1L_2$; श्रीरामः J **66.1** सीतावार्तामाकर्ण्य] *conj.*; प्रियोदन्तं सीतावार्तां श्रुत्वा $G_1PB^1L_2$; प्रियोदान्तं सीताया वार्तां श्रुत्वा U; प्रियोदंतं सीतां वार्तां श्रुत्वा J **66.1** सीतासङ्गमोत्को] *conj.*; तस्याः सीतासङ्गमे उत्सुकः $G_1B^{1ac}J$; तस्याः सीतायाः सङ्गमे उत्सुकः UPB^{3pc}; तस्या सीतासङ्गमे उत्सुकः L_2 **66.2** परिखावदल्पममंस्त] *conj.* (cf. Jin.); परिखावल्लघुमल्पं मेने Σ **66.2** परितः] $G_1PB^1L_2J$; परिखा U **66.2** जलदुर्गम्] UPB^1L_2J; जलदुर्गमम् G_1 **67.1** ततो रामः शत्रुविघाताय] *conj.*; ततो रामो ऽरिनाशाय शत्रुविघाताय G_1UPL_2; ततो रामो रिशा(श B^{1ac})शाय शत्रुविघाताय B^1; ततः श्रीरामो ऽरिनाशाय शत्रुविघाताय J **67.1** प्रययौ] *conj.*; प्रतस्थे प्रययौ Σ **67.1** वानरबलैरनुयातः] *conj.*; वानरसैन्यैरनुयातः G_1PB^1J; हरिसैन्यैर्वानरसैन्यैरनुयातः U; वानरसैन्यैरनुयातेः L_2 **67.1** केवलमवनितले] $G_1UPB^1L_2$; केवलं भुवः पृष्टे अवनितले J **67.2** यावदाकाशे ऽपीत्या°] G_1UJ; यावत्यपि इत्या° B^{1ac}; यावत्खे पि इत्या° $PB^{3pc}L_2$ **67.2** सङ्कटमार्गे] G_1UPJ; *om.* B^1L_2

विभीषणो रावणभ्राता रामं शरणमाययौ। समुद्रस्य तटे तरणार्थमुपविष्टम्। प्रेम्णः कौणपश्रिया धियं प्रविश्य चोदित इव। अन्यो मां मा कदाचिद्भुक्तेति। एतच्च कथं भवति। यदि रामानुयातो भवति॥ ६८॥

तस्मै निशाचरैश्वर्यं प्रतिशुश्राव राघवः।
काले खलु समारब्धाः फलं बध्नन्ति नीतयः॥ ६९॥

विभीषणाय शरणमागताय रामो रक्षसां राज्यमङ्गीचकार। तदैवाभिषिषेचेत्यर्थः। यस्मादवसरे प्रस्तुता राजनीतयः फलं बध्नन्ति, फलन्तीत्यर्थः। तस्य च स एवानुप्रवेशकालः। यदि वा राघवस्यात्र राक्षसमायाविज्ञानादिकं फलम्, नीतिस्तु विभीषणराज्यप्रतिश्रवः॥ ६९॥

स सेतुं बन्धयामास यो बभौ लवणाम्भसि।
रसातलादिवोन्मग्नः शेषः स्वप्नाय शार्ङ्गिणः॥ ७०॥

ततो रामो लवणाब्धौ वानरानद्रिभिः सेतुमबन्धयत्। यः सेतुः पातालादुत्थितो

---

70 b. यो बभौ लवणाम्भसि] $\mathrm{UPB^1L_2JD^MV^MB_2^MB_3^MB_5^MB_7^M}$; यो बबौ लवणाम्भसि $\mathrm{G_1}$; यो बभौ लवणाम्भसः $\mathrm{B_4^M}$; प्लवगैर्लवणाम्भसि Hem.Mall.Ar.(?)Nā.; यो बभौ लवणोदधौ Jin. **70 c.** °वोन्मग्नः शेषः] **Ś**; °वोत्तीर्णं शेषं Hem.; °वोन्मग्नं शेषं Mall.Ar.(?)Nā.; °वोत्तीर्णः शेषः Jin.

68.1 रामं] *conj.*; तं रामं $\mathrm{G_1UPB^1L_2}$; तं श्रीरामं J **68.1** शरणमाययौ] *conj.*; प्रपेदे शरणमाययौ $\mathrm{G_1UPB^1L_2}$; प्रपेदे शरणं ययौ J **68.1** समुद्रस्य] *conj.*; उदधेः समुद्रस्य Σ **68.1** तटे] *conj.*; कूले Σ **68.1** तरणार्थमुपविष्टम्] P; तरणार्थं निविष्टमुपविष्टम् $\mathrm{G_1UB^1L_2J}$ **68.2** प्रेम्णः] $\mathrm{G_1B^1L_2J}$; प्रेम्णा UP **68.2** कौणपश्रिया] *conj.*; राक्षसश्रिया कौणपश्रियेव $\mathrm{G_1UJ}$; राक्षसश्रिया $\mathrm{PB^1L_2}$ **68.2** प्रविश्य] $\mathrm{UB^1}$; प्रवेश्य $\mathrm{G_1PJ}$; ⌣विश्य $\mathrm{L_2}$ **68.2** मां मा भुक्तेति] *conj.*; मा भुङ्क्ते इति Σ **68.3** रामानुयातो] $\mathrm{PB^1}$; रामायानुयातो $\mathrm{G_1U}$; रामानयातो $\mathrm{L_2}$; श्रीरामायातो J **69.1** विभीषणाय] *conj.*; तस्मै विभीषणाय Σ **69.1** रामो] *conj.*; राघवो $\mathrm{G_1UB^1L_2}$; राघवो रामो P; श्रीरामो J **69.1** रक्षसां राज्यमङ्गीचकार] *conj.*; निशाचराणां राक्षसानामैश्वर्यं राज्यं प्रतिशुश्रावाङ्गीचकार $\mathrm{G_1UJ}$; निशाचराणां र(रा $\mathrm{B^1}$)क्षसामैश्वर्यं राज्यं प्रतिशुश्रावाङ्गीचकार $\mathrm{PB^1}$; निशाचराणां रक्षसां---ज्यं प्रतिशुश्रावाङ्गीचकार $\mathrm{L_2}$ **69.2** तदैवा°] $\mathrm{UPB^3L_2J}$; तदेवा° $\mathrm{G_1}$ **69.2** °षिषेचेत्यर्थः] $\mathrm{G_1PJ}$; °षेचेत्यर्थः U; °षिषिचेत्यर्थः $\mathrm{B^1}$; °षिचे इत्यर्थः $\mathrm{L_2}$ **69.2** यस्मादवसरे] *conj.*; हि यस्मात्काले ऽवसरे Σ **69.2** प्रस्तुता] *conj.*; समारब्धाः प्रस्तुताः Σ **69.2** राजनीतयः] *conj.*; नीतयः Σ **69.3** राघवस्यात्र] $\mathrm{G_1UPB^1L_2}$; श्रीराघवस्यात्र J **69.3** °ज्ञानादिकं] $\mathrm{G_1UPB^1J}$; °ज्ञानाधिकं $\mathrm{L_2}$ **69.4** °राज्य°] $\mathrm{G_1UB^1L_2J}$; °राज्ये P **70.1** रामो] $\mathrm{G_1UPB^1L_2}$; श्रीरामो J **70.1** लवणाब्धौ] $\mathrm{G_1PB^1L_2J}$; लवणाम्बुधौ U **70.1** °बन्धयत्] $\mathrm{G_1UB^1L_2J}$; °बयत् P **70.1** पातालादुत्थितो] $\mathrm{G_1PB^1L_2J}$; पातालाद् U

विष्णोः स्वापार्थं शेषाहिरिव रेजे इत्यायामवैपुल्योक्तिः॥ ७०॥

तेनोत्तीर्य पथा लङ्कां रोधयामास पिङ्गलैः।
द्वितीयं हेमप्राकारं कुर्वद्भिरिव वानरैः॥ ७१॥

सेतुमार्गेण समुद्रमुल्लङ्घ्य स रामो लङ्कां कपिलैर्वानरैरवेष्टयत्। पिङ्गलत्वादुन्नतत्वाच्चोत्प्रेक्ष्यते—अपरं कनकसालं विदधानैरिव॥ ७१॥

रणः प्रववृते तत्र भीमः प्लवगरक्षसाम्।
दिग्विजृम्भितकाकुत्स्थपौलस्त्यजयघोषणः॥ ७२॥

लङ्कायां वानराणां राक्षसानां च रौद्रः सङ्ग्रामः प्रवृत्तः। दिक्षु प्रसृतो यथाक्रमं काकुत्स्थपौलस्त्ययोर्जयारावो यत्र रणे॥ ७२॥

पादपाविद्धपरिघः शिलानिष्पिष्टमुद्गरः।
अतिशस्त्रनखन्यासः शैलभग्नमतङ्गजः॥ ७३॥

वानरप्रेरितैर्वृक्षैस्ताडिता अर्गला यत्र रणे, पाषाणैश्चूर्णिता द्रुघना यत्र, खड्गा-

---

71 c. द्वितीयं] ŚHem.Mall.Jin.; द्वितीय° Ar.(?)Nā. **72 b.** °रक्षसाम्] UPB[1]L$_2$D^{M}V^{M}B$_2^M$B$_4^M$B$_5^M$B$_7^M$ℭ; °राक्षसाम् G$_1$J; °रक्षासाम् B$_3^M$ **73 d.** °भग्न°] G$_1$UPB[1]L$_2$JD^{M}B$_2^M$B$_3^M$B$_4^M$B$_5^{Mpc}$B$_7^M$; °रुद्ध° Hem.; °रुग्ण° V^{M}B$_5^{Mac}$Mall.Ar.(?)Nā.Jin.

70.2 स्वापार्थं] G$_1$UPL$_2$J; स्वपार्थं B[1] **70.2** °याम°] G$_1$PB[1]L$_2$; °यास° UJ **71.1** सेतुमार्गेण] *conj.*; तेन सेतुना मार्गेणोत्तीर्य G$_1$B^{3pc}J; तेन सेतुमार्गेणोत्तीर्य PB^{1ac}L$_2$; *om.* U **71.1** सेतु° … कपिलैर्वानरैः] *om.* U(eyeskip) **71.1** स रामो] G$_1$PB[1]L$_2$; स श्रीरामो J **71.1** कपिलैर्वानरैरवेष्टयत्] *conj.*; पिङ्गलैः कपिलैर्वा(र्वG$_1$)नरैः रोधयामासा(स L$_2$)वेष्टयत् G$_1$B[1]L$_2$J; रोधयामासावेष्टयत् U; पिङ्गलैः वानरैः रोधयामासावेष्टयत् P **71.2** अपरं] *conj.*; द्वितीयं G$_1$UJ; द्वितीयमपरं PB[1]L$_2$ **71.2** कनकसालं] U; हेम कनकमालं G$_1$; हेमप्राकारं कनकमालं PB[1]L$_2$; हेम कनकसालं J **71.2** विदधानैरिव] *conj.* (cf. Jin.); कुर्वद्भिरिव Σ **72.1** लङ्कायां] *conj.*; तत्र लङ्कायां Σ **72.1** राक्षसानां] P; राक्षसां G$_1$J; रक्षसां UB[1]L$_2$ **72.1** रौद्रः] *conj.*; भीमो रौद्रः G$_1$UPB[1]L$_2$; भीमो भयंकरः J **72.1** सङ्ग्रामः] *conj.*; रणः सङ्ग्रामः UPB[1]L$_2$J; रणसङ्ग्रामः G$_1$ **72.1** प्रवृत्तः] *conj.*; प्रववृते प्रवृत्तः Σ **72.1** प्रसृतो] *conj.*; विजृम्भितः प्रसृतः G$_1$UPB[1]L$_2$; विजृंबितः प्रसृतः J **72.1** यथाक्रमं] PB[1]L$_2$; *om.* G$_1$UJ **72.2** काकुत्स्थ°] UPB^{3pc}L$_2$; काकुत्स° G$_1$; काकुस्थ° B^{1ac}J **72.2** °रावो] UPB[3]; °रवो G$_1$J; °रवे L$_2$ **73.1** वानरप्रेरितैर्वृक्षैस्ताडिता अर्गला] *conj.* (cf. Jin.); वानरप्रेरितैः पादपैर्वृक्षैराविद्धा(विशुद्धा G$_1$)स्ताडिताः परिघा आयुधविशेषा Σ **73.1** पाषाणैश्चूर्णिता द्रुघना] *conj.* (cf. Jin.); शिलाभिर्निष्पिष्टाश्चूर्णिताः मुद्गरा द्रुघना G$_1$UB[1]J; शिलाभिः निष्पिष्टाः चूर्णिताः मुद्गराः PL$_2$

द्यायुधजयिनः कररुहप्रहरा यत्र, शैलैर्निष्पिष्टा हस्तिनो यत्रेति वानरोत्कटत्वोक्तिः। शस्त्राण्यतिक्रान्ता अतिशस्त्राः॥ ७३॥

अथ रामशिरश्छेददर्शनोद्भ्रान्तचेतसम्।
सीतां मायेति शंसन्ती त्रिजटा समजीवयत्॥ ७४॥

अनन्तरं त्रिजटाख्या रावणानुजा मायेन्द्रजालमेतन्न तत्त्वमिति कथयन्ती जानकीं समाशिश्वसत्। रामभद्रमूर्धच्छेदावलोकनेन मुमूर्षु मानसं यस्यास्ताम्॥ ७४॥

कामं जीवति मे नाथ इति सा विजहौ शुचम्।
प्राङ्मत्वा सत्यमस्यान्तं जीवितास्मीति लज्जिता॥ ७५॥

मम जीवितेशो निश्चितं जीवतीति सीता दुःखमत्याक्षीत्, किं तु ह्रीता। कुत

---

74 b. °चेतसम्] $G_1UPB^1JD^MV^MB_2^MB_3^MB_4^MB_5^M$; °चेतसाम् L_2; °मानसाम् Hem.; °चेत⏑ाम् B_7^M; °चेतनाम् Mall.Ar.(?)Nā.Jin.

73.2 खड्गाद्यायुधजयिनः कररुहप्रहरा यत्र] *conj.*; अतिशस्त्रा आयुधजयिनो नखन्यासाः कररुहप्रहरा यत्र $G_1U^{pc}B^1J$; अतिशस्त्राः खड्गाद्यायुधान्यतिक्रान्ताः आयुधजयिनः नखन्यासाः कररुहप्रहाराः यत्र P; अतिशस्त्रा आयुधजयिनो नखन्यासाः कररुहप्रहरा यत्र अतिशस्त्रा आयुधजयिनो नख्यन्यासा U^{ac}; अतिशस्त्रा ---धजयिनो नखन्यासाः कररुहप्रहारा यत्र L_2 **73.2** शैलैर्निष्पिष्टा हस्तिनो] *conj.*; शैलैर्भग्नान्निष्पिष्टा मतङ्गजा हस्तिनो G_1; शैलैर्भग्ना निष्पिष्टा मतङ्गजा हस्तिनो UB^1J; *om.* P; शैलैर्भग्ना---ष्टा मतङ्गजा हस्तिनो L_2 **73.3** यत्रेति वानरोत्कटत्वोक्तिः] $G_1PB^1L_2J$; यत्रेति वानरोत्कटोक्तिः U **73.3** °ण्यतिक्रान्ता अतिशस्त्राः] PB^1; °ण्यतिक्रान्ता अतिशस्त्रः G_1; °ण्यतिक्रान्त अतिशस्त्रः U; ---तिक्रान्ता अतिशस्त्राः L_2; °ण्यतिक्रान्ता अतिशस्रः J **74.1** अनन्तरं] G_1; अथानंतरं UJ; ततो रामशिरश्छेददर्शनेन उद्भ्रान्तं चेतो यस्याः मुमूर्षमित्यर्थः ईदृशीं सीतां PB^1; -----न्वतेन उद्भ्रान्तं चेतो यस्याः मुमूर्षुमित्यर्थः ईदृशीं सीतां L_2 **74.1** त्रिजटाख्या] G_1UJ; त्रिजटा PB^1L_2 **74.1** मायेन्द्रजालमेतन्न] G_1UJ; एषा माया इन्द्रजालं न तु P; एषा मायेन्द्रजालं न B^1; एषा मायेन्द्रजालं L_2 **74.1** तत्त्वमिति] G_1UB^{3pc}; सत्यमिति P; मिति B^{1ac}; ⊔ ति L_2; तत्वं J **74.1** कथयन्ती] $G_1^{pc}UJ$; कथयन्ति G_1^{ac}; शंसन्ती कथयन्ती PB^1L_2 **74.2** जानकीं] G_1UB^1J; *om.* PL_2 **74.2** समाशिश्वसत्] *conj.*; समश्विश्वसत् G_1J; समश्वसत् U; समाश्वासयत् PB^1; समजीवयत्समाश्वासयत् L_2 **74.2** रामभद्र°··· यस्यास्ताम्] *om.* $PB^{1ac}L_2$ **74.2** रामभद्र°] G_1UB^{3pc}; श्रीरामभद्र° J **74.2** मुमूर्षु] G_1J; समूर्छं UB^{3pc} **74.3** यस्यास्ताम्] G_1UJ; यस्यास्तामिति वा B^{3pc} **75.1** जीवितेशो] *conj.*; नाथो जीवितीशो G_1J; नाथो जीवितेशो U; नाथो जीवितेश्वरो PB^1L_2 **75.1** सीता] *conj.*; सा सीता Σ **75.1** दुःखमत्याक्षीत्] *conj.*; शुचं दुःखं विजहौ अत्याक्षीत् $G_1UB^1L_2J$; शुचं दुःखं विजहौ यात्याक्षीत् P **75.1** ह्रीता] *conj.*; लज्जिता ह्रीता Σ

इत्याह— पत्युस्तथ्यभूतं विनाशं ज्ञात्वापि यत्प्रथमं जीवितास्मीति। तदैव हि हृदयस्फोटनं न्याय्यमित्यर्थः॥ ७५॥

गरुडापातविश्लेषि मेघनादास्त्रबन्धनम्।
दाशरथ्योः क्षणक्लेशि स्वप्नवृत्तमिवाभवत्॥ ७६॥

रामलक्ष्मणयोरिन्द्रजिन्नागपाशबन्धनं मुहूर्तमात्रं व्यथाकारि स्वप्नोदन्त इवासीत्। यतो गरुडस्यागमनेन विश्लिष्टम्। गरुडो हि नागरिपुः॥ ७६॥

ततो बिभेद पौलस्त्यः शक्त्या वक्षसि लक्ष्मणम्।
रामस्त्वनाहतो ऽप्यासीद्विदीर्णहृदयः शुचा॥ ७७॥

अथ रावणो लक्ष्मणं शक्त्याख्येनायुधेनोरस्यताडयत्। रामस्त्वविद्धो ऽप्यनुजशोकेन स्फुटितहृदयो ऽभवत्। असङ्गतिर्नामायमलङ्कारः॥ ७७॥

स मारुतसुतानीतमहौषधिहृतव्यथः।

---

76 a. °पातविश्लेषि] $G_1UPB^1JV^MB_2^MB_3^MB_4^MB_5^MB_7^M$Hem.Jin.; °पातिविश्लेषि L_2; °पातविश्लेष D^M; °पातविश्लिष्ट° Mall.Ar.(?)Nā. **76 b.** °बन्धनम्] ŚHem.Mall.Jin.; °बन्धयोः Ar.(?)Nā. **76 cd.** क्षणक्लेशि स्वप्नवृत्तम्] $G_1UB^1L_2JV^MB_2^MB_4^MB_5^MB_7^M$Hem.Jin.; क्षणश्लेषि स्वप्नवृत्तम् P; क्षणक्लेशि स्वप्नवृत्तिम् B_3^M; क्षणक्लेश स्वप्नवृत्तम् D^M; क्षणक्लेशः स्वप्नवृत्त Mall.; क्षणक्लेशः स्वप्नदृष्ट Ar.Nā. **78 a.** मारुतसुतानीत°] $G_1UB^1L_2JD^MV^MB_2^MB_3^MB_4^MB_5^MB_7^M$Hem.Ar.(?)Nā.; मारुतसमानीत° P; मारुतिसमानीत° Mall.Jin.

75.2 पत्युस्तथ्यभूतं] *conj.*; अस्य पत्युः सत्यं तथ्यभूतं G_1UB^1J; अस्य पत्युः सत्यं तथ्यं PL_2 **75.2** विनाशं] G_1UB^1J; अन्तं विनाशं PL_2 **75.2** यत्प्रथमं] *conj.*; यत्प्राक्प्रथमं Σ **75.3** तदैव हि] $G_1UB^1L_2J$; तदैव हि तदैव हि P **75.3** न्याय्यमित्यर्थः] UPB^1; न्यायमित्यर्थः G_1L_2J **76.1** रामलक्ष्मणयोर्] *conj.*; दाशरथ्योः रामलक्ष्मणयोः G_1UPB^1; दाशरथ्योः क्षणक्लेशि रामलक्ष्मयोः L_2; दाशरथ्योः श्रीरामलक्ष्मणयोः J **76.1** मुहूर्तमात्रं व्यथाकारि] *conj.*; क्षणक्लेशि मुहूर्तमात्रं व्यथाकारि $G_1UB^1L_2$; क्षणश्लेषि मुहूर्तमात्रबन्धनं व्यथाकारि P; क्षणक्लेशि मुहूर्तमात्रं वृथाकारि J **76.2** स्वप्नोदन्त इवासीत्] G_1J; स्वप्नोदान्त इवासीत् U; स्वप्नवृत्तमिवासीत् PB^1L_2 **76.2** गरुडस्यागमनेन विश्लिष्टम्] *conj.*; गरुडस्यापातेनागमनेन विश्लेषि विश्लिष्टम् (विषिष्टम् L_2) Σ **77.1** अथ] $G_1UPB^1L_2$; अथानंतरं J **77.1** रावणो] *conj.*; पौलस्त्यो रावणः Σ **77.1** °युधेनोरस्यताडयत्] *conj.*; °युधेन वक्षसि अताडयत् Σ **77.1** रामस्त्वविद्धो ऽप्य्] *conj.*; रामस्त्वनाहतो ऽपि अविद्धो ऽपि $G_1UPB^1L_2$; श्रीरामस्त्वनाहतोपि अविद्धोपि J **77.2** अनुजशोकेन] *conj.*; शुचा अनुजशोकेन Σ **77.2** स्फुटितहृदयो ऽभवत्] *conj.*; विदीर्णहृदयो ऽभूत्। विदीर्णं स्फुटितं हृदयं यस्य G_1UPB^1J; विदीहृदयो ऽभवत् विदीर्णं स्फुटितं हृदयं यस्य L_2 **77.2** असङ्गतिर्नामायमलङ्कारः] UPB^1L_2; असङ्गतिनामायमलङ्कारः G_1; असंगतिनामायमंकारः J

लङ्कास्त्रीणां पुनश्चक्रे विलापाचार्यकं शरैः॥ ७८॥

लक्ष्मणो रक्षोवनितानामिषुभिः परिघाताङ्कयः परिदेवनायोपाध्यायत्वमकरोत्। यतो हनुमदानीतया महौषध्या विशल्यकरणादपास्तपीडः॥ ७८॥

नादं स मेघनादस्य धनुश्चेन्द्रायुधप्रभम्।
मेघस्येव शरत्कालो न किञ्चित्पर्यशेषयत्॥ ७९॥

लक्ष्मण इन्द्रजितो नाम रावणतनयस्य सिंहनादं शक्रचापतुल्यदीप्ति चापं च किञ्चिन्न पर्यशेषयत्, सर्वमनीनशत्। शरत्कालो यथा मेघस्य नादधनुषी। एतेनेन्द्रजिद्वध उक्तः॥ ७९॥

कुम्भकर्णः कपीन्द्रेण तुल्यावस्थः स्वसुः कृतः।
रुरोध रामं शृङ्गीव टङ्कच्छिन्नमनःशिलः॥ ८०॥

ततः कुम्भकर्णो राघवमरौत्सीत्,तेन सह युयुध इत्यर्थः। सुग्रीवेण शूर्पनखा-

---

78 d. विलापाचार्य॰] $G_1UB^1JD^MV^MB_2^MB_3^MB_4^MB_5^MB_7^M$Hem.Mall.Ar.(?)Nā.; प्रलापाचार्य॰ PJin.; विलापाचर्य॰ L_2 **79** Jin. inserts two verses after this one: क्लेशेन महतीं निद्रां त्याजितं रणदुर्जयम्। रावणः प्रेरयामास युद्धायानुजमात्मनः॥ जघान स तदादेशात् कपीनुग्राननेकशः। विवेश च पुरीं लङ्कां समादाय हरीश्वरम्॥ V^M inserts this version: क्लेशेन महतीं निद्रां त्याजितं दुर्जयं ततः। युद्धाय प्रेषयामास भ्रातरं रावणो नुजम्॥ जघान स तदादेशात् कपीनुग्राननेकशः। हरीश्वरं समादाय पुरीं लङ्कां विवेश च॥

78.1 लक्ष्मणो] *conj.*; स लक्ष्मणो Σ **78.1 परिघा॰**] $G_1UB^1L_2J$; प्रतिघा॰ P **78.2 परिदेवनायोपाध्यायत्वमकरोत्।**] *conj.*; परिदेवनायोपाध्यायत्वं G_1UJ; विलापाचार्यकं परिदेवनोपदेशमकरोत् PB^1L_2 **78.2 हनु॰**] $G_1UPB^1L_2$; हनू॰ J **78.2 अपास्तपीडः**] *conj.*; हृतव्यथो ऽपास्तपीडः $G_1PB^1L_2J$; हृतव्यथः उपास्तपीडः U **79.1 लक्ष्मण**] *conj.*; स लक्ष्मणः Σ **79.1 इन्द्रजितो**] *conj.*; मेघनादस्येन्द्रजितो Σ **79.1 नाम**] G_1PL_2J; *om.* UB^3 **79.1 सिंहनादं**] *conj.*; नादं सिंहनादं G_1UPB^3J; नादं निन्दादं L_2 **79.1 ॰तुल्यदीप्ति**] $U^{pc}PB^3L_2J$; ॰तुल्यं दीप्ति G_1; ॰तुल्य(नादं च)दीप्ति U **79.2 च किञ्चिन्न**] G_1UJ; न किञ्चित् PB^3L_2 **79.2 सर्वमनीनशत्**] $G_1^{pc}UPB^3L_2J$; सर्वनीनशत् G_1^{ac} **79.2 शरत्कालो यथा**] UPB^3J; शरत्काले यथा G_1; शरत्कालेथा L_2 **79.2 नादधनुषी**] $G_1PB^3L_2J$; धनुषी U **79.3 एतेनेन्द्र॰**] $G_1^{pc}UPB^3L_2J$; एते ⏓ न्द्र॰ G_1^{ac} **79.3 उक्तः**] G_1UPB^3J; क्तः L_2 **80.1 ततः**] G_1UPL_2J; *om.* B^3 **80.1 राघवं अरौत्सीत्**] *conj.* (cf. Jin.); रामं रुरोध $G_1UPB^3L_2$; श्रीरामं रुरोध J **80.1 सुग्रीवेण**] *conj.*; कीदृशः कपीन्द्रेण सुग्रीवेन G_1UPB^3; कीदृशः कपेंद्रेण सुग्रीवेण L_2J

याः समानरूपः सम्पादितः, निकृत्तकर्णनासत्वात्। अत एव शिलाभञ्जकेन शस्त्रविशेषेण च्छिन्ना मनःशिला यस्य स पर्वत इव॥ ८०॥

अकाले बोधितो भ्रात्रा प्रियस्वप्नो वृथा भवान्।
रामेषुभिरितीवासौ दीर्घनिद्रां प्रवेशितः॥ ८१॥

कुम्भकर्णो रामशरैरनेन हेतुनेव दीर्घनिद्रां मरणाख्यां प्रापितः। केनेत्याह— प्रियनिद्रस्त्वमद्य रावणेन निर्निमित्तमेव बोधितः, यतस्तव प्रबोधकालो ऽद्य नासीत्। इदानीं स्वपिहि॥ ८१॥

इतराण्यपि रक्षांसि सेदुर्वानरकोटिषु।
रजांसि समरोत्थानि तच्छोणितनदीष्विव॥ ८२॥

अन्यान्यपि रक्षांसि प्रजङ्घवज्रमुष्टिविद्युन्मालिकुम्भनिकुम्भातिकायमहापार्श्वमहोदरप्रहस्तादीनि वानरकोटिषु मैन्दद्विविधनलनीलाङ्गदप्रमुखासु नेशुरपतन्। यथा रेणवस्तेषां रक्षसां रुधिरकुल्यासु सन्नाः॥ ८२॥

निर्ययावथ पौलस्त्यः पुनर्युद्धाय मन्दिरात्।

---

81 b. वृथा भवान्] ŚMall.; ऽनुजो वृथा Hem.Jin.; व्यथानुगः Ar.Nā. **82 b.** सेदुर्वानरको°] $G_1UB^3L_2JD^MV^MB_2^MB_3^MB_5^M$; सीदुर्वानरको° P; पेतुर्वानरको° B_4^MC; सेदुर्वानकरो° B_7^M

80.2 शूर्पनखायाः] *conj.*; सुसुः शूर्पनखयाः G_1U; स्वसुः शूर्पनखायाः PB^3; सुसुः शूर्पनखायाः J; स्वस्वश् शूर्पनखायाः L_2 **80.2** समानरूपः] *conj.* (cf. Jin.); तुल्यवस्थः G_1; तुल्यावस्थः UPB^3L_2J **80.2** सम्पादितः] *conj.*; कृतः सम्पादितः Σ **80.2** शिलाभञ्जकेन] *conj.*; टङ्केन शिलाभञ्जकेन $G_1^{pc}UPB^3L_2J$; टङ्केन मनशिलाभञ्जकेन G_1^{ac} **80.3** मनःशिला] $G_1PB^3L_2$; मनाशिला U; मनशिला J **80.3** पर्वत इव] *conj.*; शृङ्गी पर्वत इव G_1UL_2J; शृङ्गी इव पर्वत इव PB^3 **81.1** रामशरैः] *conj.*; रामेषुभि रामशरै G_1; रामेषुभिः रामशरैर् UPB^3L_2; श्रीरामेशुभिः श्रीरामशरै J **81.1** अनेन हेतुनेव] *conj.*; इतीवानेन हेतुनेव $G_1B^3L_2J$; इत्येवानेन हेतुना इव U; इत्येवानेन हेतुनैव P **81.1** मरणाख्यां] UPB^3L_2; मरणाख्यं G_1J **81.1** प्रापितः] *conj.* (cf. Jin.); प्रवेशितः G_1UPB^3J; प्रवेशित L_2 **81.1** केनेत्याह] PB^3L_2; वेनेत्याह G_1J; *om.* U **81.2** °स्त्वमद्य] UPB^3; °स्त्वामद्य G_1; °स्त्वामऽद्य J; °स्त्वासत्य L_2 **81.2** रावणेन] *conj.*; भ्रात्रा रावणेन Σ **82.1** अन्यान्यपि] $G_1PB^3L_2$; अन्यानपि UJ **82.1** प्रजङ्घ°] UPB^3L_2J; प्रजङ्घा° G_1 **82.2** °हस्तादीनि] $G_1^{pc}UPB^3L_2J$; °हस्तादिनि G_1^{ac} **82.2** मैन्द°] G_1UPB^3; मैन्ध° L_2; मंद° J **82.2** °नलनीला°] $G_1UB^3L_2J$; °नखनीला° P **82.2** °प्रमुखासु] G_1PL_2J; °नलप्रमुखेषु U; °प्रमुखेषु B^3 **82.2** नेशुरपतन्] *conj.*; सेदुः नेशुः अपतन् Σ **82.3** °कुल्यासु सन्नाः] UPB^3J; °तुल्यासु सन्नाः G_1; °तुल्यसुपन्नाः L_2

अरावणमरामं वा जगदद्येति निश्चितः॥ ८३॥

अनन्तरं बान्धवक्षयममृष्यन् रावणः पुनः समराय राजधान्या निरगात्। अद्य जगदरावणमरामं वा भवेदिति निश्चयवान्। अद्याहं वा रामो वा, न तु द्वयम्, शिष्यत इति। पुनःशब्देनादावपि युद्धमाक्षिप्तमेव॥ ८३॥

रामं पदातिमालोक्य लङ्केशं च वरूथिनम्।
हरिरथ्यं रथं तस्मै प्रजिघाय पुरन्दरः॥ ८४॥

इन्द्रो रामाय स्यन्दनं पीताश्वमात्मीयं विससर्ज। रामं पादचारिणमालोक्य रावणं च रथतनुत्रवन्तम्। भूस्थरथस्थयोर्युद्धं समं न भवेदिति विचार्य॥ ८४॥

तमाधूतध्वजपटं व्योमगङ्गोर्मिवायुभिः।
देवसूतभुजालम्बी जैत्रमध्यास्त राघवः॥ ८५॥

रामस्तमिन्द्ररथं जयनशीलमुत्कृष्टमारुरोह। मातलेर्भुजमालम्बते। तद्भुजमालम्ब्येत्यर्थः। स्वर्गङ्गातरङ्गवातैर्नर्तितपताकम्॥ ८५॥

---

84 c. हरिरथ्यं] Σ; हरियुग्यं ℭ

83.1 अनन्तरं] U; अथानन्तरं $G_1PB^3L_2$; अथ कुंभकर्णादिराक्षसवधादनंतरं J **83.1** °क्षयममृष्यन्] G_1B^3J; °क्षयममृषन् UP; °क्षयो--- L_2 **83.1** रावणः] *conj.*; पौलस्त्यो रावणः Σ **83.1** पुनः समराय] *conj.*; पुनर्युद्धाय समराय Σ **83.1** राजधान्या] *conj.*; मन्दिराद्राजधान्याः G_1UPJ; मन्दिराद्राजधान्यः B^3; मन्दिराद्राजधा--- L_2 **83.1** निरगात्] *conj.*; निर्ययौ निरगात् G_1UPB^3J; ---निरगात् L_2 **83.2** अद्य जगदरावणमरामं] $G_1PB^3L_2$J; अद्याहं वा रामो वा U **83.2** अद्याहं वा रामो वा] *om.* U **83.2** रामो] $G_1PB^3L_2$; श्रीरामो J **83.3** युद्धमाक्षिप्तमेव] PB^3J; युद्धमाक्षिप्तमिति एव G_1; युद्धमादावपि युद्धमाक्षिप्तमेव U; --- L_2 **84.1** इन्द्रो रामाय] *conj.*; पुरन्दर इन्द्रस्तस्मै रामाय $G_1UPB^3L_2$; पुरंदरः इन्द्रः तस्मै श्रीरामाय J **84.1** स्यन्दनं] *conj.*; रथ्यं स्यन्दनं G_1J; रथं स्यन्दनं UPB^3L_2 **84.1** पीताश्वमात्मीयं] *conj.*; हरिरथ्यं पीताश्वमात्मीयं G_1UPB^3J; हरिपीताश्वमात्मीयं L_2 **84.1** विससर्ज] *conj.*; प्रजिघाय विससर्ज Σ **84.1** रामं] $G_1UPB^3L_2$; श्रीरामं J **84.1** पादचारिणम्] *conj.*; पदातिं पादचारिणम् PB^{3pc}; पदातिं पादचारणम् G_1U; पदातिं पादचरणम् B^{3ac}J; पदातिं पादचा---म् L_2 **84.2** रावणं] *conj.*; लङ्केशं रावणं Σ **84.2** रथतनुत्रवन्तम्] $G_1PB^3L_2$J; तनुत्रवन्तं U **84.2** रामं न] G_1PL_2J; न समं UB^3 **85.1** रामस्तमिन्द्ररथं] G_1UPB^3; रामस्तं ⁐थं इन्द्रस्य L_2; श्रीरामः तमिन्द्ररथं J **85.1** जयनशीलमुत्कृष्टमारुरोह] *conj.*; जैत्रं जयनशीलमुत्कृष्टमध्यास्त (⁐परत G_1J) आरुरोह Σ **85.1** मातले°] *conj.*; कीदृशः। देवसूतस्य मातले° G_1UPB^3J; कीदृशः। ⁐सूतस्य मातुले° L_2 **85.2** तद्भुजमालम्ब्ये°] B^3; भुजमालम्भ्ये° G_1; भुजमालम्ब्ये° UPL_2J **85.2** स्वर्गङ्गा°] *conj.*; कीदृशं तम्। सुर्गगा° G_1; कीदृशं तम्। स्वर्गगङ्गा° UPB^3L_2J **85.2** °र्नर्तितपताकम्] *conj.*; °राधूतध्वजपटं नर्तितपताकम् (कां U) Σ

मातलिस्तस्य माहेन्द्रमामुमोच तनुच्छदम्।
यत्रोत्पलदलक्लैव्यं शस्त्राण्यापुः सुरद्विषाम्॥ ८६॥

शक्रसूतो रामस्य ऐन्द्रं कवचं बबन्ध। यस्मिनसुराणामायुधानि कुवलयकिसलयकोमलत्वं प्रापुः। क्लीवः कातरो निर्वीर्यः॥ ८६॥

अन्योन्यदर्शनप्राप्तविक्रमावसरं चिरात्।
रामरावणयोर्वैरं चरितार्थमिवाभवत्॥ ८७॥

तदा रामरावणयोर्विरोधः कृतार्थः सफल इवासीत्। यतश्चिरात्परस्परावलोकनेन प्राप्तः पराक्रमकालो यत्र। परस्परमनालोकनेन युद्धाभावात्कीदृशं हि विरोधस्य साफल्यम्॥ ८७॥

भुजमूर्धोरुबाहुल्यादेको ऽपि धनदानुजः।
ददृशे स यथापूर्वं मातृवंश इव स्थितः॥ ८८॥

---

86 d. शस्त्राण्यापुः] Σ; अस्त्राण्यापुः ℭ **87 c.** °योर्वैरं] $G_1UB^3L_2JD^MV^MB_2^MB_3^MB_4^MB_5^MB_7^M$Hem.Ar.Nā.Jin.; °योर्युद्धं PMall. **88 a.** भुजमूर्धोरु°] $G_1UPB^3JD^MV^MB_2^MB_3^MB_4^MB_5^MB_7^M$Hem.^{vl}Mall.Ar.Nā.; ---र्धोरु° L_2; भुजोत्तमाङ्ग° Hem.Jin. **88 c.** स यथापूर्वं] ŚAr.^{vl}Jin.; ह्ययथापूर्वो Hem.Ar.Nā.; सो ऽयथापूर्वो Mall.

86.1 शक्रसूतो] *conj.*; मातलिः शक्रसूतः $G_1UPB^3L_2J^{pc}$; मातलिः शक्रसूतिः J^{ac} **86.1** रामस्य] *conj.*; तस्य रामस्य $G_1UPB^3L_2$; तस्य श्रीरामस्य J **86.1** ऐन्द्रं] *conj.*; माहेन्द्रमैन्द्रं $G_1UPB^3L_2$; महेंद्रमैन्द्रं J **86.1** कवचं बबन्ध] *conj.*; तनुच्छदं कवचमामुमोच बबन्ध G_1L_2J; उरश्छदं कवचमामुमोच बबन्ध UB^3; तनुच्छदं कवचं बबन्ध P **86.1** यस्मिन्] *conj.*; यत्र यस्मिन्कवचे $G_1UB^3L_2J$; यत्र यस्मिन् P **86.1** असुराणामायुधानि] *conj.*; सुरद्विषामसुराणां शस्त्राणि आयुधानि $G_1UB^3L_2J$; सुरद्विषां असुराणां शस्त्राणि P **86.2** कुवलयकिसलयकोमलत्वं प्रापुः] *conj.*; उत्पलदलक्लैव्यं कुवलयकिसलयकोमलत्वमापुः प्रापुः $G_1UB^3L_2J$; उत्पलदलक्लैव्यं कुवलयकिसलयकोमलत्वं प्रापुः P **86.2** क्लीवः कातरो निर्वीर्यः] G_1PJ; क्लीवो निर्वीर्यः कातरः UB^3; क्लीवकातरो नि× र्× वीर्यः L_2 **87.1** रामरावणयोर्विरोधः] P; रामरावणयोर्वैरं विरोधः G_1UL_2; रामरावणयोर्वैरः विरोधं B^3; श्रीरामरावणयोर्वैरं विरोधः J **87.1** कृतार्थः] *conj.*; चरितार्थं कृतार्थं Σ **87.1** सफल इवासीत्] *conj.*; सफलमिवासीत् G_1PB^3J; सकलमिवासीत् U; सफलमिवासी L_2 **87.2** परस्परावलोकनेन] *conj.* (cf. Jin.); अन्योन्यस्य दर्शनेन Σ **87.2** प्राप्तः पराक्रमकालो] *conj.*; प्राप्तो विक्रमस्यावसरः पराक्रमकालो Σ **87.2** °लोकनेन] G_1PB^3; °लोकेन UJ; ---नेन L_2 **87.2** युद्धा°] $G_1UPB^3L_2$; यद्धा° J **87.3** विरोधस्य] UPB^3L_2J; रोधस्य G_1 **87.3** साफल्यम्] $G_1UB^3L_2J$; साफल्यात् P

रावण एको ऽपि बाह्वादीनामुरुबाहुल्यान्महतः प्राचुर्यादादाविव रक्षोलोकमध्य इव स्थितो ऽवलोकितो जनैः। एको ऽपि राक्षसैः परिवृत इव ज्ञात इत्यर्थः। ऊरुबाहुल्यं केचिद्वदन्ति। तच्चिन्त्यम्॥ ८८॥

जेतारं लोकपालानां स्वमुखैरर्चितेश्वरम्।
रामस्तुलितकैलासं तमरिं बह्वमन्यत॥ ८९॥

रामो रावणं महदज्ञासीत्। शोभनो मम सम्पन्नः शत्रुर्न तु यादृशतादृश इति बुबुधे। यतो शक्रादीनां परिभाविनमिति पौरुषोक्तिः। तथात्मवक्त्रैः पूजितहरमिति साहसकथनम्। तथोन्मूलितस्फटिकाद्रिमिति भुजबलप्रतिपादनम्॥ ८९॥

तस्य स्फुरति पौलस्त्यः सीतासंगमशंसिनि।
निचखानाधिकक्रोधः शरं सव्येतरे भुजे॥ ९०॥

रावणो रामस्य दक्षिणे बाहौ कोपनत्वादादौ सायकमरोपयत्। कम्पमाने, अत एव सीतासमागमसूचके॥ ९०॥

---

89 d. तमरिं बह्वमन्यत] $G_1PB^3D^MV^MB_2^MB_3^MB_4^MB_5^M$Jin.; तमरिं बहुमन्यत $UL_2JB_7^M$; रिपुं बहुममन्यत Hem.; अरातिं बह्वमन्यत Mall.Ar.(?)Nā. **90 c.** निचखानाधिकक्रोधः] $G_1UPB^3L_2D^MV^MB_2^MB_3^MB_4^MB_5^MB_7^M$Mall.Jin.; निचखानाधिकाक्रोधः J; निचखानाधिकं क्रुद्धः Hem.Ar.; निचखानाधिकक्रुद्धः Nā.

88.1 रावण] *conj.*; स धनदानुजो रावणः Σ **88.1** बाह्वादी°] G_1UB^3J; बह्वादी° P; --- L_2 **88.1** महतः] $G_1UPB^3L_2$; सहतः J **88.1** प्राचुर्याद्] $G_1UB^3L_2J$; प्रामुयत् P **88.1** आदाविव] *conj.*; यथापूर्वमादाविव Σ **88.2** रक्षोलोकमध्य] *conj.*; मातृवंशे रक्षोलोकमध्य G_1UPB^3J; ---शो रक्षोलोकमध्ये L_2 **88.2** ऽवलोकितो] *conj.*; ददृशे अवलोकितो Σ **88.2** राक्षसैः परिवृत] UP; राक्षसैर्वृत G_1B^3; राक्षसैः परिवृत्त L_2J **89.1** रामो रावणं] *conj.*; रामस्तमरिं रावणं $G_1UPB^3L_2$; श्रीरामस्तमरिं रावणं L_2J **89.1** महदज्ञासीत्] *conj.*; बह्वमन्यत महदज्ञासीत् G_1UPB^3; बहुमन्यत महदज्ञासीत् L_2J **89.1** यादृशतादृश] $G_1B^3L_2J$; यादृशस्तादृश UP **89.2** शक्रादीनां] *conj.*; लोकपालानां शक्रादीनां Σ **89.2** परिभाविनमिति] *conj.*; जेतारं (जीतारं G_1) परिभाविनमिति Σ **89.2** आत्मवक्त्रैः पूजितहरम्] *conj.*; स्वमुखैरात्मवक्त्रैरर्चितेश्वरं पूजितहरम् Σ **89.3** इति साहसकथनम्] L_2; इतिहासकथनम् G_1UPB^3; इति पुराणकथनात् J **89.3** उन्मूलितस्फटिकाद्रिमिति] *conj.*; तुलित उन्मूलितः कैलासः स्फ (स्फा L_2) टिकाद्रिर्येनेति $G_1UPB^3L_2$; तुलित उन्मूलितकैलासः स्फटिकाद्रिर्येनेति J **90.1** रावणो रामस्य] *conj.*; पौलस्त्यो रावणस्तस्य रामस्य $G_1UPB^3L_2$; पौलस्त्यो रावणः तस्य श्रीरामस्य J **90.1** दक्षिणे बाहौ] *conj.*; सव्येतरे भुजे दक्षिणे बाहौ Σ **90.1** कोपनत्वादादौ] *conj.*; अधिकक्रोधः कोपनत्वादादौ $G_1UPB^3L_2$; अधिकगुणः कोपनत्वादादौ J **90.1** सायकमरोपयत्] *conj.*; शरं सायकं निचखानारोपयत् Σ **90.1** कम्पमाने] *conj.*; कीदृशे। स्फुरति कम्पमाने Σ **90.2** °समागम°] $G_1UB^3L_2J$; °सङ्गम° P

रावणस्यापि रामास्त्रं भित्त्वा हृदयमाशुगम्।
विवेश भुवमाख्यातुमुरगेभ्य इव प्रियम्॥ ९१॥

रामशरः पौलस्त्यस्यापि वक्षो विदार्य शीघ्रयायी पातालं प्राविशत्। उत्प्रेक्ष्यते—नागेभ्य आनन्दं कथयितुमिव, हतप्राय एष युष्माकं शत्रुरिति॥ ९१॥

वचसैव तयोर्वाक्यमस्त्रमस्त्रेण निघ्नतोः।
अन्योन्यजयसंरम्भो ववृधे वादिनोरिव॥ ९२॥

रामरावणयोरस्त्रेणास्त्रं नाशयतोर्जयक्षोभो ऽवर्धत। यथा वादिप्रतिवादिनोर्वचनेन वचनं पूर्वपक्षरूपं निरस्यतोरितरेतराभिभवावेगो वर्धते तथा तयोः॥ ९२॥

विक्रमव्यतिहारेण सामान्याभूद्द्वयोरपि।
जयश्रीरन्तरा वेदिर्मत्तवारणयोरिव॥ ९३॥

तयोर्द्वयोरपि जयलक्ष्मीः साधारणाभूत्, पौरुषस्य पर्यायवृत्त्या। कदाचिद्रामो विजयते, कदाचिद्रावण इति। यथा मत्तहस्तिनोर्मध्ये स्थला साधारणा

---

91 ab. रामास्त्रं भित्त्वा हृदयमाशुगम्] $\mathrm{VD}^M\mathrm{V}^M\mathrm{B}_2^M\mathrm{B}_3^M\mathrm{B}_5^M\mathrm{B}_7^M$ Jin.; रामास्तो भित्त्वा हृदयमाशुगः B_4^M Hem.Mall.Ar.Nā. **91 d.** उरगेभ्य] Σ; भुजगेभ्य Hem. **92** Jin. inverts the order of verses 92 and 93. **92 a.** वचसैव] $\mathrm{G}_1\mathrm{UJB}_5^M\mathrm{B}_7^M$ Hem.Jin.; वचसेव $\mathrm{PB}^3\mathrm{L}_2\mathrm{D}^M\mathrm{V}^M\mathrm{B}_2^M\mathrm{B}_3^M\mathrm{B}_4^M$ Mall.Ar.(?)Nā.

91.1 रामशरः] *conj.* (cf. Jin.); रामास्त्रं $\mathrm{G}_1\mathrm{UPB}^3\mathrm{L}_2$; श्रीरामास्त्रं J **91.1** पौलस्त्यस्यापि] $\mathrm{G}_1\mathrm{UPB}^3$; पौलस्त्यस्य रावणस्यापि L_2; रावणस्यापि J **91.1** शीघ्रयायी] *conj.*; आशुगं शीघ्रयायि Σ **91.1** पातालं] *conj.*; भुवं पातालं Σ **91.1** प्राविशत्] *conj.* (cf. Jin.); विवेश Σ **91.2** नागेभ्य आनन्दं कथयितुमिव] *conj.*; उरगेभ्यो नागेभ्यः प्रियमानन्दमाख्यातुं कथयितुमिव $\mathrm{G}_1\mathrm{UPL}_2\mathrm{J}$; उरगेभ्यो नागेभ्योपि प्रियमा (प्रियमानन्दा B^{3pc}) ख्यातुं कथयितुमिव B^3 **91.2** युष्माकं] $\mathrm{G}_1\mathrm{UPL}_2\mathrm{J}$; अस्माकं B^3 **92.1** रामरावणयोर्] *conj.*; तयो रामरावणयोः $\mathrm{G}_1\mathrm{UPB}^3\mathrm{L}_2$; तयोः श्रीरामरावणयोः J **92.1** नाशयतोर्जय°] $\mathrm{PB}^3\mathrm{L}_2$; नाशयतो जय $\mathrm{G}_1\mathrm{UJ}$ **92.2** पूर्वपक्षरूपं] $\mathrm{G}_1\mathrm{PB}^3\mathrm{J}$; पूर्वपक्ष U; पूर्वपक्षरूप L_2 **92.2** निरस्यतोर्] *conj.*; निघ्नतोर्निरस्यतोः Σ **92.2** °भवावेगो] $\mathrm{G}_1\mathrm{UPL}_2\mathrm{J}$; °भववेगो B^3 **93.1** तयोर्द्वयोरपि] $\mathrm{G}_1\mathrm{UPB}^3\mathrm{L}_2$; तयोर्द्वयोरपि श्रीरामरावणयोः J **93.1** जयलक्ष्मीः] $\mathrm{PB}^3\mathrm{J}$; जयश्रीः G_1; जयश्रीः जयलक्ष्मीः U; जयश्रीः लक्ष्मीः L_2 **93.1** साधारणाभूत्] *conj.*; सामान्या साधारणाभूत् $\mathrm{G}_1\mathrm{UPB}^3\mathrm{J}$; साम---धारणा अभूत् L_2 **93.1** पौरुषस्य पर्यायवृत्त्या] *conj.*; कुतो विक्रमस्य पौरुषस्य व्यतिहारेण पर्यायवृत्त्या Σ **93.2** कदाचिद्रामो] $\mathrm{G}_1\mathrm{UPB}^3\mathrm{L}_2$; कदाचित् श्रीरामो J **93.2** विजयते] $\mathrm{G}_1\mathrm{PB}^3\mathrm{L}_2\mathrm{J}$; विजय U **93.2** मत्तहस्तिनोर्मध्ये स्थला] *conj.*; मत्तहस्तिनोरन्तरा मध्यवेदिः स्थला $\mathrm{G}_1\mathrm{J}$; मत्तहस्तिनोरन्तरा मध्ये वेदिः (वेदि U) स्थला UP; मत्तहस्तिनोरन्तरा ×वेदि× मध्ये वेदि स्थला B^3; ---त्तहस्तनोरन्तराले मध्ये वेदिः स्थला L_2

भवति। यो ह्यधिकः स तामाक्रामति॥ ९३॥

कृतप्रतिकृतप्रीतैस्तयोर्मुक्तां सुरासुरैः।
परस्परशरव्राताः पुष्पवृष्टिं न सेहिरे॥ ९४॥

अन्योन्यबाणसमूहा रामरावणयोर्देवदानवैरुपरि क्षिप्तां पुष्पवृष्टिं न चक्षमिरे, विदलनात्। कृतं घातः, प्रतिकृतं प्रतिघातः। ताभ्यां तुष्टैः॥ ९४॥

अयःशङ्कुचितां रक्षः शतघ्नीमथ शत्रवे।
हृतां वैवस्वतस्येव कूटशल्मलिमक्षिपत्॥ ९५॥

अनन्तरं रावणो रामाय शतघ्नीं शक्तिमायुधविशेषमयःकीलकव्याप्तां मुमोच। प्राणहरत्वादुत्प्रेक्ष्यते—यन्त्रयुक्तं यातनातरुमिव प्राग्यमस्य रावणेन स्वीकृतम्॥ ९५॥

राघवो रथमप्राप्तां तामाशां च सुरद्विषः।
अर्धचन्द्रमुखैर्बाणैश्चिच्छेद कदलीसुखम्॥ ९६॥

---

94 The *pratīka* given by Jin. suggests that he may have had the half-verses inverted. **95 d.** °शल्मलिम्] $G_1UPB^3JD^MB_3^MB_4^MB_5^MB_7^M$; °जशल्मलिम् L_2(unmetrical); °शिल्मलिम् B_2^M; °शाल्मलिम् 𝕮 **96 a.** राघवो] Σ; श्रीरामो J **96 b.** सुरद्विषः] $G_1^{pc}UPB^3L_2JD^MV^MB_2^MB_3^MB_4^MB_5^MB_7^M$Hem.Jin.; सुरद्विषाम् G_1^{ac}Mall.Ar.(?)Nā. **96 d.** कदलीसुखम्] PVall.^{vl}Hem.^{vl}Mall.Ar.Nā.; कदलीमिव $G_1UB^3JD^MV^MB_2^MB_3^MB_4^MB_5^MB_7^M$Hem.Jin.; कदलीमुखम् L_2

93.3 तामाक्रामति] $G_1B^3L_2J$; तासामाक्रामति U; तामाक्रमति P **94.1** अन्योन्यबाणसमूहा रामरावणयोर्] *conj.* (cf. Jin.); अन्योन्यशरसमूहास्तयोः Σ **94.1** देवदानवैरुपरि] *conj.* (cf. Jin.); सुरासुरैरुपरि Σ **94.1** अन्योन्य° … पुष्पवृष्टिं] *om.* J(eyeskip) **94.1** न चक्षमिरे] *conj.*; न सेहिरे न चक्षिमिरे G_1; न सेहिरे न चक्षमिरे UPB^3; न सेहिरे न च⌣मिरे L_2; न चक्षिमिरे J **94.2** विदलनात्] Σ; विदलडात् L_2 **94.2** °घातः। ताभ्यां] Σ; °घाताभ्यां L_2 **94.2** तुष्टैः] *conj.*; प्रीतैस्तुष्टैः Σ **95.1** अनन्तरं] *conj.*; अथानन्तरं Σ **95.1** रावणो] *conj.*; रक्षः रावणः G_1UPJ; रक्ष ×शतघ्नीं× रावणः B^3; रा⌣णः L_2 **95.1** रामाय] *conj.*; शत्रवे रामाय $G_1UPB^3L_2$; शत्रवे श्रीरामय J **95.1** मुमोच] P; अक्षिपत् मुमोच $G_1UB^3L_2J$ **95.2** यन्त्रयुक्तं यातनातरुमिव] *conj.*; कूटयुक्तां शल्मलिं यन्त्रयुक्तं यातनातरुमिव Σ **95.2** रावणेन] $G_1UB^3L_2J$; रावणेनैव P **95.3** स्वीकृतम्] *conj.*; स्वीकृतामिवेति G_1B^3; स्वीकृतां तामिवेति U; स्वीकृताम् इव P; स्वी⌣तामिवेतीति L_2; स्वीकृतात् तामिवेति J

रामः शतघ्नीं स्यन्दनमप्राप्तामेव शितैः शरै —कदली रम्भा तद्वदक्लेशेनाच्छैत्सीत्— रावणस्याशामपि। तस्य ह्येवं मनोरथो ऽभूत्। एतया मया हतो ऽयमिति। अर्धचन्द्राकारं मुखं येषां तैः॥ ९६॥

अमोघं सन्दधे चासौ धनुष्येकधनुर्धरः।
ब्राह्ममस्त्रं प्रियाशोकशल्यनिष्कर्षणौषधम्॥ ९७॥

न केवलं तामभाङ्क्षीत्, यावत् सफलं ब्रह्मास्त्रमपि चापे युयोज। सीतायाः सम्बन्धिनो दुःखशल्यस्योद्धरणोपायमिव। तेनैवारिमवधीत्। अत्र चावन्ध्यत्वं कारणम्। ज्येष्ठश्चापभृत्॥ ९७॥

तद्व्योम्नि दशधा भिन्नं ददृशे दीप्तिमन्मुखम्।
वपुर्महोरगस्येव करालफणमण्डलम्॥ ९८॥

ब्रह्मास्त्रं रावणस्य दशशिरस्त्वादाकाशे दशमूर्ति भास्वरवक्त्रं लोकेन दृष्टम्।

---

97 a. चासौ] ŚAr.(?)Nā.; चास्मै Hem.Mall.; चाशु Jin.

96.1 रामः शतघ्नीं] *conj.*; रामस्तां शतघ्नीं $G_1UPB^3L_2$; श्रीरामस्तां शतघ्नीं J **96.1** शितैः शरै] *conj.*; अर्धचन्द्रमुखैः शितैः शरैः $G_1^{pc}UPB^3J$; अर्धचन्द्रमुखैः शितसिश्शिरैः G_1^{ac}; अर्धचन्द्रमुखैः शतैश्शरैः L_2 **96.2** कदली रम्भा तद्वदक्लेशेनाच्छैत्सीत्] *conj.*; कदली रम्भा तद्वत्सुखमक्लेशेन चिच्छेद P; कदली रम्भा तद्वन्मुखमक्लेशेन चिच्छेद L_2; कदलीं रम्भामिवाक्लेशेनाच्छैत्सीत् अथवा कदलीसुखमिति पाठे रम्भा उदुत्सुखमाशेन चिच्छेद G_1; कदलीं रम्भामिवाक्लेशेनाच्छैत्सीत् अथवा कदलीसुखमिति रम्भा तद्वत्सुखमेव चिच्छेद U; कदलीं रम्भामिवाक्लेशेनाच्छैत्सीत् अथवा कदलीसुखमिति रम्भा तद्वत्सुखं चिच्छेद B^3; कदलीं रम्भामिवाक्लेशेनाच्छैत्सीत् अथवा कदलीसुखमिति पाठे रम्भा तद्वत्सुख ---शेन चिच्छेद J **96.2** रावणस्याशामपि] *conj.*; सुरद्विषो रावणस्याशामपि $G_1UB^3L_2J$; सुरद्विषो रावणस्य आशामिव P **96.2** मया] G_1UPL_2J; *om.* B^3 **96.3** हतो ऽयमिति] $G_1PB^3L_2J$; हतोहमिति U **97.1** तामभा°] $G_1UB^1L_2J$; तमभा° P **97.1** सफलं] *conj.*; अमोघं सफलं $G_1UPB^1L_2$; अमोघमस्त्रं सफलं J **97.1** ब्रह्मास्त्रमपि] $G_1^{ac}UPB^1L_2J$; ब्राह्मास्त्रमपि G_1^{pc} **97.1** चापे] $G_1PB^1L_2J$; *om.* U **97.1** युयोज] *conj.*; सन्दधे युयोज $G_1PB^1L_2J$; सन्दधे अयोनिज U **97.1** सीतायाः] UPB^1J; सीताया G_1L_2 **97.2** °स्योद्धरणोपायमिव] *conj.*; °स्य निष्कर्षणौषधमुद्धरोपायमिव G_1; °स्य निष्कर्षणौषधमुद्धरणोपायमिव UPB^1J; °स्य निष्कणौषधमुद्धरणोपायमिव L_2 **97.2** तेनैवारि°] $G_1B^1L_2J$; तेनारि° U; तेन वारि° P **97.2** अत्र चा°] $G_1UB^1L_2J$; अत्रा° P **97.3** ज्येष्ठश्चापभृत्] *conj.*; एकधनुर्धरज्येंष्ठश्चापभृत् G_1; एकधनुर्धरः ज्येष्ठश्चापभृत् UPB^1L_2J **98.1** ब्रह्मास्त्रं] *conj.*; तद्ब्रह्मास्त्रं Σ **98.1** रावणस्य] PB^1L_2; रावणद G_1; रावण° UJ **98.1** आकाशे] *conj.*; व्योम्नि आकाशे $G_1UPB^3L_2J$; *om.* B^1 **98.1** दशमूर्ति] *conj.*; दशधा भिन्नं दशमूर्तिदीप्तिमुन्मुखं G_1UPB^3J; दशधा भिन्नं दशमूर्तिदिप्तिम--- L_2 **98.1** आकाशे भास्वर°] *om.* B^{1ac} **98.1** लोकेन दृष्टम्] *conj.*; ददृशे लोकेन दृष्टम् Σ

अतश्च महोरगस्य नागराजस्य शरीरमिव भीषणफणवलयम्॥ ९८॥

तेन मन्त्रप्रयुक्तेन निमेषार्धादपातयत्।
रामो रिपुशिरःपङ्क्तिमज्ञातव्रणवेदनाम्॥ ९९॥

मन्त्रयुक्तेन ब्रह्मास्त्रेण रामो रावणस्य †शिरःपङ्क्तिं† ≪क्षणमात्रादेवाशातयत्≫। अविदितप्रहारदुःखाम्, इषूणामतिनिशितत्वात्॥ ९९॥

बालार्कप्रतिमेवाप्सु वीचिभिन्ना पतिष्यतः।
रराज रक्षःकायस्य कण्ठच्छेदपरम्परा॥ १००॥

≪भुवं यियासोः≫ रावणवपुषो गलच्छेदपरम्परा शिरोमाला शुशुभे। यथा वारिषु तरङ्गेषु बाहुल्यमाप्ता प्राभातिकसूर्यप्रतियातना शोभते। रवेर्बालत्वेनात्र कन्धराणां रुधिररक्तत्वमाक्षिप्तम्॥ १००॥

मरुतां पश्यतां तस्य शिरांसि पतितान्यपि।
मनो नातिविशश्वास पुनःसन्धानशङ्किनाम्॥ १०१॥

---

99 b. °पातयत्] $G_1PB^1L_2JD^MB_2^MB_3^MB_4^MB_5^MB_7^M$Hem.^{vl}Mall.; °पाहरत् UV^M; °शातयत् Hem.Ar.Nā.Jin. (?) **99 c.** रामो रिपु°] ŚHem.; स रावण° Mall.Jin.Ar.(?)Nā. **99 d.** °वेदनाम्] $VD^MV^MB_3^MB_5^MB_7^M$Hem.Mall.Nā.Jin.; °वेदनम् $B_2^MB_4^M$Ar.Nā.^{vl} **101 a.** मरुतां पश्यतां तस्य] $G_1PB^1L_2JD^MV^MB_2^MB_3^MB_4^MB_5^MB_7^M$Hem.Mall.Ar.Jin.; मरुतां पश्यतां तत्र U; देवानां पश्यतां तस्य Nā.

98.2 शरीरमिव] *conj.*; शरीरमिव कीदृशं Σ **98.2** भीषणफणवलयम्] UB^{3pc}; भीषणफण्णवलयम् G_1; भीषणफणवलयमिव P; भीषणफलवलयम् $B^{1ac}J$; भीषणम् L_2 **99.1** मन्त्रयुक्तेन ब्रह्मास्त्रेण] *conj.*; तेन ब्रह्मास्त्रेण मन्त्रप्रयुक्तेन U; मन्त्रप्रयुक्तेन तेन ब्रह्मास्त्रेण $G_1PB^1L_2J$ **99.1** रामो] $G_1UPB^1L_2$; श्रीरामो J **99.1** रावणस्य] *conj.*; रिपोः रावणस्य Σ **99.1** क्षणमात्रादेवाशातयत्] *conj.* (cf. Jin.); निमेषार्धादेवापातयत् UPB^1L_2J; निमेषार्धादपातयत् G_1 **99.2** अविदितप्रहारदुःखाम्] *conj.*; अज्ञाता(त G_1L_2J) व्रणवेदना प्रहा(प्रह L_2)रदुःखं यया ताम् $G_1PB^1L_2J$; अज्ञातव्रणवेदनाम्॥ अवेदितप्रहारदुःखाम् U **99.2** °तिनिशितत्वात्] UPB^1L_2; °भिनिषितत्वात् G_1; °तिनिषितत्वात् J **100.1** भुवं यियासोः] *conj* (cf. Jin.); पतिष्यतो Σ **100.1** शुशुभे] G_1UB^1J; रराज P; रराज शुशुभे L_2 **100.1** यथा] PB^1L_2; *om.* G_1UJ **100.2** तरङ्गेषु बाहुल्यमाप्ता] *conj.*; वीचिभिन्ना तरङ्गेषु बाहुल्यमाप्ता G_1B^1J; वीन्चिभिन्ना तरङ्गबाहुल्यगाप्ता U; वेचिभिन्ना तरङ्गेषु बाहुल्यमाप्ता P; वीचिभिन्ना तरङ्गेषु बाहुल्यप्राप्ता L_2 **100.2** प्राभातिक°] UP; प्रभातिक° $G_1B^1L_2J$ **100.2** रवेर्बालत्वेना°] P; रवेर्बालत्वे UB^1L_2; रवेर्बालत्वो G_1J **100.3** कन्धराणां] $G_1PB^1L_2J$; कबन्धराणां U **100.3** °ररक्तत्व°] $G_1UB^1L_2$; °रारक्तत्व° P; °ररक्त° J

देवानां रावणस्य †शिरांसि पतितान्यपि पश्यतां† चित्तं भृशं विश्वस्तं नासीत्, यतो भूयो ऽप्ययं मायावी पुनरुत्थास्यतीति भीतानाम्॥ १०१॥

अथ मदगुरुपक्षैर्लोकपालद्विपानाम्
अनुगतमलिवृन्दैर्गण्डभित्तीर्विहाय।
अविनियमितरत्ने मूर्ध्नि पौलस्त्यशत्रोः
सुरभि सुरविमुक्तं पुष्पवर्षं पपात॥ १०२॥

अथ रामस्य शिरसि चूडामणिरहिते देवप्रेरितं ≪कुसुमवर्षमपतत्≫। दिव्यत्वात्सुगन्धि। अतश्च लोकपालहस्तिगण्डस्थलीः परित्यज्य दानाम्बुदुर्वहच्छदैर्भृङ्गव्रातैरन्वीयमानम्। तत्र हि रावणेन हृतत्वाद्देवद्विपा बद्धाः। मालिनीवृत्तम्। वसुमुनिविरतिश्चेन्मालिनी नौ मयौ यः॥ १०२॥

यन्ता हरेः सपदि संहृतकार्मुकज्यम्

---

102 c. अविनियमितरत्ने] $PB^1L_2JD^MV^MB_2^MB_3^MB_4^{Mac}B_5^MB_7^M$; अपि नियमितरत्ने G_1; अवनियमितरत्नैर् U; उपनतमणिबन्धे B_4^{Mpc}ℭ **103 a.** संहृत°] Σ; संनत° Hem.

102.4 वसुमुनिविरतिश्चेन्मालिनी नौ मयौ नः] *Jayadevachandaḥśāstra* 7:11.

101.1 देवानां] *conj.*; मरुतां देवानां Σ **101.1** रावणस्य] $G_1UPB^1L_2J$; +तस्य+ रावणस्य B^{3pc} **101.1** शिरांसि] G_1UPB^1J; शरांसि L_2 **101.1** चित्तं] *conj.*; मनश्चित्तं $G_1UPB^1L_2$; मनोश्चित्तं J **101.1** भृशं विश्वस्तं] *conj.*; नातिविशश्वास भृशं विश्वस्तं $G_1PB^1L_2J$; नातिविश्वश्वास भृशं विश्वस्तं UJ **101.2** भूयो ऽप्य्] *conj.*; भूयो ऽपि सन्धानशङ्किनाम् Σ **101.2** पुनरुत्थास्यतीति] Σ; पुनरुत्थाप्यतीति L_2 **102.1** रामस्य] *conj.*; पौलस्त्यशत्रोः रामस्य G_1UB^1; पौलस्त्यस्य शत्रोः रामस्य U; पौलस्त्यशत्रोः राम° L_2; रावणवधादनंतरं पौलस्यशत्रोः श्रीरामस्य J **102.1** °प्रेरितं] $G_1UPB^1L_2$; °प्रीरितं J **102.1** कुसुमवर्षमपतत्] *conj.* (cf. Jin.); पुष्पवर्षं पपात $G_1UPB^1L_2$; पुष्पवष्पं पपात J **102.2** दिव्यत्वात्] *conj.*; कीदृशं दिव्यत्वात् Σ **102.2** सुगन्धि] *conj.*; सुरभि सुगन्धि G_1UPB^1J; सुरभि सुगन्धिः L_2 **102.2** अतश्च] $G_1PB^1L_2J$; अत्र च U **102.2** लोकपालहस्ति°] G_1; लोकपालहस्तिनां UPB^1L_2J **102.2** °स्थलीः परित्यज्य] *conj.*; °स्थलीविहाय परित्यज्य G_1J; °स्थलीर्विहाय परित्यज्य UPB^1; °स्थलीर्वि---य परित्यज्य L_2 **102.3** दानाम्बुदुर्वहच्छदै°] *conj.*; मदगुरुपक्षैर्दानाम्बुदुर्वहच्छदै° Σ **102.3** °भृङ्गव्रातैरन्वीयमानम्] *conj.*; °रलिवृन्दैर्भृङ्गव्रातैरन्वीयमानम् G_1J; °रलिवृन्दैभृङ्गव्रातैरनुयातं U; °रलिवृन्दैः भृङ्गसमूहैः अन्वीयमानं P; °रलिवृन्दैर्भृङ्गैर्व्रातैरन्वीयमानं B^1; °रलिवृन्दै---वृन्दैरन्वीयमानं L_2 **102.3** तत्र हि] UPB^1L_2J; तद्रहिना G_1 **102.3** हृतत्वात् देव°] U; हृतत्वादेव G_1J; हत्वा देव° P; हृत्वा देव° B^1; कृत्वा--- L_2 **102.3** बद्धाः] UPB^1L_2; बन्धाः G_1J **102.4** वसुमुनिविरतिश्चेन्मालिनी नौ मयौ यः] $G_1PB^1L_2J$; *om.* U

आपृच्छ्य राघवमनुष्ठितदेवकार्यम्।
नामाङ्करावणशराचितकेतुयष्टिम्
ऊर्ध्वं रथं हरिसहस्रयुतं निनाय॥ १०३॥

ततः शक्रस्य सूतो मातलिः कृतसुरकृत्यत्वादवरोपितधनुर्गुणं रामं ज्योत्कृत्य नामचिह्नितरावणशरनिर्भरध्वजदण्डम् ≪अश्वदशशतीसनाथं≫ रथं त्रिदिवमनयत्। वसन्ततिलकं वृत्तम्॥ १०३॥

रघुपतिरपि जातवेदोविशुद्धां प्रगृह्य प्रियां
प्रियसुहृदि विभीषणे सङ्क्रमय्य श्रियं वैरिणः।
रविसुतसहितेन तेनानुयातः ससौमित्रिणा
भुजविजितविमानरत्नाधिरूढः प्रतस्थे पुरीम्॥ १०४॥

रामो ऽपि वह्नौ विशुद्धां सीतामादाय, इष्टे मित्रे विभीषणे रावणस्य श्रियं निधाय—तं तत्र लङ्कायामभिषिच्य—तेन विभीषणेन च सुग्रीवयुक्तेन लक्ष्मणेन सहानुयातः पौरुषार्जितं पुष्पकमधिरूढः सन्, अयोध्यां नगरीं गन्तुमारेभे॥

---

103 c. °शराचित°] $G_1UB^3L_2JV^MB_3^MB_5^MB_7^M$Ar.(?)Nā.; °शराञ्चित° PB_2^M; °शिराचित° $D^MB_4^M$; °शराङ्कित° Hem.Mall.Jin. **103 d.** °युतं] Σ; °युजं Ꞓ **104 b.** सङ्क्रमय्य] $G_1UPB^1JD^MV^MB_2^MB_3^MB_5^MB_7^M$Jin.; सङ्क्⏑य्य L_2; सङ्क्रम्ययय्य B_4^M; सङ्गमय्य Hem.Mall. Ar.(?)Nā.

103.1 ततः शक्रस्य] *conj.*; ततो हरेः शक्रस्य Σ **103.1** सूतो] *conj.*; यन्ता सूतो Σ **103.1** °सुरकृत्य°] Σ; °सुरप्रकृत° J **103.1** °धनुर्गुणं] Σ; °धनु--- L_2 **103.1** रामं ज्योत्कृत्य] *conj.*; राममापृच्छ्य ज्योत्कृत्य $G_1PB^1L_2$; आपृच्छ्य ज्योत्कृत्य U; श्रीराममापृच्छ्य ज्योत्कृत्य J **103.2** °चिह्नित°] Σ; °चिह्नितं J **103.2** °दण्डम्] Σ; °चण्ड--- L_2 **103.2** अश्वदशशतीसनाथं] *conj.*; हरीणामश्वानां सहस्रं दशशती तेन युतं सनाथं Σ **103.2** रथं] *conj.*; रथमूर्ध्वं G_1UPJ; रथमूध्वं B^1; रथमूर्ध° L_2 **103.3** त्रिदिवमनयत्] G_1UB^1J; त्रिदिवं तत्क्षणमनयत् P; त्रि---मनयत् L_2 **104.1** रामो ऽपि] G_1UPB^{1ac}; रामो हि B^{3pc}; श्रीरामोपि J **104.1** इष्टे मित्रे] *conj.*; प्रियसुहृदि इष्टे मित्रे G_1UPB^1J; प्रियसुहृदि इष्टे --- L_2 **104.1** रावणस्य] *conj.*; वैरिणो रावणस्य Σ **104.1** श्रियं] UPB^1L_2J; श्रिय G_1 **104.2** निधाय] *conj.*; सङ्क्रमय्य निधाय UPB^1L_2J; सङ्क्रमय्य निनाय G_1 **104.2** तं] PL_2; तं विभीषणं G_1UB^1J **104.2** सुग्रीवयुतेन] *conj.*; रविसुतसहितेन सुग्रीवयुतेन G_1PB^1J; रविसुतसहितेन च सुग्रीवयुक्तेन U; रविसुतसाहतेन L_2 **104.3** पौरुषार्जितं] *conj.*; भुजविजितविमानरत्नाधिरूढः पौरुषार्जितं PB^1L_2; भुजविजितविमानरत्नाधिरूढः पौरुषातं G_1J; भुजविजितविमानरत्नाधिरूढः पौरुषात्तं U **104.3** पुष्पक°] *conj.*; विमानरत्नं पुष्पक° Σ **104.3** अयोध्यां नगरीं गन्तुमारेभे] *conj.*; पुरीमयोध्यां नगरीं प्रतस्थे गन्तुमारेभे Σ

नाराचं नाम वृत्तम्। इह ननरचतुष्कसृष्टं तु नाराचमाचक्षते॥ १०४॥
इति रघुवंशे द्वादशः सर्गः॥

104.4 इह ननरचतुष्कसृष्टं तु नाराचमाचक्षते Source unknown.

104.4 नाराचं नाम वृत्तम्। इह ननरचतुष्कसृष्टं] *conj.*; एकस्मिन्नादर्शे निशावृत्तम् द्वितीये तु नाराचं नाम वृत्तम्। इह नरचतुष्टसृष्टं B[1]; एकस्मिन्नादर्शे निशावृत्तम् इह नर -------- चतुष्कसृष्टं G_1J; एकस्मिन्नादर्शे निशावृत्तम् *om.* U; एकस्मिन्नादर्शे निशावृत्तम् पि द्वितीये तु नाराचं वृत्तम् इह नरचतुष्कसृष्टं P; एकस्मिन्नादर्श------ निशावृत्तम् द्वितीये तु नाराचं नाम वृत्तम् इह ------ नरचतुष्कपृष्टं L_2 **104.4** तु नाराचमाचक्षते] $G_1PB^1L_2J$; *om.* U

NOTES ON THE EDITION

7:1 The manuscript transmitting Vaidyaśrīgarbha's commentary breaks off at the beginning of the commentary on this verse, transmitted on f. 94v of NGMPP A 24/11, and resumes on f. 95r of NGMPP A 23/5, in the commentary on 7:4.

7:1c Śrīnātha, along with the printed commentaries, reads *vidarbhanāthaḥ* (f. 123r). It is conceivable that *vidarbharājaḥ*, the transmitted reading of the first line of Vallabhadeva's commentary, was intended as a gloss of *vidarbhanāthaḥ*.

7:1.1–4 The transmission of the commentary at the beginning of this chapter is poor. We have expunged many *pratīkas* and have drawn, as before, on the commentary of Jinasamudra in places where no glosses have been transmitted in our manuscripts. The first instance of a gloss drawn from Jinasamudra is the word *krathakaiśikeśaḥ*, enclosed in angled brackets. We find the gloss *nagarasaṃmukhaḥ* suspicious, since it contains no reflection of the element *praveśa* (in *purapraveśābhimukhaḥ*). In this case, however, Jinasamudra offers no help, and we thought it just conceivable that Vallabhadeva might have regarded the notion of *praveśa* as implicit. We would be tempted to place much of the first paragraph of commentary within crux-marks, except that we do not deploy those when we make any conjectural repairs to the text. One detail that might look suspicious is the analysis of *upayantrā*, but this is parallelled in Vallabhadeva's commentary on *Kumārasambhava* 5:44, which contains this sentence: *upayacchate svīkarotīty upayantā patiḥ*.

Compare Vallabhadeva's remarks about Devasenā and her sister with those of Hemādri: *devasenā daityasenā indrakanye pūrvam abhūtām, tayoḥ pūrvasyāḥ patitve skando 'bhiṣiktaḥ ity āgamaḥ*. For the story of Kumāra's origin and marriage to Devasenā, the sister of Daityasenā, see chapters 213–218 of the *Āraṇyakaparvan* of the *Mahābhārata*. An account of the marriage is announced as a topic to be covered in the old

Skandapurāṇa (2:25), but is strangely not to be found in the Nepalese manuscripts that transmit the text.

We have not found an explicit reference in any other commentary to the notion that *devasenā* could refer here to the army of the gods. Hemādri however could be said to refer implicitly to this idea by quoting this line of the *Viśvakośa*: *devasenendrakanyāyāṃ senāyāṃ ca divaukasām.*

7:2a Like the printed commentaries, that of Śrīnātha (f. 123v) supports the reading *pṛthivīkṣito.*

7:2.2 Instead of *rūpeṣu* in the commentary, we might have expected a gloss, such as *ākṛtiṣu* (the gloss used by Aruṇagirinātha).

7:3 Something is certainly wrong with the commentary here. We were tempted to expunge the last sentence, which seems to repeat much of the sentence that precedes it, but it is transmitted almost with unanimity. We could also remove the first sentence, which is suspicious for having *pratīkas* where we require glosses; but we expect an analysis of those words at that point. Dakṣiṇāvartanātha (closely echoed by Aruṇagirinātha) furnishes more detail about the association of Śacī with South Indian marriages in his day (p. 92): *adyāpi vivāheṣu vighnaśamanāya harijāyāṃ samārādhayanti striya iti prasiddham.* Hemādri also alludes to the worship of Śacī at weddings, and quotes a line about it which he attributes to the *Nāradīyasaṃhitā* and which we find as *Nāradapurāṇa* 1.56:411ab.

7:4ab Śrīnātha (f. 123v), Vaidyaśrīgarbha (f. 95r) and Dakṣiṇāvartanātha (p. 93) read *°pacāram* with the printed commentaries. In support of the reading *°pakāram*, we note that Vallabhadeva glosses *upakāra* with *puṣpaprakara* ad *Kumārasambhava* 6:42. Vaidyaśrīgarbha and Dakṣiṇāvartanātha support the reading *°dyotita°*; Śrīnātha's commentary is not clear on this point.

7:4cd Śrīnātha reads *prāpa* with Vallabhadeva (Vaidyaśrīgarbha does not repeat the word). Note that in South Indian manuscripts, doubling the initial letter of a word like *dhvaja* is an automatism (it is after all a permitted orthography), and one could therefore consider that *prāpaddhvaja°* is not really different from *prāpa dhvaja°*. But Hemādri explicitly alludes to it as a variant. Vaidyaśrīgarbha alone records the existence of a variant *dhvajacchatra°* as an alternative to *dhvajacchāya°*.

7:4.3 In our conjectural restitutions here, we do not have the support of Jinasamudra, but have tried to use glosses that appear to be used by Vallabhadeva elsewhere: *niṣiddha* seems to be Vallabhadeva's most standard synonym of *nivārita*; cf., e.g., ad *Śiśupālavadha* 13:16 and 16:53, and ad *Kumārasambhava* 6:69. For an instance in which Vallabhadeva glosses *abhinava* with *nūtana*, see the commentary on 9:33 below.

7:4.3–4 For the shortening of the final vowel of *chāyā* in compound here, Vallabhadeva invokes *Aṣṭādhyāyī* 2.4.25; he might have instead appealed to *Aṣṭādhyāyī* 2.4.22, as do Śrīnātha, Dakṣiṇāvartanātha, Hemādri, Mallinātha, Aruṇagirinātha and Nārāyaṇapaṇḍita, for it seems natural to assume that *bāhulya* of the *dhvajas* is intended to be expressed.

7:5b Along with the printed commentaries, those of Śrīnātha and Dakṣiṇāvartanātha support the reading °*tatparāṇāṃ*. Commentary on this verse has been omitted, perhaps by accident, in the manuscript transmitting Vaidyaśrīgarbha's text.

7:5d Along with almost all other sources, Śrīnātha and Dakṣiṇāvartanātha support the reading *tyaktā*°.

7:6 This verse is the same as *Kumārasambhava* 7:57. In *pāda* c, Śrīnātha (f. 124r), Vaidyaśrīgarbha (f. 95v) and Dakṣiṇāvartanātha (p. 93) support the reading *ruddho 'pi na*. The same variation, between *na* and *ca*, is reflected in the transmission of the *Kumārasambhava* here, and treated in the same way by Vallabhadeva. In Aruṇagirinātha, when he comments on the reading with a second negative particle, he speaks of a sequence of actions being implied (*ruddho 'pi na keśahasta iti pāṭhe tāvacchabdena krama uktaḥ. keśahastas tāvad bandhuṃ na sambhāvita eva. svādhīnena karakamalena rodho 'py asya na kṛta ity arthaḥ*) and that seems to be exactly what Vallabhadeva wishes to exclude as a possibility. Perhaps it is the tendency to assume that a sequence is expressed, which was problematic for Vallabhadeva, that led to the introduction of the alternative readings in which *na* is replaced by *ca* or *hi*. Perhaps, then, the problem for Vallabhadeva was that the sequence that might have seemed to be expressed was the 'illogical' one of first binding the hair and then holding it back. But in fact, since they are both negated, the order is not illogical. So perhaps Vallabhadeva instead simply felt that the combination *na* X *eva tāvat* followed by Y *api na* had a particularly rhetorical flavour that could not express sequence. For Vallabhadeva, therefore, the verse might be interpreted thus:

> As she hurried on her way to the window, one lady certainly could not tie up the tresses of her hair, from which the garlands were slipping as it came undone; she could not even check them with her hand.

For Aruṇagirinātha, however, when commenting on the reading with a second negative particle, the verse expresses that she first could not tie up her hair and she then could not even check it with her hand. In the reading with *ca*, Aruṇagirinātha's interpretation seems to be that she could not manage to tie up her hair before she reached the window, even though she had checked it with her hand.

We have reported all the printed commentaries as reading *bandhum*, but DWIVEDĪ's edition in fact prints *baddhum*, both in the verse and in the commentary of Hemādri. We think, however, that this is probably just a slip in reporting, for if Hemādri had really had the anomalous form *baddhum*, then we would have expected him to justify it. We have therefore assumed that Hemādri in fact had *bandhum* before him.

7:6.3–4 Hemādri has borrowed part of Vallabhadeva's commentary here: *tāvadevaśabdābhyāṃ bandhasya dūrāvasthocyate, yatra kareṇa rodhamātram api nāsti tatra bandhas tāvad dūrāpāsta ity arthaḥ.*

7:7 This verse is the same as *Kumārasambhava* 7:58. In NARAYANA MURTI's edition, the verse begins with *prasādhikā°*, as in the other printed editions of this verse in the *Raghuvaṃśa*; but all three of NARAYANA MURTI's manuscripts are reported as reading *prāsādhikā°*, as in most of our manuscripts. Śrīnātha (f. 95r), Vaidyaśrīgarbha (f. 95v) and Dakṣiṇāvartanātha (p. 93) all appear to have read *prasādhikā°*. The form *prāsādhikā* appears to be attested only in this one verse, albeit in two texts, as read by Kashmirian sources. When the word occurs in *Śiśupālavadha* 13:33, the metre confirms that it must be *prasādhikā*, with an initial short vowel. Vallabhadeva makes no comment about the difference between these two forms.

7:7.3 *tyaktavilāsagamanā* is a conjecture, but it is extremely close to the gloss that Vallabhadeva uses when commenting on this verse in the *Kumārasambhava*, namely *parityaktavilāsagamanā*. The reconstructed gloss *ārdralauhityam* in the previous line, however, is not close, for Vallabhadeva's commentary on the *Kumārasambhava* there has instead *aśuṣkālaktakam*. In other words, Vallabhadeva's commentaries on the identical and closely parallel verses in these two accounts seem to have been produced independently and cannot mechanically be used to correct each other. We have, however, borrowed ideas from the commentary on the *Kumārasambhava* in some places where the transmission of that on the *Raghuvaṃśa* seemed to offer an implausible text.

7:8 This verse is the same as *Kumārasambhava* 7:59. We have rejected the final remark (*sambhāvanam āvarjanaṃ vistaraṇam eva*), transmitted in all the manuscripts, from the end of the commentary, on the grounds that it seems to us unlikely to be authentic; it is not paralleled in the *Kumārasambhavaṭīkā* ad 7:59, and the glosses of *sambhāvanam* seem inapposite here. What we have in the root text is *sambhāvya*, and it is possible that this was a marginal lexical note made by some scribe that was not intended to be integrated into the text.

The extra verse recorded by B_3^M and L^M does not appear to be alluded to in the printed commentaries or in those of Vaidyaśrīgarbha and Śrīnātha; it appears in DWIVEDĪ's critical edition as a variant to 7:10, but with *pramadāgavākṣāt* instead of *payasāgavākṣam*. Note that NANDARGIKAR also records it as being a verse that Vallabhadeva includes (printing *payasāgavākṣāt* in the last *pāda*). The extra verse could have been rejected by transmitters on grounds of taste or on the grounds that one might expect the more idiomatic *stanandhayaṃ* (but without a following *taṃ*, which doesn't seem to fit well here), a form which is taught by *Aṣṭādhyāyī* 3.2.29, rather than *stanandhayantaṃ* or *stanaṃ dhayantaṃ*, although the last seems possible, since the child was actually being suckled at that very moment.

7:9 This verse is the same as *Kumārasambhava* 7:60.

7:9.1 The explanation of *nīvī* as *jaghanasthavāsaāgrathanam* seems likely to have been influenced consciously or unconsciously by a line which Vāmana (1.3.5) quotes from a *Nāmamālā*: *nīvīsaṃgrathanaṃ nāryā jaghanasthasya vāsasaḥ*. Pūrṇasarasvatī quotes it ad *Mālatīmādhava* 2.5 and ad *Meghadūta, uttaramegha* 4, with attribution to the *Amarakośa*, although it seems not to be found there. In the *Śāśvatakośa*, we find a similar formulation (121ab): *nīvīṃ granthiṃ vidur nāryā jaghanasthasya vāsasaḥ*. Dakṣiṇāvartanātha (p. 94) instead quotes *Amarakośa* 3.3:212ab.

7:9.2–3 The final remark is in angled brackets because it has been reconstructed on the basis of the final remark of Vallabhadeva's commentary on *Kumārasambhava* 7:60: *ataś ca nābhipraviṣṭakaṭakakāntitvam*. The conjecture is tentative; it would equally be possible simply to restore a *bahuvrīhi* agreeing with *kareṇa*: *nābhigatālaṃkaraṇadīptinā*.

7:10 This verse is the same as *Kumārasambhava* 7:61. We have recorded Jinasamudra as having *durnimitā*, but what is actually printed by the editor is *durnimittā*, followed by *(te)* (which is intended as the editor's proposed correction of *ttā*). Vaidyaśrīgarbha (f. 95v) and Śrīnātha (f. 95v) both read *durnimitā*, taking it, we assume, as an adjective describing *raśanā*. Dakṣiṇāvartanātha probably read *durnimite*, though the *pratīka* has become corrupted (p. 94): *dumiteti pāṭhaḥ duḥkhena nyaste ḍumiñ prakṣepaṇa iti dhātuḥ*. Vaidyaśrīgarbha has *ardhācitā*; Śrīnātha's reading of this word is uncertain.

7:10.1 The 'diagnostic' conjecture (for this term, see West 1973:58) in angled brackets follows the structure of analysis used by Vallabhadeva when commenting on the same verse in the *Kumārasambhava*, but the glosses used are found in our transmission, with the exception of *tantu*, which Vallabhadeva uses elsewhere when glossing *sūtra*, for example ad *Raghuvaṃśa* 6:28.

7:10.2 For *umbhitā* in the sense of 'threaded', cf. 8:65 and Vallabhadeva's commentary on *Śiśupālavadha* 1:9 and 7:5 (glossing *māpita/grathita*), on 6:53 (glossing *avabaddha*), on 11:27 (as a gloss of *kalpita*, used of garlands); cf. also *Kumārasambhavaṭīkā* ad 7:61 and *Śivastotrāvalī* 8:13 with Kṣemarāja's commentary. When glossing *nimita* in the *Kumārasambhavaṭīkā*, Vallabhadeva uses *nikṣepa* rather than *kṣepa*: *duṣṭaṃ nimitaṃ nidhānaṃ nikṣepo yatra tad durnimitaṃ galanam*. Note that we should doubtless also have read *umbhanatantunā* in 6:28.3, rather than conjecturing *uttambhanatantunā*.

7:11 This verse is the same as *Kumārasambhava* 7:62. Vaidyaśrīgarbha (f. 96r), Śrīnātha (f. 95v) and Dakṣiṇāvartanātha (p. 94) read *sahasrapattrā°*.

7:11.2 *caṭulanayanaṣaṭpadaiḥ*] Instead of this conjecture, we could have left some emended version of the prose analysis transmitted by our manuscripts, but we decided that it was more consistent with our treatment of the rest of this paragraph of commentary to replace that with a compound. The compound holds an echo of *Meghadūta* 105.

7:12 This verse is almost the same as *Kumārasambhava* 7:63, but its first *pāda* there reads: *tam ekadṛśyaṃ nayanaiḥ pibantyo*. Śrīnātha (f. 96r) alone reads *taṃ* instead of *tā*; Vaidyaśrīgarbha (f. 96r) leaves no clue of what he reads at this point and his commentary on this, unusually, is not prefaced by an opening *pratīka*. Instead of *jajñuḥ*, Śrīnātha and Dakṣiṇāvartanātha (p. 94) read *jagmuḥ*; Vaidyaśrīgarbha, however, has *jajñuḥ*. Finally, Vaidyaśrīgarbha reads *tadā hi* with Vallabhadeva, whereas Śrīnātha and Dakṣiṇāvartanātha have *tathā hi*.

7:12.4 *cakṣuṣaiva*] This conjectured reading seems smoothest, but one could also defend *cakṣuṣeva* or even *cakṣuṣy eva*.

7:13 Note that *Kumārasambhava* 7:64, starts with the same *sthāne* but is rather about how fitting it was that Aparṇā performed *tapas* to attain Śiva as spouse: *sthāne tapo duścaram etadartham aparṇayā pelavayāpi taptam*. Indumatī is thus made parallel to Pārvatī for having taken action to secure a fitting husband. Vaidyaśrīgarbha (f. 96r–96v) knows the reading *parokṣaiḥ*, but he (alone) is also aware of a reading *parokṣe* in 7:13a. Both Vaidyaśrīgarbha and Śrīnātha (f. 96r) read *bhojyā*, instead of Vallabhadeva's reading *bālā*. Dakṣiṇāvartanātha (p. 94) wishes to understand *sthāne 'vṛtā* (with an *avagraha*).

7:14 This verse is the same as *Kumārasambhava* 7:65 (in Vallabhadeva's text). In *pāda* a, it is not clear whether Vaidyaśrīgarbha and Śrīnātha (f. 125v) read *spṛhaṇīyarūpaṃ* or *spṛhaṇīyaśobhaṃ*. In *pāda* d, Śrīnātha appears to have read *viphalo* instead of *vitatho*; Vaidyaśrīgarbha again does not reveal what he read at this point. Although Dwivedī prints *viphalo* as the reading of Hemādri, it is clear that Hemādri in fact read *vitatho*.

This particular verse seems rather ill-suited to the *Kumārasambhava* (as remarked on p. xxvi); surely of Śiva at least it is hardly appropriate to imply that Brahmā created him? This seems to be counter-evidence to Tubb's hypothesis (1982) that the many shared verses of chapters 7 of the *Kumārasambhava* and *Raghuvaṃśa* were first composed for the *Kumārasambhava*, in which they fit most naturally and form a cogent narrative whole.

It is noteworthy that the verse is not commented on by Dakṣiṇāvartanātha either as part of the *Raghuvaṃśa* or as part of the *Kumārasambhava* (see VASUMATHI 2015:319, fn. 18), but it is included in the *Raghuvaṃśa* as read by Aruṇagirinātha and Nārāyaṇapaṇḍita, who however do not include it in the *Kumārasambhava*.

7:14.1 The reconstructed form *abhilaṣaṇīyakānti* is found in PATEL's edition of Vallabhadeva's commentary on the *Kumārasambhava*. In MURTI's edition, the gloss has been corrupted to *atiśayanīyakānti*. Some further support is arguably given by Jinasamudra, whose gloss is *abhilaṣaṇīyaśobham*.

7:15a Both Vaidyaśrīgarbha (f. 97r–97v) and Śrīnātha (f. 125v–126r) comment upon the reading *jātismarau*, but also record the reading *ratismarau* as a variant. Dakṣiṇāvartanātha (p. 94) reads *ratismarau*. NANDARGIKAR records that Hemādri, among other commentators, also reads *jātismarau*, but the edition of Hemādri's work gives a text that supports rather *ratismarau*.

7:15d Vaidyaśrīgarbha (f. 97v) appears to have *jātyantara°*, but leaves no clue as to how he read the last four syllables. Śrīnātha (f. 96r) and Dakṣiṇāvartanātha (p. 94) read *jātyantarasaṃgatijñam*. DWIVEDĪ prints *°saṃjñitam*, but this is presumably simply a printing error for *°saṃjñitajñam*, which is what Hemādri clearly presupposes. Even if *Kumārasambhava* 7:65 doesn't correspond here on the level of words, it is reminiscent on the level of meaning: there Śiva's body is compared with (in fact, said to be superior to) the body of Kāma. Note that there is an echo of *Śākuntala* 5:2, as Aruṇagirinātha observes here.

7:15.4 The sentence *evaṃvidhāni...avāpa* repeats what was already said in 7:13.1–2, glossing 7:16ab, and so might seem suspect. It is unusual for Vallabhadeva to gloss words twice, but it is possible here that he did so because the words form the central part of a long *kulaka*.

7:16 This verse is parallel to *Kumārasambhava* 7:68:

> *ity oṣadhiprasthavilāsinīnāṃ*
> *śṛṇvan kathāḥ śrotrasukhās trinetraḥ*
> *keyūracūrṇīkṛtalājamuṣṭir*
> *himālayasyālayam āsasāda*

This verse is the first of a sequence (7:16–20) that is not commented on by Dakṣiṇāvartanātha. It is difficult to say whether he knew some or all of them but chose not to say anything about them, or whether he had none of them before him, or whether his commentary on them got lost in transmission.

7:17–19 As explained in the note on 17:19.3, these verses are omitted by Śrīnātha, and there is also no sign that Vaidyaśrīgarbha knew them, or that Dakṣiṇāvartanātha did (see note on 7:16). Bearing in mind that they are omitted by Mallinātha (if one accepts NANDARGIKAR's hypothesis, on which see below), Aruṇagirinātha and Nārāyaṇapaṇḍita as well, this means that the only named commentators we are considering in this edition that have the verses are Vallabhadeva, Hemādri, Jinasamudra. Since the three verses in question, although NANDARGIKAR notes that they are omitted by his best 8 manuscripts and that he regards them as not belonging to the text known to Mallinātha, are nonetheless printed as part of Mallinātha's text in all the editions known to us, including that of NANDARGIKAR, we have reported the readings in them that have been adopted by NANDARGIKAR in our apparatus. We assume that the commentary he prints with them was not produced by Mallinātha, and we have therefore marked the readings with the siglum Pseudo-Mall. (for pseudo-Mallinātha).

Note that, as the following notes record, these three verses are also found in the *Kumārasambhava*. It may be that transmitters of the *Raghuvaṃśa*, after seeing some shared material in chapter 7 of the *Kumārasambhava*, gradually expanded the description in the *Raghuvaṃśa* by borrowing further verses from *Kumārasambhava* 7.

7:17 This verse is parallel to *Kumārasambhava* 7:70:

> *tato 'vatīryācyutadattahastaḥ*
> *śaradghanād dīdhitimān ivokṣṇaḥ*
> *krāntāni pūrvaṃ kamalāsanena*
> *kakṣyāntarāṇy adripater viveśa*

7:18 Cf. *Kumārasambhava* 7:72:

> *tatreśvaro viṣṭarabhāg yathāvat*
> *saratnam arghyaṃ madhuvac ca gavyam*
> *nave dugūle ca nagopanīte*
> *pratyagrahīt sarvam amantravandhyam*

7:18.1 *pradhānayogye* is an odd gloss for *mahārhe*. We take it to mean 'suitable for important things/persons'. In his commentary on *Kumārasambhava* 5:11, where the expression *mahārhaśayyā* also occurs, Vallabhadeva first glosses *mahārha* with *parārghya*, but later writes *mahāntam utkṛṣṭam arhatīti mahārhā bahudhanā*.

7:18.3 *netratribhāgajair*] This is a conjecture based on P's reading *netravibhāgair*. It makes sense, for the glances 'come out of a corner of the eyes', but we find no parallel for it. One might also have adopted the less invasive emendation *netravibhāgajair*. We chose to further emend *°vibhāga°* to *°tribhāga°* on the grounds that the latter expression may be used to refer to the corner of the eye (see our note on 3:26c, where one passage quoted appears to describe a *kaṭākṣa* using the expression *netratribhāga*).

7:19 This verse is the same as *Kumārasambhava* 7:73.

7:19.1 There is no gloss in the commentary for the word *vinītaiḥ*; Jinasamudra glosses it with *saktaiḥ*, which we could have adopted, but it seems not to be a particularly likely gloss. We have therefore rather adopted *savinayaiḥ*, which is the gloss that Vallabhadeva uses here when commenting on the *Kumārasambhava*.

7:19.2 *ambuvikṛteḥ*] For this gloss of *velā*, compare the gloss *jaladhijalavikṛti* which Vallabhadeva uses ad 1:30, 4:46 and 10:37, but not 12:36.

Note, that although MURTI's edition of Vallabhadeva's commentary on *Kumārasambhava* adopts *°ḍiṇḍira°*, his manuscripts seem rather to support *°diṇḍīra°*. This (*diṇḍīra*) is the orthography used by Vallabhadeva ad *Meghadūta* 50 in HULTZSCH's edition, and also what we find in *Mokṣopāya* 3.64:26d. The orthography *diṇḍīra* is not given in APTE's dictionary (which has only *ḍiṇḍīraḥ*, with the variant orthography *ḍiṇḍiraḥ*). MONIER-WILLIAMS cross-refers from *diṇḍīra* to *hiṇḍīra*, from *ḍiṇḍīra* to *ḍiṇḍira*, from *ḍiṇḍira* to *hiṇḍira*, and from *hiṇḍira* to *hiṇḍīra*. The meaning he records is 'os sepiae', the cuttlefish bone, sometimes thought to be a form of solidified foam (see MONIER-WILLIAMS s.v. *phena*). But several lexical works, beginning with *Amarakośa* (usually with the orthography *ḍiṇḍīra* or *hiṇḍīra*: 2.9:105a in the edition of OKA 1913), record that it simply refers to ocean foam, which is the sense in which Vallabhadeva uses the word here, copied by Jinasamudra, who glosses *sphuṭaphenarājiḥ* with *prakaṭaḍiṇḍīraśreṇiḥ*.

7:19.3 We have tentatively placed the observation *viralapracārā ete ślokāḥ* ('These verses circulate rarely') at this point, even though the manuscripts transmit it after the end of the commentary on 7:12. It seems to mean that a certain unspecified number of verses were absent from several witnesses that Vallabhadeva consulted, or from recitations that he heard of the text. It could refer to a group of verses ending with verse 12, or it could be intended to refer to 13–16, which Vallabhadeva identifies as a syntactically conjoined group of four. But both those groups are commented upon in all the printed commentaries and in those of Vaidyaśrīgarbha and Śrīnātha, and we know of no evidence that they were lacking in any transmission lineage of the poem. It is rather verses 17–19 that are absent in the texts of Vaidyaśrīgarbha, Śrīnātha, Aruṇagirinātha, Nārāyaṇapaṇḍita and Mallinātha (see the note on 7:17-19 above). We have therefore assumed that the remark belongs at this place and refers backwards (although the pronoun *ete* could perhaps have pointed forward instead, in which case the remark might have belonged before verse 17), rather than before 13, and that it became displaced during transmission, perhaps when the verses of the root text were reinserted into the commentary by a transmitter, at which point verses 13–16 might well have been put back in a block together before this remark rather than after it, by mistake. Of course it is not certain that the remark is actually Vallabhadeva's in the first place. It could be some transmitter's observation that got worked into the text during transmission. If so, it at least found its way into the transmission early enough to get misplaced when the verses of the root text were removed and then reinserted into the text of the commentary (if we are correct in assuming that it refers to 7:17ff).

For the use of the expression *virala* to refer to a verse that was apparently not present in several witnesses that Vallabhadeva consulted, see Vallabhadeva's final remark on 9:15 below.

7:20 Cf. *Kumārasambhava* 7:82:

> *vadhūṃ dvijaḥ prāha tavaiva vatse*
> *vahnir vivāhaṃ prati pūrvasākṣī*
> *śivena bhartrā saha dharmacaryā*
> *kāryā tvayā muktavicārayeti*

But TUBB (1982:311) instead presents *Raghuvaṃśa* 7:20 as corresponding (although with a connection that is 'slighter than that between any other corresponding verses in the passages in question') to *Kumārasambhava* 7:74:

> *tayā vivṛddhānanacandrakāntyā*
> *praphullacakṣuḥkumudaḥ kumāryā*
> *prasannacetaḥsalilaḥ śivo 'bhūt*
> *saṃsṛjyamānaḥ śaradeva lokaḥ*

This verse too appears not to have been commented upon by Dakṣiṇāvartanātha.

7:20cd Śrīnātha (f. 126r) reads *ādhāya* and *cakāra*.

7:20.3 The formulation *īṣadasamāpto 'gniḥ* is echoing *Aṣṭādhyāyī* 5.3.67.

7:21b Śrīnātha (f. 126v) also supports the reading *babhāse*. Note that exactly this inflected form recurs in 7:24. In both places, Mallinātha reads instead *cakāse*; in the second, Hemādri and Jinasamudra also have *cakāse*. It is possible that the two closely spaced instances of *babhāse* is an original feature, one that creates a 'concatenation' (in SALOMON's terminology); but it also seems possible that Kālidāsa might have written *babhāse* here and *cakāse* in 7:24.

7:22 This verse is closely parallelled by *Kumārasambhava* 7:77:

> *romodgamaḥ prādurabhūd umāyāḥ*
> *svinnāṅguliḥ puṃgavaketur āsīt*
> *vṛttis tayoḥ pāṇisamāgamena*
> *samaṃ vibhakteva manobhavasya*

Note that the reading of the second half of the verse that we have presented as a variant reading known to Mallinātha is in fact identical to the second half of the corresponding verse in the *Kumārasambhava*. NANDARGIKAR in fact presents that variant in the main text, as though it were the adopted reading of Mallinātha, but other editions do not, and NANDARGIKAR's footnote at this point reveals that what he has printed above the line as Mallinātha's commentary is in fact something else, since the footnote quotes another piece of commentary which he labels as being what Mallinātha says. For an interesting, if speculative, discussion of the relationship between the different versions of this verse in the two works, see TUBB 1982:317–318, who assumes that the version in the *Raghuvaṃśa* is secondary.

The verse is quoted in the form in which Vallabhadeva has it in the *Sarasvatīkaṇṭhābharaṇa* (p. 934) and in the *Śṛṅgāraprakāśa* (p. 1066 of DWIVEDĪ's edition). Both Vaidyaśrīgarbha (f. 97r) and Śrīnātha (f. 126v) also seem to support the text which Vallabhadeva reads.

TUBB's discussion is based partly on an observation about the symptoms associated with the woman in the *Kāmasūtra* being exchanged with those associated with the man in the version of this verse that appears in the *Kumārasambhava*. Hemādri's is perhaps the first printed commentary to remark on this feature (unless Aruṇagirinātha, who has followed Dakṣiṇāvartanātha here, should be earlier), but he downplays its significance: *tatra vātsyāyanaḥ 'kanyā tu prathamasamāgame svinnakaracaraṇāṅguliḥ svinnamukhī bhavati, puruṣaś ca romāñcito bhavati, ebhir anayor bhāvaṃ parīkṣeta' iti. strīpuṃsayoḥ svedaromāñcābhidhāne sāttvikamātropalakṣaṇe, na tu pratiniyamo vivakṣitaḥ, ebhir iti bahuvacanasāmarthyāt. tathā kumārasaṃbhave 'romodgamaḥ prādur abhūd umāyāḥ svinnāṅguliḥ puṅgavaketur āsīt'.* TUBB's observations on this verse, which follow those of JACOBI (1882:155), depend on the assumption that this passage belonged to the *Kāmasūtra*, which turns out not to be certain.

If it was part of Vātsyāyana's text, then the passage in question may have been a composite one made up of different statements found in the *Kāmasūtra*, for the only one that we have been able to find there is *svinnakaracaraṇāṅguliḥ svinnamukhī bhavati* (5.3.16). Mallinātha (both here and in his commentary on *Kumārasambhava* 7:77), Aruṇagirinātha and Nārāyaṇapaṇḍita quote the same passage of the *Kāmasūtra* in the same form in their discussions of this verse, but this is perhaps not particularly strong evidence that all of the passage was really in some version of the *Kāmasūtra*, for this may not be a case of each independently quoting the passage. Mallinātha in his commentary here in fact shares all that we have quoted above from Hemādri, which is confirmation that he at least was not depending directly on the *Kāmasūtra*, but on an earlier commentary. It is possible that all the printed commentaries who share this passage were copying directly or indirectly from Dakṣiṇāvartanātha, who further observes, just as Hemādri does, that the symptoms are swapped in the parallel in the *Kumārasambhava*. In his commentary on the *Kumārasambhava* he refers back to his commentary on the *Raghuvaṃśa*, and he there proposes the same solution to the problem that Hemādri offers when commenting on the verse in the *Raghuvaṃśa*.

7:23 Cf. *Kumārasambhava* 7:75:

> *tayoḥ samāpattiṣu kātarāṇi*
> *kiṃcid vyavasthāpitasaṃhṛtāni*
> *hrīyantraṇāṃ tatkṣaṇam anvabhūvann*
> *anyonyalolāni vilocanāni.*

For the last *pāda*, Vallabhadeva cites a variant that may have come from the transmission of the *Raghuvaṃśa*: *hrīyantraṇām ānaśire manojñām iti pāṭhāntaram.* As TUBB records (1982:311, fn. 3), JACOBI (1882:152–153), who had before him Mallinātha's readings, regarded the *Raghuvaṃśa* version of this verse as being an improved revision by Kālidāsa, but one of the criteria that seemed to him to make the *Raghuvaṃśa*'s version an 'improved' one was that it contained °*nivartitāni* in place of °*kātarāṇi*, whereas Vallabhadeva's text here actually has °*kātarāṇi*. It therefore follows that, even if he is right that °*nivartitāni* is indeed an 'improvement', it may not have been an improvement that Kālidāsa introduced.

In the first half, Vaidyaśrīgarbha (f. 98r) appears to comment on the reading *tayor apāṅge pravicālitāni kriyāsamāpattinivartitāni*; Śrīnātha (f. 126v) appears to comment on *tayor apāṅgapravilokitāni kriyāsamāpattinivarttitāni*. In the second half, their readings are those of Vallabhadeva. Dakṣiṇāvartanātha (p. 95) has *tayor apāṅgeti* as *pratīka*, and he comments on the readings *kriyāsamāpattivivartitāni* and *anyonyalolāni*.

7:24 Śrīnātha (f. 127r) reads *babhāse | meror upānteṣv iva varttamānam*. Vaidyaśrīgarbha's commentary is too short to reflect what he read for this part of the verse.

This verse seems not to occur in Vallabhadeva's text of the *Kumārasambhava*, but it is in Mallinātha's text of the *Kumārasambhava*, where it is numbered 7:79 (between 7:78 and 7:79 in Vallabhadeva's text). Vallabhadeva's *Kumārasambhava* 7:79 is perhaps the verse that was originally the counterpart to both *Raghuvaṃśa* 7:24 and 7:25:

> *tau dampatī triḥ pariṇīya vahniṃ*
> *karāgrasaṃsparśanimīlitākṣau*
> *sa kārayām āsa vadhūṃ purodhās*

tasmin samiddhārciṣi lājamokṣam

Perhaps *Raghuvaṃśa* 7:24 was introduced into the text of the *Kumārasambhava* during the course of transmission after Vallabhadeva's time? This is further evidence, if any were needed, of the difficulty of deciding which poem was written before the other without first assessing the vagaries of the transmissions.

Dakṣiṇāvartanātha does not comment on this verse here, but he does in his commentary on the *Kumārasambhava* (it is 7:77 in his numbering). He also has the verse that begins *tau dampatī* (*Kumārasambhava* 7:78 in his numbering).

7:24.2–3 *prakramaṇam prārambhaḥ*] We have cruxed these two words on the grounds that they seem not to cohere with the earlier gloss, *pradakṣiṇapādavikṣepa*, an allusion to 1.545 of the Pāṇinian *Dhātupāṭha*. Since that entry concerns the verbal root *kram*, it is conceivable that Vallabhadeva might have wished to return to the word *prakramaṇa* in order to gloss the prefix *pra*, and so it is just possible that these two words reflect, in a corrupted form, something that might originally have been in Vallabhadeva's text at this point.

7:25d Śrīnātha reads *lājavimokṣam*; Vaidyaśrīgarbha has no commentary on this verse at all. Dakṣiṇāvartanātha remarks (p. 95): *lājavimokṣam iti pāṭhaḥ*.

7:25.1–2 *matto yaś cakorākhyaḥ pakṣī tadvallohite netre yasyāḥ sā*] We had at first cruxed this explanation of *mattacakoranetrā* on the grounds that it seems surprisingly pedestrian, but we note that there is something similar in 6:59, where the vocative *cakorākṣi* is explained as follows: *cakorākhyaḥ pakṣī tattulye raktatvād akṣiṇī yasyāḥ*. Similarly, Vallabhadeva's commentary on *Śiśupālavadha* 6:48 contains this analysis: *cakoraḥ pakṣiviśeṣaḥ, taddṛṣṭitulyā caṭulatvād dṛk darśanaṃ netre vā yāsāṃ tāś cakoradṛśo madamattanetrāḥ*.

7:26 Cf. *Kumarasambhava* 7:80:

sā lājadhūmāñjalim iṣṭagandhaṃ
gurūpadeśād vadanaṃ nināya
kapolasaṃsarpiśikhaḥ sa tasyā
muhūrtakarṇotpalatāṃ prapede

Śrīnātha (f. 127v) reads *jagāma* for *prapede*.

7:26.3 Beside the conjecture *gaṇḍaprasarajjvālā* in the apparatus, we have indicated that it is comparable to what is found in the *Kumārasambhava* ad 7:18, but in fact it is only the element *prasarat* that we have borrowed from there. It is striking how few of the glosses used there by Vallabhadeva are in fact the same as those used to explain the same expressions in the *Raghuvaṃśa*.

Note the rather fine expression *nīlakuvalayadalanibhatvāt* tagged on to the end of the explanation of the smoke becoming like a lotus adorning her ear in the *Kumārasambhava*; P's *ghrāṇavaśāt*, on the other hand, seems very implausible and we have therefore not adopted it.

7:27 Cf. *Kumārasambhava* 7:81:

tad īṣadārdrāruṇagaṇḍalekham
ucchvāsikālāñjanarāgam akṣṇoḥ
vadhūmukhaṃ klāntayavāvataṃsam
ācāradhūmagrahaṇād babhūva

Vaidyaśrīgarbha (f. 98r), Śrīnātha (f. 127v) and Dakṣiṇāvartanātha (p. 95) support the reading *tadañjanakleda°* instead of *tadañjanakṣobha°*. This 'moistening' is a more readily comprehensible way of referring to tears.

7:27.3 Vallabhadeva cites no source for the *lokācāraḥ*, but Aruṇagirinātha (following Dakṣiṇāvartanātha) quotes here a certain *Prayogavṛtti*: *lājāñjaliṃ visṛjya dhūmāgraṃ samājighret iti prayogavṛttikāreṇokta ācāro 'tra draṣṭavyaḥ*. The name *Prayogavṛtti* might refer to a commentary of that name on the *Āpastamba-śrautasūtra* or *-gṛhyasūtra* or *Āśvalāyana-śrautasūtra* or *-gṛhyasūtra* by a certain Tālavṛntanivāsin, also known as Āṇḍapillai/Āṇḍavilai (v. s.v. Āṇḍapillai and Tālavṛntanivāsin in the *New Catalogus Catalogorum*). The same quotation from the *Prayogavṛtti* appears in Hemādri's commentary on the previous verse (perhaps as a result of an editorial mistake), and it is possible that Hemādri, once again, is borrowing from Dakṣiṇāvartanātha.

7:28 Cf. *Kumārasambhava* 7:87:

kḷptopakārāṃ caturantavediṃ
tāv etya paścāt kanakāsanasthau
jāyāpatī laukikam eṣitavyam
ārdrākṣatāropaṇam anvabhūtām

Vallabhadeva gives no gloss here or in his commentary on *Kumārasambhava* 7:87 of *kanakāsanasthau*, and Jinasamudra, although he repeats the word as a *pratīka*, offers no gloss either. Was this a slip, or did Vallabhadeva consider the expression too obvious to gloss? After 7:28, Dakṣiṇāvartanātha comments on 7:33. He offers no commentary on 29 and 30.

7:30d The variant *upadhā* in most Kashmirian witnesses is no doubt simply the result of the Kashmirian confusion of *da* and *dha*.

7:30.1 *jyotkṛtya*] This appears to be an expression typical of Kashmirian Sanskrit: cf., e.g., *Haravijaya* 17:82 and *Mokṣopāya* 3.54:46 (there is also an instance of just *jyo*, on which see the boisterous and largely tongue-in-cheek note, unsigned, entitled 'Pros(i)t und OIT' that is the final contribution to issue N°8 of *Vidūṣaka* [`https://www.uni-marburg.de/de/fb10/iksl/faecher/indologie/aktuelles/news/vidushaka8.pdf`]). In some contexts it seems to have the flavour of 'taking leave'. Thus ad *Raghuvaṃśa* 12:103 Vallabhadeva uses it to gloss *āpṛcchya* (cf. his commentary on *Śiśupālavadha* 11:38), as does Jonarāja ad *Śrīkaṇṭhacarita* 5:19. This is indeed the understanding that SCHMIDT reflects in his definition (1928:193): 'Abschied nehmen, Lebewohl sagen'. For *jyotkāra* he gives the translation 'Glückwunsch' (1928:194). There is also an instance of *jyotkṛ* in a verse attributed to a certain Vallabhadeva in the later (also Kashmirian) Vallabhadeva's *Subhāṣitāvalī* (2411):

> *āsyaṃ pidhāya sakalaṃ viralāṅgulinā kareṇa saghrāṇam*
> *ayam uccaraddakāraṃ manoharaṃ jyotkaroti śiśuḥ*
>
> This baby covering [his own / his father's(?)] whole mouth and nose, with a hand with splayed fingers gives a blessing [/says goodbye/says hello] charmingly in a manner involving the production of the sound 'da'.

The previous verse in the anthology (2410) is also attributed to this Vallabhadeva and describes the same scene, but using just the noun *jyot*:

> *viralāṅgulikarapihitaghrāṇānvitagaṇḍacibukamukhavivaram*
> *kasyoccaraddakāraṃ sūkṣmaśiśor jyon mano na haret*

PETERSON (1886:77) suggests instead that *jyot* might be an onomatopoeic word imitating the sound of the baby opening and closing its mouth with its hand. SCHMIDT (1928:193) alludes to PETERSON's remark, but his translations reveal that he disagrees. SCHMIDT is certainly likely to be closer to the truth here; but it may be possible that in these verses the sense intended is 'to greet' rather than 'to say goodbye'. A basic meaning 'to bless' may account for both as developments. An instance where 'to greet' seems to be intended is the following verse from the *Līlāvatīsāra* (6:260):

> *sanniveśe kvacit śūnyaprāye prakṣīṇarddhikam*
> *jyotkṛtya ṭhakkuraṃ tasya sevām eṣa prapannavān*

Here the young Dhanāvaha, who has gone abroad, must be greeting, or blessing in greeting, the local, impoverished, *ṭhakkura* before entering his service in some almost abandoned settlement.

Vallabhadeva is not the first to use *jyotkṛ*, for we find it used (again to gloss *āpṛcch*) by Śaṅkara, the Kashmirian commentator on the *Harṣacarita* (FÜHRER's edition, pp. 227 and 229).

TURNER, in his Addenda and Corrigenda (1985:41), connects the word with Prakrit *jokkāra*, 'a shout of acclamation', 'a wish for long life', etc., which we find in *Sattasaī* 332 in WEBER's edition:

> *sūracchaleṇa puttaa kassa tumaṃ aṃjaliṃ paṇāmesi*
> *hāsakaḍakkhummissā ṇa hoṃti devāṇa jokkārā*

The *chāyā* given by Bhuvanapāla (verse 283) reads as follows:

> *sūryacchalena putrike kasya tvam añjalim upanayasi*
> *hāsakaṭākṣonmiśrā na bhavanti devānāṃ namaskārāḥ*

> O my daughter, to whom are you bringing an offering in cupped hands under the pretext of [saluting] the Sun? Salutations to the gods are not mixed with laughter and sidelong looks.

PATWARDHAN, however, in his glossary to the edition with Bhuvanapāla's commentary, gives *jayakāra* as its *chāyā*. This may be in part because the *Pāiasaddamahaṇṇavo* at *jokkāra* refers to *jekkāra*, which is presumably indeed the counterpart of Sanskrit *jayakāra*. TURNER does not mention a connection to *jayakāra*. Instead he links it further to Hindī *johār*. For further ruminations, see, for instance, PAWAR 1942.

7:30.2 *agādhajalā jalāśayāḥ*] This gloss of *hrada* reflects *Amarakośa* 1.12:26ab: *jalāśayā jalādhārās tatrāgādhajalo hradaḥ*.

7:30–34 Vaidyaśrīgarbha and Śrīnātha give these verses in the order in which they are found in the printed commentaries, in other words 30, 33, 31, 32, 34. Dakṣiṇāvartanātha has the verses 28, 33, 31, 32, and 34 in this order; there is no clear sign that he knew verses 29–30.

7:31a Śrīnātha (f. 128v) evidently had a version of this verse whose first half instead read as follows: *vidarbharājo 'py anujāvivāhaṃ tithāv anuṣṭhāya guṇānvitāyām*. This seems in part to echo *Kumārasambhava* 7:1, which reads as follows:

athauṣadhīnām adhipasya vṛddhau
tithau ca jāmitraguṇānvitāyām
sametabandhur himavān sutāyā
vivāhadīkṣāvidhim anvatiṣṭhat

Śrīnātha thus provides further evidence of transmitters having adjusted the text of this chapter of the *Raghuvaṃśa* to bring it closer in line with the account of marriage given in *Kumārasambhava* 7. Vaidyaśrīgarbha's commentary does not make clear how he read the beginning of this verse. Dakṣiṇāvartanātha attests to the verse beginning with *bhartāpi*; he probably read as Vallabhadeva and the printed commentaries do.

7:31c Śrīnātha (f. 128v) and Dakṣiṇāvartanātha (p. 96) appear to support the reading *sattvānurūpaṃ hariṇīkṛtaśrīḥ*; Vaidyaśrīgarbha's commentary does not make clear how he read.

7:31.2 *sudāyena*] Smoother would be *sudāyatvena*, but we may assume that this is an instance in which the suffix that expresses the state or condition (*bhāvavacana*) has been 'dropped'.

7:32c Śrīnātha (f. 129r) supports the reading *bhojanāthaḥ* where the printed commentaries, as well as Dakṣiṇāvartanātha (p. 96), have *kuṇḍineśaḥ*; Vaidyaśrīgarbha does not reveal what he read. It is odd that Vallabhadeva uses here precisely the unusual gloss (*kuṇḍineśaḥ*, 'lord of Kuṇḍina [the city of Vidarbha]') which the other printed commentaries comment upon as being the word used by Kālidāsa. Could this be an instance in which Vallabhadeva's commentary has influenced the subsequent transmission of the *Raghuvaṃśa*? Perhaps they did so out of a desire to thicken or enrich the text with extra vocabulary (cf. GOODALL forthcoming, 'Stripping Gilt from the Lily...'). No other reference to Kuṇḍineśa or Kuṇḍina is to be found in the *Raghuvaṃśa*.

7:32.2–3 *parvānte ... nivartate*] The text is somewhat suspicious here, since it seems as though *parvātyaye* has been glossed first by *parvānte* and then, after intervening words, again by *amāvasyādinānte pratipadi*. Furthermore, we miss an explicit agent of *nivartate* in the text as it stands. One way of repairing these faults might be to expunge *parvānte* and remove the comma after *yathā*. But we have hesitated over this repair.

7:33b *udārasiddhau*] Vaidyaśrīgarbha appears to have read *uddhārasiddhau*, whereas Śrīnātha supports Vallabhadeva's reading *udārasiddhau* (a reading we have had to conjecture from Vallabhadeva's commentary, since none of the sources that we are collating for our apparatus transmits it, but NANDARGIKAR records that one manuscript he consulted had it, and that Cāritravardhana mentioned it as a *pāṭhāntara*); for the rest of the *pāda*, both Śrīnātha and Vaidyaśrīgarbha seem to reflect the words *sahasā* and *alabhyam*: perhaps they both read *sahasāpy alabhyam*? Vaidyaśrīgarbha's reading of the whole *pāda* might perhaps have meant something like: 'even though it was something which could not be taken quickly (/by force) once civil relations (/gift-giving) had been established'.

As NANDARGIKAR's apparatus reveals, there has been confusion about the constitution and interpretation of the text of this verse from early times.

Dakṣiṇāvartanātha read *ārambhasiddhau samayopalabhyaṃ* (p. 96).

7:34cd Śrīnātha (f. 129v) comments on the reading *tato nṛpāś cukṣubhire sametāḥ strīratnalābhena*: 'gathered together, they quivered [with rage] because of his winning this jewel of a woman'. The only clue in Vaidyaśrīgarbha's remarks (f. 99v) is that the manuscript transmitting his commentary has *cakṣuṣire* (sic), followed by the gloss *kṣubhitāḥ*, which suggests that he may have shared the same reading. Neither NANDARGIKAR nor DWIVEDĪ record any variant reading for this verse.

7:35c *balipratiṣṭhām*] Śrīnātha (f. 129v) appears to have read *balipradiṣṭām*, which he does not gloss. Confusingly, this is preceded by the word *baliṣṭhaḥ*, but that word appears not to be a corruption of *balipratiṣṭhām* used as *pratīka*, but instead a gloss of *dṛptaḥ*. Dakṣiṇāvartanātha also read *balipradiṣṭām* (p. 96).

7:35·3 *vaiṣṇavaṃ caraṇaṃ vṛtro nāma daityaviśeṣo yathāruṇat*] The identity of the person Kālidāsa describes as an enemy of Indra (*indraśatru*) is not certain. Dakṣiṇāvartanātha, Mallinātha and Aruṇagirinātha identify him as Prahlāda, but, as NANDARGIKAR remarks in his annotation on this verse, 'Prahlāda is not generally known as an enemy of Indra'. He goes on to observe that Hemādri identifies the enemy as Vṛtra, as does Vallabhadeva in our edition. But the manuscripts NANDARGIKAR had consulted led him to assert that Vallabhadeva and Sumativijaya both instead identified the enemy as Namuci (who may sometimes be regarded as the same figure). Hemādri, Mallinātha, Aruṇagirinātha and, according to NANDARGIKAR, Cāritravardhana all quote the following verse (with minor variations), which they attribute to the *Vāmanapurāṇa*, in support of the identification of the enemy as Prahlāda:

vairocanaviruddho 'pi prahlādaḥ prāktanaṃ smaran
viṣṇos tu kramamāṇasya pādāmbhojaṃ rurodha ha

Dakṣiṇāvartanātha quotes the same verse but identifies it as belonging to the *Varāhapurāṇa* (p. 97). Most editions of Mallinātha's commentary (other than that of NANDARGIKAR) represent Mallinātha as attributing the quotation to the *Brahmāṇḍapurāṇa*. The verse in question seems not to figure in any of the *Purāṇas* in question. Śrīnātha (f. 129v), quoting no justification, asserts that Indra's enemy here is Rāhu. A grimacing demonic face next to the upraised foot of Viṣṇu is visible in the sixth-century representation of the Trivikrama myth in cave 3 in Bādāmi, and PARLIER-RENAULT (2006:403) identifies it as Rāhu. A similar grimacing demonic face appears already in a Mathura sculpture of Trivikrama that predates Kālidāsa (see Charlotte SCHMID 2010, fig. 56).

In *Naiṣadhacarita* 21:97 (in the numeration that HANDIQUI 1956 follows), Rāhu is likened to a shoe stuck to Viṣṇu Trivikrama's foot. The Bādāmi sculptures also show another figure clutching the foot that is on the ground, and this could be Vṛtra, whom Vallabhadeva identifies as the demon blocking Viṣṇu's foot.

Peter BISSCHOP (correspondence of 26.ii.2024) has pointed out to us that there is an episode in the old *Skandapurāṇa* (117:8-9) which mentions a demon named Ajaka clutching Viṣṇu's foot as he is lifting it up in his Trivikrama form. Viṣṇu kicks him up and away, and to this day Ajaka has not returned:

> *kramitvā vikramaṃ caikaṃ pādam utkṣipatas tadā*
> *ajako nāma daityendraḥ pādaṃ taṃ samagṛhṇata*
> *sa taṃ sahaivāsureṇa utkṣipan madhusūdanaḥ*
> *kṣipto 'sāv asuro vyāsa adyāpi na nivartate*

To recapitulate, *indraśatru* in this verse could be Prahlāda, catching at one of Viṣṇu's feet (either the upraised one or the one planted on the ground, which presumably would have to be the one about to make the next stride), or it could be Vṛtra or Namuci (again clutching either the upraised foot or the one on the ground), or Ajaka, or it could be Rāhu, blocking the raised foot, as shown in ancient sculptures. Rāhu seems to be the most likely possibility, the only difficulty being that we can find no clear attestation of the expression *indraśatru* (or equivalent) being used of Rāhu. However perhaps the word was intended not as a personal name or epithet, but simply as a generic epithet applicable to any Asura. There are at least a few passages in the *Mahābhārata* where *indraśatru* (4.*378.6) or *mahendraśatru* (7.49.17a) is used in the plural, referring generically to Asuras.

7:36d Vaidyaśrīgarbha and Śrīnātha both read *jyotīrasāṃ*. Mallinātha is reported here as reading *bhāgīrathīṃ*, but NANDARGIKAR remarks (1971:136) that this is in fact only the reading of the Southern manuscripts transmitting Mallinātha's text, so he might originally have read *jyotīrathāṃ* after all. It seems to us likely that *bhāgīrathīṃ* is a secondary reading, partly because it is a much more familiar name than Jyotīratha (which many Southerners might never have heard of) and secondly because transmitters might well have wished to have the verse equate the smaller river with Aja and the larger river with the army of rival kings. In a prose passage of chapter 85 (in the Venkateśvara Steam Press edition) of the *Varāhapurāṇa*, Jyotīratha and Śoṇa are mentioned side by side in a list of rivers.

7:37c Śrīnātha (f. 130r), like the printed commentaries, reads *yantā gajasyā°*; Vaidyaśrīgarbha does not reveal what he read here.

7:37.2 Has Vallabhadeva omitted to represent *rathinaṃ ratheśaḥ* in his commentary, or has the corresponding part been lost in transmission?

Only *pratīkas* (without glosses) are found in Jinasamudra's text at this point.

In the first analysis proposed of the noun *patti*, we have corrected *pattīti* to *patatīti*, since we find no evidence of a verb of which the third singular of the present would be *patti*. We have retained the long *ā* in *pāda* in the expression *pādābhyām atatīti padātiḥ* because we assume that there is an implicit allusion to *Aṣṭādhyāyī* 6.3.52 (*pādasya padājyātigopahateṣu*), which teaches (among other things) the substitution of *pada* for *pāda* in compound before *ati*.

7:38bc Śrīnātha (f. 130r) and Vaidyaśrīgarbha (f. 100r) support the readings *kulāpadeśān* and *parasparasmai*. Dakṣiṇāvartanātha (p. 97) read *kulāpadeśān*.

7:38.1 We have rejected the *pratīka* and analysis of *kulāpadeśān* on the grounds that these are likely to have been inserted by transmitters, perhaps under the influence of other commentaries. We assume that *pratipattilabdhāni nāmakāni* means something like 'names acquired because of noble family'. 'Noble family' is not one of the meanings given by Monier-Williams or Apte for *pratipatti*, but cf. the former's 'high rank or dignity', or the latter's 'celebrated' or 'noble' for *pratipattimat*. We note that there is an echo of Vallabhadeva's gloss here in the commentary of Jinasamudra: *kulopadeśān pratiṣṭhālabdhāni nāmāni kulākhyānāni*. The word *pratiṣṭhā* might equally be interpreted here as 'high rank' or something similar.

7:39b Śrīnātha places his commentary on Vallabhadeva's 7:58 before this verse. Vaidyaśrīgarbha, Śrīnātha (f. 130v) and Dakṣiṇāvartanātha (p. 97) all support the reading *syandanavaṃśacakraiḥ*. The reading *syandananemicakraiḥ* is supported by the Kashmirian manuscripts but no commentator seems to expound it, not even Vallabhadeva.

7:39d Instead of *netrakrameṇa*, which Mallinātha takes to mean *aṃśukaparipāṭyā*, 'in the manner of a fine cloth', Śrīnātha appears to read *iti krameṇa*; Vaidyaśrīgarbha (f. 100v) may also know this reading (see below), as well as a variant *netṛkrameṇa*. He understands *netṛ* in the latter reading to refer to draught animals such as horses: *atra pakṣe netṝṇāṃ krameṇa bhramaṇenānyaṃ nayantīti netāro 'śvādayaḥ*. It is conceivable that *atra pakṣe* is a corruption for *netṛpāṭhe*, since the wording of his commentary before that seems to reflect *iti krameṇa*.

Dakṣiṇāvartanātha, Aruṇagirinātha and Nārāyaṇapaṇḍita share Mallinātha's intepretation of *netra* as meaning a fine cloth, but gloss *krama* with *vidhi*. In support of this understanding of *netra* Dakṣiṇāvartanātha and Aruṇagirinātha quote this verse (*Rāmāyaṇa* 1.33:15c–16b):

> *naiśena tamasā vyāptā diśaś ca raghunandana*
> *śanair viyujyate saṃdhyā nabho netrair ivāvṛtam*

Vallabhadeva's own interpretation of *netrakrameṇa* is also odd. One can understand that the dust may have filled the air at eye-level first before rising to block the sun, but would this idea have been expressed using the expression *netrakrameṇa*? Dakṣiṇāvartanātha, Aruṇagirinātha and Nārāyaṇapaṇḍita all mention however, as an alternative to their preferred interpretation, the possibility of understanding the word as meaning *nayanavirodhaprakāreṇa* (Aruṇagirinātha alone *nayanoparodhaprakāreṇa*), which seems to effectively come down to the same interpretation as Vallabhadeva's.

Both *pādas* b and d seem to have been problematic for centuries.

7:39.2 It seems clear that the commentary of Vallabhadeva has not been well transmitted here. The analysis of the compound beginning with *syandana°* contains traces both of the reading *°nemi°* and of the reading *°vaṃśa°*. The reading *°nemi°* seems to us inferior and, as remarked above, it is not supported clearly by any commentary known to us (we have not checked manuscripts of Cāritravardhana, whose commentary, according to NANDARGIKAR, supports *°nemi°*). We assume that, like other variants in the reading of the verse (NANDARGIKAR and DWIVEDĪ report also *°vaṃśatālaiḥ*, *°vṛndacakraiḥ*, *°puñjacakraiḥ*, and *°cakracakraiḥ*), it has arisen in part because the usage of *vaṃśa* in the sense of *samūha* is rather rare. (Nirajan KAFLE has suggested to us that *syandananemicakraiḥ* might be interpreted 'the circles of the fellies of the chariots'; one might instead take *cakra* in this reading to be a plural-marker). On balance we find it probable that Vallabhadeva actually read *syandanavaṃśacakraiḥ*, and that *nemayo* has been inserted at some point in the transmission of his commentary because the reading with *°nemi°* had come to be current in the transmission of the *Raghuvaṃśa* in Kashmir. Note that the manuscripts seem to all have the masculine pronoun *ye* before *nemayo*, which strongly suggests that the latter word has been secondarily added, since *nemi* is feminine.

We might, then, have constituted this phrase in the commentary as follows: *rathānāṃ ye vaṃśāḥ samūhās teṣāṃ cakrai rathāṅgair*. But instead we have assumed that the analysis of the compound was itself secondary, and that Vallabhadeva had, as often, glossed a compound with a compound. (The fact that the relationship between *vaṃśa* and *cakra* is given in some manuscripts as a genitive, and in some as an instrumental, may be a further indication that the analysis is not original.)

7:40b Śrīnātha (f. 130v) and Dakṣiṇāvartanātha (p. 98) support the reading of the printed commentaries: *pravṛddhadhvajinī°*; Vaidyaśrīgarbha's commentary does not touch upon this word.

7:40d For the Kashmirian orthography *ābila* (instead of the more usual *āvila*), cf. *Raghuvaṃśa* 4:50.

7:41ab Śrīnātha's commentary (f. 130v) supports the readings *ratho*, *vijajñe* and *nāgaḥ*; Vaidyaśrīgarbha's commentary does not touch upon any of these words. We have reported Vallabhadeva as reading *°dhijajñe*, but the evidence of the Kashmirian manuscripts, both here and in Vallabhadeva's commmentary on this point, is divided: we could equally have accepted *vijajñe*.

Dakṣiṇāvartanātha does not comment on verses 41 and 42.

7:43 Like Cāritravardhana and Dinakaramiśra (as reported by NANDARGIKAR in his notes (1971:137), Śrīnātha alludes to a tradition (*sampradāya*) of referring to Kālidāsa as 'Dhūmakālidāsa' as an expression of admiration for this verse. Cf. the epithet Dīpaśikhākālidāsa on the strength of the much admired verse *Raghuvaṃśa* 6:67.

7:43.1–2 We have been able to find only one other occurrence at present of *khasita* (or *khaśita*) as a synonym, apparently, of *śeṣa*. In *Maṅkhakośa* 172ab, *khasita* is used as a gloss that 'explains' one sense of the word *śiṣṭa*: *śiṣṭas tu sādhau khasite vihite śikṣite triṣu*, '*śiṣṭa* is used in the sense of a good/authoritative person, *khasita*, enjoined, and trained, in all three [genders, i.e. as an adjective]'. Since there is one common meaning not mentioned, namely 'left over', we may conclude that that meaning is furnished by the word *khasite*. The only two attestations hitherto spotted are in the works of Kashmirian authors, and it is conceivable that it is related to the Kashmiri word *khaś*, 'the act of cutting, beheading' (see GRIERSON 1932, s.v. *khaś*).

7:44 Vaidyaśrīgarbha (f. 100v–101r) and Śrīnātha (f. 131r) both read *nivartitāśvān* in *pāda* b and *'bhijagmuḥ* in *pāda* d. Dakṣiṇāvartanātha (p. 98) reads *rathasthān*, but records *rathasthā* as a variant. He may have read *'bhijagmuḥ*, for he records *jaghnur iti vā pāṭhaḥ*, where *jaghnur* may be a mistake for *nijaghnur*. He may also have read *nivartitāśvāḥ*, which we have recorded as being the reading of Mallinātha since NANDARGIKAR adopts it, but we note that other editions with the commentary of Mallinātha print *nivartitāśvān*, which surely is required to furnish a reason for reproving the charioteers.

7:45b Vaidyaśrīgarbha (f. 101r), Śrīnātha (f. 131r) and Dakṣiṇāvartanātha (p. 98) naturally support *pṛṣatkāḥ*; *pṛṣaṭkāḥ* appears to be a Kashmirian orthography for this word, appearing in all our Kashmirian sources here and elsewhere in Vallabhadeva's commentaries. See our note on 3:53.1; to the references given there can be added the line from a scripture of the cult of Tripurasundarī quoted by Jayaratha ad *Vāmakeśvarīmata* 4:61 (KSTS ed., p. 123, l. 2). It appears not to have been recorded in dictionaries, including the *NWS*.

7:45c Śrīnātha reads *saṃprāpur*, Vaidyaśrīgarbha does not reveal what he read.

7:45.1 *cāpadharāṇām*] What is transmitted is rather *dhanurbhṛtām*, the repetition of a word from the root text. Unfortunately, while Jinasamudra's commentary on the previous verse borrowed nearly all of Vallabhadeva's glosses, in this case Jinasamudra seems to have borrowed none of them. We have therefore hesitated to adopt Jinasamudra's gloss *dhanurdharāṇām*, even though Vallabhadeva twice uses *dhanurdhara* to gloss *dhanurbhṛt*, namely in 9:12 and 11:40. Elsewhere, however, he often glosses *dhanuḥ* with *cāpa* and *cāpa* with *dhanuḥ*. We have therefore, in the light of the above-mentioned inconclusive evidence, decided to conjecture *cāpadharāṇām* (exactly as in 9:34 and 9:37), but *dhanurdharāṇām* or *cāpabhṛtām* would be equally possible.

7:45.2 *ardhaś cāsau bhāgo 'rdhabhāgaḥ, pūrvaś cāsāv ardhabhāgaś ca*] The absence of *ca* after the first instance of *ardhabhāgaḥ* may seem surprising, but Vallabhadeva commonly gives *karmadhāraya*-compound-analyses that are formulated without a second *ca*, for instance here, but also in 8:78.4, 10:68.1 and in 11:70.3 below. The phenomenon can be observed in his other commentaries too. See for instance the commentary on *Kumārasambhava* 2:43 (*ākrīḍyata eṣv ity ākrīḍāḥ, te ca te parvatāḥ*, or that on *Śiśupālavadha* 1:41 (*viśve ca te janā viśvajanāḥ*).

In this case, confusingly, Vallabhadeva gives one *karmadhāraya* analysis embedded within another one, and the embedding analysis actually is concluded with a *ca*, whereas the embedded one is not.

7:45.4–5 We are unsure about the reading and the interpretation of the final sentence, and suspect corruption, though even about that we are not sure. One possibility might be to take *vegātiśayasaṃskārāt* as a *bahuvrīhi*, so that we could understand: 'It was, however (*punaḥ*), because the speed of the front and the back when conjoined (*saṃyuktapūrvāparavegāt*) had such excessive impetus (*vegātiśayasaṃskārāt*) that they reached their target (*lakṣyam*).' Another possibility is that *vegātiśayasaṃskārāt* may be a corruption of *vegātiśayasaṃskāraḥ*; 'As for this trace of [the front part's] speed, it is because of the [great] speed of the two parts, front and back, when they were conjoined.' In that case we should punctuate with a *daṇḍa* after *saṃyuktapūrvāparavegāt*. Judit TÖRZSÖK suggested to us that a *na* might have dropped out before the *punaḥ*: 'Because of the residual trace of their great speed [viz. their impetus], and not because of the speed they had when the front and back parts were [still] combined, they did indeed reach their target.'

7:46 Like the printed commentaries, Śrīnātha (f. 132r), Vaidyaśrīgarbha (f. 101v) and Dakṣiṇāvartanātha (p. 98–99) all read this verse after Vallabhadeva's 7:49.

7:46.2 Vallabhadeva's interpretation of *caṣakottareva* as *pānapātrapradhāneva* is consistent with his remarks on *uttara* ad 6:50.

7:46.3 *alpā kṛtrimā sarit* echoes *Amarakośa* 1.12:24d: *kulyālpā kṛtrimā sarit*.

7:47 Vaidyaśrīgarbha's very short commentary (f. 101r) contains the word *kṣurapra*, and so we may assume that he read *kṣurapraiḥ* at the end of *pāda* b, but there are no other indications of what he might have read in the other places in the verse for which we have variants. Śrīnātha (f. 131v) seems to have read *niśitaiḥ khurapraiḥ* in *pāda* b, and perhaps *chinnāny api* (instead of *kṛttāny api*) in *pāda* c.

7:47.1 *hṛtāni* is not a particularly natural gloss of *kṛttāni*; might this have slipped in under influence of Mallinātha's reading? Vallabhadeva may perhaps have originally only repeated, without substitution of glosses, both *śirāṃsi* and *kṛttāni*. From the point of view of what SCHUBRING (1955) calls Verschränkung (for which see also SALOMON 2016), *kṛttāni* elegantly echoes *utkṛtta* in the previous verse.

7:47.2–3 Note that save for B[1], all MSS read here *ugratvaṃ* instead of *agratvaṃ*. It is possible that originally Vallabhadeva intended to explain here an alternative reading in the text: *śyenanakhograkoṭivyāsaktakeśāni*.

7:48a Śrīnātha (f. 131v) here reads *pūrvaprahartā*; Vaidyaśrīgarbha's commentary does not reveal how he read at this point. Dakṣiṇāvartanātha offers no commentary on this verse. The order of verses in his commentary is 45 47 49 46 50 (p. 98–99).

7:50b Śrīnātha reads *tebhyaḥ* (f. 132r); Vaidyaśrīgarbha's commentary does not reveal how he read at this point. Dakṣiṇāvartanātha remarks: *ākṣipya tebhya iti pāṭhaḥ* (p. 99).

7:51a Śrīnātha comments on the reading *°khaḍgahṛtottamāṅgaḥ* (f. 132v); Vaidyaśrīgarbha's commentary does not reveal how he read.

7:51.1–2 The expression *divyāṃ gatiṃ prāpya* is not a literal gloss of *vimānaprabhutām upetya*, but it is a possible one. Nonetheless, one might wonder whether Vallabhadeva intended *vidyādharagatiṃ prāpya*. (Cf. Vaidyaśrīgarbha, f. 101v: *vimānaprabhutāṃ vidyādharatvaṃ*.) Perhaps, however, Vallabhadeva was simply thinking of *amartyabhāve* in 7:53c below. No gloss at all has been transmitted of *dviṣatkhaḍgahṛtottamāṅgam*: for this we have resorted to borrowing the gloss that appears in Jinasamudra's commentary (changing the nominative ending to the accusative), on the supposition that it may well have been borrowed by Jinasamudra from Vallabhadeva. There is also no satisfactory one-word gloss transmitted of *vāmāṅgasaṃsaktasurāṅganaḥ*; in this case, Jinasamudra does not furnish us with one either, and so we have produced a diagnostic conjecture. We might equally have proposed *savyapārśvopaviṣṭāpsarāḥ* instead.

Note that Hemādri here quotes a verse that he attributes to the *vratakhaṇḍa* of the *Caturvargacintāmaṇi*, where it is apparently quoted from a *Vahnipurāṇa*:

> *varāpsaraḥsahasrāṇi śūram āyodhane hatam*
> *tvaritāny abhidhāvanti mama bhartā mameti ca*

(The verse occurs with slight variants in several other texts, such as the *Viṣṇudharma*, the *Viṣṇudharmottara*, the *Pārāśarasmṛti*, the *śāntiparvan* of the *Mahābhārata* (12.99:45) as well as in another, somewhat less closely similar, version in the *Agnipurāṇa* [236:54].) DWIVEDĪ (introduction, pp. 79ff) is of the opinion that the Hemādri who commented upon the *Raghuvaṃśa* was not the same as the compiler of the *Caturvargacintāmaṇi*. The quotation is indeed to be found on p. 971 of volume 2 of the *vratakhaṇḍa* of the *Caturvargacintāmaṇi*. Given how common versions of the verse are in various texts, it is odd that Hemādri should quote it while mentioning that he knows it from the *Caturvargacintāmaṇi*, whether or not he was also the author of the *Caturvargacintāmaṇi*. In any case, it seems to mean that the *Raghuvaṃśadarpaṇa* by Hemādri cannot have been earlier than the *Caturvargacintāmaṇi*, written in the 1260s (according to ADRIAENSEN, BAKKER, and ISAACSON 1998:10).

7:52–53 Vaidyaśrīgarbha inverts the order of Vallabhadeva's 7:52 and 7:53.

7:53b Śrīnātha (f. 133r), Vaidyaśrīgarbha (f. 101v) and Dakṣiṇāvartanātha (p. 99) support *utkrāntavāyvoḥ*.

7:53.1 *yugapad*] Of course this glosses *samakālam*, but note that PB[1]J give instead *samakāle* as a *pratīka*, which is conceivable, but not particularly likely, since it would have to be understood as a *karmadhāraya*, which would seem inelegant here.

7:55b Śrīnātha (f. 133v) reads *nivarteta*; Vaidyaśrīgarbha does not repeat the word. Both Vaidyaśrīgarbha (f. 103r), Śrīnātha and Dakṣiṇāvartanātha (p. 100) read *kakṣas*.

7:55.3–4 Vallabhadeva's last remark is echoed by Hemādri. The form *jājvalati* is recorded by MONIER-WILLIAMS as being an intensive attested in the *Mahābhārata* (the present participle *jājvalat* in the critical edition in 3.41:22a, 6.61:38c and 7.173:87a) and as being an 'epic' usage by WHITNEY, who records the classical form as being instead *jājvalıti*. We have, however, decided to follow most of our manuscripts and have therefore not emended to *jājvalīti*.

7:56c Śrīnātha (f. 133v) reads *vilolayām āsa*; Vaidyaśrīgarbha does not repeat the word. We cannot tell how either commentator read the word *dṛptaḥ* or *dṛptam*. Hemādri supports *dṛptaṃ* and *viloḍayām āsa*, although his editor DWIVEDĪ does not print them.

Dakṣiṇāvartanātha offers no commentary on 56–58.

7:56–57 We have given these verses in the order in which they are found in P, alone of our manuscripts of Vallabhadeva, and in the text of the printed commentaries. Note that the manuscripts of our commentary that have these verses in the reverse order also contain a remark at the end to the effect that the order is wrong.

7:57a Like Vallabhadeva, Śrīnātha (f. 133v) supports the almost certainly original reading *na dakṣiṇaṃ* (Vaidyaśrīgarbha does not reveal what he read). As we have suggested elsewhere (GOODALL 2001:122–123), this is probably one of the very few instances in which a secondary reading that is doubtless the result of accidental corruption (rather than of conscious 'improvement') has become widespread throughout the transmission: all the printed commentaries support some version of the verse that begins with the corrupt reading *sa dakṣiṇaṃ*. The exception here is Jinasamudra, who appears to have read *na dakṣiṇaṃ*, but whose editor was convinced that he read *sa dakṣiṇaṃ*!

7:57b *°lakṣyatāsau*] Like Vallabhadeva, Śrīnātha (f. 133v) also reads *°lakṣyatāsau* (and not *°lakṣyatājau*).

7:57.2 An equivalent of *ākarṇakṛṣṭā* seems to be lacking, and we have ventured to supply one. The choice of *vikṛṣṭā* was influenced by the fact that that word is used in *Śiśupālavadha* 20.28, in which Māgha appears to be echoing this verse of the *Raghuvaṃśa*.

7:58b Śrīnātha (f. 134r) reads *ūrdhvarekhā bhrukuṭī°* with Hemādri. Vaidyaśrīgarbha offers no commentary on 7:58 at all.

7:58.1 *ūrṇunāva*] As we observed in our note on 4:65.1–2, this form is a favourite of Vallabhadeva's. We referred there even to this instance, but mistyped the verse number as 7:48.

7:58.2 *prakaṭitatriśikhān*] This reconstructed *bahuvrīhi* compound assumes the existence of a feminine noun *triśikhā* (attested in the analysis transmitted in our manuscripts) for which we can find no lexicographical support. It must be related, however, to the adjective *triśikha*, which is often used to describe a frowning brow (*bhrukuṭī*) in the *Mahābhārata* (e.g. in 2.39:11a) and in Purāṇas. Perhaps Vallabhadeva has himself, deliberately or inadvertently, invented a noun *triśikhā* to refer to frown-lines on the brow.

7:58.2–3 The gloss *khaḍgākāramukhaśaralūnagalaiḥ* is a diagnostic conjecture based in part on the commentary on 4:65, in which Vallabhadeva glosses *bhallāpavarjitaiḥ* with *khaḍgākāramukhaśaracchinnaiḥ*. Instead, we could have conjectured *śaraviśeṣalūnagalaiḥ*.

7:59.1 *saṅgrāme 'je*] These are the glosses that Jinasamudra uses respectively for *yudhi* and *tasmin*. If we did not repair the text by this bold conjecture, then there would be no gloss for *yudhi*. Another possibility would have been to conjecture *kumāre ājau*, which is a smaller change from P's *kumāre 'je*, but which then results in *kumāre* being somewhat awkwardly separated from *prahṛtavantaḥ* by the word *ājau*.

7:59.3 *aśeṣakaṣṭena*] This seems an odd gloss of *sarvaprayatnena*, which we have adopted from P, and it is possible that it is not right, but it seems conceivable that one should gloss *prayatna*, 'effort', with *kaṣṭa*, 'pain, trouble'.

7:60cd For Aruṇagirinātha we have only recorded a variant reading of this half-line, and that is because he does not comment on the wording of both readings that he must have had transmitted to him, but rather concludes his commentary with this quotation of just one of them: *atra 'nīhāramagne dinapūrvabhāge kiñcitprakāśena yathā vivasvān' iti pāṭhaḥ śreyān.* Dakṣiṇāvartanātha makes the following remark at this point (p. 100): *uttarārdhe pāṭhavikalpaḥ nīhāra*magne* (em.: °*magner* MS) *dinapūrvabhāge kiñcitprakāśena yathā vivasvān iti.* The editors print the text of Mallinātha as being what Aruṇagirinātha and Nārāyaṇapaṇḍita had before them. Śrīnātha (ff. 134r–134v) also shares Mallinātha's reading. Vaidyaśrīgarbha (f. 102v) glosses only the word *astravrajaiḥ*.

Vallabhadeva's reading, with the two participles *magna* and *udita* following each other in the compound, might suggest a temporal sequence ('with its front part first sunk in mist and then rising'; cf. *Aṣṭādhyāyī* 2.1.49). But his commentary suggests to us that he did not take the compound this way. Contrast his commentary on the word *pītapratibaddhavatsām* in *Raghuvaṃśa* 2:1, where the words *pūrvam* and *paścāt* flag this temporal sequence. Instead he may have understood the compound to be a *karmadhāraya* with as first part *nīhāra-*

magna and as second part the *bahuvrīhi* compound *uditapūrvabhāga*; the *tataḥ* is perhaps meant to refer to the *nīhāra*. In that case the compound qualifies the sun as 'sunk in mist [but] with its first/top part rising [out of that mist]'.

The version shared by most of the printed commentaries might be an 'improved' secondary reading (*nīhāramagno dinapūrvabhāgaḥ kiñcit-prakāśena vivasvateva*): 'just as the dawn, veiled in mist, is revealed by the wanly glowing sun'. Note that what differentiates Vallabhadeva's reading from that of Mallinātha is not just a *ta* instead of a *na*, which could just have been the result of a copying mistake caused by the similarity of the two letters, but also different syntax in the last *pāda*.

Perhaps the most logical of the readings here, however, and, given its feeble distribution, very likely indeed to be the result of secondary 'improvement', is the reading which Dakṣiṇāvartanātha gives as an option and which Aruṇagirinātha declares to be superior: 'as the sun [is discerned] by a faint light when the dawn is hidden by mist'.

7:60.1–2 *vruḍitas*] This gloss of *magna* seems to be a word that is distinctive of Kashmirian usage. The *Petersburger Wörterbuch* records the root *vruḍ*, but mentions no attestations. SCHMIDT (1928), s.v. *bruḍ*, 'untertauchen', records its use in Maṅkha's *Śrīkaṇṭhacarita* and in Alaka's commentary on the *Haravijaya*. And we also find it in other Kashmirian works, such as the *Kapphiṇābhyudaya* (7:26, 10:27 and 11:13). But the *NWS* (s.v. *bruḍ*) also records some non-Kashmirian evidence, notably STRAUCH's observations (2002:469) about the use of derived forms of the verb used in the related sense of 'drown' in the western Indian *Lekhāpaddhati*, which is, however, not written in standard Sanskrit, and in Jaina Sanskrit material collected by SANDESARA and THAKER (1962). SCHMIDT (1928), s.v. *bruḍ*, 'untertauchen', also adduces as parallel Prakrit *vuḍḍaï* from the *Bhavisattakaha*.

7:61 Śrīnātha (f. 134v) reads *atha priyārhaḥ* with Vallabhadeva in *pāda* a; Vaidyaśrīgarbha's commentary (f. 102v) does not reveal what he read there. In *pāda* c, both reflect the reading *kusumāstrakāntaḥ*. Dakṣiṇāvartanātha writes: *prāptam atha priyārha iti vā pāṭhaḥ* (p. 100).

7:62b Both Vaidyaśrīgarbha (f. 103r) and Śrīnātha support the reading *°śirastrajālam*. Dakṣiṇāvartanātha offers no commentary on 62.

7:63a *priyopāttarase*] Literally 'the juice of which had been taken by his beloved'. For kissing is conceived of as drinking the juice of one's beloved's lower lip (see SMITH 2005). Vallabhadeva proposes a range of somewhat distorted interpretations of this element of the verse because of concern about the impropriety of Indumatī kissing her husband so soon after the wedding. Hemādri adopts and modifies Vallabhadeva's deliberations on whether it is appropriate that Aja's lower lip is described as *priyopāttarase*. Cāritravardhana, as quoted by NANDARGIKAR in his endnotes, also addresses this question, and suggests that the bride might have been emboldened by the strength of her long desire, by her *svayamvara* and by study of the treatises of Koka and Kāmanda(?)! NANDARGIKAR too shows himself to be anxious about 'the propriety of this adjective here' (1971:142 of endnotes). Presumably Kālidāsa did not share these fastidious scruples and intended indeed to mention that Indumatī and Aja had kissed.

7:64–65 Dakṣiṇāvartanātha offers no commentary on 64–65.

7:65 The variant reading that Vallabhadeva records for the first half of the verse has been repaired in the light of Śrīnātha's commentary (f. 135r), which supports the following version of the same half-verse: *teṣām ajaḥ ketuṣu śoṇitāktair niveśayām āsa śilīmukhāgraiḥ*. This half-verse entails reading *varṇān* (instead of *varṇāḥ*) in the last *pāda*, which Śrīnātha also supports, but Vallabhadeva does not mention. Vaidyaśrīgarbha's sole commentary on this verse consists in the words *saṃyati saṃgrāme*, which serves only to confirm that he read *saṃyati* in *pāda* c (and not *samprati* with Mallinātha). Śrīnātha's commentary also reflects *saṃyati*.

Although it appears not to have been recorded in the published collations of NANDARGIKAR and DWIVEDĪ, it is possible that the reading commented upon by Śrīnātha and recorded, in a slightly different form, as a *pāṭhāntara* by Vallabhadeva was original: one can imagine it being replaced, on the grounds that the referent of *teṣām* might seem obscure, by a version containing instead *pārthivānām*.

7:66 Vaidyaśrīgarbha and Śrīnātha seem both to read with Vallabhadeva (and with the majority of sources) here.

7:66.3 *laukike śabdavyavahāre lāghavasyānādaraḥ, iti vacograhaṇam*] Here Vallabhadeva is appealing to the principle that extreme brevity, while prized notably by grammarians in the formulation of rules, is not necessary or desirable in ordinary speech and in poetry. Here, the word *vacaḥ* is not strictly necessary as an object to *babhāṣe*, but Kālidāsa is not striving for extreme brevity. The principle is mentioned in the *Kāśikā* ad 3.4.5, and by Vallabhadeva in his commentary on *Kumārasambhava* 5:15. Compare Hemādri, who echoes Vallabhadeva with this remark: *saṃkṣepānādara iti vacograhaṇam, tathā daṇḍī 'alaṃkṛtam asaṃkṣiptam' iti*, '[Here] brevity is not prized, and so he uses the word *vacas*. Thus [says] Daṇḍin '[a composition in *sargas* should be...] ornamented, not compressed' [*Kāvyādarśa* 1:18a].

7:67ab Vaidyaśrīgarbha and Śrīnātha (f. 135r) both read *mayāsi* (instead of *mayaitān*). Little else can be determined about Vaidyaśrīgarbha's text from his extremely brief commentary, but Śrīnātha's verse clearly began with the word *etān* (rather than with *itaḥ*).

7:68a Śrīnātha (f. 135v) reads *pratidvandvikṛtād*; Vaidyaśrīgarbha does not quote the word.

7:68c We have recorded Nārāyaṇapaṇḍita as reading *niḥśvāsabāṣpāgame* since he gives this as a *pratīka*, but the editors have actually printed *niḥśvāsabāṣpāgamāt* (the reading of Mallinātha in which the word is thus in parallel with *viṣādāt* in *pāda* a) as though it were the reading of Aruṇagirinātha and Nārāyaṇapaṇḍita. (Aruṇagirinātha does not reproduce a *pratīka* and so his reading cannot be determined with certainty, but, as we have seen often before, his text of the *mūla* is usually the same as that of Nārāyaṇapaṇḍita.) Śrīnātha too supports the reading *niḥśvāsabāṣpāgamāt*; Vaidyaśrīgarbha's reading cannot be determined. Dakṣiṇāvartanātha reads *niśvāsabāṣpāpagame* (p. 100).

7:69d *ivābhrakālam*] Here, even though none of our manuscripts, nor any of those reported by NANDARGIKAR or by DWIVEDĪ in his critical edition, has *ivābhrakālam*, we have adopted it (from Jinasamudra's commentary), since Vallabhadeva glosses it with *jaladasamayam*. Śrīnātha reads *ivābhrajālam*; Vaidyaśrīgarbha's reading cannot be determined. Dakṣiṇāvartanātha offers no commentary on 69.

7:69.3–4 The point made by Vallabhadeva in the last two lines of his commentary is expressed in different words by Hemādri here: *kekagrahaṇena siddhe, mayūragrahaṇaṃ praśaṃsārtham, 'lodhradruma'-vat* [*Raghuvaṃśa* 2:29d]. In his notes (p. 143) NANDARGIKAR quotes a similar remark as being that of Cāritravardhana and Sumativijaya.

We find Vallabhadeva's formulation of the idea less clear. The sentence *śabdāntareṇānūktasya viṣayasya svayaṃ nirdeśān nātra niyatam ādhikyam iti mayūragrahaṇam* we provisionally understand to mean: 'There is not necessarily (*niyatam*) anything extra [conveyed] (*ādhikyam*) here by directly (*svayam*) designating (*nirdeśāt*) the content (*viṣayasya*) that is repeated (*anūktasya*) by another word (*śabdāntareṇa*). With this in mind (*iti*) he uses the [extra] word *mayūra*.' Here, the following word, *keka*, conveys already the notion of 'cry of a peacock', and therefore repeats the notion 'peacock', which makes the explicit use of *mayūra* strictly speaking unnecessary. But Vallabhadeva seems not to be criticising Kālidāsa's usage, but rather defending it.

7:71c Śrīnātha (f. 136r), like Vallabhadeva, defends the reading *cīram ādātum aicchat* ('was eager to put on bark garments') instead of *śāntimārgotsuko 'bhūt* ('became eager to join the path to peace'), which the printed commentators support. Vaidyaśrīgarbha (f. 103v) evidently had the same reading as Śrīnātha and Vallabhadeva. Vallabhadeva's does not gloss *cīra* with a word meaning 'rags', which is perhaps the most familiar sense, but with *valkala*, 'bark-garment'. It is possible that other transmitters avoided this reading because they were not familiar with this sense of *cīra*, which seems to be absent from the older lexicographers. Compare 12:8, where we again find *cīra* in the text commented upon by Vallabhadeva (again glossed with *valkala*), but not in those of the printed commentaries. We note, however, that in *Kumārasambhava* 6:92 (Mallinātha 6:93) Mallinātha seems to have no problem with the use of *cīra* in the sense of *valkala*.

The reference to bark garments is an allusion to becoming a forest-dweller (*vānaprastha*), not a full renunciate who has internalised the Vedic fires (*saṃnyāsin*). Kālidāsa makes other references to the Raghus retiring from public life to become forest-dwellers (e.g. 3:70), but medieval commentators held the view that the final stage of life was that of the *saṃnyāsin* and so sometimes defend secondary readings that are consistent with this (later) view in such passages (cf., e.g., 8:10 and 11 below).

7:71.2–3 *aje nikṣiptaḥ ... yena raghuṇā*] One could consider rearranging this as a single-compound gloss of *tadupahitakuṭumbaḥ*, for instance: *ajanikṣiptasakalarājyabhāraḥ*. Note, however, that both Hemādri and Jinasamudra have a rather similar analysis of the compound to the one we have accepted, perhaps because they both borrowed from a text of Vallabhadeva's commentary in which there was no single-compound gloss.

7:71.5–6 *kriyāṃ kāñcid … iti vā caturthī*] In both of these 'solutions' for explaining the dative *gṛhāya* in the last quarter, Vallabhadeva is suggesting that we supply a verbal action, but in the first we understand a dative of purpose, whereas in the second, we understand the dative to express the object of the supplied verb. Śrīnātha (f. 136r) speaks of a dative of purpose and so might have chosen the first solution, but the transmission of his commentary here is corrupt; Hemādri has adopted the second solution. Mallinātha has simply glossed the dative with another dative, without commenting futher on how the case is to be understood.

7:71.6 *kulasya dhuryo na tu kuladhuraṃ vahatīti tadantavidhiniṣedhāt*] This remark has been borrowed into the commentary of Hemādri. Its point is that we have to form *dhurya* first, before compounding it with *kula°*, since the suffix that transforms *dhura* to *dhurya* would be blocked by *Vārttika* 3 on *Aṣṭādhyāyī* 1.1.72 *samāsapratyayavidhau pratiṣedhaḥ*.

8:3b *tasya mahā°*] Vaidyaśrīgarbha (f. 104r), Śrīnātha (f. 136v) and Dakṣiṇāvartanātha (p. 102) read *tena sahā°* with the printed commentaries. That reading, which smoothly makes both Aja and the earth the recipients of the shower poured by Vasiṣṭha, might well be a secondary improvement upon the reading known to Vallabhadeva.

8:3.3–4 Vallabhadeva makes the same point in similar words in his commentary on 4:12.

8:4a *durāsado 'ribhir*] Both Vaidyaśrīgarbha (f. 104r) and Śrīnātha (f. 137r) read with Vallabhadeva here (and not *durāsadaḥ parair*, as in the printed commentaries).

8:5 Vaidyaśrīgarbha has no commentary on this verse; Śrīnātha (f. 137r) comments on the readings *naveśvaraṃ* and *kevalam*. Dakṣiṇāvartanātha also reads *kevalām*; it is not clear whether he reads *naveśvaraṃ* (p. 102). The reading *naveśvaraṃ* fits well and might easily have become corrupted to the more banal *nareśvaraṃ*.

8:5.2–3 *nivartate sma nivṛttaṃ pratyāgatam*] We assume that this is inserted so that the reader does not mistakenly understand *nivṛtta°* to mean ‘ceased’, but instead realises that it can and must mean ‘returned’. The following quotation illustrates a parallel case where the same verbal root means ‘to return’, but used less ambiguously. Exactly the same quotation, introduced in exactly the same fashion, has been incorporated (presumably from Vallabhadeva’s commentary) into Hemādri’s text.

8:5.4–5 *proṣitāyāṃ ... kulāṅganā*] This verse of unknown provenance is not only quoted here by Hemādri but also in the commentary printed as Vallabhadeva’s by NARAYANA MURTI on *Kumārasambhava* 8:28, where the first words are given as *proṣitāyāṃ vrajaty annaṃ prajā*. Bhoja quotes it as an example of *kalatrapraśaṃsā*, praise of a wife, in chapter 19 of his *Śṛṅgāraprakāśa* (p. 1019 of the DWIVEDĪ edition). Jalhaṇa has included the verse in his *Sūktimuktāvalī* as the first in the section entitled *kulastrīpaddhati*; the verse is there printed, however, in the following mangled form: *proṣitāyāḥ prayānty astaṃ prajā dharmo yaśas sukham/ nivṛttāyā nivartante ahobadhnan (?) kulāṅganāḥ//*. Jalhaṇa attributes it to Vyāsa; it might therefore be found in some Purāṇic text, but we have not been able to trace it further back.

8:8a Śrīnātha (f. 137v), Vaidyaśrīgarbha (f. 105v) and Dakṣiṇāvartanātha (p. 103) appear to have read *mato mahīpater* here (in the manuscript transmitting Vaidyaśrīgarbha’s commentary *mahīpater* has been corrupted to *mahīyate*).

8:8b Instead of *prakṛtiṣv*, Śrīnātha (f. 137v) reads *saciveṣv*. Vaidyaśrīgarbha (f. 105v) and Dakṣiṇāvartanātha (p. 103), however, have *prakṛtiṣv*.

8:9a Note that the reading adopted (*paruṣo na na bhūyasā*) is not reported as a variant by NANDARGIKAR or DWIVEDĪ. Śrīnātha (f. 137v) and Vaidyaśrīgarbha (f. 105v) both comment on the word *khara*, so they probably had the reading known to the printed commentators, namely *na kharo na ca bhūyasā*. Śrīnātha’s commentary, however, contains the garbled sequence *kharaḥ anu bhūyasā*, which suggests the possibility that he might have read either *na kharo na nu bhūyasā* or *na kharo nu na bhūyasā*.

8:9b The editors of the Keralan commentators Aruṇagirinātha and Nārāyaṇapaṇḍita have printed *pṛthivīruhām* instead of *pṛthivīruhān*, but this receives no support from Aruṇagirinātha and is contradicted by Nārāyaṇapaṇḍita (who gives *pṛthivīruhān* as a *pratīka*) and so we suppose it to be a mere typographical error. Vaidyaśrīgarbha's commentary appears to use *mahīruhān* as a *pratīka*, but we do not see how this reading could have been made to fit in metrically.

8:9c *°madhyamakramo*] Both Vaidyaśrīgarbha and Śrīnātha support instead the reading *°madhyamakriyo*.

8:9d *nṛpān*] Śrīnātha reads *nṛpān*; Vaidyaśrīgarbha does not reveal what he read at this point.

8:10 Śrīnātha first comments (f. 137v) on the text of this verse that Hemādri transmits, including the readings *vīkṣya raghuḥ* in *pāda* a and *ātmavattayā* in *pāda* b. He further comments that some read *vināśadharmiṣu* (instead of *vināśadharmasu*). After fully commenting on Hemādri's version of the verse, he then (f. 138r) gives a fresh verse-*pratīka* and comments fully on the version of the verse that is known to Vallabhadeva, but perhaps with *ābhimānikaiḥ* (instead of *ābhigāmikaiḥ*), which he gives as a *pratīka* followed by the gloss *abhiratiprayogajanakaiḥ*.

Vaidyaśrīgarbha, however, (ff. 105v–106r) appears to read only the version of the verse that is known to Vallabhadeva.

Dakṣiṇāvartanātha (p. 103) reads *ātmavattayā* and gives *vināśadharmiṣu* as the correct reading (marked *iti pāṭhaḥ*). He therefore probably read the second half as Hemādri and Mallinātha.

NANDARGIKAR's notes inform us that the manuscripts he consulted that transmit the commentary of Cāritravardhana commented, as Śrīnātha did, on both versions of the verse, but putting that of Vallabhadeva's first.

We suspect that the version known to Vallabhadeva is the original one, and that that known to Hemādri, Mallinātha and others is a secondary 'improvement' intended to obviate what may well have been a difficulty for readers versed in Dharmaśāstra, namely that it is implied in Vallabhadeva's version that Raghu entered the life-phase of a *vānaprastha*, and not that of a *saṃnyāsin*. Of course, as originally conceived, the *āśramas* were not successive life-phases, and the evidence of the *Raghuvaṃśa* as to whether they had already become life-phases is inconsistent (particularly when one draws into consideration the readings known to early commentators). Cf. 3:70, 7:71c and our note thereon, and see also 8:11, 8:14, 8:16, 8:25 below, for further verses that bear on this question and also on the late medieval debate as to whether kings were eligible at all for *saṃnyāsa*. For further discussion, see DEZSŐ 2020.

A further motivation for changing the text from that known to Vallabhadeva might well have been the repetition of the words *padavī* and *pariṇāma* in the following verse.

8:10d The *guṇas* that are *ābhigāmika* (not in Mallinātha's version of this verse) and which Vallabhadeva's quotation enumerates are listed (with some differences from Vallabhadeva's list) in *Arthaśāstra* 6.1.3. Vallabhadeva's source is probably the *Kāmandakīyanītisāra*, Rājendralala MITRA's edition of which reads as follows (4:6–8):

> *kulaṃ sattvaṃ vapuḥ śīlaṃ dākṣiṇyaṃ kṣiprakāritā*
> *avisaṃvāditā satyaṃ vṛddhasevā kṛtajñatā*
> *daivasampannatā buddhir akṣudraparivāritā*
> *śakyasāmantatā caiva tathā ca dṛḍhabhaktitā*
> *dīrghadarśitvam utsāhaḥ śucitā sthūlalakṣyatā*
> *vinītatā dhārmikatā guṇāḥ sādhvābhigāmikāḥ*

8:11d Jinasamudra glosses neither *yadi vā*, nor *prayatāḥ*, and he explicitly glosses, as an attribute of *dilīpavaṃśajāḥ*, *saṃyaminaḥ* (not just *saṃyaminām*), which might be an error for *yaminaḥ*. Śrīnātha clearly also read *yadi vā* (f. 138r); Vaidyaśrīgarbha's commentary, unfortunately, seems to have gone partly missing (no gloss or explanation follows his introduction of a *pratīka* that reads *guṇavad iti*) and so we cannot know which reading he followed (f. 106v). Dakṣiṇāvartanātha does not comment on this verse.

The readings of the printed commentaries seem to be secondary attempts to bring the retirement practices of the Ikṣvākus in line with a medieval understanding of the rules of Dharmaśāstra: the later commentators (with the exception of Mallinātha) commenting on a text without *yadi vā*, accept only the possibility of *vānaprastha* for kings, and reject, implicitly or explicitly, the idea that *saṃyaminām* refers to *saṃnyāsins*, which is nonetheless almost certainly what Kālidāsa intended (see once again 7:71c and 8:10 and our notes thereon). Mallinātha, however, reading *prayatāḥ* instead of *yadi vā*, thinks that the Raghus became *yatis*, but clad in bark garments: *taruvalkāny eva vāsāṃsi yeṣāṃ teṣāṃ saṃyamināṃ yatīnāṃ padavīṃ prapedire.*

8:12.1–2 The commentary of Vallabhadeva as transmitted is problematic, since it contains no glosses of the words *śirasā*, *pādayoḥ* and *aparityāgam*, which it repeats from the root text, and no gloss of *pitaram*, which is not reflected in the commentary at all. It is therefore tempting to attempt to repair the text, for instance by adopting glosses from Jinasamudra's commentary. In one instance we have done this, replacing *aparityāgam prārthayata* with *avismaraṇaṃ raghuṃ prārthayata* (Jinasamudra's text, as printed, has *avismāraṇam*), but we have hesitated to replace *śirasā pādayoḥ* with *mastakena caraṇayoḥ*. (Among these glosses, *caraṇayoḥ* is in any case not found in Jinasamudra.)

8:13a *asrumukhasya*] The word *aśru*/*asru* is common throughout this chapter. As noted in the introduction, wherever it occurs, we have preferred the orthography *asru*, since this seems to be used consistently by the Kashmirian manuscripts that transmit Vallabhadeva's work, both in the root text and in the commentary. We have not troubled to include apparatus-entries specially to record that editions with other commentaries all prefer the orthography *aśru*.

8:13d Vaidyaśrīgarbha (f. 106v) reads *vyapavarjitām* instead of *vyapasarjitām*; Śrīnātha does not make clear how he read here. Neither combination of verb and verbal prefixes seems to be parallelled elsewhere, as far as we can determine. Dakṣiṇāvartanātha (p. 103) probably read *vyapavarjitām* or *py apavarjitām* (the MS has *apavarjitām*, but that does not fit the metre).

Monier-Williams, Stchoupak & Renou and the long and the short Petersburg dictionaries all have an entry for *vyapavarjita* (perhaps on the strength of this verse alone, but no attestations are mentioned). Apte, the *Vācaspatya*, and the *Śabdakalpadruma*, however, do not. Alone among modern dictionaries, Monier-Williams and Stchoupak & Renou also have an entry for *vyapasṛj*: again no attestations are mentioned. The *NWS* (consulted 5.ix.2020) has no entries for either term.

8:13.1 Note that the way in which Vallabhadeva paraphrases the wish of Aja that Raghu acceded to, namely *vanavāsān nivṛttim*, 'turning back from living in the forest', implies that Vallabhadeva concluded that Raghu did not become a *vānaprastha* (see our note on 8:16a for the apparent suggestion of Vallabhadeva that Raghu became a *saṃnyāsin*). It is possible, however, that Kālidāsa thought that Raghu, while staying close to the palace, did in fact nonetheless become a *vānaprastha*.

8:13.3 *vyatirekopamā* is defined in *Agnipurāṇa* 344:14 as *yad ucyate 'tiriktatvaṃ vyatirekopamā tu sā*. GEROW thinks that this figure may be the same as *atiśayopamā* (GEROW 1971:166).

8:14ab Śrīnātha and Vaidyaśrīgarbha both read the first half-line exactly as Vallabhadeva did, whereas Dakṣiṇāvartanātha (p. 103) read with the other Southern commentaries.

The reference specifically to Raghu's becoming a *yati* (in spite of his being a *kṣatriya*) seems to have been problematic for some and may have prompted an early improver to modify the wording to that of the (still problematic) text commented on by Mallinātha, which speaks of him adopting the final *āśrama* (*āśramam antyam*), which one might expect to refer to *saṃnyāsa*, and this is indeed what Mallinātha supposes. Nonetheless, Hemādri shows a way around this difficulty, for he reveals that we can understand this reading to tell us that Raghu in fact became a *vānaprastha* by the following comment: *atra antya āśramaḥ vānaprasthāśramaḥ, brāhmaṇasyaiva sannyāsa ity uktatvāt*. In other words, according to this view, the final *āśrama* for a *kṣatriya* is that of a *vānaprastha*. Dakṣiṇāvartanātha and, following him, the Keralan commentators Aruṇagirinatha and Nārāyaṇapaṇḍita adopt the same line of interpretation. Mallinātha, after much discussion, concludes instead that Raghu became a *saṃnyāsin*. Jinasamudra presumably agrees with Mallinātha, since he glosses as follows: *antyaṃ bhikṣuvratam āśramam āśritaḥ*. Moreover, to further confuse matters, the word *yati* is in any case not unambiguous (as Vallabhadeva's gloss *niyamadhārī* reveals), and we find it used of Raghu in 8:16a below, where it is unanimously transmitted by all sources, but variously interpreted by the commentators (see our note on 8:16a below).

In Vallabhadeva's reading, it is clear that Raghu moved just outside the palace; in the reading of Mallinātha et al., he appears to have lived outside the city (*purād bahiḥ*), although it is perhaps conceivable that *pura* could have referred to the palace. We are not sure of the significance that might have been attached to this difference by medieval readers.

As for the dwelling (*āvasathe*), the Keralan commentators take it to be an *uṭaja*, a cottage made of leaves that would be typical of a *vānaprastha*. Śrīnātha and Vaidyaśrīgarbha, since they follow Vallabhadeva's reading, both have the dwelling just outside the palace, but take it to be a place of fire-sacrifice (an *agnigṛha* according to Vaidyaśrīgarbha (f. 106v), and a *yajñaśālā* according to Śrīnātha (f. 138v)). Jinasamudra, who shares Mallinātha's reading, also takes the dwelling to be a place of sacrifice (*yajñagṛha*). Mallinātha and Vallabhadeva both offer relatively non-committal glosses (*sthāna* and *gṛha* respectively), and Hemādri has no gloss at all.

8:15b Śrīnātha (f. 138v) and Vaidyaśrīgarbha (f. 107r) both read *ūrjasvala-nūtaneśvaram*.

8:16a Note that all sources unanimously refer to Raghu as bearing the distinctive marks of a *yati* here, which might seem to suggest a *saṃnyāsin*, but the commentators differ in their interpretations: Vallabhadeva and Mallinātha both gloss *yati* with *bhikṣu* (which Vallabhadeva uses in his commentary on 8:11 as a synonym of *saṃnyāsin*); Śrīnātha (f. 138v) glosses the word with *muni* (which presumably means the same thing); but Hemādri tells us that *yati* cannot here refer to a *saṃnyāsin*, since kings cannot take *saṃnyāsa*: *jitendriyatvenātra yatiśabdaprayogaḥ, rājñāṃ saṃnyāsābhāvāt. 'ye nirjitendriyagrāmā yatayo yatinaś ca te'.* Dakṣiṇāvartanātha (p. 104) and Aruṇagirinātha quote the same line of the *Amarakośa*, which suggests that they too intended to imply that *yati* was used by Kālidāsa merely to express the idea that Raghu had restrained his senses and not to express that he had become a *saṃnyāsin*.

8:16c Instead of *apavarga°*, Śrīnātha (f. 138v) reads *vinivṛtti°* (which he glosses with *mokṣa*) and Vaidyaśrīgarbha (f. 107r) and Dakṣiṇāvartanātha (p. 104) read *anivṛtti°*. In the first case, we must presumably understand the meaning to be 'cessation', whereas in the second what is meant is 'non-returning'. The reading *apavṛtti°*, which Vallabhadeva here records as a problematic variant, is mentioned in NANDARGIKAR's apparatus, where it is ascribed to a small handful of manuscripts, but also to Vallabhadeva (to whom NANDARGIKAR also contradictorily ascribes the reading *apavarga°*).

8:16.2 *apāvṛttiḥ*] We are not aware of parallels for the use of this word in the sense of liberation. Alone among our dictionaries, the *Vācaspatya* records *nivṛtti* (we must presumably understand it to mean 'cessation') as a second meaning (the first meaning recorded being *udvartana*). It is perhaps conceivable that Vallabhadeva's gloss here should instead be *apavṛttiḥ*, which several dictionaries record as having the sense 'end'; but in that case it would be somewhat odd for Vallabhadeva to record *apavṛtti°* below as a mistaken *pāṭhāntara* for *apavarga°* that 'some' took mistakenly to refer to *svarga*: why would people who read *apavṛtti°* not simply take it to mean 'ultimate liberation? We have therefore assumed that Vallabhadeva probably did not think that it was acceptable that *apavṛtti* could refer to 'ultimate liberation', and we have accordingly assumed that his gloss here must have been *apāvṛttiḥ* (given that traces of both readings are found here in our manuscripts).

8:16.3–4 *kecit tu lipisārūpyavyāmohād*] Compare Vallabhadeva's remark here about script-confusion with that ad *Meghadūta* 2. In that case, however, one can imagine a graphic similarity between *praśama* and *prathama*, whereas it seems hard to imagine a script in which *apavarga* and *apavṛtti* might have looked similar.

8:16.5 *nāpy eṣa śabdārthaḥ*] We assume that this means 'nor is that a [possible] meaning of the word [*apavṛttiḥ*]'. Of course it is possible that it is intended instead to mean 'nor is that a [possible] meaning of the words [*apavṛtti* and *mahodaya*]'.

8:16.5–6 *dvandve pūrvanipātoparodhād ādau raghor nirdeśaḥ*] We assume that this means 'In the *dvandva*[-compound *raghurāghavau*], Raghu is placed first out of respect for the [rules governing] first position [in compounds].'

8:17.3–5 The variant on which Vallabhadeva comments is not entirely clear. He could have had the same version of the variant as Hemādri (but replacing *samadṛśyata* with *samapṛcyata*), namely:

samapṛcyata bhūpatir yuvā
sacivaiḥ pratyaham arthasiddhaye
apunarjananopapattaye
pravayāḥ saṃyuyuje manīṣibhiḥ

The same verse (beginning *samapṛcchyata*) is commented on as verse 18 of Jinasamudra's text. Alternatively, Vallabhadeva might have had the version that NANDARGIKAR records as having been placed after verse 17 in several commentaries, namely Hemādri, Cāritravardhana (who records it to be a *kṣepaka*), Dinakaramiśra, Vallabhadeva and Sumativijaya, which is exactly the same except that *saṃyuyuje* is there replaced by the word *saṃyamibhiḥ*. (This is perhaps slightly more likely, since it would arguably be odd for Vallabhadeva to gloss *samapṛcyata* with *saṃyuyuje* if *saṃyuyuje* also occurred later in the same verse.) Vaidyaśrīgarbha (f. 107v) seems also to have read first Vallabhadeva's accepted version of 17 and then the verse beginning with *samapṛcyata*, in which he had *vinetṛbhiḥ* in place of *manīṣibhiḥ*. Unfortunately, Vaidyaśrīgarbha too does not make clear whether he read *saṃyamibhiḥ* or *saṃyuyuje*.

Śrīnātha too (f. 139r) appears first to have read Vallabhadeva's accepted version of 17, except that he has *mantraviśāradaiḥ* instead of *nītiviśāradaiḥ*, and then the following verse (reconstructed from his *pratīkas*):

> *samayujyata bhūpatir yuvā*
> *sacivaiḥ pratyaham arthasiddhaye*
> *apunarjananopapattaye*
> *pravayāḥ saṃyamibhir manīṣibhiḥ/vinetṛbhih*

Both verses seem to express the same general idea and it is therefore extremely probable that one or other version is a secondary creation produced at an early point during the transmission. We shall return, in the note on the next verse, whose transmission is intimately involved with that of this one, to our theory of which version is primary.

8:18 Both Vaidyaśrīgarbha (ff. 107v–108r) and Śrīnātha (f. 139r) have the verse that Vallabhadeva comments upon, except that both read *prathamaḥ* in place of *aparaḥ* (in *pāda* c) and *dhāraṇām* instead of *dhāraṇāḥ* (in *pāda* d), and Vaidyaśrīgarbha has °*viṣṭarāśraye* instead of °*viṣṭarāśrayaḥ* (in *pāda* c), and Śrīnātha has *yatati* in place of *yatate* (in *pāda* d).

Dakṣiṇāvartanātha (p. 140) and all the printed commentaries comment on an entirely different verse at this point:

> *nṛpatiḥ prakṛtīr avekṣitum*
> *vyavahārāsanam ādade yuvā*
> *paricetum upāṃśu dhāraṇāṃ*
> *kuśapūtaṃ pravayās tu viṣṭaram*

Nandargikar's notes reveal that several hitherto unprinted commentaries transmit both verses, as does Jinasamudra. For Jinasamudra gives Vallabhadeva's 17 (16 in his numbering) and 18 (17 in his numbering), followed by Vallabhadeva's variant text of 17 (18 in his numbering) and Mallinātha's 18 (19 in his numbering). The readings of Jinasamudra's 19 are reported here in the apparatus as Jin.[vl].

We have written up our theory of the evolution in transmission of verses 17 and 18 in French in GOODALL 2009:71–72, but here it is in a nutshell. We suspect that 17 was changed first and that the oldest version of it was this:

samapṛcyata bhūpatir yuvā
sacivaiḥ pratyaham arthasiddhaye
apunarjananopapattaye
pravayāḥ saṃyuyuje manīṣibhiḥ

The problem here for transmitters is probably that *samapṛcyata* is passive and thus not wholly parallel with *saṃyuyuje*, which could be taken as a passive, but seems intended as an *ātmanepada* with active sense, since it is connected with a dative of purpose (it seems unnatural to say 'he was met by wise men in order to attain no rebirth'). The most minimal change was to substitute *saṃyuyuje* with *saṃyamibhiḥ*, which transforms the figure from a *prativastu* (a mere juxtaposition of two parallel statements) to a *dīpaka* (in which the verb is shared by both statements). Unfortunately, this still resulted in a passive construction being connected with a dative of purpose, but less directly so, and perhaps therefore less disturbingly for some... But a more elaborate alteration was conceived, namely the version of 17 accepted by Vallabhadeva as primary.

ajitādhigamāya mantribhir yuyuje nītiviśāradair ajaḥ
anapāyipadopalabdhaye raghur āptaiḥ samiyāya yogibhiḥ

In Vallabhadeva's time, no change had yet been made to verse 18, and verse 17 seems to have been transmitted in several sources (including Vallabhadeva's commentary) in two versions, the major revision, with the version that we judge to be primary tacked on as an alternative. This meant that two of the words in that primary version, now rejected but still circulating, were available for reuse when some transmitter came to revise verse 18, namely the words *yuvā* and *pravayāḥ*. In this case, the problem with the older version of 18 was, we think, once again one of a lack of strict parallelism:

anurañjayituṃ prajāḥ prabhur
vyavahārāsanam ādade navaḥ

aparaḥ śucivisṭarāśrayaḥ
paricetuṃ yatate sma dhāraṇāḥ

Here, although both kings adopt a seat in order then to pursue some cognitive work (in one case judging cases and in the other attempting to cultivate the yogic fixations), this is expressed instead as one taking a seat to please his subjects (by judging cases) and the other, already seated, striving to cultivate fixations. By judicious rewriting, reincorporating the words *yuvā* and *pravayāḥ*, a much neater parallelism between both verse halves is achieved. Furthermore, the words *yuvā* and *pravayāḥ* are not only less flat than *navaḥ* and *aparaḥ*, but *yuvā* is also used to good effect by being juxtaposed with the 'throne of judgment': the solemnity of Aja's office being used in conjunction with mention of his youth hints at his unusual maturity:

nṛpatiḥ prakṛtīr avekṣitum
vyavahārāsanam ādade yuvā
paricetum upāṃśu dhāraṇāṃ
kuśapūtaṃ pravayās tu viṣṭaram

Another felicitous consequence of all these alterations is that we now have the figure *prativastu* in the revised version of 17, followed by the figure *dīpaka* in the revised version of 18 (rather than simply two consecutive instances of *prativastu*).

8:20 Most of the Southern commentators have omitted this stanza, but Śrīnātha (f. 139v) and Vaidyaśrīgarbha (f. 108r) read it here, as does Jinasamudra. Hemādri, as our apparatus records, includes it later. Some editions record the stanza as an extra verse or *kṣepaka*, as for instance the Nirnaya Sagara Press edition of 1882, and DWIVEDĪ's critical edition, which records three verses (namely Vallabhadeva's *pāṭhāntara* to 17, Vallabhadeva's 18 and Vallabhadeva's 20) together as excluded extra verses, which he puts into his apparatus after verse 19. Dakṣiṇāvartanātha quotes the whole of the stanza at this point (p. 105), but preceded by the (to us mysterious) indication *atra pūrvaślokaḥ* (which mistakenly has been copied twice), and he offers no commentary on it.

8:21 Śrīnātha (f. 139v) and Vaidyaśrīgarbha (f. 108r–108v) both read *vavṛdhe* in place of *vavṛte*. For all the other words for which our apparatus records meaningful variation, Śrīnātha reads as Vallabhadeva does (in other words *kṣitau* in 21a, *ārabdha°* in 21b, *itaro* in

21c, and *jñānamayena* in 21d); Vaidyaśrīgarbha does not happen to quote any of those words, and so it is not clear how he read them. Dakṣiṇāvartanātha (p. 105) reads *dhyānamayena*.

As a parallel to the second half of this verse, as well as the *Bhagavadgītā*, which Vallabhadeva and others cite, one could also quote *Manusmṛti* 11:246cd: *tathā jñānāgninā pāpaṃ sarvaṃ dahati vedavit*.

8:22c While other scenarios are possible, it seems not unlikely that *raghur adhyagamad* was original and that this first became altered (either because of similarity of graphs for *pya* and *dhya*, or because of a need for a contrastative particle, or both factors together) to read *raghur apy agamad*. This reading would have entailed taking *agamad* somewhat unidiomatically to mean 'knew', which might in turn have prompted some improving transmitter to propose the reading *raghur apy ajayad*. Śrīnātha (f. 139v) reads *raghur apy ajayad*; Vaidyaśrīgarbha (f. 108v) evidently read *raghur anvagamad*.

8:22.2–3 This verse is identical to *Agnipurāṇa* 234:17, but that may not be its source. Similar verses are found elsewhere, all based, probably, on the sixfold list of the *Arthaśāstra* (7.1), e.g. *Manusmṛti* 7:160:

> *saṃdhiṃ ca vigrahaṃ caiva yānam āsanam eva ca*
> *dvaidhībhāvaṃ saṃśrayaṃ ca ṣaḍguṇāṃś cintayet sadā*

and *Yājñavalkyasmṛti* 1:345c–346b:

> *saṃdhiṃ ca vigrahaṃ yānam āsanaṃ saṃśrayaṃ tathā*
> *dvaidhībhāvaṃ guṇān etān yathāvat parikalpayet*

Vallabhadeva usually quotes verses on statecraft from the *Kāmandakīyanītisāra*, and it is possible that this verse too occurs in some recension of that work, but we have not managed to find it.

8:22.4–5 Jinasamudra closely echoes Vallabhadeva here: *paṇabandhaḥ sandhiḥ 'yadi tvam idaṃ karosi tadāham api tavābhimataṃ sampādayāmi' iti. tatra paṇasya bandhatvāt.*

The words *paṇabandhaḥ sandhiḥ* here could be regarded as a quotation of *Arthaśāstra* 7.1.6, but it is perhaps more probable that Vallabhadeva is simply commenting in prose on the preceding quotation.

8:22.7–8 *prākṛtāni tāni nijakāryonmukhāni śreyasām apratibandhīni*] We suppose that this might be intended to mean: '[when] these [three *guṇas*] are in *prakṛti*, being turned towards [the production of] their own effects [but not yet actually engaged in producing them], they do not obstruct what is good'.

8:23d Whether Vallabhadeva read *sthiradhīr* or *sthitadhīr* now seems impossible to determine: note that both words have been inserted as a *pratīka* by different scribes. We cannot tell how either Vaidyaśrīgarbha or Śrīnātha read this word, since Śrīnātha does not quote or gloss it and the manuscript transmitting Vaidyaśrīgarbha's commentary is damaged at this point.

8:23.8–10 The seven verses in question must be 17–23, since verse 16 really only serves as an introduction to the parallels between Aja's pursuit of statecraft and Raghu's pursuit of yoga. We have tentatively emended to *pradhānavastu°* (from the transmitted reading *pramāṇavastu°*). One could interpret *pramāṇavastu°*, since one could understand Vallabhadeva to be saying that he did not set out to expound in detail the nicer points of both statecraft and yoga (*nītiśāstrayogavidhivivakṣā... na vyadhāyi*, but that he has explained the meaning and set down some quotations of authorities (*pramāṇa*). There is something odd about Vallabhadeva qualifying himself as *śrutalavamātrapraśāsanaparaiḥ* ('intent on dispensing instruction about the mere drops of [my] erudition') while at the same time explaining that he is not trying to explain statecraft and yoga in detail.

We have broadly followed P, but note that the other manuscripts bear witness to a different statement: *nītiśāstrayogavivakṣāśrutalavamātrapraśāsanaparair granthavistarabhīrutvāt saṅkṣepaḥ kṛtaḥ, kevalaṃ pradhānavastuvyākhyānamātram akāri.* One could interpret this to mean: '[Although I am] keen to dispense instruction concerning the merest drops of erudition relating to what was intended to be expressed [by the poet] regarding statecraft and yoga, because I fear lest the work become too long, I have presented a short account; I have only given an explanation of the principal subject'.

In this reading, the absence of *asmābhiḥ* is odd, since one has a long qualifier for it, whereas in P's reading the use of the verb *vyadhāyi* with *°vivakṣā* seems peculiar. Perhaps another subject of the passive verb *vyadhāyi* has dropped out, something like *vistaravyākhyānam*. In that case, one could take *°vivakṣā* in compound with the following (as in the reading of the manuscripts other than P).

8:24c *prasitau*] Both Vaidyaśrīgarbha and Śrīnātha have words here that could not fit metrically. Śrīnātha (f. 140r) has *prasiddhau* and Vaidyaśrīgarbha (f. 109r) has *prastutau*. Both words could conceivably be glosses of *prathitau*, which is the reading of the Keralan commentators. Alternatively, *prasiddhau* and *prastutau* could be two different corruptions of either *prasitau* (which is indeed a rare word, and therefore perhaps especially liable to become corrupted) or of *prasṛtau*, which Vallabhadeva records as a *pāṭhāntara*, and which is the reading of Jinasamudra.

8:25 Hemādri cites the same three *pāda*s of *Mahābhārata* 12.47:25 as Vallabhadeva (reading *māṃ* for *yaṃ*).

8:26b *asrūṇi visṛjya*] Note that there is similarly variation between *vimucyatām* and *visṛjyatām* in 2:45d, with Vallabhadeva there favouring *vimucyatām*. Śrīnātha (f. 140v) here reads *aśrūṇi vimucya*; Vaidyaśrīgarbha does not reveal how he read this word.

8:26cd The reading on which Vallabhadeva comments states obliquely that with the performance of his funeral rites Raghu finally equalled Indra in attaining the glory of having accomplished a hundred sacrifices (Dilīpa's failure to accomplish this is the theme of 3:38ff and 6:74). As we have commented (GOODALL 2001:121), the version of these *pāda*s given in all the hitherto printed commentaries may be a secondary correction made in order to obviate an entailed inconsistency: Raghu's obsequies could not have been performed with fire because he was a renunciate, and therefore his funeral could not have been his hundredth sacrifice! Of course, as we have seen (see our notes on 7:71c, 8:13.1, 8:14ab, 8:16a, etc.), there is in fact considerable variation among transmitters and commentators as to which *āśrama* the kings of the solar dynasty in general, and Raghu in particular, chose to adopt in the final part of their lives. It seems likely that there was no consistent and concerted attempt to 'improve' at the same time every verse in which allusion to his retirement is made.

Both Vaidyaśrīgarbha (f. 109v) and Śrīnātha (f. 140v) read the second half in the version known to Vallabhadeva. Dakṣiṇāvartanatha (p. 107) has the words *naiṣṭhikaṃ* and *anagniṃ*, so he probably had the Southern version of this verse.

8:27a *vidadhe ca*] In the readings of Hemādri, Mallinātha, Nārāyaṇapaṇḍita, and Jinasamudra, this has been replaced by *akaroc ca*, which we assume to be a secondary alteration caused by the modification of the second half of the preceding verse: in the modified version of 8:26cd, the main verb is *vidadhe*, and it would have been repetitive to have this verb used in two consecutive verses. Śrīnātha (f. 140v) reads *vidadhe* with Vallabhadeva here; Vaidyaśrīgarbha does not reveal how he read the opening of the verse.

8:27.2–3 *atha pitṛbhaktyeti kim ucyate, yāvatā pitaraḥ śrāddham ākāṅkṣantīty āha, yasmāt...*] We assume this to mean: 'If you object saying "why does it say « with devotion to his father? ». Surely instead (*yāvatā*) [one performs the offerings because] the forefathers depend on the post-mortuary offering." In view of this []possible objection] (*iti*) he says (*āha*): "because..." '

The point here is that there should be no need to add that Aja acted with filial devotion, since he should in any case make post-mortuary offerings, which are generally required. But, as the text goes on to explain, because of Raghu's mode of death, he cannot be in need of the offerings, and so the only motivation for providing them is (a poignantly misplaced) devotion. The same point is made (partly with the same words) by Hemādri, and also (in quite different words) by Mallinātha and Nārāyaṇapaṇḍita.

8:28bc *sadarthavedibhiḥ / śamitādhir*] Here Śrīnātha (f. 141r) read *sadarthavedinaḥ* (which he construes as a genitive) and *śamitārir*. Vaidyaśrīgarbha (f. 109v) has *sadarthavedibhiḥ*, and, although his text is corrupt at the relevant point, appears to comment on the reading *śamitādhir*, since he is probably glossing *ādhi* with the word *vyatha*.

8:28.1–3 All the glosses that appear in Jinasamudra's commentary on this verse occur in Vallabhadeva's commentary.

8:29a *bhāminī*] Śrīnātha (f. 141r) reads *bhāvinī*; Vaidyaśrīgarbha (f. 110r), however, reads *bhāminī*.

8:29b *agryapauruṣam*] Śrīnātha's *pratīka* for this word is *ugrapauruṣam*, which he glosses with *mahāpauruṣam*, which would be a natural gloss for *agryapauruṣam*, but which might nonetheless be glossing *ugrapauruṣam*. Vaidyaśrīgarbha does not reveal what he read at this point.

8:32b *sannataye*] Śrīnātha (f. 141v) reads *saṃmataye*; Vaidyaśrīgarbha (f. 110v) and Dakṣiṇāvartanātha (p. 107) however, have *sannataye*.

DWIVEDĪ, in his critical edition of 1993, has chosen to accept the reading *satkṛtaye*.

8:32.1 *tasyājasya dhanaṃ na kevalam pareṣāṃ prayojanam...*] For prose, the word-order seems strange here, given that we want this to mean 'not only Aja's wealth was for the sake of others, ... [but also his virtues]'. But this odd order mirrors that of the verse. One could consider expunging *pareṣāṃ prayojanam*, on the grounds that it is almost a *pratīka*, and leaving only the gloss *anyārtham*.

8:33 Instead of commenting on this verse, Nārāyaṇapaṇḍita breaks off his commentary to give instead a summary (in *anuṣṭubh*) of the plot of the remainder of the chapter. The reason he gives for doing so is the following: *itaḥ paraṃ nāyakaduḥkhapratipādakatvād duṣprameyam iti nāsmābhir vyākhyā kriyate.* 'From here onwards, because this narrates the suffering of the hero, it is too painful to contemplate [/not a suitable object of knowledge?] (*duṣprameyam*), and so I have not commented upon it.'

8:34cd *muniḥ pathā pavamānasya jagāma*] We have recorded Jinasamudra as reading *yayau raver udayāvṛttipathena*, since a *pratīka* that appears in his commentary (with the gloss *ākāśamārgeṇa*) is *udayavṛttipathena*, which would be unmetrical. Note that the editors of Aruṇagirinātha have also recorded the unmetrical reading °*ya*° as a variant to the syllable °*gā*°. Vaidyaśrīgarbha (f. 111r) also reads *yayau raver udayāvṛttipathena*, without a gloss of the last word. Śrīnātha (f. 142r) and Dakṣiṇāvartanātha (p. 108) read *yayau raver udagāvṛttipathena*, but Śrīnātha mentions *udayāvṛttipathena* as a *pāṭhāntara*. It is clear that *udayā*° and *udagā*° could be easily confused when written, the first reading yielding the meaning 'along the path travelled by the sun when rising and returning', the second meaning 'along the path travelled by the sun when returning from the north [after the summer solstice]'. As for the reading defended only by Vallabhadeva ('along the path of the wind'), it clearly effectively means 'through space' (just as the reading *udayāvṛttipathena* does). It is not clear to us what might have motivated transmitters to change from or to Vallabhadeva's reading. It is conceivable that a transmitter might have wished to make the text more precise by stipulating the direction of Nārada's movement; but it is also possible that some transmitter might have wished to make the text clearer and found that the expression 'return from the north' (*udagāvṛtti*) was a confusing way to refer to southward movement. It is also possible that *udagāvṛtti* became corrupted to *udayāvṛtti* as the result of a simple copying mistake, and that the resulting expression was considered a clumsy way of referring to the ether and so changed to *pathā pavamānasya.*

We are inclined, however, to think that Vallabhadeva's version is the oldest, since he shows no sign of knowing any other version, and that this was embroidered upon to result in a neater composition, one without the otiose attribute *muniḥ*, and in which the southern direction of Nārada's movement was deftly integrated.

8:34.2 *āspadaṃ mūrtiḥ*] This double gloss of *niketa* (which we might have expected to have been glossed with an expression meaning 'temple' or '[sacred] site') has been copied by Jinasamudra. We assume that the first gloss, 'place', is intended to be literal, and that the second, 'icon', reflects the intended sense.

8:36ab Śrīnātha (f. 142r) reads *kusumānusāribhir vinikīrṇā*, whereas Vaidyaśrīgarbha (f. 111r) reads *sumanonusāribhir vinikīrṇā*, with Vallabhadeva.

8:36.1–2 Note that almost all of Jinasamudra's glosses for this verse are the same as those Vallabhadeva has used.

8:37abc Vaidyaśrīgarbha (f. 111r) reads *madhu°* instead of *paṭu°* in *pāda* b, and presumably *srag asajyata sā mahīpater* in *pāda* c (with the variant *srag asajjata*). Śrīnātha reads *madhu* and *srag asajyata sā mahīpater.*

8:37d Śrīnātha (f. 142v) reads *dayitoraḥsthalaratnakoṭiṣu*; Vaidyaśrīgarbha (f. 111v) gives no indication of how he read here. Dakṣiṇāvartanātha comments (p. 108) *dayitorassthalakoṭiṣv iti pāṭhaḥ*, indicating that he accepted that reading but was aware of at least one other.

The inorganic image of nipples as jewels that is not in the texts commented on by Hemādri, Mallinātha, Aruṇagirinātha and Jinasamudra could have been authorial and may have been replaced because it was unattractive to some transmitters of the text. Compare the description of Sudakṣiṇā's breasts in 3:7, echoed in the *Govindalīlāmṛta* (see our Corrigenda to volume 1 at the back of this book, s.v. 3:7). The large quantity of slightly different readings suggests that this verse was problematic, from the point of view of taste, for generations of transmitters.

8:37.2 It is odd, perhaps suspicious, that there is no gloss of *paṭugandhātiśayena*. Jinasamudra, reading *madhugandhātiśayena*, glosses *makarandasaurabhaviśeṣeṇa*. One might conjecture, taking a lead from that, something like *kaṭusaurabhaviśeṣeṇa*, which could be placed before the word *pidhāya*. Perhaps such a gloss has dropped out because of an eyeskip of some sort from one instance of *saurabha* to another.

8:38cd Vaidyaśrīgarbha (f. 111v) and Śrīnātha (f. 142v) both seem to have had the same reading as Vallabhadeva. The reading known to Mallinātha and other commentators has a simile — she is like moonlight from which the moon is taken away — where the version known to Vallabhadeva has none. The simile is odd, since there is no obvious counterpart to the moon. Is it conceivable that the version known to Mallinātha should have been original and disappeared because it was judged defective on this ground? If so, however, we would normally expect Vallabhadeva's commentary to reflect an awareness of the older reading.

On the other hand, if the change went in the opposite direction, perhaps it might have been provoked by anxiety over whether *punar apratibodhalabdhaye* was better than *apunaḥpratibodhalabdhaye*. In that case, this would be an instance of the tradition 'enriching' Kālidāsa's text by inserting a new figure (albeit an imperfect one). For a brief discussion of the variation in this verse, see GOODALL 2009:70-71.

Dakṣiṇāvartanātha (p. 109) comments on the word *tamasā*, which he glosses with *rāhuṇā*, suggesting that he read with Hemādri, Mallinātha and Aruṇagirinātha.

8:38.1–3 Note, once again, the similarity of Jinasamudra's commentary to that of Vallabhadeva. It is on the strength of this similarity that we have borrowed *ākulā* from Jinasamudra as a gloss of *vihvalā*, for which none of the Kashmirian manuscripts offers a gloss.

8:39 Because it contains an unbalanced simile (in which Indumatī is compared to a thing that is neuter, namely *arciḥ*), Vallabhadeva's reading was, we think, judged problematic by some transmitters, one of whom must have created the beautiful verse that has been adopted by Hemādri, Aruṇagirinātha and Mallinātha. That secondary version adds a plaintive *nanu*, which means that there is no longer a formal simile, and it ingeniously contrives to suggest a reinforcement of the notion of falling by its alliteration of *p* and *t* in its second quarter: *nipatantī patim apy apātayat*. For a detailed discussion of the transmission of this verse, see GOODALL 2009:67–68. We may add to that here that a source as late as the *Sāhityadarpaṇa* has the version of the verse known to Vallabhadeva, but with one difference: instead of *navadīpārcir*, Kavirāja Viśvanātha reads *nanu dīpārcir* or *tanudīpārcir*. (The commentary purportedly by Viśvanātha's son, who must, like earlier transmitters, have been unsatisfied with the verse, rearranges the words of the last two *pādas* so that they read: *agamat tanutailabindunā saha dīpārcir iva kṣites talam*.)

The expression *navadīpārcir* seems to have puzzled some readers. We assume that a 'new' lamp means one that has therefore been freshly filled with oil and has an extra long wick, in other words one that is in a state most likely to spill flaming wick along with drops of brimming oil from its lip, as Vallabhadeva perhaps assumes (see next note).

Both Śrīnātha (f. 142v) and Vaidyaśrīgarbha (f. 111v) first comment on the version known to Vallabhadeva and then on the one known to the other commentators, without commenting on whether or not one version is intended as an alternative to the other or on whether one is to be rejected.

Dakṣiṇāvartanātha (p. 109) comments on the Southern version of this verse.

8:39.2–3 *tatkāladattasya... atilambamānatvāt*] We have adopted °*dattasya* assuming it to referring to the lamp being 'set down', but we could equally have favoured the easier reading *tatkālajvalitasya*. As for *atilambamānatvāt*, it could describe either *dīpasya* or *jvālā*, but, given that it seems to mean 'hanging down too much', we expect it to apply to the wick, which is not explicitly mentioned. Perhaps Vallabhadeva imagines that the wick is too long and hangs down, and that the flame, attached to the wick, drops down to the ground along with a drop of oil. Perhaps Kālidāsa also intended this.

8:40ab Śrīnātha (f. 143r) reads *paripārśvavartinām*, probably with Jinasamudra (although it should be observed that Jinasamudra repeats *paripārśva*, even though the *pratīka* that precedes his commentary reads *ubhayor apīti*, and so suggests that he might have read as Mallinātha did), and Śrīnātha has *bodhitāḥ* for *vejitāḥ*. Vaidyaśrīgarbha does not reveal how he read on these points. The term *paripārśvavartin* may seem rarer than *pārśvavartin*, but note that it is attested in *Kumārasambhava* 5:50 (on which Vallabhadeva remarks *pārśvam eva paripārśvam*).

8:40c Note that Hemādri glosses *°karāśrayāḥ* even though Dwivedī's text has *°karālayāḥ*. Śrīnātha (f. 143r) also reads *°karāśrayāḥ*. Vaidyaśrīgarbha again does not reveal how he read this word.

8:40d Vaidyaśrīgarbha (f. 112r) might seem to have read *ruruvuḥ* and glossed it with *cukruśuḥ*, but *ruruvuḥ* would be unmetrical, so the *pratīka* and the gloss probably became exchanged by mistake; Śrīnātha (f. 143r), however, reads *cukruśuḥ*.

8:40.2–3 For the final remark, cf. *Dhātupāṭha* 6.9: *ovijī bhayacalanayoḥ*. The point, presumably, is that one might be able to form a causative past participle *vejita* from other verbs, such as *vij*, class 3, 'to separate, divide'.

8:41b Śrīnātha (f. 143r) seems to have read *tu* in place of *ca*; Vaidyaśrīgarbha (f. 112r) does not reveal which he read. Both seem possible: *tu* is the more obvious choice, but *ca* might also have been used here with adversative force.

8:41.2 *kecin mṛtety āhuḥ*] Vallabhadeva means that some interpret the word *saṃsthitā* to mean *mṛtā*. This is indeed the way Hemādri, Dakṣiṇāvartanātha (p. 109) and Aruṇagirinātha gloss the word: *saṃsthitā mṛtā*. The implication is that both were 'dead' in the sense of being unconscious and only the king could be revived. Vallabhadeva's first interpretation is presumably rather that 'she remained just the same', in other words, she did not move or, following Vaidyaśrīgarbha's gloss of *tathaiva* with *tamonvitā* (f. 112r), did not have 'darkness' removed from her.

8:42 Śrīnātha (f. 143r) comments on the variant version of this verse known to Hemādri and Jinasamudra that begins with *sa nināya* (see apparatus), except that he reads *padminīnibhāṃ* in the third quarter. Vaidyaśrīgarbha, however, has no commentary on either version of this verse, for he skips from 41 to giving a gloss of the word *āvilāṃ* in 8:43c. Dakṣiṇāvartanātha (p. 109) comments on the version of the verse known to Vallabhadeva.

In this case, we cannot use the criterion of being known to Vallabhadeva to decide which of the two quite different versions of this verse is more likely to be primary. It seems to us, nonetheless, that the version that Vallabhadeva prioritises, by commenting on it first, is more likely to be original for two reasons, namely that it arguably has a small grammatical problem (*°samavasthāṃ* for *°samāvasthāṃ*: see our note on 8:42.3 below), and that it contains an image of a sort that seems to us typical of other rejected verses. For it compares Indumatī's body to a man-made inanimate object, rather than, as becomes more conventional, to a plant. We find evidence of a similar replacement in *Raghuvaṃśa* 3:7, where the version known to Vallabhadeva speaks of Sudakṣiṇā's breasts as being like ivory boxes with lids made of buffalo-horn, but the version that is commonly printed has them compared instead to lotus-buds with bees atop them. (See our annotation thereon and 8:37d) One may imagine that a transmitter earlier than Vallabhadeva was disturbed by the use of *sam* for *sama* and decided to produce a version that obviated this difficulty at the same time as replacing the image with a more conventional one. (A brief remark on these two versions of the verse is found in GOODALL 2009:71.) For a similar comparison, cf. Haribhaṭṭa's *Jātakamālā* 23.13+: *kanakasamudgānurūpastanayugalā*.

8:42.2 *niḥsāraṇavīṇā°*] We suppose that *niḥsāraṇa°*, used of a *vīṇā*, must mean either an instrument that must be re-tuned or one on which the strings have broken and must be reattached. Given that the comparison is with Indumatī's lifeless body, the latter seems more plausible. We note that MONIER-WILLIAMS records the sense 'stretching out, extension' for *sāraṇā* when used at the end of a compound in the *Kathāsaritsāgara*. Assuming that it might have been used with the negative prefix *niḥ°*, *sāraṇā* in the sense of 'stretching' would fit either tuning or attaching the strings.

8:42.3 *saṃśabdaḥ samaśabdārthaḥ*] This refers to the syllable *sam* in *°samavasthām*, where we would indeed rather expect the *bahuvrīhi* adjective *°samāvasthām*. Note that Mallinātha appears to comment almost as though the text did have *°samāvasthām*, even though this would be metrically impossible. Hemādri discusses the word, which he justifies by assuming that the prefix *ava°* has been shortened to *va°*, a feature common with certain verbal roots (e.g. *vagāha*), but not expected with *sthā*. Note that, as Aruṇagirinātha here points out, Kālidāsa again uses *samavasthā* in *Raghuvaṃśa* 19:50, where it appears simply to mean the same as *avasthā*.

8:43b *karaṇaprāyaṇabhinnavarṇayā*] The reading *karaṇāpāyavibhinnavarṇayā* known to Hemādri, Mallinātha, Jinasamudra and Śrīnātha (f. 143v) is perhaps a secondary variant that arose because the relatively rare word *prāyaṇa* was unfamiliar to some transmitters. Vaidyaśrīgarbha does not reveal how he read at this point. Dakṣiṇāvartanātha (p. 109) reads *°prāyaṇa°*.

8:44.3 Jinasamudra's final remark on this verse echoes that of Vallabhadeva.

8:45.2–3 *kiṃ yathaparaṃ sadhanaṃ bhaviṣyati, śastrādi, kusumasakāśad api vā yat sukumārataram*] We assume that this means: 'What other means, as it were, could there be, what weapon or the like, that would be even more tender than a flower?' The gloss of *kim iva* with *kiṃ yathā* seems oddly unidiomatic. Note that other commentators instead assert, as we would expect, that *iva*, used in conjunction with the question-word *kim*, does not bear comparative sense. Vaidyaśrīgarbha, for instance, has the following remark (f. 112r): *ivaśabdo nāmārtha[ḥ]. kiṃ nāmānyad ity arthaḥ.*

One could instead posit that Vallabhadeva understands this idiom well, but uses *yathā* as a mechanical gloss of *iva* and assumes that the reader will understand that *kiṃ yathā* is intended as an equivalent of *kim iva*.

8:46 Śrīnātha (f. 144r) read *athavā mṛdu vastu* with Mallinātha and others in *pāda* a, and *pūrvanidarśanaṃ matā*, again with Mallinātha and others, in *pāda* d. Vaidya (f. 112r) seems also to have read *pūrvanidarśanaṃ* as a separate word, but it is not clear whether he read *matā* or *gatā* after it. Dakṣiṇāvartanātha's *pratīka* (p. 110) is *athaveti*, and he probably read *pūrvanidarśanam* as a separate word, as in the Southern text.

8:46.3 *prajāntaka ity atra prajāgrahaṇaṃ vispaṣṭārtham*] We could assume that the point here is that Antaka would have sufficed by itself as a name of Yama and that the word *prajā* is added onto the beginning of the name for total clarity: 'he who causes the end *of creatures*'. Alternatively *vispaṣṭārtham* could conceivably be intended to mean simply that the motivation for the inclusion of the element *prajā* is 'entirely clear', but this seems less plausible to us in the light of other occurrences of the expression by Vallabhadeva, e.g. ad *Śiśupālavadha* 14:1 and *Kumārasambhava* 3:32. In both those cases, the point appears to be that an element is included for the sake of total clarity. For this sense, we could have chosen to emend *vispaṣṭārtham* to *vispaṣṭatārtham*, but we have not done so because of the parallels (which also use *vispaṣta* in the sense of *vispaṣṭatā*, instances of *bhāvapradhāno nirdeśaḥ*, 'expression in which the state is [intended as] the main sense [even though there is no suffix]').

8:47 Both Śrīnātha (f. 144r) and Vaidyaśrīgarbha (ff. 112r–112v) read *suramālyarūpabhāg* and *eṣa karmaṇā* in the first half-line. Their word-order in *pāda* c cannot be reconstructed. In the last *pāda*, Śrīnātha reads *tadviṭapāśritā* instead of *tadviṭapāśrayā*; Vaidyaśrīgarbha does not reveal how he read this compound. Dakṣiṇāvartanātha introduces this verse (between Vallabhadeva's 46 and 48) with *atra pūrvaślokaḥ* (cf. note on 8:20), after which he writes out the whole verse (the manuscript has *marunnipātitaḥ*, which is probably corrupt).

As we explain in our note on 8:47.4–6 below, we think that Vallabhadeva's readings are probably original. It is, however, not entirely certain whether he read *karmaṇā* or *vedhasā*: in the manuscripts transmitting his commentary, there are readings to support both possibilities.

From this point the order of verses differs in our sources. In the table below, each number is the number assigned in the commentary in question to the verse whose opening syllables is found in the left-hand column. (This is not the system we followed when tabulating the verse-orders of chapter 4 in volume 1.) The numbers in square brackets, particularly in the column devoted to Śrīnātha, are assigned by us, since the manuscript from which we are reading Śrīnātha's commentary does not number the verses.

Concordance of verse-sequences from 8:47 to 8:60.

	Vall.	Hem.	Mall. (Nan.)	Dak.	Aru./ Nār.	Jin.	Śrī.	Vai.
athavā	47	48	47	41	45	50	47	46
srag iyaṃ	48	47	46	42	46	51	[48]	47
kṛtavaty asi	49	49	48	43	47	52	[52]	51
dhruvam asmi	50	50	49	44	48	53	[49]	48

Concordance of verse-sequences from 8:47 to 8:60.

	Vall.	Hem.	Mall. (Nan.)	Dak.	Aru./ Nār.	Jin.	Śrī.	Vai.
dayitām	51	52	50	45	49	54	[50]	49
suratāśrama°	52	53	51	46	50	55	[51]	[50]
manasāpi	53	54	52	47	51	56	[53]	52
kusumotkacitā°	54	55	53	48	52	57	[54]	53
idam ucchvasitā°	55	56	55	–	54	59	[55]	–
tad apohitum	56	51	54	49	53	58	[56]	–
śaśinaṃ	57	57	56	50	55	60	[57]	54
navapallava°	58	58	57	51	56	61	[58]	55
ghanacāru°/	59	–	–	–	–	–	[59]	56
iyam aprati°	–	59	58	52	57	61b	–	–
kalam anya°	60	60	59	53	58	62	[60]	57

8:47.1–2 Jinasamudra repeats Vallabhadeva's gloss *divyamālākusumaveśadhārī.*

8:47.4–6 *evaṃ ca vyākhyāne...*] We assume that Vallabhadeva means that, if one comments on the verse in the above fashion, then the second line is intended to demonstrate that the garland must be a thunderbolt. Others, however, think that the second half-line in fact is intended to tell us that the thunderbolt cannot simply have been an ordinary thunderbolt, but a special garland-thunderbolt, since ordinary thunderbolts destroy trees, whereas this one has only destroyed a creeper upon the tree.

Vaidyaśrīgarbha (ff. 112r–112v) appears to follow an interpretation similar to Vallabhadeva's first proposal: *aśanir ekam eva mārayati. na* (em.; *ta* MS) *tūbhayaṃ yugapat. suramālyenāpy ekaiva kṣapitā nihatā. ato 'yam aśaniḥ.* 'A thunderbolt [typically] kills only one [plant when there is a creeper round a tree], not both simultaneously. This divine garland too has destroyed only one [plant]. Therefore, it is [in fact] a thunderbolt.'

Mallinātha, however, followed Vallabhadeva's second mentioned interpretation of the verse, but with some important differences in readings that may have arisen from an attempt to make the verse express more clearly this preferred line of interpretation. Following Mallinātha's readings, one might translate:

> Or perhaps it was because my good fortune has expired that the Creator has fashioned this [novel kind of] thunderbolt, since it has not felled the tree, [but] it has destroyed the vine that clung to its branches / trunk.

Śrīnātha, however, who shares Vallabhadeva's text (except that he has *°śritā* for *°śrayā*), follows the same line of interpretation, according to which we might translate as follows:

> Or rather, this is a [special] thunderbolt in the shape of a divine garland produced by [the retributive force of my own past] actions, since it has not felled the tree but has destroyed [only] the creeper that clings to its branches.

We suspect that the text and interpretation of Śrīnātha and Vallabhadeva are probably what were originally intended, but that the odd ambiguity of the text, which Vallabhadeva's commentary highlights, may have led to the reformulation known to Mallinātha, and perhaps even to the dropping of the verse entirely, as in Aruṇagirinātha's text of the chapter.

8:48 Both Vaidyaśrīgarbha and Śrīnātha have this verse placed after 47, just as Vallabhadeva does (and not placed after 46, as in the text of Hemādri and Mallinātha).

8:48.3–4 Note that Hemādri closely echoes the final sentence of Vallabhadeva's commentary, and in so doing confirms the reading *siddhaviṣatvāyāś ca* that we have chosen, for he says: *atra indumatīnāśāt amṛtarūpāyā mālāyā viṣatvam, siddhaviṣatvāyāś ca tasyā nṛpāhananād amṛtatvam.*

8:49 Śrīnātha (f. 144v) and Vaidyaśrīgarbha (f. 113r) place this verse after 8:52. In its second *pāda*, Vaidyaśrīgarbha seems to read *aparādhe 'pi*, but mentions also the readings *aparādhyāpi* (the absolutive) and *aparāddhe 'pi* (which is the reading of Hemādri and Jinasamudra). (The precise order of the words, and whether he read *yadā*, *yathā* or *priye*, cannot be determined.) Śrīnātha reads *aparāddhe 'pi yadā ciraṃ* or *aparāddhe 'pi ciraṃ yadā*. Dakṣiṇāvartanātha (p. 110) expresses his preference for a reading *aparādho 'pi yadāciraṃ mayi* (similar to the variant reading mentioned by Aruṇagirinātha), without informing us what other reading (or readings) he might have known.

8:49.2 *kathaṃ pralapato mama vacanaṃ na dadāsīty arthaḥ*] Once again Hemādri's commentary incorporates the final sentence of Vallabhadeva's. Hemādri's testimony led us to prefer the reading *vacanaṃ* over the (arguably smoother) reading *prativacanaṃ*.

8:50d Śrīnātha (f. 144v) and Vaidyaśrīgarbha (f. 112v) both read *anāmantrya*.

8:50.1–3 Every gloss in Jinasamudra's commentary here is drawn from Vallabhadeva's commentary. The final remark, *snigdho hy upekṣyate*, is adopted without change by Hemadri at the end of his commentary.

8:51 Vallabhadeva's reading of the text is not wholly certain here: he might equally have had *kim idaṃ tayā vinā* or *kim idaṃ tvayā vinā* or even *kim atas tayā vinā* before him. Both Vaidyaśrīgarbha (f. 112v) and Śrīnātha (f. 144v) read *ātmakṛtena* in *pāda* d. In *pāda* b, Śrīnātha read *kim idaṃ tayā vinā*; it is not clear what Vaidyaśrīgarbha read at this point.

8:51.3 *sahatām*] It is suspicious that we find no gloss in Vallabhadeva's commentary. Jinasamudra's commentary is here of no help, however, for, as his editor remarks, it seems incomplete, and has no gloss for this word (or indeed for most other words of the verse).

8:52 Both Śrīnātha (f. 144v) and Vaidyaśrīgarbha (f. 112v) read the text of this verse as Vallabhadeva had it.

The differences in the text of the verse as it appears in editions with all the printed commentaries other than that of Jinasamudra look likely to be the result of deliberate secondary modification, probably in order to remove what might have been regarded as a doctrinally problematic idea, namely that souls themselves (*dehabhṛt*) (and not just their embodiments) were subject to destruction (*kṣayin*). (The subject of the second half is arguably also made more clearly explicit by the inclusion of the word *tvam*.) Of course even in the version of the verse known to Mallinātha and others, the claim is made that souls are *asāra*, 'without strength/substantiality', but this is not as radical as the claim that they are perishable. Note that both Vallabhadeva and Mallinātha (as well as Śrīnātha) pointedly gloss *dehabhṛtām* with *prāṇinām*, 'creatures', rather than taking it to mean 'souls'.

Another minor oddity of the version known to Vallabhadeva that might have been deliberately corrected away in transmission is the notion (arguably implied by *na viramanti*) that Indumatī continued to sweat even after death: in the secondary version, the sweat simply remained upon her.

8:52.1–2 Although Jinasamudra reads the second half of the verse differently, he borrows some of Vallabhadeva's glosses for the first half: *nidhuvanajanitāḥ śrama[jala]kaṇāḥ*.

8:53 Cf. *Kumārasambhava* 4:7:

> *kṛtavān asi vipriyaṃ na me pratikūlaṃ na ca te mayā kṛtam*
> *kim akāraṇam eva darśanaṃ vilapantyai rataye na dīyate*

8:53bcd It seems possible that the verse was rearranged at some point in the course of transmission to remove the particle *vata* from its position at the beginning of a sentence. As the large *Petersburger Wörterbuch* notes (s.v. *bata*), 'Ausruf des Erstaunens und des Bedauerns "(ach, weh,)" der ursprünglich stets unmittelbar nach dem den Satz eröffnenden und den Affect hervorrufenden Begriff gestanden zu haben scheint...' In other words, it is an enclitic that usually appears as the second idea in a sentence. Instances in which it may come later are referred to, but only one exception is mentioned in which *bata* appears as the first word in a sentence, and that is said to be in a line of the *Mālavikāgnimitra*: 'Am Anfange eines Satzes nur MĀLAV.42,13(48,16), doch fehlt es hier in mehreren H[an]dschr[iften].' Although recorded and rejected in the 1978 critical edition of Iyer (p. 88), it may well be authorial. Here in *Raghuvaṃśa* 8:53c we appear to have a second instance in which Kālidāsa chose to place the word first. An arguably similar case is perhaps the use of *vata* in 8:68d below.

The usage of *bata*/*vata* as line- and sentence-initial is not rare in other poets; see for instance *Rāmacarita* 31:76cd and *Śrīkaṇṭhacarita* 8:25cd, 8:35cd; in the *Bhāratamañjarī* there are also a few instances, including 7:759 and 13:60, in which *bata* is even verse-initial. It is also verse-initial in *Sūktimuktāvalī*, *Vasantavarṇapaddhati* 22 (*bata sakhi kiyad etat* ...).

We cannot determine at all which particles Vaidyaśrīgarbha read where, nor how he read the last *pāda*. As for Śrīnātha, he seems to have had a *nanu* (f. 145r), which does not seem to have belonged to the second quarter, but his third *pāda*, judging from his glosses, may have read *pṛthivīpatim abhyasūyase.* (Of course, it is possible that his *pṛthivīpatim* is a gloss and that he in fact had *nanu bhūpatim abhyasūyase.*) As for his fourth *pāda*, it is just conceivable that he read *tvayi me bhāvanibandhanaṃ nanu.* This would account for the fact that he appears to gloss *bhāvanibandhanaṃ* as a noun (his gloss is *bhāvodayaḥ*), and it would give a place to his *nanu* without obliging us to assume his *pṛthivīpati* to be a gloss. Dakṣiṇāvartanātha, for his part, reads (p. 111) *nanu* (and *bhāvanibandhanā ratiḥ*), with the printed Southern commentaries and Jinasamudra.

8:53.4 We have assumed that Vallabhadeva's final remarks refer not just to another interpretation of the fourth *pāda*, but also to another reading, namely *bhāvanibandhanā matiḥ.* Vallabhadeva might be said to appear to have struggled with both the readings before him, which in turn suggests that the variant version known to the printed commentaries, namely *bhāvanibandhanā ratiḥ*, is probably a secondary improvement.

8:53.3–4 *nibadhnāty …nibadhnāti*] Throughout this chapter so far, the testimonies of P, B^1, and L_2 have been close and often inferior to those of G_1UJ, so it is perhaps to be expected that one should come across a palpable conjunctive error. Here what must be an omission of a portion of text because of eyeskip from one instance of *nibadhnāti* to another looks like such a case. Without the omitted portion in question, the resulting text ends with an *iti kecit* that makes no sense and that is nonetheless shared by all sources. But this omission is in fact shared between P, B^1 and J, and not by L_2. And yet J shares conjunctive errors with G_1, for instance in the commentary on the very next verse. In other words, this shared omission cuts across the groupings that other readings so far in this chapter suggest. Furthermore, the scribe of B^3 has subsequently incorporated the missing text into the margin of B, illustrating how conflation can easily blur the lines of transmission.

8:54 Śrīnātha (f. 145r) appears to have read *kusumotkhacitān*; Vaidyaśrīgarbha (f. 113r) appears to give *kusumodgrathitān* as his *pratīka*.

8:54.1 *hastabahiḥsthānasamasakthi*] Vallabhadeva's unusual gloss of *karabhoru* is echoed by his gloss of *vāmoru* in 8:58 below. Vallabhadeva is no doubt influenced in this by *Amarakośa* 2.6:81ab; note that Dakṣiṇāvartanātha (p. 111) has the same interpretation and explicitly quotes the *Amarakośa* line. Śrīnātha too shares this interpretation. For the conjectural restoration of the final vowel, see our note on 6:35.1–2.

8:54.3-4 *yathā 'śakyam aṅgulibhir' iti*] As mentioned in the apparatus, the verse alluded to is *Kumārasambhava* 8:72, where *utkacayitum* may also be taken to mean 'adorn' (a sense not recorded by our dictionaries).

8:56b *viṣādam*] Śrīnātha (f. 145r) seems to read with Vallabhadeva here. Vaidyaśrīgarbha has no commentary on either 8:55 or 8:56, which does not allow us to conclude that they were not part of his text.

8:58d *tava*] Here Śrīnātha (f. 145v) reads *vada*; it is not clear what Vaidyaśrīgarbha read at this point. In point of fact, Vallabhadeva does not gloss either word, so he could in theory have read either *vada* or *tava*, except that it would perhaps be odder to leave *vada* unglossed. Furthermore, *tava* is supported by the Kashmirian manuscripts that transmit only the root text. Arguably, the *tava* is a bit flatter, and the *vada* is thus perhaps more likely to have been introduced secondarily to heighten the emotive force of the verse. Note furthermore that the *Śṛṅgāraprakāśa* quotes the verse (as 14.188, p. 852 of volume 1 in the edition of Revāprasāda Dwivedī and Sadāśivakumāra Dwivedī; or p. 906 of Raghavan's edition) with *tava* rather than with *vada*.

8:58.2 *citādhirohaṇam*] We would expect a gloss here. Jinasamudra also has none, and nor does Hemādri. Perhaps none was felt to be needed? Since Vallabhadeva glossed *citā* with *kāṣṭharacanā* ad *Kumārasambhava* 4:35 and *adhirohaṇa* with *ārohaṇa* ad *Raghuvaṃśa* 13:74, one could consider speculatively conjecturing *kāṣṭharacanārohaṇam*.

8:59ab Both Śrīnātha and Vaidyaśrīgarbha read the same text here as Vallabhadeva did, whereas Dakṣiṇāvartanātha reads with the printed Southern commentaries. It is possible that the reading known to the printed commentaries was crafted to furnish an accusative that could be construed with *anumṛtā*. In what we suspect to be the older reading, the epithet *ghanacārunitambagocarā* might also have been judged to be otiose padding. The secondary reading is both attractive, and more moving, and it contains a usage typical of Kālidāsa, for cf. 8:38

punar apratibodhalabdhaye and 12:50: *aprabodhāya suṣvāpa*. The adopted reading finds a closer echo in 13:23.

8:60 Vaidyaśrīgarbha (f. 113v) and Śrīnātha (f. 146r) read in *pāda*s b and c as the printed commentaries do. In *pāda* d Śrīnātha appears to read *pavanoddhūtalatāsu*; Vaidyaśrīgarbha does not reveal what he read at this point. The text printed with Hemādri's commentary reads *pavanādhūtalatāsu*, but he in fact comments on *pavanoddhūtalatāsu*.

We have recorded Vallabhadeva as reading *pṛṣatāsu*, but we are not sure that this form can be justified by grammarians. We find no other attestation elsewhere.

8:60–61.2 *na punaḥ ... ataḥ*] We have put *yatas tava viyoge mama ceto nitāntāsvastham ataḥ* within parenthetical dashes to convey that we think that it is intended to be construed separately and to indicate that *guruvyathaṃ* is understood as a *hetugarbhaviśeṣaṇa*. We could, however, have chosen to follow (with some small tweaks) the commentary as transmitted by PB^1L_2 here, getting rid of *na punar yataḥ* and having the sentence read as follows: *tathāpi tava viyoge nitāntāsvasthaṃ mama cetaḥ sandhārayituṃ samāśvāsayituṃ samarthā na bhavanti*. We have not done so because we suspected that this version of the commentary might be a secondarily simplified one.

8:60–61.5 *pṛṣateṣu kṛṣṇasāraṅgeṣv iti kecit*] Vallabhadeva appears here to be indicating a variant according to which the deer were masculine. (Such a reading is not recorded in the editions of Nandargikar and Dwivedī, who instead report the variant *hariṇīṣu*.) What he first comments on must be a word that indicates female deer: it is still not entirely clear though, whether that word was *pṛṣatīṣu* or *pṛṣatāsu*. As mentioned above, the latter form is not attested elsewhere.

8:63cd Śrīnātha (f. 146r) here appears to have read *nu te vata* in place of *nu tat tava*. Vaidyaśrīgarbha's commentary does not reflect what he might have read in this place.

8:63.1–2 *cūrṇakuntalālaṅkaraṇam*] We have adopted the gloss of PB^1L_2, since it seems likely that Vallabhadeva would have glossed the compound *alakābharaṇam* with another compound. This has meant deciding against the reading *cūrṇakeśeṣv alaṅkaraṇam*, even though *cūrṇakeśa* is actually a much rarer word than *cūrṇakuntala* (which is widely known, probably because of its mention in the *Amarakośa*) and a word that Vallabhadeva uses elsewhere in this chapter (e.g. ad 8:54 and 8:55) and the next. One could therefore consider conjecturing *cūrṇakeśālaṅkaraṇam*.

8:64 This verse is also commented on by Śrīnātha, but it is omitted in the text of Dakṣiṇāvartanātha, Aruṇagirinātha and Vaidyaśrīgarbha, as well as being judged a *kṣepaka* by Cāritravardhana, according to NANDARGIKAR's apparatus to this verse. If this is indeed the result of secondary omission, it would be comprehensible, because this verse seems to overlap with the previous one. It is conceivable that some transmitter made the judgement that the two verses covered the same ground and therefore chose to omit one of them. But it is arguably more likely that one or other of the two verses was in fact a secondary attempt to rephrase and replace the other. It is possible that 8:64 was rewritten to yield 8:63 by a transmitter troubled by the formulation *anyadurlabham*, for which see the next note. Another difficulty, arguably, with 8:64 is the somewhat disconcerting position of the particle *iva* immediately after *smaratā*, where we really rather expect it, as Vallabhadeva remarks, to go with *śocyase*. Neither problem seems to us particularly grave.

Of course it is not impossible that both verses were in fact original, and that Kālidāsa deliberately intended to mention two Aśoka trees, one of which had not yet flowered while the second had. In that case, Aruṇagirinātha and Cāritravardhana (and perhaps also Vaidyaśrīgarbha) would have had both verses in front of them and chosen to reject the second. A further possibility, however, is that the omission of 8:64 in Aruṇagirinātha and in Vaidyaśrīgarbha goes back to an early text in which that verse did not figure because it had not yet been thought of by some transmitter.

8:64.3 *sarvanāmno vṛttimātre puṃvadbhāvaḥ*] We find this expression in the *Kāśikā* ad 2.2.26, but its source is the *Mahābhāṣya* ad *Vārttika* 1 ad *Aṣṭādhyāyī* 2.2.28. The point is to justify the treatment of the pronoun *anyat* as masculine in the compound *anyadurlabham*, since the interpretation first given is 'difficult to obtain from another [woman]'. Note that Vallabhadeva's two interpretations of *anyadurlabham* are echoed, according to NANDARGIKAR's endnotes on this verse (p. 159), in manuscripts transmitting the commentaries of Hemādri, Cāritravardhana and Sumativijaya. The end of Hemādri's commentary does indeed echo Vallabhadeva's remarks.

8:65a Vaidyaśrīgarbha (f. 114r) and Śrīnātha (f. 146v) both read *°nukāribhir* with Vallabhadeva. Dakṣiṇāvartanātha, at least in the GOML transcript, has no remark on this verse, which may mean that his text did not have it.

8:65b *grathitārdhāṃ bakulaiḥ*] Vaidyaśrīgarbha (f. 114r) must have read *bakulair ardhacitāṃ* with the printed commentaries, whereas Śrīnātha (f. 146v) appears to have had *bakulair ardhakṛtāṃ*.

8:65c *vilāsa°*] Śrīnātha (f. 146v) shares this reading with Vallabhadeva; Vaidyaśrīgarbha's reading of this word cannot be determined.

8:65d We have read *supyate* against all the manuscripts that give Vallabhadeva's commentary on the grounds that those same manuscripts unanimously have *śayyate* in the commentary, which we therefore suspect to be Vallabhadeva's gloss of *supyate* that has found its way back into the text of the verse itself. We could of course also have accepted *śayyate* in the root text. Śrīnātha (f. 146v) appears to have read *supyate*; Vaidyaśrīgarbha's reading once again cannot be determined.

8:65.1 *kimpuruṣasyeva mādhuryād galo yasyāḥ*] Normally, we would expect Vallabhadeva to gloss a vocative with a vocative preceded by the exclamation *he*, in other words, in this case, something like: *he kimpuruṣagale*. The text seems therefore suspicious to us.

8:65.1–2 *umbhitārdhām*] It is conceivable that Vallabhadeva's gloss *umbhitārdhām* might actually be a gloss not for *grathitārdhām*, but for Mallinātha's *ardhacitām*. Note that *umbhita* is a rare word, used, apparently, only by Kashmirian authors: see our note on 7:10.2 above.

8:66b Neither Vaidyaśrīgarbha nor Śrīnātha reveal whether they read *arbhakaḥ* or *ātmajaḥ*. Although the editors print *arbhakaḥ* as the reading of Aruṇagirinātha, his commentary has a remark about this point being only implied that suggests that it was not what he read: *pratipaccandrasāmyenārbhakatvaṃ darśanīyakatvaṃ ca dyotyam*. We have accordingly reported him as reading *ātmajaḥ*.

8:66d *vyavasāyaḥ pratipatti°*] Both Vaidyaśrīgarbha (f. 114r) and Śrīnātha (f. 146v) read and defend *vyavasāyo 'pratipatti°*. The idea seems to be that her decision is cruel because she fails to understand and take account of the feelings of the friends she leaves behind. Dakṣiṇāvartanātha reads *vyavasāyaḥ pratipatti°* (p. 113) with Vallabhadeva.

8:67a Both Vaidyaśrīgarbha (f. 114r) and Śrīnātha (f. 146v) read *dhṛtir*.

8:67d The reading *pariśūnyam* looks to be the result of secondary change by some quibbling transmitter wondering why the king should state that his bed should only be empty for a while (*ciraśūnyam*), rather than definitively empty. Also possible is that the combination of *ciraśūnyam*, 'empty for a long while', with *adya* seemed odd, since one might expect *ciraśūnyam* to refer to the past leading up to the present moment. Neither Vaidyaśrīgarbha nor Śrīnātha reveals which of these readings they had before them.

8:67.3 *śūnyaṃ gatam*] We are not sure what the force of *gatam* is here, or whether the text is correct at this point. Note that Jinasamudra's commentary ends with *cirakālaśūnyaṃ jātam*. Is it possible that *gatam* is a corruption of *jātam*? Or that it is intended to mean the same as *jātam*? Another possibility, perhaps, is that *gatam* is meant to mean 'valueless': compare here Śrīnātha (f. 147r) *mama śayanīyaṃ śūnyaṃ śayyā tucchety arthaḥ*. In that case, perhaps *śayanīyam*, 'bed', should be understood figuratively to refer to sleep. Perhaps even more likely than all the above is that *śūnyam* is either a corruption for *śūnyatām*, or is used in that sense (*bhāvapradhāno nirdeśaḥ*).

8:68a *sakhā*] Vaidyaśrīgarbha (f. 114v) reads *sakhī*, but Śrīnātha (f. 147r) reads *sakhā*.

8:68b Dakṣiṇāvartanātha (p. 113) comments *priyaśiṣya iti pāṭhaḥ*, which suggests that he might have accepted the reading *priyaśiṣyo* (instead of *priyaśiṣyā*). But perhaps he intended to write *priyaśiṣyeti pāṭhaḥ*, accepting the reading *priyaśiṣyā*, but therefore implicitly rejecting some other reading. Note that NANDARGIKAR records the readings *priyaśikṣā* and *priyaśayyā*.

8:68c *karuṇārahitena vedhasā*] Śrīnātha supports instead the reading *karuṇāvimukhena mṛtyunā*; Vaidyaśrīgarbha does not reveal which reading he has before him. It seems to us probable that the reading with *mṛtyunā* is secondary, since it is smoother: one expects Death to cause death, rather than the Creator. Assuming, as we have, that Vallabhadeva read *vedhasā*, his gloss *antakena* is surprising. MONIER-WILLIAMS observes (s.v. *vedhas*) that the word may be 'esp. applied to Brahmā, but also to Prajāpati, Purusha, Śiva, Viṣṇu, Dharma, the Sun & c.' If Dharma here means the personification of *dharma*, then it arguably could refer to Yama, in which case *antakena* might be a possible gloss.

8:68d *vata*] Once again, Vallabhadeva's text of the verse has the particle *vata* coming in what could be regarded as first position in its own clause (unless we take it with the previous words) and certainly not as second idea, whereas the text known to the printed commentators has the imperative *vada*. (All the printed commentaries are recorded as reading thus, but there is no explicit echo of *vada* in the commentary of Aruṇagirinātha.) This may reflect that transmitters were uncomfortable with Kālidāsa's occasional use of *vata* in first position: see our note one 8:53c above. Śrīnātha (f. 147r) had *vada*, which he glosses with *brūhi*; Vaidyaśrīgarbha does not reveal how he read at this point.

8:68.3 *vatāścarye*] This seems to be a standard gloss of one of the possible flavours of the particle *vata*, but seems not appropriate here. Did Vallabhadeva use it unreflectingly because it is a possible standard gloss, or could it have been some student's marginal note that was at some point introduced secondarily into the text by a transmitter? A more appropriate gloss in the context would have been *vata khede*.

8:69c *anupāsyasi*] Aruṇagirinātha is reported, with a question-mark, as having read *anupāsyati*, since this is what his editors print, and it figures also as a *pratīka* in his commentary, but it seems possible that it is simply a slip, since nothing seems to justify the use of the third person here.

8:69d *paralokopanatam*] Śrīnātha (f. 147r) appears to have read *paraloko-pagatam*; Vaidyaśrīgarbha does not reveal what he read at this point.

8:69.1 *madirā dṛṣṭiviśeṣaḥ*] This interpretation of Vallabhadeva's, which is shared by Hemādri, seems to go back to a definition of one of five types of look given in *Nāṭyaśāstra* 8:84:

> *vyāghūrṇamānamadhyā yā kṣāmāntāñcitalocanā*
> *dṛṣṭir vikasitāpāṅgā madirā taruṇe made*

8:69.1–2 Note that the alternative interpretation of *madirākṣi* introduced with *yad vā* and ending with *yasyāḥ* is omitted by B^1L_2 and could therefore be a secondary interpolation. On the other hand, we notice that Hemādri gives both the same interpretations at this point. Furthermore *yasyāḥ* was also the final word in the first interpretation, and the omission in B^1L_2 could therefore just be the result of an eyeskip because of homoioteleuton.

8:69.3 *rodananinditam*] We have emended from *rodananirmitam* here, which can look very similar in Śāradā script, on the grounds that *nirmita* is not a possible gloss of *dūṣita*, whereas *nindita* is both a plausible gloss and one that Vallabhadeva actually uses ad *Raghuvaṃśa* 10:49 below.

8:69.3 *dhāsyasi*] We assume this to be the future of the verbal root *dhe/dhā*, 'to suck'.

8:70.2 *anyābhir vanitābhir*] This gloss suggests the possibility that Vallabhadeva (followed here by Hemādri) understood Kālidāsa to have used *vilobhanā* as a feminine noun (or nominalised adjective) referring to a 'seductrix' or simply a 'woman'. But one cannot rule out the possibility that he understood the neuter noun *vilobhanam* (attested in our dictionaries), in the sense of *vilobhakaṃ vastu*, the prime example of which for him was 'woman'. This seems to be the line that Dakṣiṇāvartanātha took, for he comments (p. 114): *vilobhanāntaraiḥ indumatīvyatiriktaviṣayaiḥ*.

8:71b Śrīnātha (f. 147v) appears to have read *°grathitam*, as does Vaidyaśrīgarbha (f. 115r), although a damaged patch in his commentary suggests that the word might also be taken as qualifying *priyāṃ*, which suggests that he must have been aware also of the reading *°grathitām*.

8:71d Dwivedī prints *cyuta°*, but Hemādri plainly supports *sruta°*. As for the reading marked as Aruṇagirinātha's, namely *°dūṣitān* (for *°durdinān*), it is what his editors print as his, but it is not confirmed by his commentary, which actually contains what appears to be an echo of the reading *°durdinān* in the following sentence: *atra durdinabāṣparūpitaśākhārasasrutis tatkṛtā vastutaḥ sambhāvinī*. Śrīnātha's (f. 147v) readings in this *pāda* are the same as Vallabhadeva's. Vaidyaśrīgarbha too has *°durdinān*, but we cannot determine whether he read *cyuta°* or *sruta°*.

8:71.1 *paridevayan*] Here the unanimously transmitted form is *paridīvyan*, which would be derived from the wrong root ($\sqrt{div}$). We expect rather *paridevan*, *paridevamānaḥ*, *paridevayan* or *paridevayamānaḥ*. Since *e* and *ī* are sometimes confused in Kashmirian manuscripts, presumably partly as a result of Kashmiri phonology, we have therefore assumed this to be transmissional corruption of *paridevayan*.

8:71.1–2 *cyutaḥ skandharasa evāsruvarṣo yeṣāṃ tān evaṃvidhān*] We could instead have conjectured here *cyutaskandharasāsruvarṣān*.

8:72c NANDARGIKAR's text of Mallinātha supports *kṛtāntya°*, but other editions of Mallinātha support the reading *tadantya°*. Vaidyaśrīgarbha (f. 115r) reads *tadanta°*. Śrīnātha (f. 147v) might also have had the same text, but since he appears to take this part of the compound as a *karmadhāraya* (*tad antaṃ maṇḍanaṃ yasyāḥ*), perhaps he in fact had before him the reading *tadantya°*. Note that the expression *antyamaṇḍana* occurs also in *Kumārasambhava* 4:22 (as DWIVEDĪ remarks in the apparatus to his critical edition here), which might seem to suggest that either *tadantya°* or *kṛtāntya°* might be the original reading. However, although the text printed with Vallabhadeva's commentary on *Kumārasambhava* 4:22 has *tadantya°*, the gloss in the commmentary is *avasānabhūṣaṇam*, which seems more likely to be a gloss of *antamaṇḍanam* than of *antyamaṇḍanam*.

8:73 Śrīnātha (f. 147v) read *nṛpatiḥ* and *jīvitāśayā*. Vaidyaśrīgarbha does not reveal what he read. Dakṣiṇāvartanātha (p. 114) observes *na tu jīvitāya sa iti pāṭhaḥ*. His formulation, once again, implies that he was aware of at least one other reading.

8:74 It is curious that B_4^M produced a version of the verse in which the words in both halves are entirely reordered. Could it indicate that he (or some predecessor in his line of transmission) was reconstructing the verse from a commentary? Note that Dakṣiṇāvartanātha's *pratīka* (p. 114) is *apeti*, which means the verse in his version probably began with *apadiśya*, just as in B_4^M.

8:74ab Several commentators have concentrated on the reference to 'ten days' in the verse because they are aware that the *Manusmṛti* (quoted for instance by Dakṣiṇavartanatha and Aruṇagirinātha ad loc.) prescribes that *kṣatriyas* should hold post-mortuary rituals on the twelfth day after death and not on the tenth. Vallabhadeva's solution appears to be to regard *daśāha* as simply the name of the rituals in question; Aruṇagirinātha (again following Dakṣiṇāvartanātha) instead quotes a line attributed to Parāśara that he interprets to mean that *kṣatriyas* who are pure and fully observant of their duties may perform these post-mortuary rites on the tenth day: *kṣatriyas tu daśāhena svakarmaniratah śuciḥ*. Mallinātha also defends the interpretation of *daśāha* as 'ten days', and he claims that one should not suspect a conflict with the injunction in the *Manusmṛti* because that only concerns inferior *kṣatriyas*, while in the case of virtuous *kṣatriyas* the rule of Parāśara (also quoted by Aruṇagirinātha) applies. The fact that Aja was a virtuous king is also suggested by the attribute *viduṣā* according to Mallinātha. Hemādri attributes this latter idea to the *Viṣṇusmṛti* (although we were unable to find his quotation there): *vidvān kṣatriyaś ced daśāham iti viṣṇusmṛtiḥ*.

The second interpretation of Vaidyaśrīgarbha (f. 115v) would not allow such a possibility, since that involves understanding *viduṣā* to mean 'together with a wise [personal priest]': *tenāyaṃ viduṣā paṇḍitena rājñā, athavā viduṣā purodhasā saha*.

8:74cd Hemādri's commentary probably supports the text commented upon by Mallinātha, even though DWIVEDĪ prints *viduṣā vidhayo vitenire pura evopavane maharddhayaḥ*.

Śrīnātha (f. 147v) reads *gehinīm* and *vitenire*. Vaidyaśrīgarbha, once again, does not reveal how he read in these two places.

The reading *samāpitāḥ* seems likely to be a secondary reading introduced to obviate the need to take *vitenire* as passive in sense. The use of the plural third person *ātmanepada* perfect with passive sense seems, according to RENOU (1996:459–460, § 337), to have been rare before Kumāradāsa.

8:74.1–2 *vidhiviśeṣād anyāḥ... mahārambhāḥ kriyāḥ śrāddhādikāḥ*] We have here emended from *anye* to fit the gender of *kriyāḥ*, which we seem to require as a gloss of *vidhayaḥ*. Another possibility might have been to assume that *śrāddhādikāḥ* was itself intended as the gloss.

8:74.1–3 Note that most of the glosses on this verse given by Jinasamudra are drawn from Vallabhadeva's commentary. Jinasamudra also incorporates Vallabhadeva's concluding remarks starting *daśāho 'tra....*

8:75 Before 8:75, Śrīnātha (f. 148r) appears to have another verse that we cannot fully reconstruct and that is not found in other sources. The three words that we can see to have been in it are: *dayitaḥ*, *saundaryaśeṣām* and *samāpitāḥ*. This last word, and the position of the variant verse, suggests that it might have been a variant version of 8:74, perhaps produced in order to obviate the problem of whether the post-mortuary rites should or should not have been performed on the tenth day.

8:75.1–3 Jinasamudra's commentary again echoes that of Vallabhadeva.

8:76a Śrīnātha's commentary (f. 148r) begins with the word *tam* as a *pratīka*, which might seem to suggest that he had *tam avekṣya makhāya*, but he later glosses *savanāya*. Vaidyaśrīgarbha, meanwhile, has *pavanāya* (f. 115v), which he however glosses with *yajnāya*. In other words, it seems to us probable that both Śrīnātha and Vaidyaśrīgarbha in fact read *savanāya*.

As for their other readings, it is hard to reconstruct them, but something like this would catch most of the words that they seem to have in front of them:

> *atha taṃ savanāya dīkṣitaḥ praṇidhānād ṛṣir asya kāraṇam*
> *avagamya tapobalāt [svakād] iti śiṣyeṇa kilāpy abodhayat*

We have no basis for the *svakāt*, and Vaidyaśrīgarbha seems to support *avagataḥ* instead of *avagamya*, while Śrīnātha might have had *agāt*. Furthermore, while Vaidyaśrīgarbha probably had *kilāpy abodhayat*, Śrīnātha must instead have had *kilānvabodhayat*. As for the opening, both commentators deal first with *tam* and then *ṛṣiḥ*, which means that their opening quarter might instead have been *tam ṛṣiḥ savanāya dīkṣitaḥ*. Śrīnātha explicitly glosses *praṇidhānāt*, whereas Vaidyaśrīgarbha explicitly glosses *praṇidhānena*, which may or may not mean that he had an instrumental. Both show support for the phrase *asya kāraṇam*. It is furthermore possible that Śrīnātha's reading somewhere incorporated the word *prahitena*. Using all of these pieces of information, some reader may wish to try their hand at improving on the reconstruction of the version (or versions) that these commentators had before them.

Hemādri's commentary clearly supports the version known to Vallabhadeva (the 'gloss' *savanāya* that might lend support to the text that DWIVEDI actually prints is missing from four of DWIVEDĪ's manuscripts).

Dakṣiṇāvartanātha's *pratīka* (p. 114) is *atha tam iti*, and the only other words he quotes or comments on are *abhiṣaṅgajaḍaṃ* and *kilānvabodhayat*.

8:77a Hemādri's commentary does not support *asamāptatapas*, which DWIVEDĪ prints. Śrīnātha (f. 148r) and Vaidyaśrīgarbha(f. 116r) both read this quarter as Vallabhadeva does. On this *pāda*, Dakṣiṇāvartanātha observes (p. 114) *asamāptavidhir yato munir iti vā pāṭhaḥ*, which implies that he also had another reading before him that he would also have regarded as acceptable.

8:77d *kṛtasthitiḥ*] Śrīnātha (f. 148v) supports this reading, as Vaidyaśrīgarbha (f. 116r) probably did too (the manuscript is damaged at this point), and it is sufficiently broadly attested to allow us to conclude that it is probably the primary reading. We may therefore guess that it was replaced secondarily because it could perhaps be seen as overlapping not in sense but in purport with *asamāptavidhiḥ* at the beginning of the verse: the sage has not completed his rites (*asamāptavidhiḥ*) and is observant of established practice (*kṛtasthitiḥ*) and therefore required to complete the rites. The reading commented upon by Mallinātha might thus have been a secondary one in order to obviate this perceived redundancy and makes the text smoother to grasp: the sage wishes to restore the king to his true nature since he has 'fallen from that' (*tataś cyutam*).

On the other hand, it is possible to understand *kṛtasthitiḥ* to mean that the sage is observant of established practice in that he observes the social duty of attempting to console someone who is grieving. For Vallabhadeva's still more convincing interpretation, according to which there is also no redundancy or overlap with *asamāptavidhiḥ*, see the next note.

Here Dakṣiṇāvartanātha observes (p. 114): *tataś cyutam* [em.; *citam* MS] *iti vā pāṭhaḥ.* †*tena*† *cyutam iti prakṛteś cyutam ity arthaḥ.* Once again, this implies that he knew another reading which he regarded as also acceptable.

8:77.2–3 Hemādri has borrowed the last remarks of Vallabhadeva's commentary (from *vihitamaryādaḥ* onwards). Vallabhadeva clearly undersrtands *kṛtasthitiḥ* to mean that Vasiṣṭha himself, an ancient sage and mind-born son of Brahmā, laid down the rules of conduct in this manner. This might allude to the *Dharmaśāstra* attributed to Vasiṣṭha, even though rules on these subjects do not seem to be found in it.

8:78b *laghu°*] Both Vaidyaśrīgarbha (f. 116r) and Śrīnātha (f. 148v) share this reading.

8:78.1–2 *alpāni padāni yasyāḥ sety arthaḥ; mahattvaṃ dhvanitam*] We assume that this is to be understood to say 'The literal meaning [of the expression *laghusandeśapadā*] is "that of which there are few words"; [but] what is suggested is that it was heavy [with significance].'

8:78.2 *cetasi kartuṃ yogyo bhavasi*] We have deleted *anuṣṭhātum* here since *kartuṃ* ('placing') is by itself appropriate as a gloss for *upadhātum*, whereas *anuṣṭhātum* is not: we suspect that *anuṣṭhātum* was secondarily slipped in by a transmitter because it is an elsewhere common (but here inappropriate) gloss for *kartum*. Another possibility is that *anuṣṭhātum* could have crept in as a corruption of *sthāpayitum*, which is the gloss that we find in Jinasamudra's commentary at this point.

8:78.3 *he khyātasattvotkarṣa*] This conjectured reading is in part inspired by reading Jinasamudra's commentary, which is corrupt at this point, but includes the compounded form *vikhyātasattvotkarṣāṃ*.

8:78.3 *sāttvikā hi svapne 'pi na khidyante*] Though this may be a purely rhetorical flourish, it is also conceivable that Vallabhadeva knew commentators on the *Yogasūtra* who in commenting on 1.38 remark, as for instance Vācaspatimiśra does, that the *sāttvikī nidrā* is one from which one awakens simply with the feeling 'I slept well/happily', and had something like this in the back of his mind.

8:78.4 *te ca tāni padāni sandeśapadāni*] This *karmadhāraya* analysis may seem a little strange at first, but apart from *te* doing duty for *sandeśāḥ*, which has just been explained, the only oddity is the absence of an expected second *ca* (after *padāni*), and this, as we have already seen (see note on 7:45.2 above), can be regarded as a feature of Vallabhadeva's style.

8:79a *triṣu dhāmasu śārṅgadhanvanaḥ*] Both Vaidyaśrīgarbha (f. 116v) and Śrīnātha (f. 148v) read with Vallabhadeva here. Given the distribution of readings amongst the commentators, it seems as though this is likely to be the older reading. The key difference between this reading and that of the printed commentaries (which is shared by Dakṣiṇāvartanātha) seems to be the explicit mention of the number 'three' (*triṣu*) here. Note that, while Vallabhadeva, followed by Jinasamudra, takes the three to be *bhūḥ*, *bhuvaḥ*, *svaḥ*, other commentators interpret them to be heaven, earth and the netherworlds: see, e.g.,

Śrīnātha (f. 148v): *triṣu dhāmasu gṛheṣu svargamartyapātālarūpeṣu.* Vallabhadeva is consistent in this interpretation of places of Viṣṇu, for see his commentary on 13:1, 16:28, and also ad *Śiśupālavadha* 20:66.

Another difference between the versions is that *puruṣasya padeṣv ajanmanaḥ* makes quite clear what the relation is between the three worlds and Viṣṇu, since they are the three places where he set his feet. In the other reading, however, this relationship is not made explicit, and it is arguably odd to refer to the three worlds being 'of Viṣṇu' without explaining this link. Perhaps it was this awkwardness that led to the version known to Vallabhadeva being replaced.

8:79c *sa hi*] Śrīnātha's commentary (f. 148v) clearly reflects the *hi* here, but Vaidyaśrīgarbha's leaves no clue as to whether he had *hi* or *ha.*

8:80.1–2 Some glosses in Jinasamudra's commentary have probably been adopted from that of Vallabhadeva.

8:81a Hemādri's commentary supports *°pratighāta°* although DWIVEDĪ prints *°pratibandha°*. Śrīnātha (f. 148v) and Vaidyaśrīgarbha (f. 117r) both support *°pratibandha°*, and Dakṣiṇāvartanātha probably does too, although our manuscript (p. 115) has *°pratibaddha°*, which we assume to be a scribal error.

8:81b *pramukhāviṣkṛtacārudarśanām*] Vaidyaśrīgarbha's commentary on this is lost to damage, and so we cannot determine what he read here; Śrīnātha (f. 148v) reads *pramukhāviṣkṛtacāruvibhramām.*

8:81d *śamavelā°*] Here Vaidyaśrīgarbha (f. 117r) evidently read *samavelā°*, since he glosses *sama* with *tulya.*

8:82b Śrīnātha (f. 149r) reads *°caritam*; Vaidyaśrīgarbha's reading cannot be determined.

8:82d *suramālyadarśanāt*] Note that Vallabhadeva's gloss *divyakusumāvalokanāvadhi* (which has been borrowed by Jinasamudra) could equally have been used as a gloss for the reading known to Hemādri, Mallinātha, Aruṇagirinātha (and Dakṣiṇāvartanātha), namely *surapuṣpadarśanāt*; likewise Vallabhadeva's subsequent mention of *surakusumadarśanam* might be felt to support that reading. Cf. also *surapuṣpekṣaṇalakṣaṇam* in 8:83.1 below. Vaidyaśrīgarbha might have read *surapuṣpa°*, since he uses this expression in his commentary on the following verse (f. 117r).

8:82.1–2 *pṛthvīpṛṣṭhaspṛśaṃ*] This conjecture is suggested by a combination of the readings of U, G_1, and J; equally possible on the basis of their testimony would be to conjecture *pṛthivīspṛśaṃ*. There is no term in the root text that *pṛṣṭha* glosses (it is a standard gloss for *tala* in such contexts), but the sense fits, and the alliteration seems attractive and not implausible for Vallabhadeva's style. Cf. also the expression *bhūpṛṣṭhasparśa°* in Vallabhadeva's commentary on 2:50 (glossing *mahītalasparśana°*).

8:82.3–4 *parāyattaḥ ... tatkṣamasva*] We had hesitated about cruxing this unit because it is omitted by UG_1J, which throughout this part of the chapter have been giving a superior text. Furthermore, it ends with an unglossed *pratīka*. But the unit supplies commentary on words of the root text which would otherise be uncommented and seems not untypical of Vallabhadeva.

8:83cd Both Śrīnātha (f. 149r) and Vaidyaśrīgarbha (f. 117r) read as Vallabhadeva did. Dakṣiṇāvartanātha, however, read *upalabdhavatī* (p. 115).

Perhaps it was a certain awkwardness about how to take *yataḥ* that led to the version of the verse known to Vallabhadeva being replaced with one that not only obviates that problem but also makes the narrative more readily comprehensible by supplying *divaś cyutam*, thus reminding us that it was the celestial flowers that fell from heaven that caused the end of Tṛṇabindu's curse. Also *upalabdhavatī* is arguably more readily comprehensible, in this context, than *āpa*, given that she has seen what releases her from the curse. And perhaps the syllables *dhruvamāpāśuyatas* did not at once smoothly resolve into sense, at least not in all readers' minds.

8:84b *avasthitā*] Śrīnātha (f. 149r) read *vyavasthitā*; Vaidyaśrīgarbha (f. 117r) read *avasthitā*. Dakṣiṇāvartanātha reads *avasthitā* and glosses it with *vyavasthitā* (p. 115).

8:84.1 *tūṣṇīm*] For this surprising gloss of *alam*, see our note on 2:34.1.

8:84.5 *°ādiśabdadhāraṇāt*] We assume that, if this is correct, it must be understood to mean 'because [kings] bear such names as'. Of course one could instead choose to adopt the more straightforward reading *°śabdaprayogāt*.

8:85a Śrīnātha (f. 149r) probably read *yad avācyam* (glossed with *doṣam*). Vaidyaśrīgarbha (f. 117rv) also read *yad avācyam* and offers two interpretations: first glossed with *avacanīyaṃ viplavabhāṣaṇaṃ*, then taking *avācyam* together with *śrutam* and in the sense of *anirvacanīya*: 'the indescribable wisdom, causing success (interpreting *udaye* as *nimittasaptamī*), which you [once] manifested, [but which you are now] giving up'. Dakṣiṇāvartanātha has a different interpretation, which Aruṇagirinātha quotes, based on the same readings as Aruṇagirinātha accepted. Aruṇagirinātha analyses *madavācyaṃ* to mean 'intoxication, which is something to be blamed', whereas Dakṣiṇāvartanātha takes it to mean 'blame, which is caused by intoxication' (*madavācyaṃ madanimittaṃ parivādam*).

It seems to us as though this is probably not a case in which some transmitter has diagnosed an error of fact, or grammar or taste and come up with a bold replacement, but rather one in which some slip introduced confusion at an early stage and different transmitters made different small tweaks to arrive at slightly differing versions of the verse. Vallabhadeva's text seems to us more difficult to understand, which suggests that, whether the text was deliberately altered from the first or corrupted and then modified, Vallabhadeva's reading is more likely to be original, even though we have no other support for it. It is moreover more satisfying, syntactically, in that it has a fitting relative pronoun. The reading of Śrīnātha and Vaidyaśrīgarbha also has the *yad* and could also have been original.

8:86 Vallabhadeva's readings of *pāda*s b and d are probably primary; the others seem likely to be secondary alterations made to accommodate the particles *api* (which underlines the poignancy) and *hi* (which seems naturally to belong in an *arthāntaranyāsa*).

Having said that, it is difficult to be absolutely certain of whether Vallabhadeva read *na* or *ra* as the eighth syllable of *pāda* b. The reading *bhavatā nānumṛter avāpyate* (of G_1J), which we have provisionally adopted, assumes an ablative (*anumṛteḥ*) that Vallabhadeva glosses with an instrumental (*paścānmaraṇenāpi*): 'not [even] by dying after [her] can you attain her'. But the reading of $P_M B^1 L_2 V^M$, namely *nānumṛtena vāpyate* might just be original: We could assume that *anumṛtena* was used as an action noun and that aphaeresis of the initial vowel of the prefix *ava* (which is common with some other verbal roots, but not, as far as we know, with this one) might allow us to regard *vāpyate* as a permissible variant form of *avāpyate*: 'not (*na*) [even] by dying after [her] (*anumṛtena*) can she be attained (*vāpyate*)'. Alternatively, we could adopt *nānumṛtena vāpyate* and assume the use of the particle *vā*, which Vallabhadeva might conceivably have glossed with *api*.

One important consideration in favour of the readings we have adopted is that Mahimabhaṭṭa quotes the verse in his *Vyaktiviveka* (chapter 2, p. 293 of Dwivedī's edition), and there he too has the readings *nānumṛter avāpyate* and *bhinnapathāḥ śarīriṇām*.

In 86d, Śrīnātha (f. 149v) reads *hi dehinām*; Vaidyaśrīgarbha's reading cannot be determined.

In 86b, Śrīnātha (f. 149v) reads *anumṛte 'pi labhyate*. Vaidyaśrīgarbha (f. 117v) reads first *anumṛtena labhyate*, and suggests that the *anumṛtena* can be taken either as a verbal noun or as an adjective describing *bhavatā* as 'dying afterwards'. But Vaidyaśrīgarbha also mentions the variant reading *anumṛtāpi labhyate*.

After that (f. 118r), Vaidyaśrīgarbha appears to comment on the following variant version of the verse:

ruditena na sā nivarttate
nṛpa tat tāvad anarthakaṃ tava
na bhavān anusaṃsthito 'pi tāṃ
labhate karmavaśā hi dehinaḥ

Śrīnātha too (f. 150r) comments on this variant verse after 8:88. Various other unpublished commentaries, as well as a couple of manuscripts, are reported by Nandargikar as giving this as an extra verse at this point (after 86).

Dakṣiṇāvartanātha (p. 115) reads *anumṛtā* and says: *karmaṇy ayaṃ prayogaḥ na tu kartarīty anusandheyam*. For this he quotes *Setubandha* 14:55 for corroboration. Then he says: *athavā anumṛtā kartari kvip, tṛtīyāntaḥ anumaraṇaṃ kurvatā*.

8:87a *apaśokam ataḥ*] Śrīnātha (f. 149v) read *apaśokamanāḥ*. It is not clear what Vaidyaśrīgarbha read. Vallabhadeva's reading is not recorded by Nandargikar or in Dwivedī's edition. It seems not unlikely that one or other reading resulted from the other as a copying mistake.

8:88 Vaidyaśrīgarbha appears not to comment on this verse, but it seems unlikely that it was missing from his text, for it is a famous verse and transmitted with almost no variation.

8:89c Śrīnātha (f. 150r) and Dakṣiṇāvartanātha (p. 116) read *sthiradhīs*, and probably so did Vaidyaśrīgarbha (f. 118r), for his commentary contains the word *niradhīs*, which is probably a mistake for *sthiradhīs*. It seems to us likely that *sthiradhīs* is the secondary reading (perhaps under the influence of *Bhagavadgītā* 2:54 / *Mahābhārata* 6.24:54, which is transmitted with the readings *sthitadhīḥ* and *sthiradhīḥ*), produced in response to a feeling that *itaras* seemed either somewhat flat, or an odd opposition to *mūḍhacetanaḥ*. Note, however, that Vallabhadeva's gloss *prājñaḥ* could in fact reflect either *itaraḥ* or *sthiradhīḥ*, and that G_1UJ do not give an identifying *pratīka* before it.

8:90b Śrīnātha (f. 150r) and Vaidyaśrīgarbha (f. 118v) both read *sthirasaṃyogaviparyayau*. Dakṣiṇāvartanātha, however, has *smṛtasaṃyoga°* (p. 116). Śrīnātha's commentary could be taken to reflect either the reading *yadi* or the reading *yadā*; Vaidyaśrīgarbha leaves no clues on the point at all.

8:90c Śrīnātha (f. 150r) read *kam iva* and Vaidyaśrīgarbha (f. 118v) read *kim iva*.

8:91c *drumasānumatoḥ*] This reading is supported by the gloss supported by B^1 and L_2, namely *taruparvatayoḥ*, and by the sentence beginning *dvāv api tau* in Vallabhadeva's commentary (see next note). The other manuscripts have the gloss *taruparvatānāṃ*, which would instead support the reading *drumasānumatāṃ* in the root-text. This seems, from a certain perspective, smoother, in view of the plural in the last quarter; but, given that there would therefore be some motivation for changing the dual into the plural, and given that most of the Kashmirian manuscripts that transmit only the root text have the dual, we have decided to retain the dual as being slightly more likely to be original. Śrīnātha (f. 150v) seems more likely to have read the plural; Vaidyaśrīgarbha gives no clue as to his reading.

8:91.2–3 *dvāv api tau vātena yadi cālyete, tat ko viśeṣas taroḥ parvatasya ca*] The text was repetitious here, but we have deleted one of the two formulations of exactly the same idea, namely *taruparvatānāṃ ko viśeṣaḥ pavanaviṣaya ubhe 'pi te ced asthirāḥ*. Alternatively one could have kept that and deleted instead all the following words up to and including *taroḥ parvatasya ca*. That would have been more consistent with reading a plural in pāda c. The beginnings and ends of all the chapters are transmitted less satisfactorily than the middles, and, as we approach the end of the chapter, we have reached a point where the quality of the transmission appears to be declining.

8:92a *udāramateḥ*] We had earlier provisionally followed the Kashmirian manuscripts that transmit Vallabhadeva's commentary in reading a nominative (*udāramatiḥ*) agreeing with Aja, but there is no gloss of the expression transmitted in Vallabhadeva's commentary. This means that we cannot be certain that he did not in fact read *udāramateḥ*, as most other sources do, qualifying instead Vasiṣṭha. It seems indeed better that Vasiṣṭha should be described with the approving, if perhaps somewhat cold, epithet *udāramateḥ*, and so, in the absence of the evidence of a clear nominative gloss, we have decided to adopt *udāramateḥ* (and have borrowed Jinasamudra's gloss *utkṛṣṭabuddheḥ*; see the next note). Since Kashmirian scribes regularly confuse *e* and *ī*/*i*, it seemed to us possible that *udāramatiḥ* was just a slip resulting partly from the vagaries of Kashmirian phonology.

Śrīnātha (f. 150v) read *udāramateḥ*; Vaidyaśrīgarbha is not clear.

8:92.1 *utkṛṣṭabuddher*] After opting for the reading *udāramateḥ* (see previous note), we have adopted Jinasamudra's gloss here, since some of Jinasamudra's other glosses echo those of Vallabhadeva here.

8:93.1 *putrasyāprāptayauvanatvāt*] For this conjecture, cf. *Raghuvaṃśa* 15:41, where Vallabhadeva glosses *aprāptayauvanam* with *bālam*, and *Raghuvaṃśa* 17:29, where Vallabhadeva glosses *kumāratvāt* with *prāptayauvanatvāt*. But the transmitted reading *putrasyāprāptatvāt* is not impossible, for *aprāpta* is used in *Manusmṛti* 9:88 of a *kanyā* who has not yet attained the regular marriageable age:

> *utkṛṣṭāyābhirūpāya varāya sadṛśāya ca*
> *aprāptām api tāṃ tasmai kanyāṃ dadyād yathāvidhi*

8:93.3 *tena vā tathā pratikṛteś*] Note that B^1L_2 omit the words *tena vā*, which seem intended to advert to the possibility of taking *sādṛśyapratikṛti°* as a *tatpuruṣa* with an instrumental relationship between its elements. The main interpretation of Vallabhadeva appears instead to be that *sādṛśya* and *pratikṛti* are on the same level (as indicated by *tathā*), both having an objective genitive relationship with *darśana*. The reading of B^1L_2, without the alternative, would be a little easier to grasp, and it is conceivable that *tena vā* originated as a marginal observation that became incorporated into the text during transmission. But equally *tena vā* could be original and could have dropped out because of eyeskip.

8:93.3 *pratibimbasyāvalokanair upāyair*] Instead of this conjecture one might also emend the text by inserting a *vā* and reading *pratibimbasyāvalokanair hetubhir upāyair vā* (except that *hetubhiḥ* does seem less natural as an interpretation of the instrumentals). Cf. Aruṇagirinātha's commentary to the same verse, in which he reveals his interpretation of the instrumental by posing the question *kenopāyena*.

8:93.4 *sūnṛta evāvitathārtho 'sti*] We assume that this means '[The word] *sūnṛta* exists with the sense "not untrue"'. Exactly the same translation could be maintained if one read *avitathārthe*, with several of the manuscripts. In both cases, *sūnṛta* must be assumed to be used as a masculine noun, which may seem odd, but makes sense if what is meant is *sūnṛtaśabdaḥ*.

8:94b Dakṣiṇāvartanātha comments (p. 116) *saudhatalaṃ bibhedeti vā pāṭhaḥ*, thus implying that he was aware of some other reading at this point, perhaps *babādhe*, as read by Aruṇagirinātha. Śrīnātha (f. 151r) reads *bibheda*; Vaidyaśrīgarbha does not reveal what he read.

8:94d Śrīnātha (f. 151r) reads *priyānugamana°* in compound and appears to have read *sa mene*; Vaidyaśrīgarbha does not reveal how he read on these two points.

8:94.1 We find no gloss of *kila* here, but we have hesitated to simply put in a *kila* here, which could have been placed after the word *kīlakaḥ* (and so at risk of being lost in transmission because of the similarity between the two words).

8:95c Śrīnātha (f. 151v) seems to have read *śokopasṛṣṭa°*, Vaidyaśrīgarbha (f. 119v) and Dakṣiṇāvartanātha (p. 116) read *rogopasṛṣṭa°*.

8:95d Hemādri's commentary supports *°matir*, even though DWIVEDĪ prints *°paro*.

8:95.2–3 Vallabhadeva's interpretation of the compound *prāyopaveśana* as meaning '(dying by) entering into the water with (i.e. preceded by) fasting' seems somewhat unusual. Of course the following and concluding verse has Aja indeed dying in such a way; but other commentators seem usually to understand the compound as 'entering into fasting/a fast', or, as Aruṇagirinātha's first interpretation has it, 'entering into death'.

As for the use of *anāśanena*, the gloss used in P, many readers may expect rather *anaśanena*, but the form *anāśana*, in the sense of 'fasting', although not recorded by earlier dictionaries, is recorded in the Pune *EDSHP*.

As for the confluence, Dakṣiṇāvartanātha says (p. 117) that it bears the name Prayāga, perhaps because in his time there were already several *tīrthas* that received this name.

8:96c We had at first recorded both Mallinātha and Aruṇagirinātha as reading *pūrvākārādhikacaturayā*, since the commentary of Mallinātha as printed by NANDARGIKAR supports this reading; but we then noted that the editors of Aruṇagirinātha's commentary record in a footnote that Mallinātha's reading is rather *pūrvākārādhikatararucā*, which is the reading known to Vallabhadeva. Furthermore, NANDARGIKAR's apparatus seems to be garbled at this point; moreover, all the other editions of Mallinātha's commentary on the *Raghuvaṃśa* that we have consulted have the reading *pūrvākārādhikatararucā* accepted in the text and reflected in the text that they give of Mallinātha's remarks. Our apparatus therefore exceptionally does not reflect NANDARGIKAR's text of Mallinātha here, but records instead Mallinātha's reading as *pūrvākārādhikatararucā*.

It seems to us probable that Vallabhadeva's reading is primary, both because of its wide distribution and because one can imagine a pedantic transmitter wishing to remove the redundancy in the combination of *adhika* with the comparative suffix *°tara*.

When the verse is quoted in the *Dhvanyālokalocana* (p. 367), however, the reading *pūrvākārādhikacaturayā* is favoured. (Abhinavagupta has a further unique variant, *dehanyāsāt*, perhaps just a quirk of his memory; the fact that Vallabhadeva glosses *°tyāgāt* with *°nyāsāt* may be a mere coincidence.) Bhoja's *Sarasvatīkaṇṭhābharaṇa* (p. 1074) and Hemacandra's *Kāvyānuśāsana* (ad 2.53 on p. 144), on the other hand, have *pūrvākārādhikatararucā*.

Śrīnātha (f. 151v) and Vaidyaśrīgarbha (f. 120r) both read *pūrvākārādhikacaturayā*.

Another doubtful point concerning the way the commentaries read this *pāda* is *saṅgataḥ kāntayāsau*, where the elements could also be ordered in this way *kāntayā saṅgato 'sau*, as two of our MSS read, though such a reading is not reported by Dwivedī in his apparatus. We have mentioned that Jinasamudra's reading is uncertain here, but those of the other commentaries could also be doubted on this point.

8:96.3–4 *devo 'yam iti saṅkhyānaṃ tadarthaṃ lekhyaṃ ca tulyakālaṃ prāpya*] Vallabhadeva may be the only commentator to understand *gaṇanā* and *lekhya* to be two things that Aja attained simultaneously. Others, such as Mallinātha, and including Śrīnātha and Vaidyaśrīgarbha, assume a locative *tatpuruṣa* (Mallinātha, for instance, has *amaragaṇanāyāṃ lekhyaṃ lekhanam*). This last pair of *pratīka* and gloss, by the way, highlights that Vallabhadeva could easily have replaced *lekhya* with a gloss, but has not done so (unless perhaps he thought that the root text contained the word *ālekhya*).

9:1–88 L_2, although it transmits chapters 8 and 10, has no testimony for this chapter. For a concordance of the various sequences for verses 10–55, see the table at the end of the annotation on this chapter.

9:1 Śrīnātha (f. 152r) and Vaidyaśrīgarbha (f. 120v) both seem to read *uttarakośalāṃ*.

9:1.1 *labdhapālanaṃ hi rājadharmaḥ*] Hemādri has borrowed this expression, for which cf. 19:3.

9:1.2 *ekarūpatayā saṃyamena*] This expression must be a gloss of *samādhi°*.

9:1.4 *ekadeśajavaktraṃ nāma yamakam*] Rudraṭa's *Kāvyālaṅkāra* (in 3.20ff) defines this *yamaka* as *ekadeśaja*. This may be Vallabhadeva's source, for he quotes Rudraṭa in his other commentaries and we know that he himself wrote a commentary on Rudraṭa's work. The element *vaktra*, however, is missing from Rudraṭa's name for it. Note that U and P give the name rather as *ekadeśavaktrajam*. We are not sure what the element *vaktra* might mean in this context, and we find no parallel for the expression. Perhaps conceivable is that *vaktra* might refer to the opening of a *pāda*, even though the *yamaka* we find here and in all the *drutavilambita* verses of this chapter does not actually begin with the first syllable of the fourth *pāda*, for it is rather a repetition of syllables 2, 3 and 4 as syllables 5, 6 and 7. In his commentary on *Śiśupālavadha* 6:1, Vallabhadeva follows Rudraṭa's terminology exactly, speaking of an *ekadeśajaṃ yamakam*. In that passage, however, the *yamaka* is not consistently in exactly the same place in each verse. It seems conceivable that *vaktra* was originally a marginal comment, identifying the *ekadeśa* in this place as the beginning of the verse-quarter, that has wrongly been inserted in the compound.

9:2b Although the reading *guṇavattaram* is generally printed as Mallinātha's and appears as a *pratīka* in his commentary, the gloss that he gives, *tasminn atıvāsaktam*, arguably rather suggests the reading *guṇatatparam*. Conversely, one might wonder whether Vallabha's *hitaikaniṣṭham* (reproduced by Hemādri, who also has *guṇatatparam*, but thereafter records the variant *guṇavattaram*) seems a natural gloss for *guṇatatparam*? Might he perhaps have been glossing something else, such as *guṇavatparaṃ* (where *guṇavat* = *hita*)? Śrīnātha (f. 152r) and Vaidyaśrīgarbha (f. 120v) both read *guṇavattaraṃ*; Dakṣiṇāvartanatha, on the other hand, reads (p. 117) *guṇatatparam* with the Keralan commentators, probably with Vallabhadeva and Hemādri, and perhaps with Mallinātha.

9:2.4 *kauñcakrauñcākhyaparvatayoś chidrakarau bhārgavakumārau*] We have assumed that, although the name of the mountain split by Bhārgava (Paraśurāma) is usually given, also by Vallabhadeva, as Krauñca (see e.g. *Meghadūta* 57, and Vallabhadeva's commentary on 11:73 below), here Vallabhadeva uses the unusual variant form Kauñca in order to distinguish it from the Krauñca mountain which Kumāra (Skanda) split. The form *kauñca* is found, for example, among the variants of *Mokṣopāya* 3.36:63, where the editors have chosen the form *kauñja*, in a list of mountains, and in *Jānakīharaṇa* 1:5c, where the form is confirmed by the metre, and refers to the mountain split by Bhārgava. The same form occurs in *Bālarāmāyaṇa* 4:64, again confirmed by the metre, but referring to the mountain split by Kumāra. Both *kauñca* and *krauñca* are mentioned together in the same line in the *Trikāṇḍaśeṣa* (*śailavarga* 3cd]: *candanādris tu malayaḥ kauñcaḥ krauñcaś ca mālyavān*), but one cannot be certain whether Puruṣottamadeva there intends the two to refer to two different mountains or as synonyms both referring to the same mountain.

9:3.4 *manuś ca daṇḍadharaś ca sa tadvaṃśo yasya*] We have emended the text here to what seemed most plausible to us. This is in effect the same analysis that is given by Vaidyaśrīgarbha (ff. 120v–121r: *manur nāma daṇḍadharo rājā, tadvaṃśajaḥ*). Śrīnātha instead has (f. 152v): *manur daṇḍadharo yasya tādṛśo vaṃśo yasya taṃ*.

9:4c Given the state of transmission of Vallabhadeva's commentary, it is difficult to decide whether to adopt *kṣitir* or *kṛṣir*. The text printed with Hemādri's commentary gives the reading *kṣitir*, but his commentary supports rather *kṛṣir*. Śrīnātha (f. 152v) reads *kṛṣir*; Vaidyaśrīgarbha (f. 121r) is silent on this. He, however, seems to have read *samarate*.

The relevant portion of Vallabhadeva's commentary as transmitted to us unanimously by the manuscripts reads simply *kṣitiḥ kṛṣiḥ*. One or other of these words may well be the *pratīka*, but which one? If we were to suppose that Vallabhadeva had before him *kṣitiḥ*, then *kṛṣiḥ* would seem a rather unlikely gloss: why not *bhūḥ* or *bhūmiḥ*, for instance? On the other hand, the notion that *kṛṣi* is *phalavatī* may have been quasi-proverbial (see, for example, *Hitopadeśa* 3:46: *yathā kālakṛtodyogāt kṛṣiḥ phalavatī bhavet / tadvan nītir iyaṃ deva cirāt phalati na kṣaṇāt*), and therefore glossing *kṣiti* with *kṛṣi* in this particular context is arguably not unnatural. If, on the other hand, *kṛṣiḥ* were the *pratīka*, then it has been mistakenly inserted in the wrong place.

In any case, it seems not inconceivable that *kṛṣiḥ* should have been Kālidāsa's reading and that it should have been altered to *kṣitiḥ* in order to supply a subject for the following verse, in which some took *mahīnaṃ* in *pāda* d to be a single lexeme meaning 'king', rather than two words in the nominative and accusative (*mahī* and *inam*) as Kālidāsa presumably intended. (On this mistaken splitting, see Goodall and Gerschheimer 2015:128, quoting Bhattacharya 1991:26 and 67.)

9:5 There seem to be no variant readings here amongst the commentators, only varying alternative interpretations of the last quarter (for a sample of which see the previous note and, for instance, Hemādri.) On the whole, Kālidāsa eschews the punning figure known as *śleṣa*; but it is perhaps conceivable here that he felt and intended a second possible sense of the expression *ahīnaparākramam* ('who was no less valorous'), namely 'who had the valour of the overlord of serpents [Śeṣa]'. It is also possible that he did not, and that when commentators or transmitters became aware of this second sense, they decided then that the allusion to Śeṣa in verse 25 below was repetitive and expunged it. It is conceivable, in other words, that the evolving interpretation of this verse led to conscious modifications of another much later verse, namely 25.

9:5.1 *lakṣmīṃ pupoṣa, sphītā*] The text does not seem smooth here. We would expect *sphītā babhūva*. As for *lakṣmīṃ pupoṣa*, it is perhaps unnecessary, but Vallabhadeva often uses double glosses in just such a way, the first being extremely close to the expression glossed (here *śriyam apuṣyat*), and the second more distant (*sphītā*).

9:6b This is a verse that Mahimabhaṭṭa quotes in order to suggest an improved reading, but in this case (unlike in 9:35 and perhaps 11:82) the improvement ('correcting' *niyamanād asatāṃ ca* to *niyamayann asataḥ sa*) has not been widely adopted in the subsequent transmission, where we have found no trace of it. Mahimabhaṭṭa's justification for changing the text (*Vyaktiviveka*, *vimarśa* 2, p. 306) boils down to there being a problem of *prakramabheda* (an ablative, attached by means of a *ca*, following two instrumentals having essentially the same function). There is a mention of this supposed problem quoted in NANDARGIKAR's endnotes (p. 774) from the commentary of Cāritravardhana (with attribution to the *Kāvyaprakāśa*), but without Mahimabhaṭṭa's 'solution'. We have not found a discussion of the problem in the *Kāvyaprakāśa*.

9:6d Śrīnātha (f. 153v) reads *tviṣā* in place of *rucā*.

9:7 Śrīnātha (f. 153v) reads *mṛgayābhiratir*, *navayauvanaṃ* and *apāharat*; Vaidyaśrīgarbha does not reveal what he read. For the expression *mṛgadāva*, a deer-park, which is not particularly common in poetry, other than in Buddhist narrative literature, cf. *Buddhacarita* 15:15ab. It is conceivable that Vallabhadeva's reading *mṛgadāvaratir* is original. It involves an uncommon expression, and it does not unambiguously convey the required sense: Daśaratha does not merely have 'a fondness for deer-parks', but has 'a fondness for hunting deer' in them. Dakṣiṇāvartanātha (p. 118) appears to have read *mṛgayābhiratir* and *durodaram*, but records also the variant *darodaro*.

9:7.3 We could have retained *navayauvanāḥ priyatamā api* within cruxmarks, but we decided instead to conjecture what we feel (based on comparison with other passages) to be plausible glosses: ad 9:18, for example, Vallabhadeva glosses *priyatamābhiḥ* with *vallabhābhiḥ* and *tāruṇya* is used to gloss *yauvana* ad 19:4, for instance.

9:7.4 We have adopted P's reading *kāmajātāni*, since these foibles are identified as being 'born of desire' in the *Arthaśāstra* 8.3.38 and in *Manusmṛti* 7:45ff (see DEZSŐ 2014).

9:8c Śrīnātha (f. 153v) appears to have read the same as Vallabhadeva, Vaidyaśrīgarbha does not reveal what he read.

9:8.3 *paruṣākṣaraṃ kriyāviśeṣaṇatvāt*] The remark seems oddly phrased. We suppose that the point, which might appear too obvious to be worth making, is the same as that made in Vallabhadeva's commentary ad *Kumārasambhava* 4:13, where, having earlier glossed the adverb *duḥkham* with *kṛcchrakṛcchreṇa*, the commentator concludes with the words *duḥkham iti kriyāviśeṣaṇatvāt karmatvam* (cf. the remark *kriyāviśeṣaṇatvāt karmatvanapuṃsakatve* in the *Padamañjarī* ad *Aṣṭādhyāyī* 3.4.32).

After this, we have deleted a final remark that is transmitted in all the manuscripts, namely *paruṣākṣarā vāg īritā* (with the required negation *na* in P) on the grounds that it repeats the earlier statement *na duṣṭavarṇā vāg īritā*, which is only in P, but seems a more plausible formulation.

9:9a Vaidyaśrīgarbha (f. 121r) appears to have read *raghūddharād*, instead of *raghūdvahād*. Śrīnātha (f. 154r) reads *raghūdvahād* with Vallabhadeva and the printed commentaries.

9:9.3 *kṣepako 'pi*] This conjecture assumes that this labels the following verse, 9:10, as a spurious extra verse. The fact that it is miscopied in all manuscripts as *kṣapako 'pi* suggests that it might have originated as a poorly legible marginal gloss in one manuscript. This in turn suggests that 9:10 might not have formed part of Vallabhadeva's text (see also note on the commentary on 9:10 below), although it is possible that what was written in the margin was only the judgement that the verse was interpolated.

9:10–54 In many places throughout this section there are variant versions of verses, but because the order of verses appears to be different in each commentary, it is not everywhere evident which verses are variants to which other verses. The table placed at the end of the annotation on this chapter shows which verses are read in which order by Hemādri, Mallināth, Aruṇagirinātha, Jinasamudra, and, in so far as this can be determined, in Vaidyaśrīgarbha, Śrīnātha and Dakṣiṇāvartanātha. Given the number of verses in any given chapter that Vaidyaśrīgarbha and Dakṣiṇāvartanātha say nothing about, it seems probable that the versions of this section of chapter 9 that they knew in fact had more verses than our table shows (just 23 in the case of Vaidyaśrīgarbha, where Dakṣiṇāvartanātha has 37 and Vallabhadeva has 45).

9:10 Both Śrīnātha and Vaidyaśrīgarbha have this verse, which seems to be a counterpart to 9:12 (with either 9:12 or 9:10 having been written as an alternative version of the other, in the manner identified and discussed by Salomon 2019). Śrīnātha reads in the third pāda *hi* (f. 154r); Vaidyaśrīgarbha's reading for the particle cannot be determined. Dakṣiṇāvartanātha does not comment on this verse (but does comment on 9:12 below).

We regret that our newly published translation (Dezső, Goodall and Isaacson 2024:199) gives a rather inaccurate translation of this verse. The following is closer:

> Valorous as Kubera, [Daśaratha] by force rendered the wives of his enemies stripped of the girdle chains on their hips, devoid of their perfumed and powdered locks, with their painted ornaments wiped from their cheeks by unfamiliar tears.

9:10.1–4 As remarked in the note on 9:9.3 above, it is not certain that Vallabhadeva's text included 9:10. Further evidence, arguably, for its not having formed part of his text is the indifferent quality of this paragraph of commentary on 9.10. Of course it is possible that the commentary on 9:10 is simply poorly transmitted, but it is also possible that it was interpolated during transmission after the interpolation of 9:10.

9:10.3 It seems doubtful that we should accept *kīdṛśī camūḥ| gajavatī gajā vidyante yasyāḥ* into the text, particularly since P omits it; but P has no gloss of *gajavatī*, and this too would be problematic. Instead we have adopted the gloss of Jinasamudra, namely *hastivatī*, as being a possible borrowing from Vallabhadeva. It is, furthermore, just conceivable that Vallabhadeva should have taken some extra trouble, particularly at the beginning of this chapter, to spell out his commentary on the *yamakas*, and that he might therefore here have resorted, exceptionally, to giving *pratīkas*. At the same time, as remarked in our note on 9:10.1–4, it is possible that the whole paragraph of commentary was interpolated during transmission, if 9:10 did not originally form part of the text that Vallabhadeva had before him.

9:11 Note that this verse is omitted by several commentators; it is however commented on by Śrīnātha (f. 154v) and Vaidyaśrīgarbha (f. 121r). The omission might be a deliberate one motivated by the oddity of an allusion to Kubera's valour. Verse 12 refers instead to Kubera's wealth, and it is conceivable that the juxtaposition of two verses with allusions to Kubera was considered repetitious and caused one to be omitted. But in that case, it is odd that the choice did not fall on cutting verse 12, since verse 12 repeats the content of verse 10. Perhaps one reason for omitting verse 11 instead was the troublesome similarity of its *yamaka* to the *yamaka* in the last *pāda* of verse 15, to which Vallabhadeva alludes below. Vallabhadeva remarks, in his commentary thereon, that verse 15 was rarely included, whereas it is in all the post-Vallabha printed commentaries, and it is instead verse 11 that is missing from several of our witnesses. Perhaps this is because verse 15 is secondary and has gradually come to supplant 11. But of course it is also possible that 15 is primary and 11 secondary. If we were to lose 15, there would be no mention of Daśaratha returning to his capital, but perhaps this would not be a serious omission from the narrative, since a setting forth for a *digvijaya* is also not clearly mentioned.

Dakṣiṇāvartanātha does not comment on this verse.

9:11c Śrīnātha (f. 154v) seems to read *vaśāt* instead of *balāt*. Vaidyaśrīgarbha has this verse, but does not make clear which he read.

9:12 Vaidyaśrīgarbha seems not to have commented on this verse and he may not have known it. It seems odd that neither Vallabhadeva nor subsequent commentators should have seen this verse as a variant upon 9:10, but of course, as remarked above in our note on 9:9.3, Vallabhadeva may not have had 9:10 before him.

9:13 The version of this verse known to the printed commentaries seems likely to be a secondary improvement in which the basis for the comparison is made clearer, but in a manner that is rather untypical of Kālidāsa, for it involves a neat *dīpaka* using a compound that must be understood as a relatively elaborate *śleṣa*: *śamitapakṣabalaḥ*. Cf. 9:62d below. See also GOODALL forthcoming. Vaidyaśrīgarbha's commentary (f. 121r) reflects the version of the verse that is known to Vallabhadeva; Śrīnātha (f. 154v-155r) has first Vallabhadeva's verse and then that known to Mallinātha. Dakṣiṇāvartanātha's sparse commentary suggests that he had the Southern version of this verse (p. 119).

Note that when Vallabhadeva quotes in his commentary the alternative version known to all other printed commentaries, he has the reading *śaramuṣṭimucā* ('releasing a handful of arrows'), rather than the reading *śaravṛṣṭimucā* ('releasing a rain of arrows'), which is what the other printed commentaries and Śrīnātha all have. It is possible that *°muṣṭi°* is simply a corruption for *°vṛṣṭi°* that occurred within the transmission of Vallabhadeva's commentary.

9:13.3 *vajraṃ kecic chatakoṭi prapannāḥ, anye sahasrakoṭi*] We understand this to mean: 'Some believe the thunderbolt to have a hundred points; others a thousand points'. There is of course also the possibility that the remark is a secondary inclusion, perhaps of what was at first a marginal note.

9:14d Śrīnātha (f. 154v) reads *akhaṇḍitapauruṣam* with the majority of the printed commentaries; Vaidyaśrīgarbha's reading cannot be determined, although the verse is known to him (f. 121r).

9:15.4–5 Vallabhadeva's final comment has been borrowed almost verbatim by Hemādri, the end of whose commentary reads: *jaghananirviṣayīty anena yamakasārūpyāt kecin na paṭhanti*. The remark is striking, for this verse cannot now be described as rare (*virala*), since we find it in the texts of all the printed commentaries. It may have been omitted by Vaidyaśrīgarbha, however, for he offers no commentary on it. The *yamaka* is indeed similar to that of verse 11, which, as we have remarked above, is omitted by Mallinātha and the Keralans. Presumably the remark was true of Vallabhadeva's time and place.

9:16b Śrīnātha (f. 155v) reads *anudita°* ('not arisen') in place of *anucita°*. Vaidyaśrīgarbha's reading cannot be determined (f. 121r).

9:16c Śrīnātha (f. 155v) reads as Vallabhadeva does; Vaidyaśrīgarbha's reading again cannot be determined (f. 121r).

9:16.4–5 We have presented Vallabhadeva's quotation as comparable to *Arthaśāstra* 6.2:39 because the second *pāda* is very different, but perhaps Vallabhadeva was actually quoting *Arthaśāstra* 6.2:39 in a different version. OLIVELLE's translation (which here closely follows that of KANGLE) is as follows:

> Making the kings who are once removed the felly, those who are immediately contiguous the spokes, and himself the hub, the leader should stretch himself out in the circle of constituents. (OLIVELLE 2013:275)

The verse as Vallabhadeva quotes it could perhaps be rendered thus:

> Making the kings who are once removed the felly, [and putting (*kṛtvā*)] his city in the centre of his kingdom, the king should present himself in the circle of constituents as the hub.

9:17c Śrīnātha (f. 156v) also reads *malaya°* rather than *magadha°*; Vaidyaśrīgarbha has no commentary for this verse. The surprising reading *malaya°* is also recorded by NANDARGIKAR as that of the commentators Sumativijaya, Dharmameru, and Vijayagaṇi, as well as a handful of manuscripts of the poem; DWIVEDĪ also has a number of manuscripts that share the reading *malaya°*. Sumitrā is often said (in online sources) to be the daughter of the king of Kāśī, but on what authority we are not sure. Now if Magadha extended right across from Bihar to Punjab (as NANDARGIKAR suggests in his endnote on 1:31 (p. 615)), then Magadha might include Kāśī. But surely the king of Kāśī cannot have had jurisdiction over the Malaya mountain. In the much later *Ānandarāmāyaṇa* (*sārakāṇḍa* 1:70), Sumitrā is also said to be the daughter of the king of Magadha, but that might simply be an echo of (Mallinātha's version of) the *Raghuvaṃśa*. Similarly, *Padmapurāṇa*, *Uttarakhaṇḍa* 242:37 also records her to be the daughter of the Māgadha king; and Abhinanda in his *Rāmacarita* 8:63 refers to her as *māgadhī*. The tradition that she is the daughter of a king of Malaya cannot be traced, at present, except in the sources that read *malaya°* in this verse.

9:18.3 *ariheti kvip*] This last pregnant remark is to reassure the reader that the nominalising suffix whose technical name is *kvip* has been added to the verbal root *han* to give us *ari-han*, 'who destroys enemies'. *Aṣṭādhyāyī* 3.2.87 (*brahmabhrūṇavṛtreṣu kvip*) allows us to add this suffix to *han* when in compound with *brahman*, *bhrūṇa* or *vṛtra*, and the following rule, 3.2.88 (*bahulaṃ chandasi*) allows for this pattern to be extended to other compounds, but only in Vedic usage. We may conclude that *arihan* is strictly speaking not in fact an admissible form for Pāṇini, for what would be expected is probably rather *arighna*. Note that Vāmana in his *Kāvyālaṅkārasūtra* 5.2.35 disapproves of the forms *arihan* and *ripuhan*: *brahmādiṣu hanter niyamād arihādyasiddhiḥ*, 'Since [the suffix *kvip*] is restricted to the verb *hanti* when in compound with such words as *brahman*, such forms as *arihan* are not justified.'

Note that Hemādri refers to Vāmana's *sūtra* and paraphrases Vāmana's *vṛtti*, which in turn paraphrases the *Kāśikā* (on 3.2.87), in his dicussion of the point: *ariheti kvip cintyaḥ. 'brahmādyeṣu hanter niyamād arihādyasiddhiḥ' iti vāmanaḥ. 'brahmabhrūṇa' ityatra brahmādiṣv eva hanter eva kvib eva bhūta eveti niyamaś caturvidhaḥ. nyāsakṛt tu 'prāyikaś cāyaṃ niyamaḥ' iti.*

Nārāyaṇapaṇḍita alone seems to assume that the form is *ariha* (a vocalic stem) rather than *arihan*.

9:19b *°samāhṛta°*] Śrīnātha (f. 155v) supports this reading; Vaidyaśrīgarbha does not reveal what he read at this point.

9:19c Śrīnātha (f. 155v) and Dakṣiṇāvartanātha (p. 121) had the reading *°samucchraya°*; Vaidyaśrīgarbha does not reveal what he read at this point.

9:19.2 *kalpitakeśena*] The verbal root *kḷp* is of course notoriously multivalent, but *kalpita* seems not to be attested in the sense of 'tonsored' or shaved. Note, however, that MONIER-WILLIAMS records 'barber' as a possible sense of *kalpaka*, 'scissors' as the meaning of *kalpani* (following various *kośas*), and 'clipping' and 'working with edge tools' as meanings of *kalpana*. Aruṇagirinātha shares this interpretation, but Mallinātha instead glosses *visarjitamaulinā* with *avaropitakirīṭena*, understanding it therefore to refer to the removal of his crown. Śrīnātha's gloss *tyaktakirīṭena* reflects the same understanding. Hemādri mentions both interpretations as possible, as does Dakṣiṇāvartanātha (p. 121).

9:20.1–4 The transmission of Vallabhadeva's commentary on this verse is poor and the muddle is difficult to disentangle partly because it is not clear whether the various compounds describing Daśaratha's body should be reconstructed in the feminine, to agree with *tanum* (or perhaps a gloss such as *mūrtim*), or in the neuter, to agree with the gloss *śarīram* (which figures in Jinasamudra's commentary). Seeing that P's plausible glosses of some of the attributes of Daśaratha's body reflect a neuter, we have assumed that *śarīram* must have been Vallabhadeva's original gloss and we have accordingly corrected as much as we were able to correct in the commentary in line with this assumption. There does seem to be some relation between Vallabhadeva's commentary and that of Jinasamudra, for they share the glosses *utkṛṣṭakānti* and *mṛgacarma*. We have therefore tentatively adopted Jinasamudra's gloss *vācaṃyamam*, instead of *yatā saṃyatā vāg yasyās tām*.

9:21a Śrīnātha's commentary (f. 156r) supports the reading *°prayato niyatendriyaḥ*; Vaidyaśrīgarbha does not reveal what he read at that point.

9:21.2 It seems awkward, and is perhaps the result of corruption, that *śāntam* should be Vallabhadeva's gloss of *prayataṃ* and *praśāntaḥ* his gloss of *niyatendriyaḥ*. Such a gloss of *niyatendriya* seems perfectly natural, but not of *prayata*. Might *śāntaṃ* therefore be a corruption of *śastaṃ* or of *śuddhaṃ*? Ad *Raghuvaṃśa* 14:82, commenting on *abhiṣekaprayatā* (qualifying Sītā), Vallabhadeva glosses the word with *śuci*. Vallabhadeva's most common gloss for *prayata* elsewhere (ad *Kumārasambhava* 1:57 and ad *Raghuvaṃśa* 1:35 and 1:94) appears to be *saniyama*. But such a gloss works only if *prayata* qualifies a person, and it suits a context in which some ritual act is about to be undertaken, not one in which a rite has been concluded, as here.

A further complication is that the accusative *°prayataṃ*, a reading supported only by Vallabhadeva's commentary, is in any case odd, since Daśaratha's whole body should have been bathed, and not just his head. Also peculiar is that the gloss *śāntam* is followed by an *api* that we cannot easily give sense to. We may note that NANDARGIKAR records (basing himself on non-Kashmirian manuscripts) that Vallabhadeva read *°prayato 'pi jitendriyaḥ*. Is it possible, then, that Vallabhadeva's text of the verse originally had *°prayato 'pi*?

9:21.2–3 *devasamūhasamāgamayogyaḥ. toyavarṣiṇe*] Instead of these rather bold conjectures (for the latter, cf. Jinasamudra's *jalavarṣiṇe*), we could have stayed closer to the transmission and printed something like *surasamājaḥ surasamūhaḥ tasya samākramaṇe yogyaḥ. kīdṛśāya? vanamuce toyaṃ muñcati varṣatīti tasmai*. But we would have probably wanted to place all of this within crux-marks.

9:22 Śrīnātha (f. 156r) reads *°kulodvahaṃ* in *pāda* a and *pativratā* in *pāda* b; in *pāda* c, he reads *na patim anyam*, and in *pāda* d, he reads *sakamalā kamalārthadam arthiṣu*. He thus dispenses with the rhetorical question, and has instead the negative particle *na*. Vaidyaśrīgarbha's very short remarks on this verse do not allow us to conclude how he read on any of these points. Śrīnātha's version may be reconstructed as follows:

> *tam apahāya kakutsthakulodvahaṃ*
> *puruṣam ātmabhuvaṃ ca pativratā*
> *na patim anyam asevata devatā*
> *sakamalā kamalārthadam arthiṣu*

This reading, which might conceivably be primary, is similar to *Raghuvaṃśa* 4:5:

> *chāyāmaṇḍalalakṣyeṇa tam adṛśyā kila svayam*
> *padmā padmātapatreṇa bheje sāmrājyadīkṣitam*

On the other hand, *kamalārthadam* could be the result of a graphic confusion between *rthadam* and *ghavam*, not impossible in north-eastern scripts, and conceivably made easier by the fact that *kam alāghavam* might not always be instantly understood correctly. After that confusion happened, it would then have been natural to introduce the negative particle *na* to replace the missing rhetorical question.

9:22.1 We are suspicious of the first analysis given of *sakamalā* and we do not understand *pāṇipadmo* in it. We have cruxed it both for this reason and because it seems in any case odd that Vallabhadeva should start with analyses of such a simple word. It is perhaps conceivable that Vallabhadeva might have wished to comment on it because *kamalā* by itself would have been a sufficient name for Lakṣmī. The first analysis might then have been an explanation to the effect that her hand, already lotus-like because she is Kamalā, held a lotus, which means that we can also call her *sa-kamalā*. More likely, perhaps, is that these analyses of *sakamalā* originated as readers' marginal glosses that were mistakenly incorporated into Vallabhadeva's text. Note, however, that Jinasamudra's commentary also begins with a similar analysis of *sakamalā*: *sakamalā saha kamalena pāṇipadmena vartate kamaladevatā lakṣmīḥ*.

9:22.3 *aparaṃ*] We have supplied this gloss of *anyam*, a standard one for Vallabhadeva (see for example ad 4.86 and 6.17).

9:22.4 *yācakeṣu*] We have supplied this gloss since Vallabhadeva glosses the word *arthin* thus elsewhere, for example ad 5:24 and 11:2.

9:23b Śrīnātha (f. 156v) reads *mahābhujaḥ* in place of *narādhipaḥ* (or, in the printed commentaries, *mahārathaḥ*); Vaidyaśrīgarbha appears to offer no commentary on this verse at all. It seems conceivable that both *mahābhujaḥ* and *mahārathaḥ* are secondary and the result of independent attempts to add further alliterative effect (the initial *ma* echoing the first syllable of *maghavataḥ*, and the *bhuja* being echoed in the following quarter). For other such attempts at further 'gilding the lily', see GOODALL forthcoming.

9:23c We have recorded Jinasamudra as reading *udvṛtaṃ* in place of *ucchritam* because, although the printed text of his commentary gives *udvṛttaṃ* as a *pratīka*, that would be unmetrical. Śrīnātha (f. 156r) appears to read *unnataṃ*, with *ucchritaṃ* as gloss. Note that Vallabhadeva glosses *ucchritaṃ* with *unnataṃ*. All the manuscripts transmit both words, and there is a faint possibility that *pratīka* and gloss became interchanged during transmission.

9:23.4 *katham avadhūtabhayā ity āha*] The manuscripts here have instead *katham ity avadhūtabhayā ity āha*, which does not seem to make sense. We have here thrown out the first *iti*, but we could instead have assumed *avadhūtabhayā* to have been added as a marginal gloss (to 'explain' *katham*) that was mistakenly incorporated into the text, and we could therefore have expunged that instead. Another possibility is that the text should originally have had *kim ity*, or that *katham iti*, although unfamiliar, might actually mean the same as *kim iti*, namely 'why'.

9:24a The text printed with Aruṇagirinātha's commentary begins with *asakṛd ekarathena*, but the commentary of Nārāyaṇapaṇḍita rather supports the reading *asakṛd eva hi tena*; Aruṇagirinātha gives no explicit gloss. Both Vaidyaśrīgarbha (f. 121v) and Śrīnātha (f. 156v) also support *asakṛd eva hi tena*. Here, once again, Mallinātha's reading may be the result of a secondary attempt at thickening up the texture, since *ekarathena* creates a resonance with the word *mahārathaḥ* in Mallinātha's reading of 9:23b. The reading *ekarathena* furthermore also helps to create the effect of a build-up of alliterative repetitions of the sound *ra*.

9:25 Śrīnātha (f. 157r) clearly had the text known to Vallabhadeva before him, which supports our impression that it is the older reading. Vaidyaśrīgarbha (f. 121v) has the verse but does not reveal what his readings are at the points of variance.

As we have explained above in our annotation on 9:5, we think that it is possible that the introduction of a pun there involving the cosmic serpent might have led later transmitters to remove the reference to the cosmic serpent here in 9:25 on grounds of repetitiveness, resulting in the secondary reading (*atha samāvavṛte...*) that we find at this point in the printed commentaries. For Vallabhadeva's version of 9:25 would not only have repeated the comparison of Daśaratha with the serpent, but also the comparison of Daśaratha with Indra, with whom he has already been compared in 9:3, 9:13 and 9:18. The secondary reading instead alludes to Daśaratha being comparable only with the four Lokapālas of the cardinal directions, *aṃśas* of whom every king should ideally carry within himself.

The argument that the modified version was produced to avoid repetitiousness, however, is not particularly strong, since 9:6 already compares Daśaratha to the Lokapālas of the cardinal directions. Perhaps more likely, as suggested in GOODALL forthcoming, is that the modification of the verse known to Vallabhadeva was motivated primarily by a desire to simplify the imagery: instead of having Daśaratha confusingly compared both to Indra and to the cosmic serpent, he is compared only with the Lokapālas.

9:25.1 We have cruxed *navaiḥ kusumaiḥ sevitum iva*, because, although it makes sense, it seems unlikely that Vallabhadeva would have used all these words from the root-text. He is more likely to have written something like: *nūtanaiḥ puṣpair upāsitum iva*. P's omission is presented as a case of eyeskip since it seems not unlikely that a hyparchetype from which P's text descends may have read with B[1] here. (B concludes this sentence with another instance of *ājagāma*, the same as the final word of the previous sentence.) This assumption would account for P's omission of this whole unit because of eyeskip caused by homoioteleuton.

9:25.3 *praśasyapauruṣam. ata eva †rājoragatvam †*] We have cruxed *rājoragatvam* because it seems likely to be a corruption, perhaps of something like *rājño mahoragasamatvam* ('Of praiseworthy valour. And hence the king is similar to a great snake').

9:26 Without presenting one as a variant of the other, Hemādri and Jinasamudra give both the version of this verse known to Vallabhadeva and the version that Vallabhadeva presents as a *pāṭhāntara* and that has been adopted by Mallinātha. Śrīnātha (ff. 157r–157v) does the same, but while Hemādri and Jinasamudra give first the version known to Mallinātha, followed by that known to Vallabhadeva, Śrīnātha has the two versions the other way round and his comments on the version known to Mallinātha are markedly shorter. (Vaidyaśrīgarbha seems to offer no comment on either version.) Dakṣiṇāvartanātha, like the Keralan commentators and Mallinātha, comments only on Vallabhadeva's *pāṭhāntara* (p. 121).

It seems possible that the version known to Vallabhadeva may have been the earlier one and that it was judged unsatisfactory (and so replaced) because the *yamaka* in syllables 2–7 of the fourth *pāda* does not involve a pure repetition of syllables 2–4 to form syllables 5–7, which is the standard pattern throughout this section. In other words, instead of having *°virahaviraha°*, what we have is *°viraha**r**viraha°*. It is perhaps conceivable that for Kālidāsa *raviraha* (syllables 1–4) was felt to be echoed in *yamaka* by *rviraha* (syllables 5–6).

Another possible catalyst for change might have been the repetition of the motif of compassion, which recurs in 9:40 below. In that case too, the *yamaka* may be regarded as problematic, and there too it is a replacement verse that has been commented upon by Mallinātha and in that replacement verse the motif of compassion has also disappeared: see our note on 9:40.

9:26.1 We might expect the gloss *bhānuḥ* to feature in the first sentence (where we now find instead *raviḥ*, a *pratīka* from the root text), rather than in the second explanatory sentence of the commentary.

9:26.2 *śanair yayau*] These two words appear in the root text and have already been glossed, and so they could simply be expunged. But Vallabhadeva does sometimes repeat words from the root text when returning to explain a point about them after they have already been glossed.

9:26.4 *yadi hy asau kṣipraṃ yāyāt, tad dinasamāptyā…*] This sentence would be more logical if the apodosis began with *tat kṣipraṃ dinasamāptyā*. Perhaps it is corrupt. Since the point is, for most readers, obvious, the whole sentence might be suspected as having been interpolated in transmission.

9:27 In *pāda* d, Śrīnātha (f. 157v) appears to have read a plural: *drumavatīr avatīrya vanasthalīḥ*, thus breaking the regular pattern of the *yamaka*.

We have not recorded the printed commentators as having any variants to this verse, even though Jinasamudra seems to gloss words that are not in the accepted text. As well as *kusumajanma* and *navapallavāḥ*, the words he glosses include *sukhamārutam*, *kusumitadrumam*, *tadupabhogarasam*, *unmadakokilam*, and these cannot all fit ! It is as though he had an extra *pāda* here and his text of 27ab somehow read *kusumajanma tato navapallavāḥ kusumitadrumam unmadakokilaṃ tadupabhogarasaṃ sukhamārutam*. But presumably his text here has in fact just got muddled up in sequence, for several of these words belong to 9:53.

9:28.2 *daśanakṣatair mahadbhir lalanoṣṭhair asahyam*] This conjecture is based on P, but with the excision of some of what seems to be too repetitious glossing. One might also consider constructing a compound gloss such as *daśanakṣatamahālalanoṣṭhāsahyam*, but in this case we thought this slightly too clumsy, especially with the *°mahā°* qualifying not *°lalanā°* but *°lalanoṣṭha°*. Another possibility, with slightly different excisions of material from P, might be *daśanakṣatair mahānto ye lalanoṣṭhās tair asahyam*.

9:29 Unlike the Southern commentators (including Dakṣiṇāvartanātha), both Śrīnātha and Vaidyaśrīgarbha comment on this verse. Śrīnātha (f. 158r) clearly read *°cetasaḥ*; Vaidyaśrīgarbha does not reveal whether he read *°cetasaḥ* or *°cetasāṃ*.

9:30 Śrīnātha (f. 157v) and Vaidyaśrīgarbha (f. 121v) both comment on a variant of this verse, which we have tentatively reconstructed as follows:

> *anayad utsukatām avalokitā malayamārutakampitapallavā*
> *api muneḥ sahakāralatā manaḥ sakalikā kalikāmaniṣedhinaḥ*

9:30.3 *kaleḥ kālaviśeṣasya vā kāmo 'bhilāṣo rāgamayaṃ jagad astv iti*] We take this to be an alternative analysis of *kalikāma* in *kalikāma-*

jitām: 'alternatively, [*kalikāma* is] the desire (*abhilāṣaḥ* = *kāmaḥ*) of Kali, the particular time-period, that the whole universe should be steeped in passion'. The same expression was earlier glossed with *nirdveṣarāgāṇām*, a paraphrase preceded in the manuscripts by various forms of a *vigraha* that we have expunged on the grounds that they are probably secondary.

9:31cd Although all the Kashmirian manuscripts we consulted (including all those that transmit Vallabhadeva's commentary) read *°nīla°*, we have adopted *°nīra°* in the light of Vallabhadeva's gloss *jalaśakunayaḥ*. Śrīnātha too (f. 158r) gives *°nīla°* in his *pratīka*, but he nevertheless glosses with *haṃsādayaḥ*, so perhaps he in fact read *°nīra°* too, as did Dakṣiṇāvartanātha (p. 123). The reading *°nīla°* might be the result of an involuntary (or voluntary) reflex to extend the alliteration by including a third *l* in the last *pāda*. Instead of *sarasaḥ*, for which Vallabhadeva gives two different interpretations, Śrīnātha and Dakṣiṇāvartanātha read *śataśaḥ*. Vaidyaśrīgarbha (f. 121v) appears to have read *°nīra°*, but his commentary is not long enough to reveal how he read any other word in the verse.

9:31.1 Note that Vallabhadeva here, as in his commentary on 9:34d below, clearly intends that *kiñjalka* should be used in the sense of 'nectar', a sense not mentioned by MONIER-WILLIAMS, who mentions the sense 'filament of a plant,' or by any other of our modern dictionaries. MONIER-WILLIAMS incidentally further fails to mention the sense 'pollen', which is alluded to in the text of a very few editions of the *Amarakośa*: *puṣpareṇau ca kiñjalkaḥ śulko 'strī strīdhane 'pi ca*. The half-line appears to be absent from all the other editions that we have in our bibliography, but we find it, for instance, as 4cd in the second numeration within section 3.3 (on p. 111) of the edition of SARDESAI and PADHYE 1940. This second numeration within 3.3 consists of a block of six verses that extend the *kāntavarga* (the first 17 verses of the section being devoted to words ending in *ka*).[1] These may have been inserted here in the course of transmission, just before the *khāntavarga*, which begins in verse 18 (resuming the numeration of the first section) with the word *mayūkha*.

[1] In fact the first half of the first verse of the second numeration is part of the sequence devoted to *kānta* words, so there are really seventeen and a half verses in the *kānta* section, and only five and a half added verses. The added sequence begins with the word *kaṭava* in 1cd, a unit which is preceded by an unanswered inverted comma. It ends with the word *khajaka* in 6cd.

The *Dhanañjayanāmamālā* (verse 151) appears to give *parāga*, *madhu* and *kiñjalka* as synonyms; perhaps this only implies that *madhu* too is supposed to have 'pollen' as one of its meanings. Note though the verse *Saduktikarṇāmṛta* 1787 (= *Subhāṣitāvalī* 1917), in which the bee is said to enter the lotus 'eager to drink the *kiñjalka*' (*pipāsuḥ kiñjalkam*), where *kiñjalka* must surely be intended to mean 'nectar'. Incidentally, Vallabhadeva also uses *kiñjalka* in the sense of filament (glossing *kesara*) in the commentary on 9:37 below, and in the commentary on *Śiśupālavadha* 1:5.

9:32a Some user of P has added a few half-*daṇḍa*s in the verses of the root text in this section, and has here written *vasantajātaṃ* in the margin, presumably as a gloss for the word *ārtavaṃ*, even though another gloss is to be found in Vallabhadeva's commentary just below. This is perhaps evidence of use of the manuscript of P just to study the poem, without making much use of the commentary.

9:33 Śrīnātha (f. 158v) reads *madhukṛtām*; Vaidyaśrīgarbha has no commentary on this verse.

9:33.3–4 *puṣpadharmā atra taror āropitāḥ.*] We find the use of the genitive here surprising; we would have expected *tarāv āropitāḥ*. There seems to be no parallel construction elsewhere in Vallabhadeva's commentaries with which one might compare this. According to Dakṣiṇāvartanātha, the word *kuravakāḥ* here must refer to the trees and not the flowers, since the word would have to be neuter to refer to the flowers (p. 123): *kuravakāḥ vṛkṣaparo 'yaṃ nirdeśaḥ, puṣpaparatvena napuṃsakaliṅgatvāpatteḥ.*

9:34 Śrīnātha (f. 158v) reads *tilaka°* instead of *bakula°*; Vaidyaśrīgarbha offers no commentary on this verse, which might mean that, like the Southern commentators (including Dakṣiṇāvartanātha), he did not consider it to be part of the text. It is indeed a somewhat troubling verse, as is revealed when one attempts to translate it. Does it mean 'Questing for clear nectar long stored up, the bees pursued the *bakula* flower, which, like the smile of spring, smelt of wine and shone with moonbeams for teeth.'? Or is *candrikā* to be taken to be a soft white light that has nothing to do with the moon, in which case *daśana-candrikayā vyavabhāsitam* might be a generic description of any smile and one might instead translate as follows: 'Questing for clear nectar long stored up, the bees pursued the *bakula* flower, redolent of wine, like the smile of spring shining with bright teeth.' Vallabhadeva seems to follow the second of these options.

It is conceivable that this verse was omitted by the Southern commentators after an alternative had been written to replace it, that alternative being 9:36, which is a much smoother verse involving conventional poetic ideas about *bakula* flowers (Mimusops elengi). It is further possible that the reading *tilaka°* in Jinasamudra and Śrīnātha is a secondary variant introduced (after the introduction of 9:36) to avoid having two verses about the *bakula* so near to each other.

9:34.1 For *kiñjalka* in the sense of nectar, see our note on 9:31.1 above.

9:34.2 We assume that *ataḥ* functions here not as a causal conjunction but more or less as a definite article to *dhavalatvāt*.

9:35 Note that this verse, which has been replaced by quite a different stanza (although the last *pāda* is identical) in the texts of Mallinātha and others, is discussed at some length in the 2nd chapter of the *Vyaktiviveka*. For Mahimabhaṭṭa, the ideas expressed by the words *ramaṇadattam*, *pramadayā* and *madayāpitalajjayā* are all already indirectly conveyed to the sensitive reader by the first line, and so the verse is repetitious. To put this in other words, the first line could be seen to be an instance of *samāsokti*, 'a figure in which the descriptive qualifications of an explicit subject suggest an implicitly comparable object to which they likewise apply' (Gerow 1971:316), and the second line then repetitiously makes explicit what had been implicit. Thus the allusion in the first line to the curved red blossoms on the (feminine) forest-edge that have been caused by uniting with (masculine) Spring already powerfully suggests nail-marks left upon a woman during love-making, and it does so before we get to the simile in the second line that makes this comparison explicit. Notwithstanding this astutely observed tautological flaw, without Mahimabhaṭṭa's pointing it out, this stanza would probably not have seemed to most readers to contain a 'problem' requiring adjustment. After all, what some may experience here as a repetitious restatement of an image may appear to others as a satisfying confirmation of an idea that had hitherto been only subtly insinuated.

It seems clear, in other words, that the version known to Vallabhadeva of this verse is likely to have been primary. Śrīnātha (f. 158v) gives both versions consecutively but with that known to Mallinātha first.

Vaidyaśrīgarbha (f. 122r) has only a remark to the effect that *palāśa* may be used in the sense of the flower of the *palāśa*, but we may understand this to be a reflection of his having had before him the version of the verse that is known to Vallabhadeva. For further discussion of the transmission of this verse, see GOODALL [forthcoming]. Dakṣiṇāvartanātha (p. 123) comments on the Southern version of this verse (reading *mukulajātam* with Aruṇagirinātha and Nārāyaṇapaṇḍita).

9:35.1 *yato vasantasamparkotpannam*] The manuscripts here all transmit instead *yataḥ surabhir vasantas tatsaṅgamotpannam*, an analysis that contains two words from the root text. We have supplanted this with a gloss found only in P, but in the previous sentence. We guess that P's gloss may be the original one, and that it might have been omitted from Vallabhadeva's initial statement of the gist of the verse, but inserted there by a transmitter who felt that it needed to be there.

9:35.2 *gamitāgopitā*] We assume that this is a double gloss of *yāpitā*: the shame is 'caused to depart' (*gamitā*), in other words it is 'not protected' (*agopitā*).

9:36 Śrīnātha reads *kusumodgamaḥ* with Vallabhadeva here, but *°lolupair* and *ātatapaṅktibhiḥ* with the majority of the other printed commentaries. Vaidyaśrīgarbha appears to have no commentary on this verse. The form *lolupa* may be more familiar, but the form *lolubha* seems to be preferred among the Kashmirian sources transmitting Vallabhadeva's text (cf. 11:86 and 19:24).

It is possible that this verse originated as a secondary attempt to improve upon 9:34.

9:37 This verse appears not to have been commented upon by Vaidyaśrīgarbha.

9:37.3 While Vallabhadeva takes *mukhacūrṇa* to be something to make the mouth fragrant, other commentators take it to be a powder for the hair (Aruṇagirinātha glosses it with *alakacūrṇam*) or a powder for adorning the face (Mallinātha describes it as *mukhālaṃkāracūrṇabhūtam*). Śrīnātha (f. 160r–160v) takes it to be powdered camphor (*karpūrakṣodam*) without specifying where this would be applied, but we suppose that it might have been to freshen the mouth (cf. the use of *karpūra* as *mukhavāsa* in, for instance, Jonarāja's gloss of *mukhavāsa* ad *Śrīkaṇṭhacarita* 13:20, and cf. *Vaijayantīkośa*, verse 53 of the *guṇādhyāya* of the *sāmānyakāṇḍa* (OPPERT 1893:200)).

9:38 This verse appears not to have been commented upon by Vaidyaśrīgarbha.

9:39 This verse appears not to have been commented upon by Vaidyaśrīgarbha, Śrīnātha or Dakṣiṇāvartanātha. GOODALL [forthcoming] suggests that the reason for the omission of this verse by several commentators is probably its use of the form *abalāsakhaiḥ* as a *bahuvrīhi*. By *Aṣṭādhyāyī* 5.4.91 (*rājāhaḥsakhibhyaṣ ṭac*), the irregularly inflected word *sakhi* becomes the regular a-stem *°sakha* when at the end of a *tatpuruṣa* compound: *rājñaḥ sakhā* → *rājasakhaḥ* ('the king's friend'). Such a form should not, however, be used as a *bahuvrīhi* ('who has the king as a friend'). There is an additional grammatical problem in this verse posed by *sugandhi*, which should only have been used as a *bahuvrīhi*: see the note on 9:39.4–7 below. Cf. 9:54b below, where *vilāsavatīsakhaḥ* looks as though it may have been used as a *bahuvrīhi* (although it need not be interpreted in that way), and also 9:42d.

9:39.3 *kusumamadyasugandhiḥ*] We are partly inclined to expunge the *kusuma°* here, on the grounds that the lovers should probably be smelling of wine, not, like the bees, of the nectar of flowers. It is possible, however, that they smell of wine in which flowers have been scattered (for this practice, cf., e.g., *Raghuvaṃśa* 16:52, 19:46 and *Āgamaḍambara* 1:22 (DEZSŐ 2005:58); see also MCHUGH 2021:119).

9:39.4–7 Here an objector is suggesting that *°sugandhibhiḥ* is not correct, since we would expect, because of *Aṣṭādhyāyī* 5.4.135 (*gandhasyed utpūtisusurabhibhyaḥ*) that the transformation of *sugandha* to *sugandhi* should take place if the word is used as a *bahuvrīhi*, which would in turn imply that the fragrance was a property belonging to the bees. In reality, as Vallabhadeva points out, the fragrance originates with the flowers. The discussion alludes, by its vocabulary, to a *vārttika* on *Aṣṭādhyāyī* 5.4.135, namely *gandhasya ittve tadekāntagrahaṇam*, 'When *it* is added to *gandha* we should understand it to be the exclusive property of that [which is described]'. Note that Vallabhadeva refers in his commentaries on *Śiśupālavadha* 4:61, 5:46 and on *Kumārasambhava* 3:56 to the same problem.

Kaiyaṭa's *Pradīpa* on the *Mahābhāṣya* on *Aṣṭādhyāyī* 5.4.135 (p. 421: *gandhasya ittve tadekāntagrahaṇam kartavyam iha mā bhūt. śobhanāḥ gandhāḥ asya sugandhaḥ āpaṇikaḥ iti*) begins as follows: *gandhaśabdo 'sti dravyavācī — gandhān pinaṣṭīti. asti ca guṇavācī — candanagandha iti. tatra guṇavācigrahaṇārtham āha — gandhasyettva iti.*

This explains why Vallabhadeva wishes to insist that the smell here is a *guṇa* and not a *dravya*.

The final remark (*atra guṇa eva gandhaḥ*) seems redundant in the light of what immediately precedes it, and it seems possible that Vallabhadeva's remarks might have been expanded upon in transmission.

9:40 The perceived *yamakadoṣa* to which Vallabhadeva calls attention, namely the repetition of *rajanī* with the same sense in each case, presumably led transmitters to craft a replacement verse, which in turn caused this one to be dropped from the recensions of Mallinātha and Aruṇagirinātha. As for the replacement, it seems not to have been perfected at one stroke, for its second half, as reported by Vallabhadeva, is quite different from the second half that the printed commentaries expound. If we assume that the original verse as 'published' by Kālidāsa was the one in which there was the repetition of *rajanī* which came to be regarded as problematic, a second verse, that known to Vallabhadeva as a variant, may have then been composed to replace it that expressed essentially the same idea, namely that the night shortened as though out of compassion for the lovelorn. A further version of the second half of that second verse without this motif might then have been composed because of the perception that the idea of the nights being shortened because of compassion was already expressed in 9:26. Hemādri echoes Vallabhadeva closely in his introduction to the quotation of the same *pāṭhāntara* that Vallabhadeva gives; Jinasamudra, however, comments both on the verse that is presented by Vallabhadeva as the original version, as well as on the version of the verse known to Mallinātha, which he places earlier in his sequence of verses (see our concordance below), so that the relation between the two verses is not as readily apparent.

Śrīnātha (ff. 159v–160r) comments only on the variant version of the verse that is known to Vallabhadeva. The texts of Vaidyaśrīgarbha and Dakṣiṇāvartanātha appear to contain no commentary on any of the three versions of this verse.

9:41b Although neither the manuscripts transmitting Vallabhadeva's commentary nor the Kashmirian manuscripts transmitting the root text record it, it is clear that Vallabhadeva must have read *paṭum api* (rather than *paṭur api*) and it is perhaps from Vallabhadeva's commentary that Hemādri knew of the reading to be able to report it as a variant, since he quotes also Vallabhadeva's grammatical justification of the use of *paṭum* as a feminine accusative. Śrīnātha (f. 160v) reads *paṭur api*, with the printed commentaries. This reading obviates this doubt, since the word then agrees with *abalājanaḥ* rather than with *bhujalatāṃ*. Vaidyaśrīgarbha actually does comment on this verse (f. 122r), but not in such a way as to reveal what he read at this point.

9:41.5 *paṭum iti voto guṇavacanād iti ṅīṣ vikalpitaḥ*] By the *sūtra* quoted (*Aṣṭādhyāyī* 4.1.44), the suffix *ṅīṣ* is optional on a stem in *u* which expresses a quality: in other words, both *paṭum* and *paṭvīm* are possible.

9:42d Like Vallabhadeva, Śrīnātha (f. 160v) also has *smaramate 'ramateṣṭasakho janaḥ*. Vaidyaśrīgarbha appears not to comment on this verse. It is plain that the reading transmitted by the printed commentaries, namely *smaramate ramate sma vadhūjanaḥ*, which by bracketing the repeated syllables with the syllable *sma* gives an added alliterative thrill, is likely to be secondary because it obviates a possible grammatical problem in what was evidently the sole reading known to Vallabhadeva: *iṣṭasakhaḥ* should according to many grammarians only have been possible if it had been a *tatpuruṣa* (by *Aṣṭādhyāyī* 5.4.91), and it looks as though the most natural analysis of it would be as a *bahuvrīhi*. For two other instances of *°sakha* at the end of a compound that is arguably not a *bahuvrīhi*, but looks as if it might have been intended to be one, see *mahiṣīsakha* in *Raghuvaṃśa* 1:48, where no alternative versions appear to have been transmitted, and *sacivasakha* in 4:90, where Vallabhadeva records the existence of an utterly different variant verse (albeit mentioned by him at the end of his commentary on the following verse, 4:91), with no compound in *°sakha*. Dakṣiṇāvartanātha (p. 125) observes *vadhūjana iti pāṭhaḥ*, which indicates that he approved the more popular (and probably secondary) reading, but was aware of another reading, presumably that known to Vallabhadeva.

For other cases of this kind (in which modifications seem intended to enhance the poetic effect at the same time as improving away perceived problems), see GOODALL forthcoming, and see 9:39 and our note thereon.

9:43–44 Like the Southern commentators (including Dakṣiṇāvartanātha), Śrīnātha and Vaidyaśrīgarbha omit or at least offer no commentary on these two verses.

9:43.1 *aśokavallī*] This gloss seems suspect, and it is only in P, whereas all the other manuscripts simply retain the expression used in the root-text, *aśokalatā*. In other places, *aśokalatā* is not glossed (*Raghuvaṃśa* 7:21 and 13:32), and we suspect it to mean rather 'branch of an Aśoka tree', since it would be odd to describe the Aśoka tree (Saraca indica) as a 'creeper' or 'small plant', which is what the word *vallī* suggests. Other faint possibilities include that *aśokalatā* (and therefore *aśokavallī*) might mean 'a creeper [that is in some way] similar to an Aśoka tree', or 'a creeper [climbing] on an Aśoka tree'. We can probably rule out the possibility that a small Aśoka sapling might be intended, since we see here that it is weighed down with blossom. The interpretation 'branch of an Aśoka' is explicitly given by Hemādri ad *Raghuvaṃśa* 7:21 and Mallinātha ad *Raghuvaṃśa* 13:32. The expression *aśokalatā* may have been introduced by Kālidāsa. The only occurrence we know of that might be earlier is that in the Kumbakonam edition of the *Rāmāyaṇa* (5.41.20).

9:44 Perhaps the reason for this verse's disappearance in the texts of the Southern commentators is that the *yamaka* is positioned differently: instead of syllables 5–7 of the fourth *pāda* being a reprise of syllables 2–3, here syllables 8–10 are a reprise of syllables 5–7. The awkward reading of this fourth *pāda* commented upon by Hemādri has a different *yamaka* in the regular place and seems likely to be secondary. (Note that, although the text printed with Hemādri prints *°roṣitām* at the end of that *pāda*, his commentary reveals that this must be a mistake for *°roṣitam*.) We may note that the verse is similar in content to 9:48 below, which might therefore be a reworked version of this verse.

The two further verses that appear in Hemādri's text after this verse are not similar in content, but both begin similarly (*rasayati sma* and *viharati sma*) and are not commented upon in the other printed commentaries. Although only the first of them is introduced with the expression *kṣepakaḥ*, they may have both have been placed here by Hemādri because their rhetorically parallel openings suggested to him that they were 'variants' of 9:44. Neither follows exactly the *yamaka*-convention followed throughout the rest of this section, and this consideration may well have lessened their chances of being broadly accepted.

9:45a Śrīnātha (f. 159r) must have read *°bhramaraśrutigītayaḥ*. Vaidyaśrīgarbha appears to have no commentary on this verse.

9:45.4 *anye praśaṃsāvacanaṃ vākyālaṅkāram āhuḥ*] Aruṇadatta, commenting on *Aṣṭāṅgahṛdaya, sūtrasthāna* 3.25, observes that this sense of *anta* is attested in the expression *vanāntadevatā* in Udbhaṭa's lost *Kumārasambhava* (1.*13) embedded in Indurāja's commentary on the *Kāvyālaṅkārasārasaṅgraha*. (Indurāja's commentary thereon does not reflect this understanding.) Devarāja, commenting on *Kirātārjunīya* 1:36, observes *vanāntety evamādāv antaśabdo 'laṅkārārthaḥ*. Rājānaka Alaka, commenting on *Haravijaya* 5:17 observes *antaśabdo 'tra praśaṃsāvacanaḥ*. It is possible that Vallabhadeva intended to say that some authors hold *anta* to be both expressive of approbation and at the same time also an ornament to the sentence, but it is conceivable that a *vā* has dropped out, and that he meant to record two opinions, namely that it expresses approbation (echoing Aruṇadatta and Alaka) or that it may regarded as an ornament to the sentence (echoing Devarāja).

9:46b and 9:46.2 Vaidyaśrīgarbha appears to have no comment on this verse. Śrīnātha (f. 159v) reads *suratarāga°*. We have recorded Jinasamudra as reading *suratarāgapariśramanodibhiḥ*, since his commentary has this as a *pratīka*; the gloss he gives is *nidhuvanābhiṣaṅgasvedavināśakaiḥ*, and this might equally be a gloss of *suratasaṅga°*, which is Mallinātha's reading. Since we know that his glosses are often copied from Vallabhadeva, and since we can see that in this very paragraph of commentary one of Jinasamudra's glosses may have been copied from Vallabhadeva (namely *nirmalajyotsnaiḥ*, glossing *viśadaprabhaiḥ*), and since, furthermore, the gloss of this *pāda* is very much in Vallabhadeva's style, consisting as it does in a single compound of synonyms with exactly the same structure as the compound that is glossed, it is not inconceivable that the gloss is Vallabhadeva's and that Vallabhadeva therefore actually read *suratasaṅga°*. This is not, however, the conclusion that we have reached. As transmitted in the Kashmirian manuscripts of Vallabhadeva's text, the clumsy commentary on this compound seems certainly corrupt, but after some hesitation we have decided to knit together the glosses of the individual words to yield one compound, namely *nidhuvanasamāptyaṅgakhedanivāribhiḥ*. In adopting this, we arrive at something that is plausible from the point of view of Vallabhadeva's style. As for *samāpti*, it does make sense as a gloss for *rāga* here if one understands it to mean the culminating moment of love-making, or if one regards love-making as the culminating experience of falling in love. And there is in fact evidence of *samāpti* used in the sense of love-making in *Kāmasūtra* 2.1.32: *raso ratiḥ prītir bhāvo rāgo vegaḥ samāptir iti ratiparyāyāḥ.*

9:47d Śrīnātha (f. 160r) reads *°pelavam* instead of *°peśalam*; Vaidyaśrīgarbha's commentary on this verse does not reveal what he read at this point.

9:47.3 All the manuscripts except P add the final observation *anena karṇikārakusumaṃ jñāyate tad eva hy evaṃvidham*, which could have been written by Vallabhadeva. We have omitted it because in this paragraph P's other readings seem uniformly superior, and so we have chosen to follow P in this detail too. But note that Dakṣiṇāvartanātha has a similar observation (p. 124): *viśeṣaṇasāmarthyāt karṇikārakusumam avagamyate. ākṛṣṭahemadyutikarṇikāram iti kumārasaṃbhave [3.53].*

9:48b Vaidyaśrīgarbha appears not to have any commentary on this verse. Śrīnātha (f. 160r) reads *kusumapaṅkti°* instead of *kusumabhakti°*. We have recorded Jinasamudra as reading *kusumapaṅkti°* because that is what the *pratīka* given in his commentary has, but his gloss for the compound is *puṣpavichinnagāmibhiḥ*, which suggests that he may, like Vallabhadeva have read *kusumabhakti°* (see the end of the following note).

Cf. *Kumārasambhava* 3:30, a similar verse, which also uses *bhakti.*

9:48.1 *na khalu nāśobhayat, api tv arocayat*] This idiom is more familiar when the same verb is used in both halves of the construction, and one might therefore have expected *na khalu nārocayat, api tv arocayad eva*, or *na khalu nāśobhayat, api tv aśobhayad eva.* However, since we find √*śubh* used to gloss √*ruc* in Vallabhadeva's commentary on *Śiśupālavadha* 13.36 (*aśobhata* glossing *vyarocata*), it seems conceivable that he should use the causative of √*ruc* to gloss the causative of √*śubh* here. Furthermore, if the regular idiom had originally been used, then we would not expect it to have been transformed into this less familiar form by some transmitter. We have therefore chosen to retain this unusual expression.

9:48.2 P's text seems to bear traces of deliberate incorporation of secondary options here and so we have not preferred its testimony. The first of these is to be found in P's gloss of *añjanabindumanoharaiḥ*, which is *kajjalakaṇavat taiś ca ramyaiḥ.* We assume that this was intended to express the idea that *añjanabindumanoharaiḥ* must be understood to mean 'beautiful like spots of collyrium' when applied to the bees, but to mean 'beautiful with spots of collyrium' when applied to ladies' face-decoration. But this cannot quite make sense, since the adjective in question is instrumental plural, modifying *alibhiḥ*, for which a second meaning that could fit in the *upamāna* is not given by P and seems impossible to find.

The other secondary modification in P is the observation *bhaktir vicchittir iti kecit*, which suggests that there is more than one way of understanding the expression *kusumabhakti°*. We suspect this to be secondary not only because P's text does not seem to explain any other way of understanding the expression, but also because *vicchitti* seems for Vallabhadeva to be a standard gloss of *bhakti*: we find it for instance ad *Kumārasambhava* 3:30, ad *Raghuvaṃśa* 5:74, ad *Śiśupālavadha* 10:84, and ad *Meghadūta* 19.

9:49 Śrīnātha (f. 159v) reads *°bandha°* in 49a and *madam* in 49c with Vallabhadeva; Vaidyaśrīgarbha appears to have no commentary on this verse. Dakṣiṇāvartanātha (p. 124) observes *madhum iti pāṭhaḥ. madyavācī madhuśabdaḥ pulliṅgānto 'py asti*, thus suggesting that he was also aware of the reading *madam* in 49c.

9:49.1 *bhartṛṣu*] In this adopted reading of P, the *patiṣu* in the verse is construed with *lalitavibhramabandha°*: in other words, their intoxication was conducive to their 'making elegant coquettish gestures' towards their husbands. It might be possible to punctuate the same reading differently, placing the first *daṇḍa* of the paragraph after *bhartṛṣu* and understanding the first sentence therefore to mean 'The women experienced intoxication with respect to their husbands'. Such an understanding of the verse seems to be reflected by Śrīnātha's commentary, which begins as follows: *aṅganāḥ patiṣu madaṃ nirviviśuḥ anubabhūvuḥ*, and also by Jinasamudra.

Note that our other manuscripts (G_1UBJ) reflect instead the idea that there was nothing to spoil the mood of love for their husbands, construing *patiṣu* with *rasakhaṇḍanavarjitam*, which is also how Mallinātha, Aruṇagirinātha and Nārāyaṇapaṇḍita construe this detail.

9:50b Śrīnātha (f. 159v) reads *śiñjita°* (rather than *siñjita°*); Vaidyaśrīgarbha offers no commentary on this verse.

9:50.2–3 Instead of this analysis of *ślathaśiñjitamekhalāḥ*, we could have conjectured a compound such as *peśalajhāṅkārāraśanāḥ*, but it is possible that that analysis is used to gloss the expression in order to stress that Vallabhadeva took it as a *bahuvrīhi* within a *bahuvrīhi*, unlike, for instance, Mallinātha and Nārāyaṇapaṇḍita, who take both *ślatha* and *śiñjita* as adjectives. This option actually seems more attractive than what Vallabhadeva proposes. Jinasamudra's gloss, namely *śithilitakvaṇitamekhalāḥ*, is ambiguous, since *kvaṇita* could be a noun or an adjective, but the latter looks more likely to have been intended.

9:51bcd Aruṇagirinātha appears not to choose between the readings in these two *pādas*, which is why the apparatus records no reading as his; his remarks only make clear that if one chooses the reading *°vilāsinaḥ* in *pada* d, then one must also choose the reading *°saṅgatarāgayā* in *pāda* b. In this indecision, Aruṇagirinātha is perhaps echoing Dakṣiṇāvartanātha, for our manuscript of his commentary (p. 124) gives this impossible combination of readings: *kisalayādharasaṅgatarāgayā mana iti pāṭhaḥ*. He also observes *tarucāruvilāsinīti vā pāṭhaḥ*, which suggests that he was also aware of the reading *°vilāsinaḥ*.

It seems to us that the set of readings known to Vallabhadeva is likely to be primary for two reasons: firstly one can imagine that having a *manaḥ* belonging to nobody in particular as the object of the *amadayat* might have seemed problematic to some transmitters; secondly, the collocation *tarucāruvilāsinī* might well have seemed sufficiently odd to tempt some transmitter into suggesting *tarucāruvilāsinaḥ* (masculine accusative). Also problematic in Vallabhadeva's text is the use of *bhṛt* in the sense of 'nourishing' in *kusumacāpabhṛtā*. This could, however, be left or altered without affecting how one reads in *pādas* b and d. Indeed Śrīnātha (f. 160v) appears to have all the same readings as Vallabhadeva except that he has *kusumacāpabhṛtaḥ* in 51c, a genitive to be construed with *manaḥ* ('the mind of the flower-bow-wielding [Kāma]'). Vaidyaśrīgarbha appears not to have commented upon this verse.

9:51c The text printed with Hemādri's commentary records him as reading *navamallikā*, but the word appears in his commentary in the form that we have recorded in the apparatus, namely *navamālikā*. The same variation (between *navamālikā* and *navamallikā*) might reasonably be expected in editions of the *Amarakośa*, in 2.4:72d, in the verse-quarter that reads *saptalā navamālikā* (and which appears quoted by NANDARGIKAR's text of Mallinātha as *saptalā navamallikā*); but in the half dozen editions we have consulted, we have found only *navamālikā*. There is a similar confusion in Dakṣiṇāvartanātha's commentary, for we read there (p. 124) *vanamālikā*, but he then goes on to quote Halāyudha: *saptalāsaṃjño latāviśeṣaḥ. saptalā navamālikā mateti halāyudhaḥ.*

9:52ab Śrīnātha (f. 161r) comments on the reading *°niṣevibhir* and *alaka°*; Vaidyaśrīgarbha appears once again to have no commentary on this verse. It is difficult to decide whether *°niṣevibhir* or *°niṣedhibhir* was primary here, since both readings arguably give equally good sense, and either reading could as easily have arisen from the other as the result of a confusion between *v* and *dh*, which are similar in several early Northern scripts. Dakṣiṇāvartanātha has *niṣedhibhir* (p. 124).

9:52.1–3 We have provisionally adopted P's long treatment of *aruṇarāganiṣevibhiḥ*, including the mention and useful discussion of the variant *°niṣedhibhiḥ*; but it is possible that instead of this long unit (*raktaṃ rāgaṃ śrayanti ye tair lauhitaiḥ kausumbhādibhiḥ. niṣedhibhir iti pāṭhe … iti vyākhyā*), we could accept the simple one-word gloss transmitted by B[1], namely *kausumbhādibhiḥ*, 'having safflower colour or the like'. Cf. Vallabhadeva's use of *kausumbha* as an adjective in his commentary on *Kumārasambhava* 3:54. In P's text, *lauhitaiḥ kausumbhādibhiḥ* may be understood to mean 'reddened by such [dyes] as safflower'.

This would then leave us uncertain as to whether Vallabhadeva read *°niṣevibhiḥ* or *°niṣedhibhiḥ*.

9:52.4–5 For *yata etaiḥ kāmasainyaiḥ, vaśitṛtvāt*, one might have preferred to have *yata ete kāmasainyāḥ, vaśitṛtvāt*. But we assume that the instrumental of the verse has been kept and that *yataḥ* has been added to express a causal relationship: 'by these, since they are (so to speak) members of Love's army, since they overpower (the minds of men)'.

9:53 The problem of discrepancy of gender (the neuter used for 'that which follows the cold season', in other words, for 'spring') may have led to the disappearance of this verse from much of the subsequent transmission: among the printed commentaries, only that of Hemādri retains it. His commentary echoes Vallabhadeva's remarks on the problem.

Śrīnātha (f. 161r) and Vaidyaśrīgarbha (f. 122r) both comment on the verse. Dakṣiṇāvartanātha does not comment on this verse.

9:54b From a grammatical point of view, the word *vilāsavatīsakhaḥ* might be regarded by some as problematic, because most hold that the suffix *ṭac* should only be added to *sakhi* (to yield °*sakha*) at the end of a *tatpuruṣa* compound, whereas it might seem natural to take this compound as a *bahuvrīhi* (see our notes on 9:39 and 9:42d above). However here this seems not to have provoked a rewriting by later transmitters. Indeed the usage is frequent enough in Kālidāsa that most commentators have accepted it, with one justification or another.

9:54d The commentators interpret the similes in different ways. Vallabhadeva first interprets *madhumat* to mean the month of Vaiśākha, and then gives the alternative that it is a name of Viṣṇu; he takes Madhu to be the month of Caitra. Mallinātha identifies Madhumat with Viṣṇu, Madhu with spring, and Manmatha with Kāma. Nārāyaṇapaṇḍita first takes *madhumat* in an adverbial sense, as Aruṇagirinātha does, and not as part of the compound, while his second interpretation is the same as Mallinātha's (although he ascribes that interpretation to Dakṣiṇāvartanātha). Dakṣiṇāvartanātha indeed also has this second interpretation (p. 125): *madhusaṃjñam asuraṃ mathnātīti madhumān viṣṇuḥ, caitramāsaḥ, manmathaḥ kāmaḥ, ebhis tulyaḥ.* This second interpretation is also that of Śrīnātha (f. 161r). Vaidyaśrīgarbha(f. 123r), however, first takes *madhuman°* as an adjective ('juicy') qualifying °*madhu*°, for he seems to have written *madhumān* (*madhumān*] *madhuvān* MS) *puṣparasavān yo madhur vvasantaḥ*; he then gives however the alternative of Madhumat being Viṣṇu. Note that when the element *madhuman°* is taken to refer to Viṣṇu we must assume that it ends with a bound form derived from the verbal root *math* (or *manth*) rather than with the possessive *matup* suffix.

9:54.1 *yathāsukhaṃ*] We have retained this in the commentary because we assume that it might have been regarded as an idiomatic expression that required no gloss.

9:55 In this verse, Kālidāsa may be consciously echoing *Arthaśāstra* 8.3.46 (*mṛgayāyām tu vyāyāmaḥ śleṣmapittamedaḥsvedanāśaś cale sthite ca kāye lakṣaparicayaḥ kopabhayasthāneṣu ca mṛgāṇām cittajnānam anityayānam ceti*), a version of which Aruṇagirinātha quotes at this point.

In 55b Vaidyaśrīgarbha plainly read *tadiṅgitabodhanam*, whereas Śrīnātha's commentary does not clearly reflect what he had at this point; both seem to have had *karoty asau* in 55c.

In 55c, *karoty asau* is printed as the reading of Hemādri's commentary, but it seems as if his commentary rather supports *karoti sā*. It is possible that Vallabhadeva read this too, and that we should therefore emend the first three words of his commentary, *yataḥ sā mṛgayā*, to read *yato mṛgayā* (taking *sā* as an interpolated *pratīka*); but, given the absence of support for the reading *karoti sā* in Kashmirian manuscripts, we have assumed instead that *sā mṛgayā* in Vallabhadeva's first sentence is his two-word gloss for *asau*. Dakṣiṇāvartanātha may have read *karoti sā* (p. 125).

Jinasamudra's commentary is incomplete and provides no help for the two places in the verse in which there is variation.

9:56c Separating *sa vitānam* allows Mallinātha to take *vitāna* in the sense of *tuccha*. Dakṣiṇāvartanātha (p. 125) also separates *sa vitānam*, and interprets *vitānaṃ* as *śūnyam*. Among other printed commentaries, only that of Aruṇagirinātha records this option. Śrīnātha (f. 161v) reads *savitānam*; Vaidyaśrīgarbha (f. 122r) comments on this verse but not on this part of it.

9:56.1 Note that the word *karakuka* is not recorded by MONIER-WILLIAMS, but that *karaktaka* is used again by Vallabhadeva, apparently with the same sense ('canopy'),in the commentary on *Śiśupālavadha* 4:25, 5:61, and 17:68. The graphs for *ku* and *kta* are extremely similar in many Kashmirian hands, and we could therefore take this as an attestation either of *karaktaka* or *karakuka*. Another attestation (of one or the other form, and it is hard to tell which) occurs in Vallabhadeva's commentary ad 17:28. the *Maṅkhakośa*, where ZACHARIAE has adopted the reading *karakuke* (476cd): *kratau karaktake cāstrī vitānaṃ triṣu tucchake*, 'The word *vitāna*, when not feminine, may be used in the sense of sacrifice (*kratau*) or canopy (*karakuke*), [or, when adjectival and thus] in all genders, in the sense of "lowly".' Of course it is not inconceivable, given the similarity of graphs for *ku* and *kta*, that both authors encountered this rare word through reading and one interpreted it as *karakuka* and the other as *karaktaka*. In what may be Maṅkha's own prose commentary (ZACHARIAE's edition, p. 94, ¶ 669) we find the observation *vitānaḥ karakuk*, which, if it is correctly transmitted, could be interpreted to support a *nirvacana* of the word meaning 'that which steals (*kuk*) the rays [of the sun]'. No etymologisation has yet occurred to us that might justify the form *karaktaka*. We have therefore provisionally decided to adopt the form *karakuka* here. Perhaps we shall have changed our minds about the word by the time we reach 17:28. Either *karakuka* or *karaktaka* might be related to *kadaka* / *kandaka*, which MONIER-WILLIAMS records in the sense of 'an awning'.

Both Hemādri and Jinasamudra have adopted the last remark of Vallabhadeva's commentary.

9:57 Śrīnātha (f. 161v) reads *vanamālayā navapalāśa°*, with Vallabhadeva; Vaidyaśrīgarbha (f. 122r) does not reveal how he read the second of these words. Śrīnātha also has *°cañcala°*; Vaidyaśrīgarbha does not repeat the word. The word *cācala* appears to be rare, and appears not to be in modern dictionaries, but it is mentioned in Kṣīrasvāmin's commentary on the *Dhātupāṭha*, the *Kṣīrataraṅgiṇī* (p. 21 of LIEBICH's edition). As we note below, it is just conceivable that Vallabhadeva read *°cācala°*, since P speaks of the reading *°cañcala°* being a variant. Dakṣiṇāvartanātha (p. 125) has the readings *tarupalāśa°* and *°cāpala°* (in place of *°cañcala°*).

9:57.1 For the gloss *puṣpapallavinyā srajodbaddhakeśaḥ*, we have taken as our inspiration Vallabhadeva's commentary ad *Śiśupālavadha* 2:17, where he glosses *vanamālāṃ* with *puṣpapallavinīṃ srajam*. But there is also support in Jinasamudra's commentary, which has *vanamālayā puṣpapallavasrajā*.

9:57.3 *karṇaveṣṭake*] Neither *karṇaveṣṭaka* nor *veṣṭaka* is recorded by MONIER-WILLIAMS in the sense of earring, but *karṇaveṣṭaka* is recorded in this sense in the *Petersburger Wörterbuch* and it is attested, for example, in the *Kāśikā* and in Vallabhadeva's commentary on *Raghuvaṃśa* 11:14.

9:57.3 This last comment of P, *cañcaleti vā pāṭhaḥ*, suggests that P read something other than *cañcala* in the verse, but what? One possibility would be *cācala*, which Hemādri records as a variant reading here. But, as explained in the note on 9:57, we have not found the word elsewhere. The last comment in the other sources (*atyarthaṃ calati cañcalaṃ yaṅ*) alludes to the Pāṇinian suffix called *yaṅ*, which forms the intensive. Presumably, it could be used to justify *cañcala* or *cācala*.

9:58ab Śrīnātha reads the first half of the verse quite differently: *akṛtasamvaraṇair api vigrahais tarulatāśrayaṇād avibhāvitāḥ*. We have not found this reading elsewhere; perhaps it is therefore a secondary version composed in order to exclude the possibility that the wood sprites might appear in the form of plants and insects: for him, they must have bodies that could be perceived by human eyes. The other reading is more ambiguous: it could be intended to present the sprites as manifesting in the form of plants and bees. Vaidyaśrīgarbha offers no commentary on this verse.

9:59a Both Śrīnātha (f. 162r) and Vaidyaśrīgarbha (f. 122v) read *prathamāsthitaṃ* here, along with all the printed commentaries. Vallabhadeva's gloss *adhiṣṭhitam* could equally be a gloss of this word (it is the gloss used by Mallinātha, Aruṇagirinātha and Nārāyaṇapaṇḍita). Unfortunately no *pratīka* has been transmitted that might have settled the issue. When giving the text of the verse, the Kashmirian manuscripts unanimously support *°śritaṃ*, and we have hesitantly decided to follow them.

Note that, as Aruṇagirinātha implies, Kālidāsa appears to be alluding to or drawing upon the *Arthaśāstra* here, which refers to the king going hunting thus (1.21.23): *lubdhakaśvagaṇibhir apāstastenavyālaparābādhabhayaṃ calalakṣyaparicayārthaṃ mṛgāraṇyaṃ gacchet*. Vallabhadeva's interpretation of *analadasyu* as a metaphorical *karmadhāraya* compound almost certainly does not reflect what Kālidāsa intended.

9:59.2 Monier-Williams does not record the term *ākrīḍaka* in the sense of hunter, and we are not aware of a parallel. The word, if it is correct (we find it only in one manuscript, P), could mean 'those who sport', or it could conceivably be connected with *ākrīḍa*, a garden or pleasure-ground, and might therefore mean 'groundsman' and thus professional assistant for hunting.

9:59.3–4 *kūpasamīpe jalāśayaḥ*] Vallabhadeva is here perhaps consciously echoing the *Amarakośa* (1.12:26cd), which defines *nipāna* in this way: *... nipānaṃ syād upakūpajalāśaye*. Dakṣiṇāvartanātha indeed quotes this passage here (p. 126).

9:60b Śrīnātha (f. 162r) reads *°saṃgatam*; Vaidyaśrīgarbha does not reveal what he read at this point in the verse. Dakṣiṇāvartanātha (p. 126) reads *°saṃyutam*.

9:60c Instead of *anādhir*, it seems that Śrīnātha (f. 162r) probably read *adhidyur*, since his gloss reads *adhikā dyutir yasya*. (The *EDSHP* does not record *adhidyu* in this adjectival sense, only as a 'm. name of a region (above the sky'.) Vaidyaśrīgarbha does not reveal what he read.

9:60.3 Whereas Mallinātha, Aruṇagirinātha, and Nārāyaṇapaṇḍita understand the *rava* in *ravaroṣitakesarī* to refer to the twang of the bowstring, Vallabhadeva glosses it with *siṃhanāda*, which might seem an odd choice, but presumably we should assume that the *siṃhanāda* here means something like 'hunting-cry'.

9:61.1 *vṛndaṃ*] We have conjectured this, as a gloss for *yūthaṃ*, on the strength of Vallabhadeva's commentaries on *Raghuvaṃśa* 13:13 and *Śiśupālavadha* 9:18 (in the edition of VETAL), where he also glosses *yūtha* with *vṛnda*. Equally possible would be to gloss it with *samūhaḥ*, as in *Raghuvaṃśa* 2:17, or *ghaṭā* as in 9.18 in the KSTS edition of the *Śiśupālavadha*.

9:61.3 *ahaṅkṛtaḥ*] This may seem less natural than the gloss *dṛptaḥ*, but it is possible. Cf. the use by Vallabhadeva of *anahaṅkṛta* in his *Kumārasambhavaṭīkā* ad 7:48.

9:62a Śrīnātha (f. 162v) reads *rājñā*; there is no trace of this verse in Vaidyaśrīgarbha.

9:62b The text printed with Hemādri's commentary contains *vinītapaṅkti*, but we have not recorded this as Hemādri's reading, for it seems that he comments on *viśīrṇapaṅkti*. Śrīnātha (f. 162v) reads *viśīrṇapaṅkti*.

9:62c Śrīnātha (f. 162v) reads *ākula°* with the other commentaries.

9:62d The reading *°prakarair ivārdraiḥ*, which is favoured by most of the commentators, seems likely to be a secondary variant produced in order to make the *upamā* better balanced. Its secondariness is furthermore suggested by the fact that it allows one, as Hemādri spells out, to take *vanam* punningly to refer both to 'water' and to 'the forest'. For the secondary introduction of another pun, see 9:13 above. Śrīnātha (f. 162v) reads *ivāmbhaḥ* with Vallabhadeva.

What Jinasamudra reads at this point is unclear, for he has glosses that point in both directions: *pavanapreritotpaladalaprakaraiḥ antaḥpānīyaiḥ* [= *ārdraiḥ*?] | *yathāntaḥpānīyaṃ* [= *ambhaḥ*?] *vāyunā dolitapatrasamūhaiḥ śyāmīkriyate*.

Our manuscript of Dakṣiṇāvartanātha (p. 126) has *vāteritotpaladala-prakareti pāṭhaḥ*, which may be corrupt, and does not make clear how he read the end of the *pāda*, but it might suggest that he knew of another reading for the beginning, for instance *vāyvīritotpala°*, which is recorded by NANDARGIKAR.

9:62.4 *tūṇaśabdaḥ strīpuṃsayoḥ, bahvāditvād vā īkāraḥ*] We assume that this means that the word *tūṇa* can occur as masculine or feminine, in other words as *tūṇa* or *tūṇā*, but that one can also optionally, as here, add the feminine suffix *ṅīṣ* and so arrive at *tūṇī*. One can do so because the word belongs to a group of words cited in the *Gaṇapāṭha* for which the addition of this suffix is possible. Vallabhadeva may have chosen to explain this because he assumed that readers might have in mind a line of the *Amarakośa* that allows the forms *tūṇa* and *tūṇā* in the sense of *tūṇī* (namely 2.8:89ab in the edition with Vandyaghaṭīya Sarvānanda's commentary: *tūṇopāsaṅgatūṇīraniṣaṅgā iṣudhir dvayoḥ*). Some commentators on *Amarakośa*, for instance Vandyaghaṭīya Sarvānanda, also add a justification for *tūṇī*; but Sarvānanda places the word *tūṇa* in another *gaṇa*, namely *gaurādi*. Note that Hemādri agrees with Vallabhadeva on this point and is probably following him.

9:63a Both Vaidyaśrīgarbha (f. 122v) and Śrīnātha (f. 162v) read *lakṣīkṛtya* (if the manuscript transmission can be trusted on such a point).

9:64c Śrīnātha (f. 162v) reads *°caṭulaiḥ*; Vaidyaśrīgarbha (f. 122v) does not reveal what he read here.

9:64.4 *vyadhābhāvaḥ*] Bearing in mind the use of *vyadha* in 9:66.2 below, we have emended thus from *vyādhābhāvaḥ*, on the grounds that we would normally expect *vyādha* to mean 'a hunter' (as in the commentary on 9:59 above). We could instead have retained the transmitted reading, but understanding it to mean 'piercing'. Also possible would have been to correct the text to read *vedhābhāvaḥ* or *vyadhanābhāvaḥ*.

9:65b Śrīnātha (f. 163r) reads *guñjā°*, but Vaidyaśrīgarbha (f. 122v) has *idrā°*, which we assume to be mistake for *gundrā°*, since the graphs for *i* and *gu* are similar in the scruffy Nepalese hand of the scribe who has transmitted Vaidyaśrīgarbha's text to us.

9:65d *suvyañjam*] This unusual word is also to be found in Vallabhadeva's text of *Kumārasambhava* 6:51. There too, Mallinātha, Aruṇagirinātha and Nārāyaṇapaṇḍita have *suvyakta* instead. It is possible that the word *suvyañja* disappeared from the transmission of both texts because it was regarded as problematic. Instead of *suvyañjam* or *suvyaktam*, Śrīnātha has *avyaktam*. Vaidyaśrīgarbha's commentary does not reflect how he read for this word.

9:65.5 We have not been able to find *nastulā* in our dictionaries, but, if the text has been constituted correctly, we might understand *guñjā nastulāsu; tṛṇabheda iti kecit* to mean '*guñjā* [is used here] in the sense of [*Abrus precatorius* plants, also known as] *nastulā*; others [are of the view that it refers to] a type of grass'. The element *tulā* in *nastulā*, if the word is a rare name for *Abrus precatorius*, could allude to the use of the seeds of that plant as jewellers' weights.

It is conceivable that this second gloss was intended to apply rather to *gundrā*, which is recorded by Hemādri as a variant reading here. It is of course furthermore also conceivable that *guñjā* might be a corruption of *gundrā*, or *gundrā* of *guñjā*. As for the reading of *mustā*, it might have entered the transmission under the influence of the third quarter of the celebrated verse that Hemādri and Aruṇagirinātha here quote from the *Śākuntala* in this form (2:6c): *visrabdhaiḥ kriyatāṃ varāhapatibhir mustākṣatiḥ palvale*.

9:66b *uddhatasaṭāḥ*] We have recorded Aruṇagirinātha and Nārāyaṇapaṇḍita as reading thus, but the text printed with their commentaries has *uddhṛtasaṭāḥ*. Aruṇagirinātha's commentary does not make clear what he read, but the commentary of Nārāyaṇapaṇḍita supports instead *uddhata°*. Some editions of Mallinātha's commentary (e.g. those of PARAB of 1882 and of Nārāyaṇa Rāma ĀCĀRYA of 1948) have *uddhṛta°* and the editors of Aruṇagirinātha and Nārāyaṇapaṇḍita were perhaps influenced by one of those editions. Dakṣiṇāvartanātha (p. 127) observes *uddhṛtasaṭā iti pāṭhaḥ*, which suggests that he was aware also of the reading *uddhatasaṭāḥ*.

9:66d The manuscripts transmitting Vallabhadeva's commentary all transmit *baddham* rather than *viddham*, but we have placed *viddham* in the text on the grounds that Vallabhadeva's gloss, *syūtam*, seems more likely to reflect *viddham* than *baddham*. Kashmirian pronunciation might account for the corruption of *viddham* to *baddham* in the transmission subsequent to Vallabhadeva. Śrīnātha (f. 163r) appears to have read *saktaṃ* instead of *viddham*. (This verse is not commented upon by Vaidyaśrīgarbha.)

9:67a Śrīnātha (f. 163v) reads *tenātipāta°*; Vaidyaśrīgarbha (f. 122v) reads *tenābhighāta°*.

9:67c The text printed with Hemādri's commentary has the reading *aśoṇitaliptapuṅkhas*, but the commentary reveals that Hemādri must in fact have read *aśoṇitaliptaśalyas* with Vallabhadeva. Dakṣiṇāvartanātha (p. 127) observes: *aśoṇitaliptapuṅkha iti vā pāṭhaḥ*. Śrīnātha reads *nirbhinna°* at the beginning of the *pāda*, but it is not clear whether he had *°śalyaḥ* or *°puṅkhaḥ*, or perhaps even *gātraḥ*, at the end. (Vaidyaśrīgarbha's commentary does not make clear how he read this *pāda*.)

9:67d Śrīnātha and Vaidyaśrīgarbha both read *pātayāṃ*.

9:67.4 *anuprayogasya vyavadhānaprayogo na tathā nyāyyaḥ*] 'The usage with separation instead of usage immediately following [another word] is not so proper'. Dakṣiṇāvartanātha instead comments (p. 127) *pāṭhavyavadhāne kāraṇaṃ kaveḥ svātantryam eva*. Kālidāsa in fact splits up the periphrastic perfect in this way three times in the *Raghuvaṃśa*; see apart from this verse 13:36 and 16:86.

9:68a *°parimoṣa°*] We have recorded this as the reading of Mallinātha since NANDARGIKAR treats it so, but some editions of Mallinātha's commentary give his text with *°parimokṣa°*. Śrīnātha (f. 163v) has *°parimoṣa°*; Vaidyaśrīgarbha does not reveal how he read at this point. Dakṣiṇāvartanātha (p. 127) reads *°parimokṣa°*.

9:68d All the manuscripts transmitting Vallabhadeva's commentary except P read *atyunnataṃ* where P and Mallinātha have *atyucchritaṃ*. P uses *atyunnataṃ*, for which it provides no gloss, in the commentary below. Given that P's testimony in this section seems to conserve more of what is likely to be Vallabhadeva's original than do the other manuscripts, we have assumed that Vallabhadeva read *atyucchritaṃ* in the verse and that he glossed it with *atyunnataṃ*.

We have recorded Hemādri as reading *abhyucchritam* even though his editor has printed *atyucchritam*, since his commentary seems to support *abhyucchritam*.

From the sole manuscript we have at present for this part of Śrīnātha's commentary it cannot be determined what word he read here, though from the presence of the word *ucchrāya* in the commentary we may guess that it was either *atyucchritam* or *abhyucchritam*.

9:68.2 Vallabhadeva seems to be alone among the commentators in glossing *śṛṅga* with *garva*, a meaning not commonly attested. MONIER-WILLIAMS, presumably alluding to this very passage of the *Raghuvaṃśa*, comes close with the following definition (following closely one given in the *Petersburger Wörterbuch*): 'the horn as a symbol of self reliance or strength or haughtiness Ragh.' APTE records 'pride', as meaning 14 of *śṛṅga*, referring to a passage of the *Mahābhārata*. The other commentators give meanings that traditional lexicographers suggest, such as *prādhānya* (Mallinātha) and *prabhutva* (Hemādri, Śrīnātha, Dakṣiṇāvartanātha); Aruṇagirinātha and Nārāyaṇapaṇḍita say that two meanings (*prādhānya* and *viṣāṇa*, as Nārāyaṇapaṇḍita explicitly says) are simultaneously intended.

9:68.2–4 The end of the commentary on this verse is transmitted in two irreconcilably different versions by P on the one hand and by G_1UB^1J on the other. We have opted for P's version, on the grounds that it seems more typical of what Vallabhadeva writes elsewhere in the portions of his commentary that we judge to have been relatively well transmitted, and also on the grounds that P throughout most of this chapter often stands alone in preserving elements that seem likely to be original.

9:69b Śrīnātha (f. 164r) reads *vātarugṇān*, Vaidyaśrīgarbha does not reveal what he read.

9:70 Śrīnātha (f. 164r) reads *abhyasūyāparo 'sau* and *mṛgeṣu*; Vaidyaśrīgarbha does not reveal what he read. Dakṣiṇāvartanātha (p. 127) read *mṛgeṣu* and takes it as a *viṣayasaptamī*.

9:70.2 The expression *latāpihitodareṣu* echoes *Amarakośa*'s half-line (2.3:8cd): *nikuñjakuñjau vā klībe latādipihitodare*.

9:70.7 This unidentified lexical quotation points to *nirghāta* having a sense (of a disembodied celestial great noise, perhaps a thunderclap) that is not attested by MONIER-WILLIAMS, even though it may be commonly used: cf., e.g., *Jayākhyasaṃhitā* 1:76: *amūrtād gaganād yadvat nirghāto jāyate svayam*; and *Ahirbudhnyasaṃhitā* 11:17: *nirghātaśabdavad vyomnaḥ śāstram ekam abhūt tadā*. (The sense in both passages is of course not quite certain.) Mallinātha seems to interpret in the same way: *nirghāto vyomotthita autpātikaḥ śabdaviśeṣaḥ*.

9:71 Śrīnātha (f. 164r) reads *dvipānām* and *muktamuktān*; Vaidyaśrīgarbha does not seem to comment on this verse. Dakṣiṇāvartanātha comments (p. 127) *ānṛṇyaṃ gatam iti mārgaṇair iti pāṭhaḥ*, which suggests that he was aware also of the reading *iva*. We find no other trace elsewhere of his favoured reading, which he might therefore have introduced as a correction.

9:71.1 It is possible that Vallabhadeva read *gajānām* in the verse and glossed it with *dvipānām*.

9:71.1 Our manuscripts provide an analysis of *samarakṛtakarmaṇām* as a locative *tatpuruṣa*, but the repetition of the vocabulary of the verse seems suspicious, and we have preferred to suppose that Jinasamudra preserves here the original gloss, without analysis. Note that the word *samaropayogi* was used by Vallabhadeva in his commentary on 9:55 above. It might be felt to be slightly odder here, however, where it is the elephants, living beings, who are so described.

9:71.2 One might consider *dṛḍhapratiṣṭhitaduḥsahavirodhān* as a gloss that Vallabhadeva might have written for *baddhatīvravairān*. Vallabhadeva uses *duḥsaha* as a gloss of *tīvra* ad *Kumārasambhava* 3:72, *dṛḍhapratiṣṭhita* as a gloss of *baddha* ad *Śiśupālavadha* 2:38, and *virodha* as a gloss of *vaira* in the same verse of Māgha.

9:71.3 *anṛjukarajaprāntamuktamuktāphalān*] We have conjectured this single compound because we could not satisfactorily interpret the first of the analyses proposed in the transmitted reading (involving a genitive *karajaprāntānām*) and we suspected that it was produced secondarily from a compound before being amplified by the addition of a better analysis (involving the ablative *kuṭilanakhāgrebhyaḥ*). Two analyses are proposed by Vallabhadeva in a similar case ad *Śiśupālavadha* 5:12, but in that case the options involve an instrumental or an ablative. The genitive analysis baffles us.

9:72ab Śrīnātha appears to have read as Vallabhadeva here, but instead of *anvapatat* the Nepalese manuscript transmitting his commentary reads *apaśyata* (f. 164v), which we assume to be an error, probably for *anvapatat*, since another later Nāgarī manuscript transmitting Śrīnātha's commentary (MS NGMCP B321/11, 1-1461, f. 146r) here reads *apatat*. We can assume that Vaidyaśrīgarbha too must have read as Vallabhadeva did, since he repeats the first two words of 72a in Vallabhadeva's version (f. 123r). The version of Vallabhadeva, which has

Daśaratha somewhat unsportingly assailing ungainly yaks who have got caught up in thickets of reeds, might well have been displaced by the version known to the printed commentaries, which presents Daśaratha as dexterously using a particular sort of arrow to snip the yaks' tails while dashingly driving his horse on. Another motive for replacing the reading known to Vallabhadeva might have been that the compound beginning with *śaralagna°* might have seemed unclear: some transmitters might have wondered whether the yaks' tails were tangled in reeds or caught up with arrows that Daśaratha had shot. A further factor that could have led to Vallabhadeva's version being ousted might have been that it involved a repetitious second reference to the yaks' tails.

9:72cd The variation here concerns the order of words and it is therefore not perfectly clear whether the various commentaries cited in the apparatus read as we have reported. We have nonetheless reported them in this way since this is how their editors print the text. The order of words that has been transmitted in Kashmir is certainly more confusing, since we do not encounter the verb (*viyojya*) that governs the accusatives (*nṛpatīn iva tān*) until after the main verb, which governs a different object. It is possible that this more confusing order was original and was changed secondarily in the interest of smoother legibility. We are of course not sure how Śrīnātha (f. 164r–164v) and Vaidyaśrīgarbha may have read the order of words here.

9:72.1 The word *śīghram* glosses *drutam* and has been restored conjecturally here on the strength of the corrupt passage of commentary attributed to Vallabhadeva that is quoted by NANDARGIKAR in his apparatus to 9:66.

9:73c Instead of *chinnamālyānukīrṇe*, Śrīnātha (f. 164v) must have read *srastamālyānukīrṇe*, which appears also to have been the reading of Vaidyaśrīgarbha (f. 123r).

9:73d We have recorded *°vigalitabandhe keśahaste* as the reading of the Keralan commentators, even though their editors have printed *°vigalitabandhe keśapāśe*, since Nārāyaṇapaṇḍita clearly comments on *keśahaste*. Śrīnātha too comments on the reading *°vigalitabandhe keśahaste*.

9:74c Śrīnātha (f. 164v) has *ācacāma*; Vaidyaśrīgarbha (f. 123r) does not reveal what he read at that point in the verse. Confusingly, he mentions *satuṣārāśīkaro* as though it were a variant reading. The sources we have collated have no variation at that point, but NANDARGIKAR records some sources as having *°śītalo*, so perhaps that was what Vaidyaśrīgarbha had before him. Dakṣiṇāvartanātha (p. 127) comments: *[sa]tuṣārāśīkara iti vā pāṭhaḥ.*

9:74.1 *kānanavāto*] This conjecture is no doubt not strictly necessary and we could have retained the transmitted reading *vanavāto* (which is also the gloss used by Jinasamudra), but we find a parallel in Vallabhadeva's commentary on *Śiśupālavadha* 6:32, where he glosses *vanavāyubhiḥ* with *kānanavātaiḥ*.

9:75bc Śrīnātha (f. 164v) reads *°nubaddhasevayā* instead of *°nubandhasevayā*. We cannot see how he read the last word of 75b. Vaidyaśrīgarbha gives no commentary for this verse.

9:75.4 APTE (in Appendix I to his dictionary) refers to this metre as *mañjubhāṣiṇī*, *sunandinī* or *prabodhitā*, but Mallinātha calls it *sumaṅgalī*, as does Vallabhadeva again in the beginning of chapter 13 of the *Śiśupālavadha*, where he quotes this definition: *dvigaṇau sajau sahagurū sumaṅgalī*. Śrīnātha, who seems sometimes to confuse *rathoddhatā* with *mālinī*, calls it *lakṣmī* (f. 165r)! For further remarks on this metre and its numerous names, see Andrew OLLETT's online resource *Chandorṇava* (`http://prakrit.info/vrddhi/meter/manjubhasini/`, consulted 23.vi.2024).

9:76 Śrīnātha (f. 165r), like the printed commentaries, reflects the singular accusative reading, in other words *°śayyāṃ*, *°sanāthām* and *triyāmām* at the ends of *pāda*s a, b and d respectively. He also reads *narapatir* at the beginning of *pāda* c. We have found no source that gives the reading we have adopted, namely *vanaratir*, but, since the manuscripts of the commentary are unanimous in giving a gloss for it (*mṛgayāprasaktaḥ*), we think it reasonable to assume that Vallabhadeva had *vanaratir* before him. Vaidyaśrīgarbha offers no commentary on this verse.

9:76.2 *lalitāni ramyāni yāni kusumāni pravālāni ca tāny eva śayyāḥ khaṭvā yāsu tāḥ*] It is tempting to remove this pedestrian analysis and, taking inspiration from the wording in Jinasamudra's commentary, to conjecture *manoharapuṣpapallavakhaṭvāḥ* (although Jinasamudra's gloss of *śayyā* is *śayanīya*); but we have hesitated to emend the text on such slight evidence, since in this case Jinasamudra's gloss is not a one-word compound that might have been borrowed from Vallabhadeva, nor are any of the elements particularly distinctive pieces of vocabulary.

9:77 In *pāda* a, Śrīnātha (f. 165r) reads *sa*, where Vallabhadeva's commentary (against the Kashmirian manuscripts) reads *ca* and, in *pāda* c, he reads *°svarāṇi*. We cannot tell whether he read *paṭahapaṭu°* or *paṭupaṭaha°*. Vaidyaśrīgarbha offers no commentary on this verse.

9:80ab Śrīnātha (f. 165v) reads *aviśaṅkya*, with Vallabhadeva, but it is not clear whether he placed *yat* in the first or second *pāda*. Vaidyaśrīgarbha's readings are unknown, since he offers no commentary on this verse or on the previous one. We have recorded Hemādri as reading *aviśaṅkya*, although his editor prints *vilaṅghya* both in the verse and in the commentary. Our reason for doing so is that Hemādri glosses the word with *avicārya*, which seems not entirely natural if he really read *vilaṅghya*. Such a gloss of *vilaṅghya* is not inconceivable, but some object would need to be supplied (as we see Mallinātha doing), and Hemādri supplies no object.

Following Aruṇagirinātha, we might translate as follows:

> What Daśaratha did without misgivings is definitely forbidden for a king. Even the learned put their feet on the wrong path when blinded by passion.

This reflects the idea that Daśaratha's crime was to aim to kill what he thought was an elephant, since a king should never kill an elephant, as Kālidāsa has told us in 5:50 above. (Dakṣiṇāvartanātha indeed quotes 5:50 here.) Jinasamudra suggests instead that Daśaratha's mistake was to act impetuously. This interpretation is alluded to by Aruṇagirinātha, but disapprovingly. It is not entirely clear which interpretation Vallabhadeva intends.

Mallinātha, reading *vilaṅghya*, supplies as an object to that verb an injunction to the effect that one should not kill an elephant, except in battle, if one wishes to attain *lakṣmī*.

9:81, avataraṇikā *tatas teneṣuṇāsau munikumāram avadhīt*] We have placed this sentence before the verse, even though all our manuscripts place it afterwards, on the grounds that it appears to introduce the action that follows. It could have been kept after the verse. But there are several *avataraṇikās* that have been similarly displaced elsewhere.

9:81bc Śrīnātha (f. 166r) reads *tasyānviṣyan*, with Vallabhadeva, but he has *prekṣya* instead of *vīkṣya*. Vaidyaśrīgarbha has commentary on this verse, but it is too brief to allow us to see how he might have read for any of the words for which there is variation elsewhere.

9:81d *ivāsa*] The form *āsa* is not supposed to occur as an independent verb-form, but is used by Kālidāsa elsewhere, for instance in *Kumārasambhava* 1:34, for which he has been criticised, for instance by Vāmana ad *Kāvyālaṅkārasūtra* 5.2.27. The word is not transmitted here by our manuscripts, but it is the reading that Śrīnātha's commentary reflects, and we have assumed that the *āsīt* transmitted in Vallabhadeva's commentary was probably intended as a gloss of *āsa* (rather than as a *pratīka*).

9:82 We have provisionally adopted the reading *°niṣaṇṇadehaḥ* on the grounds that it is possible that *pārśvaṃ* in P's commentary might be a gloss of *°dehaḥ*. Śrīnātha (f. 166r) reads *°dehaḥ*, like the printed commentaries; Vaidyaśrīgarbha (f. 123r–123v) does not show his hand.

As for the choice of the accusative *dvijetaratapasvisutaṃ*, against the nominative transmitted by the manuscripts that transmit Vallabhadeva's commentary, this seems required by the position in which the word occurs when it is glossed in the commentary. *dvijetaratapasvisutaḥ* is the reading of both Śrīnātha and Vaidyaśrīgarbha; Vaidyaśrīgarbha, however, adds that there is an alternative reading, namely *dvijottaratapasvisutaḥ*. Note that either compound can be interpreted as a *karmadhāraya* or a *tatpuruṣa*, and that either the boy himself or only his father may accordingly be described as *dvijetara* ('not twice-born') or *dvijottara* ('brahmin'). For Hemādri, for example, it is a *tatpuruṣa*-compound: *brāhmaṇakṣatriyavaiśyetaratapasvijaṃ sutaṃ putraṃ karaṇākhyaṃ*. The compound is a *karmadhāraya* for Nārāyaṇapaṇḍita and Mallinātha. Dakṣiṇāvartanātha (p. 128) observes *dvijetaratapasvisutam iti vā pāṭhaḥ. dvijetaraś cāsau tapasvisutaś ceti karmadhārayaḥ*. By this, he suggests that he was also aware of a variant, which is likely to have been the reading *dvijottara°*. For Aruṇagirinātha, who explicitly records both variants, it is also a *karmadhāraya*: *dvijetaraḥ sa tapasvisutaś ceti karmadhārayaḥ. ... dvijottareti pāṭhe dvijottarasya vaiśyasya tapasvinaḥ suta iti samāsanīyam.*

For further discussion of this problem, and of what lies behind it, see the note below.

9:82.4 *ārṣe vipra eva*] It is not only in the text of the epic accessible to Vallabhadeva that the boy's father is a brahmin, for, as we have seen above, Aruṇagirinātha and Vaidyaśrīgarbha record the variant reading *dvijottaratapasvisutam*, and Vaidyaśrīgarbha mentions, in justification, that in the epic the father was a brahmin (f. 123v): *rāmāyaṇe tu brāhmaṇa evāsāv uktaḥ*.

Hemādri, Dakṣiṇāvartanātha (p. 128) and Mallinātha, however, quote a version of the boy's speech from the *Rāmāyaṇa* in which he identifies himself as not being a Brahmin. Mallinātha has:

tathā ca rāmāyaṇe
brahmahatyākṛtaṃ pāpaṃ hṛdayād apanīyatām
na dvijātir ahaṃ rājan mā bhūt te manaso vyathā
śūdrāyām asmi vaiśyena jāto janapadādhipa

Hemādri quotes only the first 4 pādas, which DWIVEDĪ identifies as *Āyodhyākāṇḍa* 63:50. In the critical edition, the last four *pādas* are 2.57:37. The first two *pādas*, however, are not in the critical text (as the editors of the critical edition report, some Devanāgarī MSS and some southern MSS include them as the eighth half-verse of their starred passage 1415). Furthermore, note that here the Northern manuscripts (Kashmirian, Nepalese, Maithilī and Bengali-script) read:

na dvijātir ahaṃ śaṅkāṃ brahmahatyākṛtāṃ tyaja
brāhmaṇena tv ahaṃ jātaḥ śūdrāyāṃ vasatā vane

This clearly makes the boy not a brahmin, but in POLLOCK's note to his translation of 57:37 (1986:435) he observes that, whereas in the Pāli version the boy is said to be a *nesādaputta*, a son of a forest hunter, according to the *Mahāvastu* both his parents are brahmins, and this is also quite emphatically the case in the *Brahmapurāṇa*, 123:49, 123:74, 123:152–3.

There is, furthermore, another trace in Vālmīki's text of the boy having been born to a brahmin father, for, in the following chapter we find, once again in the Northern manuscripts, that the father's curse is described by Daśaratha (addressing his wife) as a *brahmaśāpa*, the curse of a brahmin (58:47):

sa brahmaśāpo niyatam adya māṃ samupasthitaḥ
tathā hi putraśokārtaṃ prāṇāḥ saṃtvarayanti mām

Here the Southern manuscripts have instead the following:

> *tasmān mām āgataṃ bhadre tasyodārasya tad vacaḥ*
> *yad ahaṃ putraśokena saṃtyakṣyāmy adya jīvitam*

In view of all the above, it seems clear that the transmission has been altered on this point in both the *Rāmāyaṇa* and in the *Raghuvaṃśa*. Given that other early materials point to the boy having been a brahmin, and given that his being a brahmin would have been more problematic for the continuation of the story, and given that the collocation *dvijottara* ('best of twice-born males [viz. brahmin]') seems much more natural than the collocation *dvijetara* ('other than twice-born'), it seems not unlikely that Kālidāsa originally treated the boy as a brahmin, or at least as the son of a brahmin. But even if *dvijottaratapasvisutaḥ* may have been the original reading here, it seems clear that Vallabhadeva read *dvijetara°*. Nonetheless, he notes that in the version of the epic that he had before him the boy's father was a brahmin. (It would be conceivable, of course, to understand Vallabhadeva to mean, when he says *ārṣe vipra evāsau varṇitaḥ*, that the boy himself was a brahmin, but it is unlikely that *asau* refers to the son; furthermore, such an interpretation would imply that Vallabhadeva would have had to have had access to a version that is not reflected in the variants that are recorded in the critical edition of the *Rāmāyaṇa*.) To sum up: whether or not there was an early (pre-Kālidāsa) version of the tale in which the boy himself was a brahmin, the reading *dvijottaratapasvisutaḥ* ('the son of a Brahman ascetic') would agree in sense with the version of the story reflected by the Northern manuscripts transmitting the *Rāmāyaṇa*, and seems to us likely to have been what Kālidāsa wrote; the reading *dvijetaratapasvisutaḥ* ('the son of a non-Brahman ascetic') agrees in sense with the version reflected in the Southern manuscripts and seems likely to us to be secondary.

9:83a *taccoditaś ca*] Śrīnātha (f. 166r) comments on the reading *taddeśitaś ca*. Vaidyaśrīgarbha's commentary is too short to allow us to know how he read at any of the doubtful points in this verse. Dakṣiṇāvartanātha's *pratīka* (p. 128) is *taccodita iti*.

9:83c *avetya*] We cannot see how Śrīnātha or Vaidyaśrīgarbha read at this point, but most other sources (including Dakṣiṇāvartanātha) reflect *upetya*, which could be interpreted as a verb of understanding, like *avetya*, or as expressing the meaning 'approach', or as an unmarked causative meaning 'caused to approach'. What Kālidāsa wrote and meant is not easy to judge and we do not find any wholly satisfactory interpretation in any of the commentaries. Vallabhadeva apparently glosses the word with *jñātvā*, which makes it much more likely that he read *avetya* than *upetya*. We shall come to his interpretation below.

Dakṣiṇāvartanātha, as quoted by Aruṇagirinātha, seems to treat *upetya* almost as a post-position meaning 'concerning': *tathāgataṃ vetasagahanāntaritam iti upetya adhikṛtya uddiśyeti ca vyākhyātavān.* This is almost the same as what we find in the GOML manuscript (p. 128): *tathāgataṃ vetasagahanāntarhitaṃ upetya uddiśya.* (The same interpretation of *upetya* is to be found in Cāritravardhana's commentary as quoted by NANDARGIKAR in his endnote on p. 792.)

Aruṇagirinātha takes *upetya* to mean 'having approached' and takes its subject to be the king; this he achieves partly by dint of taking two objects with *śaśaṃsa* (see following note).

> Having approached, the king informed them that that only son of theirs was in that state, and that his own behaviour was caused by ignorance.

This seems to be identical with Hemādri's understanding, although Hemādri adds explicitly that the parents are to be understood as the object of *upetya*, and ingeniously suggests that the point of this expression is to show that the parents were hard of hearing, as well as blind (*upetyeti bādhiryoktiḥ*). Incidentally, it is possible that Hemādri also read *ca nṛpaḥ* in pāda d, although DWIVEDĪ has printed *svacaritaṃ*.

Mallinātha also takes *upetya* to mean 'having approached', with the king as subject, but he takes the son to be the object, understanding *tathāgatam* to mean *vetasagūḍham* (following in this point, though not in his understanding of *upetya*, Dakṣiṇāvartanātha as quoted by Aruṇagirinātha) and, not reading *ca* in pāda d, he takes only *svacaritam* as object of *śaśaṃsa*. NANDARGIKAR's quotation is clearly an attempt to render Mallinātha's interpretation, but it seems to us misleading:

> And being urged by him the lord of people took him even with the arrow unextracted (from his bosom) to his parents who had lost their sight, and advancing towards their only

> son, who was in that condition (enveloped in Vetasa plants), narrated to them his rash act, committed through ignorance.

Here is what we think Mallinātha rather understood:

> He told [the boy's] mother and father what he, out of ignorance, had done after he had approached that only son of theirs, who was in that state [viz. concealed among the reeds].

Jinasamudra's interpretation (and possibly also Vallabhadeva's) might be rendered as follows:

> Once he had realised that the boy who was in such a condition [viz. struck by arrow] was their only son, he told the mother and father of his own acts, which were because of ignorance.

It is clear that Jinasamudra understood *tathāgatam* to mean 'struck with an arrow', because he says so, but it is possible that Vallabhadeva understood *tathāgatam* instead to mean 'in such a state [as to be on the point of death]'.

Note that P, alone among our manuscripts, reads *upetya* and has Vallabhadeva glossing it with *prāpya*. But we have not been able to propose an interpretation of that *prāpya* that satisfies us (see note on the commentary below). If the gloss *prāpya* were to be understood as a causative, it could refer to the king 'bringing' the boy to his parents; but then *upetya* would have to be interpreted as an unmarked causative, and we find it improbable that that should not have been more clearly expressed, all the more since *prāpya* is not necessarily causative.

From all of the above discussion, it is clear that the reading and interpretation of this verse have long been problematic. NANDARGIKAR has a long discussion (endnote on pp. 792–293) in which he sets out yet further interpretations proposed by the versions that he had before him of Cāritravardhana, Hemādri and Vallabhadeva. These differ from what we can now see of the commentaries of the latter two. Summing up, NANDARGIKAR favours, in desperation as it appears to us, a reading that he believes to be that of Hemādri, but that is not, namely *upekṣya*, which he interprets thus: 'neglecting him who was in that condition (*tathāgatam* = *tām avasthāṃ prāptaṃ*)'. Nonetheless, the translation that NANDARGIKAR prints beside the verse in his edition does not adopt this interpretation.

On balance, we are inclined to approve Aruṇagirinātha's readings. In particular, we think it most likely that Kālidāsa wrote *upetya*. And we think this might be a plausible rendering of the whole:

> Being directed by that [boy], he (*saḥ*) brought him, without removing the arrow, to his parents, who had lost their sight. Having approached, the king informed them that that only son of theirs was in that state, and (*ca*) that his own behaviour [in bringing that state about] was caused by ignorance.

9:83d *ca nṛpaḥ*] We have adopted this reading against all of our manuscripts, and with the explicit support only of Aruṇagirinātha, Nārāyaṇapaṇḍita and Śrīnātha, because of the *ca* in 9:83.3, which seems difficult to account for otherwise. It must be admitted, though, that the word-order in Vallabha's commentary there is not entirely natural; see the note on it below. Aruṇagirinātha (who is followed as usual by Nārāyaṇapaṇḍita) apparently interprets the *ca* as linking two objects of *śaśaṃsa*, namely the boy's being in a certain condition (*tathāgataṃ tam*) and the king's own acts: *tathāgataṃ tam ekaputram ajñānataḥ svacaritaṃ ca tābhyāṃ nṛpa upetya śaśaṃsety anvayaḥ*. With the reading *avetya* instead of *upetya* in 9:83c, however, the *ca* is much more naturally taken as linking the two sentences in the two halves of the verse.

9:83.2–3 *mātāpitṛbhyāṃ tam ekaputraṃ tām avasthāṃ prāptaṃ jñātvā, ajñānāc cātmacaritam akathayat*] After much deliberation, we now think that, in spite of the word-order, this sentence may mean: 'And (*ca*) after learning that the [boy] who was in that state was their only son, he told the mother and father of his own deed, [committed] involuntarily.' There are, however, several other possibilities. For instance, we could adopt P's reading *prāpya* (instead of *jñātvā*), which we could interpret as a causative, perhaps with the sense 'cause to know'. The sentence might then mean 'After causing the mother and father to know that their only son had reached such a condition, he told them of his own deed, [committed] involuntarily.' There is ambiguous support for this in NANDARGIKAR's quotation (endnote on pp. 792–793) of a version of this sentence from a non-Kashmirian source (or sources) purporting to give Vallabhadeva's commentary: *tābhyāṃ tathāgataṃ maraṇāvasthāṃ prāptaṃ tam ekaputram upetya jñāpayitvā ajñānato 'kāmato nṛpatiḥ svacaritaṃ śaśaṃsa*. The reversal of the order of the attributes *ekaputram* and *prāptam*, which means that the expected predicate is (again) in the wrong place, remains slightly suspicious.

The *ca* in *ajñānāc cātmacaritam*, which is unanimously transmitted, is assumed to be a reflection of the *ca* which we have adopted in *pāda* d, which we assume to be intended to connect the two main verbs *ninaya* and *śaśaṃsa*.

9:83.3–4 Vallabhadeva's last remark, beginning *ārṣe tu*, has been incorporated verbatim into Hemādri's commentary.

9:85a Śrīnātha (f. 166v) appears to have read *āpsyasi*. Vaidyaśrīgarbha comments on this verse, but does not make clear how he read at any point for which there are variants in our other sources. Dakṣiṇāvartanātha (pp. 128–129) discusses the readings *diṣṭyāntam* and *diṣṭāntam* without seeming to favour either.

9:85b Śrīnātha does not reveal whether he read *ante* or *antye*.

9:85d The reading *provāca* in the printed commentaries is almost certainly a secondary variant produced to obviate what was perceived as a grammatical fault, namely the use of *āha* with past sense: see GOODALL 2001, an article devoted to a discussion of the transmission of verses which originally had such a usage, although this particular instance is not mentioned there. Śrīnātha records *pratyāha*, but is aware that it is problematic, for he comments upon it as follows: *pratyāheti nipātaḥ pratyuvācety arthe*.

9:86.2 *vṛddhakumārīvaranyāyena*] This maxim, found in the *Mahābhāṣya*, about an old virgin asking Indra for the boon that her sons may eat plentiful rice and milk from bronze vessels, is explained by MONIER-WILLIAMS and APTE (appendix, p. 72), who refer to it as the *vṛddhakumārīvākyavaranyāya* and the *vṛddhakumārīvākya(vara)nyāya* respectively. See also JACOB (1907:47).

9:87b *avyaktam ity abhihite*] Śrīnātha (f. 167r) and Dakṣiṇāvartanātha (p. 129) here instead read *vadhyas tavety abhihito*, along with all of the printed commentaries. Vaidyaśrīgarbha's commentary is too short to reveal what he had at this point. Just as in Vallabhadeva's version of

Kālidāsa's verse the king speaks indistinctly after having been cursed by the sage, in the Southern recension (followed by the critical edition) of the *Rāmāyaṇa* of Vālmīki, Daśaratha mumbles indistinctly when he begins to tell the parents how he killed their son (2.58:9):

munim avyaktayā vācā tam ahaṃ sajjamānayā
hīnavyañjanayā prekṣya bhīto bhīta ivābruvam

It could therefore be argued that the version known to Vallabhadeva was original, and that it was modified in order to heighten the emotional effect. But the words *avyaktayā vācā* do not occur in the Northern recension, which has a different verse at this point.

taṃ tathā karuṇāṃ vācaṃ bruvantaṃ putralālasam
aham abhyetya śanakair abruvaṃ bhayavihvalaḥ

So it is perhaps equally arguable that the reading known to Vallabhadeva was a secondary version intended to soften the very strong statement to the effect that the king deserved to be killed, and perhaps intended also to bring Kālidāsa's verse into line with the Southern recension of Vālmīki's text.

Nonetheless, the latter scenario seems to us somewhat less likely, given that Vallabhadeva belongs to Kashmir, where he would presumably not have come into contact with the Southern recension, and furthermore because, although the word *avyakta* does not occur in the Northern recension, there is nonetheless an allusion there to the weakening of the king's voice in the Northern text of the following verse (*Ayodhyākāṇḍa* starred verse 1439, a variant upon 2.58:10):

bāṣpasannena kaṇṭhena dhṛtyā saṃstabhya vāgbalam
kṛtāñjalir vepamāno bhayagadgadavāg idam

Arguably another small pointer to Vallabhadeva's text being more likely to be original might be the use of the one-word locative absolute *abhihite*, which seems atypical of high style and yet reminiscent of a Purāṇic style that Kālidāsa sometimes seems to adopt. Here Kālidāsa might have wished to imply that the king mumbled something without necessarily addressing what he said as a question to the sage.

9:87–88 In between verses 87 and 88, both Vaidyaśrīgarbha and Śrīnātha comment on the two verses transmitted by Hemādri as *pāṭhāntaras* and that are plainly intended as variant versions of 87 and 88. NANDARGIKAR reports that Vallabhadeva also knew these verses, but the Kashmirian manuscripts transmitting Vallabhadeva's text show no indication of this.

The first of the verses in question, as transmitted by Hemādri is as follows:

tadartham arthajña gate gatatrapaḥ
kim eṣa te vadhyajano 'nutiṣṭhatu
sa vahnisaṃskāram ayācatātmanaḥ
sadārasūnor vidadhe ca tan nṛpaḥ

It seems likely to us, however, that the first three syllables should be emended to *tad ittham*. Note that Śrīnātha has *katham gate evam vṛtte sati*, where *katham* looks to be an error for *ittham* and *evam vṛtte sati* is a gloss for *ittham gate*.

As for *gatatrapaḥ*, clearly the reading of Śrīnātha, Vaidyaśrīgarbha there reads *gatatrayaḥ*, which he interprets to mean *gatadharmārthakāmaḥ*. The second of the verses given by Hemādri reads thus:

sameyivān raghuvṛṣabho 'tha sainikaiḥ
svamandiraṃ śithiladhṛtir nivartitaḥ
manogataṃ gurum ṛṣiśāpam udvahan
kṣayānalaṃ jaladhir ivāntakaṃ padam

In its last quarter, Śrīnātha and Vaidyaśrīgarbha read rather: *jaladhir ivāntarāspadam*. The thin distribution of these versions of the last two verses suggests that they are more likely to be secondary, but we do not see in either pair of verses clear problems that might have motivated transmitters to produce an alternative pair.

Once again, this may be an instance of the phenomenon that SALOMON (2019:331) describes. In line with Kṣemendra's recommendation, budding poets may have honed their skills by practising producing variant versions of celebrated passages.

9:87.3 *tuṃ kāmamanasor iti*] As our apparatus records, this appears to be a quotation of a tag from the *Kāśikā* ad *Aṣṭādhyāyī* 6.1.144 about the elision of *m*. In fact, the *Kāśikā* on that *sūtra* gives an entire verse (paraphrasing a number of *vārttikas*) on various instances of the phenomenon, a verse which Vallabhadeva quotes ad *Śiśupālavadha*

9:16. Ad *Kumārasambhava* 5:39 he quotes only its first half. The verse in question is this:

> *lumped avaśyamaḥ kṛtye tuṃ kāmamanasor api*
> *samo vā hitatatayor māṃsasya paci yuṅghañoḥ*

9:88.2–3 *hṛdaye sthitaṃ padaṃ, pīṭhabandhaḥ padāni vā,...*] We understand this to mean that Vallabhadeva understands the compound *antarniviṣṭapadam* to be a *bahuvrīhi* describing *śāpam* that could either mean 'whose words had entered into his heart', or 'a podium for which had been set up in his heart'. The expression *pīṭhabandha* seems to mean a pedestal (or perhaps, more literally 'the creation of a pedestal': see *Tāntrikābhidhānakośa* III, s.v. *pīṭhabandha*), but other metaphorical uses of the term are also found, for instance in the *Nyāyamañjarī*, *āhnika* 3, vol. 1, p. 419.

In the table below, as in the one presented for 8:47-60 above, each number is the number assigned in the commentary in question to the verse whose opening syllables is found in the left-hand column. So from the first line, for example, we understand that the verse beginning *ajayad eka°* is numbered 10 in Vallabhadeva's commentary (and also in Mallinatha's and in Śrīnātha's) but the same verse is number 12 in the commentaries of Hemādri and Jinasamudra. For Mallinātha, we have distinguished the order given in NANDARGIKAR's fourth edition ('Mall. (Nan.)'), from the order given in the edition of ACHARYA ('Mall. (Ach)').

Concordance of verse-sequences in chapter 9.

	Vall.	Hem.	Mall. (Na.)	Mall. (Ac.)	Aru./ Nār.	Jin.	Śrī.	Vai.	Da.
ajayad eka°	10	12	10	10	—	12	10	9	—
jaghananirviṣayī°	11	10	—	—	—	10	12	10	—
avanim eka°	12	11	11	11	10	11	11		10
sphuritakośa°	13	—	—	—	—	—	14	12	—
śamitapakṣa°/ kṣapitapakṣa°	13vl	13	12	12	11	13	15		11
caraṇayor	14	14	13	13	12	14	13	11	12
nivavṛte	15	15	14	14	13	15	16		13
upagato 'pi	16	16	15	15	14	16	17	13	14
tam alabhanta	17	18	22	17	20	18	24		16

Concordance of verse-sequences in chapter 9.

	Vall.	Hem.	Mall. (Na.)	Mall. (Ac.)	Aru./ Nār.	Jin.	Śrī.	Vai.	D[illegible]
priyatamābhir	18	19	23	18	21	19	25	19	1[illegible]
kratuṣu	19	20	16	20	15	22	18	14	2[illegible]
ajinadaṇḍa°	20	21	17	21	—	23	19	15	—
avabhṛtha°	21	22	18	22	16	24	20	16	2[illegible]
tam apahāya	22	17	19	16	17	17	21	18	1[illegible]
sa kila saṃyuga°	23	23	20	19	18	20	22		1[illegible]
asakṛd eva	24	24	21	23	19	21	23	17	1[illegible]
atha mahendra°/	25	—	—	—	—	—	26	20	—
atha samāvavṛte	—	25	24	24	22	25	—	—	2[illegible]
himavivarṇita°	26	27	—	—	—	27	27		—
jigamiṣur	26vl	26	25	25	23	26	28		2[illegible]
kusumajanma	27	28	26	26	24	28	29	21	2[illegible]
anayad utsuka°	—	—	—	—	—	—	30	22	—
vraṇaguru°	28	29	28	32	25	29	31		2[illegible]
parabhṛtāmada°	29	30	—	—	—	30	32	24	—
abhinayān pari°	30	31	29	33	26	31	—		[illegible]
nayaguṇopacita°	31	32	30	27	27	32	34	23	[illegible]
kusumam eva na	32	33	31	28	28	33	33	25	[illegible]
viracitā madhu°	33	35	32	29	29	34	35		[illegible]
daśanacandri°	34	34	—	—	—	35	38		—
surabhisaṅgama°	35	37	—	—	—	39	37	26	—
suvadanā°	36	36	33	30	30	38	39		[illegible]
upahitaṃ śiśirā°	—	38 (= 37*vl*)	27	31	31	40	36		[illegible]
dhvajapaṭaṃ	37	56	45	45	43	49	48		[illegible]
prathamam	38	39	34	34	32	41	40		[illegible]
tilakamastaka°	39	49	—	—	—	56	—		—
gamayituṃ	40	50	—	—	—	57	—		—
upayayau tanu°	40vl	50vl	38	38	—	45	45		[illegible]
anubhavan nava°	41	57	46	46	44	50	49	29	[illegible]
tyajata mānam	42	58	47	47	45	51	50		[illegible]
analasānya°	43	51	—	—	—	36	—		—
upacitāvayavā	—	52	44	44	42	54–5 (sic)	—		[illegible]
laghayati sma	44	45	—	—	—	37	—		—
rasayati sma	—	46	—	—	—	—	—		—

Concordance of verse-sequences in chapter 9.

	Vall.	Hem.	Mall. (Na.)	Mall. (Ac.)	Aru./ Nār.	Jin.	Śrī.	Vai.	Da.
viharati sma	—	47	—	—	—	—	—		—
śrutisukhabhra°	45	40	35	35	33	42	41		33
apatuṣāratayā	46	53	39	39	37	46	42		37
hutahutāśana°	47	54	40	40	38	47	46	28	38
alibhir añjana°	48	55	41	41	39	48	47		39
lalitavibhrama°	49	41	36	36	34	43	43		34
śuśubhire smita°	50	44	37	37	35	44	44		35
amadayan	51	42	42	42	40	52	51	27	40
aruṇarāgaṇiṣevi°	52	43	43	43	41	53	52		41
viṣadacandra°	53	48	—	—	—	—	53	30	—
atha yathāsukha°	54	59	48	48	46	58	54	31	46

10:1.1–2 Instead of the analysis printed within crux-marks, one could consider conjecturing a *bahuvrīhi* gloss, such as *indraujasaḥ*. As usual at the beginning of a chapter, the transmission of the commentary seems poor.

10:2c Vaidyaśrīgarbha (f. 124r) and Śrīnātha (f. 168r) both appear to read *sutābhidhānaṃ sa jyotiḥ* also.

10:2.2 *apatyaṃ karma vidyā ceti*] It is not absolutely certain that this is a conscious quotation by Vallabhadeva. The same words also occur as *Mahābhārata* 1:*982.1 after 1.94.61, an addition which is apparently not found in the Kashmirian manuscripts used by the critical edition.

10:3 Both Vaidyaśrīgarbha and Śrīnātha have this verse, but placed after what is the fourth verse in Vallabhadeva's text. Both appear to have read *punarutthānān nadaḥ* instead of *punar utthāsyan nadaḥ*.

It seems probable that verses 3 and 4, which cover the same point in the narrative, are alternatives, one written to replace the other. It seems also likely that it is verse 3, omitted by Dakṣiṇāvartanātha and the printed Southern commentaries, and treated as a *kṣepaka* by Hemādri in his commentary on verse 4, that was composed first. Hemādri does not indicate why he regards it as a *kṣepaka*, but it is probable that the image was felt to be inappropriate and to suggest a slur on Daśaratha: for the river, as Vallabhadeva explains, surfaces and then, on the grounds that it finds itself in non-Aryan country descends in order to reascend in a more appropriate place.

In 3c we have recorded Jinasamudra as reading *utthāsyan*; his text is printed as having *punaḥ punaḥ api utthāsya(ya) utthā[tu]kāmaḥ*.

10:4 Śrīnātha (f. 168r) reads *sa ciraṃ* with the printed commentaries, Vaidyaśrīgarbha does not reveal what he read. It might be regarded as somewhat uncertain that Vallabhadeva really reads *suciraṃ*; such is the reading of almost all the Kashmirian manuscripts we have consulted, but the gloss *bahukālaṃ* could equally well be of *ciraṃ* alone, and one manuscript, J, makes it appear as if Vallabhadeva's reading were *sa ciraṃ*.

10:5a *vāmadevādayas*] Śrīnātha (f. 168v), Vaidyaśrīgarbha (f. 124r) and Dakṣiṇāvartanātha (p. 130), like the printed commentaries, had the reading *ṛṣyaśṛṅgādayas*, which accords better with Vālmīki's *Rāmāyaṇa* and might therefore be secondary: while Vāmadeva figures prominently early in the story (*Rāmāyaṇa* 1.7:3), he occurs thereafter only in lists, and it is rather Ṛṣyaśṛṅga whose rôle is crucial (*Rāmāyaṇa* 1, chapters 8ff) and frequently emphasised (e.g. 1.12:34, 1.3:2 and 45).

10:5c Śrīnātha also reads *yatātmānaḥ*; Vaidyaśrīgarbha does not reveal what he read at this point.

10:5.1 *apatyakāmasya*] Note that some commentators, such as Hemādri and Aruṇagirinātha, take *santānakāṅkṣiṇaḥ* as a nominative plural instead.

10:5.1 *putrāṇāṃ nimittam*] This is an implicit reference to Pāṇini's *Aṣṭādhyāyī* 5.1.38 (*tasya nimittaṃ saṃyogotpātau*) and 5.1.40 (*putrāc cha ca*), which together justify the form *putrīya*.

10:6a *asminn*] Śrīnātha (f. 168v) reads *tasminn*; Vaidyaśrīgarbha does not quote enough of the verse to reveal how he read.

10:6.1 *abdhiśayyāśayanaṃ*] Presumably this should be understood as a *bahuvrīhi* that might be analysed as follows: *abdhiśayyāyāṃ śayanaṃ yasya*.

10.7c We have recorded Jinasamudra as reading *atyākṣepo*, which his editor has marked as deserving correction to *avyākṣepo*. As for Hemādri's reading *avyāpekṣo*, this might be a scribal error or an editorial one, but the word appears printed thus both in the verse and in the commentary. Śrīnātha (f. 169r), Vaidyaśrīgarbha (f. 124v) and Dakṣiṇāvartanātha (p. 130) comment on the reading *avyākṣepo*.

10:7.2 *cihnam*] This is the gloss of *lakṣaṇam* that appears in Jinasamudra's commentary. We have conjectured it here as being also Vallabhadeva's gloss, which in transmission became corrupted to *vighnam*, after which the text became further corrupted by the insertion of what should have been the corresponding *pratīka*, namely *lakṣaṇam*, after it.

10:8.1 *aṣṭābhiḥ kulakam*] We have emended this from *ityādyaṣṭābhiḥ kulakam* on the grounds that we suppose this to be a corruption that has crept into the text from some manuscript in which the verses were alluded to in the form of opening *pratīka*s rather than quoted whole.

10:8.2–3 *śeṣaśiraḥsamūhabhāsvanmaṇiprakaṭitaśarīram*] This conjecture simply uses in compound all the words that we find used as glosses in the analysis that is transmitted by our manuscripts, together with the words *prakaṭita* and *śarīra*, which are found in Jinasamudra's commentary here. We could, instead of *bhāsvat*, have employed Jinasamudra's gloss *dedīpyamāna*, which Vallabhadeva certainly uses elsewhere (e.g. ad 3:60, 5:30 and 16:4, as well as ad *Kumārasambhava* 4:29 and *Śiśupālavadha* 2:3) but here we actually have a gloss transmitted in the Kashmirian sources, and so we have retained that. All manuscripts transmit a further analysis of the same compound, which we suspect might have been added by a transmitter precisely because a single compound gloss for such a long word may have been felt to be insufficiently helpful for readers.

10:9a Śrīnātha (f. 169r) reads *śriyaḥ* (rather than *śriyāḥ*); Vaidyaśrīgarbha does not repeat the word and so it is not clear what he read. Dakṣiṇāvartanātha's *pratīka* (p. 131) is *śriya iti*.

10:9.2–3 Vallabhadeva's remarks about what intervenes between what allow first for the possibility that, starting from the bottom and moving upwards, we have first Lakṣmī's girdle, then the fine cloth, then Viṣṇu's feet and, perhaps on top of those, her hands. Vallabhadeva's second possibility would presumably start with her girdle, then the fine cloth, then her hands and then Viṣṇu's feet. In the final possibility, we take *antarita* more loosely to mean 'covered' (rather than 'separated from'). Most commentators seem simply to assume that it is intended to express the idea that the cloth protects his feet from being chafed by her girdle.

10:10a *praphulta°*] We have hesitantly adopted this reading, since it has strong support among the Kashmirian manuscripts, both those transmitting the root-text and those transmitting the commentary, but it is not impossible that *praphultam* in Vallabhadeva's commentary might in fact have been Vallabhadeva's gloss of the reading *prabuddha°*. If Vallabhadeva really had *praphulta°* before him in the root-text, then we should expect a gloss rather than a repetition of the word in the commentary. On the hand, the entire commentary on this verse is full of words repeated from the root-text where we expect glosses, so, given the poor transmission, we have decided that the evidence for changing the reading of the root-text to *prabuddha°* is too weak to act upon. Śrīnātha (f. 169v), Vaidyaśrīgarbha (f. 124v) and Dakṣiṇāvartanātha (p. 131) read *prabuddha°*.

10:10.1 *prābhātikātapa iva vastre yasya*] After much discussion and hesitation we have adopted this conjectural reading as being the least unsatisfactory to occur to us. We have assumed that *prābhātikātapaḥ* is nominative singular and *vastre* is nominative dual. Vallabhadeva does not seem elsewhere to gloss the word *ātapa*, and so its repetition from the *mūla* here is not implausible.

10:11d *bibhratam*] Vaidyaśrīgarbha does not reveal what he read at this point, but Śrīnātha (f. 169v) has *bibhratam*. We have recorded Jinasamudra as having this reading too, on the grounds that his commentary is printed with *vibhūtaṃ*, a corruption of *bibhrataṃ* that his editor has proposed correcting to *vibhrāṇaṃ*.

10:12b *hemābharaṇa°*] Vaidyaśrīgarbha does not reveal what he read at this point, but Śrīnātha (f. 169v) has *hemābharaṇa°*.

10:12c *payomadhyāt*] Vaidyaśrīgarbha does not reveal what he read at this point, but Śrīnātha (f. 169v) has *payomadhyāt*. This reading, although ambiguous, could mean that Viṣṇu was resting on the ocean of milk. The reading *apāṃ madhyāt* excludes that possibility, and might indeed have been introduced by some transmitter for precisely that purpose.

10:13c *āyudhaiś*] It seems possible that the reading *āyudhaiś* in the Kashmirian text results from a transmitter having read Vallabhadeva's gloss back into the verse. We could consider reading *hetibhiś* with Hemādri, Mallinātha, Dakṣiṇāvartanātha, Aruṇagirinātha, and Nārāyaṇapaṇḍita. Śrīnātha, however, supports *āyudhaiḥ* (f. 169v); Vaidyaśrīgarbha does not make clear how he read.

10:13d *°jayasvanam*] Vaidyaśrīgarbha (f. 125r) here reads *°jayadhvanim*; Śrīnātha has *°jayasvanam*.

10:14.1 We have conjectured *yojitakarcṇa* (borrowed from Jinasamudra's commentary) as a gloss for *prāñjalinā*. We could instead have conjectured, for instance, *kṛtāñjalibandhena*, which Vallabhadeva uses as a gloss of *prāñjali* ad *Kumārasambhava* 6:53.

10:14.3 *sahayudhvatvāt*] This conjecture, inspired partly by the use of the word in *Śiśupālavadha* 34:17, obviates the need for assuming that the past passive participle *yuddha* might have been used with active sense, which would be necessary if we had maintained the transmitted text: 'because of the fact that he fought with Indra' (*śakreṇa saha yuddhatvāt*). In the *Śiśupālavadha sahayudhvan* is used in the sense of 'brother-in-arms', but there is nothing in Pāṇini's teaching of the word (*Aṣṭādhyāyī* 3.2.95–96) that obliges one to assume such a meaning, and indeed we find two instances in which the word *sahayudhvan* is used to mean 'one who fights against', namely in *Bhaṭṭikāvya* 6:130 and in *Anargharāghava* 6:50 (p. 418 in TÖRZSÖK's edition).

10.15d *saukhaśāyitikān ṛṣīn*] The printed commentaries offer small variations in spelling of the first of these words, but Śrīnātha (f. 170r) and Vaidyaśrīgarbha (f. 125v) appear to have read *saukhaprasuptikān munīn*. Such a formation, used to designate someone who asks you how you slept when you wake, is paralleled in *Raghuvaṃśa* 6:61, where Agastya is described as *sausnātika*, as the one who asks the Pāṇḍya king whether he bathed well (*sausnātiko yasya bhavaty agastyaḥ*).

There Vallabhadeva comments simply with *susnātam astv ity āha*. In the *Kāśikā* ad 4.4.1, the relevant form quoted is *saukhaśāyanika* rather than *saukhaśāyitika*: *susnātaṃ pṛcchati sausnātikaḥ. saukharātrikaḥ. saukhaśāyanikaḥ.* But the explanation *sukhaśayitaṃ pṛcchantīti saukhaśāyitikāḥ* shows that Vallabhadeva accounts for this word as formed with the *taddhita*-suffix *ṭhak* on the basis of *Vārttika* 3 (*pṛcchatau susnātādibhyaḥ*) on *Aṣṭādhyāyī* 4.4.1.

Most grammatical commentators take the relevant word in this *gaṇa* to be *sukhaśayana* rather than *sukhaśayita*, and hence derive *saukhaśāyanika*, which not surprisingly has led to *saukhaśāyanikān* / *saukhaśāyinikān* supplanting (assuming Vallabha's reading to be more likely to be original) *saukhaśāyatikān* in this verse. Dakṣiṇāvartanātha too (p. 132) had *saukhaśāyanikān*.

Note that only one Kashmirian manuscript, B_1^M, transmits the adopted reading *saukhaśāyitikān*, most of the others having *saukhaśāyatikān* instead, and that in Vallabhadeva's commentary we have had to correct from *saukhaśāyatikās* to *saukhaśāyitikās*. But we assume that this is the result of confusion because of the similarity of *a* and *i* in Kashmirian pronunciation.

We have recorded Jinasamudra as reading *saukhaśāyinikān*, but it is also possible that he actually had *saukhaśāyitikān* before him, or *saukhaśāyanikān*.

10:16a *tasmai*] Śrīnātha (f. 170r) appears to have read *asmai*; Vaidyaśrīgarbha (f. 125v), however has *tasmai*.

10:16d *āvāṅmanasa°*] Śrīnātha (f. 170r), Vaidyaśrīgarbha (f. 125v) and Dakṣiṇāvartanātha (p. 132) read *avāṅmanasa°*. Perhaps Vallabhadeva's reading with *ā-* may have arisen in part because some transmitter pedantically felt there to be a contradiction between him being 'beyond mind and speech' (*avāṅmanasagocaram*) and yet also worthy of praise *stutyam*. Vaidyaśrīgarbha discusses precisely this problem.

10:17b Śrīnātha (f. 170v) appears to cite Vallabhadeva as holding the view that *tadanu* can be treated as part of a compound. Śrīnātha's quotation reads as follows *tadanuśabde samāso mahākaviprayod eva sādhuv iti valdabhaḥ* (*sic*), which we can correct to *tadanuśabdena samāso mahākaviprayogād eva sādhur iti vallabhaḥ*, since this is verbatim what Hemādri says when commenting on 9:27 (verse 28 in Hemādri's numeration). No such remark seems to be found in Vallabhadeva's commentary, but it is possible that it was incorporated into some expanded version of his text, either here or into his commentary on 9:27.

Vaidyaśrīgarbha offers no commentary on this verse.

10:17.3 *brahmatve sṛjate lokam*] We have quoted versions of this verse from three *Purāṇas*, but a few others could be listed. Perhaps it is worth mentioning at least *Brahmāṇḍapurāṇa* 1.1.4:19 (cf. KIRFEL's *Purāṇapañcalakṣaṇa*, p. 56, 23cd–24b) and *Bhaviṣyapurāṇa* 1.77:9c–10b.

10.18–19 It seems likely that one of these verses was intended to replace the other. Both of them contain comparisons, and in neither case is the parallelism strict in the way these comparisons are expressed. The second is more nearly regular in this respect than the first, but there too the neuter noun *payas* is compared to Viṣṇu.

(For Bhāmaha this would probably not be disturbing, since, in the first place, the ending of *payas* makes it morphologically similar to most masculine nominative singular nouns and since, in any case, he does not disapprove of comparisons in which an entity expressed with a masculine noun is compared with one that is expressed with a neuter one, as he explains in *Kāvyālaṅkāra* 2:57 and as he illustrates, for example, with 2:51ab: *puñjībhūtam iva dhvāntam eṣa bhāti mataṅgajaḥ*.)

The comparison in verse 18 as transmitted by Mallinātha, however, is much less regular in its expression, and the variants transmitted reveal that transmitters have attempted to meddle with the verse to change its structure. Vallabhadeva's version is thus arguably less problematic than those of Hemādri and Mallinātha. It seems possible, therefore, that some version of verse 18 formed part of Kālidāsa's original text and that a transmitter composed verse 19 to replace it.

Our apparatus records that Hemādri and Mallinātha treat 18 as a *kṣepaka*, but the situation is more complicated. The edition giving the text of Hemādri prints 19 before 18 and the word *kṣepaka* appears in square brackets at the end of the commentary on 18. NANDARGIKAR includes only verse 19 in his text, but in a note thereon quotes manuscripts that transmit 'Mallinātha' and that record and comment on verse 18. The commentary concludes with the observation *prakṣiptam etad gatārthaṃ ca*. NANDARGIKAR also quotes a manuscript of Hemādri that includes the remark *kṣepaka*. In short, it is not quite clear whether Hemādri and Mallinātha recorded verse 18 as a *kṣepaka*, or whether transmitters of their commentaries inserted verse 18, commented on it, and rejected it.

The verses are treated in reverse order by Vaidyaśrīgarbha, Śrīnātha and Dakṣiṇāvartanātha, except that, after commenting on verse 19,

Dakṣiṇāvartanātha introduces verse 18 with the expression *atra pūrvaślokaḥ*, which might mean that he thought verse 18 was original and that verse 19 was subsequently composed to replace it. Dakṣiṇāvartanātha's reading of 18a also differs from that in all other witnesses, for he had *tvam ekaḥ kāraṇaṃ tāṃ tāṃ*.

10:18d Both Vaidyaśrīgarbha and Śrīnātha appear to have had *sphaṭikasyeva te smṛtam*. Dakṣiṇāvartanātha (p. 132) reads *sphaṭikasyeva tair dhruvam*.

10:18.6–7 The verse *puruṣo 'vikṛtātmaiva...* is quoted in various sources, e.g. Haribhadra's *Śāstravārttāsamuccaya* 3:28 (= 221), Vyomaśiva's *Vyomavatī* (ed. SHASTRI, vol. 2, p. 103), and Bhāsarvajña's *Nyāyabhūṣaṇa*, p. 571. It appears to be an old Sāṃkhya verse attributed to Vindhyavāsin in the *Syādvādamañjarī* (see JACOB 1905:356). We might translate it as follows: 'The soul, whose nature is unchanging, causes the insentient mind to shine like itself by its proximity, just as an incidental[ly contiguous thing] causes a crystal [to shine like itself by its proximity].'

10:19d *avasthās*] Vaidyaśrīgarbha (f. 126r) reads *avasthām*; Śrīnātha (f. 170v), however, comments on *avasthās*, which is the reading preferred by Dakṣiṇāvartanātha, who states (p. 132) *evam avasthā iti pāṭhaḥ*.

10:20a *ameyo*] Śrīnātha (f. 170v), Vaidyaśrīgarbha (f. 126v) and Dakṣiṇāvartanātha (p. 133) all also have *ameyo*.

10:20b *prārthitāvahaḥ*] Vaidyaśrīgarbha (who reads this and the following two verses in the order 22, 20, 21) also comments on the reading *prārthitāvahaḥ* (f. 126v), as does Śrīnātha (ff. 170v–171r). Vallabhadeva offers no gloss of *prārthita* but instead repeats the word in his commentary, which might mean that he in fact had *prārthanāvahaḥ* before him, just as the Southern commentators (including Dakṣiṇāvartanātha), but we have followed the Kashmirian sources here.

If the gloss *prārthitaṃ* (in 10:20.3) is correct, then one might be inclined to correct in the root-text to *prārthanāvahaḥ*. Alternatively, one could conjecture the gloss *manorathaṃ*, since Vallabhadeva elsewhere glosses *prārthanā* with *manoratha* (ad 1:39 and 1:85). We have hesitated to make any change.

10:21–22 Dakṣiṇāvartanātha first comments on verse 22 and then on 21.

10:21bc Śrīnātha (f. 171r) and Vaidyaśrīgarbha (ff. 126v–127r) both appear to read as Vallabhadeva did. Dakṣiṇāvartanātha (p. 133) reads *kāmadaṃ* and *anaghaspṛṣṭaṃ*.

10:21.11 *vyasanaiś cāliptam*] This conjectured gloss partly follows Jinasamudra (*pāpāliptam*), even though none of Jinasamudra's glosses in this paragraph of commentary seem to have been borrowed from Vallabhadeva. Nonetheless, the word *limpanti* in the immediately following quotation suggests that Vallabhadeva might well have thought of *aliptam* as the natural gloss here.

10:23a *saptasāmopagītaṃ tvāṃ*] It is not clear what Kālidāsa is referring to here. Hemādri, Dakṣiṇāvartanātha and, following him, Aruṇagirinātha quote here a passage from the *Pālakāpya* (*Hastyāyurveda* 1.1:218–219), according to which Prajāpati created elephants through the recitation of seven Sāmans. It is also quoted by Mallinātha, not in his commentary on this verse (where he simply says that what are referred to are seven Sāmans beginning with Rathantara), but rather in his commentary on 16:3. Dakṣiṇāvartanātha and Aruṇagirinātha go on to quote a list of the seven as Rathantara, Bṛhad, Vāmadevya, Vairūpya, Pāvamāna, Vairāja and Cāndramasa, a list which they seem to attribute again to the *Pālakāpya*, but which we have not been able to spot in the *Hastyāyurveda*. The names of the elephants born of these seven Sāmans are however given in the *Brahmāṇḍapurāṇa* (2.7:335–346). From the expression *sāmayoniḥ* used of elephants in 16:3 it is apparent that Kālidāsa indeed knew the idea that elephants, or at least the eight celestial elephants of the gods, arose from a Sāman or from Sāmans; but whether the seven Sāmans alluded to in this verse (10:23) are intended to be those of the list in the *Brahmāṇḍapurāṇa* is not clear to us, for the context here is not said to be that of the arising of elephants. Vallabhadeva, without referring to elephants, tells us that the first of the seven Sāmans intended here is that which begins *idaṃ viṣṇur vicakrame* (*Sāmaveda* 222 and 1669), and that these belong to a *Viṣṇusaṃhitā*. There is indeed a *Viṣṇusaṃhitā* which starts with *Sāmaveda* 222 and appears as the fifth among seven divisions (variously called *varga* and *saṃhitā*) in a group of Sāmans forming what is presented as the *sāmavedīyo rudraḥ* in 17 photographed pages (pp. (35)–(51)) of an unidentified publication that has been posted on Animesh NAGAR's blog here: `https://animeshnagarblog.wordpress.com/2015/04/`

19/samaveda-rudram/ (consulted on 12.xi.2023). The heading on p. (35) reads *atha kauthumaśākhānusārī sāmavedīyo 'rudraḥ'*. This *Viṣṇusaṃhitā*, however, appears to have not seven but eight mantras of the *Sāmaveda*: 222, 609, 524, 617, 618, 619, 620 and 621. We find the same *Viṣṇusaṃhitā* on pp. 82–88 of a small publication entitled *Sāmavedīyarudrajapavidhi*.

10:23.4 *yasyāgnir āsyam*] The full verse, as found in the *Mahābhārata*, reads:

> *yasyāgnir āsyaṃ dyaur mūrdhā khaṃ nābhiś caraṇau kṣitiḥ*
> *sūryaś cakṣur diśaḥ śrotre tasmai lokātmane namaḥ*

A version of this verse is also found in the *Garuḍapurāṇa* (1.2:22c–23b) and in the *Viṣṇudharmottara* (1.52:30c–31b), in both of which the second half reads:

> *candrādityau ca nayane taṃ devaṃ cintayāmy aham*

Vallabhadeva quotes the entire verse in the form found in the *Mahābhārata* in his commentary on *Śiśupālavadha* 4:4, and perhaps he quoted more of it here, for we see in J the whole of the first half transmitted.

The additional quotation from *śrutiḥ* which J gives after this is *Ṛgveda* 10.90:13cd = *Atharvaveda* 19.6:7cd (Bloomfield 1906:718).

10:23.4–5 *sapta lokā ekaḥ saṃśrayaḥ padaṃ yasya*] We have placed this within crux-marks not only because the vocabulary is almost all drawn from the root-text (as in the other cruxed remarks in this piece of commentary), but also because the analysis seems dubious to us. If the seven worlds are his locus, what sense does it make to add *eka*? Could one interpret this to mean 'whose one resting place is the seven worlds', in other words that he is simultaneously present in all the seven worlds? Oddly, we find exactly the same peculiar analysis in Jinasamudra's commentary (with *sthānaṃ* instead of *padaṃ*). What we rather expect is *saptānāṃ lokānām ekasaṃśrayam saptānāṃ lokānām ekaḥ saṃśrayo yas tam* 'the one refuge/locus of the seven worlds', which is indeed the sort of analysis that we find in the other printed commentaries.

10:24b Śrīnātha (f. 171v) appears to support *kālāvasthāś caturyugāḥ*, which Dakṣiṇāvartanātha also reads (p. 134), whereas Vaidyaśrīgarbha (f. 127r) appears to comment on *kālāvasthā caturyugā*.

10:24c Śrīnātha read with Vallabhadeva here, as Vaidyaśrīgarbha also probably did.

10:24d *caturmukhāt*] Śrīnātha reads *caturbhujāt*; Vaidyaśrīgarbha does not reveal how he read. Dakṣiṇāvartanātha (p. 134) mentions Vallabhadeva's reading as an alternative; the other reading that he knew is likely to have been that of Aruṇagirinātha, also mentioned as a variant by Hemādri. We shall see below in 10:38 that there is another reference, but in that case only in Vallabhadeva's text, where Viṣṇu is described as having four faces. Jinasamudra suggests that Viṣṇu is four-faced in this verse because he is to be identified with Brahmā: *tvattaḥ caturmukhāt brahmasvarūpāt*. Other commentators do not seem to have addressed this point. Vallabhadeva, although he raises no objections when Viṣṇu is described as having four faces in 10:38 below, appears to suggest that Viṣṇu is not literally four-faced here in 10:24: see note on 10:24.3–4 below.

10:24.2–3 *mayā sarvam idaṃ sṛṣṭam iti śruteḥ*] Hemādri's commentary contains exactly this sentence, presumably copied from Vallabhadeva. We cannot find exactly this quotation elsewhere. The *Viṣṇudharmottara* comes close, with the following half-verse (3.255.7cd) *yena sarvam idaṃ sṛṣṭaṃ sa vai dharme hariḥ sthitaḥ*. But we doubt that Vallabhadeva would have presented such a source as *śruti*. Such a label would, however, have been possible for the *Bhagavadgītā*, and it is therefore conceivable that Vallabhadeva's quotation is of a variant version of the *pāda* of the *Bhagavadgītā* that we have quoted in the apparatus: *mayā tatam idaṃ sarvam*. The Kashmirian commentaries on the *Bhagavadgītā* (of Abhinavagupta and Rājānaka Rāmakaṇṭha) do not, however, reflect such a reading. Furthermore, Vallabhadeva's quotations elsewhere of the *Bhagavadgītā* are not introduced as quotations of *śruti*. Cf. commentary on 10:25.2–3 below.

Another close but not exact match is *tvayā sarvam idaṃ sṛṣṭaṃ trailokyaṃ sacarācaram*, which occurs as a variant reading (adopted for instance in the Kumbhakonam edition, where it is 3.81:127cd) of *Mahābhārata* critical edition 3.81:109ab (the accepted reading has *tvayā sṛṣṭam idaṃ viśvam*. Cf. *Varāhapurāṇa* 144:44cd *tvayā sarvam idaṃ sṛṣṭam jagat sthāvarajaṅgamam* (this passage appears not to be in the critical edition, but occurs in the 1867 Veṅkaṭeśvara Steam Press edition) and *Skandapurāṇa*, *Avantīsthacaturaśītiliṅgamāhātmya* 24:4ab *tvayā sarvam idaṃ sṛṣṭaṃ trailokyaṃ bhūrbhuvādikam*.

10:24.3–4 *caturmukhatvam...sarvadarśanastutyaḥ*] Vallabhadeva appears here to interpret Viṣṇu's being not literally four-faced, but figuratively so in that he has four *vyūhas* or in that he is *sarvatomukha*, 'facing in all [four] directions'. We assume that *sarvadarśanastutyaḥ* is an explanation of what it means to be *sarvatomukha*.

10:25d *yāthātmyam*] Both Śrīnātha (f. 171v) and Vaidyaśrīgarbha (f. 127v) appear to comment on the reading *yāthārthyam*. They have verses 25 and 26 in the same order as Vallabhadeva does. Dakṣiṇāvartanātha (p. 134), on the other hand, has them in the reverse order, like the printed commentaries. Note that some editions of the text with Mallinātha's commentary report Mallinātha as having read *yāthārthyaṃ*.

10:25.1 *yathāsvarūpatvam*] Since *yāthātmya* is used simply to mean 'true nature', this gloss looks suspiciously awkward. Perhaps we should correct the text here to read *yathāsvarūpam* (assuming it to be used as a noun). Cf. the gloss *yathāsvarūpajñāḥ* (glossing *yāthātmyavidaḥ*) in the commentary on *Kumārasambhava* 5:76.

10:25.2–3 *ajo 'pi na vyayotpattiḥ*] Once again (cf. 10:24.2–3) this is quoted as *śruti* and looks very like a line from the *Bhagavadgītā* (see apparatus), but it is not the same. Vallabhadeva appears therefore to be quoting from some other source with similar material that he regarded as scriptural.

10:25.3 *māritahiraṇyādi°*] This compound might contain an abbreviation of the name Hiraṇyakaśipu or Hiraṇyākṣa, but perhaps we should consider an emendation, for instance to *māritahiraṇyākṣādi°*. For the moment we have not emended, assuming that Hiraṇya is used as a name for both brothers.

10:25.4 *tribhuvanakāryaikajāgarūkasyāpi*] Here we have emended *°bhāryaika°* to *°kāryaika°* on the strength of the parallel expression *bhuvanatrayakāryajāgarūkaḥ* in *Śiśupālavadha* 20:36c, which Vallabhadeva was perhaps conscious of echoing.

10:25–6 The *avataraṇikā* with which Vallabhadeva introduces 26 indicates the appropriateness of having 25 and 26 in this order, rather than inverted, which is what we find in the other printed commentaries.

10:26b *hṛdayāspadam*] Śrīnātha (f. 171v) has *hṛdayāśrayam*; Vaidyaśrīgarbha does not reveal how he read.

10:28a *bahudhā*] Vaidyaśrīgarbha (f. 127v) appears to have read *bahuśo*; Śrīnātha, however, has *bahudhā* (f. 172r), as does Dakṣiṇāvartanātha (p. 134).

10:28.1 *pṛthagbhūtāḥ*] We have borrowed this gloss from Jinasamudra's commentary, which is in fact not similar to Vallabhadeva's here, with the only other gloss that is shared being *anupraviśanti*.

10:28.3 *sādhyāsyārthasya yuktighaṭitatvāt*] We are not certain of what is intended here. Perhaps we should understand 'because they reasonably justify the object to be attained[, who is identical with You, however the different thinkers name and conceive of it]'.

10:29a Śrīnātha (f. 172r) and Dakṣiṇāvartanātha (p. 134) too have *tvad°* at the beginning of the verse; Vaidyaśrīgarbha does not reveal how he read the first word.

10:30d *sādhyaṃ tvām*] This seems also to have been the reading of Śrīnātha (f. 172r) and Vaidyaśrīgarbha (f. 128r), and also of Dakṣiṇāvartanātha, who remarks (p. 134) *sādhyaṃ tvām iti pāṭhaḥ*, thus implying that he was aware of another reading.

10:30.1 We have left *pratīkas* in the text here since we think it is possible that Vallabhadeva should have used them for such a philosophical passage.

10:31ab Śrīnātha (f. 172r) reads *smaraṇenāpi* and *yadā*; Vaidyaśrīgarbha does not reveal what he read in these two places.

10:31.2–3 *ātmano lāghavādyanubhavaḥ*] If the text is correct here, then perhaps this means '[because] the soul has the experience of lightness, etc. [because the soul has been lightened by the removal of bad *karman*].' Another possibility might be that, when we think of God, we are aware of our *comparative* lightness and insignificance, and thinking of God is therefore a purifying activity. (We did also consider the possibility that this might refer to the acquisition of yogic powers, but the list of those would normally begin with *aṇiman*, and this seemed in any case not a particularly likely interpretation.)

10:32cd *stutibhyo vyatiricyante dūreṇa*] Vaidyaśrīgarbha (f. 128r) has *stutibhyo vyatiricyante dūreṇa* and Śrīnātha probably had the same, although the old manuscript (f. 172v) has the impossible form *vyatiricyantu* and his text does not clearly support *dūreṇa* or *dūrāṇi*.

10:32.2–3 Vallabhadeva is not alone in taking *udadheḥ* and *vivasvataḥ* as ablatives, but they can also be taken as genitives, which seems to be what Mallinātha and Śrīnātha did. Hemādri also alludes to this possibility. Following Mallinātha, a natural rendering of the verse might be 'Like the gems of the ocean, like the effulgence of the sun, your deeds go far beyond [the expressive power of] eulogies.' Following Vallabhadeva, we must rather understand: 'Just as the jewels surpass the ocean, just as the rays surpass the sun, so too your deeds far surpass eulogies.'

10:32.4–5 *anyāny eva ca tvaccaritānīti*] P is the only manuscript that attests this entire sentence, but it could easily have been lost in other witnesses due to an eyeskip, and has, we think, an authentic ring. However, P's reading *tvadvacāṃsīti* seems not cogent; the *tātparyārtha* could hardly be about the words of God, not mentioned or implied in the verse. Other heavier conjectures could be considered (for instance something like *anyāny eva ca sakalavacotītāni tvaccaritānīti*), but ours seems the closest to the pithy formulation we might expect.

10:33.1 If the text is correct here, then neither *lokānugrahe* nor *janmakarmaṇoḥ* has been glossed by Vallabhadeva. It is possible that he indeed did not gloss them 1) since they are both transparent in meaning, 2) since they are not particularly easy to gloss, and 3) because this passage is more theological than poetic. Furthermore, the *avataraṇikā* introducing this verse mentions *janman* and *karman*.

10:34ab Śrīnātha (f. 172v) reads *udīrya* (in place of *utkīrtya*, which is the reading of Vaidyaśrīgarbha); both Vaidyaśrīgarbha (f. 128r) and Śrīnātha have *saṃhriyate* (for *saṅkṣipyate*).

As often elsewhere, the commentary of Vallabhadeva as transmitted to us uses as a gloss precisely the word read in the root-text by the printed commentaries (namely *saṃhriyate*).

10:34.4 *vācas tu samāptir ity arthaḥ*] We assume that this means that speech must at some point come to a stop. But note that it is a conjecture, for the manuscripts transmit *samāptivirama* (or *samāptivirasa*). The compound does not seem to work, and *samāpti* and *virama* feel like near synonyms here, so probably the second of the two words is a gloss added in transmission.

10:35b *te surās tam adhokṣajam*] Śrīnātha (f. 172v) and Vaidyaśrīgarbha (f. 128r) read *sutoṣaṃ tam adhokṣajam*. It seems to us possible that *sutoṣam* is a secondary reading that was introduced in order to make the logical connection with the second half of the verse clearer.

10:35.1 *taṃ viṣṇum*] Other than with the word *viṣṇum*, Vallabhadeva oddly does not gloss the mysterious and variously interpreted word *adhokṣajam*.

10:36bc Śrīnātha (f. 173r) has *°prītaye* and *āpralayo°*. Vaidyaśrīgarbha (f. 128v) also has *āpralayo°*, but he does not reveal whether he read *°prītayaḥ* or *°prītaye*. Dakṣiṇāvartanātha (p. 135) approves Vallabhadeva's reading, implying that he knew another which he judged inferior, presumably Aruṇagirinātha's *āpralayo°*.

10:36.2–3 *tac ca kuśalacodanaṃ... avagantavyam*] This remark is suspicious to us since it refers to what is only a parallel section in a different narrative, and also because it is omitted by two of our witnesses, L_2 and B (omitted, that is, by the first hand, B^1, but the third hand, B^3, has later added it). We have nevertheless tentatively retained it, for it could be authorial.

10:37b *°nādinā*] Vaidyaśrīgarbha (f. 128v) appears to have read *°nādinā*; Śrīnātha does not reveal which reading he had before him.

10:37c *svareṇa bhagavān āha*] The variant reading *svareṇovāca bhagavān* is almost certain to be a secondary reading that was produced in order to obviate the perceived grammatical awkwardness of using *āha* as a verb with past sense. For several other cases of this kind, where such a usage typical of epic Sanskrit has clearly been polished away, see GOODALL 2001. Śrīnātha may have read *uvāca*, but we cannot be certain of this, since all we have to go on is his gloss *uktavān* (f. 173r); it is unclear what Vaidyaśrīgarbha read. We have recorded Hemādri as reading *svareṇa bhagavān āha*, even though his editor prints *svareṇovāca bhagavān*, on the grounds that the very short piece of commentary printed as his concludes with the words *āha uvāca*. But it should be observed that Hemādri's paragraph of commentary is suspiciously untypical, since it seems to consist in little more than a prose *anvaya* using mainly the words from the root text, with little analysis and only two glosses, namely *hariḥ* (for *bhagavān*) and *uvāca* (for *āha*). In other words, we are not at all sure that we can be said to have the testimony of Hemādri for the readings of this verse.

10:37.2 *jaladhijalavikṛtinikaṭasthaparvatadarīṣu*] This conjecture, which replaces a suspicious piece of analysis containing two words from the root-text, is based partly on the observation that *jaladhijalavikṛti* appears to be Vallabhadeva's standard gloss of *velā* (cf. his commentary on *Raghuvaṃśa* 1:30 and 4:46), and partly on the gloss of *śaila* that figures in Jinasamudra's text, namely *parvata*. It might however be objected that this standard gloss fits to the meaning 'tide,' but not to the meaning 'shore' which is certainly more natural here. However it is possible that Vallabhadeva, who can be expected never to have seen the sea, was not entirely clear in his mind about the distinction between these senses. Note that *jaladhijalavikṛti* is likely calqued upon the definition of *velā* in *Amarakośa*: *abdhyambuvikṛtau velā* (3.3:198c).

10:38 Because of corruptions, their readings cannot be reconstructed with certainty on all points, but it seems as though Śrīnātha (ff. 173r–173v) and Vaidyaśrīgarbha (f. 129r) both read this verse broadly as Mallinātha transmits it, except that Vaidyaśrīgarbha probably had *iva* instead of *eva* in 38d and both of them probably had the ablative *padasaṃskārāc* in 38c. Dakṣiṇāvartanātha (p. 135) reveals his readings on three points only: he had *purāṇasya* as the first word, like everyone, then *varṇasthānasamīritā* in the second quarter, and in the third he approves a reading *caritārthaiva* (although this might be a transmissional error for *caritārtheva*, the reading of Aruṇagirinātha and Nārāyaṇapaṇḍita).

Viṣṇu's having four faces appears here only in Vallabhadeva's text, but it was also alluded to in the text of 10:24 known to other commentators. Commenting on 10:24, Vallabhadeva proposed more than one non-literal way of interpreting this attribute, as though he were perhaps embarrassed by it. Is it possible that some literally four-faced form of Viṣṇu was known to Kālidāsa that subsequent transmitters were unfamiliar with?

Or is it possible that the version of this verse known to Vallabhadeva has been influenced by *Kumārasambhava* 2:17? That verse is almost identical, but instead describes Brahmā:

> *purāṇasya kaves tasya caturmukhasamīritā*
> *pravṛttir āsīc chabdānāṃ caritārthā catuṣṭayī*

It seems also perfectly possible though that Kālidāsa wished to reflect here the view that Brahmā, Viṣṇu and Śiva are all aspects of a single deity. And it is conceivable that Vallabhadeva, who makes no comment in either of his commentaries about the fact that this verse appears in both texts, describing different deities, also understood that such an identification was implicit.

We cannot help suspecting, however, given its limited diffusion, that the version known to Vallabhadeva of this verse in the *Raghuvaṃśa* is the result of a secondary conflation, deliberate or accidental, with *Kumārasambhava* 2:17, which also begins with *purāṇasya kaves tasya*.

10:38.4 *caturmukhaśabdasya pātrāditvāt strītvaniṣedhaḥ*] This is an allusion to what according to (e.g.) RENOU (1966) is a *vārttika* on *Aṣṭādhyāyī* 2.4.17. RENOU translates (1966:132): 'Vt.: un *dvigu* dont le membre ultérieur est un mot du groupe *pâtram* est un neutre : *pancapâtram* « les cinq récipients ».' This is a rather free translation, for the text in question in fact reads: *pātrādibhyaḥ pratiṣedho vaktavyaḥ* (or *pātrādibhyaḥ pratiṣedhaḥ*, if we assume that *vaktavyaḥ* was added by Patañjali). The unit appears, not marked as a *vārttika*, at the end of the commmentary on *Aṣṭādhyāyī* 2.4.30 in KIELHORN's edition of the *Mahābhāṣya*.

10:38.7–8 *aṣṭau sthānāni ... tālu ca*] The verse has also been incorporated into the *Agnipurāṇa* as 336:9.

10:38.10 *nimittāntarāropaḥ*] We do not know of usages of this expression by other authors, but Vallabhadeva uses it to refer to a particular kind of *utprekṣā* (*nimittāntarāroparūpā utprekṣā*) in his commentary ad *Śiśupālavadha* 3:14, 3:41 and 9:1.

10:38.12 *yaś cemāṃ padaśo varṇaśo veda*] We suspect this to be a quotation, but we have not been able to identify its source and we do not recognise a metrical pattern. We do however find the following similar statement, which looks as though it might be from a *Brāhmaṇa* or from some earlier Mīmāṃsā source but seems also untraceable, in the *Paspaśahnika* of the *Mahābhāṣya* (p. 3 of KIELHORN's 1st edition): *yo vā imāṃ padaśaḥ svaraśo 'kṣaraśo vācaṃ vidadhāti sa ārtvijīnaḥ*. Helārāja quotes a version of the same in his *Prakīrṇakaprakāśa* commentary on verse 127 of the *vṛttisamuddeśa* of the *Vākyapadīya* (p. 213): *yo vā imāṃ vācaṃ padaśaḥ svaraśo 'kṣaraśo vā vidadhāti sa ārtvijīnaḥ*. It is also quoted in the *Padamañjarī* (vol. 1, p. 8) with small variations, in particular *veda* in place of *vidadhāti*.

10:39a *babhāse daśanajyotsnā sā*] Śrīnātha too has this reading (f. 173v); Vaidyaśrīgarbha does not reveal how he read at this point. Vallabhadeva's reading is clearly more awkward than the commonly printed reading *babhau sadaśanajyotsnā sā*, which Vallabhadeva mentions as a variant, explaining that that variant requires supplying *bhāratī* ('speech') as the subject, which is unproblematic since *bhāratī* is the subject of the previous verse. With Vallabhadeva's reading, we have the problem that a new subject, *daśanajyotsnā*, is introduced and yet assigned the pronoun *sā* as though it had been mentioned earlier or were well-known. It is possible that this awkwardness was primary and motivated transmitters to change this detail, but it is also possible, and perhaps even more likely, given that Vallabhadeva also knew the 'better' reading beginning with *babhau*, that the reading with *babhau* was in fact primary. In both cases, the imagery is unusual. Since the subject is likened to the celestial stream of the Ganges, we might expect it to be something that could be visualised, a consideration which would favour moonlight as the subject. On the other hand, the 'speech' of the lord could be compared with the celestial Ganges on the grounds that it floats in the ether and is purificatory.

10:39b *vibhor vadanodgatā*] Śrīnātha reads *vibhor vadanodbhavā*; Vaidyaśrīgarbha does not reveal how he read at this point.

10:39d *°prasāriṇī*] Śrīnātha and Vaidyaśrīgarbha (f. 129r) read *°pravarttinī*.

10:40c *aṅginā*] Vaidyaśrīgarbha (f. 129r), Śrīnātha (f. 173v) and Dakṣiṇāvartanātha (p. 135) have the reading found commented upon by the printed commentaries, namely *aṅgināṃ*, which both Vaidyaśrīgarbha and Śrīnātha gloss with *dehinām*, 'for embodied souls'. In graphic terms, the difference between the two readings is negligible: a mere dot; but the reading known to Vallabhadeva, though arguably less appealingly plaintive, seems more pointed and we suspect it to be original.

10:41a *tāpyamānaṃ*] Both Vaidyaśrīgarbha (f. 129r) and Śrīnātha (f. 173v) read *tapyamānaṃ*.

10:41.2 *akāmasyopanatam akāmopanatam*] Why does Vallabhadeva not analyse this in the more natural way chosen by Hemādri, Mallinātha and others, namely *akāmena upanatam*? The genitive analysis makes the word a *bahuvrīhi* referring to the person, and yet that person is already indicated in the verse by the marked genitive *sādhoḥ*. (As for the odd gloss of *sādhoḥ*, namely *māninaḥ*, we assume that this makes sense in this particular context, for a good person is therefore one with some pride and who is thus tormented by an involuntary transgression.)

In *Vasiṣṭhadharmasūtra* 23:13 the same expression occurs in a context where a genitive analysis could make sense: *akāmopanataṃ madhu vājasaneyake na duṣyati*, 'If honey comes to one who does not desire it, according to the *Vājasaneyaka*, it is not impure'. It is therefore possible that Vallabhadeva might have had this passage (or a similar one?) in mind from studying it in his youth and therefore considered *akāmopanatam* as a technical term that was to be understood with genitive analysis. Might Kālidāsa himself have also used the term with a Dharmasūtra parallel in mind?

10:42a *abhyarthyo*] We have recorded Jinasamudra as reading *abhyarthyo* even though the manuscript transmitting his commentary has corrupted this to *abhyartho*.

10:43a *svāsidhārāparihṛtaḥ*] Dwivedī prints *svāsidhārā parihṛtā* in his edition with Hemādri's commentary, and the text of that commentary seems to support such a wording but seems not to make sense: *tena rakṣasā rāvaṇena kāmaṃ svecchayā svasya aseḥ khaḍgasya dhārā parihṛtā 'chedi daśamo mūrdhā me cakrasya lavyo 'ṃśa iva sthāpitaḥ*. The apparatus to the commentary at the back of the book, however, seems to give *parihṛtaḥ* as a lemma and to record one manuscript as having had *accheditaḥ*. Accordingly, although the apparatus does not clearly reveal what the sources had, we are inclined to repair his text of Hemādri's commentary by replacing *khaḍgasya dhārā parihṛtā 'chedi* with *khaḍgasya dhārayā parihṛto 'cchedito*. This would then support the text of this *pāda* known to all other commentators, and it would make sense.

10:43d Śrīnātha (f. 174r) has *lavyāṃśa iva*; Vaidyaśrīgarbha again does not make clear what he read.

10:43.3 *kārṣiko hi yathā*] We debated whether or not to expunge the *yathā*, which is unnecessary. Justifications tacked on simply with a *hi* seem typical of Vallabhadeva's style elsewhere. Nonetheless, we have hesitated to make this change, since the text is interpretable as it stands ('For it is like when a farmer…', or 'Just as indeed (*hi*) a farmer…'), and it is conceivable that this combination of particles is authorial.

10:44a We read *sargāc ca* but Vallabhadeva's commentary contains no reflection of either *ca* or *tu* in this verse. Śrīnātha and Vaidyaśrīgarbha do not reveal which particle they had either.

10:44bc *durātmanaḥ …soḍhaṃ*] Śrīnātha (f. 174r) reads *durātmanaḥ* and *sahyaṃ* (with Hemādri); Vaidyaśrīgarbha does not reveal what he read.

10:44.1 *rāvaṇasya*] We have conjectured this as a counterpart to (if not actually a gloss of) *ripoḥ* on the grounds that Jinasamudra, whose glosses for this unit of commentary seem mostly to be borrowed from Vallabhadeva, here has *rāvaṇasya* placed as though it were intended as a gloss of *ripoḥ*.

10:45c Vaidyaśrīgarbha (f. 129v) seems to read *svargād* instead of *sargād*; he also mentions a variant *svargyād*.

10:45.4 *°kathanam*] After this, we have expunged a quotation of a verse describing the eightfold super-human creation, because its suspicious placing after what is evidently the *avataraṇikā* to the next verse suggests that it is a secondary addition. The verse might be corrected thus:

> *paiśāco rākṣaso yākṣo gāndharvaś caindra eva ca*
> *prājeśaś caiva saumyaś ca brāhmaś caivāṣṭamaḥ smṛtaḥ*

Similar verses are found in Śaiva tantras. Compare, for instance, *Sarvajñānottara* 9:89c–90b (in the numeration of GOODALL's edition in preparation):

> *paiśācaṁ rākṣasaṁ yākṣaṁ gāndharvaṁ caindram eva ca*
> *saumyaṁ caivātha prājeśaṁ brāhmaṁ caivāṣṭamaṁ smṛtam*

10:46.2 *vidhāsye*] We have conjectured this gloss of *kariṣyāmi*. We could alternatively have used the inceptive present *vidadhe*.

10.46.2 *balāv upahāre prakare vā yogyam*] We have tentatively left *prakare* as a second possible meaning of *bali* here, on the strength of this half-line of the *Maṅkhakośa* (737ab): *prakaraḥ saṃhatau puṣpopakāre 'thottarādiśi*. We were, however, tempted to emend *prakare* to *kare*, on the grounds that 'tax' or 'tribute' is a familiar sense of *bali* and it is attested to by several lexicographical works, for instance, once again, the *Maṅkhakośa* (791cd): *karopahāradaityeṣu balir nā gātraje striyām.*

10:48.1 *vimānena cāriṇaḥ*] This would probably have been understood by Vallabhadeva's audience as an implicit reference to *Aṣṭādhyāyī* 4.4.8 (*caranti*), the rule by which the form *vaimānika* may be justified.

10:48.1 *sukṛtinaḥ*] As transmitted to us, Vallabhadeva's text contains no gloss of *puṇyakṛtaḥ* ('the gods'). Jinasamudra's commentary is rather close to Vallabhadeva's on this verse, and he has the gloss *sukṛtinaḥ*, which we have therefore conjecturally restored in Vallabhadeva's text. This restitution also happily serves to make the following sentence-opening (*te hi …*) smoother.

10:49a *mokṣyatha svargavandīnām*] It is conceivable that Vallabhadeva actually read *mokṣyadhve* and that he glossed it with *mokṣyatha*, which is the situation we find in Jinasamudra. In Vallabhadeva's commentary, we find only *mokṣyatha*, which could either be a *pratīka* or a gloss. We have provisionally assumed that it is, exceptionally, a *pratīka* on the grounds that all the Kashmirian sources for the verse have transmitted *mokṣyatha.*

Śrīnātha (f. 174v) here reads *mokṣyadhve sura°*; Vaidyaśrīgarbha too (f. 130r) had *suravandīnāṃ*, but he does not indicate whether or not he read *mokṣyadhve*. Dakṣiṇāvartanātha's *pratīka* (p. 136) is *mokṣyatheti*. We have recorded Hemādri as reading *mokṣyadhve suravandīnām*, since this is what his commentary seems in fact to support, but his editor has printed *mokṣyadhvaṃ*.

10:49.5 *naḍakūvara°*] Outside Kashmir, this name is usually spelled Nalakūbara.

10:50.1 *kṛṣṇa eva jalado*] No gloss of *megha* has been transmitted by our manuscripts; we find that Vallabhadeva glosses *megha* with *jalada* ad *Kumārasambhava* 6:40 and *Raghuvaṃśa* 4:15. (Of course we also find that Vallabhadeva glosses various expressions with the word *megha*.)

10:52.1 *putreṣṭilakṣaṇasya yajñasya*] We have borrowed back the second word of this gloss of *kāmyasya karmaṇaḥ* from Jinasamudra, whose commentary seems to contain a number of Vallabhadeva's glosses at this point.

10:52.2 *yājñikānām āścaryeṇa*] Once again, this gloss has been restored from the commentary of Jinasamudra.

10:53a *hemapātrīkṛtam*] We think that this may be the primary reading, which might have been pushed to one side in order that readers should not mistakenly assume there to be a *cvī*-formation. Instead, it involves the use of the word *pātrī* (approximately equivalent in sense to *pātra*). Such a locative compound ending in *kṛta* may be difficult to justify from the point of view of grammar (none of the *sūtras* or *vārttikas* in the section *Aṣṭādhyāyī* 2.1.40–48 can be used to justify it), but this is indeed how Vaidyaśrīgarbha analyses the compound (f. 130v): *hemapātryāṃ kṛtaṃ hemapātrīkṛtaṃ*. One could suspect the reading *hemapātrī°* of being merely the result of a Kashmirian confusion regarding the pronunciation of *e* and *ī*. But it is not just Kashmirian sources that support it, for Śrīnātha (f. 175r) and Vaidyaśrīgarbha (f. 130v) also both read *hemapātrīkṛtam*.

10:53b *ādadhānaḥ*] Śrīnātha (f. 175r) and Vaidyaśrīgarbha (f. 130V) both read *ādadānaḥ*, which receives equal support in the Kashmirian manuscripts transmitting both the root text and Vallabhadeva's commentary. We have chosen *ādadhānaḥ* as being more probable, since it seems more likely that Vallabhadeva should have glossed it with *vahan*. Compare *Kumārasambhava* 7:26, where *ādadhānā* is glossed with *ābibhrāṇā*, and contrast *Raghuvaṃśa* 4:83, where *ādadānaḥ* is glossed with *gṛhṇan*.

10:53d *tenāpi*] We have adopted this against all our manuscripts (which have *tenāti°*) on the grounds that Vallabhadeva's commentary contains the word *api*. Śrīnātha (f. 175r) appears instead to have read *kenāpi*. Vaidyaśrīgarbha, however, has *tenāpi* (f. 130v), as does Dakṣiṇāvartanātha (p. 137).

10:54b *taṃ caruṃ*] Śrīnātha (f. 175v) reads *tad annaṃ*; it is not clear how Vaidyaśrīgarbha read in this place.

10:55c *vivṛttiṃ*] We have recorded Jinasamudra as reading *vivṛttiṃ*, with Vallabhadeva (as the final sentence of Vallabhadeva's commentary confirms, for which see the next note), but the word as actually printed in Jinasamudra's commentary is *nivṛttaṃ*, a corruption, we presume. Śrīnātha here (f. 175v) reads *pravṛttim*; it is not clear how Vaidyaśrīgarbha read in this place. The word *vivṛttiṃ* seems a less obvious choice than the familiar *prasūtiṃ*, which is the reading supported by all the hitherto printed commentaries. But its relative rarity suggests that it might indeed be the primary reading. It is possible, however, that it was not replaced simply because it was a less familiar word than *prasūti* but rather because it suggested a theological position (*vivartavāda*) that some transmitters did not wish to see alluded to. Dakṣiṇāvartanātha does not record what his preferred reading here was, but he records a variant which no other source reports (p. 137): *utpattiṃ cakama iti vā pāṭhaḥ*.

10:55.3–4 *bhagavadvivṛttis tu caruṇaiva vyākhyātā*] We are uncertain about what is intended here and came up with various possible interpretations. For instance, this might mean: 'The fact that the Lord transforms himself has been explained [by Kālidāsa] with [his reference in verse 53 to] the *caru*'. Or it might mean: 'That the Lord transformed himself has been [already] made clear by the *caru* itself.' This might make sense because the episode with the *caru* obviously can only signify that the Lord is initiating an incarnation of himself as the sons who will be born to the wives who shared the *caru*.

10:56ab Dakṣiṇavartanatha's entire commentary on this verse reads (p. 137) *sa teja iti vibheja iti vā pāṭhaḥ*. Since we are not aware of any variants to either of these portions of the verse, we wonder whether what he intended to express was that *sa tejaḥ* in 56a was in some witnesses swapped with *vibheje* in 56b.

10:56d *vṛṣākapir*] The Kerala edition prints *aharpatir*, but both Aruṇagirinātha and Nārāyaṇapaṇḍita repeat and gloss *vṛṣākapiḥ*. Śrīnātha (f. 176r) and Vaidyaśrīgarbha (f. 131r), however, both read *aharpatir*.

10:56.1–2 Three words from the root text are not glossed here, namely *tejaḥ*, *carusaṃjñitam* and *ātapam*. It would not make sense to gloss *caru* in this context, and Vallabhadeva often leaves *tejaḥ* unglossed (for instance ad 3:58 and 4:52). As for *vaiṣṇavam*, we have assumed that Jinasamudra's gloss *viṣṇusaktaṃ* is likely to be a corruption of *viṣṇusatkam*, and the rare form *satka*, ignored by the *Petersburger Wörterbuch* and the dictionaries of Monier-Williams, and Apte, seems to be one rather regularly used by Vallabhadeva to explain possessive relationships. The word is not recorded in most dictionaries, but we find it lexicalised in the *NWS* (consulted 29.v.2021). We were not aware of this usage when we prepared the first volume; Vallabhadeva used *satka* in his commentary on 4:53 and we mistakenly 'corrected' it to *sakta*. Another instance occurs in the commentary on 4:22, where instead of 'correcting' it, we relegated it to the apparatus in a rejected reading. A further instance is coming up below in the commentary on 10:64.

10:57c *ataḥ sambhāvitāṃ*] Both Śrīnātha (f. 176r) and Vaidyaśrīgarbha (f. 131r–131v) read *anusambhāvitāṃ*.

10:58b *patyur mahīkṣitaḥ*] Against most of our manuscripts, we have adopted *mahīkṣitaḥ* on the grounds that, if *mahīkṣitāṃ* were really correct, then we would have to construe it with *patyuḥ* (to mean 'lord of kings'), which would be grammatically problematic, since *patyuḥ* is the correct form of the genitive when the word means 'husband', but *pateḥ* is the correct form when it means 'lord'. Śrīnātha and Vaidyaśrīgarbha do not explicitly reveal what they read, which rather suggests that they too read *mahīkṣitaḥ*.

10:58c *ardhārdhabhāgena*] Śrīnātha here (f. 176r) reads *ardhārdhabhāgābhyām*; Vaidyaśrīgarbha does not make clear how he read.

The manner in which the division takes place in Vālmīki's *Rāmāyaṇa* is different (1.15:24–27):

> *so 'ntaḥpuraṃ praviśyaiva kausalyām idam abravīt*
> *pāyasaṃ pratigṛhṇīṣva putrīyaṃ tv idam ātmanaḥ*
> *kausalyāyai narapatiḥ pāyasārdhaṃ dadau tadā*
> *ardhād ardhaṃ dadau cāpi sumitrāyai narādhipaḥ*
> *kaikeyyai cāvaśiṣṭārdhaṃ dadau putrārthakāraṇāt*
> *pradadau cāvaśiṣṭārdhaṃ pāyasasyāmṛtopamam*
> *anucintya sumitrāyai punar eva mahīpatiḥ*
> *evaṃ tāsāṃ dadau rājā bhāryāṇāṃ pāyasaṃ pṛthak*

Goldman (1984:156–157) renders these verses thus:

> 24. For the king immediately entered the women's quarters and said to Kausalyā, "Eat this porridge; it will give you a son."
> 25. Then the lord of men gave half the porridge to Kausalyā. To Sumitrā, the chief of men gave half of a half. For the sake of a son, he gave half of what remained to Kaikeyī.
> 26. Finally, after giving it some thought, the lord of the

> earth gave the remaining portion of that ambrosial porridge to Sumitrā.
> 27. In this fashion did the king apportion the porridge among his wives.

This seems to mean half for Kausalyā, three eighths for Sumitrā, and one eighth for Kaikeyī; perhaps this reflects the relative importance of the boys born to them, whereas for Kālidāsa, each quarter corresponds to one boy. But another interpretation is possible; see the next note. The discrepancy between what Kālidāsa tells and what the *Rāmāyaṇa* does is remarked on by several of the commentators; Mallinātha makes the point that the *Raghuvaṃśa* does agree with the *Nārasiṃhapurāṇa*, quoting 47:38 of that text (he should really have quoted 47:37 as well). But we are not sure that the *Nārasiṃhapurāṇa* is old enough to have been known to our poet.

10:58.2–3 *rāmāyaṇe tv anyathā vibhāgaḥ — caror ardhaṃ jyeṣṭhāyāḥ, madhyamāyās tadardhaṃ, tadardhaṃ tu dvibhāgīkṛtya sumitrāyā iti*] This seems to be the understanding of verse 74 of the *Bālakāṇḍa* of Kṣemendra's *Rāmāyaṇamañjarī*:

> *tato 'rdhaṃ prāpa kausalyā caturbhāgaṃ ca kaikayī*
> *caturbhāgaṃ sumitrā ca svayaṃ tena dvidhā kṛtam*
>
> Then Kausalyā obtained half, Kaikayī a quarter and Sumitrā also a quarter, which had been divided by the king himself into two portions.

In other words, in Vallabhadeva's text, he is probably making the claim that in the *Rāmāyaṇa* Sumitrā receives totally a quarter, but divided by the king into two eighths (corresponding to her two sons Lakṣmaṇa and Śatrughna). This cannot be made to cohere with what we see in Vālmīki's *Rāmāyaṇa*, unless we take some instances of *ardha* not to mean literally 'half', but instead some fraction, namely the second *ardha* in 25c and the instances of *ardha* in 26a and 26c. Dakṣiṇāvartanātha (p. 137) argues for just this, taking *ardhaḥ* (in the masculine) in the sense of *śakalaḥ* in *Rāmāyaṇa* 1.17:6, adducing in support of this *Amarakośa* 1.3:16ab.

10:59a Śrīnātha (f. 176r) reads *sā hi*; Vaidyaśrīgarbha does not reveal how he read. It is possible that Mallinātha's reading *sāpi* is the result of a secondary change prompted by a reluctance to understand a causal *hi* in this place. For why would Sumitrā's affection for her rivals be a reason for those rivals to be generous towards her? Of course it is possible that the unstated but implied cause would be that the affection was mutual. Alternatively, one could assume that *hi* is not really used causally, but rather as being affirmative, perhaps most easily rendered in English by 'indeed'. Vallabhadeva clearly does regard the *hi* as causal, as revealed by his gloss *yasmāt*, and also by his *avataraṇikā* to the verse. Furthermore, Vallabhadeva does not understand *praṇayavatī* to mean 'having affection', but glosses it with *prārthanāvatī* (see, however, the following note), which would mean that she made entreaties to both her rival wives. This seems to fit less well with the simile.

10:59.1 We have concluded that the *pratīkas* and glosses that the manuscripts transmit before the opening portion of this commentary are the result of secondary interpolation. Note, for example, that the apparent double gloss (*prītiḥ sevā*) of *praṇaya* in this portion seems not only suspicious, but it also conflicts with the later gloss *prārthanāvatī*. We have therefore expunged this opening portion, so that Vallabhadeva's remarks on this verse now begin, as they probably did originally, with *yasmāt* (glossing *hi*).

10:60.1 *dhṛtaḥ*] The manuscripts all transmit the *pratīka* (namely *dadhre*) before this word and after it the observation *iti karmaṇi lakāraḥ*, to indicate that *dadhre* is used with passive sense. Vallabhadeva does occasionally make such observations in his commentary on the *Śiśupālavadha*, for instance in 1:64, 1:65, and 20:79. But in these instances there is no gloss of the verb, whereas here we have the gloss *dhṛtaḥ*, which already makes it clear that a passive sense is intended, before the somewhat pedestrian grammatical remark. There is however one parallel example with a gloss in the commentary on *Śiśupālavadha* 6:36 *ādade dhṛtam iti karmaṇi lakāraḥ*. Nonetheless, we are inclined to regard both the gloss and the grammatical observation as being likely to be secondary interpolations by transmitters and we have accordingly expunged them. In an ideal world, we might check all the Śāradā-script manuscripts that transmit Vallabhadeva's commentary on the *Śiśupālavadha* to see whether the transmission is unanimous in such places.

10:60.2 *sūrasyemāḥ sauryaḥ*] Vallabhadeva appears to derive the adjective *saurībhiḥ* from *sūra* in the sense of sun. Hemādri does the same: *sūrasya sūryasyemāḥ sauryaḥ*. Nārāyaṇapaṇḍita, however, points out that we can also derive the word from *sūrya* by appealing to *Aṣṭādhyāyī* 6.4.149, a rule that prescribes dropping the *y*: *saurībhiḥ sūryasaṃbandhinībhiḥ. sūryatiṣyetyādinā yalopaḥ.*

10:60.2–3 Cf. *Raghuvaṃśa* 13:4 below. Other than the quotation attributed to Yādava that is found here, for instance, in Hemādri's, Dakṣiṇāvartanātha's and Mallinātha's commentaries, we have not been able to trace another attestation of the notion that rays of the sun called Amṛtā soak up water to give it back in the monsoon. The two verses appear thus in Yādavaprakāśa's *Vaijayantīkośa* (*antarikṣakāṇḍa* 17–18, on p. 18 of OPPERT's edition):

tāsāṃ śatāni catvāri raśmīnāṃ vṛṣṭisarjane
śatatrayaṃ himotsarge tāvad gharmasya sarjane
ānandanāś ca medhyāś ca nūtanāḥ pūtanā iti
śataṃ śataṃ vṛṣṭivahās tāḥ sarvā amṛtāḥ striyaḥ

A version of this passage is quoted here by Vaidyaśrīgarbha (f. 131v) but attributed to the *Hārāvalī* (which, if it is the lexicographical work by Puruṣottamadeva, does not have this passage).

Rāmāyaṇa 4.27:3 refers to heaven being pregnant for nine months with the rains, which it has drawn from the ocean by means of the sun's rays:

navamāsadhṛtaṃ garbhaṃ bhāskārasya gabhastibhiḥ
pītvā rasaṃ samudrāṇāṃ dyauḥ prasūte rasāyanam

Heaven, having drunk up the liquid of the oceans by means of the rays of the sun, gives birth to elixir, [which is] the foetus carried for nine months.

Cf. perhaps also *Chāndogyopaniṣat* 3.1.1 ff, a passage in which the sun's rays are identified with cells in a honeycomb (*madhunāḍyaḥ*) and with the immortal waters (*amṛtā āpaḥ*).

The idea is alluded to by Hemacandra in his *Triṣaṣṭiśalākāpuruṣacarita* 1.2:627:

śakraḥ saṅkramayām āsa nānāhārarasāmṛtam
svāmyaṅguṣṭhe 'mṛtānāḍīcakre bhānur ivāmmayam

> Then Indra transferred the nectar from the juice of all manner of foods into the thumb of the Master, just as the sun [transfers] that of water into the circle of rays named *amṛtā*.

Jinas are supposed not to suckle as babies but nourish themselves merely by sucking their thumbs.

10:61a Both Śrīnātha (f. 176v) and Vaidyaśrīgarbha (f. 132r) read *samayāpannasattvās*, a reading that appears not to have been recorded from any other source.

10:61b Śrīnātha (f. 176v) reads *babhur āpāṇḍara°*, with Vallabhadeva; Vaidyaśrīgarbha does not reveal what he read at this point.

10:62b Here we have recorded *svapne 'tha* as being the reading of the Keralan commentators, since these words are reflected by Nārāyaṇapaṇḍita, even though their editors print *svapneṣu*. Śrīnātha (f. 176v) read *svapne 'tha*; Vaidyaśrīgarbha does not reveal what he read.

10:62c *asitsaru°*] The specification of the 'hilt of a sword' fits best with a model in which the dwarfish figures have their heads surmounted by weapons or distinctive parts of weapons, and it is thus perhaps further indirect support for the reading *°mūrdhabhiḥ* in 62d. Since, as GAIL observes (1981:181 and 185), the sword gradually diminishes in importance as a weapon of Viṣṇu, it is not likely that the reading *asitsaru°* should be secondary. It may seem odd, however, that the reading known to Vallabhadeva should have no conch (*śaṅkha*), since that is one of the most distinctive emblems of Viṣṇu from very early times. But perhaps the reason is that it is the *āyudhas* of Viṣṇu that are strictly speaking weapons that are required for protection.

Śrīnātha apparently reads the compound as beginning with *matsya°*, a reading not hitherto attested. Vaidyaśrīgarbha (f. 132r) has the word *tsaru* in his text, so it seems likely that his reading was that of Vallabhadeva. Dakṣiṇāvartanātha (p. 138) read *jalajāsigadāśārṅga°*.

10:62d *°mūrdhabhiḥ*] We have adopted this reading from the text of Dakṣiṇāvartanātha, Aruṇagirinātha and Nārāyaṇapaṇḍita, even though no Kashmirian source that we have consulted has it, on the strength of Vallabhadeva's gloss *°śirobhiḥ*. Śrīnātha (f. 176v) read *°mūrtibhiḥ*; Vaidyaśrīgarbha does not reveal what he read.

10:62.2 *vāmanākāraṃ bhavagato rūpam*] This remark implies that Vallabhadeva imagines these creatures as being Viṣṇu in his Vāmana incarnation and additionally marked by having one or other of Viṣṇu's weapons on the head. It is perhaps more likely, given, for instance, the way *āyudhapuruṣas* are represented already in Gupta-period sculpture (for instance in Deogarh, for which see GAIL 1981:183), that they are dwarfish personifications of the weapons of Viṣṇu, each bearing the weapon (or a distinctive part of the weapon) represented on the head.

10:63a Both Śrīnātha (f. 176v) and Vaidyaśrīgarbha (f. 132r) have Vallabhadeva's reading *hemapattra°*. We have recorded Jinasamudra also as reading *hemapattra°*, since he glosses that with *svarṇapakṣa°*, but his editor has assumed that he read *hemapātra°*, which seems not to make good sense here.

10:63c *uhyante sma*] Both Śrīnātha (f. 176v) and Vaidyaśrīgarbha (f. 132r) comment on the reading *uhyamānam*.

10:63.2 *javāpavāhitameghena*] In 8:35, where the topic is again the speed of the wind, Vallabhadeva glosses *vega* with *java*, which is why we integrated that gloss into the conjecture here.

10:64 *kaustubhanyāsaṃ*] NANDARGIKAR prints *kaustubhaṃ nyāsam* as the reading of Mallinātha, but on the basis of Mallinātha's comment (*kaustubha eva nyāsas tam*), which seems to be an analysis of a *karmadhāraya* compound, we have reported his reading as *kaustubhanyāsaṃ*, which is indeed what is found in other editions of Mallinātha which we have consulted, such as that of ACHARYA (1948).

10:65cd *brahmarṣibhiḥ paraṃ brahma gṛṇadbhir upatasthire*] Here Śrīnātha (f. 177r) and Vaidyaśrīgarbha (f. 132r) appear to comment upon *ṛṣibhiḥ paramaṃ* for the first two words and *upasthitam* for the last. (The word *paramam* occurs in Śrīnātha's commentary, but not in Vaidyaśrīgarbha's.) But *upasthitam* is not metrically equivalent to *upatasthire*, and so we guess that they may have had *samupasthitam*, which is a variant that NANDARGIKAR reports. We assume that *samupasthitam* in this reading should be taken as an impersonal passive (*bhāve*), although this seems not to be reflected in Śrīnātha's gloss *upāsyamānam*, nor in Vaidyaśrīgarbha's gloss *pūjyamānam*, unless we take those participles too to be intended as impersonal passives (which would not seem normal).

10:65.1 *paraṃ brahma vedarahasyam*] One could of course have chosen to throw out both *paraṃ* and *brahma*, on the grounds that both are *pratīkas*, or to throw out just *brahma*, on the grounds that this word only was glossed by *vedarahasyam*. We have kept both words here since *vedarahasyam* is not an obvious gloss, and it is possible therefore that Vallabhadeva included them both for clarity.

10:66b *prīto 'pi*] We have recorded *prītas sa* as being the reading of Aruṇagirinātha and Nārāyaṇapaṇḍita, but in fact neither commentator gives clear confirmation of having read *prītas sa*, the reading that is printed as theirs in the edition with their commentaries. The variation between *prītaḥ* and *hrītaḥ*, as well as the considerable variation in the choice of the following word (*hi*, *api*), *saḥ*, *atha*) is no doubt to be understood in conjunction with the variation in 10:66c, and suggests deliberate attempts to interfere with the text according to whether transmitters felt that Daśaratha should feel something akin to shame at 'fathering' Viṣṇu, or unalloyed joy. But see the note on 10:66.3-4 below.

Śrīnātha (f. 177r) had the word *prītaḥ* (and not *hrītaḥ*); Vaidyaśrīgarbha does not reveal which he read. Neither Śrīnātha nor Vaidyaśrīgarbha reveal what word followed this.

10:66c *mene 'parāddham*] Both Vaidyaśrīgarbha (f. 132v) and Śrīnātha (f. 177r) read *mene parārdhyam* with the other printed commentaries. Vallabhadeva's reading *aparāddham*, which may actually be original, as he argues in his commentary, appears not to be attested outside Kashmir.

10:66.3-4 Vallabhadeva's remark about the redundancy of *api* suggests that he must indeed have intended to reject some reading as an *apapāṭha*; but there are two readings mentioned here. One of them is what we have accepted anyway, so it is odd to have it reiterated; in the second, as transmitted by our manuscripts, the *api* need not actually seem redundant: 'although he felt shame (*hrīto 'pi*) ... he felt himself to be precious (*parārdhyam*)'. Nonetheless, as Judit Törzsök has suggested to us, Vallabhadeva might have felt it to be redundant, or at least to mark a contrast that was not a neat one, since it is possible to feel embarassment and at the same time joy. We note that Vallabhadeva knows of no other reading in place of *api* and that none of the other commentators are aware of the reading *api* or of *aparāddham*. Those two readings fit neatly together, as Vallabhadeva shows.

It is possible that the reading *aparāddham* first became corrupted (because of confusion partly induced by the conjunct consonant) and that subsequent and various attempts were made to adjust the particle *api*, which no longer made sense with the reading *parārdhyam*. Such a scenario might explain why there are several different alternatives to *api*.

10:67a Śrīnātha (f. 177r) also read *vibhaktātmā*; Vaidyaśrīgarbha does not reveal what he read.

10:67.1 *tāsāṃ*] In place of this word one could consider conjecturing *daśarathapatnīnāṃ*, which is the gloss here of Jinasamudra.

10:68a *athāgrya°*] Śrīnātha (f. 177r) reads *athāgra°*; Vaidyaśrīgarbha does not make clear what he read.

10:68.1–2 *agryā cāsau mahiṣī*] In a typical *karmadhāraya*-analysis of this type, we would expect a final *ca*, but it seems that Vallabhadeva elsewhere does not use such a final *ca* (see the note on 11:44.3 below, which mentions other instances) and so we have been inclined to retain the analysis unchanged.

Note that in this rather poorly transmitted and suspicious piece of commentary the manuscripts transmit no glosses of *rājñaḥ*, *satī*, *putraṃ* or *prasūtisamaye*.

10:69b *yasya coditaḥ*] Śrīnātha here (f. 177v) appears to have read *tasya deśitaḥ*; Vaidyaśrīgarbha does not reveal what he read.

10:69d *jagatprathita°*] Śrīnātha here (f. 177v) reads *jagatprathama°* with the other printed commentaries; Vaidyaśrīgarbha does not reveal what he read.

10:70bcd Śrīnātha (f. 177v) and Vaidyaśrīgarbha (f. 132v) both read *tenāpratima°*, *rakṣāgṛha°* and *pratyādiṣṭā*. Dakṣiṇāvartanātha (p. 139) observes *rakṣā*[em.; *rakṣo* MS]*gṛhagatā iti pāṭhaḥ*, implying that he was aware also of Vallabhadeva's reading.

10:70.1 *raghuvaṃśapradīpena*] We have cruxed this word on the grounds that it seems unlikely that Vallabhadeva would simply have repeated it from the verse rather than glossing it. Of course it is just possible that the word *sutena*, transmitted by P, was intended as a very brief gloss of *raghuvaṃśapradīpena*, since, in the context of a commentary on the *Raghuvaṃśa*, that could be judged sufficient.

10:71ab *cānena mātā cchātodari*] Śrīnātha here (f. 177v) appears to have read *bālena mātā śātodarī*; Vaidyaśrīgarbha's reading of the first word is uncertain, but he too comments on *śātodarī* (f. 132v).

10:72b Note that Vallabhadeva's commentary, as transmitted, contains no gloss confirming the reading *vīryavān* against the printed commentators' arguably slightly more appropriate reading *śīlavān*. But the fact that *śīlavān*, which is also the reading of Śrīnātha (f. 177v) is more appropriate in the light of the later story arguably indicates that the reading might be a secondary 'improvement'. Vaidyaśrīgarbha does not reveal what he read at this point.

10:72d Alone among the commentators we have consulted, Vaidyaśrīgarbha seems to understand this *pāda* to contain a pun, for it means, according to him, not only 'as humility [ornaments] wealth/success', but also 'as Praśraya [ornamented his mother] Satyabhāmā' (ff. 132v–133r): *praśrayo nāma satyabhāmāyāḥ putraḥ / śriyaṃ satyabhāmāṃ.* No source for this is known to us; in the *Bhāgavatapurāṇa* (4.1:51), Praśraya is rather the son of Dharma and Hrī.

10:73c Śrīnātha (f. 178r) appears to read *ārādhitā* (a reading reported in various editions, for instance as a footnote in the edition containing the commentaries of Aruṇagirinātha and Nārāyaṇapaṇḍita, which nonetheless appear to reflect the reading *āgamitā*). Vaidyaśrīgarbha, however, has *āgamitā* (f. 133r), as Dakṣiṇāvartanātha probably does (p. 139), although the manuscript has *agamitā*, which would be unmetrical, followed by the gloss *avikṛtā*, which might be intended to explain the expression *samyag āgamitā*.

10:73d Vaidyaśrīgarbha (f. 133r) records *prabodhavinayāv iva* as a variant reading, but he first comments on the reading *prasādavinayāv iva* (which is commented upon by Śrīnātha, f. 178r).

10:74c *hi svargo*] We have recorded Aruṇagirinātha and Nārāyaṇapaṇḍita as reading *ca svargo* (in place of *hi svargo*), since that is what their editors print, but it is possible that they read rather *svargaś ca*: note that Aruṇagirinātha's commentary begins *nirdoṣam iti / svargaś ceti...* Dakṣiṇāvartanātha (p. 139) seems to read *ca svargo*. Śrīnātha (f. 178r) clearly supports the *hi*; Vaidyaśrīgarbha does not reveal which particle he read. In Vallabhadeva's text, there is incidentally no very strong support for the *hi*, but it fits with the remark he introduces with *ataś cotprekṣyate*, and all the Kashmirian manuscripts support it.

10:76a *kṛṣāṇur*] The more widespread orthography of this word is *kṛśānu*, and *kṛṣāṇu* is not lexicalised in our dictionaries, but it seems as though the form with retroflex *ṣ* and *ṇ* may have been regular in Kashmir and perhaps elsewhere too. We adopted the same form (with retroflexes) in our text of *Raghuvaṃśa* 2:49, and we find it also, for instance, in Kṣemendra's *Bhāratamañjarī* (1:115 and 15:16) and in Vallabhadeva's commentary on *Śiśupālavadha* 4:16. As Judit TÖRZSÖK has pointed out to us, there are several instances also in Nepalese manuscripts transmitting the *Jayadrathayāmala*. It also occurs in all the Nepalese manuscripts of *Bṛhatkālottara* 37:10 (an edition of this chapter is being prepared by Sushmita DAS as part of her doctoral thesis). The difference boils down to the choice of verbal root: does the word derive from *kṛśa tanūkaraṇe* (4.117 of the *Dhātupāṭha* in WESTERGAARD's text in BÖHTLINGK's edition of the *Aṣṭādhyāyī*), or from *kṛṣa vilekhane* (1.1039 and 6.6)?

10:76b *kṣapākaraḥ*] Śrīnātha (f. 178v) reads *divākaraḥ* here; Vaidyaśrīgarbha does not make clear how he read. NANDARGIKAR records Hemādri as reading *ca bhāskaraḥ*, but the edition with Hemādri's commentary presents him as reading *prabhākaraḥ*. It is odd that there should be variation as to whether the moon or the sun is involved. The fact that commentators have opted for three different expressions for the sun (*divākara*, *bhāskara*, and *prabhākara*) rather suggests that the direction of change was from moon to sun, for which different transmitters found different synonyms to replace the moon. But why make the change at all? One consideration might have been that the fieriness of fire seemed a better match for the fieriness of the sun. But this sounds like a weak motive. More likely, we think, is that the previous verse refers to the protectors of the four principal directions, and one of those, the protector of the North, was often the moon. Careful readers might have then regarded this reference to the relief of the moon as repetitious.

10:76.1–2 Vallabhadeva offers no gloss of *viprakṛtau*, but the word is reflected in his use of the expression *rāvaṇaparibhava°*, and we see that ad *Kumārasambhava* 2.1 he glosses it with *upadruta*.

10:77bd Śrīnātha (f. 178v) appears to have read *rākṣasaśriyaḥ* and *aśrubindavaḥ*; Vaidyaśrīgarbha does not reveal how he read.

10:78 Vaidyaśrīgarbha (f. 133v) offers no commentary on this verse.

10:78.1 *suraḍhakkāḥ*] This speculative conjecture, where the manuscripts have such readings as *surā eva* and *surā hṛṣṭāḥ*, at least conveys the sense of the word that should be being glossed, namely *devadundubhayaḥ*; it seems to us in any case probable that Vallabhadeva intended some expression meaning 'drums of the gods'. In the commentary on *Śiśupālavadha* 18:3, Vallabhadeva glosses *dundubhīnām* with *ḍhakkānām* and in 18:10 he glosses *ḍiṇḍimānām* with *ḍhakkānām*. The word *praharṣāt* in the following sentence might have influenced a perhaps already corrupted reading of a word for a drum. Other possible glosses would have been *surānakāḥ* or *surabheryaḥ* or *suraḍiṇḍimāḥ*.

10:79b Śrīnātha (f. 178v) read *bhavane 'sya nipetuṣī*; Vaidyaśrīgarbha (f. 133v) probably read *bhavane tasya petuṣī*, since he repeats *petuṣī* as a lemma.

10:79c Vaidyaśrīgarbha (f. 133v) reads *sanmaṅgalopacārāṇāṃ*; the manuscript that transmits Śrīnātha (f. 178v) appears to read *sanmaṅgalopaśarāṇāṃ*, which would be unmetrical and may simply be a corruption of *sanmaṅgalopacārāṇāṃ*.

10:79d Vaidyaśrīgarbha does not reveal how he read this *pāda*, but Śrīnātha, like Vallabhadeva, appears to have read *śobhādvaiguṇyam ādadhe*. Vallabhadeva's reading seems to presuppose that the palace was already festively decorated before the birth occurred, whereas the reading of the other printed commentaries makes explicit that decorations are to be added after this. Some transmitter must consciously have made the change one way or the other. Perhaps more natural is to begin to celebrate only once the birth has occurred, which suggests that the reading of Vallabhadeva and Śrīnātha may have seemed strange to some, and may have been changed to that which we find in Mallinātha and the other printed commentaries, and also in Dakṣiṇāvartanātha's (p. 139).

10:79.2 The rejected lexical observation transmitted only by P at the end of the commentary here is a partial quotation of *Amarakośa* 1.1:51: *pañcaite devataravo mandāraḥ pārijātakaḥ / santānaḥ kalpavṛkṣaś ca puṃsi vā haricandanam*.

10:80 Śrīnātha (f. 179r) reads *dhātrīstana°* and *°grajeneva* with Vallabhadeva; Vaidyaśrīgarbha too (f. 133v) has *iva* but he does not reveal whether he read *°stana°* or *°stanya°*. We record Hemādri as reading

°grajenaiva since that is what is printed in the verse, and the commentary is printed as glossing it with *utpannenaiva*; but the apparatus records one manuscript as having *utpanneneva*, and so the use of *eva* instead of *iva* might be regarded as not very secure. Dakṣiṇāvartanātha observes (p. 139) *agrajeneveti pāṭhaḥ*.

10:82c *alam uddyotayām āsuḥ*] It might be conceivable that Śrīnātha here read *atyartham dyotayām āsuḥ*, for his commentary (f. 178v) appears to contain the syllables *atyarthena dyotayām āsuḥ*. But it is perfectly possible that *atyarthena* glosses *alam* (Vallabhadeva glosses *alam* with *atyartham*), and that he dropped the prefix when quoting the verb. Vaidyaśrīgarbha clearly read *alam*, which he repeats as a *pratīka*, followed by the gloss *ekāntam* (f. 133v).

10:83 Vaidyaśrīgarbha offers no commentary on this verse.

10:83.2–3 *śobhanaḥ pūjito bhrātā yasya sa subhrātā, tasya bhāvaḥ saubhrātram*] The commentary here recalls the *Kāśikā* on *Aṣṭādhyāyī* 5.4.157 *vandite bhrātuḥ*, which has this remark: *vanditaḥ stutaḥ pūjita ity ucyate. śobhano bhrātāsya subhrātā*.

10:83.3 *dvau dvāv abhivyaktau dvandvam*] This is an allusion to *Aṣṭādhyāyī* 8.1.15 (*dvandvaṃ rahasyamaryādāvacanavyutkramaṇayajñapātraprayogābhivyaktiṣu*), according to which a *dvandva* may be used of two things or persons that reveal themselves to be a pair, in this case the four brothers reveal themselves to form two pairs.

10:85d Here Śrīnātha (f. 180v) reads *śyāmābhrā divasā iva*; Vaidyaśrīgarbha does not reveal how he read.

10:86d *aṅgavān*] It is possible that Śrīnātha's (f. 180v) *pratīka* for this word is to be read *aṅśavān* (= *aṃśavān*); Vaidyaśrīgarbha's text (f. 134r) appears to read *asaṃbhavān / bhāgānvitaḥ*, where *asaṃbhavān* might well be a mistake for *aṃśavān* (of which *bhāgānvitaḥ* would be a natural gloss). Dakṣiṇāvartanātha (p. 140) reads *aṅgavān*.

10:88b *paṇabandha°*] Śrīnātha (f. 180v) has *paṇabandha°*, but Vaidyaśrīgarbha (f. 134r) reads *phalabandha°*. Dakṣiṇāvartanātha (p. 140) comments on both readings without appearing to prefer one of them: he first comments on *phala°*, then on *paṇa°*.

10:88d *cakāśe*] We have recorded Hemādri's reading as *cakāse*, since that is what his editor has printed, but it seems not unlikely that this is simply the result of some slip and that what Hemādri actually read was *cakāśe*. Śrīnātha has *cakāśe*. As for whether the word *cakāśe* preceded or followed *caturbhiḥ* in their texts, we cannot tell this from the manuscripts that transmit their commentaries.

10.88.4 *sandhidarśanād dhi vijñāyate "nūnaṃ sāmādayaḥ samyak prayuktāḥ", "tena sandhir ucito jātaḥ" iti ca*] We assume that this means: 'For, when we observe peace-treaties we realise: "Surely the [political strategies of] conciliation, [gift-giving, spreading dissension, punishments] have been correctly employed" and "That is why an appropriate peace-treaty has come into being." ' We have followed here the readings of B^3, but we could instead have read *sandhidarśanād dhi jñāyate "nūnaṃ sāmādayaḥ samyak prayuktā, yena sandhir ucito jāta" iti* and interpreted as follows: 'For, when we observe peace-treaties we realise: "Surely the [political strategies of] conciliation, [gift-giving, spreading dissension, punishments] have been correctly employed, since an appropriate peace-treaty has come into being." '

10:88.6–8 *tasya harer ime tadīyā ity upamānasambandhaviracanāvaśāt parāmarśo na yuktaḥ*] We assume that Vallabhadeva intends to say here that ' "Belonging to him" (*tadīyāḥ*) [means] of that Hari. Because of his having being integrated into the [immediately preceding] simile, it is not appropriate to refer back [to Viṣṇu in this way]'. We assume, in other words, that this is intended as criticism of Kālidāsa's formulation here, which uses the pronoun to refer back to one of the elements in a series of different similes, rather than to some thing or person belonging to the principal narrative.

Once again, other readings would be possible, but we have followed B^3, which seems to be alone in preserving the truth in a few places in this final section of the chapter.

11:1 Śrīnātha (f. 180r) and Vaidyaśrīgarbha (f. 134v) evidently agree with Vallabhadeva in reading *kauśikena sa kila kṣitīśvaro* in a and *kākapakṣadharam etya yācitas* in c. Both read however *tejasā* rather than *tejaso* or *tejasāṃ* in d. Dakṣiṇāvartanātha (p. 141) read *kākapakṣadharam etya yācitas tejasāṃ*.

The variant verse that Vallabhadeva gives, which spells out that Rāma is young rather than expressing this indirectly by mentioning his hairstyle, is not recorded by the other printed commentaries, but it is reproduced as a variant in the apparatus of Dwivedī's critical edition, and also in that of NANDARGIKAR, who states that it is presented by Vallabhadeva as the 'genuine' verse, followed by 11:1 presented as a *pāṭhāntara*.

11:1.1–8 B_3^M has part of Vallabhadeva's commentary on this verse in the left margin: * *kara [kera?] tataḥ kauśikena kuśikāpatyena viśvāmitreṇa sa rājā rāmaṃ yācita [?] | prārthya* * * * [edge of sheet missing from image] *adhvara vighātaśāntaye, yajñabādhānivṛttyartham, kiṃ kṛtvā, āgatya bālavra* * * * * *ābhṛtam pañcadaśābdaprāyam yadi bālas tat kiṃ tena nītenāpīty āha, hi ya* * * * * *jasas tejasvino vayo na vicāryate, tejaḥśabdenātra tadvanto lakṣyante, yathā, prema paśyati bhayānyapade pi || iti tejasvino hi śiśavo pi lokottaraṃ karmakartuṃ samarthāḥ || iti sarge tra rathoddhatā vṛttam, nau ralau guruyutā rathoddhatā ||1||*

11:1.2 Note that Jinasamudra echoes some of Vallabhadeva's formulations here, in particular with the following phrase: *kākapakṣaḥ bālānāṃ vratārthacūlā pañcadaśavarṣaprāyam.*

11:2 The reading *medinīpatiḥ*, in place of *labdhavarṇabhāk*, is probably a secondary banalisation; Vaidyaśrīgarbha (f. 134v), Śrīnātha (f. 180r) and Dakṣiṇāvartanātha (p. 141) support *labdhavarṇabhāk*.

11:2.1 *paṇḍitān poṣayatīti rājā*] As Nirajan KAFLE has suggested to us, *rājā* may be intended as the gloss of *labdhavarṇabhāk*. Cf. the use of *rājā* at the beginning of the commentary on 5:3 to gloss *vidhijñaḥ*. We understand these words thus: 'He who nourishes learned men, in other words (*iti*), the king'.

We have followed B³ in the wording of the opening of the commentary, partly because it is the only source that has a gloss for *salakṣmaṇam*. We could instead have reconstructed the following text on the basis of P by throwing out the *pratīka*s and inserting a gloss for *salakṣmaṇam*: *rāmam lakṣmaṇayutam asau rājā duḥkhaprāptam api kauśikāya dadau. paṇḍitān bhajate poṣayatīti labdhavarṇabhāk. bhajo ṇviḥ.*

The rule *bhajo ṇviḥ*, which is *Aṣṭādhyāyī* 3.2.62, has not been quoted by B³ and we have therefore judged it unlikely that it formed part of Vallabhadeva's commentary. It should be noted though that it does seem to have been quoted by Vallabhadeva in commenting on *vimānaharmyabhāk* in *Raghuvaṃśa* 19:39.

11:2.2 We are assuming that *yācakabhāvaḥ kadācid api na vihataḥ* is a first literal gloss that Vallabhadeva then followed with a less literal but clearer one. It is true that it is only transmitted in B³, but we think that it is not particularly likely that it would have been added in transmission, unlike the grammatical remark that is transmitted in the other sources.

11:2.3 Hemādri, as often, echoes the final remark from Vallabhadeva's commentary: *rāmaprārthanayā lakṣmaṇadānaṃ sāhacaryāt*. This has persuaded us not to adopt the much shorter reading of B³ at this point.

11:3b Śrīnātha (f. 180r) and Vaidyaśrīgarbha (f. 134v) both read *°satkriyāṃ*.

11:3c We have recorded that Jinasamudra's reading is uncertain because he mentions both *vihitā* and *vidadhe*, but it is possible that he means *vidadhe* simply to be a gloss of *vihitā*. Śrīnātha (f. 180r) and Vaidyaśrīgarbha (f. 135r) read *vihitā marutsakhaiḥ*.

11:3d Śrīnātha (f. 180r) reads *sāndrapuṣpa°*, Vaidyaśrīgarbha does not reveal what he read. Dakṣiṇāvartanātha (p. 141) remarks *supuṣpajalavarṣibhir iti pāṭhaḥ. puṣpasannihitajalavarṣibhir ity arthaḥ*. This suggests that he read *sā sapuṣpa°*.

11:3.1–2 The choice of *saṃskāraṃ* and *nirūpayati* to gloss respectively *satkriyām* and *ādiśati* may seem odd, but these are also the glosses we find here used by Jinasamudra: *puramārgasatkriyāṃ rājapathasaṃskāraṃ ādiśati nirūpayati*.

11:3.3 The final comment, *bhāvyudayasūcanam*, which appears in this form only in B³, appears to be echoed by Hemādri with *abhyudayasūcanam*.

11:4 The printed commentaries' reading *dhanvinau* is arguably disturbing in the text of Hemādri and Mallinātha, where verse 4 is followed immediately by verse 6, which contains the same word. Dakṣiṇāvartanātha (p. 141) also comments on the verses in the order of 4, 6, 5. Nonetheless, it seems not unlikely that this reading and this sequence of verses, which is shared by the oldest manuscript (T^M), should both be original and that our sources display two ways of obviating the close repetition, both of which have been adopted in Vallabhadeva's text: one was to change the order of verses, a feature shared by Śrīnātha, Vaidyaśrīgarbha, Aruṇagirinātha, and Jinasamudra, and the other was to replace *dhanvinau* by (the relatively otiose word) *vanditum*. In this verse, Śrīnātha (f. 180v) has *dhanvinau*; Vaidyaśrīgarbha (f. 135r) does not gloss the verse in sufficient detail to reveal how he read here.

11:5 Śrīnātha (f. 180v) appears to support the reading °*nucaram eva* in *pāda* a; Vaidyaśrīgarbha does not quote this part of the verse and so his reading is uncertain. Śrīnātha and Vaidyaśrīgarbha (f. 135r) both support the reading *ity ato* in *pāda* b.

11:7 The variant verse that Vallabhadeva quotes as a *pāṭhāntara* looks likely to be secondary, not simply because it expresses the same idea so much more clearly, but because it resolves a problem of grammar. It is however the only version of the verse that seems to have been known to both Vaidyaśrīgarbha and Śrīnātha (f. 181r). The problem of grammar, or perhaps of logic and grammar, is that *mātṛvargacaraṇa-spṛśau* is required to have the sense "after touching their mothers' feet", but formally it cannot express the priority of the action (*pūrva-kālatva*). The problem is obliquely alluded to by Mallinātha when he says: *kṛtamātṛvarganamaskārāv ity arthaḥ*.

The variant verse is also recorded as a *pāṭhāntara* by Aruṇagirinātha and it is commented upon at the end of Nārāyaṇapaṇḍita's commentary on 11:9 (which in his text is numbered 11:8), but the latter placing of the verse might be the result of a transmissional mistake.

11:8.2–3 *ujjhati vegena kṣipati jalam ity uddhyaḥ, bhinatti kūlānīti bhidyaḥ*] Here Vallabhadeva, like most other commentators, is simply following the *Kāśikā* on *Aṣṭādhyāyī* 3.1.115, for these rivers appear only to be famous because of Pāṇini's mention of them.

11:9b Vaidyaśrīgarbha (f. 136r) and Śrīnātha (f. 181r) support the reading *tadupadiṣṭayoḥ pathi*.

11:9.5 *bhāvapratyayāntād imab vaktavyaḥ*] As mentioned in the apparatus, this sentence appears in the *Kāśikā* on *Aṣṭādhyāyī* 4.4.20, but some regard it as a *vārttika*. Unfortunately, we have not been able to locate it in any edition of the *Mahābhāṣya*.

11:10b Note that a *pratīka* in the commentary transmitted by G_1B^1 supports rather *pūrvavṛttakathanaiḥ*, but we have assumed that the *kathanaiḥ* accepted into the text of the commentary is intended as a gloss of °*kathitaiḥ*.

11:10cd Mallinātha's verse expresses that Rāma and Lakṣmaṇa didn't notice their feet working, rather than that they didn't pay any attention to the way; but one difference between the two versions that might have provoked some transmitter to modify the text is perhaps rather the presence or absence of the idea that Rāma was used to travel in vehicles (*vāhanocitaḥ*). It is impossible to be certain which idea Kālidāsa might have wished to express, but, given the previous verse, which implied that the children's feet were used to polished floors, perhaps Kālidāsa might have been expected to make explicit that Rāma and Lakṣmaṇa were indeed used to travelling in vehicles (rather than being carried on horseback or in some other way). A further problem that might have motivated change might have been the repetition of *ucita*, which features in the previous verse. This might by some transmitters have been regarded as an error of taste, but it might instead have been an authorial instance of the sort of repetition of vocabulary that threads verses of *kāvya* together and that SCHUBRING (1955) has called 'Verschränkung' (see also SALOMON 2016). (*vyabhāvayat*, in the variant version of 11:10d, might also be an echo of the same type of *prabhāvataḥ* in 11:9a.) Dakṣiṇāvarta also read *pādacāram api na vyabhāvayat* (p. 142).

Both Vaidyaśrīgarbha and Śrīnātha (f. 181v) appear to support the reading that Vallabhadeva accepts as primary.

11:12ab Both Vaidyaśrīgarbha and Śrīnātha support the readings that Vallabhadeva comments upon.

11:12–13 Between 12 and 13 Dakṣiṇāvartanātha comments on 21 (p. 142).

11:13b Śrīnātha (f. 182r) appears to comment on *viditachadmanā* instead of *viditaśāpayā*.

11:13d The editor of the Keralan commentators has printed *līlayeva*, but Nārāyaṇapaṇḍita's commentary clearly intends *eva* rather than *iva*.

11:13.1 We understand the first sentence of the commentary to mean: 'On the path, they brought their bows into a state in which the bowstrings had been mounted by the two of them'. The point of this unusual analysis, which seems, by the way, to be shared by Śrīnātha, is to emphasise that the two youths were capable themselves of easily stringing their bows.

11:13.2 Apte attests *ujjhaṭita* and Jinasamudra has *ujjhāṭite*; MONIER-WILLIAMS presents the word as a variant form of *ujjūṭita*, 'one who wears the hair twisted together and coiled upwards'. But in his appendix, he adds a definition of *ujjhaṭita* with the meaning 'disturbed, confounded', for which he refers to a Kashmirian work, the *Rājataraṅgiṇī*. Here the word is glossing *khilīkṛte* and is perhaps a rare word with the same sense as *ujjhita*, even though it appears to be derived from the verb *jhaṭ* (it is unlikely to be an error for *ujjhita*, for Vallabhadeva appears to repeat it below). Alternatively, perhaps it means something more like 'transformed into waste land' or 'rendered entangled'.

11:13.5 We understand *tām hatam* to be intended as a second person dual imperative: 'Kill her!'.

11:13.6 It is odd that Vallabhadeva should effectively repeat his gloss of *khilīkṛte* by stating *khilīkaraṇam ujjhaṭanam*. Has he forgotten that he was already glossed the expression? Or should we expunge this repetition as not being authorial?

11:13.7–11 The last lines of the commentary here are about whether *sthalaniveśitāṭanī* must describe the bows, in which case we would expect the neuter dual ending *°veśitāṭaninī* (which would be unmetrical), or whether it might describe the two youths. We have emended *nukārāgamaṃ* to *nakārāgamaṃ* because, although the suffix in question is called *num*, it adds a *n*. Note that the variant reading that Vallabhadeva mentions, namely *sthalaniveśitārtanī*, seems to be presented as though it were a variant introduced by a transmitter, not one that might have emanated from Kālidāsa. Vallabhadeva appears not to favour any particular solution, but is content simply to state the problem and record others' attempts to deal with it.

The function of the final *iti* is not certain: might it simply be marking that we have reached the definitive end of the discussion?

11:14 We have followed the Kashmirian orthography for the name Tāṭakā, and have not recorded here the variant forms (Tāḍakā, Tālakā) attested in our non-Kashmirian sources. At the same time, we suspect that Kālidāsa himself might rather have favoured the orthography Tāḍakā, since that would have meant that *tāḍitā* in 19b would have been another expression that could have connected 19 to nearby verses by what SCHUBRING (1955) calls Verschränkung.

It is odd that there should be no comment here on the form *āsa*, which recurs in 11:80 as read by Hemādri and Mallinātha, as well as in 14:23, where Vallabhadeva indeed mentions that it is an irregular usage (*anyāyaḥ prayogaḥ*) and, famously, in *Kumārasambhava* 1:34. Note that there is a long discussion on the problem here in Hemādri's commentary, which states that the form is accepted in the Sārasvata system of grammar.

11:15a Śrīnātha (f. 182v) and Dakṣiṇāvartanātha (p. 142) read *tīvravega-dhuta°*; Vaidyaśrīgarbha offers no clue as to how he read.

11:15b In Vallabhadeva's interpretation the whole *pāda* is taken up by a single compound and the word *vasā* is taken to be the stem-form of *vasā* ('fat, marrow') rather than as an instrumental of the bound form *-vas* ('wearing'). Alone among the hitherto printed commentators, Jinasamudra also seems to assume a compound (though his editor puts a space after the word), but one in which the sense of *vasā* is unclear: *mṛtakavasāśabdair ugrayā bhīṣaṇayā*. (Perhaps Jinasamudra took *vasā* to be onomatopoeic?) Śrīnātha (f. 182r–182v) and Vaidya-śrīgarbha also both take *vasā* to refer to marrow, although Vaidyaśrī-garbha then also mentions the possibility of understanding *°vasā* as an instrumental of a bound form made by the suffix *kvip*. Dakṣiṇāvarta-nātha (p. 143) mentions both the above interpretations. The other commentators defend what seems to us to be a smoother interpretation, in which Tāṭakā is described as 'dressed in the rags of corpses (*pretacīvaravasā*) and terrifying because of her roar (*svanograyā*)'. Hemādri, however, while following this interpretation of those words when they describe Tāṭakā, takes them instead as a compound when they describe the whirlwind, for he there understands them to mean: 'which was terrible because of the rags of corpses, because of [the smell of] their marrow/fat and because of the noise [the corpses make]'. Another attestation of the form *°vas* formed with the suffix *kvip* may be found in the *Kāśikā* on 6.4.14 *carma vaste iti carmavaḥ*.

If the figure *sahokti* is supposed, then a whirlwind would accompany Tāṭakā: none of the printed commentators suggests this possiblity. Note that when we actually seem to have a comparable figure using a *saha* rather than an *iva*, as in the very next verse, Vallabhadeva does not trouble to label it as a *sahokti*. But perhaps, suggests Andrey KLEBANOV, this sort of remark (pointing out *alaṅkāras*) does not occur frequently in Vallabhadeva's work because Vallabhadeva does not appear to be writing for those interested in the niceties of *alaṅkāra-śāstra*.

11:17a Śrīnātha (f. 182v) reads *bāṇabhinna°*; Vaidyaśrīgarbha's commentary contains no *pratīka* of this portion of the commentary.

11:17–18 Vallabhadeva's order, reversed in the printed commentaries (and in Dakṣiṇāvartanātha's text), is shared by the oldest manuscripts (including the oldest of all, namely T^M) and also by Vaidyaśrīgarbha and Śrīnātha.

11:18.1–2 Instead of deploying crux-marks, we could have adopted some of Jinasamudra's glosses and replaced *antakasya rakṣoviṣayam apraviṣṭasya* with, for instance, *yamasya rākṣasānām aprāptagocarasya*.

11:19.1 In L_2's variant, *viṣṇor bhuvanaṃ vaikuṇṭhaṃ ca* is presumably a marginal note that has been slipped into the text a little before its intended place (after *lokaṃ*).

11:20b Vaidyaśrīgarbha (f. 137v) and Śrīnātha (183r) both read *avadāna°*. Dakṣiṇāvartanātha (p. 143) read *apadāna°* and glossed it with *parākrama*.

11:21 All the printed commentaries, with the exception of Jinasamudra, place this verse between 12 and 13. In Vallabhadeva's order, we have a sequence of *āśramas* reached in verses 21, 22 and 23, providing a rapid conclusion to the journey. It is possible that this is original, and that 21, with its allusion to Rāma's magnetic beauty, was moved by some transmitter to between 12 and 13 in order to prepare for the smitten Tāṭakā's approach. Note that T^M, the oldest manuscript, places it as Vallabhadeva does. Furthermore, we note that in the critical edition of the *Rāmāyaṇa* (1.22:19) they indeed spend a night at what is called *kāmāśramapada* before the encounter with Tāṭakā.

Note that in the *Govindarājīya* (Govindarāja's commentary on the *Rāmāyaṇa*), *kāmāśramapada* is understood as the place where Kāma was burnt: *kāmāśramapade kāmadāhāt kāmāśramanāmakasya pade sthāne*. It is possible that Kālidāsa playfully used the expression *tapovanam* here to convey both that this was an *āśrama* and that it was also the place where Kāma suffered the torment of burning (*tapas*).

Aruṇagirinātha quotes Dakṣiṇāvartanātha's and Vallabhadeva's interpretations of *karmaṇā* here: *karmaṇā nayanavahnidāheneti dakṣiṇā-*

vartaḥ;[2] *viṣayapreraṇādineti vallabhaḥ.* Nārāyaṇapaṇḍita adopts the second of these glosses. It is possible that the text we have adopted, with *aviṣayapreraṇādinā*, is nonetheless what Vallabhadeva intended: Rāma was not similar to Kāma in these actions, which may include impelling towards inappropriate objects (of desire), or trying to urge someone who is not an appropriate object (*aviṣaya°*), namely Śiva. The Kerala commentators' *viṣayapreraṇādinā*, 'such as impelling towards the objects of the senses', may simply be the result of corruption.

It is suspicious that Vallabhadeva's commentary, as transmitted, contains no gloss of *cāruṇā*. Jinasamudra gives no gloss either, and so we have not ventured to conjecture one, but we think that Vallabhadeva probably originally included one.

11:22.3 Note that *asmaran* is repeated verbatim from the root text: perhaps no convenient gloss occurred to Vallabhadeva?

11:23 Śrīnātha places the verses that in Vallabhadeva's text are numbered 11:33 and 11:34 before this verse. He supports Vallabhadeva's reading (ff. 183r–184v) *darśanotsuka°*. From the point of view of SCHUBRING's Verschränkung, the reading *darśanonmukha°* is attractive, since *unmukha* recurs in 11:26a. We find no commentary on this verse in Vaidyaśrīgarbha, but his commentary seems also to have placed Vallabhadeva's 33 and 34 early, since Vaidyaśrīgarbha's commentary on 11:34 follows that on 11:22.

11:24b Śrīnātha (f. 184r) supports *nṛpasutau śitaiḥ śaraiḥ* with Vallabhadeva; Vaidyaśrīgarbha's commentary does not quote words from that part of the text.

11:25c Śrīnātha and Vaidyaśrīgarbha(f. 139r), like Vallabhadeva, support the reading *upoḍhakarmaṇām*. Dakṣiṇāvartanātha (p. 144) has *apoḍhakarmaṇāṃ*.

11:26b Śrīnātha (f. 184v) and Vaidyaśrīgarbha both read *āśrayamukhāt*. Dakṣiṇāvartanātha (p. 144) has *āśayamukhāt*.

11:27.2 The gloss in B[3] of *rājila*, namely *tuṇḍibha*, appears to be a *hapax legomenon* and should perhaps therefore be corrected to *ḍuṇḍubha*,

[2]The GOML manuscript of Dakṣiṇāvartanātha instead has *trilocananetravahnidahanakarmaṇā* (p. 142).

which is given as a synonym of *rājila* in *Amarakośa* 1.10:2d: *samau rājiladuṇḍubhau*. But it is possible that *tuṇḍibha* is a Kashmirian form of the word. We have therefore left the word untouched. Dakṣiṇāvartanātha's (p. 144) gloss is *ḍuṇḍubheṣu* and he quotes Amara. Śrīnātha also uses the form *ḍuṇḍubha*, which is what we find in the various editions of the *Amarakośa* that we have consulted, where it occurs in the half-line *alagardo jalavyālaḥ samau rājilaḍuṇḍubhau* (1.8:5cd, in the edition of Mahes Raj PANT). For the non-standard orthography that we have provisionally adopted, it is true that we are following the authority of just one manuscript, and furthermore that the text depends here on an extra folio in that manuscript written by a later hand, namely B^3; but we have seen that both for the end of chapter 10 and for the opening verses of chapter 11, B^3 seemed often to preserve truth against all the other witnesses.

11:28c Śrīnātha seems to read *apātayat* instead of *apāharat* (though it is not impossible that *apātayat* is simply his gloss, which is not preceded by a *pratīka*).

11:28.2 *aililat*] Once again, we depend on the testimony of B^3 alone for an extremely rare form. But we suspect that the text really is correct here, for we take this to be the reduplicative aorist, perhaps with causative sense, of the verbal root *il*, which we could understand to mean 'he caused to sleep' or perhaps 'he cast [down]'. This form is quoted in Jinendrabuddhi's *Nyāsa* (or *Kāśikāvivaraṇapañjikā*), commenting on the *Kāśikā*, commenting in turn upon *Aṣṭādhyāyī* 3.1.51 (*nonayatidhvanayatyelayatyardayatibhyaḥ*), which refers to precisely this verbal root, which is not reduplicated in Vedic usage, but is to be reduplicated otherwise. Vallabhadeva might have known the *Nyāsa*, and he might later have taken another rare reduplicated form that the *Nyāsa* gives in its commentary on this *sūtra*, namely *auninat*, which appears below in his commentary on 11:61.

11:29d Śrīnātha (f. 185r) supports the reading *pakṣiṇām*. Vaidyaśrīgarbha appears to have no comment on this verse at all. We have assumed that *pakṣiṇām* and *pattriṇāṃ* when they appear in the manuscripts of the commentary of Vallabhadeva are intended as *pratīkas*. This means that B^3 and the other manuscripts give conflicting testimony and that we cannot be certain that Vallabhadeva did not also support *pakṣiṇāṃ*. As elsewhere in this part of the text, however, we have decided to follow the testimony of B^3 against all the other manuscripts and so to assume that Vallabhadeva probably read *pattriṇām.* We have, nonetheless, assumed that B[3]'s gloss (namely *kākaśukādīnāṃ*) is likely to be a corruption of *kākakaṅkādīnām.* Crows and herons are elsewhere grouped together as carrion-eating birds, as for instance in *Viṣṇusmṛti* 43:34: *śvabhiḥ śṛgālaiḥ kravyādaiḥ kākakaṅkabakādibhiḥ / agnituṇḍair bhakṣyamāṇā bhujaṅgair vṛścikais tathā.*

11:31b We were tempted to retain the reading *avabhṛthapluto* of B[3] (and a few others), but we find no parallels for this usage elsewhere, whereas *avabhṛthāpluta* has a few parallels, e.g. *Mahābhārata* 13.90:23d, 13.105.41d. Both Vaidyaśrīgarbha and Śrīnātha support *avabhṛthāpluto.*

11:32.3 We have emended B[3]'s *durākramam* to *durānamam* (an expression used below in 11:38d) on the strength of sense (cf. Aruṇagirinātha: *tatra durānamaṃ divyaṃ dhanur astīti śrutvā kutūhalinau*) and the corrupt reading in P.

11:33 Śrīnātha and Vaidyaśrīgarbha both place this verse and verse 11:34 after 11:22. Dakṣiṇāvartanātha (p. 145) has both verses here, like the printed commentaries.

11:33.2 We have emended to the compound *kṣaṇamātrabhāryābhāvam* partly because a compound is what is being glossed and partly because there is perhaps an echo, conscious or unconscious, of *Raghuvaṃśa* 8:38a.

11:34b Both Vaidyaśrīgarbha (f. 138v) and Śrīnātha (f. 183v) support the reading *śilāmayī.*

11:34.4–5 Aruṇagirinātha echoes Vallabhadeva's remarks here, presumably consciously: *śilā satīti niścalatvopalakṣaṇam. sā hi nijāśramād acalantī vāyurūpeṇādṛśyāsīd ity āgamaḥ.* Perhaps Vallabhadeva's remark may be translated as follows: 'Mentioning [her becoming a] stone is an incomplete [and non-literal] way of recounting her motionlessness. For tradition says that, while not moving from her own ashram, she was invisible, being of the nature of air'. In other words, it seems as though Vallabhadeva attempts to contradict Kālidāsa's statement that she became a stone.

Presumably, Vallabhadeva's peculiar explanation is intended to account for a discrepancy between Kālidāsa's account of the legend, which may be the earliest known account according to which Ahalyā was turned into a stone, and the account in Vālmīki's *Rāmāyaṇa*, in which Ahalyā is cursed to be invisible to all creatures and to remain in the ashram for thousands of years ruing her adultery, with no food to eat but air (1.47:28c–29): *iha varṣasahasrāṇi bahūni tvaṃ nivatsyasi / vāyubhakṣā nirāhārā tapyantī bhasmaśāyinī / adṛśyā sarvabhūtānām āśrame 'smin nivatsyasi.*

Vaidyaśrīgarbha (f. 138v) quotes the following three half-verses that narrate another version of the curse involving Ahalyā's transformation into a stone: *rūpayauvanasampattyā yasmā[t] tvam anavasthitā / tasmād rūpavatī na tvaṃ asmi[ṃ]l loke bhaviṣyasi / śilārūpaṃ bhaja* (corr.; *dhvaja°* MS) *kṣipraṃ mamāśramasamīpata iti.*

11:35 Śrīnātha(f. 186r), who supports the same readings as Vallabhadeva, places this verse after verse 11:36. Vaidyaśrīgarbha offers no commentary at all on this verse, so we do not know whether or not he included it.

11:36.1 In our conjectured text of the first line of the commentary on this verse, we have included two words that are not actually transmitted by our manuscripts here, namely *cittaṃ*, glossing *manaḥ* (which is unproblematic and is the same gloss that we find here in Jinasamudra's commentary), and *chalanāṃ*, glossing *vañcanāṃ*. In this case, Jinasamudra offers no commentary, but we find *vañcana* being glossed by *chala* in Vallabhadeva's commentary on *Śiśupālavadha* 1:38c and *chalanāparaḥ* being glossed by *vañcanāpradhānaḥ* in his commentary on *Śiśupālavadha* 1:69. We also find *chalayanti* in *Raghuvaṃśa* 16:61 being glossed by *vañcayanti*.

11:36.3–4 Vallabhadeva's last remarks are echoed by Aruṇagirinātha (*punarvasū iti dvitāratvād dvivacanam. sannidhānāt puṣyo 'pi vā tacchabdenoktaḥ*). It seems that *punarvasū* is sometimes spoken of as a dual and sometimes as a singular, and sometimes it is combined in an invariably dual compound with the neighbouring star *tiṣya*: *tiṣyapunarvasū*. (*tiṣya* and *puṣya* in this context refer to the same star.) Rules of Pāṇini (*Aṣṭādhyāyī* 1.2.61, 1.2.63) show that the nexus of grammatical issues here have been the subject of reflection for centuries before Kālidāsa.

11:38c We have recorded Jinasamudra as reading *durāsanam*, but in fact the editor has corrected this to *durāsadaṃ*, which would be a conceivable reading and is one that NANDARGIKAR records as being the reading of 'D and the text only of Vallabhadeva'. The reading *durāsadam* ('which is difficult to attain' [and therefore 'difficult to master'?]) seems unlikely to have been glossed by Jinasamudra by *durāropaṃ*, and it is therefore possible that Jinasamudra actually originally had the widespread and smoother reading *durānamam* ('difficult to bend'), and that this became corrupted by metathesis and because of confusion between the graphs for *s* and *m* in Devanāgarī. Śrīnātha reads *durānamam*; Vaidyaśrīgarbha does not record how he read at this point.

11:39d Vaidyaśrīgarbha (f. 140v), Śrīnātha (f. 186v) and Dakṣiṇāvartanātha (p. 145) read *sāhasam* in place of *ceṣṭitam*.

11:39.3 *mattebhasādhyaṃ*] This conjecture was chosen because it is, in Śāradā script, graphically similar to the transmitted (but to us uninterpretable) reading *mattebhasākhyaṃ*.

11:40cd Śrīnātha appears to support *jyānighāta°* and *ye 'vadhūya*. Vaidyaśrīgarbha's commentary is too short to reveal what he read in these places. We have adopted *jyāvighāta°*, but Vallabhadeva's gloss could equally have reflected P's reading *jyāvimarda°*.

11:41d Śrīnātha and Vaidyaśrīgarbha (f. 141r) both read *aśanis tarāv iva*. Vaidyaśrīgarbha alludes to the possibility that *cāpa* could be nominative and that it is the bow whose strength will become clear when tested upon Rāma; but he mentions this only as an alternative to the more obvious interpretation, in which it is locative.

11:42 The editor of the commentaries of Aruṇagirinātha and Nārāyaṇapaṇḍita prints *kākapakṣakadhare 'pi* in the main text and *kākapakṣadhara eva* as a variant, but it is clear that both commentators read the latter. The old Maithilī-script palm-leaf manuscript transmitting Śrīnātha's commentary contains no mention of this verse; a paper Devanāgarī manuscript (NAK 1-1461, NGMPP Reel No. B 321/11), however, includes a short commentary: it is possible that Śrīnātha originally offered no commentary on 11:42 and that a paragraph of commentary was added in the course of the transmission of his text. This possibly secondary piece of commentary supports the reading *evam* at the beginning of 11:42a and the reading *°pakṣakadhare 'pi* in 11:42b. Vaidyaśrīgarbha's commentary does not make clear how he read in either place.

11:42.2 *vikramam*] No gloss of *pauruṣam* has been transmitted, but we find *vikrama* glossed with *pauruṣa* by Vallabhadeva elsewhere, for instance ad 11:27, 11:74, 12:93, and 14:18. Cf. also 8:29b and commentary.

11:42.4 It is possible that the final remark, beginning with *avitathavādīti* (which might be intended to mean 'the fact that someone does not speak falsely means that they know the truth: [such a person is called] authoritative'), is a secondary addition.

11:43a *gaṇaśo*] Vaidyaśrīgarbha (f. 141r) and Śrīnātha (f. 187r) read *śataśo*, which we might also have been tempted to record as the reading of Vallabhadeva, were it not for the grammatical remarks on *gaṇaśaḥ* at the end of his commentary.

11:43.3 *bahugaṇe 'saṅkhyatve saṅkhyaikavacanāc ceti śas*] We understand this to mean that the suffix *śas* may be used to express plurality, uncountability, a specific number or a singular [when used distributively]. The last element is the first part of *Aṣṭādhyāyī* 5.4.43: *saṅkhyaikavacanāc ca vīpsāyām*. Vallabhadeva's words are echoed by Hemādri, who has *bahuguṇc* (for *bahugaṇe*).

11:44b Hemādri's text is printed with *vīkṣya*, but his commentary supports *prekṣya*, as does Śrīnātha; Vaidyaśrīgarbha's commentary does not reveal what he read.

11:44.3 We were tempted to expunge the *karmadhāraya*-compound-analysis *kratuś cāsau mṛgaḥ kratumṛgaḥ* from the end of the commentary on the grounds that it seemed likely to be a secondary addition and that we expected it rather to be formulated with another *ca* for it to be regular: *kratuś cāsau mṛgaś ceti kratumṛgaḥ*. We then became aware of other instances in which *karmadhāraya*-compound-analyses are formulated without a second *ca*, for instance in 7:45.2, 10:68.1 and in 11:70.3.

11:45d The editor of the commentaries of Aruṇagirinātha and Nārāyaṇapaṇḍita prints *peśalaṃ* as their reading, but Nārāyaṇapaṇḍita clearly discusses *pelavaṃ* and, given their closeness, it is possible that this was also the reading of Aruṇagirinātha, whose brief commentary here does not discuss the word.

11:45.2 *ata evāścaryāt… animeṣadarśanam*] We assume that *°darśanam* here glosses *°netram* in the adverbial compound *vismayastimitanetram*, and this is why we have supplied *dṛṣṭaḥ* to gloss *īkṣitaḥ*. As for *āścaryāt*, although all our sources use *vismayāt*, which is the word used by Kālidāsa here, we regularly find that Vallabhadeva glosses *vismaya* with *āścarya*, e.g. ad *Raghuvaṃśa* 3:47, 5:29, 13:68, 14:17.

11:46b Śrīnātha (f. 187v) reads *tat svanena gaganaspṛśā dhanuḥ* with Vallabhadeva; Vaidyaśrīgarbha's readings here are uncertain, but it is possible that he had the same text, for his commentary begins (f. 141v) with the words *tad dhanuḥ* and *tad* does not feature in the reading favoured by the printed commentaries, which begins instead with *tena*. The reading of the printed commentaries, which the distribution of readings suggests to have been secondary, was perhaps devised in order to make clear that the bow made a rumbling, thunder-like noise, and not simply a resounding snap.

11:46d Aruṇagirinātha does not repeat the wording of this part of the verse and, since he refers to an *utprekṣā*, it might arguably seem more likely that he would have read *iva* rather than *iti* (which the editors have chosen); note, however, that Nārāyaṇapaṇḍita accepts the reading *iva*, which he interprets as marking an *utprekṣā*, but then also discusses the reading with *iti* (taking this as an instance of *utprekṣāgarbham abhidhānam*), presumably because he had before him Aruṇagirinātha's text in which *iti* was the accepted reading.

11:47 Note that the verse that Jinasamudra gives as an alternative to the verse that is 11:47 in Vallabhadeva's text appears as an additional verse in all the other printed commentaries (as well as in that of Dakṣiṇāvartanātha), which thus have two closely related verses covering exactly the same portion of the narrative and both containing an identical *pāda* (*rāghavāya tanayām ayonijām*), except in Hemādri's version of the text, in which that repetition has been edited out. Śrīnātha and Vaidyaśrīgarbha, however, have only one verse covering this portion of the narrative, and it is a version of the verse known to Vallabhadeva. Given this distribution of variants, it seems to us probable that either Vallabhadeva's or Śrīnātha's version is primary. It makes no reference to due procedure being observed for the marriage and might thus have worried sticklers for the codes of behaviour enshrined in Dharmaśāstra; the version known to Mallinātha and the other printed commentaries, in contrast, emphasises that the gift of the bride (*kanyādāna*) followed recognised rules. Another issue that might have provoked a wish to meddle with the text might have been the reference to the receipt of a bride-price (*śulka*), of which Manu evidently disapproved (see *Manusmṛti* 3:51–54).

We may note in passing that, although OLIVELLE (2005:111) understands Manu to be disapproving of *ārṣa* marriage on the grounds that the offering of cattle is a bride-price, GONDA (broadly followed by others, notably HEESTERMAN 2001), in an article on 'Reflections on the *ārṣa* and *āsura* forms of marriage' (1975:171–185) understands that Manu does not deprecate *ārṣa* marriage, but wishes to emphasise that the offering of cattle is not to be spoken of as the payment of a price. In either case, the use of the term *śulka* in the context of a marriage would be disapproved.

But the expression we have here is not merely *śulka*, but *vīryaśulka*, which is used in both the epics to describe a type of *svayaṃvara* consisting in 'a pseudo self-choice in which the maiden "chooses" the man who has best accomplished a feat of strength or manly skill set by her father' (JAMISON 1996:225). This is exactly the way that Rāma and Sīta married, as planned by Janaka in *Rāmāyaṇa* 1.65:15:

> *bhūtalād utthitā sā tu vyavardhata mamātmajā*
> *vīryaśulketi me kanyā sthāpiteyam ayonijā*
>
> Sprung from the earth, she has been raised as my daughter, and since she was not born from the womb, my daughter has been set apart as one for whom the only bride-price is great strength. (Trans. GOLDMAN 1984:249)

So there should be nothing wrong with the expression here. Nonetheless, the expression can also refer to the violent capture of a woman (e.g. in *Mahābhārata* 5.173:13) and so it perhaps most nearly corresponds to the type of marriage that Manu (who does not use the expression *vīryaśulka*) classifies as *rākṣasa*. As he explains in *Manusmṛti* 3:26 and 3:33, this is in fact *dharmya* for Kṣatriyas, but *vīryaśulka* might nonetheless have seemed troubling for some readers.

11:47d Note that both Śrīnātha and Vaidyaśrīgarbha seem to read the words *ditsati sma* and *adbhutam* in the last *pāda*. Śrīnātha's commentary appears to account for all the words in the first three *pādas*, and none of the words in Vallabhadeva's fourth *pāda*, so we may imagine that Śrīnātha, and with him Vaidyaśrīgarbha, had an entirely different text for the whole of *pāda* d. They might, for instance, have had *ditsati sma nṛpatis tadadbhutam*. Dakṣiṇāvartanātha (p. 146) read *pārthivaḥ śriyam iva nyavedayat*.

11:48cd Śrīnātha (f. 187v) appears to comment upon the reading *duhituḥ parigrahād īkṣyatām*; Vaidyaśrīgarbha's readings here are not revealed by his brief commentary, except that he plainly had *iṣyatām*.

11:49 The alternative verse (beginning with *utsukaś ca*), of which a version appears first in P, might well be what Kālidāsa originally wrote, for it certainly seems in certain respects less smooth, as though it might have been a first draft. (The absence of two finite verbs in the first line, for instance, makes it less clear, at first blush, that two simultaneous verbal actions are spoken of, and the presence of an *arthāntaranyāsa* is not as rapidly detected because it is not marked by the particle *hi*.) If, however, the version beginning with *utsukaś ca* was in fact secondary, then the motivation for producing it might have been to make explicit that the *purohita* in question was the son of Gautama. Equally, one can imagine that the explicit statement to the effect that this *purohita* was Gautama's son ran counter to a version of the story familiar to some transmitters and that the verse was therefore rewritten to allow the possibility that the *purohita* was rather Gautama himself. (In chapter 105 of Vālmīki's *Rāmāyaṇa*, Janaka's *purohita* is Śatānanda, son of Gautama.) See also the note on 11:49.1–2 below.

But it is clear that Vallabhadeva's commentary, at least in the form in which it has been transmitted to us, supports rather the verse that we have adopted as being the reading of Vallabhadeva (that beginning with *anviyeṣa*). Vaidyaśrīgarbha (f. 141v) and Śrīnātha (f. 188r) both give both verses, placing that beginning with *anviyeṣa* first. In the second verse they read *akālakṛt* (rather than *akālahṛt*).

In *pāda* c Vaidyaśrīgarbha reads *vipacyate* like Vallabhadeva, against the printed commentaries; Śrīnātha and Dakṣiṇāvartanātha (p. 146) probably read *hi pacyate*, although the *hi* is not entirely certain.

In *pāda* d, Vallabhadeva's preferred reading (which we have had to read with Aruṇagirinātha and Nārāyaṇapaṇḍita against all our manuscripts, on the strength of the sense of the concluding discussion in his commentary on this verse) presupposes a *bahuvrīhi* that ends in the noun *dharman*; the texts of Śrīnātha and Vaidyaśrīgarbha might both be corrupt here, but Vaidyaśrīgarbha at least seems also to understand a *bahuvrīhi* and so presumably also read *°dharma*. It is not difficult to see how such a reading (where *°dharma* looks like a *prātipadika* but isn't one) could have become corrupted to the more obvious reading *°dharmi*. This is what Dakṣiṇāvartanātha too reads, with Hemādri and Mallinātha, and it is mentioned by Aruṇagirinātha as a variant.

For the grammatical difficulty, see the remarks of Aruṇagirinātha: *dharmād anic kevalāt* (*Aṣṭādhyāyī* 5.4.124) *ity anic samāsāntaḥ. kevalo dharmaśabdas tadantād bahuvrīher ity arthaḥ. dharmi iti pāṭhe ṣaṣṭhītatpuruṣād iniḥ. bahuvrīhyabhāve tv anic na bhavati. kevalād ity asya pūrvapadaviśeṣaṇatvaṃ kecin manyante. tadā tv ayam eva paṭhaḥ śreyaḥ.* The issue is what the word *kevala* qualifies. If the rule means that *anic* is added to *°dharma* when it is preceded by a single (*kevala*) word as *pūrvapada*, then *°dharmin* is the preferred reading in the verse. If *kevala* qualifies *dharma* in the rule (and this is the interpretation of the *Kāśikā*), then *kalpavṛkṣaphaladharma* as a neuter *bahuvrīhi* is fine, because the *uttarapada* of the compound is *dharma* alone (and not, for instance, *svadharma*), and we must then add the suffix *anic*. In the case of *kalpavṛkṣaphaladharmi* we don't have a *bahuvrīhi*, but a *tatpuruṣa* followed by the possessive suffix *ini* (as the last words of Vallabhadeva's commentary explain). We are not able at present to identify the *kecit* to whom Aruṇagirinātha refers.

11:49.1–2 Whereas Vaidyaśrīgarbha and Śrīnātha, in their commentaries on 48 both identify Janaka's *purohita* as Gautama, in his commentary on 49, Vaidyaśrīgarbha, like Vallabhadeva, identifies him as Śatānanda, who was the son of Gautama, presumably because the alternate version of 49 makes explicit that it is Gautama's son who is intended. (See previous note.) Śrīnātha, after giving the alternate version of 49, returns to referring to the *purohita* as being Gautama himself in his commentary on verse 50. Perhaps their idea is that Gautama may be used also as a name for Gautama's son?

11:50 Śrīnātha's commentary supports the readings *agrajanmanaḥ* and *balabhṛt*, Vaidyaśrīgarbha's does not make clear what he read in these places. The reading *°pihitā°* found in several Kashmirian manuscripts in *pāda* d might have arisen because of the influence of Vallabhadeva's commentary.

11:50.3 The alternative gloss of *vaśī*, namely *iddhaśāsanaḥ*, is perhaps a conscious echo of *Kirātārjunīya* 1:22. Both Vaidyaśrīgarbha and Śrīnātha also refer to the possibility that *vaśī* might also mean 'possessed of power' here.

11:51b The reading *pīḍitopavanapādapāṃ balaiḥ* seems more likely to be primary because it contains what could quite naturally be interpreted as an unsatisfactory *sāpekṣasamāsa*: 'the trees of whose parks were oppressed by his army'. Vallabhadeva does not interpret the reading in this way, for he instead takes the instrumental of *balaiḥ* as having a sociative sense: 'along with his army'. In spite of their unanimity in transmitting °*pādapāṃ*, the manuscripts that transmit Vallabhadeva's commentary reveal by the glosses they transmit that they were split over which reading was correct.

11:52ab Śrīnātha (f. 188v) reads *samupasthitāv ubhau śrīmatīm* and Vaidyaśrīgarbha (f. 142v) reads *samayasthitāv ubhau śrīmatīm*. Dakṣiṇāvartanātha (p. 146) reads *samayasthitāv*. Vaidyaśrīgarbha glosses *samayasthitau* with *lagnakālasthitau* and observes of the simile: *pūrvapaścimamukhopaveśanārthaṃ, paścimapūrvvayo[r] deśayor avasthānād varuṇavāsavābhyām, upamā.*

11:52.1 °*kaṅkaṇapratisarādi*°] Both *kaṅkaṇa* and *pratisara* can refer to protective bracelets. It is possible that one refers to that wound on the wrist of the bride and the other to the one tied round the wrist of the groom; alternatively, perhaps *pratisara* is generic and *kaṅkaṇa* specifies that it is a wedding-band-type of protective ribbon, for cf. Vallabhadeva's commentary on 8:1 above: *pāṇigrahaṇe kaṅkaṇādikaṃ maṇḍanam.*

11:53 The verse known to Vallabhadeva has Bharata as the bridegroom of Ūrmilā instead of Lakṣmaṇa. As Vallabhadeva points out, it is Lakṣmaṇa who marries her according to Vālmīki. But it avoids the problem implied in other versions that Lakṣmaṇa would be married first and so be a younger brother who commits the fault of marrying before an elder brother, a *parivindaka* (see Aruṇagirinātha). It seems unlikely that Vallabhadeva's version is the result of secondary alteration, because of its contradiction of Vālmīki. Was Kālidāsa then following a different version of the story on this point, or was he simply confused?

Both Śrīnātha and Vaidyaśrīgarbha comment on the version of the verse that is known to Vallabhadeva. Śrīnātha, however, finds a way to understand *madhyamaḥ* to refer to Lakṣmaṇa, apparently on the strength of his being between Rāma and the others in terms of his importance (*mahattva*), while being nonetheless aware, as he demonstrates at the end of his commentary, that *madhyamaḥ* should normally refer to Bharata. Dakṣiṇāvartanātha (pp. 146–147) reads *lakṣmaṇas* in *pāda* b and *yau tayor avarajāv arājasau* (explaining that Bharata is Rāma's *avaraja* and Śatrughna Lakṣmaṇa's); the Keralan commentators follow Dakṣiṇāvartanātha's reading and interpretation.

11:53.1–3 Vallabhadeva offers no gloss of *sumadhyame*, which might be accidental oversight or because he regarded the word as mere verse-padding (whereas in fact it offers a pleasing echo of *madhyamaḥ* in the second *pāda*).

11:54b Śrīnātha, who gives verse 11:54 in the same place as Vallabhadeva, appears to support *te 'pi* rather than *te ca*; no trace of this verse appears in Vaidyaśrīgarbha's commentary.

11:55abd Śrīnātha reads *te caturthasahitāś ca te sūnavo nava°* and, in the last *pāda*, *tasya bhūpateḥ*. It is possible that this reading is original: for it seems odd that Rāma should be regarded as 'the fourth'. Note that Hemādri takes the fourth brother instead to be Śatrughna, which seems logical in view of his importance to the story, but not in view of his age, since he and Lakṣmaṇa were twins. Furthermore, why would one bother to single out Śatrughna by adding special mention of him as the fourth brother? It seems not impossible that the reading apparently known to Vallabhadeva was created to obviate difficulties with the word *caturtha*. It is even possible that *rāmabhadrayuktāḥ* in Vallabhadeva's commentary was actually originally intended by Vallabhadeva as a gloss of *caturthasahitāḥ* and that the element *rāmabhadra°* then became incorporated as part of the root text.

The position of *bhūpateḥ* in Vallabhadeva's text is awkward; having *bhūpateḥ* at the end of the verse is certainly smoother. It may be that the awkward positioning of *bhūpateḥ* in Vallabhadeva's reading was rendered necessary by having to find a place for the word *trayaḥ*, which would have been lost when replacing the first *pāda* to get rid of the word *caturtha*.

In short, it seems to be another case where, unusually, Mallinātha's text seems more likely to be primary than that known to Vallabhadeva.

11:55c Śrīnātha too (f. 189r) supports *°vigrahāḥ* (where *vigraha* appears nonetheless to have the senses more commonly associated with *ni-*

graha). Vaidyaśrīgarbha's commentary does not make clear what he read at this point.

11:55.2 *svasādhyāḥ siddhayo vidyante yeṣāṃ te*] We were not sure whether to prefer this analysis over a simple gloss, *siddhisaṃyuktāḥ*, which is supported by B^1L_2 and one of the two versions of the commentary offered by P. In the end, we decided in favour of this analytical gloss because it makes clear that *siddhi* (in *siddhimantaḥ*) is plural: each of the king's stratagems is accompanied by its (feminine) apotheosis, just as each of his princes is accompanied by a spouse.

11:56a Śrīnātha (f. 189r) appears to have read *āptaratir* (instead of *āttaratir*); Vaidyaśrīgarbha's reading at that point is not made apparent in his commentary.

11:57b Aruṇagirinātha and Nārāyaṇapaṇḍita have both been reported as reading *vartmani*, which is repeated in Nārāyaṇapaṇḍita's commentary, but there is no other evidence than this for Aruṇagirinātha's reading and their editor prints instead *vartmasu*. Śrīnātha supports the reading *vartmani*; Vaidyaśrīgarbha does not not reveal which he read.

11:57.1 *ananukūlābhimukhāḥ*] We understand this to mean 'unpropitiously coming towards'. We could perhaps equally have adopted the reading suggested by half the sources, namely *pratikūlā abhimukhāḥ* (a double gloss of *pratīpagāḥ*).

11:57.2 *unmattās tīrodgatāḥ*] We take this to be a double gloss of *uttaṭāḥ*. In this case, the metaphorical sense precedes the more literal one, which is not Vallabhadeva's usual practice in such cases. But in this case, both the literal and the metaphorical sense would perhaps be equally applicable (in other words, this is not an instance in which Vallabhadeva is constrained to lead us from a literal sense towards a metaphorical one that would better fit the context).

11:59b We have difficulties in fully constituting and understanding the commentaries of both Śrīnātha and Vaidyaśrīgarbha, but it seems as though both may have read *bhūrajaḥsarudhirārdravāsasaḥ*. Both certainly appear to comment on a reading that contained the word *bhūrajas*; but it must be admitted that Vaidyaśrīgarbha's commentary also includes (in a mangled and so uninterpretable sentence) the word *bhūyasā*. It is possible, furthermore, that *bhūrajaḥsarudhirārdravāsasaḥ* might have been the original reading: one can imagine *bhūrajaḥ°* becoming accidentally corrupted to *bhūyasā*, on the one hand, and, on the other, one can also imagine it being deliberately changed by an improving hand to read *sāndhyamegha°* (on the grounds that reddish evening clouds would be a more natural counterpart to women's bloody garments than 'dust from the earth' whipped up by a wind). In any case, it seems unlikely that Kālidāsa really intended, as Vallabhadeva, reading *abhra*, supposes, that both the adjectives in the first half of the verse should punningly apply both to the directions and to the menstruating women, and so it is probable that in the second *pāda* he originally wrote either what Vaidyaśrīgarbha and Śrīnātha seem to defend, or (and this seems to us the slightly less likely possibility) what the printed commentators had (namely *sāndhyamegharudhirārdravāsasaḥ*). There are rather few puns in Kālidāsa (see, for example, BRONNER 2010:20) and it seems more likely that he intended each adjective of the first line to describe just the directions and the adjective *rajasvalāḥ* in the second to describe just the women. In other words, we should probably translate without actual puns, as follows:

> Like menstruating women, the quarters were unfit to be seen: their sullied locks were the wings of kites; their sopping bloody garments were dust from the earth (/were crepuscular clouds).

11:60d *codayantya iva*] Śrīnātha (f. 189v) instead reads *deśayantya iva*; Vaidyaśrīgarbha's commentary does not reveal what he read at this point.

11:61b Both Vaidyaśrīgarbha (f. 144v) and Śrīnātha (f. 190r) comment upon the reading *kṣipraśāntam*. Dakṣiṇāvartanātha's commentary (p. 147) contains the words *śāntim adhikṛtya*, and so he probably read *prekṣya śāntim*.

11:61.4 *auninat*] This is a reduplicated aorist of *ūnayati* (a denominative from *ūna*, meaning 'to diminish'). The denominative verb in question figures in *Aṣṭadhyayī* 3.1.51: see our note on 11:28.2 above. It seems conceivable to us that the following word, *laghūkṛtavān*, originated as a transmitter's marginal gloss on the rare form *auninat*, and that this origin was then obscured by another transmitter inserting the *pratīka*, namely *alaghayat*, in the wrong place, before *laghūkṛtavān* (the 'right' place would have been before *auninat*). We have, however, tentatively assumed that Vallabhadeva in this case decided that his word-choice was so rarefied that a further gloss was required for his own gloss.

11:62a Śrīnātha (f. 190r) reads *tejasaḥ* (not *tejasāṃ*; Vaidyaśrīgarbha's commentary does not reveal what he read at this point.

11:63b Whereas Vallabhadeva takes *dhanur ūrjitam* as two words, Dakṣiṇāvartanātha, Hemādri, Mallinātha and Aruṇagirinātha understand *dhanurūrjitam* as a compound qualifying *mātṛkam* [*aṃśam*].

11:63c The accepted reading is reported as that of Vallabhadeva by Aruṇagirinātha and proclaimed to be better: *bhārgavo 'tha dadṛśe mahādyutiḥ iti tṛtīyapāde vallabhapāṭhaḥ śreyān*. This is doubtless why it is then adopted by Nārāyaṇapaṇḍita, who does not comment on the other reading. Vallabhadeva's may well be a secondary reading that obviates the awkwardness that the reader who does not recall the story might have difficulty remembering that it is Paraśurāma who appears. Another feature in what was probably the original text that might have been regarded as problematic or odd was that the grammatical subject and the main verb have to be supplied from the previous verse. Śrīnātha (f. 190v) and Vaidyaśrīgarbha (f. 145r) both in this case support the reading which Vallabhadeva has not chosen.

11:66d Vaidyaśrīgarbha (f. 146r) and Śrīnātha (f. 191r) both support the reading *svāṃ daśāṃ ca viṣasāda pārthivaḥ*. We are not certain of the direction of change here, but it seems conceivable that the reading with *viṣasāda* is secondary and that it was formulated in order to impute a more manly emotion to Daśaratha than might seem to be expressed by *vivyathe*.

11:69c Both Vaidyaśrīgarbha (f. 146v) and Śrīnātha (f. 191v) read *°cāriṇīm iṣuṃ* with Vallabhadeva. It is possible that the reading *°cāriṇaṃ śaraṃ* is a secondary one produced by transmitters who preferred to regard *iṣu* as a masculine noun.

11:69.3 *vidadhatā kṛtavatā*] We assume that Vallabhadeva's double gloss of *kurvatā* is intended to place the action in the past and so express the idea that Paraśurāma had already taken an arrow between his fingers in readiness for a fight. Kālidāsa might instead have intended to express the idea that Paraśurāma, in his eagerness, was slipping an arrow to and fro between his fingers as a displacement activity.

11:70.2 *udrodhitaḥ*] This may of course simply be a mistake for *udbodhitaḥ*, but the word seems possible: see MONIER-WILLIAMS s.v. *udrodhana*.

11:70.3 *suptaś cāsau sarpaḥ suptasarpaḥ*] This *karmadhāraya*-analysis may not be original, but we have hesitated to edit it out, partly because it shares what may be a distinctively Vallabhian form, since it does not contain a second *ca*, as is more usual: cf. our note on 11:44.3 above. We could perhaps have expunged this and the following grammatical remark about *vairi* being adjectival, as we have expunged what almost all the manuscripts transmit as a final grammatical observation to this piece of commentary, namely the explanation that the noun *śrava* has been used to mean the same as the more normal *śravaṇa* (*śravaḥ śravaṇam*). But in the case of *śravaḥ śravaṇam*, at least one manuscript omits this, thus lending support to the supposition that it is an accretion added at some point in the transmission of the text. The other two grammatical remarks, however, are transmitted in some form in all our manuscripts and, although pedestrian, could go back to Vallabhadeva.

11:71bc Vaidyaśrīgarbha (f. 146v) supports Vallabhadeva's readings *akṣiṇoḥ / yan niśamya*; Śrīnātha (f. 191v) has *akṣiṇoḥ*, but *tan niśamya*.

11:71.2–3 We have restored Vallabhadeva's final remark on the strength of its quotation by Aruṇagirinātha: *kilaśabdo 'sahanagarbhe satya iti vallabhaḥ*. Nārāyaṇapaṇḍita echoes this with these words: *kilaśabdaḥ prasiddhau. prasiddheyaṃ kathā jātety arthaḥ. asahanagarbhe satye vā*. Vallabhadeva's insight is that the distancing particle *kila* ('it seems that') is used because Paraśurāma finds the truth of what is relating hard to bear.

11:72a The reading *jayati*, though plausibly accounted for by Vallabhadeva, seems likely to be the result of an accidental graphic corruption of *jagati*. Śrīnātha makes no reference in his commentary to *jayati* and it therefore seems likely that he too had *jagati*. Vaidyaśrīgarbha gives no commentary on this verse. The sentiment of the verse is similar to that expressed in 3:49.

11:73abc Śrīnātha (f. 192r) appears to comment on the reading *bibhrato 'stram avalepakuṇthitam*. Vaidyaśrīgarbha's commentary, however, opens with the words *acaleṣv apy akuṃṭhitaṃ*, which means that he might have read what Vallabhadeva has or that he might have had *bibhrato 'stram acaleṣv akuṇṭhitam*. Neither commentator unambiguously supports the orthography *haihayas* in this passage. Dakṣiṇāvartanātha (p. 148) comments *dhenuvatsaharaṇād iti pāṭhaḥ* and appears to retain the form *hehayas*.

11:73.1–3 The story of Paraśurāma's cleaving the Krauñca mountain is alluded to also in *Meghadūta* 57. We may with confidence repair the conclusion of Vallabhadeva's commentary, for it has been adapted and adopted by both Hemādri and Aruṇagirinātha. Hemādri has *dhenugrahaṇam aparādhamahattvārtham. jīvanmātṛko hi vatso hriyamāṇo dhenuṃ prabhuṃ ca duḥkhīkaroti* (em.; *duḥkhākaroti* DWIVEDĪ). Aruṇagirinātha reads: *vatsagrahaṇamātre kartavye dhenugrahaṇam aparādhagauravasūcanārtham. jīvanmātṛko hi tarṇako hriyamāṇo dhenuṃ svāminaṃ ca nitarāṃ duḥkhayati.* Hemādri, Dakṣiṇāvartanātha, Mallinātha and Aruṇagirinātha identify *Mahābhārata* 3.116:19c–21c as the source of the story of Arjuna's theft of the calf.

11:74b Both Śrīnātha (f. 192v), Vaidyaśrīgarbha (f. 146v) and Dakṣiṇāvartanātha (p. 148) read *nājite tvayi.*

11:74d The commentary of Hemādri appears to support *yat*, even though the editor prints *yaḥ*, the reading of Mallinātha. Śrīnātha supports *yaḥ*; Vaidyaśrīgarbha does not make clear which reading he had before him.

11:74.2 *sa prabhāvo jñāyate*] This conjecture is partly based on Jinasamudra, who glosses *mahiman* here with *prabhāva*, and partly based on Vallabhadeva's glossing practices elsewhere: note, for instance, that he glosses *prabhāva* in 5:33c with *mahiman* and that he glosses *gaṇyatām* in 8:70b with *jñāyatām*.

11:75d Although the editor of the commentaries of Aruṇagirinātha and Nārāyaṇapaṇḍita prints *api mṛdus*, it is clear that Nārāyaṇapaṇḍita comments upon *atimṛdus*.

11:75 Vallabhadeva's account of the story of the two bows appears to have been closely echoed by Hemādri and by Aruṇagirinātha, but it is possible that the similarity in vocabulary in the latter's version (e.g. *huṅkāreṇa nirvīryaṃ kṛtam*) is to be attributable to both Vallabhadeva and Aruṇagirinātha having being aware of a version of the tale which Nārāyaṇapaṇḍita appears to quote: *viśvakarmā purā śārṅgaṃ pinākaṃ ca dhanurdvayam/ nirmāya haraye prādād ekam anyad dharāya ca/ saṅgharṣāt tu tayos tatra yuddhyator itaretaram/ harasya cāpaṃ nirvīryaṃ huṅkāreṇākarod dhariḥ/ itītihāse śrūyate.* It is possible, however, that Nārāyaṇapaṇḍita was not actually quoting these verses from the *Mahābhārata*, or from anywhere else, and that he composed them himself, drawing on Vallabhadeva's narration as mediated to him through Aruṇagirinātha. Vallabhadeva's source is probably *Rāmāyaṇa* 1.74.

Vaidyaśrīgarbha (f. 147r) thinks that the bow had been dried out (*āttarasam*) by the fieriness of the sun (*hareḥ* = *sūryasya*). The same idea is recorded as an alternative by Hemādri.

11:76 It is to be noted that the version of this verse that is known to Vallabhadeva implies that the competition will be concluded when the bow has simply been strung, whereas 11:82 reveals that an arrow is actually set to the bow. It is possible therefore that the version of 76 known to the printed commentaries, which makes reference to the arrow, is a secondary version adapted in order to accord better with verse 82.

Śrīnātha and Vaidyaśrīgarbha read 76ab in the same way as Vallabhadeva does, but the second half of the verse that they comment upon is quite different. Judging from the *pratīkas* that either Śrīnātha or both comment upon, it seems to us possible that the second line might have been something like this (the words that appear to be given as *pratīkas* are in bold): ***bāhuvīryam*** *avalokya* ***tatra te vaśmi*** *yoddhum api na* ***svayam tvayā***. In place of the expressions *avalokya* and *yoddhum*, Śrīnātha has *prekṣya* and *āhavaṃ yojayitum*.

11:77abd Śrīnātha (f. 192v) read *vorjitatviṣā* instead of *vodgatārciṣā* and *°yācitāñjaliḥ* instead of *°yācanāñjaliḥ*. Vaidyaśrīgarbha does not reveal how he read in those places. Both, however, share the reading *jyāvimarda°*.

11:77.2 *tad ayam abhayayācanārtham añjaliḥ*] We have cruxed this on the grounds that it consists entirely of words drawn from the root-text (unless Vallabhadeva, like Śrīnātha, read *°yācitāñjaliḥ*).

11:80cd Śrīnātha and Vaidyaśrīgarbha (f. 147v) both reflect the reading *niṣprabhaś ca ripur āsa bhūbhṛtāṃ dhūmaśeṣa iva dhūmaketanaḥ*. Dakṣiṇāvartanātha (p. 149) presumably read the same, since he comments on the word *āsa*, saying *ākhyātapratirūpakam idam avyayam*.

It seems likely that this version of the second line, which is transmitted by most of the printed commentaries, is original and that the version known to Vallabhadeva, which contains an entirely different image, is a secondary compostion produced to supplant the older half-line on the grounds that it contained the problematic form *āsa*. This form has to be taken either as a wrongly formed past tense or as an indeclinable with the force of a verb. The latter solution is chosen by all the printed commentators who expound this reading here. Both Aruṇagirinātha and Hemādri report the variant known to Vallabhadeva and borrow the last phrase of Vallabhadeva's explanation by way of commentary upon it, and Aruṇagirinātha states explicitly that it is the reading known to Vallabhadeva (*iti vallabhapāṭhaḥ*).

It is conceivable, of course, that the reading known to Vallabhadeva was in fact primary, for it is known to the early manuscript T^M. One can imagine that the image might have been felt to be uncomfortably close to the image of the previous verse, an awkwardness that would have been sufficient to impel some transmitter to produce a different version, perhaps under the influence of the celebrated verse 7:43 (for the fame of which, see our note ad loc.).

Nonetheless, the prejudice of medieval commentators against the use of *āsa* as a verbal form is fairly widely attested elsewhere (see GOODALL 2001:119, n. 44), and, given the general tendency of transmitters of the *Raghuvaṃśa* to expunge grammatically problematic forms, it seems to us marginally more likely that it was the version with *āsa* that was primary (cf., however, our remarks on 11:14 above).

One might imagine other scenarios: perhaps what Kālidāsa originally wrote was a combination of Mallinātha's *pāda* c and Vallabhadeva's *pāda* d. This might then have motivated some transmitters, dissatisfied with the use of *āsa* as a verb, to modify *pāda* c, while motivating other transmitters, who were dissatisfied with the repetitious echo of the image of the previous verse, to modify *pāda* d. But why then do we never find transmitted a combination of Vallabhadeva's *pāda* c and Mallinātha's *pāda* d, which would have obviated both awkwardnesses?

The commentary of Vallabhadeva on this verse appears to have been poorly transmitted: note that *bhārgavaḥ* and *prāpa* are repeated in the commentary and that the word *balinā* appears not to have been glossed, unless *balena* was intended to convey its flavour. On the basis of Jinasamudra's commentary we have proposed repairing these deficiencies.

11:81a We have adopted, against our manuscripts, the reading *parasparaṃ*, since it seems to us that the second of Vallabhadeva's interpretations requires that we take *parasparam* as an adverb that is not attached to *°sthitau*. Vaidyaśrīgarbha too (f. 147v) supports the reading *parasparam*. Śrīnātha (f. 193r) is not clear on this point, since his commentary contains only the words *paraspareṇa sthitau*.

11:81c Instead of *dinakṣaye*, Śrīnātha reads *dinātyaye*; on this point Vaidyaśrīgarbha's reading is uncertain.

11:81.4 P, alone among the manuscripts, retains a part of the commentary that is crucial for understanding Vallabhadeva's interpretation. Aruṇagirinātha happens to quote or paraphrase this sentence and so confirms that P's text (or something very close to it) was part of Vallabhadeva's original: *vallabhas tu, bhārgavaṃ hīnatejasaṃ dṛṣṭvānyo vardhamānatejāḥ saṃvṛttaḥ, tam api tathāvidhaṃ dṛṣṭvā munir alpatejāḥ sthita iti parasparārthaṃ vyākhyātavān.*

11:82 Hemādri concludes his commentary with the remark *skhalitavīryam ity asabhyam*, but other commentators appear not to have noticed this potential problem and the transmission reflects no anxiety about the expression.

Note that Mahimabhaṭṭa, when he quotes this verse on p. 234 of the 2nd *vimarśa* of his *Vyaktiviveka*, reads *amoghasāyakam*, but proposes (p. 235) the reading *amogham āśugam* as a correction, and yet Vallabhadeva, along with all printed commentators (though Jinasamudra's reading is uncertain), seems to support the latter. Note, however, that Śrīnātha seems to have read *°sāyakam*. We surmise that *amoghasāyakam* may have been the original reading (it is also the reading of Hemacandra in his *Kāvyānuśāsana* ad 3.6, vol. 1, p. 242, of Someśvarabhaṭṭa in his commentary on the *Kāvyaprakāśa*, vol. 1, p. 119, and of Śrīdhara in his commentary on the same work, vol. 2, p. 207, all of whom likewise recommend reading *amogham āśugam*), and that the reason for supplanting it was that the use of a *karmadhāraya* here might have been felt to be stylistically questionable (partly because it resembles a *bahuvrīhi* and partly because there should be stress upon the qualifier *amogha*, as Hemacandra and Śrīdhara remark). It is furthermore possible that Mahimabhaṭṭa was responsible for championing the now standard reading. He seems not to have been the person who first thought of it, however, for the oldest manuscript of the *Raghuvaṃśa*, the fragmentary birch-bark manuscript published by TATICCHI, preserves of the third quarter of this verse the syllables *m āśugaṃ*, which are very unlikely to be the remnants of anything other than what Mahimabhaṭṭa wishes to read. Now that manuscript we currently believe, on palaeographical grounds, to be likely to predate the tenth century (see introduction), and thus Mahimabhaṭṭa.

If we restore *°sāyakaṃ* here, then there is arguably another trace of Verschränkung or 'concatenation', since 11:87b contains another instance of the word.

We regret that we failed to incorporate the reading *amoghasāyakaṃ* into our recent edition and translation (DEZSŐ, GOODALL and ISAACSON 2024).

11:83d Śrīnātha and Vaidyaśrīgarbha do not reveal whether they read *uta* or *atha*.

11:84 For the notion that anger pushes heroes to extraordinary feats, Nārāyaṇapaṇḍita points to *Śākuntala* 6:31cd: *prāyaḥ svam mahimānaṃ kopāt pratipadyate hi janaḥ*. Some editions have *kṣobhāt*, but *kopāt* is the reading of SASTRI's 1947 edition with the commentary of Kātayavema (p. 175). It is also the reading quoted by Pūrṇasarasvatī in his commentary on the *Mālatīmādhava* (p. 195).

11:86a *gatimatāṃ*] Many of our Kashmirian sources read *matimatāṃ* at this point and it is perhaps impossible to be certain which was primary: either word might conceivably have prompted Vallabhadeva's gloss (*puruṣāṇāṃ*), and one could imagine either reading to be a secondary replacement of the other. A simple copying mistake (the graphs for *ga* and *ma* may be easily be confused in Nāgarī) could have transformed *gati°* into *mati°* or vice versa. Furthermore, while *matimatāṃ vara* has support in 5:66a, *gatimatāṃ* is arguably particularly fitting in this context, where the verse is about movement (*gati*). Note also that on 5:66 Vallabhadeva glosses the vocative with *prājñottama*. Śrīnātha (f. 193v) supports the reading *matimatāṃ*; Vaidyaśrīgarbha offers no commentary on this verse. The relevant syllables are unfortunately not preserved in the old manuscript T^M.

There are three instances of *gatimatāṃ vara/varaḥ*, always after another word derived from the root *gam*, in the *Rāmāyaṇa* (1.34:21d,

2.66:29f and 6.23:22b), and four in the *Mahābhārata* (5.105:14d, 5.119:8d, 7.5:63d, 13.16:13d).

11:86d Śrīnātha (ff. 193v–194r) appears to read either *svargasantatir abhogalolupam* or *svargapaddhatir abhogalolupam.*

11:86.2 Paraśurāma performed penance on Mahendraparvata according to *Mahābhārata* 1.58:4.

11:88d *śobhate*] Vaidyaśrīgarbha (f. 148r) and Śrīnātha (f. 194r) both read *kīrtaye*, with most sources. It is even conceivable that Vallabhadeva might have read *kīrtaye*, which he could have glossed, loosely, with *śobhate*. Note that none of our sources gives a gloss for *śobhate*, which suggests that it might itself be a gloss.

11:89a Śrīnātha seems to comment on three possible readings, namely *śādhi yāmi*, *sādhu yāmi* and *sādhayāmi*. His commentary begins thus: *sādhīti. ṛṣir Lakṣmaṇāgrajaṃ rāma[m] ity uktavān, tatas tirodadhe tirohitaḥ. sādhu su* (read *suṣṭhu* ?), *ahaṃ yāmi gacchāmi; kaścit śādhi ājñāpaya ahaṃ yāmīti vyācaṣṭe; kaścid ahaṃ sādhayāmi gacchāmīty āha. atra sādhi kramanārthaḥ. api sādhaya sādhayetivat.* In the above transcription we have corrected one instance of *sādhi* to *śādhi*. Vaidyaśrīgarbha, who places this verse after 11:90, appears to comment on the reading *sādhu yāmi*. These variants possibly reflect the passing out of currency of the idiom, attested in classical theatrical literature for instance, that allows *sādhayāmi* to mean 'I go.' Cf. for this, e.g., the remark of the *Sāhityadarpaṇa*: *prāyeṇa ṇyantakaḥ sādhir gameḥ sthāne prayujyate|* (p. 325).

11:89c Hemādri's commentary does not gloss *vacaḥ*, but contains the word *tataḥ*; we therefore suspect that he may have read the latter, even though the editor has printed *vacaḥ* as part of his text. Śrīnātha appears also to have read *tataḥ*; Vaidyaśrīgarbha gives no indication of what he read at this point.

11:89–90 There seems to be no advantage in having these two verses in this order and we suppose that they may have been transposed by accident to result in the sequence that Vallabhadeva has (which is shared by Śrīnātha, ff. 194). Or does Paraśurāma really speak after he has disappeared, as Vallabhadeva's order seems to require? Like the printed commentaries, Vaidyaśrīgarbha (f. 148) and Dakṣiṇāvartanātha comment first on 90 and then on 89 (p. 149).

11:90 Śrīnātha (f. 194v) seems to read *paitryam* and *yataḥ*, while Vaidyaśrīgarbha (f. 148v) has *pitryam* and *yadā*, and Dakṣiṇāvartanātha (p. 149) read *yadā*.

11:91d Śrīnātha (f. 194v) reads *vṛṣṭipātaḥ*. Vaidyaśrīgarbha offers no commentary on this verse.

11:91.3 *tṛṇānalākrāntasya*] This is partly conjectural: we could, partly on the strength of Jinasamudra's gloss, have conjectured *davānalā°* or *dāvānalā°* instead, but we opted for this solution on the grounds that Vallabhadeva elsewhere glosses *kakṣya* with *tṛṇa* (see his commentary on *Raghuvaṃśa* 7:55).

11:92a Dwivedī prints *kḷptaramyopapattau* as the reading of Hemādri, but this seems not to be supported by the commentary. Śrīnātha too appears to support the reading *kḷptaramyopakārye*; Vaidyaśrīgarbha does not reveal what he read.

11:92c Śrīnātha (f. 194v) reads *maithilīdarśanīnāṃ*; Vaidyaśrīgarbha does not reveal what he read.

11:92d Śrīnātha (f. 194v) appears to have read *śabalagṛhagavākṣāṃ* instead of *kuvalayitagavākṣāṃ*; Vaidyaśrīgarbha does not reveal what he read.

11:92.3–4 We are not sure whether to retain or dismiss as transmissional accretion the concluding *iti bhadram*; we note a similar conclusion to chapter 10, except that there the *iti bhadram* precedes the indication of the metre that has been used, which makes us incline towards considering it to be part of the commentator's words.

12:1.1 There are several doubtful points in the constitution of the text of the commentary here. The allusions to a 'tenth phase' (*daśamī daśā*) in all the manuscripts can surely only be allusions to the tenth and final phase of love, which is death from lovesickness — unless perhaps it refers to the tenth decade of human life (improbable here since in the *tretāyuga* we expect people to be living much longer), or to death (or proximate death) — even though the context is not one of lovesickness. We have therefore assumed that there has been confusion in transmission that has led the word *daśā*, glossed with *avasthā*, to become *daśamī avasthā*. Accordingly we have restored a text that has no *pratīka*, just a gloss of *daśāntam*, namely *avasthāvasānam*. It might have been clearer to specify that the end of the 'final' stage of life was meant (e.g. by writing something like *praśamāvasthāvasānam*; compare the variance between *praśamadivase* and *prathamadivase* in the transmission of *Meghadūta* 2), but the expression used by Kālidāsa is similarly ambiguous, for it can also mean 'end of the wick', as Vallabhadeva and others note, and it can also be taken, as Aruṇagirinātha explicitly takes it, as 'the last of the stages', and possibly Vallabhadeva's first gloss, if it is a rather mechanical one, can also be so taken. Dakṣiṇāvartanātha comments (p. 150): *daśāśabdena āyuṣo daśamāṃśo dīpavartiś ca vivakṣitaḥ*.

12:1.3 In this second analysis, as applied to the lamp, one could choose to omit the *pratīkas*, namely *nirviṣṭaviṣayasnehaḥ* and *daśāntam*. We have hesitantly retained them, on the grounds that Vallabhadeva sometimes repeats words from the root-text when he takes up again portions that he has already glossed to comment further upon them, as he does here, in this case to underline the puns. The assumption that *viṣaya* may refer to the reservoir of the lamp (*pātra*) is reasonable, and we find that this is done explicitly by Aruṇagirinātha and Nārāyaṇapaṇḍita, using exactly the word *pātra*, and the same understanding is reflected by Mallinātha, who glosses it with *āśraya*; but it is conceivable that Kālidāsa, who in general eschews all but the simplest of puns, did not intend that each element should perfectly fit, and that *viṣaya* therefore only carried the meaning 'sense-objects' and did not refer to a part of the lamp. It would therefore also be possible to adopt the reading *nirviṣṭasnehaḥ pītatailaḥ*. But we have once again chosen to follow P, which often alone preserves truth.

12:2 The order of the *pādas* printed with Hemādri's commentary, namely adcb, may find no support in Hemādri's commentary, but it is the order in which the *pādas* appear when the verse is quoted by Mahimabhaṭṭa in his *Vyaktiviveka* (p. 16)

12:2a Vaidyaśrīgarbha (f. 149r), Śrīnātha (f. 195r) and Dakṣiṇāvartanātha (p. 150) reflect the reading *karṇamūlam*, but Śrīnātha then also records *karṇajāham* as the 'correct reading' (*yuktaḥ pāṭhaḥ*), explaining that *karṇamūlam* is coarse (*asabhya*), since it can be understood to refer to a disease. The same variant reading and explanation was given by Cāritravardhana, according to NANDARGIKAR's note to this verse. Vallabhadeva seems to have understood *karṇamūla* to refer to the earhole, rather than to the base of the ear, in other words the point at which the ear emerges from the side of the head (which would be the sense of *karṇajāha*). Vallabhadeva further speaks of *loman*, a word that typically refers to body hair, which is perhaps indeed the kind of hair which would be said to emerge from the earhole, rather than head-hair. Vallabhadeva's interpretation seems to us unlikely to be what Kālidāsa intended, particularly because of the verb *āgatya*, which suggests 'approaching' (rather than 'emerging from') and because of *palita*, which usually refers to the whitening of the hair on the head.

12:2c *āha*] As signalled by GOODALL (2001:109), this is one of the verses of Kālidāsa that has not been rewritten to obviate the use of *āha* with past sense. Vallabhadeva makes no remark about this perceived solecism here. Hemādri observes *āhety avyayam*.

12:2.1 *visraṃsā*] We have conjectured this as a gloss of *jarā* (which Vallabhadeva would otherwise be repeating from the root text instead of glossing it) on the strength of his use of *visraṃsā* as a gloss for *jaras* ad *Raghuvaṃśa* 1:23 (cf. also his gloss of *ajaram* ad 10:21, which involves one of two cognate nouns, either *visras* or *visrasā*).

12:4d Both Śrīnātha (Devanāgarī MS f. 185v) and Vaidyaśrīgarbha (f. 149r) read *kalpitaṃ* and *pārthivāśrubhiḥ*. (As noted in the introduction, we do not have an image of ff. 195v–196r of the Maithilī-script MS of Śrīnātha's text.)

12:4.1 *racitām abhiṣekasāmagrīm*] This conjecture is based upon the observation that Vallabhadeva often uses *racita* and *kalpita* to gloss each other (e.g. ad *Kumārasambhava* 2:43), and elsewhere uses *sāmagrī* to gloss *sambhāra* (e.g. ad *Raghuvaṃśa* 15:61; Jinasamudra here also has *sāmagrī*), and on the suspicion that he would not have repeated from the root text the whole expression *abhiṣekasambhāram*. As for the element *abhiṣeka*, it is true that he sometimes glosses this with *snāna*, but he might have eschewed doing so here since *snāna* by itself would not obviously convey the sense of a royal consecration.

kaṭhinagrahā] We could equally conjecture *kaṭhināgrahā* here; the testimony of the manuscripts is divided, and both seem possible.

12:5c *udvavarhe°*] Most of our sources here transmit *udvavarhe°*, which must be the perfect of the verb that is also sometimes written *udbṛh*. The sense of that verb should be something like 'raise up, draw out', and we hesitated about adopting this reading, since it seemed more natural to have a verb meaning 'emit', 'pour out' or 'utter', in other words *udvavāma*, as has most commonly been printed here, or *ujjagāra*, the word used by Vallabhadeva here, probably as a gloss.

At first, following P's text, we had tentatively assumed that *ujjagāra* was in the text that Vallabhadeva had before him, and that this had then crept into his commentary as the *pratīka* during transmission, glossed with *udīrayām āsa*. In support of this, we noted that *ujjagāra* is glossed, when it occurs in 14:53, with *vivavre*, and here, in 12:5.3, Vallabhadeva echoes it with *vivṛṇoti*.

But we then noticed that Aśvaghoṣa uses just this form *udbabarha*, with a snake as object, and a *bila* as point of departure in *Buddhacarita* 6.56:

> *maṇitsaruṃ chandakahastasaṃsthaṃ*
> *tataḥ sa dhīro niśitaṃ gṛhītvā*
> *kośād asiṃ kāñcanabhakticitraṃ*
> *bilād ivāśīviṣam udbabarha*

JOHNSTON translates (1936:88):

> Then he resolutely took from Chanda's hand the sharp sword which had a jewelled hilt and was decorated with gold inlay, and drew it from the scabbard, as if he were drawing a snake from a hole.

This parallel finally swayed us to adopt *udbabarha*, even though the situation is not entirely parallel, since the agent in the comparison in our verse is the earth. With this reading, we can perhaps understand the verse as follows:

> That wrathful woman, so the story goes, when her husband tried to conciliate her, drew forth the two boons he had formerly promised, like the earth, watered by Indra, drawing forth a pair of snakes hiding in a hole.

Śrīnātha (Devanāgarī MS f. 185v), Vaidyaśrīgarbha (f. 149v) and Dakṣiṇāvartanātha (p. 151) here all read *udvavāme°*. Śrīnātha glosses the word with *ujjagāra*.

12:5.4 *mantharotpreṣitā*] We have found no other instances of *ut-√preṣ*, and the word might seem to imply that Kaikeyī was 'sent' by her own servant Mantharā. It is therefore possible that *utpreṣitā* is a corruption, for instance of *utpreritā* or of *uttejitā*. Also possible, however, is that it is what Vallabhadeva wrote and that we are to understand it to mean 'egged on', 'whipped up into a frenzy'.

12:6b *rāmapravrājanaṃ*] Śrīnātha appears to have read *rāmaṃ prāvrājayat* (the Devanāgarī MS, on f. 186r, has *rāma prāvrājayet*); Vaidyaśrīgarbha does not reveal how he read.

12:7b Śrīnātha may have read *prāk śriyam* instead of *prāṅ mahīṃ*, since the Devanāgarī manuscript (f. 186r) appears to have *śivaṃ*, which might be an error for *śriyaṃ*; Vaidyaśrīgarbha does not reveal how he read.

12:7.2 *jīvati dhriyamāṇe*] *dhriyamāṇe* appears to have been part of the text from early on, since the manuscripts which do not have it seem to transmit corrupt forms of the word (*mriyamāṇe* in particular looks graphically similar in Śāradā to *dhriyamāṇe*). Nonetheless the word seems superfluous, being in normal usage simply synonymous with *jīvati*, so that one may well suspect that it is a secondary gloss, perhaps added early in the transmission by someone who mistakenly thought that *jīvati* was in the verse. (We considered the possibility that *jīvati dhriyamāṇe* might have been meant to mean 'being sustained alive', but could find no example of such a usage elsewhere, so regard it as quite implausible.)

12:7.3 *anvagrahīt*] 'He accepted' is not the usual sense of the word. Since Jinasamudra has borrowed several of Vallabhadeva's glosses for this verse, we could alternatively have chosen to incorporate here Jinasamudra's gloss of *agrahīt*, namely *jagrāha*.

12:8a *dadhato*] Śrīnātha (f. 186r in the Devanāgarī MS) and Vaidyaśrīgarbha (f. 149r) defend this reading but record that there is a reading *tyajato*, which they regard as mistaken. There is evidently some relationship here between their commentaries.

12:8b Both Śrīnātha (f. 186r in the Devanāgarī MS) and Vaidyaśrīgarbha (f. 149r) comment on the word *cīra* and so must have read *cīre ca parigṛhṇataḥ* (rather than *vasānasya ca valkale*) with Vallabhadeva. It seems possible that *cīre ca parigṛhṇataḥ* was replaced in the course of the transmission on the grounds that *cīre* is typically taken to refer to garments of rags, rather than of bark, and it is bark that is clearly intended. For Vallabhadeva this was evidently not a problem, since he glosses *cīre* with *valkale*: see our note on *cīra* used in the sense of *valkala* in 7:71c.

12:8c *duḥkhitās tasya*] Śrīnātha (f. 186v in the Devanāgarī MS) and Vaidyaśrīgarbha (f. 150r) here appear to have read *vismitās tasya*.

12:8.2 *duḥkhitāḥ*] We would expect a gloss here. Perhaps *duḥkhārtāḥ*, which has found its way into D^{M}'s version of the root text, would be possible.

12:9.1–2 Several words are not glossed in the commentary as transmitted. Since some glosses are shared by Jinasamudra (e.g. *pitaram* and *abhraṃśayan*) we have borrowed Jinasamudra's gloss of *viveśa* into our text, on the assumption that Jinasamudra probably originally took it from Vallabhadeva's text.

12:11.1 *prārthyatām*] No doubt the word *prārthya* is used here in the sense 'attackable': cf. the use of *prārthita* in 9:62, the possibly related use of *prārthyatām* in 15:5, and the very clear instance in *Mālavikāgnimitra* Act 5, prose between verses 14 and 15. The usage goes back at least to the *Arthaśāstra* (e.g. 1.17.39, 6.2.38 and 9.7.6; see also Olivelle et al. 2013:261).

12:12c *maulair*] Both Śrīnātha (f. 196v) and Vaidyaśrīgarbha (f. 150v) read *paurair*. Dakṣiṇāvartanātha (p. 151) has *maulair*.

12:12.2 *prabandhāgataiḥ*] Cf. Vallabhadeva's glosses of *kulānusāri* in 16:1, of *kulocitam* in 19:4 and of *maulaiḥ* in 19:57.

12:12.3 *mā kadācid vṛthā vṛttaṃ vijñāyaiṣo 'pi pravrajiṣyatīti*] We assume that this means 'Heaven forbid that he should hear about events and pointlessly renounce.' It seems to make better sense thus to take *vṛthā* with *pravrajiṣyati* than with the other two verbs. No doubt the events could be described as 'pointless', or the ministers might have feared that Bharata would hear about them 'falsely', in some distorted way, but the ministers seem to be suppressing their tears and not telling him about the events at all, lest he should renounce the world, and so we may assume that it is the renunciation that must have seemed to them 'pointless'. There is an echo of this sentence in Hemādri's commentary, but it has become corrupted and has been printed thus: *yathā*[?]*vṛttaṃ jñātvā eṣa bharato 'pi pravrajiṣyatīti stambhitāśrubhiḥ*.

12:13.3 *na vai rājyaṃ cakārety*] The emphatic particle *vai* is common in the epics, but not in classical prose, and it is really not typical of Vallabhadeva's usage. It seems not unlikely that *na vai* should be a corruption of *naiva*, especially given that the vowel-markers for *ai* in Śāradā script float above the consonant to which they are to be attached and can easily drift leftwards or rightwards. We have nonetheless chosen not to emend to *naiva*, although strongly tempted to do so, on the grounds that Vallabhadeva might have been echoing some particular verse or echoing epic style, and on the grounds that our prejudices about expected usage might be leading us to create a text stylistically 'purer' than Vallabhadeva's original.

12:14 In most of our manuscripts, this verse follows after the verse that now bears the number 12:16, but we have moved that for reasons that we explain in our note on 12:16 below. Vaidyaśrīgarbha's testimony comes to an end in his commentary on the previous verse, 12:13, since the only manuscript that we know of breaks off after it; we therefore cannot tell which verse he read at this point.

12:14a Although the editor of Aruṇagirinātha prints *anvayād* instead of *anvagād* in both the verse and in the text of Aruṇagirinātha's commentary, the use of *gantavyam* and *gatavān* in that commentary, and the fact that Nārāyaṇapaṇḍita appears to read *anvagād*, have led us to assume that that is in fact also Aruṇagirinātha's reading.

12:15 Śrīnātha (f. 197r) reads *citrakūṭavanastham* in the first pāda; in the second he seems to have read *śaṃsitasvargatiḥ*; in the third he has *nimantrayāṃ cakre*.

12:15.3 We have conjectured *anupabhogyatvāt*, 'because [her riches] were not to be enjoyed [by the younger brother]'; the unanimously transmitted *anupabhogatvāt* seems, if *śriyaḥ* is to be mentally supplied, at best lame (unless it is possible that it can have been used synonymously with *anupabhogyatvāt*). One could instead supply *bharatasya*, 'because [Bharata] had not had the enjoyment [of her]', but this sounds somewhat tautologous, and one might also expect a word expressing the agent more clearly.

12:16 In the manuscripts that transmit Vallabhadeva's commentary, this verse is placed after 12:13, and we first assumed that Vallabhadeva must have placed it there, treating it as a parenthetical aside. We decided to move it to this position on the grounds that the *avataraṇikā* that comes at the end of the commentary on 12:15 is clearly an introduction to this verse. We could still have chosen to follow P and others in not accepting that *avataraṇikā*, but then there is the further evidence of the first sentence in the commentary on 12:14 (*na kevalaṃ rājyaśrīparāmukho 'bhūt*), which refers back to 12:13 as though there were no verse intervening between 12:13 and 12:14. Śrīnātha too, as well as the printed commentaries, agrees in placing 12:16 at this point.

12:16.8 *lakṣmīsvāminām*] We assume that this expression (which might at first blush seem to make the sentence tautologous) is intended as a kenning for 'king'.

12:17d Śrīnātha (f. 197r) appears to have read *°daivate*.

12:19a There is a quotation of 12:19a in Vāmana's *Kāvyālaṅkārasūtra* 5.2.73 and in the *vṛtti* thereon, as printed in almost all editions. This may be one of the earliest quotations from one of the later chapters (9–19) of the *Raghuvaṃśa*, but see the remarks thereon in our introduction.

12:19c *bharataḥ*] NANDARGIKAR prints *śuddhyarthaṃ* instead of *bharataḥ* in this verse (although an array of manuscripts he has consulted has *bharataḥ*), presumably based on his reading of the commentary of Mallinātha, which he records as having *bharata iti pūrvoktānuṣṭhānena mātuḥ pāpasya śuddhyarthaṃ prāyaścittaṃ tadapanodakaṃ karmākarod iva*. In ACHARYA's edition, however, the word *śuddhyarthaṃ* is missing from this stretch of commentary, and he reads *bharataḥ* in the verse. Even if one does read *śuddhyartham* in Mallinātha's commentary in this place, it does not seem to be strong support for reading *śuddhyartham* in the verse. We have therefore not recorded it in our apparatus as the reading of Mallinātha.

12:19d Śrīnātha seems to have read *ivācarat* (f. 197v), the reading of the majority of the Kashmirian manuscripts.

12:20.2–4 Aruṇagirinātha and Hemādri offer a similar commentary on this point of grammatical detail, referring to the same verse of the *Kirātārjunīya*, and the former is particularly close in wording to Vallabhadeva.

12:21a Śrīnātha (f. 197v) and Dakṣiṇāvartanātha (p. 152) read *°stimita°* instead of *°stambhita°*.

12:22b Śrīnātha (f. 198r) read *vidadāra*; Dakṣiṇāvartanātha (p. 152) has *virarāda*. At this point in the *Rāmāyaṇa* (5.65:3) the critical edition has the verb *virarāda*, but numerous manuscripts from different regions have *vidadāra*. For remarks on the variant verse quoted by Vallabhadeva, see note on 12:22.5–11 below.

12:22.4 Vallabhadeva's lexical quotation defining the *purobhāgin* is not identified; but it is similar to the quotation in Śaṅkara's commentary on the *Harṣacarita* (FÜHRER's edition, p. 20): *doṣaikagrāhihṛdayaḥ purobhāgī nigadyate*. Cf. *Amarakośa* (3.1:94): *doṣaikadṛk purobhāgī nikṛtas tv anṛjuḥ śaṭhaḥ*.

12:22.6 *aindritvaṃ kākasyāgamād avagantavyam*] Vallabhadeva could be alluding here to *Rāmāyaṇa* 5.36:24, but the episode is mentioned in more than one place (see below). At that point in the epic, we learn first that there is a crow, and then that the crow is descended from Indra. In this version of Kālidāsa's account, however, we are told only that Aindri is a bird (*dvijaḥ* in 12:22d).

12:22.5–11 Most of Vallabhadeva's commentary relating to the alternative verse here is quoted, with attribution to Vallabha, by Aruṇagirinātha ad loc., who argues against adopting it. Some of it is also incorporated, without acknowledgement, into the commentary of Hemādri. In spite of Vallabhadeva's remarks, and in spite of what NANDARGIKAR says about the story being different in the *Rāmāyaṇa* (from the two-verse version we have retained), in respect of Rāma not being asleep, of the crow not being said to be Indra's offspring in the *Rāmāyaṇa*, of the crow not attacking particular body parts, most of these details do seem to be present in the critical edition of the epic 5.36:12ff: It takes place on the Citrakūṭa mountain (36:12c); they sleep in turns in each others' laps (36:14c–15b); the bird attacks Sītā and pulls at [her?] flesh (36:16–17); Rāma sees and laughs at Sītā and she approaches him (36:18–19); Rāma appears to mention that it is the space between her breasts that has been attacked (*vikṣataṃ vai stanāntaram* in 36:22); the crow is stated to be the son of Indra (36:24); Rāma takes grass as a weapon and throws it at the crow, who departs, but comes back, after searching the whole world for a protector, as a suppliant; Rāma removes the crow's right eye (36:31).

Nonetheless Vallabhadeva evidently preferred the one-verse alternative version of the episode on the grounds that it was closer to the *Rāmāyaṇa*, and his insistence that Sītā was drying venison in the epic is also echoed by Hemādri. The drying of venison is not to be found in the accepted text of the critical edition; but it is in Appendix I, No. 26, which gives the text of an 'interpolated' chapter in the *Ayodhyākāṇḍa* after *sarga* 89, stanza 19, that chapter appearing in the manuscripts of the Northern recension. Furthermore, there is a long discussion of the 'interpolation' (arguing that it is in fact old) appended to POLLOCK's translation (1986) of the *Ayodhyākāṇḍa* (note ad 89.19).

The nearest to an allusion to such an element of the story in the established text of the critical edition of the *Sundarakāṇḍa* is in 5.36:16ab, which reads thus: *tato māṃsasamāyukto vāyasaḥ paryatuṇḍayat*, 'Then the crow, with some meat, pecked'. This awkward allusion, apparently without any preparation in the story, to the crow having meat seems to point to some damage to or alteration of the text. Slightly better would be the poorly attested reading *māṃsasamāsakto*, 'attracted by the meat'. But a reading reported in the apparatus as that of the Śāradā manuscript and a number of other Northern manuscripts provides what seems to be a solution, or at least suggests what Vallabhadeva might have had before him, for it is reported as reading instead *rohimāṃsaṃ vibhaktaṃ me vāyase parikhādati*, which could be interpreted to mean: 'while the crow pecked at my venison, [which I had] spread out [to dry]'.[3] This means that the next verse, 5.36:17, which in the critical edition may be taken to refer to the crow pecking at Sītā's flesh (and is so translated by the GOLDMANs), must in the Kashmirian text instead be an allusion to the crow pecking at the venison. And perhaps this really is how the story, and therefore also the wording, of the *Rāmāyaṇa* was read at this point by Vallabhadeva (unless he was referring to the 'extra' chapter after 89:19 of the *Ayodhyākāṇḍa*). The GOLDMANs, in their translation of the *Sundarakāṇḍa* (1996), discuss some of the problems that the critically edited text has, drawing attention to starred passages which include some of the elements that we have seen; their note on *māṃsasamāyukto* (*māṃsasamāyuktāḥ* in their note appears to be a typo) refers however only to various interpretations by the commentators of this 'odd expression', not to any of the variant readings. They have translated that word with 'hungry for flesh'. It seems to us, however, that the critical edition here should probably have adopted a text closer to the Northern witnesses referred to above, since the text as

[3]This reading is reported as that of Ś1, Ñ1, D1-4 and D10-11. Moreover, there is another reading in another group of manuscripts including Ñ2 (like Ñ1, this is a Newārī-script MS) which also begins with *rohimāṃsam* and conveys essentially the same sense.

it stands is incoherent, containing this practically nonsensical allusion to flesh, without however explicitly referring to the venison that Sītā had laid out to dry.

12:22.12–13 *utprekṣāpy ayuktā, upabhogacihnāsambhavāt*] Vallabhadeva's judgement that the one-verse version of this episode was primary, apart from being motivated by a desire to see the text concur with Vālmīki's *Rāmāyaṇa* as he had it before him, seems also to have been prompted by this moral consideration, that Rāma and Sītā should not have had the marks of love-making upon them, since they were dwelling in the forest. It is possible that whoever thought up the one-verse version (which we suppose to be secondary) to replace 12:21–22 (which we suppose to be primary) disapproved both of the marks of love-making and of the allusion to Sītā's breasts being pecked at. Both these details disappear in the verse that alludes to the drying of meat. On the other hand, we cannot entirely exclude the possibility that the version alluding to the drying of meat was primary and was rewritten because there appeared to many readers (including apparently the editors of the critical edition) to be no reference to the drying of meat in the *Rāmāyaṇa*.

As for the mention of the marks of love-making, there are in fact plenty of other allusions to loving affection between Rāma and Sītā in the rejected passages that appear in the Appendix to the *Ayodhyākāṇḍa*, some of which might have been known to Vallabhadeva. We note that P. L. Vaidya, the editor of that part of the text, opines (1962:xxiii), in echo of Vallabhadeva, that 'the suggestion of Śṛṅgāra at this juncture is hardly justifiable', which is one of his arguments for identifying 'interpolation'.

12:23bc Śrīnātha (f. 198r) appears to have read °*vibodhitaḥ* and *bhrāntaḥ san*; Dakṣiṇāvartanātha (p. 153) read *vibodhitaḥ*.

12:23.5 *tata ekanetratyāgena*] Note that Aruṇagirinātha echoes this passage. What is instead transmitted in our manuscripts is *tatas tenaikanetratyāgena*. If we were to retain that, then the *tena* could be taken, somewhat awkwardly, with *ekanetratyāgena*, or, equally awkwardly, with *rāmeṇa*. In Aruṇagirinātha's wording the *tena* plainly refers to Rāma, for the word *rāmeṇa* does not occur in his sentence. Since here we do have *rāmeṇa*, we have expunged *tena*. But it would also be possible to expunge instead *rāmeṇa*, in which case Aruṇagirinātha would almost be quoting Vallabhadeva's words verbatim.

12:26.1 *vaidehasutā*] This expression is used by Kālidāsa in 14:39, 14:47 and 14:84 and we have conjectured it here as a gloss of *videhādhipateḥ sutā*, since it seemed to us that the transmitted readings, notably *vaidehī sutarāṃ rāmaṃ*, might have arisen as a corruption of it. We would perhaps expect to see *sutarāṃ* glossing some element with a similar sense, such as *nitāntam* (e.g. ad *Śiśupālavadha* 1:17), but no such element appears here; and if he had unusually chosen to gloss *babhau* with *sutarāṃ reje*, then we would have expected him to put the words next to each other. Furthermore, Vallabhadeva does not seem to use *sutarāṃ* frequently as a gloss. Also possible would be to adopt the reading of PB^1L_2, namely *vaidehī sītā*, where the word *sītā* might have been corrupted to *sutarāṃ*. But this would assume the use of a double gloss in a case where a double gloss would not be useful.

The transmission of the rest of the commentary is also not beyond suspicion: we note that neither *anugacchantī* nor *lakṣmīr iva* have been glossed.

12:27ad Śrīnātha (f. 198v) reads *°visṛṣṭena* and *puṣpollasita°*. Dakṣiṇāvartanātha (p. 153) has *anasūyātisṛṣṭena*. Note that in 16:34 Vallabhadeva again has a reading involving the word *ullalita* where most other sources do not. The word may be rare, but we find it for instance in *Śiśupālavadha* 4:58, where it is glossed with *niḥsṛta* by Vallabhadeva:

> *sāyaṃ śaśāṅgakiraṇāhatacandrakānta-*
> *nisyandinīranikareṇa kṛtābhiṣekāḥ*
> *arkopalollalitavahnibhir ahni taptās*
> *tīvraṃ mahāvratam ivātra caranati vaprāḥ*

DUNDAS, reading *°llasita°* with Mallinātha, translates (2017:137):

> At night Raivataka's slopes are anointed by streams of water trickling from moonstones struck by lunar rays, while by day they are scorched by flames spreading from sunstones, as if following a sincere vow of penance.

The same participle of the same verb occurs in *Śiśupālavadha* 5:30, as read by Vallabhadeva, again with the same variant reading in the text of Mallinātha. (In that case, DUNDAS (2017:154–155) has followed Vallabhadeva's reading.) We also find a noun formed from the same verb (the same *upasarga* and verbal root) used of bees in a verse describing Kṛṣṇa in the *Śiśupālavadha* (19:84):

nīlenānālanalinanilīnollalanālinā
lalanālālanenālaṃ līlālolena lālinā

DUNDAS translates:

> ... deep blue, flitting bees settling over the dark lotus in his navel, an alluring tethering post for amorous delights, ...

Vallabhadeva comments thus: *ullalanāś caṭulā ullāsino* (v.l. *vilāsino*) *vā*. We also find *ullalad* (qualifying *rajas*) in *Śiśupālavadha* 17:60, which is glossed in Vallabhadeva's commentary with *uccalad* (just as *ullalita* is here glossed with *uccalita*). And we find the past participle *ullalita* (again with *ullasita* given as a variant in some manuscripts) in *Kuṭṭanīmata* 874, another Kashmirian work, in the expression *ūrmisahasrollalitaṃ*.

What all of this establishes is that the reading *puṣpollalita°* has parallels and so, although it is possible that it is there because the Kashmirian tradition favoured *ullalita*, it is also possible that it is the original reading.

12:27.2 *kusumebhya uccalitā bhramarā yasya tādṛśaṃ vanam akarot*] This is a conjecture, since the transmitted text contained words from the root-text unchanged, and omitted the object, *kānanam*, here rendered with the gloss *vanam*. Of course other conjectures would be possible instead. We could, for instance, have glossed the compound *puṣpollalitaṣaṭpadam* with another compound, and proposed: *kusumoccalitabhramaraṃ vanaṃ vyadhāt*.

12:30.2–5 As Vallabhadeva observes, the 'also' (*ca* in *pāda* c) may allude to another factor mentioned in the *Rāmāyaṇa* (3.3:23–24), namely that burial was what Virādha requested, burial being the ancient custom for Rākṣasas. Note that Aruṇagirinātha again quotes much of Vallabhadeva's commentary here (the quotation is evidently somewhat corrupt) and refers to him by name.

12:31a Śrīnātha too (f. 199r) seems here to have read *atho* with Vallabhadeva.

12:32c Śrīnātha (f. 199r) here reads *abhipede* with Vallabhadeva.

12:32.1 The orthography Śūrpaṇakhā (with a retroflex *ṇ*) is normal elsewhere, and justified by some grammarians, but our manuscripts consistently spell the name with a dental, and Vallabhadeva justifies this usage in his commentary on 12:38 below.

12:33.1–4 Other than the last sentence, which seems characteristic of Vallabhadeva's style, the rest of this commentary seems suspiciously pedestrian and unlikely to have been faithfully transmitted. We have removed the clumsy aside *kālaṃ na jānātīty arthaḥ*, but the text here still seems unlikely to us to be as Vallabhadeva once wrote it.

12:34b Śrīnātha (f. 199v) here reads *kanīyāṃsaṃ* in place of Vallabhadeva's *yavīyāṃsaṃ*.

12:34.1 *kāmukīṃ*] This first gloss echoes *Amarakośa* 2.3:9d: *vṛṣasyantī tu kāmukī*.

12:34.3–4 The grammatical discussion echoing both Pāṇini and a *vārttika* might seem uncharacteristic of Vallabhadeva's style, but the fact that all our manuscripts have transmitted it with different corruptions suggests at least that the passage is not a very recent interpolation.

12:35c Śrīnātha (f. 199v) here reads *°śrayā* with Vallabhadeva.

12:36cd Śrīnātha (f. 199v) here reads *°stimitāṃ* and *udadheḥ* with Vallabhadeva.

12:36.3 *stimitāyā api...bhaviṣyadavasthāpekṣayā*] Vallabhadeva's usual gloss of *velā* is *jaladhijalavikṛti* (e.g. ad *Raghuvaṃśa* 4:46: see note on 10:37.2 above). Here, however, the water is static. Perhaps Vallabhadeva's final remark here therefore is to be seen as a justification for using *velā* for the static water, in view of its being about to move.

12:37a *avahāsasya*] All the printed commentaries have *upahāsasya*, but Śrīnātha (f. 199v), like Vallabhadeva, has *avahāsasya*. Cf. the distribution of variants concerning the verbal prefix to the same verbal root in 1:3.

12:37c *mṛgīparibhavo vyāghryā*] Śrīnātha (f. 200r) appears to have read *mṛgyā paribhavo vyāghryāṃ*, with Mallinātha. The variants in this verse-quarter reflect different ideas about what case-ending the agent and the object should have. Dakṣiṇāvartanātha (p. 154) reads *mṛgyā* but records also the variant *mṛgī°*.

12:37d *mṛtyave hi tvayā kṛtaḥ*] Here Śrīnātha (f. 200r) appears to have read with Vallabhadeva. Once again, in his discussion of the problems of differing readings, Aruṇagirinātha shows awareness of Vallabhadeva's commentary by quoting what Vallabhadeva read: *mṛtyave hi tvayā kṛta iti vallabhapāṭhaḥ*. The edition of Aruṇagirinātha's text, probably erroneously, prints *mṛgyave hi* instead of *mṛtyave hi*. It is true that this could be interpreted as the vocative *mṛgi* in sandhi with the imperative *avehi* (a word which is part of the readings of most of the commentators here), but this would then not be the reading supported by Vallabhadeva. Dakṣiṇāvartanātha might have read *ity avehi tvayā kṛtaḥ*, for he comments (p. 154): *mayi tvayā kṛtam avahāsaṃ* (corr.: *apahāsaṃ* MS) *vyāghryāṃ mṛgyā kṛtaḥ parihāsa ity avehīty arthaḥ*. But one could also metrically arrange the same words on which he comments thus: *avehīti kṛtas tvayā*.

It seems as though this may be one of those rare cases in the *Raghuvaṃśa* (like 7:57) where a substantial difference in readings may be rooted in an early corruption (rather than in a conscious change) due to a confusion about whether the syllables *a ve hi* form an imperative or belong to two different words. As for the direction of change, we think it slightly more likely that the reading known to Vallabhadeva is older, partly because the readings of Hemādri and Mallinātha (both containing *kṛtam*) seem to require somewhat convoluted explanations and, in Hemādri's text, a different (probably secondary) word-order. (But, as so often in 'higher criticism' of course one could also argue for the opposite direction of change, and one could also posit motivations for altering the text in either direction.) It seems, by the way, uncertain in what order Hemādri read the words of this *pāda*. We have reproduced the sequence in which they appear in the edition, but we are not sure whether DWIVEDĪ's manuscripts all consistently spelled out the text of each verse of the root text.

Perhaps it is easiest to spell out the differences between the commentators by simply translating the verse in line with their various interpretations and readings. Following Vallabhadeva's first interpretation (shared by Śrīnātha), we might translate:

> Look at me! You will soon taste the fruit of your mocking laughter, for (*hi*) you have slighted a tigress the way one might slight a doe, and that must lead to your death (*mṛtyave*).

Following his second interpretation, we might translate the second half thus:

> ... for you have performed a doe's slighting of a lioness, and that must lead to your death.

Following Aruṇagirinātha's first interpretation of *pāda*s cd (*mṛgīpari-bhavo vyāghryām ity avehi tvayā kṛtaḥ*):

> Know thus (*ity avehi*): you have slighted a tigress thinking of her as a doe (*mṛgībuddhyā paribhavo mṛgīparibhavaḥ*).

Aruṇagirinātha's second interpretation echoes Vallabhadeva's second interpretation, and indeed he attributes it to 'others' (*mṛgīkartṛkaḥ paribhava ity anye*):

> Know thus: you have done the slighting of a tigress which is done by a doe.

He then mentions (and rejects) a third interpretation that depends on the reading *mṛgyā* in *pāda* c (*kecit tu mṛgyeti paṭhanti*):

> Know thus: You, a doe, have slighted a tigress.

Mallinātha's interpretation is as follows:

> Know thus: this act (*kṛtam*) of yours is a doe's insult to a tigress.

Hemādri is not very expansive, except about a few points of grammar (morphology), but it seems, from his word-order, that he may wish to understand:

> Know that you have acted/done thus: the slighting of a tigress by a doe.

He goes on to mention the reading *kṛtaḥ* instead of *kṛtam*.

12:38b *aṅgāni viśatīṃ*] This is also the reading of Śrīnātha (f. 200r). The readings with *niviśatım* are perhaps grammatically questionable, since we expect *viś* to be used with *ātmanepada* endings when prefixed by *ni* by *Aṣṭādhyāyī* 1.3.17 (*ner viśaḥ*). Dakṣiṇāvartanātha (p. 154), Hemādri and Nārāyaṇapaṇḍita comment on this irregularity by referring to *aṅkaṃ niviśatīm* as an *apapāṭha*.

12:38c *nāmnaḥ*] Śrīnātha too (f. 200r) reads thus.

12:38.3 *siṃhyāḥ*] It seems surprising that Vallabhadeva should erroneously equate tigers and lions here. Cf. our note on 5:17.3 about his consistently glossing *cātaka* with *mayūra*. Ad *Meghadūta* 21 he even glosses *sāraṅga* with *mayūra*.

12:38.4 It is suspicious that so much of the wording here has been taken over unchanged from the root text: in the sequence *bhayād bhartur aṅgāni viśatīṃ*, none of the words are glosses. It seems not unlikely that the transmission should have corrupted the text here.

12:38.5 At the end of the commentary, the manuscripts all have extra material, with many variants, as can be seen from our apparatus, which first justifies that the demoness' name ends in -*ā* rather than in -*ī* (this being done, apparently, first with an appropriate quotation of *Aṣṭādhyāyī* 4.1.58 and then by an inappropriate reference to *Aṣṭādhyāyī* 4.1.54), and then seems to state that because of *Aṣṭādhyāyī* 8.4.3 the nasal within the name is not retroflex. Since the latter rule actually prescribes, rather than blocks, the retroflexion (it is indeed quoted by Hemādri and by Nārāyaṇapaṇḍita, who read the name as Śūrpaṇakhā), something is evidently amiss. We think it likely, especially since the Śāradā manuscripts are consistent elsewhere too in reading Śūrpanakhā, that the whole passage goes back to a mistaken incorporation into the text of marginal grammatical jottings, which justify the form Śūrpaṇakhā, although at some point a final *iti ṇatvam* (*iti ṇatvabhāvaḥ* would not be a natural formulation) must have then been altered to *iti ṇatvābhāvaḥ*, so that the contradiction between the explanation and the form found in the verse is not so glaring.

12:39bc °*mañjuvādinīm / śivāghorasvanāṃ*] Śrīnātha here (f. 200r) reads °*mañjubhāṣiṇīm / śivāghorasvanāṃ*. Dakṣiṇāvartanātha (p. 154) has °*mañjuvādinīm*.

12:39.2 *vikṛteti kruddhāṃ*] Whereas Vallabhadeva appears to understand that Lakṣmaṇa knew Śūrpaṇakhā to be enraged from the change in her voice, most others (Śrīnātha, Dakṣiṇāvartanātha, Mallinātha, Aruṇagirinātha, Nārāyaṇapaṇḍita) instead understand that Lakṣmaṇa knew Śūrpaṇakhā to be a magically transformed (*vikṛtā*) demoness. (The formulations of Hemādri and Jinasamudra do not make quite clear what they thought.)

12:39.3–4 *vikṛteti, itiśabdena prātipadikārthamātrāvasthāpanād dvitīyābhāvo yathā 'kramād amuṃ nārada ity abodhi sa' ityādau*] We understand this text (repaired with conjectures after comparison with Vallabhadeva's remarks on *Śiśupālavadha* 1:3 and *Kumārasambhava* 5:27, which seem also not perfectly transmitted) to mean:

> In the expression *vikṛteti*, there is no use of the accusative because the mere meaning itself of the noun-stem is emphasised by the word *iti*, just as in such passages as 'Gradually he realised that it was Nārada'.

The implication is that Vallabhadeva understood *vikṛtā* to be a nominative, just as Nārada is in *Śiśupālavadha* 1:3, and just as he would like to have had in *Kumārasambhava* 5:27.

12:40b *vidhṛtāsiḥ*] Śrīnātha (f. 200r) reads *vivṛtāsiḥ*, with Mallinātha. Dakṣiṇāvartanātha (p. 154) comments: *vikṛṣṭāsir iti pāṭhaḥ*, implying that he knew one of the other readings.

12:40c *vairūpyapunaruktena*] We have adopted this reading of P on the strength of Vallabhadeva's discussion of the compound as either a *karmadhāraya* or a *tatpuruṣa*, which implies, if our consitution of the text is correct (see the next note), that the last member of the compound did not have a *taddhita* suffix with the meaning of *bhāva*. Another factor in our decision is the echo in Hemādri's remarks, who concludes his commentary as follows: *vairūpyapunaruktena iti pāṭhe karmadhārayaḥ*. Śrīnātha here (f. 200r) seems to have read *vairūpyaṃ punaruktena*. Dakṣiṇāvartanātha (p. 154) read *vairūpyaṃ paunaruktyena*, but recorded also the reading *vairūpyapaunaruktyena*.

Vacillation over whether *punarukti* is real or make-believe seems to have afflicted the transmission of 2:68d as well.

12:40.3 *antarbhāvitabhāvārthena vā ṣaṣṭhītatpuruṣaḥ*] This is a conjectural emendation, since the text as transmitted seems to be unsatisfactory. The expression *antarbhāvitadhātvartha* is not, as far as we can see, attested elsewhere. Note that Aruṇagirinātha uses a similar expression: *vairūpyapunarukteneti pāṭhe 'py antarbhūtabhāvārthatve sa evārthaḥ*. 'Also in the reading *vairūpyapunaruktena*, the same meaning [obtains], since the meaning of an abstract-noun-suffix is included in it'. It is partly on the strength of this remark that we have emended the text of Vallabhadeva's commentary here.

12:41d *tān atarjayad ambarāt*] We have recorded this as a variant reading reported by Aruṇagirinātha, but in fact Aruṇagirinātha only explicitly records *ambarāt* as a variant; he only implies that *tān atarjayad* must have been a variant because he tells us that *tān atarjayata* is the correct reading, and notes that as a *curādi* (tenth class) root, the verb should be *ātmanepadin*. Śrīnātha (f. 200r) and Dakṣiṇāvartanātha (p. 154) both seem to read *tān atarjayatāmbare*, like Aruṇagirinātha.

12:41.2 *kuṭilakararuhadhāriṇyā*] The element *dhāriṇyā* is repeated here from the root text, and is therefore suspicious. One could consider using P's glossing phrase to reconstruct the following alternative: *kuṭilakarajabhāriṇyā*.

12:42b *tathāvidhā*] Śrīnātha (f. 200v) reads *tathāvidham*.

12:42.2 *upakramyata ity upakramaḥ*] This sentence is to be found in the *Kāśikā* commenting on *Aṣṭādhyāyī* 2.4.21 (*upajñopakramaṃ tadādyācikhyāsāyām*), which teaches that a *tatpuruṣa* compound ending in *upajñā* or *upakrama* is neuter when there is a desire to express the starting-point of something. The commentaries of both Hemādri and Aruṇagirinātha contain versions of this discussion, perhaps in both cases filtered through Vallabhadeva. Aruṇagirinātha's is worth quoting since it supports retaining Vallabhadeva's text as we have it (which we had at first thought suspicious): *rāmeṇopakrāntam ity arthaḥ. upajñopakramam iti napuṃsakatvam.* Mallinātha and Nārāyaṇapaṇḍita also echo the discussion; Śrīnātha (f. 200v) records the view that the rule of the *Aṣṭādhyāyī* is relevant, but does not subscribe to that view.

We would expect that the form *rāmopakramam*, since it is regarded by grammarians as neuter, should be a noun (since adjectives can have all three genders, and normally take the gender of the noun qualified), and yet Vallabhadeva glosses it with *rāmopakrāntam*, in other words as an adjective. But the *Bālamanoramā* seems to explain that the word is treated as a neuter noun in form, even though the sense is that of an adjective: *idaṃ prakaraṇaṃ paravalliṅgatvasya viśeṣyanighnatvasya cāpavādaḥ*, 'This teaching is an exception to [the general rules of an adjective] having the gender of the last word [in the compound] and being dependent [in gender and number] on the word that is qualified.' It seems possible that Vallabhadeva's understanding was the same. He again refers to *Aṣṭādhyāyī* 2.4.21 when commenting on the expression *prācetasopajñam* in 15.62, which he also takes adjectivally.

12:43c *°yāyināṃ*] Śrīnātha (f. 200v) also reads thus.

12:44b *vīkṣya*] Śrīnātha (f. 200v) reads *prekṣya*. It is conceivable that Vallabhadeva had that reading too, since his commentary has *vīkṣya*, which could be a gloss rather than a repetition of the word-choice of the original.

12:44.2–3 *vijayasādhanaṃ dhanur ādāya tadāśaṃsāṃ pratyaicchad*] Perhaps this could be taken to mean 'he took his bow, the means of victory, and [in doing so] took (*pratyaicchat*) hope for that [victory]'. Alternatively, one could assume that *pratyaicchat* here means 'expected' or 'hoped', in which case *tadāśaṃsām* would be a sort of internal accusative: 'he hoped the hope'. But this seems less likely, partly because Vallabhadeva generally uses *pratīcch* to mean 'take hold of' (see ad 4:41, where *pratyaicchat* glosses *pratijagrāha*, and ad 7:36, where *pratyaicchat*, again, glosses *pratyagrahīt*).

12:45cd Although the editors have printed *te tu yāvanta evājau tāvaddhā* as the reading of Aruṇagirinātha and Nārāyaṇapaṇḍita, we have reported them as reading *te tu yāvanta evāsaṃs tāvaddhā*, since that is what Nārāyaṇapaṇḍita's commentary seems to support. There is no explicit support for the *ca* in the reading of Jinasamudra, but he clearly supports *tāvān* and so probably read *tāvāṃś ca*, like Mallinātha. There is similarly no explicit support for *ca* in Śrīnātha (f. 201r), but he may be assumed to have read *evājau tāvāṃś ca*. In point of fact, the *ca* in the reading *tāvāṃś ca* seems not to have a clear and natural function. Nothing is said about it by Mallinātha either.

12:45.2–3 *ekaikena … iti vākyārthaḥ*] Vallabhadeva (followed by Jinasamudra) understands that each individual Rākṣasa saw Rāma as being as numerous as the entire horde of Rākṣasas, whereas one could instead understand that the whole horde of Rākṣasas collectively saw Rāma as being as numerous as themselves.

12:46cd *śubhācāro 'sad dūṣaṇam*] Śrīnātha (f. 201r) appears to have read *śubhācāraḥ svaṃ dūṣaṇam*. Vallabhadeva's reading, although one may stumble when reading it out loud, has the advantage that it contains an echo of the first word of the stanza, *asajjanena*. Just as the reading favoured here by Aruṇagirinātha and Nārāyaṇapaṇḍita is unclear, so too that of Dakṣiṇāvartanātha cannot be deduced from his remarks.

12:46.1 The commentary as transmitted has a couple of troubling problems. One is the absence of a gloss for *kākutsthaḥ*, which could easily have been glossed, for example with *rāmaḥ* placed either at the beginning or towards the end of the first sentence; the second is the presence of *puraḥ prayuktaṃ*, where the force of *puraḥ*, which seems not to reflect anything in the verse, is not clear, and where *prayuktaṃ* is simply a word repeated from the root text, but not at the place where we would expect it, namely before its gloss, which is *raṇāya visṛṣṭaṃ*. We have therefore removed *puraḥ prayuktaṃ*, on the grounds that it is not only suspicious in itself, but also not in the right place.

12:46.2 *sādhur yathā*] Before this, our manuscripts transmit a rather pedestrian analysis that we have expunged: *śubham ācaratīti śubhācāraḥ*.

12:48d *rudhiraṃ ca*] Śrīnātha (f. 201r) appears to have read *tu* instead of *ca*.

12:48.2–4 We have adopted the analysis of *yathāpūrvaviśuddhibhiḥ* found in P, which contains three interpretations of the expression. As transmitted in the other manuscripts, this patch of commentary seems repetitive, probably because the three interpretations were misunderstood and boiled down to two. The first interpretation is the simplest: the arrows remained as clean (and free of blood) as before because they moved through the Rākṣasas' bodies so fast. According to the second, the whole of each arrow was as clean (and free of blood) as the front part (*yathāpūrva°*), because of their sharpness and speed. The third interpretation is that they were as 'clean' in their smooth and rapid movement after leaving the bodies of the Rākṣasas as they were before they entered them. Some reflection, now unintelligibly corrupt, is found of the second of Vallabhadeva's interpretations in the commentary of Jinasamudra.

12:49c *ucchritaṃ dadṛśe 'nyatra*] Śrīnātha (f. 201v) appears to read *ucchritaṃ dadṛśe 'nyac ca*, although he offers no clear reflection of the *ca*. It is possible that some transmitters produced the reading *anyac ca*, found in Mallinātha's commentary as well, because they disliked or misunderstood this use of *anyatra*, which here has no locative sense.

12:50.2 *ajāgaraṇāya*] After observing that Jinasamudra gives this as a gloss of *aprabodhāya*, and that it is a more natural gloss than *maraṇāya*, which our manuscripts transmit, and after further observing that *maraṇāya* is graphically similar to the last four syllables of *ajāgaraṇāya*, we decided to adopt it into our text as a conjecture. We could instead have chosen to follow the text of the majority of the manuscripts.

12:51a *rāghavāstrāgnidagdhānāṃ*] Śrīnātha alone (f. 201v) appears to have read *rāmaśastreṣujīrṇānāṃ*, which we assume to be a compound in which *śastra* are cutting weapons and *iṣu* are projectiles. It is possible that one of the readings in *°īrṇānām* generated the others, in other words that *°viśīrṇā°* or *°jīrṇā°* ('tattered') or *°vidīrṇā°* ('torn') was original. But it seems also possible that *°nidagdhānām* was original and that the metaphor identifying weapons with fire was considered odd by some transmitter.

12:51.4 *śākapārthivāditvāt samāsaḥ*] This alludes to *vārttika* 8 on *Aṣṭādhyāyī* 2.1.69, namely *samānādhikaraṇādhikāre śākapārthivādīnām upasaṅkhyānam uttarapadalopaś ca*.

12:52.2 *abodhi*] One might expect this to be used normally with passive sense, but here it glosses *mene*, and we find *abodhi* used with active sense also in *Śiśupālavadha* 1:3, a verse to which Vallabhadeva has alluded in his commentary on 12:39 above.

12:54.2 *daśarathasnehād ṛṇarahitaṃ vā*] We suppose that the point here is only that the form *°prīter* can be taken either as genitive or ablative, without the sense being really affected.

12:55c *ātmanas tu*] We cannot tell whether Śrīnātha had this reading or *ātmanaḥ su°*.

12:55d *vraṇair āvedya*] Śrīnātha (f. 202r) reads *prāṇair nivedya*. Since there is no gloss of the word *prāṇaiḥ* in Śrīnātha's commentary, it is possible that it is after all just a copying error for *vraṇaiḥ*. But even if Śrīnātha's text did not have this variant, it is clear that others must have had it, for Aruṇagirinātha records the variant *prāṇair*. There is also some ambiguity in Nārāyaṇapaṇḍita, since his commentary contains once the word *prāṇaiḥ* (again without a gloss and so probably a printer's or copyist's slip for *vraṇaiḥ*) and later the word *vraṇaiḥ*.

12:56b *°duḥkhayoḥ*] Śrīnātha (f. 202r) reads *°śokayoḥ*.

12:56cd *pitarīvāgnisaṃskārānantarā vavṛte kriyā*] Śrīnātha (f. 202r) appears to have read: *pitarīvāgnisaṃskārāt parā nivavṛte kriyā*. Dakṣiṇāvartanātha (p. 155) has *agnisaṃskārāt*, but does not reveal how he read the subsequent wording. From our apparatus alone, one might receive the impression that Vallabhadeva's metrically awkward reading was confined to Kashmir, but it is in fact recorded as being the reading of several non-Kashmiran manuscripts and three unpublished commentaries (those of Cāritravardhana, Sumativijaya and Vijayānandasūri) in NANDARGIKAR's edition of 1971. (DWIVEDĪ, when reporting NANDARGIKAR's apparatus in his critical edition, adds Dinakaramiśra to this list, but this is a slip.)

12:57b *°nirdhauta°*] Śrīnātha (f. 202r) reads *°nirdhūta°*.

12:57.3–5 Note that the account of the narrative given here by Jinasamudra has been borrowed with relatively little change from Vallabhadeva's commentary. The use of *āpya* could be justified by taking it to be an instance of *lyap* applied because there is a hidden prefix (*ā-*), but it looks epic rather than learned usage. Nonetheless, we have retained it, and we note that it is also found in Jinasamudra's nearly verbatim echo of this passage.

12:58a *vīras*] Śrīnātha (f. 202r) reads *vīraṃ*.

12:58c As Vallabhadeva observes, an example of such grammatical substitution is that of the verbal root *as*, 'to be', which for many forms is substituted by the stem-form *bhū*. The grammatical simile may seem odd to non-grammarians, but it is a famous one, quoted already in Bhoja's *Sarasvatīkaṇṭhābharaṇa* (p. 1116).

12:59bc *bhartṛcoditāḥ/ kapayaś cerur ārtasya*] Śrīnātha's commentary (ff. 202r–202v) contains the sequence of words *bhartṛdeśitāḥ sugrīvapreritāḥ kapaya itas tataḥ vicerur babhramuḥ vaidehīm anveṣṭuṃ kimbhūtā utsukasyonmukhasya*, so it is possible that he read *bhartṛdeśitāḥ* (glossed here with *sugrīvapreritāḥ*, and it seems likely that he read *utkasya* (the reading of Aruṇagirinātha at this point), of which *utsukasya* could either be a gloss or a corruption.

Dakṣiṇāvartanātha (p. 155) comments *ārtasya rāmasyeti pāṭhaḥ*, implying that he also knew the reading *utkasya rāmasya*.

12:60 Note that the account of the narrative given here by Jinasamudra has again been borrowed with relatively little change from Vallabhadeva's commentary. B[3] has two versions of the commentary here, one written in the margin and followed by the observation *ity anyādarśe pāṭhaḥ*. This is further evidence that B conflates a text related to that of P with another version (or with other versions).

12:62b *hariḥ*] Śrīnātha (f. 202v) reads thus.

12:62.1 *karaśākhābharaṇam adatta/ tasyā harṣavāṣpakaṇaiḥ*] We have conjectured the first of these glosses on the strength of commentaries on *Śiśupālavadha* 14:52 and *Raghuvaṃśa* 6:18, where Vallabhadeva glosses *aṅgulīya* with *karaśākhābharaṇa*. As for *adatta*, it is the gloss of *dadau* that Jinasamudra uses here. (Jinasamudra's gloss of *aṅgulīya*, however, is *mudrāratnam*.) The gloss *vāṣpakaṇa* for *asrubindu* is used by Vallabhadeva ad 6:28.

12:62.2 *pratyutthitam iva*] This gloss has been suggested to us by what is transmitted as Jinasamudra's gloss here, namely *utthitam iva*.

12:63b *akṣavadhoddhuraḥ*] Śrīnātha's commentary (f. 202v) has the expression *rākṣasavadhe udyataḥ*, so he probably read *rakṣovadhodyataḥ* in the verse. We note that Dwivedī's critical edition records considerable variation in readings here. Those which begin with *rakṣo°* in effect simplify the narrative, since they could be taken to refer to any Rākṣasa or Rākṣasas, whereas the reading that Vallabhadeva has requires the reader to recall the episode of the killing of Akṣa, a son of Rāvaṇa. Hemādri's reading further reduces the complexity of the narrative compressed into this verse, since his text of this verse quarter simply reminds us that Sītā was guarded by Rākṣasa women. We assume, given the distribution of readings and the high degree of narrative compression here, that *akṣavadhoddhuraḥ* is likely to be original.

12:63c *vibhīr*] Śrīnātha (f. 202v) read *purīṃ*. Dakṣiṇāvartanātha (p. 156) observes: *vibhīr laṅkām iti pāṭhaḥ*.

12:63d *kṣaṇasoḍhārinigrahaḥ*] Hemādri's reading of this quarter too (*kṣaṇenāhitavikramaḥ*) might reflect a desire on the part of some transmitter to simplify the narrative, since it removes an allusion to another episode, namely Hanumān's brief captivity.

12:63.2 *kṣānto*] For this conjectured gloss of *soḍha*, cf. the gloss *kṣantum* of *soḍhum* in *Raghuvaṃśa* 16:28.

12:64.1–2 Several words from the root-text have been reproduced without gloss, and *svayam* is neither reproduced nor glossed, but we see no obvious ameliorations to propose, and we think that it is at least possible that Vallabhadeva might have chosen not to gloss the words in question.

12:65.1 *hṛtsthāpitaratnasparśasukhena*] The only element of our conjectural restitution to receive outside support is *sthāpita*, which is the gloss used by Jinasamudra.

12:66.1 *sītāsaṅgamotko*] We have conjectured this partly because glossing a compound with a compound seems more likely, and because it seemed to us possible that *utka* (which Vallabhadeva uses as a gloss for *utsuka* ad 12:24) might have been mistakenly 'corrected' back to *utsuka* in transmission.

12:66.2–3 *paritaḥ khanyate … ḍaḥ*] It is the first time that the word *parikhā* occurs in the *Raghuvaṃśa*, but it nonetheless seems somewhat odd to us that Vallabhadeva should lavish so much attention on justifying such a familiar word as *parikhā*. We note, however, that Hemādri, Aruṇagirinātha and Nārāyaṇapaṇḍita all do the same. Bhāravi and Māgha seem to eschew the term, so we cannot check how the term is treated in the commentaries on their works. The word is given as an example of *Aṣṭādhyāyī* 3.2.101 (just below 3.2.99, which Vallabhadeva quotes here) in the *Kāśikā*.

12:67d *khe 'pi sambādhavartmani*] Śrīnātha (f. 203r) reads *khe 'pi sambādhavartmani* with Vallabhadeva here. The text with Hemādri's commentary prints °*vartibhiḥ*, but the commentary makes clear that he read *sambādhavartmabhiḥ* and took it as a *bahuvrīhi* describing °*sainyaiḥ*: 'by whom paths were jammed'.

12:67.1 *vānarabalair*] We have conjectured this gloss partly on the strength of its use by Jinasamudra. We assume that Vallabhadeva chooses not to discuss the word *sainya* here (although he does so in his commentary on *Śiśupālavadha* 3:25) because he has already discussed the similar word *sainika* in his commentary on *Raghuvaṃśa* 3:57.

12:68d *coditaḥ*] Śrīnātha (f. 203r) reads *āviśya deśitaḥ*.

12:68.2 *kauṇapaśriyā*] We have followed the reading of PB^1L_2 in omitting *iva* here, on the grounds that there is already an *iva* at the end of the sentence. It is however conceivable that Vallabhadeva might have written a sentence with two instances of *iva* in it, since Kalidāsa does so and Vallabhadeva defends this usage, for instance in 4:68 (cf. also 4:43).

12:68.2–3 *anyo māṃ mā kadācid bhukteti. etac ca kathaṃ bhavati yadi rāmānuyāto bhavati*] We have conjecturally repaired the first of these sentences. We understand it to be the words imputed to the Majesty of the Rākṣasas: 'May no one else ever enjoy me!' The following sentence is taken to be Vallabhadeva's remark: 'And how might this come about? [It might come about] if [Vibhīṣaṇa] becomes a follower of Rāma.'

12:69.2 *tasya ca sa evānupraveśakālaḥ*] The referent of *tasya* seemed slightly uncertain at first, but in the light of the fact that the *NWS* (`https://nws.uzi.uni-halle.de`, consulted 27.xii.2022) includes 'freiwillige Unterwerfung' as a meaning of *anupraveśa* that HERTEL (1910:169) recorded as being a Kashmirian usage found in the *Tantrākhyāyikā* (compare APTE's 'Adapting oneself to the will of', adducing *Śiśupālavadha* 9:48), it seems probable that *tasya* refers to Vibhīṣaṇa: 'And that was the right time for Vibhīṣaṇa (*tasya*) to submit himself [to Rāma].'

12:69.3–4 *yadi vā ... vibhīṣaṇarājyapratiśravaḥ*] The first interpretation, in other words, was that Vibhīṣaṇa taking refuge with Rāma was the astute policy, and the fruit was his receiving the kingdom. The second interpretation, introduced by *yadi vā*, is that the fruit is Rāma gaining inside knowledge of Rākṣasa magic, whereas the astute policy was his entrusting the kingdom to Vibhīṣaṇa. The two alternatives are also expressed by Aruṇagirinātha, albeit in other words, whereas Hemādri, Mallinātha, and Śrīnātha say nothing as to whose the *nīti* and the *phala* are.

12:70bc Śrīnātha (ff. 203r–203v) reads *yo babhau lavaṇāmbhasi* with Vallabhadeva and also *°vonmagnaḥ śeṣaḥ*. The reading *plavagair lavaṇāmbhasi*, which entails also reading *°vonmagnaṃ śeṣam*, seems to be a secondary improvement that makes the use of the causative smoother, since it supplies 'the monkeys' as the agent of the action of making, who are caused to carry out that action by Rāma (as *prayojaka*), and thus also makes the story slightly clearer.

12:71c Śrīnātha (f. 203v) appears to have read *dvitīyaṃ* with Vallabhadeva.

12:73d *śailabhagna°*] Śrīnātha (f. 203v) appears to have read *śailarugṇa°*.

12:73.3 *khaḍgādyāyudhajayinaḥ*] We hesitated over the constitution of the text here, since the treatment of *atiśastra°* transmitted in the manuscripts is quite heavy-handed. The solution we have chosen is partly supported by the wording of Jinasamudra's commentary and avoids the problem of Vallabhadeva's final remark seeming repetitious.

12:74b *°cetasam*] Śrīnātha (f. 203v) appears to have read *°cetanām*. It is possible that the readings *°cetanām* and *°mānasām* are secondary and produced out of a desire to make the adjective clearly marked as feminine.

12:76 Dakṣiṇāvartanātha (p. 156) has *garuḍāpātaviśliṣṭameghanādāstra-bandhanam*. Śrīnātha (f. 204r) appears to have read the verse as Vallabhadeva did, with *°viśleśi* and *kṣaṇakleśi*. We suspect that *kṣaṇakleśi* may be the original reading, and that it may have been changed to *kṣaṇakleśaḥ* (the reading of Mallinātha, Aruṇagirinātha and Nārāyaṇapaṇḍita), a predicate noun, on the grounds that the combination of the verbal root *kliś* with this suffix *ṇini* was thought not to give an appropriate sense. That suffix commonly expresses habitual action (*Aṣṭādhyāyī* 3.2.78), which clearly would not fit here. The other possible senses of the suffix *ṇini* (*Aṣṭādhyāyī* 3.2.79–81) also seem unsuitable. The same objection could be applied to the use of *°viśleṣi*, where again some commentators (Mallinātha, Nārāyaṇa-paṇḍita and probably Aruṇagirinātha) have a variant avoiding the form, namely *°viśliṣṭa°*. Hemādri has *°viśleṣi* but interprets it to be an instance of the noun *viśleṣa* to which the possessive suffix *ini* has been added. We think that it is possible that Kālidāsa allowed a looser usage of the suffix *ṇini*. Compare, for example, the use of *ālambī* in 12:85, where, once again, some commentators somewhat unnaturally parse the word as not being an instance of *ṇini* applied to the verbal root.

12:77ab In one manuscript (D1) of the *rāmopākhyāna* of the *Mahābhārata* (3.*1290.1) the first half of this verse occurs verbatim as part of an added passage.

12:77.1 *śaktyākhyenāyudhena*] This might seem an odd gloss of *śakti*, but Vallabhadeva thereby reminds us that this is no ordinary 'spear', but a special weapon, seemingly with eight bells attached (*Rāmāyaṇa*

6.88:30 describes it as *aṣṭaghaṇṭā*), designed by the Asura craftsman Maya.

12:77.2 *asaṅgatir nāmāyam alaṅkāraḥ*] 'This decorative figure is called *asaṅgati*.' This is an unusual figure for Kālidāsa to use, which no doubt accounts for Vallabhadeva taking the, for him, unusual step of pointing out what the *alaṃkāra* is. The commentators Hemādri and Nārāyaṇapaṇḍita follow him. But this ornament would probably be regarded as an instance of *virodha* (= *virodhābhāsa* or *virodhacchāyā*, an ornament which is sometimes diagnosed by commentators of Kālidāsa, for instance in *Kumārasambhava* 2:9) by Daṇḍin and, as Hemādri remarks, by Vāmana, for *asaṅgati* seems (according to GEROW 1971:123) to be an innovation of Rudraṭa (see *Kāvyālaṅkāra* 9:48). Vallabhadeva's remark could be taken as further evidence that he knew the work of Rudraṭa.

12:78 Śrīnātha (f. 204r–204v) appears to have read the verse as Vallabhadeva did, and there are also old testimonia that support the reading *mārutasutānīta°*, notably Harihara's commentary on the *Mālatīmādhava* (p. 15). We also find the support for it in the newest edition of Bhoja's *Sarasvatīkaṇṭhabharaṇa* (p. 1116), but not in RAGHAVAN's edition of Bhoja's *Śṛṅgāraprakāśa* (p. 192), which instead has *mārutisamānīta°*.

12:79 Śrīnātha (f. 204v) and Dakṣiṇāvartanātha (p. 157), like Vallabhadeva, does not have the two verses that follow 79 in the text transmitted to Jinasamudra. The earliest source for them might be the unpublished commentary on the *Raghuvaṃśa* by one Janārdana; see Nandargikar's critical apparatus here, quoting Vijayānandasūri's commentary, which claims that the extra verses are found in *janārdanaṭīkā*.

12:81b Śrīnātha's commentary here (f. 204v) does not make explicit how he read the second quarter, but it is more likely that he read as Vallabhadeva does, since his commentary contains the word *tvam*, presumably glossing *bhavān*. However, instead of *vṛtha*, of which he has no obvious echo, it is possible that he had *katham* (unless his *katham* is intended to interpret *vṛthā*).

12:82b *sedur*] Śrīnātha (f. 205r) here reads *petur*.

12:82.2 *maindadvividha°*] The orthography adopted in editions for the second of these names is usually *dvivida* (without aspiration), but

Kashmirian scribes (who in any case tend to confuse aspirated and unaspirated voiced stops) may generally have preferred *dvividha*, which we have therefore retained here. In the Śāradā-script manuscript Ś1 that has been used for the critical edition of the *Rāmāyaṇa*, this orthography with an aspirate is used, according to the apparatus to 6.115:34c and 6.5:2.

12:83.3 *punaḥśabdenādāv api yuddham ākṣiptam*] These words of Vallabhadeva have been incorporated verbatim into the commentary of Hemādri.

12:84c *°rathyaṃ*] Śrīnātha (f. 205r) here reads *°dhuryaṃ*. Given the felicitous echo in the phrase *harirathyaṃ rathaṃ*, it seems unlikely that this reading, if it had been original, would have been changed to *hariyugyaṃ rathaṃ*, unless some transmitter had judged the word *rathya* to be problematic in some way. Since we do not see why it should have been problematic, we assume that *harirathyaṃ* is more likely to have been secondary.

12:86c The editor of Aruṇagirinātha (fn. 1, p. 215 of volume 2) observes that Aruṇagirinātha appears to be commenting on *vaiklaibyaṃ* rather than on *klaibyaṃ*/*klaivyaṃ* and proposes that he might have read something like *yatrotpalānāṃ vaiklaibyaṃ*.

12:86d *śastrāṇy*] Śrīnātha (f. 205v) here reads *astrāṇy*, as the printed commentaries all do. The latter reading seems to us better, since projectile weapons seem more appropriate in this context. Furthermore, it is easy to see how easily *śastra* and *astra*, when preceded by the final *m* of the word before it, could be interchanged, particularly in an area where Śāradā (or proto-Śāradā) was used, in which *śa* and *ma* are graphically similar. The reading *śastrāṇy* appears indeed to occur only in our Kashmirian witnesses and thus can be assumed to be the result of a graphic corruption there. We cannot be certain that it predated Vallabhadeva, but it might have and so we have retained it.

12:86.2 *klīvaḥ kātaro nirvīryaḥ*] This may sound like a lexical quotation, and we are usually unable to identify Vallabhadeva's lexical quotations, but in this case it may not be, for it is not a smoothly metrical odd-numbered *pāda* of an *anuṣṭubh* verse (as an odd-numbered *pāda* it would be a *ma-vipulā* without the expected preceding *ra-gaṇa*).

12:87c *vairaṃ*] Śrīnātha (f. 205r) appears to have read as Vallabhadeva did. In this case, Mallinātha seems to be the only commentator defending the reading *yuddhaṃ*, which seems more awkard in the context.

12:88 In both *pāda*s a and c, Śrīnātha (f. 205v) reads here as Vallabhadeva does. For a discussion of which is most likely to be the primary reading in *pāda* a, see the next note. The reading *sa yathāpūrvaṃ* in *pāda* c is mentioned by Aruṇagirinātha as being the reading of Vallabhadeva. Although Aruṇagirinātha, upon noticing that Vallabhadeva read this way, did not himself adopt this reading (which one might have expected him to do, since it seems more natural than *so 'yathāpūrvaḥ*), he found it worth mentioning and does not reject it (unlike ad 12:22). Aruṇagirinātha instead took *mātṛvaṃśa iva* as nominative, whereas Hemādri, Mallinātha and Nārāyaṇapaṇḍita, like Vallabhadeva (as Aruṇagirinātha explicitly notes), all took it as locative.

12:88.1 *urubāhulyāt mahataḥ prācuryāt*] Here it is possible that Vallabhadeva left in a *pratīka* in order to make explicit that he understood *urubāhulyāt* (and not *ūrubāhulyāt*), taking it to mean *mahataḥ prācuryāt* (a possibility to which Hemādri also alludes). Was Vallabhadeva then not aware of the tradition that Rāvaṇa had four legs, a tradition referred to by most of the commentators (including Śrīnātha and Dakṣiṇāvartanātha), many of whom quote the lexicon of Yādava (*Vaiyajantī*, *svargakāṇḍa*, *lokapālādhyāya* 42cd)? As far as we can see, Rāvaṇa is not explicitly said to have four legs by Vālmīki, nor by sources other than Yādava and commentators on this verse. We therefore think it conceivable that a tradition of Rāvaṇa having four legs might actually have arisen from a misinterpretation of this particular stanza of the *Raghuvaṃśa*. So although Vallabhadeva's interpretation might at first seem surprising, it is possible that it actually reflects Kālidāsa's intentions. It is possible also that the variant reading *bhujottamāṅgabāhulyāt* arose as a result of some transmitter's wish to exclude the possibility of misinterpreting the text as referring to multiple legs.

12:89d *tam ariṃ bahv amanyata*] Here Śrīnātha probably read *arātiṃ bahv amanyata*, but there is no reflection of the word *bahu* in his commentary as it is transmitted in the early manuscript. What we read there is: *rāmaḥ arātiṃ rāvaṇaṃ yathā syād evam amanyatā-*

buddha. We guess that the word *bahu* must have dropped out before *yathā syāt*. Dakṣiṇāvartanātha (p. 158) read *tam ariṃ bahv amanyata*.

12:89.1 *mahad ajñāsīt*] This seems a strange and unidiomatic gloss for *bahv amanyata*, but it is presumably possible. One must assume *mahat* to be used as an adverb. But the oddity of the gloss is palliated by the sentence of explanation that follows.

12:90c *°dhikakrodhaḥ*] Śrīnātha does not offer any commentary on the word *adhikakrodhaḥ*, and so we cannot tell how he read at this point.

12:90.1 *kopanatvād*] We have assumed that this expression glosses *adhikakrodhaḥ* as a *hetugarbhaviśeṣaṇa*. We have accordingly expunged the expression *adhikakrodhaḥ*, assuming it to be a *pratīka*. Another possibility would be not only to expunge that but also to conjecture *adhikaguṇakopatvād* (following J), or something like *atikopanatvād*.

12:91ab *rāmāstraṃ bhittvā hṛdayam āśugam*] The opening words of Śrīnātha's commentary (f. 206r) are *rāmāstram āśugo bāṇaḥ*, which means that it is not clear whether *rāmāstraṃ* is an error for *rāmāsta*, or whether *āśugo* is a mistake for *āśugaṃ*, or whether there is in fact no error and Śrīnātha really read *rāmāstraṃ* and *āśugaḥ*, treating them as two nouns in apposition. In that case, his reading would have been: *rāmāstraṃ bhittvā hṛdayam āśugaḥ*.

12:91d *uragebhyaḥ*] This seems also to have been the reading of Śrīnātha.

12:92a *vacasaiva*] Śrīnātha's commentary (f. 206r) does not reveal whether he read *iva* or *eva*, but the latter is perhaps more likely. (His commentary opens with *yathā*, but this seems to be reflecting the *iva* that is the final word of the verse.) Vallabhadeva's commentary contains no explicit reflection of either *eva* or *iva* after *vacasā*. In general, Vallabhadeva does not disapprove of multiple instances of *iva* in one sentence, as can be seen for instance ad *Raghuvaṃśa* 4:68, *Kumārasambhava* 7:50, and *Śiśupālavadha* 12:55 and 20:27. But such instances are usually discussed and justified by him (or minimally he refers to an earlier or later discussion); and the usage of two *iva*s here would be different from that in the other cases. Hence we have judged it more likely that Vallabhadeva reads *vacasaiva*, although the manuscript evidence is divided.

Though we have reported Mallinātha as reading *vacaseva*, since this is what NANDARGIKAR has printed, some editions of the poem with

Mallinātha, such as that of Nārāyaṇa Rāma Ācārya, print verse and commentary with *vacasaiva*.

12:93b *sāmānyābhūd*] Śrīnātha here seems to have read *samānābhūd*. Dakṣiṇāvartanātha (p. 158) read *sāmānyā*.

12:93.2 *sthalā*] We hesitated over emending to the more familiar word *sthalī*, which is the gloss given by Aruṇagirinātha (adding the qualification *krīḍāyuddhārthā*) and Nārāyaṇapaṇḍita. But we decided to retain *sthalā*, which is distinguished (according to the *Kāśikā* ad 4.1.42) from *sthalī* on the grounds that *sthalā* is supposed to be an artificial mound, whereas *sthalī* is a natural one. It is possible that Vallabhadeva did not have this nice distinction in mind when he deployed this gloss. Vallabhadeva uses *sthalā* to gloss *vedi* elsewhere, namely ad *Raghuvaṃśa* 17:37 and *Kumārasambhava* 3:44 (whereas ad *Kumārasambhava* 1:28 he glosses *vedi* with *sthalī*). It seems conceivable that he preferred *sthalā* on the grounds that it refers necessarily to raised ground, whereas *sthalī* may refer to raised or to flat ground.

12:95d *kūṭaśalmalim*] Śrīnātha (f. 206r) read *kūṭaśālmalim*. Dakṣiṇāvartanātha (p. 158) has *kūṭaśalmalim*.

12:95.2 *yantrayuktaṃ yātanātarum*] This appears to be Vallabhadeva's gloss of *kūṭaśalmalim*, which may mean that *yantrayuktaṃ* is his interpretation of the ambiguous element *kūṭa°*. One could simply understand *kūṭaśalmali* to refer to a particular type of tree, perhaps a sub-type of the *śalmali*, which is usually identified as the Silk Cotton tree (Bombax). There is also a hell which is sometimes called (for instance in the label inscriptions in the gallery of hells at Angkor Wat, K. 299) *kūṭaśalmalī*. This hell is described at length in chapter 38 of the old *Skandapurāṇa* (volume IIb). Hemādri, however, apparently following Kṣīrasvāmin, takes the element *kūṭa* to suggest censure (*kūṭaśabdena kutsitatvaṃ dyotyate*), perhaps because *kūṭa* can mean 'trick'.

According to Mallinātha, *kūṭaśālmali* is the name of Yama's mace, so called because it resembles the spiny Silk Cotton tree. This seems to be in line with Dakṣiṇāvartanātha's interpretation (p. 158): *kūṭaśalmalīṃ kṛtrimaśalmalī[ṃ]; 'śalmalī śūlaprakṛtiḥ kaṇṭakī vṛkṣabhedaḥ'*, '*kūṭaśalmalī* is an artificial *śalmalī*; "*śalmalī* is a thorny type of tree whose nature is spiny".'

It is possible that this interpretation reflects Kālidāsa's original intention, since it seems more probable that Rāvaṇa, when harrowing hell, should have stolen (or could be fancied to have stolen) Yama's weapon as a trophy, than that he should have stolen a tree from one among many hells. It is not made entirely clear whether his weapon is compared with the *kūṭaśālmali/kūṭaśalmali* that he stole or that he is only fancied to have stolen, but the observation (of Vallabhadeva, Nārāyaṇapaṇḍita) that this is an *utprekṣā* suggests that he is only fancied to have stolen it.

It is possible that Vallabhadeva actually had the same interpretation as Mallinātha, but that he conceived the weapon as a tree fashioned as a mace and fitted with some other contraptions (*yantrayuktam*). But note that Aruṇagirinātha seems to regard the two interpretations as different, since he glosses *yantrayukto yātanātaruḥ, āyudhaṃ vā*. Presumably he borrowed the first gloss from Vallabhadeva. Nārāyaṇapaṇḍita mentions the same two options.

12:96 Śrīnātha (f. 206v) reads *suradviṣaḥ* and *kadalīm iva*. We decided against adopting *kadalīm iva*, found in almost all the Śāradā manuscripts, as the reading of Vallabhadeva for the reasons set forth in the next note.

12:96.1–2 *kadalī rambhā tadvad akleśenācchaitsīt*] There is a thorny problem here, connected also with the readings of the *mūla*. We have followed P and L_2 here, apart from taking *achaitsīt* as a gloss of the verse's *ciccheda* from the other branch of the transmission of the commentary. That other branch comments first on the reading *kadalīm iva*, and then presents *kadalīsukham* as a variant reading (but note that the word *pāṭhe* is not transmitted in all manuscripts of that branch). We have assumed that it is the often superior P that is closer to the original, and that in the other branch of transmission the other reading, *kadalīm iva*, having been seen and noticed to be linguistically more straightforward, was adopted, thus effectively downgrading *kadalīsukham* to a variant. If things in fact were the other way around, and the version of PL_2 were secondary, the change would seem somewhat harder to explain, whether as a deliberate or as an accidental one. Note that all the Śāradā MSS apart from P and L_2 read *kadalīm iva* in the root text, so that if PL_2's reading of the commentary is indeed original, it was perhaps bound to happen that at some point a transmitter knowing the *kadalīm iva* variant might feel inclined to update the commentary by revising it to reflect that reading.

Although *kadalīsukham* seems to be attested in no other text, and we are unable to cite any compound of similar structure ending in *°sukham*, it seems conceivable to us that it is what Kālidāsa wrote, with the other reading a deliberate 'improvement'. It is also conceivable, however, that the *°sukham* is secondary, a gloss that has entered into the text. But if *kadalīm iva* is not only linguistically more natural but also original, its complete disappearance (as far as one can see from the commentaries currently accessible to us) in the South would seem somewhat surprising.

12:97a Śrīnātha (f. 206v) probably read *cāsau*, since his commentary begins with the words *sa rāmaḥ*.

12:97.1 *na kevalaṃ tām abhāṅkṣīt, yāvat...*] 'He didn't simply break that [*śataghnī*-weapon], but even...'. We assume that by this expression Vallabhadeva is giving weight to the *ca* in 97a.

12:97.1–2 *sītāyāḥ sambandhino duḥkhaśalyasya*] Vallabhadeva, like Śrīnātha, Hemādri, and Mallinātha, takes the pain to be that experienced by Sītā, but Nārāyaṇapaṇḍita mentions this interpretation only as a second option, first suggesting that the pain is that of Rāma caused by his separation from Sītā.

12:99 Śrīnātha (f. 206v) reads *apāharat*, *rāmo ripu°* and *°vedanām*. Dakṣiṇāvartanātha (p. 158) read *aśātayat*.

12:99.1 *kṣaṇamātrād evāśātayat*] We have conjectured this on the grounds that it seems possible that these glosses were borrowed by Jinasamudra from Vallabhadeva. It is of course conceivable that *aśātayat* in Jinasamudra's text is actually a *pratīka* taken from the root text, rather than a gloss. Our apparatus for the root text reflects this possibility. Graphically speaking, *aśātayat* and *apātayat* are fairly close in Śāradā script.

12:101 Śrīnātha (f. 207r) reads *devānāṃ* in place of *marutāṃ* and *°śaṅkayā* instead of *°śaṅkinām*. Dakṣiṇavartanatha (p. 159) must also have read *devānām*, since his lemma for the verse is *devā*.

12:102c *aviniyamitaratne*] Śrīnātha (f. 207r) probably read *upanatamaṇibandhe*, as did Dakṣiṇāvartanātha (p. 159). Hemādri gives three interpretations of *upanatamaṇibandhe*, one of which he rejects. Among the two others, one assumes the widespread sense of *maṇibandha* as wrist (Rāma raised his hands in *añjali* towards his head and so his head was one 'to which the wrists were brought near'), and the other assumes that it refers to 'joining with a crown'. This latter is also what Mallinātha assumes: 'whose being joined with a crown had approached'. In such a reading then, there may, depending on its interpretation, be an explicit allusion to Rāma's forthcoming accession to the throne. Of course the reading known to Vallabhadeva may, more obliquely, refer to the same forthcoming event by emphasising that Rāma's head was still unadorned with jewels. As for which reading is likely to be primary, a case could perhaps be made for either one: the reading of Vallabhadeva seems oddly formulated, with the verb preceded by an odd combination of prefixes, which might therefore seem more likely to have been thought up by Kālidāsa than by a transmitter; the other reading, on the other hand, makes use of the collocation *maṇibandha* in an ambiguous fashion, which might have impelled some transmitter to attempt an 'improvement'. We may note that the only first-millennium manuscript, T^{M}, supports *aviniyamitaratne*, and we are therefore inclined to assume that it is the older reading.

12:102.4 Vallabhadeva gives the same definition (from the *Jayadevacchandaḥ*) in his commentary on *Śiśupālavadha* 11:1, and it is also given occasionally by others, e.g. by Devarāja in his commentary on *Kirātārjunīya* 1:1 (*ex conj.*, the edition printing *nāma yoyaḥ*).

12:103 Śrīnātha (f. 207r) reads *saṃhṛta°*, *°śarāṅkita°* and *°yujaṃ*. Aruṇagirinātha offers no echo of either *°śarāṅkita°* or *°śarācita°*, and although the edition prints the former, Nārāyaṇapaṇḍita clearly glosses the latter.

12:103.1 For *jyotkṛtya*, see our note on 7:30.1 above.

12:104b Śrīnātha (f. 207v) reads *saṃkramayya*.

12:104.4 *nārācaṃ nāma vṛttam*] Before this, we have thrown out a discussion that begins with *ekasminn ādarśe* on the grounds that it seems unlikely to belong to Vallabhadeva's text. We suppose it to be the remark of a scribe transmitting Vallabhadeva's commentary who must have had at least two manuscripts in front of him, one of which recorded Vallabhadeva labelling the metre as *nārāca* and the other recording him as giving it the label *niśā*. The remark has crept into all our manuscript sources and so must be old. The metre is usually known as *nārāca*, but the name *niśā* is mentioned instead, with *varadā* as an alternative, in at least one source, Jayakīrti's *Chandonuśāsana*, where the definition is *bhavati ca varadā dvayaṃ nau ca rau rau ca keṣāṃ niśā* (2.224).

12:104.4 *iha nanaracatuṣkasṛṣṭaṃ tu nārācam ācakṣate*] We do not know the source of this quotation that both defines and illustrates *nārāca* metre, and it is possible that it was introduced here by a transmitter of Vallabhadeva's text rather than quoted by Vallabhadeva himself. We have been able to repair it (as transmitted in our manuscripts, it was somewhat corrupt) because it appears in APTE's list (Appendix A, p. 9). It also appears in comments (of uncertain authorship) on Piṅgala's *Chandaḥśāstra* in the 1938 Kāvyamāla edition (vol. 91), p. 161. We also find this definition in Ratnākaraśānti's *Chandoratnākara* (2:69), a text which is extremely close to that of Jayadeva, the metrician from whom Vallabhadeva quotes elsewhere (for instance on 12:102), as HAHN's tabulated concordance shows (1982:8), but this particular definition is not found in the edition of the *Jayadevacchandaḥ*. Could it have dropped out in transmission?

ABBREVIATIONS AND SYMBOLS

⏑̄ illegible syllable

--- illegible syllables

- syllable marked by scribe as having been illegible in his exemplar

⊔ gap left by scribe to indicate illegible portion in his exemplar

··· syllables not cited (for the sake of brevity)

• separates two lemmata within the same *pāda*

] end of lemma

×...× cancelled text

†...† corrupt text that has not been repaired

+...+ inserted text

≪...≫ diagnostically conjectured text

ac *ante correctionem*

BORI Bhandarkar Oriental Research Institute

ℭ all printed commentaries on the *Raghuvaṃśa*

CII Corpus Inscriptionum Indicarum

conj. conjecture

EDSHP A. M. Ghatage, V. P. Bhatta (gen. ed.), *Encyclopaedic Dictionary of Sanskrit on Historical Principles.* Pune: Deccan College, 1976–

EFEO École française d'Extrême-Orient

em. emendation

f., ff. folio, folios

IFP Institut français de Pondichéry

i.m. in margin

KSTS Kashmir Series of Texts and Studies

NAK National Archives, Kathmandu

NGMPP Nepal-German Manuscript Preservation Project

NWS Nachtragswörterbuch des Sanskrit, prepared by colleagues at the universities of Marburg and Halle-Wittenberg (`https://nws.uzi.uni-halle.de/`)

om. omits

pc *post correctionem*

r or ^{r} recto

Ś all Kashmirian sources for the text of the *Raghuvaṃśa*

v or ^{v} verso

V all Kashmirian MSS of the *Raghupañcikā*

vl *varia lectio*

BIBLIOGRAPHICAL SUPPLEMENT

Primary Sources

AGNIPURĀṆA *Agni Puranam by Shrimanmaharshi Vedavyas, with Preface by Manasukharāya Mora.* Gurumandal Series No. XVII. Calcutta, 1957.

ANARGHARĀGHAVA of Murāri. See TÖRZSÖK 2006.

ABHIJÑĀNAŚĀKUNTALA of Kālidāsa. *Abhijñāna Śākuntala of Kālidāsa. Abhijñānaśākuntalam, mahākaviśrīkālidāsapraṇītaṃ nāṭakaratnam, kātayavemabhūpaviracitayā kumāragirirājīyayā vyākhyayā samanvitam*, ed. and trans. C. Sankara Rama SASTRI. Sri Balamanorama Series Nos. 32 & 42. Madras: Sri Balamanorama Press, 1947.

AMARAKOŚA of Amarasiṃha. *Amara's Nāmaliṅgānuśāsanam (Text) A Sanskrit Dictionary in Three Chapters Critically Edited with Introduction and English Equivalents for Each Word and English Word-Index*, ed. N. G. SARDESAI and D. G. PADHYE. Poona Oriental Book Series N°60. Poona: Oriental Book Agency, 1940.[4]

AMARAKOŚA of Amarasiṃha with the commentary of Vandyaghaṭīya Sarvānanda. *The Nâmalingânusâsana of Amarasimha with the Two Commentaries, Amarakosodghâtana of Kshîrasvâmin and Tîkâsarvasva of Vandyaghatîya-Sarvânanda*, ed. T. Gaṇapati SÂSTRÎ. Trivandrum Sanskrit Series 38, 43, 51, 52. Trivandrum, 1914, 1915, 1917, and 1917.

AMARAKOŚA of Amarasiṃha with the commentary of Kṣīrasvāmin. *The Nâmalingânuśâsana (Amarakosha) of Amarasimha with the Commentary (Amarakoshodghâtana.) of Kshîrasvâmin. Edited with Critical*

[4]We have had recourse to further editions of the *Amarakośa* in this volume, but, as in the first volume, unless otherwise specified, our references are to the Adyar edition of A. A. RAMANATHAN.

Notes, an Essay on the Time of Amarasimha and Kshîrasvâmin, a List of Works and Authors Quoted, Glossary of Words, &c. &c. Krishnaji Govind OKA. Poona Oriental Series N°43. Poona: Law Printing Press, 1913.

AṢṬĀṄGAHṚDAYA of Vāgbhaṭa with the commentaries of Aruṇadatta and Hemādri. *The Astāngahṛidaya. A Compendium of the Āyurveda System Composed by Vāgbhaṭa with the Commentaries (Sarvāngasundarā) of Aruṇadatta and (Āyurvedarasāyana) of Hemādri*, collated by Annā Moreśwar KUNTE and Krisna Rāmachandra Śāstrī NAVRE, ed. Bhisagāchārya Hariśāstrī PARĀDKAR VAIDYA. Bombay: Pānduraṅg Jāwajī, 1939.

ĀGAMAḌAMBARA of Jayantabhaṭṭa. See DEZSŐ 2005.

ĀNANDARĀMĀYAṆA *atha śrīmadānandarāmāyaṇaprārambhaḥ*, ed. Enāpure VĀSUDEVĀCĀRYA. Bombay: Gopāḷanārāyaṇaprabhṛtijanatā Press, 1902 (1824 *śaka*).

ĪŚVARAPRATYABHIJÑĀVIVṚTIVIMARŚINĪ of Abhinavagupta. *The Iśvarapratyabhijnā Vivrtivimarśini by Abhinavagupta. Volume 1*, ed. Madhusūdan Kaul SHĀSTRĪ. Kashmir Series of Texts and Studies 60. Bombay: The Research Department, Jammu & Kashmir State, 1938.

KAPPHIṆĀBHYUDAYA of Śivasvāmin. *Kapphiṇābhyudaya or King Kapphiṇa's Triumph. A Ninth Century Kashmiri Buddhist Poem*, Michael HAHN (Edited by Yusho WAKAHARA. Ryukoku University Studies in Buddhist Culture 18. Kyoto: Institute of Buddhist Cultural Studies, Ryukoku University, 2007.

KĀVYAPRAKĀŚA of Mammaṭa with the commentary of Śrīdhara. *The Kāvyaprakāśa of Mammaṭa with the Commentary of Śrīdhara (Part Two)*, ed. Sivaprasad *Bhattacharyya*. Calcutta Sanskrit College Research Series 15. Calcutta: Sanskrit College, 1961.

KĀVYĀDARŚA of Daṇḍin. *Śrīmadācāryadaṇḍiviracitaḥ Kāvyādarśaḥ. Kāvyādarśa of Daṇḍin. Sanskrit Text and English Translation*, ed. S. K. BELVALKAR. Poona: Oriental Book-Supplying Agency, 1924.

KĀVYĀNUŚĀSANA of Hemacandra. *Kāvyānuśāsana [With Alaṃkāracūḍāmaṇi and Viveka] by Ācārya Hemachandra with Two Anonymous Ṭippaṇas*, ed. Rasiklal C. PARIKH and V. M. KULKARNI. [Second Revised Edition] Bombay: Sri Mahāvīra Jaina Vidyālaya, 1964.

KĀVYĀLAṄKĀRA of Bhāmaha. *Kāvyālaṅkāra of Bhāmaha, Paricchedas 1 to 6 with English Translation and Notes on Paricchedas 1 to 3*, C. SANKARA RAMA SASTRI. Sri Balamanorama Series No. 54. Madras, Mylapore: Sri Balamanorama Press, 1956.

KĀVYĀLAṄKĀRASĀRASAṂGRAHA of Udbhaṭa. *Kāyvālaṁkāra-sāra-saṁgraha of Udbhaṭa with the Commentary, the Laghuvṛitti, of Indurāja edited with Introduction, Notes, Appendices etc.*, ed. Narayana Daso BANHATTI. Poona: Bhandarkar Oriental Research Institute, 1925.

KĀVYĀLAṄKĀRASŪTRA of Vāmana. *The Kâvyâlankâra-Sûtras of Vâmana with his Own Vṛitti*, ed. DURGÂPRASÂDA and Kâśinâth Pâṇḍurang PARAB. Third revised edition. Kâvyamâlâ 15. Bombay: Nirṇaya-Sâgar Press, 1926.

KĀVYĀLAṄKĀRASŪTRA of Vāmana. *Kavyalankarasutra Vritti with the Commentary Kamadhenu*, ed. ŚRĪKṚṢṆASŪRI. Srirangam: Vani Vilas Press, 1909.

KĀŚIKĀVIVARAṆAPAÑJIKĀ of Jinendrabuddhi. *Kāśikā (A Commentary on Pāṇini's Grammar) of Vāmana and Jayāditya with Nyāsa or Vivaraṇa-pañjikā of Jinendrabuddhi and Padamañjarī of Haradatta Miśra with Bhāvabodhinī Hindi Exposition by Dr. Jaya Shankar Lal Tripathi*, ed. Jaya Shankar Lal TRIPATHI and Sudhakar MALAVIYA. 8 volumes. Prācyabhāratīgranthamālā 17, 18, 19, 20, 25, 26, 29, 30. Varanasi: Tara Printing Works, 1986–1991.

KUMĀRASAMBHAVA of Kālidāsa. See also PRAJITHA 2010 and VASUMATHI 2015.

KṢĪRATARAṄGIṆĪ of Kṣīrasvāmin. *Kṣīrataraṅgiṇī*, ed. Bruno LIEBICH. Indische Forschungen Doppelheft 8/9. Breslau: M. & H. Marcus, 1931.

GARUḌAPURĀṆA. *The Garuḍa Mahāpurāṇam*, ed. Khemarāja Śrīkṛṣṇadāsa. Delhi: Nag Publishers [reprint], 1984.

CATURVARGACINTĀMAṆI. *Caturvargacintāmaṇi of Śrī Hemādri. Vol. II. Vratakhaṇḍa. Part II*, ed. Bharatacandra Śiromaṇi, Yajñeśvara Smṛtiratna and Kāmākhyānātha Tarkavāgīśa. Kashi Sanskrit Series 234. Varanasi: Chaukhambha Sanskrit Sansthan, 1985 (reprint of 1879).

CHANDAḤŚĀSTRA of Piṅgala. *The Chhandas Śāstra by Śrī Piñgalanāga With the Commentary Mṛitasañjīvanī by Śrī Halāyudha Bhaṭṭa*, ed. Paṇḍit Kedāranāth of Jaypur. Kāvyamālā 91. Third Edition, Revised with Notes by Vidyālañkār Anant Yajneśvar Śāstrī Dhupkar. Bombay: 'Nirṇaya Sāgar' Press, 1938.

CHANDORATNĀKARA of Ratnākaraśānti. *Ratnākaraśānti's Chandoratnākara*, ed. Michael Hahn. Nepal Research Centre Miscellaneous Papers No. 34. Kathmandu: Nepal Research Centre, 1982.

CHĀNDOGYOPANIṢAT. See LIMAYE and VADEDAKAR 1958.

JAYADEVACCHANDAḤŚĀSTRA of Jayadeva. Edited, under the title *Jayadevacchandaḥ*, on pp. 1–40 of VELANKAR 1949.

JĀTAKAMĀLĀ of Haribhaṭṭa. *Haribhaṭṭa's Jātakamālā. Critically Edited from the Manuscripts with the Help of Earlier Work by Michael Hahn*, ed. Martin STRAUBE. Pune Indological Series II. Pune: Department of Pali, Savitribai Phule Pune Iniversity, 2019.

JĀNAKĪHARAṆA of Kumāradāsa. *The Jānakīharaṇa of Kumāradāsa*, ed. S. PARANAVITANA and C. E. GODAKUMBURA. [Columbo:] Ceylon Academy of Letters, 1967.

TANTRĀKHYĀYIKĀ. See HERTEL 1910.

TRIKĀṆḌAŚEṢA of Puruṣottamadeva. *The Trikāndaçesha A collection of Sanskrit Nouns by Sri Purushottamadeva King of Kalinga, India, with Sârârtha Candrikâ A Commentary*, C. A. SEELAKKHNDHA (*sic*) Maha Thera. Bombay: Khemaraja Shrikrishnadâsa, 1916.

TRIṢAṢṬIŚALĀKĀPURUṢACARITA of Hemacandra. *The Trishas'hṭisalākapurushacharitram-mahākāvyam by Śrī-Hemachandra-āchārya*, ed. Muni CHARAṆAVIJAYA. 2 vols. Śrī-Jaina-Ātmānanda-S'atābdi Series 7 and 8. Bhāvnagar: Śrī-Jaina-Ātmānanda-Sabhā, 1936 and 1950.

DHANAÑJAYANĀMAMĀLĀ. *Namamala by Mahakavi Dhananjaya with the Bhashya of Amarakirti and the Anekartha Nighantu and Ekakshari Kosha*, ed. Shambhu Natha TRIPATHI. Jnana-Pitha Moorti Devi Jain Granthamala Sanskrit Grantha N°6. Banaras: Bharatiya Jnana-Pitha Kashi, 1950.

DHARMOPADEŚAMĀLĀVIVARAṆA of Jayasiṃhasūri. *Dharmopadeśamālāvivaraṇa of Śrī Jayasiṃha Sūri*, ed. JINAVIJAYAMUNI. Singhi Jain Granthamālā 28. Bombay: Bhāratīya Vidyā Bhavan, 1949.

DHVANYĀLOKALOCANA of Abhinavagupta. *The Dhvanyāloka of Śrī Ānandavardhanāchārya with the Lochana & Bālapriyā Commentaries By Śrī Abhinavagupta & Panditrāja Sahṛdayatilaka Śrī Rāmaśāraka with the Divyāñjana Notes by Kavitārkika-Chakravarty Pandit Śrī Mahādeva Śāstri*, ed. PATTĀBHIRĀMA ŚĀSTRI. Kashi Sanskrit Series 135. Benares: Chowkambâ Sanskrit Series Office, 1940.

NĀṬYAŚĀSTRA. *Nāṭyaśāstra of Bharatamuni with the Commentary Abhinavabhāratī by Abhinavaguptācārya. Vol. I. Chapters 1–7. Illustrated*, ed. K. KRISHNAMOORTHY. Fourth Edition. Gaekwad's Oriental Series No. 36. Vadodara: Oriental Institute, 1992.

Nāṭyaśāstra of Bharatamuni with the Commentary Abhinavabhāratī by Abhinavaguptācārya. Vol. II. Chapters 8–18., ed. M. Ramakrishna KAVI, rev. ed. V. M. KULKARNI & Tapasvi NANDI. Gaekwad's Oriental Series No. 68. Vadodara: Oriental Institute, 2001.

NĀNĀRTHĀRṆAVASAṂKṢEPA of Keśavasvāmin. *nānārthārṇavasaṃkṣepaḥ keśavasvāmipraṇītaḥ*, ed. T. GANAPATI SASTRI. Trivandrum Sanskrit Series 23, 29, 31. Trivandrum: Government of His Highness the Maharajah of Travancore, 1913.

NĀRADAPURĀṆA. *Nāradapurāṇam*, ed. Khemarāja Śrīkṛṣṇadāsa. Bombay: Venkaṭeśvara Steam Press, 1867.

NYĀYABHŪṢAṆA of Bhāsarvajña. *Śrīmadācārya-Bhāsarvajñapraṇītasya Nyāyabhūṣaṇasya svopajñaṃ vyākhyānaṃ Nyāyabhūṣaṇam, tad etat udāsīnasaṃskṛtamahāvidyālayasya bhūtapūrvapradhānācāryaḥ nyāyācāryamīmāṃsātīrthādyupādhibhṛt Svāmī Yogīndrānandaḥ śrautasaugatārhatādyanekadarśanagranthasāhāyyena saṃśodhya ṭippaṇādibhiḥ pariṣkṛtya sampāditavān*, ed. Yogīndrānanda. Vārāṇasī, 1968.

PADAMAÑJARĪ of Haradatta. See KĀŚIKĀVIVARAṆAPAÑJIKA.

PADMAPURĀṆA. *The Padmamahāpurāṇam.* No editor credited. Delhi: Nag Publishers, 1984. [Reprint of Veṃkaṭeśvara Steam Press Edition]

PĀIASADDAMAHAṆṆAVO. See SHETH 1923–1928.

PĀṆINĪYAŚIKṢĀ *Pāṇinīya Śikṣā or The Critically edited in all its Five Recensions with an Introduction, Translation and Notes together with its two Commentaries*, ed. Manomohan GHOSH. Calcutta: University of Calcutta, 1938.

PRAKĪRṆAKAPRAKĀŚA of Helārāja. *Vākyapadīya of Bhartṛhari with the Prakīrṇakaprakāśa of Helārāja Kāṇḍa III, Part ii*, ed. K. A. SUBRAMANIA IYER. Poona: Deccan College, 1973.

PRADĪPA of Kaiyaṭa. *Patañjali's Vyākaraṇa Mahābhāṣya with Kaiyaṭa's Pradīpa and Nāgeśa's Uddyota Vol. IV*, ed. Bhārgavaśāstrī JOSHI. Bombay: Satyabhamabai Pandurang, 1942.

BĀLAMANORAMĀ *The Siddhânta Kaumudî of Sri Bhattoji Deekshita with the Commentary Srî Bâlamanôramâ of Sri Vasudeva Deekshita*, ed. S. CHANDRASEKHARA SASTRIGAL. 2 vols. Trichinopoly: St. Joseph's Industrial School Press.

BĀLARĀMĀYAṆA *The Bálarámáyaṇa. A Drama by Rájaśekhara*, ed. Govindadeva ŚÁSTRI. Benares: The Medical Hall Press, 1869.

BṚHATSAṂHITĀ of Varāhamihira. *The Brihat Samhita by Varâhamihira with the commentary of Bhaṭṭotpala*, ed. Sudhâkara DVIVEDÎ. Part 2. The Vizianagram Sanskṛit Series No. 12. Benares: E. J. Lazarus & Co., 1897.

BRAHMAPURĀṆA. *Sanskrit Indices and Text of the Brahmapurāṇa*, Peter SCHREINER and Renate SÖHNEN. Purāṇa Research Publications, Tübingen, 1. Wiesbaden: Harrassowitz, 1987.

BHAVIṢYAPURĀṆA. *The Bhaviṣyamahāpurāṇam*, no editor accredited. Delhi: Nag Publishers, 1984. [Reprint of Veṃkaṭeśvara Steam Press edition].

BHĀGAVATAPURĀṆA *The Bhāgavata [Śrīmad Bhāgavata Mahāpurāṇa]: Critical Edition*, ed. H. G. SHASTRI, Bharati K. SHELAT, K. K. SHASTREE. 4 volumes in 6 parts. Ahmedabad: B. J. Institute of Learning and Research, 1996–2002.

BHĀRATAMAÑJARĪ of Kṣemendra. *The Bhâratamañjarî of Kshemendra*, ed. Pandit ŚIVADATTA and Kâśînâth Pândurang PARAB. Kavyamala 64. Bombay:Tukârâm Jâvaji, 1898.

MAHĀBHĀṢYA of Patañjali. *The Vyākaraṇa-Mahābhāṣya of Patañjali*, ed. F. Kielhorn. Third Edition, Revised by K. V. Abhyankar. Volume II. Adhyāyas III, IV and V. Pune: Bhandarkar Oriental Research Institute, 1996 (reprint of the Third Edition of 1965).

MĀLATĪMĀDHAVA of Bhavabhūti. *Mālatīmādhava of Bhavabhūti with the Commentary Rasamañjarī of Pūrṇasarasvatī*, ed. K. S. Mahādeva ŚĀSTRĪ. Trivandrum Sanskrit Series 170. Trivandrum: University of Travancore, 1953.

MOKṢOPĀYA. *Mokṣopāya. Das Dritte Buch. Utpattiprakaraṇa*, ed. Jürgen HANNEDER, Peter STEPHAN and Stanislav JAGER. Anonymus Casmiriensis: Mokṣopāya. Historisch-kritische Gesamtausgabe. Herausgegeben unter der Leitung von Walter Slaje. Textedition. Teil 2. Wiesbaden: Harrassowitz, 2011.

YĀJÑAVALKYASMṚTI. *aparārkāparābhidhāparādityaviracitaṭīkāsametā yājñavalkyasmṛtiḥ. etat pustakam ānandāśramasthapaṇḍitaiḥ saṃśodhitam. tac ca hari nārāyaṇa āpaṭe ityanena puṇyākhyapattane ānandāśramamudraṇālaye āyasākṣarair mudrayitvā prakāśitam.* Ānandāśramasaṃskṛtagranthāvali 46. Pune: Ānandāśrama Press, 1903 and 1904.

YOGASŪTRA with the commentary of Vācaspatimiśra. *vācaspatimiśraviracitaṭīkāsaṃvalitavyāsabhāṣyasametāni yogasūtrāṇi. tathā bhojadevaviracitarājamārtaṇḍābhidhavṛttisametāni pātañjalayogasūtrāṇi. (sūtrapāṭhasūtravarṇānukramasūcībhyāṃ ca sanāthīkṛtāni). etat pustakam ve° śā° rā° rā° "kāśīnāth śāstrī agāśe" ityetaiḥ saṃśodhitam. tac ca hari nārāyaṇa āpaṭe ityanena puṇyākhyapattane ānandāśramamudraṇālaye āyasākṣarair mudrayitvā prakāśitam.* Ānandāśramasaṃskṛtagranthāvali 47. Pune: Ānandāśrama Press, 1904.

RAGHUPAÑJIKĀ of 'Vallabhadeva'. See PATEL 1998.

RĀMACARITA of Abhinanda. *Rāmacarita of Abhinanda*, ed. K. S. Rāmaswāmī ŚĀSTRI. Gaekwad's Oriental Series XLVI. Baroda: Oriental Institute, 1930.

RĀMĀYAṆAMAÑJARĪ of Kṣemendra. *The Rāmāyaṇamañjarī of Kshemendra*, ed. Pandit Bhavadatta ŚÂSTRÎ, Pandit ŚIVADATTA and Kâshînâth Pâṇdurang PARAB. Kavyamala 83. Bombay: Tukârâm Jâvaji, 1903.

LĪLĀVATĪSĀRA of Jinaratna. *Jinaratna's Līlāvatī-sāi A Sanskrit Abridgement of Jineśvara-sūri's Prakrit Līlāvaī-kahā*, ed. H. C. BHAYANI, with assistance from N. M. KANSARA. L. D. Series 96. Ahmedabad: L. D. Institute of Indology, 1983.

VARĀHAPURĀṆA. *atha śrīmadvārāhamahāpurāṇaṃ prārabhyate.* Mumbai: Veṅkaṭeśvara Steam Press, 1867.

VĀCASPATYA. *Vachaspatyam. (A Comprehensive Sanskrit Dictionary)*, compiled by Taranatha Tarkavachaspati. 6 vols. Varanasi: The Chowkhamba Sanskrit Series Office [reprint], 1962.

VĀMAKEŚVARĪMATA. *The Vāmakeśvarīmatam With the Commentary of Rājānaka Jayaratha*, ed. Pandit Madhusudan Kaul Shastri. Kashmir Series of Texts and Studies No. LXVI. Srinagar: Research Department, His Highness' Government, Jammu and Kashmir, 1945.

VĀYAVĪYASAṂHITĀ. See BAROIS 2012.

VIṢṆUDHARMOTTARA. *The Viṣṇudharmottarapurāṇa*, ed. Kṣemarāja Śrīkṛṣṇadāsa. Delhi: Nag Publishers (reprint), 1983.

VIṢṆUSMṚTI. See OLIVELLE 2009.

VYAKTIVIVEKA of Mahimabhaṭṭa. *The Vyaktiviveka of Rājānaka Śrī Mahimabhaṭṭa Edited with a Sanskrit Commentary of Rājānak Ruyyaka and Hindi Commentary and Notes*, ed. Rewāprasāda DWIVĒDĪ. Kashi Sanskrit Series 12. Varanasi: Chowkhamba Sanskrit Series Office, 1964.

VYOMAVATĪ of Vyomaśiva. *Vyomavatī of Vyomaśivācārya*, vol. 2, ed. Gaurīnātha ŚĀSTRĪ. M. M. Śivakumāraśāstrī-granthamālā 6. Varanasi: Sampurnanand Sanskrit Vishvavidyalaya, 1984.

ŚABDARATNAPRADĪPA. *Śabdaratnapradīpa*, ed. Hariprasad SHASTRI. Rājasthān Purātan Granthamālā 19. Jaipur: Rajasthan Oriental Research Institute, 1956.

ŚABDARATNĀVALĪ of Mathureśa. *Śabdaratnāvalī (An Early Seventeenth Century Kośa Work Compiled in the Name of Musā-Khān)*, ed. Pandit Manindra Mohan CHAUDHURI. Calcutta: Asiatic Society, 1970. Bibliotheca Indica Work Number 292, Issue Number 1591.

ŚĀSTRAVĀRTTĀSAMUCCAYA of Haribhadra. *Ācārya Haribhadrasūri's Śāstravārtāsamuccaya (With Hindi Translation, Notes and Introduction)*, trans. K.K. DIXIT. Ahmedabad: L.D. Institute of Indology, 2002. L.D. Series 128(22). [Second edition, first edition 1969]

ŚṚṄGĀRAPRAKĀŚA of Bhoja. *Śṛṅgāraprakāśa [Sāhityaprakāśa] by Bhojarāja*, ed. Rewāprasāda DWIVEDĪ, Sadāśivakumāra Dwivedī. 2 vols. New Delhi/Varanasi: Indira Gandhi National Centre for the Arts/ Kālidāsasamsthāna, 2007.

SATTASAĪ. *Hāla's Gāhākosa (Gāthāsaptaśatī) with the Sanskrit Commentary of Bhuvanapāla. Part I*, ed. M.V. Patwardhan. Ahmedabad: Prakrit Text Society, 1980. Prakrit Text Series No. 21.

Ueber das Saptaçatakam des Hâla, ed. Albrecht WEBER. Abhandlungen für die Kunde des Morgenlandes herausgegeben von der Deutschen Morgenländischen Gesellschaft, VII. Band, No. 4. Leipzig: F.A. Brockhaus, 1881.

SADUKTIKARṆĀMṚTA. of Śrīdharadāsa. *Sadukti-karṇāmṛta of Śrīdharadāsa*, ed. Sures Chandra BANERJI. Calcutta: Firma K.L. Mukhopadhyay, 1965.

SARASVATĪKAṆṬHĀBHARAṆA of Bhoja. *Sarasvatīkaṇṭhābharaṇam of King Bhoja (on Poetics): Text and Translation*, ed. and trans. Sundari SIDDHARTHA, assisted by Hema RAMANATHAN. 3 vols. New Delhi/Delhi: Indira Gandhi National Centre for the Arts/Motilal Banarsidass, 2009.

SARVAJÑĀNOTTARATANTRA. Edition of Dominic GOODALL in progress.

SĀMAVEDA. *Sāmaveda Samhitā of the Kauthuma School with Padapāṭha and the Commentaries of Mādhava, Bharatasvāmin and Sāyaṇa*, ed. B.R. SHARMA. Harvard Oriental Series. Cambridge, Massachusetts: Harvard University Press, Vol. 1: 2000, Vol. 2: 2002.

SĀMAVEDĪYARUDRAJAPAVIDHI. *Sāmavedīyarudrajapavidhiḥ: pañcavaktrapūjanam, laghurudravidhānañ ca.* [No editor credited.] Varanasi: Caukhambā Saṃskṛta Pustakālaya, 1937.

SĀHITYADARPAṆA of Kavirāja Viśvanātha. *Sāhitya Darpana of Kaviraja Viśvanatha Mahāpātra with Two Old Commentaries viz: Locana by the Author's Son Ananta Dāsa & Vijñapriyā by Bhaṭṭācārya Maheśvara Tarkālaṅkāra*, ed. Karuṇākarkar. Lahore: Motilal Banarsidass, 1938.

SIDDHASĀRA of Ravigupta. *The Siddhasāra of Ravigupta. Volume I: The Sanskrit Text*, ed. R. E. Emmerick. Verzeichnis der Orientalischen Handschriften in Deutschland, Supplementband 23.1. Wiesbaden: Franz Steiner Verlag, 1980.

SETUBANDHA of Pravarasena. *Râvaṇavaha oder Setubandha. Prâkṛt und deutsch. I. Lieferung: Text, Index*, ed. Siegfried Goldschmidt. Strassburg: Verlag von Karl J. Trübner — London: Trübner & Co., 1880.

SKANDAPURĀṆA. Old recension: *skandapurāṇasya ambikākhaṇḍa*, ed. Kṛṣṇaprasād BHAṬṬARĀĪ. Kathmandu: Mahendrasaṃskṛtaviśvavidyālayaḥ, 1988. See also BAKKER, BISSCHOP and YOKOCHI 2014.

Translations and Studies

APTE, Vaman Shivaram, P. K. GODE, and C. G. KARVE

1978 *The Practical Sanskrit-English Dictionary.* Kyoto: Rinsen Book Co. (reprint of revised edition).

BAKKER, Hans T., Peter C. BISSCHOP, and Yuko YOKOCHI

2014 *The Skandapurāṇa, Volume IIB Adhyāyas 31–52: The Vāhana and Naraka Cycles. Critical Edition with an Introduction, & Annotated English Synopsis.* Groningen Oriental Studies: Supplement. Leiden: Brill.

BAROIS, Christèle

2012 *La Vāyavīyasaṃhitā: doctrine et rituels śivaïtes en contexte purāṇique.* Thesis defended at the École pratique des hautes études, Paris.

BARTH, Auguste

1885 *Inscriptions sanscrites du Cambodge.* Notices et extraits des manuscrits de la Bibliothèque nationale et autres bibliothèques, vol. 27, no. 1, fasc. 1. Paris: Imprimerie Nationale.

BHATTACHARYA, Kamaleswar

1991 *Recherches sur le vocabulaire des inscriptions sanskrites du Cambodge.* Publications de l'École française d'Extrême-Orient 167. Paris: EFEO.

BLOOMFIELD, Maurice

1906 *A Vedic Concordance, being an Alphabetic Index to Every Line of Every Stanza of the Published Vedic Literature and to the Liturgical Formulas thereof, that is an Index to the Vedic Mantras, together with an Account of their Variations in the Different Vedic Books.* Cambridge, Massachusetts: Harvard University.

BÖHTLINGK, Otto, and Rudolf ROTH

1855–1875 *Sanskrit-Wörterbuch.* 7 vols. St. Petersburg: Kaiserliche Akademie der Wissenschaften.

BRONNER, Yigal

2010 *Extreme Poetry. The South Asian Movement of Simultaneous Narration.* New York: Columbia University Press.

BRONNER, Yigal, and Lawrence MCCREA

2012 'To Be or Not to Be Śiśupāla: Which Version of the Key Speech in Māgha's Great Poem Did He Really Write?' *Journal of the American Oriental Society* 132 (3), pp. 427–55.

BRONNER, Yigal, David Dean SHULMAN, and Gary A. TUBB, eds.

2014 *Innovations and Turning Points: Toward a History of Kāvya Literature.* New Delhi: Oxford University Press.

BÜHLER, Johann Georg

1890 'Die indische Inschriften und das Alter der indischen Kunstpoesie'. Sitzungsberichte der kaiserlichen Akademie der Wissenschaften in Wien, Philosophisch-historische Klasse 122: XI/1-97. Vienna.

1892 'The Praśasti of the Temple of Lakkhā Maṇḍal at Maḍhā, in Jaunsār Bāwar', *Epigraphia Indica* 1, pp. 10–15.

CŒDÈS, George

1908 'Les inscriptions de Bat Cum (Cambodge)', *Journal Asiatique* 10 (12), pp. 213–52.

COX, Whitney

2017 *Modes of Philology in Medieval South India*. Philological Encounters Monographs 1. Leiden and Boston: Brill.

DEZSŐ, Csaba

2005 *Much Ado about Religion by Bhaṭṭa Jayanta*. Clay Sanskrit Library. New York: New York University Press: JJC Foundation.

2014 ' "We Do Not Fully Understand the Learned Poet's Intention in Not Composing a Twentieth Canto": Addiction as a Structuring Theme in the *Raghuvaṃśa*,' *South Asian Studies* 30 (2), pp. 159–72.

2020 'Not to Worry, Vasiṣṭha Will Sort It Out: The Role of the Purohita in the Raghuvaṃśa'. In *Śaivism and the Tantric Traditions: Essays in Honour of Alexis G. J. S. Sanderson*, edited by Dominic Goodall, Shaman Hatley, Harunaga Isaacson, and Srilata Raman, pp. 217–33. Gonda Indological Studies 22. Leiden and Boston: Brill.

2022 'Vṛddhekṣvākuvratam. The Commentators' Interpretations of the Passages Describing the Renunciation of Kings in the Raghuvaṃśa', *Asiatische Studien — Études Asiatiques*, 76 (3), pp. 507–29.

DEZSŐ, Csaba, & Dominic GOODALL

2013 *Dāmodaraguptaviracitaṃ Kuṭṭanīmatam. The Bawd's Counsel, being an Eighth-Century Verse Novel in Sanskrit by Dāmodaragupta. Newly Edited and Translated into English*. Groningen Oriental Studies XXIII. Groningen: Egbert Forsten.

DEZSŐ, Csaba, Dominic GOODALL & Harunaga ISAACSON

2024 *The Lineage of the Raghus*. Murty Classical Library of India 38. Cambridge, Massachusetts / London: Harvard University Press.

FLEET, John Faithfull

1888 *Inscriptions of the Early Gupta Kings and Their Successors.* 1st ed. Corpus Inscriptionum Indicarum 3. Calcutta: Superintendent of Government Printing.

GAIL, Adalbert

1983 'Āyudhapuruṣa — Die anthropomorphen Waffen Viṣṇus in Literatur und Kunst', *Indologica Taurinensia* VIII–IX (1980–1981), pp. 181–85.

GEROW, Edwin

1971 *A Glossary of Indian Figures of Speech.* The Hague · Paris: Mouton.

GERSCHHEIMER, Gerdi, and Dominic GOODALL

2014 '« Que cette demeure de Śrīpati dure sur terre... ». L'inscription préangkorienne K. 1254 du musée d'Angkor Borei', *Bulletin de l'École française d'Extrême-Orient* 100, pp. 113–46.

GOLDMAN, Robert P.

1984 *The Rāmāyaṇa of Vālmīki. An Epic of Ancient India. Volume I: Bālakāṇḍa.* Princeton Library of Asian Translations. Princeton, N.J.: Princeton University Press.

GOLDMAN, Robert P., and Sally J. SUTHERLAND

1996 *The Rāmāyaṇa of Vālmīki. An Epic of Ancient India. Volume V: Sundarakāṇḍa.* Princeton Library of Asian Translations. Princeton, N.J.: Princeton University Press.

GONDA, Jan

1975 'Reflections on the *Ārṣa* and *Āsura* Forms of Marriage', article of 1954 reprinted on pp. 171–185 of *J. Gonda Selected Studies Presented to the author by the staff of the Oriental Institute, Utrecht University, on, the occasion of his 70th birthday, Volume IV History of Ancient Indian Religion.* Leiden: Brill.

Goodall, Dominic

2009 'Retracer la transmission des textes littéraires à l'aide des textes « théoriques » de l'Alaṅkāraśāstra ancien : quelques exemples tirés du Raghuvaṃśa', *Écrire et transmettre en Inde classique*, ed. Gerdi Gerschheimer and Gérard Colas. Études thématiques 23. Paris: École française d'Extrême-Orient, pp. 63–77.

2022 *The East Mebon Stele Inscription from Angkor (K. 528). A Sanskrit Eulogy of the Tenth-Century Khmer Sovereign Rājendravarman.* Collection Indologie 154. Pondicherry: Institut Français de Pondichéry / École française d'Extrême-Orient.

forthcoming 'Stripping Gilt from the Lily: Restoring Verses of the Raghuvaṃśa that Transmitters Have Embellished'. In a volume being edited by Cristina Pecchia. Vienna.

Goodall, Dominic, and Harunaga Isaacson

2003 *The Raghupañcikā of Vallabhadeva: Being the Earliest Commentary on the Raghuvaṃśa of Kālidāsa.* Groningen Oriental Studies 17. Groningen: Egbert Forsten.

Grierson, George Abraham

1932 *A Dictionary of the Kashmiri Language.* Calcutta: Asiatic Society of Bengal.

Haksar, A. N. D.

2016 *Raghuvamsam: The Line of Raghu.* Gurgaon: Penguin Random House India.

Handiqui, Krishna Kanta

1956 *Naiṣadhacarita of Śrīharṣa For the First Time Translated into English with Critical Notes and Extracts from Unpublished Commentaries, Appendices and a Vocabulary.* 2nd edition. Deccan College Monograph Series 14. Pune: Deccan College.

Hari Chand 1917 *Kālidāsa et l'art poétique de l'Inde (Alaṅkāraśāstra).* Paris: Librairie ancienne Honoré Champion.

HEESTERMAN, Johannes Cornelis

2001 'Gift, Marriage and the Denial of Reciprocity' in *Vidyārṇavavandanam. Essays in Honour of Asko Parpola*, ed. Klaus KARTTUNEN and Peteri *Koskikallio*. Studia Orientalia 94. Helsinki: Finish Oriental Society, pp. 243–260.

HERTEL, Johannes

1910 *Tantrākhyāyika. Die älteste Fassung des Pañcatantra. Nach den Handschriften beider Rezensionen zum ersten Male herausgegeben.* Abhandlungen der königlichen Gesellschaft der Wissenschaften zu Göttingen. Philologisch-Historische Klasse. Neue Folge Band XII. Nr. 2. Berlin, 1910.

HUECKSTEDT, R. A.

2007 '[Book Review of:] Goodall, Dominic and Harunaga Isaacson [Eds.], The Raghupañcikā of Vallabhadeva. Critical Edition with an Introduction and Notes. Volume 1. [Groningen Oriental Studies Volume XVII]', *Indo-Iranian Journal* 49 (3), pp. 367–69.

JACOB, G. A.

1905 'Vindhyavāsin', *Journal of the Royal Asiatic Society* 37/2 (1905), pp. 355–356.

1907 *Laukikanyāyāñjaliḥ prathamo bhāgaḥ. A Handful of Popular Maxims Current in Sanskrit Literature.* Bombay: Tukârâm Jâvajî. (Second edition — revised and enlarged)

JACOBI, Hermann

1882 'Die Epen Kâlidâsa's'. In *Verhandlungen des fünften internationalen Orientalisten-Congress gehalten zu Berlin im September 1881. Zweite Hälfte. Abhandlungen und Vorträge der indogermanischen und des ostasiatischen Section.* Berlin: A. Asher &co., pp. 133–156.

JAMISON, Stephanie W.

1996 *Sacrificed Wife/Sacrificer's Wife: Women, Ritual, and Hospitality in Ancient India.* New York, United States of America: Oxford University Press.

JHA, Ganganath

1990 *The Kāvyālaṅkāra-Sūtras of Vāmana Translated into English* Sri Garib Dass Oriental Series 104. Delhi: Sri Satguru Publications. [Reprint of Allahabad Edition of 1917]

JOHNSTON, E. H.

1935 *Buddhacarita or the Acts of the Buddha*. Panjab University Oriental Publications 31–32. Calcutta: Baptist Mission Press.

KANGLE, R. P.

1960–1965 *The Kauṭilīya Arthaśāstra*. 3 vols. University of Bombay Studies: Sanskrit, Prakrit and Pali 1. Bombay: University of Bombay.

KIELHORN, Franz

1902 'Aihole Inscription of Pulakesin II., Saka-samvat 556', *Epigraphia Indica* 6 (1901–2), pp. 1–12.

1891 'Bôdh-Gayâ Inscription of Mahânâman', *Indian Antiquary* 20, p. 190.

KLEBANOV, Andrey

2020 'Application of Structure Analysis to the Study of Sanskrit Commentaries on Mahākāvya-. A General Overview of the Subject with a Special Reference to the Commentaries on the Kirātārjunīya' in *The Commentary Idioms of the Tamil Learned Traditions*, edited by Suganya Anandakichenin and Victor B. D'Avella. Collection Indologie 141 / NETamil Series 5. Pondicherry: French Institute of Pondicherry / École française d'Extrême-Orient, pp. 523–90

KNUTSON, Jesse

2015 'Political Pleasures in Late Classical India: Kālidāsa's Spirituality and King Harṣadeva's Imagination of Polygamous Urbanity', *Rivista Degli Studi Orientali* 88 (1/4): pp. 163–77.

KUNHAN RAJA, Chittenjoor

1941 'Studies on Kālidāsa', *Annals of Oriental Research* 5, pp. 17–40.

1956 *Kalidasa: A Cultural Study*. Waltair: Andhra University.

LÉVI, Sylvain

1929 'L'inscription de Mahānāman à Bodh-Gaya. Essai d'exégèse appliquée à l'épigraphie bouddhique' in *Indian Studies in Honor of Charles Rockwell Lanman*. Cambridge Massachusetts: Harvard University Press, pp. 35–47.

MAAS, Philipp A.

2009 'Computer Aided Stemmatics — The Case of Fifty-Two Text Versions of Carakasaṃhitā Vimānasthāna 8.67–157', *Wiener Zeitschrift für die Kunde Südasiens* 52/53, pp. 63–119.

MCALLISTER, Patrick

2020 'The Relation of the Three Principal Witnesses for the Pramāṇavārttikālaṅkārabhāṣya' in *Sanskrit Manuscripts in China III*, edited by Birgit Kellner, Xuezhu Li, Jowita Kramer. Beijing: China Tibetology Publishing House, pp. 215–42.

MCHUGH, James

2021 *An Unholy Brew. Alcohol in Indian History and Religions*. New York: Oxford University Press.

OLIVELLE, Patrick

2005 *Manu's Code of Law: A Critical Edition and Translation of the Mānava-Dharmáśāstra*. New York: Oxford University Press.

2009 *The Law Code of Viṣṇu (A Critical Edition and Annotated Translation of The Vaiṣṇava-Dharmaśāstra)*. Cambridge Massachussets: Harvard University.

2013 *King, Governance, and Law in Ancient India: Kauṭilya's Arthaśāstra. A New Annotated Translation*. New York: Oxford University Press.

PARLIER-RENAULT, Edith

2006 *Les temples de l'Inde méridionale (*VIe–VIIIe* siècles). La mise en scène des mythes*. Paris: Presses de l'Université Paris-Sorbonne.

PATEL, Arpita Govindlal

1998 *vallabhadeva-kṛta "raghuvaṃśa-pañjikā" ṭīkā ka samīkṣita pāṭhasampādana.* Doctoral thesis submitted to Gujarat University.

PAWAR A. G.

1942 'A Note on the Meaning and Use of the Word Johār', *Annals of the Bhandarkar Oriental Research Institute* 23 (1), pp. 330–35.

PLOFKER, Kim, Agathe KELLER, Takao HAYASHI, Clemency MONTELLE, and Dominik WUJASTYK

2017 'The Bakhshālī Manuscript: A Response to the Bodleian Library's Radiocarbon Dating', *History of Science in South Asia* 5 (1), pp. 134–50. https://doi.org/10.18732/H2XT07.

POLLOCK, Sheldon I.

1986 *The Rāmāyaṇa of Vālmīki. An Epic of Ancient India. Volume II: Ayodhyākāṇḍa. Introduction, Translation, and Annotation* Princeton: Princeton University Press.

2015 'What Was Philology in Sanskrit?' in *World Philology*, ed. Sheldon I. Pollock, Benjamin A. Elman, and Ku-ming Kevin Chang, Cambridge, Massachusetts, pp. 114–36, 351–58.

PRAJITHA, P. V.

2010 *Vidyāmādhavīya Commentary on Kumārasambhava — A Critical Edition and Study.* Doctoral Thesis submitted to Sree Sankaracharya University of Sanskrit, Kalady.

RAM, Labhu

1932 *Catalogue of Manuscripts in the Panjab University Library.* 2 vols. Lahore.

RAMESH, K. V.

1984 *Inscriptions of the Western Gaṅgas.* New Delhi: ICHR; Agam Prakashan.

SALOMON, Richard

2016 'Concatenation in Kālidāsa and Other Sanskrit Poets', *Indo-Iranian Journal* 59 (2016), pp. 48–80.

2019 'The Sincerest Form of Flattery: On Imitations of Aśvaghoṣa's Mahākāvyas', *Journal of Indian Philosophy* 47 (2), pp. 327–40.

SCHMID, Charlotte

2010 *Le don de voir. Premières représentations krishnaïtes de la région de Mathurā.* Publications de l'École française d'Extrême-Orient 193. Paris: EFEO.

SCHMIDT, Richard

1928 *Nachträge zum Sanskrit-Wörterbuch in kürzerer Fassung von Otto Böhtlingk.* Leipzig: Otto Harrassowitz.

SANDESARA, B. J., and J. P. THAKER

1962 *Lexicographical Studies in 'Jaina Sanskrit'.* M. S. University Oriental Series 5. Baroda: Oriental Institute.

SCHUBRING, Walther

1955 'Jinaṣena, Mallinātha, Kālidāsa', *Zeitschrift der Deutschen Morgenländischen Gesellschaft* 105 (1955), pp. 331–337.

SHETH, Hargovind Das T.

1923–1926 *Païasaddamahaṇṇavo: A Comprehensive Prakrit–Hindi Dictionary, with Sanskrit Equivalents, Quotations and Complete References.* Calcutta: Hargovind Das T. Sheth.

SIVARAMAMURTI, C.

1944 *Epigraphical Echoes of Kālidāsa.* Memoirs of the Archæological Society of South India 1. Madras: Thompson & co.

SMITH, David (trans.)

2005 *The Birth of Kumāra by Kālidāsa.* New York University Press / JJC Foundation.

2005 'Kissing in Kāvya, with Special Reference to Kālidāsa's *Kumārasambhava*', *Cracow Indological Studies* 7, pp. 53–67.

STCHOUPAK, Nadine, Luigia NITTI, and Louis RENOU

1932 *Dictionnaire sanskrit-français.* Paris: Librairie d'Amérique et d'Orient: Jean Maisonneuve.

STRAUCH, Ingo

2002 *Die Lekhapaddhati-Lekhapañcāśikā: Briefe und Urkunden im mittelalterlichen Gujarat*. Monographien zur indischen Archäologie, Kunst und Philologie 16. Berlin: Dietrich Reimer Verlag.

TÖRZSÖK, Judit

2006 *Rāma Beyond Price by Murāri*. Clay Sanskrit Library. New York University Press: JJC Foundation.

TOURNIER, Vincent

2014 'Mahākāśyapa, His Lineage, and the Wish for Buddhahood: Reading Anew the Bodhgayā Inscriptions of Mahānāman' in *Indo-Iranian Journal* 57 (1–2), pp. 1–60.

TUBB, Gary A.

1982 'The Relative Priority of the Wedding Passages in the Kumārasambhava and the Raghuvaṃśa' in *Journal of the American Oriental Society* 102 (2), pp. 309–21.

TURNER, R. L.

1966 *A Comparative Dictionary of the Indo-Aryan Languages*. London: Oxford University Press. (for Addenda and Corrigenda, see WRIGHT 1985.)

UNNI, N. P.

2014 *Raghuvamśam of Kālidāsa (Sanskrit Text with English Translation)*. Delhi: New Bharatiya Book Corporation.

2016 *Meghasandeśa of Kālidāsa (Text and English Translation) with Twelve Sanskrit Commentaries (Pañjikā of Vallabhadeva, Bālabodhinī of Sthiradeva, Pradīpa of Dakṣiṇāvartanātha, Cāritravardhinī of Caritravardhana, Sañjīvinī of Mallinātha, Śiṣyahitaiṣiṇī of Lakṣmīnivāsa, Vidyullatā of Pūrṇasarasvatī, Sumanoramaṇī of Parameśvara, Subodhā of Bharatasena, Sugamānvayavṛtti of Sumativijaya, Meghadūtaṭīkā of Kṛṣṇapati, Rasadīpinī of Jagaddhara)*. Chinmaya Research Series 14. Delhi: New Bharatiya Book Corporation.

VASUDEVA, Somadeva.

2006 *The Recognition of Shakúntala by Kali•dasa.* Clay Sanskrit Library. New York: New York University Press; JJC Foundation.

VASUMATHI, V.

2015 *Critical Edition and Study of Dakṣiṇāvartanātha's Dīpikā Commentary on the Kumārasambhava.* Doctoral Thesis submitted to the University of Madras.

VELANKAR, H. D.

1949 *Jayadāman (A Collection of Ancient Texts on Sanskrit Prosody and a Classified List of Śanskrit Metres with an Alphabetical Index.* Haritoṣamālā N°1. Bombay: Haritoshasamiti.

VIELLE, Christophe

2020 'Nikumbha's Curse upon Vārāṇasī and Divodāsa's Founding of New Kāśī: On the Origin and Growth of the Purāṇic Text Corpus, with Special Reference to the Harivaṃśa' in *Studia Orientalia* 121, pp. 125–48.

WEST, Martin L.

1973 *Textual Criticism and Editorial Technique Applicable to Greek and Latin Texts.* Stuttgart: Teubner.

WESTERGAARD, Niels Ludwig

1841 *Radices Linguæ Sanscritæ ad decreta grammaticorum definivit atque copia exemplorum exquisitiorum illustravit...*, Bonn: H. B. König.

WORSLEY, Peter, Supomo SURYOHUDOYO, and Thomas M. HUNTER

2013 *Mpu Monaguna's Sumanasāntaka: An Old Javanese Epic Poem, Its Indian Source and Balinese Illustrations.* Bibliotheca Indonesica 36. Leiden: Brill.

WRIGHT, J. C.

1985 *A Comparative Dictionary of the Indo-Aryan Languages. Addenda and Corrigenda.* London: School of Oriental and African Studies.

CORRIGENDA TO VOLUME 1

passim For 'Subanna' read 'Subbanna'.

p. xix On Durvinīta's commentary on the fifteenth sarga of the *Kirātārjunīya*, for 'which we know of from an inscription', read 'which we know of from inscriptions of Durvinīta himself and of some of his descendants'.

See K. V. RAMESH: Kiṟumoṟekōḻi Grant of W. Gaṅga Mushkara in *Epigraphia Indica* XLI (1975–76) [published 1989], pp. 105–113, p. 111: *devabhāratīnibaddhavaḍḍakathasya kirātārjunīye pañcadaśasargaṭīkākārasya durvinītanāmadheyasya* ... See also several inscriptions in K. V. RAMESH's *Inscriptions of the Western Gaṅgas* (1984).

1:21.2–3 The quotation *ārtā narā dharmaparā bhavanti* is marked as being from an unknown source, but it occurs on p. 187 in the *Dharmopadeśamālāvivaraṇa* a ninth-century Jaina work of Jayasiṃhasūri.

note on 1:36 Śrīnātha's quotation *meghasyopari yo meghaḥ sa airāvata ucyate* is also found in Jinasamudra p. 8 (attributed to *Amarakośa* and with the reading *airāvaṇa*). The line occurs in the *Śabdaratnāvalī* (p. 13).

note on 2:3.3 For the idea of fame being fragrant, see also *Saundarananda* 1:59, 2:29; *Buddhacarita* 2:43.

note on 2:43 *tadvaditi* ⇒ *tadvad iti*

2:58 Śrīnātha reads something else in *pāda c*, perhaps *itthaṃ prapannasya tu/hi/ca nārhasi tvam.*

2:59 It is possible that Śrīnātha reads *visṛjya śastraṃ* instead of *sa nyastaśastraṃ*.

3:7 For the comparison of the breasts of a pregnant woman with lidded ivory boxes, as in the version of this verse known to Vallabhadeva, cf. Kṛṣṇadāsa Kavirāja's *Govindalīlāmṛta* 1:83:

māhendrakāntacchadanaṃ sakāñcanaṃ
dāntaṃ sasindūrasamudgakaṁ parā
āpannasattvākucakuṭmalopamaṃ
kuñjād gṛhītvā niragān mṛdusmitā

This suggests that Vallabhadeva's reading of this verse was known in the sixteenth century in Bengal; it would be of interest to examine the transmission of the poem in Bengali-speaking regions further.

note on 3:16.1 For an allusion to black *cāmaras*, see, for instance, the image in *Harṣacarita* 2 *ṛturājasyāgṛhyantābhiṣekārdrāś cāmarakalāpā iva kāminīcikuracayāḥ kusumāyudhena*. In the *Kādambarī* too (for instance on p. 454), we find *kṛṣṇacāmaras* referred to.

3:21 Jinasamudra reads *parāṇām* instead of *pareṣām*.

3:38.4 The quotation *sarvaṃ sarveṇa sārūpyaṃ nāsti bhāvasya kasyacit* is marked as 'untraced', but it is 2:43ab in Bhāmaha's *Kāvyālaṅkāra*.

note on 3:45 Line 3 from bottom: *yāmya* ⇒ *yamya*.

3:49 At the end of his commentary, Aruṇagirinātha remarks *eṣa iti vā pāṭhaḥ*, which is perhaps about *pāda* b, where such a reading, in place of *eva*, might be possible. Note that the wording of Jinasamudra's commentary in the edition might seem to imply that he read *yathaiṣaḥ* in place of *eva* in the first *pāda*, but this would be grammatically impossible, or, if the correct *sandhi* were applied, metrically impossible.

3:50 Aruṇagirinātha and Nārāyaṇapaṇḍita read *apavāhitaḥ* for *apahāritaḥ*. In his commentary on this verse, Vallabhadeva seems to say that Kapila stole the horse, but it was Indra (as in the *Raghuvaṃśa*). Perhaps what Vallabhadeva meant was that Kapila was only wrongly suspected of stealing the horse, and this might be implied by his use of *kila*.

3:63 *iti pāṭhaḥ* in Aruṇagirinātha's commentary may mean not that this is a variant but that this is the right reading (this, according to Roger Vogt, is the way that Dakṣiṇāvartanātha tends to use the expression *iti pāṭhaḥ*). There is in fact no evidence that Aruṇagirinātha read *kim icchasīti sphuṭam āha vāsavaḥ* (as we have reported) other than that he records *kim icchasīti sma tam āha vāsavaḥ* followed by the expression *iti pāṭhaḥ*.

3:64 Śrīnātha reads not *sureśvaram* but *purandaram* (and he is alone in doing so).

4:9 Hemādri seems to have read *°darśinaḥ*, not *°darśinā* as we reported, for his commentary, when glossing the word, has *tasya* not *tena*.

4:15 We failed to record in our note that Vaidyaśrīgarbha appears to have read *nirviṣṭa°*.

4:16 Aruṇagirinātha (but not Nārāyaṇapaṇḍita) mentions the reading *°sādhanau*.

4:17 Nārāyaṇapaṇḍita seems to have *vilasat°*. Nothing indicates what Aruṇagirinātha read.

4:21 Hemādri seems in fact to have read *raghoḥ paribhavāśaṅki*.

4:23.5 We marked the quotation *vasāsṛṅmāṃsamedosthimajjāśukrāṇi dhātavaḥ* as 'Not traced', but it occurs, for example, as *Aṣṭāṅgahṛdaya* 1:13ab and *Siddhasāra* 1:12ab, etc. These sources show that the quotation should begin *rasāsṛṅmāṃsa°*.

4:24.1 The *ity arthaḥ* at the end of the first sentence of the commentary now seems to us suspect.

4:27c Hemādri may have read *°dbhūtaiḥ*, which appears in his commentary, in place of *°ddhūtaiḥ*, but it may be a typographical error.

4:31 In the note on 4:31, replace 'excluded' with 'not included by'. Śrīnātha and Vaidyaśrīgarbha both have the verse in question.

4:34b Hemādri may have read *bahubhir nṛpaiḥ*, which occurs in his commentary, instead of *bahudhā nṛpaiḥ*.

4:35d It is possible that Nārāyaṇapaṇḍita read *payonidheḥ*, which occurs in his commentary, in place of *mahodadheḥ*. Aruṇagirinātha only gives the gloss *samudrāntikaṃ* for the expression *upakaṇṭhaṃ mahodadheḥ*, so it is not possible to know what he read.

4:46c We report Hemādri as reading *agastyādhyuṣitām*, but although this is printed in the mūla, it is not certain that he read it. The commentary provides the gloss *agastyākrāntāṃ*, which could also be for *agastyacaritām*.

4:49 Śrīnātha must have read *hārītotsṛṣṭamārīcā*, not the unmetrical reading *hārītotsṛṣṭamarīca* as reconstructed in our note.

4:53.5–6 The quotation *tāmraparṇyāstu tā āpo mūrchyamānā mahodadhau / śaṅkhā bhavanti muktāś ca jāyate yāsu mauktikam* is marked as 'Not traced', but perhaps it is from the original *Vāyupurāṇa* (see *Brahmāṇḍapurāṇa* 2.13:25, and *Vāyupurāṇa Uttarārdha* 15:25).

4:58c In other editions of Mallinātha than NANDARGIKAR's, Mallinātha records *marmaraiḥ* (Vallabhadeva's reading) as a variant to *varmabhiḥ*. Conversely, Aruṇagirinātha and Nārāyaṇapaṇḍita record *varmabhiḥ* as a variant to *marmaraḥ*, with Aruṇagirinātha recording that it is favoured by some on the grounds that it avoids redundancy (*paunaruktyam āśaṅkya*), a remark that not only implies that Aruṇagirinātha regarded that reading as secondary, but suggests that he may have had similar views to our own on the genesis of some variant readings.

4:59 Our apparatus fails to report that this verse is omitted by Aruṇagirinātha and Nārāyaṇapaṇḍita.

4:67.2 The reading of L_1UB^2, *camūrādicarmarūpāṇi*, should be retained, rather than emended as we did to *camūrvādicarmarūpāṇi*. There is ample evidence for *camūra* as a name for (a species of) deer; cf. *NWS* s.v.

4:81c Instead of *vīryopaharaṇaṃ*, the reading implied by the manuscript we have principally been consulting for Śrīnātha's commentary, other manuscripts imply that he may have read *vīryodāharaṇaṃ*, according to an unpublished and unfortunately incomplete thesis by Roger VOGT.

5:56ab We suspect that Vallabhadeva's reading is original and that changes were introduced by transmitters unfamiliar with a rare meaning of *kali*, namely *anartha* (a meaning that is however attested at least in Keśavasvāmin's *Nānārthārṇavasaṃkṣepa*).

6:28.3 Correct *yad uttambhanatantunā* to *yad umbhanatantunā*. For *umbhana*, see our notes on 7:10.2 and 8:65.1–2.

6:33c Correct *°maṇīṇāṃ* to *°maṇīnāṃ*.

INDEX

We are postponing the compilation of indices of *pādas* of the *Raghuvaṃśa* and of quotations in the commentary until the final volume. Here we provide only a general index of the notes and introductory material. In lieu of providing an index of unusual or unusually used words, we have signalled discussions of such words with page-references in bold face.